FREUD, PENSADOR DA CULTURA

Blucher

RENATO MEZAN

Freud, pensador da cultura

8ª edição

Freud, pensador da cultura
Copyright © 2019 Renato Mezan
1ª edição – Brasiliense, 1985
8ª edição – 2019
Editora Edgard Blücher Ltda.

Capa
Leandro Cunha

Índice remissivo
Noemi Moritz Kon

Índice onomástico e índice de textos de Freud
Marisa Nunes

Preparação
Eliane de Abreu Santoro

Preparação dos índices
Luciano Marchiori

Revisão
Isabel Jorge Cury
Otacílio Nunes
Beatriz de Freitas Moreira
Beatriz Carneiro

Blucher

Rua Pedroso Alvarenga, 1245, 4º andar
04531-934 – São Paulo – SP – Brasil
Tel.: 55 11 3078-5366
contato@blucher.com.br
www.blucher.com.br

Segundo o Novo Acordo Ortográfico, conforme 5. ed. do *Vocabulário Ortográfico da Língua Portuguesa*, Academia Brasileira de Letras, março de 2009.

É proibida a reprodução total ou parcial por quaisquer meios sem autorização escrita da editora.

Todos os direitos reservados pela Editora Edgard Blucher Ltda.

DADOS INTERNACIONAIS DE CATALOGAÇÃO NA PUBLICAÇÃO (CIP)
ANGÉLICA ILACQUA CRB-8/7057

Mezan, Renato
    Freud, pensador da cultura / Renato Mezan. – 8. ed. – São Paulo : Blucher, 2019.
    760 p.

    Bibliografia
    ISBN 978-85-212-1857-9 (impresso)
    ISBN 978-85-212-1858-6 (e-book)

    1. Freud, Sigmund, 1856-1939 2. Psicanálise I. Título.

19-1598   CDD 150.1952

Índice para catálogo sistemático:
    1. Psicanálise : Freud

À memória de Regina Chnaiderman, mestra e amiga

Conteúdo

Agradecimentos 9
Prefácio à 4ª edição 11
Nota à 7ª edição e Nota à 8ª edição 17
Introdução 21

1. BERGGASSE 19: UM ENDEREÇO IMPOSSÍVEL? 33
   1. A cidade Potemkin 34
   2. Do Sacro Império à Cacânia 51
   3. "Três vezes apátrida" 69
   4. Shlomo ben Yaakov 78
   5. *"Flectere si nequeo superos..."* 99
   6. O esplêndido isolamento 120
   7. *De me fabula narratur* (1) 149

2. AS TRÊS FONTES DA PSICANÁLISE 157
   1. Da neurologia à psicanálise 166
   2. Abertura em surdina 179
   3. Uma arqueologia da moral 193
   4. O aprendiz de feiticeiro 206

5. *"Vom Himmel durch die Welt..."* 223
  6. A estrada real 249
  7. A sombra do outro 264
  8. *De me fabula narratur* (2) 284

3. DO PAI EM QUESTÃO 293
  1. Diálogo de surdos 300
  2. Obsessão, delírio e teoria 328
  3. Um mito científico 356
  4. O acesso ao real 394
  5. *"A psicanálise farà da sè"* 423
  6. Realidade psíquica e realidade material 447
  7. *De me fabula narratur* (3) 470

4. ÀS VOLTAS COM A HISTÓRIA 478
  1. De Eros a Thânatos e vice-versa 489
  2. Vicissitudes da alteridade 504
  3. A cultura: origens, funções, mazelas 534
  4. Uma ilusão sem futuro 568
  5. Filogênese contra história 601
  6. História contra filogênese 624
  7. "Nosso deus Logos" 654
  8. "Prefiro ser eu mesmo o ancestral" 687
  9. *De me fabula narratur* (4) 706

Bibliografia 717
Índice remissivo 725
Índice de textos de Freud 741
Índice onomástico 749

Agradecimentos

Este trabalho pôde ser realizado graças às bolsas de estudo concedidas pelo Ministério das Relações Exteriores da França e pela Coordenação do Aperfeiçoamento de Pessoal de Nível Superior (Capes) do Ministério da Educação e Cultura. A ambos os organismos, desejo agradecer a confiança em mim depositada, assim como ao Conselho Nacional de Desenvolvimento Científico e Tecnológico (CNPq), sem cujo apoio este livro não teria sido editado.

Marilena de Souza Chaui, encarnação apaixonada e dadivosa do Logos, a quem devo o essencial de minha formação filosófica, orientou esta tese com precisão, paciência e carinho. Conrad Stein acolheu-me generosamente em seu seminário do Institut Psychanalytique de Paris, introduziu-me nos meios analíticos franceses e foi durante estes anos uma fonte permanente de inspiração. Micheline Martin supervisionou meus primeiros passos no mundo terrível, porém fascinante, do sofrimento psicótico. Catherine Breton, com sua imensa sensibilidade, alertou-me para resistências insidiosas no trato com a coisa psicanalítica e foi para mim um exemplo sempre admirado. Jean Gillibert recebeu-me nas reuniões e nos congressos da Société Psychanalytique de Paris, nos quais muito pude aprender. René Major abriu-me as portas do Grupo "Confrontation", em cujos encontros e jornadas vim a deparar com inquietações e questionamentos que ampliaram consideravelmente o escopo destas reflexões.

A afeição calorosa, a prosa encantadora e a experiência em tradução de Elza e Pierre Hawelka ajudaram-me a evitar escolhos e impasses por vezes espinhosos. Monsieur Harmelin, bibliotecário do Hospital de Soisy, pôs à disposição de minha curiosidade de leitor sua paciência infinita e seus vastos conhecimentos da literatura especializada. Amigos e colegas como Regina Chnaiderman, Laerte Coaracy, Leda Tenório, João Cassal, Marcia d'Alessio, Miriam Mochcovitch, Leila Algranti, Rachel e Alberto Setzer, Malvina Trajber, Sérgio Cardoso e Renata Tennenbaum leram diferentes trechos deste trabalho e o enriqueceram com valiosos comentários e sugestões. Meus estudantes do seminário "Freud's Theory of Culture", da Universidade de Yale, contribuíram, com espírito crítico e trabalhos de grande qualidade, para aprofundar e por vezes modificar ideias aqui expostas. D. Neusa Bastos datilografou os originais com extrema competência. A todos eles, meu muito obrigado e o reconhecimento de que pensar não é somente um ato individual, mas algo que se ancora também no diálogo e na amizade.

A meus pais, sem cujo apoio esta tese não teria sido possível, e a Sheila, primeira leitora destas páginas e crítica aguda de suas insuficiências, devo mais do que é possível expressar em palavras. Por fim, a Claude Le Guen, meu Virgílio na descida rumo aos abismos do inconsciente, cogenitor do "filho imaginário" entre cujos avatares se conta este livro, um testemunho de gratidão e de respeito.

Prefácio à 4ª edição

Questionado certa vez acerca de seu método de trabalho, Gustave Flaubert respondeu que era muito simples: primeiro, punha no papel tudo o que lhe viesse à cabeça, para em seguida cortar, riscar, suprimir e eliminar trechos enormes ou páginas inteiras, de tal modo que, se seus editores lhe dessem tempo suficiente, acabaria por não escrever absolutamente nada. *Boutade* à parte, Flaubert apontava para uma dimensão essencial à tarefa da escrita: a reelaboração permanente, que vale também para o trabalho do pensamento. Reelaboração cuja amplitude varia muito, da mera correção de um equívoco até a remontagem completa de uma análise ou à mudança radical de uma perspectiva. Feita de saltos, retornos, reviravoltas, repetições e polimentos, a tarefa de pensar repõe incessantemente sua própria origem: a *formulação de problemas*, em cuja solução se empenha o pensamento; e esse empenho, se for fecundo, resultará de modo inevitável na aparição de novos problemas. A provisoriedade das soluções não lhes tira seu caráter, frágil porém precioso, de pontos de apoio para o percurso futuro; e há algumas que resistem aos choques recorrentes com a experiência nova, com a descoberta imprevista, com o pensamento dos outros. Assim se tecem, ao longo dos anos, uma temática e um estilo: certas intuições fundamentais permanecem, enquanto a explicitação de outras as conduz para muito longe de seu marco zero; a cadeia de argumentos e razões se amplia, enriquecem-se e se aprofundam as interpretações iniciais; e acabamos por nos dar conta de que é precária a relação entre as teses e seus objetos, porque estes, além de inesgotáveis em si mesmos, transformam-se pelo próprio fato de serem apanhados na malha das hipóteses e das demonstrações. E assim, entre continuidades e rupturas, tendem a se delinear certas constantes, certos focos, que lenta e laboriosamente vão conferindo aos escritos de um autor um traço distintivo, um tom próprio, uma familiaridade secreta, que acabam por torná-los momentos de uma mesma obra.

Há encontros que alteram tão radicalmente o curso de uma vida, que *a posteriori* somos levados a perguntar se é possível atribuí-los apenas ao acaso. Para mim, a descoberta de Freud foi um encontro desse gênero: eu buscava um livro na biblioteca do Departamento de Filosofia da Universidade de São Paulo (USP), livro naquele momento emprestado a alguém; o texto seguinte da bibliografia eram as *Conferências de Introdução à psicanálise*... Isso foi em 1973. Desde então, como o crocodilo da história de Peter Pan, sempre atrás do "resto" da mão que devorara (o "resto" era o que havia sobrado do Capitão Gancho, isto é, o próprio Capitão Gancho), estou a caminho, em busca do "resto" — resto da obra de Freud, resto do conhecimento psicanalítico, resto da própria psicanálise, como paciente e como analista... Este livro é uma das curvas da estrada, curva decisiva, porque coincidiu com o início de minha análise pessoal e também porque foi enquanto o escrevia que decidi me tornar psicanalista.

Sobre as circunstâncias de sua redação, explico-me no próprio texto, nas seções intituladas *De me fabula narratur*. Como parte de um projeto de estudo, ele é a sequência de *Freud: A trama dos conceitos* (São Paulo, Perspectiva, 1982); realiza uma segunda leitura da obra freudiana, para além da dimensão exclusivamente conceptual em que se situa seu antecessor. Dimensão sem a qual a segunda leitura não teria sido, diga-se de passagem, nem sequer possível; segunda leitura centrada na questão da interpretação da cultura, e que, para ser conduzida de modo rigoroso, exigia uma retomada do percurso e dos resultados atingidos até então. Leitura realizada na França, com recursos bibliográficos de outra ordem, à luz de aulas, seminários e conversas que lhe conferem espessura própria; sobretudo, leitura ao compasso da análise, cujas marcas, não dissimuladas, encontram-se presentes da primeira à última linha do texto que se vai ler.

Na forma de tese, o livro estava pronto em 1981; por razões alheias à minha vontade, só foi publicado em 1985. Que no espaço de um ano tenha esgotado três edições é por certo um sintoma — sintoma de que vinha preencher uma necessidade específica, mas igualmente sintoma da situação em que se encontra a psicanálise no Brasil, nesta década de 1980.

Há diversos fenômenos que atestam uma profunda transformação, neste ponto, em relação ao que se verifica há apenas dez anos, transformação no sentido de uma penetração bem mais ampla no tecido social e no debate de ideias. Maiores possibilidades de formação para quem deseja se tornar psicanalista; circulação informal do conhecimento pelas centenas de grupos particulares de estudo em atividade; traduções e edições originais em maior número e de melhor qualidade; aumento do contingente de pessoas que procuram uma psicanálise pessoal; implantação — por enquanto problemática e lenta, mas que já se iniciou — do atendimento por psicanalistas nas redes públicas de saúde mental; presença constante de temas de psicanálise, de resenhas, de entrevistas, na imprensa escrita e falada; filmes e peças de teatro que tematizam de modo explícito Freud e suas ideias — a lista é variadíssima. Que modificações sociais, ideológicas, institucionais, científicas provocaram essa série de eventos? Eis algo sobre o que seria útil refletir; este não é, porém, o lugar para fazê-lo, assim como não cabe mais do que aludir à pergunta sobre os efeitos que tais circunstâncias terão sobre a própria psicanálise.

É comum ouvirmos temores de que, ao se tornar mais acessível — em todos os sentidos —, ela perderia algo de sua "pureza". Se entendermos por "pureza" o isolamento ebúrneo dos psicanalistas em seus consultórios e de sua disciplina em relação aos movimentos da sociedade e da cultura, este livro — espero — irá se encarregar de provar conclusivamente que a psicanálise jamais foi "pura" nessa acepção do termo: ela se encontra atravessada de cabo a rabo pela civilização em que nasceu e contra a qual nasceu. O que é puro, no caso, é a estupidez dos que imaginam ser plausível que um fato de cultura — mesmo que seu objeto seja o inefável inconsciente — possa brotar do vazio e permanecer imune às circunstâncias de várias ordens nas quais se desenrolam as peripécias de sua história. *Freud, pensador da cultura* tornou-se um fato de cultura por razões que ultrapassam em muito os eventuais méritos de seu conteúdo; apenas não compete ao autor investigar os meandros e as conexões que dão conta da receptividade encontrada por sua obra.

A psicanálise fala do inconsciente e tem seu território próprio, mas é um grave equívoco imaginar que ela possa explicar tudo ou todos os aspectos de alguma coisa. A difusão cultural obedece a ordens de determinação que, obviamente, não se restringem ao inconsciente, mas atravessam uma complexa teia de causalidades e incidências em diversos níveis. Da mesma maneira, o destino da disciplina criada por Freud escapa de suas mãos no momento em que se institucionaliza, sob a forma do movimento psicanalítico. Todo um capítulo deste livro se ocupa desse tema. Tornou-se moda criticar as instituições psicanalíticas e mesmo acusá-las de serem nefastas à própria psicanálise. Não compartilho dessa opinião. A institucionalização não é em si nem boa nem má; é certo que sem algum tipo de institucionalização a psicanálise teria permanecido apenas "a teoria de Freud", e provavelmente nem eu nem o leitor jamais teríamos ouvido falar dela. Tudo depende da qualidade e do dinamismo dessas instituições — que não são apenas as associações de psicanalistas, mas também o consultório, o serviço público, a supervisão, a pesquisa clínica e teórica, a circulação das ideias novas etc. No plano das instituições no sentido habitual do termo, tudo depende de fatores que relevam de territórios um tanto distantes do inconsciente: a democracia interna é um deles, tanto mais necessária quanto os efeitos de transferência entre os analistas costumam impedir que se estabeleça o essencial do funcionamento democrático — a saber, o respeito à lei estabelecida de modo consensual pela maioria.

O problema das instituições psicanalíticas ramifica-se em muitas direções, como vim a perceber depois de concluir o livro; tem incidência sobre múltiplas facetas e exige que se pense a sério no que significa para a psicanálise ter deixado de ser simplesmente "a teoria de Freud" — em outras palavras, o que significa para ela ter um passado e uma história. Talvez seja esta a principal retificação a aportar ao que escrevi: não subscreveria mais, hoje, algumas afirmações acerca da posteridade de Freud, que me parecia então muito pouco fecunda (pp. 162 e 656, por exemplo). Ao contrário, procurando preencher tal lacuna devida à desinformação (e talvez a algumas resistências afetivas que não vêm ao caso agora), dei-me conta de que essa atitude era também um tributo pago à atmosfera francesa na qual foi escrito este livro. Na França, psicanálise = Freud; *qual* Freud é assunto de acaloradas discussões, mas o dogma não é posto em dúvida por quase ninguém. (Para os lacanianos, como Lacan = Freud revisto e melhorado, a igualdade permanece com mais força ainda.) Assim, pude descobrir um novo campo de estudos, quase virgem, que é o de uma história da psicanálise levada a sério: e quem sabe desses estudos resulte um novo livro, continuação e questionamento deste... Retornaremos assim, mais uma vez, à cena do crime: pois ler, escrever e pensar também são crimes e transgressões; mas essa é uma outra história.

Esta nova edição sai, no que tange ao essencial, sem modificações. Foram eliminados alguns erros e inconsistências que, nas anteriores, haviam traído a atenção do revisor; por essa tarefa, sou grato à professora Eneida Batista, cuja atenta meticulosidade me foi de grande valia. A principal novidade é o índice remissivo, elaborado por Noemi Moritz Kon, que leu e releu o texto à cata dos trechos em que são mencionados ou discutidos autores, conceitos e personagens ligados à vida e à obra de Freud. O resultado de sua paciência e de seu conhecimento da psicanálise torna este livro mais útil como instrumento de trabalho. Marisa Nunes, bibliotecária de rara eficiência, estabeleceu com precisão o índice onomástico e o de obras de Freud, que também devem se converter em ferramentas de grande valor para os que quiserem consultá-los. A ambas meu muito obrigado.

"Os livros têm seu destino": que o deste seja, simplesmente, contribuir para informar quem se aproxima da psicanálise, estimular a reflexão dos que a praticam ou por ela se interessam, e servir de apoio para todos os que, indo mais longe do que ele vai, vierem a tornar necessária a reformulação de ideias nele expostas. E, se sobre algum leitor este livro tiver efeitos analíticos — se o fizer sonhar ou entrar na via de alguma descoberta de ordem pessoal —, então terá ultrapassado seu estatuto original de tese de doutoramento em filosofia: terá realizado uma das fantasias inconscientes que sustentaram sua elaboração.

Renato Mezan
São Paulo, junho de 1986

Nota à 7ª edição

Passando a integrar o catálogo da Companhia das Letras, este livro permanece no essencial inalterado; uma meticulosa revisão eliminou pequenas inconsistências e erros de digitação.

A Angela Maria Vitório, que pacientemente digitou todo o texto, e à equipe da editora, pelo cuidado e profissionalismo, meus sinceros agradecimentos.

Que, em sua nova roupagem, esta obra continue a ser útil a todos os que se interessam pela vida e pelo pensamento de Sigmund Freud.

Renato Mezan
São Paulo, março de 2006

Nota à 8ª edição

Esgotado há anos, este livro ressurge para o público através da Editora Blucher, a cuja equipe agradeço pela atenção que lhe dedicou. Agradeço igualmente à Editora Companhia das Letras pela permissão de reimprimir o miolo da edição anterior, o que evitou ter de rediagramar a obra e consequentemente refazer os Índices que a tornam um instrumento de trabalho para estudantes, profissionais psi e pesquisadores de diversas áreas. Ao leitor que enfim o reencontra nas livrarias, bom proveito!

Renato Mezan
São Paulo, agosto de 2019

Ora, essas coisas psicanalíticas só são compreensíveis se forem relativamente completas e detalhadas, exatamente como a própria análise só funciona se o paciente descer das abstrações substitutivas até os ínfimos detalhes. Disso resulta que a discrição é incompatível com uma boa exposição sobre a psicanálise. É preciso ser sem escrúpulos, expor-se, arriscar-se, trair-se, comportar-se como o artista que compra tintas com o dinheiro da casa e queima os móveis para que o modelo não sinta frio. Sem alguma dessas ações criminosas, não se pode fazer nada direito.

Freud a Pfister, 5 de junho de 1910

Introdução

> *Men are such stuff as dreams are made on.*
> Shakespeare, *The tempest*

Não é comum, por certo, começar a redação de uma tese de filosofia pelo relato de um sonho. A abstração conceptual, o rigor da análise, a parcela de erudição necessária à realização de um tal projeto parecem mesmo desaconselhar a aliança de dois registros supostamente heterogêneos: o da vida interior do filósofo e o do conhecimento teórico. A "objetividade" das reflexões consignadas numa tese, a ascese da meditação, o trabalho de verificação essencial à propriedade da interpretação apresentada não parecem ter muito em comum com o que se passa no mundo da existência pessoal, de que pouco se pode esperar para o progresso da ciência. Considerações de discrição intervêm igualmente para manter afastados os dois registros: não sendo meu objetivo escrever uma autobiografia, mas uma tese, o tesouro dos desejos e das reminiscências que, como todo mundo, eu tenho em alta estima, corre o risco de me conduzir a divagações desprovidas de interesse para meus leitores, embora possivelmente proveitosas para mim. A menos que suponha nesses leitores um ardente desejo de saber o que passa pelos meus devaneios, o que pode ser verdadeiro sob um aspecto — não somos todos comadres em potencial? —, mas configuraria um apreço um tanto megalomaníaco por minhas produções pessoais, a decisão de começar pelo relato de um sonho exige explicações preliminares. E, na verdade, não comecei pelo relato do sonho: comecei duvidando, por um artifício de retórica, da viabilidade de começar pelo relato do sonho...

Mas a recusa de partir do sonho, em nome da separação entre a vida particular do autor e o que ele possa ter a dizer sobre o tema escolhido, merece uma análise mais detida. Com efeito, ela implica que, na esfera dos interesses intelectuais, as atrações e as repulsas sejam explicáveis unicamente em termos teóricos. Isso significa que alguém se interessa por tal ou qual questão em virtude de sua complexidade, ou de sua novidade, ou de sua dificuldade: em suma, por características pertencentes à questão em si, e só indiretamente referentes ao questionador. Ora, essa hipótese é insustentável. Quem algum dia já se debruçou sobre um problema "teórico" sabe que não existem "questões em si". O que existe são problemas que, de uma forma ou de outra, dizem respeito ao investigador, fazem parte de suas inquietações e proporcionam um certo prazer ao serem abordados. O desejo de "resolver um problema", ou seja, de vencer uma dificuldade, de lançar luz sobre um domínio até então confuso ou inexplorado, está sempre presente, em toda atividade intelectual. O que se passa é que esse desejo não ousa dizer seu nome, preferindo abrigar-se atrás do "Interesse Intelectual", às vezes acrescido de nobres motivações filantrópicas, tais como o desígnio de contribuir para o bem da Humanidade ou, mais modestamente, o de evitar aos pósteros o aborrecimento de precisar exumar todos os documentos utilizados, ganhando tempo na preciosa corrida em busca do Saber. O que não deixa de traduzir um outro desejo, o de dizer enfim a palavra definitiva sobre o assunto escolhido, mediante a mais completa "objetividade" e "seriedade", a tal ponto que, aos pesquisadores das gerações vindouras, nada mais reste senão... citar o autor.

Ora, se essa ficção pode ser mantida, em nome do respeito às regras da Academia, em muitos trabalhos de cunho intelectual, ela falsearia por completo a finalidade de um estudo sobre Freud. Não é possível se aventurar pelos domínios da psicanálise fingindo ignorar que os temas a serem tratados dizem respeito, também e exemplarmente, ao investigador e às suas motivações. Estas podem ser de vários tipos, sem se esgotar no desejo de se autoconhecer: propósito, aliás, para cuja realização aproximada o divã é muito mais vantajoso do que a mesa de trabalho. Contudo, o projeto de escrever um livro sobre Freud e a cultura não pode ser considerado independente de motivações pessoais, visto que, no final do século xx, após 2500 anos de existência da filosofia, os temas a estudar não são propriamente escassos.

Por que, então, dedicar anos de trabalho a este projeto, na esperança de levá-lo a cabo? Sem dúvida, existe o desejo de verificar como opera a abordagem psicanalítica dos fenômenos culturais, quais são seus instrumentos, que grau de confiança se pode atribuir a seus resultados e também quais são seus limites. Mas seria ingênuo crer que esse desejo seja o único, ou mesmo o principal. Por trás dele existe o fascínio pela obra de Freud, que releva de fontes muito mais profundas, pois envolve não apenas a curiosidade de compreender como trabalhava o fundador da psicanálise, mas também a necessidade de pôr em evidência os mecanismos que presidem ao meu próprio trabalho. E, uma vez que esse trabalho se exerce na esfera da filosofia — atividade reputada como eminentemente intelectual, no sentido um pouco pejorativo do termo —, uma das finalidades deste estudo é a de colocar à mostra a sua própria gênese como objeto integrante do domínio a ser abordado. Em outras palavras, uma tese de doutorado em filosofia é um objeto cultural, e o processo de sua elaboração deve ser portanto passível de exame com base em uma abordagem psicanalítica da cultura, se essa expressão tiver algo a ver com a verdade. Além disso, como o autor desta tese é — como qualquer um — dotado de um inconsciente e de desejos que nele se agitam, o projeto de se debruçar sobre a abordagem freudiana da cultura faz parte da maneira como tais desejos se atualizam na consciência. Desvelar o mecanismo pelo qual esse desejo particular acede à manifestação consciente e, mais do que isso, orienta e sustenta um prolongado esforço de reflexão e de escrita, equivale a analisar num exemplo privilegiado o valor — e talvez os limites — da concepção freudiana da cultura. Ou, em termos mais explícitos: esta tese é um fragmento de minha análise, tanto por ter sido redigida durante a mesma quanto por corresponder, sob a forma do conceito, a uma ordenação e a uma sistematização de ideias surgidas no seu decorrer e, em parte, devidas a ela. E, se a afirmação desse fato vai de encontro às regras estabelecidas da atividade acadêmica, isso nos deve conduzir à questão de saber por que as regras acadêmicas pretendem fazer crer que uma tese seja apenas uma tese.

Dito isso, é tempo de relatar o sonho em questão.

"Estou no hospital psiquiátrico onde estagio. Uma paciente da dra. Catherine Breton me foi confiada, e estou com ela num quarto escuro; existe algum tipo de contato corporal entre nós, mas não direto: através de um lençol. Não há mal algum nisso. Contudo, a reclamação da família da paciente faz com que tenhamos uma discussão teórica sobre o novo método psicoterápico que estou utilizando, em conjunto com a equipe de médicos e enfermeiros. Outros pacientes da mesma unidade querem também se beneficiar desse tratamento.

"Há uma ruptura na discussão. Estou com outro paciente e interpreto um sonho seu, bastante complicado, em que figura um nome russo, Voronil ou Voroshilov. Trata-se de algo que deveria se realizar, mas não se realizava. O paciente fica satisfeito com a interpretação que lhe proponho: mas devo retornar ao hospital antes do anoitecer, a fim de verificar se ela se confirma.

"Volto para casa. É o dia de uma importante festa judaica, Rosh Hashaná, Yom Kipur ou Sucot. Acho que se trata de Sucot. Estou no Brasil. Ao entrar na sinagoga, vejo uma professora de hebraico com quem trabalhei há alguns anos. Ela me oferece um livro: são as *Briefe não publicadas a Kaufmann*. Trata-se de um volume de cartas minhas, publicadas, sem que eu o soubesse, por uma editora de São Paulo. O livro é muito mal impresso e está cheio de erros de datilografia; mas reconheço que são textos meus. A professora quer falar comigo depois do culto religioso. Como pude esquecer que escrevi aquilo? A feiura tipográfica do volume me faz pensar na primeira edição, mimeografada, dos livros que escrevi sobre história judaica. Terminado o culto, saio por uma porta lateral e caminho ao longo de uma quadra interminável. Estou contornando o edifício para falar com a professora, mas o caminho é muito longo, e desisto. Fico contentíssimo com meu livro. Ex-alunos me cumprimentam por ele."

A dra. Breton é uma psicanalista que vem ao hospital todas as quartas-feiras. Neste ano (1979), meu analista alterou o horário das sessões, o que me tornou impossível ir ao hospital às terças-feiras e me fez mudar meu estágio para as quartas, o que permite que eu encontre mme. Breton com frequência. Efetivamente, ela me pediu para acompanhá-la nas sessões que tem com um paciente, que lhe inspira um certo temor. O que me dá ocasião de vê-la trabalhar, e aprendo muito com isso. De certa forma, a modificação do horário por parte do analista está na origem dessa oportunidade. O analista tem um nome bretão, sobre o qual já associei muitas vezes. É uma intervenção dele que chama minha atenção para isso. Atrás de mme. Breton, portanto, está meu analista. A sessão anterior àquela em que discuto o sonho que relatei aqui teve por tema um outro sonho, no qual a pessoa que figurava no conteúdo manifesto aludia à sua cunhada. Ao querer dizer *belle-sœur*, porém, eu só havia conseguido dizer *sœur-in-law*. Como todos os lapsos do meu francês ocorridos no divã, esse também é extremamente significativo. Ao término da sessão anterior, eu havia pensado que *sœur-in-law* podia ser ouvido como *sir-in-law*, e que talvez o *sir* em questão fosse meu analista. A interpretação do sonho *sir-in-law* me havia conduzido ao tema das relações sexuais proibidas; e ao final daquela sessão eu evocava minha irmã, que acabava de se instalar em Londres, como origem possível do neologismo híbrido *sœur-in-law*.

Ao comunicar minha interpretação do *sir* ao analista, acrescentei: "O que mostra que a pessoa que figurava no sonho manifesto não tinha importância alguma". Não é preciso ser muito versado nos mistérios da *Verneinung* para perceber que o sentido dessa afirmação era precisamente o seu oposto. Quem figurava no sonho do *sœur-in-law* era uma prima distante, cujo nome significa, em português, "rainha". O prenome de meu analista é Claude. Ora, dias antes, lendo um livro de Conrad Stein, eu havia encontrado por acaso a expressão *reine-claude*, que designa uma espécie de ameixa. Em meu espírito, *reine-claude* era algo que dizia respeito a meu analista, pois o texto de Stein dizia: "Claude nós sabemos quem é; mas — e *reine*?". Eu havia interpretado esse "sabemos quem é" como alusão a um fantasma persistente, a saber, que o analista do meu analista foi o dito Stein. Portanto, a figuração de meu analista pela prima distante aludia duplamente a ele: pelo prenome "rainha" — *reine-claude* — e pela relação de aliança *sœur-in-law*.

Meu sonho do hospital, portanto, constituía também uma interpretação do sonho anterior, indicando além disso meu desejo inconsciente, expresso aliás com um constrangimento considerável, de ter um contato sexual com meu analista. Aqui aparece uma série de transposições, pelas quais as pessoas mudam de sexo: meu analista é representado por uma mulher (mme. Breton) e por outra (a prima distante); o paciente masculino de mme. Breton se transforma numa paciente; o nome bretão é figurado por mme. Breton, e, como veremos a seguir, eu mesmo me represento sob um disfarce feminino.

"Contatos corporais por um lençol": a associação imediata é a ideia de que os judeus ortodoxos fazem amor envolvidos num camisolão, provido de um orifício no lugar adequado. Essa representação ridícula, que não sei se corresponde à realidade, explica por que "não há nada de mau" no contato físico com a paciente, coisa absolutamente contrária à técnica e à ética da psicanálise: o lençol-camisolão representa a legitimidade dessa relação sexual, seu caráter conforme à lei religiosa, tal qual eu a imagino. Sendo a finalidade dessa cópula exclusivamente a reprodução, excluído qualquer prazer tátil, a associação seguinte é a evocação de uma anedota sobre os rabinos ortodoxos e liberais que sempre me fez rir muito: qual a diferença entre eles? É que o rabino ortodoxo fica em casa, uma mulher vem visitá-lo, ela quer ter um filho, o rabino garante que ela o terá, e ela não o tem; enquanto o rabino liberal vai visitar a mulher, ela não quer ter um filho, ele garante que ela não o terá, e ela o tem. Seguem-se alusões a um folheto sobre os rituais de purificação após a menstruação, que aconselhava à mulher, em caso de dúvida, dirigir-se ao rabino. Um pensamento absurdo aflora: meu analista será um rabino ortodoxo ou liberal? Ao riso com que acolho essa observação, segue-se um momento de embaraço, no qual uma ideia ainda mais absurda me ocorre: "en cas de doute, fermez le robinet". No elevador que conduz ao consultório, vi um aviso do síndico a respeito da ligação iminente do aquecimento, solicitando aos locatários que o previnam em caso de escapamento nos *robinets*. Mas *robinet* ("torneira") alude também à concepção; em caso de dúvida, interromper o coito (*fermer le robinet*). Penso também em decompor a palavra *rabbi-naît*, "rabino-nasce", o que também remete à relação amorosa com o analista, sobre o qual paira a dúvida de se ele é como o rabino ortodoxo ou como o rabino liberal, ou seja, se o ato sexual com ele engendra consequência ou não. Aqui, portanto, quem desempenha o papel feminino sou eu, pois desejo e ao mesmo tempo temo ter um filho do analista.

Por outro lado, sou eu o analista que mantém relações corporais "inofensivas" com a paciente de mme. Breton, agindo assim como o rabino liberal da anedota. Que essas relações sejam inofensivas — pelo lençol — reúne todo um feixe de desejos: como o rabino ortodoxo, estar dentro da lei; mas, como o rabino liberal, ser eficaz; como o rabino ortodoxo, ao qual identifico meu analista "ortodoxo", não representar um perigo para quem vem me consultar; mas, como o rabino liberal, que realiza cultos mais curtos e na língua da congregação, não faço análises, porém esboços de terapia em francês, que, para minha decepção, não são particularmente eficazes, em virtude do pouco tempo de que disponho e da minha inexperiência de principiante. É essa inexperiência que vai ser negada na etapa seguinte do sonho, em que interpreto com sucesso um sonho assaz complicado. Quem é o paciente que sonhou? Só posso ser eu mesmo, testemunha da minha própria análise: sou eu quem interpreta o sonho do *sœur-in-law*. Sou o único paciente que meu analista (bretão) partilha comigo, no sentido de que somente ele e eu sabemos o que se passa em minha análise. *Bretão* me conduz a uma viagem que fiz no verão de 1978 à Bretanha, com meus pais, e a um outro bretão, que trabalha no hospital e que tem um excelente senso de humor. No primeiro dia em que fui ao estágio, ele se apresentou a mim como "Fulano, *sous-machin*" ("subtroço"). A alusão era à sua função subalterna no pavilhão, mas a reminiscência, nesse contexto, alude à posição inferior que ele ocupa "sob o troço": representação que inverte os papéis, sendo agora eu o homem, e meu analista, a mulher que se encontra "debaixo" do lençol. Esse rapaz bretão é, como eu e outros estrangeiros que trabalham no hospital, alvo de brincadeiras por vezes claramente xenófobas; há algumas sessões, eu evocava esse fato, associando sobre o antissemitismo latente na França e sobre as complexas relações que me unem ao judaísmo.

Antes de passar a esse tema, também presente no sonho, resta a ver a passagem em que interpreto o sonho de um paciente — interpretação muito curiosa que deve se "verificar" na realidade. Mais do que uma interpretação, o que lhe ofereço é uma profecia, que além disso deve se realizar no dia mesmo de sua enunciação. "Algo que deve se realizar, mas não se realiza"; penso na gravidez desejada pela primeira mulher da anedota. O nome russo, Voronil ou Voroshilov, alude a esta temática: voronil/varonil. Mas se refere igualmente à questão judaica, por um livro que me impressionou recentemente, *Dostoyevsky et les Juifs*; e também a meu pai, de origem búlgara. O búlgaro se escreve com caracteres cirílicos, como o russo, e os nomes são semelhantes nas duas línguas. A questão dos russos me conduz aos *Luthiers*, conjunto argentino especializado em paródias; e uma canção supostamente russa, "Oi Gadoñaya", cuja letra faz lembrar a sonoridade do russo, embora se componha exclusivamente de palavras castelhanas reunidas sem nenhuma preocupação semântica: "Vasta balalaika, enseñanza laica, niña etrusca añeja, la lleva o la deja". Ora: a canção se refere a uma mulher que deve escutar algo ("oiga doñaya"), fala em velha criança etrusca, em *piraña* e em *cigüeña*, alusões suficientes ao domínio da gravidez, e mesmo da prostituição, isto é, de relações que devem e não podem, respectivamente, culminar com a concepção de uma criança. E, por intermédio de *enseñanza laica*, chegamos à pedagogia e ao judaísmo. A temática da relação sexual e da psicanálise se encontra, portanto, ligada ao ensino e à religião, que formam a última parte do sonho.

Esta se desenrola numa sinagoga. Há poucos dias, comemorou-se Yom Kipur, a única festividade religiosa que eu mantenho, jejuando conforme o ritual. Minhas posições religiosas são as de um ateu militante, mas há algo na solenidade do Yom Kipur que me comove e me faz participar do costume de evitar o alimento por 24 horas. Ao terminar o jejum, a liturgia prevê um toque do *shofar*, o chifre de carneiro que alude ao sacrifício de Isaac descrito no capítulo 22 do *Gênesis*. Em meu sonho, há uma condensação de Yom Kipur e de Sucot, festividade que se comemora cinco dias depois daquela e na qual jamais vou à sinagoga; mas minha convicção de que se trata de Sucot se deve a que a sinagoga não está decorada de branco, como é o costume em Yom Kipur. Branco — noiva: outra passagem de um tema a outro, assim como o sacrifício de Isaac, que põe em cena um filho, a lei, um pai, a ordem divina, a morte, a salvação...

Encontro a professora, que me dá meu próprio livro, editado sem que eu soubesse. O título é absurdo: *Briefe não-publicadas a Kaufmann*. *Briefe* ("cartas") me leva a meus estudos de alemão, empreendidos há bastante tempo e que até hoje não resultaram na fluência desejada; justo agora, quando parte de minha bibliografia para a tese é em alemão, minha professora deve voltar a Hamburgo, e sinto não poder continuar com as aulas ou precisar procurar outra professora. A principal razão desses estudos, neste momento, é meu desejo de ler Freud no original. *Kaufmann* alude a duas pessoas com esse nome: Yehezkel Kaufmann e Moysés Kaufmann. O primeiro é um estudioso da Bíblia, cujas teorias me pareceram corretas e curiosas quando comecei a me interessar pela questão; o segundo foi um personagem importante da comunidade judaica de São Paulo, cujo retrato se encontra no terceiro volume de meu livro *Caminhos do povo judeu*, por circunstâncias que ignoro, mas que certamente têm a ver com o financiamento da sua edição. *Kaufmann* — comerciante — conota também o dinheiro, o custo das sessões de análise, tema de uma sessão recente, e em geral minha situação econômica, que, sem ser propriamente ruim, deixa a desejar, segundo meus critérios um tanto ambiciosos.

As cartas foram publicadas sem que eu o soubesse: o livro me aparece pronto, como se tivesse sido composto sozinho, sem que eu fizesse esforço algum. A presente tese, por enquanto ainda embrionária, me surge portanto como já realizada. Contudo, o livro é muito feio, como as primeiras edições do *Caminhos do povo judeu*. Aqui se reúnem vários fios, que é preciso desenrolar mais detidamente.

Esse livro surgiu como um projeto a ser realizado em equipe. Várias circunstâncias, porém, fizeram com que, no primeiro e no segundo volumes, coubesse a mim a tarefa de redigir o texto, refazendo assim o trabalho de meus colegas. Como a mim coube também a feitura dos exercícios e do aparato propriamente pedagógico, vim a considerar o produto final como sobretudo meu, embora meu nome não figure com nenhum destaque na considerável lista de "colaboradores" dos volumes. Ao contrário, o destaque era concedido à coordenadora do projeto, que eu encontro na sinagoga. Os inconvenientes de um tal trabalho "em equipe", em que por fim cabiam a mim a maior parte do esforço e o desagradável papel de censor do texto alheio, me levaram, para escrever o terceiro volume, a impor uma condição: trabalhar sozinho do começo ao fim. Aceita essa condição, o trabalho ocupou-me durante um ano inteiro, tendo de certa forma a significação de uma despedida do campo dos estudos judaicos, ao qual me dedicara entre 1971 e 1975. Ao terminá-lo, sentia-me no direito de considerar que o livro era de minha autoria, não vendo por que o desenhista ou o datilógrafo devessem merecer o mesmo destaque a ser conferido ao nome do autor. Contudo, minha pretensão foi vetada, e ao final acabei por aceitar uma solução de compromisso. O importante, porém, é que se tratava de uma obra minha, que, por me agradar bastante sob vários pontos de vista, constituiu até a redação da tese de mestrado "o meu livro" por excelência; o caráter de *despedida* também se revestia de um certo relevo, como se, para me ocupar de filosofia e de Freud, fosse preciso primeiro "acertar as contas" (*Kaufmann*) com o judaísmo. Várias vezes, referi-me a esse texto como um filho meu, filho estranho, certamente, pois eu seria ao mesmo tempo seu pai e sua mãe...

Um livro publicado, com meu nome: trata-se também da tese de mestrado — *Freud: a trama dos conceitos* (São Paulo, Perspectiva, 1982). Não haverá, desta vez, querelas de atribuição, visto que, por contrato, o "nome do autor" é inseparável da "obra". Enfim... Há algumas sessões, falei, como muitas outras vezes, dessa tese, mas para expressar o temor de que meu analista não a apreciasse, pois não se trata de um livro *de* psicanálise, e sim *sobre* a psicanálise. Meu medo era de que o analista o julgasse superficial e seco, sem o vigor de um texto propriamente analítico. Daí também numerosas inibições quanto à tese de doutorado, cujo início, sempre adiado, me parecia aterrorizador. Como escrever um tratado de filosofia sobre Freud, sabendo por experiência própria que a psicanálise ultrapassa em muito o domínio teórico? Por outro lado, dois anos de leitura e pesquisas se acumulam, exigindo sistematização e reflexão. Que essa tese será pouco acadêmica, eu o pressinto desde o início; ela intervém em meio à minha análise, num momento em que decidi exercer o ofício de analista ao lado do de professor de filosofia. Assim, o livro de cartas publicado sem que eu o soubesse alude também a meu desejo de ver terminada a obra que nem sequer comecei e de ver reconhecido pelo "público" meu direito a assinar os textos que redijo.

Contudo este é um trabalho de filosofia. Estranhas relações, as da filosofia e da psicanálise, em meu espírito! Uma não vai sem a outra. A filosofia me parece uma formação preciosa para o psicanalista, pelo exercício do trabalho com os conceitos e pelo hábito de se interrogar sobre o pretensamente óbvio; a psicanálise me parece proporcionar à filosofia uma base sólida assentada sobre os conhecimentos que permite surgirem a respeito do funcionamento psíquico do homem. Retornarei várias vezes a esse tema no desenvolvimento do texto, mas desde já posso assinalar que seu caráter híbrido — oscilando entre a análise dos conceitos e a referência à única análise de que participei, a minha — não é para mim um defeito; pelo contrário, espelha o processo de pensamento e a consciência simultânea de que esse processo não se esgota em si mesmo.

Para retornar ao sonho do contato físico e interromper provisoriamente sua interpretação, cabe mencionar que a problemática do "filho" está presente em suas duas partes. Na primeira, trata-se de uma criança a ser concebida com o auxílio do analista, seja em posição feminina, seja em posição masculina. Na segunda, é a paternidade da obra, de um texto de filosofia, permeado pela psicanálise não apenas em seu conteúdo, mas na forma de sua elaboração. A problemática é em essência a mesma: no interior da transferência, surge com frequência o desejo de ter um filho do analista, sobre o qual os estudos de Conrad Stein irão nos servir, mais adiante, de guia; o filho em questão pode ser considerado, metaforicamente, como a própria análise, obra conjunta do analista e do paciente. Melhor dito, obra do paciente, mas que não poderia ser engendrada sem o concurso do analista. A produção de um texto teórico, a tese, se inscreve no mesmo movimento, com a diferença de que, durante sua redução, o analista é apenas imaginado, seja sob sua forma de Monsieur X, seja sob a forma de Freud, o primeiro analista e objeto do meu trabalho, seja sob a forma de meus leitores futuros... A redação é, em todo caso, possibilitada e iluminada pela análise, em que ela se inspira e que lhe fornece um de seus parâmetros.

A diferença se reproduz no fato de que, uma vez pronta, esta tese terá uma existência efetiva independente de mim, sob a forma de um livro, enquanto a obra da análise se apresenta como algo interminável e inefável, existindo apenas como possibilidade permanente de continuar analisando e, eventualmente, sob a forma de reações menos geradoras de sofrimento do que aquelas que existiam antes.

Os temas do judaísmo e da pedagogia, que terei ocasião de discutir com mais vagar no próximo texto, figuram na segunda parte do sonho. Seja dito aqui que eles não são estranhos à decisão de me tornar psicanalista, após ter sido professor de história judaica e de filosofia durante vários anos. Foi na experiência inestimável da sala de aula, tornada possível por minhas opções teóricas e práticas e por uma dose razoável de acaso, que vim a descobrir o poder da palavra e os fundamentos eróticos da linguagem. Foi também ali, trabalhando com adolescentes e de certo modo influindo em sua formação, que o professor ainda inexperiente se viu objeto de reações emocionais que, posteriormente, o estudioso da psicanálise viria a caracterizar como transferenciais. E o fato de ter sido o judaísmo o primeiro objeto de minha produção teórica, cristalizada em aulas, artigos e livros, não é estranho à ligação que se forjou, um pouco à minha revelia, entre esse judaísmo e a região da palavra, oral ou escrita. Tais temas exigem uma reflexão, mas ao mesmo tempo, para serem apreendidos em suas determinações mais amplas, tornam necessário um longo e tortuoso percurso pela questão da cultura. Questão a ser, certamente, examinada no plural: são questões, miríades de questões, que se avolumam no horizonte; questões que não saberia dizer, neste momento, a que caminhos irão me conduzir, mas que pressinto frutíferas e ricas de sentido.

Um sonho não é por certo uma forma habitual de começar uma tese de doutorado. E contudo esse sonho, cuja interpretação foi apenas esboçada, contém uma amostra da problemática a ser examinada: não tanto dos temas da análise freudiana, da cultura, que ultrapassam em muito as pistas assinaladas até aqui, mas daquela que consiste no paradoxo de utilizar, para o estudo das produções culturais, os conceitos e paradigmas nascidos da prática psicanalítica. A psicanálise é em si mesma uma parte da cultura contemporânea, tanto no plano científico-filosófico, quanto no efeito imenso que as posições inspiradas direta ou indiretamente por Freud tiveram sobre os costumes e as ideias do século xx.

Refiro-me entretanto a um outro aspecto: para Freud, a análise dos problemas culturais se inscreve na psicanálise como *ilustração* de suas teses e *contribuição* especificamente psicanalítica à compreensão das várias esferas em que se desenvolve o fazer humano. Por um lado, o estudo das sociedades primitivas em *Totem e tabu* alude à origem da religião e da sociedade; mas, por outro, o horizonte desse estudo é o problema inteiramente psicanalítico do "pai morto". Do mesmo modo, *Psicologia coletiva e análise do ego* visa elucidar a natureza dos laços sociais; mas esse estudo trata da questão, essencial para a psicanálise clínica, da identificação. Teremos oportunidade de examinar com vagar essa dupla face da crítica freudiana à cultura, mas, se para abrir este estudo escolhi o sonho do hospital, os motivos de tal escolha podem ser, à luz das observações precedentes, apreciados com mais clareza.

Não pretendo, assim, fingir que minha produção teórica seja independente da análise atualmente em curso; tanto porque sei que uma é parte integrante da outra, como porque proceder de outra maneira seria ser infiel ao próprio objeto que me propus examinar. A teoria freudiana da cultura, objeto do presente estudo, tem por fundamento e por horizonte o que se passa nas sessões de análise, elas mesmas um fenômeno de nossa civilização "ocidental". Se em meu sonho surgem as questões da linguagem, da religião, da pedagogia, do tratamento teórico e da própria psicanálise, nele se configuram igualmente o papel determinado da sexualidade, a atividade de fantasmatização, a transferência, o complexo de Édipo, a agressividade e outros temas "propriamente analíticos". Ele funciona, portanto, em três níveis diferentes: como revelador dos conteúdos inconscientes de meu psiquismo particular, como amostra de um processo universal de elaboração onírica e como foco para o qual convergem, submetidos às leis que regem o universo noturno, meus interesses intelectuais e emocionais, indissoluvelmente ligados, realizando de modo ininterrupto o salto mortal da singularidade mais absoluta à universalidade do conceito, manipulando uma massa de informações registradas nos escaninhos da memória e convidadas a participar do grande baile da teoria:

"Venite pure avanti
Vezzose mascherette".[1]

---

1 "Vinde, pois, adiante,/ Belas mascarazinhas. (*Don Giovanni*, ato i, cena 20).

1. Berggasse 19: um endereço impossível?

"A psicanálise, porém, que durante minha longa vida se difundiu por muitos países, não encontrou ainda um lar que lhe fosse mais propício do que a cidade na qual nasceu e cresceu."[1]

"Odeio Viena com um ódio verdadeiramente pessoal e, ao contrário do gigante Anteu, sinto retornar minhas forças tão logo levanto o pé da cidade paterna. Este verão, por causa das crianças, terei de renunciar às viagens e às montanhas, resignando-me a ter constantemente na minha frente, de Bellevue, o panorama de Viena."[2]

Seria demasiado simplista explicar a oposição entre essas duas afirmações de Freud apenas pelo tempo transcorrido entre uma e outra, ou, de maneira um pouco mais sutil, pelo fato de a primeira ser escrita às vésperas do *Anschluss* e da

---

1 *O homem Moisés e a religião monoteísta*, sa ix, p. 504; se xxiii, p. 55; bn iii, p. 3273. No decorrer deste estudo, as citações de Freud serão referidas a três edições: a *Studienausgabe* para o original alemão, a *Standard edition* como texto crítico fundamental, e as *Obras completas*, na tradução castelhana da Biblioteca Nueva, sob a responsabilidade de J. Tognola. As siglas sa, se e bn referem-se a essas edições. Caso um texto não figure na sa, a fonte será indicada pelos *Gesammelte Werke* (gw). Em todos os casos, os algarismos romanos indicam o volume, e os arábicos, a página.
2 Carta 130 a Fliess (11/3/1900), em *Los orígenes del psicoanálisis*, bn iii, p. 3637. A edição espanhola é a única que traz o texto integral das cartas e manuscritos endereçados a Fliess, razão pela qual citaremos somente esse texto, que será designado pela sigla op.

emigração forçada, enquanto a segunda espelha a decepção pelo gélido acolhimento feito à *Interpretação dos sonhos*. A ligação com a cidade em que viveu e trabalhou, e da qual só se resignou a partir quando a invasão nazista o colocou diante de uma ameaça à sua existência física, é certamente um elemento importante na vida de Freud; contudo, a firmeza com que se expressa tanto numa quanto noutra das frases que citamos sugere que suas relações com Viena sejam mais complexas do que de pronto se poderia pensar. Além disso, o sujeito da citação inicial é a psicanálise, enquanto na segunda Freud fala na primeira pessoa do singular. Essa distinção tem, no entanto, um valor limitado, dada a íntima vinculação entre a psicanálise e seu fundador, evidente se refletirmos que uma de suas raízes é a autoanálise de Freud. Mas, se a psicanálise se cristalizou num conjunto de teorias cuja ambição é elucidar o funcionamento do psiquismo humano em geral, e não apenas o do indivíduo Sigmund Freud, é lícito inferir que o modo particular de reflexão que a engendra não se esgota na introspecção e na autobiografia. Em outros termos, a teoria psicanalítica é a parte mais abstrata, que se elevou à categoria do conceito, da análise empreendida por Freud sobre si mesmo e sobre seus pacientes. Nesse sentido, a acusação de psicologismo que foi inúmeras vezes levantada contra ela deixa de ser pertinente, embora reste explicar como se dá essa passagem da meditação singular e da observação de casos particulares à dimensão universal da teoria.

Parece-me que um caminho fecundo para pensar a questão consiste na exploração sistemática dessa singularidade e dessa particularidade a fim de desvendar as determinações que as constituem e as tornam, precisamente, aptas a engendrar uma concepção radicalmente nova do fenômeno humano. Como a psicanálise nasceu num lugar e num momento determinados — a Viena da virada do século — e por obra de um indivíduo determinado, as relações de seu fundador com esse meio específico não podem deixar de ser decisivas para sua emergência. Um estudo sobre a interpretação psicanalítica da cultura deve levar em conta, portanto, a cultura em sujo seio se tornou possível interpretar psicanaliticamente. Eis por que o iniciaremos com uma análise da atmosfera cultural em Viena no final do século XIX.

1. A CIDADE POTEMKIN

Viena no tempo de Francisco José: essas palavras evocam uma impressão de conto de fadas. As associações correm, céleres, para o "Belo Danúbio Azul" e para a torta de chocolate, para a indolência jovial e a afabilidade cortês, para a arte de viver de um século que não é o meu e que por isso mesmo parece à primeira vista banhado na poesia das coisas que se foram para sempre. Com efeito, "houve uma Viena leviana, indolente, frívola mesmo, voltada para o prazer, e dessa forma ligada à busca da felicidade. Uma Viena em que a alegria e a arte de viver eram comuns a todas as classes, com matizes originais para cada uma delas [...], uma Viena maravilhosa, feérica, uma Viena de coração de ouro, impregnada da bonomia sorridente de seus subúrbios. Uma Viena do vinho, da mulher, da música, onde todos são felizes. Uma Viena de opereta, embalada pela canção: 'Wien, wien, nur du allein/ wirst stets die Stadt meiner Träume sein!...'".[3]

Tal é a força do estereótipo: as cidades têm sua mitologia própria, sua imagem de marca; e seria tão superficial contentar-se com essa imagem e com essa mitologia quanto intempestivo recusá-las de imediato, como se entre a lenda e a realidade a relação fosse apenas a da verdade e do erro. A *Schlamperei* e a *Gemütlichkeit* são a face visível desse complexo imaginário; mas o complexo imaginário é apenas o ponto de partida. Trata-se, precisamente, de não se limitar a esse ponto de partida, e no entanto considerá-lo legitimamente como tal, isto é, como contendo em si, de maneira ainda abstrata, o desenvolvimento posterior. Ao mesmo tempo, como sabemos desde a *Introdução à crítica da economia política*, esse ponto de partida da análise é um ponto de chegada do processo real de constituição, a camada mais superficial — e por isso mesmo mais acessível à visão direta — de uma totalidade complexa, que se exprime nela sem nela se esgotar. Cabe, pois, tomar essa imagem pelo que ela é: uma representação do real; e, na medida em que as representações têm um modo de existência determinado, explicitar a rede de determinações em que ela se inscreve e no interior da qual ganha seu sentido.

Essa representação caracteriza Viena como uma cidade do *lazer*. E o lazer parece flutuar na atmosfera, sem que seja possível perceber como ele se articula com o mundo cotidiano, com o mundo do trabalho. Em sua autobiografia, *Die Welt von Gestern*, Stefan Zweig descreve sua cidade natal como dominada pela "paixão da cultura": "Tocar música, dançar, ir ao teatro, conduzir-se com bom gosto e propriedade eram em Viena coisas consideradas uma arte especial. O mais

---

3 José Bruyr e Gerad Schbeilin, "Une civilisation du bonheur", em *Vienne au temps de François Joseph*, Paris, Hachette, 1970, p. 101.

importante, tanto na vida do indivíduo quanto na da comunidade, não eram as questões militares, políticas ou comerciais; a primeira página do jornal a ser lida por um cidadão comum não era a das discussões no Parlamento ou a dos acontecimentos internacionais, mas a dos programas de teatro [...]".[4] De modo curioso, a cultura pela qual se apaixonava Viena aparece como constituída essencialmente de música e de teatro. Este era, com efeito, o foco das atenções gerais. Vários são os historiadores que insistem sobre esse aspecto: o vienense apreciava imensamente o teatro, tanto pelo amor ao espetáculo propriamente dito — as cores, o cenário, a dicção — quanto porque o tomava como fio condutor para uma compreensão mais aprofundada da época e do espírito da cidade.

A tradição teatral em Viena remonta ao período barroco. Às farsas populares, com seu cortejo de personagens típicos, opõe-se num primeiro momento o teatro jesuíta, inspirado nos princípios da Contrarreforma. Mas, à diferença do que ocorreu em outros países, o teatro "sério" não expulsou do palco os personagens antigos; ao contrário, em 1709 se procede à construção de um edifício permanente para a representação das peças populares, o que confirma a importância atribuída a essa arte de raízes tradicionais. Ao mesmo tempo, o *Burgtheater*, equivalente austríaco da *Comédie Française*, se impunha como o território do drama sério, patrocinado pela Corte. A importância do teatro é responsável pelo fato de que, ao redor de 1820, quando a literatura propriamente austríaca surge como tal, é pela via dramática que ela se afirma: a produção de Raimund, Grillparzer e Nestroy é em sua maior parte destinada ao palco. É por meio dos dramas históricos e das peças de inspiração medieval desses autores que a literatura austríaca começa a se diferenciar da alemã, que no momento já contava com clássicos do porte de Lessing, Goethe e Schiller.

Em que o teatro era particularmente apto a exprimir a especificidade austríaca? É Hermann Broch, em seu admirável estudo sobre "Hofmannsthal e seu tempo",[5] quem responde: o teatro clássico está visceralmente ligado à monarquia. Partindo de uma comparação entre Paris e Viena, Broch mostra que o paralelismo essencial entre essas cidades consiste no fato de serem elas a sede das duas dinastias mais importantes do continente europeu: os Bourbon e os Habsburgo.

---

4 Stefan Zweig, *Die Welt von Gestern*, Frankfurt, Fischer Verlag, 1977, pp. 22-3.
5 Hermann Broch, "Hofmannsthal et son temps", em *Création littéraire et connaissance*, Paris, Gallimard, 1966, p. 83.

Durante os séculos XVII e XVIII, ambas as casas se afirmam como elementos centralizadores de seus respectivos Estados, desenvolvendo nesse processo cortes pomposas e brilhantes, destinadas a atrair a nobreza e reconciliá-la com a perda de certas prerrogativas. Mesmo se matizarmos essa análise, invocando os exemplos da Inglaterra e da Espanha, onde a presença da Corte favoreceu igualmente um florescimento do teatro — pense-se no drama elisabetano e na produção do Século de Ouro espanhol —, a relação apontada por Broch continua de pé. Na verdade, ainda que a centralização operada no Império dos Habsburgo tenha ficado muito aquém da que se verificou na França, em virtude de características históricas de formação de cada um dos Estados, o fato é que a Corte de Viena assumiu um papel preponderante na orientação do desenvolvimento artístico próprio à capital austríaca. Isso explica que tenham sido as artes do espetáculo as primeiras a atingir sua maturidade, tanto pela frequência com que se organizavam os divertimentos palacianos, quanto pela forte influência espanhola e italiana sobre a cultura da época.[6] Por outro lado, a literatura — menos feita para o divertimento público e mais adequada ao recato da vida privada e limitada em sua própria esfera pelo predomínio das letras francesas no século XVII e pelo surgimento do classicismo alemão, a partir dos meados do século XVIII — consolida-se mais lentamente, para, como dissemos, eclodir em sua especificidade apenas nos começos do XIX, e mesmo assim na direção do teatro, e não da poesia ou do romance. A música, a ópera, as artes decorativas em geral formarão o núcleo da expressão artística do Império, e o mecenato aristocrático permitirá a Haydn, Mozart e Beethoven disporem de um público e de meios materiais de excelente qualidade: as orquestras e os grupos de atores necessários à execução de suas obras.

A música e a ópera não tardaram a transpor o círculo estreito do público da corte e a atingir círculos cada vez mais distantes da aristocracia. Para isso,

---

[6] Nos séculos XVI e XVII, um ramo da casa dos Habsburgo reinava na Espanha, enquanto o outro governava o Sacro Império. A afinidade entre Madri e Viena tem sua origem no catolicismo militante da dinastia, que se opôs por todos os meios à Reforma, e na política antifrancesa a partir da eleição de Carlos V para o trono imperial. O teatro de Lope de Vega e de Calderón de la Barca era representado em Viena, e até o século XIX a etiqueta espanhola vigorava na Hofburg. Quanto à Itália, toda a parte norte da península cai sob a órbita austríaca a partir do século XVII. A influência italiana se faz sentir na arquitetura e na música, com o estilo barroco, a ópera e o *bel canto*. Ainda em 1770, Mozart vai completar na Itália sua educação musical.

contribuíram não apenas a tendência à imitação dos padrões emanados da corte, mas também a função essencialmente aglutinadora da arte barroca, cuja profusão de elementos sonoros e visuais, destinada a *colpire i sensi*, visava atingir sobretudo a emoção e por essa via suscitar a adesão do espectador à ordem política e religiosa vigente. Essa utilidade política do espectador se torna sensível em particular a partir de 1815, quando, depois do Congresso de Viena, a contrarrevolução triunfante encontra seu porta-voz na pessoa de Metternich. Durante os trinta anos de seu governo, que se estende de 1815 às jornadas fatídicas de março de 1848, a orientação fundamental da política de Viena é o combate às ideias liberais nascidas da Revolução Francesa e que, apesar da derrota de Napoleão e da Santa Aliança, não haviam desaparecido do continente europeu. Enquanto a Áustria vivia sua primeira revolução industrial (da qual voltaremos a tratar) e no momento em que a questão das nacionalidades começava a se esboçar, Metternich procurava aniquilar a infiltração liberal que acompanhava esses dois processos por meio da censura e da polícia. O movimento cultural, nessas condições, tendeu a se desviar da política e a se concentrar nas atividades menos comprometedoras da música e do teatro — este voltado sobretudo para a afirmação da legitimidade da dinastia, por meio dos dramas históricos então em voga. A crítica social se expressou, dentro dos estreitos limites consentidos pela censura, nas sátiras populares e nas comédias de Nestroy. É o tempo do Biedermeier, da reação política e do medo, que favorece o retorno à intimidade, à roda de amigos, às diversões que não comprometem, como a bebida e a dança. É o momento em que, sob a batuta mágica de Lanner e Strauss pai, a valsa começa a se impor; dança burguesa, a princípio considerada escandalosa pela proximidade física entre os dançarinos, que contrastava com o toque da ponta dos dedos e as regras estritas do minueto, a valsa é também a dança inebriante, romântica, na qual as figuras da coreografia não estão determinadas *a priori*, e que por isso mesmo permite à imaginação individual uma manifestação inesperada. Refúgio do particular, evocando o amor e a interioridade burguesa, a valsa ao mesmo tempo limita essa interioridade à sua camada mais superficial, a da pura afirmação de si na habilidade dos passos ritmados, e restringe o campo da intersubjetividade ao enlace levemente erótico dos pares abraçados. Eis por que a paixão de Viena pela nova dança se coaduna perfeitamente com o esforço de despolitização, isto é, com a redução de todos à esfera de meros particulares, sem voz na condução dos assuntos públicos: o fechamento do ambiente político por meio da censura e do arbítrio deixa, como único território livre para a expressão, a dimensão particular, e a locução "bailes públicos" exprime bem a degradação da esfera do "público" à pura condição de espaço do divertimento sem consequências.

O breve episódio da Revolução de 1848 não modificou esse panorama. Dominada a ferro e fogo pela força das armas, ela desembocou no neoabsolutismo dos anos 1850, cuja consequência no domínio artístico foi a manutenção e mesmo o agravamento das restrições à liberdade de expressão. É nessa recusa da modernização, que no entanto se efetuava surdamente, e no apego às formas tradicionais de domínio e de convivência, que Hermann Broch vê o traço essencial da civilização austríaca na segunda metade do século XIX.

> A Áustria do século XIX, não apenas no domínio intelectual mas também no campo político [...] havia se tornado um Estado bom para ser guardado no museu. A via da revolução, que provavelmente se apresentava ao espírito de José II, o Reformador, passa sobre o fio de uma espada: a queda na revolução está à esquerda, à direita está a reação [...]. A Áustria, ameaçada do exterior e dilacerada do interior por suas nacionalidades, não possuía nada desse instinto (de equilíbrio), não podia possuí-lo nem sequer em grau mínimo, e ali onde não tombava na reação era preciso que estagnasse e se tornasse boa para ser conservada no museu.[7]

Enquanto Paris, em consequência da revolução e de seus ecos, que se estendem por todo o século XIX, sacudia as formas do *Ancien Régime* e dessa maneira conservava sua posição de metrópole mundial da cultura, aberta a todas as inovações, permitindo que em seu seio viessem a se abrigar as correntes mais revolucionárias da arte e do espírito — o que levará Walter Benjamin a considerá-la a "capital do século XIX" —, Viena se acomodava em seu provincianismo, renunciando à função de metrópole europeia que fora no século barroco.

Sem uma abertura essencial para o novo, sem correr o risco do imprevisto e do sobressalto, não é possível a emergência de uma cultura autêntica. Numa análise admirável contida no estudo que citamos, Hermann Broch mostra a relação dialética que existe entre a obra de arte, seu público e a época em que é produzida. Uma obra de arte "verdadeira", afirma ele, consiste na materialização, conforme o meio de expressão escolhido, do "sentido da época", apreendido pelo artista em virtude de uma visão intuitiva que lhe permite captar a época

---

[7] Broch, "Hofmannsthal", cit., p. 85.

como totalidade, acima e através da multiplicidade desorientadora dos acontecimentos que se sucedem e coexistem. Ora, "uma obra de arte que reproduz o conteúdo total de uma época (e portanto não apenas o seu estilo), e que representa por isso uma 'novidade' inquietante, não se torna, geralmente, algo familiar antes que a época tenha acabado, o que significa que ela é apreciada e reconhecida apenas quando o período de sua criação já se tornou uma totalidade histórica".[8] Isso a distingue da "pequena" obra de arte que, por não exprimir em si tal totalidade, mas apenas um de seus aspectos — e de maneira geral o menos inquietante —, pode ser aceita e admirada no decorrer da própria época que a vê nascer. Dessa forma, num momento dado, opõem-se à aceitação da obra de arte autêntica dois grupos principais de produções: a "pequena arte" da época e a arte autêntica do período anterior, que, em virtude da distância histórica, perdeu seu poder de suscitar a inquietação e pode por isso ser incorporada ao gosto do público em geral.

O que Broch descreve com extrema lucidez é o mecanismo da "museificação" da arte, do qual nos fala também o Merleau-Ponty de *A linguagem indireta e as vozes do silêncio*. Com efeito, a noção hegeliana de que a obra de arte exprime o espírito do tempo é combinada por Broch com uma abordagem inspirada pela psicanálise, que descobre na obra de arte o efeito emocional produzido sobre o espectador; o museu, com sua disposição tranquilizante, em que as obras *coexistem* umas ao lado das outras, protegidas do público por molduras e cordões de isolamento, pode ser igualmente visto como o lugar em que a arte é neutralizada, justo por meio de sua glorificação. A função do cordão de segurança pode ser interpretada como a de proteger, não a obra do vandalismo do espectador, mas este do poder de sedução e de inquietação contido na obra. Ao arrancá-la do contexto em que deveria produzir seu efeito inovador, ao apresentá-la como exemplo de um estilo ou de um autor, o museu elimina esse efeito e faz surgir as obras como que flutuando no vazio, desprovidas mesmo da finalidade decorativa à qual se destinavam originalmente. Nessa perspectiva, é sugestivo lembrar que a visita aos museus de arte se faz em geral acompanhada de um comentário, seja na fala de um guia, seja num texto escrito; não é apenas a falta de familiaridade com o que está exposto naquelas salas que explica a necessidade do comentário, mas tal falta de familiaridade precisa ser explicada. Que se tenha tornado necessário ensinar a *ver* o que mostra um quadro

---

8 Broch, "Hofmannsthal", cit., p. 73.

ou uma estátua diz muito sobre essa função de neutralização da arte, já que o melhor jeito de se escudar do sentido de uma produção humana é ignorar a forma pela qual ele se materializa, num estilo determinado e num código expressivo particular. Aqui como em tantas outras ocasiões, a ignorância serve a propósitos mais sutis e obedece a razões emanadas da resistência. Quando, portanto, Broch estende a Viena o juízo segundo o qual a Áustria se convertera num Estado-museu, a metáfora vai mais longe do que à primeira vista se poderia supor, fornecendo-nos uma indicação preciosa sobre o espírito da cidade e as múltiplas implicações dessa recusa do novo.

Basta refletirmos, por exemplo, no conservadorismo fundamental do gosto vienense, disfarçado sob a máscara de uma severidade extrema no tocante aos aspectos formais da execução, digamos no teatro ou na ópera. Uma comparação entre dois textos, um de Stefan Zweig e outro de Hofmannsthal, permite captar mais precisamente o que está em jogo aqui: "Na Ópera de Viena, no Burgtheater", escreve Zweig, "nada era perdoado; cada nota errada era percebida de imediato, cada gesto em falso e cada frase saltada, denunciados, e esse controle não se exercia apenas nas estreias, por parte dos críticos profissionais, mas dia após dia, pelo ouvido alerta e exercitado por comparações constantes do público em geral. Enquanto nas questões políticas, administrativas e morais tudo era aceito com complacência (*Gemütlichkeit*), enquanto diante da *Schlamperei* se manifestava uma indiferença bonachona e se fechava um olho para todas as faltas, nos assuntos da arte não existia o perdão: aqui estava em jogo a honra da cidade".[9] Se para a visão retrospectiva e impregnada de nostalgia de Stefan Zweig tal severidade exigente constitui uma prova da "paixão pela cultura", Hofmannsthal é mais cauteloso; numa carta a Richard Strauss datada de 7 de outubro de 1908, o poeta se expressa nestes termos: "O público vienense desconfia das novidades, como ao vaiar hoje *Don Giovanni* e *Fidélio*. Seria portanto muito arriscado oferecer nossa *Elektra* demasiado cedo a essa gente. Aguardaremos antes o julgamento de Dresden, de Berlim e de outras cidades".[10]

A menção a Dresden e Berlim não é casual: a primeira era a capital da música; a segunda, do teatro na Alemanha de Guilherme II. Desde a época de Schumann e Mendelssohn, Dresden possuía uma sólida tradição musical, tão exigente quanto

---
9 Zweig, *Die Welt*, cit., p. 26.
10 Bernard Rajben, "Les musiciens: ferveur et inquiétude", em *Vienne au temps*, cit., p. 113.

a de Viena; mas, em virtude da existência do classicismo vienense, mais receptiva aos românticos, como para opor ao hieratismo de Viena sua aceitação dinâmica do novo. Berlim, que até 1870 se ilustrara apenas na filosofia e nas ciências, era no final do século XIX uma capital econômica e política, sem pretensões a dirigir a cultura do Reich, que tinha seus centros em Dresden para a música, em Munique para as artes plásticas, em Leipzig para a literatura e a edição. A própria falta de tradições em Berlim favoreceu a revolução operada no início do século XX, no domínio do teatro, por Max Reinhardt e outros diretores do mesmo porte, que lhe conferem pela primeira vez um posto de destaque no mundo das artes. Quando Hofmannsthal sugere a Strauss que a estreia de *Elektra* se faça primeiro na Alemanha, não é difícil perceber que Viena só aceitaria a ópera depois que, pelo sucesso conquistado em outras cidades, ela pudesse ser enfim consagrada, pelo eventual êxito na Ópera Imperial, como um "clássico". A recusa quase instintiva do novo, do que pudesse transtornar a plácida imagem que se fazia de si mesma, é uma constante do gosto artístico de Viena, para cuja explicação a "tendência ao museu" apontada por Broch fornece uma pista inicial. Essa tendência não é de maneira alguma incompatível com a exigência de qualidade no desempenho, evocada por Stefan Zweig: ao contrário, esse é mesmo o critério essencial — como prova de perfeição na forma — para discernir as "obras-primas" que merecem aceder ao museu. Ao concentrar sua atenção no estilo de execução, na dicção do ator e no afinamento dos segundos-violinos, o público justificava a atenção com que acompanhava o desenrolar do programa e, ao mesmo tempo, por meio do deslocamento da crítica do conteúdo para a aparência, imunizava-se contra qualquer perturbação dos padrões estabelecidos.

É por essa razão que a "capital mundial da música" permaneceu sempre desatualizada em relação às novas correntes que durante todo o século XIX se agitavam na música europeia. O fim do mecenato aristocrático e a popularização dos concertos, que correspondem aproximadamente ao regime de Metternich, marcam o início dessa defasagem permanente entre os compositores e seu público. Os últimos quartetos de Beethoven e a maior parte da produção de Schubert continuaram durante décadas a fio desconhecidos do público. É somente com a fundação da Filarmônica de Viena, por volta de 1850 — coincidindo portanto com a restauração do absolutismo e com a sabedoria imemorial do "pão e circo" —, que Viena começa a recuperar seu atraso musical em relação à Itália, à França e à Alemanha. O principal movimento da segunda metade do século XIX, no domínio da música — o advento de Wagner e da revolução por ele introduzida na ópera —, passa inteiramente ao largo de Viena; é só quando Gustav Mahler acede ao cargo de diretor da Ópera Imperial, em 1897, que os vienenses descobrem, estupefatos, a importância essencial de Wagner. O mesmo repúdio escandalizado acolhe a produção de Bruckner e de Hugo Wolf, inspirada no cromatismo wagneriano, embora a Bruckner fosse proporcionado na velhice o reconhecimento a que Wolf só teve direito no dia de seu enterro. Nenhuma das sinfonias de Mahler foi estreada em Viena enquanto ele viveu; o público reconhecia nele o regente insuperável e o genial diretor de cena, mas não o compositor. Os sucessores de Mahler — Schönberg, Berg e Webern — serão rejeitados com ódio ainda maior. Sem alongar demais a lista das tolices que o público "exigente" e de "ouvido alerta" cometeu ao longo dos cem anos que vão de 1830 a 1930, podemos concluir que o conservadorismo e o "espírito de museu" prevaleceram em relação às tendências inovadoras. O que, paradoxalmente, não invalida o fato de que é justo em Viena que irá se produzir a revolução dodecafônica, mas é apesar e não por causa do estímulo à criação que ela poderá emergir. É certo que o público amava a música, que o ensino do Conservatório era de excelente qualidade, que as orquestras populares difundiam o riquíssimo folclore musical das regiões do Império por todas as classes sociais; mas não é menos verdade que o filistinismo do público "cultivado" o fez evitar tudo o que não entrasse nas categorias habituais, que, precisamente por serem habituais, são inimigas do excelente em nome do bom.

O domínio musical, podemos ver, funciona como revelador das tendências culturais do período. É por isso que considero interessante prosseguir na exploração desse setor, glória de Viena e tão ligado à representação de conto de fadas de que falei no início. O panorama dos anos 1860-90 é dominado por duas figuras de estatura desigual: Johannes Brahms e Johann Strauss, filho. A simples aproximação desses nomes causa espanto. Brahms é um dos músicos mais profundos e mais exigentes do século, enquanto as valsas de Strauss são a expressão mais perfeita da volubilidade jovial e irresponsável que constitui a imagem de marca de Viena. Uma nota irônica de B. Rajben esclarece o mistério: "Não nos admiremos; Brahms era célebre na Europa inteira havia vinte anos; Viena, como de hábito, seguia assim o movimento, ao invés de antecipar-se a ele".[11]

---

11 Rajben, "Les musiciens", cit., p. 118.

Brahms representa, desse modo, a sobrevivência da arte própria à época imediatamente anterior, segundo as categorias de Broch, e isso não significa uma diminuição de sua estatura: ao contrário, parece-me que Brahms conduz a música sinfônica ao ponto extremo do desenvolvimento possível dentro dos moldes herdados do classicismo, essencialmente compreendidos pela chamada "sonata-forma". Mas justo Brahms é o ponto de chegada de uma tradição que começa no século XVIII, enquanto Strauss e a opereta constituem o domínio da "pequena" arte da época, aquela que espelha apenas aspectos parciais de seu sentido. Diante desses dois polos do sucesso, um de grande fôlego e o outro fácil, Wagner se eleva como o artista mais representativo de seu momento histórico. É dessa maneira que o situa Hermann Broch, mas, como para ele a segunda metade do século XIX é, por excelência, o período do vazio de valores — no que concorda com a crítica devastadora de Nietzsche sobre seus contemporâneos —, Wagner surge como o artista mais característico da época porque é exatamente o "gênio do vazio".

A passagem merece ser citada amplamente:

> Assim como o estilo da época era um não-estilo, Wagner [...] era precisamente o gênio do vazio [...]. Mas ele sabia que as obras de arte podem ser criadas com qualquer material, desde que se utilize uma arquitetônica apropriada [...] Tratava-se de construir a obra de arte total. Foi precisamente aqui que se afirmou em Wagner seu sentimento específico, seu instinto decididamente infalível da época. Ele sabia que a época na qual nascera escolheria o estilo de ópera como a forma representativa da sua expressão total. Via como as novas cidades da burguesia se punham em busca de um novo centro da comunidade, para substituir as catedrais, e se esforçavam por elevar a praça da Ópera a essa dignidade [...]. Mas Wagner sabia também que o repertório da ópera, em sua forma de então, não estava à altura das exigências de uma tal solenidade [...] Consciente disso, sabia perfeitamente que seu plano de uma obra de arte total num estilo de ópera viria satisfazer uma necessidade autêntica da época. Em compensação, percebia não menos claramente que um plano destinado a servir as necessidades imediatas da época, para assim então colher sucessos imediatos, possui todas as características da "pequena" arte e está condenado a permanecer *a priori* no estilo do tempo, o que significa aqui o não-estilo. [...] Contudo, tornou-se uma grande obra de arte [...] capaz de unir, diríamos mesmo de fundir, num único estilo, o estilo wagneriano específico,

todos os elementos do não-estilo, pois por trás dela existia a tendência radical do gênio e porque ela desvendava decididamente, sem pudor, com um não-pudor radical, a nudez do vazio.[12]

Esse texto implacável nos permite compreender um pouco mais as relações de Viena com Wagner. Cabe à sua obra a função de revelador do vazio fundamental da época, vazio de valores e vazio político. É à arquitetônica que incumbe a tarefa de mascarar tal vazio, o qual se determina como o espaço deixado vacante pelo refluxo da religião. A praça da Ópera deve substituir a catedral como centro da comunidade, como foco de identificação coletiva e de coesão social; mas a sociedade burguesa, que atribui à arte esse papel, vai escolher como estilo de expressão a ópera, isto é, o espetáculo mais envolvente, aquele em que todos os sentidos são atingidos ao mesmo tempo. Em vez da participação ritual na ordem do Universo representada pelo culto divino, o novo "centro da comunidade" estabelece primeiro uma separação entre a plateia e o palco, para reuni-los imaginariamente no momento dos aplausos. O público recebe a função de espectador e de juiz, mas lhe é retirada a base da comunhão com os oficiantes, a saber, a transcendência do divino então encarnada nas formas específicas do culto. A evocação da mitologia germânica nos libretos de Wagner pretende proporcionar à nação alemã um fundamento autêntico de coesão e de comunidade no destino, e na percepção da necessidade de um tal fundamento ela é verdadeira. No entanto, no conteúdo oferecido para sua materialização, ela exprime o vazio deixado pela "dissolução do Espírito Absoluto", já que a mensagem mítica, o apelo às fontes legendárias de um passado romantizado deixam transparecer a um olhar atento a inadequação entre o culto dos heróis do Walhala e a realidade da época, cristalizada no capitalismo selvagem dos meados do século, na política sem escrúpulos de Bismarck e na prussianização imposta ao Reich. Nesse sentido, Wagner é um artista que atinge a dimensão da verdade, mas por assim dizer no avesso da sua obra, naquilo que ela impõe a nu pelo próprio movimento de sua constituição.

Ora, mesmo assim Wagner é indigesto para Viena. Somente em 1875, aos 62 anos de idade, ele dirige pessoalmente uma apresentação na Ópera Imperial, e nesse momento a polêmica entre seus partidários e os adeptos de Brahms

12 Broch, "Hofmannsthal", cit., pp. 74-5.

atinge seu ápice. Caberá a Mahler revelar a Viena a obra de Wagner, e, apesar dos trinta anos de atraso com que se fez tal revelação, ela tem ainda de passar por uma reforma completa da *encenação*. Com efeito, Wagner não elabora uma dramaturgia adequada à revolução que introduziu no domínio propriamente musical; coube a Adolf Appia, na década de 1890, esboçar os princípios de uma encenação apropriada ao espetáculo wagneriano. A colaboração de Mahler com Alfred Roller, discípulo de Appia, fez surgir a ópera moderna em sua forma cênica característica, introduzindo a mobilidade dos cenários e a utilização de elementos até então ignorados no palco lírico.[13] Ora, parece-me extremamente significativo que a inclusão da "obra de arte total" no repertório vienense só tenha sido possível mediante uma reforma de seu aspecto *teatral*, isto é, por um processo que atinge a disposição cênica, a iluminação, o vestuário etc.; em suma, para que Viena se dispusesse a aceitar o cromatismo que feria seus "ouvidos alertas", ela tivera de ser seduzida pelo esplendor visual de um espetáculo até então jamais visto. Nesse sentido, o fato de que Wagner morrera fazia quinze anos e que sua "época" podia ser apreendida como uma totalidade fechada sobre si — que já pertencia ao museu, nos termos de Broch — ganha todo o seu relevo, como se a decoração renovada de Roller funcionasse como o cordão de isolamento que, no museu, separa a obra intangível de seu espectador enfim tranquilo.

O papel da decoração nas artes de Viena não pode ser exagerado. Ultrapassando a esfera das artes plásticas propriamente ditas, nas quais a pompa do "estilo Makart" faz pensar em Rubens e nos melhores momentos do barroco seiscentista, é na arquitetura que vai se revelar sua extraordinária importância, determinando o estilo monumental dos imóveis construídos a partir de 1857. Até essa data, a *Innere Stadt*, ou cidade velha, era protegida por fortificações construídas durante as guerras contra os turcos, no século XVII. Tais fortificações haviam deixado de ser necessárias, pois sua flagrante inutilidade diante dos progressos da arte militar fora amplamente demonstrada durante as Guerras Napoleônicas; além disso, favoreciam a montagem de barricadas em caso de revolta popular, como se verificara em 1848, e dificultavam o movimento das unidades

---

13 Rajben, "Les musiciens", cit., p. 113. Cf. igualmente Ulrich Schreiber, "Mahler: une musique des contradictions", em *Vienne, début d'un siècle*, número especial de *Critique*, Paris, Minuit, 1975, pp. 919 ss.

militares encarregadas da repressão. Haveria muito que dizer a respeito do papel determinante do temor frente às expulsões populares no traçado urbano de cidades como Viena e Paris, caracterizado pelas amplas avenidas, margeadas de árvores frondosas, que fazem as delícias do *promeneur*; mais ainda do que acelerar o tráfego de veículos e de mercadorias, sua função essencial é estratégica, visando facilitar o movimento das tropas em caso de choque com uma população insurrecta. As décadas de 1850 e de 1860 presenciam em Paris uma verdadeira febre de demolição, fazendo desaparecer bairros inteiros de ruelas sinuosas e becos sem saída, que existiam desde os tempos medievais e ainda aparecem em certos romances de Balzac. Em Viena, onde prevalece a moderação e onde os excessos são malvistos, a demolição se restringe às muralhas, fazendo surgir em seu lugar uma avenida circular, a Ringstrasse, na qual serão edificados prédios suntuosos e imóveis destinados a um uso público, como o Parlamento, a nova Ópera, o novo Burgtheater, vários ministérios, e outros do mesmo gênero. A renovação urbana assim iniciada coincide com a segunda etapa da revolução industrial no Império dos Habsburgo, da qual trataremos na segunda seção deste capítulo. Uma parcela significativa dos lucros da burguesia e dos aristocratas a ela associados é encaminhada para a especulação imobiliária e para a construção de palacetes na nova avenida, transformada em poucos anos na vitrina do prestígio e da ostentação. Todos esses edifícios, ao lado de imóveis de aluguel e de mansões da nobreza, se caracterizam por uma extraordinária variante de estilos, cujo único elemento comum é serem todos "neo": neoclássicos, neogóticos, neobarrocos, neorrococós... É o culto da fachada grandiosa, da decoração exagerada, da profusão de colunas, volutas e cariátides; em suma, do desejo de impressionar o espectador. A diversidade dos meios postos ao serviço dessa finalidade apenas ressalta a unidade do princípio; é uma arquitetura da máscara e da hipocrisia.

Caberá à geração de 1890 — cujo movimento de crítica a essa epidemia decorativa irá formar o que se conhece como a *Sezession* vienense — pôr a nu a falsidade da arquitetura e em geral das artes plásticas em voga nos anos entre 1860 e 1885. Nas palavras de Adolf Loos, que representa as novas tendências do domínio da arquitetura, Viena é uma "cidade-Potemkin":

> Uma cidade que esconde sua verdadeira identidade, sua realidade, sua natureza de classe, sob a vestimenta e as lantejoulas que seus arquitetos confeccionam para ela, a exemplo de Potemkin, o favorito de Catarina da Rússia, que sabia erigir nas

planícies desertas da Ucrânia, quando das visitas da Imperatriz, aldeias inteiras em *trompe-l'œil*, feitas de tecido e de papelão [...] Arquitetura da máscara, aquela mesma que merecia uma capital desejosa de manter, na era burguesa, sua aparência aristocrática e que atribuía a seus arquitetos a tarefa de dissimular, sob a maquiagem das falsas pedras talhadas e de uma decoração feita com elementos cimentados, todas as diferenças sociais entre seus habitantes, ao menos entre aqueles que viviam nos bairros elegantes...[14]

A cidade-Potemkin é, dessa forma, uma cidade da ilusão. O decorativo assume as proporções de um estilo, o estilo do não estilo, da "pobreza recoberta de riqueza", como dirá Hermann Broch.[15] Essa ilusão se revela como desejo de esconder algo preciso: a diferença social. É certo que tal diferença a ser abolida imaginariamente pela profusão de elementos decorativos se restringe aos diversos setores da classe dominante — é a burguesia rica que quer passar por aristocrática, negando sua origem social e aspirando à admissão nos círculos fechados da Corte. O que desperta a ira de Loos é a imoralidade desse fingimento, o desperdício que consiste em paramentar de estuque esculpido a fachada de prédios de aluguel, a mentira de fazer os materiais passar por mais nobres do que são, o ridículo de transfigurar o cimento em pedra e o ferro em bronze. Num artigo cujo título é uma bofetada no rosto dessa burguesia envergonhada de si mesma — "Ornamento e crime" —, Loos dirá que a evolução cultural é sinônimo da eliminação progressiva da ornamentação nos objetos utilitários, começando pela indumentária e terminando pela residência. O que, naturalmente, não impede o gosto do burguês de continuar a se modelar pela mistura de estilos. Quando, em seu célebre romance, Robert Musil descreve a casa do "Homem sem qualidades", sua ironia traça um retrato implacável de uma mansão da época: "Mais precisamente, o rés-do-chão era do século XVII, o parque e o belo primeiro andar traziam a marca do século XVIII, a fachada havia sido refeita e ligeiramente estragada no século XIX, de modo que o conjunto tinha aquele ar borrado das fotografias tiradas por engano sobre o mesmo negativo...". Como

---

14 Adolf Loos, "Die Potemkin Stadt", citado por Hubert Damisch ("Le désir du vide", em *Vienne, Début*, cit., p. 807). Para um excelente estudo socioideológico da Ringstrasse, cf. Carl Schorske, "The Ringstrasse and the birth of modern urbanism", em *Fin de siècle Vienna*, Nova York, Vintage Books (Random House), 1981.

15 Broch, "Hofmannsthal", cit., p. 55.

o Homem sem Qualidades dispunha de meios para restaurar como quisesse a casa que acabara de adquirir, "ele podia escolher entre todos os métodos e todos os estilos, dos assírios ao cubismo, da restauração total ao desrespeito mais completo...". Um leque tão amplo de possibilidades acaba por conduzi-lo à inação, de modo que "neste ponto de suas reflexões, Ulrich simplesmente abandonou a instalação de sua casa ao talento de seus fornecedores, persuadido de que, em matéria de tradição, de preconceitos e de estreiteza, poderia se confiar integralmente a eles".[16]

Com Loos, Musil e os demais representantes da geração que atinge a maturidade por volta de 1900, Viena toma consciência de si mesma; ou melhor, uma parcela extremamente reduzida da intelectualidade vienense, que para nós, os pósteros, representa a contribuição da Viena de 1900 à cultura moderna, toma consciência dessa falsidade essencial, dessa duplicidade, e dos mecanismos que sustentam a atitude artificial e hipócrita da sociedade em que vive. Fútil, frívola, seduzida pelo ritmo da valsa e pela pompa visual das fachadas, Viena revela sua verdadeira vocação nesse amor pelo decorativo, pela superfície e pela maquilagem. Nesse sentido, o teatro, do qual partimos, é bem sua forma de expressão ideal, donde o fascínio que os vienenses experimentam por ele. Arte da ilusão e da identificação coletiva, o teatro — pelo menos o teatro burguês em sua versão mais edulcorada — acede a uma verdade de grau superior; como representação, como duplo do duplo, ele exprime com vigor o espírito de um momento e de uma cidade sequiosos de decoração, de brilho e refinamento, mesmo que tais ouropéis de sonho repousem sobre um vazio ético e sobre a recusa de pôr em questão a substância real que deveria conferir solidez a essa proliferação de tatuagens.

É Stefan Zweig quem nos descreve o que o vienense buscava no teatro:

> Para o vienense, o Burgtheater era mais do que um simples palco, sobre o qual os atores representavam peças; era o microcosmo que espelhava o macrocosmo, o reflexo multicor no qual a sociedade vinha se considerar, o único "cortigiano" correto do bom gosto. No ator, o espectador via plasticamente como as pessoas deveriam se vestir, como se devia entrar numa sala, como se conversava, quais os

---

16 Robert Musil, *Der Mann ohne Eigenschaften*, trad. fr. Jaccotet, *L'homme sans qualités*, Paris, Seuil, 1977, pp. 20, 31 e 33.

termos a empregar e a evitar para ser "fino"; o palco era [...] um fio de Ariana falado e visível da boa educação e da pronúncia correta...[17]

Zweig é precioso pelo que diz entre as linhas. O teatro aparece em seu texto como o espelho em que a "sociedade" se considerava: mas qual sociedade? Esse público narcisista não evoca irresistivelmente uma dama vaidosa, a observar de modo detido as rugas de seu rosto, pensando na maquilagem a empregar para disfarçá-las o melhor possível? Um público que confia ao teatro a função de *arbiter elegantiarum* é um público que se sente inseguro de suas maneiras, preocupado com a questão de saber se sua entrada na sala está de acordo com a etiqueta e se sua pronúncia não trai uma origem que deveria ser calada. É, em suma, um público burguês envergonhado de si, que põe além de si, na aristocracia, a norma do bom gosto; pois, se é a duras penas que as boas maneiras são aprendidas pelo burguês, elas são supostas imanentes ao modo de ser aristocrático, impregnando-o desde o berço.

O palco se apresenta assim como uma pedagogia da etiqueta; mas sua função não se esgota aí. As vaias mencionadas por Zweig, quando uma falha qualquer se introduzia nesse mundo da certeza, mostram uma outra faceta da relação entre a plateia e a cena; esta é uma espécie de "ideal do ego" no sentido freudiano, a representação "falada e visível" do que deveria ser o público, se não fosse o que é. Apupar o ator fanhoso ou o violinista desafinado não exprime apenas um alto nível de exigência artística; significa também recusar toda e qualquer imperfeição, no modelo, capaz de romper a ilusão e provar ao espectador que o executante, burguês como ele, está apenas vivendo um papel. É nesse sentido que podemos compreender a afirmação de Broch, segundo a qual o teatro é a única coisa verdadeira em meio à falsidade geral: espelho mágico, removedor das rugas e dos cravos, ele reenvia ao público o reflexo transfigurado de seu próprio rosto, como se dissesse de si para si: tudo isto não passa... de teatro.

Viena, cidade da simulação universal: eis a verdade da imagem da qual partimos. O ar de conto de fadas recobre assim uma realidade mais sórdida, mas que, justo como atmosfera, faz parte dela. O amor ao espetáculo é bem real, assim como a sede de brilho e de decoração; cabe perguntar, porém, em quais parâmetros se inscrevem essa sede e esse amor. É preciso deixar agora a esfera

---

17 Zweig, *Die Welt*, cit., p. 23.

das representações e investigar mais de perto a outra Viena: a que se define como capital política e metrópole industrial, não mais "cidade de todos os talentos", mas aglomeração urbana mais importante de um território determinado, o Império Austro-Húngaro, no apagar das luzes do século XIX.

2. DO SACRO IMPÉRIO À CACÂNIA

Viena, capital da Monarquia do Danúbio: é essa a imagem que nos cabe agora caracterizar. Metrópole de todos os povos da Europa Central, a meio caminho entre o Ocidente e o Império Otomano, entre a Alemanha e a Itália, permeada pelos elementos eslavos e magiares dos territórios que dela dependem, educada em sua sensibilidade pelas influências espanholas e italianas que emanam da Corte, Viena é antes de tudo uma encruzilhada. Residência da dinastia desde o século XVII, ela é a capital de um Estado que se estende da fronteira suíça às planícies romenas, da Galícia ao litoral dalmático, e da Boêmia ao norte da Itália. A heterogeneidade da população e a variedade das estruturas sociais são os traços fundamentais dessa monarquia; ao mesmo tempo, Viena é o centro do grupo etnolinguístico propriamente germânico, que em virtude do processo histórico obtém a hegemonia sobre os demais.

Tomemos, pois, esse império e sua capital, para perscrutar mais detidamente a razão da centralidade de Viena. Uma questão se coloca de imediato: quais os limites do período a abranger para nossos propósitos? Freud nasceu em 1856; mas essa data, crucial para a história regional da psicanálise, não é em absoluto adequada para periodizar a história do império. Recuaremos então até 1849, quando se organizam as estruturas políticas sob cujo signo se situa seu nascimento? Mas estas são incompreensíveis sem passar pela Revolução de 1848, a qual, por sua vez, só ganha sentido se confrontada com as condições contra as quais se insurgem os revolucionários, a saber, o regime de Metternich, surgido do Congresso de Viena de 1815. Tal Congresso, como se sabe, põe fim ao período das Guerras Napoleônicas... A contagem regressiva poderia continuar indefinidamente, retraçando as reformas de José II, o reinado de Maria Teresa, as campanhas contra os turcos as quais constituíram a unidade territorial do império, e assim por diante, até 1283, data na qual Rodolfo de Habsburgo se impõe ao rei Ottokar Premysl da Boêmia, assinalando na batalha de Marchfeld o advento dos Habsburgo como dinastia histórica. Coisa curiosa, Marchfeld se situa nos arredores de Viena...

Contudo, não é preciso recuar até o século XIII para compreender o Estado dos Habsburgo, no qual Freud passou a maior parte de sua vida. Um fato decisivo inaugura o período relevante para nosso estudo: a dissolução do Sacro Império Romano-Germânico, ocorrida em 1806, data de nascimento de um império propriamente austríaco. Consequência das vitórias de Napoleão, o fim do Sacro Império, sancionado pelo Congresso de Viena, dá origem à situação que predomina na Europa Central durante a maior parte do século XIX: por um lado, o império multinacional sediado em Viena, constituído por uma dezena de grupos etnolinguísticos; e, por outro, a fragmentação das populações de língua alemã em mais de trinta territórios autônomos, sobre os quais Viena mantém uma influência política por meio da flexível estrutura da Confederação Germânica.

Podemos, pois, datar de 1815 a formação do Estado dos Habsburgo em sua versão oitocentista, já que no Congresso de Viena são fixadas suas fronteiras internacionais. A denominação de "Estado dos Habsburgo" revela que, na complexa união de alemães, húngaros, poloneses, tchecos, croatas, romenos e ucranianos que constitui a *Donaumonarchie*, o elemento integrador é sobretudo a dinastia reinante, que por isso mesmo procurará se manter acima das querelas nacionais que oporão esses diversos grupos ao longo de todo o século XIX. A historiografia clássica[18] vê nessas disputas e na incapacidade dos Habsburgo para solucioná-las de maneira satisfatória o fator essencial da queda da monarquia, após a Primeira Guerra Mundial. Essa visão é apenas em parte correta: com efeito, a questão das nacionalidades ocupa a cena política ininterruptamente de 1848 a 1918, mas cabe perguntar se ela se explica de modo suficiente pela simples idiossincrasia dos povos do império, ou se não é mais do que a forma de expressão política das lutas econômicas que acompanham a Revolução Industrial nessas regiões.

O período de Metternich (1815-1848) se caracteriza essencialmente pela reação política, isto é, pela tentativa de preservar os privilégios da classe aristocrática e reprimir as aspirações dos demais grupos sociais no sentido de criar instituições políticas mais consentâneas com o advento do capitalismo industrial

---

18 Por exemplo, Edward Crankshaw, *La chute des Habsburg*, Paris, Gallimard, 1973; Jean Bérenger, *Lexique historique de l'Europe Danubienne*, Paris, Armand Collin, 1976; e as bibliografias respectivas.

e com as transformações que ele acarreta nas estruturas sociais arcaicas. Com efeito, uma vez afastado o perigo napoleônico, o movimento de reformas iniciado por José II (1780-90) é interrompido. A Áustria de Metternich é um Estado em que o feudalismo ainda determina em grande parte as relações sociais; a emancipação dos camponeses, iniciada em 1781 com o fim da servidão pessoal, só irá se completar com a abolição da corveia e dos demais direitos feudais durante a Revolução de 1848. A administração local ainda está essencialmente nas mãos dos senhores feudais, numerosas fronteiras internas entravam a circulação das mercadorias, e a ordem dos nobres detém em cada território enormes privilégios, herdados dos séculos anteriores.

Ao mesmo tempo, porém, o império entra lentamente na era capitalista. O bloqueio imposto por Napoleão à Inglaterra havia favorecido a intensificação do ritmo da produção nos países continentais, e na monarquia, como em outros Estados, é pelo setor dos tecidos que começa a revolução industrial. O severo isolamento ditado pelo regime, visando evitar a contaminação das ideias liberais, contribui para a eclosão da Revolução Industrial por meio das barreiras alfandegárias; a libertação dos servos em 1781 favorece o êxodo rural e a constituição de um proletariado industrial; a própria extensão da monarquia e a variedade de regiões geográficas que ela abarca proporcionam a abundância de matérias-primas, em especial o ferro. Contudo, o *take-off* industrial é retardado pelas crônicas dificuldades financeiras do império e pela fraqueza de sua moeda, que somente por volta de 1830 se recupera da bancarrota de 1811.[19] Nos anos 30 do século XIX, a industrialização atinge a maior parte do setor têxtil (lãs, linho, seda, algodão) e do setor de papéis, couro e outras indústrias de transformação, mas se implanta desigualmente nas várias regiões: de modo mais intenso na Boêmia e na Baixa-Áustria, mais incipiente na Hungria, muito pouco na Galícia e na Croácia. Outro fator a dificultar o desenvolvimento industrial consiste na proliferação de taxas alfandegárias internas, ligada ao poder quase intacto das oligarquias feudais. Enquanto em 1834 os Estados da Confederação Germânica adotam o regime da união alfandegária (*Zollverein*), criando um mercado de

---

19 Para financiar a guerra contra Napoleão, o governo imperial imprimiu enormes quantidades de papel-moeda, criando uma inflação desmesurada. Um decreto de 1811 ordenou a reconversão dessa moeda inflacionada, à razão de 20% de seu valor nominal. "Os efeitos dessa sangria só foram superados por volta de 1830", comenta Félix Kreissler (*Histoire de l'Autriche*, Paris, PUF, 1977, p. 25).

proporções nacionais e estimulando assim a acumulação do capital, a economia austríaca, mais frágil que a das regiões alemãs, esbarra na estreiteza dos mercados locais e na dificuldade de circulação interna. Mesmo assim, o capitalismo nascente, engendrando uma burguesia de origem industrial e uma classe operária, por certo ainda pouco expressivas, vem introduzir complicações não desejadas na estrutura social do império.

A partir de 1835, essa burguesia passa a se interessar por reformas inspiradas no liberalismo, tanto no domínio econômico quanto no político, mas se choca com a estrutura semifeudal do império, na qual a existência de laços servis residuais impedia a mobilidade da mão de obra, enquanto as prerrogativas das corporações e as fronteiras alfandegárias herdadas do feudalismo dificultavam a mobilidade do capital. Do ponto de vista político, porém, a preocupação maior da Corte de Viena nesse momento é impedir o alastramento das ideias liberais, responsáveis, segundo os ideólogos de Metternich, pelo despertar da consciência nacional dos diferentes grupos etnolinguísticos do império. A luta contra os franceses havia dado o primeiro impulso para a manifestação dessa consciência, em especial nas províncias italianas, que haviam saudado a conquista de Napoleão como signo da libertação da tirania estrangeira. A estrutura autocrática do império, entretanto, não podia admitir a presença dessas forças, consideradas desagregadoras e revolucionárias. A aliança entre os movimentos liberais e nacionalistas, verificada nesse período, deve-se tanto ao fato de que seus sustentáculos sociais respectivos estão na burguesia — a nobreza não é nacionalista, vendo, ao contrário, na consciência de si do "povo" uma ameaça à sua dominação política e econômica — quanto ao conteúdo do ideal de liberdade inscrito no programa burguês; no espírito desses homens, a liberdade una e indivisível envolve tanto o domínio econômico quanto o político. Liberdade de expressão individual e nacional, liberdade de empreender, são duas faces da mesma moeda, e ambas esbarram no mesmo obstáculo: a recusa metternichiana de alterar os traços fundamentais do regime.

Para manter sob controle os "subversivos", o governo recorre ao arbítrio, à censura e à polícia. É o momento em que, aludindo ao isolamento do império e à sua impermeabilidade aos ideais do século, Disraeli pode escrever: "A Áustria é a China da Europa".[20] O sistema de Metternich, fundado sobre a desconfiança

---

20 Cf. Crankshaw, *La chute*, cit., p. 25.

das forças novas, sobre a exclusão da vida política de praticamente toda a população e sobre a negação das aspirações à identidade nacional dos povos que a constituíam, não foi capaz de criar um quadro político adequado às novas relações de força que se estabeleceram durante sua prolongada vigência; ao sucesso de sua diplomacia, que assegurou à Áustria uma supremacia momentânea no continente europeu, é preciso opor o fracasso de sua política interior, que se tornou patente nos idos de março de 1848. Como escreve um observador dos acontecimentos de 1848: "O sistema político de Metternich era como uma placa de bronze, em que se podiam ler, gravadas em caracteres indeléveis, estas palavras: 'Não às concessões', 'Não à Constituição', 'Não às inovações', e que pendia sobre a cabeça de um ente prostrado, chamado Estado, cujos membros se achavam cobertos de cadeias...".[21]

A Revolução de 1848, sobre a qual não nos podemos estender aqui, foi o dobre de finados do Antigo Regime no império. Desencadeada em Viena em março de 1848, sob o impacto das "Três Gloriosas" de Paris, a revolta logo ganhou a Hungria, a Boêmia e as províncias italianas, e em cada uma dessas regiões ecoou o mesmo apelo à liberdade dos indivíduos e à igualdade entre os povos. A reivindicação comum era a de uma Constituição Liberal, para cuja redação o "Comitê de Salvação Pública", que tomara o poder em Viena, convocou eleições em todas as províncias do Império. Reunida primeiro em Viena e depois, quando a capital sucumbiu ao assalto das forças imperiais, na cidade tcheca de Kremsier, essa assembleia redigiu um texto promulgado em março de 1848, mas que jamais entrou em vigor: as tropas encarregadas de "normalizar" as províncias revoltadas dissolveram o Parlamento de Kremsier e condenaram ao ostracismo a Constituição liberal. Nesse texto mais do que efêmero, eram reconhecidos os direitos à liberdade de imprensa e à expressão cultural de cada grupo etnolinguístico em seu idioma próprio; no entanto o liberalismo de 1848 não se limitou à esfera das nacionalidades. O mesmo Parlamento de Kremsier aboliu o que restava das servidões feudais e unificou o espaço econômico da monarquia, eliminando as fronteiras internas. Tais disposições foram respeitadas pelo regime conservador implantado em 1849, após o esmagamento das insurreições vienenses, italiana, tcheca e húngara. Mas, em vez de aceitar a igualdade das nacionalidades representadas no Império, o novo regime impôs a formação de um Estado

---

21 Citado por Crankshaw, *La chute*, cit., p. 25.

unitário e centralizado, sem nenhuma representação das forças derrotadas. O instrumento dessa centralização foi a burocracia criada pelo ministro do Interior Alexandre Bach, que, ao substituir o antigo sistema de administrações locais por uma organização racional dirigida com extrema competência, colocou os fundamentos da transformação da Áustria num Estado moderno. Por outro lado, a língua oficial da administração era o alemão, de modo que a burocracia de Bach se transformou igualmente num instrumento de germanização dos povos minoritários, acirrando assim as animosidades interétnicas.

A abolição das taxas feudais, a unificação econômica e o capital proveniente da compra dos direitos até então privativos do senhor estão na origem da formidável expansão econômica verificada a partir de 1850. O apelo aos investimentos estrangeiros, a formação de um sistema bancário e de uma Bolsa de Valores, o investimento pela aristocracia das somas provenientes da venda dos direitos feudais aos camponeses, a criação de estradas de ferro e uma exploração mais racional dos recursos naturais, facilitada pelas comunicações mais eficientes, tiveram como resultado a criação de numerosas empresas e a consolidação do capitalismo austríaco. A divisão regional do trabalho fez com que na Boêmia se desenvolvessem a indústria pesada e os teares de lã; na Áustria propriamente dita, a exploração do ferro e a fiação dos tecidos leves, ficando a Hungria como celeiro agrícola do Império e a Galícia como fornecedora de alimentos e de matérias-primas (petróleo). Essa prosperidade — e o desenvolvimento imobiliário que assinalamos em Viena é um de seus ecos — favoreceu no entanto uma forte especulação, cujos resultados funestos serão observados na crise de 1873. A burguesia, satisfeita com as reformas econômicas, abandona suas pretensões liberais, pois o autoritarismo vigente, se por um lado limitava a expressão da discordância política, continha por outro as nascentes reivindicações operárias nos limites mais estreitos. Um elemento essencial desse processo é o fato de que a implantação do capitalismo se verifica sobretudo nas regiões de língua alemã, deixando relativamente intactas as estruturas econômicas e sociais de vastas áreas não alemãs: na Hungria, por exemplo, a nobreza conserva seus antigos privilégios, na ausência de uma classe burguesa capaz de contestá-los. A principal exceção à regra é a Boêmia, na qual à população local, de língua tcheca, se opõe uma expressiva minoria alemã. Até 1848, a convivência entre essas duas etnias havia de certo modo sido pacífica; mas o predomínio econômico da burguesia alemã e a recusa de Viena em aceder às reivindicações tchecas por uma relativa autonomia cultural estão na raiz da grave questão tcheca, que agitará a vida política do Império durante a segunda metade do século XIX. De forma geral, a reação aos acontecimentos de 1848 pode ser caracterizada como uma abertura econômica ao capitalismo, vinculada a uma recusa dos princípios políticos do liberalismo; estranha conjunção, favorecida no entanto pelo peso extremamente grande da aristocracia na estrutura social do império. Essa aristocracia, se por um lado não hesita em investir seu capital na indústria e nos bancos, por outro conserva o predomínio inconteste no setor político, aureolada por seu prestígio social. É certo que o centralismo coloca nas mãos do imperador um considerável poder de decisão, e que a eficácia da burocracia retira pouco a pouco da nobreza suas funções administrativas; mas, como classe, ela é ainda a detentora da hegemonia, apoiada na propriedade fundiária, na nomeação de seus membros para os postos de confiança do governo e do exército e na trama de interesses recíprocos que a une à Coroa.

O período neoabsolutista se caracteriza ainda por um incremento da influência da Igreja nas relações sociais, por meio da Concordata de 1855 com o Vaticano, que lhe atribui importantes funções no ensino primário, em matéria de direito de família e de modo geral na "orientação espiritual" da monarquia. Enquanto os descontentamentos fermentavam entre as classes trabalhadoras, submetidas a condições de superexploração, entre a fração da burguesia que permanecera fiel aos ideais liberais de 48, e entre os membros da *intelligentsia* das nações não alemãs, voltadas para a reconstituição romântica dos respectivos passados históricos e para a agitação pela autonomia cultural, o caráter absolutista do regime acentuava a disparidade entre a multiplicidade dos fatores sociais e a uniformidade forçada que lhes era imposta no plano político. Foi assim que uma personalidade da oposição liberal pôde escrever, pouco após a celebração da Concordata em 1855, que "Bach dispõe das quatro armas necessárias ao absolutismo: os soldados em pé, os burocratas sentados, os padres ajoelhados e os delatores correndo".[22]

A contradição entre a realidade variegada e a estrutura política que a privava de expressão adequada não resistiu aos golpes oriundos da desastrosa política exterior do império, que o fez embarcar em duas guerras entre 1859 e 1866, ambas perdidas em questão de semanas (contra a França e o Piemonte primeiro,

---

22 Kreissler, *Histoire*, cit., p. 42.

e contra a Prússia de Bismarck depois). A perda da Lombardia em 1859 e do Vêneto em 1866, somada ao fim da rivalidade com a Prússia pela hegemonia na Alemanha, fez com que a corte de Viena se voltasse para os problemas internos que assoberbavam o império e que não podiam mais ser eludidos. No início da década de 1860, o dilema se formulava assim: centralismo ou federalismo? Após hesitações, marchas e contramarchas, a solução federalista acabou por se impor parcialmente, em 1867, com o *Ausgleich* ("Compromisso") com a Hungria. Por esse acordo, o império era dividido em duas partes, limitadas pelo rio Leitha: a Cisleitânia, compreendendo a Áustria, a Boêmia, a Morávia e a Galícia, e a Transleitânia, que correspondia às antigas possessões da Coroa de Santo Estêvão — Hungria, Croácia, Transilvânia e Eslováquia. Cada parte seria autônoma em seus assuntos interiores, ficando sob a responsabilidade do imperador a política econômica, a diplomacia e o exército. A Hungria recuperava seu Parlamento, que, sediado em Budapeste, seria a instância máxima da esfera política interior, sendo o governo responsável perante ele. A união entre as duas partes seria "pessoal", isto é, assegurada pelo fato de ser a mesma pessoa o imperador da Áustria e o rei da Hungria. A cerimônia de coroação de Francisco José em Budapeste, em 1867, dá nascimento ao Império Austro-Húngaro, que subsistirá até 1918. Como consequência do *Ausgleich*, a metade austríaca da monarquia recebe igualmente uma Constituição liberal e instituições parlamentares, realizando assim, ainda que em parte, um dos elementos do programa de 1848.[23]

Se o Compromisso com a Hungria determinou a forma política final do império dos Habsburgo, nem por isso ele resolveu seus problemas essenciais. Ao conceder aos húngaros a autonomia quase total, Viena a recusava por esse mesmo gesto às demais nações dos domínios imperiais. As animosidades nacionais não cessaram nem do lado húngaro, no qual a política de magiarização forçada suscitou o ódio das minorias croatas, romenas e eslovacas, nem do lado austríaco, em que as disputas entre tchecos e alemães só fizeram se agravar. Para compreender a complexidade dos problemas étnicos da monarquia, basta refletir que em

---

[23] Para distinguir as instituições comuns a ambas as partes daquelas exclusivas da Cisleitânia, empregavam-se as iniciais *k. u. k.* (*kaiserlich und königlich*, "imperial e real") para designar as primeiras, e *k. k.* (*kaiserlichköniglich*, "imperial-real") para caracterizar as segundas. Tal proliferação de kk leva Robert Musil a batizar de *Kakanien* o Estado dos Habsburgo, acrescentando, porém, que "era preciso dispor de uma ciência secreta para decidir com certeza quais instituições e quais pessoas podiam ser ditos k. k., e quais outros k. u. k." (*L'homme sans qualités*, cit., p. 53).

nenhum dos dois territórios o grupo dominante constituía a maioria da população: segundo o recenseamento de 1910, os magiares representavam 48% dos 21 milhões de habitantes da Transleitânia, enquanto os germanófonos não excediam 35% dos 29 milhões de almas da Cisleitânia.[24] Esses dados são eloquentes por si sós, mas é preciso acrescentar que a distribuição das populações, imbricando minorias dentro de minorias, tornava extremamente difícil o estabelecimento de um sistema representativo adequado. Ora, nem de um lado nem de outro do rio Leitha havia o menor desejo de estabelecer tal sistema, que ameaçaria as bases da dominação húngara e germânica. E por "dominação húngara" deve-se entender dominação da aristocracia húngara, que, sob o manto da autonomia obtida em 1867, fez todo o possível não só para frear o desabrochar das aspirações nacionais das suas minorias, mas também para manter uma organização política favorável à sua hegemonia econômica, alicerçada sobre a grande propriedade fundiária e sobre a exploração de uma mão de obra barata e abundante no setor agrícola. O sufrágio universal jamais foi concedido às populações da parte húngara do império, prevalecendo um sistema de voto censitário que garantia eficazmente a supremacia da nobreza magiar.

Interessa-nos mais de perto, porém, a evolução do lado austríaco cujo centro político é Viena. Mais industrializada, mais populosa e mais extensa, a "Cacânia" ou Áustria propriamente dita continua a partir de 1867 sua marcha triunfal rumo à crise. Do ponto de vista econômico, a especulação desenfreada que se seguiu à derrota de Sadowa e ao estabelecimento do Compromisso com

24 Os dados do censo de 1910 são os seguintes, em milhões de habitantes:

	Cisleitânia 29 (58%)		*Transleitânia* 21 (42%)		*Total* 50	
Alemães	10	(35%)	2	(9,5%)	12	(24%)
Húngaros	–	–	10	(48,0%)	10	(20%)
Tchecos	6,5	(22%)	–	–	6,5	(13%)
Poloneses	5	(17%)	–	–	5	(10%)
Eslavos do Sul	2	(7%)	3	(14,0%)	5	(10%)
Rutenos	3,5	(12%)	–	–	3,5	(7%)
Eslovacos	–	–	2	(9,5%)	2	(4%)
Romenos	–	–	3	(14,0%)	3	(6%)
Outros	2	(7%)	1	(5,0%)	3	(6%)

Fontes: Crankshaw, *La chute*, cit., pp. 475-6; Kreissler, *Histoire*, cit., p. 58; Bérenger, *Lexique*, cit., p. 104.

a Hungria teve como resultado a grande crise de 1873, para cuja eclosão contribuíram o superaquecimento da economia, os dividendos inflacionários distribuídos pelas principais sociedades bancárias e a carestia provocada pelas enormes encomendas destinadas à Exposição Universal de Viena, que, nos moldes das exposições de Londres e Paris, deveria consagrar a maioridade do capitalismo austríaco e ao mesmo tempo festejar o Jubileu de Prata de Francisco José. As falências em série, sobretudo de instituições financeiras que se haviam tornado insolventes em virtude de especulações na Bolsa, acarretaram a ruína de milhares de pequenos investidores e uma crise econômica de proporções consideráveis. A retomada da expansão, alguns anos depois, não evitou contudo que se instaurasse na pequena burguesia e na classe operária uma desconfiança fundamental nas virtudes do liberalismo — desconfiança que se expressará no surgimento de partidos políticos de orientação antiliberal a partir da década de 1880.

A evolução econômica aos saltos e a concorrência insustentável da Alemanha bismarckiana no comércio exterior, porém, não impediram o fortalecimento progressivo da burguesia nas províncias austríacas e tchecas. Ao contrário, a crise favoreceu a concentração ainda maior do capital e dos investimentos, concentração característica da forma como se desenvolveu o capitalismo na Áustria. A outra fase desse fenômeno, naturalmente, são a pauperização crescente das massas trabalhadoras e o descontentamento da pequena burguesia. Como é regra na monarquia, essas diferenças sociais têm expressão equivalente em termos étnicos: a grande burguesia de Viena e de Praga é essencialmente de língua alemã, enquanto os setores ainda artesanais ou de pequena envergadura industrial estão nas mãos da pequena burguesia local (alemã em Viena, tcheca em Praga), e o operariado, em parte proveniente dos êxodos rurais, conta com frações importantes das etnias pouco favorecidas pelo processo de industrialização (eslavos do Sul e do Leste, ucranianos, poloneses). Essas demarcações, porém, não são rígidas: na Boêmia, a concorrência entre as frações alemã e tcheca da burguesia é acirrada, ao passo que nos subúrbios industriais de Viena a maior parcela dos operários é naturalmente germanófona. O que me parece essencial é que as querelas nacionais estão ligadas de modo estreito às questões econômicas; como observa pertinentemente Rosa Luxemburgo,

> é de notoriedade pública que a Áustria não está agonizando por causa da multiplicidade das nacionalidades, em virtude portanto de uma *vis major* [...] mas devido a

um sistema governamental e constitucional enlouquecido, que atribui o poder a classes e partidos cuja finalidade principal é excitar as nacionalidades umas contra as outras.[25]

É por razões econômicas — medo de perder sua posição dominante na Boêmia — que a minoria alemã se opõe ferrenhamente ao estabelecimento de um compromisso com a nação tcheca, similar ao de 1867, e que chegou a ser cogitado no final da década de 1860; mas os liberais então no poder imaginavam ser possível um liberalismo de mão única, que favorecesse apenas a fração germanófona do império. A alquimia eleitoral do "sistema Schmerling", baseado na divisão dos eleitores em cúrias segundo a fortuna e a origem geográfica, conduzia também ao predomínio germânico, e, apesar de adotado em 1861, isto é, antes do Compromisso com a Hungria, ele continuou a vigorar na parte austríaca, com modificações seguidas, até a outorga do sufrágio universal, em 1906. Em resumo, podemos dizer que os sucessivos gabinetes liberais (1867-99) deram mostras de discernimento no que se refere às liberdades públicas, à denúncia da Concordata, à reforma do ensino e à emancipação dos judeus (essas medidas do *Bürgerministerium* são evocadas na *Interpretação dos sonhos*), mas se mostraram guiados por interesses de classe nos dois problemas mais importantes do momento: a questão das nacionalidades e a nova questão social.

A luta política, com efeito, torna-se ainda mais complexa com o surgimento de um novo protagonista: a classe operária. Fruto natural do processo de implantação do capitalismo, ela passa a exigir o reconhecimento de seus direitos, primeiramente econômicos, depois também políticos. As manifestações operárias passam a ser frequentes a partir da legalização dos sindicatos em 1870; a instauração de uma moderada legislação social, na década de 1880 (regulamentação da jornada de trabalho, do emprego de mulheres e crianças, de um sistema de seguros e assistência social), coincide com o esforço crescente de organização da classe operária, que se cristalizará em 1888 com a reunião dos diferentes grupos políticos de tendência socialista no Partido Social-Democrata.[26] No entanto, durante o período em

---

25 Citado por Kreissler, *Histoire*, cit., p. 70.
26 Victor Adler, principal dirigente do Partido Social-Democrata, fora colega de Freud na universidade; é mencionado, veladamente, no episódio do quase-duelo com um "estudante mais velho" na *Interpretação dos sonhos*. O filho do dirigente, Alfred Adler, participou do primeiro grupo freudiano e teve um papel importante nas crises que agitaram o movimento em 1911-2, terminando por se retirar e fundar sua própria escola, a chamada "psicologia individual".

questão, ela ainda é um elemento demasiado frágil no quadro político, em virtude também do fato de que, excluída do voto pelo sufrágio censitário, não dispõe de meios de pressão nos organismos representativos e parlamentares.

O período final da existência dos Habsburgo são os trinta e poucos anos que vão de 1880 a 1914. Nessas décadas, a Áustria se apresenta sob seu aspecto "definitivo": a política exterior é determinada pela aliança com a Alemanha de Bismarck e pelo conflito de interesses que a opõe à Rússia nos Bálcãs; a estrutura do Estado não se altera mais depois do *Ausgleich*, a não ser para estender a círculos cada vez mais amplos o direito do voto; as perenes disputas entre as nacionalidades fazem subir e cair os gabinetes, mas isso é, por assim dizer, parte do folclore político do país. Depois da grande crise de 1873, a economia parecia destinada a uma moderada expansão; enfim, na superfície as coisas pareciam assentadas sobre bases extremamente sólidas, e o velho imperador, com as vastas suíças grisalhas, parecia velar sobre a paz de seus domínios. É essa situação que Stefan Zweig chama a "Era da Segurança":

> Quando procuro uma fórmula apropriada para caracterizar a época anterior à Primeira Guerra Mundial, na qual cresci, penso que a expressão mais adequada para designá-la seja: era a época dourada da Segurança. Tudo, em nossa monarquia austríaca quase milenar, parecia assentado na eternidade, e o Estado se nos afigurava como o mantenedor supremo dessa consistência. Os direitos assegurados a seus cidadãos eram votados pelo Parlamento, pela representação livremente eleita do povo, e todos os deveres eram fixados com exatidão. Nossa moeda, a coroa austríaca, circulava em brilhantes peças de ouro, e com isso garantia sua estabilidade...[27]

Zweig nasceu em 1881, e sua descrição, se por um lado ignora por completo as vicissitudes históricas que acabamos de traçar, por outro oferece uma visão razoavelmente precisa do que se convencionou chamar de *Belle Époque* — ao menos tal como ela podia aparecer aos olhos de um jovem da burguesia de então. Um testemunho incomparavelmente mais perspicaz, porém, nos é proporcionado pelo justamente célebre capítulo de Musil sobre a Cacânia, que, com sua habitual ironia, revela a verdadeira face do tempo:

---

27 Zweig, *Die Welt*, cit., p. 14.

Lá na Cacânia, nesse Estado hoje desaparecido, e que ninguém compreendeu, mas que, sem que se lhe renda justiça, foi em tantos pontos exemplar, havia também esse "dinamismo", mas não demais. [...] Naturalmente, havia automóveis nas estradas; mas não demais. Também aqui se preparava a conquista do ar: mas sem demasiada intensidade. De tempos em tempos, sem demasiada frequência, era enviado um navio para a América do Sul ou para o Extremo Oriente. Não havia nenhuma ambição econômica, nenhum sonho de hegemonia; vivia-se no centro da Europa, no cruzamento dos velhos eixos do mundo [...]. Exibia-se um pouco de luxo; mas evitava-se colocar nele o refinamento dos franceses. Praticavam-se os esportes; mas com menos extravagância que entre os anglo-saxões. Gastavam-se com o exército somas consideráveis; justo o necessário, entretanto, para ter certeza de ocupar o penúltimo lugar entre as grandes potências. A própria capital era um pouquinho menor que as grandes metrópoles do mundo, e no entanto consideravelmente maior que as simples "cidades grandes". E esse país era administrado de maneira esclarecida, quase imperceptível, todas as arestas prudentemente aparadas, pela melhor burocracia da Europa, à qual só se podia criticar uma falha: que visse no gênio e nas iniciativas geniais dos particulares, caso eles não tivessem recebido o privilégio de tomá-las por seu nascimento elevado ou por alguma missão oficial, uma atitude impertinente e uma espécie de usurpação [...] A constituição era liberal, mas o regime, clerical. O regime era clerical, mas os habitantes livres-pensadores. Todos os *Bürger* (cidadãos) eram iguais perante a lei, mas justamente nem todos eram *Bürger* (burgueses). O Parlamento fazia de sua liberdade um uso tão tempestuoso que habitualmente se preferia mantê-lo fechado; mas se dispunha também de uma lei de exceção que permitia dispensar o Parlamento; e, cada vez que os cidadãos se preparavam para gozar das benesses do absolutismo, a Coroa decretava que o regime parlamentar iria se restabelecer. Entre muitas singularidades do mesmo tipo, é preciso citar também as dissensões nacionais, que atraíam sobre si, com razão, a atenção da Europa inteira, e que os historiadores atuais desfiguram. Essas dissensões eram tão violentas que várias vezes por ano a máquina do Estado emperrava por causa delas; mas, nesses intervalos e nessas férias do Estado, todos viviam muito bem, e se fazia de conta que nada havia acontecido. Aliás, nada real havia acontecido. O que havia era simplesmente que essa aversão de todo homem pelos esforços de seu próximo, na qual comungamos todos hoje em dia, havia surgido muito cedo nesse Estado, para atingir uma sorte de cerimonial sublimado, que poderia ter tido grandes consequências se sua evolução não tivesse sido prematuramente interrompida por uma catástrofe...[28]

Esse texto magnífico dispensa comentários. Como caracterizar de forma mais aguçada um momento histórico? A grandeza e a tragédia da velha Áustria estão aí retratadas com a precisão matemática dos quadros de Dürer. O ritmo lento e seguro da vida, o esvaziamento do espaço público, o voltar-se para os afazeres particulares, o comedimento dos gestos e das ações, a falta de entusiasmo pelas novidades e o sentimento de resignação diante do inevitável (tão bem traduzido pela expressão: "es ist passiert") estão aí fixados com nitidez incomparável.

Mas a abulia aparente recobria processos que, surdamente, preparavam a queda daquele Império da Bela Adormecida. Em particular, é preciso não esquecer que, embora o Parlamento "fizesse de sua liberdade um uso tão tempestuoso que habitualmente se preferia mantê-lo fechado", a vida política se canalizava agora para os partidos e que, por trás do tumulto da fachada, estes exprimiam as inquietações e reivindicações de parcelas consideráveis da população. A classe operária, como vimos, encontrara seu representante no Partido Social-Democrata. A pequena burguesia, marginalizada do processo de industrialização e por vezes diretamente ameaçada por ele, apoiará em massa o Partido Cristão-Social, que a partir da década de 1890 assume um papel de destaque. Os cristãos-sociais pregavam a necessidade de limitar os efeitos pauperizadores do capitalismo (seu *slogan* era "Dem kleinen Menschen muss geholfen werden", "É preciso fazer algo pelo homem comum"), apoiando-se sobre uma aliança com o campesinato e com a Igreja Católica, sensibilizada para as questões sociais a partir das encíclicas de Leão XIII. Segundo os cristãos-sociais, as mazelas do capitalismo se deviam sobretudo às maquinações da burguesia, e para eles a burguesia era a ponta de lança do judaísmo internacional. A emancipação dos judeus em 1869 lhes havia aberto, com efeito, as portas da integração econômica e social; o antissemitismo, forma moderna da judeofobia medieval, encarregava-se de "repô-los no seu lugar". A demagogia antissemita do Partido Cristão-Social encontrou seu porta-voz em Karl Lueger e um terreno de germinação privilegiado entre a pequena burguesia de Viena, preocupada com as perspectivas de pauperização e sequiosa de encontrar um "culpado" pelas dificuldades econômicas que

---

28 Musil, *L'homme sans qualités*, cit., pp. 52-4.

enfrentava, em virtude do caráter especialmente concentrador do capitalismo na Áustria. São os pequenos artesãos, alfaiates, fabricantes de móveis, os pequenos comerciantes e a massa dos funcionários públicos e empregados de escritório que constituem a clientela eleitoral dos cristãos-sociais. Tais grupos, numerosos em Viena, escolhem Karl Lueger para o cargo de prefeito por quatro vezes, até que o imperador, apesar da repugnância que lhe despertava a propaganda antissemita, acabasse por sancionar a eleição em 1896. Lueger, extremamente popular em Viena — os vienenses o apelidaram *der schöne Karl*, "o Belo Carlos" —, governou a cidade até sua morte, em 1910; e cabe dizer que uma das razões do ódio de Freud por Viena reside justo nessa simpatia que seus concidadãos dedicavam ao prefeito antissemita.

O terceiro partido importante dessas décadas finais do império é o dos pangermanistas (*Alldeutsche*). Dirigidos por Georg von Schönerer e ainda mais antissemitas do que os cristãos-sociais, os pangermanistas pregavam a dissolução da monarquia e a união das populações de língua alemã ao Reich de Berlim. Sua principal área de influência é composta das minorias alemãs da Boêmia, temerosas de que a orientação relativamente liberal dos governos de Viena viesse a culminar no reconhecimento da autonomia tcheca e na perda dos privilégios que detinham. A oposição resoluta dos pangermanistas a todas as medidas nesse sentido provocou inúmeras crises parlamentares, fez cair todos os gabinetes entre 1890 e 1908, e é a principal responsável pela "tempestuosidade" de que fala Musil. Verdadeira quinta-coluna no panorama político da monarquia, os pangermanistas influíam sobre uma parcela ponderável da opinião pública por meio da imprensa e sobre a juventude universitária de Viena e da Universidade alemã de Praga,[29] embora sua representação eleitoral fosse limitada pela

---

29 Stefan Zweig descreve, em sua autobiografia, o que as associações estudantis reacionárias entendiam por "germanidade" (*Die Welt*, cit., pp. 76-8; todas as aspas irônicas são de Zweig):
> Para ser considerado um "bom" estudante, era preciso ter provado ser "viril", isto é, ter-se batido em duelo o maior número possível de vezes, e mesmo conservar no rosto as marcas dessas heróicas ações; uma face lisa e um nariz sem fraturas eram indignos de um estudante verdadeiramente alemão [...]. Era preciso engolir uma imensa caneca de cerveja de uma só vez, cantar em coro as canções universitárias e, de noite, marchar em passo de ganso pelas ruas da cidade, desafiando a polícia. Tudo isso era reputado "viril", "estudantil", "alemão"... Mas sabíamos que, por trás desse romantismo petrificado, abrigavam-se cálculos muito astutos, pois o fato de pertencer a uma dessas associações "combativas" assegurava a seus membros a proteção dos "veteranos" situados nas altas esferas, e facilitava a carreira posterior...
> Um par de cicatrizes na testa podia ser mais útil para uma nomeação do que (o cérebro) por trás dessa testa.

sólida implantação dos social-democratas entre a classe operária, dos cristãos-
-sociais na pequena burguesia e dos liberais clássicos na burguesia propriamente
dita. A principal contribuição dos pangermanistas à vida política austríaca foram
o apoio incondicional à aliança militar com a Alemanha, a partir de 1879, e a
enorme quantidade de material de propaganda antissemita e antieslavo difundido durante os últimos decênios. Essas tendências políticas[30] se manifestaram,
como dissemos, exclusivamente na metade austríaca do império, visto que do
lado húngaro a política se resumia num jogo restrito à casta aristocrática e latifun-
diária. Viena é assim o palco dessas lutas, no âmbito das nacionalidades e da luta
de classes imbricada com a questão nacional; mas, se no Parlamento sediado na
Ringstrasse vêm se afrontar esses múltiplos antagonismos, a indiferença dos vienenses quanto a eles é quase completa. É aqui que Viena, por assim dizer, separa-
-se do império do qual é a capital. Enquanto nas províncias transleitânias o processo de magiarização forçada provoca resistências cada vez mais vivas por parte dos
grupos etnolinguísticos eslavos e romenos, e o advento da era industrial só faz
confirmar, num primeiro momento, o predomínio inconteste da aristocracia,
Viena, que pelo *Ausgleich* não tem mais o direito de interferir nos assuntos "internos" húngaros, permanece inteiramente à margem desse fenômeno. O caldeirão
de ódios que fermenta em Praga, ligado ao nacionalismo tcheco e à forma peculiar com que as classes se afrontam na Boêmia, lhe é completamente indiferente.
Lugar formal de um combate cujas bases reais lhe são totalmente estranhas, Viena
mostra antes o aspecto de uma harmonia étnica. O brilho da capital faz com que
a ela acorram os melhores elementos das várias etnias, desejosos de fazer carreira,
de entrar na universidade, de atingir a fama nos diferentes domínios das artes e
das ciências. Essa função aglutinadora, Viena a aceita e preenche da melhor
maneira possível. É por meio dela que se dá a convivência dos diferentes grupos,
que não exclui as barreiras de classe, mas as reabsorve na atmosfera polida e
jovial que evocamos no início deste capítulo.

30 Também a divisão política passa, na Monarquia, pelos critérios étnicos. Aos partidos austríacos,
correspondiam na Boêmia e na Hungria formações locais cujas aspirações incluíam a autonomia
cultural como forma de expressão da nacionalidade. De passagem, cabe notar que a teoria marxista da nação como expressão do interesse de classe da burguesia é construída a partir da questão
das nacionalidades no Império Austro-Húngaro, pois ali coincidiam, com frequência, os interesses
burgueses com o liberalismo cultural exigido de Viena. Dificilmente, porém, tal teoria se aplica a
outros casos.

Ora, se por um lado a nobreza de sangue e a burguesia que imita seus gostos e hábitos dão o tom e ditam a moda, nas questões de arte como em tudo o mais — e isso explica o conservadorismo do público vienense, composto dessas duas categorias sociais, ao menos no que se refere à ópera e ao teatro —, por outro lado as classes trabalhadoras encontram suas formas peculiares de expressão nas canções leves, nas tavernas e nos festejos populares. Mas Viena não se esgota nos cafés literários e nos programas de arte transcritos nos jornais. Cidade política e industrial, ela se desinteressa da política, exceto das questiúnculas locais, e ignora os antagonismos decisivos que vêm ecoar nos inflamados discursos parlamentares. Dotada de um impressionante poder de assimilação, ela *neutraliza* os conflitos para não ter de enfrentá-los: esse é o sentido último da *Schlamperei* e da *Gemütlichkeit*, visíveis nos passeios domingueiros no Prater e na Grande Roda-Gigante, símbolo de Viena a exemplo do Big Ben em Londres e da Torre Eiffel em Paris. Um grande círculo de ferro, girando no vazio: que misteriosa sabedoria preside à escolha que um lugar faz de seu símbolo privilegiado?

A arte de ignorar o que é desagradável, porém, tem uma contrapartida perigosa: a tendência a crer que tudo vai bem. A atmosfera elegante e levemente provinciana da Viena aristocrático-burguesa da *Belle Époque*, se satisfaz o olhar nostálgico de um Stefan Zweig, não resiste a uma análise mais penetrante, que desvenda a artificialidade de seu modo de viver e os elementos desagregadores que ele encerra. É tarefa da grande literatura austríaca, encarnada em Hofmannsthal, Roth, Broch, Musil e tantos outros, desvendar os abismos para os quais se dirigia a velha Áustria, e, com ela, ao ritmo inebriante do três por quatro, a cidade do Danúbio Azul. A hipocrisia e o fingimento — vícios que vimos Loos denunciar na "cidade-Potemkin" — não são portanto algo hereditário, que se explicaria por uma natureza misteriosa: são apenas a superfície polida, brilhante e necessária que esconde a decadência de um império "bom para ser conservado no museu".

A contradição fundamental, nesse sentido, é que Viena representa ao mesmo tempo a cabeça do império e uma de suas partes. Com efeito, apesar do caldeamento étnico provocado pela atração da capital, ela é uma cidade essencialmente germânica, pela língua e pelas tradições. É certo que tal germanidade é expressa de forma específica, matizada pelo catolicismo, que desde a Contrarreforma era um dos pilares do trono dos Habsburgo (nisso Viena está mais próxima de Budapeste, Praga e Cracóvia que de Berlim e Hamburgo), e pelo aporte considerável de séculos de convivência com as demais populações da monarquia. Mas isso não invalida o fato de que, como centro do elemento dominante dessa monarquia, Viena repouse substancialmente sobre o pano de fundo constituído pelas etnias submetidas à hegemonia germânica — hegemonia fundada sobre a estrutura econômica do império e sobre a tradição cultural riquíssima da nação alemã. É essa a razão que faz com que, quando após a Primeira Guerra Mundial o Estado dos Habsburgo é varrido do mapa, a Áustria recém-nascida pareça à primeira vista um Estado inviável, privado do seu *Hinterland* histórico e tendo em Viena uma capital que concentrava um quinto da população do país. Enquanto durou a monarquia, entretanto, sua função de capital de um Estado dilacerado por contradições insolúveis no interior do quadro político existente é a meu ver em parte responsável pela tendência a se desviar dessas contradições, cujo aspecto mais saliente é a questão das nacionalidades, mas que, como vimos, têm sua origem na maneira pela qual se efetuou a modernização da economia e da estrutura social do império, tornadas por fim incompatíveis com o sistema político vigente.

Essa necessidade de ocultar a contradição engendra duas consequências. No nível das nacionalidades, a contradição é reduzida à *diferença*, e esta ao *pitoresco*, ao colorido do vestuário típico, às melodias dos folclores regionais e aos sabores exóticos das cozinhas das diversas províncias, forma pela qual o conflito das etnias é recuperado e absorvido pela vida cotidiana da cidade. No tocante à luta de classes, quatro posições se manifestam e se anulam. A mais profunda, entre o proletariado e as classes possuidoras, é diluída pela tentativa de amputar o gume das reivindicações operárias por meio de reformas paliativas; o culto do "bom gosto" anula imaginariamente a contradição entre a burguesia e a nobreza; e, *last but not least*, o antissemitismo, ao atribuir aos judeus a pecha de perturbadores da paz social, unifica nesse mesmo movimento todas as classes no papel de vítimas, "eliminando" assim a contradição entre a pequena burguesia, destinatária especial desse discurso, e o proletariado que ela teme — ambos aparecem como *explorados* pela astúcia judaica —, bem como a contradição entre essa mesma pequena burguesia e a grande, que, purificada pela ablação imaginária da sua fração judaica, pode aparecer irmanada àquela no papel comum de vítimas das maquinações hebraicas.

Nessa arte de evitar as arestas da realidade e recuperar as contradições como fatores de uma diversidade aparentemente harmoniosa, Viena foi mestra consumada. A gentileza, a despreocupação, a alegria jovial recobrem assim as facetas conflituosas da existência social; segundo a óptica adotada, elas podem aparecer como o máximo refinamento da civilização ou como a máscara de um rosto coberto de cicatrizes. A psicanálise optou decididamente pela segunda dessas vias, não só com respeito a Viena, mas estendendo ao homem em geral suas escandalosas revelações. Reside aí, com certeza, uma das razões mais profundas da incompatibilidade mútua entre a capital austríaca e o mais ilustre de seus filhos adotivos: Sigmund Freud.

3. "TRÊS VEZES APÁTRIDA"

Falar do "tempo de Francisco José" para designar a extraordinária floração cultural que caracteriza Viena é, a rigor, uma impropriedade: pois, enquanto o reinado do imperador se estende de 1848 a 1916, é somente a partir da década de 1890 que se inicia a época de fato brilhante da capital austríaca. Que ela coincida com o declínio da monarquia e que, sem exceção, todos os que se destacaram durante esse breve período de 25 anos tenham ressentido agudamente a atmosfera de decadência a seu redor, não deve ser casual. Talvez seja precisamente a percepção de que o mundo em que viviam não duraria muito que conduz espíritos tão diferentes quanto Loos, Kraus, Wittgenstein, Schnitzler e Hofmannsthal à busca das razões dessa morte lenta, conferindo à sua produção intelectual um matiz característico, de crítica ao mesmo tempo severa e impregnada de nostalgia. Num artigo dedicado às relações entre Wittgenstein e Viena, Jacques Bouveresse exprime bem essa impressão de conjunto:

> A atitude de Wittgenstein, como a da maior parte dos intelectuais que conheceram os últimos decênios da monarquia austro-húngara [...], dá continuidade ao mesmo tempo ao sentimento nostálgico de ter vivido num período excepcional, definitivamente encerrado, e à convicção de que essa época brilhante, artificial e contraditória estava necessariamente condenada.[31]

---

31 Jacques Bouveresse, "Les derniers jours de l'humanité", em *Vienne, début*, cit., p. 759.

Esses intelectuais podem ser divididos em três grupos, segundo a cronologia de seu nascimento. O primeiro é formado por aqueles que, como Freud, nasceram ao redor de 1860, e cujos anos de formação coincidem portanto com a atmosfera de "vazio de valores" das décadas de 1870 e 1880: Victor Adler, líder do Partido Social-Democrata (1852-1918); o próprio Freud (1856-1939); Alois Riegl, o fundador da escola vienense de história da arte (1858-1905); Gustav Mahler (1860-1911); Gustav Klimt, o chefe da vanguarda modernista que se agrupou em torno do movimento da *Sezession* (1862-1918); Arthur Schnitzler, cujos dramas e novelas exprimem à perfeição o clima da Viena *Belle Époque* (1862-1931). O segundo grupo reúne os que nasceram entre 1870 e 1875, cuja produção se estende da década de 1890 aos anos 1930: o arquiteto Adolf Loos (1870-1933); Hugo von Hofmannsthal, o poeta e dramaturgo mais importante do período (1874-1929); o crítico literário e verdugo da hipocrisia vienense, Karl Kraus (1874-1936); e o compositor Arnold Schönberg (1874-1951). O terceiro bloco, nascido entre 1880 e 1890, passou sua juventude nos anos que antecederam a Primeira Guerra Mundial, e o essencial de sua atividade se situa já no século xx: os escritores Robert Musil (1880-1942), Stefan Zweig (1881-1942) e Hermann Broch (1886-1951); o filósofo Ludwig Wittgenstein (1889-1951) e o pintor expressionista Egon Schiele (1890-1918).

A importância desses dados cronológicos consiste em permitir situar ao mesmo tempo Freud e o clima intelectual no qual se desenvolveu a psicanálise. A possibilidade de uma influência qualquer da "Viena de todos os talentos", em sua expressão madura, sobre a constituição dessa disciplina, é imediatamente afastada pelo fato de que em 1886, quando Freud regressa de Paris e passa a se interessar pelas neuroses, nenhum dos movimentos que, para nós, tornam tão significativa a Viena em que ele viveu sequer havia se iniciado. Ao mesmo tempo, quando Freud começa a se tornar conhecido fora dos meios médicos, alguns anos depois da publicação da *Interpretação dos sonhos*, tais movimentos já estão em plena florescência, de modo que é necessário afastar igualmente a hipótese de uma influência da psicanálise sobre sua trajetória fundamental.[32]

---

32 É interessante observar que nenhum escritor importante de língua alemã se submeteu a uma análise antes dos anos 1930, exceto Hermann Hesse (com Jung) e Hermann Broch. Mais do que isso, Musil, Kraus e Wittgenstein, cada qual por suas razões, faziam sérios reparos à psicanálise, embora, naturalmente, sem a virulência e a grosseria de que se queixa Freud nos debates "científicos" com os médicos e psiquiatras da Alemanha.

A título de exemplo, tomemos em consideração algumas datas essenciais: é em 1890 que Hermann Bahr funda a revista *Die Zeit*, primeiro reduto do modernismo; a edição das *Stilfragen* de Alois Riegl é de 1893; a crítica de Loos contra o excesso de ornamentação se situa em 1897-8; é também em 1897 que é formado o grupo da *Sezession* e que se começa a editar seu órgão *Ver Sacrum*; Karl Kraus inicia a redação de *Die Fackel* em 1899; somente em 1904 o austro-marxismo se configura como tendência autônoma no seio do movimento comunista internacional, com a revista *Marx-Studien*; a revista dos expressionistas, *Der Brenner*, aparece em 1905; e o substancial da revolução musical de Schönberg se situa entre 1908 e 1913. Mais do que a absorção de influências num sentido ou no outro, portanto, é preciso ter em mente que o surgimento da psicanálise é contemporâneo de um intenso movimento cultural, com o qual ela tem um certo parentesco — que é preciso elucidar —, mas de cujas expressões acabadas é, no essencial, independente.

Isso é tanto mais estranho quanto, como notam Alan Janik e Stephen Toulmin, a esfera cultural de Viena ser limitada a umas poucas dezenas de pessoas e se localizar numa cidade bem menor do que Paris ou Londres:

> Não é fácil, hoje em dia [...], perceber a que ponto os círculos culturais da monarquia dos Habsburgo eram restritos e intimamente ligados [...]. Eis por que levamos um ligeiro choque ao descobrir que Anton Brückner dava aulas de piano a Ludwig Boltzmann; que Gustav Mahler quis submeter seus problemas psicológicos ao dr. Freud; que Breuer era o médico de Franz Brentano [...]; que Victor Adler havia sido, como Freud e Arthur Schnitzler, assistente na clínica psiquiátrica de Meynert. Em suma, no último período da Viena dos Habsburgo, qualquer um dos líderes culturais da cidade poderia ser apresentado a qualquer outro sem dificuldade alguma, e muitos deles foram na realidade amigos íntimos, apesar do fato de trabalharem em setores bastante diferentes da arte, do pensamento e dos negócios públicos.[33]

Esse "último período" cobre seguramente a época da juventude de Freud, pela alusão a Meynert, Brückner e Brentano, todos já na altura dos quarenta anos quando aquele entra na universidade.

---

33 Alan Janik e Stephen Toulmin, *Wittgenstein's Viena*, Londres, Widenfeld & Nicholson, 1973, pp. 92-3.

O isolamento de Freud contrasta de maneira aguda, por exemplo, com os anos de formação de Wittgenstein. Os autores de *Wittgenstein's Viena* descrevem com riqueza de detalhes o ambiente em que cresceu o filósofo: seu pai, um magnata do aço, era um dos patronos da arte em Viena, resolutamente favorável aos modernistas, sendo dos poucos a tomar o partido de Klimt, quando as figuras alegóricas da Jurisprudência, da Medicina e da Filosofia que este executara para a decoração da Aula Magna da universidade esbarram na rejeição escandalizada dos austeros doutores. Em sua casa, aberta a todos os artistas, encontravam-se com regularidade homens do calibre de Brahms, Mahler e Bruno Walter, fazendo de seu salão musical um dos mais brilhantes de Viena. Wittgenstein interessava-se vivamente pelas revistas mais representativas do movimento artístico e intelectual da primeira década do século XX, *Der Brenner* e *Die Fackel*, chegando a manter correspondência com seus redatores. Um outro lugar de reunião dos homens do momento era a casa do pai de Alma Mahler, a esposa do compositor, salão mais voltado para as artes plásticas, frequentado assiduamente por Klimt, Roller e outros do mesmo quilate. Essa facilidade de entrar em contato com pessoas altamente dotadas e de circular com liberdade pelos diferentes domínios da cultura, característica desse momento vienense, explica talvez a natureza "leonardesca" de tantos de seus principais representantes: o próprio Wittgenstein era engenheiro, arquiteto e filósofo; Robert Musil formou-se em engenharia, mas cortejou a filosofia e a psicologia experimental antes de se decidir pela literatura; Hermann Broch foi industrial, crítico literário, filósofo e escritor. A lista seria longa, e precisaríamos incluir nela o próprio Freud, que, depois de hesitar entre o direito e a medicina, optou pela carreira médica como meio de acesso à ciência, percorreu um tortuoso caminho pelas mais variadas disciplinas, para, em sua rota rumo à filosofia — que confessa a Fliess ter sido seu primeiro anelo —,[34] inventar um campo escandaloso e inclassificável, capaz de permitir-lhe falar de psicologia, religião, arte, literatura e sociologia. É preciso apenas notar que, no caso de Freud, não foi o ambiente em que cresceu que pôde favorecer esses múltiplos interesses, mas fatores totalmente diferentes, de que trataremos a seu tempo.

Um outro traço que pareceria aproximar Freud de seus contemporâneos revela ter um sentido muito diverso. Trata-se da indiferença diante das querelas

---

34 Carta 44 a Fliess (2/4/1896), OP, BN III, p. 3543.

políticas que agitavam Viena na década de 1890, momento crítico para a eclosão tanto da psicanálise quanto da obra dos demais autores e artistas vienenses. A questão das nacionalidades atinge seu auge nessa época, caindo todos os gabinetes entre 1893 e 1908 por motivos a ela ligados. O movimento operário, que recebe um poderoso impulso em 1889 com a reunião dos vários grupos socialistas num único partido, começa a aparecer como fator visível na esfera política (o primeiro desfile de 1º de maio ocorre em 1890), atuando por meio de greves e ações reivindicatórias em geral. Em 1895, Karl Lueger é eleito pela primeira vez prefeito de Viena. Ora, seria muito difícil detectar nas tendências culturais de que falamos uma relação com essa atualidade conflituosa, sob a forma, por exemplo, de discussões ou tomadas de posição de seus principais representantes. Seria por certo bisonho procurar um reflexo direto das eleições em Viena sobre a poesia simbolista ou sobre os cenários da Ópera Imperial; mas, se refletirmos na maneira como, um século antes, a atualidade política mais imediata é retomada por Mozart nas óperas de Praga — *As bodas de Fígaro* e *Don Giovanni* —, não deixa de ser curioso que, longe de se interessar pelos movimentos sociais cuja colisão por fim provocaria o colapso da ordem vigente, a juventude "intelectual" afetasse um soberano desprezo pelo histórico-social, como fica claro pela evocação feita por Stefan Zweig de seus anos de liceu. Esse estetismo refinado e alienador — Zweig descreve a excitação dos colegiais por Hofmannsthal, Rilke, Baudelaire, Whitman e Mallarmé, a paixão com que se disputam as entradas para o Burgtheater ou para a Ópera, mas assinala igualmente o completo desinteresse pelo político — é criticado com vigor por Hermann Broch em seu ensaio sobre Hofmannsthal, por certo não como interesse pela arte do momento, mas interesse *exclusivo* pela arte em detrimento do momento.

Uma das páginas mais agudas desse ensaio, em que as observações mordazes não são raras, é aquela em que Broch mostra a equivalência das expressões *arte pela arte* e *business is business*:

> Um ideal da arte sempre existiu. Todo artista e todo artesão honesto tem um compromisso com ele. [...]. [Mas] uma arte como a arte impressionista, que procura encontrar a verdade exclusivamente nas camadas mediadoras que lhe são próprias, que poderia fazer de uma orientação modelada sobre finalidades exteriores a esse quadro? Tudo isso concorria para tornar o ideal da "arte pela arte" típico do século XIX e imprimir-lhe uma característica igualmente típica: a "indiferença social".

Essa arte não procura tratar de assuntos sociais, nem se incorporar à estrutura social na qualidade de produto agradável, instrutivo, edificante ou vendável de alguma outra forma. [...] Com a arte pela arte, as boas relações (entre o artista e seu público) se transformaram em relação de hostilidade. O artista procura converter e violentar o burguês, sabendo que sua tentativa é quase impossível; que, com a consciência tranquila, o burguês irá deixá-lo morrer de fome [...]. Assim, a arte acredita e deseja colocar-se fora da sociedade e antes de tudo na sociedade burguesa, esquecendo que ninguém, nem mesmo o artista, pode saltar sobre sua própria sombra. É justo a resistência contra a sociedade que coloca o artista no interior da sociedade, assim como o herético exerce uma função que só tem sentido no interior de uma Igreja [...]. A arte pela arte e o *business is business* são dois ramos da mesma árvore. [...] É essa sociedade que, sem que eles se apercebam disso, dita ao artista e ao burguês, palavra por palavra, a mesma indiferença social. Quando o burguês se aferra a seus princípios comerciais com uma bem fundada intransigência [...], quando o artista, com a mesma intransigência, se aferra a seus princípios artísticos, ambos agem de uma maneira lógica e sociologicamente semelhante, e nos dois casos tal espírito peremptório intensifica a indiferença social até transformá-la em autêntica crueldade.[35]

Essa passagem parece-me importante porque a arte de Viena, como vimos na seção anterior, é uma arte feita por elementos oriundos da burguesia, que, mesmo em estado de insurreição contra as normas estéticas da ideologia burguesa, continuam a frequentar os salões dessa classe e a aspirar ao sucesso em seu interior. A indiferença social de que fala Broch está presente de modo palpável na literatura da época, que se encaminha para o simbolismo e o expressionismo, nos quais a subjetividade irá se mostrar em seus aspectos mais caóticos e exacerbados, ao mesmo tempo em que um refinamento constante dos meios de expressão nos domínios da poesia, da música e das artes plásticas acabará por fazer explodir os quadros de referência estáveis que permitiam a compreensão relativamente imediata das obras por parte do público. Mas esse trabalho de erosão das formas admitidas de expressão, se por um lado é sentido como uma necessidade incoercível e como uma maneira de libertação dos códigos "naturais" como a sintaxe, a tonalidade ou a perspectiva, por outro lado se acompanha

---

35 Broch, "Hofmannsthal", cit., pp. 58-9.

de um mal-estar e de uma angústia indefiníveis, que encontram um ponto de ancoragem na crítica das deficiências da "ordem estabelecida"; e é por essa via que o movimento artístico vienense vem encontrar a sensação de agonia de uma época, simbolizada pela paralisia do sistema político encarnado na monarquia dos Habsburgo. Entretanto, privada dos meios de ação que só poderiam surgir de uma reflexão política, essa arte se esmera na denúncia abstrata, procurando encontrar, na limpidez de uma subjetividade que já não pode ser límpida, o caminho para atingir a comunhão com o Outro. Hofmannsthal, para quem "o mito dos Habsburgo" analisado por Claudio Magris possui uma significação ainda poderosa, exprimirá nas *Cartas do viajante que retorna à pátria* e na *Carta de Lord Chandos* essa sensação difusa de que a linguagem já não pode mais transmitir o sentido das coisas: "As pessoas estão cansadas de ouvir discursos. Sentem uma profunda repugnância pelas palavras. Pois as palavras se colocaram diante das coisas, e o ouvir-dizer engoliu o mundo".[36]

A mesma preocupação pelas implicações éticas e estéticas da linguagem se encontra em Kraus, Loos e Wittgenstein, tornando problemáticas as questões da identidade e da comunicação. E certamente não é por acaso que eles o fazem na capital de um império dilacerado por suas contradições, cujas instituições são incapazes de se adaptar às crescentes pressões étnicas e sociais, de um império "*em sursis*", herdeiro da Coroa de Augusto, Constantino e Carlos Magno, e que a deixara esvaziar-se de seu conteúdo para se converter no símbolo oco de um Estado-fantasma, pois, como mostra Pétillon em seu artigo "Hofmannsthal ou le Règne du Silence", Viena, no final do século XIX e na primeira década do XX, já não é mais a capital do Sacro Império, nem mesmo o centro de gravidade do espaço alemão. A derrota para os prussianos provocou uma fissura nesse mundo germânico que se estendia outrora do Báltico aos Alpes: perante uma Alemanha industrializada e imperialista, a Áustria hesita entre uma vocação danubiana e uma atração pelo novo centro berlinense. Viena está novamente

---

36 Hugo von Hofmannsthal, *Eine Monographie*, citado por P. Y. Pétillon, "Hofmannsthal ou le Règne du Silence", em *Vienne, début*, cit., p. 897. O mesmo vale para a filosofia: tanto o dito de Husserl ("Zurück zu den Sachen selbst") quanto o desejo de sair do círculo "natural" da sintaxe e da percepção que anima o pensamento de Wittgenstein fazem parte da mesma constelação, embora não possamos nos estender sobre esse aspecto do problema. Para um estudo do mesmo fenômeno na esfera da pintura, cf. o sugestivo ensaio de Carl Schorske, "Gustav Klimt and the crisis of the liberal ego", em *Fin-de-siècle Vienna*, cit., pp. 208-78.

descentralizada em relação a essa esfera, como no tempo em que era apenas uma fortaleza avançada na "marca oriental" do império; mas, em vez de ser ameaçada pelas invasões tártaras, mongóis e otomanas, ela corre o risco de ver destruído, pela força dos conflitos nacionais e de classes, o que lhe resta da época do império.[37] As mesmas questões abordadas por Hofmannsthal em suas obras serão retomadas por Wittgenstein e por Kraus e por Schönberg; Jacques Bouveresse expressa essa comunidade de inquietações com particular nitidez:

> Num certo sentido [...], todos foram perseguidos por um mesmo problema: [...] o da delimitação correta da utilização pertinente da parte de necessidade e da parte de arbitrariedade que um meio de expressão comporta *necessariamente*. [...] É todo o problema da cultura moderna que eles colocam, cada qual à sua maneira.[38]

Ora, como não ver que Freud trabalha na mesma direção? A inovação técnica que assinala o advento da psicanálise — a livre associação — coloca-a bem no âmago da questão da linguagem, pois consiste precisamente no levantamento das convenções do diálogo e na incitação a infringir as regras do raciocínio. A liberdade de dizer o que lhe vem ao espírito e, naturalmente, as resistências emocionais à formulação dessas ideias têm como limite apenas a exigência de formar frases gramaticalmente inteligíveis; no entanto, com a análise dos lapsos, a fronteira do inteligível recua cada vez mais. Porém — e é um enorme, um imenso "porém" — Freud não tem rigorosamente nada a ver com a plêiade de pensadores e artistas que acabamos de mencionar. Não os leu, nada sabe do seu trabalho e, quando mais tarde vier por acaso a conhecê-los, não irá apreciá-los. Assim como chega à questão da linguagem de um modo absolutamente original, a indiferença de Freud quanto aos movimentos sociais e políticos da época em que nasce a psicanálise — salvo pelas questões suscitadas pelo antissemitismo, como a eleição de Lueger ou o Processo Dreyfus — não surge no mesmo solo que no caso dos adeptos da "arte pela arte"; quando muito, poderíamos dizer que Freud é um partidário da "ciência pela ciência", mas as conotações do termo "ciência" teriam de ser muito elásticas para conter a multiplicidade de

---

37 Cf. a análise de Pétillon, "Le désir", cit. A "Carta de Lord Chandos" existe em tradução francesa: E. C. de La Ferté, *Hugo von Hofmannsthal*, Paris, Seghers, 1973.
38 Bouveresse, "Les derniers jours", cit., pp. 785-6.

seus interesses. As implicações da questão referente à linguagem tampouco o conduzem a um diagnóstico sombrio quanto ao futuro do Império Austro-Húngaro; em vão buscaríamos em seus artigos e cartas dessa época o lamento de um Hofmannsthal: "Parece que estamos no início de uma época que não deixará completamente intacta nenhuma das formas que conhecemos hoje em dia. As instituições aparecem, do interior, como provisórias, e os indivíduos sentem vacilar seu modo de existência por causa da instabilidade interna do Todo".[39] Se Freud sente "vacilar seu modo de existência" — e tanto isso é verdade que embarca na temerária aventura da autoanálise — é por razões que nada têm a ver com a "instabilidade interna do Todo", mas que são motivadas pelas dificuldades terapêuticas com seus pacientes, pelas oscilações neurastênicas de seu humor e pela morte de seu pai, que está na origem da *Interpretação dos sonhos*.

Na verdade, Freud tem com Viena relações absolutamente paradoxais; é ali que vive e trabalha, mas é dessa mesma cidade que lhe vem uma hostilidade tão profunda que pensamos de imediato no abismo que Broch vê se escavar entre o artista e seu público. Quanto aos intelectuais de que falamos, como quanto à paixão vienense pelo decorativo e pelo musical, Freud se mantém numa posição radicalmente distante. Não é um artista, mas um cientista; não circula no ambiente brilhante do *Tout Vienne*, mas se debate com uma persistente penúria econômica; não é vienense, mas um judeu que conserva com a cultura alemã relações ambíguas ao extremo. Nessa tripla diferença — a ciência, a pobreza e o judaísmo — radicam a meu ver os motivos capazes de elucidar, ao menos em parte, o paradoxo entre a psicanálise e a cultura na qual ele pôde emergir. Mahler disse certa vez que era três vezes apátrida: como tcheco entre os austríacos, como austríaco no mundo germânico, e como judeu em toda parte.[40] Não é curioso que, palavra por palavra, essa frase se aplique também a Freud? Podemos interpretá-la, contudo, de maneira metafórica: Freud, como cientista, é apátrida numa cidade cujo deleite é a arte; como pobre, apátrida numa sociedade semiburguesa e semiaristocrática; e sobretudo apátrida como judeu, em meio a um império multinacional em que cada etnia reivindica sua autonomia territorial, colocando o judeu na delicada alternativa de se assimilar por completo ou de não encontrar lugar algum em que pisar. Alternativa, na verdade, ilusória, pois a

---

39 Cf. Pétillon, "Le désir", cit., pp. 895-6.
40 Alma Mahler-Werfel, *Erinnerungen an Gustav Mahler*, Frankfurt, Ullstein Verlag, 1978, p. 137.

assimilação é impossibilitada pelo antissemitismo difuso e insidioso da sociedade austríaca, e a continuidade do judaísmo pré-emancipatório, rural e fechado sobre si mesmo, é igualmente impossível nas condições históricas do final do século XIX.

É por essas razões que me parece necessária uma investigação mais detida de certos aspectos da vida de Freud, trazendo à luz elementos biográficos destinados a precisar a natureza de suas relações com a sociedade em que vive, com a cultura à qual se filia e com o meio do qual provém: tal é o paradoxo da psicanálise, cuja ambição de pensar o fenômeno humano em sua mais ampla universalidade está vinculada à singularidade mais extrema, pois foi no espírito de Freud e em nenhum outro que ela tomou forma pela primeira vez.

4. SHLOMO BEN YAAKOV

Dessas três determinações, partiremos daquela a que o próprio Freud atribui um papel decisivo para a criação de sua disciplina: o fato de ser judeu. Com efeito, em diversas ocasiões ele menciona o laço, a seu ver íntimo, entre seu judaísmo e sua descoberta; digo *seu* judaísmo, e não *o* judaísmo, porque Freud era ateu militante e completamente desvinculado de qualquer observância ritual; não obstante, sentia-se em especial próximo dos judeus e de uma forma de judaísmo talhada segundo suas próprias convicções. Por exemplo, na mensagem enviada à Sociedade B'nei Brit em agradecimento às felicitações por seu septuagésimo aniversário, Freud afirma:

> Devo confessar-lhes que nem a fé nem o orgulho nacional me ligavam ao judaísmo, pois sempre fui incrédulo e fui educado sem religião [...] Contudo, ainda permaneciam muitas coisas que me tornavam irresistível a atração pelos judeus e pelo judaísmo: potências sentimentais obscuras e grandiosas, tanto mais poderosas quanto difíceis de expressar em palavras; a clara consciência de uma identidade íntima, a secreta familiaridade de possuir uma mesma arquitetura anímica. A isso não se demorou a agregar a compreensão de que somente à minha natureza judaica devo as duas qualidades que me foram indispensáveis no difícil caminho de minha existência. Precisamente por ser judeu, encontrava-me livre de muitos

preconceitos que dificultam a outros o uso de seu intelecto; como judeu estava preparado para colocar-me na oposição e para renunciar à concordância com a "maioria compacta".[41]

E a Oskar Pfister, o pastor protestante que se convertera em seu discípulo e amigo, Freud pergunta francamente: "E, incidentalmente, por que a psicanálise não foi criada por um desses inúmeros homens piedosos, por que se teve de esperar por um judeu absolutamente agnóstico?".[42]

Vemos Freud estabelecer, assim, uma dupla relação: entre o ateísmo e a psicanálise, e entre esta e seu modo pessoal de ser judeu. O ateísmo tampouco é um ateísmo indeterminado: ao contrário, é a postura diante da religião em geral de alguém que se afastou de uma religião em particular, o judaísmo. Essa religião é dotada, segundo ele, da peculiaridade de permitir um "uso do intelecto" não toldado por preconceitos (Freud não diz que por ser *ateu* se encontrava livre de muitos preconceitos, mas sim por ser *judeu*); ainda que sem crer nos dogmas religiosos, o indivíduo educado no meio judaico guarda uma profunda ligação com os demais judeus (a "identidade íntima", a "secreta familiaridade"), ao mesmo tempo em que tal educação o habitua a figurar nas fileiras da "oposição". Quando o fundador da psicanálise afirma que somente um judeu nas condições mencionadas poderia criar tal disciplina, creio que é preciso levar a sério essa indicação e compreendê-la em todo o seu alcance; para isso, examinaremos a seguir a situação em que se encontravam os judeus do Império Austro-Húngaro na época em que Freud cresceu e se formou.

Nos territórios de língua alemã, a emancipação — isto é, a concessão aos judeus dos direitos civis e políticos de que gozavam os demais habitantes dessas regiões — não foi implantada de uma só vez, como na França, mas foi fruto de uma luta que se prolongou durante praticamente setenta anos. Imposta aos Estados vencidos por Napoleão e cruzando-se com o processo de absorção, por certas elites judaicas, do pensamento iluminista, a partir das últimas décadas do século XVIII, a emancipação foi revogada e restabelecida inúmeras vezes, ao sabor das circunstâncias políticas e sociais que marcaram o século XIX. Não obstante, o período posterior às Guerras Napoleônicas

---

41 Mensagem aos Membros da Sociedade B'nei Brit, GW XVII, p. 53; SE XX, p. 274; BN III, p. 3229.
42 Carta a Pfister (9/10/1918), em *Correspondance de Sigmund Freud avec le Pasteur Pfister*, Paris, Gallimard, 1966, p. 105. Essa coletânea será citada como *Freud-Pfister*.

presencia o surgimento de uma espécie até então inédita na história: o intelectual judeu de língua alemã. Resultado de um complexo processo de assimilação, esse intelectual se caracteriza pelo abandono mais ou menos total da ligação com o grupo judaico, por seu estabelecimento em grandes cidades como Berlim e Viena, pela dedicação quase exclusiva à literatura, pelas idas frequentes a salões aristocráticos onde é relativamente bem recebido, como exemplo de um exotismo vindo da noite dos tempos, pela necessidade de se batizar para poder se integrar por completo a seu ambiente — pois, como afirmou Heine numa frase célebre, "o batismo é o bilhete de entrada na sociedade europeia". Do ponto de vista psicológico, esse intelectual é o protótipo da ambiguidade, dilacerado por tendências contraditórias a respeito do gesto pelo qual se define: hesitando entre uma obscura fidelidade ao povo perseguido que abandonara, um remorso igualmente obscuro nascido desse afastamento e uma imensa vontade de triunfar do "outro lado" — triunfo não obstante obscurecido pela sensação difusa de continuar sendo um estrangeiro —, ele é o homem da perplexidade e por vezes do desespero, tentando se equilibrar na corda bamba estendida "entre dois mundos", na bela expressão de Anatol Rosenfeld.[43] Isso porque a origem judaica pode ser disfarçada pelo êxito social e intelectual, mas permanece como um sinal de Caim sobre a fronte dessa geração:

> É uma espécie de milagre! Fiz mil vezes essa experiência e no entanto ela continua a ser sempre nova para mim. Uns me reprovam por ser judeu; outros o perdoam; um terceiro chega a cumprimentar-me por sê-lo; mas todos pensam nisso. Estão como que sob o feitiço desse círculo encantado judaico, e ninguém pode se libertar dele.[44]

A Revolução de 1848, que terminou com um banho de sangue, não foi capaz de impor a emancipação judaica em nenhum dos territórios da Confederação

---

43 Para uma análise mais completa desse problema, cf. o prefácio de Anatol Rosenfeld à coletânea *Entre dois mundos* (São Paulo, Perspectiva, 1966), bem como Hannah Arendt, *Walter Benjamin* (Barcelona, Anagrama, 1971), pp. 41-53).
44 Citado por Marthe Robert, *D'Œdipe à Moïse: Freud et la conscience juive*, Paris, Le Livre de Poche, 1978, p. 33. Trata-se de uma carta do escritor Ludwig Börne, escrita na década de 1830.

Germânica. Quando Freud nasceu, em 1856, a situação dos judeus continuava a ser a mesma que no tempo de Heine e Borne, exceto pelo fato de que, no Império Austro-Húngaro como em todos os outros lugares, a industrialização e o êxodo rural haviam atingido grandes massas de judeus, fazendo-os migrar para as cidades em busca de melhores oportunidades econômicas. Desencadeada pelos Éditos de Tolerância de José I, em 1781, a migração provinha principalmente das aldeias rurais da Boêmia e da Morávia, assim como da Galícia polonesa; e, num ritmo cada vez mais acelerado, foram surgindo importantes comunidades em Viena e Budapeste, enquanto a de Praga, várias vezes secular, via seus efetivos aumentarem rápido. Sua atividade econômica tinha como objeto principal o comércio, no qual alguns indivíduos amealharam fortunas consideráveis e chegaram desse modo a obter títulos de nobreza, como os Rothschild e o bisavô de Hugo von Hofmannsthal. A partir de 1850, portanto, grupos mais e mais numerosos de judeus passaram a fazer parte da vida econômica e cultural da monarquia, ao mesmo tempo em que uma nova geração, admitida das escolas públicas pela reforma de 1852, preparava-se para aceder a carreiras técnicas e a uma participação maior na atividade cultural do país. De maneira geral, e em virtude do papel preponderante da língua alemã, os judeus se assimilaram à cultura germânica, para o que contribuiu igualmente o fato de ser o ídiche sua língua materna. O passo decisivo para a entrada dos judeus na cultura austríaca, porém, é dado apenas em 1869, quando, entre as demais medidas adotadas pelos gabinetes liberais, é decretada sua emancipação completa, assegurando-lhes igualdade de oportunidades nas profissões liberais e na educação universitária. A alegria que essa medida provocou na família de Freud é evocada por ele na *Interpretação dos sonhos*, na passagem em que um improvisador de versos do Prater lhe profetiza que um dia será ministro:

> isso aconteceu na época do "Ministério Burguês", e meu pai havia trazido para casa, poucos dias antes, os retratos dos drs. Herbst, Giskra, Unger, Berger etc.; havíamos acendido todas as luzes em homenagem a esses senhores. Vários desses ministros eram judeus, de modo que todo menino estudioso pertencente a essa religião já podia considerar-se portador, em sua sacola de livros, de uma pasta ministerial.[45]

---

45 *A interpretação dos sonhos*, SA II, pp. 204-5; SE IV, p. 204; BN I, p. 464.

Freud tem, nesse momento, treze anos. A extraordinária modernidade de sua obra não nos deve levar a esquecer que, se tivesse nascido uma década antes, ele teria tido dificuldades para ingressar na universidade e teria encontrado ali manifestações de antissemitismo mais graves do que as que menciona em sua *Autobiografia*. O período em que os judeus gozaram de completa igualdade jurídica com seus compatriotas centro-europeus é extremamente breve: 65 anos na Alemanha (1868-1933), 69 na Áustria (1869-1938). E, nesses poucos decênios — quase nada em termos da história multimilenar do judaísmo —, verifica-se uma estupenda floração cultural judaica, cuja decisiva contribuição para o pensamento e as artes de nosso século faz empalidecer mesmo a chamada "Época Áurea" na Espanha muçulmana. Contudo, como assinalamos na seção anterior, tal período é também o do surgimento do antissemitismo moderno, cujas primeiras estocadas Freud sentiu ao se matricular na universidade de Viena:

> A universidade, a cujas aulas comecei a assistir em 1873, proporcionou-me de início algumas profundas decepções. Antes de tudo, preocupava-me a ideia de que minha pertinência à religião israelita me colocava em situação de inferioridade diante de meus colegas, entre os quais eu era um estrangeiro. [...] Nunca consegui compreender por que deveria me envergonhar de minha origem, ou, como então já se começava a dizer, de minha "raça". Por isso renunciei sem grandes emoções à conacionalidade que me era negada.[46]

É difícil avaliar exatamente a extensão do antissemitismo durante o período final da Dupla Monarquia. Por um lado, a agitação antissemita ocupava um lugar de destaque na ideologia e na prática de dois dos principais partidos políticos da época: o cristão-social e o pangermanista; por outro, o período em que Karl Lueger foi prefeito de Viena (1897-1910) é qualificado por Hannah Arendt de "época de ouro para os judeus".[47] Alguns historiadores, como David Bakan, tendem a pensar que essas décadas são um verdadeiro pesadelo; outros, como, Marthe Robert e Joachim Remak, consideram que o antissemitismo difuso da época — se bem que presente e por vezes ameaçador — foi

---

46 *Autobiografia*, GW XIV, p. 34; SE XX, p. 9; BN III, p. 2762.
47 Hannah Arendt, *Sur l'antisémitisme*, Calmann-Lévy, Paris, 1973, p. 106.

em geral sem maiores consequências. A questão é de extrema importância para compreender a relação de Freud com a sociedade austríaca em geral e com o judaísmo em particular, de modo que nos deteremos um momento para examiná-la mais de perto.

A tese de David Bakan é que a psicanálise pode ser considerada uma laicização do misticismo judaico, isto é, a transposição para a esfera da ciência de elementos essenciais da corrente mística que, a partir do primeiro milênio de nossa era, atravessa o pensamento judaico. Apoiando-se em analogias entre o cabalismo e a psicanálise (por exemplo, o interesse pelos sonhos, certas técnicas de linguagem que recordam a livre associação, a importância atribuída à bissexualidade) e nas origens hassídicas da família de Freud, Bakan se vê contudo diante de um obstáculo de peso: a ausência completa, em todos os escritos de Freud, mesmo em sua correspondência, de alusões a qualquer fonte de natureza mística, e mesmo a negação formal de que o misticismo tenha desempenhado alguma influência sobre a formação de seu pensamento, ou de que seja compatível com a postura psicanalítica. Para explicar essa ausência embaraçosa de confirmações para sua tese, Bakan recorre a uma explicação engenhosa:

> Freud tinha a melhor das razões para não mencionar expressamente essa tradição, se, ao menos, tivesse consciência do papel que ela representava em seu pensamento. Essa razão é, de fato, extremamente simples: o antissemitismo, que atacou em primeiro lugar a literatura judaica, era na época tão intenso e difundido que, ao indicar a fonte judaica de suas ideias, ele teria exposto perigosamente suas teorias, em essência sujeitas à controvérsia, a uma oposição inútil e talvez fatal.[48]

Sem discutir aqui a possibilidade de ser essa hipótese verdadeira — e posso dizer desde já que ela me parece errônea —, quero destacar que Bakan atribui ao antissemitismo uma grande "intensidade" e "difusão". Para ilustrá-las, apoia-se sobre os numerosos casos em que se acusaram judeus de assassinato ritual, que, começando com o episódio de Tisza-Eslar na Hungria, multiplicam-se na Alemanha, Áustria e Rússia durante as duas últimas décadas do século XIX; cita igualmente discursos de Von Schönerer, o líder pangermanista; e se detém no panfleto *O judeu do Talmud*, escrito pelo professor de direito de Praga, August Rohling, cujas dezessete edições foram difundidas em muitos milhares de

---

48 David Bakan, *Freud et la mystique juive*, Paris, Payot, 1977, p. 40.

cópias.[49] Esses dados são irrefutáveis, mas a interpretação de Bakan parece-me exagerada: se o antissemitismo fosse, não tão *difundido* — ele provavelmente o era —, mas tão *eficaz*, vários outros dados do período considerado seriam incompreensíveis, entre os quais o simples fato de Freud ter permanecido em Viena, não obstante os inúmeros projetos de emigração que pontilham sua correspondência com Martha Bernays e com Wilhelm Fliess. É preciso levar também em conta que, na Áustria, a estrutura do poder estava longe de passar apenas pelos partidos, e que o imperador, verdadeiro centro do poder político apesar da fachada de liberalismo, era absolutamente hostil ao antissemitismo, considerando que, de um ponto de vista aristocrático, todos os burgueses se equivaliam, fossem eles judeus ou não.

Stefan Zweig insiste no papel de mecenas das artes exercido pela burguesia judaica em Viena:

> No século XIX, a arte austríaca perdera seus protetores tradicionais: a corte e a aristocracia. [...] Brahms, Wagner, Strauss e Wolf não encontraram nelas o menor apoio; para conservar os concertos filarmônicos no nível de outrora, para permitir uma existência aos pintores e escultores, a burguesia teve de penetrar nessa brecha, e a burguesia judaica tinha como orgulho e ambição exatamente a possibilidade de contribuir, na linha de frente, para manter a fama da cultura vienense no mesmo nível brilhante do passado. [...] É impossível avaliar a participação da burguesia judaica, por meio de seu mecenato progressista e encorajador, na cultura vienense. Ela era o público que lotava os teatros e concertos, que adquiria os quadros e os livros, que frequentava as exposições e que, com sua compreensão mais rápida, menos carregada de tradicionalismo, lutava em todas as áreas para promover o novo. [...] Sem o interesse permanente e estimulante da burguesia judaica, Viena, graças à indolência da corte, da aristocracia e dos milionários cristãos, que preferiam as cavalariças e as caçadas, teria permanecido em matéria de arte atrás de Berlim, assim como a Áustria se colocava politicamente atrás do Reich.[50]

Ainda que, em virtude da transfiguração que as recordações sofrem inevitavelmente no correr dos anos, Zweig me pareça aqui forçar um pouco as tintas,

---

49 Bakan, *Freud*, cit., pp. 39-44.
50 Zweig, *Die Welt*, cit., pp. 27-8.

é óbvio que a burguesia judaica — que em termos quantitativos talvez representasse 10% do "público" — desempenhava um papel importante como promotora das artes, sobretudo porque isso trazia um inestimável prestígio e continha portanto a possibilidade de uma maior aceitação social. Ora, é difícil conciliar essa ativa participação na vida cultural da cidade com a extensão e eficácia que Bakan atribui ao antissemitismo, que não teria deixado, se tal fosse o caso, de denunciar e impedir, por meios violentos, o acesso a esses bens culturais (como ocorreu na Alemanha a partir das leis de Nuremberg).

Por outro lado, é certo que o antissemitismo se manifestava de várias formas, fosse impedindo o acesso de artistas a cargos de prestígio — Gustav Mahler teve de se batizar para poder ser contratado como diretor de ópera, em 1897 —, fosse pela protelação indefinida da nomeação de cientistas para postos de destaque (é o caso de Freud e de vários de seus colegas) ou recordando a cada momento ao judeu desejoso de obter triunfos e de se integrar por completo de que ele não passava de um estrangeiro tolerado. Nesse sentido, o mesmo mal-estar da década de 1830 se apodera de inúmeros intelectuais judeus, desiludidos pela Emancipação, na qual haviam colocado todas as esperanças. É o que ocorre com Kafka, cuja dificuldade em relação ao judaísmo aparece a cada página dos *Diários* e da correspondência, além de fornecer o fio condutor da trama de *O castelo*; assim como acontece a Arthur Schnitzler, cujo romance *Der Weg ins Freie* [*O caminho da liberdade*] descreve a situação da elite judaica em 1908:

> divididos entre o medo de parecerem intrusos e a amargura de serem considerados capazes de ceder à imprudência da multidão, entre a consciência de estarem em casa na cidade em que viviam e trabalhavam, e a indignação de se verem, justamente ali, perseguidos e cobertos de insultos, flutuando entre o desafio e o desencorajamento, perturbados até no sentimento de sua existência, de seu valor, de seus direitos.[51]

Creio ser possível concluir desses elementos que o antissemitismo de fato existia e podia influir na carreira do *intelectual* judeu, em especial se este se voltava para as letras, domínio no qual as experiências pessoais têm um peso decisivo na criação e, pela escolha dos temas, pela construção dos caracteres, pelo

---

51 Citado por Marthe Robert, "Freud et Vienne", em *Vienne au temps*, cit., p. 206.

tipo de análise discursivo e reflexivo que as formas narrativas favorecem, transparecem no próprio tecido da obra. Mais difíceis de detectar na música ou nas artes plásticas, as vivências ligadas ao judaísmo poderiam encontrar a oposição antissemita do lado do público, digamos sob a forma de rejeição das obras "judaicas" (como Wagner o faz em seus escritos teóricos); mas, se podemos atribuir crédito ao que nos diz Stefan Zweig, não seria de esperar por parte desse público uma reação propriamente antissemita... Quanto àqueles que dependiam da boa vontade do Estado, como os professores universitários, os funcionários da administração e outros do gênero, o antissemitismo podia ou não ser um obstáculo a seu avanço na hierarquia, segundo circunstâncias sempre particulares. Contudo, convém não esquecer que os judeus "intelectuais" não eram mais do que uma pequena minoria na comunidade e que, para a grande maioria, formada por pequeno-burgueses de todas as espécies, a análise de Joachim Remak se aplica melhor do que a dramática tese de Bakan:

> Muitos judeus amavam a Áustria, e amavam-na por boas razões. [...] Havia poucos países nos quais tivessem, quando o desejavam, tantas possibilidades de escapar a seu mundo limitado. [...] A Áustria, em seus melhores momentos, foi mais do que um Estado tolerante: foi cosmopolita sem afetação. O brasão escolhido pelo cavaleiro Von Hofmannsthal, que acabava de ser admitido na nobreza, não trazia alabardas nem unicórnios, mas a folha de amoreira dos comerciantes de seda e as Tábuas da Lei. Era bom viver em Viena.[52]

Freud, certamente, teria discordado dessa última afirmação, mas toda a sua carreira tende a mostrar que o antissemitismo, embora latente e por vezes atuante, não chegou jamais às proporções catastróficas que lhe atribui Bakan. E não se poderia esperar outra coisa da sociedade vienense, exímia em aveludar todas as arestas e não macular a doçura de seu estilo de vida com demonstrações ostensivas de intolerância e perseguição. Para Freud, o fato de ser judeu significava, como vimos, estar disposto a aceitar e a vencer a hostilidade da maioria compacta, impondo-se pela competência e pela tenacidade. A Max Graf — o pai do "Pequeno Hans" —, que lhe perguntou em 1903 se deveria batizar seu filho,

---

[52] Joachim Remak, "The healthy invalid: how doomed was the Habsburg Empire?", *Journal of Modern History*, junho de 1969. Cf. M. Robert, *D'Œdipe*, cit., p. 131.

Freud respondeu pela negativa: "Se não permitir que seu filho cresça como judeu, o senhor irá impedi-lo de desfrutar dessas fontes de energia que nada pode substituir. Como judeu, ele deverá lutar, e o senhor deve deixar que nele se desenvolvam todas as forças de que necessitará nessa luta. Não o prive dessa vantagem".[53]

Que devemos entender por "fontes de energia"? De onde Freud as extraía, em seu caso pessoal? Pois aqui se perfila o aspecto de fato positivo do judaísmo: enquanto diante da sociedade relativamente hostil ele se apresenta como um audaz combatente, temperado por séculos de permanência na oposição, a outra face da moeda é o fundo comum do qual provém a energia necessária para os combates e que radica num tipo essencial de relação intra-comunitária, soldada por outros tantos séculos de convivência. Por cima das diferenças de opinião e de observância religiosa, ela fornece a "mesma arquitetura íntima" e a "secreta familiaridade" perante seus correligionários. A singularidade de seu destino, que o elevou acima e além da imensa maioria dos ditos correligionários, se inscreve numa situação comum, cujos grandes traços acabamos de evocar; mas ela exige, para ser compreendida em sua especificidade própria, um estudo mais aprofundado acerca de como Freud vive seu judaísmo, já que este é, segundo o texto que citamos, um dos fatores essenciais para a criação da psicanálise.

As fontes para a investigação a que nos propomos são fornecidas pelos textos teóricos em que Freud aborda aspectos da sua biografia: em primeiro lugar a *Interpretação dos sonhos*, mas também a *Psicopatologia da vida cotidiana*, a *História do movimento psicanalítico*, a *Autobiografia* e os dois trabalhos dedicados a Moisés, além de sua copiosa correspondência, que comporta já vários volumes editados. Fato curioso, a biografia de Ernest Jones não contém grandes apreciações sobre as ideias de Freud quanto ao judaísmo; a figura que emerge dessa obra é a de um homem generoso e ao mesmo tempo severo, dedicado à busca da verdade no campo que foi o primeiro a desbravar, corajoso e inflexível

---

53 Max Graf, "Reminescences of prof. Sigmund Freud", citado por Bakan, op. cit., p. 55. Na mesma página, Bakan menciona como "prova da situação política desfavorável" dos judeus na Áustria o "grande número de conversões ao cristianismo" em Viena: 559 em 1900 e 617 em 1904. Ora, os judeus constituíam 4,5% da população da Cisleitânia, ou seja, 1,2 milhão de almas (Bérenger, *Lexique*, cit., p. 139). Destes, viviam em Viena entre 200 mil e 300 mil. Sobre essa cifra, seiscentas conversões representam 0,2%, o que certamente está longe de ser um "grande número", e muito menos uma prova da "situação política desfavorável" dos judeus nessa época.

na defesa de suas teorias, mas igualmente disposto a modificá-las quando o julgava necessário; em suma, o retrato de um homem de ciências, às voltas com suas investigações, prosseguindo impávido seu caminho, face a face com a hostilidade geral e as defecções que não tardaram a se produzir no movimento que fundara. Jones dedica, naturalmente, certa atenção aos sentimentos judaicos de Freud, mas sem se demorar na análise de seu sentido mais profundo. Por outro lado, para David Bakan o judaísmo não apenas é o fator decisivo na vida de Freud, mas este, consciente ou inconscientemente, teria procurado dissimular a filiação quase natural entre a psicanálise e a tradição corporificada na Cabala, no sabatianismo e no hassidismo. Entre esses dois extremos está a obra de Marthe Robert, que a meu ver opera na única direção correta: a do cotejo minucioso dos textos de Freud e da análise que, sem cair em generalizações apressadas, extrai contudo inferências capazes de serem legitimadas pelos documentos disponíveis. É nessa linha, portanto, que se inscrevem as considerações a seguir.

A um autor norte-americano que lhe enviara sua obra a respeito das *Influências judaicas no pensamento moderno*, Freud escreve em 1930:

> Talvez lhe interesse saber que, efetivamente, meu pai era de ascendência hassídica. Tinha 41 anos quando eu nasci, e durante os vinte anos anteriores havia estado separado de seu ambiente natal. Minha educação foi tão pouco judaica, que hoje me sinto incapaz de ler sua dedicatória, visivelmente escrita em hebraico. Em minha vida posterior, tive muitas ocasiões de lamentar essa falha de minha cultura. Expressando-lhe toda a simpatia que exige sua corajosa defesa de nosso povo [...][54]

A origem hassídica da família nada tem de extraordinário, pois tanto o pai quanto a mãe de Freud eram originários da Galícia, reduto do hassidismo polonês; o que é curioso nessa carta, de forma geral escrita num tom irritado e pouco amistoso, é a denegação, por Freud, do fato de ter recebido uma educação judaica. Pelo contrário, a figura de seu professor de hebraico, Samuel Hammerschlag, lhe é extremamente querida, como sabemos pelas cartas que ele escreveu a sua

---

54 Carta 248 a Roback (20/2/1930), em *Epistolario 1890-1939*, Barcelona, Plaza y Janés, 1975, pp. 147-8. Essa coletânea será citada como *Cartas* II.

noiva;[55] a família ainda mantinha relações com certos meios hassídicos galicianos, a julgar pela referência que é feita a um *khakham* ("sábio") de Tchernovitz que os visitou em 1873;[56] seu pai, embora tivesse se afastado da observância dos rituais, havia se vestido em Freiberg como um *hassid* — pelo que sabemos da célebre história do chapéu de pele atirado à lama, que figura na *Interpretação dos sonhos* — e conservou sempre um imenso respeito pela Bíblia e pela erudição rabínica. A melhor prova de que Freud teve uma educação judaica, se não esmerada, pelo menos sólida, está na comovente dedicatória hebraica que seu pai colocou na Bíblia familiar, quando, em 1891, Freud a recebeu como presente por seu 35º aniversário:

> A meu querido filho, Salomon. Foi durante o sétimo ano da tua vida que o Espírito do Senhor te incitou a estudar. Direi que o Espírito do Senhor te falou assim: "Lê meu livro, nele se te tornarão acessíveis as fontes do conhecimento intelectual". É o Livro dos Livros, a fonte na qual se abeberaram os Sábios e de onde os Legisladores tiraram os fundamentos de sua sabedoria. Tu pudeste ter, graças a este Livro, uma visão do Todo-Poderoso; tu agiste, tentaste voar alto sobre as asas do Espírito sagrado. Desde então, conservei a mesma Bíblia. Eis teu 35º aniversário, eu a retirei do seu escrínio e a envio a ti, como testemunho de afeição que te dedica — teu velho pai.[57]

Em 1891, portanto, Freud ainda era capaz de compreender com facilidade esse texto hebraico, sem o que seu pai não o teria jamais escrito. A leitura precoce da Bíblia deixou, aliás, marcas profundas no espírito de Freud; sua identificação com José (como ele, perito em interpretar sonhos), Jacó (também conduzido, na velhice, ao exílio) e sobretudo com Moisés aparece em inúmeros artigos e cartas; quando a teoria da sedução, na qual fundara suas esperanças de compreender as neuroses, tem de ser abandonada, o paralelo que lhe vem ao espírito é a reação de Davi à morte de Saul, no livro de Samuel: "Não irei contar

---

55 Ver, por exemplo, a carta 32 a Martha (10/4/1884), em *Epistolario 1873-1890*, Barcelona, Plaza y Janés, 1975, p. 83. Essa coletânea será citada como *Cartas I*.
56 Carta 1 a Emil Fluss (16/5/1873) em *Cartas I*, p. 12.
57 Citado por Marthe Robert, *La révolution psychanalytique*, Paris, Payot, 1964, t. I, p. 47.

isso em Gat nem espalhar a notícia em Ashkelon, nas terras dos filisteus".[58] A correspondência com Martha Bernays está pontilhada de alusões ao judaísmo, entre as quais ressalta o tema da insubmissão e da tenacidade: "Amiúde, sentia ter herdado todo o arrojo e toda a paixão com que nossos antepassados defenderam seu Templo; estaria disposto a sacrificar minha vida por um grande momento da História".[59] Freud dispõe, assim, de um conhecimento razoável da história judaica, ao menos de seus momentos principais, e por certo não foi no liceu austríaco que pôde se familiarizar com eles.

Por outro lado, abandonou muito cedo todas as práticas rituais que porventura seu pai ainda mantivesse, e, quando se apaixona por uma moça de família estritamente ortodoxa, neta do grão-rabino de Hamburgo Isaac Bernays, a espinhosa questão do conteúdo judaico do futuro lar não tarda a surgir. Um dos testemunhos mais preciosos da relação de Freud com o judaísmo é a carta número 7, de 23 de julho de 1882 — um mês depois de ter ficado, em segredo, noivo de Martha. Em visita a Hamburgo, decide encomendar um papel de cartas com as iniciais entrelaçadas de seus nomes e casualmente entra na papelaria de um velho judeu, o qual inicia com o jovem cliente uma conversação animada, em que menciona ser um discípulo de Isaac Bernays. Freud relata essa conversa numa carta de várias páginas à sua noiva, na qual põe os pingos nos is quanto a sua concepção religiosa. Isaac Bernays havia desenvolvido um método de ensino que punha ênfase na alegria de viver e na parábola como meio de explicação da Lei e dos mandamentos. Escreve Freud a Martha:

> Eu já conhecia esse método. Não se pode apoiar as pretensões à verdade e as exigências de obediência formuladas nas Sagradas Escrituras; esse sistema não deixa espaço para a reforma, e sim apenas para a revolução. Mas nesse método de educação existem de forma implícita enormes progressos, que supõem uma espécie de educação da Humanidade no sentido de Lessing. A religião deixa de ser considerada um rígido dogma e se converte em tema de reflexão, para satisfazer um

---

58 Carta 69 a Fliess (21/9/1897), OP, BN III, p. 3579, em que aparece também a alusão ao "vestido de Rebeca", que tanta tinta fez correr sobre o episódio do segundo casamento de Jakob Freud: Rebeca seria uma hipotética segunda esposa, antes de Amália, o que teria tido importantes consequências sobre a constelação familiar de Freud. Cf. Wladimir Granoff, *Filiations*, Paris, Minuit, 1975, pp. 309-35.
59 Carta 94 a Martha (2/2/1886), *Cartas I*, p. 186.

gosto artístico cultivado e as exigências mais elevadas da lógica. O mestre de Hamburgo a recomendava, não porque a tivesse declarado sagrada, mas porque se alegrava com o sentido profundo que descobria nela ou a ela atribuía [...] Não era um asceta. O judeu, dizia, é a mais bela flor da Humanidade, é feito para o prazer [...] O judeu foi criado para a alegria, e a alegria foi criada para o judeu [...]. Quanto a nós, embora as coisas que tornavam felizes os velhos judeus já não nos proporcionem um autêntico refúgio, algo da substância, a essência mesma desse judaísmo tão cheio de sentido e de alegria de viver, não está ausente do nosso lar.[60]

A posição de Freud é clara: a observância dos rituais é proscrita, a Bíblia não contém a verdade e suas exigências podem ser deixadas de lado: a "essência" do judaísmo não passa por aí, mas por uma qualidade específica, a alegria de viver e a capacidade de sentir prazer com os eventos cotidianos. É fácil notar a presença da tradição hassídica nessa concepção, embora no hassidismo ela esteja unida a uma estrita ortodoxia religiosa, que Freud considera incapaz de proporcionar um "autêntico refúgio" ao judeu contemporâneo.

Não deixa de ser curioso que, vivendo precisamente numa cidade cuja imagem é a de uma jovialidade e de uma ligeireza no viver sem-par na Europa, Freud encontre no judaísmo e não na atmosfera de Viena as fontes da "alegria" e do "prazer". Podemos suspeitar que não é no vinho, nas mulheres e nas canções que dão seu nome à célebre valsa de Strauss que residem para ele o "sentido" e a "alegria". Freud os sente como algo que auxilia poderosamente o judeu em sua luta com o mundo hostil, fornecendo mesmo a base da outra qualidade judaica que tanto admira: a tenacidade. Falando de seu entusiasmo pela ciência, conta a Martha a história de Benedikt Stilling, o pioneiro do estudo nervoso vasomotor, que durante treze anos se aplicara à anatomia do cérebro e à estrutura da medula espinhal: "Tudo isso mostra a capacidade de trabalho e o entusiasmo tenaz do judeu, mesmo quando não acompanhados do talento que habitualmente se atribui aos hebreus. Nós poderemos conseguir algo semelhante".[61] Essa tenacidade, da qual se sente dotado no mais alto grau, se aplica tanto à busca do conhecimento quanto à luta contra um meio hostil; está aí o cerne da capacidade de se opor à maioria compacta que Freud associa a sua condição de

---

60 Carta 7 a Martha (23/7/1882), *Cartas I*, pp. 22-6.
61 Carta 26 a Martha (23/10/1883), *Cartas I*, p. 69.

judeu e à persistência com que sustentou, contra ventos e marés, as teorias essenciais da psicanálise.

Em suma, Freud viveu seu judaísmo como algo consubstancial a sua pessoa, que não necessita explicações nem teorizações e que resiste mesmo à análise, como dirá em 1936 a uma correspondente inglesa, falando de seu amigo David Eder, recentemente falecido: "Ambos éramos judeus e sabíamos que, em nosso ser, partilhávamos essa coisa misteriosa que — até hoje inacessível à análise — faz o judeu".[62] Longe de ser um tema conflituoso como para Heine, Kafka e tantos outros, o judaísmo é para Freud uma fonte de satisfação; não, obviamente, como religião, mas como cimento de uma comunidade à qual se sente ligado com todas as fibras de seu ser, como algo "misterioso" que "resiste à análise" e é "dificilmente expressável em palavras", que no entanto se transmite na História e nas histórias — as saborosas histórias judaicas, povoadas de *schnorrers* ("mendigos") insolentes e geniais, de casamenteiros astutos, de toda uma população de tipos humanos que se definem por sua marginalidade e por seu espírito inventivo, por sua capacidade de resistência e por seu humor, pela alegria de viver e pela crença inabalável na vitória do intelecto sobre a força bruta, ou seja, pelas qualidades nas quais Freud se reconhece e que contribuem para compor essa "coisa misteriosa" da qual se sente tão próximo.

Mas ser judeu é estar sujeito a insultos ocasionais e a situações desagradáveis, na monarquia declinante dos Habsburgo. Freud já os sentira na universidade, e,

---

[62] Carta 282 a Barbara Low (19/4/1936), *Cartas* II, p. 174. O curioso é que, nesse momento, Freud está trabalhando precisamente em *Moisés e o monoteísmo*, que pretende responder, entre outras, a essa questão, como será mencionado no capítulo 4 deste estudo. A título de comparação, vejamos como se colocava a questão judaica para um contemporâneo de Freud, Gustav Mahler (Alma Mahler-Werfel, *Erinnerungen*, cit., p. 129):

> O problema judaico não era estranho a Mahler. Ele havia sofrido muito, e várias vezes, por causa disso. Especialmente porque Cosima Wagner, por quem sentia uma verdadeira veneração, havia procurado impedir que ele fosse nomeado diretor da Ópera Imperial, por ser judeu (para ocupar uma posição tão elevada no erário imperial, foi preciso que ele se batizasse). Além disso, ele se inclinava fortemente para o misticismo católico. O rito judaico jamais lhe oferecera coisa alguma. Mahler não podia passar por uma igreja sem entrar nela; gostava do perfume do incenso, dos cantos gregorianos. Seu senso de verdade lhe dizia que seu ceticismo quanto à doutrina judaica e seu batismo nunca fariam esquecer que era judeu; mas tampouco desejava isso. Por outro lado, sempre pedia que o advertissem quando gesticulava demais, porque, nos outros, ele considerava tal coisa uma falta de educação. Nunca se deveriam contar histórias judaicas em sua presença; ele podia se irritar extremamente com isso...

quando vez por outra depara com uma situação antissemita, seu sangue ferve e ele não hesita em se arriscar às vias de fato.[63] Quando seu amigo Karl Koller é insultado de "judeu sujo" por um outro interno do hospital e replica ao insulto com uma bofetada, o que resulta num duelo a pistola, Freud corre a relatar o incidente a Martha, sem mesmo esperar para conhecer o resultado do combate, presa de uma excitação incontrolável.[64] O antissemitismo latente na universidade o preocupa, por exemplo, na questão de saber com quantos votos pode contar para obter a bolsa para Paris que pleiteia em 1885: "Eu tinha a esperança de que os votos cristãos, e portanto hostis a mim, se dividissem entre os outros dois candidatos, de modo que nenhum dos dois pudesse alcançar o número necessário, já que estou certo de poder contar com mais do que a terça parte".[65] Freud se sente bloqueado em sua carreira pelo fato de ser judeu — às vezes sem razão, como nesse caso (obteve a bolsa com larga margem sobre o segundo colocado), às vezes justificadamente (no episódio da nomeação como *Professor Extraordinarius*). Mas também é verdade que vive, até bem depois da publicação da *Interpretação dos sonhos*, num ambiente exclusivamente judaico, composto de algumas dezenas de conhecidos, amigos e familiares. São todos, sem exceção, judeus os personagens do "sonho da injeção em Irma": ela mesma, aliás, Emma, paciente de Fliess e um dos focos mais dolorosos nas relações entre ambos; o dr. M., aliás Josef Breuer, seu colega mais velho e corredator dos "Estudos sobre a histeria"; Otto, aliás Oscar Rie, médico da família; Leopold, na verdade Ludwig Rosenstein, seu parceiro no jogo semanal de cartas; enfim Martha, a neta do rabino de Hamburgo e no momento *Frau* Sigmund Freud. São também judeus os primeiros integrantes do movimento psicanalítico, e é por seu temor de ver a psicanálise transformada num "assunto nacional judaico" que Freud saúda com tanto entusiasmo a adesão dos suíços Bleuler, Jung e Pfister. Esse aspecto propriamente castrador da condição judaica forma um dos polos da relação conflituosa inconsciente entre Freud e seu pai, e nesse sentido está presente em inúmeras passagens da *Interpretação dos sonhos*, como mostra com clareza a análise de Marthe Robert. Jakob Freud é o verdadeiro herói desse livro, monumento erigido por seu "querido filho Salomon" à sua memória, mas também um

---

63 Cf. a carta 29 a Martha, sobre o episódio com um passageiro do trem de Leipzig, que o insultara de "judeu sujo" (*Cartas I*, p. 76).
64 Carta 55 a Martha (6/1/1885), *Cartas I*, p. 121.
65 Carta 66 a Martha (26/5/1885), *Cartas I*, pp. 135-6.

ajuste de contas com o pai, que põe seus filhos num mundo hostil e os condena a lutar mais encarniçadamente do que os outros para obter um lugar ao sol.

A título de exemplo dessa outra faceta de seus sentimentos judaicos, podemos tomar o sonho do "tio com a barba amarela", ao qual Freud retorna várias vezes no decorrer da obra. Trata-se de um sonho tido em fevereiro de 1897, como sabemos por uma carta a Fliess,[66] e seu conteúdo manifesto é o seguinte: "Meu amigo R. é meu tio. Sinto por ele um grande carinho. Vejo em minha frente seu rosto, um pouco alongado e modificado, ressaltando com particular nitidez a barba amarela que o circunda".[67] Freud explica que o sonho está relacionado com a questão do professorado: Nothnagel e Krafft-Ebing lhe haviam comunicado sua intenção de propô-lo para o cargo, mas Freud, conhecendo o antissemitismo do Ministério da Educação, achara mais seguro não se iludir quanto aos resultados da iniciativa. Ao mesmo tempo, um colega (possivelmente o oculista Königstein), cansado de ver seus constantes pedidos de informações ao ministério — a respeito do mesmo assunto — permanecerem sem resposta, decidira ir pessoalmente verificar o que se passava, recebendo à sua pergunta direta (se a tramitação de seu processo estava bloqueada por "considerações confessionais") uma aveludada, mas inequívoca resposta. Na noite seguinte à visita que seu colega lhe fizera e no decorrer da qual lhe contara essa triste história, Freud tem o sonho do tio, que lhe parece particularmente absurdo e contra cuja interpretação se erguem resistências notáveis.

O tema do tio o conduz a seu tio paterno Josef, que fora preso por ter-se envolvido em alguma transação escabrosa e que o pai de Freud considerava um idiota: "R. é meu tio = R. é idiota". O rosto alongado e a barba loura pertencem ao tio Josef; mas por que condensar ambos numa mesma figura? O tema do crime o conduz a N., outro colega, também preterido na nomeação, mas não por ser judeu, e sim em virtude de problemas que tivera com a Justiça, utilizando o ministério essa circunstância para não o nomear, embora tivesse sido provada sua inocência. Tendo chegado a esse ponto, Freud percebe o sentido do sonho: se o atraso na nomeação de R. e de N. se deve ao fato de serem judeus, a iniciativa de Nothnagel e de Krafft-Ebing permanecerá sem resultados, visto que Freud também o é. Mas se, ao contrário, R. não tiver sido nomeado por ser um idiota, e N.

---

66 Carta 58 a Fliess (8/2/1897), OP, BN III, p. 3563.
67 *A interpretação dos sonhos*, SA II, p. 154; SE IV, p. 137; BN I, p. 431.

por ser um delinquente (como o tio Josef, que reunia ambas as qualidades), Freud, que não é nem uma coisa nem outra, pode estar seguro do sucesso.

Entretanto, ao se deter no "carinho" que sente por seu amigo, Freud percebe que a interpretação está incompleta. O carinho pertence ao conteúdo manifesto e é especialmente adequado para encobrir o sentimento oposto; é aqui que se interrompe, ao menos para o leitor, a interpretação do sonho, com advertência de que algo mais, de natureza íntima, está sendo dissimulado (é o momento em que Freud cita Goethe: "o melhor daquilo que sabes/ não o podes dizer às crianças"). No texto da *Interpretação dos sonhos*, o sentimento hostil dissimulado pelo carinho é apresentado como se referindo a R.: o carinho manifesto seria a compensação por considerá-lo, nos pensamentos latentes, um cretino. Mas — e se o afeto agressivo se dirigisse contra aquele a quem R. representa, isto é, o tio? Como invariavelmente ocorre quando Freud tenta iludir seu leitor — pois suas associações fariam com que ele se expusesse mais do que deseja —, um lapso se insinua aqui, como se a cadeia associativa impedida de se manifestar retornasse pela porta dos fundos. E, como o lapso se revela sempre estar ligado àquilo que foi dissimulado — basta abrir a *Psicopatologia da vida cotidiana* para se certificar disso —, não é fora de propósito supor que, nesse caso, o objeto da cadeia de associações interrompida fosse o tio. Com efeito, Freud diz que só teve um tio, o tio Josef mencionado no texto. Uma nota de rodapé esclarece que, na realidade, tinha cinco tios; e uma carta a Martha nos informa sobre um desses tios:

> Nunca te falei de meu tio de Breslau, porque [...] só o vi duas vezes em minha vida [...]. É um dos irmãos menores do meu pai [...]. Um de seus filhos é hidrocéfalo e débil mental; o outro [...] se tornou louco aos dezoito anos, e à terceira filha ocorreu o mesmo [...] Esquecera tão completamente esse tio meu, que nunca havia pensado em minha família como possivelmente afetada por uma tara hereditária. [...] Temo não poder atribuir à família da mãe o fato de que um dos filhos de meu infeliz tio de Viena tenha morrido epiléptico, do que resulta que devo possuir uma considerável "tara neuropatológica". Felizmente, em nossa família [...] há muito poucos sintomas dessa natureza, se executarmos minha vigorosa tendência à neurastenia [...] em minha qualidade de neurólogo, essas coisas me preocupam tanto quanto o mar ao marinheiro [...] Essas coisas são muito comuns nas famílias judaicas.[68]

---

[68] Carta 96 a Martha (10/2/1886), *Cartas I*, pp. 192-3.

Esse texto é absolutamente capital, tanto pelo que diz quanto pelo que procura disfarçar. Em sua qualidade de neurólogo, Freud atribuía à hereditariedade um peso considerável na determinação das doenças mentais em geral, com certeza no momento de escrever a carta ("temo não poder atribuir à família da mãe") e ainda muito depois, visto que a correspondência com Fliess trata muitas vezes da proporção entre fatores "constitucionais" e "adquiridos" na etiologia das neuroses. O tio de Viena não é outro senão Josef, que, além de delinquente, tem um filho gravemente atingido pela epilepsia. A cadeia de associações "tio-criminoso-imbecil" pode ser o verdadeiro objeto da hostilidade no sonho que discutimos — é uma hipótese — sobretudo porque o tio de Breslau parece ter concentrado em sua família uma dose especialmente elevada de cretinismo e de loucura. É ao casamento endogâmico, característico dos judeus, que Freud atribui a frequência de tais problemas em seu meio, outra prova de que a questão da hereditariedade o preocupa, e muito. Ora, de quem é a culpa pela "vigorosa tendência à neurastenia" que Freud percebe em si? Também aqui, temos não poder atribuir à família da mãe etc., uma vez que Josef e o tio de Breslau são do ramo paterno. Desenha-se então a figura de Jakob, não mais como pai irresponsável que põe no mundo filhos judeus para que se desembaracem às próprias custas, mas, o que é mais grave, como culpado de ter mantido um costume judaico (o casamento intracomunitário) que engendra descendentes tarados e débeis mentais, ou, no melhor dos casos, neurastênicos vigorosos. Não me parece impossível que Freud tenha recuado, horrorizado, diante de um tal pensamento e que o objeto do "carinho" manifesto, por meio de todas essas associações, seja na verdade seu pai; como esse sonho se situa antes do início da autoanálise (verão de 1897), mas após a morte do pai (outubro de 1896), o choque deve ter sido ainda mais brutal. Como observa com razão Marthe Robert:

> compreende-se bem que ele guarde para si uma grande parte do que descobre nos porões do seu pensamento. Não que dissimule, propriamente, o mais penoso — seu desejo inconsciente de renegar o pai judeu responsável por suas taras, sua pobreza e sua condição social humilhada —, que, nesse caso, é evidentemente o principal [...] mas suas considerações, na carta à noiva, vêm justificar a denegação que Freud procura realizar por meio de seus sonhos.[69]

---

[69] Marthe Robert, *D'Œdipe*, pp. 172-4.

Sem nos determos aqui nas relações de Freud com o pai, obviamente decisivas para o surgimento da psicanálise, convém ressaltar que o tema tem estreita ligação com a questão do judaísmo. Por essa via, Freud, que conscientemente não hesita em se afirmar judeu sempre que a ocasião se lhe apresenta, revela sua participação inconsciente na grande família dos intelectuais judeus "entre dois mundos", que, de Heine a Kafka, se perfila ao longo de todo o século XIX, até o advento do nazismo. A ambiguidade dessa situação é assinalada por Kafka numa carta a Max Brod, que tem para nós a vantagem de se referir diretamente à psicanálise:

> Mais do que a psicanálise, agrada-me nesse caso (trata-se de uma peça de Kraus) a constatação de que o complexo paterno não se refere ao pai inocente, mas ao judaísmo do pai. Aquilo que desejava a maior parte dos que começaram a escrever em alemão era abandonar o judaísmo — em geral com a aprovação vaga dos pais (é esse *vaga* que é revoltante) —, mas suas patas de trás ainda estavam coladas ao judaísmo do pai, enquanto as da frente não encontravam um novo terreno em que se apoiar.[70]

Esse diagnóstico pode ser aplicado ao pai de Kafka — e a *Carta a meu pai* o faz com um rigor implacável. Também é adequado, todavia, ao pai de Freud, um pai "vago", ainda ligado às raízes do seu vilarejo natal, mas que, ao decidir viver em Viena, traça já para seus filhos as coordenadas em que eles viverão problemas radicalmente diferentes dos seus. Pois, na grande cidade, a atmosfera da aldeia não pode ser mantida; os laços se desfazem, as práticas tradicionais conflitam com as exigências da vida cotidiana, e o resultado disso tudo é uma assimilação a meias, puramente negativa, que abandona o ritual e o envoltório exterior capaz de encarnar o sentido das crenças e das tradições, mas sem por isso deixar de aceitar tanto umas quanto as outras: desse modo, na falta do apoio visível constituído pelo ritual, a transmissão desse conteúdo para a nova geração esbarra em dificuldades imensas, pois o sentido, antes presente em cada gesto e cada palavra, agora flutua numa atmosfera indefinível e acaba por se degradar ao nível das superstições sem nexo. Essa segunda ou terceira geração está destinada, portanto, a hesitar entre uma fidelidade "vaga" a certas migalhas

---

70 Franz Kafka, em *Préparatifs de Noce à la Campagne*, citado por M. Robert, *D'Œdipe*, p. 24.

de tradição ainda presentes nos hábitos familiares e uma tendência "vaga" a abandonar tudo isso e se assimilar por completo — ilusão que o antissemitismo igualmente "vago" se encarrega rápido de dissipar. O ambiente em que Freud cresceu estava ainda nas primeiras etapas desse processo, pois Jakob, apesar de incapaz de assegurar a educação religiosa do filho, confia essa tarefa a um homem notável, por quem Freud conservará uma grande admiração até a idade madura. É a esse professor, Samuel Hammerschlag, que se deve, provavelmente, essa sensação positiva, indefinível mas de modo algum vaga, que conota para Freud o judaísmo e a convivência com os judeus. Nisso ele se distingue não apenas de Stefan Zweig e de Wittgenstein — que, pertencentes à geração que chamei "de 1880", encontram-se em momentos muito mais avançados do processo de assimilação (a família de Wittgenstein já se convertera mesmo ao catolicismo) —, mas de contemporâneos seus, como o infeliz Nathan Weiss, cuja história trágica começa com a ambição desmesurada do pai, professor na *Yeshivá* de Viena, continua com a exigência de uma carreira médica (a aprovação "vaga" do pai à assimilação de que fala Kafka) e termina com um suicídio que causa imensa comoção em Freud, a ponto de este dedicar ao caso uma carta extremamente longa e detalhada.[71]

Esses são, pois, alguns dos elementos que definem a relação de Freud com o judaísmo. Podemos sintetizá-los em duas grandes correntes: de um lado, uma atração particularmente intensa pelo convívio com judeus, um profundo bem-estar retirado desse convívio, a admiração pelos heróis da história bíblica, a familiaridade com as anedotas e o prazer de colecioná-las e contá-las; de outro, a percepção nítida de que, como judeus, as coisas são mais difíceis para ele que para os outros, a impressão de se chocar com uma barreira sólida, constituída pela animosidade do meio ambiente contra seu grupo étnico, e um imenso processo penal, aberto no tribunal do inconsciente, contra o pai responsável por sua situação inferior na sociedade. Essas duas tendências se combinam na ideia de que, alimentado pelas fontes obscuras mas calorosas da convivência intragrupal, o judeu encontra forças para perseverar em seu caminho e abrir com tenacidade a rota da vitória, indiferente à hostilidade com que depara; nas palavras com que se dirige à Sociedade B'nei Brit, Freud afirma: "Posso dizer que devo à minha natureza judaica as duas qualidades que me foram indispensáveis

---

71 Carta 22 a Martha (16/9/1883), *Cartas I*, pp. 57-64.

no caminho de minha existência [...]; como judeu, estava preparado para me colocar na oposição e renunciar à concorrência com a 'maioria compacta'".[72] À segunda dessas qualidades — o uso não preconceituoso do intelecto — teremos ocasião de nos referir num próximo capítulo; de momento, é suficiente assinalar que, concebendo dessa forma sua relação com o judaísmo, Freud justifica com seus próprios termos a primeira das três determinações que, a meu ver, o tornam um apátrida — no sentido metafórico que dei à expressão de Mahler — perante a cidade de Viena e sua atmosfera brilhante, jovial e delicada, sintoma de um "alegre apocalipse" para cuja compreensão a psicanálise virá a ser particularmente apropriada.

5. *"FLECTERE SI NEQUEO SUPEROS..."*

Mas Freud não é apenas um judeu obstinado, como o passageiro sem bilhete do rápido de Karlsbad que aparece repetidas vezes em sua correspondência com Fliess. Ao contrário, seu bilhete é válido e comprado no guichê adequado: o da cultura alemã. As relações de Freud com a escola, a universidade e a ciência são parte essencial de sua personalidade, tanto quanto a íntima solidariedade que o une ao grupo judaico e o faz encontrar nesse meio um prazer tão intenso. Mais do que isso, elas são indispensáveis para compreender o surgimento da psicanálise; como obra não de Salomon, mas do dr. Freud, especialista em moléstias nervosas: pois não foi nos bancos de uma academia talmúdica nem no silêncio das meditações místicas que ela pôde ver a luz, e sim no consultório instalado no número 19 da Berggasse. A interpretação de David Bakan me parece incompleta precisamente por silenciar esse aspecto, tão decisivo quanto o judaico, dos interesses e da formação de Freud. Por outro lado, a ambiguidade dessa assimilação é patente em inúmeros pontos da obra de Freud. A ciência serve a uma dupla finalidade: num primeiro nível, visa realizar o ideal do conhecimento verdadeiro, desbravando uma região do "que é" até então inexplorada e a submetendo às leis da razão; mais profundamente, ela é o instrumento pelo qual Freud espera vencer as insidiosas barreiras sociais que se lhe apresentam pelo fato de ser judeu, impondo-se por alguma descoberta genial a seus pares e, por essa via,

---

72 Cf. nota 41 e as observações de Alma Mahler citadas na nota 62.

à sociedade que sente como hostil. A ciência, mais do que qualquer outra atividade, é adequada para esse fim pelo registro de objetividade em que desenvolve seu discurso: independentemente da pertinência do pesquisador a esta ou àquela origem, o resultado de suas pesquisas se impõe pela simples força da verdade, dado que outros pesquisadores, de origens diferentes, podem retraçar o caminho do primeiro e comprovar a veracidade de suas demonstrações. Essa súmula positivista, na qual Freud acredita firmemente, será colocada em questão justo pela psicanálise, e da forma mais radical possível; mas, quando o jovem Sigmund decide estudar medicina, a psicanálise ainda não viera perturbar a paz do mundo com suas questões embaraçosas, e foi confiante no valor do mérito pessoal, do qual se sentia especialmente dotado, que ele penetrou no recinto augusto da universidade.

Sabemos que, antes dessa decisão, Freud pensou em seguir uma carreira jurídica ou mesmo política (a pasta de ministro da profecia do Prater). O fato de ter optado pela medicina me parece especialmente significativo. Com efeito, além das eventuais dificuldades que a condição de judeu poderia colocar em seu caminho, a política é por excelência o domínio do *particular*, ao menos num sistema liberal que repousa sobre o princípio da representação. Ora, se o que Freud buscava em sua juventude era um caminho para triunfar do "outro lado", a ciência do final do século XIX parecia oferecer-lhe exatamente a imagem de um campo no qual, entre o singular e o universal, não existiam mais mediações do que as impostas pelas exigências da investigação conforme às regras, enquanto a política esbarra no obstáculo da particularidade: um partido representa sempre este ou aquele segmento social, necessariamente em oposição aos demais, e por isso mesmo incapaz de desvencilhar o indivíduo das determinações particulares do segmento por ele "representado". Isso se torna embaraçoso em especial para alguém cuja pertinência étnica o designa como diferente e especificamente como portador da diferença infamante: convém não esquecer que a hipotética carreira política teria se desenvolvido no sistema de cúrias eleitorais, sabiamente calculadas para não representar nada mais do que o desejo da minoria germânica de continuar a manter sua hegemonia sobre as demais nacionalidades da Cisleitânia, e num momento em que dois dos principais partidos austríacos apoiavam em parte suas ideias e estratégias de ação sobre argumentos de natureza antissemita. Estas considerações talvez expliquem por que tantos judeus da Europa Central, bem-dotados e ambiciosos, tenham evitado o domínio da política propriamente dita, buscando em outras atividades o caminho para a aceitação social. Tais atividades se caracterizam pela elisão da esfera do particular, seja na direção da singularidade — e aqui as artes pareciam oferecer uma via adequada para a expressão da subjetividade numa dimensão universal —, seja na direção da universalidade, na qual a ciência, a adesão às metas da classe operária ("classe universal") ou o jornalismo liberal proporcionavam possibilidades de identificação, diferentes entre si mas equivalentes, desse ponto de vista, com as formas imaginárias da Totalidade.

Que a ciência se revestisse para Freud desse aspecto de instrumento de ascensão social num meio que considerava hostil, por meio da exploração sistemática de um domínio não sujeito às controvérsias emanadas do particularismo, é um ponto decisivo para meu argumento, e o exame de sua correspondência permite demonstrá-lo. Ele está, a meu ver, estreitamente ligado à questão da pobreza, e mesmo da miséria, que tanto atormentou Freud em seus anos de juventude e que constitui a terceira das razões pelas quais, metaforicamente, o designei como "apátrida" em Viena. A ciência não é apenas encarregada de abrir caminho para o judeu ambicioso e tenaz; ela deve assegurar a um pequeno-burguês que se encontra perigosamente próximo da fronteira da proletarização uma forma de existência capaz de afastar para sempre o espectro da mendicância.

Assim, dez dias depois de ter se tornado, em segredo, noivo de Martha, ele lhe escreve a respeito de seu amigo Ernst von Fleischl-Marxow, assistente na cadeira de Brücke:

> Ontem fui ver meu amigo Ernst, que antes [...] eu invejava sob todos os aspectos [...]. É uma excelente pessoa, em quem a natureza e a educação se combinaram para produzir os melhores resultados. Rico, exímio em todos os jogos e esportes, com a marca do gênio em seus traços varonis, elegante, refinado [...], sempre foi meu ideal, e não me senti satisfeito enquanto não nos tornamos amigos [...].[73]

Fleischl é o representante de tudo aquilo que Freud não é, aos 26 anos: sobretudo, não é pobre nem judeu. A confissão de que tal homem — a quem se verá ligado de forma trágica no episódio da cocaína — é objeto de sua inveja e seu "ideal" é reveladora ao mesmo tempo da franqueza de Freud e da natureza

---

73 Carta 4 a Martha (27/6/1882), *Cartas I*, p. 17.

ambígua de suas relações com o "outro lado": é o único, entre os que formam seu círculo de relações, que não é judeu; Freud jamais exprimirá esse sentimento em relação a nenhum outro dos diversos amigos de que fala nas cartas a Martha. É essa mesma sensação de inferioridade que transparece ao relatar à noiva sua emoção, quando Fleischl e Brücke o cumprimentam pelas perspectivas de sucesso de um método que está desenvolvendo para facilitar as pesquisas em anatomia cerebral:

> Além de sua importância prática, essa descoberta tem para mim um significado emocional muito concreto. Consegui obter algo que me custara muitos esforços ao longo de vários anos. [...] Dou-me conta de que minha vida progrediu [...]. Eu admirava de longe muitos homens, considerando-os inacessíveis, e agora me encontro no mesmo nível que eles, sem que me recusem sua amizade. [...] Embora tenha sido pobre todos estes anos, consegui realizar coisas que significavam algo para mim.[74]

A sequência dos termos é importante: a inacessibilidade dos cientistas; a passagem ao mesmo nível em que eles se encontram, o temor de assim despertar em Fleischl e Brücke a inveja que antes sentia por eles e que lhe fosse por isso negada a sua amizade; e a pobreza: o êxito aparece aqui, claramente, como uma fortuna — e a única, pois uma frase da mesma carta diz "não fiz nada desonroso" — de conquistar a amizade de seus ídolos, apesar das distâncias que o separavam deles. Mas Freud não se contentaria com a simples "amizade" de alguns cientistas de seu meio. Quer suscitar neles o respeito; e o sucesso de sua primeira conferência de neurologia, em fevereiro de 1884, lhe desperta as seguintes considerações:

> Uns quantos cavalheiros, que até então me haviam ignorado, me felicitam e formam um pequeno grupo ao meu redor, para fazer uns quantos comentários *a posteriori* [...]. Sim, claro, mas agora começa a preocupação de manter o terreno conquistado e de encontrar algo mais com que deslumbrar o mundo, tirando do bolso do colete um *triunfo que não só satisfaça a uns poucos, mas que atraia também a atenção geral, única forma capaz de se traduzir em dinheiro.*[75]

[74] Carta 27 a Martha (25/10/1883), *Cartas I*, p. 71.
[75] Carta 38 a Martha (14/2/1884), *Cartas I*, p. 95.

Antes de condenar esse crasso materialismo, convém lembrar que Freud, na época, vive em estado de ascese franciscana: mora no hospital porque não tem condições de alugar um quarto, não pode viajar mais do que uma vez por ano a Hamburgo para encontrar sua noiva, só possui um terno e uma gravata, fuma charutos da espécie mais barata, envolve-se em dúvidas cruéis quando precisa alugar um traje mais formal para dar sua conferência, e se preocupa sobretudo com a perspectiva de um noivado indefinidamente prolongado, por absoluta falta de meios para se casar. Inúmeras vezes, pensa em emigrar para a Inglaterra, para a Austrália, para a América do Sul, ou pesa as possibilidades de se estabelecer numa zona rural para escapar à concorrência, particularmente acirrada em Viena.[76] O "triunfo" com que sonhava poderia talvez vir das experiências com a cocaína, mas caberá a Koller descobrir a utilidade dessa substância para a anestesia local em oftalmologia. Na *Autobiografia*, Freud menciona esse fato e o atribui à pressa com que encerrou suas experiências para poder partir rumo a Hamburgo. Atrás do caráter anedótico do episódio, porém, está o desejo de se tornar célebre por uma grande descoberta, e ainda em 1925 transparece o ressentimento de Freud para com Martha, a quem atribui a culpa de tê-lo feito perder semelhante ocasião.[77] Outra possibilidade residiria no tratamento elétrico para a remoção das neuralgias faciais, que Freud procura aperfeiçoar em 1885. A esse respeito, escreve a Martha: "Deposito grandes esperanças neste trabalho, pois, se desse frutos, conseguiria atrair durante algum tempo a atenção, tão essencial para emergir no mundo [...] Com a preocupação de perseguir o dinheiro, a reputação e a posição social, mal tenho tempo de escrever-te umas linhas carinhosas".[78] A lista de citações poderia ir muito além, como o *catalogo delle belle* de Don Giovanni, pois as tentativas de Freud para seduzir a

---

[76] A cada página de suas cartas, Freud alude à penúria em que vivia. Para os dados mencionados, ver as cartas 34 (18/1/1884), 47 (29/6/1884), 66 (6/6/1885), e as cartas de Paris, do final de 1885 e início de 1886. Os projetos de emigração são levantados, entre outras, nas cartas 44 (29/5/1884), 41 (15/4/1884), 98 (19/3/1886); voltam a aparecer na correspondência com Fliess — por exemplo, cartas 104 (6/2/1898) e 119 (21/9/1900). Na carta 32 a Martha (10/1/1884), Freud conta que, "não pela primeira vez", pediu ajuda a Samuel Hammerschlag, seu velho professor de hebraico, e confessa que, também outras vezes, pedira auxílio a "homens bons de nossa religião" (p. 83). É sintomático que jamais ousasse pedir um centavo a Fleischl, que no entanto dispunha de amplos recursos e sem dúvida teria apoiado seu amigo.
[77] *Autobiografia*, GW XIV, p. 38; SE XX, p. 14; BN III, p. 2765.
[78] Carta 56 a Martha (7/1/1885), *Cartas I*, p. 123.

fama, se não são exatamente *mille e tre*, reaparecem quase a cada página, enlaçando solidamente o trabalho científico e o desejo de *arriver*. Isso, contudo, não seria suficiente por si só para demonstrar a hipótese que formulei aqui, segundo a qual a ciência é para Freud *também* uma forma de — sem negar sua condição de judeu — impor-se ao "outro lado". A prova mais nítida de que dispomos para tanto está nos "sonhos romanos", cuja análise virá mais adiante. De momento, porém, quero chamar a atenção para duas cartas que anunciam esse elemento, a primeira de agosto de 1885 e a segunda postada em Paris.

Freud passou o verão de 1885 trabalhando num sanatório para aristocratas excêntricos situado nos arredores de Viena. Ali travou conhecimento com Moritz Kohn, cuja história narra a Martha com um misto de bom humor, despeito e reprovação: Kohn era o filho do zelador da sinagoga de Pressburg e teve a sorte de "vir ao mundo com o que se costuma chamar de um cérebro judaico. Era o típico judeu miúdo e de expressão alerta, provido de uma vivacidade sem limites. Falava pelos cotovelos e possuía o dom da honradez". Decidindo estudar medicina, foi para Viena, trabalhou muito, tornou-se assistente de um professor famoso, conheceu sua filha e casou-se com ela. "Dessa forma, Kohn, o filho do *shames*, chegou a ser Kohn, o Privatdozent, o professor auxiliar, e, finalmente, a partir de 1881, o sucessor de seu sogro [...]. Não se envergonha de ser judeu. Pouco se pode dizer contra ele, exceto que parece julgar ter cumprido sua missão na vida só por ter tido sorte. Desde que é professor, nada fez que valesse a pena; e, em lugar de se colocar à frente de sua especialidade, deixa que tudo passe por ele, e se diverte representando o papel de observador mundano e um tanto sutil."[79] Na galeria dos tipos judaicos evocados por Freud em suas cartas desse período, Moritz Kohn contrasta com Stilling, o investigador tenaz, e com Nathan Weiss, o ambicioso infeliz. O sucesso de sua carreira é um sucesso comprado, de puro prestígio, e Freud reprova sua estagnação científica, como se, de um judeu, não se pudesse esperar menos que "estar à frente de sua especialidade". Mas é evidente o prazer com que relata a súbita ascensão do modesto filho do *shames* ao cobiçado posto de catedrático, ao mesmo tempo em que se pode perceber, entre as linhas, um certo desejo de chegar ao mesmo pináculo da carreira, embora utilizando métodos menos discutíveis. Essa carta constitui também, a meu ver, um documento que invalida a hipótese de Bakan sobre a virulência do antissemitismo austríaco,

---

79 Carta 77 a Martha (5/8/1885), *Cartas I*, pp. 151-2.

pois em 1881, momento em que deveria se desencadear uma "perseguição", o dr. Kohn podia chegar a catedrático sem se "envergonhar de ser judeu". Entretanto Freud, inimigo do nepotismo e de todas as formas de injustiça baseadas nos favores pessoais, recua diante da imoralidade inerente a subir na vida por meio de um casamento vantajoso ou de qualquer outro modo de bajulação. O "pouco" que se pode reprovar a Kohn é, na verdade, decisivo: é toda a diferença que existe entre uma vitória nascida do mérito pessoal e uma promoção devida apenas ao clientelismo. Nesse sentido, creio que essa carta pode ser considerada o primeiro elo da demonstração a que me propus: como Kohn, Freud tampouco se envergonha de ser judeu, mas, para obter o triunfo que sua ambição exige, só há um caminho: a honradez científica e a descoberta de alguma coisa que "atraia a atenção" por seu valor intrínseco.

A segunda carta é escrita de Paris, num momento em que Freud atravessa uma depressão. Refletindo sobre sua dificuldade para fazer amigos, é levado a estabelecer uma espécie de balanço de sua personalidade e dos motivos pelos quais sua carreira deixa ainda a desejar:

> Apesar de tudo — a pobreza, a prolongada luta para alcançar o êxito, o pouco favor de que gozei entre os homens, o excesso de sensibilidade, o nervosismo e as preocupações — fui feliz [...] com a certeza de que me amas [...] Em outros tempos, senti-me cheio de ambição [...], irritando-me porque a Natureza não tivera sido mais benévola comigo, pondo no meu rosto os traços do gênio [...]. Sei que não sou um gênio, [...]; nem sequer tenho um talento excepcional. Minha capacidade de trabalho é sem dúvida fruto do caráter que o acaso me concedeu e da ausência de uma excessiva debilidade mental. Mas sei que essa combinação é sólida o suficiente para, gradualmente, conduzir-me ao êxito, e que, em circunstâncias favoráveis, poderia obter mais triunfos do que Nothnagel, ao qual me considero superior [...]. Mas essas circunstâncias favoráveis não me foram concedidas, e não possuo nem o gênio nem o poder necessário para trazê-las à minha porta.

Quais seriam as "circunstâncias favoráveis" que tanta falta lhe fazem? Uma situação econômica mais tranquila, sem dúvida; mas também um outro fator, que se pode adivinhar nas entrelinhas. Sabemos que os "traços de gênio", Freud só os encontrou num rosto: o de Ernst Fleischl von Marxow, o único de seus amigos que não era judeu. A Nothnagel, Freud se refere em outra carta acentuando sua origem puramente germânica.[80] Sem arriscar hipóteses aventurosas, parece-me lícito inferir que uma outra "circunstância favorável" teria sido... a de não nascer judeu. Não está no "poder" de ninguém escolher as circunstâncias de seu nascimento, que são mera obra do acaso — acaso contudo suficientemente importante para fazer com que um homem "superior a Nothnagel" tenha que se contentar com um acesso "gradual" ao êxito, para o qual só pode contar com seu caráter e sua inteligência. É o tema do judeu obstinado e na oposição que, aqui, reaparece em filigrana. Essa hipótese é confirmada pela sequência da carta, na qual Freud fala de sua infância: "Já no colégio, fui o revolucionário audaz, disposto a defender os extremos, ainda que tivesse de ser castigado por isso. Quando consegui que me nomeassem monitor, permanecendo no cargo durante dois anos, [...] desapareceu a aversão que eu inspirava a meus colegas". O monitor era o aluno mais destacado, o primeiro da classe: ora, Freud diz claramente que a obtenção desse posto fez com que conquistasse, se não a afeição, pelo menos o respeito de seus colegas.

Ou seja: o conhecimento traz poder, e esse poder é capaz de manter em xeque o "outro lado", ao mesmo tempo cobiçado e temido. A frase seguinte diz que Breuer, um dia, lhe confiou que, sob seu aspecto tímido, podia-se discernir um homem muito ousado e muito corajoso. Freud associa: "Muitas vezes, parecia-me ter herdado todo o arrojo e toda a paixão com que nossos antepassados defenderam seu Templo". E, se fosse preciso outra indicação para apontar o registro do qual emergem essas considerações, o parágrafo final da carta parece-me dissipar todas as hesitações: descrevendo uma recepção na casa de Charcot, Freud conta que se deixou arrastar a uma conversação política com um assistente do mestre, "o qual predisse, como seria de esperar, a mais feroz das guerras com a Alemanha. Indiquei-lhe em seguida que sou judeu, e que não me identifico quer com os objetivos da Alemanha, quer com os da Áustria".[81] Ou seja: a ambivalência de sua relação com o judaísmo o faz ao mesmo tempo afirmar-se como tal (no plano consciente) e lamentar não ser como Fleischl ou Nothnagel, isto é, encontrar menos obstáculos no caminho para o êxito, para o qual a única via que se oferece a um homem pobre passa pelo conhecimento, que ao menos uma vez lhe assegurou o respeito e a aceitação do "outro lado".

80 Carta 12 a Martha (5/10/1882), *Cartas I*, p. 34.
81 Carta 94 a Martha (2/2/1886), em *Cartas I*, pp. 183-7.

Tal conhecimento, porém, é obtido no ginásio e na universidade, isto é, em instituições que veiculam a cultura germânica, e não a tradição judaica. A medicina, justamente, é a área na qual a universidade de Viena mais se destaca, desde que, nos meados do século XIX, um grupo de professores alemães passa a dominar as principais posições na hierarquia daquela faculdade. Theodor Billroth, Hermann Nothnagel e Ernst Brücke são as principais figuras desse grupo, e ao menos com os dois últimos Freud estava em excelentes relações. Brücke nos é familiar pelos terríveis olhos azuis que atravessam a *Traumdeutung*, por exemplo nos pensamentos latentes do sonho *"Non vixit"*. Nothnagel é mencionado numerosas vezes na correspondência com Martha: Freud solicita-lhe um posto de assistente, escuta seus *Eitzes* ("conselhos"), conta com seu voto para a nomeação de "Dozent" e para obter a bolsa de Paris; mais tarde, quando os meios médicos de Viena começam a voltar as costas ao escandaloso dr. Freud, Nothnagel lhe confia a redação de artigos, propõe seu nome para *Professor Extraordinarius*, desafiando seus colegas e o antissemitismo do Ministério da Educação, e é um dos poucos homens que Freud considera "decentes".[82] Esse meio austero, fortemente influenciado pela disciplina, pelo rigor científico e pelo protestantismo dos prussianos, é um vivo contraste com o nepotismo e o desleixo não muito difíceis de encontrar no ambiente médico de Viena. Vimos como o dr. Kohn chegou a catedrático; quanto às faltas à ética profissional, o próprio Freud menciona na carta 94 a Martha certos "escândalos" ocorridos no ambiente médico, observando que "não me é desagradável, nesses momentos, recordar o círculo vienense de *pessoas respeitáveis* em que me desenvolvia".[83] Ora, entre esses homens respeitáveis, Freud goza de boa reputação, por sua competência e por seus trabalhos; isso o envaidece e o faz se sentir menos inseguro, mas sempre há, no horizonte, a ameaça de se ver recusado. Seu afã de uma descoberta que lhe trouxesse definitivamente o prestígio e com ele a aceitação completa, somada à estabilidade econômica, pode ser mais bem compreendido, a meu ver, nesse contexto, e provavelmente não é estranho à direção cada vez mais original que tomam suas pesquisas: a princípio, como discípulo de Brücke, aplica-se à fisiologia e à anatomia do sistema nervoso; em seguida, o episódio da cocaína — substância pela qual se interessara por ser nova — lhe ensina a ser mais cauteloso em

---

82 Ver, por exemplo, as cartas 12 (5/10/1882), 44 (29/5/1884) e 47 (16/1/1885), *Cartas I*, e 30 (10/5/1895), 58 (8/2/1897) e 152 (11/3/1902) a Fliess, OP, BN III.
83 Cartas 94 (2/2/1886) e 64 (12/5/1885) a Martha, em *Cartas I*, pp. 184 e 133, esta última a respeito do nepotismo vigente na austera universidade de Viena. Grifo meu.

seus anseios de explorador do desconhecido; a histeria o fascina em Paris, por ser também um campo cuja estrutura ainda era misteriosa, apesar do desbravamento inicial feito por Charcot; e da histeria à sexualidade e à criação da psicanálise, seu caminho vai se afastando cada vez mais das trilhas costumeiras, sempre em busca do "ainda-não-conhecido" que ele seria o primeiro a desvendar e a submeter às suas leis.

A ciência aparece assim como aquele elemento do "outro lado" capaz de, por sua própria pretensão à universalidade, ser voltada contra os que, em nome do particular, exigem a manutenção da diferença infamante e colocam obstáculos ao avanço de um jovem ambicioso. Mas a cultura germânica não se esgota na ciência; Freud, em seus anos de formação, entrara em contato com as "humanidades", e é sua relação com elas, tão profundamente enraizada em sua obra e por conseguinte na crítica que operará da cultura em geral, que nos cabe examinar neste momento.

Dispomos, para iniciar tal exame, de um pequeno artigo, escrito em 1914, para o cinquentenário da fundação do ginásio em que estudou ("Sobre a psicologia do colegial"). O essencial desse texto consiste na análise da ambivalência afetiva para com os professores como substitutos da figura paterna; mas Freud menciona de passagem algo revelador quanto à sua relação com o saber que seus mestres lhe transmitiram:

> os anos [passados no ginásio] [...] tornam a surgir dos escaninhos da memória, com todos os seus pressentimentos e desvarios, suas dolorosas modificações e seus êxitos jubilosos, com as primeiras visões de culturas desaparecidas — um mundo que, ao menos para mim, chegou a ser mais tarde um incomparável consolo diante das lutas pela vida —; por fim, surgiram também os primeiros contatos com as ciências, entre as quais acreditávamos poder escolher aquela que agraciaríamos com nossos serviços, por certo inestimáveis. E creio recordar que, durante toda essa época, abriguei a vaga premonição de uma tarefa [...] que, na composição da *Matura*, pude revestir com palavras solenes: em minha vida, gostaria de contribuir com minha parcela para o saber humano.[84]

---

[84] "Sobre a psicologia do colegial", SA IV, p. 238; SE XIII, p. 242; BN II, p. 1892. Cf. igualmente a "Mensagem para a inauguração da universidade de Jerusalém", de cujo conselho Freud faria parte: "Uma universidade é o lugar onde se ensina a ciência acima de todas as diferenças religiosas e nacionais [...]. Tal empresa é um nobre testemunho do desenvolvimento alcançado por nosso povo em seus 2 mil anos de infortúnio" (BN III, p. 3227). Ou seja...

Freud guarda de seus anos escolares uma lembrança feliz: os conhecimentos que ali adquiriu lhe fornecem um "consolo" nas dificuldades da existência, e são eles que o dirigem para sua vocação científica. Esta, porém, não se justifica pelo desejo filantrópico de contribuir para o bem-estar da humanidade, mas sim pela intenção de acrescentar algo ao domínio do conhecimento, o qual, por si só, é suficiente para permitir aos homens atingir o estágio mais próximo possível da felicidade. Essa fé iluminista nos poderes da ciência e da razão é absolutamente fundamental na personalidade de Freud e determina em parte a direção que tomará sua crítica da cultura; um eco mais elaborado dessa mesma certeza é a alusão ao "nosso deus Logos" em *O futuro de uma ilusão*.

Teremos ocasião de retomar o problema no quarto capítulo deste estudo. De momento basta-nos assinalar que o conteúdo do ensino que lhe foi transmitido no liceu tem sua parcela de responsabilidade por determinados aspectos do pensamento freudiano. Com efeito, o essencial do currículo se compunha das "humanidades", como sabemos pela carta número 1 a Emil Fluss, escrita pouco após o exame da *Matura*, que encerrava o liceu e abria as portas da universidade. A maior parte das aulas era dedicada ao latim, ao grego, à literatura alemã e a outras línguas, com algum espaço para a matemática e as ciências naturais. Contrariamente a Freud, que endossa com firmeza essa disposição das disciplinas e a maneira como os conhecimentos formavam um sistema coerente, outros ginasianos ilustres a criticam com extrema severidade: quer porque, em lugar do que se pretendia, o ensino dos clássicos era incapaz de permitir uma compreensão correta do espírito da Antiguidade e afastava dela, pela pedagogia utilizada, os espíritos mais independentes, quer — o que é mais grave — porque se destinava a matar no nascedouro o espírito crítico dos adolescentes:

> O Estado considerava a escola um instrumento para a manutenção de sua autoridade. Antes de tudo, deveríamos ser educados para respeitar a ordem vigente como perfeita, para aceitar como eternamente verdadeiras a opinião infalível do mestre e a irresponsável palavra do pai, bem como a organização geral do Estado [...]. Desde o início, deveríamos ser moldados para pensar que, em virtude de nossa inexperiência, cabia-nos apenas agradecer por tudo o que nos era proporcionado, sem pretender levantar perguntas ou exigências de qualquer natureza [...]. A verdadeira missão dos professores naquele tempo não era estimular nosso progresso, mas detê-lo; não nos formar interiormente, mas adaptar-nos ao sistema

estabelecido, na medida do possível sem despertar resistência; não aumentar nossa energia, mas discipliná-la e nivelá-la.[85]

Esse libelo contra o autoritarismo pedagógico, vindo de um consumado liberal como Stefan Zweig, não deixa de suscitar o espanto diante da docilidade com que o jovem Sigmund aceita tanto a escola no seu todo quanto a ênfase exclusiva nos clássicos. É certo que Freud pertence a uma geração anterior à de Zweig; nas palavras deste, a "solidez" e a "respeitabilidade" importavam mais do que as inovações e o modernismo para os tempos de Freud. Contudo, se há alguém que contribuiu para abalar a crença burguesa em sua própria escala de valores, esse alguém se chama Sigmund Freud; de modo que não basta apontar a diferença de gerações ou o aspecto cuidadosamente burguês de sua indumentária, tal como a conhecemos pelas fotografias, para qualificá-lo de irremediavelmente comprometido com a ordem social vigente, ou, como fazem certos marxistas apressados, para decidir de uma vez por todas que a psicanálise nada mais é do que a forma mais astuta de preservar a dominação da burguesia.

A realidade é um pouco mais complexa. "Sobre a psicologia do colegial" mostra que Freud não partilha as opiniões de Zweig sobre a escola de sua infância; suas críticas se dirigem antes contra o peso excessivo da educação religiosa na formação das mentes infantis, como vemos em "A moral sexual civilizada e o nervosismo moderno". Ao contrário, Freud absorveu as qualidades e os defeitos próprios ao ensino que recebeu. Quanto às qualidades, elas se exprimem numa invejável erudição nos domínios da história, da literatura greco-romana, das literaturas europeias modernas, sobretudo a alemã, a francesa e a inglesa, como o demonstram as inúmeras citações de poetas, romancistas e dramaturgos que pontilham seus escritos. Mas os defeitos são igualmente decisivos: o respeito quase sagrado pelo passado, a admiração exclusiva do antigo e do consagrado, com a concomitante incapacidade de apreciar as tendências modernas da cultura, justo aquelas que surgem no momento de sua maturidade, na década de 1890 e no início do século seguinte. Para Freud, os expressionistas e surrealistas não passam de loucos furiosos; sua cultura musical se resume numa

---

85 Zweig, *Die Welt*, cit., pp. 37-8. Cf. as críticas severas de outros ilustres ex-ginasianos, como Mauthner e Trotsky, aos sistemas escolares vigentes em seus países, em M. Robert, *D'Œdipe*, cit., pp. 100-1.

certa admiração por Mozart; em poesia, teatro e romance, suas referências são essencialmente clássicas. Tornaremos a abordar essa questão nos capítulos "As três fontes da psicanálise" e "Às voltas com a história" deste estudo. De momento, basta refletir que suas análises no domínio das artes plásticas têm como objeto Leonardo e Michelangelo; que em literatura seus modelos são Shakespeare e Goethe; que, quando menciona autores modernos, estes são ou de estilo conservador, como Stefan Zweig ou C. F. Meyer, ou de importância reduzida, como W. Jensen. A curiosa indiferença de Freud por quase tudo o que se cria em arte depois de 1880 encontra aí sua explicação, e, se quisermos ser mais ousados, podemos mesmo pensar que seu interesse pelo arcaico em geral — sua coleção de antiguidades, o fascínio pela arqueologia e talvez a tendência a atribuir aos momentos mais primitivos da vida e da civilização uma importância decisiva — tem uma de suas raízes na educação que recebeu.

Mas um outro aspecto, que se insere bem na trama deste argumento, não deve ser ignorado: o fato de que se trata da cultura do "outro lado" e que a admiração pelos clássicos é uma forma particularmente sutil de se apropriar dela. Com efeito, os "clássicos" são o patrimônio comum aos europeus cultivados da época, visto que a mesma tendência arcaizante prevalecia em todos os sistemas escolares do continente. A paixão de Freud por Sófocles, Virgílio, Shakespeare, Cervantes, Goethe, Lessing e Schiller, se por um lado assenta numa disposição de espírito perfeitamente legítima e se cristaliza em seu estilo de escrever, trai por outro o desejo de encontrar um terreno comum com os não judeus, um terreno cuja própria exemplaridade o torna intocável, e cuja universalidade permite o apagamento da diferença de origem. Que a relação de Freud com os clássicos esteja impregnada dessa ambiguidade é um dado importantíssimo, que emerge com evidência particular se refletirmos que a cultura "geral" não é jamais criticada e que, ao contrário, Freud sente por esses gênios universais uma reverência que toca as raias da veneração. Contudo, a própria intensidade de tais sentimentos revela que eles podem ver trocado o seu sinal, e certas passagens da obra freudiana, em especial os "sonhos romanos", mostram com clareza, sublinhando além disso o motivo da ambivalência: sua relação conflituosa com o pai.

Com efeito, se Jakob Freud possui uma ampla erudição no domínio rabínico, é completamente indiferente à cultura geral que seu filho sorve no liceu. Seu respeito pelo Livro dos Livros é imenso, mas também imenso é o desprezo que sente pelos outros livros, como vemos pelo sonho da "Monografia botânica".

Tratando de seu amor pelos livros em geral, Freud evoca uma recordação da sua infância:

> Meu pai teve um dia a ideia estranha — dificilmente justificável do ponto de vista educativo — de entregar a mim e à mais velha das minhas irmãs, para que o estragássemos e destruíssemos como bem o entendêssemos, um livro com lâminas em cores [...]. O quadro que formávamos, estraçalhando com prazer o livro [...], é quase o único dessa época de que conservo uma recordação plástica. Quando mais tarde iniciei minha vida de estudante, se desenvolveu em mim uma paixão por possuir livros [...]. Cheguei a ser um rato de biblioteca [...]. Naturalmente, não tardei em descobrir que as paixões nos causam com frequência amargos dissabores. Aos dezessete anos, tinha na livraria uma conta altíssima e não dispunha de meios para saldá-la; o bom motivo de meus gastos não me serviu de desculpa para meu pai [...].[86]

A impressão de escândalo que Freud ressente diante da atitude "dificilmente justificável" de seu pai é perfeitamente legível nessa passagem. A cena parece ter mesmo um valor traumático, pois, quarenta anos mais tarde, ela conserva ainda toda a sua nitidez. É essa incompreensão de Jakob pelo saber contido nos "outros livros" — ou, o que é quase o mesmo, nos "livros dos outros" (M. Robert) — que provoca azedas disputas na época em que Freud se prepara para entrar na universidade, pois é pouco provável que o jovem desperdiçasse os parcos recursos de sua família na aquisição de obras talmúdicas. Ao contrário, é justamente pela esfera da literatura alemã e europeia que Freud se apaixona, e a vastidão impressionante de suas leituras transparece já nas correspondências com Martha. A cultura ocidental é, portanto, um tema espinhoso na relação de Freud com o pai; e a culpabilidade que acompanha os progressos de Sigmund na direção que, cada vez mais, o afasta de Jakob é analisada, de próprio punho, numa carta endereçada em 1936 a Romain Rolland, publicada sob o título de "Um transtorno de memória na Acrópole".

Essa pequena obra-prima da velhice de Freud se refere à viagem que, em 1904, fez com seu irmão a Atenas. Os enigmas começam já ao adquirir a passagem, pois, ao invés de se sentirem alegres pela perspectiva de conhecer a cidade,

---

86 *A interpretação dos sonhos*, SA II, p. 185; SE IV, p. 172; BN I, p. 452.

ambos se veem dominados por um "estranho mau humor". Mas é diante da Acrópole, o símbolo por excelência da cultura helênica, que Freud se vê subitamente assaltado por um pensamento absurdo: "Então tudo isso existe mesmo, tal como o aprendemos no colégio!".[87] De onde proviria a dúvida? Freud começa sua análise mostrando que a irritação sentida em Trieste, antes de se decidirem a tomar o navio, equivale à incredulidade quanto à realização de seu desejo de ver Atenas, ressentida como um penoso afeto de frustração: seria "too good to be true", é impossível realizar esse desejo, mas teria sido tão bom se fosse verdade! A perspectiva de viajar a Atenas e de ver com os próprios olhos os monumentos da arte grega faz com que se sintam exatamente como as pessoas que são destruídas ao obter aquilo por que mais anseiam: "são atormentadas por um sentimento de culpabilidade ou de inferioridade que poderíamos formular assim: 'não sou digno de tamanha felicidade, [...] não a mereço'". Entretanto a viagem se realiza, Freud e seu irmão estão diante do Parthenon, e o mesmo sentimento os domina, levando-o a duvidar da existência real daquilo que está diante de seus olhos. É a forma particularmente esdrúxula pela qual esse sentimento vem à tona que atrai o interesse do psicanalista, pois teria sido muito mais natural que seu ceticismo o fizesse pensar: "Realmente, não havia acreditado que me fosse dado contemplar Atenas com meus próprios olhos, como agora, sem dúvida alguma, estou fazendo". É a *deformação* do sentimento de surpresa, que o faz aparecer como um ligeiro acesso de "desrealização", que merece ser investigada.

Freud tece a seguir considerações teóricas sobre tais fenômenos de desrealização, mostrando que servem em geral a finalidades defensivas — visando manter algo fora do ego — e que se relacionam com elementos penosos da vida passada, os quais, ao conservar sua vitalidade no sistema inconsciente, ameaçam agora retornar à consciência, o que é evitado precisamente pelo acesso de desrealização. Passemos a palavra a Freud:

> Não é verdade que, em meus tempos de escola, eu tivesse duvidado alguma vez da existência real de Atenas; só duvidei que algum dia chegasse a *ver* Atenas. Parecia-me estar além dos limites do possível que eu pudesse viajar até tão longe, que

---

[87] "Um transtorno de memória na Acrópole", SA IV, p. 293; SE XXII, p. 248; BN III, p. 3338. As citações seguintes estão tomadas do mesmo artigo.

"chegasse tão longe", o que estava relacionado com as limitações e a pobreza de minhas condições de vida na juventude [...]. Havia muito tempo tinha notado que grande parte do prazer de viajar [...] está arraigada na insatisfação com o lar e com a família. [...]. Nesse dia, na Acrópole, bem poderia ter dito a meu irmão: "[...] Realmente, fomos longe!". Mas [...] a satisfação de ter "ido longe" contém seguramente um sentimento de culpabilidade: há nisso algo mau, algo imemorialmente proibido [...]. Parece que o essencial do êxito consiste em ir mais longe que o próprio pai, e que tratar de superar o pai fosse ainda algo proibido. A essas motivações de caráter geral se acrescentam ainda, em nosso caso, um fator particular: o tema de Atenas e da Acrópole contém em si mesmo uma alusão à superioridade dos filhos, pois nosso pai havia sido comerciante, não tivera instrução secundária, e Atenas não significava grande coisa para ele. O que perturbou o prazer de nossa viagem a Atenas foi, portanto, um sentimento de *piedade*.

Eis reunidos todos os temas que estamos abordando. A pobreza da infância de Freud lhe faz aparecer como impossível uma futura visita a Atenas; esta, por seu lado, está ligada à educação secundária e à cultura geral, que, em sua determinação específica de cultura *ocidental*, traz em seu registro de nascimento o selo da Grécia. Pátria da poesia, da tragédia, da filosofia e das ciências, a Grécia simboliza a razão e a imaginação, a adolescência da humanidade, cheia de frescor e vitalidade; é por essas conotações que ela impregna o romantismo alemão — com o qual Freud se familiarizara desde cedo — e as filosofias da história de Herder e de Hegel; mesmo Marx é sensível a esse encanto da arte grega. Tudo isso separa Freud de seu pai, um modesto judeu para quem tanto a cultura clássica quanto sua recuperação nas letras germânicas eram desprovidas de qualquer interesse. Mais do que isso, é por ter sabido apropriar-se dessa cultura, e em particular de seu ramo científico, que seu filho o ultrapassa no caminho do sucesso, tornando-se mundialmente conhecido. É nos livros que, para Jakob, não merecem ser adquiridos nem preservados, que Sigmund vai buscar as armas da luta pela vida, extraindo deles um "consolo", colecionando-os e escrevendo-os: é no saber do "outro lado", além disso, que reside a única possibilidade de triunfar, de não ser humilhado, de não ter de recolher em silêncio o chapéu de pele que o gesto desdenhoso de um cristão faz tombar na lama de Freiberg. E contudo a aquisição dessa cultura é uma fonte de atritos, pelo preço a pagar por ela, e, num nível mais profundo, geradora de culpabilidades inexpiáveis: superando a obscuridade em que viveu Jakob, ir mais longe do que ele e vencer ali onde ele fracassou, violando o mandamento ancestral de honrar pai e mãe, e, como veremos ao analisar *Totem e tabu*, proclamando a superioridade dos filhos sobre o cadáver despedaçado do pai.

A identificação de Freud com a sociedade em que vive não se limita, porém, à esfera da cultura, por si já repleta de ambivalência, mas nasce com o fato de que ambos, o judeu ambicioso e o ambiente que ele deseja conquistar, falam a mesma língua. O amor de Freud pelo alemão e o cuidado com que se serve de seu idioma materno são patentes à leitura de qualquer texto seu, e nesse sentido o Prêmio Goethe, o único que ele recebeu em toda a sua vida, é particularmente adequado para expressar essa íntima comunhão entre o escritor e sua língua. Mas essa identificação se manifesta também na dimensão social e política, embora aqui a ambivalência vá pouco a pouco se resolvendo no sentido de um afastamento, para, com o advento do nazismo, culminar no abandono completo de seu componente germânico. Teremos oportunidade de examinar mais detidamente essa questão ao estudar as concepções políticas de Freud, mas parece-me necessário aqui lançar mão de alguns dados que tendem a confirmar meu argumento.

Sabemos pela *Interpretação dos sonhos* que, criança, Freud desejou uma carreira militar, embora por curto tempo. Defender a pátria austríaca, ainda que com soldadinhos de chumbo, lhe parecia então uma tarefa nobre e digna. Mais tarde, ao entrar na universidade, interessa-se pela atividade política, a ponto de frequentar associações estudantis socialistas e nacionalistas, como o Leseverein der Deutschen Studenten in Wien (Clube de Leitura dos Estudantes Alemães em Viena), onde conheceu Victor Adler (com o qual por um triz não se bateu em duelo) e Arthur Schnitzler. Quando essa associação é dissolvida por ordem da polícia, em 1878, seus membros se agrupam num "Lesehall", de orientação também inspirada pela social-democracia de Lassalle e pela preocupação com questões ligadas às nacionalidades, reivindicando privilégios ainda maiores para a minoria alemã da monarquia.[88] Foi provavelmente o antissemitismo latente nesse gênero de associações que levou Freud a se desligar delas; mas esse dado é importante para compreender a que ponto, jovem, ele se sentia próximo da sociedade austríaca; o desapontamento causado pelo antissemitismo deve ter

---

88 Marie-Louise Testenoire, "Freud et Vienne", em *Vienne, début*, cit., pp. 819 ss.

sido ainda mais grave por essa circunstância. Mas não é preciso especular sobre a ligação de Freud com a Áustria: temos nas cartas testemunhos suficientes de que ela não só é autêntica, mas também crítica, o que contribui para desfazer o mito do "bom burguês" criado em torno de sua pessoa.

A viagem a Paris fornece a ocasião para que, como estrangeiro, Freud seja confrontado com sua condição germânica. Assim, numa carta em que descreve a Minna Bernays o brilho de Paris e a impressão de estranheza que sente naquela cidade, Freud afirma: "Como podes observar, tenho um coração de alemão provinciano".[89] Mas a ambiguidade dessa identificação não lhe escapa: imediatamente após ter relatado a Martha a discussão, mencionada aqui, com o assistente de Charcot, ocorre-lhe o seguinte: "mas essas conversas acabam por me desorientar, pois sinto agitar-se dentro de mim algo germânico, que há tempos decidira suprimir".[90] Certamente, esse "algo germânico" não é tão profundo como a "coisa misteriosa que faz o judeu", mas sua supressão deve ter sido muito difícil e demorada, pois, quando a Áustria entra na Primeira Guerra Mundial, Freud escreve a Abraham que "a vitória é certa; eu estaria inteiramente do lado dos combatentes, se não soubesse que a Inglaterra se encontra do lado errado".[91] Alguns dias depois: "como os outros, vivo de uma vitória alemã à outra";[92] em setembro de 1914: "é a primeira vez que estou em Hamburgo sem ter que considerá-la uma cidade estrangeira: falo do *nosso* empréstimo, discuto as probabilidades da *nossa* batalha".[93] Freud não tardará a se desenganar e a escrever seu ensaio "Considerações de atualidade sobre a guerra e a morte"; mas a identificação germânica, até os primeiros meses de 1915, não só é persistente, mas ainda recrudesce com a situação trazida pela guerra.

Contudo, embora esse aspecto de sua personalidade não possa ser desdenhado, Freud é desde a década de 1880 bastante crítico em relação à ordem burguesa e aristocrática que prevalece na monarquia. Sem nos determos nessa questão, podemos lembrar o sarcasmo com que se refere ao sistema monárquico, à

---

89 Carta 87 a Minna Bernays (3/12/1885), *Cartas I*, p. 172.
90 Carta 94 a Martha (2/2/1886), *Cartas I*, p. 186.
91 Carta de 3/8/1914 a Abraham, em *Sigmund Freud-Karl Abraham: Correspondance 1907-1926*, Paris, Gallimard, 1969, p. 194. Essa coletânea será citada como *Freud-Abraham*.
92 Carta a Abraham (25/8/1914), *Freud-Abraham*, p. 197.
93 Carta a Abraham (22/9/1914), *Freud-Abraham*, p. 201.

degeneração mental da aristocracia e aos privilégios militares.[94] Mais profundamente, sua condição econômica precária o faz detestar a ostentação burguesa, os falsos valores e a estreiteza de horizontes dessa classe.[95] Todos esses temas são retomados na interpretação do sonho do "Conde Thun", em que Freud se proclama em estado de insurreição e desafia o primeiro-ministro do império.[96] Mas é numa carta escrita de Leipzig que é possível notar melhor a que ponto o convencionalismo burguês é estranho a Freud:

> Sentei-me em meio aos filisteus de Leipzig, escutando o que diziam e contemplando a expressão de seus rostos. Dizem tantas asneiras quanto a gente de Viena, mas têm uma aparência mais humana. Aqui não se vêem tantos rostos grotescos e de expressão animal, tantos narizes rubros, tantos crânios deformados. Se estivesse em Viena e contemplasse esses rostos, inclinar-me-ia a pensar que pertencem a homens de letras, a catedráticos ou a arquitetos. Não obstante, essas feições [...] parecem ocultar uma grande dose de superficialidade [...]. As verdades éticas com as quais estamos familiarizados são cantadas em altas vozes por esses indivíduos, como se se tratasse de máximas arrancadas de uma antologia. Espalham seus ideais como manteiga sobre o pão, sem se sentir mais concernidos por eles que nossos próprios filisteus.[97]

A ironia revela o essencial: a burguesia, mesmo na versão melhorada que se pode encontrar em Leipzig, é definida pela hipocrisia e pela duplicidade, pois suas verdades éticas servem apenas para ser exibidas e, não para ser postas em prática. É certo que essas observações do jovem Freud se limitam à esfera moral, e que a crítica eficaz da burguesia não passa exatamente por essa esfera; mas, antes de examinar até que ponto a teoria e a prática psicanalíticas subvertem certos aspectos da ideologia dominante, parece-me útil sublinhar que Freud não adere em absoluto às concepções que, em seu tempo, especificam o ideário burguês. Contudo, é essa mesma burguesia que Freud despreza

---

94 Ver, respectivamente, as cartas 86 (24/11/1886) e 68 (6/6/1885) a Martha, e 102 a Breuer (1/9/1886), *Cartas I*.
95 Ver, respectivamente, as cartas 81 (19/10/1885) a Martha, e 46 a Breuer (23/5/1884) em *Cartas I*.
96 *A interpretação dos sonhos*, SA II, pp. 417-25 e 218 ss.; SE V, pp. 431-5, e IV, pp. 208 ss.; BN I, pp. 608-9 e 473 ss.
97 Carta 29 a Martha (16/12/1883), *Cartas I*, p. 77.

no plano ético que edificou o mundo no qual ele vive, embora sem a radicalidade de suas congêneres francesa e inglesa — o que explica a permanência, nos costumes e nas instituições da monarquia, de uma considerável influência aristocrática. Sobretudo, é essa burguesia que, no movimento desencadeado pelo advento do capitalismo, tornou economicamente necessária e politicamente viável a emancipação dos judeus. Creio ser possível sintetizar, sem traí-la, a complexidade das relações que se estabelecem entre Freud e a burguesia, que em grande parte constitui o "outro lado" — pois é dela que provirão seus professores, seus pacientes e parte de seus discípulos — da seguinte maneira: do ponto de vista cultural, Freud assimila por completo os conhecimentos e a ideologia estética originados pela reflexão iluminista, e portanto pela ascensão da burguesia; do ponto de vista sociopolítico, sente-se ligado a algo germânico que provém da mesma origem, embora de maneira crítica. Essa crítica assenta paralelamente em sua posição social inferior e no desprezo pela duplicidade da moral burguesa; mas, ao mesmo tempo, é nessa faixa social que deseja atuar e vencer, como médico e cientista — atuação e triunfo marcados pela culpabilidade em relação ao pai pequeno-burguês, e, por essa via, pela ambivalência de sua atitude diante do judaísmo herdado desse pai, como vimos na seção anterior. Estamos muito longe, portanto, da simplicidade comovente com que, apesar de impelidos por propósitos diferentes, David Bakan e uma certa tradição marxista resolvem o enigma do pensamento freudiano: um desvendando as supostas tradições místicas em que ele se inscreve, a outra atrelando-o definitivamente ao carro de bois da ideologia dominante...

Dispomos agora dos elementos necessários para uma primeira avaliação das relações entre Freud e Viena. Elas são, como o afirmei antes, paradoxais, e não é difícil perceber onde radica o paradoxo: Viena é o lugar geométrico de desejos e inclinações absolutamente contraditórios. Por um lado, é a cidade em que Freud cresceu e estudou, estando assim vinculada ao complexo novelo de seus sentimentos para com a cultura ocidental e a burguesia; uma capital cosmopolita e brilhante, que, se em 1886 — data em que Freud se casa e se estabelece como especialista em doenças nervosas — ainda não se tornou o que será nos anos subsequentes (um laboratório de experimentos de todas as ordens, do qual surgirá a maior parte das tendências culturais do século XX), não deixa por isso de ser o centro médico mais importante da Europa e a encruzilhada de inúmeras correntes espirituais, oriundas dos quatro cantos do império. Por outro lado, a Viena musical, teatral e apaixonada pelas artes da qual nos falam os memorialistas não é em absoluto a de Freud, que dela se encontra excluído em primeiro lugar por sua pobreza, em segundo por seus interesses profissionais — na época exclusivamente voltados para a medicina —, e por fim pela aderência a um meio judaico pequeno-burguês, no qual se move e encontra o essencial de suas relações de amizade, dele extraindo calor humano e prazer, o que lhe permite se manter afastado dos círculos mais amplos em que se engendra a revolução cultural da década de 1890. Essas duas ordens de determinações se reúnem no *desejo de vencer*, que o leva a recusar os repetidos conselhos de emigração e de instalação numa cidade de província — o que equivaleria a se considerar derrotado antes mesmo de começar a batalha — e a persistir no esforço para realizar uma grande descoberta, capaz de assegurar sua clientela (afastando assim o espectro da miséria), de suscitar o respeito de seus colegas e portanto superar seus sentimentos de inferioridade, e de submeter às leis da razão uma região do Ser até então inexplorada, realizando sua ambição juvenil de contribuir para o saber humano. É esse conjunto de motivações que o faz optar pelo estudo da histeria, campo para cujas possibilidades Charcot havia atraído suas atenções e que reunia as condições de ser suficientemente amplo para angariar clientes e suficientemente misterioso para conter a grande descoberta à qual se sentia destinado e pela qual, por fim, seria imortalizado.

Mas essa descoberta não tem a menor pressa em se fazer anunciar. Durante os treze anos entre sua instalação e a publicação da *Interpretação dos sonhos*, Freud torna-se cada vez mais cético quanto à possibilidade de que ela finalmente ocorra; sua ambição ferida e a crescente hostilidade com que depara nos meios médicos o deixam, pouco a pouco, amargo. Como é a Viena que ele atribui, repetidas vezes, o motivo de seus insucessos, sua correspondência desse período — mantida essencialmente com W. Fliess — está repleta de alusões desairosas à cidade, que se obstina em não compartilhar suas escandalosas teorias. Assim, "a atmosfera de Viena é pouco apta para fortalecer a vontade ou para alimentar a confiança no êxito própria a vocês, berlinenses.[98] A mesma impressão reaparece, com dez anos de intervalo: "Faz apenas três dias que cheguei e já me encontro dominado pela atmosfera deprimente de Viena. É uma calamidade ter que viver aqui, neste ambiente que mata toda esperança de

---

98 Carta 5 a Fliess (29/8/1888), OP, BN III, p. 3472.

poder levar a cabo uma tarefa difícil".[99] Ou ainda: "Penso muito seriamente numa mudança de profissão e de residência, apesar de todos os progressos em meu trabalho e em meus ganhos. Tudo bem pesado, as coisas são demasiado insuportáveis aqui";[100] "quanto ao resto, Viena continua sendo Viena, isto é, repugnante ao extremo",[101] e assim por diante, incluindo a passagem sobre o "ódio pessoal a Viena" que abre este capítulo. É evidente que a fúria de Freud contra a cidade em que vive tem suas origens na frustração de se ver progredindo em anos, mas num rumo bem diferente daquele com o qual sonhara, visto que os triunfos se fazem dolorosamente esperar, que o "outro lado" o cobre com sua reprovação e seu desdém, e que apenas sua "constituição tenaz" o incita a continuar, na esperança de por fim chegar a Karlsbad.

6. O ESPLÊNDIDO ISOLAMENTO

Como essa persistente hostilidade está vinculada ao escândalo que suas hipóteses sobre a sexualidade provocam em todos os meios, convém examinar mais de perto como essa questão era encarada, no final do século XIX, na ideologia burguesa em geral e em Viena em particular. É no capítulo que Stefan Zweig dedica ao "Eros Matutinus" que encontramos os primeiros elementos de uma resposta, com a vantagem de que os anos de adolescência do escritor coincidem com o período em que Freud começa a elaborar os fundamentos da psicanálise, publicando a "Comunicação preliminar" (1893), os "Estudos sobre a histeria" (1895) e seus artigos sobre a teoria da sedução (1895-1897).

Zweig inicia evocando o espesso manto de silêncio que encobria a questão do sexo, que, segundo ele, ninguém ousava tratar abertamente, quer na vida diária, quer na literatura: é o momento em que *Madame Bovary* é proibido na França, que os romances naturalistas de Zola são considerados pornográficos, e mesmo um "tranquilo classicista épico" como Thomas Hardy provoca tempestades de protestos nos países anglo-saxões. Acentua a seguir a ambiguidade da moda, que, a pretexto de dissimular as formas do corpo feminino, na

---

99 Carta 96 a Fliess (22/9/1898), OP, BN III, p. 3610.
100 Carta 104 a Fliess (6/2/1899), OP, BN III, p. 3617.
101 Carta 133 a Fliess (16/4/1900), OP, BN III, p. 3641.

verdade as fazia ressaltar de maneira provocante, gerando o efeito contrário ao desejado: em vez de neutralizar a excitação, as roupas, a postura e a maneira de andar separavam totalmente um sexo do outro, assinalando-os não apenas como diferentes, pelo destaque concedido aos atributos específicos — as vastas barbas e bigodes, signo da virilidade, opondo-se aos seios tornados ainda mais exuberantes pelo artifício do corpete —, mas ainda como complementos um do outro, cabendo ao homem comportar-se como caçador, e à mulher, como presa. A duplicidade dessa moral, que assexuava na superfície para estimular em segredo, revela-se no papel decisivo conferido à prostituição, forma privilegiada de acesso dos adolescentes aos mistérios de Vênus, ainda que com um apreciável risco de contrair as várias doenças venéreas, então incuráveis, cujos vírus circulavam em inteira liberdade pelos bordéis e cabarés de Viena, abrindo nos corpos juvenis a "ferida que jamais cicatriza", como Alma Mahler designa a sífilis. Zweig assinala também que a única solução possível no quadro dessa moralidade — o casamento precoce — era rejeitada com vigor pelas famílias burguesas, pois nenhum comerciante ou funcionário confiaria sua filha a um "imberbe" de vinte ou 22 anos. A alternativa à prostituição consistia na sedução de moças das classes trabalhadoras (vendedoras, garçonetes ou domésticas), pois a feminilidade burguesa deveria estar acima de qualquer suspeita. As consequências da educação oferecida às donzelas elegantes são fáceis de imaginar:

> Que um homem possua e deva possuir instintos, até a convenção precisava, silenciosamente, aceitar. Mas o reconhecimento sincero de que uma mulher pudesse ser, da mesma forma, subjugada por eles, que a Criação necessitasse, para suas próprias finalidades, de um polo feminino, isso teria chocado o conceito de "sacralidade da mulher". Assim, nos tempos pré-freudianos (*sic*), vigorava axiomaticamente a convicção de que a natureza feminina não é dotada de desejo sexual, até que um homem o desperte nela. Mas como o ar [...] estava repleto de bactérias eróticas, uma moça de boa família deveria viver, do seu nascimento até o dia em que, acompanhada pelo marido, descesse as escadas do altar, numa atmosfera de absoluta esterilidade. [...] Elas recebiam uma governanta que as acompanhava por toda parte. Todos os livros que liam eram controlados, e sobretudo, para afastá-las de pensamentos talvez perigosos, as moças deveriam estar constantemente ocupadas [...]. Uma jovem de boa família não deveria ter a menor ideia de como era constituído um corpo masculino, nem saber como as crianças vêm ao mundo, pois

o anjo deveria chegar ao casamento não apenas fisicamente intacto mas também, do ponto de vista espiritual, absolutamente puro.[102]

Essa descrição corresponde à representação habitual da moral vitoriana. Veremos num próximo capítulo que, em manuscritos e cartas endereçados a Fliess, Freud tem frequentes ocasiões de constatar os efeitos devastadores dessa moral (no sentido de *mores*) sobre as pacientes histéricas, procurando mesmo relacioná-los com as diferentes formas patológicas com que depara na clínica. Parece-me ilustrativo, porém, confrontar essa representação com a crítica a que Michel Foucault a submete em seu livro *La volonté de savoir*. Essa crítica visa, entre outras finalidades, verificar até que ponto a psicanálise constitui uma revolução na maneira de pensar a sexualidade, e, como seria de esperar, dadas as peculiares relações de convivência entre as capelas lítero-filosóficas de Paris, ela visa sobretudo à concepção lacaniana da sexualidade e da psicanálise. Foucault toma por objeto a vinculação entre o sexo e o poder, cujos avatares lacanianos são representados pelo Desejo e pela Lei; e sua crítica incide sobre o que denomina "a concepção jurídica do poder", segundo a qual este seria exercido de maneira maciça e essencialmente negativa, sob a forma da proibição, tema lacaniano *par excellence*. Sem entrar nos detalhes dessa polêmica, interessa-me aqui pôr em relevo o que Foucault tem a dizer sobre a moral vitoriana, ou melhor, sobre a concepção amplamente difundida de que a repressão sexual atingiu seu ápice no século XIX, sendo solidária do apogeu do capitalismo e algo como a outra face da ideologia burguesa do trabalho (como pensa, por exemplo, Herbert Marcuse em *Eros e civilização*).

Foucault começa por demonstrar que, a partir do século XVII, há uma verdadeira explosão discursiva sobre a sexualidade. Ao mesmo tempo em que novos critérios de decência policiam o conteúdo e as circunstâncias em que se podem proferir enunciados sobre o tema, as técnicas de confissão, o desenvolvimento da literatura obscena e o interesse público, quer médico, quer policial, se unem para fazer com que se fale sobre o sexo. Surgem dispositivos de poder destinados a observar, registrar e manipular a sexualidade, vista como algo em essência maléfico: a educação passa a se interessar pelo onanismo; a medicina, pelas perversões; a justiça penal, pelos "crimes passionais". Enquanto até o

---

102 Stefan Zweig, *Die Welt*, cit., pp. 65-6.

século XVIII duas grandes regiões delimitavam o território da sexualidade — o matrimônio e a "sodomia", a qual incorporava todas as formas não genitais e não legítimas da relação sexual —, a partir do século XIX se desenha um novo continente, de que são banidos o "deboche" e a "libertinagem" para dar lugar às "perversões". Estas se convertem no objeto da "ciência". A originalidade da tese de Foucault consiste em ver nessa multiplicação dos esquemas de observação o modo como o poder se introduz cada vez mais na existência individual, passando a policiar regiões até então imunes a seu controle. Falando da masturbação, por exemplo, dirá que "o vício do menino não é tanto um inimigo quanto um suporte [...]. Ao longo desse apoio, o poder avança, multiplica suas conexões e seus efeitos, enquanto seu alvo se amplia, se subdivide e ramifica, penetrando no real ao mesmo tempo que ele".[103]

Da mesma maneira, a medicalização do insólito é uma forma de poder que exige observações, exames, questionários, confidências e sobretudo uma proximidade com o mórbido que confere ao investigador um benefício de prazer, como se a contemplação e a intervenção ativa no mundo da sexualidade alheia lhe proporcionassem um exutório para suas próprias tendências inconfessáveis. A ciência erigida no século XIX sob o nome de "sexologia" se caracteriza por alguns traços particularmente aberrantes; fundada sobre o desejo de garantir o "vigor da espécie" e a "pureza moral da sociedade", ela serve em primeiro lugar para propagar o terror quanto aos efeitos perniciosos do sexo, supostamente causador de todos os tipos de doenças, em especial as venéreas e as mentais. O objeto desse "saber", por sua própria natureza, é reputado fugidio e viscoso, solicitando a elaboração de técnicas refinadas para extorquir a "verdade", inspiradas na confissão católica; ao mesmo tempo em que, estando o doente sob os efeitos das práticas que causaram — de forma misteriosa mas segura — suas perturbações, compete ao ouvinte *sintetizar* e *compreender* o discurso que lhe é endereçado, *revelando* ao paciente toda a extensão da calamidade que sobre ele se abate. Essa descrição visa, naturalmente, a um segundo personagem, além do sinistro sexólogo do século XIX: o psicanalista, cuja disciplina, segundo Foucault, se inscreve perfeitamente na tendência ocidental a discursar sobre o sexo em vez

---

[103] Michel Foucault, *La volonté de savoir*, Paris, Gallimard, 1976, p. 58. Uma discussão mais aprofundada das teses desse autor encontra-se em Renato Mezan, "Uma arqueologia inacabada", em R. Janine Ribeiro (org.), *Recordar Foucault*, São Paulo, Brasiliense, 1985.

de inventar uma *ars erotica*: "Pais, não temam conduzir seus rebentos à análise: ela lhes ensinará que, de todas as maneiras, é de vocês que eles gostam".[104] Foucault descreve quatro mecanismos pelos quais o poder se serve da sexualidade para se estender a regiões do social cada vez mais amplas: a "histerização do corpo feminino", a "pedagogização do sexo infantil", a "socialização dos comportamentos de procriação" e a "psiquiatrização do prazer perverso". Essas estratégias do poder não objetivam entidades já constituídas e que até então teriam permanecido imunes ao controle; é justo a tese de Foucault que a mulher histérica, a criança onanista, o "casal maltusiano" e o adulto perverso sejam frutos dessa produção do dispositivo sexual pelas estratégias de poder, dispositivo que se articula de diferentes maneiras com a estrutura propriamente social e econômica da aliança.[105] É de extremo interesse notar que o alvo dessas práticas não são as classes dominadas, como o quer a teoria da repressão formulada por Marcuse, mas as classes dominantes, as primeiras a serem submetidas ao "dispositivo da sexualidade", que só lentamente penetra nas camadas proletárias e camponesas, por meio do controle da natalidade e das campanhas pela "moralização dos pobres". A psicanálise equivaleria então a um ardil da burguesia para não sucumbir à repressão sexual que ela mesma engendrara: "ao mesmo tempo teoria da vinculação essencial da lei do desejo e técnica para suprimir os efeitos da proibição, nos casos em que seu rigor a torna patológica".[106]

Embora a análise de Foucault seja mais sutil do que as barbaridades de inúmeros marxistas apressados, seu resultado parece ser idêntico: reconduzir a psicanálise ao redil da ideologia burguesa. Contudo, mesmo se tal análise matiza, pela riqueza da concepção e pelo rigor da análise, a descrição puramente factual de Stefan Zweig — mostrando que, longe de silenciar o sexo, a ciência do século XIX se empenha em fazer dele o objeto de uma multidão de palavras, bem como o instrumento para a intrusão do poder na esfera da individualidade —, ela deixa sem resposta uma questão essencial, que nos reconduz ao problema das relações de Freud com Viena: o porquê da hostilidade virulenta que os meios médicos votam às teses freudianas, patente durante toda a primeira

---

104 Foucault, *La volonté*, cit., p. 149.
105 Foucault, *La volonté*, cit., pp. 135-44.
106 Foucault, *La volonté*, cit., p. 170.

metade do século XX. Alguns exemplos das reações de seus colegas bastam para mostrar em que clima se desenvolveu a psicanálise: "Aqui, estou bastante isolado com minha explicação das neuroses. Consideram-me pouco menos que monomaníaco".[107] Um crítico alemão escreve, a propósito dos "Estudos sobre a histeria": "Essa terapia, como os próprios autores destacam, requer uma investigação penetrante das circunstâncias e experiências particulares [...]. Não sei se essa intromissão nos assuntos íntimos pode ser considerada permissível [...]. Quando se trata de assuntos sexuais, considero particularmente objetável tal intromissão".[108] A conferência de Freud sobre "A etiologia da histeria", em 1896, esbarra na incompreensão dos psiquiatras: Krafft-Ebing diz que "soa como um conto de fadas científico",[109] enquanto outro é mais direto: "horripilante, medonho, psiquiatria para velhas comadres".[110]

O que, no final das contas, chocava tanto nas teorias de Freud? Foucault demonstra à saciedade que o sexo era um assunto abordado com frequência pelos meios médicos na época. Não é pelo tema, pois, que Freud escandaliza; é por certo essa circunstância que o faz se referir ao comentário mencionado na nota 108 como "a observação de um canalha". Embora nos textos em que Freud narra como surgiu a psicanálise o acento seja invariavelmente colocado no aspecto do tema, como se fosse a primeira vez que a ciência ousasse abordar por escrito a questão da sexualidade, penso que o motivo é outro. Afinal, mesmo se prescindirmos dos dados apresentados por Foucault, o fim do século presencia a publicação dos trabalhos de Havellock Ellis e da *Psychopathia sexualis* de Krafft-Ebing, e nenhum dos dois foi alvo da tempestade que se abateu sobre Freud.

O que há de escandaloso nas ideias freudianas é que elas colocam o sexo não apenas na esfera do orgânico, mas também no domínio do psíquico. Isto é decisivo: a causalidade difusa e misteriosa atribuída ao sexo, a crença de que as aberrações sexuais poderiam provocar moléstias de todos os tipos, é afastada desde a "Comunicação preliminar", em que a histeria é concebida como resultado da não absorção, pelo psiquismo, de um trauma sexual. Ora, postular uma atividade psíquica como sede dos transtornos sexuais — ou vice-versa, pois

---

107 Carta 18 a Fliess (21/5/1894), OP, BN III, p. 3490.
108 Strümpell, na *Revista Alemã de Neuroterapia*, citado na nota 1796, BN III, p. 3540.
109 Cf. a nota 1882 à carta 45 a Fliess (4/5/1896), na edição espanhola, BN III, p. 3542.
110 Carta 50 a Fliess (2/11/1896), OP, BN III, p. 3549.

desse ponto de vista as coisas se equivalem — abre uma primeira brecha nas categorias ideológicas, borrando sensivelmente as fronteiras entre o corpo e a alma, e atribuindo ao sexo um papel na vida anímica que a moral da época não poderia suportar.

Mas a razão ainda mais profunda do escândalo reside, a meu ver, na abolição radical das fronteiras entre o normal e o patológico a que Freud procede entre 1895 e 1905. Todos os dados que Foucault apresenta coincidem num ponto: são manifestações de anormalidade. As variadas perturbações mentais a que se referem os estudos sexológicos de Krafft-Ebing e de outros ocorrem, sem exceção, em tarados, criminosos e loucos; as pacientes de Charcot estão na fronteira da doença mental; é a criança masturbadora que tem diante de si um futuro sombrio, poupado à criança virtuosa, e assim por diante. Ora, o que Freud introduz, com a noção de defesa e a teoria de repressão que dela se origina, é a ideia de que os fenômenos histéricos têm um sentido, que surgem em virtude de um processo psíquico e do retorno do reprimido a partir do inconsciente; que, em suma, uma vez que a histeria não se origina de taras hereditárias nem de acidentes orgânicos, e sim de acontecimentos banais na vida das pessoas, qualquer um pode sucumbir a ela. Por essa perspectiva, o estudo das neuroses, dos sonhos, dos atos falhos e dos ditos espirituosos corresponde a ampliações sucessivas da área em que os processos inconscientes revelam sua eficácia, até o escândalo final, o dos *Três ensaios*, em que as perversões mais repugnantes e mais contrárias à moral burguesa são vistas como sobrevivências não integradas da sexualidade infantil, o que equivale a abolir a última fronteira, a da inocência da criança e mais particularmente da criança burguesa. Desde o século XVIII, como mostra Foucault, eram conhecidas — e condenadas — as manifestações da sexualidade infantil; é toda a temática da masturbação que, segundo sua análise, proporciona uma "via régia" para o controle do comportamento sexual do menino. Mas o que Freud faz se coloca numa direção diametralmente oposta: em vez de estigmatizar o onanismo, a teoria dos *Três ensaios* mostra que, de certa forma, ele é o regime natural da sexualidade infantil, por natureza autoerótica e concentrada em objetos parciais. É certo que a sexualidade infantil, nas primeiras edições da obra, se caracteriza justamente por sua independência do registro genital; o que Freud reabilita é a noção de prazer, ligada de modo indissolúvel à sexualidade a partir do momento em que esta é desvinculada da finalidade exclusivamente reprodutiva.

Mas, na década de 1890, Freud ainda não fora tão longe; limitara-se a publicar os "Estudos sobre a histeria" e meia dúzia de artigos acerca da relação entre as neuroses e as dificuldades sexuais. E são eles que despertam a ira de seus colegas, já assustados com as novidades trazidas de Paris. Mais precisamente, é a hipótese da sedução, exposta em 1896, que desencadeia o anátema: ela combina o caráter psicológico do trauma, inaceitável num ambiente impregnado de positivismo, com a afirmação de que todas as mulheres são histéricas em potencial, dada a universalidade atribuída à sedução precoce. É patente, pois, a direção que irão tomar as pesquisas de Freud, no sentido que indiquei antes; e é essa intrusão do sexual na vida cotidiana, ainda que reprimido para os abismos do inconsciente, que o público reprova e se recusa a aceitar. Mesmo assim, o isolamento de Freud não é tão completo quanto se poderia imaginar à leitura de seus escritos autobiográficos: o simples fato de poder publicar seus artigos, ainda que em revistas alemãs, mostra que seu direito à palavra não foi cassado, e, no auge da polêmica sobre as neuroses, Nothnagel não apenas lhe encomenda um artigo sobre "Paralisias histéricas e paralisias infantis", mas ainda ousa propor seu nome para o cargo de professor (1897). Contudo, por todas as razões que enumeramos no decorrer deste capítulo, Freud se sente perseguido e humilhado, e é na correspondência com Fliess que podemos notar o quanto isso o fere.[111] Por outro lado, com seu "público privilegiado" de uma só pessoa, Freud dá rédea solta à sua revolta contra Viena, assim como à sua atividade de teorização, cada vez mais audaciosa. É justamente pelo campo da moral que começa a crítica freudiana da cultura, uma vez que, às voltas com os efeitos da repressão na gênese das neuroses, Freud a encontra a cada passo como aquilo que se opõe à realização dos desejos reprimidos; mesmo antes de começar sua autoanálise, no verão de 1897, que o levará a abandonar a teoria da sedução em favor da eficácia das fantasias, vemo-lo discutir com Fliess a relação entre o abandono das zonas erógenas infantis e o advento da moralidade (por exemplo, nas cartas 52, 55, 64 e 75), e outros temas da mesma índole.

111 A hostilidade de Viena às suas ideias é mencionada inúmeras vezes na correspondência de Freud, não só com Fliess, mas com Abraham e com Arnold Zweig, por exemplo. Ver, especialmente, as cartas 23 a Fliess (27/4/1895), 30 (15/10/1895), 36 (29/11/1895), 40 (6/2/1896), 43 (16/3/1896), 45 (4/5/1896), 50 (2/11/1896), 114 (6/8/1898) etc. etc., e as cartas da época da redação do livro sobre os sonhos, no verão de 1899.

A pecha de pornografia que lhe é lançada é tanto mais injusta quanto, fora do consultório, Freud leva uma existência das mais pacatas e, em sua vida particular, aceita sem vacilar preconceitos próximos daqueles cuja ação nefasta verifica na clínica. Um exemplo particularmente esclarecedor é o de suas ideias sobre a emancipação da mulher. Como tradutor de Stuart Mill, Freud estava a par das opiniões do filósofo inglês, favorável às reivindicações feministas; mas vemos numa carta sua a Martha que ele estava longe de aprová-las:

> Penso que o cuidado da casa e dos filhos, bem como a educação destes, reclama toda a atividade da mulher, eliminando praticamente qualquer possibilidade de que tenha uma profissão [...]. Parece-me uma ideia muito pouco realista enviar mulheres para a luta pela vida, como se fossem homens. Devo pensar em minha doce e delicada menina como num competidor? [...] Talvez nada justificasse a melancolia originada pela desaparição da coisa mais formosa que o mundo pode nos oferecer: nosso ideal feminino [...]. Não, neste caso prefiro ser anacrônico [...]. A legislação e os costumes concederão ao vosso sexo muitos privilégios dos quais hoje se encontra privado, mas a função da mulher não poderá mudar, e continuará a ser de uma noiva adorada na juventude e de uma esposa bem-amada na maturidade.[112]

É certo que, em 1883, Freud ainda não é Freud, mas um simples interno no Hospital Geral de Viena; no entanto, se suas concepções científicas serão ousadas, no plano da moralidade e das opiniões pessoais ele permanecerá um filho do século XIX.

É exatamente essa circunstância que confere todo o seu valor às passagens em que, nos manuscritos e cartas dirigidos a Fliess, Freud vincula as neuroses à condição sexual da mulher burguesa, como por exemplo no manuscrito G, datado de 7 de janeiro de 1895, cuja seção V procura explicar

> por que a anestesia é uma característica tão predominante na *mulher*. Isso se deve ao papel passivo que ela desempenha [...]; a mulher não tem escolha possível, pois não é consultada. Logo, é mais suscetível à anestesia pelas duas razões seguintes: a) toda a sua educação está dirigida para não despertar tensões somáticas, mas sim

---

[112] Carta 28 a Martha (15/11/1883), *Cartas I*, p. 74.

para converter em estímulos psicológicos todas as excitações que de outro modo teriam esse efeito [...]. Exige-se da mulher que renuncie ao arco da reação específica e que em troca adote as ações específicas permanentes, destinadas a induzir os comportamentos correspondentes no indivíduo masculino [...]; b) muito frequentemente, a mulher aborda o ato sexual ou o casamento sem amor algum, isto é, com uma tensão sexual mínima [...]. Nesse caso, é frígida e continuará a sê-lo.[113]

Ou seja: Freud reencontra aqui as consequências patológicas da situação descrita por Stefan Zweig, pois suas pacientes, as "geniais histéricas", são casadas ou viúvas jovens, cuja neurose está vinculada às condições sociais em que se exerce sua sexualidade. Por outro lado, a psicanálise faz mais do que simplesmente recuperar, por meio do discurso, essa sexualidade que não encontra refúgio no ato do amor: pois o que resta a elucidar, mesmo levando em conta a crítica de Foucault, é o motivo pelo qual o discurso se deixa permear pelo erotismo, a ponto de substituir a *ars erotica* que o Ocidente não soube inventar, e desvendando ao mesmo tempo algo presente em toda *ars erotica*, ou seja, o fundo inconsciente no qual se abrigam as manifestações do sexo.

É nesse contexto que convém compreender as hesitações de Freud em publicar o "Caso Dora", que, redigido em janeiro de 1901 — como o sabemos por uma carta a Fliess em que afirma que o artigo "horrorizará as pessoas ainda mais do que de costume" —,[114] só será publicado em 1905, e mesmo assim com um prefácio em que são discutidas as objeções que uma ética profissional mal compreendida poderia levantar a uma tal publicação:

Se é certo que a causa das doenças histéricas reside nas intimidades da vida psicossexual dos enfermos, e que seus sintomas são a expressão de seus mais secretos desejos reprimidos, o esclarecimento de um caso de histeria não poderá evitar a comunicação de tais intimidades e a revelação de tais segredos. [...]. Nessas circunstâncias, as pessoas de fina sensibilidade e de escassa resolução colocariam antes de tudo o segredo profissional e renunciariam a qualquer intuito de publicação [...]. Creio ter feito todo o possível para evitar prejuízos à paciente [...]. Não ficou no relato um só nome que pudesse pôr na pista correta um leitor alheio à

---

[113] Manuscrito G (7/1/1895), OP, BN III, p. 3646.
[114] Carta 140 a Fliess (12/2/1901), OP, BN III, p. 3648.

classe médica [...]. Não ignoro que há muitos médicos, pelo menos em Viena, que esperam com repugnante curiosidade a publicação de alguns de meus casos clínicos, para lê-los, não como uma contribuição à psicopatologia das neuroses, mas como uma novela em código destinada a seu prazer particular [...]. Nesse caso clínico, [...] mencionam-se com toda a liberdade relações de caráter sexual, aplicam-se aos órgãos e funções da vida sexual seus verdadeiros nomes, e o leitor casto extrairá desde o início de sua leitura a convicção de que não recuei em discutir semelhantes questões, e numa tal linguagem, com uma moça. Deverei defender-me também de uma tal acusação?[115]

Esse texto é revelador da situação de Freud, das suspeitas que circulavam em torno de seu nome, e do tipo de acusações que contra ele se formulavam. Também é um bom índice da curiosidade que despertavam suas pesquisas e teorias, bem como do abismo que separa seus critérios morais dos de muitos de seus colegas. Que a hipocrisia não era privilégio dos esculápios podemos verificar numa outra carta a Fliess, em que Freud relata as complicadas negociações em que se envolveu ao ser convidado para dar uma conferência na Sociedade Filosófica de Viena: temendo chocar o público, em que haveria senhoras, Freud desiste da conferência; acaba por lê-la em sua casa diante de dois representantes da Sociedade, que aprovam o texto sem nenhuma restrição; mas, uma hora antes do início da sessão, Freud recebe uma carta pneumática em que se lhe pede para "ilustrar sua teoria com exemplos inofensivos" e dar em seguida um intervalo, a fim de que, antes da "parte comprometedora", as senhoras pudessem abandonar a sala. "Naturalmente, cancelei a conferência de imediato, e a carta em que o fiz não carecia, por certo, de sal e pimenta. Eis aí a vida científica de Viena!"[116]

Dadas essas circunstâncias, não é de admirar que Freud tenha relutado muito em publicar a *Interpretação dos sonhos*, que tenha previsto repetidas vezes a Fliess que determinados trechos escandalizariam o público, e que por fim, resolvido a editar o livro, o tenha expurgado de toda e qualquer referência à sua vida sexual, de modo que a obra destinada a romper a barreira entre o normal e o patológico, aplicando ao sonho os métodos de interpretação que haviam

---

115 *Fragmento da análise de um caso de histeria* (caso Dora), prefácio, SA VI, p. 88; SE VII, p. 9; BN I, pp. 936-7.
116 Carta 142 a Fliess (12/2/1901), OP, BN III, p. 3648.

permitido descobrir a *etiologia sexual* das neuroses, é completamente muda quanto àquilo que, segundo sua própria teoria, deveria constituir o centro da vida psíquica: os desejos sexuais reprimidos. Como esse livro é resultado de sua autoanálise, no curso da qual descobriu todo o caos que se agitava em seu inconsciente, em especial os impulsos agressivos e libidinais para com seus pais, Freud decide calar tudo o que pudesse, de algum modo, comprometer seus próximos, e a revelar apenas aquilo que, mesmo sendo moralmente condenável, ao menos não poderia ser considerado pornográfico: sua incomensurável ambição. É por essa razão, ao mesmo tempo subjetiva e objetiva, que a ambição ocupa um lugar tão destacado nos sonhos analisados nessa obra; e, como vimos, não se trata de uma ambição qualquer, mas de um conjunto de sentimentos extremamente complexos relacionados com sua ascensão social, com o judaísmo e sua concepção da ciência. Todos esses elementos convergem, como o mencionamos várias vezes, no desejo de ser nomeado *Professor Extraordinarius*, que, por uma dessas astúcias do inconsciente que Freud foi o primeiro a explorar, está estreitamente vinculado ao desejo de ir a Roma.

Ao atingir seu quadragésimo aniversário, Freud percebe que os grandes projetos de sua juventude estão mais longe do que nunca de se concretizar. É certo que tem atrás de si uma respeitável carreira de pesquisador, com numerosos artigos publicados no domínio da neurologia, e que dispõe de vários elementos do que mais tarde será a psicanálise: as técnicas de livre associação e de interpretação dos sonhos, uma primeira teoria sobre a gênese das psiconeuroses e as hipóteses sobre o funcionamento mental consignadas no "Projeto de uma psicologia para neurólogos". Mas, justamente, tais elementos são de ordens diferentes, não se reúnem num conjunto sistemático e, mais do que isso, encontram-se ainda num estado de formulação embrionário, sujeitos a amplos remanejamentos. Do ponto de vista social, a reprovação constante que suas teses encontram em Viena o isola de seus colegas e faz periclitar sua clientela, o que é agravado pelo fato de que, não dispondo ainda de uma teoria capaz de permitir o manejo adequado da transferência, os tratamentos que empreende são interrompidos invariavelmente apenas começado o essencial do trabalho analítico, frustrando-o como cientista e pondo em perigo sua sobrevivência material. Os amigos o abandonaram, entre os quais Breuer, que até então fora um segundo pai para Freud. O único que presta atenção ao que ele tem a dizer é Fliess, com o qual se aprofunda uma amizade até então cimentada pela atração recíproca e pela comunidade de interesses científicos, mas que a partir de 1896 toma o caráter de uma verdadeira paixão. É nesse clima de isolamento — ainda que, como vimos, ele não seja tão completo quanto Freud o apresenta em seus escritos posteriores — que ele busca refúgio no convívio com o grupo judaico, aderindo à sociedade B'nei Brit, que frequenta a cada quinze dias e na qual faz conferências ocasionais.[117] Começa também sua coleção de histórias humorísticas, que formará o essencial dos exemplos de *A frase de espírito e sua relação com o inconsciente*, e que, naturalmente, pressupõe um contato com o meio no qual elas circulam.[118] Considera uma afronta pessoal a eleição de Karl Lueger para prefeito de Viena e acompanha com interesse o desenrolar do Caso Dreyfus na França.[119] Em suma, rejeitado pelo público científico — isto é, por aqueles representantes do "outro lado" que, por sua suposta probidade intelectual e seu imaginário amor à verdade, deveriam ser os primeiros a apoiar suas teorias —, Freud vê cada vez mais distante o momento em que poderia considerar conquistado o lugar a que aspirava na sociedade austríaca; e isso, num movimento quase instintivo, faz com que se fortaleçam os laços que o unem aos judeus, em cujo seio encontra a compreensão (não científica, mas simplesmente humana) que, tão comovido, agradece em 1926 à sociedade B'nei Brit.

A morte do pai, em outubro de 1896, o atira numa crise de grandes proporções e de grandes consequências. Ela constitui o elemento desencadeador da autoanálise, empreendida por Freud com um tríplice objetivo: aplicar a si mesmo o método que inventara e dessa maneira se certificar da correção de suas teorias; descobrir, em segundo lugar, qual o ponto em que vinham se interromper os tratamentos das pacientes, por meio da elucidação de suas próprias resistências; e, *last but not least*, superar as oscilações "neurastênicas" de seu humor, encontrando a paz interior que poderia lhe permitir afrontar com equanimidade os dissabores do combate que desenvolvia no âmbito científico. É nesse intuito que Freud começa a anotar e analisar de modo sistemático seus sonhos, que conhecemos pela grande obra de 1900. Ora, além do conteúdo sexual que

---

117 Carta 78 (12/12/1897) e 130 (11/3/1900) a Fliess, OP, BN III, p. 3593.
118 Carta 65 a Fliess (12/6/1895), OP, BN III, p. 3576.
119 Carta 30 a Fliess (15/10/1895), OP, BN III, p. 3524. Freud, que está tentando abandonar os charutos, confessa que "Só me excedi, por pura alegria, no dia em que o imperador vetou a posse de Lueger". Cf. igualmente a carta 83, de 9/2/1898, sobre o processo movido a Zola por seu artigo "J'accuse".

eles por certo possuíam, e do qual, pelas razões apontadas, só conhecemos uma ínfima parcela, o outro grande tema que os povoa é a ambição, que Freud não apenas não pode silenciar, sob pena de amputar drasticamente seu livro e dele retirar toda força probatória, mas que ainda forma uma parte absolutamente essencial de sua vida íntima.

Os "sonhos romanos" são particularmente adequados para pôr em relevo a complexidade dos sentimentos de Freud em relação aos dois eixos principais de nossa abordagem da questão relativa à sua ligação com Viena, pois permitem perceber toda a ambiguidade de que se revestem para ele os temas do judaísmo, da cultura ocidental e da vontade de triunfar. Trata-se de um conjunto de sonhos utilizado no capítulo v da *Traumdeutung*, no momento em que Freud discute a importância do material infantil para a formação do conteúdo latente. O primeiro o mostra olhando, da janela do trem, para o Tibre e para o Castelo Sant'Angelo, mas o trem retrocede e Freud não consegue visitar a cidade. No segundo, do alto de uma colina, Roma lhe aparece envolta em névoa, embora possa ser vista com surpreendente nitidez. O terceiro sonho o transporta a Roma ou a seus arredores, porém Freud se perde e pergunta a um certo *Herr* Zucker qual o caminho que conduz à cidade. Por fim, no quarto, Freud se admira com a grande quantidade de cartazes em alemão fixados nas paredes e nas esquinas. A esses sonhos deve ser acrescentado um quinto, o chamado "Meu filho, o míope", o qual figura na seção do capítulo vi que aborda a questão dos "Cálculos e discursos no sonho".

A interpretação fornecida por Freud para tais sonhos varia em extensão e profundidade. Para o primeiro, nota apenas seu desejo de visitar a cidade e seu desagrado por não poder fazê-lo. Mas podemos pensar que o Castelo Sant'Angelo, que em tempos idos serviu como mausoléu de imperadores e túmulo de papas, representa mais do que um simples monumento arquitetônico, pois evoca de imediato o poder militar de Roma e sua significação de metrópole da cristandade — temas que, como sabemos pela sequência dos sonhos, não deixam Freud indiferente. O segundo o mostra contemplando Roma de uma colina, sem poder entrar na cidade, como Moisés no monte Nebo. Como Freud especifica que "o conteúdo desse sonho ultrapassa o espaço que quero conceder-lhe aqui",[120] é lícito inferir que a indicação vaga segundo a qual o motivo do sonho é "o desejo

---

120 *A interpretação dos sonhos*, SA II, p. 205; SE IV, p. 194; BN I, p. 465.

de ver de longe a Terra da Promissão" encerra mais elementos do que nos são fornecidos. Com efeito, o personagem de Moisés é, desde a infância, um dos que incendeiam sua imaginação; o peso dessa figura gigantesca na vida íntima de Freud pode ser avaliado pelos dados que nos apresenta em "O Moisés de Michelangelo" e pelo fato de ter lhe dedicado sua última obra, *Moisés e o monoteísmo*. Teremos ocasião de retornar longamente a essa identificação de Freud com o fundador do judaísmo; de momento, basta-nos mostrar que, se Freud é Moisés, Roma é Canaã, e aqui as coisas mudam de aspecto, pois Canaã é, na Bíblia, a terra da abominação e da idolatria, cujos habitantes devem ser eliminados e cujos templos serão destruídos. Freud assina assim o decreto de morte da civilização romana — e ocidental — pois, ao se equiparar ao herói bíblico, assume implicitamente a trajetória dele, que renunciou ao fausto de uma existência aristocrática no Egito para palmilhar o deserto, conduzindo o povo nômade à Terra Prometida. Não é preciso ser muito ousado para reconhecer aqui o tema da ambição e do desejo de conquistar o "outro lado": uma vez que os representantes do poder e da cultura ocidentais lhe recusam o triunfo a que aspira, Freud renuncia a ele, mas, por meio de sua transformação em Moisés, acede ao mesmo tempo a uma glória infinitamente superior à de um mero *Professor Extraordinarius* e condena à destruição total o símbolo dessa civilização brutal e estúpida que teima em excluí-lo do lugar a que sente ter direito. Se essa hipótese é correta, Freud tem toda a razão, e o conteúdo do sonho é muito mais vasto do que indica em seu texto.

Que seus pensamentos tenham se encaminhado nessa direção é o que nos aclaram as interpretações mais amplas que acompanham o terceiro e o quarto sonhos. A estranha paisagem que vê no terceiro e que o leva a perguntar o caminho da cidade ao misterioso *Herr* Zucker faz com que pense em Karlsbad, balneário ao qual se costumava enviar os diabéticos (que sofrem de uma doença *constitucional* cujo sintoma é o excesso de açúcar — *Zucker* — no sangue). Mas Karlsbad é também o destino do judeu que viaja sem bilhete no trem da anedota e cuja robusta *constituição* deve lhe permitir atingir sua meta. Sabemos que essa é uma das histórias prediletas de Freud e podemos conjeturar que se identifica igualmente com o judeu do trem. Numa inversão espetacular, o profeta bíblico se converte no judeu humilhado, e Roma é agora representada por Karlsbad, inacessível tanto para um quanto para outro. Karlsbad é o balneário mais elegante da Europa, em que a nobreza passa o verão em companhia dos mais ricos representantes da alta burguesia. Freud, a quem a fortuna não sorriu, não tem como esperar chegar até Karlsbad por sua posição econômica: o caminho do prestígio só pode ser o da ciência e o da medicina (diabéticos). Mas uma pequena torção nas conotações da "enfermidade constitucional", que nos é sugerida pela identificação com o judeu do trem, reconduz a Roma: o judaísmo é também algo *constitucional*, hereditário, transmitido de pai para filho, e que reintroduz a ambiguidade das relações de Freud com seu pai e com a cultura ocidental. Pois, apesar da desvantagem que Jakob lhe legou, Sigmund insiste em chegar a Karlsbad-Roma; esta é ao mesmo tempo o símbolo da Igreja e da cultura clássica, da violência militar e do direito individual, da humilhação e do humanismo. É por meio do saber ocidental que Freud espera alcançar Roma, e a cidade concentra em si o ódio que inspira ao judeu perseguido e a imensa atração que por ela sente o intelectual emancipado. Essa dialética do fascínio e do repúdio permeia todo o quarto sonho, e não apenas ele, mas a totalidade da vida psíquica de Freud.

O quarto sonho condensa numa só imagem Roma e Praga, cidade na qual, devido à questão das nacionalidades que abordamos antes, a *Kulturkampf* entre tchecos e alemães se reveste de um caráter particularmente intenso. Fliess propusera a Freud encontrarem-se em Praga para um de seus "congressos", e Freud, embora tivesse preferido Roma, acede à sugestão do amigo. Praga é a capital da Boêmia, onde também está Karlsbad, e essa transição, não mencionada no texto freudiano, nos fornece o fio condutor para vincular ao sonho anterior o atual, que concentra todos os temas cuja discussão nos ocupa. A língua falada em Praga é o tcheco, que Freud aprendera em sua infância, passada em Freiberg, na Morávia. A cadeia de associações que começa em Praga o conduz assim a sua cidade natal e ao célebre incidente do chapéu de pele atirado à lama, fonte permanente de humilhação para Freud e uma das peças principais do processo que, no inconsciente, move contra seu pai. Com efeito, o comportamento deste não fora nada corajoso — limitara-se a recolher o chapéu e a continuar seu caminho —, contrastando agudamente com a reação de Amílcar Barca, o pai de Aníbal, diante da prepotência que emana de Roma: derrotado pelas forças inimigas, Amílcar faz seu filho jurar vingança no altar da família. Aníbal, em cumprimento à promessa, desencadeia a segunda guerra púnica, na qual por um triz não derrota Roma, perdendo assim a ocasião de transformar de modo radical o futuro do Ocidente. Aníbal é outro dos heróis do panteão pessoal de Freud, por uma razão fácil de compreender:

Ao estudar as guerras púnicas, minha simpatia ia para os cartagineses, e não para os romanos. Mais adiante, quando nas classes superiores fui compreendendo as consequências de pertencer a uma raça estranha ao país em que se nasceu, e me vi na necessidade de adotar uma atitude para com as tendências antissemitas de meus companheiros, a figura do general semita se tornou ainda maior a meus olhos. Aníbal e Roma significaram para mim, respectivamente, a tenacidade do povo judeu e a organização da Igreja Católica. [...]. O desejo de ir a Roma [...] chegou a se converter, quanto à minha vida onírica, em encobridor e símbolo de vários outros, para cuja realização deveria trabalhar com toda a tenacidade e a resistência do cartaginês, e cuja materialização parece às vezes tão pouco favorecida pelo destino quanto o desejo de entrar em Roma, que preencheu toda a vida daquele herói.[121]

Os "vários desejos" a que alude essa passagem já nos são familiares. O importante a ressaltar é que Aníbal representa o filho-modelo que Sigmund está longe de ser, dado que a este falta o pai exemplar do general. O sentido latente desse sonho configura na verdade uma tremenda acusação contra Jakob Freud: ter sido covarde diante da agressão antissemita, razão pela qual seu filho o expulsa da linhagem para se atribuir um ancestral mais digno de respeito. Poderíamos dizer que um dos desejos realizados pelo sonho se formula assim: "Já que é preciso ter um pai semita (judeu), ao menos que seja alguém que não se envergonhe de sê-lo e que se mostre intransigente no propósito de vingar a humilhação recebida, mesmo por intermédio de seu filho". Por essa via, reencontramos a questão do duplo significado do judaísmo para Freud, mas aqui fortemente marcado pelo aspecto negativo, como uma desvantagem hereditária que só a tenacidade também hereditária permite superar. Da mesma forma, Roma aparece em seu duplo significado de metrópole do cristianismo (e por isso abominável, merecedora da destruição que Aníbal não conseguiu pôr em prática, mas que os filhos de Moisés realizaram em Canaã) e de sede do poder temporal e do prestígio, detentora do *reconhecimento* a que Freud aspira acima de tudo.

A alusão a esse segundo aspecto é mais velada, e devo dizer que só a percebi a partir da análise que Marthe Robert faz desse sonho em seu livro já mencionado. Ela está contida numa frase que Freud recorda ter lido em algum clássico alemão: "Não se pode dizer quem caminhou mais febrilmente por seu quarto

---

121 *A interpretação dos sonhos*, SA II, pp. 207-8; SE IV, pp. 196-7; BN I, p. 466.

ao decidir pôr em prática o plano de ir a Roma, se Aníbal ou o vice-reitor Winckelman".[122] O vice-reitor Winckelman é um sábio do século XVIII que, embora protestante, aceitou a conversão ao catolicismo para aceder ao posto de bibliotecário do papa e poder assim prosseguir seus estudos, rodeado de todo o material necessário às pesquisas de arqueologia e de história da arte a que dedicara sua vida. Uma biografia de Winckelman fora reeditada justo em 1898, ano em que Freud se apaixona pela arqueologia e começa a demonstrar interesse por Roma, escutando até altas madrugadas os relatos de seu amigo Löwy, professor dessa disciplina na capital italiana. M. Robert alude a numerosas coincidências entre a vida de Winckelman e a de Freud: pobreza, pertinência a uma religião não católica, dedicação apaixonada à ciência, veneração por Roma e sua cultura, um imenso desejo de se imortalizar por uma descoberta importante. Ora, na interpretação que oferece de seu sonho, Freud diz que seguiu a trilha de Aníbal, isto é, a do repúdio a Roma e a tudo o que ela significa; mas se, por sua tenacidade e intransigência, ele se identifica com o general cartaginês e com o judeu do trem, a dúvida expressa na citação do "clássico" alude fugazmente a uma outra possibilidade: a de, como Winckelman e os demais passageiros do rápido de Karlsbad, ceder à solução mais fácil e adquirir seu "bilhete" — em outros termos, converter-se ao catolicismo e remover assim o obstáculo que sua condição de israelita colocava no caminho de seu triunfo. A hipótese é menos absurda do que parece: é bem provável que Freud tenha lido a biografia de Winckelman — o que poderia explicar a presença do vice-reitor em suas associações —, e, nesse momento, o Ministério da Educação havia relegado às traças, por "considerações confessionais", o pedido de Nothnagel e Krafft-Ebing para a nomeação de Freud. Dadas as circunstâncias de sua vida que já conhecemos, não é de todo impossível que a ideia da conversão lhe tenha aflorado ao espírito, ainda que para ser de imediato rejeitada, visto que, exatamente nessa época, Freud se volta com renovado interesse para determinados círculos judaicos. Mas esse sonho mostra que, ao mesmo tempo em que reafirma sua diferença e sonha com o aniquilamento do "outro lado", o fascínio de Roma é extremamente poderoso, fazendo-o nutrir veleidades inconscientes de renegar seu pai (que não tivera ânimo de retrucar ao insulto), Aníbal (que, apesar de sua coragem e pertinácia, fracassara em seus propósitos) e de modo geral a incômoda pertinência

---

[122] *A interpretação dos sonhos*, SA II, p. 207; SE IV, p. 196; BN I, p. 466.

a um povo marcado por perseguições e tragédias, aceitando o tributo que Roma exige para abrir suas portas ao estrangeiro sequioso de saber, reconhecimento e prestígio.

Pensamentos semelhantes transparecem no último dos "sonhos romanos", o do filho míope:

> Devido a certos acontecimentos em Roma, é preciso pôr a salvo as crianças [...]. Vejo-me sentado à beira de uma fonte, muito triste e quase choroso. Uma figura feminina [...] traz as duas crianças [...]. A mulher pede à primeira delas um beijo de despedida, mas o menino se recusa e lhe diz, estendendo a mão: "Auf Geseres". E depois, dirigindo-se a nós: "Auf Ungeseres". Tenho a ideia de que a segunda expressão indica uma preferência.[123]

Esse sonho foi inspirado por reflexões feitas após ter visto uma peça de Theodor Herzl, *Das neue Ghetto*. A fonte conduz Freud ao salmo 137: "Sobre os rios da Babilônia, assentamo-nos e choramos". *Geseres* é um termo ídiche, cuja raiz é a palavra hebraica *Gzeirot*, que significa, segundo Freud, "queixas e lamentações". Incidentalmente, é interessante notar que no texto da *Interpretação dos sonhos* Freud parece querer indicar uma ignorância do hebraico e do ídiche, fato que não deixa de ser curioso, pois já sabemos que aprendeu em sua infância a primeira dessas línguas, e, quanto ao ídiche, suas cartas estão salpicadas de expressões populares desse idioma, que seus pais falavam e sem cujo domínio, ao menos relativo, teria sido difícil a ele coletar as histórias que tanto apreciava e que evidentemente circulavam em ídiche. Seja como for, Freud se faz de desentendido e remete sua informação quanto ao sentido de *Geseres* aos "especialistas nesses assuntos".

A oposição *Geseres/Ungeseres* e a "preferência" implicada na segunda dessas fórmulas o conduzem a *gesalzen* e *ungesalzen* ("salgado" e "sem sal"), referindo-se ao caviar, e daí a *gesäuert* e *ungesäuert*, isto é, "fermentado" e "não fermentado", ou seja, aos pães ázimos da Páscoa judaica. Os "acontecimentos ocorridos em Roma" indicam que esta representa o Egito, terra da opressão na tradição hebraica; a Babilônia é também o símbolo do Exílio, conceito para o qual o idioma hebraico não possui um termo como "Diáspora" — que significa

---

[123] *A interpretação dos sonhos*, SA II, p. 426; SE V, p. 441; BN I, p. 614.

"dispersão" —, mas que é denotado por *galut*, que significa, literalmente, estar a descoberto ou desprotegido. É essa situação de *estar indefeso* que Freud evoca, pois é preciso afastar os filhos do perigo encerrado pelos acontecimentos em questão. A Cidade Eterna aparece assim, mais uma vez, como metáfora da perseguição. A continuação do texto revela outras associações: o filho míope é o do professor M., que sofrera na infância uma doença qualquer dos olhos, primeiro num, depois no outro. O tema da bilateralidade (dois olhos) recorda Fliess e uma conversação sobre o assunto, que se iniciara por uma referência ao olho único do Cíclope (*Zyklop Myop*). Mas a miopia conduz ao problema da *unilateralidade* no caso do filho de M. e também do filho de Freud, que herdara daquele uma carteira escolar cujo formato especial se destinava a evitar à vista um esforço sempre do mesmo lado. Ou seja: os filhos de Freud, que a perseguição obriga a afastar de Roma, não são "unilaterais" — tanto que cumprimentam dos dois lados (a mulher e ele próprio), com frases "bilaterais" (algo e seu oposto). Dadas as preocupações com o gueto, o Egito e a Babilônia, não me parece fora de propósito pensar que a unilateralidade se refira ao universo judaico. Nesse caso, os filhos de Freud, pela educação "bilateral" recebida em casa, teriam melhores possibilidades de escapar às desventuras que seu pai precisara enfrentar por causa da "unilateralidade" de Jakob, exclusivamente voltado para o judaísmo e indiferente à cultura que tem seu ponto de partida na Grécia e em Roma; erudito no Livro dos Livros, mas ignorante no que se refere aos demais livros e impaciente com as despesas que seu filho faz para se instruir no saber dos outros.

A civilização encarnada em Roma é para Freud, portanto, fonte dos sentimentos mais contraditórios: uma atração profunda, mesclada com um repúdio igualmente profundo; uma predileção pela Roma antiga, mas matizada pela admiração por Aníbal; uma repulsa quanto à Roma cristã, símbolo do poder que humilha os judeus — e, quando por fim vai a Roma, Freud se diz incapaz de apreciar os monumentos ligados ao cristianismo: "não me foi possível apreciar espontaneamente a segunda Roma (medieval-renascentista): molestava-me seu sentido intrínseco, e, incapaz de sobrepor-me à recordação da minha própria miséria e de todas as outras misérias que conheço, não consegui suportar a patranha da salvação da humanidade, que ergue tão orgulhosamente seu rosto ao céu".[124] Da mesma forma, os "sonhos romanos" lançam luz sobre a autoanálise

---

124 Carta 146 a Fliess (19/9/1901), OP, BN III, p. 3651.

de Freud, revelando-nos aspectos extremamente importantes da relação conflituosa que mantém com seu pai, ao qual acusa sem cessar de tê-lo feito pobre — portanto sem as condições de realizar seus desejos — e judeu, obrigando-o a lutar mais intensamente que os outros pelos triunfos a que sua ambição o faz aspirar.

Mas os "sonhos romanos" seriam apenas uma peça a mais para provar meu argumento, não fosse a íntima relação que mantêm com Viena. Pois Roma é, entre outras coisas, uma transposição de Viena, cidade católica e imperial que condensa num só tempo os dois períodos que Freud distingue no passado latino. Mais do que isso, Viena, como capital do Sacro Império Romano-Germânico, é a herdeira direta da Roma de Augusto e de Constantino, por intermédio de Carlos Magno e de Luís, o Piedoso. Como sede de uma dinastia comprometida com a Contrarreforma e que celebra em 1855 a Concordata mais reacionária da Europa, está intimamente ligada aos Habsburgo da Espanha e portanto à Inquisição, expressão extrema da intolerância apostólico-romana. Ao contrário de muitos dos intelectuais mencionados nas seções anteriores deste capítulo, em especial Hofmannsthal, Freud não se comove com o esvaziamento progressivo do papel de Viena como núcleo de um "império em *sursis*"; na medida em que sua origem judaica, jamais renegada senão em sonhos, o torna um estranho ao ideal imperial, não se incomoda em absoluto com essas questões, apesar de sua sincera adesão à Dupla Monarquia. É nesse ponto crucial que radica uma das mais importantes diferenças entre Freud e seus contemporâneos da década de 1890, imprimindo à sua crítica da cultura direções completamente diversas daquelas que seguirão a maior parte dos escritores, artistas e pensadores evocados no início deste capítulo.

Por outro lado, a inibição extraordinária que sente em relação à viagem a Roma se cruza com a questão da nomeação para o cargo de professor: e somente depois de tê-la superado, no verão de 1901, é que Freud se decide a fazer uma concessão ao nepotismo vigente em Viena e a dar os passos necessários para a obtenção do título. A maneira como o conseguiu é digna de figurar num conto de Arthur Schnitzler, tal é a intriga rocambolesca que teve de ser tecida para vencer a oposição do ministério. Em nenhum outro momento da vida de Freud se pode ver com tanta nitidez a atmosfera vienense, com seus artifícios e suas maneiras sinuosas, com o tráfico de influências e o cuidado em nada deixar transparecer das condições em que se desenvolve a vida real. Em suma, Freud recorre a uma de suas ex-pacientes, Elise Gomperz, a esposa do historiador da filosofia, para que intervenha junto ao Ministério da Educação. O ministro se faz de desentendido e sugere que a candidatura seja de novo apresentada. Nothnagel e Krafft-Ebing se prontificam a fazê-lo, e nesse momento se interpõe uma outra paciente, que insiste em ter o privilégio de fazer nomear o "seu" médico para o posto. Como o ministério estava formando a coleção do Museu de Arte Moderna de Viena, a ser inaugurado pouco depois, e como a tia da paciente possuía um certo quadro de Böcklin... A nomeação foi por fim assinada em março de 1902, e Freud relata todo o episódio numa longa carta — a última — a Fliess:

> O entusiasmo público é indescritível. As felicitações e as flores chovem sobre nós, como se o papel da sexualidade tivesse sido reconhecido por Sua Majestade, como se o Conselho de Ministros tivesse confirmado em sessão plenária a interpretação dos sonhos, e como se a necessidade do tratamento psicanalítico das neuroses tivesse sido votada no Parlamento por maioria de dois terços [...]. É evidente que voltei a ser uma pessoa respeitável [...]. Em todo esse assunto, há uma pessoa com um par de longuíssimas orelhas, [...] que sou eu. Se tivesse dado esses poucos passos há três anos, teria sido nomeado professor naquela época e evitado assim muitos inconvenientes e dissabores. Outros chegam a essa sábia conclusão sem necessidade de ir antes a Roma...[125]

É claro que Freud só reuniu coragem para aceitar as regras do jogo político que presidia às nomeações — inteiramente de prestígio, pois o cargo não era remunerado; mas é preciso lembrar a força do prestígio numa cidade em que não se era ninguém sem um título oficial? — após ter realizado a viagem com que tanto sonhara, nos dois sentidos da palavra. Podemos dizer que só depois de "entrar em Roma", embora como modesto turista e não à frente dos exércitos de Cartago, foi que se decidiu a empregar os meios necessários para "conquistar Viena", o que a meu ver confirma a hipótese de que Roma é também um avatar imaginário da capital austríaca. Mas cabe perguntar: de onde extraiu Freud a força para viajar a Roma? Aqui a cronologia é essencial: a viagem ocorre no verão de 1901, isto é, quase dois anos depois da publicação da *Interpretação dos sonhos*, quando Freud já havia redigido a *Psicopatologia da vida cotidiana* e o

---

[125] Carta 152 a Fliess (11/3/1902), OP, BN III, pp. 3655-6.

"Caso Dora". Ou seja: quando a psicanálise já havia dado seus primeiros passos, unificando numa primeira versão da teoria o trabalho sobre as neuroses, a "psicologia normal" e a interpretação dos sonhos, quando Freud dispõe da tópica construída no capítulo VII da *Traumdeutung*, quando a eficácia do inconsciente na vida dos "homens normais" já está demonstrada, quando, no epílogo do caso Dora, a teoria da transferência encontra sua primeira formulação. Em outras palavras, quando a culpabilidade de Freud em relação a seus pacientes, engendrada pelo fato de lhes oferecer uma terapia de cujos fundamentos não estava seguro e de cuja eficácia tinha razões para duvidar — veja-se o sonho da injeção em Irma e numerosas cartas a Fliess —, quando essa culpabilidade é afastada pelo advento da psicanálise propriamente dita, com a primeira versão de seu arcabouço teórico e com sua técnica básica fixadas. Isso permite a Freud se apresentar ao "outro lado" não como um *schnorrer*, mas com algo definido nas mãos: uma ciência ainda incipiente e que ele é o único a praticar, e que, no entanto, contém um grão de verdade e a promessa de colheitas mais generosas.

Esse é, porém, apenas um aspecto do problema. Com efeito, Freud, que previra a Fliess uma reação de relativa hostilidade ao "livro egípcio dos sonhos",[126] não fora capaz de imaginar que Viena responderia à sua obra com o maior dos insultos, isto é, um silêncio atrás do qual era perfeitamente visível a vontade de rir.[127] À publicação do texto, segue-se um período de grande depressão, da qual temos um eco na carta escrita a Fliess no dia seguinte ao seu 44º aniversário:

> Nenhum dos críticos pode ver com mais agudeza do que eu mesmo a desproporção entre os problemas e as soluções que proponho, e meu justo castigo será que nenhuma das regiões inexploradas da mente, que fui o primeiro a pisar, jamais levará meu nome ou será submetida às minhas leis. Quando meu alento começou a fraquejar, pedi ao anjo que me concedesse uma pausa [...]. Sim, realmente já

---

[126] Ver, por exemplo, as cartas 85 (15/3/1898); 114 (6/8/1899); 116 (27/8/1899); 117 (9/9/1899). O tom é apaixonado: "Espero que não objetarás a meus sinceros comentários sobre o sonho do professorado. Os filisteus locais irão se regozijar em sentenciar que ultrapassei todos os limites" (c. 85); "Teremos que tolerar a bibliografia em algum ponto do livro, se não quisermos armar os 'cientistas' com um machado para reduzi-lo a pedaços" (c. 114); "De todas as maneiras, os psicólogos acharão numerosos motivos para se aborrecer" (c. 116).

[127] Por exemplo, cartas 125 (9/12/1899); 126 (21/12/1899); 130 (11/3/1900); 138 (10/7/1900).

tenho 44 anos, e não passo de um velho israelita um tanto alquebrado, como poderás comprovar por ti mesmo no verão ou no outono. Os meus insistem em comemorar meu aniversário. Meu melhor consolo é que não lhes escamoteei todo o futuro [...]. Só lhes deixo um degrau para fincar o pé, mas não os conduzo a um cume do qual não fosse mais possível continuar subindo.[128]

Algo deve, portanto, ter-se produzido entre 1900 e 1901, para que o "velho israelita alquebrado" recuperasse sua confiança em si e se dispusesse à conquista de Roma e de Viena. Esse algo é, muito precisamente, a ruptura da sua amizade com Wilhelm Fliess, ocorrida no verão de 1900.

Dedicaremos parte do segundo capítulo deste trabalho ao exame dessa relação, e em particular de seu impacto na autoanálise, cujos traços nos chegaram sob a forma das cartas enviadas a Berlim. O importante neste momento é ressaltar que Fliess, o qual de certa forma provocou a ruptura ao insistir em que os períodos vitais eram mais decisivos para a gênese e a cura das neuroses do que a repressão e a psicanálise — o que equivalia pura e simplesmente a retirar todo o valor às descobertas de Freud —, era, como este, médico e judeu, embora residente na "estimulante" capital prussiana e não na "deprimente" Viena. Enquanto pôde contar com a fidelidade desse público de uma só pessoa — cuja importância não pode ser subestimada —, Freud não se sentiu com ânimo de empreender a conquista a que seu temperamento o impulsionava. Somente quando, por circunstâncias além de seu controle, teve de renunciar à compreensão de alguém próximo, em origem e interesses, a si próprio, foi que a ameaça do isolamento absoluto — uma vez que o círculo judaico não podia lhe oferecer mais do que um apoio moral, sem suspeitar a enorme revolução que a psicanálise iria introduzir na esfera do pensamento europeu — o fez se decidir a vencer todos os escrúpulos e inibições que até então o haviam impedido de realizar seus maiores desejos: o simbólico (indo a Roma) e o real (mobilizando as pessoas necessárias para ser nomeado professor). É esta, a meu ver, a razão pela qual a viagem e o cargo precisaram esperar até que Freud tivesse 45 anos para saírem da névoa dos sonhos e se materializarem no real.

Se Freud supôs — o que é muito duvidoso — que o título *Professor Extraordinarius* seria suficiente para que Viena reconhecesse seus talentos e sua grandeza,

---

128 Carta 134 a Fliess (7/5/1900), OP, BN III, p. 3642.

os anos seguintes a 1902 se encarregaram de desenganá-lo com presteza. Por um lado, sua clientela se estabilizou, o que seria de esperar, e, paulatinamente, os discípulos começaram a acorrer, dando origem ao movimento psicanalítico; mas, por outro, tais discípulos eram quase todos judeus — com exceção dos suíços e de Jones — e as resistências à psicanálise seriam intensíssimas durante quase toda a existência de Freud, só diminuindo, pouco a pouco, a partir da década de 1930. As relações entre ele e Viena continuaram tensas, como podemos ver por dois incidentes ocorridos em 1924 e 1926. O primeiro se refere à concessão do título de cidadão honorário de Viena, comentada numa carta especialmente feroz: "Outros parecem ter a impressão de que meu 68º aniversário, depois de amanhã, será provavelmente o último, pois a cidade de Viena apressou-se a me conceder, para esta ocasião, o título de cidadão honorário, que geralmente deve esperar até os setenta anos".[129] O segundo, mais grave, está relacionado com a ação judicial movida por prática ilegal da medicina contra Theodor Reik, a favor de quem, aliás, Freud interveio publicamente, por meio do artigo "A questão da análise por não médicos", em que defende com vigor o direito destes a exercer a psicanálise. Escrevendo a Max Eitingon sobre o desenrolar do processo, Freud exprime a convicção de que "o movimento contra os analistas não médicos não parece ser nada mais do que um resíduo da velha resistência contra a psicanálise em geral [...]. Considero todo esse movimento uma expressão da raiva dos vienenses para com o interesse suscitado por meu septuagésimo aniversário".[130] A cidade lhe parecia, pois, comemorar seus aniversários com presentes envenenados, que revelariam desejos de morte contra ele ou contra a disciplina que criara, e seus sentimentos em relação a ela eram absolutamente hostis.

Por que, então, Freud se recusa a abandonar Viena, mesmo depois da Primeira Guerra Mundial, quando a fome, a inflação e o inverno se reúnem para tornar a existência material difícil de suportar? Por que, quando o nazismo se instala na Alemanha e começa a estender sua sombra sobre a Áustria, com perspectivas aterradoras para os judeus, resiste por todos os meios às sugestões de emigração? Por que, enfim, escreve no prefácio à terceira parte de *Moisés e o monoteísmo* que Viena é o lar mais propício que a psicanálise já encontrou? Para

---

129 Carta a Abraham (4/5/1924), *Freud-Abraham*, p. 366.
130 Citado por Marthe Robert, *La révolution psychanalytique*, Paris, Payot, 1964, t. II, p. 224.

responder a essas questões, é preciso reunir agora todos os fios da meada que, lentamente, foi sendo tecida ao longo deste capítulo.

Partimos da imagem habitual de Viena, que nos é transmitida pelo estereótipo do *Danúbio Azul* — uma cidade alegre e jovial, dedicada à busca do prazer e apaixonada pela música e pelo teatro. A análise dessa imagem nos mostrou que a representação nela contida é na verdade superficial: conservadora em seus gostos artísticos, preocupada em eliminar as diferenças de classe por meio de uma ornamentação exuberante, Viena nos apareceu como uma cidade-Potemkin, na expressão de Adolf Loos. O passo seguinte foi examinar a estrutura social e política do Império Austro-Húngaro, no qual a função de Viena se revelou a de um centro recuperador das diferenças e das contradições, a capital de um Estado "bom para ser conservado no museu", como dirá Hermann Broch, ou da Cacânia, sonolenta e embalada na grandeza de seu passado, que emerge do *Homem sem qualidades* de Robert Musil, bem mais do que a metrópole européia em que Stefan Zweig acredita ter passado sua juventude. Tanto do ponto de vista cultural como do social e político, Viena aparece-nos assim como a *capital da ilusão*, ao menos na perspectiva da classe dominante, pois os excluídos do grande festival — a classe operária, a pequena burguesia e parte da comunidade judaica — veem a cidade com olhos bem diferentes.

Nesse contexto, em que nos referimos à crítica da cultura austríaca e aos elementos da universalidade que ela continha, segundo o prisma da "geração de 1890", procuramos em seguida situar Freud, segundo o critério da tríplice diferença representada pelo judaísmo, pela pobreza e pela dedicação à ciência. Paulatinamente, foram surgindo os contornos dessa diferença, ao ser analisada cada uma dessas determinações. Vimos assim que Viena é o foco para o qual convergem desejos e aspirações contraditórios, nascidos da complexa dialética que traça e retraça as relações entre os polos judaico, econômico e científico, fazendo com que se combinem incessantemente entre si e a cada combinação produzam uma nova figura. O judaísmo, fonte de humilhações, é ao mesmo tempo e no mesmo movimento responsável pela obstinação com que Freud persegue a fama; o "outro lado" fornece, com a cultura clássica e a ciência, os meios de superar sua hostilidade congênita; a expectativa de fazer uma grande descoberta está ligada por inúmeros fios ao desejo de vencer, à necessidade imperiosa de encontrar uma fonte de renda segura e ao ideal de probidade e dedicação que, no espírito de Freud, se vincula de modo indissolúvel à prática científica. Judeu pelo nascimento e por "forças obscuras" que resistem à análise, Freud é austríaco pela língua e pela cultura; burguês pelo estilo de vida e pelos seus costumes frugais, a causa política da burguesia lhe é completamente estranha; positivista pela maneira como concebe sua atividade de investigação e puritano em sua vida particular, ele destrói o puritanismo e o positivismo pela disciplina escandalosa que representa a obra de sua vida. E essa obra é criada em Viena, cidade cuja forma de viver, cuja estreiteza de horizontes e cuja moralidade hipócrita Freud abomina do fundo do coração. Onde estaria, então, a atmosfera favorável ao desenvolvimento da psicanálise a que alude na frase que citamos? Seguramente, não na estupenda produção cultural que a Viena do começo do século legou à posteridade, pois Ernest Jones recorda a espantosa reação de Freud à sugestão de que deveria ser interessante viver em um lugar onde tantas ideias novas surgiram ao mesmo tempo: "Ideias novas? Faz cinquenta anos que vivo aqui, e nunca vi uma única ideia nova!".[131]

Em seu artigo sobre "Freud e Viena", na coletânea *Vienne au temps de François Joseph*, Marthe Robert propõe uma análise sedutora:

> Viena [...] era o símbolo da ilusão e oferecia consequentemente o melhor terreno possível para todas as tentativas de desmascaramento. [...] Falsificada, teatral, ornamentada, deslocada em relação a seu centro vital e inconsciente de seus verdadeiros conflitos, Viena era por assim dizer como a histérica, que sofre de algo diferente do que mostra [...]. Não que houvesse ali mais histéricas que em outro lugar qualquer: o fim do século foi em toda parte sua grande época; mas, se podemos arriscar uma tal comparação, a cidade, sob muitos aspectos, se lhes assemelhava: também ela negava o presente e se confinava nos sonhos do passado; também ela exibia sintomas tornados irreconhecíveis pelo deslocamento; também ela fazia teatro para compensar sua tragédia. Freud [...] teria podido, como tantos outros, aceitar o teatro vienense e jogar a carta ilusória da adaptação; mas [...] decidiu curar as singulares perturbações que a medicina da época atribuía à simulação, de sorte que a sociedade doente, na qual não havia um lugar normal para ele, teve por fim de lhe revelar seus segredos. [...] Nesse sentido negativo, mas sem dúvida decisivo, é bem a Viena que ele deve, apesar de tudo, o ter descoberto a verdade — a verdade universal mais simples e mais prenhe de consequências já oculta na história do espírito.[132]

---

131 Ernest Jones, *La vie et l'œuvre de Sigmund Freud*, Paris, PUF, 1970, t. I, p. 324.
132 Marthe Robert, "Une nouvelle image de l'homme", em *Vienne au temps*, cit., p. 209.

A ilusão seria, pois, simulação inconsciente, e nessa característica partilhada com as "geniais histéricas" residiria a contribuição de Viena para o surgimento da psicanálise, pois Freud estava particularmente bem situado para desvendar os mistérios da histeria, tanto aquela que suas pacientes lhe exibiam quanto a outra, que se insinua em silêncio nos costumes e nas ideias de uma civilização. Parece-me que Marthe Robert tem, em parte, razão ao estabelecer tal paralelo; as primeiras seções do presente capítulo podem ser consideradas um desenvolvimento dos aspectos propriamente históricos da maneira de viver vienense; as últimas exploram o filão do descentramento de Freud em relação a Viena, que designei como seu tríplice estatuto de apátrida. Contudo, a hipótese não teve ter soado muito convincente a M. Robert, pois, no livro que dedicou às relações entre Freud e o judaísmo, ela não é mencionada nem sequer uma vez, justo ali onde seu valor heurístico poderia ser inestimável. Não: é preciso desconfiar das soluções baseadas nas simples analogias e buscar a resposta na complexidade real dos fatos.

Em primeiro lugar, Viena é a pátria ideal da psicanálise porque é a cidade em que se educou e se formou seu criador, e nada há de tautológico nessa afirmação: é devido à forma altamente particular pela qual Freud absorveu a cultura que lhe foi transmitida no colégio, às conotações extremamente pessoais que essa cultura tinha para ele, em função da situação específica dos judeus e da forma difusa e peculiar tomada pelas tendências antissemitas naquela cidade e naquele momento histórico, e à maneira única pela qual Freud pretendeu se servir de seus conhecimentos científicos para atingir os objetivos que se fixara, entre os quais vencer na competição profissional no centro mesmo da medicina europeia — é por todos esses motivos que Viena influi no advento da disciplina freudiana, não de modo vago e geral, mas segundo linhas de força singulares e detectáveis mediante a investigação apropriada. Em segundo lugar, Viena é a pátria ideal da psicanálise porque foi ali que se formou o movimento psicanalítico, e novamente não se trata de uma tautologia: a existência de meios adequados de difusão do saber e de uma universidade reputada, cujos cursos incluíam os do professor Freud, permitiu que médicos e não médicos lessem a *Interpretação dos sonhos*, assistissem às aulas ministradas por seu autor e viessem a formar um grupo compacto, mesmo se dilacerado por tensões internas, o qual representou o primeiro núcleo de propagação da nova ciência. Esses jovens psicanalistas, judeus e ambiciosos como seu mestre, encontraram em Viena os pacientes necessários à sua sobrevivência, assim como à aquisição de novos conhecimentos científicos, e os meios de imprimir seus livros, revistas e artigos, realimentando o debate e contribuindo para a conquista de novos adeptos para a "causa". Em terceiro lugar, foi em Viena que, movido pelos sentimentos que já conhecemos, Freud permaneceu durante toda a vida, tornando a cidade, por sua simples presença ali, a Meca de todos os que se interessavam pela psicanálise, ainda que Budapeste, Berlim e Londres constituíssem centros regionais de atração e de difusão do seu pensamento. Viena, capital do Império Austro-Húngaro, tornou possível a formação de núcleos analíticos, em cidades como Budapeste, que pertenciam ao mesmo Estado, ou Berlim, onde se falava o mesmo idioma; o fato de existirem muitos milhões de leitores alemães e a importância fundamental dessa língua para a esfera da cultura tornaram viável a difusão da psicanálise e sua implantação em centros reputados pela qualidade dos cuidados médicos que ofereciam. Que teria sido Freud, se tivesse escrito em finlandês, ou realizado seu projeto de se instalar numa cidade de província ou na Austrália? Por fim, as próprias dificuldades de aceitação das suas teorias em Viena funcionaram como um estímulo, levando Freud a redigir seus escritos de maneira clara e acessível, não apenas para um público especializado em medicina, mas procurando conquistar para a psicanálise a adesão de círculos amplos, provenientes de todas as esferas culturais, não obstante o repúdio da universidade positivista e dos filisteus, cuja moralidade hipócrita os fazia condenar a sexualidade como um assunto a ser calado na rua e tratado no bordel.

É por todas essas razões, cada uma delas complexa e multifacetada, que Viena forneceu à psicanálise o "lar privilegiado" de que fala Freud, ainda que essa filha ilegítima dos amores de Sigmund com sua cidade fosse por ela tratada mais como a Gata Borralheira do que como a Bela Adormecida. E que houve uma paixão de Freud por Viena, encoberta pelo ódio mortal que votava à capital austríaca, e talvez alimentada pela própria persistência com que a cidade recusou suas tentativas de sedução, é o que se torna patente em dois textos, escritos a 53 anos um do outro, e ambos de cidades estrangeiras. A Martha, que lhe enviara a Paris um exemplar da *Neue Freie Presse*, Freud agradece em termos efusivos: "o jornal foi um regalo incomparável para mim, especialmente as seções vienenses, com a deliciosa passagem de Spitzer".[133] E a Max Eitingon, no dia seguinte à sua chegada a Londres, confessa que "o sentimento de triunfo por

---

133 Carta 85 a Martha (19/11/1885), *Cartas I*, p. 57. A "deliciosa passagem de Spitzer" alude à crônica "Passeios por Viena", publicada regularmente pelo jornalista Daniel Spitzer na *Neue Freie Presse*. Cf. nota 153 no capítulo IV.

nos ver em liberdade se mistura a uma dose excessiva de tristeza, pois, apesar de tudo, eu amava muito a prisão da qual me libertaram".[134] Amor tempestuoso, certamente, mas fiel como o de Donna Elvira por Don Giovanni:

> Che contrasto d'affetti in sen ti nasce!
> Perché questi sospiri e queste ambasce?
> [...]
> Quando provo il mio tormento
> Di vendetta il cor favella
> Ma se guardo il suo cimento
> Palpitando il cor mi va.[135]

7. DE ME FABULA NARRATUR (1)

Por certo não terá escapado ao leitor das páginas anteriores o fato de que, ao escrevê-las, eu estava — e continuo estando — sob o fascínio do *Don Giovanni*, de Mozart. Eis por que o que vem ao espírito para começar esta seção são as palavras de Zerlina no dueto "Là ci darem la mano":

> Vorrei e non vorrei
> Mi trema un poco il cor [...][136]

Tal é a hesitação (que confesso com franqueza) em prosseguir o plano traçado na introdução; mas, justamente, o "vorrei" leva a melhor, já que me decidi a escrever... Retornemos, pois, ao sonho inaugural, uma vez que foi sua

---

134 Carta 299 a Max Eitingon (6/6/1938), *Cartas* II, p. 190.
135 "Que contraste de afetos nasce em teu seio
Por que esses suspiros e essas angústias?
[...]
Quando penso em meu tormento
O coração me fala de vingança;
Porém quando contemplo seu rosto
O coração começa a me palpitar" (*Don Giovanni*, ato II, cena 10).
136 "Quero e não quero
Meu coração treme um pouco..."

interpretação que levantou o estranho bloqueio que me impedia de iniciar a redação da tese. Devo dizer que, de hábito, não tenho maiores dificuldades para escrever. Ora, apesar de um intenso desejo de começar e de pôr no papel as ideias que se agitavam dentro de mim, não pude me resolver a escrever antes desse sonho, no qual, como talvez se recorde o leitor, figuravam o hospital, a psicanálise, o judaísmo e a atividade intelectual. Uma vez sua interpretação esboçada, numa memorável sessão de análise, redigi na mesma noite, sem nenhum obstáculo, a introdução. Passaram-se os dias, revi minhas anotações, ordenei-as... e nada. A fonte parecia ter secado de novo. E foi num estado de grande agitação que numa madrugada de domingo, após ter visto o filme *Sem anestesia*, de A. Wajda, que subitamente me decidi a começar de verdade.

O filme conta a história de um jornalista polonês que, no auge da carreira, vê de repente desabar todos os alicerces de sua vida: a mulher o abandona, uma entrevista que concedeu à televisão é mal recebida, deixa de ter o privilégio de viajar ao exterior e de ler os jornais do Ocidente... Tudo isso é mostrado com grande nervosismo, como é o costume de Wajda, e uma grande emoção se apoderou de mim. Aquele homem, cujo caminho parecia traçado com nitidez, sucumbe a forças sobre as quais não tem o menor controle: a prepotência do Estado, os humores da esposa, uma decisão do diretor de seu jornal, uma ordem do reitor cancelando os cursos que dava no Departamento de Comunicações. Foi graças a uma misteriosa identificação com o personagem, que tocou em mim alguma fibra sensível, que as primeiras páginas deste trabalho viram a luz — a luz mortiça de uma madrugada insone... Mas, aparentemente, pouco havia de comum entre a história do filme e minha própria vida: não sou jornalista, embora escreva artigos ocasionais para a imprensa; não fui proibido de viajar nem de ler e, como não trabalho em nenhuma faculdade, não tenho cursos que possam ser cancelados. O que teria, então, desencadeado o acesso de angústia?

Parece-me que ele se deveu à sensação de *impotência*, do "nada há a fazer", com que esbarra o personagem de Wajda, apesar de todos os seus esforços de contra-arrestar as injustiças de que é vítima. Meu próprio desejo de escrever parecia não poder se realizar, bloqueado por alguma força misteriosa, não obstante dispor da maior parte do material necessário ao primeiro capítulo. Nesse bloqueio, teve uma influência determinante a leitura do ensaio de Hermann Broch sobre Hofmannsthal. Fiquei literalmente fascinado por esse texto. Se, por um lado, a capacidade de sentir entusiasmo me parece muito saudável — pois me inspira compaixão aquele que não se deixa levar pela alegria de descobrir algo inédito e de se maravilhar com isso —, por outro uma dúvida me fez parar um instante: que teria eu a dizer sobre Viena, depois de Broch? Mais valeria colocar uma nota de rodapé: "Para penetrar na atmosfera em que se desenvolveu a psicanálise, estudar detidamente o ensaio de Hermann Broch, 'Hofmannsthal et son temps'". Ponto, parágrafo.

Como o personagem do filme, portanto, eu fora reduzido à impotência por uma série de circunstâncias casuais: ter encontrado numa festa alguém que me falou da obra de Wladimir Granoff, *Filiations*, que poderia ser "muito sugestiva" para um filósofo; ter achado nesse livro uma referência ao número especial de *Critique* (*Vienne, début d'un siècle*), mencionado várias vezes no decorrer do capítulo, número que se encontra infestado de citações de Broch; casualmente, numa livraria à qual vou com frequência, o responsável pela seção de literatura alemã recordava vagamente ter visto no depósito algo com o nome de Broch... e a leitura desse autor me deixou estupefato. Mas, ao mesmo tempo, um imenso desejo de escapar ao destino do jornalista — o qual morre num acidente que deixa suspeitar um suicídio — me fez superar a paralisia em que mergulhara e, retornando do cinema, começar meu próprio texto. Uma reflexão talvez tenha sido decisiva: afinal, Broch não tratava de Freud, mas de Hofmannsthal; e, como o que eu queria era outra coisa, não tinha por que recuar diante de um precedente tão magnífico, já que, justamente, o ensaio em questão não constituía precedente algum.

Isso, porém, não bastou para me fazer reencontrar a tranquilidade. As primeiras seções deste capítulo foram escritas, riscadas, corrigidas e reescritas várias vezes, antes de encontrar sua forma definitiva. A mesma inibição, portanto, me espreitava por trás do ombro e segurava a mão que, célere, desejava correr pelo papel... Foi só depois de terminá-las que, numa outra sessão de análise, emergiu o motivo da perturbação. Com efeito, estas páginas representavam a destruição de um mito pessoal, profundamente arraigado em mim desde a infância: o mito de Viena. Mito que remete à música, que comecei a aprender com minha mãe, e à leitura da vida dos grandes compositores que ali viveram, com os quais me identificava aos oito ou dez anos, ao iniciar os estudos de piano. Naquela época, Viena tomou para mim o aspecto de uma cidade encantada, centro da música e corte de bondosos reis e rainhas, sempre dispostos a ajudar os jovens talentosos com inclinações musicais. O romance familiar que se teceu em torno desses devaneios infantis tinha, porém, uma nota sombria: lembro o entusiasmo com que aplaudi a travessura do jovem Haydn, cujo pai havia pensado lhe assegurar o futuro como cantor "castrato": um belo dia, corta as tranças de um companheiro no coro dos meninos de Santo Estêvão, e assim se faz expulsar da escola... Mozart morto de fome, Beethoven surdo, Salieri louco, Schumann (que não vivia em Viena, mas que diferença faz?) cortando as cartilagens das mãos para, supunha, dar mais agilidade a seus dedos no teclado... O amor pela música e o traço comum com minha mãe se faziam pagar caro, no imaginário infantil: o preço era terrível demais, e talvez a desistência da ideia de me converter em musicista, que afinal se impôs na adolescência, fosse fundada em motivos mais fortes do que uma simples perda de interesse pelo piano.

É contra esse pano de fundo que coloco, pois, as páginas iniciais desta tese. É fácil compreender por que, apesar das imensas insistências a superar, a música ocupa nelas um lugar tão destacado. Há mais, porém. A crítica que nelas faço à música "fácil" atinge não apenas o público conservador de Viena, mas, por intermédio de mim mesmo (que também tenho uma queda pelos temas *orecchiabili*), levanta uma dúvida sobre os gostos musicais de minha mãe. Essa análise de Viena, portanto, esbarra no formidável obstáculo constituído pela certeza de não estar apenas escrevendo uma situação objetiva, mas de ter de abandonar, junto com muitas ilusões perdidas, um pouco da admiração pelas preferências de minha mãe, isto é, ter que reconhecer que existem outros critérios para apreciar o que é a grande música. E, também, precisar admitir minhas diferenças com relação a ela...

Mas outro fator tem de ser levado em consideração. Relendo meu texto, chamou-me a atenção a severidade com que julgo o amor dos vienenses pelo decorativo e pelo visual. Ao deixar correr um pouco as associações, atinei com a solução, que me surpreendeu imensamente: tratava-se, nada mais nada menos, que do segundo mandamento: "Não farás imagem". Digo que isso me surpreendeu porque, em matéria de religião, nada tenho de praticante, e os mandamentos da Lei têm para mim apenas a significação de testemunhos históricos de uma civilização que não é a minha. Uma outra lembrança, recente, veio contudo confirmar minha suspeita. No verão passado, fiz uma viagem à Espanha e visitei Granada. *As narrativas do Alhambra*, de W. Irving, me haviam fascinado quando tinha treze anos; ao encontrar o livro numa loja, decidi comprá-lo, para relê-lo antes da visita. Para mim, era um motivo de prazer me sentir refazendo o caminho do escritor, que, como eu, também partira de Sevilha para chegar a Granada. Ao entrar no palácio, as lendas me vinham à cabeça; pus-me a reler uma delas no parapeito de uma torre, da qual se descortinava um magnífico panorama. Meu companheiro de viagem não pôde reprimir um comentário: "Agora entendo o que é o Povo do Livro!". Somente após alguns instantes foi que entendi o que ele queria dizer e tive de admitir que ele estava certo: o visual não me atraía tanto quanto o desejo de fazer reviver, na fantasia, o que Irving narrava em sua obra.

Foi a evocação dessa lembrança um pouco envergonhada que me permitiu perceber algo novo: minha severidade contra a pompa decorativa de Viena se ancora numa dificuldade pessoal para fruir imagens, que contrasta com o prazer sentido ao ler e ao ouvir música. Dificuldade cujas raízes mergulham fundo na infância e nos temores associados à curiosidade sexual; ver implica o risco de ser visto, enquanto ouvir e fantasiar são atos que podemos praticar despercebidos! Contudo, um dos frutos da análise parece ser uma liberação do direito de olhar: aos poucos, começo a sentir prazer pelo cinema e pelas artes plásticas...

Mas a evocação do segundo mandamento levanta uma problemática mais vasta do que a de meus escassos dons para fruir imagens; com efeito, é a questão do judaísmo que nela se encontra implicada. E, como seria de esperar, ela permeia de ponta a ponta o estudo sobre as relações de Freud com a cultura judaica. Minha família não é praticante, e eu mesmo só vim a me aproximar dessa cultura ao me preparar para o *bar mitzvá*. Meu professor não se distinguia por uma dedicação excepcional, e guardo bem viva a recordação de uma das maiores humilhações de minha vida, relacionada com essa falta de familiaridade: um dia, fui chamado pelo rabino, a fim de passar por uma espécie de exame. Estendeu-me um livro e disse para eu ler. Os caracteres hebraicos ainda eram algo estranhos, mas, ao decifrar as primeiras palavras, percebi que se tratava de uma bênção: seguro de que só existiam duas delas — as que meu professor me ensinara —, continuei de memória, sem prestar atenção ao texto. Não eram, infelizmente, aquelas; enfurecido, o rabino atirou longe o livro e me chamou de qualquer coisa como "ignorante" ou "analfabeto", o que, dada minha paixão pela letra impressa, me feriu profundamente. Passada o *bar mitzvá*, vim a me interessar por tudo aquilo que, de alguma forma, dizia respeito ao judaísmo; aprendi o hebraico a ponto de falá-lo com fluência e, mais tarde, no contexto de uma revolta de adolescente, decidi me aprofundar na cultura judaica.

É uma parte de minha identidade a que assim construí, tanto mais que, nesse terreno, quanto mais avançava, mais me distanciava do parâmetro familiar; o judaísmo como civilização e como história me fascinava, mas jamais cheguei a praticá-lo como religião. A relação com o judaísmo passou sempre, para mim, pela esfera intelectual: vim a conhecer bem a Bíblia e a história judaica; pude mesmo ganhar a vida como especialista nesses temas, de modo que, como professor, conferencista ou autor de ensaios sobre assuntos judaicos, tal conhecimento era um veículo de liberdade e de autoafirmação. Sentia-me fascinado pelo passado histórico dos judeus e por sua extraordinária contribuição à civilização humana, mas também pela pertinácia com que permaneceram fiéis a si mesmos, pela capacidade de adaptação às mais diversas situações sociais e pela inteligência, finura e argúcia com que foram capazes de interpretar seus textos sagrados, a fim de deles extrair orientações para os problemas absolutamente inéditos com que se defrontaram ao longo de sua história multissecular. Senti-me, numa palavra, identificado com o espírito indomável desse povo, e é por isso que associo ao judaísmo a significação da autodeterminação, o que me aproxima das ideias de Freud a esse respeito.

No sonho inaugural, vários desses temas estão presentes, espelhados por exemplo no tema da assinatura no livro que escrevi ou no desejo de ver pronta esta tese, "que se escreveu sozinha". O primeiro desejo do sonho, portanto, é vencer as inibições a que me referi, ter já terminado o trabalho e me ver diante dele, recebendo os cumprimentos pela tarefa realizada. Assim como Freud, no sonho da "Monografia botânica"... Minha identificação com Freud passa sem dúvida pelo desejo de me tornar psicanalista, mas uma série de detalhes a fortificam e lhe dão um sentido ainda mais pessoal. O primeiro deles é sermos ambos judeus e nisso encontrarmos uma fonte de prazer e alegria. Seu amor pelas histórias judaicas, a concessão de uma bolsa em Paris — que acarretou uma mudança decisiva em termos de estudos e de interesses para ele como para mim —, o fato de sermos ambos correspondentes prolíficos e meticulosos, a paixão incoercível pelos livros, são outras correspondências exteriores que me chamam a atenção. E, ao colocar um sonho como *leitmotiv* de meu trabalho e permear uma investigação teórica com elementos autobiográficos, como não perceber que estou refazendo, por minha conta, um caminho já aberto por Freud? É certo que a fantasia de ser como Freud recobre outras, mais primitivas e menos confessáveis, que dizem respeito a meu imaginário secreto, a meu dialeto pessoal; mas, sob o abrigo constituído por ela, alguns elementos das outras puderam surgir e ganhar, para mim, novos sentidos.

Naturalmente, as diferenças ressaltam com nitidez, e de modo algum me julgo um novo Freud, nem deixo de recorrer, ao contrário dele, a um psicanalista para conhecer algo de meu próprio inconsciente. No entanto, meu sonho não só me mostra terapeuta, mas ainda inventor de uma nova técnica, a ser discutida com a equipe. Aqui aparece o segundo desejo do sonho: ver-me já analista. E, se não posso inventar de novo a psicanálise, imprimirei ao menos algumas mudanças no seu *modus operandi*: "contatos corporais" e "interpretações proféticas" de sonhos alheios. Mas o desejo de ser analista não é um desejo infantil; este, como em todo sonho, também está presente, e diz respeito ao contato proibido com alguém proibido. A sombra de Édipo se projeta nesse ponto, e não é por acaso que a elaboração onírica tomou o cuidado de precisar que tais contatos são perfeitamente inocentes. Isto é, não atraem as iras de Freud... nem de meu pai.

A interpretação do sonho me levou, assim, a uma outra raiz de inibição de começar: a de que o produto de meus esforços me conduziria à questão da rivalidade edipiana. Eis aqui como se encadeiam as passagens sobre o "complexo paterno", do qual, claro, voltarei a tratar, tanto na parte que concerne a Freud quanto, mais discretamente, no que concerne a mim mesmo. A importância do complexo paterno na crítica freudiana da cultura é, evidentemente, decisiva. Uma primeira oscilação do "objetivo" ao "subjetivo" não está aqui, portanto, fora de lugar. Para mim, a "cultura" está ligada de modo indissolúvel à imagem paterna e aos conflitos que, como todo menino, me opuseram à sua figura nos anos infantis. Trata-se de um tema que, apesar de explicitamente ligado à escola e à leitura, mergulha suas raízes nas mesmas fantasias que coloriram meu amor — e meu temor — por Viena. E não resta dúvida de que, sendo esta tese destinada a me conferir o grau de doutor, que meu pai obteve há quarenta anos, uma boa parte das inibições experimentadas antes de começá-la está associada à culpabilidade inerente à competição com o pai, de que fala Freud em tantos textos justamente célebres.

É nessa dimensão, e como modo de afastar o espectro da castração, que tendo a compreender um dos aspectos mais curiosos do sonho do hospital: a inversão permanente dos sexos. O paciente que tenho em comum com mme. Breton é figurado por uma mulher; meu analista se esconde atrás do termo *Breton*;

eu assumo um papel feminino para engendrar um filho do rabino-analista; e, no início desta seção, coloquei Freud no papel de Donna Elvira e Viena no de Don Giovanni, assim como fiz minhas as palavras de Zerlina. Bissexualidade ou negação da fronteira que divide os sexos? A admissão da própria feminilidade é coisa penosa, sobretudo se em relação com as vivências e fantasias infantis... Não é preciso ser muito versado em psicanálise para perceber aqui uma maneira de eludir, disfarçadamente, a ameaça de castração paterna: se eu tivesse nascido menina, não precisaria disputar a meu pai as insígnias da masculinidade.

O sonho abre assim as portas para a trama de desejos e angústias inconscientes aos quais o trabalho de escrita deve boa parte de seus temas. As mediações são sem dúvida complexas, algumas delas impublicáveis e outras simplesmente desconhecidas; mas é certo que, sob a égide da sublimação, as páginas que escrevi não são apenas um estudo sobre Viena e sobre Freud: na ótica que seleciona as ideias, na percepção das correlações existentes no tema abordado, no desejo de caracterizar Freud pensando a partir de e contra a atmosfera que o cercava, estão na verdade as pegadas de um trajeto que me é próprio e que vai se organizando com, por meio e por causa das questões teóricas que focalizo. Tanto é verdade que não pude dissimular, desde o início, que a reflexão se ancora tanto nas leituras quanto em minha análise. É verdade também que esse entrelaçamento é uma prova a mais do argumento que desejo sustentar: a psicanálise da cultura é psicanálise *tout court*, e sem levar isso em conta é impossível compreender a concepção freudiana do universo cultural. Mas... não será essa última ideia uma denegação do caráter imperioso de que, para mim, se reveste a necessidade de vincular pensamentos sobre Freud e descobertas sobre mim? E a proposta insólita de pôr isso em evidência não será também uma forma de seduzir o leitor? Talvez... talvez sim... e talvez mais do que isso. Viremos, pois, a página, e sigamos o convite de Don Giovanni:

vedi, non é lontano
partiamo, ben mio, da qui![137]

---

137 "Vê, não é longe: partamos, meu bem, daqui!" (*D. Giovanni*, ato I, cena 9).

2. As três fontes da psicanálise

O primeiro texto publicado em que Freud analisa um "fenômeno cultural", no sentido de uma teoria psicanalítica da cultura, é a passagem da *Interpretação dos sonhos* sobre o *Édipo-Rei* de Sófocles, à qual se segue imediatamente um comentário sobre *Hamlet*.[1] Seria preciso, porém, ignorar por completo o trabalho realizado ao longo de toda a década anterior para imaginar que esse texto constitua o elo inicial das reflexões de Freud sobre a problemática da cultura. Com efeito, o que dissemos no primeiro capítulo mostra que a preocupação freudiana com tais temas tem raízes muito mais profundas, que mergulham em seu universo pessoal e na complexa trama de desejos, aspirações e reminiscências que o unem a seu tempo e à sociedade na qual se insere.

O fato de Freud ser um homem lido e sensível à esfera humanística, porém, não é suficiente para dar conta do surgimento de uma teoria psicanalítica da cultura. É necessário examinar o percurso por ele realizado, que o conduz da neurologia, na qual se distinguira por seus trabalhos anteriores, às concepções que externará ao longo de toda a sua obra psicanalítica. Basta um olhar de relance à lista das *Obras completas* para constatar que os títulos de psicanálise

---

1 *A interpretação dos sonhos*, V, 6: "Sonhos sobre a morte de pessoas queridas", SA II, pp. 265-70; SE IV, pp. 261-6; BN I, pp. 506-9.

"aplicada" se estendem por quatro decênios, demonstrando um interesse permanente por esse gênero de pesquisas. A partir de 1912, a revista *Imago* fornecerá ao movimento psicanalítico um órgão específico para a difusão de trabalhos de "aplicação dos conhecimentos sobre a alma"; é notório o interesse de Freud por essa publicação, para cujo número inaugural escreveu o primeiro ensaio de *Totem e tabu*. Da mesma forma, a polêmica a respeito do exercício da psicanálise por não médicos ("Sobre a questão da análise não médica", de 1926) oferece-lhe a ocasião de reiterar uma posição da qual jamais se afastou: a psicanálise não é um assunto de médicos, mas de psicanalistas, e proibir a não médicos o seu exercício seria limitar singularmente a ampliação de seu corpo de conhecimentos, já que os estudiosos de outras disciplinas seriam os mais indicados para desenvolver o campo da "psicanálise aplicada".

Essa preocupação constante de Freud em não reduzir sua disciplina a uma especialização terapêutica significa que a investigação psicanalítica, movida por sua própria dinâmica, não pode deixar de se estender às manifestações culturais. É preciso repetir que *Totem e tabu* era seu livro preferido?

Um interesse tão insistentemente expresso requer uma explicação. À primeira vista, a mais simples seria a seguinte: a psicanálise, desvendando os processos inconscientes, não teria por que se privar de demonstrar o funcionamento de tais processos em outros domínios da atividade humana. O postulado implícito dessa posição é a unidade do espírito, que seria discernível em qualquer dos seus produtos, em especial naqueles que trazem o selo da imaginação criadora — é o paralelo que se estabelece, já na correspondência com Fliess, entre a formação das fantasias inconscientes e a criação literária. Essa será efetivamente uma das direções que tomará a teoria freudiana da cultura, mas de modo algum a única. Um segundo caminho é aberto pela problemática da repressão: o afastamento de uma representação "intolerável" do fluxo associativo da consciência conduz Freud a se interrogar sobre a origem das concepções morais e sobre sua vinculação privilegiada com a sexualidade. Daqui partem duas vias: em primeiro lugar, a moralidade é um fator claramente social, inculcado por meio da educação; em segundo, o fundamento aparente dos deveres e prescrições morais reside na religião. Desse modo, vem se colocar para Freud o problema da gênese desta última, no duplo registro dos mitos fundadores e dos deveres recíprocos derivados desses mitos e por eles justificados. Ao mesmo tempo, a moral se expressa sobretudo de modo coercitivo, proibindo e castigando, o que não deixa de evocar as autorrecriminações características da neurose obsessiva. Ela será, assim, submetida a um processo de deciframento, para ao final aparecer como uma formação reativa contra os impulsos e desejos infantis. Da sintomatologia das neuroses à origem da moral, da religião e da literatura, o campo da psicanálise "aplicada" se amplia, exigindo então uma concepção antropológica global, necessidade à qual vem responder *Totem e tabu*. Com esse livro, ocorre a passagem da psicologia individual para o domínio das relações sociais propriamente ditas, pois o crime primordial só pode ser perpetrado pelos irmãos "coligados" — eis aí o germe dos estudos mais amplos de Freud, como *Psicologia coletiva e análise do ego* e *O mal-estar na cultura*. Por fim, o último texto da série, *Moisés e o monoteísmo*, tentará desvendar o funcionamento desses mecanismos, não mais no nível do genérico, mas num caso particular, o das relações entre o legislador bíblico e seu povo, que é também o de Freud.

Diante desses dados, podemos ainda manter a distinção usual entre psicanálise pura e aplicada? Tal oposição se assenta num pressuposto falacioso: o de que a psicanálise é uma ciência como as outras, um corpo de conhecimentos coerente e subsistente por si mesmo, passível de "aplicações" em territórios estranhos àquele em que se formam seus conceitos. Ora, o estatuto a conferir à problemática da cultura deriva diretamente da concepção que se adote a respeito da "psicanálise aplicada". "Definição da psicanálise: o termo *psicanálise* se refere a uma teoria da estrutura e do funcionamento da personalidade, à aplicação dessa teoria a outros domínios do saber e em particular a uma técnica terapêutica específica. Esse corpo de doutrinas é baseado nas descobertas psicológicas fundamentais de Sigmund Freud, das quais deriva."[2] Essa definição, que podemos crer autorizada — visto que é a da Associação Internacional de Psicanálise (IPA) — não deixa de ser curiosa. Sigmund Freud, diz-nos a IPA, é o autor de "descobertas psicológicas fundamentais", que constituem o núcleo de um "corpo de doutrinas" e de uma "teoria da estrutura e do funcionamento da personalidade". Tal teoria é passível de várias aplicações, uma das quais é a técnica terapêutica; algumas se situam em "outros domínios do saber". Ou seja: a situação analítica é vista como a *aplicação terapêutica* de uma *teoria da personalidade*, capaz de

---

2 *International Journal of Psychoanalysis*, 1966, vol. 47, p. 105. Citado por Conrad Stein, "Psychanalyse médicale, psychanalyse appliquée", em *La mort d'Œdipe*, Paris, Denoël-Gonthier, 1977, p. 275n.

elucidar igualmente outros *domínios do saber* e fundada sobre descobertas *psicológicas*. Essa posição me parece insustentável por vários motivos. A psicanálise tem pouco em comum com a psicologia acadêmica, cujo postulado implícito é, como se sabe, o da unidade do sujeito, o que escamoteia a dimensão essencial à *metapsicologia* — esse é o nome que Freud dá a suas descobertas —, ou seja, o conflito psíquico. (E o termo "psicologia dinâmica", com o qual a Academia tenta reintegrar a psicanálise como uma de suas "tendências" ou "escolas", revela mais um desejo de recuperação da disciplina freudiana do que o reconhecimento de sua especificidade.) Tampouco me parece adequado fazer intervir a noção de personalidade, com suas conotações empiristas, para designar o que Freud denomina "aparelho psíquico", conceito fundado sobre a noção de instâncias separadas entre si por barreiras dinâmicas, e cujo funcionamento tem por princípio o vencimento de resistências psíquicas e por resultado a deformação constante do sentido nos conteúdos manifestos.[3] A insistência sobre o projeto terapêutico é perniciosa por dois motivos: em primeiro lugar, pela assimilação da análise a um registro médico, combatida por Freud por razões precisas; em segundo, porque a expectativa de "ser curado" dos sintomas que o levam a procurar um psicanalista nasce da ilusão transferencial do analisando, e uma psicanálise consiste, entre outras coisas, na dissolução dessa ilusão transferencial. A atividade psicanalítica se distingue de todo e qualquer projeto médico pela simples razão de que este visa à "restauração da saúde", isto é, à eliminação dos fatores nocivos que desencadeiam uma doença, e o retorno ao *statu quo ante*. Nada mais distante do projeto analítico, em que a associação e a interpretação não podem ser reduzidas a restauração alguma, pois o *statu quo ante* conduziu justo à situação problemática em que se encontra o analisando. Mais profundamente, a comparação entre a psicanálise e a medicina é infundada, porque a interpretação não trabalha com a causalidade no sentido científico do termo: sua eficácia tem outros fundamentos e não pode ser assimilada à descoberta de "causas" psíquicas cuja ação resultaria num procedimento destinado a removê-las, segundo o princípio *cessante causa cessat effectus*. Por fim, a teoria é apresentada nessa definição como um corpo constituído de saber, independente de seu processo de gênese — o que, em

---

[3] Freud recusa a noção de personalidade na carta 40 a Jung (27/8/1907), em *The Freud-Jung letters*, ed. William McGuire, Londres, The Hogarth Press & Routledge & Kegan Paul, 1975, p. 80. Cf. igualmente a carta a Abraham de 21/10/1907, em *Sigmund Freud — Karl Abraham: Correspondance 1907-1939*, Paris, Gallimard, 1969, p. 19.

território freudiano, é uma aberração pura e simples. E é precisamente por isso que a expressão "psicanálise aplicada" deve ser rejeitada.

Com efeito, a referência cultural atua no processo de invenção da teoria psicanalítica como um de seus momentos essenciais. As descobertas de Freud se originam de um percurso extremamente intrincado, no qual podemos distinguir três referências constantes: o discurso dos pacientes, a autoanálise e o recurso à cultura. Longe de ser um espaço de "aplicação" das doutrinas "psicológicas", essa é a dimensão que garante a universalidade — e portanto a objetividade, no sentido altamente preciso que o termo tem em psicanálise — dos processos implícitos no discurso dos pacientes e explícitos no processo autoanalítico. Um exemplo esclarecerá meu argumento. No curso de sua atividade, Freud descobre as fantasias edipianas. A análise de seus sonhos mostra que nele também tais fantasias existem e atuam. Nesse ponto, ocorre a passagem do "patológico" para o "normal": conteúdos idênticos existem no inconsciente dos analisandos e do analista, com a diferença, porém, de que no segundo está presente também o conhecimento quanto à origem e ao modo de vigência de tais conteúdos, enquanto os primeiros sofrem precisamente da ignorância e da culpabilidade a eles associados. De imediato entra em jogo a referência cultural: a peça de Sófocles põe em cena a materialização dessas fantasias e por isso comove profundamente o espectador, que vê realizado o conteúdo inconsciente e de certo modo se reconhece no personagem da tragédia. O recurso à Grécia clássica prova assim a existência de conteúdos semelhantes em outra época e em outro lugar, e sua elaboração no mito e na literatura demonstra o alcance universal da descoberta. Sem entrar aqui nas dificuldades dessa generalização, em que Viena 1900 + Atenas no século V a. C. = universalidade, prefiro insistir no aspecto *essencial* de que se reveste o que denomino "referência cultural", a título de etapa necessária e não apenas de ilustração. O complexo de Édipo não é "ilustrado" pela peça de Sófocles; sua elaboração por Sófocles é um momento decisivo da invenção do conceito por Freud, fornecendo-lhe não apenas um nome para designá-lo, mas um componente absolutamente fundamental de todo conceito, a saber, a universalidade.

Eis por que Freud considera tão importante o estudo psicanalítico das produções culturais. Contudo, um outro aspecto do problema não deixa de chamar a atenção: o fato de que essa passagem pela cultura seja fecunda não em todos os casos, mas quase exclusivamente no de Freud. A maior parte dos trabalhos de "psicanálise aplicada" de outros autores são meros exercícios de estilo, por vezes servindo a propósitos de divulgação e de popularização, sem que neles se exprima uma verdadeira necessidade interior. Essa questão pode ser articulada com outra, para uma elucidação conjunta: a da preponderância esmagadora, na panóplia conceptual da psicanálise, dos termos cunhados por Freud. Por que o trabalho de invenção não foi continuado com a mesma fecundidade pelos sucessores? Dois argumentos especiosos devem ser afastados de imediato: o do "gênio" de Freud e o da "juventude" da psicanálise. É certo que homens da estatura intelectual de Freud não são comuns; mas invocá-la é incidir numa petição de princípio, pois o problema é exatamente saber no que consistia o gênio inventivo de Freud. Quanto à juventude da psicanálise, as oito décadas transcorridas desde a publicação da *Interpretação dos sonhos* anulam a esperança — compreensível nos primeiros anos do século XX — de que o futuro se encarregaria da elucidação dos problemas deixados em suspenso pelo fundador. Uma disciplina três vezes balzaquiana perdeu o direito de atribuir à inexperiência a responsabilidade por suas lacunas.

Parece-me que o núcleo de uma resposta reside na natureza do trabalho intelectual de Freud, que, justamente, nada tinha de "aplicação de um corpo de doutrinas". E isso, não só pela evidência acaciana de que suas investigações colocam ao mesmo tempo os problemas e o horizonte no qual eles se situam, mas sobretudo pela particularidade de que todos os conceitos forjados por Freud provêm da tripla referência à clínica, à autoanálise e à cultura: são estas duas últimas — e de modo particular a intricação da terceira na segunda — que faltam, com frequência, em seus sucessores. Ernest Jones o disse de modo lapidar: "once done, it is done forever". A autoanálise inaugural — aquilo que Freud realizou e que, depois, ninguém mais pôde ser o primeiro a fazer — repousa integralmente sobre os processos psíquicos descobertos nos pacientes e sua ressonância no próprio Freud, elaborada pelo estudo de seus sonhos e pela nomeação que os designa como "mecanismos", fazendo-os surgir como entidades definidas, como novas modalidades do "ser" psíquico, mediante o recurso à referência universalizante da cultura. Outro exemplo: a condensação e o deslocamento são processos essenciais da deformação onírica; Freud os reconhece como tais e inventa seus nomes ao analisar o sonho paradigmático da injeção em Irma; eles reaparecem com extrema nitidez no sonho da "Monografia botânica"; correspondem a mecanismos antes reconhecidos ou instituídos na formação dos sintomas de seus pacientes; mas agem também no processo de gênese dos lapsos de linguagem, das frases de espírito e da produção literária, regiões do fazer verbal que emanam do registro cultural propriamente dito. O eixo da autoanálise aparece assim como fulcro da prodigiosa inventividade de Freud, aliado às duas outras dimensões de um modo extremamente íntimo, cada uma delas reagindo sobre as outras segundo linhas de força determináveis em cada caso.

Vejamos uma menção de Freud a esse respeito:

> Minha autoanálise continua interrompida: mas agora percebo por quê. Só posso analisar a mim mesmo mediante as noções adquiridas objetivamente (como se fosse um estranho); a autoanálise é, em verdade, impossível, pois do contrário não existiria a enfermidade. Como ainda tropeço com enigmas com meus pacientes, isso também deve, forçosamente, retardar minha autoanálise.[4]

À primeira vista, o trecho parece invalidar meu argumento, mas, na verdade, o confirma. Essa carta é escrita em 14 de novembro de 1897, momento em que Freud está no auge do movimento inicial da autoanálise, iniciada em fins de setembro com a derrocada da teoria da sedução. Nesse instante, emergiram as recordações dos três primeiros anos, passados em Freiberg, com os personagens centrais da babá, do irmão morto, do sobrinho John e da sobrinha Pauline. Todo esse material proveio dos dois sonhos de outubro, "Médico caolho" e "Schafskopf", que retomaremos mais adiante. E é na elaboração dessas recordações que se situa a descoberta das zonas erógenas, tema central da carta, atrás do qual será vislumbrado mais tarde o funcionamento do mecanismo central da repressão. Ou seja: Freud só se torna capaz de compreender as referências às zonas erógenas contidas no discurso de seus pacientes quando sua própria autoanálise o conduz à descoberta de recordações semelhantes. Do encontro dessas recordações com o material dos pacientes nasce a elaboração teórica que produz um conceito novo e fundamental. A frase de Freud deve ser entendida em dois sentidos: por um lado, é verdade que a autoanálise só pode prosseguir mediante "noções adquiridas objetivamente", isto é, no contato com os pacientes; mas, inversamente, a escuta adequada do discurso dos pacientes é possível apenas quando, do encontro do material infantil destes com os conceitos produzidos anteriormente por Freud (e que, de novo, surgem da dupla raiz da observação

---

4 Carta 75 a Fliess (14/11/1897), OP, BN III, p. 3591.

clínica e da verificação sobre si mesmo), nascem novos conceitos. A referência à cultura, nesse caso, passará pelo registro da moral, como veremos em breve. Além disso, essa carta se situa entre a análise dos sentimentos de culpabilidade no *Édipo-Rei* e em *Hamlet*, a referência ao *Fausto* de Goethe e a menção a Fliess dos sonhos romanos, feitos em janeiro do mesmo ano. A menos que se concorde, pois, com a suposição de que até outubro de 1897 os pacientes de Freud pertenciam a uma espécie extinta desde então, miraculosamente desprovida de pulsões pré-genitais e substituída em bloco por outra no dia 13 de novembro do mesmo ano, é necessário compreender que Freud só se torna sensível aos conteúdos pré-genitais implícitos no que seus pacientes lhe comunicam a partir do momento em que, em sua autoanálise, encontra o mesmo tipo de material e é capaz de nomeá-lo. Aqui reside a diferença entre Freud e seus pacientes: a capacidade de *dar um nome*, de integrar na esfera do conceito, como um processo psíquico típico e universal, um conteúdo que a outros inspiraria apenas repugnância e seria provavelmente reprimido de novo. Nesse contexto, a passagem pela cultura contribui para diminuir a culpabilidade inerente ao projeto de transgressão dos interditos que é a psicanálise: se os fenômenos observados são passíveis de uma transcrição cultural, é porque se verificam em todos ou pelo menos em outros homens. É por essa razão, igualmente, que os ensaios de Freud a respeito de temas culturais são diferentes dos exercícios de "psicanálise aplicada" de seus sucessores, ou pelo menos da grande maioria deles: nas páginas de Freud, está sempre presente a dimensão autoanalítica, a implicação completa do autor no assunto investigado, como poderemos mostrar, por exemplo, na discussão da "Gradiva" a ser feita na última seção deste capítulo. Para se certificar disso, basta comparar o "Leonardo" de Freud como o "Segantini" de Karl Abraham; além do fato de que os objetos de estudo não têm a mesma estatura como artistas, o trabalho de Freud desvenda seu próprio funcionamento psíquico, sob o pretexto de estudar o fantasma infantil de Leonardo, enquanto o estudo de Abraham se limita a falar de Segantini e nada nos diz sobre seu autor.

É nesse sentido, assim, que será discutida a problemática da cultura no presente trabalho. Dessa posição, segue-se uma consequência lógica: para compreender a originalidade (e talvez também os limites) da teoria freudiana da cultura, torna-se preciso retomar a totalidade da obra, numa perspectiva diferente da que adotei em meu primeiro ensaio sobre Freud. Este visava discernir a articulação dos conceitos e suas redes de significação, a partir de um pressuposto que hoje me parece parcial: o de considerar essencial o aspecto sistemático do pensamento de Freud. Digo "parcial" e não "errôneo" porque efetivamente Freud é um pensador, e, como tal, seus escritos podem ser lidos na clave da teoria, buscando seu processo de constituição em termos estritamente nocionais. Mas o tempo faz seu trabalho; uma maior familiaridade com a psicanálise e meu próprio engajamento no processo analítico vieram me mostrar que a primeira perspectiva deve ser completada por outra, que leve em conta o fato de que o processo de constituição dos conceitos freudianos não é apenas filosófico, e sim propriamente psicanalítico, expressão pela qual entendo o seguinte: um modo de elaboração da teoria no qual a dimensão clínica entra em ressonância com a dimensão autoanalítica e se sustenta por uma constante referência à dimensão cultural, cada uma dessas dimensões formando o ponto de partida ou momentos determinados do processo que engendra os conceitos. Numa paráfrase de Freud, para quem um processo psicológico só estaria plenamente elucidado se pudesse ser referido aos três pontos de vista metapsicológicos — tópico, dinâmico e econômico —, poder-se-ia dizer que um conceito psicanalítico só se elucida plenamente se puder ser referido às três dimensões, clínica, autoanalítica e cultural. Mas não seria correto prosseguir a analogia e dizer que aqui estaria a explicação "metapsicanalítica" do conceito, pois a psicanálise, longe de ser uma teoria passível de "aplicações" terapêuticas ou a "outros campos do saber", é esse processo mesmo, pelo qual o encontro entre um paciente e um analista, nas condições precisas da situação analítica, permite a um como a outro a elucidação do sentido de seus processos psíquicos — elucidação relançada a cada associação e a cada interpretação, num movimento banhado de parte a parte pelas determinações culturais dos dois parceiros.

Essa concepção ratifica meu ponto de vista quanto à impossibilidade de se diferenciarem uma psicanálise "pura" e uma psicanálise "aplicada"; como é a mesma concepção que sustenta a decisão de fazer o longo e trabalhoso percurso pelos textos; como, de maneira silenciosa, mas surdamente eficaz, ampara a realização simultânea de uma tese e de uma análise, uma sendo parte integrante da outra e de certa forma constituindo a elaboração teórica de seus mecanismos e de seus resultados. Que, para fazer isso, seja necessário passar reiteradamente por Freud, é algo que me deixa ao mesmo tempo perplexo e satisfeito: perplexo porque o afã de compreender parece exigir que eu assimile o processo de constituição da psicanálise por Freud e em Freud; satisfeito porque, à minha própria maneira, reproduzo o percurso inaugural do fundador, no duplo sentido de reconstituir seus passos e de reinventar, na reflexão teórica unida indissoluvelmente à experiência pessoal, os conceitos com que trabalho e que nasceram com ele. Onde, então, a terceira dimensão a que me refiro? Mas, é óbvio, no texto de Freud, que, uma vez produzido, figura doravante um monumento da nossa cultura, cuja apropriação como exemplo e instrumento é o primeiro degrau de uma tarefa infinita. A imagem do tecelão vem inevitavelmente ao espírito para representar esse trabalho, em que do texto partem fios que se unem aos da análise e aos da formação filosófica, desenhando em seu trajeto uma experiência multívoca e necessariamente interminável. Como diz a citação de Goethe introduzida como ilustração do "Trabalho do sonho":

Ein Tritt tausend Fäden regt,
Die Schifflein herüber, hinüber schiessen;
Die Fäden ungesehen fliessen,
Ein Schlag tausend Verbindungen schlägt.[5]

É tempo, agora, de retornar aos textos e verificar como as referências culturais se articulam nos primeiros trabalhos de Freud.

1. DA NEUROLOGIA À PSICANÁLISE

Para a psicanálise vale uma observação geral: a data de nascimento é mais fácil de determinar do que a data de concepção. Segundo o critério adotado — o dos pais ou o do registro civil —, a psicanálise *nasceu* por volta de 1896, quando o termo aparece pela primeira vez, no artigo sobre "L'hérédité et l'étiologie des névroses", ou no segundo semestre de 1895, quando Freud, tendo aprendido a interpretar seus próprios sonhos, formula a primeira versão de uma "psicologia normal" — no "Projeto de uma psicologia para neurólogos" — e uma hipótese basilar na esfera clínica, a teoria do engendramento das neuroses por meio da sedução precoce por um adulto. A família, por sua vez, prefere ver na primeira

---

5 Goethe, *Fausto*, I, 4: "Um passo faz moverem-se mil fios,/ As lançadeiras vão e vêm;/ Os fios correm invisíveis/ Cada movimento cria mil laços".

apresentação pública do recém-nascido, já banhado, forte e sorridente, o momento inaugural da sua vinda ao mundo — mundo público, subentende--se —, e data da *Traumdeutung* o feliz evento. A concepção, porém, é assunto delicado, como bem sabem os astrólogos, que estabelecem os horóscopos em função da carta das constelações no momento mágico em que as substâncias masculinas e femininas se reúnem para formar o novo ser. Objeto de cálculos complexos e de inferências mais ou menos bem fundadas, a concepção envolve no entanto uma certeza: são precisos dois para que ela se produza e um tempo de desenvolvimento do feto no corpo da mãe.

O "tempo de desenvolvimento", no caso do bebê psicanalítico, se situa entre 1892 e 1895. Antes disso, a prática neurológica de Freud o havia alertado para o fato de que a maior parte dos doentes "nervosos" não apresentavam lesão alguma do sistema "nervoso", mas dificuldades propriamente psíquicas. É por essa razão que, abandonando a eletroterapia e as curas de águas, concentra seus esforços no hipnotismo e em sua variante, o método catártico de Breuer. Dispomos de duas observações realizadas dessa maneira: o caso de *Frau* Emmy von N., de maio de 1889, relatado nos "Estudos sobre a histeria", e o tratamento por hipnose dispensado por ocasião de um parto em 1890, o qual abordaremos a seguir. Mas é a partir de 1892 — mais precisamente, com o caso Elizabeth von R. — que o embrião da psicanálise começa a tomar forma, com a descoberta da etiologia sexual e o método da "concentração", que dispensa o recurso à hipnose.

Dois são necessários para a concepção, e um deles tem de ocupar a posição feminina. A amizade com Wilhelm Fliess talvez seja o aspecto da vida de Freud, nos anos iniciais da década de 1890, que mais relevo possua para o engendramento da psicanálise, tanto é verdade que, em boa lógica e em sã moral, um noivado prolongado preceda a noite de núpcias. E, por escandaloso que pareça, Freud vai ocupar nessa amizade a posição feminina, única, aliás, compatível com o processo de gestação. Quem, então, o pai da criança? Pergunta delicada entre todas, porque Fliess não sabia muito bem o que iria surgir de sua participação, o que nos deixa em dúvida: partenogênese, cissiparidade ou imaculada concepção?

Fliess é, como Freud, um jovem e ambicioso médico judeu; especialista em otorrinolaringologia, seus conhecimentos no terreno biológico e das humanidades em geral são sólidos e profundos. Apresentado a Freud por Breuer, em 1887, os dois iniciam uma correspondência a princípio formal e centrada em questões puramente profissionais, que se estende por cinco anos, até tomar em

1892 um impulso decisivo. Cinco anos, como dirá um sonho de Freud ("1851 ou 1856"), é um lapso de tempo irrelevante; cinco anos — ou quatro — de noivado com Martha, cinco anos — ou quatro — entre a interpretação inaugural do sonho de Irma e a publicação da *Traumdeutung*, cinco anos de psicanálise de E., o paciente masculino número um, com quem Freud se identifica repetidas vezes e cujo tratamento se prolonga por todo o período da autoanálise. Cinco anos de prática hipnótico-catártica e de produção intelectual voltada para a neurologia, até que uma de suas "geniais histéricas" lhe revele a natureza sexual das neuroses e o force a abandonar a hipnose.

É nesse momento que a relação com Fliess começa a se estreitar, do que é signo a passagem do *"Sie"* ao *"Du"*. Porque Fliess, ao contrário de Breuer, não recua diante do mistério do sexo, dispondo-se ao contrário a colaborar com Freud na nova senda que este decide palmilhar; suas próprias investigações o conduziram ao mesmo domínio, pois havia isolado uma entidade clínica que supunha consistente: a "neurose reflexa de origem nasal". Segundo Fliess, as diferentes partes do nariz corresponderiam a superfícies de projeção de certos órgãos, em particular dos genitais femininos, de modo que, ao cocainizar ou cauterizar as regiões correspondentes do nariz, determinados sintomas desapareceriam nos órgãos em questão. A relação suposta entre o nariz e os genitais femininos, em especial no que tange à clínica das dismenorreias, o põe na pista de uma grande ideia: a do decurso cíclico da vida, ritmado por períodos "femininos" de 28 dias e por outros, "masculinos", de 23 dias. As combinações desses períodos seriam responsáveis pelos acontecimentos da vida, no plano somático e no psíquico. Uma das aplicações possíveis dessa doutrina seria a determinação dos momentos do ciclo menstrual em que a probabilidade de fecundação fosse mínima — ou, como diz Freud em suas cartas, a "solução do problema da concepção" —, tema pelo qual Freud tem todo o interesse, no quadro de suas investigações a respeito da sociologia das neuroses. Os dois amigos têm assim um segredo, o segredo do sexo, e cada um o aborda por um lado diferente, motivo pelo qual circula pela correspondência a fantasia de uma obra conjunta; Freud espera de Fliess a fundamentação biológica de suas descobertas clínicas e se extasia diante das especulações do colega, comentando-as em termos entusiásticos. Fliess será seu guia, seu mentor, seu farol em meio às brumas, seu único público, aquele para quem são anotadas todas as hipóteses, o censor atento e benevolente dos primeiros escritos; enfim, ele funcionará, sem o saber nem o desejar, como polo transferencial durante a autoanálise de Freud. As cartas estão repletas de alusões a encontros dos quais Freud espera tudo, e que, efetivamente, têm durante vários anos o poder de suprimir suas depressões e de relançar sua reflexão teórica.

Em 1892, tais elementos estão ainda em germe. Mas Freud está a caminho de sua descoberta, e seu primeiro passo importante será consignado num curto artigo dessa época, "Um caso de cura hipnótica", em que pela primeira vez é exposta a teoria de uma "contravontade". Trata-se de uma parturiente que, apesar do desejo de alimentar seu bebê, era presa de violentos acessos de vômito no momento da mamada, bem como na hora das refeições. Freud obteve a cura desses sintomas por um processo curioso: ordenou à paciente que, cinco minutos após sua partida, acusasse violentamente seus familiares de quererem matá-la de fome, de não lhe darem de comer etc. Um ano depois, os mesmos fatos se reproduziram por ocasião de um segundo parto, e Freud obteve idênticos resultados pelo mesmo procedimento. Dois elementos tornam esse relato interessante para compreender a evolução do pensamento freudiano: em primeiro lugar, o mecanismo da contravontade (*Gegenwille*) não foi diretamente observado, mas "adivinhado" por Freud; em segundo, uma notação marginal mostra que ele havia começado a suspeitar o valor da relação estabelecida entre o paciente e o terapeuta: "Longe de ser recebido como o salvador esperado, eu fui aparentemente aceito de má vontade" (*widerwillig*).[6] Conrad Stein observa que essa notação encerra a lista dos sintomas da paciente, tendo o médico sido acolhido com a mesma repugnância (*Widerwille*) que caracterizava a atitude dela em relação à alimentação (*Gegenwille*). O mecanismo descrito é, em suma, o da "intensificação das representações contrastantes": dado o enlace entre determinadas representações, como os propósitos e as expectativas, e uma certa soma de afeto, a representação da possibilidade de falhar, associada a um afeto penoso, pode vir a se substituir à do ato em questão. Em geral, essas "representações contrastantes penosas" são simplesmente afastadas da consciência; mas, no caso da histeria, elas são intensificadas e "objetivadas" sob a forma de uma inervação somática — por exemplo como um tique nervoso, para cujo controle a vontade se revela impotente. "A representação contrastante constitui, assim, uma espécie

---

6 "Um caso de cura hipnótica", GW 1, p. 6; SE I, p. 119; BN I, p. 23. As três citações subsequentes provêm do mesmo artigo. Cf. o trabalho de Conrad Stein, "Le premier écrit psychologique de Freud", *Études Freudiennes*, n. 15/16, Paris, Denoël, 1979, pp. 103-19, no qual figura a referência aos prefixos *wider* e *gegen*.

de *vontade contrária*, e o enfermo se apercebe com assombro de que toda a sua vontade positiva (*sic*) permanece ineficaz. Existe aqui uma *perversão da vontade* [...] e a histérica mostra espanto e indignação diante da dualidade, incompreensível para ela." Ora, não deixa de ser curioso que, ao discutir o caso dessa paciente, Freud evoque os tiques convulsivos de *Frau* Emmy von N., e associe de imediato um parágrafo sobre a coprolalia, ou seja, a compulsão de dizer palavras grosseiras, cujo mecanismo seria igualmente o da contravontade. Partindo das sugestões de C. Stein, não é difícil reconhecer em que consistiu a "adivinhação" de Freud: a paciente se recusava a ingerir alimentos por ver neles o equivalente de excrementos. E como Freud chegou a essa conclusão? "As palavras grosseiras são segredos que todos conhe*cemos*, e cujo conhecimento procura*mos* ocultar-*nos* uns aos outros" (grifos meus). Ou seja: o mecanismo da contravontade foi adivinhado por meio de uma referência ao próprio Freud, implicando algo que ele conhecia e do qual tivera experiência própria. A implicação do terapeuta no discurso da paciente, já notada na forma hostil como este fora recebido, continua no que prefigura a interpretação analítica: a recordação esquecida foi inferida e formulada "com palavras por ele inventadas", como diz C. Stein em seu artigo. Além disso, ao discutir o mecanismo da contravontade, Freud é levado a aproximá-lo de um dado histórico: "Não é um fato casual que os delírios histéricos das monjas, nas epidemias da Idade Média, consistissem em graves blasfêmias e num desenfreado erotismo, tampouco que precisamente as crianças mais bem-educadas e mais formais sejam as que, em seus ataques histéricos, se mostrem mais grosseiras, insolentes e manhosas". A referência cultural que apontei antes começa, pois, a funcionar simultaneamente à da interpretação, pois é bem de uma interpretação em germe de que se trata aqui. As "graves blasfêmias" são a contrapartida, em regime de ataque histérico, dos tiques de *Frau* Emmy von N., e a evocação do caráter grosseiro de seu conteúdo se associa à dimensão pessoal para universalizar o raciocínio e extrair, dos sintomas da paciente, um mecanismo psíquico geral. Mas Freud não tem ainda condições de ir além no caminho que se anuncia: a *Standard edition* tem razão em atribuir a esse texto o qualificativo de "primeiro escrito *psicológico*" de Freud. A hora e a vez da psicanálise ainda não despontaram no horizonte.

A contravontade tem por efeito isolar a "representação contrastante penosa" do fluxo associativo da consciência. Em seu artigo de julho de 1893, "Quelques considérations pour une étude comparative des paralysies motrices hystériques et organiques", Freud dá um exemplo da operação desse mecanismo. A imagem do braço, diz ele, deixa de ser acessível para fins associativos, sem que seu substrato material — a região do córtex cerebral correspondente aos movimentos do braço — tenha sofrido lesão alguma. Isso se deve a que a representação do braço entrou em conexão com outros conteúdos, que Freud considera dotados de grande valor afetivo, de modo que, para o jogo das demais associações, ela será inutilizável. Ora, para ilustrar o mecanismo em questão, o que vem à pluma de Freud são três exemplos tomados da vida social:

> É conhecida a história cômica do súdito entusiasta que jurou não mais lavar a mão que seu soberano se dignara a apertar. A relação da mão com a ideia do rei parece tão importante para o indivíduo, que o mesmo se recusa a fazê-la entrar em outras relações. Nós obedecemos ao mesmo impulso quando quebramos o copo utilizado para brindar à saúde dos noivos. Da mesma forma, as antigas tribos selvagens, que, junto com o cadáver do chefe, queimavam suas armas, seu cavalo e até suas mulheres, obedeciam a essa ideia de que ninguém deveria tocá-los depois dele.[7]

É difícil não evocar, conhecendo o rumo que tomarão as pesquisas do autor dessas linhas, as obras que parecem fluir diretamente delas: *A frase de espírito*, a *Psicopatologia da vida cotidiana* e *Totem e tabu*. No entanto, muita água correrá sob as pontes do Danúbio antes que elas vejam a luz; de momento, cabe ressaltar dois outros aspectos. Primeiro, os exemplos são tomados da esfera "normal", embora se deva reconhecer que se referem a momentos especialmente significativos: o contato direto com o poder, a sanção social da sexualidade, a culpabilidade dos sobreviventes diante da morte. O que é mais importante, porém, é que a referência cultural aparece tomada de um outro campo do que denomino aqui "cultura", e que a instância das páginas anteriores sobre o registro da imaginação pode ter feito parecer pouco relevante: o tecido das relações sociais, que Castoriadis designa com a expressão muito adequada de *social-histórico*. O social-histórico compõe, com o domínio da fantasia especificado na literatura, no mito e na arte, o horizonte cultural que Freud integrará sem cessar na elaboração da teoria psicanalítica. Aqui ele surge, ainda sem outra função

---

[7] "Estudo comparativo das paralisias motoras histéricas e orgânicas", GW I, p. 52; SE I, p. 170; BN I, p. 20.

que a de exemplo, para ilustrar a concepção dinâmica que começa a se formular, pela via da "dissociação psíquica" e do "segundo estado de consciência".

Do ponto de vista técnico, tal concepção conduz a se formular a pergunta sobre a maneira pela qual a "representação penosa" poderia ter sido tão radicalmente afastada do fluxo associativo da consciência; da resposta a essa questão dependia, com efeito, o procedimento a empregar para descobri-la e reintegrá-la à consciência. Breuer supunha que a representação teria sido produzida durante um estado "hipnoide", o que justificaria o emprego do método catártico, sob hipnose, a partir do adágio *similia similibus curantur*. Freud, por sua vez, tendia a atribuir a um conflito psíquico o afastamento da representação contrastante, ou, como começa então a denominá-la, "incompatível". Incompatível com o quê? Com os demais conteúdos psíquicos da consciência, como é dito na "Comunicação preliminar". Ora, a incompatibilidade de uma ideia com as demais representações do indivíduo pressupõe a existência de um critério para julgá-la como tal — critério que envolve necessariamente algum tipo de avaliação, associada a sentimentos relativos ao bom e ao mau, ao justo e ao injusto, ao lícito e ao ilícito; numa palavra, um critério *moral*. A primeira irrupção da cultura na problemática freudiana se dá precisamente pela questão da moral, e isso pela simples razão de que as "representações penosas" se referem a conteúdos reprováveis, entre os quais começa a despontar a região do arquiproibido, a sexualidade.

É bastante possível que tenha sido Elizabeth von R. a primeira a lhe revelar o que será denominado de "etiologia sexual das neuroses". Com efeito, o tratamento começou no outono de 1892, e em dezembro Freud envia a Fliess o Manuscrito A, em que a hipótese é formulada para dois grupos de afecções, as neurastenias e a histeria, embora operando de modo diferente em cada uma delas. Como a "Comunicação preliminar", publicada em janeiro de 1893, não faz menção alguma da sexualidade, cabe inferir duas consequências: em primeiro lugar, Freud, que já empregava o método de concentração com duas pacientes — Elizabeth e *miss* Lucie —, encontra-se na curiosa posição de proclamar os méritos de uma técnica que estava a ponto de abandonar; além disso, sua atividade de teorização caminhava mais depressa do que os textos publicados deixam supor; e é nesse fato que reside todo o interesse da correspondência com Fliess. Por fim, é evidente que a existência desse interlocutor privilegiado favorece o processo de elaboração teórica, não apenas por Freud se sentir motivado a refletir para estar em condições de expor a seu amigo resultados sugestivos, mas, num nível mais profundo, porque o interesse de Fliess pela sexualidade contribui para desculpabilizar Freud por entrar em terreno tão minado, de modo que entre as pacientes, o terapeuta e o leitor se estabelece um circuito carregado com altas tensões, pelo qual o discurso circula, e se estabelece assim a dimensão conceptual. A teoria surge então como um modo particular de defesa, mas de uma defesa diferente da repressão, pois trabalha com o próprio material sobre o qual esta se desencadeia: seu trabalho é, paulatinamente, o de *aliviar o peso da repressão*, e nisso reside, talvez, um dos critérios para designar como *psicanalítica* uma teoria.

Em todo caso, a técnica de concentração põe à luz um conflito muito determinado — a paciente adoecera por reação à emergência de uma representação erótica, vinculada a seu desejo de ocupar o lugar deixado vago no leito do cunhado pela morte de sua irmã. A representação "incompatível" precisava assim sua face, até então misteriosa: era uma ideia vinculada à esfera da sexualidade e condenada ao ostracismo psíquico por entrar em conflito com os padrões morais da jovem. Freud é explícito:

> Ante meus olhos, tomavam agora corpo, com toda a nitidez, as ideias de "defesa" contra uma representação intolerável, da gênese dos sintomas histéricos por conversão da excitação psíquica em fenômenos somáticos, e da formação de um grupo psíquico separado pela mesma volição que impõe a defesa. Isso era, exatamente, o que havia acontecido nesse caso. A jovem havia desenvolvido por seu cunhado uma terna inclinação, contra cujo acesso à consciência se rebelava agora todo o seu ser *moral*.

Freud nota em seguida que a revelação desse fator reprimido mergulhou Elizabeth numa profunda depressão, apesar de seus esforços para explicar a ela que "ninguém é responsável por seus sentimentos, e que [...] a enfermidade contraída sob o peso de tais circunstâncias constituía um alto testemunho de sua moralidade".[8] Os sintomas histéricos são assim uma expiação do desejo "imoral", o que prova ao mesmo tempo a força das representações morais no espírito da pessoa em questão.

---

8 "Estudos sobre a histeria", GW I, pp. 222-4; SE II, pp. 157-8; BN I, pp. 121-2. A *Studienausgabe* traz apenas o capítulo sobre a terapia, omitindo os relatos de casos escritos por Freud e as partes assinadas por Josef Breuer.

Os dois outros casos dos "Estudos" foram elucidados a partir da mesma hipótese. O de *miss* Lucie, relativamente leve, se explicava pela repressão da representação segundo a qual seu patrão a amava, o que leva Freud a escrever:

> Desse modo, o mecanismo que engendra a histeria consiste, por um lado, num *ato de vacilação moral*, e por outro num dispositivo protetor posto à disposição do ego. [...]. O verdadeiro momento traumático é aquele em que a contradição chega ao ego e este decide o afastamento da representação contraditória, que não por isso é destruída, mas sim impulsionada para o inconsciente. [...] Fica assim estabelecido um nódulo ou núcleo de cristalização [...], ao redor do qual se reúne depois tudo aquilo cuja aceitação pressuporia a aceitação da representação incompatível.[9]

Freud considera, nesse momento, que a repressão da representação incompatível é voluntária, ou, pelo menos, iniciada por um ato da vontade, o que legitima a referência à moral, isto é, aos princípios pelos quais uma vontade pode ser determinada. Mas o risco de kantismo é afastado desde o início, uma vez que Freud dispõe da noção de contravontade. Esta não é um avatar dos "desejos inferiores" da *Crítica da razão prática*, mas uma vontade demoníaca e rebelde às prescrições morais, da qual o próprio sujeito nada sabe. Contudo, o enigma permanece, e de início Freud se atém a essa psicologia das faculdades, implícita no recurso à moral como fator heurístico. A heterogeneidade desse fator diante de seu tipo peculiar de teorização, porém, não tardará a se revelar, e Freud irá abandoná-lo para se lançar à constituição de uma psicologia mais adequada à sua noção basilar — o conflito psíquico.

A questão da "degeneração", que para Pierre Janet constituía a pedra de toque da explicação da histeria, fornece um primeiro exemplo dessa crítica da psicologia acadêmica. A degeneração pode ser entendida em dois sentidos: como degeneração *orgânica* e como degeneração *moral*, esta sendo eventualmente concebida como efeito daquela. Ora, Freud se opõe tanto a uma como a outra dessas acepções. Para ele, a histeria nada tem a ver com a degeneração, e a passagem em que manifesta seu parecer não é desprovida de interesse para meu argumento. O penúltimo parágrafo da história de *Frau* Emmy von N. afirma:

---

9 "Estudos", cit., GW I, p. 182; SE II, p. 123; BN I, p. 100.

Se o caso de Cecília M. nos havia demonstrado a compatibilidade da histeria mais grave com amplos e originalíssimos dotes intelectuais — *fato que, além disso, é evidente nas biografias das mulheres famosas da história ou da literatura* —, o de Emmy von N. nos proporcionou um exemplo de que a histeria não exclui um impecável desenvolvimento do caráter e uma plena consciência no governo e na orientação da própria vida [...]. Devemos, portanto, diferenciar entre si, com todo o cuidado, os conceitos de "disposição" e de "degeneração", se não quisermos nos ver obrigados *a reconhecer que a Humanidade deve grande parte de suas conquistas aos esforços de indivíduos "degenerados"*.[10]

Eis aí mais uma prova da presença do referencial cultural no próprio processo do raciocínio freudiano. Freud nos diz que: 1) as mulheres famosas da história e as personagens femininas da literatura são, em geral, histéricas; 2) que, sendo a histeria compatível com um intelecto criador e com uma moralidade impecável, os grandes espíritos de cujas conquistas se beneficia a humanidade eram provavelmente histéricos. Pasmem! Reconhecemos aqui um dos mecanismos mais frequentes da argumentação de Freud: o recurso ao patrimônio cultural para assegurar a passagem do singular ao universal. *Stricto sensu*, a primeira frase do trecho citado prova apenas que, *no caso de Cecília M.*, os dotes intelectuais podem conviver com manifestações histéricas graves; é a introdução das mulheres famosas que opera a universalização da prova e estabelece a lei segundo a qual, na frase seguinte, a histeria *exclui* um caráter moralmente degenerado — o sintoma sendo uma punição à emergência da representação imoral. A frase final pode então ampliar o argumento ao sexo masculino e à humanidade, indo quase explicitamente atribuir aos inventores, descobridores e artistas traços mais ou menos histéricos.[11] Da histeria à normalidade e desta ao gênio criativo, a consequência vale, o que

---

10 "Estudos", cit., GW I, pp. 161-2; SE II, pp. 103-4; BN I, p. 88. Grifos meus.
11 Uma hipótese interessante é sugerida por alguns dados biográficos. As histórias clínicas foram redigidas durante o primeiro semestre de 1894 (carta 16 a Fliess, 7/2/1894), momento no qual Freud passou por um problema cardíaco relativamente grave, que deu origem a um estado depressivo com ideias de morte precoce (carta 17 a Fliess, 19/2/1894). As flutuações de seu humor eram consideradas por Freud uma forma leve de neurose, o que confessa a Fliess no início de sua autoanálise. Por fim, a carta 18 a Fliess (21/5/1894) anuncia que "tenho a clara impressão de ter tocado um dos grandes mistérios da natureza". Aproximando dessas frases a passagem sobre as grandes conquistas da humanidade, entre as quais Freud esperava incluir alguma que levasse seu nome, seria demasiado ler nele uma referência velada a seu próprio autor? Se for assim, a dimensão da implicação pessoal, a que aludirá um parágrafo do capítulo V a ser mencionado oportunamente, poderia ser considerada operante desde esse momento, preparando a aventura da autoanálise.

implica ultrapassar a perspectiva puramente clínica, para tomar em consideração problemas que se inscrevem na psicologia *lato sensu*.

A investigação da sexualidade vai, a partir daí, se desenvolver em duas direções paralelas. A primeira, como acabamos de indicar, segue a pista do conflito psíquico subjacente à histeria, rumo à questão da moralidade e de sua eficácia como fator repressivo. A segunda direção parte do que Freud denomina "neuroses atuais", em cuja constituição o conflito psíquico não desempenha papel algum, ocorrendo a produção de sintomas por um excesso de tensão sexual propriamente somática, ligado à insatisfação de um ou de outro parceiro após a cópula. Procurando estabelecer que condições são favoráveis ao aparecimento dessas entidades clínicas — portanto numa perspectiva de início desvinculada da esfera propriamente cultural —, Freud é levado a se interessar por fatores que cabe designar como *sociológicos*, como por exemplo a idade, a condição social e a origem geográfica dos pacientes. Assim, a angústia das viúvas é provocada pela abstinência, mas segundo mecanismos diferentes dos que atuam em pessoas virgens, e assim sucessivamente. As primeiras notações desse gênero se referem à diferença de atitude diante dos preceitos morais em classes sociais diferentes. Comentando o tratamento-relâmpago de Catarina, camponesa que encontrara em maio de 1894, Freud escreve: "Devo agradecer à jovem a facilidade com que se deixou interrogar sobre questões tão escabrosas, conduta oposta à observada pelas honestas damas de minha prática citadina, para as quais *omnia naturalia turpia sunt*".[12] Da mesma forma, estudando as correlações entre a masturbação e a neurastenia masculina, é levado a observar que "pelo menos nas populações urbanas, é possível comprovar regularmente, no círculo das próprias relações, que os homens precocemente seduzidos por uma mulher costumam escapar à neurastenia".[13] Oposição, portanto, entre a cidade e o campo, entre a burguesia e os trabalhadores rurais; mas oposição puramente descritiva, que não aborda a questão do conflito social, o que conduziria muito além da perspectiva clínica em que Freud, naquele momento, formula suas indagações.

O que interessa nesse começo de 1893 são as práticas anticoncepcionais correntes entre a burguesia vienense, em especial o *coitus interruptus* e o *coitus reservatus* (com preservativo), que ela designa, pudicamente, por seus nomes

---

12 "Estudos", cit., GW I, p. 163; SE II, p. 132; BN I, p. 106.
13 Manuscrito B (8/2/1893), OP, BN III, p. 3479.

latinos. A inexistência de métodos anticoncepcionais anódinos abre dois ramos de uma alternativa que a Freud se afigura terrível: ou bem concepções ininterruptas, que contrariam os interesses econômicos burgueses, ou bem práticas que, sem exceção, engendram consequências perniciosas — masturbação geradora de neurastenia, coitos parciais conduzindo a sequelas físicas (neurose de angústia) ou psíquicas (histerias), ou frequentação de prostitutas, com riscos sérios de infecção venérea. O flagelo da sífilis, com seu cortejo de consequências aterradoras — entre as quais a paralisia geral e a morte —, ocupa um lugar de destaque nas preocupações do neurólogo Freud, assim como nos pensamentos latentes de seus sonhos (por exemplo, "Goethe ataca M."). É esse conjunto de dados que permite compreender a posição de Freud quanto ao que deveriam ser os costumes sexuais, que o coloca em completa oposição à moralidade vigente na época, e que vimos Stefan Zweig evocar no capítulo "Eros matutinus" de sua autobiografia. Um exemplo dessa posição de Freud:

> A única alternativa seria a possibilidade de relações sexuais espontâneas entre rapazes e moças livres, mas só se poderia recorrer a essa solução contando com métodos concepcionais inócuos. [...] Na falta de tal solução, a sociedade parece condenada a ser vítima de neuroses incuráveis, que reduzirão ao mínimo a fruição da vida, destruirão as relações matrimoniais e arruinarão hereditariamente toda a próxima geração. As classes inferiores da sociedade nada sabem do malthusianismo, mas já se encontram precipitadas pelas mesmas vias, e oportunamente serão vítimas de idêntico destino.[14]

O caráter descritivo da abordagem freudiana é evidente nessa passagem, em que o proletariado é mencionado para logo em seguida ser reabsorvido na "sociedade", tomada como um universal abstrato. O trânsito do fisiológico ao social é imediato, sem passar pela dimensão do psíquico, o que se explica pela

---

14 Ibidem, pp. 3481-2. É interessante notar que Freud não falava no vazio; os movimentos juvenis surgidos na Alemanha no final do século XIX haviam contribuído para aproximar jovens dos dois sexos. Esses movimentos, como a *Jugendbewegung* e os *Wandervögel*, vieram substituir as *Burschenschaften*, associações estudantis exclusivamente masculinas, cujo papel político durante o século XIX não pode ser subestimado. Uma extraordinária descrição da atmosfera das *Burschenschaften* é oferecida pelos capítulos sobre a universidade de Halle no romance *Dr. Faustus*, de Thomas Mann. Cf. igualmente o texto de Stefan Zweig citado na nota 29 do capítulo 1.

própria noção das "neuroses atuais" — em que a angústia é efeito da transformação direta da tensão sexual, sem elaboração mental — e explica a ausência da moral, que é percebida ainda como algo *distribuído* desigualmente pelos diferentes segmentos da escala social, mas cuja *eficácia* só pode ser invocada na gênese das psiconeuroses, nas quais entra em conflito com uma representação da esfera erótica ressentida por isso como intolerável. O laço entre a moralidade e a sexualidade é assim extrínseco, nesse primeiro momento, o que levanta a questão de saber por que a esfera sexual é o alvo privilegiado da exclusão — questão que não cessará de preocupar Freud nos anos seguintes e que conduzirá a repor o problema da moral em termos completamente diferentes.

A correspondência com Fliess espelha o rumo que tomam as investigações de Freud dessa época e acentua a complementaridade de seus interesses. Mesmo sem tomar em conta a idealização da figura de Fliess, é plausível supor que os estudos deste pudessem contribuir para a profilaxia das neuroses atuais, caso os cálculos periódicos se demonstrassem eficazes para prever, com grau aproximado de certeza, as datas prováveis da concepção. O Manuscrito C, de maio ou junho de 1893, contém uma entusiástica apreciação do trabalho de Fliess sobre a "neurose reflexa", concluindo com uma injunção épica: "Go where glory waits thee" (*sic*). A carta 13, de 10 de julho de 1893, mostra claramente o que Freud deseja de seu amigo berlinense:

> Em primeiro lugar, espero que me expliques a partir de teu próprio ponto de vista o mecanismo fisiológico de minhas comprovações clínicas; em segundo, quero conservar o direito de submeter-te todas as minhas teorias e observações sobre as neuroses; em terceiro, continuo colocando minhas esperanças em ti, como o Messias que resolverá, mediante um aperfeiçoamento técnico, o problema que coloco.[15]

Mais do que uma colaboração científica, o que Freud solicita é que Fliess seja seu "público" e seu guia, capaz de substituir Brücke, já afastado da atividade científica, e Breuer, cujo apoio começa a vacilar diante da ousadia de seu colega mais jovem. Assim, as cartas seguintes fazem menção de vários casos, provavelmente submetidos a Fliess no intuito de obter as explicações desejadas, embora estas primem por sua ausência. Isso porque, embora Freud não o perceba, seu

---

15 Carta 13 a Fliess (10/7/1893), OP, BN III, p. 3484.

conceito de sexualidade não é o mesmo de Fliess. Sem ser ainda o conceito psicanalítico homônimo, pois se refere apenas às relações genitais entre adultos, a noção freudiana de sexualidade se especifica em dois registros: um vinculado à *intensidade*, mobilizando noções como as de trauma, descarga, ab-reação e soma de excitação, inspiradas na física; outro associado à *dinâmica*, envolvendo conceitos como inibição, conflito, defesa, expulsão de uma representação intolerável etc. O elemento quantitativo se refere à tensão sexual, enquanto o elemento psíquico se situa na esfera da representação, como "ideia" erótica, capaz de ser associada ou dissociada no fluxo da consciência, podendo portanto suscitar um conflito passível de caracterização em termos dinâmicos. Não é inoportuno notar que, dos dois fatores culturais mencionados até aqui, os de natureza sociológica acompanham as observações centradas sobre a tensão sexual (neurastenias, neuroses de angústia), ao passo que os de natureza moral são invocados a propósito dos casos de psiconeurose. A originalidade de Freud consiste, nesse momento, em não ceder à tentação de conceber fatores concomitantes como causais e, teimosamente, apegar-se ao projeto de elucidar o campo da psicopatologia a partir de suas próprias determinações.

2. ABERTURA EM SURDINA

A maior parte de 1894 e o início de 1895 são dedicados à tarefa de estabelecer uma classificação clínica das diversas neuroses e verificar de que maneira o conflito defensivo atua em cada uma delas. Assim, o Manuscrito E, de maio de 1894, trata da angústia e das neuroses atuais, fornecendo os dados de base para o artigo "Sobre a justificativa de isolar da neurastenia um conjunto de sintomas a título de neurose de angústia", publicado no ano seguinte. O Manuscrito G (final de dezembro de 1894 ou inícios de janeiro de 1895) estuda a melancolia, que corresponde ao que atualmente chamamos depressão. O Manuscrito H (24 de janeiro de 1895) descreve a projeção dos conteúdos intoleráveis para o exterior, mecanismo característico de paranoia. Paralelamente, continua a ser formada a coleção de casos a ser discutida com Fliess (Manuscrito F, carta 21 etc.).

A referência cultural, que no Manuscrito E ainda permanece extrínseca ao raciocínio, vai passar para o primeiro plano com o Manuscrito G, em que a discussão da frigidez feminina, no contexto da melancolia, vem inscrevê-la como momento essencial do processo de teorização. Eis por que será útil um exame mais detido dessa passagem. O contexto é o seguinte: provavelmente sob a influência de Fliess, Freud procura dar uma explicação fisiológica da depressão com base na diminuição significativa da excitação sexual — por exemplo devido à masturbação excessiva, que provocaria uma perda de sensibilidade no "órgão terminal". Mas a explicação fisiológica não é suficiente, pois o "esquema da sexualidade" envolve a representação do objeto sexual e a realização de "ações específicas" destinadas a colocá-lo em "posição favorável": concretamente, manifestações voluptuosas capazes de excitar o parceiro e induzi-lo à cópula. Aqui se introduz uma diferença sociológica: a mulher atua de modo diferente do homem, em virtude dos costumes sexuais vigentes. "Por que a anestesia é uma característica tão predominante na mulher? Isso se deve ao papel passivo que ela desempenha, pois um homem anestésico não tardaria a renunciar a qualquer tentativa de relação sexual, enquanto a mulher não tem escolha possível, já que não é consultada."[16] O fator sociológico é tomado assim como *causa da frequência* da frigidez feminina, mas não como *causa da própria anestesia*: esta deve ser elucidada no duplo registro dos processos fisiológicos e da elaboração psíquica. Mas a anestesia não pode ser dissociada de um outro fator social, desta vez não mais ligado aos *mores* sexuais, e sim ao papel da mulher na vida social em sentido amplo: trata-se da educação.

> Toda a sua educação está destinada a não despertar tensões sexuais somáticas, mas a converter em estímulos psíquicos todas as excitações que de outro modo teriam aquele efeito. [...]. Isso é necessário porque, se a tensão sexual se reforçasse, o grupo sexual psíquico não tardaria a adquirir uma potência tal, que, como sucede no homem, poria o objeto sexual em posição favorável, por meio de uma ação específica.

Ou seja: a excitação sexual consiste na ligação entre a tensão sexual (nomeada por Freud como libido, pela primeira vez, nesse contexto) e um "grupo sexual psíquico", isto é, um conjunto de representações excitantes. Uma vez efetuada tal ligação, o homem procede de modo a descarregar essa tensão por meio de

---

[16] Manuscrito G (17/1/1895), OP, BN III, p. 3507, de onde são também extraídas as quatro citações seguintes.

uma ação específica, ou seja, incluindo em seu conjunto de representações eróticas a da sua parceira e colocando esta última em "posição favorável" à realização do ato sexual. A mulher, em virtude de sua educação, não pode fazer o mesmo: em termos claros, não cabe a ela a iniciativa da relação sexual. "Da mulher se exige, porém, que renuncie ao arco da ação específica, e em troca adote ações específicas permanentes, destinadas a induzir a ação específica no indivíduo masculino." Tradução: da mulher se exige que seja sedutora, sem ser vulgar (o que equivaleria a se arrogar uma posição de homem). "Daí que nela se procure manter atenuada a tensão sexual e se impeça, na medida do possível, o acesso desta ao grupo psíquico sexual." Isso significa que: 1) a mulher procura evitar ter desejos sexuais; 2) quando estes surgem, ela tenta desviá-los para outros "grupos psíquicos". São os efeitos da "educação"; "se este [o grupo psíquico sexual] entra em estado de desejo" — se a ligação da libido e da representação, apesar de tudo, consegue se efetuar — "é fácil que o mesmo [o desejo sexual] se transforme em melancolia quando o órgão se encontra em nível reduzido [de excitação]". Em outras palavras: se a mulher realiza a ativação de suas representações eróticas, a baixa capacidade de excitação sensorial de seus órgãos genitais irá impedi-la de atingir o orgasmo, transformando o "desejo" em "melancolia". A existência de um processo psíquico intermediário coloca assim a melancolia no campo das psiconeuroses, em oposição às neuroses atuais, em que a angústia surge por inversão direta da libido estancada.

Do ponto de vista que nos interessa aqui, é notável observar que a explicação fisiológica anunciada no começo do parágrafo foi de todo afastada por um trabalho conceitual que opera de forma ininterrupta com os conteúdos psicológicos (o "grupo psíquico sexual", a "ação específica"); mas, na medida em que esses conteúdos não são simplesmente dados, o referencial social é invocado à guisa de perspectiva metapsicológica, para dar conta do diferente modo de funcionamento dos ditos conteúdos em cada um dos sexos. Ele ainda não é questionado em termos analíticos, ou seja, ainda não é *interpretado*; mas a maneira pela qual se integra no processo de elucidação já não é mais a mesma dos textos precedentes, em que a relação entre a brutalidade do homem e a frigidez da mulher permanece extrínseca. No movimento do texto, ela se tornou intrínseca, mediando a ação específica de cada um dos parceiros pela representação daquela que o outro deverá realizar — mediação na qual o fator social educação está presente de ponta a ponta, do início ao fim do processo reputado psicofisiológico.

É no texto seguinte — o Manuscrito H, de 24 de janeiro de 1895 — que se encontram as primeiras abordagens do social que podemos qualificar de psicanalíticas, embora a rigor o termo "inconsciente" não figure de modo explícito. Não é, certamente, por acaso que elas emergem no contexto de uma discussão sobre a paranoia: com efeito, o mecanismo descrito por Freud é o da projeção, que consiste precisamente na atribuição de um conteúdo intolerável interno ao mundo exterior. O exemplo clínico é o de uma mulher vítima de uma tentativa de sedução que, anos depois da cena traumática, desenvolveu um delírio de perseguição e de observação; segundo ela, as vizinhas a viam como uma prostituta, capaz de fazer tudo para atrair os homens etc. Freud descobre a cena traumática por "hipnose com concentração", mas a paciente se recusa a contar o resto da cena e desaparece. O que é característico dessa defesa particular é, nos termos do Manuscrito H, que *"o conteúdo objetivo permanece inalterado*, mudando apenas a *localização* de todo o assunto. No início havia sido uma recriminação interna; agora era uma imputação a partir do exterior. [...]. A paranoia persegue, pois, o objetivo de repudiar uma ideia intolerável para o ego, mediante a projeção de seu conteúdo para o mundo exterior".[17]

Ora, o mundo exterior é o mundo social, o mundo dos outros, em que as relações não obedecem apenas aos mecanismos psíquicos de cada pessoa, mas também aos limites impostos pelo que Freud denominará mais tarde "princípio de realidade". Pois bem: em determinadas situações, o princípio de realidade é afastado, porque sua admissão seria demasiado penosa para o ego. E Freud enumera vários casos de projeção, em que a culpa dos acontecimentos desagradáveis é atribuída ao *outro*. Nessa série, figura o que considero a primeira interpretação psicanalítica de um fenômeno social: "A *grande nation* não pode apreender a ideia de que foi derrotada; a vitória não conta. Oferece-nos assim um exemplo de paranoia coletiva e inventa o delírio de traição". No que consiste, nesse caso, a interpretação? Em primeiro lugar, e sempre, numa *redução*: não tomar o discurso pelo que ele diz, mas buscar o processo de sua constituição, tomando-o como um efeito de superfície desse processo. Assim, a fraseologia revanchista com que Freud depara na reunião em casa de Charcot mencionada no capítulo anterior se torna um "delírio de traição". A partir dessa redução, a interpretação estabelece o *motivo* do discurso: no caso, o desejo de fazer com que a derrota não

---

17 Manuscrito H (24/1/1895), OP, BN III, p. 3510. Grifos de Freud.

exista. Creio ser essa a primeira vez que o mecanismo da realização de desejo surge num texto de Freud, embora sem ser nomeado, e sim apenas descrito ("a vitória não conta"). Por fim, vezo característico da teoria freudiana da cultura, o social é assimilado ao individual por meio de uma analogia: se a mulher atribui às vizinhas ditos maldosos a seu respeito, a fim de negar a existência da cena traumática, e se os franceses procedem como se a Alemanha não tivesse vencido a guerra de 1870, ambos os comportamentos pressupõem uma rejeição do que efetivamente aconteceu e sua substituição pelo que "deveria" ter acontecido. Se o resultado da projeção da mulher é a formação de um delírio de perseguição, a conduta dos franceses, aparentemente irracional, pode ser explicada mediante a suposição de que projetaram para o exterior seu sentimento de culpa coletivo pela derrota militar, atribuindo-a a uma traição imaginária, com características semelhantes às do delírio da paciente, e de direito passível de uma mesma derivação. A analogia exterior se transforma primeiro numa analogia interna, e em seguida, pela atribuição de uma mesma gênese, numa identidade — processo que, como teremos ocasião de comprovar, é dos mais frequentes nos textos de Freud.

É no mesmo movimento que, discutindo a questão da substituição de um conteúdo psíquico por outro, Freud efetua uma segunda interpretação, voltada dessa vez para o domínio da vida cotidiana:

> Se a velha solteirona mantém um cachorrinho de estimação, ou se o solteirão coleciona caixas de rapé, aquela apenas substitui seu anelo de um marido e este sua necessidade de uma quantidade de... conquistas. Todo colecionador é um substituto de Don Juan Tenorio, como também o são o esportista, o alpinista e outros semelhantes. Todos são, com efeito, equivalentes eróticos.[18]

O mecanismo da interpretação é semelhante ao da anterior, mas desta se diferencia por duas razões. A semelhança consiste na redução e na descoberta do motivo; mas, agora, a redução é ao sexual, e o motivo é um desejo emanado da sexualidade. O contorno vai lentamente sendo desenhado: interpretar é encontrar o sentido, e o sentido é de natureza sexual. Nesse caso, o cachorrinho é um equivalente erótico do marido, o que corresponde a uma substituição simples,

---

18 Ibidem, p. 3510.

restrita ao nível do conteúdo (A por B); a história do colecionador, porém, envolve uma associação mais complexa. Ela pode ser decomposta em três tempos: o primeiro reproduz a substituição do conteúdo (estojos de rapé = mulheres); o segundo leva em conta a modalidade do ato, ou seja, a repetição (a necessidade de uma *quantidade* de conquistas); o terceiro, tendo elucidado a modalidade e o conteúdo do ato, amplia a analogia para outros "conquistadores" (o esportista, o alpinista etc.). Eis então a conclusão, que diz mais do que parece: "Todos são equivalentes eróticos". Conhecendo a evolução posterior da psicanálise, poderíamos ser tentados a completar a interpretação: os estojos de rapé, como as caixas e os armários em geral, são símbolos femininos e mais precisamente do corpo materno; as montanhas escaladas pelo alpinista são outros tantos avatares da superfície do corpo materno, como dirá Freud em "O tema dos três cofrezinhos" (a última figura feminina é a Mãe-Terra), de modo que o colecionador aparece como mais uma figura das astúcias de Édipo. Mas não antecipemos: o movimento da teoria ainda não levou Freud tão longe e, por difícil que seja, a disciplina da escrita me convida a guardar para mim minhas próprias associações.[19]

Em janeiro de 1895, pois, a elucidação do mecanismo da projeção traz como resultado subsidiário os primeiros exemplos do que já podemos chamar interpretação. Freud escreve em seguida o capítulo dos "Estudos sobre a histeria" acerca da psicoterapia, que constitui uma espécie de súmula de suas posições naquele momento. No movimento desse texto, interessa-me notar inicialmente a percepção de que a natureza íntima dos temas tratados durante uma análise requer uma relação pessoal intensa entre o terapeuta e o paciente, ou, em outros termos, a presença da primeira formulação do conceito da transferência:

---

19 Um artigo de Krysztof Pomian ("Entre le visible et l'invisible", *Libre n. 3*, Paris, Payot, 1978, pp. 3-56) propõe uma definição de coleção que se aproxima da de Freud. Para o autor, uma coleção é um conjunto de objetos cuja característica essencial é a de serem mantidos fora do circuito das atividades econômicas, a fim de serem *vistos*. Os objetos da coleção seriam portadores de uma significação: meios de troca entre o homem atual e o invisível, seja este constituído pelos mortos, pelos deuses, pelas civilizações exóticas ou extintas etc. Seu valor é então o de um signo, um equivalente de... Mas, enquanto para Freud o conteúdo dessa equivalência é diretamente sexual, para Pomian ele é o domínio do invisível em geral, o que faz pensar no "per piacer di porle in lista" da ária inicial de Leporello, no *Don Giovanni* de Mozart. Veremos em breve, porém, que para Freud o invisível é o resultado de uma projeção — uma projeção de nossa percepção endopsíquica, como dirá na carta 78 a Fliess. Em Pomian, falta um mecanismo que explique o surgimento desse invisível, confundido com o *ausente mas presentificável* que constitui o referente da linguagem.

Naqueles pacientes que se dispõem a colocar no médico toda a sua confiança, [...] não se pode evitar que sua relação pessoal com ele ocupe normalmente, por algum tempo, o primeiro lugar, parecendo mesmo que tal influência do médico seja uma condição indispensável para a solução do problema.[20]

O que provoca, por parte do médico, um envolvimento que anuncia a noção de contratransferência:

O procedimento é muito penoso para o médico e exige uma grande quantidade do seu tempo, além de um gosto intenso pelas questões psicológicas e de certo interesse pessoal pelo paciente. Não creio que me fosse possível envolver-me na investigação do mecanismo da histeria de um paciente que me parecesse vulgar ou repulsivo, ou cujo trato não conseguisse despertar em mim alguma simpatia.

Essa notação é essencial: o que se desvela aqui, além de um fenômeno conhecido por todos os que lidam com a esfera psíquica, é o núcleo da identificação de Freud com seus pacientes, sobre o qual repousa a constituição da psicanálise. Com efeito, se se tivesse limitado a uma "certa simpatia", Freud jamais teria operado o trânsito da psicopatologia à psicologia "normal", considerando, como o fazia a medicina de seu tempo, que entre o normal e o patológico a barreira fosse intransponível. Essa identificação irá se acentuar a partir da autoanálise, até o momento em que for escrita a frase que citamos anteriormente, a respeito da interrupção de sua própria análise devido a tropeços na de seus pacientes. É a dimensão autoanalítica que começa, assim, a se delinear nessa passagem — o que tornará possível considerar o sonho como uma "psicose onírica" e fundar sua assimilação ao sintoma, ou seja, as produções psíquicas de seus pacientes às suas próprias.

Freud expõe em seguida o caminho que o levou ao conceito de resistência psíquica e deste ao de defesa, para concluir que "uma força psíquica — a repugnância do ego — excluiu primitivamente das associações a representação patógena e se opôs a seu retorno à memória".[21] Essa frase é decisiva para meu argumento: a resistência mostra a Freud que a moral não é apenas da ordem das representações, mas que as ideias morais, como todas as outras, estão vinculadas

---

20 "Estudos", cit., SA Ergänzungsband (E), p. 60; SE II, p. 266; BN I, p. 144.
21 Ibidem, SA E, p. 63; SE II, p. 269; BN I, p. 146.

a uma cota de afeto, capaz de se deslocar, de se somar a outras, de ser isolada por processos especiais etc. Radica aí, a meu ver, o fundamento da oposição de Freud a Kant, autor que conhece por seus estudos de filosofia na universidade e a quem se refere várias vezes no decorrer de sua obra. A tese kantiana, que já mencionamos, privilegia a representação da lei moral como único móvel legítimo da vontade, à exclusão do "sentimento moral" e de toda determinação empírica, incapazes de fundar a autonomia, sem a qual a vontade não poderia ser considerada responsável por seus atos. A concepção freudiana, mesmo nesse início de sua gestação, envolve o aspecto econômico e dinâmico das representações morais, o que explica, aliás, por que Freud pode avançar além do bom senso e não reduzir o conflito defensivo a um simples duelo entre a moralidade e os impulsos eróticos. Ao contrário, faz-se necessária a elaboração de uma hipótese que justifique não apenas a intensidade dessas representações, mas ainda o mecanismo pelo qual *estas* e não outras são mobilizadas no processo de defesa.

Uma outra observação de Freud, nesse mesmo capítulo final dos "Estudos", pode ser compreendida por essa perspectiva, fazendo a moral se associar ao registro da culpabilidade, embora tal termo não seja empregado: "Atuamos [...] como confessores, que, com a manutenção do interesse e do respeito depois da confissão, oferecem ao paciente algo equivalente a uma absolvição".[22] A frase é ambígua sob mais de um ponto de vista. A comparação se funda no teor penoso dos assuntos comunicados e na discrição guardada pelo destinatário da comunicação; mas a semelhança termina aí, e o terapeuta oferece apenas um "equivalente" da absolvição. Esta consiste precisamente na eliminação do sentimento de culpabilidade; mas o confessor eclesiástico a dispensa sob duas condições ausentes da situação analítica: o reconhecimento do pecado e o arrependimento. A referência a um código moral em que tais e quais atos são estigmatizados como pecaminosos permanece intacta. O terapeuta, por sua vez, dá mostras de uma maior liberalidade (Freud fala na mesma frase de uma "concepção universal mais livre") e elimina o sentimento de culpabilidade por um procedimento inverso ao do confessor, questionando justamente o código moral ("ninguém é responsável por seus sentimentos", dirá Freud a Elizabeth von R.) e apontando — de modo contraditório, é verdade — a "alta moralidade" do paciente, que sofre justamente do rigor excessivo das normas que se impõe. O "equivalente" da absolvição, dessa forma, se

---

22 Ibidem, SA E, p. 75; SE II, p. 282; BN I, p. 155.

torna bem estranho: o terapeuta se parece mais a um aliado do "mal", como no caso da cura hipnótica da parturiente, em que, sob a instigação de Freud, a agressividade em relação à família pôde ser exteriorizada. Por essa via, chegamos a um sentido oposto ao primeiro: o terapeuta, oferecendo ao paciente um "equivalente" da absolvição, age de modo efetivamente inverso ao do confessor, pois, ao conservar o "respeito" por ele, mesmo tendo escutado seu relato culposo, permite a seu paciente aliviar o sentimento de culpabilidade sem passar pelo arrependimento. Reside aí, a meu ver, uma das razões que levaram Freud a se afastar de suas primeiras notações quanto à função da moral no conflito psíquico: trabalhando contra as resistências ao surgimento do material reprimido, seu procedimento põe as representações morais, de certa forma, entre parênteses, dos quais elas serão retiradas apenas no momento em que começar a despontar uma "arqueologia" da moral. E isso nos traz de volta ao processo da elaboração teórica, que vai tomar um novo rumo pela confluência de questões provenientes de vários registros. A estratificação do material reprimido — concepção imposta pelo reconhecimento das resistências e de sua intensidade variável — conduz Freud a se formular o problema das relações entre o normal e o patológico de maneira a esclarecer o trânsito de um a outro.

Na primavera de 1895, surge assim a necessidade de elaborar uma psicologia capaz de dar conta de dois problemas diferentes: por um lado, a possibilidade do conflito psíquico e da defesa patológica que resulta na produção de uma "neuropsicose"; por outro, a partir da sua insistência no caráter não degenerado da modalidade histérica no funcionamento psíquico, a psicologia em embrião deve explicar os fenômenos e as funções normais. Pois, se o material reprimido se organiza de forma rigorosa, obedecendo aos princípios da estratificação segundo a intensidade da repressão exercida sobre seus diversos elementos (como se lê no capítulo sobre a "Psicoterapia da histeria"), a conclusão a extrair é que os sintomas nada mais são do que distorções e deformações de processos psíquicos "normais". É o que Freud escreve a Fliess na carta 24:

> Duas ambições me atormentam: [...]; segundo, extrair da psicopatologia tudo o que possa ser útil para a psicologia normal. Com efeito, seria impossível alcançar uma concepção geral satisfatória dos transtornos neuropsicóticos se não se pudesse fundá-la sobre claras suposições acerca dos processos psíquicos normais.[23]

---

23 Carta 24 a Fliess (25/5/1895), OP, BN III, p. 3516.

Mas, para constituir essa psicologia do normal, a psicopatologia — mesmo tomando em conta os progressos consideráveis realizados no ano anterior — não é suficiente. Freud necessita de algum equivalente, nesse novo domínio, dos fenômenos que observara no campo patológico: o sonho irá fornecer tal equivalente. Curiosamente, e ao contrário do que de hábito se supõe, não é do sintoma histérico que o sonho vai aproximá-lo, mas do mecanismo que pusera em relevo na psicose. Com efeito, a primeira vez em que um sonho é mencionado na correspondência é sob a forma de uma aproximação com a confusão alucinatória: Freud emprega a expressão "psicose onírica" e se refere a um paciente D., talvez o mesmo mencionado no Manuscrito H, quando, ao procurar estabelecer o mecanismo dessa afecção, escreve que a totalidade de ideia intolerável é excluída do ego, o que só é possível mediante "um desligamento parcial do mundo exterior". Eis aí o ponto de partida para a comparação com o sonho, função da consciência adormecida, ou seja, "parcialmente desligada do mundo exterior". A carta 22 diz o seguinte: Rudolf Kaufmann, ao ser acordado para se dirigir ao hospital em que trabalhava, "*alucina* uma tabuleta clínica fixada a uma cama de hospital (recorda o hospital 'Rudolfinerhaus') que traz o nome 'Rudolf Kaufmann', e diz de si para si: 'De qualquer modo, R. K. já está no hospital, portanto não há necessidade de ir até lá', e volta a dormir!".[24] Esse texto mostra bem que o sintoma histérico não desempenha a função de polo comparativo, pois Freud ainda não intuiu o trabalho da deformação onírica: é a alucinação visual que retém sua atenção, alucinação destinada a satisfazer o ego, exatamente como no mecanismo da confusão alucinatória ("o sujeito recorre às alucinações porque elas são gratas ao ego"). O sonho de Kaufmann lhe sugere a hipótese da realização de desejo, de início proposta para a paranoia e para a "confusão". A aproximação com o sintoma histérico só será feita muito mais tarde (carta 105, de 12 de fevereiro de 1899). Igualmente, a ampliação da hipótese de que o sonho satisfaz sempre e primeiramente o desejo de dormir será uma das últimas conclusões de Freud (carta 108, de 9 de junho de 1899).

A psicologia "normal" a cuja elaboração se dedica na primavera de 1895, porém, segue uma pista completamente diferente: "averiguar qual será a teoria do funcionamento psíquico, se se introduzir o ponto de vista quantitativo, uma espécie de economia da energia nervosa".[25] As cartas de 1895 mostram os altos

---

24 Carta 22 a Fliess (4/3/1895), OP, BN III, p. 3512.
25 Carta 24 a Fliess (25/5/1895), OP, BN III, p. 3516.

e baixos desse percurso. No primeiro semestre, Freud redige uma versão inicial do que será o "Projeto", a qual não o satisfaz; em julho, intervém a interpretação do sonho da injeção em Irma, da qual trataremos a seguir; o encontro com Fliess em setembro relança sua reflexão, e em três semanas de trabalho febril surge a segunda versão do "Projeto", enviada a Berlim no decorrer de outubro; Freud, insatisfeito com suas hipóteses, acaba por abandoná-lo em novembro.

A questão se complica com a introdução, em outubro de 1895, da teoria da sedução, destinada a explicar a origem do trauma sexual postulado como determinante no surgimento das neuroses. Estas seriam resultado de uma experiência sofrida em tenra idade pelo sujeito, e que teria consistido em algum tipo de abuso sexual por parte de um adulto. O caso Catarina, em 1894, mostrara a Freud a possibilidade de agressões sexuais entre parentes próximos. O capítulo sobre a psicoterapia da histeria, redigido em março de 1895, menciona de passagem outro caso de sedução, envolvendo dessa vez uma governanta e as crianças confiadas a seus cuidados. Depois, Freud mergulha no labirinto da "psicologia", da qual extrai outra concepção da defesa patológica, possivelmente vinculada à hipótese quantitativa (carta 26, de 6 de agosto de 1895). É plausível que o abandono do "Projeto" em novembro se deva à dificuldade de articular entre si a hipótese da sedução e a teoria quantitativa, totalmente dessexualizada; Freud espera de Fliess que este o ajude a resolver o problema, a partir de seus amplos — e idealizados — conhecimentos científicos.[26] Como tive ocasião de mostrar no capítulo 1 de *A trama dos conceitos*, as duas hipóteses jamais irão se adaptar, pois o pressuposto da teoria quantitativa — as percepções são mais intensas do que as recordações — contradiz o postulado da teoria da sedução — o trauma não é patógeno no momento em que ocorre, mas somente quando de sua reativação posterior. De modo que Freud dispõe, por fim, de três dados heterogêneos entre si, sem conseguir articulá-los num conjunto coerente: a teoria da realização onírica de desejos, uma hipótese clínica (a sedução) e uma teoria supostamente geral do psiquismo, em que nem uma nem outra das noções anteriores encontra seu lugar adequado.

Essa multiplicidade de perspectivas, contudo, data de julho de 1895, quando Freud interpreta seu primeiro sonho; com efeito, tal interpretação impulsiona de novo, depois de um breve período de incubação, a reflexão teórica. Antes de

---

26 Sobre a alta estima em que Freud tinha os conhecimentos de Fliess, e que configura um nítido exagero, cf. cartas 24 (25/5/1895), 28 (29/9/1895), 33 (31/10/1895) etc.

examinar alguns aspectos desse sonho, convém lembrar que o método empregado por Freud é idêntico ao que utilizava em suas terapias: concentração sobre cada elemento e associação livre a partir dela. É sobre esse fato que repousa minha convicção de que Freud foi levado à interpretação dos sonhos motivado pela necessidade de encontrar um paralelo normal para o sintoma, a partir da certeza de que o neurótico não é um "degenerado". Podemos mesmo supor que o fracasso inicial em construir a psicologia "normal" por meio da concepção quantitativa (a versão do primeiro semestre), prefigurando o ponto de vista econômico, pode ter contribuído para que seu espírito se voltasse para o ponto de vista dinâmico, então representado pela teoria do conflito psíquico, conduzindo-o a aproximar o sonho do sintoma — fruto desse conflito, no caso já verificado da paranoia e da confusão alucinatória — e a empregar o mesmo método para o deciframento de ambos. Mas Freud não levará adiante, num primeiro momento, essa aproximação: prefere se ater à hipótese quantitativa e, em vez de efetuar o movimento contrário — do sonho ao sintoma —, deixa a realização de desejos flutuando no limbo, retomando a concepção quantitativa (que se ajusta mal ao mecanismo onírico, como se nota pela discussão abortada do sonho na primeira parte do "Projeto"), para tentar incluir nela a teoria traumática da sedução.

O sonho da injeção em Irma é provavelmente o mais famoso da história, depois dos sonhos do faraó interpretados por José. Didier Anzieu, em sua obra *L'auto-analyse de Freud*, dedica nada menos que trinta páginas a comentá-lo.[27] Para meu argumento, reterei aqui apenas alguns elementos em conexão com nossa questão. É um sonho que realiza, entre outros, o desejo de não ser culpabilizado pelo insucesso de seus tratamentos; Irma não aceitou sua "solução" e além disso parece sofrer de algum transtorno orgânico. A relação privilegiada com Fliess aparece em diversos pontos, a começar pelo exame da garganta, que recorda formações semelhantes presentes no nariz (alusão à teoria fliessiana da correspondência entre o nariz e os órgãos genitais femininos); a trimetilamina, cuja fórmula Freud vê impressa à sua frente em grandes caracteres, é a substância que, segundo Fliess, realizaria a regulação dos períodos de 23 e de 28 dias — portanto uma substância sexual. Fliess, porém, é criticado de modo velado por outras alusões: operara Emma, uma paciente de Freud, de maneira descuidada, esquecendo em seu nariz meio metro de gaze, o que provocou infecções e graves hemorragias. Freud,

---

27 Didier Anzieu, *L'autoanalyse de Freud*, Paris, PUF, 2ª ed., 1975, 2 vols., I, pp. 187-217.

que desejava ser operado por Fliess dentro de algumas semanas, havia se identificado com seu amigo e tomara incondicionalmente a defesa dele, como relata Max Schur. Da mesma forma, agora que seus colegas o criticam, Freud repudia a acusação, lançando-a contra Otto, que teria aplicado a Irma uma injeção com seringa suja. Outras injeções, das quais Freud não é de todo inocente, aparecem no pano de fundo: as de cocaína, com que Fleischl apressara sua morte; a injeção de "substâncias sexuais" que fizera Martha engravidar pela sexta vez. A presença de Fliess, eximido de qualquer suspeita, mostra a que ponto a relação entre os dois homens é decisiva nesse momento para Freud: a fórmula que conclui o sonho é a da trimetilamina, numa alusão transparente à sua cumplicidade recíproca. Lacan observa[28] que ela produz graficamente a estrutura ternária do sonho, cujo conteúdo latente se compõe de três séries de personagens. Podemos acrescentar que a introdução da trimetilamina no círculo de interesses de Freud pode ser o fato que deu novo impulso à sua reflexão teórica, no tocante às hipóteses avançadas no "Projeto". Com efeito, a carta 27, de 6 de agosto de 1895, comunica a "nova compreensão da defesa patológica", que a meu ver consiste na introdução de um novo elemento na teoria quantitativa, a saber, o retardamento da puberdade, que, mediante o afluxo de substâncias sexuais nesse período da maturação, viria reativar as recordações vinculadas à esfera sexual e investi-las com o incremento de excitação necessário à sua função de trauma patógeno. Toda a segunda parte do "Projeto" tende a substituir pouco a pouco a explicação mecânica por uma explicação de tipo biológico, em que a tese do retardamento da puberdade desempenha função central.[29]

A trimetilamina nos traz de volta ao registro cultural, momentaneamente deixado de lado para seguir Freud em seu tortuoso itinerário. O recurso ao simbolismo químico para representar a estrutura do sonho — pois é isso o que se infere do comentário de Lacan — mostra uma outra faceta dessa dimensão, ao lado das que já encontramos, ou seja, a invocação de fatores sociológicos no contexto da neurose de angústia, a questão da moral nas psiconeuroses e as primeiras interpretações de fenômenos sociais. Agora é o próprio processo de

---

28 Citado por Anzieu, *L'autoanalyse*, cit., I, p. 209; cf. Lacan, *Le séminaire* II, "Le moi dans la théorie et la pratique psychanalytique", pp. 180 ss. A fórmula da trimetilamina é:

$$AZ \begin{matrix} \diagup CH_3 \\ - CH_3 \\ \diagdown CH_3 \end{matrix}$$

29 "Projeto de uma psicologia científica", SE I, pp. 347 ss.; BN I, pp. 247 ss. Esse texto não figura nas edições alemãs.

associação de Freud que se encontra impregnado de alusões à cultura, como seria de esperar num homem dotado de sua erudição. A meu ver, cabe distinguir aqui duas questões: por um lado, a elaboração propriamente teórica; por outro, as associações que aparecem no processo de raciocínio de Freud. Estas podem ou não estar ligadas à construção da teoria; segundo o caso, procuraremos discernir a função que desempenham. Nesse contexto particular, a cultura está presente no próprio processo de teorização, não apenas pelo impulso dado à hipótese quantitativa, mas também porque a presença da fórmula mostra que o conteúdo manifesto do sonho pode conter uma alusão a seus processos de formação — são as três tríades de personagens (Irma, Martha, a amiga de Martha; Breuer, Fleischl, o meio-irmão Emanuel; Otto, Leopold, Fliess) que segundo Lacan se encontram recursivamente figuradas pela estrutura ternária da fórmula. É provável que essa conclusão tenha sido advertida por Freud ao estudar os processos de formação do sonho, anos depois; mas ela não está por isso menos implícita no exemplo.

Dois outros processos do trabalho do sonho, intuídos em julho de 1895, são mencionados no "Projeto", no momento em que Freud discute os "processos primários", nos parágrafos 19 a 21 da primeira parte: a condensação e o deslocamento. A distinção fundamental entre os dois tipos de processos — os primários se desenvolvendo sem a intervenção do ego, que controla os secundários — será uma aquisição definitiva da teoria psicanalítica, e é preciso assinalar que ela provém do encontro entre o domínio da psicopatologia e a região dos sonhos, sonhos do próprio Freud. Uma indicação precisa de que o modelo de comparação é o sonho: "O significado dos sonhos como realização de desejos acha-se encoberto por uma série de processos psíquicos, que voltaremos a encontrar nas neuroses, sendo aqui características da índole patológica de tais transtornos".[30] A constituição da teoria psicanalítica das neuroses pode ser concebida, aliás, como a assimilação progressiva dos "tais transtornos" ao modelo do sonho. Já vimos que a confusão alucinatória fornece o ponto de partida para a tese da realização de desejos. A neurose obsessiva, em cujos processos Freud penetrará dentro de poucos meses (e cuja invenção como entidade clínica é obra sua), terá como mecanismo essencial o deslocamento, descoberto em primeiro lugar enquanto processo onírico. A paranoia, por sua vez, terá em comum com

---

30 "Projeto", cit., parte I, § 19, SE I, p. 336; BN I, p. 245.

o sonho o mecanismo da censura, responsável pelo caráter incompreensível dos delírios. E a histeria, como vimos, será a última a ser assimilada ao sonho, no momento em que Freud perceber a função essencial das fantasias na sua constituição e reconhecer no sintoma histérico o fruto de uma transação que satisfaz simultaneamente o desejo reprimido e o desejo repressor.

O "Projeto" contém numerosas ideias que Freud retomará em outros textos, com a diferença essencial do abandono do suporte material fornecido pelo sistema nervoso, ou seja, quando reconhecer os processos mentais como propriamente "psíquicos". Assim, por exemplo, encontramos um minucioso estudo das funções intelectuais, como os três tipos de pensamento — cognoscitivo, prático e crítico —, e uma discussão das operações do julgamento, do erro, da memória e da atenção, em sua vinculação respectiva com o prazer e o desprazer. Mas talvez o elemento mais importante desse texto seja aquele que tematiza o que é decisivo para a gênese freudiana da moral: a função da alteridade.

3. UMA ARQUEOLOGIA DA MORAL

O parágrafo 11, intitulado "A vivência de satisfação", trata dos primeiros momentos da vida do recém-nascido. Considerando que a estimulação endógena dos neurônios ψ é permanente — ao contrário do que ocorre com a estimulação proveniente do exterior, transmitida pelos neurônios ω (perceptivos) —, Freud nota que a primeira só pode ser eliminada mediante a intervenção de uma *outra pessoa*, durante todo o tempo em que, devido à sua debilidade, o organismo é incapaz de realizar as ações específicas adequadas.

> O organismo humano é, a princípio, incapaz de levar a cabo essa ação específica, realizando-a pela via da *assistência alheia*, ao chamar a atenção de uma pessoa experimentada sobre o estado em que se encontra a criança, mediante a condução da descarga pela via da alteração interna (por exemplo, o choro). Essa via de descarga adquire assim a importantíssima função secundária da *compreensão*, e a situação indefesa original do ser humano se converte dessa forma na *fonte primordial de todas as motivações morais*.[31]

---

31 "Projeto", cit., parte I, § 11, SE I, p. 318; BN I, p. 229 (grifos de Freud).

Quando o estado de necessidade se reproduzir, essa vivência original de satisfação será alucinada, com a consequência de que o ego aprenderá a diferenciar, por meio do signo de realidade, a alucinação da percepção, única capaz de aplacar a necessidade. É igualmente a vivência original de satisfação que virá constituir o núcleo do conceito psicanalítico de "objeto", estando mesmo latente a ambivalência dos afetos perante esse objeto, pois, se sua percepção coincide com o final do doloroso estado de necessidade, sua ausência intermitente é uma causa concomitante do surgimento do mesmo estado. É o que Freud diz algumas páginas mais adiante, ao notar que "um *objeto semelhante* foi, ao mesmo tempo, seu primeiro objeto gratificador, seu primeiro objeto hostil e também sua única força auxiliar. Daí que seja em seus semelhantes que o ser humano aprenda pela primeira vez a (re) conhecer. [...]. É o primitivo interesse em restabelecer a situação de satisfação que conduz, por um lado, à *reflexão reprodutiva* e, por outro, à *judicação*, como meios para chegar, partindo da situação perceptual dada na realidade, à situação desejada".[32]

Por que a situação indefesa do lactente é a fonte das motivações morais? Nos textos estudados até aqui, a moral apareceu sobretudo em sua função repressiva, embora Freud se recuse a ver nela o *fundamento* da repressão. Agora emerge um segundo aspecto do problema: o da humanização do homem pelo reconhecimento recíproco. Uma "motivação moral" é aquela em que o reconhecimento de outro ser humano como semelhante a mim representa um momento essencial. É o registro da alteridade que desponta aqui, porém de uma alteridade muito precisa, a da dependência que sucede ao solipsismo originário. Dependência a ser entendida nos dois sentidos: dependência física do lactente em relação à mãe, mas também dependência desta em relação àquele, como objeto de amor. O reconhecimento da dependência — e isso antes da função judicativa ou reflexiva — envolve a ambivalência, como dirá Freud em outro texto ("o ódio nasce com o objeto"). Longe de ir rumo a uma concepção de tipo kantiano a respeito do "reino dos fins", Freud indica que a eficácia dos mandamentos morais repousa sobre o desejo do amor do Outro e no temor de perdê-lo, desvelando uma acepção do "amarás ao próximo como a ti mesmo" que, colocando o acento no "ti mesmo", subverte a significação desse preceito na tradição do pensamento ocidental.

---

32 "Projeto", cit, parte I, § 17, SE I, p. 331; BN I, pp. 239-40 (grifos de Freud).

O caráter ainda vago dessa "motivação moral" será precisado no Manuscrito K. Esse texto propõe uma explicação das neuroses fundada sobre a teoria da sedução. Freud parte da hipótese quantitativa e introduz imediatamente a intensificação orgânica das representações sexuais durante a puberdade, a fim de explicar o conceito central da teoria, segundo o qual o trauma só se torna patógeno quando é recordado na puberdade. Aqui intervém um corolário do teorema fundamental: a experiência sexual originária, para ser traumatizante, necessita ter sido acompanhada de desprazer, o qual, ao ser intensificado quando de sua recordação na época da puberdade, fornece o motivo para a defesa patológica ou repressão. O que suscita a seguinte observação:

> Sem dúvida, achar-nos-emos mergulhados nos enigmas mais profundos da psicologia ao nos interrogarmos sobre a origem do desprazer produzido pela estimulação sexual prematura, e sem o qual não se poderia explicar a ocorrência da repressão. *A resposta mais direta nos dirá que o pudor e a moralidade são as forças repressoras* e que a vizinhança em que a Natureza colocou os órgãos sexuais não pode deixar de despertar repugnância no decorrer da vivência sexual.[33]

Eis aí a repugnância — que no início se referia à representação incompatível excluída da associação de ideias — referida agora a um dado corporal, evocando o *inter faeces et urinas nascimur* de Santo Agostinho. Sendo a repugnância uma sensação vinculada à esfera moral — pois assenta numa valorização do nobre e do vil, que privilegia o espiritual e denigre o corpo, sobretudo em suas funções excretoras —, a "resposta mais direta" veria nela e no pudor (outra noção moral) as forças repressoras.

Certas considerações sociológicas pareceriam mesmo confirmar tal opinião: "Quando não existe o pudor (como no sexo masculino), quando a moral não pode se constituir (*como nas classes sociais inferiores*), quando a repugnância está embotada pelas condições de vida (como na população camponesa), a estimulação sexual infantil não levará à repressão nem, por conseguinte, à neurose". Esta é concebida, assim, como um privilégio do sexo feminino, em suas representantes burguesas e urbanas. O pudor é associado ao olhar, pois consiste na repugnância a *deixar ver* as partes íntimas, justamente — e eufemisticamente

---

33 Manuscrito K (1/1/1896), OP, BN III, p. 3534. Grifos meus.

— denominadas "partes pudendas". Ele requer, para sua constituição, determinadas condições sociais, como um relativo isolamento dos corpos, impossível nos espaços reduzidos e promíscuos que habitam as "classes sociais inferiores". Da mesma forma, o contato com a natureza e com os animais embota a repugnância no ambiente rural. Antes de reprovar um certo filistinismo perceptível nessas notações, convém recordar que Freud não compactua em absoluto com a moralidade burguesa, que veria em tais manifestações provas de inferioridade moral das massas; pretende descrever um fenômeno objetivo, e é para isso que invoca o que chamei de considerações "sociológicas". Mas nem a opinião pessoal nem a descrição "objetiva", com todos os matizes que se queira atribuir à neutralidade "científica", podem dar conta do problema:

> Temo que essa explicação [pelo pudor] não resista a um exame mais detido. [...] Em minha opinião, deve existir na vida sexual uma fonte independente para a provocação do desprazer; uma fonte que, uma vez estabelecida, é suscetível de ativar as percepções repugnantes, de emprestar força à moral, e assim sucessivamente.[34]

Essa "fonte" será descoberta na existência das zonas erógenas infantis e em seu posterior abandono sob o primado da genitalidade. Vemos aqui uma possibilidade de seguir de perto o processo de raciocínio que levará Freud a essa descoberta, ou, pelo menos, suas etapas iniciais. Com efeito, o estudo da neurose obsessiva fornece alguns elementos a respeito. Esse distúrbio apresenta sintomas de natureza específica, facilmente confundíveis com o registro moral: as *autorrecriminações* e a *escrupulosidade*. O mecanismo imaginado por Freud envolve uma primeira vivência sexual acompanhada de prazer, e é esse prazer que se torna motivo de culpa quando da sua recordação, originando a autorrecriminação. Esta é de início consciente, mas se converte em reprimida em virtude do desprazer que engendra. Ela será então substituída pelo "sintoma antitético" de escrupulosidade. Freud insiste, no entanto, em que a vivência prazerosa não pode ser a primeira, o que implicaria uma exceção inadmissível à hipótese da sedução; teria havido a princípio uma vivência passiva, desagradável; porém tão precoce que não pudesse interferir no desenvolvimento da segunda, geradora de prazer. Ocorreria então uma transposição, associando o desprazer da primeira

---

34 Ibidem, p. 3534.

experiência ao registro mnêmico da segunda, e engendrando, com o auxílio da intensificação sexual da puberdade, o desprazer necessário à repressão. Sendo esta destinada ao fracasso, a etapa do retorno do reprimido daria origem às autorrecriminações, mediante a intervenção de um sentimento de culpabilidade, de início difuso, e posteriormente vinculado por deslocamento a representações anódinas, as quais por sua vez surgiriam na consciência sob a forma de ideias obsessivas. A defesa secundária do ego contra as ideias obsessivas faria surgir novos sintomas, tais como cerimoniais protetores contra a sua irrupção, a tendência à compulsão de examinar cada coisa e cada ato para verificar se aí não se apresenta a ocasião para o retorno da ideia reprimida etc.

Essa análise é importante por vários motivos. Em primeiro lugar, a dimensão da alteridade sugerida no "Projeto" aparece operante desde o início: a sedução envolve, tanto na vivência passiva como na ativa, a figura do Outro. Em segundo lugar, a neurose obsessiva põe em jogo o mecanismo do deslocamento, descoberto na análise do sonho, e aqui destinado a tornar irreconhecível o conteúdo reprimido. Mas, sobretudo, cabe ressaltar que a moral, longe de ser a causa da repressão, aparece então como um de seus *efeitos* — precisamente, como o momento do retorno do reprimido, devido ao fracasso daquela. Esse elemento é de suma importância. As autorrecriminações só podem emergir quando a representação das normas morais se torna passível de associação com a representação dos atos cometidos: é o elemento essencial da moral que se desenha aqui, ou seja, a responsabilidade pelas próprias ações. Por outro lado, torna-se clara a função das autorrecriminações: eludir a angústia, que corresponde ao sentimento de culpabilidade em estado livre, ligando-a a representações definidas, que podem então ser combatidas pelos cerimoniais protetores. A moralidade surge assim sob o duplo signo da alteridade e da angústia; cada uma dessas determinações é desdobrável em dois momentos: a alteridade como presença primeiro ativa e depois passiva do outro, a angústia primeiro como sensação livre e em seguida como associada a conteúdos precisos. A *autorrecriminação é assim a face visível da culpabilidade associada à presença interiorizada do outro*. Torna-se também mais clara a referência do "Projeto" à situação originalmente indefesa do ser humano como fonte das motivações morais: ela favorece primeiro a agressão sedutora por parte de um "outro" não mais indefeso, e posteriormente a repetição dessa agressão sedutora diante de um segundo "outro", igualmente inerme.

A contraprova dessa demonstração é aportada pela paranoia, na qual a culpabilidade é projetada para fora, atribuindo a outrem as intenções reprováveis que não podem ser admitidas na consciência. Daí que, em vez das autorrecriminações, o sintoma característico da paranoia seja a desconfiança, a negação da crença no outro, que será sistematizada sob a forma de delírios mais ou menos organizados. O registro da alteridade é também fundamental nesse caso, pois o outro se torna suporte dos conteúdos projetados; mas a moral já não desempenha aqui papel algum, pela elisão do momento autorrecriminador. Eis aí, assim, mais um argumento a favor da noção de que ela não pode ser causa da repressão, visto que em determinadas neuroses a dimensão moral é como que posta entre parênteses. O contra-argumento de que o paranoico seria tão prisioneiro da moral que suportaria, menos ainda que o obsessivo, a culpabilidade — projetando-a por isso no outro — inverte a ordem das causas e dos efeitos, pois a projeção elimina justo a possibilidade de se ter por responsável por seus próprios desejos. Será preciso a segunda tópica para que, com a noção de um superego, radicalmente inconsciente, a moralidade possa ser concebida como um conteúdo inconsciente — mas ela sempre pressuporá a dimensão da alteridade, já que o superego será concebido como o "herdeiro do complexo de Édipo". De momento, cabe assinalar que a moral vai entrando pouco a pouco na categoria do que Freud denominará "formações reativas", ou seja, um dos resultados possíveis, mas de forma alguma o único, do processo repressivo.

Esses resultados teóricos, publicados em três artigos nos primeiros meses de 1896,[35] satisfazem Freud, sobretudo porque Fliess os aprova incondicionalmente. Em troca, Freud cobre de elogios um manuscrito de Fliess sobre a neurose "reflexa" e o encoraja a publicá-lo sob forma de artigo. A intensidade da relação entre ambos é fortalecida pelo afastamento definitivo de Breuer, que se recusa a ratificar a hipótese da sedução. Ambos parecem progredir na elucidação dos mistérios do sexo, seu segredo comum; Freud espera de Fliess a colaboração numa obra conjunta e uma orientação precisa no campo da biologia. Os "congressos" estimulam sua produtividade — por exemplo dando origem ao que virá a ser mais tarde o conceito de período de latência. O acolhimento

---

35 "L'hérédité et l'étiologie des névroses", em francês, em março; nesse texto se encontra a primeira aparição do termo "psicanálise". "Novas observações sobre as neuropsicoses de defesa", em maio. "A etiologia da histeria", também em maio, que reproduz a conferência qualificada por Krafft-Ebing de "conto de fadas científico".

glacial dos meios médicos de Viena à teoria da sedução, que resulta no isolamento do qual o vimos se queixar de modo amargo, faz Freud desejar ardentemente a companhia de Fliess:

> Aguardo nosso encontro como o sedento espera o gole de água. Levarei apenas um par de orelhas atentas e um lobo temporal bem aguçado para a captação. Espero ouvir coisas importantes para meus próprios propósitos [...]. Deparei com dúvidas que poderiam ser dissipadas com uma única palavra tua [...]. Talvez sejas tu quem me ofereça a firme base necessária para deixar de explicar tudo psicologicamente e dedicar-me a fundá-lo fisiologicamente![36]

A última frase é reveladora: depois de meses de especulações desgastantes para fundar tudo "psicologicamente", Freud estaria disposto a deixar as areias movediças da psicologia para se assentar no "firme solo" fisiológico, isto é, no terreno de Fliess. Isso nos indica que o trabalho teórico, longe de ser o fundamento dessa amizade, é na verdade um fruto lateral dela, pois Freud afirma ser capaz de uma troca radical no sinal de suas teorias para não correr o risco de se afastar de Fliess... A "fisiologia" traria naturalmente o selo das teorias periódicas de Fliess, cujo brotar mais recente era a noção de bissexualidade, mencionada na carta 48. Didier Anzieu denomina de "cumplicidade fantasmática" o que permite a Freud se ligar dessa maneira a um outro, na esperança de fundar uma teoria unificada da sexualidade que tomaria em consideração as descobertas de ambos. Enquanto tal teoria não surgisse, porém, Freud iria se dedicar — como o fez durante a maior parte de 1896 — a consolidar os resultados obtidos até então, essencialmente no domínio da clínica e da psicologia "quantitativa". A interpretação dos sonhos, nesse contexto, é deixada entre parênteses, mas ela ressurgirá com todo o seu impacto a partir de um acontecimento capital: a morte de Jakob Freud.

É a partir do luto por essa morte que Freud irá se lançar na autoanálise, momento decisivo entre todos da elaboração de sua disciplina. A carta 50 menciona o sonho da noite seguinte ao enterro, "Pede-se fechar os olhos", comentado no capítulo anterior. Aqui cabe assinalar, no tocante à questão da moral, que o sonho exime Freud dos sentimentos de culpabilidade despertados pela

---

36 Carta 48 a Fliess (30/6/1896), OP, BN III, p. 3548.

morte do pai: "fechar os olhos" é um convite à indulgência. O relato desse sonho difere sensivelmente na carta 50 e na *Traumdeutung*: nessa obra, o cartaz faz pensar no "Proibido fumar" das estações ferroviárias, e a inscrição diz "Pede--se fechar os olhos/um olho",[37] enquanto na carta o aviso diz apenas "Pede-se fechar os olhos" e o ambiente é o do salão de barbeiro ao qual Freud acorria todas as manhãs, havendo chegado atrasado ao enterro por ter tido, nesse dia, de esperar sua vez. A locução alemã *die Augen schliessen* alude apenas ao ato físico de fechar os olhos, enquanto a conotação de indulgência é expressa por *eine Auge schliessen* (fechar um olho). É plausível supor que a versão comunicada imediatamente a Fliess seja a mais superficial e que a da *Interpretação dos sonhos* resulte de uma interpretação posterior — posterior precisamente à descoberta do complexo de Édipo, isto é, à revelação da gênese dos sentimentos de culpabilidade. Com efeito, a carta 50 alude apenas à indulgência por não ter cumprido um dever, isto é, por ter chegado tarde ao cemitério, pela simples razão de que o conflito edipiano ainda não surgiu no plano da teoria, nem, é evidente, na autoanálise de Freud. A versão de 1899 leva em conta o sentido mais profundo da culpabilidade, isto é, os desejos de morte abrigados na pré-história infantil. Incidentalmente, é de interesse assinalar que, na *Traumdeutung*, esse sonho figura na seção C do sexto capítulo, dedicada aos "Meios de representação no sonho", que contém quatro outros sonhos em cujos pensamentos latentes o tema principal é a hostilidade contra Fliess ("Via Secerno", "Goethe ataca M.", "Devaneio durante o sono" e "Sala das máquinas"). A associação com o "Proibido fumar" das estações ferroviárias ganha um novo sentido se refletirmos que foi Fliess quem proibira a Freud seus amados charutos, depois de seu episódio cardíaco: a dupla inscrição seria assim um equivalente, não apenas da forma pela qual o trabalho do sonho representa a negação, mas também da ambivalência perante a figura de Fliess, encarnação atual da imago paterna.

Esses elementos, porém, estão apenas latentes em fins de 1896. O resultado imediato do luto é, para Freud, um intenso trabalho de teorização, forma de defesa contra a angústia depressiva (Anzieu). O primeiro resultado desse esforço é o surgimento do conceito de "aparelho psíquico", na carta 52 (6 de dezembro de 1896), que assinala o abandono da fisiologia do sistema nervoso como explicação dos fenômenos mentais. Freud conserva a concepção quantitativa, que se

---

37 *A interpretação dos sonhos*, SA II, p. 316; SE V, p. 318; BN I, pp. 539-40.

aproxima agora do "ponto de vista econômico". O aparelho psíquico consiste em transcrições diferentes da memória, operadas em momentos distintos da vida; tais transcrições formam o ponto de partida das três instâncias do sétimo capítulo da *Interpretação dos sonhos*, ou seja, o inconsciente, o pré-consciente e a consciência. A repressão é identificada como "falta de transcrição" de um conteúdo nos signos do novo código, falta que se motiva pelo desprazer que tal eventualidade faria surgir. Freud procura em seguida articular essa noção com a teoria da sedução, imaginando que a cada neurose correspondam vivências sexuais em tal ou qual época da infância e que, quando das transcrições dos signos correspondentes para um novo sistema, tivessem permanecido sem "tradução". Essa hipótese será ulteriormente abandonada; para a questão da moral, devemos nos voltar agora para três outros aspectos dessa carta.

Em primeiro lugar, a sedução é vista como manifestação da *perversão* do adulto, que seria normalmente o pai. Essa alusão inaugural à perversão é importante, pois esta última indica o fracasso da repressão, ou seja, mais uma entidade clínica na qual a moral prima por sua ausência. Freud escreve que a histeria, na realidade, "não equivaleria a *sexualidade repudiada*, mas a *perversão repudiada*". E associa imediatamente:

> Atrás disso tudo, encontra-se a ideia das zonas erógenas abandonadas. Em outras palavras: durante a infância, a descarga sexual poderia ser obtida de múltiplas partes do organismo, porém, mais tarde, estas só seriam capazes de desprender a substância da angústia de 28 dias, e não a outra. Nessa diferenciação e limitação, radicaria a base do processo cultural e ético, tanto social quanto individual.[38]

A "angústia de 28 dias" é uma homenagem a Fliess; refere-se ao elemento feminino da bissexualidade. As zonas erógenas abandonadas o são em virtude da repressão, conceito-chave implícito nessa passagem e que permite compreender os demais termos. Em virtude da repressão, as "múltiplas partes do organismo" só poderiam desprender angústia "feminina"; se tentarmos associar esse *efeito* da repressão a seu *mecanismo* (falta de tradução dos signos da etapa precedente) e a seu *motivo* (evitar o desprazer associado aos rastros sexuais da dita etapa), veremos que a repressão funciona como a ponte entre a esfera psíquica

---

[38] Carta 52 a Fliess (6/12/1896), OP, BN III, p. 3555, fonte também da citação seguinte.

e o organismo, mas sem que seja preciso retomar a fisiologia dos neurônios para explicar sua ação. O suporte corporal indispensável a uma teoria da sexualidade deixa de ser, assim, o sistema nervoso, para se apresentar sob a forma das zonas erógenas. Mas não está clara a maneira pela qual elas são depois desinvestidas: Freud parece pensar num processo quase exclusivamente orgânico. O fio da alteridade ainda não foi integrado por completo na trama dos conceitos, *et pour cause*: falta a dimensão conflituosa do Édipo. A existência desse suporte corporal, no entanto, explica por que Freud renuncia tão tranquilamente ao sistema nervoso, mostrando, além disso, que a relação com Fliess opera no próprio cerne de sua elaboração intelectual, pois o problema a explicar consiste, ao que parece, no mecanismo da "angústia de 28 dias". É tentando resolver essa questão fliessiana que Freud introduz, ao menos nessa carta, o conceito basilar das zonas erógenas. Mas aqui se pode discernir a "lógica do caldeirão" sob a forma bem conhecida do "um no cravo, outro na ferradura": Freud abandona o sistema nervoso e com ele a esperança de "fundar tudo fisiologicamente" (ou seja: não preciso dos fundamentos que V. não quer ou não pode me fornecer), mas, uma vez introduzidas as zonas erógenas, invoca a "angústia de 28 dias" para justificá-las (ou seja: sem seus conceitos, não posso avançar em meu caminho). E, de passagem, é introduzido um elemento central da concepção da cultura, a ideia de progresso secular da repressão. É impressionante o movimento pelo qual Freud, na mesma frase, generaliza esse conceito: o progresso "ético" (moral) do indivíduo consiste na repressão das zonas erógenas, que ainda não são identificadas com as pulsões parciais, cuja permanência no exterior da síntese genital engendrará, nos *Três ensaios*, as perversões (mas essa noção pode ser lida em filigrana em nossa passagem); daí se vai de imediato para o plano da cultura (progresso ético = progresso cultural), e em seguida para o domínio do social, pois a cultura não pode ser concebida fora desse terreno.

O termo médio entre o indivíduo e o social é dado pela função da alteridade, invocada no parágrafo seguinte para dar conta, não do abandono das zonas erógenas, mas dos ataques de choro e de vertigem da histeria: "Os ataques de vertigem e de choro estão todos dirigidos a esse *outro*, mas sobretudo a esse *Outro* pré-histórico e inesquecível, que jamais pôde ser igualado". Reconhecemos aqui o "outro" do "Projeto", cuja resposta à demanda do lactente está na origem das motivações morais. Trata-se do prazer pré-histórico proporcionado pelo inesquecível "outro", a mãe, como se pode ver pela sequência do texto, em que Freud fala do paciente que gemia em sonhos, como quando tinha um ano de idade, para que a mãe o levasse consigo a seu leito. Mas esse Outro não é apenas uma presença benfazeja e tutelar, pois está implícita a ambivalência dos sentimentos que ele inspira ("que jamais chegou a ser igualado"): é também um rival a ser eliminado, etapa seguinte da lógica que conduz o sujeito a desejar "nivelar-se" a ele.

Dessa carta podemos inferir, por fim, o fundamento emocional do processo de teorização freudiano. Com efeito, a insistência sobre o "Outro", sobre o pai, como gerador de neurose, obedece à dinâmica do trabalho de luto e funciona como anteparo aos sentimentos de culpabilidade despertados em Freud pela morte de Jakob. É notável encontrar, na carta 54 (3 de janeiro de 1897), uma referência ao "paciente com ideias obsessivas" que, tendo viajado para sua cidade natal a fim de verificar a correção da reconstrução proposta por Freud, deparou ali com uma sedutora e não com um sedutor — sedutora que, além disso, fora sua babá, exatamente como no caso do próprio Freud, que se recordará de Nannie no início da autoanálise sistemática, em outubro de 1897. É igualmente notável que a teoria da sedução saia fortalecida do confronto com a nova psicologia, e mais ainda que Freud se dedique, durante o mês de janeiro de 1897, a desenvolver o paralelo entre a possessão demoníaca e a sedução, da qual trataremos na seção seguinte deste capítulo. Os sonhos de Roma, que datam provavelmente do mês de janeiro de 1897, podem ser interpretados também numa clave edipiana (Roma representando o inacessível corpo da mãe), e o fato de que em nenhum dos quatro sonhos da série Freud consiga se representar na cidade pode aludir à culpabilidade associada à morte do pai: a punição pelo desejo hostil seria a impossibilidade de atingir o objeto cobiçado, para cuja posse a morte do pai (segundo a lógica infantil) abrira caminho.[39] Além disso, esses sonhos se imbricam da forma mais estreita possível com o processo da elaboração teórica: a carta 55 menciona a Fliess pela primeira vez o sistema "sexual-oral" e alude ao que será a zona anal, numa passagem sumamente interessante:

> as perversões descambam regularmente na zoofilia e têm um caráter animal. [...] O principal sentido dos animais (também para as finalidades sexuais) é o olfato,

---

39 Cf. Conrad Stein, "Rome imaginaire", *L'Inconscient*, n. 1, Paris, PUF, 1967, pp. 1-30, e "Le père mortel et le père immortel", *L'Inconscient*, n. 5, Paris, PUF, 1968, pp. 59-100.

que perdeu sua hegemonia no homem. Enquanto domina o sentido do olfato (e do paladar), os cabelos, os excrementos e toda a superfície do corpo — bem como o sangue — exercem um efeito sexualmente excitante. [...] O fato de que os diversos grupos de sensações tenham muito a ver com a estratificação psicológica parece ser depreendido da distribuição dos elementos no sonho.[40]

A que sonho Freud se refere? É possível que se trate dos sonhos de Roma, em especial do terceiro, em que surgem "falésias negras", "riachos sombrios", um vale etc. Uma prova por assim dizer lateral dessa suposição é fornecida pela anedota de Karlsbad, que, mencionada na carta 54 a Fliess, reaparece no mesmo contexto na *Interpretação dos sonhos*, o que permite a Anzieu datar com precisão esse sonho.

A descoberta das zonas erógenas e as tentativas iniciais de integrar esse conceito no arcabouço teórico em construção permitem uma concepção mais ousada do problema da moral, ainda que sem atinar com sua solução definitiva. Ela abre a Freud, igualmente, um novo domínio, de suma importância para a questão da cultura. Na passagem que acabamos de citar, a referência ao olfato remete à questão da hominização, que, como se depreende da carta 52, começa a ser considerada na perspectiva da integração progressiva das pulsões sexuais. As perversões representam para Freud, nesse momento, a permanência da sexualidade animal no homem, isto é, um resíduo pré-histórico nos dois sentidos do termo: o arqueológico e o infantil. A transição dos hominídeos aos proto-homens seria contemporânea do abandono do olfato como sentido predominante — ideia que Freud associará mais tarde à passagem para a posição ereta —; o abandono do privilégio do olfato acarretaria uma mutação decisiva no sentido da integração das pulsões parciais, sob o efeito de algo que poderia ser assimilado à repressão. Não é de todo impossível que o novo sentido privilegiado — a visão — contribua para esse processo, o que resultaria num início de gênese do pudor, associado, como vimos, ao olhar. Essa hipótese contribui, a meu ver, para a elucidação da referência ao "progresso ético e cultural no plano social" de que fala a carta 52. Além disso, penso que aqui se encontra em germe outra concepção essencial da teoria freudiana da cultura: a ideia de que a ontogênese reproduz os passos da filogênese, ou seja, de que a criança repete de

---

40 Carta 55 a Fliess (11/1/1897), OP, BN III, p. 3559.

modo abreviado as etapas do desenvolvimento da espécie, não apenas no plano biológico, mas também no terreno cultural.

Por fim, a alusão à "estratificação psicológica" encontra sua explicação no mesmo movimento de ideias. A hipótese da estratificação do reprimido é o principal argumento de Freud, no sexto capítulo dos "Estudos sobre a histeria", em favor da normalidade do histérico, já que torna possível reconstituir, após a análise, o encadeamento lógico dos diferentes temas a partir do núcleo fundamental. Freud chega a essa concepção a partir da noção de resistência, constatando que esta é inversamente proporcional à distância do núcleo em que se encontram os diferentes estratos do material reprimido. A metáfora da estratificação provém da geologia, que fornece a imagem do "desfiladeiro da consciência".[41] Ora, a metáfora geológica, adequada no momento em que se precisa a noção de conflito psíquico, cujos resultados podem ser seguidos no desenho truncado das camadas deslocadas por forças semelhantes às tectônicas, cede o lugar à metáfora *arqueológica*, a partir do momento em que o interesse de Freud se amplia para o domínio cultural propriamente dito. Esse interesse tem duas faces: uma pessoal e outra teórica. A face pessoal é atestada pelo início da célebre coleção de antiguidades, mencionada na carta 52 a Fliess ("Decorei meu escritório com moldes de estátuas florentinas, que sempre foram para mim uma extraordinária fonte de prazer"). A teórica será tão insistente no decorrer da obra, que Conrad Stein poderá afirmar que se trata de um verdadeiro fantasma de Freud. O momento de transição entre o paralelo geológico e o arqueológico se situa, a meu ver, na conferência de maio de 1896 sobre "A etiologia da histeria":

> Suponhamos que um explorador chegue a um terreno pouco conhecido, no qual despertam seu interesse certas ruínas, que consistem em restos de muros e

---

41 "Estudos", cit., SA E, p. 83; SE II, p. 291; BN I, p. 160. Eis aí a origem de outra fórmula lacaniana, do "desfiladeiro do significante", que tanta tinta fez correr nas capelas parisienses. A título de referência, cabe notar que as metáforas geológicas de Freud aproximam, curiosamente, duas das três fontes de inspiração a que se refere Lévi-Strauss em *Tristes tropiques*: Marx, a geologia e o próprio Freud. "Quando descobri as teorias de Freud, elas me apareceram naturalmente como a aplicação, ao homem individual, de um método cujo cânon era representado pela geologia" (Paris, Plon, 1955, p. 48). Cf. também o comentário de Catherine Backès-Clément a essa passagem, em *Lévi-Strauss*, Paris, Seghers, 1974, pp. 63-6. A respeito da estratificação e de seu papel na teoria freudiana da cultura, cf. Pierre Kaufmann, *Psychanalyse et théorie de la culture*, Paris, Denoël-Gonthier, 1977, *passim*.

fragmentos de colunas e de lápides com inscrições borradas e ilegíveis. [...] Pode ter trazido consigo instrumentos de trabalho [...], praticar escavações e descobrir, partindo dos restos visíveis, a parte sepultada. Se seus esforços forem coroados de êxito, os descobrimentos irão se explicar por si mesmos; os restos de muros demonstrarão ser pertencentes ao recinto de um palácio; pelos fragmentos de colunas poderá ser reconstituído um templo. [...] *Saxa loquuntur*.[42]

As pedras falam: mas o que dizem agora é que são resíduos da atividade humana e que seu aspecto fragmentário não se deve à violência da natureza, mas aos cataclismos da história. O psicanalista, arqueólogo do inconsciente, reaparecerá em *O mal-estar na cultura* e em "Construções em psicanálise", para citar apenas os textos mais conhecidos. O paralelo se impõe, por assim dizer, a partir do momento em que a análise começa a remontar não apenas à origem dos sintomas (para essa função basta a metáfora geológica, com sua conotação de forças em choque), mas à pré-história, na dupla acepção que indiquei anteriormente.

Com a introdução da metáfora arqueológica, com a descoberta das zonas erógenas, com o retorno à interpretação dos sonhos e a introdução explícita do domínio cultural na teorização, não apenas no registro limitado da moral e das notações sociológicas, mas como fundamento e terreno de prova das interpretações psicanalíticas, encerra-se uma primeira etapa do nosso percurso, na qual perseguimos o referencial cultural implícito no pensamento de Freud. O ano de 1897 é aquele em que a psicanálise, devidamente batizada e reconhecida pelo registro civil, começa a se desenvolver num ritmo próprio e com um apetite voraz. A cultura estará presente, nessa segunda etapa, de modo mais direto, pois as referências de Freud à literatura, à pintura, ao teatro e à poesia são numerosas e explícitas. Cabe-nos agora investigar como e por quê.

4. O APRENDIZ DE FEITICEIRO

A propósito, que me dizes desse comentário, segundo o qual minha flamante pré-história da histeria já teria sido arquiconhecida e publicada, embora vários séculos atrás? Recordas que sempre insisti em que a teoria medieval da possessão [...] seria

---

[42] "A etiologia da histeria", SA VI, p. 54; SE III, p. 192; BN I, p. 300.

idêntica à nossa teoria do corpo estranho e da divisão da consciência? [...] Por que essas confissões arrancadas sob tortura são tão semelhantes ao que minhas pacientes me contam no tratamento psicológico?[43]

Freud conhece as bruxas, com efeito, há muito tempo; elas faziam parte das fobias de Cecília M., comunicadas nos "Estudos sobre a histeria", e no artigo sobre a cura hipnótica o vimos mencionar as blasfêmias das monjas medievais. Agora, porém, esse elemento extraído da história tem outra função, que já aprendemos a reconhecer: obter na esfera cultural uma prova capaz de universalizar em conceito uma hipótese formulada a princípio no domínio da psicopatologia. Nesse caso, a teoria da sedução estaria confirmada: os relatos das pacientes merecem a confiança em que Freud os tem, pois não apenas são altamente prováveis e necessários à teorização (o que afirmara tranquilamente na conferência sobre a "Etiologia da histeria"), mas ainda seriam confirmados pelos arquivos eclesiásticos, sob a forma de possessão pelo Demônio. Freud se pergunta por que o Maligno, após ter tomado posse de sua vítima, invariavelmente "fornica" com ela, e encontra nesse detalhe uma comprovação da sedução precoce: o diabo seria uma projeção do pai sedutor. A hipótese o apaixona, e na carta seguinte Freud se dedica a interpretar vários elementos das histórias medievais: o voo das bruxas é um simulacro do orgasmo; sua vassoura, o "Grande Senhor Pênis"; suas danças e reuniões derivam dos jogos infantis. O procedimento interpretativo consiste em traduzir os signos míticos para a linguagem sexual, termo a termo (vassoura = pênis etc.). Mas o caminho inverso é igualmente praticável: tendo lido que o dinheiro dado pelo diabo a suas vítimas se transformava em excrementos, Freud interpretará uma associação de seu paciente E, no mesmo sentido, para concluir: "Assim, nos contos de bruxas o dinheiro simplesmente se transforma na substância que foi originalmente".[44] Freud relaciona de imediato esse resultado à ideia das zonas erógenas, perguntando a Fliess, duas semanas depois, "quando aparece o asco na criança, e se existe um período da primeira infância em que não se sinta asco algum. [...]. A resposta a essa pergunta seria teoricamente interessante".[45] O raciocínio vai assim ininterrupto do discurso dos pacientes ao paralelo

---

43 Carta 56 a Fliess (17/1/1897), OP, BN III, p. 3560.
44 Carta 57 a Fliess (24/1/1897), OP, BN III, p. 3562.
45 Carta 58 a Fliess (8/2/1897), OP, BN III, p. 3562.

cultural e vice-versa: a babá de E. era uma "dessas bruxas dançarinas" (a propósito das danças medievais); sua imagem lhe viera pela primeira vez ao assistir a um balé, de onde proviria sua fobia aos teatros. O mesmo vale para as perversões, cuja importância Freud percebera pouco antes: se os atos perversos são sempre os mesmos, é porque "perpetuam uma religião satânica", que talvez tivesse existido no Oriente, como culto sexual... Das histórias de feiticeiras, é retirada ainda uma explicação para os delírios paranoicos de perseguição — o elo aqui é a queixa habitual de que lhes põem excrementos na comida, de que os envenenam etc. "Essas queixas constituem o puro e verdadeiro conteúdo da sua memória." Isto é, os delírios reproduzem deformadamente um núcleo de verdade histórica, como Freud dirá mais tarde: a crença dos paranoicos na realidade do envenenamento não é em essência diferente da crença dos inquisidores no relato das feiticeiras.

O conteúdo dessas cartas é tão rico, que se torna difícil escolher um ponto de ancoragem para o comentário. Um elemento, porém, não deixa de chamar a atenção: a contradição entre a teoria e o exemplo aduzido. Vimos que Freud interpreta, por assim dizer, em regime de tradução simultânea: sedutor = diabo, seduzida = feiticeira, dinheiro = excremento etc. O responsável pela neurose de E., porém, não é o pai, mas a babá: era o "dinheiro da Luísa" que se transformava em excrementos. Como esta é assimilada à "bruxa dançarina", não seria impossível que Freud concluísse pela identidade entre a feiticeira e o diabo, ou, em outras palavras, reconhecesse nas histórias contadas aos inquisidores um produto da fantasia das mulheres torturadas. As fantasias serão descobertas pouco depois. Freud está tão fascinado pela teoria da sedução que o paralelo retido é aquele que parece comprová-la, e não o que poderia pô-la em xeque. Ora, a teoria da sedução é uma ficção a que Freud se ateve tenazmente — tão tenazmente quanto suas pacientes: é um fantasma forjado por ele, e sobre cuja função podemos licitamente nos interrogar.

A ideia da sedução envolve uma dupla representação; primeiro, a do desvio, do aliciamento, do meandro; e uma outra, requerida pela primeira, de uma linha reta e pura, *anterior* à perversão sedutora. Adão e Eva e Chapeuzinho Vermelho ilustram essa dupla representação: a princípio inocência, depois brusco afastamento do "bom caminho". É igualmente pressuposta a figura de um *agente*, seja a serpente ou o lobo mau, por cujo intermédio se verifica o desvio — agente que opera pela promessa de falsos brilhantes, pela mentira, pelo simulacro, enfim, fazendo apelo ao narcisismo do ente a ser seduzido a fim de melhor agarrá-lo nas redes da lisonja. A sedução é assim imaginada no registro da simulação, e as consequências da ingenuidade não se fazem esperar: expulsão do Paraíso ou encontro do lobo na cama da vovó, elas desfazem o percurso da aparência para mostrar em sua crueza a verdadeira face do sedutor. O pressuposto dessa representação é a divisa platônica da essência e da aparência, colocando a verdade do lado do despojamento e a opinião do lado do disfarce, da maquilagem, de tudo aquilo que recobre o contorno verdadeiro das coisas e as faz parecer melhores do que são. O sedutor cega pela máscara, seja ela visual ou, com mais frequência, encarnada pelas palavras melífluas do elogio interesseiro. A força está ausente da manobra sedutora: ela consiste em obter do outro a ação que irá precipitá-lo no poder daquele, como por sua espontânea vontade.

Não é difícil perceber que a sedução, ao se opor à força, retraça a representação habitual da divisão dos sexos: do lado da mulher, a aparência enganadora; do lado do homem, a verdade sem disfarces. É assim que, na *Odisseia*, as figuras femininas são as sedutoras (Circe, Calipso, as sereias etc.). Em *Górgias*, Platão opõe a ginástica modeladora da beleza à maquilagem que esconde o rosto feminino: "prática malfazeja e mentirosa, vulgar e baixa, um engano por meio do arranjo, dos pós, das pinturas, das vestimentas, de modo a obter uma beleza emprestada, enquanto não se preocupa em absoluto com a beleza adequada, que é o efeito da ginástica".[46] Da mesma forma, o assanhamento dos inquisidores contra o Diabo possuidor de feiticeiras é uma racionalização, uma vez que o verdadeiro alvo do questionamento é a mulher, concebida como princípio do Mal, responsável pela queda do Homem — e mal que contamina, pois a elas (bruxas) se atribuem todas as transformações que ameaçam a rigidez da ordem social (epidemias, revoltas, banditismo, heresias etc.).[47] A finalidade das torturas é obter a renegação da sexualidade, princípio do amor desordenado que subverte as hierarquias; e a *concupiscentia* é privilégio da fêmea, razão pela

---

46 Platão, *Górgias* 464 b, citado por Monique Schneider, "La séduction comme parure ou comme initiation", em *La séduction: ironie de la communauté*, revista *Traverses*, n. 17, Paris, Minuit, outono de 1979.

47 Armando Verdiglione, "La sexualité féminine dans le roman des inquisiteurs", em *La sexualité dans les institutions*, Paris, Payot, 1976, pp. 7-33. Cf. também Franco Mori, "Corpo della legge e demoniaco nel *Martello delle Streghe*", em *Vel*, Veneza, Marsilio Editori, 1978, pp. 94-101.

qual o Belzebu, que não é homossexual, jamais seduz um homem. Verdiglione cita a etimologia eclesiástica de *foemina: fe minus*, menos confiança, selando na história da linguagem a aliança entre a mentira e o feminino. O Diabo não é mais do que um *fantasma da alteridade*, uma construção destinada a explicar o erotismo pela possessão de um *outro*, que só pode ser punido nos efeitos de suas ações, e nunca no seu próprio corpo. A Era das Luzes dispensará o recurso ao Maligno e, como mostra Monique Schneider, atribuirá diretamente à mulher o poder de simulação e de sedução, sem necessitar do recurso ao Demônio sedutor. A histérica, com seu corpo teatral e espetacular, tomará o lugar da feiticeira, tanto pelo caráter pretensamente imaginário dos seus sofrimentos, quanto pela maneira pela qual Charcot irá reintroduzi-la no circuito científico, com suas demonstrações na Salpêtrière. O questionamento sob hipnose, a provocação e a remoção dos sintomas mais impressionantes não constituem um espetáculo que substitui com vantagem os suplícios da Inquisição? Podemos mesmo pensar, na esteira de Foucault (*Surveiller et punir*), que o suplício, ao desaparecer da cena política com o advento dos sistemas repressores do século XIX, reaparece pela porta dos fundos, dessa vez a serviço da ciência: pense-se nas vivissecções, nas experiências "voluntárias" a fim de testar novos medicamentos...

Diante dessa tradição, Freud toma o caminho oposto: a sedução será para ele obra de um homem, e mais precisamente de um pai. A mulher sedutora ficará no plano da aparência; a etiologia tenta "surpreender um pai", o que, dado o caráter edipiano das fantasias de sedução, invariavelmente realiza. O cenário da situação analítica, aliás, se opõe ponto por ponto ao ambiente criado por Charcot — discrição, posição do médico atrás do paciente, proibição de toda e qualquer ação motriz, abolição do olhar. Esta não se refere apenas à exclusão dos espectadores que lotavam o anfiteatro de Charcot, mas, até 1904, fazia parte do protocolo analítico, expressando-se na injunção de "fechar os olhos" e só reabri-los uma vez terminada a sessão. Em outros termos, a situação analítica é dessexualizada por completo no plano do real, justo para permitir à sexualidade fantasmática a mais completa expressão. Mais precisamente, visto que a maioria de seus pacientes era composta de mulheres, o que Freud assim coloca entre parênteses é a possibilidade mesma de sedução pelo feminino, tanto na disposição concreta do cenário como pelo "severo interesse científico", garantia da neutralidade e da objetividade por parte do analista:

> Naturalmente, aqueles que depois de um severo exame de sua personalidade não reconheçam em si o tato, a severidade e a discrição necessários para o exame dos neuróticos, e saibam que as descobertas de ordem sexual despertarão neles cócegas voluptuosas em lugar de um rigoroso interesse científico, farão muito bem em se manter afastados do tema da etiologia das neuroses.[48]

Defesa frágil, pois, como sabemos, o feminino não deixou de preocupar Freud durante toda a sua vida, e nas *Novas conferências* ele dirá que aí se encontra o "continente negro" da psicologia. Mas sem tal defesa lhe teria sido impossível prosseguir suas investigações, para o que, em primeiro lugar, precisava tomar por verdadeiro o discurso de suas pacientes. Se houve trauma, há um culpado, e o analista se aproxima do detetive, reunindo indícios e pegadas para reconstituir a cena do crime. Por que, então, a monotonia da acusação ao pai? Sem dúvida, porque isso é o que Freud ouve de suas pacientes; mas também porque essas frases encontram em seu ouvido um receptáculo favorável: se o pai é réu de perversão, o filho não tem por que se sentir culpado diante dele. Toda a elaboração teórica que estamos examinando se situa no período inicial do luto, que sem dúvida produziu em Freud sentimentos de culpabilidade — "autorrecriminações que a morte costuma despertar entre os sobreviventes", na expressão da carta que relata o sonho "Pede-se fechar os olhos". Freud não fechará os seus perante as perversões paternas, e nessa denegação da culpabilidade pode estar seguro de contar com a colaboração completa de suas "geniais histéricas".

Aqui se impõe um outro paralelo: Freud lê com sumo interesse o *Malleus maleficarum*, como sabemos pela carta 57. Verdiglione nos diz que o *Malleus* é obra de Heinrich Kramer e de Jakob Sprenger, dominicanos encarregados pelo papa de combater as heresias na Alemanha. O livro, impresso em Estrasburgo em 1486, teve um sucesso extraordinário, conhecendo dezenas de edições até o século XVII. Estudando o processo do interrogatório descrito pelos autores, Verdiglione chega à conclusão de que o inquisidor repete o ato de violência atribuído ao Diabo, torturando o corpo feminino até que se verifique a confissão — que na verdade configura uma renúncia à sexualidade, reputada como eminentemente maléfica. A necessidade de reproduzir pela palavra todos os detalhes da fornicação coloca a feiticeira no mesmo campo que a histérica; mas o fim almejado é

---

48 "A sexualidade na etiologia das neuroses", SA V, p. 17; SE III, p. 265; BN I, p. 318.

inverso num e noutro caso. Antes Freud havia comparado o analista ao confessor — comparação que sob análise se revela ser o seu contrário —; aqui o paralelo entre o inquisidor e o analista é menos absurdo do que parece, justamente porque as finalidades perseguidas se situam nos antípodas uma da outra. Se a Inquisição quer a confissão para purificar a alma da feiticeira queimando o seu corpo — com o benefício secundário de satisfazer o voyeurismo do inquisidor, que se libera do fogo da paixão pelo fogo do suplício —, a psicanálise suscita a confissão para purificar o espírito da histérica do sentimento de culpabilidade, estando o analista protegido pelo seu "severo interesse científico", roupagem sob a qual se esconde então a denegação da contratransferência. O objetivo comum é assim o desejo de purgar — Freud e Breuer não denominam "catártico" o método que inventaram? —, de eliminar as toxinas psíquicas, como mostrará Monique Schneider em seu livro *De l'exorcisme à la psychanalyse*.

Foucault toma esse paralelo como fio condutor de sua análise em *La volonté de savoir*, inscrevendo a psicanálise no grande contexto da "necessidade de confessar", que segundo ele forma um dos elementos essenciais da cultura ocidental. Mas cabe assinalar que essa perspectiva silencia a dimensão do inconsciente, sem a qual a modalidade propriamente psicanalítica da confissão se torna ininteligível. Isso porque a psicanálise não é apenas mais uma etapa do processo inquisitorial, mas também e sobretudo uma reflexão sobre seu sentido, de modo que Freud, mais do que ser arrastado por uma lógica que o transcende, contribui por sua investigação para estabelecer a sequência das figuras e constituir seu princípio de encadeamento. No entanto, fascinado pelo paralelo entre sua teoria e os relatos inquisitoriais, ele só tem olhos, nesse momento, para o que confirma a hipótese da sedução: "Esses alfinetes que saem pelas vias mais singulares, essas agulhas com as quais tantas pobres enfermas se destroçam os seios, e que são invisíveis aos raios X, embora apareçam bem claras nas histórias de sedução". E associa imediatamente: "Agora os inquisidores voltam a espetar suas agulhas para revelar os *stigmata diaboli* [...] e as vítimas reinventam na ficção as mesmas histórias horripilantes, ajudadas, talvez, pelo disfarce dos sedutores. Assim, vítimas e carrascos recordam em comum sua mais longínqua juventude".[49] Ou seja: os inquisidores repetem a sedução — sedução atribuída de início ao Demônio, mas na verdade cometida pelo pai. E, como se podem imaginar as delícias dos dignos

---

49 Carta 56 a Fliess (17/1/1897), OP, BN III, p. 3560.

eclesiásticos ao ouvir os relatos das bruxas, o que revivem em comum com elas é a origem de suas próprias obsessões, que se situaria numa "vivência sexual ativa" na primeira infância. Ora, se no divã as pacientes repetem as mesmas histórias "horripilantes", quem está no lugar dos "sedutores disfarçados", cuja presença possibilita a ressurreição de todos esses sofrimentos?

Freud não dispõe ainda de três conceitos essenciais: a fantasia, a transferência e a contratransferência, que lhe permitirão sair do círculo vicioso em que o enredou sua comparação da histeria com a possessão demoníaca. Pois, se o raciocínio é seguido até o fim, é ele mesmo quem está na posição do sedutor — posição insustentável sem se inscrever no registro da fantasia transferencial, e que o recurso ao "severo interesse científico" deixa transparecer em filigrana. Além disso, tal metáfora pode ser lida em outro registro: a sedução está na origem da civilização, segundo os mitos da serpente e da caixa de Pandora; é o advento da fêmea sexuada que põe fim à Idade de Ouro e à fruição do Paraíso. Ora, nesses mitos, é a cultura que procura pensar sua origem como *diferença* em face de um estado primordial de felicidade, dando-se implicitamente como espaço da miséria e do sofrimento. Nesse sentido, a sedução, como momento inaugural dessa trajetória, tende a explicar o sofrimento humano como *punição*, o que, é óbvio, caracteriza como pecado e impiedade as tentativas de diminuí-lo... A sedução é assim, como nota Marilena Chaui, uma máscara que a cultura oferece a si mesma, uma forma virtualmente invulnerável de justificar a si própria. Quando Freud aborda o problema da sedução, sua atitude redutora, garantida pelo "severo interesse científico", equivale tanto a aceitar como verdade o conteúdo do discurso histérico, quanto a um modo particularmente sutil de pôr em evidência o caráter punitivo, e portanto moral, da neurose — e, por essa via, aludir a um paralelo que não chega, na verdade, a desenvolver: o que vige entre o destino infeliz de suas pacientes e o destino infeliz da espécie humana. No foco do "mal-estar na cultura", a sedução: jogo de espelhos entre o indivíduo e o social do qual voltaremos a tratar no quarto capítulo deste estudo.

Para retomar o fio do trajeto freudiano, que não explora todas as sendas entreabertas pela sua reflexão, cabe notar que o primeiro dos três elementos mencionados antes (as fantasias) faz sua aparição em abril de 1897. É difícil precisar de que maneira sua existência foi advertida por Freud. O contexto ("elas partem invariavelmente de coisas que as crianças ouviram na primeiríssima infância — seis ou sete meses — e só mais tarde chegaram a compreender") sugere que elas se refiram ao que será depois denominado "cena primitiva", ou seja, a visão do coito entre os pais, ou a inferência de que ele se realiza, pelos rumores escutados. Essa descoberta não abala a crença de Freud na veracidade dos relatos de sedução, apesar das "dúvidas" confessadas a Fliess na carta 60. Por outro lado, é certo que as fantasias recém-descobertas e um proveitoso "congresso" com Fliess na Páscoa de 1897 fornecem um poderoso impulso à reflexão freudiana, que atinge um de seus cumes no mês de maio de 1897, quando redige, em três semanas, os manuscritos L, M e N. Centraremos, pois, nossa abordagem desses textos na questão das fantasias.

A carta 61 (2 de maio de 1897), que acompanha o Manuscrito L, afirma: "As fantasias são construções defensivas, sublimações e ornamentações dos fatos, servindo simultaneamente a propósitos de autoexoneração".[50] A terapia tem por objetivo "chegar até as cenas primárias, o que em alguns casos se consegue de modo direto, mas em outros somente por longos rodeios pelas fantasias. Estas são, efetivamente, antepórticos psíquicos, erigidos para bloquear o acesso a tais recordações".[51] É fácil compreender que as fantasias aparecem a Freud como construções *defensivas* em virtude de sua crença na realidade das cenas de sedução. Como estas são reputadas verídicas, a fantasia surge como uma "ficção defensiva" destinada a mostrar que o sujeito não teve culpa na sedução, o que exige o "largo rodeio" para chegar até a cena correspondente. Freud manterá essa noção mesmo quando a teoria da sedução tiver sido abandonada, servindo o caráter defensivo das fantasias para justificar o mecanismo das "recordações encobridoras" e como ponto comum entre elas e a criação literária. O passo seguinte é dado no Manuscrito M: as fantasias são produtos inconscientes, fruto de uma combinação — no sentido químico, isto é, por decomposição e fusão — de elementos pertencentes a várias vivências, de épocas diferentes. Freud nota então, pela primeira vez, que as relações cronológicas estão ausentes do inconsciente, visto que a elaboração das fantasias nessa instância não as leva em conta, procedendo, ao contrário, à fragmentação das experiências: o desprezo pela cronologia serve aqui às finalidades da deformação. É por seu caráter compósito e irreconhecível que as fantasias podem escapar à repressão, exceto no caso em que adquiram especial intensidade e irrompam na consciência. Isso parece

---

50 Carta 61 a Fliess (2/5/1897), OP, BN III, p. 3565.
51 Manuscrito L (2/5/1897), OP, BN III, p. 3566.

sugerir que, nesse momento, Freud pensa que elas se situam no pré-consciente; na paranoia, porém, elas emergem na consciência, organizam-se sistematicamente e apresentam características próprias, como o "romance familiar" destinado a fazer parecer ilegítima a família, ou seja, a atribuir ao sujeito uma filiação mais consentânea com sua megalomania.

Tendo chegado a esse ponto, Freud é tomado de dúvidas quanto à veracidade das cenas de sedução paterna, diante da dificuldade de decidir quais delas tiveram efetivamente lugar e quais são apenas imaginadas de modo inconsciente: o Manuscrito N, de 31 de maio de 1897, afirma que "crer e duvidar são fenômenos que pertencem inteiramente à esfera da consciência, sem nenhuma contrapartida no inconsciente".[52] Ou seja, no inconsciente não existem signos de realidade, o que, por fim, levará Freud, dentro de pouco tempo, a abandonar por completo a teoria. De momento, seu desejo de confirmar a "etiologia paterna" suscita um sonho que, por razões compreensíveis, não faz parte da *Traumdeutung*: "Eu sentia um carinho desmesurado por Mathilda, mas seu nome era Hella, e depois vi na minha frente a palavra 'Hella' impressa em grandes caracteres".[53] O desejo realizado pelo sonho é, naturalmente, o de surpreender um pai como provocador da neurose, "pondo fim a minhas dúvidas ainda persistentes". Quem é o pai em questão? À primeira vista, Sigmund, mas por trás dele se perfila a figura de Jakob. Acusar de perversão seu próprio pai, no entanto, é uma temeridade intolerável, mesmo para quem não recua diante do mistério do sexo; a deformação onírica o afasta, pondo em seu lugar o próprio sonhador. Mas há uma diferença fundamental: em Sigmund, o "carinho desmesurado" permanece no nível do desejo, sem se traduzir em atos; e, se o problema é formulado em termos de desejo e não de ações, onde colocar a veracidade da sedução? O sonho, longe de confirmar a hipótese, confirma apenas que todo sonho é uma realização de desejos! Por outro lado, se os pais abrigam tais desejos em relação a seus filhos — e mesmo os mais graves, como mostra o sonho "Infanticídio" de seu paciente E. (Manuscrito L) —, então os filhos têm toda a razão em nutrir sentimentos de hostilidade inconsciente contra os pais. Eis aí, da maneira mais clara possível, a prova de que a elaboração teórica de Freud se articula com o trabalho do luto e com a identificação contratransferencial em relação a seus pacientes.

52 Manuscrito N (31/5/1897), OP, BN III, p. 3574.
53 Carta 54 a Fliess (31/5/1897), OP, BN III, p. 3573.

O Manuscrito L é interessante ainda por uma outra razão, que lança luz sobre o entrelaçamento dos temas nessa primeira etapa do estudo da cultura. Trata-se da referência à sedução das domésticas pelo *pater familias* vienense, que Freud insere na trama da problemática ligada à sedução: "Há uma espécie de justiça trágica no fato de que a degradação do pai de família seja expiada pela auto-humilhação da filha". Aqui o fator sociológico vem se cruzar com a dimensão propriamente inconsciente, por meio das fantasias em que a filha se identifica com a criada. O poder do pai se exprime assim tanto na esfera econômica quanto na esfera sexual. Sua lubricidade contamina o elemento feminino que dele depende para a subsistência, pondo a nu o elemento sexual presente em toda relação de dominação. A culpabilidade permeia todas as relações desse tipo, exprimindo-se nas formas mencionadas por Freud: recriminações, medo do aborto, medo da prostituição, medo do homem e medo da mulher. O foco dessa culpabilidade é, naturalmente, o pai, o qual se revela assim como figura por excelência da perversidade do poder. Ora, o sonho de Freud o coloca nessa posição extremamente delicada, superpondo as imagens do pai tentador de sua domesticidade e do psicanalista cúmplice de sua clientela, de sorte que, por trás do desejo de confirmar sua teoria, ou através dele, reluz a culpabilidade em seus diversos registros. Por esse caminho, o da "experiência onírica", o desejo de vingança contra o pai vai assumir um papel mais relevante na teorização freudiana.

Mas tal desejo é em si mesmo gerador de tensões, pois vai de encontro à piedade filial. Daí sua função marcadamente patogênica:

> Os impulsos hostis contra os pais [desejo de que morram] constituem também elementos integrantes das neuroses. Surgem à luz, conscientemente, como ideias obsessivas; na paranoia, correspondem a eles os piores delírios de perseguição (desconfiança patológica do governante ou do monarca). *Esses impulsos são reprimidos nas ocasiões que reanimam a compaixão pelos pais, como a enfermidade e a morte. Uma das manifestações de luto consiste então em se auto-acusar da sua morte* [...]. Parece que esse desejo de morte se dirige, nos filhos, contra o pai, e, nas filhas, contra a mãe.[54]

É suficiente aproximar essa passagem dos textos que citei antes (carta 50) para perceber que os impulsos hostis são percebidos também e exemplarmente no próprio Freud. O sonho "Hella" abriu caminho para sua manifestação; outro sonho,

---

54 Manuscrito N (31/5/1897), OP, BN III, p. 3573. Grifos meus.

"Subir nu as escadas", mencionado na mesma carta, parece aludir à outra vertente do complexo de Édipo, o desejo incestuoso. Na versão publicada na *Traumdeutung*, a "sensação erótica" que o acompanhava no relato feito a Fliess é expurgada;[55] mas essa sensação, somada à representação da doméstica que o recrimina na escada — e que é uma encarnação da babá de Freiberg —, sugere que, sob o disfarce da ama-seca, comece a se insinuar a imago materna. Segundo Anzieu, isso seria confirmado pela passagem sobre o incesto contida no Manuscrito N:

> A "santidade" se funda no fato de que o ser humano sacrifica, no altar da comunidade humana mais ampla, uma parte de sua liberdade de incorrer em perversões sexuais. O horror ao incesto (como algo ímpio) se baseia no fato de que, em consequência da vida sexual em comum, os membros da família se mantêm permanentemente unidos e perdem sua capacidade de iniciar contatos com estranhos. Assim, o incesto é anti-social, e a cultura consiste na progressiva renúncia a ele.[56]

Reconhecemos então o mecanismo, já familiar, da universalização da prova por meio da referência à cultura. As "perversões sexuais" a que se renuncia consistem, nesse momento, na sedução dos filhos; só mais tarde é que a expressão "perversidade polimorfa" será invocada para designar as pulsões parciais da sexualidade infantil. O incesto é aqui considerado no sentido pais – filhos, o que se coaduna bem com a etapa presente das preocupações de Freud. Um novo elemento é agregado à genealogia da moral: a santidade, grau máximo da moralidade (Kant se referia à vontade "santa", para quem o imperativo categórico seria apenas assertivo, visto que uma tal vontade conformaria todas as suas inclinações à lei moral). A santidade nasce da renúncia à perversão; falta apenas um passo para identificar na sublimação das pulsões parciais, fonte das perversões, um mecanismo essencial da produção cultural. Mas é um passo gigantesco, pois implica considerar o incesto no sentido filhos – pais, isto é, na descoberta do complexo de Édipo.

Freud ainda não foi tão longe. Os impulsos hostis são deixados à deriva, sem serem acoplados às fantasias, que, ao contrário, são concebidas como uma das possíveis fontes desses impulsos. A sequência seria então: cena de sedução,

---

[55] *A interpretação dos sonhos*, SA II, p. 244; SE IV, p. 238; BN I, p. 492.
[56] Manuscrito N (31/5/1897), OP, BN III, p. 3575.

fantasias defensivas, autoexoneração, impulsos hostis, o que mostra a que torções Freud precisa submeter sua mais recente descoberta para integrá-la no quadro da teoria da sedução. A fantasia, nesse caso, surge como um produto da imaginação retroativa, e é nesse sentido que ela oferecerá um ponto de contato com a criação literária, estendendo a esta o conceito de defesa. O exemplo em que pensa Freud é o *Werther* de Goethe. O poeta teria combinado "algo que vivenciou seu amor por Lotte Kastner com algo que havia ouvido — a morte do jovem Jerusalém, que se suicidara".[57] Contra o que Goethe precisaria se defender? Entra em jogo a interpretação: "Provavelmente havia brincado com a ideia de se matar, e nessa ideia encontrou um ponto de contato para sua identificação com Jerusalém, a quem atribuiu seus próprios motivos, derivados do enamoramento". Há um vaivém entre o autor e seu amigo: eu quero me matar por não possuir o amor da jovem; ele se matou; o fez por uma razão idêntica; eu também o farei. Mas Goethe não se mata e, em vez disso, escreve seu romance. "Por meio dessa fantasia, protege-se contra as consequências de sua vivência." O que implica que a fantasia seja uma defesa contra um impulso — no caso um impulso autodestrutivo, de hostilidade a si mesmo. Freud não extrai de imediato essa conclusão, que poderia conduzir ao reconhecimento do Édipo e à inversão do sentido da relação incestuosa. Werther não é Hamlet, e a comparação entre a loucura e a poesia (a *fine frenzy* de Shakespeare) limita-se à esfera defensiva, sem que seja estabelecida a similitude dos objetos contra os quais é preciso se defender. Mas é evidente que a consideração das fantasias vai aos poucos abrindo uma brecha na teoria, pela qual acabará por se precipitar a hipótese da sedução.

A dificuldade, evidentemente, não é apenas de ordem teórica. Os sonhos de maio e as implicações deles extraídas colocam Freud diante do desejo incestuoso, para o qual não dispõe ainda de instrumentos de compreensão. Justo por isso, ele não deixa de horrorizá-lo, como a qualquer um de nós. Freud escreve, na carta 65, de 12 de junho de 1897, que "algo surgido do mais profundo abismo de minha própria neurose se opõe a todo progresso em minha compreensão das neuroses".[58] A depressão em que se encontra — grave o suficiente para que

---

57 Ibidem, p. 3575.
58 Carta 66 a Fliess (7/7/1897), OP, BN III, p. 3576. A abertura e o encerramento dessa carta ("Por mais que abra de par em par todas as portas dos meus sentidos, não compreendo nada... Creio estar encerrado em um casulo; sabe lá que espécie de bicho sairá dele") mostram com clareza a perplexidade carregada de terror em cujas malhas Freud se sente debater, e que, como sabemos, culminará na crise do outono de 1897 e na descoberta do complexo de Édipo.

atribua a si mesmo o qualificativo de neurótico — liga-se ao reconhecimento das fantasias como produtos de uma deformação semelhante à do sonho, que as torna capazes de entrar em combinação com os "impulsos perversos" para originar a determinação dos sintomas. A assimilação do processo de formação das fantasias ao do sonho coloca a defesa no centro da questão, mas o *objeto* da defesa se torna mais misterioso do que nunca: recordações ou impulsos? A lógica sugere que se trate destes, mas a lógica esbarra com uma formidável resistência emocional; a sensação de paralisia intelectual é assim o efeito de superfície de um processo mais profundo e que envolve a denegação do desejo incestuoso. Não é por acaso que o sonho mencionado na carta subsequente é mais uma vez o de exibição, ao qual Freud retorna para dar uma interpretação mais completa. Os estranhos à volta do sonhador nada veem da sua nudez, o que prova duas coisas: em primeiro lugar, a realização do desejo (não se colocar numa situação embaraçosa); em segundo, a motivação infantil do sonho, isto é, a recordação do prazer exibicionista em mostrar o próprio corpo. E Freud associa imediatamente uma interpretação universalizante: se o sonho é típico, deve existir uma contraprova, na esfera da cultura, do desejo nele realizado. Com efeito, o conto de Andersen "A roupa nova do imperador" põe em cena uma situação próxima à do sonho — próxima porque a deformação faz com que os elementos essenciais se encontrem embaralhados.

A passagem da *Traumdeutung* em que figura o comentário desse conto atesta o curso dos pensamentos de Freud. A seção precedente do quinto capítulo ("Material e fonte dos sonhos") tratara das fontes somáticas e permitira chegar à conclusão de que todo sonho realiza em primeiro lugar o desejo de dormir, visto que prolonga por mais alguns momentos o sono. Surge então o problema do pesadelo, cujo resultado é o despertar do sujeito. Freud resolve essa dificuldade mediante a noção de que o desejo a ser realizado, no caso dos sonhos de angústia, é reprimido com excepcional intensidade, correspondendo a angústia à liberação de um afeto penoso, por parte da censura, visando justamente impedir que o conteúdo reprimido penetre na consciência. Em termos mais simples, o sonho de angústia satisfaz o desejo repressor. Como exemplo desse mecanismo, o que Freud propõe é precisamente o sonho de nudez, que encerra a seção sobre as fontes somáticas e cujo comentário continua na seção seguinte, sobre os sonhos típicos, na qual é mencionada a estranha característica de que os espectadores parecem não advertir a seminudez do sonhador. Isso se vincula à situação infantil, em que nos exibimos prazerosamente perante o adulto. Aqui intervém uma série de observações a respeito dos neuróticos, dos paranoicos e dos perversos, em cujo funcionamento psíquico tais impulsos infantis exercem ainda um papel preponderante. O movimento do texto vai assim de um sonho próprio ao exemplo literário e ao resultado das observações clínicas, motivando o caráter *típico* do sonho não só por sua ocorrência "em numerosos dos meus leitores", mas também por sua versão deformada na história de Andersen e numa peça de teatro baseada nela.

O vaivém entre a psicopatologia e a cultura continua com a evocação do Paraíso,

> que nada mais é do que a fantasia coletiva da infância individual. Por essa razão, seus habitantes são representados nus, sem se envergonhar um diante do outro, até chegar ao momento em que se despertam a vergonha e a angústia, ocorre a expulsão e têm início a vida sexual e o trabalho de civilização. A esse paraíso, o sonho pode nos levar de volta todas as noites.[59]

A interpretação se precisa: partindo de um detalhe insignificante — a nudez —, a infância é deduzida como raiz da representação do paraíso, sendo este apenas uma "fantasia coletiva", construída com fragmentos da infância de todos nós e projetada para o passado mais longínquo, isto é, para a infância mítica da humanidade. Desse elemento cultural, a interpretação retorna ao sonho de nudez, para mostrar que as pessoas "desconhecidas" reproduzem de modo deformado outras muito conhecidas, e que sua "indiferença perante o sonhador" é apenas a inversão, fruto da censura, do interesse deste por essas mesmas pessoas, isto é, os pais. O paralelo com a paranoia, sugerido pela referência à projeção, acentua-se com a inferência de que o delírio de observação constitui uma espécie de termo médio entre o mito e o sonho: como no primeiro, alguém observa o sujeito (Deus, o anjo da espada); mas, como no segundo, trata-se de pessoas *indeterminadas*. É nesse momento que Freud faz intervir outra referência cultural, ao mesmo tempo mitológica e literária: a nudez de Ulisses diante de Nausícaa, evocada no romance de G. Keller, *Henrique, o Verde*. Nesse romance, um exilado

---

59 *A interpretação dos sonhos*, SA II, p. 250; SE IV, p. 245; BN I, p. 496.

chega de volta à pátria e se sente envergonhado por estar coberto de farrapos e de pó, o que sugere a um outro personagem o paralelo com Ulisses. Essa referência recursiva permite pôr em evidência outro aspecto do problema: temos aqui um personagem literário que alude a outro personagem literário, anulando a distância cronológica e refletindo num de seus componentes o desprezo do sonho pelas relações temporais. O subsolo idêntico ao sonho, à fantasia individual e à "fantasia da humanidade" prefigura um dos grandes temas da análise freudiana da cultura, o paralelo entre a ontogênese e a filogênese, do qual trataremos com vagar no terceiro e no quarto capítulos deste trabalho. Mas é patente, desde já, que a redução psicanalítica — ao contrário da redução junguiana — retraça o cultural ao individual, pois a infância "real" é a fonte da fantasia do Paraíso. No entanto, a homologia entre ambos deixa transparecer uma solidariedade entre a mitologia e a psique, e entre ambas e a ficção, uma remetendo continuamente às outras. Ou seja, a psique contém em sua trama elementos do *socius*, o que, porém, constitui mais um enigma — a esta altura — do que uma explicação. De momento, Freud enfatiza, com essa segunda contraprova cultural, que "essa eterna e profundíssima essência do homem, que todo poeta tende sempre a despertar em seus ouvintes, é constituída por aqueles impulsos e sentimentos [...] cujas raízes penetram no longínquo período infantil [...], razão pela qual termina sempre em pesadelo esse sonho, que a lenda de Nausícaa objetiva".[60]

E Freud retorna então a seu próprio sonho, para finalizar a interpretação afirmando que a presença de uma criada que o repreende por sua falta de limpeza, no sonho da escada, representa sua babá, que fazia o mesmo em sua primeira infância. Mas aqui é preciso voltar à cronologia, que deixamos de lado, pois, em julho de 1897, tal recordação ainda não apareceu. O elaborado movimento do texto da *Traumdeutung*, com suas reuniões da psicopatologia à cultura e vice-versa, no interior de uma passagem que começa e termina por um sonho pessoal, fornece uma preciosa indicação. O efeito desse sonho fora, como vimos, o de atirar Freud numa depressão grave, que se traduziu por uma absoluta paralisia intelectual. Nada mais adequado para nos esclarecer essa questão do que uma pequena e enigmática nota, colocada logo antes da

---

60 *A interpretação dos sonhos*, SA II, p. 252; SE IV, p. 247; BN I, p. 497.

referência a Nausícaa: "A sensação de paralisia [...] serve admiravelmente [...] para expressar o *conflito da vontade*. A intenção inconsciente exige que a exibição prossiga, e a censura exige que se interrompa".

Isso não vale apenas para o sonho, mas também para a vida científica. Em sua investigação, Freud chegou ao ponto em que a descoberta das fantasias e dos impulsos hostis exige a tomada em consideração do desejo incestuoso, mas uma vivíssima resistência, emanada da censura, o impede de dar esse passo. É nesse momento que se decide a empreender uma autoanálise sistemática, consciente de que o fracasso em terminar seus tratamentos e em elaborar uma teoria coerente não se devia apenas às dificuldades objetivas, mas a algo que se elevava "do próprio abismo de minha neurose". E, como seria de esperar, Fliess está implicado nessa questão: Freud escreve na carta 66 que "a inibição me parece destinada a impedir nossas relações".[61] O encontro projetado para agosto é cancelado por Freud, que não se sente em condições de encarar seu amigo. Podemos vincular esse evitamento ao conteúdo exibicionista do sonho: pois para quem, senão Fliess, Freud se mostra, por assim dizer, de corpo inteiro? A consequência se impõe: Fliess está no lugar de uma dessas pessoas a quem se dirigiu o desejo infantil; mas, como este ainda não foi nomeado, a interpretação não pode ser fornecida, e a angústia do desconhecido se instala. A tremenda culpabilidade envolvida nos dois ramos da alternativa que seus sonhos lhe colocam — ser o sedutor de sua filha ou admitir os impulsos hostis e libidinais diante de seus pais — é, por fim, o que decide Freud a empreender a autoanálise, para a qual Fliess vai colaborar, *malgré lui*, por sua impossibilidade de ser *visto*, exatamente como o analista por trás do paciente. Mas a analogia não pode ser continuada, pois, como diz Wladimir Granoff (*Filiations*), se Freud fez sua análise com a ajuda de Fliess, este não pode ser tido por isso como o analista de Freud. E é precisamente essa culpabilidade que conduz Freud, na passagem da *Traumdeutung* que introduz os sonhos típicos, a operar o vaivém do sonho à neurose e à cultura, preparando o leitor para o anúncio dos desejos edipianos na seção seguinte, inocentemente intitulada "Sonhos de morte de pessoas queridas". A referência cultural vai agora assumir, com toda a intensidade, a função máxima de elidir a culpabilidade inerente à exploração dos domínios obscuros e abissais do inconsciente humano.

---

61 Carta 66 a Fliess (7/7/1897), OP, BN III, p. 3576.

5. *"VOM HIMMEL DURCH DIE WELT..."*

É durante o mês de setembro de 1897 que a evidência se impõe a Freud: a teoria da sedução é falsa e tem de ser abandonada, por uma série de motivos enumerados na carta 69, de 21 de setembro de 1897: impossibilidade de concluir as análises, a assombrosa frequência das perversões a serem imputadas aos pais, a inexistência, no inconsciente, de um signo de realidade capaz de permitir ao analista diferenciar entre fantasias e vivências, o dado clínico de que nem mesmo nas psicoses mais profundas a cena de sedução chegue a irromper espontaneamente... Falta, porém, o essencial — os horizontes abertos pela autoanálise, que devem ter revelado a Freud suas próprias fantasias inconscientes. A carta tem acentos patéticos: o trabalho de anos se dissolveu no nada, pois o fato de ser impossível reencontrar as cenas traumáticas da primeira infância sugere o retorno à teoria da disposição hereditária, da qual tinha se emancipado em 1892; a possibilidade de resolver o enigma das neuroses, e com isso garantir seu lugar na história da ciência e na estima de seus concidadãos, pondo fim, simultaneamente, ao isolamento científico e às dificuldades materiais, se esfuma como uma miragem inalcançável; a ambição de viajar, de ser famoso, de poupar a seus filhos as preocupações da miséria, tudo isso parece então mais distante do que nunca.[62] "Apenas a psicologia ficou intacta", isto é, a

---

62 Duas associações judaicas ocorrem a Freud nesse momento trágico: "Não vou dizê-lo em Dan nem falarei nisto na terra dos filisteus, em Ashkelon" (Samuel II, 1:20), e a anedota da noiva: "Tira este vestido, Rebeca, a boda terminou!". Mas o "outro lado" aparece também, pois Freud cita Shakespeare: "To be in readiness", e alude à derrubada nietzscheana de todos os valores. É curioso notar que comete então dois lapsos nas citações: substitui "Dan" ao Gat bíblico, e "To be in readiness" ao "Readiness is all" de Hamlet. Cabe, pois, retificar uma observação de Marthe Robert, segundo a qual, nos momentos decisivos, Freud abandona sua identificação à cultura germânica para retomar fôlego do lado judaico (*D'Œdipe*, cit., p. 63). Ao contrário, a dupla referência a Shakespeare e a Nietzsche mostra que, nessa ocasião dramática entre todas, as associações vão rumo a ambas as direções. A respeito da citação bíblica, deve-se assinalar ainda que o texto de Samuel II nada diz a respeito das "terras dos filisteus", mas insiste em algo que talvez esclareça o sentido do lapso freudiano: *Al tagidu beGat, al tevassru behutzot Ashkelon, pen tismakhana bnot plishtim, pen taalozna bnot hearelim* ("Não o digam em Gat, não o anunciem nos arredores de Ashkelon, para que não se alegrem as filhas dos filisteus, nem se regozijem as filhas dos incircuncisos"). A substituição das *filhas* pelas *terras* barra o caminho para a associação provável com as pacientes *femininas* a quem "regozijaria" a notícia, deixando espaço para outra, menos comprometedora, que visa aos *filisteus*, termo popularizado por Nietzsche para designar a fração empedernidamente burra do público alemão. Mas o termo escolhido, compromisso entre duas tendências opostas, não deixa

interpretação dos sonhos, a partir da qual será preciso recomeçar toda a construção. Nesse momento, Freud recorre a Fliess para propor um encontro-relâmpago no mesmo fim de semana — o contato com o amigo imprime, como de hábito, um novo impulso à reflexão, que agora vai transpor os últimos obstáculos e, num extraordinário mês de outubro, produzirá como resultado a redescoberta das vivências da primeira infância e a formulação do complexo de Édipo.

Jakob Freud é inocentado da acusação de ter sido o iniciador da neurose de seu filho já na carta 70, de 3 de outubro de 1897, cabendo esse privilégio à "babá velha e feia". Freud menciona também a rivalidade com seu sobrinho maior, o comportamento "atroz" para com a irmãzinha deste, as cenas do trem em que viajara com sua mãe aos três anos (escreve, num latim pudico, que vira *matrem nudam*) e a morte de seu irmão menor, Julius, nascido três anos depois dele e falecido com poucos meses, o que lhe provocou fortes remorsos. Outro aspecto importante dessa carta consiste no primeiro brotar de identificação com Goethe, que irá se acentuando com o correr dos anos e cujo papel na vida psíquica de Freud dificilmente pode ser exagerado. Ela surge de início sob a forma de um sonho, no qual Freud vê o crânio de um animal, que a princípio parece ser de um porco, mas depois se revela pertencer a um carneiro. Dois anos antes, ao partir pela primeira vez para a Itália, Fliess lhe desejara a boa sorte de descobrir em Veneza o crânio de um carneiro, como fizera Goethe, que a partir dessa descoberta retirara importantes conclusões para suas teorias anatômicas. Freud, porém, não apenas voltou de Veneza com as mãos vazias, mas tampouco havia descoberto, dois anos depois, sua "cabeça de carneiro", isto é, o elemento do qual pudesse deduzir uma teoria consequente. Ao contrário, é ele quem pode ser considerado um *Schafskopf*, um cretino, e além disso desonesto, pois promete a seus pacientes uma cura que não está em condições de efetuar — daí a alusão à babá, que roubava moedas, e ao porco, que recorda as vicissitudes da educação esfincteriana do menino Sigmund. O conteúdo da carta remete assim à culpabilidade inconsciente em relação aos pacientes, que já fornecera o ponto

---

de aludir ao feminino: o "Tema dos três cofrezinhos" mostrará que a Mãe-Terra é uma das mulheres do Destino, e a carta 163 a Ferenczi (9/7/1913), comentando esse artigo, dirá explicitamente que a "origem subjetiva" do mesmo é a representação de sua filha Anna. A terra como representante do feminino terá uma bela carreira na parte final da obra freudiana, como veremos no capítulo 4 deste estudo. Há mais coisas entre o céu e (!) a terra...

de partida para o sonho da injeção em Irma e que retorna com frequência nos sonhos de Freud. A identificação com Goethe é retomada na carta 73, de 27 de outubro de 1897, na qual, para descrever o trabalho da autoanálise, Freud evoca os versos da "Dedicatória" do *Fausto*:

> E surgem assim silhuetas amadas;
> Como numa lenda antiga e já pouco nítida
> Vêm a mim o primeiro amor e a primeira amizade.

Mas uma outra identificação se anuncia, dessa vez não exclusiva de Freud, mas extensível a todo o gênero humano. O sonho *Schafskopf* conduz a uma conversação com sua mãe, que permite a interpretação da "recordação encobridora" na qual Freud se vê, pequeno, chorando por causa da ausência materna. É preciso recorrer a uma nota acrescentada em 1924 à *Psicopatologia da vida cotidiana* e que completa as indicações da carta 71, de 15 de outubro de 1897. A babá fora presa ao se descobrir que roubava, e seu irmão Philip lhe dissera que ela fora *eingekastelt* ("encaixotada"). Constatando tempos depois a desaparição de sua mãe, o menino exige, aos prantos, que lhe abram um armário (*Kasten*, caixão) para verificar se ela não estava dentro dele. Nesse momento, ela aparece na porta, "extraordinariamente bela e esbelta". Por que a insistência na esbeltez? A nota da *Psicopatologia* precisa: o menino se dera conta de que os bebês se formam no ventre materno e, já insatisfeito com o nascimento de uma irmã, queria se assegurar de que aquele ventre não continha outros irmãos, igualmente indesejáveis; para isso, pediu ao irmão mais velho (filho do primeiro casamento de Jakob, tendo por isso a mesma idade que sua mãe) que lhe abrisse o "caixão", símbolo do ventre. Pois "contra esse irmão se dirigia, além da fundada suspeita de ter feito 'encaixotar' a babá, a de ter introduzido no corpo da mãe o bebê recentemente surgido. [...] A intensa satisfação em comprovar a esbeltez da mãe provém de estratos psíquicos mais profundos".[63]

É imediatamente após a análise dessa cena, na carta 71, que se situa a descoberta fundamental da psicanálise, o complexo de Édipo. O movimento do texto vai de Freud ("também em mim comprovei o amor pela mãe e os ciúmes contra o pai") à infância em geral ("a ponto de considerá-los agora um

---

63 *Psicopatologia da vida cotidiana*, GW IV, pp. 59-60n; SE VI, pp. 51-52n; BN I, p. 787, nota 417.

fenômeno geral da primeira infância"); daí à psicopatologia, evocando a "novela genealógica da paranoia"; salta para a esfera dos mitos — nascimento dos heróis e dos fundadores de religiões — para desembocar na associação com a peça de Sófocles e em seguida no Hamlet de Shakespeare. Parece-me evidente que esse percurso, além de ser típico das intervenções da esfera cultural nessa etapa da elaboração teórica de Freud, obedece a uma motivação ligada à culpabilidade: a imediata universalização do desejo descoberto em si e que havia sido preparada pela universalização das fantasias e dos impulsos hostis em abril e maio do mesmo ano, corresponde à necessidade de se apresentar como um caso "de fato" no qual se atualiza um fenômeno *de jure* universal. A análise da obra de Sófocles segue um caminho curioso: Freud evoca primeiro a emoção sentida pelo espectador ao assistir à peça, atribuindo tal emoção à revivescência de um sentimento efetivamente experimentado, enquanto a irracionalidade das "tragédias do destino" modernas deixa esse mesmo espectador indiferente. "Cada um dos espectadores foi uma vez, em germe e na fantasia, um Édipo semelhante, e, em face da realização onírica aqui transladada à realidade, todos recuamos horrorizados, dominados pelo impacto total da repressão que separa nossa infância da nossa situação atual."[64] Essa passagem pode ser lida em sentido inverso: o que chocou Freud sobremaneira foi a descoberta da identidade entre a "situação atual" e a infância (pois a fantasia correspondente permaneceu intacta no inconsciente), e a interpretação onírica (= realização onírica) mostra, para seu alívio, que todos os espectadores etc. Todos fomos édipos em germe, mas a alusão à fantasia e à realização de desejos mostra que a regressão até essa fase desperta os sentimentos de culpabilidade a ela vinculados. Com efeito, a prática analítica indica que uma repressão só pode ser levantada quando o afeto correspondente à representação se manifesta; caso contrário, a representação é admitida na consciência apenas sob a forma da denegação ("A negação", 1925). Essa hipótese é confirmada pela associação seguinte de Freud, a respeito de Hamlet, na qual a hesitação deste em vingar a morte do pai se explica "pelo tormento que nele desperta a obscura recordação de ter meditado, ele mesmo, um crime idêntico contra o pai, impulsionado pela paixão pela mãe. [...] Sua consciência moral é apenas a consciência inconsciente de culpabilidade".[65] Não é apenas

---

64 Carta 71 a Fliess (15/10/1897), OP, BN III, p. 3584.
65 Ibidem, p. 3585. O termo "inconsciente" em "consciência inconsciente" é de Freud.

Édipo, assim, que abriga desejos ilícitos; mas, enquanto o herói grego os satisfaz na realidade, o personagem de Shakespeare se comporta de modo idêntico ao dos "meus histéricos". A contraprova é estabelecida no interior da referência cultural, e Freud extrai de passagem uma conclusão sobre a gênese da consciência moral como percepção da própria culpabilidade, que acrescenta mais um elo à arqueologia da moral que está em vias de constituir. Não é inútil acrescentar que, se Hamlet tivesse matado o tio, o leito materno ficaria novamente livre...

A passagem da *Traumdeutung* em que Freud expõe sua descoberta segue de perto a estrutura da carta 71, mas dosa de modo sutil a marcha da exposição. O elo inicial é fornecido pelos sonhos em que aparece morta uma pessoa da família. Tais sonhos podem ser divididos em duas categorias, segundo o afeto que os acompanha: se a tonalidade afetiva é indiferente, o conteúdo latente comporta outros desejos, cuja deformação pela censura faz surgir no conteúdo manifesto a representação do ente querido morto; mas, se o afeto é angustioso, o conteúdo latente é constituído por pensamentos hostis efetivamente dirigidos contra a pessoa em questão. Prevendo a incredulidade com que "muitos dos leitores" acolherão essa afirmativa, Freud acrescenta que tais desejos se referem a um período infantil, sem serem necessariamente atuais — o que dá início ao segundo momento da demonstração, visando reconstruir uma parte da "perdida vida anímica infantil". A observação do comportamento das crianças em relação a seus irmãos mostra uma forte dose de ciúme e egoísmo, pois a criança não hesita em exigir a satisfação imediata de suas necessidades e seus desejos, sem nenhuma consideração pelos "outros" e, muito menos, por esses "outros" competidores igualmente insaciáveis, que são seus irmãos. Nesse ponto, uma pequena digressão sobre a moralidade, que retomarei a seguir, vem mostrar que esta é fruto de repressões sobrevindas em épocas mais tardias. A função estratégica dessa digressão é dupla: primeiro, tranquilizar o leitor, evitando despertar resistências que bloqueariam sua compreensão do que virá a seguir; em seguida, mostrar, de maneira indireta, a identidade entre o neurótico que resiste e o leitor que acompanha Freud em seu percurso rumo ao reprimido infantil. Os exemplos são tomados, de modo igualmente progressivo, em primeiro lugar dos pacientes e, em segundo, do círculo familiar de Freud.

O leitor de 1900 não sabe, porém, o que o investigador atual pode perceber sem dificuldade: que a identificação entre o normal e o patológico repousa integralmente sobre a autoanálise de Freud. Na carta 70 — em que surge a recordação do irmão morto há poucos meses, morte que deixou em Freud "um germe de culpabilidade" — podemos ler o seguinte: "As dificuldades terapêuticas provêm, em última instância, de que por fim pomos a descoberto as más inclinações do paciente, sua vontade de permanecer enfermo".[66] Essas "más inclinações" são explicitadas na carta 72:

> A resistência, que em última análise é aquilo que se opõe ao trabalho analítico, não é mais do que o caráter que a criança apresentou outrora [...], soterrado pelo desenvolvimento da repressão. Durante meu trabalho, volto a exumá-lo contra toda a sua resistência, e o paciente [...] torna-se malvado, mentiroso e teimoso, apresenta-se como um simulador, até que eu o declare assim, e com isso lhe permito superar esse caráter degenerativo.[67]

Ou seja: a regressão cronológica até a primeira infância, durante o processo analítico, faz ressurgir todo o caráter infantil, com seus traços exclusivistas e amorais; o que permite a Freud supor que, ao exibir a seu leitor o mesmo material infantil, resistências idênticas surgirão em seu espírito. A referência aos pacientes e às crianças funciona portanto como um equivalente da interpretação ("até que eu o declare assim"), possibilitando a continuação do "trabalho", isto é, da própria exposição. E Freud sabe por experiência própria quão intensas podem ser essas resistências, por tê-las vivido, em seu íntimo, durante a autoanálise. O texto da *Interpretação dos sonhos* é dessa forma articulado como uma reconstrução — Freud o diz de maneira explícita — mas não apenas da "vida anímica infantil" em geral, e sim da "vida anímica" do próprio autor, de seu leitor e de todos os leitores futuros. Não é possível trabalhar o texto freudiano sem ser atingido por esse caráter específico, que o torna capaz de suscitar em cada leitor suas próprias associações e suas próprias resistências, ao mesmo tempo em que, por um movimento de elucidação, contribui em parte para o levantamento da repressão que pesa sobre os conteúdos infantis.

Freud prossegue, pois, em sua exposição, utilizando um artifício do qual se servirá muitas vezes: o diálogo com um interlocutor imaginário, cujo discurso

---

66 Carta 70 a Fliess (3/10/1897), OP, BN III, p. 3582.
67 Carta 72 a Fliess (27/10/1897), OP, BN III, p. 3586. Sobre o papel do "julgamento do psicanalista", e em especial da palavra que o declara culpado de ter-se masturbado, cf. Conrad Stein, *L'Enfant imaginaire*, Paris, Denoël, pp. 59 ss.

materializa as resistências que o passo anterior terá, provavelmente, despertado no leitor. No trecho que estamos examinando, o interlocutor objeta primeiro que as relações dos irmãos entre si são muito carinhosas, o que conduz Freud à demonstração de que, em grande parte, elas são o exato oposto disso. É interessante notar que, em cada um dos momentos da demonstração, introduz-se uma referência cultural clássica, que serve duas finalidades: como de hábito, fornecer uma contraprova extraída do imaginário coletivo, mas igualmente insinuar que "na infância da humanidade" (que Freud localiza, de modo um tanto arbitrário, na Grécia antiga) a natureza dos desejos íntimos era reconhecida com mais facilidade que nos tempos modernos. Assim, para corroborar a afirmativa de que os desejos infantis não morreram, mas voltam a se apresentar sob o disfarce do sonho, são invocadas "as sombras da *Odisseia*, que, ao beber sangue, despertavam para uma espécie de vida". O paralelo é duplamente útil, e começamos a suspeitar de que essa estrutura de constante duplicidade dos exemplos de Freud preenche uma função próxima da interpretação (veremos esse aspecto com minúcia no estudo da "Gradiva"). No caso, ela alude tanto à catalepsia em que o infantil é mantido sob regime de repressão, como à natureza agressiva do material ("beber sangue"). Da mesma forma, comentando o sonho de uma paciente, em que seus irmãos criavam asas e desapareciam (se transformavam em anjos, isto é, morriam), Freud se refere à "concatenação de ideias que levou os antigos a atribuir a Psique asas de mariposa".[68] O interlocutor imaginário intervém então para objetar que, mesmo uma vez aceitos os impulsos hostis da criança contra seus irmãos, dificilmente se lhes poderiam atribuir desejos de que estes morressem. Freud dirá agora que o conceito da morte não é o mesmo para um adulto e para uma criança: para esta, a conotação essencial da morte é que a pessoa em questão se afasta e deixa de ser "incômoda". Aqui intervém outra recordação pessoal, na qual é evidente a alusão à cena do "caixão" comentada anteriormente: "Quando nos anos pré-históricos de uma criança sua babá é despedida e logo depois sua mãe morre, ambos os acontecimentos ficam superpostos, para a memória, numa mesma série".[69] Essa recordação, maquilada de modo a se tornar irreconhecível exceto para o destinatário da

---

[68] *A interpretação dos sonhos*, SA II, pp. 254 e 259; SE IV, pp. 249 e 254; BN I, pp. 499 e 502.
[69] *A interpretação dos sonhos*, SA II, p. 260; SE IV, p. 255; BN I, p. 503. A citação seguinte provém do mesmo contexto.

correspondência com Fliess (mas hoje somos todos, depois da publicação, outros tantos Fliess), encerra a etapa da demonstração ligada aos impulsos hostis para com os irmãos e oferece o ponto de partida, no parágrafo seguinte, para a discussão dos mesmos impulsos, mas agora relacionados com os pais.

> Os sonhos desse gênero se referem quase sempre, no homem, ao pai, e, na mulher, à mãe. [...]. Isso predomina de modo suficiente para nos induzir a buscar sua explicação num fator de alcance universal. Em termos gerais, pois, diríamos que sucede como se desde muito cedo surgisse uma preferência sexual: isto é, como se o menino visse em seu pai (como a menina na mãe) um rival do seu amor, cuja desaparição só pudesse trazer vantagens.

E intervém de imediato o caudal de referências mitológicas e de observações destinadas a mostrar que, na realidade, as relações entre pais e filhos são muito diferentes do que deveriam ser, se o quarto mandamento fosse observado com rigor. Mas uma ligeira discrepância nos põe na pista do que sustenta a demonstração freudiana. Com efeito, o quarto mandamento reza "Honrarás teu pai e tua mãe", enquanto a passagem de Freud se articula inteiramente sobre a *tirania desmesurada que os pais exercem sobre os filhos*. Vejamos:

> Os obscuros dados que, na mitologia e na lenda, podemos encontrar sobre a época primitiva da sociedade humana nos dão uma ideia pouco agradável da plenitude do poder exercido pelo pai e da tirania com que o mesmo costumava fazer uso dela. Cronos devora seus filhos [...]. Quanto mais ilimitado era o poder do pai na família antiga, mais deveria considerar um inimigo seu filho e sucessor [...]. Ainda em nossa família burguesa, o pai costuma contribuir para o desenvolvimento dos germes de hostilidade contidos nas relações paterno-filiais [...]. Os restos da *potestas patris familias*, já muito antiquada em nossa sociedade, são zelosamente guardados por todos os pais, e o poeta que coloca no centro de sua fábula a antiquíssima luta entre pai e filho pode estar certo de seu efeito sobre o público.[70]

---

70 *A interpretação dos sonhos*, SA II, pp. 261-2; SE IV, pp. 256-7; BN I, p. 504. Note-se que, mais adiante, Freud falará também da tirania infantil: "A criança é absolutamente egoísta...". Todas as relações familiares surgem assim como o inverso do que parecem ser, e é sensível o prazer de Freud ao desentranhar o *sentido* desses liames aparentemente determinados só pelo amor e pela inocência. Se considerarmos que a família é, mais do que um grupo biológico, uma instituição cultural,

Além do lapso que se insinua nesse parágrafo ("Júpiter castra seu pai", em lugar de "Cronos emascula Uranos") — que Freud reconhecerá na *Psicopatologia da vida cotidiana* como um efeito de seu próprio complexo paterno no movimento de escrita de seu texto —, o sentido geral dessa passagem é nitidamente autobiográfico. Se os pais são tão cruéis, os filhos têm toda a razão em alimentar contra eles impulsos hostis, o que permite reconhecer tais impulsos (carta 71) sem ficar entravados pela culpabilidade a eles associada. A mesma carta contém, como vimos, a descoberta de que "o velho" não teve um papel predominante como "causador de neurose" para Freud, tendo esse privilégio cabido a Nannie. Tal elemento, naturalmente omitido do texto destinado ao leitor, parece-me ter atuado na forma que Freud dá à sua continuação, pois, logo após sua diatribe contra a *potestas patris familias*, intervém uma série de exemplos extraídos da análise de pacientes *femininas*, como se a teia da demonstração — que passou em primeiro lugar pela mitologia e pelas considerações sociológicas, centradas sobre a relação pai-filho e encarregadas de demonstrar a universalidade dos sentimentos edipianos — só pudesse ser continuada pela inclusão do fio "psicopatológico", que tomará por objeto a inclinação da criança pelo genitor do sexo oposto. O que é calado, obviamente, é a inclinação do próprio Freud por sua mãe, habilmente esquivada pela introdução das "geniais histéricas".

O movimento do texto vai então do relato das pacientes à observação das crianças, mediadas pela análise de sonhos em que o conteúdo edipiano forma o essencial dos pensamentos latentes, para culminar com a história do paciente cujas ideias obsessivas tinham por raiz a representação inconsciente de um

---

segue-se que uma outra face da crítica freudiana reside no *desmascaramento* das imagens que a civilização produz de si mesma, desmascaramento realizado mediante a aplicação à cultura dos instrumentos forjados por ela própria, entre os quais a busca da verdade encarnada nos procedimentos científicos. A discussão subsequente sobre as zonas erógenas também pode ser vista por essa perspectiva: aqui se trata da produção de um corpo cultural, que só na aparência transcende a fragmentação biológica — ou, melhor, que a suprime num plano para restaurá-la em outro (distinção entre o alto e o baixo, entre o limpo e o sujo, entre o puro e o impuro). Nessa direção, a repressão das sensações olfativas e a geração de um corpo inodoro ou artificialmente perfumado ocupa um lugar preponderante. Em lugar das secreções animais, indecentemente ligadas ao cio, extratos de plantas e de flores — um degrau abaixo na escala ecológica, onde a reprodução sexuada é mais sutil e onde a noção de prazer não tem sentido, nos conduz a um degrau acima na escala teológica, já que, assexuados, os anjos exalam apenas doces odores de incenso e de mirra.

parricídio. E é da esfera da psicopatologia que Freud salta direto para a tragédia de Sófocles, encarregada de demonstrar a universalidade desses sentimentos pelo mesmo percurso já empregado na carta 71, isto é, pelo efeito fulminante da peça sobre o espectador. A demonstração continua igualmente com a referência a *Hamlet*, completada pela indicação de que Shakespeare escreveu esse drama pouco após a morte de seu pai: como o sintoma neurótico, a criação literária é sobredeterminada. Uma outra notação de Freud, nesse contexto, nos conduz ao que podemos denominar de "análise em espiral" da moralidade:

> Mas a forma diferente de tratar a mesma matéria (os sentimentos edipianos) nos mostra a diferença espiritual entre os dois períodos da civilização, tão distantes um do outro, e o progresso que ao longo dos séculos a repressão vai efetuando na vida anímica da humanidade. No *Édipo-Rei*, a fantasia optativa infantil [...] é realizada. Ao contrário, em *Hamlet* a fantasia permanece reprimida, e só nos apercebemos de sua existência pelos efeitos inibidores que dela emanam, situação análoga à das neuroses.[71]

Para compreender melhor o alcance dessa notação devemos retornar por um momento à correspondência com Fliess.

A carta 52 (6 de dezembro de 1896) se referira às zonas erógenas, capazes de produzir a descarga sexual durante a infância, mas em seguida abandonadas em virtude da repressão, engendrando uma limitação na qual "radicaria a base do progresso cultural e ético". A carta 55 (11 de janeiro de 1897), por sua vez, menciona as sensações erógenas, cuja atividade poderia dar conta do surgimento das perversões, que representariam a sobrevivência da sexualidade animal no ser humano. No entanto, tais indicações, anteriores à descoberta do complexo de Édipo e a despeito da introdução do registro da alteridade no "Projeto", permanecem próximas de um desenvolvimento biológico, como notei anteriormente. A passagem para o registro da cultura era, naquele momento, um pouco brutal, sobretudo porque o conceito de repressão, implícito nas duas cartas, não atingira ainda uma formulação satisfatória. É no outono de 1897, após ter realizado o percurso estudado nas páginas precedentes, que o tema das zonas erógenas volta a ocupar a atenção de Freud, como resultado da elucidação da

---

71 *A interpretação dos sonhos*, SA II, p. 261; SE IV, p. 264; BN I, p. 509.

resistência como reprodução do caráter infantil. A carta 72 (27 de outubro de 1897) afirma que a resistência se converteu assim em "algo tangível" e que resta captar a "coisa correspondente que se oculta atrás do conceito de repressão". A "coisa correspondente" deve ser, pois, procurada do lado da infância, e é por essa via que se recupera a temática das zonas erógenas. Tal infância, no entanto, não é mais uma simples etapa do desenvolvimento orgânico, e sim a sede de impulsos libidinais e hostis que se dirigem a pessoas determinadas — o que introduz um novo ponto de vista, a fantasia, e um novo elemento dinâmico, a culpabilidade.

É nesse contexto que se pode colocar a discussão da carta 75 (14 de novembro de 1897) a respeito das zonas erógenas. Freud começa recapitulando que a sexualidade humana se diferencia da animal pela via do olfato e da posição ereta, os quais afastam pouco a pouco o poder de excitação emanado das sensações orais, olfativas e anais, que tornarão a reaparecer entre os homens adultos no caso das perversões. A excitação sexual pode se originar de três maneiras: pela estimulação direta dos órgãos genitais, pelas sensações internas emanadas desses órgãos, e por representações que atuam *nachträglich*, isto é, *a posteriori*, a partir de recordações. Trata-se de recordações das excitações vinculadas às zonas erógenas abandonadas, não provocando, porém, um desprendimento de prazer, como na época pré-histórica, e sim um acesso de repugnância. "Para dizê-lo cruamente: a recordação tem o mesmo fedor a atualidade que o próprio objeto atual, e, assim como afastamos dele, repugnados, nossos órgãos sensoriais, também o pré-consciente e nosso sentido consciente se afastam da recordação. *Eis aqui a repressão.*"[72] O resultado normal da repressão — a repugnância — produz angústia em estado "livre", mas, em estado "ligado", conduz à *recusa*, que constitui a base afetiva de numerosos processos de desenvolvimento, "como a moral, o pudor e outros semelhantes". Freud se atém, nesse primeiro momento, a uma explicação que podemos considerar solipsista, atribuindo a "diferentes ramos evolutivos" as camadas sucessivas pelas quais a criança é "revestida" pelos pensamentos de piedade, de pudor etc. Esse processo ocorre de maneira diferente no sexo masculino e no feminino, sendo a evolução deste último complicada pela intervenção de uma etapa ausente daquele — a transformação da zona de excitação máxima (do clitóris para a vagina) durante a puberdade. A carta deixaria a impressão de que a repressão é um processo essencialmente orgânico, não fosse pela menção das recordações e pela alusão a uma "face *psicológica*" do problema:

---

72 Carta 75 a Fliess (24/11/1897), OP, BN III, p. 3590. Grifo de Freud.

a moral, o pudor, emergem como consequência da ligação *psíquica* da repugnância aos objetos parciais orais e anais, sem que essa ligação seja explicada. Um outro fio da mesma questão introduz a intersubjetividade na gênese da moral, e vamos encontrar seu retrato na passagem da *Interpretação dos sonhos* que discute, precisamente, o caráter amoral da infância, no contexto do ciúme entre irmãos.

> A criança é absolutamente egoísta. Sente com intensidade máxima suas necessidades e tende a satisfazê-las sem consideração por ninguém [...] Mas nem por isso qualificamos a criança de "criminosa", e sim, apenas, de "má", pois nos damos conta de que é tão irresponsável em face de nosso próprio julgamento quanto o seria ante os tribunais de justiça [...] Devemos esperar que em épocas que ainda incluímos na infância surgirão no pequeno egoísta a moral e os sentimentos altruístas [...] Claro que a moralidade não surge ao mesmo tempo em toda a linha, e que a duração do período amoral infantil é individualmente diferente.[73]

Assim se insinua um segundo sentido do termo "moral", que não se reduz à simples repugnância pelo "sujo": o altruísmo, ou, de maneira menos idealizada, o respeito pelo próximo. À primeira vista, é difícil perceber qual a relação entre os dois sentidos da palavra — de que modo a repugnância e o respeito por outrem podem ser associados num mesmo vocábulo? É por assim dizer no avesso do texto de Freud que podemos ler a resposta. Trata-se do fundamento comum a ambos os sentimentos, que reside na culpabilidade. A inscrição da moral no psiquismo infantil corresponde às etapas sucessivas da instauração do sentimento inconsciente de culpabilidade, e é na clínica da neurose obsessiva, caracterizada precisamente pela hipermoralidade — traduzida na consciência sob a forma das autorrecriminações —, que Freud vai buscar o exemplo desse processo. É um paciente obsessivo que surge no momento de introduzir a referência ao complexo de Édipo pela análise da peça de Sófocles. E sua obsessão é de índole peculiar: a representação da morte do pai, tão aterradora que o paciente se recusa a sair de casa, tomado de pânico diante da possibilidade de matar todos aqueles com quem viesse a cruzar na rua. "De uma pessoa capaz de atirar seu pai a um abismo. [...] cabe esperar que não estimará muito alto o valor da vida daqueles a quem não o una laço algum",[74] escreve Freud ao comentar esse caso.

---

[73] *A interpretação dos sonhos*, SA II, p. 255; SE IV, p. 250; BN I, p. 500.
[74] *A interpretação dos sonhos*, SA II, p. 264; SE IV, p. 260; BN I, p. 506.

Dessa forma, a inibição dos impulsos hostis perante os pais representa a primeira etapa do processo que, mediante a extensão aos outros do sentimento de culpabilidade, culminará no pudor, isto é, no respeito a si mesmo diante do olhar agressivo do outro. O sentimento de pudor é passível de uma determinação intersubjetiva que se sobrepõe à mera repugnância; trata-se de uma defesa contra os próprios impulsos exibicionistas, transposta para a consciência sob a forma de uma recusa a se desnudar. A referência aos sonhos de exibição e ao conto de Andersen encontra nesse momento um relevo inesperado: o exibicionista é, naturalmente, a própria criança, e os destinatários dessa exibição são precisamente o genitor do sexo oposto, objeto do seu amor, e o genitor do mesmo sexo, alvo de sua hostilidade. Em 1900, Freud ainda não explorou todas as possibilidades da sexualidade infantil, cujos desenvolvimentos se encontram esparsos por toda a sua obra, até a década de 1930; a repugnância pelos produtos orais e anais, em especial, ainda não encontrou uma elucidação completa. É importante, porém, assinalar que os fundamentos dessa elucidação estão colocados desde esse momento, e isso não apenas pela referência implícita à culpabilidade, mas sobretudo por se acharem presentes no processo de autoanálise. Dispersos pela *Interpretação dos sonhos*, eles permitirão reunir as duas correntes da análise da moralidade — a repressão das zonas erógenas, que engendra a repugnância, e a dissolução do complexo de Édipo, que introduz o indivíduo na sociedade dos outros — por vinculação intrínseca de suas determinações. Mas não antecipemos. Por ora, a recordação das cenas infantis e as primeiras implicações da descoberta edipiana ocupam o cenário da descida de Freud aos subterrâneos de seu próprio inconsciente, como reza a citação de Goethe com a qual ele pensava encabeçar um texto futuro e que utilizei como título desta seção: "do céu, pelo mundo, até o inferno".

Como uma das bases em que se assenta a psicanálise é a autoanálise de Freud e como nessa análise os sonhos têm um papel primordial, penso que cabe aqui um excurso pelo trajeto rumo a esse "inferno", sobretudo porque o trabalho do sonho será a matriz da leitura do imaginário nas obras posteriores. Esse excurso irá nos permitir, além disso, perceber de que modo a figura de Fliess vai mudando de sentido — processo no qual os sonhos têm uma importância decisiva. Ora, do que dispõe Freud ao começar sua autoanálise, e de que modo ela vai repercutir no plano propriamente teórico? É preciso então considerarmos de perto o intrincado jogo de diversos elementos. Do lado da clínica, a descoberta mais importante do final de 1897 é a "plasticidade do material verbal", que permite a irrupção do reprimido nas neuroses obsessivas. Trata-se da polissemia da linguagem comum, muito adequada para reunir as representações mais díspares num termo com dupla significação. A carta 79, de 22 de dezembro de 1897, fornece alguns exemplos: *fazer* como realizar e evacuar, *Abort* ("banheiro") como aborto e toalete. A carta seguinte relata uma associação de E., o paciente-espelho de Freud, a respeito de *Käfer* ("barata"), que se resolvia no francês *que faire?*, pela assonância verbal. Essa presença do duplo — aqui sob a forma do duplo sentido — nas preocupações de Freud vem coincidir no Natal de 1897 com uma preocupação de Fliess, que fornecerá a primeira ocasião de discordância grave entre os dois amigos: a questão da bilateralidade. Fliess propõe, no "congresso" de Breslau, a hipótese de que o feminino e o masculino poderiam se repartir como o esquerdo e o direito, ficando em aberto qual lado do corpo conteria uma proporção mais importante de cada elemento, e subentendido que cada um deles se reencontraria nos dois lados. Penso que uma série de elementos que Freud introduzirá em sua teorização no decorrer do ano de 1898 pode ser vinculada a essa questão, que concentra os temas mais importantes do período: a relação com Fliess, a análise dos sonhos, a multivocidade das representações verbais, a ambivalência dos afetos e, naturalmente, as consequências da exploração dos conteúdos edipianos. Todas essas questões se entretecem com a redação da primeira versão da *Traumdeutung* — de fevereiro a julho de 1898 — e com a rememoração dos primeiros anos de Freiberg, com seu cortejo de evocações anais.

    A teoria fliessiana da bilateralidade encontrou em Freud numerosas reservas, que se refletem nas cartas do mês de janeiro de 1898. Data provavelmente dessa época o sonho "Meu filho, o míope", que examinei em parte no capítulo inicial deste estudo. Sua análise revela a Freud a função do absurdo nos sonhos, que constitui um dado teórico de primeira grandeza: ele serve para disfarçar pensamentos latentes de natureza sarcástica ou irônica dirigidos a pessoas que, em estado de vigília, respeitamos e admiramos. Nossa primeira abordagem desse sonho mostrou que o personagem visado em última instância pelo sonho é seu pai; cabe agora examinar o que se refere à encarnação atual da imago paterna, isto é, a W. Fliess. É Freud quem alude a esse tópico, ao analisar o neologismo *Myop*, inexistente em alemão (que designa o míope pelo termo *kurzsichtig*). *Myop* é construído por assonância com *Zyklop*, palavra que Fliess empregara na demonstração da teoria da bilateralidade: "Se, como os cíclopes, tivéssemos um olho só no meio da testa...".[75] O pensamento latente relacionado com Fliess pode ser traduzido assim: "Essa ideia da bilateralidade é obra de um indivíduo míope, que vê as coisas de um lado só" (unilateralidade: *Einseitigkeit*).

É preciso, porém, considerar que essa reflexão é distorcida pela censura onírica, que leva o conteúdo manifesto a incluir as expressões *Auf Geseres* e *Auf Ungeseres*, bem como o menino visto em sonhos a se inclinar primeiro de um lado, depois do outro, como para restabelecer a bilateralidade. Freud não aceita sua própria crítica — como aliás pode ser notado pelo tom quase humilde das cartas em que a manifesta. Por outro lado, é precisamente essa situação complexa, que reproduz de certa forma a relação com o judaísmo do pai, que permitirá a Freud formular dois pontos de extrema importância: a função do absurdo nos sonhos — seu maior argumento para refutar a tese cientificista que nele vê a prova do caráter não significativo do sonho — "por um lado"; e, "por outro lado", a ampliação do raio de alcance da plasticidade do material verbal, posto à luz na análise da neurose obsessiva. Essa plasticidade, ao se revelar operante no psiquismo do próprio Freud — como testemunha a invenção de numerosas palavras de duplo significado —, abre caminho para a concepção freudiana do equívoco como meio essencial de transmissão de significados sujeitos à crítica, que ganhará todo o relevo na *Frase de espírito*, e que, na "Gradiva", irá fundamentar um dos componentes da eficácia da interpretação. Incidentalmente, cabe ressaltar que os outros sonhos em que figuram neologismos semelhantes — *Norekdal*, *Hearsing*, *Autodidasker* — também remetem à pessoa de Fliess. A relação transferencial se precisa, nesse primeiro momento, como de tipo paterno: abrigado pela representação de Fliess, Freud vai elaborar a ambivalência edipiana por meio da interposição de um "terceiro homem", a exemplo do que ocorre na situação analítica. Empresa perigosa, que irá lhe custar, por fim, a amizade com Fliess, do qual tudo se pode esperar, exceto uma "neutralidade benevolente"... sobretudo porque a posição de polo transferencial é por ele ocupada sem o saber. Em todo caso, o sonho *Myop* representa o início do processo pelo qual a transferência será resolvida, ao menos de modo provisório (cabe perguntar se, assim como a análise, a transferência não é um processo propriamente interminável...). Por meio da crítica às teorias científicas de Fliess, Freud virá a se libertar, finalmente, da idealização que o colocava sob a tutela intelectual e emocional de um outro.

---

[75] *A interpretação dos sonhos*, SA II, p. 428; SE V, p. 443; BN I, p. 615.

Dois lados, dois sentidos, dois resultados: a "bi-bi" — como dirá irreverentemente uma carta citada por Max Schur — começa então a circular como um componente essencial na relação de Freud e de Fliess. Ela acompanhará todo o período da redação da *Traumdeutung*, começada em fevereiro de 1898. Quando Freud comunica ao amigo que começou a escrever um livro sobre os sonhos, Fliess responde ter visto (em sonhos?) o livro já pronto e ter se divertido em folheá-lo. Estímulo para a formação do sonho da "Monografia botânica", cuja interpretação permite estabelecer outro resultado essencial: todo sonho combina um desejo atual com um desejo infantil. Faz parte dos pensamentos latentes desse sonho a evocação da cena em que, menino, Freud se vê desfolhando com sua irmã o livro de gravuras, sob o olhar benevolente de seu pai. Folhear um livro pode significar, igualmente, desfolhá-lo, isto é, arrancar suas páginas e destruí-lo. Seria essa a vingança de Fliess pelas objeções de Freud à teoria da bilateralidade? Freud defende, no sonho, a "unilateralidade" de seus estudos, diante da "bilateralidade" proposta por Fliess. Didier Anzieu assinala que o ciclâmen do sonho também pode aludir à teoria dos *ciclos*, outra teoria do "cíclope", cujo sobrenome aparece ainda nos versos de Goethe sobre o tecelão ("Die Fäden ungesehen fliessen"). A crítica a Fliess aparece assim esboçada, sem que Freud se decida a levá-la até o fim: o gesto de folhear o livro — que ele mesmo repete com a monografia sobre a flor — é também um tributo que seu amigo lhe oferece, tributo tão ambíguo quanto a tonalidade afetiva que o conota (uma "bilateralidade dos sentimentos" que tomará em breve o nome de ambivalência).

A presença de Fliess no inconsciente freudiano e o trabalho de elaboração da imago paterna a ela associada são atestados por um outro sonho, "Goethe ataca M.", de abril de 1898. O livro de Fliess sobre as relações entre o nariz e os órgãos genitais femininos tivera péssima acolhida pela crítica, e uma resenha particularmente violenta tinha sido publicada numa revista de cujo comitê Freud fazia parte. Ele se demite em protesto contra a crítica, identificando-se a Fliess em seu sonho, no qual "intenta esclarecer as circunstâncias temporais" (alusão à teoria dos períodos). Na verdade, em 1898 é Freud quem vê ridicularizadas suas ideias sobre a etiologia sexual das neuroses. O sonho, porém, mostra uma outra faceta da relação: a identificação de Freud com Goethe, que lhe permite destruir, sob esse disfarce, as absurdas noções de Fliess, o qual, entre outras coisas, ousara deduzir a duração exata da vida do poeta de sua hipótese cíclica. O processo formal ilustrado pelo sonho é a "inversão no contrário" — Fliess atacou Goethe com seus cálculos estúpidos, Goethe ataca M. —, e, de certa forma, sua interpretação, que na *Traumdeutung* figura logo após a do sonho "Sapho" — em que alguém dá as costas a outra pessoa —, sugere que um dos seus sentidos é precisamente o de *dar as costas* ao temerário que ousara macular a memória de Goethe. Mais uma vez, porém, a identificação com ele entra em jogo, e Freud escreve: "Desse modo, posso substituir nas ideias latentes a terceira pessoa do singular pela primeira do plural e dizer 'nós' em lugar de 'ele'. Sim, o senhor tem razão: somos dois loucos!".[76]

Eis aqui uma ocasião para aprofundar o problema da identificação de Freud e Goethe, já mencionada. O "ataque" de Goethe estaria em seu ensaio sobre a natureza (no sonho de Freud), e, no final de sua interpretação, lemos que foi esse ensaio, ouvido na adolescência, que o decidiu a seguir a carreira de *Naturwissenschaftler* — cientista da natureza. Dois outros sentidos de "ataque" são mencionados: o ataque de paralisia geral que torna impossível o cálculo matemático e o ataque de loucura furiosa que levara o irmão de uma paciente sua, aos brados de *Natur! Natur!*, a mutilar os próprios genitais. Freud acrescenta que os familiares haviam compreendido o grito *Natur!* como se referindo ao ensaio de Goethe, enquanto ele próprio preferira ouvi-lo como uma alusão à vagina (*Natur*, no alemão coloquial). É nesse registro, portanto, que o sonho formula a identificação com Goethe, e o comentário de W. Granoff o ilustra a partir do trabalho dessa representação no que denomina o "solo freudiano". Partindo da identificação de Freud com o personagem central do *Fausto*, Granoff mostra que ela se estende na verdade às quatro figuras do investigador expressas no poema: o estudante, o doutor, o ilusionista e o poeta, todas elas simbolizando uma certa postura para com a natureza:

> Essa natureza, como Goethe a apresenta ou canta, é ao mesmo tempo objeto e campo do conhecimento científico. E é o poeta quem irá dizer sobre ela uma verdade que fará [...] da poesia o discurso de um saber último. É por isso [...] que Goethe interessará tanto a Freud. [...] Na renovação que, no mesmo movimento, Freud traz à ciência da natureza e à dialética da verdade, nasce um discurso novo, discurso no qual [...] a ciência nova estará numa relação de constante pulsação com a verdade e a razão — nos próprios termos do poeta Goethe: *Wahrheit, Wissenschaft* e *Vernunft*.[77]

---

76 *A interpretação dos sonhos*, SA II, p. 426; SE V, p. 441; BN I, p. 614.
77 W. Granoff, *La pensée et le féminin*, Paris, Minuit, 1976, pp. 91-2.

A identificação com Goethe opera assim no nível dos pressupostos filosóficos fundamentais de Freud, ao mesmo tempo em que valida a dupla assimilação de si mesmo ao criador da obra de arte e ao cientista "exato". Tal assimilação é em parte inconsciente: Freud sempre se viu como fundador de uma ciência calcada no modelo das ciências da natureza; mas como eludir, em sua obra, a dimensão que Conrad Stein denomina "mitopoética", no mesmo processo em que pretende lançar as luzes da razão sobre regiões do ser até então inacessíveis a elas? Goethe fornece um modelo no qual Freud se reconhece, pela relação estabelecida entre "Poesia" e "Verdade" (título da autobiografia de Goethe); sua obra irá colocá-las numa nova relação, em que o efeito poético (o "benefício de prazer" da *Frase de espírito*) nasce do movimento que instaura a verdade na dimensão da singularidade mais absoluta e ao mesmo tempo a inscreve nas determinações universais do psiquismo humano, para além das variações impostas pelo tempo e pelo espaço. É a função do julgamento imparcial, assinalada por Granoff, que torna possível essa identificação — julgamento encarregado de discernir, sob a superfície infinitamente variada do psicológico, as leis genéricas do inconsciente. Freud procede dessa maneira, opondo-se a Fliess, que não hesita em relacionar de modo arbitrário dados heterogêneos entre si. Diante dessa pretensão absurda de impor uma pseudoverdade — que o é tanto pela ausência de rigor em sua gênese quanto por não deixar espaço algum para a dimensão poética (fantasmática...) —, Freud opta pela via de Goethe, e é por isso que o sonho pode ser visto também como uma crítica de Freud/Goethe às teorias fliessianas, mesmo que, num momento inicial, a "substituição pela primeira pessoa do plural" afirme que os dois padecem da mesma loucura.

Conteúdos semelhantes figuram nos sonhos seguintes: "Castelo à borda da praia" (de maio de 1898, como Anzieu deduz pelas alusões à guerra hispano-americana), em que Freud toma o lugar do capitão morto, o qual representa Fliess — o mentor intelectual, que Freud "aborrece com suas perguntas"; "Sala das máquinas", em que surge, mais uma vez, o remorso por ser desonesto em relação a seu amigo, de quem toma certos conceitos (como o de bissexualidade) sem poupar críticas à maneira pela qual são estabelecidos; e o "Devaneio durante o sono". Neste último, Freud se vê expondo a Fliess uma teoria da bissexualidade "completa e sem lacunas"; mas o sonho mostra na verdade toda a diferença que os separa: enquanto Fliess segue cegamente suas intuições, Freud renuncia à ideia de isolar, a partir desse sonho, uma nova categoria onírica cujos produtos não estariam sujeitos às leis da condensação e do deslocamento,[78] ideia que lhe ocorrera ao acordar. Todas essas críticas a Fliess, e a hostilidade imensa que inconscientemente Freud abriga contra seu amigo, parecem-me estar na raiz de um movimento de reparação, de reconstituição da amizade que ele parece empenhado em destruir. Essa reparação virá sob a forma de um extremo interesse pelos contos do escritor suíço C. F. Meyer, muito admirado por Fliess e pelo qual Freud se apaixona durante o período em que redige a *Traumdeutung*, chegando a interpretar uma novela daquele autor. A interpretação figura na carta 91, de 20 de junho de 1898, e foi escrita como exercício de diversão, num momento em que Freud se encontrava "atolado" (*sic*) no capítulo sobre a psicologia do sonho (primeira versão do sexto capítulo sobre a "Elaboração onírica"), finalmente enviado a Berlim em inícios de julho. Ora, a maior parte dos sonhos do capítulo VI concerne, de uma maneira ou de outra, à pessoa de Fliess, que, como acabamos de ver, aparece quase sempre envolvida num halo de estupidez por seu bom amigo de Viena. É nesse sentido que se pode compreender a reserva com que Freud lhe envia seu texto: "Ei-la aí. Foi-me muito difícil me resolver a entregar-te estas páginas. Nossa intimidade pessoal não teria sido suficiente para me fazer resolver, mas nossa mútua sinceridade intelectual o exigia".[79] Tantos salamaleques despertam a suspeita de que, além da dificuldade objetiva envolvida na formulação da psicologia dos processos oníricos, a partir do material de que dispunha, e em vincular "os dois sistemas de pensamento" (provavelmente, os processos primário e secundário), a reticência de Freud a redigir o capítulo se devesse também às resistências suscitadas por seu conteúdo, isto é, a reconhecer a virulência dos ataques feitos a Fliess no leito da Berggasse 19. É por essa razão que o estudo sobre o conto de Meyer, que inaugura cronologicamente a "aplicação" da psicanálise à literatura, tem um sentido que transcende a simples transposição mecânica dos conceitos de um registro para o outro (como observei na introdução a este capítulo), para se enraizar da forma mais íntima possível com as determinações pessoais de seu autor.

---

[78] A datação dos sonhos é possibilitada pelos seguintes dados: "O castelo na praia", pela batalha naval a que se refere Freud, entre as frotas espanhola e norte-americana, relatada pela *Neue Freie Presse* de 10 de maio de 1898; a "Sala das máquinas", por uma observação segundo a qual esse sonho veio pouco depois do de Goethe; o do devaneio, pelo contexto de crítica às ideias de Fliess. Cf. Anzieu, op. cit., pp. 414, 419 e 424.
[79] Carta 92 a Fliess (7/7/1898), OP, BN III, p. 3606.

Trata-se de um conto intitulado "Die Richterin" ("A juíza"), no qual Freud vê "um mecanismo defensivo literário contra a recordação, conservada pelo autor, de uma relação íntima com sua irmã [...]. Essa defesa se realiza *exatamente como* numa neurose".[80] Assim como no Manuscrito N, a ficção é assimilada a um movimento de defesa, nesse caso, contra o incesto fraternal. A semelhança com a neurose consiste no mecanismo do "romance familiar". Esse processo, que Freud reconhecera de início na paranoia, revela-se presente em todas as neuroses, servindo precisamente como defesa contra o tabu do incesto: se a irmã é filha de outra mulher, não é ilícito o amor por ela. Mas o alvo desse "romance familiar" é a própria mãe, mediante uma transposição: se a esposa do pai é outra mulher, então o amor por ela não é incestuoso. A mãe aparece desdobrada em duas figuras: a genitora e a empregada. Esta, nota Freud, é com frequência o alvo de fantasias cujo objeto real é aquela, bem como alvo de tentativas de sedução pelos varões da família, como se lê no Manuscrito L:

> A identificação com essas pessoas de baixa moral, que [...] são recordadas em suas relações sexuais com os pais e irmãos, facilita uma imensa carga de autorrecriminação (por roubos, abortos etc.); e, como resultado da sublimação dessas moças na fantasia, é possível que as mesmas tenham acusações muito inverossímeis contra outras pessoas.[81]

Há aqui uma série de transposições, ligadas à iniciação sexual das crianças por criadas e babás; mas Freud já não procura na sociologia a explicação da fantasia — o que seria possível, por exemplo, tomando em conta a função mediadora da criadagem entre classes sociais diferentes, entre a cidade e o campo etc. —, e sim no deslocamento de uma recordação eventualmente ligada a uma doméstica, o material "historicamente verdadeiro" existente como núcleo da fantasia. Entre o Manuscrito L e a carta 92, porém, surgiu o complexo de Édipo. Torna-se assim possível recuperar o percurso realizado da fantasia incestuosa à recordação, detectando a substituição de uma figura feminina (a mãe) por outra, com o evidente benefício de exonerar o sujeito da culpabilidade associada aos desejos edipianos. Esse registro surge também na intriga da novela, pela punição

---

80 Carta 91 a Fliess (20/6/1898), OP, BN III, pp. 3604-5.
81 Manuscrito L (2/5/1897), OP, BN III, p. 3566.

conjunta da mãe e da criada. Da mesma forma, o afastamento do pai, que no romance familiar surge como ilegítimo — a criança prefere ser filha de outro personagem, mais importante —, corresponde à outra vertente dos sentimentos edipianos, isto é, ao desejo de morte, igualmente presente na transformação da mãe em madrasta, em certos contos infantis. E Freud conclui pela identidade entre o conto e as "novelas de exoneração e vingança" que seus pacientes masculinos compõem contra as respectivas mães. Outra história de Meyer, "As bodas do monge", é rapidamente analisada na carta seguinte: se trata do processo de formação retrospectiva das fantasias, projetadas da atualidade a uma época passada, mecanismo semelhante ao das "recordações encobridoras" que em breve surgirão.

Estranho presente, o de Freud a Fliess! O efeito dos dois estudos é comprovar a fecundidade das teses psicanalíticas, reduzindo o autor preferido de Fliess a um exemplo do funcionamento de determinados mecanismos defensivos. "As bodas do monge" permite inferir mesmo "crimes ocultos", enquanto "A juíza" corresponderia a uma reação "aos crimes infantis outrora descobertos".[82] Mas essa extensão das conclusões analíticas ao honrado Meyer se inscreve no mesmo movimento que a redação de uma obra científica com os próprios sonhos do autor: abolida a fronteira entre o normal e o patológico, ao menos no plano da neurose (a psicose é outra questão), por que poupar o escritor de uma análise que se revela fecunda sobre a própria pessoa? As balizas essenciais da "interpretação psicanalítica da obra de arte" estão quase todas presentes aqui: a concepção da obra como fruto de uma transação de forças, que deixa seu rastro na forma pela qual aquela se apresenta; o fundamento fantasmático da ficção, que põe um ponto final nas teorias românticas da "inspiração"; o consequente interesse pela biografia do autor, sobretudo de seus anos de infância; o fio condutor fornecido por um detalhe aparentemente sem importância (a punição conjunta da mãe e da doméstica), que sob a análise se revela ser o foco central do texto. Falta apenas a investigação da origem do prazer do leitor, que terá de esperar a elucidação dos aspectos formais da frase de espírito para surgir como "prazer preliminar", destinado a ocultar o conteúdo fantasmático. Uma nota de desafio pode ser lida nas entrelinhas da carta 91: "Eis aí o que o meu método pode fazer. A você, agora, cabe provar o que o seu permite; mas sem cair no absurdo das datas cíclicas!".

---

82 Carta 92 a Fliess (7/7/1898), OP, BN III, p. 3606.

Mas Freud, na verdade, não tem muitos motivos para orgulho. No verão de 1898, patenteia-se a dificuldade de enlaçar as descobertas feitas no terreno da interpretação dos sonhos com a psicologia, ou melhor, com a metapsicologia que elas requerem. A essa questão, particularmente intelectual, acrescenta-se uma outra, de natureza emocional: a angústia ligada aos desejos hostis em relação a Fliess e, por trás dela, contra seu pai, de cuja imagem onipotente ainda não conseguira se desvencilhar. O livro dos sonhos é deixado de lado em outubro, após diversas tentativas de resolver o problema "metapsicológico"; os sonhos do verão, por sua vez, trazem elementos cuja interpretação permite levantar parcialmente a angústia ligada à possível punição pelos desejos parricidas, vinculada aos temas-chave da paralisia geral e da sífilis. Aqui, já não é possível seguir todos os meandros da autoanálise, em parte porque esse trabalho já foi realizado por outros (Anzieu, Buxbaum, Bernfield, Grinstein, Granoff, Stein...), e em parte porque ele nos conduziria muito longe da temática da cultura, pois os referenciais literários e dramáticos aparecem agora mais na qualidade de associações e pensamentos latentes do que propriamente como objeto de interpretação. Um exemplo a mais será suficiente para deixar clara essa diferença: o sonho do "Conde Thun", de agosto de 1898, que mobiliza, como seus contemporâneos "Hollthurn" e "Banheiros ao ar livre", conteúdos da esfera anal.

Freud encontra, na estação em que vai tomar o trem para partir de férias, o primeiro-ministro do império, conde Thun, o qual procura no momento resolver uma crise política (a renovação dos acordos alfandegários com a Hungria, no quadro do *Ausgleich*). A atualidade política mais imediata fornece uma parte dos pensamentos latentes do sonho, que evocarão, numa série de associações "revolucionárias", os acontecimentos de 1848 a que nos referimos no capítulo anterior, sobretudo porque o conde Thun fora governador da Boêmia entre 1889 e 1896, procurando nessa qualidade conciliar as aspirações conflitantes das etnias tcheca e germânica. Freud assobia, sem se aperceber disso, a ária das *Bodas de Fígaro* — "Se vuol ballare, signor Contino..." —, que, na ópera de Mozart, introduz a vingança do ex-barbeiro contra o conde Almaviva, o qual pretende restabelecer sobre sua noiva Suzana o *jus primae noctis*. Uma alusão a esse conteúdo sexual aparece, já nos restos diurnos, com a associação do examinador que dormia (*Regierungsbeischläfer*, "aquele que dorme com a administração"; *Beischlaf* = "coito"). O sonho propriamente dito é longo e complexo.[83] Aqui cabe ressaltar dois elementos da interpretação, que de certa forma abrem caminho para descobrimentos posteriores, embora não sejam aproveitados, de momento, mais do que como demonstrações do mecanismo do sonho.

O primeiro é formado pelo tema "rebeldia contra a autoridade política"; o segundo é o de "ridicularizar o pai". No primeiro círculo de representações, vão aparecer as alusões à Revolução de 1848; à Guerra das Duas Rosas; à utilização, em Viena, dos cravos brancos pelos adeptos do Partido Cristão-Social e dos cravos vermelhos pelos social-democratas; à disputa com Victor Adler num clube de estudante; à destruição da Invencível Armada por uma tempestade; à presença de um "conselheiro áulico" nos pensamentos latentes etc. A segunda, menos flamejante, porém de maior interesse, começa pela representação das funções excretoras (*pissenlit* para a urina, *chien* para a evacuação etc.), passando em seguida para a megalomania infantil ligada ao erotismo uretral e para duas ocasiões em que, criança, urinara na cama de seus pais, recebendo da segunda vez (aos sete anos) uma dura reprimenda de Jakob: "Esse menino nunca chegará a ser nada". Freud reconhece que a crítica calou fundo, pois em numerosos sonhos surgem alusões a essa cena, regularmente acompanhadas da enumeração de seus méritos e sucessos. Nesse sonho, a luta com a imagem paterna onipotente vence mais uma etapa: não apenas o filho chegou a ser algo, mas o pai aparece como velho, doente e incapaz de controlar seu próprio corpo, como uma criança — ou como um sifilítico. Freud dirá: "É absurdo orgulhar-se de seus antepassados. Quanto a mim, prefiro ser eu mesmo o fundador de uma estirpe, que por seus méritos próprios alcance a fama".[84] O que lhe dá o direito de, de modo inconsciente, fazer pouco de seu pai, apresentando-o como objeto de desprezo e não mais de temor.

Mas onde reside a causa da senilidade paterna? É o que deixa entrever uma nota de pé de página: nos abusos sexuais. Vimos no sonho "Goethe ataca M." que Freud se representava como afetado de paralisia geral, incapaz de efetuar cálculos simples; aqui a consequência da frequentação de prostitutas na Viena

---

83 *A interpretação dos sonhos*, SA II, pp. 218 ss, 239, 417-25; SE IV, pp. 208-19, 233, e V, pp. 431-5; BN I, pp. 473-80, 489, 608-10. Cf. Carl Schorske, "Politics and patricide in Freud's *Interpretation of dreams*", em *Fin-de-Siècle Vienna*, Nova York, Random Books, 1981, para uma análise detalhada desse sonho.
84 Anzieu, *L'autoanalyse*, cit., II, p. 457.

finissecular é atribuída ao pai, por meio da alusão à peça de Oscar Panizza, *O Concílio do Amor*. Nessa peça, Deus, para punir os deboches da humanidade, suscita entre os mortais... a sífilis, que atinge em primeiro lugar o papa. A divindade é representada no drama como um ancião impotente, já sifilítico, mas ainda voltado para os prazeres da carne, isto é, portador dos sintomas que vão ser enviados aos homens.[85] Freud transpõe esse cenário para as fantasias infantis: os pais se desviam, os filhos nascem degenerados. É um fantasma de cena primitiva: por que os pais proíbem aos filhos o que eles mesmos fazem? Anzieu comenta, com razão, que nesse sonho Freud supera a "paralisia" emanada da crítica paterna e assume seu direito a ter desejos, mesmo que para tanto seja necessário transgredir as interdições inconscientemente a Jakob: a de *saber* (gastar demais em livros) e a de *procriar* (servir-se de seu órgão genital, que, no final do sonho, manifesta sua integridade pelo vivo desejo de urinar). De modo que a autoridade paterna é infringida como condição necessária para a criação, da mesma forma que a autoridade política é ridicularizada por constituir uma transposição da primeira, como diz a nota de Freud. O que se introduz, portanto, é o germe da interpretação psicanalítica da religião — Deus como substituto do Pai — (por intermédio da representação da sífilis no drama de Panizza) — e do vínculo político — o governante como substituto do pai (por intermédio das correntes de pensamento ligadas à revolução e à desobediência civil).

Um trabalho semelhante poderia ser realizado para cada um dos sonhos de Freud. Limitemo-nos a indicar, para finalizar esta seção, o movimento geral da autoanálise até a publicação da *Interpretação dos sonhos*. Setembro de 1898 traz o sonho das "Três parcas" e a interpretação do esquecimento de "Signorelli", primeiro elo da *Psicopatologia da vida cotidiana*. Em outubro, o sonho "Non vixit" continua o tema da morte, presente nas "Três parcas" e no ato falho, e assinala o fim da relação passional com Fliess, verdadeiro objeto da "dissolução" realizada pelo severo olhar de Freud. As críticas a Fliess prosseguem com os sonhos "Norekdal" e "Hearsing", cuja interpretação revela outra identificação de Freud a criadores de obras de arte — Ibsen (Nora e Ekdal são personagens da *Casa de bonecas* e de *O pato selvagem*) e Zola (de quem Freud lera vários romances e cujo processo em Paris acompanha com atenção). É notável observar que essas identificações a escritores e poetas se situam, como a de Goethe, numa linha

---

85 Anzieu, *L'autoanalyse*, cit., II, p. 457.

relativamente livre de sentimentos hostis, enquanto a outra série, que identifica seu autor com cientistas e pesquisadores, é repleta de ambivalência: Brücke, Fleischl, Paneth, Fliess — todos os *revenants* do sonho "Non vixit". No final de 1898 ou nos primeiros dias de 1899, um passo decisivo é dado com a análise da "recordação encobridora" em que Freud se vê brincando com seu sobrinho e com a irmãzinha deste na pradaria florida de Freiberg; ela encobre o que talvez seja seu fantasma fundamental, o de *defloração*, tanto no sentido sexual, como no figurado ou sublimado: conquistar, descobrir, abrir caminhos nunca antes percorridos... A obra de Freud, com efeito, é de certo modo a realização desse fantasma, e ela tende a ser por ele colocada no feminino, como nota Granoff: *Die Sache, die Psychoanalyse*, a lista das publicações comparada na carta 63 ao *catalogo delle belle* elaborado por Leporello no *Don Giovanni* de Mozart...

A interpretação da recordação encobridora levantará os bloqueios emocionais de Freud e irá colocá-lo em condições de retomar a obra sobre os sonhos, o que fará na primavera de 1899. O artigo "Sobre as recordações encobridoras" relata essa descoberta, mais uma vez pelo artifício do diálogo com um interlocutor imaginário. O impulso decisivo para que se resolvesse a publicar seu livro — resolução adiada várias vezes, tanto por considerações de discrição como por não dispor da teoria metapsicológica, que considerava indispensável — veio a partir de um sonho de extrema importância: o da "Dissecção da própria bacia".[86] Esse sonho contém, como os demais, numerosas alusões às leituras de Freud, em especial a dois romances de Rider Haggard (*Ela* e *O coração do mundo*), que recomendara a uma dama, como resposta à questão dela sobre suas "mais recentes descobertas". Resposta evasiva, pois Freud guarda para si a associação que lhe vem ao espírito no momento: "O melhor daquilo que podes saber/ Não pode dizê-lo a estes meninos" (fala de Mefistófeles no *Fausto*). Mas, justamente, Freud decide dizer aos "meninos" algo do que de melhor pudera saber:

> Convenci-me de que as dissimulações não servem, como tampouco serve a renúncia, pois não sou bastante rico para guardar para mim minha mais bela descoberta,

---

[86] Wladimir Granoff dedica vários capítulos de *La pensée et le féminin* ao estudo desse sonho, cujo valor consiste, em sua opinião, no fato de mostrar a representação-chave do "plano separador", figurado pelo papel de alumínio amarrotado (*zerknülltes Stanniol*) que recobre as formações carnosas vistas na bacia. Esse plano separador é essencial para a emergência da atividade do pensamento, na medida em que permite estabelecer a fronteira entre os domínios de validade do princípio do prazer e do princípio de realidade.

provavelmente a única que me sobreviverá. [...] Nenhuma de minhas obras anteriores foi tão integralmente minha quanto essa...[87]

O verão de 1899 é dedicado a escrever a introdução bibliográfica e o "capítulo filosófico", que apresenta a teoria do aparelho psíquico. Fliess participa ativamente da correção das provas, sugerindo modificações e cortes; mas já não é "único público", uma vez que Freud vai publicar seu texto. *A interpretação dos sonhos* sai em novembro, com o escasso êxito comercial mencionado no capítulo anterior e que lança Freud na última das suas grandes depressões, cujos ecos encontramos nas cartas do primeiro semestre de 1900. Em agosto, no último "congresso" com Fliess, sobrevém a desavença entre os dois amigos, a partir de uma querela de prioridade quanto à teoria da bissexualidade; a relação se arrasta penosamente por mais um ano, com recriminações de parte a parte e tentativas frustradas de reconciliação. Na verdade, a querela é apenas um efeito de superfície de um processo mais profundo, isto é, o desligamento paulatino de Freud da figura de Fliess, como resultado de um triplo movimento. Em primeiro lugar, a invenção da psicanálise prova a seu fundador sua própria capacidade de criar, sem depender da inspiração de um outro; em segundo, a resolução concomitante da transferência, ao menos em parte, pois veremos no terceiro capítulo que certos elementos da amizade com Fliess serão reproduzidos na relação com Jung; por fim, o fato de que "bissexualidade" não significa o mesmo para um e para outro. Enquanto Fliess vê no termo o índice de um fenômeno biológico, para Freud ele passa progressivamente a conotar o resultado de identificações ao mesmo tempo masculinas e femininas. Dois outros acontecimentos também contribuem para o afastamento de Fliess: a viagem a Roma, que marca o fim da autoanálise sistemática e do luto pela morte do pai — Roma figura, entre outras coisas, o equivalente simbólico do objeto proibido — e a nomeação como *Professor Extraordinarius*, em março de 1902.

Por fim, em 1902 será fundada a "Sociedade Psicológica das Quartas-Feiras", embrião do movimento psicanalítico — Freud encontra seus primeiros discípulos, o que contribui para exonerar Fliess do cargo de "único público". E é evidente que a necessidade do "público" é preenchida de outra maneira, pois seus "alunos" não são comparáveis ao colega de quem tanto esperara; além

---

87 Carta 107 a Fliess (2/5/1899), OP, BN III, p. 3620.

disso, em 1902 Freud é um homem muito diferente daquele que, dez anos antes, se lançara à exploração do mundo desconhecido das neuroses. A *Traumdeutung*, o "Caso Dora" e a *Psicopatologia da vida cotidiana* — que Fliess, tendo acusado Freud de ler nos pensamentos dos outros os seus próprios, se vira convidado a jogar sem abrir na lata de lixo[88] — formam nesse momento os elos iniciais da nova disciplina, nascida do trabalho de um luto e emancipada com o fim de uma amizade. Tais temas, como veremos, não são estranhos à concepção da cultura nos escritos da maturidade de Freud.

6. A ESTRADA REAL

O percurso pelos meandros da autoanálise que acabamos de realizar tem, a meu ver, o valor de mostrar de que maneira os temas culturais surgem no horizonte de Freud, à medida que se precisam os contornos da problemática propriamente psicanalítica. Vimos assim que a referência cultural se introduz nos momentos em que se torna necessário recorrer ao testemunho do passado ou daqueles que não podem ser tidos por cúmplices da aventura freudiana, a fim de universalizar as hipóteses estabelecidas de início no terreno da psicopatologia, verificadas em seguida pela análise dos sonhos e, a partir de 1898, também dos lapsos e das recordações encobridoras de Freud. Mas é certo que as obras da cultura só se prestam a essa finalidade uma vez interpretadas, isto é, lidas com o auxílio desses mesmos instrumentos. A circularidade do método, porém, não invalida a demonstração, pois, longe de "aplicar" seus conceitos a campos que lhes seriam "exteriores", Freud utiliza as análises "culturais" para refinar esses próprios conceitos; e o resultado da operação é mostrar que, em sua esfera própria, cada uma dessas formações culturais apresenta os mesmos elementos e estruturas fundamentais. O que resulta do trabalho de interpretação é a abolição das fronteiras artificiais entre os gêneros, que surgem assim como outras tantas manifestações de um mesmo operador de base: o trabalho do sonho.

A partir de 1900, uma série de estudos vai desvendar esse mecanismo, implícito nos exemplos antes mencionados, em esferas cada vez mais afastadas da vida onírica propriamente dita. A *Psicopatologia da vida cotidiana* — que

---

[88] Carta 145 a Fliess (7/8/1901), OP, BN III, p. 3650.

em 1904 reúne sob forma de livro três longos artigos publicados em 1901 — acumulará exemplos destinados a mostrar que os mecanismos essenciais do sonho (a condensação e o deslocamento) determinam também a estrutura dos lapsos, dos esquecimentos e dos atos falhos, os que se revelam obedecer sempre à deformação da censura, e se constituir em elementos da série das formações de compromisso, cuja função é satisfazer simultaneamente as forças repressoras e os desejos reprimidos. *A frase de espírito e sua relação com o inconsciente*, de 1905, estudará o domínio do *Witz* como extensão do campo de validade dos processos primários. Uma série de textos sobre a literatura — "Caracteres psicopáticos no teatro" (1906), "Gradiva" (1906) e "O poeta e a fantasia" (1907) — irá ampliar para a esfera da obra de arte o mesmo modelo. Cabe perguntar, pois, qual o motivo desse privilégio do trabalho do sonho, cuja elucidação abre caminho para o surgimento da interpretação psicanalítica da cultura.

Paul Ricoeur[89] enumera cinco características que fazem do sonho o paradigma da interpretação. O sonho tem um *sentido* que se deixa descobrir por trás de sua aparente incoerência: é a realização disfarçada de um desejo reprimido. Disfarçado e reprimido em virtude do trabalho da censura, que deforma os pensamentos latentes a ponto de torná-los irreconhecíveis; a interpretação, "réplica da lucidez à astúcia", restaurará a coerência das cadeias associativas e porá assim em evidência a analogia do sonho com outros produtos da vida anímica. O desejo implícito no sonho é um desejo infantil, que atesta a perenidade das organizações arcaicas no psiquismo e sugere a analogia com o fruto das primeiras especulações da humanidade, recolhidas nos mitos e nas lendas que formam o material de base da literatura antiga. Por fim, o sonho deixa transparecer como símbolo o que na verdade são os sedimentos do processo cultural, apropriado pelo indivíduo a partir das frases feitas, dos provérbios, de insultos e crenças de sua área cultural específica. Os materiais do sonho traduzem assim a pertinência do sonhador a um determinado contexto cultural; mas, se eles podem ser utilizados pelo trabalho do sonho, é lícito supor uma homologia entre este e o processo de formação dos próprios produtos culturais, uma vez abolidas as barreiras entre o normal e o patológico, bem como entre a vida onírica e a vigília. O pressuposto da interpretação será assim o de que, em cada formação considerada, existem traços de seu

---

89 Paul Ricœur, *Freud: una interpretación de la cultura*, México, Siglo Veintiuno, 1970, pp. 137-8.

processo de constituição, e este será tido por análogo ao do sonho, possivelmente preenchendo a mesma função — a realização de desejos por meio de uma rasteira na censura — mediante procedimentos específicos, que caberá ao intérprete pôr à luz. A homologia pode legitimamente funcionar na direção sonho → cultura, porque no sentido inverso ela já se revelou atuante. Com efeito, são numerosas as passagens da *Traumdeutung* em que, para ilustrar os processos primários, Freud recorre a exemplos extraídos das artes plásticas, mais aptas a fornecer paralelos para um trabalho que funciona no registro visual.

Assim, na seção sobre "Os meios de representação" do sexto capítulo, Freud compara a dificuldade do sonho em representar plasticamente as relações lógicas de implicação, negação etc. à evolução da técnica da pintura, a qual, antes de atingir o domínio completo de seus meios de expressão, indicava por palavras saídas da boca dos personagens o tema do quadro. Em outra passagem, serve-se da representação simultânea dos pensadores nas "Escolas de Atenas" e de artistas nos "Montes Parnaso" para acentuar a comunidade que formam na história da cultura. O mecanismo da condensação é ilustrado pelas figuras compósitas da mitologia, como os centauros e dragões. O próprio sonho é comparado a um edifício ou a uma igreja barroca, em que a fachada nada tem a ver com a estrutura que recobre, ou ainda a um rébus, a uma escrita pictográfica etc. Os procedimentos artísticos servem assim como paradigmas para a figuração dos pensamentos latentes, e é importante assinalar que eles costumam ser extraídos de épocas historicamente distantes do presente — a arte egípcia, os baixos-relevos romanos, as igrejas medievais —, o que contribui para acentuar o caráter arcaico dos processos oníricos e para tornar mais sensível a analogia entre a infância individual, cujos modos de representar ressurgem durante o sonho, e os tempos remotos da história da civilização.

Dos terrenos em que vai ser aplicada a analogia do sonho, o da frase de espírito se reveste de especial importância porque, ao contrário do sonho e dos atos falhos, que se esforçam por manter secreto o sentido que porventura tenham, o dito espirituoso se destina a ser *comunicado* a outrem, integrando assim na análise a dimensão intersubjetiva característica dos processos culturais. A obra sobre o *Witz* é essencial em nosso próprio percurso por uma segunda razão: ela introduz de modo definitivo o que será o fio condutor da estética freudiana, isto é, o ponto de vista econômico, ligado à magnitude relativa das forças psíquicas, cujo jogo engendra o sentimento do prazer e do desprazer. Todas as análises estéticas de

Freud começam por colocar a questão do efeito produzido pela obra sobre seu destinatário, e é desse efeito que parte a reconstrução; ora, o efeito emocional é sentido pelo sujeito como uma qualidade da série prazer-desprazer, indo do êxtase à repugnância ou ao terror. Uma parte significativa do livro é dedicada a responder a uma pergunta precisa: *do que* e *por que* rimos com uma frase de espírito?

Freud começa, como na *Interpretação dos sonhos*, por uma resenha da bibliografia especializada, que resulta numa decepção estratégica: as investigações dos autores precedentes se assemelham aos membros dispersos de um corpo, sem que se esclareça o que faz uma sentença ser um dito precisamente *espirituoso*. A parte "analítica" é dedicada a uma classificação das frases espirituosas em diversos gêneros, que são por fim reduzidos a mecanismos idênticos aos do trabalho do sonho: a condensação e o deslocamento. Freud nota ainda diversas analogias com os produtos da vida noturna; assim, por exemplo, certos ditos são providos de uma "fachada" cômica atrás da qual se discerne a frase de espírito propriamente dita, como no sonho uma fachada devida à elaboração secundária pode ocultar os elementos principais daquele; em outros, o absurdo aparente visa dissimular finalidades sarcásticas ou irônicas, como nos sonhos, em que o desvario incoerente indica a presença dos mesmos sentimentos nos pensamentos latentes. Uma conclusão se impõe: a frase de espírito produz no autor e no ouvinte um efeito de prazer, para cuja elucidação a analogia com o sonho já não será suficiente, sendo preciso um exame mais detido da função específica do prazer.

Entre as hipóteses citadas por Freud, há uma que pode parecer bizarra ao leitor moderno: a frase de espírito estaria inserida no domínio da estética. Kuno Fischer, por exemplo, a define como um "juízo brincalhão", incluindo essa categoria de juízos entre os emanados da "liberdade estética", que consiste na "observação desinteressada das coisas". Mais adiante, o mesmo autor é de novo citado (K. Fischer, p. 68):

> Os filósofos que assimilam a frase de espírito ao cômico e incluem essa matéria na estética caracterizam a manifestação estética pela condição de que nela nada queremos das coisas; não precisamos delas para satisfazer nenhuma das nossas grandes necessidades vitais, mas nos contentamos com a contemplação e com a fruição da própria experiência. Essa classe de manifestação é a puramente estética, que

repousa apenas em si mesma e tem em si mesma sua única finalidade, com exclusão de qualquer outro fim vital.[90]

Na história da filosofia, a origem dessa noção remonta a Kant, ponto focal da estética a que se refere Fischer, e cuja comparação com Freud é, nesse momento, particularmente apta para evidenciar de que modo a psicanálise "desconstrói" (na expressão de J. Derrida) um conceito filosófico com que depara em seu trajeto. A doutrina kantiana do prazer estético se encontra exposta na *Crítica da faculdade de julgar*, para a qual voltaremos agora nossa atenção.

No contexto da discussão sobre a moralidade, havíamos notado que, na *Crítica da razão prática*, o prazer surgira para ser de imediato desqualificado como princípio determinante da vontade livre. Com efeito, ele só poderia provir da experiência de um objeto capaz de causá-lo; ora, isso colocaria a determinação da vontade no terreno empírico, sob a dependência de um princípio que lhe seria exterior, o que tornaria impossível a concepção de uma liberdade racional, sem a qual não poderia ser atribuída ao sujeito a responsabilidade por seus atos — fundamento de toda moral possível. Ao contrário, a moral pressupõe uma vontade livre, que encontre em si mesma o princípio de suas ações; isso conduz à dedução da lei moral como princípio racional, portanto *a priori* e universal, como o único móvel legítimo de uma vontade autônoma. O prazer é assim eliminado do horizonte kantiano por estar contaminado pela empiricidade e por subordinar a determinação da vontade a um princípio que por definição elimina a liberdade e a responsabilidade.

Na *Crítica da faculdade de julgar*, porém, Kant se atém a uma outra perspectiva, que fará reaparecer o prazer como um dos "poderes superiores da alma", ao lado do conhecimento e da vontade. A questão do prazer se inscreve no contexto do exame da faculdade de julgar. Essa é, segundo a *Crítica da razão pura*, a faculdade encarregada de efetuar o conhecimento concreto: dada uma representação, ela decide, mediante o esquematismo da imaginação, sob qual conceito do entendimento tal representação deve ser incluída.[91] Por exemplo,

---

90 *A frase de espírito e sua relação com o inconsciente*, SA IV, p. 90; SE VIII, p. 95; BN I, p. 1080. [Nota de 2006]: Um estudo mais detalhado deste livro pode ser encontrado em Renato Mezan, "A Ilha dos Tesouros. Relendo 'A piada e sua relação com o inconsciente'", in Abrão Slavutzky e Dante Kupermann (orgs.), *Seria trágico... se não fosse cômico*, Rio de Janeiro, Record, 2006.
91 É útil recordar, neste ponto, que a imaginação é a faculdade de representar um objeto, mesmo ausente da intuição (§ 20 da "Analítica dos conceitos"), e que o esquema da imaginação é o conjunto de condições formais *a priori* do tempo, que contém a condição geral sob a qual a categoria

no juízo "x é uma flor", a faculdade de julgar refere a representação intuída à categoria de substância, por meio do "esquema da substância" fornecido pela imaginação (permanência do real no tempo); à categoria da realidade, mediante o "esquema da realidade" (existência num tempo determinado); e assim sucessivamente. A faculdade de julgar é portanto aquela que subsume o particular no universal. Nessa operação, tomam parte o entendimento — com as categorias — e a imaginação — com os esquemas. Esse é o uso dito *determinante* da faculdade de julgar, pois, no caso, ela determina o objeto como tal ou qual em função do conhecimento. A terceira *Crítica* mostra que a faculdade de julgar é suscetível de um outro emprego: ela pode emitir juízos que se refiram não mais ao objeto do conhecimento, mas sim a seu sujeito, caso em que seu uso será dito *reflexionante*. Um primeiro exemplo do uso reflexionante da faculdade de julgar é dado pelo juízo classificatório, pelo qual afirmamos que um gênero pode ser incluído dentro de outro e este dentro de outros mais amplos, até chegar ao gênero supremo, que é a própria Natureza. Por que essa é uma operação reflexionante? Pela simples razão de que pressupõe uma *coerência* da experiência, segundo a qual um gênero *sempre* poderá ser incluído no interior de outro mais abrangente. Ora, a coerência da experiência é um postulado do sujeito, necessário para o procedimento classificatório, *mas de modo algum presente nos próprios objetos da experiência*. É a faculdade de julgar que, em seu trabalho de subsumir leis empíricas sob outras leis empíricas mais abrangentes, tem necessidade desse postulado como garantia de que a operação tem um sentido: é portanto da esfera do sujeito que ele provém, mediante o uso reflexionante dessa faculdade.

Mas o juízo reflexionante classificatório está de certo modo contaminado pelo uso determinante da faculdade de julgar, pois ainda pressupõe um objeto, que só pode ser constituído por meio desse uso determinante. O juízo propriamente reflexionante será aquele que, sem necessitar de um objeto ou de um conceito, se refira apenas à maneira pela qual o sujeito é afetado por suas representações. Ora, essa é a situação que se apresenta com o juízo estético, cujo ponto de partida será o sentimento que acompanha um determinado tipo de

---

pode ser referida a um objeto qualquer (capítulo 1 da "Analítica dos princípios"). Cf. *The critique of pure reason*, Chicago, Britannica "Great Books", 1952, pp. 54 e 59. Cf. igualmente, sobre o modo de constituição do conceito kantiano de reflexão e sobre o processo que conduz Kant a vincular juízo reflexionante e prazer estético, o estudo de Gérard Lebrun, *Kant et la fin de la métaphysique*, Paris, Albin Michel, 1970.

representação — e esse sentimento será o prazer. Kant distingue o prazer de origem sensorial do prazer "puro"; o primeiro é o resultado subjetivo da representação de um objeto *agradável*; o segundo surge quando o objeto da representação é *belo*. A Analítica do Belo, primeiro movimento da *Crítica da faculdade de julgar*, mostra que o belo é aquilo que agrada universalmente, pois posso imputar a todos o sentimento que experimento ao contemplá-lo, o que não ocorre no caso do apenas agradável, em que o sentimento de prazer é contingente (um outro pode achar detestável o perfume de uma flor que me agrada).

Por sua característica de universalidade, o belo implica que existam em sua estimativa determinações *a priori*. Como é possível que uma representação desperte um prazer imediato, universal e que não dependa da formação de um conceito do objeto? Aqui intervém o uso reflexionante da faculdade de julgar. O juízo estético, como todo e qualquer juízo, pressupõe um acordo entre a imaginação e o entendimento. Mas, enquanto no caso do juízo lógico a faculdade de julgar decide, mediante os esquemas da imaginação, sob quais categorias do entendimento deve ser subsumida a representação dada, a fim de produzir um conceito, no caso do juízo estético essa operação não tem um lugar, pois não é preciso produzir conceito algum. O acordo entre a imaginação e o entendimento é espontâneo, e o prazer deriva precisamente da espontaneidade do acordo: a representação bela é assim a *ocasião* para que as duas faculdades cognitivas manifestem seu acordo espontâneo, sem por isso determinar o objeto como sendo isto ou aquilo. A dedução transcendental do juízo estético prova que isso ocorre quando, em vez de um "múltiplo intuído" se submeter aos conceitos do entendimento por meio dos esquemas da imaginação, a própria imaginação se subsume ao entendimento. O juízo estético exprime assim "a adequação da representação para vincular ambas as faculdades cognitivas, em sua liberdade, num emprego harmonioso".[92]

O prazer estético é, assim, desinteressado, porque sua produção não obedece nem a finalidades cognitivas nem a finalidades práticas. Ele surge do livre jogo das faculdades do conhecimento, mas sem que elas determinem um conhecimento preciso: é por assim dizer da sua atividade ociosa que ele emerge, por ocasião da intuição de uma representação que, por sua forma, pode ser considerada bela. Podemos agora retornar ao texto de Freud e ver como essa noção é transformada, por assim dizer, do seu próprio interior:

---

92 *Crítica da faculdade de julgar*, §§ 39 e 35. Cf. *The critique of judgement*, Chicago, Britannica "Great Books", 1952, pp. 520 e 515.

Quanto a nós, encontramo-nos quase completamente de acordo com essas palavras de K. Fischer (citadas na nota 90). Talvez não façamos mais do que traduzir seu pensamento para nossa própria linguagem quando insistimos em que a atividade não pode ser qualificada como desprovida de objeto ou de finalidade, dado que inegavelmente se propõe a despertar a hilaridade do auditório. Não creio, aliás, que possamos empreender nada totalmente desprovido de intenção. Quando não precisamos de nosso aparelho psíquico para nenhuma de nossas imprescindíveis atividades, deixamo-lo trabalhar por puro prazer, isto é, *buscamos extrair prazer da sua própria atividade*. Suspeito que essa seja em geral a primeira condição de toda manifestação estética; mas meu conhecimento da estética é demasiado escasso para que me atreva a deixar consignada tal afirmação.[93]

À primeira vista, não parece ser muito grande a diferença entre "extrair prazer da atividade própria do aparelho psíquico" e "engendrar o prazer estético pelo acordo espontâneo das faculdades cognitivas": a primeira frase bem poderia ser a "simples transcrição, para nossa própria linguagem", da segunda. Na verdade, um abismo as separa, e a pequena frase "nada podemos empreender sem intenção" assinala o ponto de ruptura entre a tradição filosófica alemã e a estética freudiana *in statu nascendi*. Pois o prazer é, para Freud, desde o "Projeto" e na esteira de Fechner, assimilado a uma descarga, a um alívio de tensão. O aparelho psíquico se distingue do sujeito transcendental kantiano porque este é a sede de faculdades que operam na mesma direção, razão pela qual podem se pôr espontaneamente de acordo na presença de uma representação que a faculdade de julgar estimará como bela, enquanto o conceito freudiano implica um conflito de forças, cada qual pressionando numa direção diferente, de modo que a "simples atividade" desse aparelho jamais poderá produzir espontaneamente acordo algum. Ela pode engendrar prazer, mas por um alívio de tensão ou por uma economia do dispêndio de energia, isto é, pela descarga de certa magnitude de uma das forças, que torna inútil determinada magnitude da outra. Kant e Freud concordam ao recusar que o psicológico se explique apenas por si mesmo, mas se separam por completo no momento seguinte: Kant visa à constituição *transcendental* do sujeito, isto é, o conjunto de condições *a priori* que

---

93 *A frase de espírito*, SA IV, pp. 90-1; SE VIII, pp. 95-6; BN I, pp. 1080-1.

torna possível a experiência e o pensamento, enquanto Freud busca a constituição *metapsicológica* dos processos psíquicos, ou seja, a determinação de sua modalidade segundo o jogo de forças e segundo a quantidade de energia envolvida na transação, que determinam se um processo dado conseguirá vencer a barreira da censura, tornando-se consciente, ou se fracassará nessa tentativa, permanecendo inconsciente. É por essa razão que o "ponto de vista econômico", que considera os processos psíquicos sob o ângulo do dispêndio de energia, tem um papel essencial a desempenhar na estética: o prazer ou o desprazer são vistos como a resultante afetiva dessa luta, que culmina com uma descarga ou com a retenção das magnitudes em questão. Freud permanece, pois, tributário da tradição kantiana ao considerar que a estética e o prazer são termos da mesma série; mas subverte completamente essa mesma tradição, ao conceber o prazer não como *soma* harmoniosa das potências anímicas, e sim como *subtração* efetuada por uma delas às expensas da outra. Ao mesmo tempo, o transcendental é eliminado do horizonte, para ser substituído pelo metapsicológico — o que, se por um lado coloca Freud no campo da psicologia "científica", contra a tradição kantiana, por outro o separa dos psicólogos propriamente experimentais, como Fechner e Wundt, pelo recurso a uma dimensão que, sem ser da alçada da filosofia, recolhe por assim dizer uma parte da herança filosófica, modificando-a e integrando-a num novo sistema conceptual.

É no estudo sobre a *Frase de espírito* que podemos acompanhar, quase passo a passo, o surgimento do "ponto de vista econômico". Freud começa por observar que a técnica da frase de espírito se caracteriza pela economia de meios; mas, objetando que nem todo laconismo é engraçado, procura determinar de que forma a tendência à concisão do dito espirituoso realiza a produção do prazer. Para isso, procede à análise dos ditos "tendenciosos", isto é, aqueles que traduzem uma intenção hostil, erótica, crítica, para chegar à conclusão de que o prazer provém de duas fontes essenciais: a própria técnica e a tendência que vem à luz por meio dela, servindo-se da roupagem inocente da frase de espírito para burlar a censura e eludir a repressão. Existem, assim, dois tipos de prazer: o primeiro se liga à expressão verbal engenhosa de que se reveste a frase de espírito, enquanto o segundo corresponde à descarga de excitações propriamente pulsionais, que, sem esse recurso, teriam permanecido inibidas — uma vez eliminadas, por essa porta dos fundos, tais excitações, a energia requerida para mantê-las reprimidas se torna desnecessária e pode ser descarregada pela via do riso. O prazer provém, assim, em última instância, "da economia de dispêndio psíquico e da liberação da crítica".[94]

Freud vai então elaborar uma história da função crítica, que se instala progressivamente no aparelho psíquico. A criança que brinca com as palavras, indiferente a seu sentido, é o ponto de partida dessa história: o prazer é aqui engendrado pela passagem de um círculo de vocábulos a um outro, sem tomar em conta as significações correspondentes, o que fornece as condições de uma primeira poupança de energia psíquica. Esse jogo infantil é pouco a pouco substituído pelo raciocínio segundo regras lógicas, que acarreta um esforço suplementar e consequentemente um dispêndio energético destinado a manter o pensamento nos trilhos da razão. Mas "o homem não abandona fácil uma posição de prazer que ocupou antes": sempre que possível, ele tenta recuperar o acesso a essas fontes infantis do prazer, mediante a elaboração do que Freud denomina "gracejos". A condição essencial do gracejo é que o curto-circuito das representações, economizador de gasto psíquico, apresente um sentido, ainda que mínimo, necessário para ultrapassar a barreira da crítica. Por exemplo, um professor, interrogado sobre as profissões de seus filhos, respondeu: "Zwei heilen und zwei heulen" ("dois curam e dois uivam": dois são médicos, e outros dois, cantores). A etapa seguinte é constituída pela frase de espírito propriamente dita, na qual a expressão verbal não apenas tem um sentido qualquer, como no gracejo, mas uma significação bem construída, como no exemplo inaugural do livro ("Rothschild tratou-me de modo familionário"). A forma humorística funciona assim como uma isca para a função crítica, que se desvia para ela a fim de decifrá-la, permitindo que a tendência hostil ou erótica possa se expressar quase de contrabando. Freud conclui a passagem referindo-se ao princípio fechneriano do "somatório do prazer", aplicando-o ao caso do dito espirituoso, e estabelecendo o "princípio do prazer preliminar", que consiste simplesmente na "isca de atração" oferecida à crítica a fim de obter a liberação de uma magnitude muito mais considerável de prazer, proveniente de fontes que teriam permanecido inacessíveis sem a colaboração da forma espirituosa:

> A frase de espírito entra assim ao serviço de importantes tendências que lutam contra a repressão e se dedica a suprimir obstáculos interiores, conforme o

---

94 *A frase de espírito*, SA IV, p. 121; SE VIII, p. 127; BN I, p. 1100.

princípio do prazer preliminar. A razão, o juízo crítico e a repressão são as forças que ela vai combatendo uma após a outra, enquanto conserva as fontes primitivas do prazer verbal e abre caminho, a partir da etapa do gracejo, para outras novas, por meio da remoção das inibições. Em cada caso, podemos derivar o prazer produzido, seja o prazer-de-jogo ou aquele obtido pela remoção (dos obstáculos), da economia de um dispêndio psíquico.[95]

Assim, a frase de espírito constitui um paralelo aproximado do sonho, como marco seguinte na "estrada real" da psicanálise. Como o sonho, ela possui um sentido disfarçado, que cumpre a função de abrir caminho para fontes de prazer reprimidas e de origem infantil, eludindo a crítica por meio de uma construção que obedece aos mecanismos do processo primário. Mas, à diferença do sonho, a frase de espírito se destina a ser comunicada, processa-se exclusivamente no domínio da linguagem, e seus "pensamentos latentes" provêm do pré-consciente, enquanto o sonho é feito para não ser compreendido, cumpre um enorme trabalho de figuração visual e, embora contenha restos diurnos provindos do pré-consciente, só pode ser elaborado mediante a ligação destes com um desejo infantil reprimido. A diferença essencial entre ambos, porém, radica em que a primeira é um processo intersubjetivo, colocando portanto em jogo os processos secundários, sem os quais seu conteúdo permaneceria ininteligível. Daí o valor da frase de espírito como marco inicial da estética freudiana: o modelo oferecido por ela, e que vimos consistir na elaboração engenhosa de conteúdos reprimidos, será reencontrado na série das formações artísticas estudadas por Freud. O procedimento será sempre o mesmo: partindo da distinção entre a técnica artesanal, encarregada de fornecer o prazer preliminar, e o elemento propriamente ideacional que se exprime por seu intermédio, a análise procurará pôr à mostra as representações reprimidas a que o conteúdo manifesto alude de modo indireto, estabelecendo assim o balanço em termos de prazer-desprazer tanto do lado do autor quanto do destinatário da obra de arte. Essa operação assenta sobre um pressuposto: o de que os conteúdos reprimidos são idênticos ou pelo menos semelhantes em um como no outro. Isso permite, de um lado, a fruição da obra por parte do destinatário — como se se estabelecesse uma espécie de comunicação cifrada de inconsciente a inconsciente —, mas, por

---

[95] *A frase de espírito*, SA IV, pp. 129-30; SE VIII, pp. 137-8; BN I, p. 1106.

outro, torna possível a *reconstrução do processo criativo a partir da emoção sentida pelo espectador*, o que funda a validade do método de interpretação, mesmo na ausência das associações do autor, e sugere, por uma rede de indícios convergentes, o *sentido* da obra em questão. Freud procederá dessa maneira, por exemplo, ao analisar a *Gradiva* de W. Jensen e o *Moisés* de Michelangelo. Mas, antes de examinarmos mais de perto a questão, é preciso seguir a lógica do percurso freudiano, voltando-nos agora para alguns ensaios em que os princípios extraídos do estudo sobre o *Witz* são aplicados a título quase experimental: "Caracteres psicopáticos no teatro" (1906), "O poeta e a fantasia" (1907) e "O romance familiar do neurótico" (1908).

O ponto comum entre as frases de espírito e as produções literárias reside na seguinte homologia: tanto uma como outra têm como ponto de partida um determinado conteúdo, submetido a uma elaboração formal que lhes empresta o caráter de algo acabado e capaz de suscitar prazer em outrem. Freud se refere à teoria aristotélica da catarse para dar conta do prazer suscitado pelo drama; sua função consiste em "proporcionar-nos acesso a fontes de prazer e de gozo existentes em nossa vida afetiva [...], tornadas inacessíveis pela ação do intelecto",[96] ou seja, reprimidos pela implantação progressiva da crítica. Esta, porém, não é mais de natureza racional, como a que extingue o jogo infantil com as palavras: ela é agora *moral*, pois as representações reprimidas o são, na verdade, porque incompatíveis com as normas que regem a vida social. A história da função crítica esboçada no livro sobre a frase de espírito fornece aqui um fio condutor, pois a repressão se abate de modo privilegiado sobre os remanescentes da vida anímica infantil. Freud parte do jogo das crianças e de seu caráter anódino, para mostrar que o conteúdo essencial de tais brincadeiras é a realização imaginária de um desejo: ser como os adultos. Mas esse desejo inocente, que se realiza pela criação de um mundo no qual as coisas sucedem de modo gratificante para a criança, contém já um germe de culpabilidade, pois ser como os adultos significa também ser como papai ou mamãe, isto é, dispor do genitor de sexo oposto sem a incômoda presença do mesmo sexo. É esse elo implícito na demonstração de "O poeta e a fantasia" que permite compreender a sequência desse texto, em que Freud coloca a fantasia como herdeira do jogo infantil, numa série cujo elemento intermediário é o devaneio diurno. As fantasias dos

---

[96] "Caracteres psicopáticos no teatro", SA X, p. 161; SE VII, p. 305; BN II, p. 1272.

adultos contêm elementos eminentemente culpabilizadores, razão pela qual são reprimidas com energia e encontram raras ocasiões de se manifestar na situação de vigília — pois os instintos insatisfeitos, tanto eróticos quanto agressivos, são o motor da atividade fantasmática, em cujas produções emergem como realizados os desejos mais inconfessáveis.

Ora, o que faz o poeta? Como todos nós, ele retira de suas fantasias a matéria-prima do que vai escrever. Na atividade do escritor (pois Freud designa como poeta o novelista, o teatrólogo e de modo geral todos os que inventam ficções, em verso ou prosa), o conteúdo "repelente" das fantasias é submetido a um tratamento que o torna capaz de engendrar um intenso prazer: "Na técnica de superação daquela repugnância, relacionada sem dúvida com as barreiras que se elevam entre cada ego e os demais, reside a verdadeira *ars poetica* [...]. O poeta mitiga o caráter egoísta do devaneio mediante deformações e ocultações, e nos suborna com o prazer puramente formal, ou seja, estético, que nos proporciona a exposição de suas fantasias".[97] A metapsicologia da fruição revela assim que o prazer nasce em primeiro lugar da forma engenhosa com que é mascarada a fantasia; mas sua fonte mais profunda reside, exatamente como no caso da frase de espírito, no fato de que o conteúdo de tal fantasia é captado de modo inconsciente, o que produz a liberação do prazer por meio da remoção das repressões até então vigentes sobre as fantasias correspondentes do leitor. A primeira dessas deformações em cujo domínio reside a *ars poetica* é a invenção de um personagem que representará, na intriga, o próprio ego do autor e diante do qual se ordenarão as demais *dramatis personae* em boas ou más, segundo suas ações e intenções quanto ao personagem que veicula "sua majestade, o ego" ("O poeta e a fantasia"). O processo inverso e correspondente no espectador será a identificação com o personagem central, como é dito em "Caracteres psicopáticos no teatro". Essa identificação lhe permite supor-se no lugar do herói, realizando assim, em primeiro lugar, o desejo de escapar à sua própria mediocridade, mas, ao mesmo tempo, gozar da segurança que lhe oferece sua posição exterior ao palco ou à capa do livro, pois as catástrofes que vitimam os protagonistas da obra lhe são poupadas na realidade. A ficção satisfaz, desse modo, impulsos sádicos ou masoquistas, presentes justamente nessas fantasias inconfessáveis

---

[97] "O poeta e a fantasia", SA X, p. 179; SE IX, p. 153; BN II, p. 1348.

que cada um de nós abriga em seu íntimo. É o que permite a Freud afirmar: "O poeta nos coloca em situação de podermos gozar de nossas próprias fantasias, sem nos envergonharmos ou nos recriminarmos de modo algum".[98]

O fio condutor dessa análise é o ponto de vista econômico: o prazer do espectador deriva do levantamento das repressões operado pela identificação com os personagens criados pela imaginação do autor, o qual realiza, por meio da *ars poetica*, o trabalho essencial de deformar suas fantasias "repelentes" e convertê-las em algo aceitável para a censura. O prazer preliminar na *forma* da obra de ficção serve de detonador para o prazer derivado do alívio das tensões instintivas reprimidas, centrado no conteúdo do texto. Freud pode então proceder a uma classificação das formas dramáticas suscetíveis de despertar esse prazer, indo das mais simples do ponto de vista psicológico — a luta contra os deuses ou outras figuras poderosas etc. — até as mais complexas, isto é, aquelas que envolvem um conflito interior nos personagens. Esse conflito pode ser estabelecido entre motivações conscientes — como o amor e o dever — ou entre motivações conscientes e inconscientes, reprimidas, como no caso de *Hamlet*. Do ponto de vista metapsicológico, essa série crescente corresponde a uma escala decrescente em distância do foco fantasmático, o que, sem ser dito explicitamente por Freud, sustenta contudo sua argumentação. Com efeito, os "deuses" e as "figuras poderosas" não são mais do que projeções das imagos paterna e materna, convenientemente situadas fora do personagem central; o conflito assim esquematizado subentende um momento mais avançado do processo repressivo do que nos casos em que o herói de debate com "questões interiores". O ponto extremo do conflito é alcançado nos textos em que o reprimido está no seu lugar próprio, isto é, no inconsciente do herói; mas, como aqui se está perigosamente perto dos conteúdos "repelentes", a *ars poetica* atinge seu grau máximo de refinamento, dosando sutilmente as peripécias e deixando apenas entrever a verdadeira natureza da questão. Isso é tanto mais verdadeiro quanto o próprio autor permanece na ignorância do mecanismo que preside à sua criação, sendo possível determinar este último apenas por meio da interpretação analítica. É esse o sentido das considerações finais de Freud em "Caracteres psicopáticos no teatro", em que, numa condensação vertiginosa, o desfecho de *Hamlet* é comparado ao processo psicanalítico:

---

98 Ibidem.

Um dos pré-requisitos desse gênero artístico consiste em que o ímpeto do impulso reprimido para se tornar consciente, embora identificável, apareça tão sutilmente, que o processo de sua conscienciação ocorra no espectador enquanto a atenção deste se encontra distraída e enquanto se acha tão envolvido em suas emoções que não pode efetuar um julgamento racional. Dessa forma, a resistência fica notavelmente reduzida, como no tratamento psicanalítico, quando os derivados dos pensamentos e afetos reprimidos emergem na consciência como resultado de uma atenuação da resistência e mediante um processo que não pode ser controlado pelo próprio material reprimido.[99]

O poeta funciona assim como um psicanalista *avant la lettre*, como Freud dirá na "Gradiva". Mas as linhas finais desse artigo mostram que, justamente, o psicanalista dá um passo a mais, visto que, pela própria natureza do tratamento, lhe é possível perseguir todos os meandros da constituição da neurose, de modo que pode reconhecer na intriga de determinadas obras de ficção um análogo da estrutura daquela. No texto sobre "O poeta e a fantasia", ambas se precisam como se derivassem de um mesmo registro: a fantasia. A neurose, porém, implica uma diminuição da capacidade funcional do indivíduo, pela excessiva quantidade de energia psíquica desperdiçada para manter sob repressão os conteúdos inconscientes; em outras palavras, a obra de arte obtém o que a neurose não é capaz de realizar, isto é, a liberação do registro fantasmático pela liberação controlada dos processos primários (no autor) e pela diminuição da tensão psíquica resultante da eliminação provisória de determinadas repressões (no leitor). A analogia entre o processo psicanalítico e a fruição do texto de ficção será examinada na próxima seção deste capítulo; de momento, cabe assinalar os diferentes resultados da produção de fantasias na neurose e na ficção, analisando, de passagem, a ficção abortada do neurótico que Freud designa com a expressão de "novela familiar".

Mais uma vez, o ponto de partida é o desejo de ser "grande". No texto intitulado "A novela familiar do neurótico", Freud põe em evidência um outro elemento desse desejo: se emancipar da autoridade dos pais. Para essa finalidade, é indispensável uma etapa intermediária, a da crítica da imagem que, em seus primeiros anos, a criança forma dos pais, como figuras dotadas de todas as

---

[99] "Caracteres", CIT., SA X, p. 166; SE VII, p. 310; BN II, p. 1275.

perfeições e de todos os poderes. Essa crítica tem como momento essencial uma fantasia derivada do conflito edipiano e dos impulsos sexuais e agressivos a ele vinculados, em especial o de eliminar o rival do mesmo sexo. Tal desejo se apresenta na consciência sob uma forma já contaminada pela censura: o sentimento de ser desprezado, que corresponde à punição pelo desejo hostil. A representação compatível com tal sentimento é a de ser não um filho, mas um enteado ou uma criança adotiva do casal, o que suscita a produção de uma fantasia encarregada de compensar o sentimento de inferioridade mediante a descendência imaginária de ancestrais muito mais importantes do que os efetivamente existentes, tais como membros da nobreza, heróis, príncipes, reis e rainhas. É essa fantasia que Freud denomina "romance familiar". Sua primeira aparição como conceito psicanalítico remonta ao estudo da paranoia, e desde então Freud a associara às condições da criação literária, ao interpretar, nas cartas 90 e 91 a Fliess, os contos de C. F. Meyer. Mas, enquanto ali Freud fora sensível apenas ao aspecto defensivo da ficção, após a elucidação da frase de espírito a diferença entre a novela familiar e a novela propriamente dita pode ser enunciada: ela reside na elaboração que imprime a esta última seu caráter artístico, isto é, que a torna capaz de suscitar prazer mediante a transposição formal que funciona como "isca de atração", e de eludir assim a repressão incidente sobre a fantasia em estado cru. O artista tem êxito onde o neurótico fracassa; e a origem desse fracasso está não apenas na constituição particular de cada um deles, mas num fenômeno que os transcende a ambos e os envolve em sua trama: a própria organização social, fonte de um excesso de repressão que se manifesta sob formas institucionais e ideológicas diversas, porém cujo resultado é sempre o mesmo — a produção, em grande escala, de um sofrimento inútil.

7. A SOMBRA DO OUTRO

Que a moralidade e a sexualidade sejam inimigas juradas, Freud se dera conta disso desde o início de suas investigações. Várias passagens de seus primeiros escritos vinculam a formação das neuroses à impossibilidade de satisfazer os impulsos instintivos, em virtude das normas que regem a vida em comum e delimitam os campos antagônicos do permitido e do proibido. O estudo das fantasias e da sexualidade infantil, porém, vai introduzir uma outra dimensão, propriamente psicanalítica, no que até então fora uma posição certamente liberal, mas dentro dos limites do tolerável no quadro da sociedade burguesa. Em 1898, por exemplo, Freud advogava uma maior sinceridade no trato das questões sexuais, medidas profiláticas no nível da comunidade visando à informação sobre a vida sexual e a detecção precoce das doenças venéreas etc.;[100] mesmo levando em conta a resistência dos meios médicos e a hipocrisia dominante na sociedade vienense, essas medidas nada teriam de escandaloso, apesar de parecer difícil sua implantação imediata. *A frase de espírito* — que Freud redigia ao mesmo tempo em que os *Três ensaios* e na qual diversos temas destes últimos aparecem de modo alusivo — já é mais explícita, solidarizando-se, por exemplo, com o *carpe diem* do poeta e fazendo um balanço, em termos do custo emocional, das restrições impostas pelas "críticas" à satisfação dos impulsos infantis.[101] Em 1907, num curto artigo sobre "A educação sexual da cidade", escrito após a análise do pequeno Hans, Freud dirá claramente que a hipocrisia em matéria sexual, além de inútil — pois finge ignorar que a criança é um ser sexuado —, é perniciosa para o desenvolvimento das faculdades intelectuais, já que o primeiro enigma que ocupa a mente infantil é justo o da origem dos bebês e o da diferença dos sexos. Nesse mesmo artigo, ao condenar o "engano sexual", aponta sua correlação com a educação religiosa, no intuito latente de "impedir o quanto antes que a criança chegue a pensar por sua própria conta, sacrificando sua independência intelectual ao desejo de que se torne o que se chama 'uma criança boazinha'".[102]

Todos esses temas são abordados no texto de 1908, "A moral sexual civilizada e o nervosismo moderno", no qual devemos agora nos concentrar. A moral sexual é caracterizada como responsável por uma coerção nociva dos impulsos sexuais, cujos efeitos acabam por se voltar contra as próprias finalidades a que tende a cultura. Uma ideia que Freud expusera pela primeira vez no Manuscrito N resume o essencial do artigo: "Nossa cultura repousa integralmente sobre a coerção das pulsões".[103] Uma espécie de contrato secreto teria feito com que cada um renunciasse a uma parcela de seus instintos agressivos e

---

100 "A sexualidade na etiologia das neuroses", SA V, pp. 16, 17, 19 etc.; SE III, pp. 264-5, 278 etc.; BN I, pp. 317-8, 325-6 etc.
101 *A frase de espírito*, SA IV, pp. 94-5, 104-5 etc.; SE VIII, pp. 99-100, 109-10 etc.; BN I, pp. 1083-4, 1090 etc.
102 "A educação sexual das crianças", SA V, p. 165; SE IX, p. 136; BN II, p. 1247.
103 "A moral sexual civilizada e o nervosismo moderno", SA IX, p. 17; SE IX, p. 186; BN II, p. 1252.

libidinais em favor da vida em comum, de cuja organização nascem os bens materiais e espirituais. Uma instituição particular, contudo, serve excepcionalmente bem para esse desígnio: a religião, que, condenando como pecaminosos os impulsos perversos, sanciona como sagrada cada nova aquisição do processo repressivo. Uma primeira formulação dessa ideia encontra-se em "Atos obsessivos e práticas religiosas", quando Freud, ao salientar a analogia entre as duas esferas, ressalta a minúcia com que são executados os cerimoniais respectivos, cuja finalidade consiste em impedir o surgimento da angústia, que inevitavelmente viria à tona caso as condutas protetoras não fossem seguidas à risca. Contra o que se protegem o crente e o obsessivo? Contra o retorno do reprimido, a saber, as pulsões parciais da sexualidade infantil, em especial as vinculadas à analidade e à agressividade. Tais impulsos, fonte de grande prazer na época arcaica da infância, serão rigorosamente exorcizados, processo no qual Freud vê um dos fundamentos do desenvolvimento cultural.[104] Esse desenvolvimento é paralelo ao da repressão, cujas etapas, traçadas para a esfera individual na *Frase de espírito*, são agora reencontradas no plano da história da humanidade.

Três momentos ritmam o progresso da repressão: o primeiro elimina como ilegítimas as manifestações das pulsões parciais, restringindo a sexualidade à genitalidade; o segundo, embora admita apenas as manifestações genitais, permite uma ampla gama de escolha dos objetos sexuais; por fim, o terceiro limita o exercício da genitalidade à reprodução no interior da família monogâmica. Cada um desses momentos vai excluindo do acesso ao "permitido" um número maior de indivíduos, cuja constituição sexual não se acomoda à norma e que por isso passam à categoria de delinquentes, como se a moral fosse uma emanação da natureza, e não uma instituição social. As perversões admitem assim uma dupla caracterização: por um lado, consistem em prolongamento das pulsões parciais e infantis, em virtude de fixações especialmente intensas; mas, por outro, o padrão da normalidade é eminentemente variável no espaço e no tempo, segundo o estágio da "história da repressão" em que se encontre a sociedade considerada. Cabe aqui assinalar que a noção de prazer preliminar, que vimos associada à técnica de composição das frases de espírito e das obras de ficção, é um conceito dos *Três ensaios* encarregado precisamente de dar conta da função dos resíduos da sexualidade infantil como *preliminares* do ato sexual (carícia, beijos etc.). O registro desse

---

104 "Atos obsessivos e práticas religiosas", SA VII, p. 21; SE IX, p. 127; BN II, p. 1342.

prazer é, portanto, o dos mesmos impulsos que fazem da criança, na escandalosa afirmação dos *Três ensaios*, um "perverso polimorfo".

Ora, o grau de repressão vigente na sociedade vitoriana coloca na categoria dos perversos uma quantidade proporcionalmente extraordinária de indivíduos, e na categoria vizinha dos neuróticos um número ainda maior, composto por aqueles que, tendo assimilado demasiado bem as prescrições morais, não ousam desafiá-las pela perversão manifesta. ("A neurose é o negativo da perversão", dizia Freud a Fliess). O valor cultural da neurose é, para Freud, igual a zero:

> A neurose, seja quem for sua vítima, sabe fazer fracassar, em toda a amplitude de seu raio de ação, a intenção cultural, executando assim o trabalho das forças anímicas inimigas da cultura e por isso reprimidas. Desse modo, se a sociedade paga com um incremento do nervosismo a docilidade a seus preceitos restritivos, não se poderá falar de uma vantagem social obtida por meio de sacrifícios individuais, e sim de um sacrifício totalmente inútil.[105]

Esse texto prefigura o do *Mal-estar na cultura*, pondo em evidência o que cabe chamar de feitiço voltado contra o feiticeiro. A elasticidade da libido tem um limite, e a quantidade de repressão induzida pelos costumes e normas morais de sua época parece a Freud estar perigosamente próxima desse limite, correndo a sociedade o risco de neurotizar por completo a totalidade de seus membros e perecer asfixiada por suas próprias restrições. Esse risco, embora remoto — pois, como vimos em outros textos, a *distribuição* da repressão é desigual em diferentes camadas sociais, variando de modo proporcional ao nível da "boa educação" —, ameaça em filigrana o próprio funcionamento dos mecanismos sociais, por meio de um retorno maciço do reprimido que poria em xeque a capacidade funcional de um número intolerável de indivíduos.

É para remediar, na medida do possível, essa situação — na medida do possível porque uma certa dose de repressão é indispensável à humanização do homem — que é concebido o tratamento psicanalítico. Numa conferência de 1904, Freud compara a psicoterapia que inventara a uma segunda educação, cuja finalidade é vencer o excesso de repressão que incapacita o neurótico para a existência. Traçando um paralelo entre as artes e as formas de psicoterapia, evoca a distinção feita por Leonardo entre a pintura e a escultura:

---

[105] "A moral sexual", cit., SA IX, p. 31; SE IX, p. 203; BN II, p. 1261.

A pintura, diz Leonardo, opera *per via di porre*, isto é, vai colocando tintas na tela virgem, onde nada havia antes. Ao contrário, a escultura procede *per via di levare*, retirando da pedra a massa que recobre a superfície da estátua nela contida. [...] A terapia analítica nada quer agregar, não quer introduzir nada novo, e com essa finalidade se preocupa com a gênese dos sintomas patológicos e com as conexões da ideia patógena, que deseja fazer desaparecer.[106]

Trata-se, pois, de um procedimento "escultural", pelo qual as repressões são pouco a pouco levantadas para que o sujeito recupere sua "capacidade de amar", que em outro texto é designada como a finalidade da cura analítica. A psicanálise se coloca assim do lado da frase de espírito e da obra de ficção, como aliada da fantasia e dos desejos reprimidos, e aqui ganha todo o seu relevo a comparação entre o poeta e o psicanalista; este se distingue daquele por ter uma noção mais precisa dos fundamentos do efeito eventualmente alcançado.

A sessão analítica tem em comum com a situação espirituosa e com a obra de ficção uma característica essencial: a de ser uma *estrutura ternária*. Com efeito, entre o paciente e o analista, interpõe-se aquele a quem se referem as associações, como entre o autor e o leitor/espectador se interpõem os personagens criados pela imaginação do primeiro. A estrutura ternária é estudada por Freud na *Frase de espírito*, numa análise que pode nos servir de parâmetro para uma primeira avaliação do processo analítico como liberador do registro fantasmático — e por isso mesmo como uma das vias possíveis para o acesso ao prazer.

O capítulo sobre "A frase de espírito como fenômeno social" insiste no papel essencial do ouvinte, que Freud denomina o "terceiro homem". É a presença desse terceiro que diferencia o cômico do espirituoso: naquele, a relação é dual, pondo em jogo quem ri e de quem se ri, enquanto, neste, o terceiro (ouvinte) ri do segundo (objeto) a partir de palavras pronunciadas pelo primeiro (o autor da frase). "A terceira pessoa é insubstituível para a conclusão da frase de espírito [...] porque nela se realiza a intenção criadora de prazer."[107] Por que é preciso um terceiro? É o estudo da frase "tendenciosa" que esclarece sua função. Esse tipo de dito espirituoso se caracteriza por conter uma intenção obscena ou agressiva, dirigida contra a segunda pessoa. A intenção pode se manifestar

---

106 "Sobre psicoterapia"; SA E, p. 112; SE VII, p. 260; BN I, p. 1009.
107 *A frase de espírito*, SA IV, pp. 146 e 94; SE VIII, pp. 155 e 99; BN I, pp. 1117 e 1083.

de modo direto, se a crítica não intervier para impedir sua exteriorização — é o que acontece nas classes sociais menos educadas, que dão livre curso a seus impulsos (Freud evoca os cafés de segunda categoria, em que a aparição da garçonete desencadeia uma profusão de ditos obscenos). Mas, onde a educação impede que as intenções maldosas se profiram sem mais, elas só são admitidas sob a forma do espírito: a análise mostra que este tem por função *neutralizar* o terceiro e pô-lo do lado do agressor, por meio do prazer que lhe é gratuitamente oferecido pelo autor da frase. Isso permite ao autor exteriorizar pensamentos grosseiros e criticáveis, sob o disfarce do humor. "O meio técnico utilizado com mais frequência (para esse fim) é a *alusão*, isto é, a substituição por uma minúcia ou por algo muito longínquo, que o ouvinte recolhe para com ele reconstituir a obscenidade plena e direta."[108] O ponto de vista econômico explica assim por que o terceiro ri, muitas vezes com imensa satisfação, enquanto, em geral, o autor da frase não ri de suas próprias produções. No terceiro, o trabalho psíquico necessário para decifrar a alusão é mínimo, em comparação com o considerável alívio da tensão repressora que esse deciframento torna possível. A energia até então utilizada para manter reprimida a representação assim conscienciada torna-se portanto disponível e pode ser descarregada sob a forma do riso.

Do lado do autor, porém, as coisas se passam de modo diferente. A energia liberada é muito inferior, porque equivale ao resultado de uma subtração — é preciso retirar dela o dispêndio psíquico envolvido na elaboração da própria frase. Aqui cabe esclarecer um ponto duvidoso: como é possível a frase de espírito, se, para que ela surja, é preciso vencer uma considerável repressão? A definição freudiana da frase de espírito vem responder a essa pergunta: "Um pensamento pré-consciente é por um momento abandonado à elaboração inconsciente, sendo o resultado dessa elaboração acolhido de imediato pela percepção

---

[108] *A frase de espírito*, SA IV, p. 95; SE VIII, p. 100; BN I, p. 1084. É interessante notar, a respeito da obscenidade, o uso da língua, que qualifica de "espirituoso" o dito que se refere ao corpo e mais especificamente às características sexuais. Na tradição ocidental, em que *alma/espírito* se opõe a *corpo*, o "espírito" no sentido de *gracejo* denota a repressão de seu conteúdo usualmente "material". O termo hebraico *ruakh*, que significa também *sopro* e deriva de uma raiz próxima da que designa o olfato, poderia — pela tradução grega da Bíblia — estar numa posição seminal (!) em relação a essa tradição, infundindo um matiz ainda mais decisivo à oposição estabelecida pelos pensadores gregos entre *soma* e *psyché*. Pense-se, por exemplo, na relação entre *adam* ("homem"), *adamah* ("terra") e *adom* ("vermelho"), que indica a natureza "terrena" do corpo, anterior ao *sopro* divino que instila a alma no primeiro ser humano.

consciente".[109] A elaboração inconsciente, isto é, o processo primário, acopla a esse pensamento pré-consciente um desejo reprimido, e, mediante as condensações e deslocamentos adequados, o "resultado" dessa fusão pode atravessar a barreira da censura e emergir na percepção consciente. Tal operação envolve, naturalmente, um certo gasto de energia psíquica, que, como acabamos de ver, deve ser subtraído da energia liberada pelo levantamento da repressão, o que explica por que o prazer do autor do chiste é menor que o de seu ouvinte.

Com esse esquema em mente, podemos agora abordar o que se passa na situação analítica. O paralelo não será, é evidente, completo, pois o processo de pensamento obedece aqui a condições sensivelmente mais complexas; no entanto, ele nos será útil. A "primeira pessoa" é o analisando, cujas associações fornecem a matéria-prima do trabalho; e uma associação é algo que pode ser aproximado da definição citada. Com efeito, um "pensamento pré-consciente" é abandonado momentaneamente à "elaboração inconsciente" — é o efeito da regra fundamental de suspensão da crítica — para retornar à consciência e ser comunicado. O analista, por sua vez, procede de modo análogo ao do ouvinte, captando na associação aquilo ao que ela alude de modo indireto — "uma minúcia ou algo longínquo". Uma primeira e fundamental diferença se introduz aqui: a atenção do terceiro é *distraída* pela frase de espírito, enquanto a atenção do analista é *atraída* pela associação do paciente. Além disso, cabe notar que o equilíbrio da repressão é oposto num caso e no outro: na frase de espírito, a repressão é levantada primeiro no autor e depois no ouvinte (é por isso que ele ri), enquanto na análise a repressão continua a atuar no paciente e se manifesta pela resistência (razão pela qual a regra fundamental nunca pode ser integralmente respeitada). É essa situação peculiar que suscita no ouvinte não o risco, mas o instrumento fundamental do processo analítico: a interpretação. Mas é necessário notar uma importante homologia que funciona no nível do "primeiro": sem a presença do terceiro, a frase de espírito não pode surgir; sem a presença do terceiro, as associações tampouco podem conduzir ao levantamento da repressão, e por isso a autoanálise integral é impossível. É evidente que o modo de presença do analista não se reduz ao do ouvinte de uma anedota — em particular pelo fato de que, em virtude da transferência, nele coincidem imaginariamente o "segundo" e o "terceiro", o que contribui também para explicar o fenômeno da resistência.

---

109 *A frase de espírito*, SA IV, p. 155; SE VIII, p. 166; BN I, p. 1123.

Para nossas finalidades, porém, podemos por ora colocar entre parênteses essas diferenças, para seguir mais de perto o movimento da interpretação.

Já observei aqui que o que torna *psicanalítica* uma teoria é o fato de ela contribuir para o levantamento da repressão, ao tomar por objeto aquilo mesmo sobre o que ela incide, de modo a desvendar o processo de sua atuação. Piera Aulagnier dirá, numa formulação muito feliz, que a teoria psicanalítica é uma "teoria de" e um "instrumento para" — para modificar, precisamente, a relação entre o sujeito e o domínio das representações e dos afetos que, escapando à sua jurisdição por serem inconscientes, determinam não obstante o seu funcionamento, em particular o que se denomina "atividade de pensamento". A interpretação é o ato pelo qual o psicanalista reage, sob condições determinadas e no momento que julga oportuno, ao discurso do paciente, apontando um sentido implícito nesse discurso — sentido que alude a um momento da história pregressa de seus investimentos libidinais e afetivos, atualizado *hic et nunc* na vivência transferencial. Ora, a ação da interpretação vai se distribuir em dois tempos: um, imediato, pelo qual o paciente reage a ela nos planos afetivo e ideacional; outro, *a posteriori*, em virtude do qual a interpretação será "metabolizada" (na expressão da autora), fazendo resultar desses processos a apropriação, pelo ego do paciente, da dita interpretação. O efeito da apropriação irá se manifestar por uma reorganização da relação entre o ego e o inconsciente, que permitirá ao primeiro uma maior liberdade de pensamento e por essa via um incremento de prazer.

Por que a liberdade de pensamento é fonte de prazer? Reprimir uma representação acarreta imobilizar vastas séries de representações, associáveis de direito à primeira, mas cujo aproveitamento no fluxo da consciência se encontra entravado pela repressão que pesa sobre a primeira. "Em casa de enforcado não se fala de corda", como lembra Piera Aulagnier. A inibição intelectual frequentemente acompanha a neurose, e vimos Freud estigmatizá-la como consequência da repressão precoce da curiosidade sexual e das dificuldades que a moralidade social põe no caminho da satisfação sexual. A interpretação visa assim restaurar uma parte dessa liberdade de pensar, removendo na medida do possível as repressões que pesam sobre representações saturadas de afeto e completamente cortadas da elaboração consciente.

Se a interpretação possibilita ao Eu (*Je*) aceder a uma representação e a um afeto até então reprimidos, é porque ela lhe oferece a possibilidade de *transformar a significação destes*, ligando-os a uma causa cognoscível e assimilável, dessa vez, pelo Eu. E é essa nova ligação entre o efeito e a causa que torna *pensável* hoje um desejo que se enraíza no passado e permite atribuir um sentido novo às experiências de prazer e de angústia que pontuam sua história.[110]

Em termos econômicos, a interpretação levanta a repressão e torna acessível a representação ou as representações reprimidas, ao mesmo tempo liberando parte da energia até então empregada para mantê-las inconscientes; a diminuição da tensão psíquica assim produzida será percebida como um sentimento de prazer.

Essa caracterização do processo analítico está certamente longe de ser completa, mas permite compreender melhor a questão da causalidade na psicanálise, que no início deste capítulo ficou um tanto em suspenso. A ordem de causalidade instaurada pela interpretação é fruto do processo analítico e não pode ser considerada existente antes dele; é por esse motivo que o paradigma médico está nos antípodas do pensamento freudiano. A interpretação pode ser alcançada por causa da remoção das repressões se o paciente for capaz de realizar o trabalho de elaboração que Piera Aulagnier designa como "metabolização", reorganizando em certa medida a distribuição do sistema de repressões e atingindo equilíbrios mais flexíveis. Faixas cada vez mais amplas de seu universo de representações e de afetos são assim colocadas à disposição do indivíduo, sem que por isso ele chegue a controlar a totalidade das representações inconscientes — é o que Freud designa pela expressão "conclusão assintótica da cura" e pela fórmula de ressonância extraordinariamente poética do "Wo es war soll ich werden".

Uma coisa curiosa ocorreu com nosso paralelo entre a situação analítica e a frase de espírito: ele se inverteu por completo. Se antes o equivalente do dito espirituoso era a associação do paciente, o qual ocupava a posição do "primeiro", agora ele se revela a interpretação do analista, cujo modelo inicial era o ouvinte. A função da atenção e da surpresa foi igualmente invertida: na frase de espírito, a atenção do ouvinte é distraída pela forma engenhosa, favorecendo a liberação da energia pela surpresa e pelo deciframento da alusão; no caso da

---

110 Piera Aulagnier, "Le travail de l'interprétation", em *Comment l'interprétation vient au psychanalyste*, Paris, Aubier-Montaigne, 1977, pp. 34-6.

sessão, a atenção do ouvinte é *despertada* pela alusão, o trabalho se realiza nele e o resultado é a interpretação, cujo efeito liberador não pode ser dissociado do momento em que é pronunciada e em cuja escolha intervêm considerações ligadas à oportunidade de intervenção. O que, em boa lógica, nos sugere que a interpretação é uma associação do analista; mas aqui devemos deixar de lado o paralelo com a frase de espírito e nos servir de outro, indicado de modo explícito por Freud: aquele que vale entre o psicanalista e o poeta. Tomaremos como objeto o estudo sobre a *Gradiva* de Jensen, no qual ele desempenha uma função central.[111]

Esse artigo pode ser abordado em três níveis diferentes: os dois primeiros surgem diretamente no texto manifesto de Freud, enquanto o terceiro, que desvenda a dimensão autoanalítica, é apenas sugerido e se efetua de modo latente. O primeiro nível é a interpretação do conto de Jensen apresentada por Freud, cuja dupla finalidade é demonstrar a validade dos resultados psicanalíticos por meio da confirmação indireta oferecida pelo novelista, e divulgar esses mesmos resultados a partir de um material leve e interessante — em suma, abrir o terreno da "psicanálise aplicada". O segundo nível se interroga sobre a natureza da criação ficcional e introduz o paralelo que acabo de mencionar, propondo ao mesmo tempo uma teoria da "poesia" e uma distinção reputada essencial entre a psicanálise e a literatura. O terceiro, por fim, explica por que Freud se interessa justo por essa e não por outra novela, o que a simples sugestão de Jung a que aludem as linhas iniciais do estudo não bastaria para elucidar. Esse terceiro nível

---

[111] Um resumo do conto facilitará a compreensão do argumento. O arqueólogo Norbert Hanold descobre um baixo-relevo romano que representa uma jovem caminhando de modo curioso. Esse baixo-relevo é o ponto de partida de um verdadeiro delírio: a moça teria vivido em Pompeia, seria de origem grega, chamar-se-ia Gradiva (de *gredior*, "caminhar") etc. Um sonho de Norbert mostra-a no momento da destruição de Pompeia, apesar das advertências que ele, Norbert, lhe dirige no sentido de preveni-la da catástrofe iminente. Ao ver, numa rua de sua cidade, uma moça que lhe recorda Gradiva, ele decide viajar para Pompeia, a fim de redescobrir suas pegadas no solo das ruínas. De fato, Gradiva lhe aparece entre duas colunas, no sol abrasador do meio-dia; Norbert acredita tratar-se de um fantasma e que àquela hora os mortos saem de seus túmulos para passear no mundo dos vivos. Outros encontros se sucedem, nos quais a Gradiva, que na verdade é Zoé Bertgang, sua vizinha e companheira de infância, se apercebe paulatinamente do delírio do arqueólogo e decide curá-lo. O "tratamento" consiste numa série de diálogos, nos quais Zoé se adapta ao delírio a fim de melhor dissolvê-lo. Por fim, curado, Norbert reconhece nela a amiga de infância e pede sua mão a *Herr* Bertgang, zoólogo que se encontra em Pompeia para capturar uma espécie particular de lagartixas. A história termina com o casamento dos dois personagens. Cf. *Delírio e sonhos na* Gradiva *de Jensen*, SA X, pp. 13-85; SE IX, pp. 8-95; BN II, pp. 1286-336.

nos reconduzirá à questão com que foi aberto este capítulo e permitirá uma síntese do percurso que nele efetuamos.

Freud começa por resumir a intriga, com constantes referências ao texto original, ao qual reenvia explicitamente seu leitor. A função imediata desse resumo é fornecer os dados necessários para compreender a interpretação dos sonhos do personagem central, o arqueólogo Norbert Hanold, que de fato ocupam uma parte significativa do ensaio. Mas ele cumpre uma segunda função, mais importante, como nota Sarah Kofman: separar o conteúdo da novela da forma que lhe foi dada por seu autor, forma que, como vimos, tem a finalidade de proporcionar ao leitor um benefício preliminar de prazer e lhe permitir fruir em paz suas próprias fantasias. A operação de resumir implica a seleção das passagens relevantes e a aproximação de elementos que, no decorrer da ação, encontram-se isolados uns dos outros. Ela cria um objeto novo, adequado à interpretação porque construído de acordo com os princípios que esta vai verificar. Nesse sentido, como afirma Freud, o resumo é uma preliminar indispensável da interpretação, que no entanto o comanda num sentido teleológico.[112]

A interpretação propriamente dita compreende quatro momentos: o delírio, os sonhos, a "cura analítica" empreendida por Zoé e a análise do comportamento desta. O delírio de Norbert corresponde ao retorno do reprimido — no caso, o erotismo infantil — por meio das mesmas representações então afastadas da consciência e que agora voltam sob a forma das fantasias suscitadas pelo baixo-relevo que representa a "Gradiva". Assim, os jogos infantis com Zoé, que envolviam contatos corporais, reaparecem sob o disfarce do desejo de saber de que substância é feito o corpo do "fantasma"; o modo de pisar da figura romana evoca o passo gracioso de Zoé; a representação de Pompeia simboliza o passado infantil reprimido, e assim por diante. O delírio vai sendo completado pela inclusão de novos elementos, derivados das experiências de Norbert: por exemplo, o primeiro encontro com a Gradiva na casa de Meleagro sugere que, ao

---

112 Cf. Sarah Kofman, *Quatre romans analytiques*, Paris, Gallilée, 1974, pp. 105-16. Na p. 119, a autora procede a um levantamento dos significantes deixados de lado por Freud em seu resumo, mostrando que os temas da novela podem ser agrupados em três categorias: os do lado de Zoé (o verão, o sol, o meio-dia, a vegetação etc.); os do lado de Norbert (o inverno, o frio, a Alemanha, a ciência, os minerais, as línguas mortas etc.); e um grupo "neutro", que assegura a passagem de um tema a outro (a primavera, a imaginação, Pompeia etc.).

desaparecer, o "fantasma" retorna à tumba por uma fresta no muro; Freud mostra de modo detalhado que o delírio é o fruto de uma transação de forças que envolve os desejos eróticos reprimidos e a instância repressora, coincidindo ambos na escolha da profissão de arqueólogo e, mais diretamente, na determinação de cada um dos sintomas individuais.

Para a interpretação dos dois sonhos de Norbert — o primeiro em sua cidade, o segundo após ter encontrado em Pompeia o "fantasma" —, Freud se serve das "associações" esparsas pelo conto de Jensen, derivando cada um dos elementos manifestos dos restos diurnos e dos desejos infantis que subjazem aos sonhos sob a forma de "pensamentos latentes". No primeiro sonho, por exemplo, Norbert assiste à destruição de Pompeia e vê como Gradiva se transforma em estátua. Freud mostra que o sonho realiza o desejo de saber quando e onde viveu a figura de pedra; que o fato de ela ter sido sua companheira de folguedos na infância é representado, por deslocamento, como coexistência na Pompeia romana etc. O resultado dessas interpretações, que ocupam a quarta parte do artigo, é provar que mesmo os "sonhos que nunca foram sonhados" obedecem às regras universais da elaboração onírica, verificando vários processos estabelecidos na *Traumdeutung*: a condensação e o deslocamento, a gênese da angústia, a função do absurdo e, naturalmente, a tese central de que o sonho é uma realização do desejo. Os sonhos se entretecem com o delírio: o efeito do primeiro é fazer Norbert empreender a viagem a Pompeia, atestando uma "vitória da repressão" — tendo sido reativados pelo passado seus desejos infantis, a viagem é uma fuga do lugar onde poderia reencontrar Gradiva/Zoé. Da mesma forma, o segundo sonho, revelando seu desejo de ser "caçado" por Zoé como esta caçava a lagartixa, induz a conversa final em que a jovem, deixando cair as máscaras, interpreta até o fim o delírio do arqueólogo e declara seu amor por ele.

O terceiro momento da interpretação se refere à maneira pela qual Zoé conduz a "terapia". Três princípios do tratamento psicanalítico são verificados ao mesmo tempo: o reconhecimento do reprimido, a elaboração de interpretações e a função da transferência. Zoé aceita participar do delírio de Norbert, funcionando, por exemplo, como "fantasma meridiano" e oferecendo ao arqueólogo uma superfície neutra na qual este projeta suas fantasias, exatamente como faz o analista. Suas observações são sempre construídas de modo a sugerir dois sentidos: por um lado, dirigem-se à consciência de Norbert, como "confirmações" do delírio; mas, por outro, endereçam-se ao conhecimento inconsciente que ele detém, isto é, que ambos já se conhecem e que foram amigos de infância. Assim, ao oferecer um pedaço do pão que trazia consigo, Zoé lhe diz: "Não te parece que já dividimos nosso alimento, há dois mil anos?". Ou então, ao aceitar a fivela que Norbert comprara no "Alberto del Sole": "Por acaso encontraste esta fivela *ao sol*?".[113] Freud observa que o duplo sentido das "interpretações" de Zoé corresponde à dupla determinação dos sintomas, sendo, como estes, compromissos entre as forças da repressão e o reprimido, entre a consciência e o inconsciente. Reconhecemos aqui a função de economia de um dispêndio psíquico, que já surgira na obra sobre a frase de espírito para dar conta do equívoco humorístico e, incidentalmente, um eco da comparação proposta entre o dito espirituoso e a interpretação psicanalítica. Mas o elemento mais importante do tratamento realizado por Zoé é a utilização da transferência, embora, naturalmente, esta seja facilitada pelo fato de ela ter conhecido seu "paciente" quando criança e de saber portanto que o sentido do delírio não é mais do que uma expressão do amor que este lhe dedica. Além disso, o amor de transferência não é resolvido, mas, em virtude da distribuição dos caracteres na novela, conduz ao casamento dos dois personagens. Contudo, é interessante notar que Norbert, uma vez curado de sua crise paranoide, recupera precisamente a "liberdade de pensamento" a que alude Piera Aulagnier: em vez de tomar as palavras apenas em seu sentido literal, como quando procurava em Pompeia os "rastros" da Gradiva, convencido de que seu modo peculiar de mover os pés teria deixado na cinza das ruas pegadas inconfundíveis, ele se torna capaz de associar livremente e de redescobrir a polissemia da linguagem, interpretando por exemplo o nome "gradiva" ("a que avança") como uma latinização do sobrenome de Zoé (Bertgang: *Gang*, caminhada). Da mesma forma, ao cortejar a verdadeira Gradiva, Norbert recupera o acesso ao desejo sexual, que fora bloqueado pela repressão das recordações infantis. Provavelmente seu masoquismo — detectável no segundo sonho — continua intacto; mas agora ele está de certa forma ao serviço de Eros, o que se mostra por um pequeno detalhe: as moscas, que assimilara às mulheres durante o delírio, já não o assustam mais, e é sob o pretexto de afastar do rosto de Zoé uma delas que ele cria coragem para o primeiro beijo.

113 *Gradiva*, cit., SA X, p. 75; SE IX, p. 82; BN II, p. 1329.

Por fim, Freud interpreta os dizeres de Zoé como indícios de seus próprios processos psíquicos: as frases de duplo sentido veiculam na verdade um terceiro, que é simplesmente este: "eu te amo". A comparação final de Norbert com um arqueoptérix, monstro que reúne em si as determinações de ser uma ave (zoologia) e um fóssil (paleontologia), demonstra que sua escolha de objeto obedece ao modelo edipiano, pois o noivo que encontra é uma reedição melhorada de seu próprio pai; do mesmo modo, o diálogo com a turista alemã revela que espera "desenterrar" de Pompeia algo valioso para si, isto é, um marido. Por agir como uma psicanalista *avant la lettre*, Zoé não é menos uma mulher apaixonada, e o final do "tratamento" coincide com a realização de um desejo da sua infância, que é o mesmo de Norbert: o matrimônio. Assim se fecha o círculo: cada personagem e situação do conto são interpretados e postos em seu lugar, na cadeia de desejos e de reminiscências que os vinculam reciprocamente e sobredeterminam cada um dos elementos.

O primeiro nível da análise conduz, pois, a uma constatação: o escritor corrobora em cada um dos tópicos de sua obra as teses da psicanálise. A lista das equivalências é impressionante: Jensen opera com a repressão, o retorno do reprimido, a importância da sexualidade infantil, o mecanismo das fantasias, a elaboração onírica e seus processos básicos, a formação de um delírio, a relação entre este e os sonhos, os procedimentos da técnica analítica... Contra a psiquiatria classificatória, que teria se contentado em etiquetar como "fetichista degenerado" o infeliz arqueólogo, o romancista se revela um precursor da psicanálise e um "precioso aliado", atingindo resultados semelhantes aos da jovem disciplina. Como pode ele dispor de tais conhecimentos?

> Nosso procedimento consiste na observação consciente dos processos psíquicos anormais em outras pessoas, a fim de adivinhar e expor as regras a que estes obedecem. O poeta opera de modo muito diferente: dirige sua atenção para o inconsciente de seu próprio psiquismo, espreita as possibilidades de desenvolvimento de tais elementos e lhes permite chegar à expressão estética, em vez de reprimi-los por meio da crítica consciente. Desse modo, descobre em si mesmo o que nós aprendemos em outros, isto é, as leis que regem o inconsciente; contudo, não precisa expor essas leis, nem sequer se aperceber delas, mas, por efeito da tolerância de seu pensamento, as mesmas passam a fazer parte de sua criação estética.[114]

---

114 *Gradiva*, SA X, p. 82; SE IX, p. 92; BN I, p. 1335.

O que o poeta extrai "de seu próprio psiquismo" são, naturalmente, suas fantasias pessoais, que, submetidas à elaboração estética, resultam numa obra de arte capaz de suscitar prazer em outrem. Aqui Jensen empresta a Zoé o papel de seu porta-voz: é ela, e não Norbert, quem representa "sua majestade, o Ego", ou melhor, ela representa a parte lúcida do espírito do autor, cabendo ao arqueólogo encarnar o inconsciente e suas produções aberrantes, que não deixam de ser interpretáveis pelo "terapeuta", isto é, por uma consciência alertada para as modalidades peculiares do pensamento inconsciente.

Mas ao mesmo tempo se precisa um outro aspecto: o poeta tem das "leis do inconsciente" apenas uma intuição, um "conhecimento endopsíquico", enquanto o psicanalista as conhece de modo objetivo e as formula explicitamente. É essa, para Freud, a diferença essencial entre um e outro, e que permite, aliás, ao segundo analisar as produções do primeiro. Falta ao poeta o momento da *explicação*; é por isso que, por mais "aliado" que seja, ele permanece na categoria de precursor da psicologia científica. A inspiração poética pode ser compreendida como um caso especial da operação dos processos primários, o que autoriza um prolongamento da análise à própria pessoa do autor. Com efeito, Freud se pergunta por que Jensen criou tais e tais personagens, isto é, de que fantasias extraiu a matéria-prima de sua novela. É o mesmo procedimento que utilizara ao analisar "A juíza" de Meyer: mas, aqui, ao interrogar o escritor a esse respeito, o psicanalista depara com uma rotunda negativa de dar maiores explicações — o que, aliás, põe Freud na pista das ditas fantasias, o que é sugerido por uma nota de pé de página acrescentada em 1912. A obra de arte passa assim a ser um meio para compreender a vida psíquica de seu autor; como dirá Sarah Kofman, ela "engendra seu próprio pai, pois os personagens devem ser compreendidos como seus duplos, como projeções de seus fantasmas e seus ideais. Mas essa relação é ignorada pelo escritor, como este ignora que descreve 'na verdade' os processos psíquicos".[115] Dessa forma a obra poética, paradigma privilegiado para o estudo dos processos psíquicos — o que era ainda o caso em determinadas passagens da *Interpretação dos sonhos* —, converte-se em objeto de curiosidade psicanalítica, a qual procurará desvendar não apenas os artifícios pelos quais ela engendra em seu destinatário o prazer preliminar, mas também a relação intrínseca entre o conteúdo assim elaborado e as fontes anímicas das

---

115 Sarah Kofman, *L'Enfance de l'art*, Paris, Payot, 1974, p. 61.

quais ele provém.[116] O "Leonardo", o *Moisés* de Michelangelo" e a "Recordação infantil de Goethe" se anunciam no horizonte.

Mais uma vez, o paralelo que propomos parece se desfazer no próprio movimento que deveria estabelecê-lo. Pois o texto que citamos aproxima o poeta do psicanalista apenas para demarcá-los mais nitidamente um do outro: presente de grego oferecido ao escritor, a comparação acaba por mostrá-lo como um parente da criança que brinca, do selvagem que projeta nos mitos a intuição vaga de seu próprio aparelho psíquico e do supersticioso que atribui ao mundo exterior desígnios que só existem em sua própria imaginação...[117] Todos esses, com efeito, gozam do privilégio de deter um "conhecimento endopsíquico", embora caiba à psicanálise, gloriosa defensora das luzes, pôr em evidência o núcleo racional contido nos balbucios hesitantes desses prisioneiros da imaginação. Tal é, pelo menos, a impressão que se recolhe da leitura no segundo nível da "Gradiva". Mas será a única via possível? Algumas pequenas notas, esparsas pelo texto, parecem sugerir que não. Apliquemos a Freud seu próprio processo do resumo seletivo, para penetrar no terceiro nível, o mais profundo de seu texto, que revela a eficácia permanente da dimensão autoanalítica.

Ao expor os motivos que o levaram a redigir seu ensaio, Freud faz uma alusão a Jung, que atraiu sua atenção para a novela e que manifestara

---

116 A propósito do paradigma da arte, tese exposta por Sarah Kofman na primeira parte de *L'Enfance de l'art*, convém ressaltar que ela vale apenas para os processos de figuração do sonho; quanto às suas demais funções, parecem-me entrar no que denomino *referência cultural*, isto é, são utilizadas como procedimento de universalização da prova e como via de escape da culpabilidade intolerável. Teremos ocasião de retomar o problema do imaginário, da fantasia e da forma nos capítulos seguintes deste estudo. Quanto à relação de um texto com seu autor, Freud propõe uma interpretação de tipo psicobiográfico para o Hamlet de Shakespeare (que seria também uma reação à morte de seu filho Hamnet) e para a anedota-prínceps de *A frase de espírito*, o "familionário" de Heine (cf. SA IV, p. 133; SE VIII, p. 141; BN I, p. 1108).

117 *Psicopatologia da vida cotidiana*, cap. 12: SA (não figura); GW IV, pp. 267 ss.; SE VI, pp. 239 ss.; BN I, pp. 906 ss. A referência aos mitos endopsíquicos se encontra na carta 78 a Fliess (12/12/1897), BN III, p. 3593. É interessante comparar a noção freudiana de que a superstição é uma projeção do funcionamento do nosso aparelho psíquico — tema retomado amplamente em *Totem e tabu* — com a tese espinosana da superstição como antropomorfização da natureza devido à ignorância em que se encontram os homens das causas e conexões necessárias que determinam os fenômenos por eles observados. Cf. Marilena de Souza Chaui, *Introdução à leitura de Espinosa*, São Paulo, USP, 1970, parte II.

> a ideia de que o prazer que lhe havia proporcionado a leitura do conto dependia [...] de *circunstâncias puramente subjetivas*, pois o fato de a ação se situar em Pompeia e de seu protagonista ser um jovem arqueólogo, que transfere todo o seu interesse [...] para os restos da Antiguidade Clássica [...], havia despertado nele *ressonâncias íntimas*.[118]

Pode ser. O certo é que não foi Jung, mas Freud, quem escreveu o estudo e que nele colocou essas linhas, como é Freud, e não Jung, quem estabelece em 1898 o paralelo entre a psicanálise e a arqueologia, comparando a repressão ao soterramento de Pompeia e a interpretação à escavação das ruínas pré-históricas. Como é Freud, e não Jung, que, como Norbert Hanold, decora seu escritório "com moldes de estátuas florentinas, que [lhe] proporcionam um imenso prazer", e que propõe uma dúzia de vezes a Fliess um congresso "em terra clássica". É ainda Freud quem fica acordado até a madrugada conversando com Emanuel Löwy, seu amigo e professor de arqueologia em Roma,[119] e que, dois anos antes de escrever a "Gradiva", passou pela experiência da despersonalização na Acrópole de Atenas, sobre a qual escreverá em 1936 a carta a Romain Rolland. Um eco dessa experiência de "debilidade mental passageira" se encontra na passagem em que, comentando a probabilidade de um delírio como o de Hanold ocorrer em pessoas normais, Freud escreve o seguinte:

> O mais importante dos fatores que desculpam o estado de Hanold continua sendo a facilidade com que nosso pensamento se decide a aceitar um absurdo, quando tal aceitação satisfaz pensamentos saturados de afeto. [...] Todo aquele que não tenha uma opinião excessivamente alta de si mesmo poderá observar isso em sua própria pessoa, sobretudo quando uma parte dos processos mentais submetidos a tal observação depende de motivos inconscientes ou reprimidos.[120]

A prova de que aqui Freud se refere a um fenômeno pessoalmente vivenciado vem quatro linhas abaixo, quando evoca uma outra experiência do mesmo gênero (uma paciente que lhe recordava outra, já morta, deu-lhe, por um momento, a impressão de ser um fantasma saído direto do túmulo). Creio

---

118 *Gradiva*, SA X, p. 16; SE IX, p. 10; BN II, p. 1287.
119 Carta 52 a Fliess (6/12/1896), OP, BN III, p. 3.556, e carta 74, ibidem, p. 3588.
120 *Gradiva*, SA X, p. 65; SE IX, p. 71; BN II, p. 1323.

que essas são boas razões para supor que aqui se trata do próprio autor do estudo e que a novela de Jensen o atraiu tão intensamente porque, de algum modo, lhe ofereceu a ocasião de "gozar de suas próprias fantasias sem se sentir culpabilizado", para retomar a excelente caracterização do trabalho do escritor em "O poeta e a fantasia".

Há mais, porém. Ao interpretar o segundo sonho de Hanold, Freud escreve que, não dispondo das associações do "paciente", "não temos outro remédio senão [...] substituir timidamente [a elas] as nossas próprias".[121] Vindo logo após a passagem sobre si mesmo citada no parágrafo anterior, essa frase me parece indicar que as associações de Freud não intervêm somente aqui; além disso, por que a modéstia extraordinária desse "timidamente", quando Freud não hesita em aproximar os elementos mais disparatados para apoiar sua demonstração? Eis por que julgo lícito "substituir nossas próprias associações" nesse ponto e traduzir por um "resolutamente" o advérbio tão fora de lugar. O qual prova, a meu ver, que o texto de Jensen trabalha de modo silencioso no espírito de Freud; e o comentário de W. Granoff mostra que esse trabalho vai muito além do que eu mesmo havia suspeitado.

Granoff demonstra que duas das representações-chave de Freud surgem simultaneamente na novela de Jensen: o *amarelo* e a *mulher no intervalo*. Sem pretender aqui reproduzir sua detalhada argumentação, cabe ressaltar que o amarelo é a cor das flores da pradaria de Freiberg, evocada nas "Recordações encobridoras"; cor dos dentes-de-leão, do bibelô de louça figurando um leão que surge na *Interpretação dos sonhos*, da saia de Gisela Fluss no momento em que Freud se apaixona por ela, da urina amarela que caiu no leito de seus pais e à qual se refere no sonho do conde Thun, da borboleta maravilhosa do "Homem dos Lobos"... Quanto à "mulher no intervalo" — intervalo entre duas colunas pelo qual Zoé pode passar em virtude de sua "extraordinária esbeltez" —, é uma repetição da cena do "caixão", em que Amália Freud aparece, "extraordinariamente esbelta", na porta do quarto no qual o menino Sigmund chorava, pensando tê-la perdido. É também uma figuração fundamental do sexo feminino, como o V da borboleta do "Homem dos Lobos", que faz pensar na abertura das coxas.[122] Granoff enumera as passagens do texto de Jensen em que figuram

---

121 *Gradiva*, SA X, p. 67; SE IX, p. 73; BN II, p. 1324.
122 Cf. Granoff, *La pensée*, cit., pp. 357-403; para o "Homem dos Lobos", cf. Serge Leclaire, *Psicoanalizar*, México, Siglo Veintiuno, 1970, pp. 81-97.

essas representações: Gradiva tem cabelos dourados e usa roupas que puxam para o amarelo; a lagartixa que desaparece entre as pedras é amarelo-ouro, como as colunas da casa de Meleagro; Gradiva ressurge entre duas colunas amarelas, e, quando torna a desaparecer, é uma borboleta amarela que esvoaça em seu lugar...[123]

Ora, curiosamente, no texto de Freud as colunas reaparecem de modo regular, mas não pude encontrar nenhuma das referências ao amarelo na novela original, exceto uma, que é indispensável: a das botinas amarelas que escondem os pés de Zoé, e que ela explica serem uma concessão "aos usos modernos", para justificar a ausência das sandálias com que fora "retratada" no baixo-relevo romano.[124] Por que esse expurgo de um significante que não pode ter deixado de atrair a atenção de Freud? Creio que sua ausência se explica pelas considerações de discrição a que Freud se atém com extremo rigor: o amarelo já aparecera nas "Recordações encobridoras" num contexto claramente sexual, e por quanto tempo o artifício do diálogo com um "interlocutor bem informado sobre a psicanálise" poderia manter o segredo sobre o verdadeiro sujeito da fantasia de defloração? Em todo caso, aqui aparece pelo avesso um elemento extremamente saturado, que, como o ouro dos cabelos de Gradiva, brilha... por sua ausência.

Granoff enumera outros elementos subsidiários, que devem ter atiçado a atenção flutuante de Freud: o prenome "Gisela" da turista alemã, o papel das flores no relato de Jensen, a assonância das sílabas Ber — Bertgang, Norbert, Freiberg, Oberhuber —, pontos de contato entre duas representações que, "em trajetória retilínea", caminham uma em direção à outra, como a fantasia a ser encoberta e a recordação que, projetada retroativamente, virá recobri-la, convertendo-se por essa recordação numa recordação *encobridora*.[125] São outros tantos pontos de contato entre a novela e o inconsciente freudiano que ativam um movimento destinado a reencontrá-los e a elaborá-los, produzindo nesse encontro uma ressonância da qual nascerá a interpretação e que virá se apresentar ao leitor ingênuo como um mero exercício de psicanálise "aplicada".

---

123 Granoff, *La pensée*, pp. 388-90.
124 *Gradiva*, SA X, p. 24; SE IX, p. 21; BN II, p. 1293.
125 Granoff, *La pensée*, cit., p. 390.

Podemos agora fechar o círculo aberto no início deste capítulo. Ali afirmei que a psicanálise é uma só e que o que distingue os textos sobre a cultura escritos por Freud dos produzidos pela imensa maioria de seus sucessores consiste na presença constante das duas dimensões universalizadoras e autoanalítica. O estudo sobre a "Gradiva" mostra, com uma clareza... meridiana, esse modo peculiar de inserção do cultural na reflexão freudiana. Apresentando-se como destinado a ilustrar as teses da *Traumdeutung*, ele realiza ainda duas outras finalidades: introduz a teoria da criação poética e serve de veículo para o prosseguimento da autoanálise de seu autor. É por essa razão que a diferença entre o analista e o poeta torna a se esfumar, mantendo o texto freudiano todo o encanto e todo o frescor que possuía no momento em que foi redigido.

Há, certamente, uma "isca de prazer" na forma que Freud imprime a seu ensaio. O efeito do texto, porém, não se esgota nisso. Como dirá Conrad Stein,

> o escrito psicanalítico é feito para — e tem por efeito — suscitar fantasias. Não há fronteiras: o acento é colocado não tanto sobre a forma, embora esta conserve a seus olhos uma certa virtude mágica, mas sobre o lugar daquele que escreve, lugar no qual o psicanalista não é diferente do escritor. A elisão do autor não é desejada; ao contrário, sua presença é necessária como testemunho de sua "analisância", contanto que ela adote os desvios próprios da literatura.[126]

Desvios próprios da literatura? A música também os tem, e assaz adequados para nos fazer fruir nossas próprias fantasias. E, como de momento elas giram sobre borboletas, passos graciosos e o doce serviço de Eros, torna-se necessário, para interromper seu revolutear farfalhante (e concluir como se deve este capítulo), recorrer à injunção com que, nas *Bodas de Fígaro*, o astuto ex-barbeiro se despede do pajem Cherubino:

> Non piú andrai, farfallone amoroso,
> Notte e giorno dintorno girando,
> Delle belle a turbare il riposo
> Narcisetto, Adoncino d'amor.[127]

---

126 Citado por Bernard Pingaud, "Les contrebandiers de l'écriture", *Nouvelle Revue de Psychanalyse*, Paris, Gallimard, nº 20, outono de 1979, p. 156.
127 "Não irás mais, borboleta amorosa/ Girando noite e dia/ Perturbando o repouso das belas/ Narcisinho, Adônis do amor" (*Le nozze di Figaro*, final do primeiro ato).

8. DE ME FABULA NARRATUR (2)

"O escrito psicanalítico é feito para — e tem por efeito — suscitar fantasias." Se fosse preciso comprovar uma vez mais a verdade dessa afirmação, a experiência de redigir este segundo capítulo já me bastaria como evidência particularmente luminosa. Durante um mês e meio, leituras e anotações se mesclaram sem cessar a meus desejos e reminiscências, resultando numa série de sonhos importantes e na passagem da análise a um outro patamar. Se antes ela influía sobre a tese, agora vem se acrescentar uma segunda dimensão, pela qual o progresso da tese faz infletir o curso da análise — dupla determinação que se encontra na raiz de várias afirmações feitas no decorrer do texto.

Meu projeto inicial era escrever um capítulo curto, pois a hipótese da qual partira era a de que, nos escritos psicopatológicos dos anos de 1890, pouca coisa poderia ser encontrada de interesse para meu tema. Seria preciso retomar a análise dos contos de Meyer, a carta sobre o Édipo, algumas alusões esparsas aqui e ali... Como reunir isso num todo coerente? Ademais, na tese de mestrado, eu examinara com vagar os mesmos textos; não queria me repetir e dispunha apenas de magros dados. Ledo engano: ao reler os "Estudos sobre a histeria", pude perceber o papel fundamental que neles desempenha a questão da moralidade. Estava aí um fio condutor, pois duas evidências se impunham: a forma como a moralidade é pensada se relaciona com as etapas da descoberta da sexualidade infantil, e a moral é uma instituição eminentemente sócio-histórica. Um outro pensamento retornava com insistência: a questão da cultura passaria por determinadas características do mecanismo da projeção. E então interveio o momento analítico — uma grave discussão com uma pessoa querida me mostrou como a projeção funciona em meu próprio psiquismo. Até então, essa palavra fora para mim apenas um conceito abstrato; de súbito, ela se revelou algo consubstancial a minha própria estrutura defensiva; e a casualidade de entrevistar várias vezes, no hospital, uma paciente que sofria de delírios paranoicos acabou de me descortinar ao quê se referia Freud. Dessa dupla experiência nasceram as páginas sobre a interpretação do "delírio de traição", e de seu encontro com o fascínio pelo *Don Juan* de Mozart emergiu a sequência sobre o colecionador.

A sedução — núcleo da ópera de Mozart — formara o ponto final do capítulo anterior. Para mim, esse tema tem conotações muito específicas, vinculadas à prática pedagógica e a uma experiência particularmente intensa, num curso de filosofia ministrado a um grupo de jovens psicólogas pouco antes de eu partir para Paris. A filosofia e a sedução tiveram sempre, para mim, estreita ligação desde que, em anos já remotos, aprendi com alguém que me é particularmente caro o que significa pensar. Mas, em minha imaginação, uma névoa de culpabilidade sempre acompanhou — *et pour cause* — esse tema. Foi quando, entre as leituras preparatórias para este capítulo, decidi empreender a do *Diário de um sedutor*, de Kierkegaard. Poucas obras da história do pensamento terão tido um efeito mais decisivo para mim: para ser breve, direi que o texto de Kierkegaard veio contribuir para levantar essa nuvem de culpabilidade ligada à sedução, pois o que nele é descrito é a maneira pela qual o sedutor faz surgir em Cordélia a capacidade de amar. Muito haveria a dizer sobre a sedução, e cada vez me convenço mais de que um dia será necessário dedicar a ela um longo texto — pois as ramificações da questão abrem-se em leque para inúmeras direções, tanto afetivas quanto intelectuais, tanto ao envergar a veste do sedutor quanto ao, suavemente, me deixar enlevar pela sedução de um outro (uma outra?) —; mas as fantasias que o texto freudiano é capaz de suscitar vieram a perpassar meu trabalho de escrita mais diretamente do que seria possível mostrar aqui. A relutância, aliás, em falar da sedução — em pensá-la mesmo, pois o tema faz convergir uma multidão de perguntas e associações — não a deixa por assim dizer envolta num halo de mistério, e justo por isso ainda mais sedutora?

A releitura da correspondência com Fliess, na qual se encontra o ponto de partida do enfrentamento de Freud com a sedução, me alertou para outro aspecto: na carta em que anuncia o abandono da teoria da sedução pelo pai, Freud omite o argumento provavelmente mais decisivo, a saber, sua autoanálise. Como teria sido essa autoanálise? A bibliografia que preparara sugeria ler, naquele momento, a obra de Didier Anzieu, *L'Autoanalyse de Freud*. E essa leitura, além dos elementos diretamente aproveitáveis para a redação do capítulo, evocou pela estrutura do livro um outro momento e uma outra leitura, pondo-me na pista de vivências havia muito soterradas pelo esquecimento. O mérito de Anzieu é fazer um estudo crítico-filológico da *Traumdeutung*, estabelecendo a cronologia dos documentos relativos à autoanálise. Um de meus interesses mais apaixonados, quando em Israel, fora a crítica bíblica, e no capítulo anterior mencionei o trabalho de Yehezkel Kaufmann que me introduziu nessa seara. O prazer iconoclasta de caçar no texto manifesto da Bíblia os traços da sua composição, perseguindo indícios muitas vezes tênues, ligando entre si passagens afastadas por dezenas de páginas, lendo uma história nas entrelinhas de outra e reconstituindo fragmento por fragmento um mito primordial disperso pela censura monoteísta, esse prazer foi para mim de uma excepcional intensidade. A leitura "orientada", atenta a detalhes insignificantes que permitem datar todo um texto, se assemelha ao trabalho de Anzieu, que de modo metódico compara os sonhos com a correspondência, cita trabalhos de outros autores que fazem a mesma operação e propõe para cada trecho um lugar e uma data relativamente precisos. Que as *Obras completas* sejam hoje, na França, estudadas com a escrupulosidade e a minúcia de que deram provas os sábios do Talmud ao se debruçarem durante séculos a fio sobre os escritos sagrados, não é a meu ver ponto que precise ser demonstrado. A voga da psicanálise naquele país, por motivos históricos e culturais que não vêm ao caso, suscitou um tipo de comentário atento, preciso, imaginativo, rigoroso, do qual, para mim, os melhores exemplos são os textos de Conrad Stein e de Wladimir Granoff. Essa circunstância tem um atrativo peculiar. Uma fantasia de adolescente me fazia crer que, se tivesse nascido em outros tempos, eu teria me dedicado a vascular os in-fólios do Talmud em busca da sabedoria ancestral, e que, como prêmio de meus esforços, minhas opiniões seriam mais tarde citadas pelos estudiosos vindouros, consagrando assim meu lugar entre os rabinos cujo nome o tempo não esqueceu. De modo que a talmudização dos estudos freudianos no clima particular da tradição francesa, com o que esta comporta de obsessão pelo rigor e de imaginação intelectual (o que será isso? Algo análogo à imaginação sociológica estudada por Wright Mills), é feita para suscitar em mim um benefício de prazer.

Contudo, não será arriscada a assimilação da crítica textual à forma de comentar característica do Talmud, que pressupõe sempre a coerência absoluta da palavra divina? A exegese bíblica, ao contrário, faz intervir a história na elaboração do texto, mostrando-o como fruto de séculos de compilações e elaborações sucessivas, que nem sempre respeitaram — para não dizer que conscientemente torturaram — as fontes das quais partiam. Ora, a obra de Freud se assemelha à Torá por ser composta de camadas sucessivas, que, sem abolir as anteriores, reacomodam-se no quadro de elaborações mais complexas e se incluem em novas redes de representações e conceitos. Daí o interesse de um estudo como o de Anzieu, que restitui na obra *princeps* da psicanálise o procedimento de sua composição, as idas e vindas e sobretudo a sequência em que as diferentes passagens foram conscienciadas, por certo diferente daquela em que Freud as expõe. Por outro lado, o pressuposto da leitura frequentemente brilhante dos comentadores franceses é o da coerência do texto, se não no nível manifesto, ao menos no latente; e, em sua função de exegetas de um escrito quase sagrado — pois que emana do Pai Fundador —, partem eles em busca do impensado de Freud, vasculhando a correspondência, as memórias, o original alemão, a fim de reencontrar as pegadas do inconsciente no texto que o desvela. O paralelo pode ser levado ainda mais longe, já que a finalidade dessa exegese rigorosa é orientar a prática analítica, exatamente como o objetivo dos talmudistas era deduzir normas para a liturgia e a prática social. Esse caráter paterno do texto de Freud irá nos fornecer mais adiante matéria para outras reflexões; quero aqui deixar claro que, ao me debruçar sobre autoanálise inaugural, essa dimensão e a fantasia a ela conjugada estavam desde o início implícitas em meu movimento.

Mas esse retorno à *Interpretação dos sonhos* e à correspondência com Fliess teve outro efeito, bem mais importante. O leitor deve se recordar de que no final do primeiro capítulo eu fazia uma breve alusão à diferença dos sexos e à constante inversão destes no sonho do hospital. Essa questão reapareceu, como se pode imaginar, no decorrer da análise, e em particular em relação à transferência, sob a forma do tema da homossexualidade latente, ao qual, ineludivelmente, se é afastado (lapso que não resisto a deixar intacto; queria dizer *arrastado*...) pela dinâmica da cura, sobretudo ao empreendê-la com um analista do mesmo sexo. A inversão dos sexos tem por função evidente denegar essa relação homossexual fantasiada. Ora, Freud e Fliess fornecem o exemplo por excelência de uma relação desse gênero; o estudo da correspondência veio assim servir propósitos de resistência no decorrer de inúmeras sessões, e a interpretação dessa resistência ocupou todo o período no qual foi redigido este capítulo.

Um fragmento de sonho, logo no início da redação, mostrava-me na casa de meus pais, recolhendo do chão diversos papéis que eram ou bem minhas notas preparatórias para o capítulo, ou bem as cartas que Fliess escreveu a Freud, e que até hoje permanecem ignoradas. "Ou-Ou" indica no sonho uma identidade. Se minhas notas eram, ou poderiam ser, as cartas de Fliess, é porque Fliess era eu, estando meu analista na posição de Freud. Pouco antes, ele havia pronunciado na Sociedade de Paris uma conferência intitulada "C'est donc sa mère: Essai sur l'interprétation de la dénégation". Conferência, aliás, excelente, que Stein mencionou, dias depois, em seu seminário. Mas não podia recordar o título exato da conferência ao fazer sua alusão a ela: no instante em que, silencioso, ele refletia e procurava rememorar o título, eu procurei fazer o mesmo. O que me veio ao espírito foi "A negação". No momento seguinte, Stein disse o nome certo da conferência, me deixando literalmente siderado: como poderia eu ter substituído à conferência de meu analista *o título de um artigo de Freud*? Tanto mais que, ao receber pelo correio o aviso correspondente, eu havia traduzido de imediato "C'est donc sa mère" por "Então é a mãe", associando uma série de ideias que o leitor de língua portuguesa poderá facilmente se representar. A conclusão se impunha: meu analista = Freud, corroborando a interpretação do sonho. A necessidade de interpor entre mim e ele o par Freud/Fliess, ocupando cada um de nós alternativamente as duas posições — pois minha identificação a Freud permanecia intacta, sem se incomodar com a identificação contraditória a Fliess —, espelhava assim a denegação da situação homossexual de uma análise entre os dois indivíduos masculinos. Outro lapso ocorrido num seminário de Stein mostra a que conteúdos latentes vinha servir tal denegação: Stein tratava de citar o início do discurso de Marco Antônio ao povo romano, no *Julius Caesar* de Shakespeare. Aprecio imensamente esse discurso, e seus versos iniciais me são bem conhecidos. Assim, anotei em meu caderno: "I come to bury Caesar/ Not to praise him". Stein disse então a primeira frase: "Romans, Citizens, Friends". Algo me dizia que faltava um verso. De maneira mecânica, escrevi no espaço em branco: "Lend me your years". E só alguns minutos depois me dei conta de que o que Marco Antônio solicitava não eram os *years*, mas os *ears* de seus concidadãos.

"Emprestem-me seus anos." Uma martelada na cabeça não teria me deixado menos atordoado. Primeiro sentido: "quero ser mais velho" — mais velho como meu analista, como meu pai, como a mãe de Rothschild, que, ao ouvir do médico que acorrera à sua cabeceira que não podia torná-la mais jovem, e que seus males vinham da idade, retrucou: "Mas não quero que o senhor me faça ficar mais jovem; quero que me deixe ficar mais velha!". Segundo sentido, megalomaníaco: "Emprestem a mim alguns dos anos que lhes restam para viver, pois saberei fazer deles um uso melhor do que vocês". Terceiro sentido, que reúne os outros dois: "Emprestem-me seus... ânus". Aqui deixo ao encargo do leitor o resto da interpretação; quanto a mim, ao relatar na sessão esse incidente, não pude reprimir uma irresistível gargalhada.[128]

Fliess e Freud, a autoanálise, os sonhos: meus próprios sonhos. Durante três semanas, a análise avançou exclusivamente a partir de sonhos, alguns dos quais esplêndidos, revelando material arcaico de toda índole, e sobre o qual prefiro silenciar. Mas impôs-se uma constatação: meus sonhos serviam de

---

128 Devo a Michael Friend, participante de um seminário sobre Freud na universidade de Yale, a percepção de que o trocadilho também funciona em inglês: "Lend me your rears", "emprestem-me seus traseiros". Deus me salve dos meus amigos...

matéria-prima para minha análise, como os de Freud para a dele. A identificação atingiu aqui seu ponto máximo, pois me parecia estar reproduzindo, no meu próprio ritmo, o percurso do Pai fundador. Se, porém, eu podia interpretar de modo tão satisfatório meus próprios sonhos, para que o analista? Ele poderia perfeitamente se mudar para Berlim... ou, melhor ainda, visto que eu funcionava ao mesmo tempo como Freud e Fliess, me emprestar todos os anos que ainda tem para viver e desaparecer da face da Terra. Desse modo, o trabalho sobre a correspondência, que reativou — ou contribuiu para reativar — a questão da homossexualidade latente, suscitou formações psíquicas que tinham por função de novo eludir essa questão, interpondo entre mim e meu analista duas figuras estranhas e, coisa notável, já mortas. E então interveio um desses acidentes da crônica cotidiana que, por sua posição especial numa série determinada, assumem o papel de reveladores dos abismos inconscientes: ao entrar num carro, minha calça se enganchou no trinco e se descosturou... eu não tive tempo de trocá-la... havia uma sessão de análise. Em torno desse incidente banal e do temor de que o analista visse o que me havia sucedido, as associações flutuaram por regiões próximas do sadismo — uma discussão azeda — *mésentente* — Mezan / *tante* (que significa "bicha" na gíria francesa) — *tantalizing* — Tântalo — suplício de Tântalo — leito de Procusto — cortar os pedaços do corpo — castração... Foi ao final da sessão que se tornou clara a função do recurso a Freud e a Fliess: o efeito direto dessa interpretação sobre meu texto foi me desvelar que, "por acaso", eu havia chegado a um ponto da seção sobre a autoanálise que permitia deixar esta de lado, pois dali por diante as referências à cultura eram episódicas e relevavam das leituras e das associações de Freud. Isso é verdade, e um exame dos textos mostra que se trata de uma afirmação justificada. Mas também é verdade que, sendo a partir de então inútil recorrer a uma relação de homossexualidade latente *passada* para denegar a *presente*, o interesse em esmiuçar a correspondência diminui consideravelmente... tanto mais que os trechos finais da *Traumdeutung* me permitiam sair com elegância do impasse em que me colocara.

Não creio nenhuma novidade enunciar que, na transferência, estava sendo revivido um aspecto de minha relação infantil com meu pai. Os sonhos continuaram a mostrar elementos de uma transferência de tipo paterno, por meio dos detalhes mais ínfimos. Por exemplo, num sonho via eu uma ex-professora do Clássico adquirir num leilão uma peruca. Essa professora tem uma filha que se chama Bianca: no nome do meu analista, figura um termo que significa "branco". Nova inversão dos sexos, mas agora, por assim dizer, sabendo por quê... Mas por que *peruca*? Curiosamente, é pelo cabelo que passa a identificação do analista com meu pai: num sonho anterior, um homem grande penteado como ele (analista) apartava de mim um personagem feminino com quem eu entrara numa conversação galante. E o sentido do cabelo foi confirmado por um sonho particularmente absurdo, que transcrevo agora: "Estou na casa em que morei entre cinco e quinze anos. O gabinete do analista fica no quarto de empregada, sobre a garagem, isolado do corpo principal da casa. Estou atrasado para a sessão; na cozinha, pego uma banana e passo a comê-la. O analista me espera no alto da escada e também está comendo uma banana. Oferece-me da sua, mas eu digo que tenho a minha. Como estou atrasado, ele me propõe uma sessão face a face. Aceito e me sento num canapé, mas este vacila e ameaça cair. O analista se levanta e começa a serrar um pedaço de madeira, a fim de fazer um apoio para meu canapé. Olho o relógio e vejo que o tempo passa. Por fim, ele me diz: 'Vous n'allez pas protester?'. E, diante do meu silêncio embaraçado, acrescenta: 'Toujours cette compétitivité'. Depõe a serra e coloca na cabeça uma rede, como a que meu pai usava ao se pentear".

Aqui o analista aparece no lugar de meu pai, pelo detalhe da rede no cabelo, como antes pela peruca da mãe de "Bianca". A interpretação completa desse sonho acabaria por me conduzir a detalhes que prefiro calar; reterei aqui apenas o que se refere à elaboração do capítulo. Cada um de nós aparece munido de um sensacional símbolo fálico, e eu recuso a oferta dele: a sexualidade deve passar apenas pelas palavras. Meu analista se comporta como um sedutor, infringindo regras elementares de técnica: propõe uma sessão face a face (a relação disso com o atraso já aparecera em outro sonho precedente), fica serrando madeira em vez de me escutar... Minhas associações anteriores me haviam conduzido às psicoterapias que conduzo no hospital e que me parecem muito pouco satisfatórias. O analista vem então *apoiar* meu vacilante canapé, isto é, me ajudar em meus inícios na carreira psicanalítica. Mas o ato de serrar, com seu movimento de vaivém, sugere a comparação com o ato sexual, do qual sou eu uma testemunha muda. O primeiro sentido da imagem é metafórico: meu analista, por meio de um ato sexuado, engendraria para mim uma poltrona sólida, isto é, participaria de algum modo no meu nascimento como psicanalista. Mas ele não se contenta com a dimensão simbólica: o ato de serrar madeira alude também a uma cena primitiva (madeira, *materia*, *mater*), na qual meu pai e minha mãe dariam origem a minha própria pessoa. É por esse motivo que, ao final do sonho, surge o signo paterno da rede — rede que, em minha adolescência, se destinava também a tornar meus cabelos crespos mais conformes aos padrões estéticos então vigentes... Da rede, a associação pula para o Gumex e para a publicidade que então se fazia do produto: "Dura lex, sed lex: no cabelo só Gumex". A lei é dura, mas é a lei. Lei da proibição do incesto, evidentemente, com o complemento castrador da cabeça (decapitação) para aqueles que ousam violá-la. Seguir à risca a lei: no horizonte surge um tio meu, pessoa da mais rígida escrupulosidade (nisso idêntico a meu pai), e cujo *hobby* é o golfe. No golfe, cada jogador marca suas próprias tacadas, sendo a honestidade essencial para a avaliação de seu desempenho. Outra regra do mesmo jogo estabelece o *handicap*, diferença entre o número ideal de tacadas para "cobrir os dezoito buracos" (outra alusão ao incesto) e a média de tacadas de um determinado jogador. Pelo *handicap*, parceiros de habilidade desigual podem se medir em condições de igualdade, pois ele permite comparar o desempenho de cada um com a norma do campo. Assim, se um jogador de *handicap maior* fizer o campo em x mais y tacadas, x sendo a norma e y um número inferior ao seu *handicap*, vencerá um outro, de *handicap* menor, que o tiver feito em p mais q tacadas, q sendo maior que seu próprio *handicap*. Se no jogo da vida existisse um *handicap* como no golfe, eu poderia me medir com meu analista, o que o faz dizer, no sonho: "Sempre esta competição". *Handicap: hand in cap*, "la main dans le sac", a boca na botija... lutar com as mãos atrás das costas, com um pé atrás... Desenham-se os contornos de uma cena intensamente carregada, em que, aos quatro anos, sentado no peniquinho *atrás* de meu pai que se barbeava — e talvez colocasse na cabeça sua rede —, algo ainda impreciso acontece. Como seria útil um *handicap* no jogo da vida!

 A cena primitiva se liga de modo intrínseco ao tema do romance familiar. Dos sonhos de Freud, posteriores ao momento em que interrompi o estudo da *Traumdeutung* — no ponto, aliás, em que começam a aparecer conteúdos da esfera anal —, escolhi como último exemplo o do conde Thun. Certamente por razões objetivas, enumeradas no local adequado; mas também porque "fazer" e o tema do conde têm para mim intensas ressonâncias. "Fazer" liga-se a essa cena — fantasiada? real? veremos no próximo capítulo a inanidade dessa questão —; "Conde" envolve uma longa série de nobres, um cachorro particularmente querido, ganho em troca da promessa de deixar meu pai dormir um certo domingo de entrega de prêmios na escola. Conde e pai: alcunha cuja origem contarei em outro momento e que amigos irreverentes atribuíram a meu pai. A ária de Fígaro — "Se vuol ballare, signor Contino/ Il chitarrino suonerò" —, que Freud trauteia ao chegar à estação e ver o conde Thun ("Fazer!"). O conde dançará, mas em meu ritmo e na música que eu escolher... "Conde" alude também à origem de meu sobrenome, até hoje ignorada por mim. Espanhola? Italiana? Búlgara? Turca? A questão da origem se perfila aqui, mas só poderemos abordá-la em outro contexto. Basta dizer que as fantasias ocorreram célebres no horizonte desenhado pelo cachorro, pelo conde e pelo romance familiar, e que elas não estão ausentes da motivação que me fez escolher esse e não outro sonho para encerrar o estudo da autoanálise.

Do romance familiar ao romance *tout court*, passando pela *Frase de espírito* e pela "Gradiva", por Kant e pela interpretação psicanalítica, o tema da fantasia percorre as últimas seções deste capítulo. A frase de Stein me guiava a distância, orientando o olhar para determinadas questões em detrimento de outras, que terão de ficar para um estudo posterior. O poder da evocação do texto freudiano faz surgir, certamente, fantasmas; não, porém, como os que Goya vê nascer do sono da razão, mas capazes de sustentar a atividade teórica e nela se imbricar, sem com ela se confundir, como veremos dentro em breve. Da fantasia à teoria, o caminho é complexo e cheio de desvios; mas ambas têm uma secreta familiaridade, uma cúmplice da outra, na gênese do pensamento. Freud chamava a metapsicologia de "feiticeira" e por vezes recorria a ela sob a forma do "quase diria fantasiar metapsicologicamente". As feiticeiras, como vimos, estão do lado da sedução; uma nova volta da espiral se abre assim, na qual encontraremos outros personagens e outras representações, na grande tela da cultura em que

> um passo faz se moverem mil fios
> [...]
> e cada movimento estabelece mil enlaces.

3. Do pai em questão

A periodização da obra freudiana é sempre questão delicada. Por um lado, ela se refaz sem cessar; os mesmos problemas são retomados a partir de diferentes perspectivas, o progresso da reflexão faz surgir novas questões, que, sem se reduzir por completo às anteriores, tampouco são de todo inéditas, encontrando-se em germe em textos que precedem, por vezes, de duas ou três décadas sua eclosão. Por outro lado, a cada momento, a psicanálise apresenta uma face sistemática, permitindo apresentações de conjunto que, embora sempre um passo atrás em relação às ideias que fermentam no espírito de Freud, são capazes de retratar com fidelidade o estado das interrogações e das respostas no campo próprio dessa disciplina. Essa combinação de arquitetura rigorosa e de inovação revolucionária a princípio desconcerta o investigador, e por isso mesmo o obriga a avaliar, aproximativamente, o peso dos fatores de estabilidade e de transformação em cada texto considerado. Desenham-se dessa forma linhas de força, momentos de particular densidade de um ou outro elemento, redes de questões correlatas que se articulam para definir campos relativamente organizados. Com a ressalva de não ver nessas figuras conceptuais mais do que cristalizações provisórias e trabalhadas pelas tensões internas que conduzirão à sua passagem para outras cristalizações, também provisórias e portadoras das mesmas tensões, é possível reconhecer na trajetória freudiana certas etapas, nas quais o foco permanece algo constante, sustentando — e sustentado por — elaborações que precedem em níveis diferentes, mas que caminham na mesma direção ou ao menos em direções convergentes.

Se voltamos o olhar para a zona mediana da obra de Freud — *grosso modo*, o período abrangido pelo segundo volume da biografia de Jones (1901-19) —, na qual se situa a maior parte de seus escritos, essa unidade feita de convergências e de tensões parece emanar de um conjunto de fatores que parecem ser heteróclitos, mas que sob análise se revelam intimamente entrelaçados. Há, de imediato, uma maior segurança na exploração dos três domínios sobre os quais repousa a psicanálise: a psicopatologia, o estudo das formações culturais e a autoanálise de Freud. Em cada um desses terrenos, novas configurações emergem, dando origem a um grande número de livros e artigos, alguns dos quais poderemos examinar neste capítulo. A expressão "segurança" alude à relação entre Freud e sua disciplina, e, mais do que num conceito-chave ou numa problemática isolada, é nessa relação, feita de diversos elementos, que me parece residir a unidade desse período de sua conceptualização. Um fator de extrema importância vem intervir nesse plano: o surgimento do movimento psicanalítico, que, propriamente, assinala a inscrição da psicanálise na história.

Com efeito, o ano de 1907 marca o início do contato de Freud com o mundo exterior aos arrabaldes de Viena. É certo que, desde 1902, um pequeno grupo de alunos, recrutados entre os ouvintes de seu curso na universidade, se havia reunido na "Sociedade Psicológica das Quartas-Feiras"; mas é sem dúvida o interesse despertado em Zurique pela psicanálise que assinala o fim do "esplêndido isolamento" de Freud, iniciando a difusão da nova ciência em escala a princípio europeia e depois universal. Tal fato é prenhe de consequências decisivas, não apenas para a existência de Freud, mas também para o progresso de seu pensamento. Eis por que encerrei o capítulo anterior com o estudo da "Gradiva", publicado em 1907: esse ano marca uma verdadeira mutação na história da psicanálise.

O advento de discípulos estrangeiros — e estrangeiros do quilate de Jung, Abraham, Ferenczi e Jones — significa o acesso de Freud à posição de fundador de uma disciplina autônoma, cujos caminhos, embora fortemente influenciados por sua pessoa nos anos em que viveu, tendem a se constituir numa rota cada vez mais independente. Essa implantação da psicanálise na realidade social e científica merece a máxima atenção do estudioso, pois, *a priori*, nada exigia que ela se efetivasse. É perfeitamente coerente supor que a forma da psicoterapia elaborada na Berggasse 19 não apenas se extinguisse com seu fundador, mas também, durante a vida dele, não ultrapassasse os limites da medicina ou da psicologia, figurando nos manuais correspondentes como um capítulo entre outros. Apesar da ilusão retrospectiva, não era fatal que a psicanálise se convertesse num elemento da realidade dotado de vida própria, atingindo milhares de pessoas em quatro continentes, representando no nível econômico uma profissão liberal e um apreciável ramo da edição, sendo envolvida em estruturas hospitalares e ambulatoriais — enfim, tendo uma existência em si, configurada na expressão "movimento" psicanalítico. Se tudo isso ocorreu, não basta se regozijar com o fato e constatar que a "verdade sobre a alma" tenha triunfado sobre o "obscurantismo"; é preciso investigar de que modo a psicanálise, que nasceu — não é inoportuno repetir — da aventura mais solitária possível, a autoanálise de Freud, veio a se transformar numa instituição sócio-histórica. Mais do que isso, o fenômeno reverbera sobre o conteúdo da teoria, desde os primeiros anos: sem o episódio Jung, por certo não teriam visto a luz *Totem e tabu* ou a "Introdução ao narcisismo". Inúmeros temas e conceitos foram recolhidos por Freud entre seus discípulos, e basta recordar que o termo "complexo" é de Jung, que o *id* nasceu com Groddeck, que a primeira a formular a hipótese de um instinto de destruição foi Sabina Spielrein, que a noção de introjeção se deve a Ferenczi e a de racionalização a Jones, para perceber a importância decisiva do contato com os discípulos na elaboração do pensamento freudiano.

É o contato com os outros que relança continuamente sua teorização, nisso repetindo o modelo criado na relação com Fliess. Mas esses "outros" não são quaisquer "outros", visto que a "Sociedade Psicológica das Quartas-Feiras" também se compunha de "outros", sem que estes sejam responsáveis por alguma contribuição decisiva no plano da teoria — fato que tampouco se explica por si mesmo. Viena era, como vimos no primeiro capítulo, um dos centros médicos mais importantes da Europa. Por que, entre aqueles que acorreram a Freud, a originalidade resultou invariavelmente na dissensão? Não deixa de ser significativo que a "psicologia individual" de Adler tenha como pilar o sentimento de inferioridade e que as elucubrações de Stekel, mais fantasiosas do que científicas, tenham horrorizado os discípulos mais prudentes em extrair de dados isolados teorias de longo alcance. Creio que não seja ousado afirmar que, na vizinhança imediata de Freud, a psicanálise estivesse demasiado associada à pessoa deste para se poder tornar a causa — *die Sache*, a coisa — de outrem; a criatividade dos discípulos originais parece ter se canalizado necessariamente para outras vias de expressão, afastadas da doutrina freudiana, enquanto os "fiéis" se contentaram em estar sempre anos-luz atrás do mestre, limitando-se a comprovar suas teorias, a fazer pequenas colaborações no domínio da clínica, ou a seguir suas pegadas na tentativa de interpretar os fenômenos culturais.

É com a chegada dos suíços, e em seguida dos alemães, húngaros e norte-americanos — todos separados de Freud por um saudável "cordão sanitário" geográfico — que se iniciam a difusão de suas teorias e o recrutamento intensivo de aderentes pelos quatro cantos do mundo científico. Essa expansão, realizada em poucos anos, criou de imediato uma situação explosiva. De 1908, data do primeiro congresso de partidários de Freud, a 1914, quando os suíços se retiram da Associação Psicanalítica Internacional, intervieram cisões e dissensões, como as de Adler, Stekel e Jung, e a atmosfera tempestuosa do presente levou Freud a lamentar várias vezes ter abandonado seu "esplêndido isolamento", ainda que este lhe tivesse sido extraordinariamente doloroso. Nesses seis anos, as tempestades não foram raras; insultos dos mais grosseiros são trocados sob a máscara de interpretações *ad hominem*, e os partidários mais chegados criam uma associação secreta, o "Comitê", encarregada de velar pela ortodoxia e pelo respeito à pessoa do fundador. A psicanálise se inscreve no real sob a forma de uma seita religiosa, e isso tampouco pode ser acidental. Entre os discípulos fervilham ciúmes e ódios, cada qual desejando ser o único e o preferido aos olhos de Freud; a correspondência com Jung e com Abraham está eivada de protestos de fidelidade e de acusações a outros psicanalistas, e, nas 1300 cartas trocadas com Ferenczi, vemos o mesmo espetáculo desolador. É certo que nenhum dos primeiros psicanalistas foi, pelos cânones atuais, analisado; mas quem ousaria negar que tenham sido psicanalistas, e dos mais capazes e brilhantes? Isso não impediu que a Associação Internacional, em seus primeiros anos, tenha sido dilacerada por conflitos pessoais, cujas raízes por certo repousam no caráter único da relação de cada um dos protagonistas com a pessoa de Freud.

E isso nos traz a um elemento central para o argumento deste capítulo. Freud se viu guindado a uma posição que sempre almejara, a de chefe, líder ou conquistador (recorde-se o peso da ambição nos sonhos estudados no primeiro capítulo deste trabalho), posição que comporta o traço inconfundível da *paternidade*. Se até então ele se reconhecera sobretudo como filho — a representação de Jakob Freud permeando toda a sua obra até 1905, e mesmo muito além —, a esse debate interior vem se somar agora a ressonância de um ato que transcende os limites da individualidade: a fundação de um movimento, cuja modalidade de constituição reside na adesão às doutrinas de um pensador ainda em vida. Ainda em vida, isto é, capaz de efetuar reviravoltas extraordinárias, de imprimir ao corpo de ideias, cuja aceitação é o cerne do movimento, transformações inesperadas, e portanto de apresentar, a cada instante, aos participantes do movimento a alternativa de ratificar as novas palavras de ordem ou se retirar sob as vaias dos demais. A pessoa de Freud se converte assim no suporte de transferências tanto mais intensas quanto pouco analisadas, e esse fenômeno tem repercussões dos dois lados: em seu delírio final, Ferenczi acusará Freud de estar na origem de suas perturbações, enquanto este irá encontrar, no grupo de seus partidários, um paradigma para a "horda selvagem" de *Totem e tabu*.

Seria, porém, ingênuo supor que o único motor da teorização freudiana seja o que se passa entre Viena, Budapeste, Zurique e Berlim. Os anos que vão de 1907 ao fim da Primeira Guerra Mundial presenciam a emergência de uma problemática nova, ancorada na anterior, mas que não se reduz a ela, sem por outro lado abandoná-la por completo. Basta pensar nos conceitos de pulsão, narcisismo, organizações pré-genitais da libido e castração para perceber que Freud ao mesmo tempo continua e ultrapassa os resultados da elaboração precedente. No campo da psicopatologia, são os anos dedicados à elucidação da neurose obsessiva e da paranoia; esses dois projetos se inscrevem num horizonte mais vasto, que irá se constituir em toda a sua amplitude com *Totem e tabu*. Na ambivalência dos sentimentos edipianos, ele reconhecerá os contornos decisivos da figura do pai, não mais apenas como sedutor ou objeto da fantasia, mas como elemento central da constituição do psiquismo humano. Isso porque, a partir das críticas de Adler e de sua própria experiência clínica, é levantada uma questão que não pode ser eludida: a da *socialização da psique*, isto é, o processo pelo qual o homem se humaniza, convertendo-se de um apêndice do corpo materno num indivíduo social, capaz de conviver com outros indivíduos sociais. Um eixo decisivo das pesquisas efetuadas durante a guerra e nos anos anteriores é o dos mecanismos da ontogênese, entre os quais sobressaem as organizações pré-genitais da libido. Entre essas organizações, a denominada narcisista irá apresentar a Freud problemas de extrema gravidade, quer porque nela reside a chave da explicação teórica das psicoses, quer porque a suposição de uma libido do ego parece dar xeque-mate ao princípio mais fundamental da psicanálise, a dualidade irredutível das pulsões, sem a qual o conflito psíquico não teria por que se instaurar sempre, necessária e universalmente.

O narcisismo não é concebível fora do contexto da polêmica com Jung, como veremos a seu tempo. Mas tampouco é concebível fora desse contexto a obra capital do período, que, no referente ao plano da cultura, é sem dúvida *Totem e tabu*. Freud escreve esse livro explicitamente para responder a *Símbolos e transformações da libido*, a fim de mostrar que, nos antípodas do que pretende seu discípulo, não é a mitologia que explica a sexualidade, mas o contrário. Para tanto, é levado a modificar sua posição em relação à cultura que examinamos no capítulo anterior: enquanto até a "Gradiva" os estudos sobre aquela se haviam mostrado discretos e prudentes, procurando estabelecer paralelos entre determinadas produções artísticas ou literárias e as proposições da psicanálise, a partir de então eles passarão a ser mais ousados, investindo domínios tão diferentes quanto a psicobiografia ("Leonardo"), a religião ("Atos obsessivos e práticas religiosas"), a história da arte ("O *Moisés* de Michelangelo"), ou a literatura ("O tema dos três cofrezinhos"). Trata-se de algo mais profundo do que uma mera ampliação do território ao qual a psicanálise pretende aportar novas luzes: a questão consiste agora em elucidar as origens e o fundamento de toda manifestação cultural possível, debruçando-se sobre o nascimento das "grandes instituições" do direito, da moral, da religião e da arte. O mito de *Totem e tabu* não se reduz a uma hipótese — aliás discutível — para explicar determinados fatos etnográficos; é, ao contrário, um instrumento essencial para permitir o progresso da teorização, ao distinguir entre diferentes personagens paternos — o pai real, o pai idealizado, o pai morto — que constituem categorias estritamente psicanalíticas e cuja função no tratamento não pode ser menosprezada.

Por outro lado, para Freud a questão do pai se inscreve na elaboração de suas representações pessoais, e o período que examinamos marca um momento decisivo na evolução de seu próprio complexo paterno. A identificação a Moisés — figura por excelência do fundador em seu imaginário e que forma o subsolo de "O *Moisés* de Michelangelo" — corresponde a uma etapa intermediária na resolução desse complexo, iniciada pela redação da *Traumdeutung* e pela viagem a Roma no verão de 1901. Além disso, a data desse ensaio — 1913 — não deixa dúvidas quanto ao alvo da cólera do profeta, que, na interpretação de Freud, é retida no gesto imperioso cujo traço é a posição do indicador na barba: os idólatras que renegam o Pai — entre os quais Freud, no texto manifesto, inclui a si mesmo — são também Jung e seus adeptos, que regressam a posições pré-psicanalíticas ao recusar a "teoria da libido". A coerção das paixões a que Freud alude em seu artigo — e que compara ao feito mais elevado de que é capaz um homem — deveria se aplicar, primeiro e exemplarmente, a ele mesmo. E, nessa coerção, que marca o advento da humanidade do homem, o pai é chamado a representar um papel primordial.

A questão do pai atravessa também a *Metapsicologia*, de 1915, sob a forma dos processos psíquicos que dão origem ao inconsciente. É a necessidade de dar conta da instauração das instâncias psíquicas e de rever de alto a baixo os fundamentos da teoria analítica, ameaçados de subversão pelo conceito de narcisismo, que ocupa Freud nos anos da guerra, conduzindo por um lado à síntese das *Conferências de introdução à psicanálise* e por outro à problemática da identificação, da qual emergirão a segunda tópica e a pulsão de morte. É impossível resumir em poucas linhas a complexidade desse movimento, que se ramifica de maneira constante em vários níveis e em diferentes direções; é suficiente assinalar que ele conta entre suas determinações a forma pela qual o pensamento de Freud encontra o de seus discípulos.

Uma outra problemática corre paralela à do pai, mas sem que, nesse período mediano, Freud possa elaborá-la em seu conjunto: a do feminino. "O tema dos três cofrezinhos" e o "Tabu da virgindade" são dois dos textos em que seus fios começam a ser trançados, mas ela só irá eclodir plenamente no último período da vida de Freud, do qual trataremos no próximo capítulo. Que para pensá-la seja necessário recorrer às noções de pulsão de morte e de castração indica, por si, por que seu advento é tão tardio, ou melhor, por que, embora o "continente negro" da feminilidade o tenha preocupado desde sempre, é apenas nos anos 20 que ele pode ser de certo modo mapeado. Eis por que, neste capítulo, privilegiamos a outra vertente da temática freudiana, embora um estudo de conjunto deva abarcar também a questão do feminino, que por enquanto permanecerá apenas no horizonte.

Nosso percurso conterá vários passos que remeterão uns aos outros, dada a inextricabilidade dos temas a examinar. Como considero que a obra central dessa fase é *Totem e tabu*, a exposição será concluída a partir deste ângulo: primeiro, serão examinados os textos do período 1907-11, isto é, anteriores ao livro, à luz da instituição do movimento psicanalítico e da copiosa correspondência com Jung e Abraham, assim como as novas direções tomadas pela teorização com o "Homem dos ratos" e o "Caso Schreber". Em seguida, uma análise de *Totem e tabu* e das críticas feitas à hipótese freudiana irá nos conduzir à "Metapsicologia" e à questão da ontogênese, à problemática da lei e do pai e do estatuto a conferir ao mito da horda primitiva. A ruptura com Jung, coincidindo com o início da Primeira Guerra Mundial, determina um período em que, dadas a mobilização de seus discípulos e a dificuldade dos contatos internacionais, Freud está de novo isolado, ou quase; esse período se caracteriza pela reelaboração dos princípios da psicanálise a partir das novas questões que se apresentam, paralelamente a uma primeira meditação sobre a violência da sociedade contemporânea, no artigo sobre "A guerra e a morte". Mas essa questão será deixada de lado, a fim de ser incluída no quarto capítulo; é preferível nos debruçarmos sobre algumas questões embaraçosas levantadas por Jung quanto à natureza da fantasia, e às quais Freud procura responder no "Homem dos Lobos".

O trajeto será orientado pela questão da paternidade, que permeia os diferentes registros em que se move Freud, e que se modula de maneira diferente segundo os problemas que sucessivamente aparecem em primeiro plano. Mas a questão do pai ultrapassa em muito uma simples preocupação intelectual, seja de Freud, seja minha: ela se inscreve num processo dinâmico em que representações e afetos são remanejados, e do qual emergem ao mesmo tempo uma pergunta e uma esperança. A pergunta não deixou de inquietar Freud ao longo de toda a sua existência, e W. Granoff a formula de modo admirável em seu livro *Filiations*: "O que quer o pai, e o que pode daquilo que quer?". A esperança — que Espinoza mostrou não ser mais do que uma ilusão projetiva — está destinada a se dissolver no curso da própria escrita: ela se insinua no termo freudiano da *Versöhnung* — a "reconciliação" — no qual figura o termo *Sohn*, e se expressa no dito de Hamlet, filho atormentado cujo segredo Freud foi o primeiro a penetrar: "Men are such stuff as dreams are made on".

1. DIÁLOGO DE SURDOS

Quem se debruça sobre a correspondência entre Freud e Jung não pode se furtar à singular impressão de que os dois interlocutores falam línguas diferentes, pensam em comprimentos de onda antagônicos e padecem de surdez crônica. Ao longo dos sete anos, cada qual repete incansavelmente seus argumentos e procura diminuir a importância dos do adversário — pois é bem de dois adversários que se trata, apesar das fórmulas de polidez e dos protestos de elevada estima e consideração que pontilham as cartas. Como estas se estendem de 1906 a 1913, anos cruciais para a instituição da psicanálise como uma realidade histórica, parece-me de extremo interesse o exame do que os dois homens têm a se dizer, embora estejam mais preocupados em afirmar suas próprias posições do que em compreender a partir de onde fala o outro.

Jung vem da psiquiatria oficial: é assistente na clínica do hospital Burghölzli em Zurique, sob a direção de Bleuler, então um dos principais nomes da psiquiatria alemã. Pouco após a publicação da *Interpretação dos sonhos*, Bleuler encomendara a Jung uma resenha da obra, e entre 1903 e 1904 as teorias freudianas haviam sido objeto de interesse "bastante intenso"[1] por parte dos de Zurique. Jung se referira a Freud em sua tese de doutorado sobre a psicologia dos fenômenos ocultos (1902), tentara a análise de uma histeria em 1904, e publica o relato da análise de uma esquizofrenia em seu livro *Psicologia da demência precoce*. Seu interesse pela contribuição freudiana se expressa no chamado "teste de associação", que possibilitava a verificação experimental da importância dos fatores afetivos sobre os processos intelectuais,[2] sob a forma de respostas a palavras-estímulo e de erros na repetição das listas de termos do teste. Essas perturbações seriam devidas ao que Jung denominava "complexos afetivamente carregados" (*affektbetönte Komplexe*), cuja interferência no pensamento normal havia sido demonstrada por Freud na *Psicopatologia da vida cotidiana*.

A publicação desses estudos de associação fornece o ponto de partida para a correspondência: Jung envia a Freud um exemplar do livro, e a primeira carta agradece a oferta. Mas de modo curioso:

> Naturalmente seu capítulo final, "A psicanálise e os experimentos de associação", agradou-me mais, pois nele o senhor afirma, com base em sua própria experiência, ser verdadeiro tudo o que eu disse sobre os campos até hoje inexplorados de

---

[1] Carta de Abraham a Freud (15/1/1914), *Freud-Abraham*, pp. 166-7. Esses dados são fornecidos em resposta à pergunta formulada por Freud na carta anterior, com vistas à preparação da *História do movimento psicanalítico*, cuja publicação no *Jahrbuch* de 1914 levará à demissão de Jung e à retirada do grupo de Zurique da Associação Psicanalítica Internacional.

[2] Liliana Frey-Rohn, *From Freud to Jung*, Nova York, Delta Books, 1974, pp. 13-5.

nossa disciplina. Tenho certeza de que o senhor poderá apoiar-me outras vezes, mas também aceitarei com prazer eventuais correções.[3]

De saída, Freud se atribui o lugar do mestre, reservando para Jung a honrosa tarefa de confirmar sempre que possível suas descobertas. A expressão "nossa disciplina" é no mínimo enigmática: Freud nunca foi psiquiatra, e Jung por certo não era um analista. É patente o desejo do primeiro de encontrar um terreno comum e, minimizando as diferenças que os separam, atrair Jung para seu próprio campo, no qual o jogo está ganho por antecipação. A proposta das entrelinhas não seduziu Jung, que deixa sem resposta a missiva inicial. Apenas quando recebe, seis meses depois, um livro de Freud é que se decide a responder, e o faz pondo as cartas na mesa:

> Os méritos de sua teoria se encontram no domínio da psicologia, cuja compreensão é demasiado limitada em nossos psicólogos e psiquiatras [...]; o senhor talvez não concorde totalmente com este ponto de vista. O que posso apreciar, e que nos auxiliou em nosso trabalho psicopatológico, são suas teses psicológicas: estou ainda longe de compreender a terapia e a gênese da histeria, porque nosso material a esse respeito é um tanto escasso. [...] Parece-me que a origem da histeria é predominantemente, mas não exclusivamente, sexual.[4]

Não pode ser mais claro. Jung trabalha num hospital psiquiátrico, cuja população é constituída em sua maioria por esquizofrênicos, chamados, na terminologia de Kraepelin, "dementes precoces". Vê poucos casos de histeria, e as ideias de Freud, formuladas a partir do contato com essa neurose, lhe soam improváveis, sobretudo a tese de que a gênese da histeria reside em fatores de natureza sexual. Interessa-lhe a "psicologia" freudiana, mas os pressupostos e as consequências dessa psicologia — o conceito de inconsciente, intrinsecamente vinculado à repressão das pulsões sexuais e que determina a natureza transacional dos sintomas — parecem-lhe dispensáveis, ou pelo menos não determinantes.

---

3 Carta de Freud a Jung (14/4/1906) em *The Freud/Jung letters*, editadas por W. McGuire, Londres, The Hogarth and Routledge & Kegan Paul, 1974. As cartas são numeradas sucessivamente de 1 a 359, indicando-se com um F ou com um J o respectivo autor. Nossas citações obedecerão a esse critério, e o texto será designado como *Freud-Jung*.
4 2J (5/10/1906), *Freud-Jung*, pp. 4-5.

Jung se mostra, assim, muito afastado da "nossa disciplina", vendo nas doutrinas de Freud (nesse momento já expostas nos *Três ensaios* e no "Caso Dora") uma contribuição à psiquiatria, útil desde que desvencilhada da insistência nos fatores sexuais. Útil, é possível perguntar, para o quê, cortada de seus fundamentos essenciais?

Freud, porém, não vê nada disso. Ao contrário, responde de imediato e para afirmar ao suíço

> minha esperança de que, nos próximos anos, o senhor venha a se aproximar de mim muito mais do que agora julga possível [...]. Melhor do que ninguém, o senhor sabe quão profundamente se esconde o fator sexual [...]. Continuo a esperar que esse aspecto de minhas investigações se demonstre como o mais significativo [...]. Meus seguidores verão [o fim desta luta pelo reconhecimento da sexualidade], e ouso esperar que todos aqueles capazes de superar suas resistências interiores irão desejar contar-se entre meus seguidores, expulsando de seu pensamento os últimos vestígios de pusilanimidade.[5]

Longe de admitir as diferenças que os separam, Freud convida seu interlocutor a deixar de ser covarde e a se incluir entre os adeptos da verdade em marcha, sobretudo porque, "melhor do que ninguém", conhece a verdade "por experiência própria" (?!). É Jung quem deve se aproximar dele, o que é compreensível do ponto de vista da psicanálise, mas não do de um jovem psiquiatra ambicioso, com uma carreira assegurada e que não sente necessidade alguma de se contar entre os fiéis de uma teoria fundada sobre uma experiência que não é sua. Por outro lado, dessa vez ele responde, embora com duas semanas de atraso, e reafirma sua posição crítica quanto à teoria da libido; no entanto, como tem um caso de histeria, solicita a opinião de Freud. Este não se faz de rogado e aproveita a ocasião para reafirmar "o que salta aos olhos, isto é, o papel da sexualidade" (5F). E assim começa o diálogo de surdos que vai se prolongar por anos a fio: Jung jamais aceitará a teoria sexual, e Freud irá preferir esperar que, com o tempo, a evidência acabe por se impor.

Por que ele se apega com tanta insistência a essa ilusão? Três motivos explicam tamanha tenacidade. Em primeiro lugar, a crença sincera de que Jung

---

5 3F (7/10/1906), *Freud-Jung*, p. 6.

acabará por se convencer do papel primordial da sexualidade na etiologia das neuroses e que suas "resistências interiores" sejam devidas à falta de experiência. Ao longo dos anos, porém, Jung se torna mais experiente e continua irredutível; o zelo missionário patente na carta que citamos não é suficiente, assim, para resolver o enigma. Um fator propriamente científico deve ser levado em conta: Jung trabalha com psicóticos, que Freud tem raras ocasiões de examinar. Nos anos inaugurais, podia-se esperar que a psicanálise contribuísse de modo decisivo para o tratamento das psicoses, e, diante da obstinada negativa dos chefes de serviços hospitalares em permitir o ensaio da nova terapia em seus doentes, a cooperação dos psiquiatras do Burghölzli poderia se revelar inestimável. Daí a importância, para Freud, de contar com ela, pois, uma vez admitida num dos mais célebres hospitais do continente, a psicanálise teria de ser finalmente levada a sério pelos cientistas oficiais.

E isso nos conduz ao terceiro fator, a meu ver decisivo. Com a adesão de Jung, a nova disciplina ganhava um porta-voz de extrema utilidade, com entrada franca no mundo da psiquiatria acadêmica, que podia publicar em todas as revistas especializadas e recebia uma multidão de alunos estrangeiros para aperfeiçoamento, a ponto de sempre se queixar de que as obrigações institucionais e pedagógicas não lhe deixavam tempo para suas próprias pesquisas. Em 1906, Freud completou cinquenta anos, e a perspectiva de contar com discípulos não apenas jovens e ardorosos — que já existiam em Viena —, mas também capazes e respeitados, tinha tudo para fazê-lo insistir na conquista de Jung. De fato, nas cartas ressoa o eco da atividade deste, que, infatigável, defende a "psicologia freudiana" em todas as ocasiões e "infecta" numerosos colegas. As expressões "infectar" e "converter", extremamente frequentes, indicam que no espírito de ambos a psicanálise é uma seita ou epidemia, em todo caso uma mensagem que deve ser trombeteada aos quatro ventos, para que alguns eleitos possam, apesar das resistências, ser inoculados com o bacilo freudiano. Há um perfume de cumplicidade nesses relatos triunfantes, que mostram serem as motivações de Jung, ao menos em parte, igualmente políticas: se está de acordo em propalar a boa nova, é porque o papel de apóstolo lhe convém, e ele irá se servir da psicanálise como uma alavanca para sua própria ascensão no universo psiquiátrico. Cada um dos dois encontra assim uma vantagem nessa relação; vantagem, porém, paga com a surdez recíproca quanto ao que não deixa de ser patente em cada página: que Jung não aceita o cerne da teoria analítica e que, atrás da valsa das hesitações e dos arroubos de fidelidade, prossegue sua própria trajetória em meio às pressões cada vez mais fortes de Freud.

Assim entra em cena o segundo tema da correspondência: a estratégia a ser empregada para "converter" os infiéis e "infectar" os pusilânimes. Jung redige uma réplica às críticas formuladas contra os freudianos por um importante psiquiatra alemão:

> Eu a adaptei um pouco à minha posição pessoal, de modo que talvez o senhor não esteja de acordo com tudo o que ela contém. [...]. Em todo caso, escrevi honestamente, a partir de minhas convicções [...]. Se me permiti certas reservas, não foi para criticar sua teoria, mas por uma questão de política, como não lhe terá escapado [...]. Deixo a nossos oponentes uma linha de retirada, com a finalidade consciente de não lhes tornar demasiado difícil a retratação. [...] Se dei a impressão de subestimar os resultados terapêuticos da psicanálise, faço-o apenas por considerações diplomáticas.[6]

Cada membro de frase anula o anterior, nessa passagem: Jung diz e logo se desdiz, atribuindo a responsabilidade por suas modificações às "considerações diplomáticas". A ambiguidade de sua posição se deve tanto a elas quanto às suas resistências pessoais, sendo o argumento da inexperiência apenas de fachada, já que está disposto a advogar pela psicanálise com base na experiência de que dispõe. Por outro lado, a diplomacia serve a dois propósitos: não fechar as portas a seu próprio avanço acadêmico e demarcar-se do "fanatismo" freudiano, aceitando das teorias propostas o razoável e eliminando o escandaloso. Freud, por sua vez, dá mostras de compreensão, respondendo na carta seguinte que, como todos os inovadores, sofre a necessidade de passar por obstinado, sem se incomodar com as opiniões alheias. Mas o tom se eleva com a publicação do livro de Jung *Sobre a psicologia da demência precoce*: este se escusa por ter tratado "demasiado severamente" as teses freudianas e, interrogado sobre as razões das divergências, responde com todas as letras:

> Ao escrever, meu princípio diretor foi a consideração pelo público acadêmico alemão [...]. Atualmente, [...] uma certa reserva e a manifestação de um julgamento independente quanto às suas pesquisas são necessárias [...]. Correções específicas

---

[6] 6J (26/11/1906) e 7J (4/12/1906), *Freud-Jung*, pp. 9-11.

de suas opiniões derivam do fato de que não vemos da mesma forma determinados pontos. Isso pode se dever a: 1) meu material é completamente diferente do seu; 2) minha educação, meu meio e minhas premissas são totalmente diferentes dos seus; 3) minha experiência, comparada com a sua, é extremamente reduzida.[7]

É difícil ser mais preciso. Para meus propósitos, diz em suma Jung, preciso não ofender o público acadêmico; além disso, sou inexperiente (argumento de fachada) e, sobretudo, venho de um meio diferente do seu. Essa alusão enigmática se refere, a meu ver, às origens protestantes de Jung, e, em termos brutais, significa que um cristão não pode conceder à sexualidade o mesmo peso que um judeu. Esse aspecto é de extrema importância, e o retomaremos em breve; em todo caso, eis aí mais uma razão para Freud tapar o sol com a peneira e insistir na "infecção" de seu colega, pois este é o primeiro não judeu a se interessar pela psicanálise e representa a esperança de retirá-la do gueto intelectual formado pelos discípulos de Viena, todos, sem exceção, judeus como Freud. À luz do que no primeiro capítulo foi dito acerca das relações de Freud com o "outro lado", essa circunstância ganha um relevo sobre o qual não é preciso insistir.

É provavelmente essa a razão que leva Freud a negar que sua acolhida do livro de Jung tenha sido menos que "entusiástica", associando imediatamente: "Considero seu ensaio sobre a demência precoce a contribuição mais rica e significativa a meus trabalhos que já tive ocasião de apreciar, e entre meus estudantes de Viena [...] conheço apenas um que o iguale em compreensão, e nenhum que deseje fazer tanto pela causa quanto o senhor".[8] Quando se reflete que um dos conceitos fundamentais do livro é a *indistinção*, e que Jung o adota "porque estabelece a ligação com a psicologia de Wundt", fazendo tábula rasa do mecanismo essencial do trabalho do sonho (o deslocamento) e vinculando a psicanálise a uma psicologia intelectualista e associacionista como a de Wundt, pode-se perguntar: o que Freud viu de tão notável nesse trabalho, e no que Jung deu provas de uma compreensão particularmente aguda da psicanálise? Parece-me claro que a alusão aos vienenses responde à observação sobre o "meio" na passagem anterior, e que a "disposição" favorável de Jung em relação à causa analítica ganha um valor extraordinário pelo fato de ser ele quem é e não mais um obscuro médico judeu. Freud, porém, não consegue reter sempre sua impaciência:

---

7 9J (29/12/1906), *Freud-Jung*, pp. 13-4.
8 11F (1/1/1907), *Freud-Jung*, p. 17.

> Gostaria de sugerir-lhe que preste menos atenção à oposição que ambos enfrentamos e que não a deixe influir tanto em seus escritos. Imploro-lhe que nada sacrifique de essencial por considerações de tato e de afabilidade pedagógica, e que não se desvie demasiado de mim, quando na verdade estamos tão próximos. [...] Minha inclinação é tratar os colegas que oferecem resistências exatamente como tratamos nossos pacientes na mesma situação.[9]

E o resto da carta insinua quem é o "colega" em questão, pois Freud não deixa de observar que seu correspondente omite a questão da sexualidade para especular sobre eventuais toxinas que engendrariam os estados esquizofrênicos. Recado, aliás, entendido por Jung, que em sua resposta admite francamente que suas hesitações são em grande parte determinadas por considerações quanto à sua carreira (leia-se: a teoria sexual não abre as portas da universidade) e procura tranquilizar Freud garantindo-lhe que "jamais abandonarei nenhuma parcela de sua teoria que seja essencial *para mim*".[10]

Cada qual bem instalado em suas trincheiras, o jogo vai mudar de direção depois da primeira visita de Jung a Viena, em março de 1907. A questão agora é a seguinte: a esquizofrenia é ou não a mesma coisa que a paranoia? A ela se mesclam os efeitos emocionais da visita, que, em suma, podem ser definidos como o início da transferência de Jung sobre Freud. O encontro o emocionou extraordinariamente, a ponto de lhe serem necessárias quatro semanas para retomar a correspondência; mas, quando isso ocorre, ele continua tão inabalável quanto sempre, no plano teórico — propondo, por exemplo, que Freud encontre um termo menos "ofensivo" para designar a libido —, enquanto, no plano transferencial, vão se multiplicar as declarações de devotamento e fidelidade.

Essa situação enquadra a discussão aparentemente teórica que vai se instalar quanto à demência precoce. Para Freud, ela não existe como entidade clínica diferente da paranoia, recobrindo os dois termos a mesma realidade, designada pelo primeiro de maneira *descritiva* e pelo segundo de modo *metapsicológico*. Já em 1895, elucidara por meio do conceito de projeção a forma de constituição da paranoia, como vimos antes. Não tendo experiência alguma da esquizofrenia e, como Jung, que se especializara nesse setor, é incapaz de explicar sua estrutura e

---

9 Ibidem, p. 18.
10 12J (8/1/1907), *Freud-Jung*, p. 20. Grifo meu.

seus sintomas em bases psicanalíticas, Freud tende a pensar que ela não passa de uma paranoia malcompreendida. Jung, por sua vez, se apercebe de que tem nas mãos um material rebelde à psicanálise, tal como era formulada em 1907: a transferência não tem onde se apoiar, o inconsciente se revela aparentemente com resistência muito menos intensa do que nas neuroses, as interpretações calcadas no modelo clássico não surtem efeito algum. "Em geral, nada acontece: os pacientes não aprenderam nada e não esqueceram nada, continuando a sofrer como se nada houvesse acontecido. É como se sua personalidade se tivesse desintegrado em complexos separados, que já não conseguem se influenciar reciprocamente."[11] Mas é provável que Freud atribua esses resultados nulos à incompetência psicanalítica de seu discípulo, embora isso jamais seja afirmado com clareza. Pelo contrário, sugere que Jung abandone sua posição descritiva e passe a pensar a partir da teoria sexual: a carta 22 antecipa o que será dito no "Caso Schreber", designando na retirada da libido dos objetos e no regresso à etapa autoerótica o mecanismo essencial da esquizofrenia. Esse processo provocaria um refluxo da libido para o ego, originando os sintomas megalomaníacos e, combinando o desinvestimento emocional do mundo exterior com o investimento libidinal das imagens, acabaria por gerar, por meio da projeção, a percepção destas como provenientes do exterior, isto é, como alucinações. A discussão prossegue meses a fio, com relatos de casos e elaborações teóricas, mas as posições não se alteram. Freud fala em repressão, projeção, mobilidade dos investimentos libidinais, enquanto Jung se atém a um plano descritivo e confunde o investimento das fantasias com o autoerotismo, o que provoca uma enérgica reprimenda de Freud, para quem a libido não é autoerótica enquanto conserva um objeto, seja ele real ou fantasiado.

É assim um psiquiatra que desconhece, ou faz como se desconhecesse, o bê-á-bá da teoria sexual; que vê o autoerotismo como um suicídio (21J); para quem a fantasia não tem realidade própria, visto que se confunde com o momento autoerótico (24J); para quem a associação e a analogia são a mesma coisa (35J); que, advertido de que o conceito de personalidade é um resquício da psicologia da superfície, sem direito de cidade na psicanálise (40F), responde que "é preciso manter o contato com a superfície por razões didáticas" (41J); que define sua tarefa de expor a psicanálise num congresso como "diluir a teoria da sexualidade até

---

11 19J (11/4/1907), *Freud-Jung*, p. 31.

torná-la digerível para o público ignorante" (37J) — eis o personagem que Freud decide nomear seu "filho espiritual e herdeiro", já em abril de 1907 (carta 18F). Esse tema se ramifica de várias maneiras, mas em todas elas transparece o desejo de Freud de assentar a psicanálise num solo mais seguro do que sua mera individualidade. Aqui interferem vários elementos, um dos quais é a convicção supersticiosa de Freud de que morreria relativamente jovem (Fliess calculara que ele viveria 51 anos). Em 1907, Freud está exatamente com 51 anos, e sem dúvida a profecia fliessiana subjaz à insistência com que ele trata de seduzir — o termo não é exagerado — Jung. Além disso, as considerações políticas têm seu peso nessa questão: no projeto de fazer de Zurique o centro da difusão internacional da psicanálise, escapando à sua origem exclusivamente judaica e à hostilidade do meio intelectual vienense, Jung é uma peça indispensável.

É no verão de 1907, por ocasião do congresso neurológico de Amsterdã, que vêm à tona os primeiros elementos dessa questão. Jung fará nesse congresso uma exposição de conjunto da psicanálise, o que suscita nele todas as resistências possíveis, das quais só consegue escapar por meio da "veneração incondicional" pela pessoa de Freud, isto é, pela transferência amorosa sobre este. Tal confissão toca em Freud uma corda sensível, pois sua resposta reitera o tema do herdeiro:

> O senhor, como o outro, o segundo, não terá de enfrentar tanta oposição quanto eu [...]; o senhor é mais adequado para a propaganda, pois sempre achei que há algo em minha personalidade, em minhas ideias e em minha maneira de falar que as pessoas consideram estranho e repelente, enquanto para o senhor se abrem todos os corações. Gostaria de encorajá-lo contando meus longos anos de honrosa mas dolorida solidão [...], a indiferença e a incompreensão de meus amigos mais chegados [...] até que uma voz da multidão desconhecida respondesse à minha. Essa voz foi a sua...[12]

Os acentos patéticos desse texto são indubitavelmente verdadeiros, e num primeiro momento tocam Jung; pouco depois, ambos procedem à troca ritual das respectivas fotografias, e em setembro de 1907 funda-se em Zurique uma "Sociedade Médica Freudiana". Mas o pêndulo oscila de imediato para o outro

---

12 42F (2/9/1907), *Freud-Jung*, p. 82.

extremo, como se Jung não pudesse suportar a intimidade assim instaurada entre ele e Freud, passando a falar de um "complexo de autopreservação":

> Na verdade — e é com embaraço que o confesso ao senhor — admiro-o infinitamente, tanto como homem quanto como pesquisador, e não tenho recriminações conscientes a lhe fazer. [...] Mas minha veneração pelo senhor tem algo de religioso. Embora na verdade isso não me aborreça, continuo a senti-lo como algo ridículo e repugnante devido à inegável carga homossexual [...]. *Temo, portanto, sua confiança*. [...] Para mim, toda relação se converte, depois de um certo tempo, em sentimental, banal e exibicionista. [...] Creio que lhe devia esta explicação. Preferia não tê-lo dito.[13]

A carta seguinte interpreta um sonho que Jung teve em Viena: "Caminhava ao lado de um homem muito, muito frágil". Solução: "O sonho me acalmava quanto à sua + + + periculosidade!".[14]

A reação de Freud é notável: leva duas semanas, excepcionalmente, para responder, e, quando o faz, coloca no cabeçalho, pela primeira vez, o título de *Lieber Freund und Kollege*. Jung chegara ao ponto em que ele o esperava desde o início — o amor de transferência —, mas a ambivalência desse sentimento é mais forte do que Freud suspeitara. De modo que se limita a felicitar o outro por ter abdicado da transferência religiosa, que só poderia culminar na apostasia, e se propõe a demonstrar que não é apto para se converter em objeto de adoração (52F). Do sonho, nem uma palavra; a reação virá, e pronta, quando o mesmo se repetir por ocasião da segunda visita a Viena, em março de 1909.

De momento, tendo descarregado seus tormentos transferenciais, Jung se dedica com ardor à difusão da "causa". Seus esforços resultam no primeiro congresso internacional de psicanálise, em abril de 1908, no qual se decide a fundação de uma revista, o *Jahrbuch für psychoanalytische und psychopatologische Forschung* ("Anais da Pesquisa Psicanalítica e Psicopatológica"), a ser dirigida por Freud e Bleuler e cujo redator seria Jung. Os meses iniciais de 1908 são ocupados por questões técnicas ligadas aos projetos do congresso e da revista, mas nem por isso os temas de sempre desaparecem — demência precoce, conversão dos

---

13 49J (28/10/1907), p. 95. Grifo de Jung.
14 50J (2/11/1907), *Freud-Jung*, p. 96. As três cruzes são de Jung.

infiéis etc. Uma observação intempestiva de Freud é suficiente para atiçar o incêndio: referindo-se ao componente homossexual da paranoia — algo a que, como vimos, Jung era muito sensível —, deixa cair "por acaso" a revelação de que Fliess desenvolvera uma "horrenda paranoia" depois da ruptura, e que devia ao comportamento de seu amigo, naquela ocasião, a ideia de que nessa afecção a libido retirada dos objetos e reinvestida no ego é de natureza homossexual (70F). Jung, apavorado, reage imediatamente a essa demonstração — involuntária? — da "periculosidade" de Freud:

> A referência a Fliess — certamente não-acidental — e sua relação com ele impelem-me a pedir-lhe que eu possa fruir de nossa amizade não como uma relação entre iguais, mas como se fôssemos pai e filho. Essa distância parece-me adequada e natural. Além disso, somente ela, a meu ver, impedirá mal-entendidos e permitirá a dois cabeçudos coexistirem numa relação fluente e desimpedida.[15]

A menção a Fliess é de uma perfídia sem igual: se paranoia = demência precoce, se a libido homossexual investida na amizade pode conduzir a uma paranoia (= demência precoce) em caso de ruptura, se a transferência religiosa conduz à apostasia (= ruptura – risco de paranoia – risco de demência precoce), Freud diz a seu "querido filho e herdeiro" que a alternativa é simples: ou se assumir como tal ou rumar para a ruptura, e, neste caso, suas probabilidades de enlouquecer são boas. Xeque-mate: Jung solicita, como vimos, a relação filial. A mesma carta cobre de elogios o trabalho de Freud, sua honradez científica, seu minucioso respeito pelas complexidades da vida psíquica — evidentemente, é melhor estar em bons termos com um indivíduo capaz de levar à insanidade os que com ele rompem. Mas a calmaria não dura muito: como Jung anunciara para o congresso uma conferência sobre a demência precoce, a necessidade de precisar seus pontos de vista o faz perceber a radical diferença que o separa de Freud. Não sabendo o que fazer, teoricamente, com a teoria sexual, Jung opta pelo retorno à psiquiatria clínica — não completamente sem razão, aliás, visto que as explicações de Freud sobre a paranoia se aplicam mal a casos de esquizofrenia — e em Salzburgo defenderá uma teoria "tóxica" para explicar a gênese desses estados. O conteúdo muito pouco psicanalítico da conferência irá chocar

---

15 72J (20/2/1908), *Freud-Jung*, p. 122.

Abraham, dando origem a um incidente muito revelador quanto à natureza dos laços existentes entre os primeiros discípulos de Freud. Por isso vamos examiná-lo agora com um certo vagar.

Karl Abraham havia trabalhado por três anos no Burghölzli quando, em junho de 1907, envia a Freud um artigo "Sobre a significação dos traumatismos sexuais juvenis para a demência precoce". A carta de agradecimento de Freud acentua seu prazer em ver que o jovem psiquiatra fora direto ao aspecto sexual do problema, e a segunda carta trata longamente da questão da sexualidade na etiologia das psicoses. É evidente que, ao colocar à disposição de Abraham tais reflexões, até então inéditas, Freud não desejava apenas incentivar um jovem colega; a posição deste ao lado de Jung, dispondo portanto do mesmo material patológico, poderia permitir enfim a elucidação da demência precoce de um ponto de vista propriamente psicanalítico. Ao contrário de Jung, Abraham se declara desde o início partidário da teoria sexual e, sem as hesitações daquele, procura aplicá-la ao estudo das psicoses. Desde as primeiras cartas, sua relação com Freud é a de um discípulo diante do mestre; e Freud o confirma com satisfação, quando o outro solicita seu apoio no projeto de se instalar como psicanalista em Berlim: "Se o senhor estiver de acordo em que eu o chame diretamente meu aluno e discípulo — não me parece que se envergonhará disso —, então poderei intervir com energia em seu favor".[16] Abraham se apressa a aceitar a oferta, pois "há três anos" considerava Freud seu mestre; sua visita a Viena (dezembro de 1907), longe de dar origem a sonhos de rebeldia, o imerge em profundo reconhecimento: "É um prazer ser rodeado por tanta amabilidade e cultura. Parti com o sentimento de ter para com o senhor uma dívida de gratidão. Talvez, com minha colaboração científica, eu possa saldá-la em parte e aos poucos".[17]

Abraham vai se constituir assim no discípulo exemplar, ao mesmo tempo respeitoso das prerrogativas de Freud e ávido de demonstrar, por um trabalho de boa qualidade, sua competência analítica; mas essa demonstração não será conotada por sentimentos de rivalidade, pois, partindo do princípio de que tudo deve a Freud, a dívida é forçosamente irresgatável. Infelizmente, a censura dos editores omitiu os trechos da correspondência que, é provável, dizem respeito aos fragmentos da análise de Abraham, a partir de sonhos e lapsos aos quais ambos fazem frequentes alusões. Essa discrição impede que se possa seguir

---

16 Freud a Abraham (8/10/1907), *Freud-Abraham*, p. 17.
17 Abraham a Freud (12/12/1907), *Freud-Abraham*, p. 22.

passo a passo a constituição da transferência, como no caso de Jung, mas é certo que ela se estabeleceu, e isso não apenas pelo contato científico, mas também e sobretudo pela parte dificilmente avaliável de Freud na análise pessoal de Abraham.

Ora, em vez de valorizar esse tipo de discípulo, Freud prefere francamente o jogo de esconde-esconde com Jung. Cada concessão deste o envaidece e é motivo de regozijo, enquanto Abraham, que entregou todos os trunfos nos primeiros lances, terá de esperar três anos pelo título de *Lieber Freund*, outorgado a Jung logo após sua primeira "confissão". Diversos fatores entram aqui em jogo: Berlim era o centro da oposição oficial às teses freudianas; como os discípulos de Viena, Abraham se instala na prática particular e tem poucas ocasiões de trabalhar no meio psiquiátrico, salvo em consultas e em reuniões; mas, sobretudo, é mais um entre os judeus que o seguem, e Freud coloca todas as esperanças em Jung, como o Messias que viria tirar sua disciplina do gueto.

É nesse contexto que se situa o incidente de Salzburgo. Em sua conferência, Abraham discutira as diferenças psicossexuais entre a histeria e a demência precoce, e, obedecendo a um impulso súbito, omitiu uma referência aos trabalhos de Jung sobre o tema. O sentido do gesto, como ele mesmo reconhece na carta de 11 de maio de 1907, era o de hostilidade ao suíço: "Ele se desvia da teoria sexual, então não o citarei ao falar dela". Jung se ofende com a omissão, e Freud se empenha em restaurar a paz, mas de tal modo, que só consegue atiçar o ciúme entre os dois. A Jung, escreve:

> Considero Abraham um homem de grande valor e não gostaria de me ver obrigado a desistir dele (*sic*), embora de modo algum ele possa substituir o senhor a meus olhos. [...]. Peço-lhe que aceite o fato de que desta vez ele tomou o caminho mais direto, enquanto o senhor hesitou. Fora disso, o senhor tem sobre ele todas as vantagens. Nessa questão, o mérito corresponderá ao trabalho cuidadoso e não ao *pronunciamiento*.[18]

E a Abraham:

> Na solução do conflito, não hesitei em dar razão ao senhor e a atribuir a suscetibilidade de Jung a suas hesitações. [...] Deve ser-nos também importante que Jung

18 87F (3/5/1908), *Freud-Jung*, pp. 145-6.

encontre o caminho que o trará de volta à concepção que abandonou, e que o senhor defendeu de modo tão consequente.[19]

Ou seja: a Jung, o preferido, todos os esforços para fazê-lo reencontrar o "bom caminho"; a admoestação se perde em meio aos elogios. É quase dizer que Jung pode pensar o que quiser, pois será sempre o predileto. Há também a esperança de que o "trabalho cuidadoso" de Jung o traga de volta para onde ele jamais esteve, isto é, ao redil da teoria sexual: para isso, bastam a Freud a inteligência e as "vantagens" da natureza daquele. O trabalho de Abraham é um *pronunciamiento*, embora seja "consequente"; as divagações de Jung, apesar das hesitações, são o prenúncio de um "trabalho cuidadoso"...

O fundo do pensamento de Freud, porém, aparece numa série de pequenas observações dirigidas a Abraham, enunciadas a partir da posição de árbitro e mestre espontaneamente assumida por ele, pois em seu espírito ambos não são mais do que alunos malcomportados. Mas o aluno Abraham tem direito a uma confidência, em troca da qual deverá fazer o primeiro gesto de reconciliação:

> Seja tolerante e não esqueça que, na verdade, é mais fácil para o senhor do que para Jung seguir meus pensamentos [...]; por nossa pertinência racial comum, o senhor está mais próximo da minha constituição intelectual, enquanto ele, como cristão e filho de pastor, encontra o caminho rumo a mim somente lutando com grandes dificuldades interiores. Sua adesão tem por isso um valor ainda maior. Diria quase que é apenas a partir de sua chegada que a psicanálise escapou ao perigo de se tornar um assunto nacional judaico.[20]

Em termos claros, para os judeus é mais fácil aceitar os postulados da psicanálise do que para os cristãos. Freud não entra em maiores detalhes, mas é possível discernir, em seu argumento, duas camadas: em primeiro lugar, acentuando o laço que o une a Abraham, o predispõe a aceitar seu pedido; em seguida, ao ressaltar a diferença de Jung, dá a entender que sua tolerância diante de uma importante entorse à doutrina tem razões estratégicas. Freud endossa assim, de modo implícito, a dívida de Abraham, e começa mesmo a cobrar juros

---

19 Freud a Abraham (3/5/1908), *Freud-Abraham*, p. 42.
20 Freud a Abraham (3/5/1908), *Freud-Abraham*, p. 42, cf. nota 143 a este capítulo.

sobre ela. Por seu lado, de Berlim vem um acordo total: "Confesso que me é mais fácil caminhar com o senhor do que com Jung". Porque as hipóteses de Freud são mais sólidas? Não: "Eu também sempre senti esse parentesco intelectual. O modo de pensar talmúdico não pode ter desaparecido subitamente de nós. Há poucos dias, fiquei encantado com um pequeno parágrafo da *Frase de espírito*. Ao considerá-lo de maneira mais detida, descobri que, na técnica da oposição e em toda a sua estrutura, ele era integralmente talmúdico".[21] A referência à cultura judaica se torna assim garantia de fidelidade. O que Abraham não percebe é que seu comentário é feito para desagradar a Freud, que deseja para a psicanálise um futuro bem diferente de uma contribuição laica à tradição talmúdica e que saúda na adesão de Jung a abertura para um mundo exterior de sua disciplina, até então restrita a um círculo exclusivamente judaico.

Como as diferenças não se resolvem logo — de fato, prolongam-se por vários meses —, Freud retoma o mesmo *leitmotiv*: "Afinal, as coisas são mais fáceis para nós, judeus, pois nos falta o elemento místico".[22] Preparando a viagem que fará a Zurique em setembro de 1908, Freud escreve na carta seguinte:

> Presumo que o antissemitismo contido dos suíços, de que quer me poupar, se transfere intensificado sobre o senhor. Quero simplesmente dizer que, como judeus, devemos demonstrar um pouco de masoquismo, se quisermos participar de uma tarefa comum; precisamos estar dispostos a nos deixar ofender um pouco, caso contrário não podemos ter uma causa em comum. Esteja certo de que, se eu me chamasse Oberhuber, minhas inovações, apesar de tudo, teriam encontrado uma resistência bem menor.[23]

Eis aí algo positivamente espantoso. Em primeiro lugar, o judaísmo comporta correntes místicas, e ninguém melhor do que Freud, descendente de uma família hassídica e parente por aliança de Isaac Bernays, para saber disso. Ele mesmo dirá a Jung, meses mais tarde, que sua preocupação com os números é o traço especificamente judaico de seu misticismo (139F); ao mesmo tempo, nessa questão das relações entre o judaísmo e a psicanálise, expressa aqui a mesma

---

21 Abraham a Freud (11/5/1908), *Freud-Abraham*, p. 44.
22 Freud a Abraham (20/7/1908), *Freud-Abraham*, p. 52.
23 Freud a Abraham (23/7/1908), *Freud-Abraham*, p. 53.

convicção manifestada na carta à B'nei Brit estudada no primeiro capítulo, e na qual afirma que por ser judeu se encontrava livre de muitos preconceitos. Em seu espírito, tais preconceitos derivam do misticismo, que, de modo inteiramente arbitrário, atribui com intensidade maior aos filhos de pastores do que aos netos de rabinos. Em "As resistências à psicanálise", dirá que uma delas provém do fato de ser ele judeu ("se eu me chamasse Oberhuber..."). Ao que dissemos no capítulo 1 sobre o significado do judaísmo para Freud, convém acrescentar a nota de resignação que emana do comentário sobre o antissemitismo dos suíços; é certo que quem deve dar provas de masoquismo é Abraham, retirando suas queixas contra a forma pela qual Jung edita o *Jahrbuch*; mas Freud endossa, visivelmente, a opinião manifestada. Isso significa que, no interesse da divulgação da psicanálise, ele está disposto a sofrer humilhações que seu temperamento altaneiro não suportaria em outras circunstâncias, como de fato não as suportou, a julgar pelos trechos que examinamos da correspondência com Martha Bernays. Mais do que isso, a relação de paternidade começa a se desdobrar: num plano, seus discípulos são como filhos; num outro, sua obra também o é, e, inevitavelmente, surge o problema da predileção, eterna fonte de conflitos entre os descendentes de um mesmo genitor. Por amor à psicanálise, Freud opta por Jung em detrimento de Abraham, mas o futuro dará razão a este último. Como dirá Jones, "Hass sieht scharf" ("O ódio enxerga longe").

Qual é a fonte desse ódio? É a mesma que provocará em breve os amuos do grupo de Viena diante do favoritismo de que são objeto os suíços: o ciúme. As motivações pessoais têm nessa querela, que virá à luz em 1910, um papel muito mais decisivo do que as críticas, por justificadas que sejam, endereçadas às pesquisas de Jung, cada vez mais distantes da psicanálise. Mas é tempo de fechar este longo parêntese e retornar à análise da correspondência entre Freud e Jung, documento único que permite acompanhar, dia a dia, o imbricamento das questões teóricas na teia dos sentimentos ambivalentes nascidos do "complexo paterno".

Entre abril e setembro de 1908, na esteira do congresso de Salzburgo, um grande espaço é dedicado à revista que vai surgir. É também o momento em que Jung empreende a análise de Otto Gross, médico simpatizante das doutrinas freudianas e que se convertera em cocainômano. A terapia de Jung culmina com a eclosão de uma esquizofrenia no paciente, contrariamente a seu diagnóstico de "neurose obsessiva típica" e de acordo com as previsões de Freud, que via na toxicomania o prelúdio de uma psicose (84F). Apesar da dedicação de Jung, que emprega uma técnica pouco ortodoxa e passa dia e noite ao lado de Gross, deixando-se mesmo analisar por este nos momentos mais difíceis (95J), nada é conseguido, e ele se dá conta do ponto a que chegou sua identificação com Gross: "Para mim, foi uma das mais terríveis experiências de minha vida, pois em Gross descobri muitos aspectos de minha própria natureza, de modo que muitas vezes ele parecia meu irmão gêmeo — menos pela demência precoce. Isso é trágico".[24] A angústia que transparece nessas linhas é perfeitamente legível. A esse apelo para que Freud afaste de si o espectro da loucura, o mestre responde, mais uma vez, que a demência precoce não é um diagnóstico real, pois nada permite caracterizá-la metapsicologicamente. Afirmando que Gross poderia talvez ser influenciado por uma análise de sua transferência negativa, a partir da hostilidade em relação a seu pai, Freud encadeia uma reflexão cujo sentido é inequívoco:

> Vejo que novamente suas opiniões se aproximam das minhas [...]. Ao encontrá-lo em Salzburgo, eu sabia que em breve nossas posições se reconciliariam, que o senhor, como eu temia, não tinha sido afastado de mim por algum desenvolvimento interno derivado *da relação com seu pai e das crenças da Igreja*.[25]

Tradução: seria melhor o senhor analisar seu complexo paterno; caso contrário, dada a "geminidade" entre seu espírito e o de Gross, o senhor corre o risco de enlouquecer também. À delicadeza de elefante de Freud, porém, escapa surpreendentemente um elemento essencial: no "complexo paterno" de Jung, não figura apenas a representação de *Herr* Jung Senior, mas também a sua própria. É como se Freud esperasse que, ao analisar sua relação com o pai biológico, Jung viesse a superar as resistências nascidas das "crenças da Igreja", e por essa via entronizasse o próprio Freud na posição de pai simbólico. Será preciso esperar *Totem e tabu* para que venha a ser teorizada em função do pai morto... É lícito, porém, supor que esse aspecto das suas relações com Jung tenha algum peso na criação da nova categoria analítica.

A reação de Jung é imediata: deseja encontrar Freud, pessoalmente, mais uma vez. Este não perde a ocasião de reiterar as respectivas posições, e, com uma estonteante franqueza, enumera suas finalidades para o encontro:

---

24 98J (19/6/1908), *Freud-Jung*, p. 156.
25 99F (21/6/1908), *Freud-Jung*, p. 185. Grifo meu.

Tenho em mente vários planos, em primeiro lugar demolir o ressentimento que forçosamente se acumula durante um ano entre duas pessoas que muito exigem uma da outra; obter algumas concessões pessoais do senhor... Meu propósito egoísta, que confesso francamente, é persuadi-lo a continuar e a completar meu trabalho, aplicando às psicoses o que comecei com as neuroses.[26]

Penso que não é necessário insistir sobre o fantasma de filiação subjacente a essa passagem, tanto no tema da "continuação" como da rivalidade e do afeto.

O encontro se realiza em Zurique, ao que parece a contento de Freud, que, nas entrelinhas, escreverá a Abraham que Jung continua a ser o predileto, utilizando mais uma vez o judaísmo de seu correspondente como para-choque destinado a amortecer o ressentimento, o qual poderia ser agravado pelo fato de Freud ter passado por Berlim sem visitar a ele, Abraham.[27] Em Zurique, ele parece ter haurido forças para empurrar seu dileto "amigo e herdeiro" até o limite máximo: ao mencionar um paciente paranoide, uma de cujas ideias era a de ser "o corpo de oficiais" (a interpretação concernia ao complexo paterno), escreve o seguinte: "Em outras palavras, há uma paranoia inconsciente que tornamos consciente na análise. Aliás, esse caso oferece uma excelente confirmação de seu *aperçu*, segundo o qual, na análise, guiamos nossos pacientes histéricos rumo à demência precoce".[28] Duas circunstâncias esclarecem o contexto dessa flecha envenenada: no momento, Jung estava cumprindo um período de treinamento militar (era oficial da reserva), e numa carta anterior se havia diagnosticado como um caso de histeria (42F). Para dizer a seu colega que a análise de sua histeria o levaria à demência precoce, dificilmente Freud poderia ter encontrado fórmula mais elegante. Para Jung, portanto, a alternativa é simples: não analisar seu complexo paterno e seguir os passos de seu irmão gêmeo Gross, ou analisá-lo, e verificar em sua própria pessoa a degeneração esquizofrênica da histeria. Cabe perguntar, a esta altura, *o que queria Freud*: para alguém cujos sentimentos a seu respeito se baseavam na percepção de sua "periculosidade", tais insinuações trariam a desejada aproximação? Até que ponto, de fato, Freud considerava que a psicanálise poderia sobreviver sem sua presença? Pois

26 106F (18/8/1908), *Freud-Jung*, p. 168.
27 Cf. as cartas de Freud a Abraham de 29/9/1908 e de 11/10/1908, e as respostas deste (*Freud-Abraham*, pp. 59-61).
28 110F (15/10/1908), *Freud-Jung*, p. 173.

o propósito de, literalmente, aniquilar Jung é transparente em sua atitude. Ao mesmo tempo em que deseja discípulos dóceis e originais — combinação talvez impossível —, ele se empenha não em aproximar Jung de si mesmo, mas em fazê-lo pensar com sua cabeça — dele, Freud — como único modo de superar as resistências. Jung não responde a essa provocação; mas as cartas de novembro de 1908 mostram o início de seu interesse pela mitologia, campo no qual, por fim, encontrará um meio de se afastar de Freud.

A resposta de Jung virá algumas semanas depois, por ocasião do nascimento de seu filho, sob a forma de um ensaio reveladoramente intitulado "A significação do pai no destino do indivíduo". A princípio, Freud acalenta a ilusão de que afinal ele se aproximará de suas concepções: "A conjuntura — liberação social, nascimento de um filho, ensaio sobre o complexo paterno — sugere-me que o senhor está numa encruzilhada de sua vida, e que tomou a direção certa. Minha própria paternidade não será uma carga para o senhor".[29] Mas o desengano não tarda a vir. Não é da influência de Bleuler, mas da de Freud, que Jung procura se liberar, ao mesmo tempo em que multiplica as declarações de fidelidade e tenta teorizar em termos psicanalíticos, nas cartas do final de 1908 sobre a esquizofrenia. Em janeiro de 1909, Freud ainda se compara a Moisés, cabendo a Jung o papel de Josué (125F); mas Jung começa a recusar o papel de filho, e isso de duas maneiras diferentes: anunciando seu interesse pela "teologia" e intentando a análise de sua filha, que, a princípio inspirada pelo "Pequeno Hans", irá se converter em breve numa demonstração de rivalidade com Freud. Este, embalado pelo conteúdo manifesto, interpreta que a elaboração a que procede o outro quanto a seu "complexo paterno" visa a seu pai real e Bleuler, enquanto na verdade o alvo é ele mesmo.

É nesse contexto que ocorre o segundo encontro em Viena (março de 1909), precedido por alusões ao rompimento com Fliess e ao temor de Freud de que o silêncio de seu correspondente fosse o prelúdio a um desenlace semelhante. Nessa visita, Jung deu uma formidável demonstração de seus "poderes ocultos", que impressionou vivamente Freud. Isso não impede que o sonho de rebeldia venha a se manifestar de novo, e, triunfante, Jung o relata, na mesma carta em que fala da "psicossíntese" e da explicação dos fenômenos ocultos em termos de

---

29 118F (11/12/1908), *Freud-Jung*, p. 186.

um "complexo universal relativo às tendências prospectivas da mente" (138J). É nesse momento que Freud percebe quão longe ambos estão um do outro:

> É estranho que, na mesma noite em que eu o adotei formalmente como filho primogênito, como meu sucessor e príncipe herdeiro, o senhor tenha me despojado da dignidade paterna, o que lhe parece ter dado tanto prazer como a mim sua investidura [...]. Parece-me muito improvável que existam tais fenômenos ocultos [...]. Consequentemente, torno a pôr meus óculos paternos de aros de chifre e advirto meu querido filho para que mantenha a cabeça fria [...]. Também abano minha sábia cabeça quanto à psicossíntese e penso: é, os jovens são assim mesmo; os únicos lugares que gostam de visitar são aqueles por onde não podemos acompanhá-los, aos quais nossa respiração curta e nossas pernas bambas não podem segui-los.[30]

A menção a Fliess nesse contexto não é inocente: a cada vez que Freud sente Jung se afastar, a evocação do primeiro rompimento e da "horrenda paranoia" vem funcionar como sinal de alerta. Mas é evidente que essa visita de Jung faz diminuir sua pressão, pois, se os fenômenos ocultos esbarram com seu inamovível racionalismo, existe nele também um interesse pelo lado demoníaco da mente, que o levará a se interessar, por exemplo, pela telepatia, para grande escândalo de Jones. Cabe mesmo perguntar se, sem esse fascínio pelo irracional, Freud teria algum dia se interessado pelos sonhos; mas, por outro lado, sua experiência da oniromancia o faz perceber, no sonho de Jung, a hostilidade latente e consequentemente abrandar sua pressão sobre ele. François Roustang interpreta essa modificação — sensível nas cartas de 1909 — como resultado da percepção, por parte de Freud, de que a ameaça de psicotização que brande incessantemente contra seu "filho" poderia recair sobre si mesmo; tal interpretação, fundada sobre a ideia de que o modo de teorizar de Freud "contorna a loucura sem fazê-la se calar"[31] será discutida mais adiante, mas desde já posso adiantar que ela não me parece consistente. Seja como for, o tema da paranoia *versus* esquizofrenia é momentaneamente deixado de lado, tratando as cartas de detalhes técnicos ligados à viagem para os Estados Unidos e de outros temas menos explosivos. Mas Freud,

---

30 139F (16/4/1909), *Freud-Jung*, pp. 218-9. Nessa carta, Freud menciona sua superstição quanto aos números 61 e 62, atribuindo-a à influência de Fliess. Cf. "O sinistro", SA IV, p. 261; SE XVII, p. 328; BN III, p. 2495.

31 François Roustang, *Un destin si funeste*, Paris, Minuit, 1976, p. 73.

tendo percebido por onde Jung tratará de escapar à sua influência, começa a se interessar pelo simbolismo e pela mitologia, isto é, pela esfera da imaginação coletiva, sobre a qual suas ideias até então haviam sido relativamente pouco desenvolvidas. É como se, querendo se antecipar a Jung, Freud desejasse desbravar logo o domínio que este se reservara, interpretando as formações arcaicas com base psicanalítica a fim de impedir que nelas seu "herdeiro" encontrasse apoio para seu modo peculiar de teorização. É esse, sem dúvida, o motivo principal que o conduz a mergulhar nas leituras das quais surgirá *Totem e tabu*.

O tema da mitologia vai assim assumir um papel importante depois do retorno da viagem aos Estados Unidos, no outono de 1909. Uma mudança do tom de Jung é perceptível depois dessa estada, na qual tivera ocasião de conviver mais de perto com Freud: começam a surgir as manifestações de rivalidade. A propósito do "Homem dos ratos", por exemplo, escreve a Freud que "lamenta do fundo do coração não ter escrito uma coisa tão inteligente" (157J). Esse contexto esclarece o interesse pela mitologia: a teorização servirá a Jung como escudo para procurar realizar algo que, comparável em qualidade aos trabalhos de Freud, permita enfim o acesso à independência. O outro, porém, não perde a esperança de que essa pesquisa faça seu colega se achegar às suas próprias posições: "Espero que o senhor logo venha a concordar comigo que, muito provavelmente, a mitologia está centrada no mesmo complexo nuclear que as neuroses".[32] A princípio, Jung parece estar de acordo e chega a interpretar certos mitos em termos edipianos (162J). A interpretação junguiana, porém, revelará de pronto seus pressupostos:

> Sinto cada vez mais que uma compreensão completa da psique (se for em geral possível) só será atingida por meio da história ou com seu auxílio [...] O que agora encontramos na psique individual — de modo comprimido, distorcido ou unilateral — pode ser visto, completamente desenvolvido, em épocas passadas. Feliz do homem que consegue ler esses signos![33]

A noção de uma herança filogenética inconsciente é comum a Freud e a Jung; o que os separa, contudo, é a questão da origem dessa herança. Quando

---

32 160F (11/11/1909), *Freud-Jung*, p. 260.
33 165J (2/12/1909), *Freud-Jung*, p. 269.

Freud diz que a mitologia está centrada no mesmo complexo nuclear que as neuroses, isso implica que o complexo de Édipo está na raiz de ambas, e que, atrás desse complexo, se encontra a sexualidade reprimida, sendo os mitos projeções de conteúdos inconscientes e personificação das tendências silenciadas — ideia já avançada no manuscrito N, dirigido a Fliess em maio de 1897. Para Jung, ao contrário, os conteúdos psíquicos atuais se explicam pela revivescência dos mitos ("a história permite compreender a psique"), sendo estes, primeiros, e os outros, derivados. Nessa passagem está contido todo o desenvolvimento posterior do pensamento de Jung, e convém afastar uma interpretação apressada do recurso à história: Jung não tem em mente, de modo algum, a noção de que a dimensão social é um componente fundamental dos conteúdos psíquicos, e, menos ainda, algo que mesmo remotamente se aproxime da concepção marxista da história. Ao contrário, a história é história da cultura, e esta se explica por si mesma. É em torno desse tema que se precipitará o rompimento, como veremos a seu tempo, mas é desde já conveniente indicar de que modo Jung pensa abordá-lo. E que tal abordagem nada terá a ver com a psicanálise freudiana, pode-se entrever pela pergunta endereçada a seu inventor, quatro anos depois dos *Três ensaios*: que entende ele por... libido (165J)?

O fato de ter descoberto um campo no qual precede Freud ao invés de segui-lo dá, pois, a Jung a coragem de se opor abertamente. É o que ressalta de seus comentários ao "Homem dos ratos", em que objeta contra a importância concedida ao sadismo na pulsão sexual, e, procurando exprimir-se em termos analíticos, redige frases rigorosamente ininteligíveis, que culminam na definição da superstição como "arma de ataque e defesa do fraco desde tempos imemoriais" (168J). É nessa passagem que se pode ver quão longe Jung está do modo de teorização de Freud: a partir da recusa da teoria sexual, abre-se o caminho para a "psicologia da superfície". Não é preciso, na verdade, passar anos no divã para propor semelhante teoria da superstição: em termos analíticos, Jung aceita como causa precisamente aquilo que deve ser explicado, a saber, por que os homens se sentem "fracos" e de que forma esse sentimento os leva a recorrer à magia e à superstição. A tendência a tomar por *elucidação* o que não passa de *constatação*, e a generalizar sem tomar em conta os mecanismos da gênese dos processos considerados, coloca as teses de Jung no extremo oposto do modo de pensar psicanalítico. É o que não escapa a Freud, cuja resposta às questões sobre a libido é introduzida pela seguinte observação:

Sua ideia de que, após minha aposentadoria, meus erros possam vir a ser venerados como relíquias me divertiu muito, mas não acredito nela. Ao contrário, penso que os mais jovens demolirão o mais rápido possível tudo aquilo que, em minha herança, não estiver amarrado com absoluta solidez [...]. Como o senhor provavelmente terá um papel importante nesse trabalho de liquidação, tentarei colocar sob sua guarda certas ideias minhas que correm perigo.[34]

Eis aí algo que não deixa de surpreender. Se Freud considera que seu interlocutor será o provável demolidor-chefe de sua obra, colocar sob sua guarda as "ideias que correm perigo" é, com efeito, apressar o processo de destruição que pretende impedir. Mas nisso reside precisamente o erro de avaliação que comete em relação a Jung, a favor do qual não se pode deixar de creditar a franqueza com que apresenta, a quem quiser ver, toda a distância que o separa da psicanálise e de seu fundador.

É esse mesmo fantasma persistente de Freud — segundo o qual Jung seria, *nolens volens*, seu Josué — que determina o projeto de reunir seus seguidores numa associação internacional cuja chefia seria confiada ao delfim. E que delfim! O que dissemos até aqui basta para caracterizar como singular cegueira as esperanças de que, um belo dia, ele se transformasse subitamente num analista. A ideia surge em janeiro de 1910, e os detalhes vão ser elaborados até março desse ano. Ao mesmo tempo, o herdeiro dá a Freud elementos suficientes para que este perceba que suas pesquisas iriam afastá-lo das doutrinas estabelecidas, sobretudo pela reserva em comunicá-las (175J) e pela franca confissão de que não lhe escreve por causa de seu "complexo paterno" (180J). Tudo o que Freud tem a responder, obcecado pelo projeto da associação, é uma garantia formal (e vazia) de que irá se retirar antes de ter resolvido todos os enigmas do espírito humano: "Descanse em paz, caro filho Alexandre; deixarei para que o senhor conquiste muito mais do que eu mesmo consegui: toda a psiquiatria e a aprovação do mundo civilizado, que me considera um selvagem. Isso deveria aliviar seu coração".[35]

A história da fundação da Associação Psicanalítica Internacional foi contada por Jones, e não há necessidade de retomá-la aqui. Basta recordar que a maioria

---

34 169F (19/12/1909), *Freud-Jung*, p. 277.
35 182F (6/3/1910), *Freud-Jung*, p. 300.

dos congressistas se enfureceu com as propostas feitas por Freud por intermédio de Ferenczi, no sentido de que o presidente da associação controlasse totalmente a produção psicanalítica, e lembrar também que os vienenses exigiram a fundação de uma nova revista, a ser dirigida por Adler e Stekel, para contrabalançar os excessivos privilégios dos suíços. A insatisfação gerada pelo surgimento da IPA foi tal que, quatro meses depois do congresso de fundação, Freud escreve a Jung que o gesto fora prematuro (250F). Com efeito, a institucionalização do movimento provocou enormes celeumas, pois o que até então fora uma disciplina científica passava a ser controlado por uma entidade cuja função era velar pela ortodoxia; e, apesar da denegação de Freud em fundar uma nova religião (179F), é preciso reconhecer que a estrutura da associação que deles se inspirou recorda em muito a das instituições eclesiásticas e militares estudadas em "Psicologia coletiva e análise do ego". É essa espantosa similitude que devemos agora interrogar, observando que ela foi apontada por comentadores que partem de pontos de vista tão diferentes quanto François Roustang e Claude Le Guen.

Para o primeiro, cujo livro é na verdade um brado de protesto contra a institucionalização do lacanismo na ex-École Freudienne de Paris, as taras desta última nada mais são do que a repetição do que se passou entre Freud e seus discípulos. Retomando o relato de Freud na "História do movimento psicanalítico", Roustang põe em evidência o papel diretor da pessoa daquele e observa que o modo de constituição dessa sociedade é a transferência de cada membro sobre o líder, que se converte assim no ideal do ego do grupo e fundamenta a identificação recíproca de todos entre si, isto é, o mesmo processo que mantém a coesão das estruturas analisadas em 1921. Para ele, a psicanálise não pode sobreviver numa instituição semelhante, dada sua natureza profundamente associal:

> Que essa associação, longe de se referir a intenções piedosas, se eleve contra as mentiras institucionais a impede de se identificar a uma sociedade religiosa, mas por isso mesmo se torna caduca como associação. No fundo, é quando ela se reconhece como bando de assassinos, como reunião de loucos ou, com Freud, como "horda selvagem" que uma sociedade psicanalítica toma a única forma que pode ser sustentada sem desautorizar a psicanálise. Pelos efeitos desta, se forem buscados, todo grupo de analistas traz em si os germes de sua desagregação. Sua estabilidade e seu bom funcionamento demonstrariam, ao contrário, que ela se instala no

esquecimento da descoberta freudiana. Nesse sentido, a psicanálise é profundamente associal, e falar de uma sociedade psicanalítica é uma contradição em termos.[36]

O argumento prossegue acentuando a dependência infantil dos primeiros analistas em relação a Freud, encorajada por este a fim de se cercar de discípulos fiéis e de "partidários da causa". A confusão entre a teoria e a pessoa de Freud seria assim a consequência tanto do desejo deste quanto do desejo de cada um de ser reconhecido como o único herdeiro, vendo-se portanto na obrigação de eliminar os demais, por neles ver concorrentes perigosos. Mesmo após a morte de Freud, a constante referência à figura e à obra do pai fundador perpetuariam essa transferência, sobretudo no caso dos lacanianos, que, segundo Roustang, veem em seu mestre o único sucessor de Freud, repetindo portanto em escala mais aguda os fenômenos que impediram a resolução da transferência por parte dos primeiros psicanalistas.

Sem entrar na discussão da figura de Lacan, que nos conduziria muito longe de nosso tema, é preciso reconhecer a Roustang certa parcela de razão. Saber se teria sido possível implantar a psicanálise e difundi-la de modo eficaz caso Freud tivesse colocado como precondição a análise de seus discípulos — que nos anos iniciais só poderia ter sido efetuada por ele — é uma questão complicada, que penso ser possível responder pela negativa. O estudo da correspondência com Jung mostra que Freud não apenas evitou esclarecer o fundo dessa transferência, mas ainda a estimulou de todas as formas possíveis, o que por certo se repetiu com os demais aderentes da "causa". Por outro lado, creio que Roustang exagera o alcance revolucionário da psicanálise, traço que, aliás, comparte com muitos outros autores, que levam demasiado a sério a expressão "revolução psicanalítica" e acreditam que as palavras trocadas entre o divã e a poltrona são capazes de abalar os fundamentos da civilização ocidental — o que o leva a supor que "sociedade psicanalítica" é uma expressão contraditória. Ela o será na medida em que a transferência for utilizada para manter em estado de abjeção (a expressão é de Roustang) todos aqueles que, em vez de prosseguir sua autoanálise, esperam que um Mestre de carne e osso lhes anuncie a cada quinzena a Verdade materializada. Nesse sentido, apesar de sua veemência por vezes demasiado contundente, a crítica de C. Castoriadis é inteiramente pertinente.[37]

---

36 Roustang, *Un destin*, cit., p. 28.
37 Cornelius Castoriadis, "La psychanalyse: projet et elucidation", em *Les carrefours du labyrinthe*, Paris, Seuil, 1978, pp. 65 ss.

A questão, porém, vai mais longe. Trata-se de saber por que, sendo de ordinário tão perspicaz na análise das relações humanas, Freud se deixou enredar no emaranhado das relações transferenciais e contratransferenciais, no contato com seus partidários. A história das dissensões é paralela à da psicanálise, e parece claro que a institucionalização do movimento, ao conferir a determinados personagens poderes e prestígios, acelerou a manifestação de processos que até então haviam permanecido latentes: não é certamente por acaso que Adler se retira em 1911, Stekel em 1912, e que todo o ano de 1913 seja dedicado, como veremos, a manobras conspiradoras para obter a demissão de Jung. Freud esperava, ingênuo, que entre psicanalistas as relações pessoais seriam mais amenas do que entre outros profissionais? Mas é justo o núcleo analítico inicial que seria necessariamente mais exposto do que outros grupos científicos ao desgaste emocional, uma vez que se compunha de jovens brilhantes, que haviam dado as costas à Academia — não esqueçamos que ser psicanalista em 1912 era se expor ao ridículo, abandonar toda esperança de reconhecimento oficial e depender exclusivamente dos demais analistas para o envio de pacientes e portanto para a sobrevivência material — e que, por isso mesmo, a luta pelo reconhecimento atingiria a mais extrema ferocidade. É suficiente folhear as cartas para ver Jung ou Abraham emitir julgamentos insultuosos sobre seus colegas, ou percorrer a lista das querelas de prioridade que opuseram entre si os adeptos da nova disciplina, a começar pelo próprio Freud. Não: a resistência deste a submeter suas relações com os discípulos à análise, ou pelo menos a retirar desta as inevitáveis consequências, tem raízes mais profundas.

É num artigo de Claude Le Guen que encontramos uma pista para compreender a natureza dessa dificuldade. Le Guen parte da caracterização freudiana do fantasma como uma manifestação do inconsciente dotada de três peculiaridades: a indiferença à realidade, a imutabilidade temporal e a representação visual. Para ele, a crença de Freud no assassinato do pai primitivo, mantida contra ventos e marés, constitui um exemplo nítido de fantasma, e de fantasma não analisado.

> Se de fato se trata de um fantasma não reconhecido, tenho o direito de supor que ele vai reaparecer em outro lugar de sua obra, por certo deformado, mas identificável. O processo defensivo adotado será provavelmente superponível: recusa de significá-lo como fantasma e projeção de seu conteúdo numa realidade, chegando

mesmo a inscrevê-lo nos atos. [...] Quando espero essa aproximação, [...] é, sobretudo, reunindo as partes *a posteriori*, para tentar uma verdadeira reconstrução.[38]

Opondo a simplicidade da primeira reunião de analistas e a flexibilidade da "Sociedade das Quartas-Feiras" à rigidez e à centralização impostas por Freud à IPA, e aos esforços desenvolvidos nos bastidores do congresso de Nuremberg para fazê-las adotar apesar da oposição de um número ponderável de congressistas, Le Guen propõe a hipótese de que a IPA representa a materialização de um fantasma inconsciente de Freud, fantasma que subjaz a *Totem e tabu* e a *Moisés e o monoteísmo*, e que consiste simplesmente no assassinato do pai primitivo.

Com efeito, o que caracteriza o mito de *Totem e tabu* é que o pai surge *ex nihilo*, sem ter vencido anteriormente seu próprio pai. É um fundador da genealogia, mas que a rigor se encontra fora dela. Ora, essa é precisamente a situação de Freud em relação à psicanálise: invenção sua, ela o constitui, em relação ao movimento, como o fundador sem origem e sem passado. É esse, aliás, o desejo gerador do sonho do conde Thun, estudado no capítulo anterior: "Prefiro ser eu mesmo um antepassado, um ancestral". Comentando esse pensamento, que coloca como epígrafe de seu artigo, Le Guen diz o seguinte:

> Podemos nos perguntar até que ponto Freud, dominado por seu fantasma, não criou em parte uma situação perfeitamente conforme à sua expectativa. Que ele se identifique ao pai da horda primitiva parece indubitável [...]. O fato é que vai se proteger da atualização do fantasma por meio de uma passagem ao ato [...]. Num primeiro tempo, Freud se havia imposto como o Pai, incitando seus discípulos a tratá-lo como tal; quando reconhece a ameaça inscrita no fantasma, procura se proteger impondo na realidade social as regras que, supõe, impedirão seus filhos de assassiná-lo.[39]

Tal hipótese me parece mais condizente com o que pudemos extrair da parte da correspondência com Jung examinada até aqui. Para corroborá-la, vale relembrar que a carta em que Freud fala da "liquidação" de sua obra pelos herdeiros é de 19 de dezembro de 1909, e que a proposta de organização da IPA

---

38 Claude Le Guen, "Quand le père a peur", *Études Freudiennes*, n. 5/6, Paris, Denoël, 1972, p. 44.
39 Le Guen, "Quand le père", cit., pp. 47 e 49.

figura na *carta seguinte* (2 de janeiro de 1910). Ela tem assim, entre outras, a finalidade defensiva apontada por Le Guen. Mas uma outra questão se perfila: como e por que esse fantasma surgiu, e, sobretudo, por que Freud, em vez de analisá-lo, optou por uma "passagem ao ato", que inscreveu de modo definitivo a psicanálise na história das instituições? Esse gesto a faz portadora de uma pesada hipoteca, cujos vestígios ainda hoje se manifestam, tanto entre os psicanalistas "ortodoxos" quanto entre aqueles que os criticam em nome do retorno a Freud. Até que ponto, além disso, a fundação da Associação Internacional pode ser considerada apenas um gesto defensivo de Freud? Para responder a essas questões, ou ao menos para situá-las mais precisamente, é preciso que nos voltemos agora para os textos que documentam a evolução de suas ideias, do ponto em que as deixamos no final do capítulo precedente até *Totem e tabu*.

2. OBSESSÃO, DELÍRIO E TEORIA

Se procuramos abranger a produção freudiana dos anos que presenciam a instituição do movimento psicanalítico, podemos distinguir nela duas grandes correntes. Uma é formada por textos de natureza didática, destinados a expor o conjunto das doutrinas ou a aconselhar, quanto às dificuldades da prática, os analistas principiantes ou mesmo experimentados. Desse grupo constam, por exemplo, as conferências pronunciadas em 1909 na Clark University, algumas comunicações em congressos, e sem dúvida a série de artigos "técnicos" publicados na *Zentralblatt* — a revista vienense — a partir de 1911: "O manejo da interpretação dos sonhos", a "Dinâmica da transferência", "O início do tratamento", e outros. Mais interessante para nossos propósitos, porém, é a segunda corrente, constituída por escritos que cristalizam as novas ideias surgidas pela experiência clínica e pelo prosseguimento de sua elaboração teórica. Tais textos introduzem diversas noções fundamentais e, a justo título, definem uma nova etapa na história da psicanálise.

A meu ver, é nos três relatos de casos publicados entre 1909 e 1911 que se encontram as sementes da teoria freudiana do período: o "Pequeno Hans", o "Homem dos ratos" e o "Caso Schreber". À primeira vista, eles aplicam a terapia psicanalítica a novas entidades patológicas, a saber, uma fobia, uma neurose obsessiva e uma psicose, desvinculando assim a teorização da base em que se movera até esse momento, constituída essencialmente pela histeria. Essa primeira impressão não é falsa, mas sim parcial. As "novas" entidades clínicas haviam sido abordadas já em 1896, no artigo "Novas observações sobre as psiconeuroses de defesa", e Freud já vira, certamente, pacientes obsessivos antes do "Homem dos ratos." O interesse desses textos consiste em que, agora, a abordagem dessas outras patologias é feita com o apoio de uma teoria sexual coerente e acabada, e que, precisamente, ela obriga a introduzir, nessa teoria sexual, modificações e ampliações, suscitadas tanto pela necessidade de dar conta dos fenômenos em questão, quanto, mais discretamente, pelo desejo de afirmar as capacidades heurísticas da dita teoria no contexto da discussão com Jung. Seria possível, comparando os textos, mostrar em detalhes como todos os conceitos elaborados nesse período nasceram dessa dupla raiz e de que modo cada um dos numerosos artigos escritos entre 1907 e 1913 retoma e aprofunda problemas deixados em suspenso ou apenas esboçados nessas três análises. Tal tarefa, porém, nos conduziria demasiado longe e alongaria de maneira desnecessária esta exposição; irei me limitar, pois, a apontar alguns desses fios tecidos entre textos diferentes e por vezes separados por vários anos — fios sem os quais é impossível compreender o que está em jogo na época e cujos efeitos sobre a concepção freudiana da cultura são decisivos.

O "Pequeno Hans" demonstra que a sexualidade infantil, reconstituída a partir da análise de adultos e descrita nos *Três ensaios*, corresponde efetivamente ao que pode ser observado numa criança. Esse truísmo tem, em 1908, uma extraordinária importância. O conflito edipiano está na raiz da fobia, e a substituição do pai pelo cavalo será um dos argumentos de Freud, no quarto ensaio de *Totem e tabu*, intitulado precisamente "O retorno infantil do totemismo". A percepção da gravidez da mãe do pequeno Hans alertará Freud para a curiosidade sexual das crianças e para as tentativas de satisfazê-la por meio do que designará como "teorias sexuais infantis", entre as quais a do nascimento anal. O interesse do menino pela "caca" irá colocá-lo na pista do significado simbólico das fezes, apenas intuído na primeira edição dos *Três ensaios*; e o complexo de Édipo será definitivamente considerado o "complexo nuclear das neuroses". Por outro lado, Freud se mostra cético quanto à possibilidade de analisar crianças de tão tenra idade, e será preciso esperar o advento de Melanie Klein para que se revelem toda a complexidade e riqueza da fantasia infantil. Da mesma forma, a noção da fase fálica, que poderia ter sido estabelecida a partir do interesse do menino pela "coisinha de fazer pipi", só será elaborado vinte anos mais tarde, no contexto da diferença anatômica entre sexos e de suas consequências psíquicas.

A análise do "Homem dos ratos" abre perspectivas bem mais amplas. Realizada entre 1907 e 1908, mas publicada apenas no verão de 1909, dela emergem mais nitidamente os conceitos de erotismo anal e de sadismo, que serão reunidos na formulação do estágio sádico-anal em 1913 ("A disposição à neurose obsessiva"). O conceito de ambivalência fundamental para a compreensão do tabu no segundo ensaio de *Totem e tabu* é estudado em toda a sua extensão, da mesma forma que a "onipotência das ideias", expressão inventada pelo homem dos ratos e base do terceiro ensaio do livro, "Animismo e magia". A relação entre o caráter e o erotismo anal, exposta num artigo de 1908, e a sexualidade do pensamento como um dos destinos da libido reprimida, de extrema importância no estudo sobre Leonardo da Vinci, encontram também sua origem nesse caso. Por fim, o personagem principal dessa análise, ao menos no caso publicado,[40] é mais uma vez o pai, fornecendo a Freud a base para certas considerações antropológicas sobre a morte, a superstição e o papel da repressão das representações ligadas ao olfato no advento da civilização, indicadas rapidamente em "Atos obsessivos e práticas religiosas" (1907) e retomadas com mais vagar em *Totem e tabu*.

O "Caso Schreber", redigido em 1910 e publicado em 1911, é do início ao fim atravessado pela polêmica latente com Jung, um de cujos temas consiste precisamente, convém recordar, na distinção a estabelecer entre esquizofrenia e paranoia. É uma investida magistral no campo do adversário, o qual, sem cessar, fundava-se na inacessibilidade das psicoses à teoria analítica de então para desqualificar a teoria da libido. Freud, mesmo concordando com o fracasso prático da psicanálise para curar as psicoses, empenha-se em demonstrar sua eficiência teórica para compreendê-las, e tal estudo contém em poucas páginas o essencial de sua elaboração conceptual dos anos seguintes. Repetindo que a paranoia tem por base a repressão da libido homossexual, Freud introduz o conceito de etapa narcísica como ponto de partida para o qual regride a libido nas

---

40 Elza Hawelka, nos comentários à tradução francesa das notas de trabalho por Freud durante a análise (*L'homme aux rats: journal d'une analyse*, Paris, PUF, 1974), acentua a ponderável quantidade de material relativo à mãe do paciente, que Freud deixou de lado no caso publicado. Surge, naturalmente, a questão de saber por que uma parte tão importante do relato foi omitida: necessidade de exposição literária do caso ou fatores de natureza contratransferencial? É difícil decidir, mas a sequência de nosso estudo trará alguns elementos em favor da segunda hipótese.

psicoses, explica a diferença entre o processo da repressão e o da formação dos sintomas e elucida as modalidades da formação dos delírios. A introdução do conceito de narcisismo cria de imediato um problema com o qual ele não cessará de se debater até o final de sua carreira: se o narcisismo é o investimento do ego pela libido e uma etapa necessária da evolução sexual, como garantir a dualidade das pulsões, sem a qual o conflito psíquico perderia sua base fundamental? Mais grave ainda, como definir o conceito de pulsão? A proposta do "Caso Schreber" — a pulsão é uma entidade limítrofe entre o físico e o psíquico — será retomada várias vezes durante os anos do conflito com Jung, sobretudo em "Perturbações psicogenéticas da visão" (1910), "Formulações sobre os dois princípios do funcionamento psíquico" (1911) e "Introdução ao narcisismo" (1914), até ser completada na *Metapsicologia* de 1915. Mas o narcisismo é um escolhido incontornável no pensamento psicanalítico, e a oposição pulsões sexuais/pulsões do ego será abandonada a partir de 1920. A dificuldade de distinguir entre a "libido de ego" e a energia das pulsões do ego está certamente na origem da ampliação junguiana do conceito de libido, que, ao fazê-lo coincidir com o *élan vital* em geral, acaba por amputá-lo de seu significado especificamente sexual. Freud, por seu lado, empenha-se em manter separadas as noções de libido e de pulsões do ego, introduzindo naquela as organizações pré-genitais, e retraçando até suas origens infantis os domínios respectivos de cada uma dessas noções. É por essa razão que ao "Caso Schreber" sucedem quase imediatamente os "Dois princípios", em que cada pulsão é concebida como regulada por um princípio diferente, o de prazer ou o de realidade, surgindo a fantasia como a "reserva florestal" do primeiro. A trajetória iniciada com o "Caso Schreber", assim, dá origem a um esforço de reflexão sobre as etapas da ontogênese que culminará com a *Metapsicologia* e do qual trataremos na quarta seção deste capítulo. Além disso, o conceito de projeção — que já vimos ser a ferramenta de base da análise freudiana da cultura — é aperfeiçoado para servir de instrumento à teoria da religião, formulada no quarto ensaio de *Totem e tabu*. Enfim, como seria de esperar, o centro do delírio de Schreber é a figura do pai, metamorfoseada em Flechsig, em Deus e no Sol.

Essa onipresença da imago paterna na reflexão freudiana não se explica apenas pela circunstância de serem os três pacientes estudados do sexo masculino. Prova-o a afirmação contida no prefácio à segunda edição da *Traumdeutung*, de 1908:

Também o material deste livro — esses sonhos pessoais, desvalorizados ou superados em grande parte por acontecimentos ulteriores, esses sonhos que me serviram para ilustrar as regras da interpretação onírica — demonstrou possuir, sob revisão, uma tenacidade que se opunha a toda modificação em grande escala. Para mim, este livro tem como efeito uma segunda significação, subjetiva, que só pude compreender quando o terminei: comprovei que ele era um fragmento de minha própria análise, que representava minha reação à morte de meu pai, isto é, ao acontecimento mais significativo, à perda mais decisiva na vida de um homem. Uma vez tendo reconhecido isso, senti-me incapaz de eliminar os traços desse efeito.[41]

Linhas surpreendentes. Como observa Conrad Stein, é difícil pensar que o "acontecimento mais significativo" na existência de um homem seja algo que pode lhe ocorrer a qualquer momento e sobre o qual não tem influência alguma.[42] A análise de Stein põe em relevo que, na vida inconsciente, há uma tendência que parece ignorar a morte do pai, visto que a maior parte dos sonhos estudados nesse livro é *posterior* à morte de Jakob Freud, e no entanto contêm inúmeros votos de morte dirigidos contra ele, como pudemos mostrar nos capítulos anteriores. Essa afirmação é verificada a cada página da história do "Homem dos ratos", cujo pai morrera seis anos antes do início do tratamento. Assim, ao escutar a narrativa do suplício chinês, o paciente pensa imediatamente que, se não devolvesse ao tenente A. as 3,80 coroas que este havia pagado em seu nome ao reembolso postal, seu pai sofreria o castigo dos ratos, muito embora já estivesse morto. A história clínica põe em evidência a força indestrutível desses desejos, retraçando-a até as primeiras manifestações da sexualidade infantil e ao castigo em que incorrera, naquela ocasião, o menino, o que permite compreender o sentido de tais desejos como "fazer desaparecer o pai para que deixasse de ser um escravo". A ambivalência dos sentimentos edipianos fora vencida por meio da dissociação do ódio e do amor, sendo o primeiro reprimido e o segundo exageradamente reforçado. A atitude em relação ao pai e a modalidade específica da repressão do ódio quanto a ele estão, para Freud, na raiz de diversas manifestações da neurose obsessiva: por exemplo, a repressão pela separação entre afeto e representação, sendo o primeiro deslocado para representações

---

41 *A interpretação dos sonhos*, prefácio à segunda edição: SA II, p. 24; SE IV, p. XXVI: BI I, p. 345.
42 Conrad Stein, "Le père mortel et le père immortel", *L'Inconscient*, n. 5, Paris, PUF, 1968, p. 65.

anódinas; a realização característica dos atos obsessivos em dois tempos, o segundo anulando o primeiro e cada um deles satisfazendo simbolicamente uma das tendências; e assim por diante. Da mesma forma, o desencadeamento da enfermidade após a morte do pai constituía um meio de se identificar com ele: repetindo a hesitação quanto ao casamento; recrudescendo ao ocupar o paciente, como reservista, uma posição análoga à do pai suboficial; determinando uma das fontes da obsessão dos ratos (ratos = dinheiro, aludindo à dívida de jogo do pai); induzindo a manifestação dos desejos hostis de forma deslocada, como nas cenas diante do espelho na "hora dos fantasmas". Freud verá mesmo, na repressão do ódio infantil pelo pai,

> o processo que obrigou todos os acontecimentos ulteriores a entrar no quadro da neurose [...]. A singular extensão de seus temores obsessivos ao além é apenas uma compensação daqueles desejos de morte contra o pai. Emergiu quando a tristeza causada por essa morte foi renovada, um ano e meio depois, e tendia, contra a realidade e contra o desejo que até então se havia exteriorizado em toda ordem de fantasmas, *a negar e a anular a morte do pai*.[43]

A mesma significação transparece no delírio de Schreber. Começa como uma mania de perseguição centrada na representação do médico (Flechsig), para se desdobrar na ideia de que o paciente deveria ser transformado numa mulher, a fim de se entregar a ele, e numa intensa resistência a essa ideia, resistência eliminada pela substituição de Flechsig por Deus: a megalomania implícita na noção de ocupar um lugar privilegiado como foco de atração e de gratificação sensual para os raios divinos reconcilia Schreber com a perda imaginária de sua virilidade. Freud mostra, sobretudo, que Flechsig e Deus são membros de uma mesma série, o que se deduz da multiplicação de suas representações (Flechsig "médio" e "superior", Deus "anterior" e "posterior" etc.). Estudando as extraordinárias particularidades do Deus schreberiano, Freud nota em seguida que a mistura de veneração e rebeldia que o constitui são prolongamentos da atitude em realção ao pai: "Nada tem de extraordinário que um tal pai fosse

---

43 *Observações sobre um caso de neurose obsessiva*, SA VII, p. 96; SE X, p. 238; BN II, pp. 1480-1. Grifos de Freud. Para completar os dados fornecidos no caso publicado, cf. o *Index* extremamente preciso elaborado por E. Hawelka, no final do *Journal d'une analyse*. (Esse caso será designado por "Homem dos ratos".)

elevado à categoria de Deus na carinhosa lembrança de seu filho, ao qual fora precocemente arrancado pela morte".[44] É evidente que a imortalidade, determinação essencial da divindade, representa também uma forma de "negar e anular" a morte do pai, e esse elemento do delírio schreberiano me parece estar na origem direta da concepção freudiana da religião, tal como emerge do mito de *Totem e tabu*. Por outro lado, o mecanismo específico da paranoia produz uma série de dissociações ("a paranoia dissocia como a histeria condensa", na fórmula de Freud), o que explica por que o pai é representado simultaneamente pelas várias almas de Flechsig, pelos vários reinos de Deus e além disso pelo Sol.

Essa tendência à negação inconsciente da morte do pai não resulta inevitavelmente, porém, em obsessões e delírios; ao contrário, ela surge a cada passo nos sonhos do próprio Freud. Conrad Stein observa no artigo citado que a maior parte dos sonhos relativos à morte do pai figura na seção sobre os sonhos absurdos. Após demonstrar que dois dos principais temas dos sonhos de Freud — o atraso e a representação dos olhos — estão estreitamente relacionados com a culpabilidade por esses votos hostis, Stein observa que a indulgência à qual Freud apela no sonho "Pede-se fechar os olhos" é por certo a de seu pai, da qual necessita por ter sentido, perante ele, os impulsos assassinos derivados do complexo de Édipo, reativados pela morte de Jakob. "Como compreender isso sem admitir que o sonho realiza votos de morte dirigidos contra o pai, precisamente porque o acontecimento não era de natureza a realizá-los num de seus aspectos essenciais, e mesmo o contrariava? O que contava para o sonhador era ser ele mesmo o artesão da morte do pai [...]."[44] É esse desejo absurdo que, na interpretação de Stein, explica a origem da tendência inconsciente a negar a morte do pai, como se o indivíduo se dissesse: já que essa morte não é obra minha, ela não pode se ter realizado. Mas qual o ponto de partida desse pensamento absurdo? Ele reside no desejo de onipotência infantil que anima a vida onírica, desejo contrariado pela censura do sonho como representante da moralidade; dessa contrariedade nasce o sentimento inconsciente de culpabilidade. Ora, a morte do pai é a prova cabal de que tal acontecimento independe dos votos hostis, votos que, portanto, não podem ser satisfeitos por ele, pois são sustentados por um desejo impossível. É por essa razão que o sonho apresenta como efetivados esses votos,

---

44 *Notas psicanalíticas sobre um caso de paranoia autobiograficamente descrito*, SA VII, pp. 176-7; SE XII, pp. 51-2: BN II, p. 1512. (Esse caso será designado como "Schreber".)

naturalmente sob o disfarce de seu posto (cumprir o dever de piedade filial) ou então apresentando o sonhador como um criminoso, nos sonhos de punição (por exemplo, o da "Sala das máquinas").[45]

O tema de ser o artesão da morte do próprio pai reaparece no artigo de 1911 sobre "Os dois princípios do funcionamento psíquico". Como esse artigo estabelece a relação entre a fantasia e o princípio de prazer, e como o único exemplo desenvolvido por Freud é precisamente um sonho de morte do pai, não me parece demasiado aventuroso supor que a questão do pai tenha um papel relevante na determinação da fronteira, por mais fluida que seja, entre a fantasia e a realidade; é certo que a fantasia produz inúmeras outras "fantasias" além da de ser o artesão da morte do pai, mas a relação apontada por Stein entre esse desejo em particular e a onipotência do pensamento — determinante em toda a atividade fantasmática — deve nos fazer refletir mais detidamente.

Freud começa por observar que a neurose se afasta da realidade para se aninhar no mundo interior do indivíduo, embora de modo menos completo do que nas psicoses, o que o conduz a investigar as relações do ser humano com a "realidade" e tentar elucidar a "significação psicológica da realidade exterior". O problema consiste em que as etapas iniciais da existência se desenrolam sob o primado do princípio de prazer: as necessidades da sobrevivência, contudo, obrigam o bebê a se representar não apenas o agradável, mas também o desagradável, isto é, os estímulos geradores de tensão que provêm do mundo exterior a seu corpo. A introdução do princípio de realidade é decisiva para a vida posterior do indivíduo, estando na origem de funções psíquicas essenciais, como a consciência, a atenção, a memória e o discernimento, a partir das quais irá se formar o pensamento. Por outro lado, a introdução do princípio de realidade afeta primeiro as pulsões de autoconservação, dado o fato de que aquilo que satisfaz as necessidades vitais se encontra na realidade exterior. Assim se dissociam das pulsões de autoconservação as pulsões sexuais, que, tomando por objeto inicial partes do corpo próprio (autoerotismo), podem se permitir ignorar as determinações do real durante um certo tempo, e, depois, manter, diante delas, uma certa independência. Em particular, a fantasia, regida essencialmente pelo princípio do prazer, conserva um enlace especial com as pulsões sexuais, enquanto as pulsões do ego, por sua finalidade específica, se encontram mais

---

45 Stein, "Le père", cit., p. 81.

diretamente associadas à consciência e portanto ao princípio de realidade.[46] Freud fala em seguida da arte como conciliação peculiar dos dois princípios, para concluir, com observações relativas, a dificuldade de distinguir entre realidade psíquica e realidade material no caso das neuroses:

> Estamos obrigados a nos servir da moeda corrente no país que exploramos, ou seja, no nosso caso, de "divisa neurótica". Procure-se, por exemplo, encontrar a solução do seguinte sonho: um indivíduo que havia assistido seu pai durante a penosa enfermidade que o levou ao túmulo relata que, durante os meses seguintes ao funesto desenlace, sonhou várias vezes que seu pai se encontrava vivo de novo, e falava com ele como de costume. Mas ao mesmo tempo sentia, com dolorosa intensidade, que ele (pai) já havia morrido, embora não soubesse ainda.[47]

A solução consiste em interpolar na última frase do sonho os seguintes adendos: "já havia morrido" (*em consequência do desejo do filho*), "embora ainda não o soubesse" (*que seu filho tivera tal desejo*). O sentido do sonho remete à significação infantil do desejo de morte contra o pai.

A fantasia permanece sob o domínio do princípio do prazer, o que significa que as experiências da realidade não são relevantes para sua constituição. Mas por que Freud escolhe justo esse sonho como exemplo para a atividade fantasmática? É lícito supor que, a seus olhos, ele tenha um valor especial. O que a realidade desmente é a crença infantil na onipotência dos desejos, crença que por sua vez se enraíza na satisfação alucinatória do desejo preservada no processo primário, e que por fim se exprime na vontade de reencontrar o "paraíso perdido" da unidade fusional com a mãe. É por essa razão — que se deduz da interpretação de Stein — que o desejo da morte do pai é particularmente apto para revelar a extensão dessa onipotência. Com efeito, ele distingue entre os desejos de origem infantil cujo conteúdo não contradiz de modo absoluto as possibilidades contidas na realidade (é perfeitamente possível, embora não recomendável, matar o pai e fazer amor com a mãe, como mostram os casos reais

---

46 Ibidem, p. 87.
47 "Formulações sobre os dois princípios do suceder psíquico", SA III, p. 22; SE XII, p. 222; BN II, p. 1640. (Esse artigo será designado como "Dois princípios".) A questão da realidade psíquica e da realidade material será retomada na sexta seção deste capítulo).

de parricídio e de incesto), e aqueles que são absurdos por contradizerem os paradigmas do real (como reencontrar o paraíso materno ou ser o artesão da morte do pai pela força exclusiva do pensamento).[48] Isso porque a onipotência infantil não pode se contentar com a morte advinda por razões outras que ela mesma, e porque, atrás da negação da morte do pai, está o desejo de negar a morte do sonhador e, em geral, a realidade da morte em si mesma: "O reencontro do paraíso perdido exige com efeito a abolição de toda a realidade exterior, e a eventualidade da morte do pai é, de certo modo, o protótipo da realidade que oferece um obstáculo à imortalidade [...]. Em suma, a ideia da morte do pai é a condição da identificação com o pai como ser mortal".[49]

A importância da última observação é imensa: a identificação com o pai mortal é um momento indispensável da constituição do sujeito como sujeito humano. Retornaremos a essa questão na quarta seção deste capítulo; de momento, é importante ressaltar o laço intrínseco que une a fantasia à onipotência infantil e esta ao tema da morte do pai, como ponto focal da ruptura que representa a instauração do princípio de realidade. Seja realizando-a imaginariamente, como fruto exclusivo da onipotência do pensamento, seja negando sua realidade, para com isso aceder à imortalidade, o indivíduo cria uma situação em que seria abolida a distinção entre sua própria pessoa e a do pai. Ele mesmo seria o artesão não só da morte do pai, mas também da vida dele — ser o pai do pai, fantasma muito comum, e no limite negar, junto com a morte, o nascimento: nele estaria o ponto de origem incriado da genealogia, escapando destarte ao destino de ter sido necessariamente engendrado e de ter que retornar um dia à nulidade do inorgânico. É assim que, nas palavras de Stein, a ambivalência dos sentimentos em relação ao pai mortal contém a aspiração infantil a ser o pai imortal e incriado. No caso pessoal de Freud, a viagem a Roma, que marca o final do luto por Jakob Freud, corresponderia ao dobre de finados dessa ilusão infantil de ser o pai mortal: "A morte de seu pai o marcou profundamente, como um divisor de águas, quando reconheceu que sua *Interpretação dos sonhos* era uma reação a ela, pois reconhecer isso significava se identificar a um pai mortal".[50]

---

48 "Dois princípios", SA III, p. 24; SE XII, p. 225; BN II, p. 1640.
49 Stein, "Le père", cit., p. 91.
50 Ibidem, pp. 93-4.

É talvez o reconhecimento da mortalidade do pai como um fato da realidade que, em última análise, diferencia Freud do "Homem dos ratos" e do presidente Schreber, os quais, por razões diversas e complexas, persistem em negá-la. Essa afirmação parecerá, à primeira vista, absurda: por que insistir em relacionar o fundador da psicanálise com um obsessivo e com um paranoico? O leitor talvez se surpreenda ao saber que, ao menos no caso de Schreber, a aproximação se deve ao próprio Freud:[51]

> Não temendo a crítica nem a autocrítica, não tenho motivo para eludir a menção de uma analogia que talvez prejudique nossa teoria da libido aos olhos de muitos leitores. Os "raios divinos" [...] na verdade não são mais do que cargas de libido objetivamente representadas e projetadas para o exterior, *e dão ao delírio de Schreber uma coincidência singular com nossa teoria*. [...] Vários outros detalhes desse delírio parecem quase percepções endopsíquicas dos processos por nós supostos para compreender a paranoia. O futuro dirá se a teoria contém mais delírio do que eu gostaria ou se o delírio contém mais verdade do que outros acreditam ser possível.[52]

Essa observação encerra o estudo e vem logo após a discussão do processo que dá origem aos sintomas: Freud observa que o delírio, aparentemente a manifestação mais característica dessa afecção, corresponde na verdade a uma "tentativa de reconstrução", isto é, ao modo pelo qual o doente procura reinvestir o mundo exterior após a retirada maciça da libido para o ego, primeiro momento do processo patológico. O delírio sistemático de perseguição ou de grandeza, mesmo trazendo em si as marcas da imaginação mais desenfreada, mesmo se constituindo por projeção para o exterior de conteúdos psíquicos, envolve a busca de um contato com os outros, um interesse pelas modificações da realidade exterior, o que, segundo Freud, distingue os sintomas da paranoia dos da esquizofrenia. A questão por ele formulada equivale, portanto, ao seguinte: até que ponto um delírio paranoico se distingue de uma teoria científica? Ou, em outros termos, por que a elaboração teórica é diferente do delírio, se ambos se propõem à mesma finalidade: *explicar o real*? Pois não resta dúvida de que, para o delirante, o mundo se articula segundo as linhas de força e as categorias inspiradas pelo delírio. Para Schreber, Deus é constituído por raios

---

51 Ibidem, p. 100.
52 *Schreber*, SA VII, pp. 199-200; SE XII, pp. 78-9; BN II, p. 1526. Grifos meus.

libidinosos, a bem-aventurança celestial *é* um orgasmo ininterrupto, as vozes que lhe falam *são* reais. Ora, o que diferencia a aparição da Virgem Maria a uma camponesa de sua aparição (muito mais frequente, diga-se de passagem) a tantos pensionários de hospitais psiquiátricos? Como distinguir então um sistema filosófico ou uma teoria científica e um produto da imaginação delirante? Por que a *Fenomenologia do espírito* é um texto de pensamento e as *Memórias de um neuropata* não? Em que a crença de Platão na realidade das Formas é outra coisa que a crença de Schreber na realidade dos raios divinos? É conhecida a caracterização de *Totem e tabu* quanto à histeria, à neurose obsessiva e à paranoia, como caricaturas deformadas de uma obra de arte, de uma religião ou um sistema filosófico. A questão reside simplesmente em saber *por que* as entidades patológicas são caricaturadas, e *no que* consiste a deformação que as caracteriza como tais.

A pergunta adquire maior ressonância após a leitura da obra de François Roustang, *Un destin si funeste*. Ao analisar a correspondência entre Freud e Jung, o autor se detém no problema das psicoses e na encarniçada resistência do primeiro em admitir a existência da esquizofrenia como uma entidade clínica diferente da paranoia. Segundo sua interpretação, não se trata apenas de uma discussão científica, "mas de um problema que envolve as fantasias ou os delírios dos protagonistas".[53] Que fantasias e que delírios? Jung teria uma profunda afinidade com a demência precoce: ao descrever os "complexos separados de pensamento que já não se influenciam reciprocamente", ou por meio de sua identificação com o "irmão gêmeo" Otto Gross, ele estaria falando de si mesmo. O pensamento de Jung, tendendo ao sincretismo e abolindo qualquer ponto privilegiado de ancoragem, como a teoria sexual o é para Freud, assemelha-se, sempre segundo Roustang, à categoria da indistinção (*Undeutlichkeit*), proposta na carta 9J como o mecanismo essencial do pensamento esquizofrênico. Por seu lado, Freud tem com a paranoia experiências carregadas de afeto: segundo sua própria confissão, foi ao observar o comportamento de Fliess após a ruptura que compreendeu a gênese da paranoia, como resultado da retração da libido homossexual que circulava entre ambos:

> É óbvio que Freud não é, clinicamente, um paranoico, assim como Jung não é um esquizofrênico. Mas a oposição entre ambos tem claramente sua fonte nesses dois

---

53 Roustang, *Un destin*, cit., p. 61.

tipos de conhecimento (e de loucura). A rude tarefa de cada um é se proteger *por* e ao mesmo tempo *de* sua própria forma de psicose; de se proteger dela graças à teorização, ou de se proteger de sua própria loucura atirando o outro na dele.[54]

Vemos surgir a teorização como uma atividade *defensiva*: a forma de teorizar própria de Freud seria, por essa perspectiva, mais adequada para tal finalidade do que a de Jung.

Não resta dúvida de que os dois homens operam de maneira profundamente diferente. O que dissemos na primeira seção deste capítulo pode ser completado por algumas considerações mais específicas. Na carta 35, por exemplo, Jung propõe algumas ideias sobre Viena e Zurique, a propósito de três mestres vienenses que enfrentaram dificuldades em sua cidade natal: Messmer, Gall e Freud, cujo reconhecimento passaria pela adesão de cientistas originários de Zurique e Bremen. "O senhor sem dúvida dirá que o pensamento por analogia, tão bem treinado por seu método analítico, dá pobres resultados. Mas eu tive prazer em fazer isso."[55] Aqui Jung confunde, visivelmente, analogia e associação, por certo ironizando Freud, mas sobretudo mostrando a distância que os separa. Com efeito, a analogia repousa sobre semelhanças extrínsecas, que permanecem como tais, enquanto a associação reúne elementos que, ao que parece, nada têm a ver entre si, mediante uma operação que os transforma, que os centra diferentemente, a partir de um detalhe "insignificante". A associação surge da suspensão do julgamento e da atenção, enquanto a analogia pressupõe a operação dessas duas funções psíquicas. A *epoché* associativa consiste em algo que permite o estabelecimento de um elo entre duas representações, ou melhor, o seu *re*stabelecimento, desfazendo uma dissociação induzida pela repressão. É por isso que a associação, contrariamente à analogia, esbarra numa resistência emanada da censura, o que prova que ela não fica no plano intelectual, mas atinge o domínio do afeto. Ao dizer que pensar por analogias é o resultado do método freudiano, Jung enuncia um contra-senso analítico, mas bastante revelador de sua forma de operar: "permanecer em contato com a superfície por razões didáticas" (41J).

---

54 Roustang, op. cit., 65. A expressão "conhecimento paranoico" remete ao conceito lacaniano de "estrutura paranoica do conhecimento humano", cuja crítica virá mais adiante.
55 35J (6/7/1907), *Freud-Jung*, pp. 73-4.

É essa incapacidade para pensar em termos de *constituição* que, somada à resistência afetiva, o impede de compreender o pensamento de Freud. A questão da mitologia porá esse desacordo a nu e por fim conduzirá à ruptura: à afirmação de Freud de que a "mitologia está centrada no mesmo complexo nuclear que as neuroses" (160F), Jung responde: "Cada vez mais penso que uma compreensão completa da psique só nos virá por intermédio da história" (165J). A dificuldade, aos olhos de Freud, consiste em que Jung se detém na superfície dos mitos (201F), em vez de analisá-los como deformações de conteúdos ocultos neles e que só se revelam por meio dessas deformações. Enquanto de Viena vem a advertência de que *genético* significa *infantil*, Jung afirma: "Tentei colocar o simbolismo sobre uma fundação psicogenética, isto é, mostrar que na fantasia individual o *primum movens* [...] é mítico, ou típico do ponto de vista mitológico" (175J), ou seja, justo o contrário: não é a projeção deformada da fantasia que constitui o mito, mas o conteúdo mítico que informa a fantasia. Essa carta é de janeiro de 1910, e Freud precisava estar verdadeiramente fascinado por Jung para entregar a ele o futuro da associação a ser fundada dois meses depois...

A "tendência espiritual" que Jung elogia em Zurique, que opõe na carta 229J ao reducionismo biologizante de Bleuler e de Adler, cristaliza-se nos dois anos seguintes, apesar dos protestos de fidelidade à pessoa de Freud. Em maio de 1911, lemos que "o ocultismo é outro campo que teremos de conquistar — parece-me que com o auxílio da teoria da libido". Mas, duas linhas mais abaixo, "estou estudando a astrologia, que parece indispensável para uma compreensão adequada da mitologia. Há coisas estranhas e maravilhosas nessas terras tenebrosas. Não se preocupe com minhas explorações nessas infinitudes: retornarei com um rico butim para nosso conhecimento da psique humana. Preciso me intoxicar um pouco mais com esses perfumes mágicos para adivinhar os segredos contidos nos abismos do inconsciente".[56] A consequência prática dessa inclinação não se faz esperar: um mês depois, enceta-se uma discussão sobre as fantasias esquizofrênicas. Para Freud, elas são sintomas de origem semelhante à dos devaneios históricos (260F), enquanto para Jung representam a "matriz da mente" (261J). À luz da passagem precedente, não é difícil ver por quê: elas revelariam sem distorções o material mítico de que são formados os conflitos inconscientes. Dada a embriaguez com os perfumes da astrologia e do ocultismo,

---

56 245J (8/5/1911), *Freud-Jung*, p. 421.

necessária para perscrutar os segredos do inconsciente, a declaração sobre a "teoria da libido" significa precisamente o inverso de seu conteúdo manifesto: é a mitologia que *funda* o psíquico. Se refletirmos que é nesse momento que Freud se sente impelido a escrever os "Dois princípios", e pouco depois a iniciar as leituras preparatórias para *Totem e tabu*, vê-se bem por que as teorias de Jung o induzem a procurar meios de refutá-las — o que o obriga a aprofundar suas próprias concepções. Em novembro de 1911, redigindo o primeiro ensaio de *Totem e tabu*, ele escreve a Jung: "Provavelmente, meus túneis serão mais profundos do que seus poços, e passaremos um pelo outro; mas, cada vez que eu subir à superfície, poderei cumprimentá-lo" (280F); ao que Jung retruca: "Nossas diferenças pessoais tornarão diferentes nossos respectivos trabalhos. O senhor garimpa as pedras preciosas, mas eu tenho o 'grau de extensão'. Como o senhor sabe, sempre preciso ir do exterior para o interior, e do todo para a parte".[57]

Aqui reside o núcleo do problema. Nada mais estranho à psicanálise do que proceder do todo para a parte e do exterior para o interior. Basta abrir o *"Moisés* de Michelangelo" ou o "Leonardo" para verificar que toda a construção freudiana repousa sobre inferências extraídas de um único detalhe. Isso explica por que Jung insiste em permanecer na "superfície" e faz o elogio do pensamento analógico. Da mesma forma, enquanto Freud realiza elaborações sempre parciais acerca de problemas determinados, renunciando à sistematização apressada, Jung aspira a um conhecimento total da psique e a "adivinhar os segredos escondidos nos abismos do inconsciente". Completude e adivinhação: o projeto junguiano é o de um conhecimento imediato e intuitivo, e é essa a razão pela qual se recusa a abandonar a "superfície"; por meio das analogias adequadas a partir dos conteúdos mitológicos aceitos como primeiros, torna-se dispensável, no limite, o oneroso trabalho da interpretação, que consiste sempre numa *redução*. É essa característica do pensamento de Jung que sugere a Roustang a aproximação com o "conhecimento esquizofrênico", fundado sobre a indistinção e ao mesmo tempo sobre a segmentação em setores estanques, o que obriga ao recurso à analogia para assegurar a continuidade. Ao ler Roustang, tem-se a impressão de que Jung retira de cada um dos "modos de conhecimento" — esquizofrênico

---

57 282J (14/11/1911), *Freud-Jung*, p. 460. Jung acrescenta que o conceito freudiano de libido tem de ser completado pelo fator genético para ser aplicável à demência — fator que, naturalmente, não alude às vicissitudes da histeria libidinal, mas à origem mitológica do conteúdo das fantasias.

e paranoico — o elemento pior, tentando superar a compartimentação esquizofrênica pela totalização paranoica, enquanto Freud, advertido pela experiência com Fliess, faz justo o contrário: "Do conhecimento paranoico, ele conserva a preocupação do rigor, mas evita a necessidade de continuidade sistemática. Do conhecimento esquizofrênico, mantém a segmentação e os saltos, mas se preserva da continuidade fusional da indistinção". De onde a conclusão: "Fazendo assim fracassar a construção paranoica graças ao delírio esquizofrênico, Freud cria um novo modo de teorização e, o que é decisivo no presente debate, torna inofensivas para si, por esse meio, ambas as psicoses. A razão bem temperada lhe permite contornar a loucura sem fazê-la se calar".[58]

Eis aí algo que não deixa de ser surpreendente. É exato que Freud opera por construções provisórias e lacunares, e que sua probidade intelectual o conduz sempre, em seus escritos, a indicar até onde uma ideia pode ser utilizada e a partir de onde as trevas voltam a se cerrar. Mas daí a afirmar que isso significa "fazer fracassar a construção paranoica graças ao delírio esquizofrênico" vai uma enorme distância. Na nota final do "Caso Schreber", Freud aponta uma *singular coincidência* entre o delírio e a teoria, mas de modo algum afirma que esta se constrói graças a um delírio, mesmo controlado; aliás, a expressão parece desprovida de sentido: o que seria um delírio *controlado*? Aqui Roustang toma uma observação marginal por uma declaração de princípios; é certo que a psicanálise se interessa mais pelas observações marginais do que pelas declarações de princípios, mas é difícil saber onde começa a ser pertinente uma diferença essencial entre ambas. Por outro lado, a hipótese de Roustang tem o mérito de colocar uma pergunta essencial: o que é uma teoria psicanalítica? Sua resposta — "a teoria é o delírio de vários, e o delírio, a teoria de um só"[59] — é completamente inaceitável, mas não é fácil mostrar por quê. Deixaremos, pois, de lado o texto de Roustang — cujo alcance polêmico no contexto da psicanálise francesa contemporânea não nos cabe estudar — para retornar à enigmática nota de Freud e procurar elucidar as relações bastante complexas entre teoria, delírio e fantasia, questão que envolve também uma resposta a meu ver definitiva às acusações de psicologismo levantadas contra a psicanálise, e permitirá situar de modo mais preciso o famoso mito da horda primitiva.

---

58 Roustang, *Un destin*, cit., p. 73.
59 Ibidem, p. 199.

Freud fala de uma *analogia* entre a teoria sexual e o conteúdo do delírio schreberiano. Tal analogia repousa sobre a "coincidência" entre a noção de que os raios divinos são de natureza libidinal e a ideia de que esses raios correspondem a cargas libidinais projetadas para o exterior e atribuídas a entidades imaginárias. Em que perspectiva, portanto, estabelece-se a *coincidência*? É o adjetivo "libidinal" que a sustenta; mas os conceitos que ele qualifica são absolutamente diferentes. Da mesma forma, Schreber teme que o mundo vá acabar porque sua pessoa absorve todos os raios divinos; a analogia remete aqui ao conceito de regressão à fase narcísica e à retirada do interesse do mundo exterior. Schreber procede como se fosse partidário da tese de Berkeley, segundo a qual "ser é ser percebido", *esse est percipi*, e, consequentemente, atribui à cessação do *percipi* o poder de aniquilar a realidade do *esse*. A noção de analogia, porém, pode ser interrogada: ela repousa sobre a percepção de similitudes extrínsecas entre dois objetos ou noções, que permanecem intactos ao ser estabelecida a analogia, enquanto a associação transforma os termos associados e os faz surgir recentrados a partir de um novo foco. Para nos servirmos de uma metáfora geográfica, a analogia permanece na superfície, enquanto a associação opera em profundidade. Isso implica que o processo de gênese dos termos relacionados pela analogia permanece oculto, e é por essa razão que ela necessariamente se detém na superfície. Ora, é evidente que, uma vez desvendado esse processo, a analogia perde seu poder de convicção, visto que as similaridades consideradas no início deixem de ter o mesmo sentido. Se aplicarmos essa ideia aos termos da analogia apontada por Freud, resulta de imediato que, a despeito das "coincidências" mostradas, os pensamentos de Freud e de Schreber são separados por uma imensa distância, que permite, justamente, aos primeiros dar conta dos segundos. E isso nos remete aos processos respectivos de gênese do delírio e da teoria.

Por que Roustang é levado a assimilar essas duas construções? Porque a psicanálise nada tem de uma ciência "exata", apesar do desejo pessoal de seu fundador de que assim fosse. De modo algum ocorreria a Roustang afirmar que $a^2 = b + c$ é um delírio de Pitágoras, ou que $E = mc^2$ é um delírio de Einstein. Isso porque os referentes dessas equações são fenômenos que independem da subjetividade de cada um de seus autores e, como tais, são passíveis de verificação por outros observadores, pois são dotados de um tipo de estabilidade que transcende a pessoa contingente de cada um deles. Incidentalmente, aqui deparamos com a raiz do argumento lacaniano acerca da estrutura paranoica do conhecimento. Lacan afirma que o conhecimento repousa sobre uma estrutura paranoica porque, para que a cognição seja possível, é preciso que tanto o sujeito quanto o objeto sejam dotados de um mínimo de permanência no tempo, capaz de operar um estancamento no fluxo das sensações e das *Gestalten*, por meio do qual se constituem objeto e sujeito. Essa afirmação, que simplifica ao extremo as teses kantianas da *Crítica da razão pura*, enuncia uma condição realmente indispensável para o ato de cognição. A dificuldade está em saltar dessa condição para o caráter paranoico de todo conhecimento, mediante a premissa menor de que os sentimentos de perseguição do paranoico correspondem à estagnação de um dos "momentos fenomenológicos das condutas sociais".[60] O silogismo se constrói assim:

Todo conhecimento pressupõe uma determinada estagnação do fluxo de percepções.
Ora, o paranoico opera uma determinada estagnação em seu delírio.
Logo, a estrutura fundamental do conhecimento humano é paranoica.

O salto do particular ao universal — que consiste em jogar sobre os dois sentidos do termo "determinado": *preciso* e *algum, um certo* — invalida por um deslize analógico essa afirmação, não obstante sua aparência rigorosa.

Para retomar meu argumento: o elemento de que é feita a psique não pode ser reduzido às leis que determinam a relativa estabilidade dos objetos do mundo exterior, porque o que o caracteriza é precisamente a fluidez, a indeterminação, a ausência de negação e, portanto, de toda negação determinada. O processo primário, posto em evidência no "Projeto" e que governa as representações inconscientes, faz com que em momento algum elas possam ser conhecidas *sub specie aeternitatis*, e é por esse motivo que as formações do inconsciente requerem uma interpretação. Esta, por sua vez, não fixa coisa alguma, limitando-se a retraçar um processo de gênese do sentido relativamente provável, sem impedir que outras interpretações possam revelar novos aspectos da rede de representações, e assim indefinidamente. Pois as representações não são apenas reencontradas no processo de interpretação, mas surgem também durante o processo associativo, de modo que não é dotada de sentido a questão de determinar se elas preexistem ao momento em que são evocadas ou se são inventadas

---

60 Lacan, "De l'agressivité en psychanalyse", em *Écrits*, Paris, Seuil, 1965, p. 111.

nesse momento, em função de regras de extrema complexidade. É todo o problema da recordação e das fantasias que se insinua aqui e que abordaremos com mais vagar na sexta seção deste capítulo. De momento, basta reconhecer que é a diferença entre as proposições da psicanálise e as das ciências naturais — proposições, aliás, mais complexas do que deixa entrever o argumento de Roustang, já que as determinações do "objeto científico" não se reduzem à categoria da permanência — que permite, por uma série de deslizamentos, a definição da teoria como um "délire partagé par plusieurs". Inverificáveis pelo método experimental, as proposições teóricas da psicanálise representariam por isso algo da ordem do fantasma ou do delírio: eis a petição de princípio em que incorre nosso autor. O fato de que as afirmações da psicanálise não são verificáveis pelo método experimental não implica de modo algum que sejam *absolutamente* inverificáveis: com efeito, toda verificação precisa respeitar as condições de existência do fenômeno a ser verificado, e é suficiente aceitar o pacto analítico para comprovar, em sua própria pessoa, a validade das proposições psicanalíticas, assim como é suficiente repetir o experimento nas condições adequadas para verificar ou invalidar proposições que se referem a fenômenos de outras ordens.

Como se constitui um delírio? Freud afirma que é a tentativa de reconstrução do mundo, subsequente à "catástrofe" representada pela regressão ao momento narcísico. Sua condição de possibilidade, portanto, é essa regressão, a qual por sua vez depende de uma série de fatores específicos, entre os quais a fixação libidinal nessa etapa da evolução psicossexual. A regressão é assim o fator *sine qua non* para que um conjunto de representações possa ser qualificado de delirante. Para retomar as teses de "Os dois princípios", o que é posto fora de circuito é o princípio de realidade, cujo advento assinala o acesso ao mundo dos outros e dos objetos, ou seja, à realidade socialmente constituída. Na quarta seção deste capítulo, teremos ocasião de retomar tal problema, dos mais intrincados que a psicanálise oferece à reflexão filosófica; basta por ora reter que o delírio pressupõe o abandono em grande escala da distinção entre princípio de realidade e princípio de prazer, entre si mesmo como entidade limitada e o mundo como conjunto de objetos capazes de ser investidos pela libido.

Um dos modelos da proposição de Roustang é a "estrutura paranoica do conhecimento"; o outro é a noção freudiana de "teorias sexuais infantis". É preciso reconhecer que, para ele, a teoria não é apenas idêntica ao delírio, mas "délire partagé par plusieurs". A diferença seria assim questão de números, mas a rigor ela reside na gênese das representações postas em jogo numa e noutra formação. Não se vê por qual milagre metafísico um delírio se converteria em teoria pela simples circunstância de ser compartido por mais de um delirante — isso equivale a afirmar que, quando Freud era o único psicanalista, a *Interpretação dos sonhos* era da ordem do delírio, mas que, a partir da fundação da "Sociedade Psicológica das Quartas-Feiras", ela se teria transformado em teoria! Daí o interesse em examinar o que Freud designa por teorias sexuais infantis, cuja característica principal é a de serem típicas, isto é, "partagées par plusieurs". Além disso, dada a crença difundida nos meios analíticos de que tais teorias são a matriz de todas as teorias dos adultos, inclusive as psicanalíticas, vale a pena considerá-las mais de perto.

Freud começa seu artigo afirmando que o objeto fundamental da curiosidade infantil é a origem dos bebês, e que essa curiosidade é despertada pelo nascimento de outra criança, obedecendo ao propósito egoísta de evitar a repetição de um acontecimento tão pouco gratificante, já que implica a diminuição dos cuidados de que até então fora objeto a criança. A recusa dos adultos em esclarecer essa questão — recusa exemplarmente expressa pela história da cegonha — conduz a duas consequências: em primeiro a desconfiança para com os adultos, pois a criança não dá, em geral, o menor crédito à fábula que lhe impingem;[61] em segundo, tendo descoberto por si mesma que o feto se forma no ventre da mãe, ela procurará responder ao enigma de saber como ela entrou no ventre. Freud enumera algumas das respostas fornecidas pela reflexão infantil, a saber, a ideia de que também as mulheres são dotadas de um pênis, a imaginação de um nascimento anal e a representação sádica do coito entre os pais. O essencial nessas ideias é o desconhecimento da vagina materna, que, em vez de ser anulado pela visão do órgão feminino, engendra por parte dos indivíduos masculinos uma *Verleugnung* ("repúdio") da percepção: o menino se diz que a "coisinha" crescerá com o tempo, ou que a menina foi castrada. É só em 1925 que Freud extrairá todas as implicações dessa formulação, no artigo sobre as consequências psíquicas da diferença anatômica dos sexos; em 1908, data do artigo em pauta, ele se limita a dizer que tais teorias fracassam em seus propósitos heurísticos e que, com o advento do período de latência, a curiosidade sexual infantil deixa de ser urgente e só será reativada no início da puberdade.

---

61 "Teorias sexuais infantis", SA V, p. 174; SE IX, p. 213; BN II, p. 1264.

Mas essas cavilações e dúvidas constituem o protótipo de todos os processos mentais ulteriores destinados a resolver problemas, e o primeiro fracasso já exerce uma influência paralisante [...]. Embora todas errem de um modo grotesco, cada uma delas contém uma parte de verdade, assemelhando-se nisso àquelas teorias que qualificamos de "geniais", edificadas pelos adultos como tentativas de resolver os problemas universais que desafiam o pensamento humano.[62]

Freud não diz que as teorias sexuais infantis são *idênticas* às teorias "geniais" dos adultos, mas que se *assemelham* a elas; tampouco afirma mais do que serem tais teorias o *protótipo* dos processos de pensamento destinados a resolver problemas. A analogia entre as especulações infantis e os sistemas científicos e filosóficos consiste em que tanto umas quanto outros contêm uma parte de verdade e outra de erro. Mas, justamente, a criança acaba por desistir da tentativa de resolver por si o problema, enquanto o filósofo e o cientista prosseguem em seus esforços, que têm como horizonte a explicação total dos fenômenos do universo. Aqui convém recordar a frase dirigida a Jung numa carta, na qual Freud declara ter renunciado a esse propósito de totalização que, a seu ver, caracteriza a filosofia ("preencher os buracos do universo", citação de Heine que retorna várias vezes em seus escritos). Podemos, porém, perguntar por que a criança se detém em sua investigação, e até que ponto suas teorias são de fato teorias. O ponto cego das cavilações infantis é a recusa em extrair as consequências que se impõem a partir da percepção da vagina, isto é, em atribuir todo o peso necessário à diferença anatômica dos sexos — que para Conrad Stein é um dos "paradigmas do real". Por que isso ocorre? Porque a ausência do pênis atribui um certo grau de probabilidade à ameaça de castração, inevitavelmente pronunciada aos meninos que tocam o "piupiu". O menino prefere então recusar aquilo que seus olhos veem e se refugiar na esperança de que a "coisinha" crescerá. Em outros termos, ele recusa o princípio de realidade para se abrigar numa fantasia garantida pelo princípio do prazer (embora a "realidade" não se reduza de modo algum àquilo que "os olhos veem", isto é, à aparência empírica mais grosseira). É por esse motivo que sua investigação não pode ser levada a bom termo e que essas "teorias" reaparecem sob a forma de fantasias nas análises de adultos: elas são, desde o começo, contaminadas pelas fantasias, ou mesmo,

---

[62] "Teorias sexuais infantis", SA V, pp. 179 e 175; SE IX, pp. 219; BN II, pp. 1267 e 1265.

como no caso da representação da mãe fálica, fantasias integrais, resíduos de épocas mais arcaicas. Fantasias e delírios se caracterizam, pois, pela colocação entre parênteses do princípio de realidade, de maneira por certo muito mais decisiva no segundo do que na primeira — o que, afinal de contas, faz toda a diferença entre uma criança e um psicótico.

Uma observação de Freud — segundo a qual a investigação sexual é o protótipo de toda investigação ulterior — é retomada e ampliada na primeira parte de "Uma recordação infantil de Leonardo da Vinci". O ponto de partida desse ensaio é a inibição da atividade artística de Leonardo, em detrimento de sua ânsia de saber. Freud relaciona essa característica de sua personalidade aos testemunhos dos contemporâneos sobre a pederastia ideal do artista, para sugerir que, em Leonardo, a vida afetiva se achava submetida ao impulso de investigação: ele investigava com a paixão nascida da sexualidade. Para explicar o fenômeno, Freud torna a considerar os destinos da "tendência à investigação" das crianças, afirmando que tal tendência pode conduzir, segundo as constelações específicas, a três situações diferentes. Ela pode ser completamente reprimida devido a seu objeto inicial, a sexualidade; isso resultará numa fraqueza intelectual duradoura, acentuada pela influência inibidora de coerção religiosa sobre o pensamento (ideia já expressa, no ano anterior, em "A educação sexual das crianças"). Uma segunda possibilidade, sem dúvida sugerida pela análise do Homem dos Ratos, é a sexualidade do pensamento, sob a forma da obsessão investigadora, que nada mais é do que o retorno da tendência primitiva sob o disfarce imposto pela repressão. A natureza compulsiva da obsessão é uma das questões levantadas nesse caso, a partir de um sintoma particular: a "loucura da dúvida" que paralisa a ação e a vontade do paciente. Freud retraça a origem desse sintoma até a intensidade peculiar e a repressão igualmente intensa do prazer sexual visual: o que se procura ver, e que não deve ser visto, são as coisas sexuais, como os órgãos genitais do sexo oposto, o coito entre os pais etc. Mais tarde, temendo as funestas consequências dos atos inspirados por sua agressividade inconsciente, o obsessivo tenderá a substituir as ações pelos pensamentos, de modo que o sentido sexual se desloca progressivamente daquelas para estes e determina a sexualização da atividade de pensar:

> a própria atividade mental fica sexualizada, pois o prazer sexual, referido habitualmente ao conteúdo do pensamento, passa a recair sobre o processo intelectual, e

a satisfação alcançada ao se atingir um resultado mental é sentida como satisfação sexual [...] Tornam-se obsessivos aqueles processos psíquicos que, em consequência da inibição antitética no extremo motor dos sistemas mentais, são empreendidos com um dispêndio [...] de energia destinado habitualmente apenas às ações; isto é, *aqueles pensamentos que, regressivamente, representam ações*.[63]

É de suma importância não confundir a sexualização obsessiva do pensamento com o terceiro dos destinos da curiosidade infantil, a saber, a sublimação. Para tanto, convém ressaltar que a sexualização dos processos intelectuais corresponde ao retorno do reprimido sob a forma do deslocamento (do conteúdo para o ato de pensar), e resulta na *inibição do agir*, já que os pensamentos assim intensificados ocupam o lugar da ação. A sublimação é, dos destinos pulsionais, o mais obscuro; vejamos como Freud o caracteriza no "Leonardo":

> Também aqui a investigação faz-se de certo modo obsessiva e representa um substituto da atividade sexual; mas, devido à total diferença entre os processos psíquicos correspondentes (sublimação em vez do retorno do reprimido), faltam o caráter neurótico e a aderência aos complexos primitivos da investigação sexual infantil, e o instinto pode atuar livremente a serviço do interesse intelectual, atendendo, porém, ao mesmo tempo à repressão sexual, ao evitar todos os temas dessa natureza.[64]

O terceiro destino da curiosidade sexual infantil escapa, portanto, à repressão bem-sucedida que resulta em fraqueza intelectual e à repressão fracassada que resulta na sexualização compulsiva. O caráter distintivo de sua presença, no nível manifesto, é a capacidade do indivíduo de se interessar por temas outros, diferentes dos objetos iniciais da investigação infantil; ao mesmo tempo, porém, respeitando as injunções da repressão, não aborda questões de caráter sexual. A sublimação envolve portanto a modificação do objeto da pulsão sexual e ao mesmo tempo uma transformação da sua finalidade: ao investir atividades socialmente mais valorizadas, a pulsão renuncia à satisfação direta para despender sua energia em atividades que, embora sob interpretação se revelem substitutos

---

63 "Homem dos ratos", SA VII, pp. 100-1; SE X, pp. 245-6; BN II, pp. 1484-5.
64 "Uma recordação infantil de Leonardo da Vinci", SA X, p. 107; SE XI, p. 80; BN II, p. 1587. Esse texto será citado como "Leonardo".

daquela, consistem precisamente em *substitutos* dela, e não em rodeios para atingi-la de modo neurótico. Saber como isso é possível é um outro problema; o que nos interessa neste momento é assinalar que a sublimação implica a aceitação do princípio de realidade, visto que os objetos e as atividades que por meio dela são investidos só existem *fora* da psique, no mundo exterior. E aqui convém recordar que, para Freud, o mundo exterior não é apenas a natureza ou a matéria inerte, mas a *realidade social*. A sublimação é assim a maneira pela qual a psique se abre para o pensar e o fazer, que, como mostra C. Castoriadis, são atividades atravessadas de lado a lado pela instituição social e que assinalam a ruptura — sempre parcial e sempre precária — do solipsismo inicial do ser humano.

A teoria — qualquer teoria, e em particular a psicanálise — pressupõe essa abertura para o real, ignorada por Roustang, e sem a qual ela se degrada à condição de fantasma ou delírio. Numa passagem particularmente brilhante de seu ensaio, Castoriadis aponta os paralogismos contidos na afirmação de Roustang segundo a qual "cada analista deveria fazer sua própria teoria": pela definição oferecida do que é a teoria, ou bem essas construções individuais são outros tantos delírios, e não é possível como a teoria poderia ser "délire partagé par plusieurs", ou bem todos compartilharão o delírio/teoria de um único, o Mestre, e o resultado será a abjeção condenada nos termos mais enérgicos pelo próprio Roustang.[65] É que a formulação de uma teoria pressupõe a sublimação, e esta só pode ser realizada, em grau suficiente, uma vez bastante avançado o processo de socialização do indivíduo. Isso talvez explique por que um menino de cinco anos pode ser um músico genial, como Mozart, mas dificilmente um filósofo, um cientista ou um líder revolucionário. As teorias sexuais infantis são apenas *análogas* às "teorias genitais dos adultos", e já sabemos que a analogia é um procedimento sem direito de cidade na reflexão, seja filosófica, seja psicanalítica.

Isso posto, a questão de uma teoria psicanalítica pode ser retomada em seu devido contexto. Ela parece contradizer a passagem do "Leonardo" já citada, que anuncia: "O instinto pode atuar livremente a serviço do interesse intelectual, atendendo ao mesmo tempo, porém, à repressão sexual, *ao evitar temas dessa natureza*". Eis aqui uma construção que, em vez de "atender à repressão", propõe-se precisamente a levantá-la, colocando os "temas de natureza sexual" no centro de sua reflexão. O escândalo da psicanálise consiste justo nesse

---

[65] Cornelius Castoriadis, "La psychanalyse: projet et élucidation", em *Les carrefours du labyrinthe*, Paris, Seuil, 1976, p. 109 n.

desvendamento dos temas sexuais, razão pela qual se lhe opôs uma extraordinária resistência, repetida aliás pelo paciente em análise de mil e uma formas diferentes. Atribuir à genialidade de Freud ou a argumentos do mesmo tipo o motivo do surgimento de uma tal teoria é simplesmente escamotear o problema representado pela sua emergência — e por sua emergência numa atmosfera cultural específica. A posição inversa, segundo a qual a descoberta do inconsciente estava ao alcance de qualquer um, é também uma petição de princípio, já que historicamente foi ele quem a fez, e não "qualquer um".

Uma obra, em qualquer dos múltiplos domínios do fazer humano, pressupõe a amálgama de pelo menos dois componentes: a imaginação criadora de seu autor e a existência de uma sociedade que o transcende e ao mesmo tempo o inclui. É nessa sociedade e naquilo que ela torna possível pensar, fazer ou representar que o indivíduo colhe a matéria-prima de sua obra, seja ela um artefato técnico ou uma criação no domínio do pensamento ou da sensibilidade. Ao mesmo tempo, a obra não se reduz à simples colagem de materiais já disponíveis, nem à simples reunião de ideias antes pensadas: ela institui uma figura nova, no limite mínimo pela seleção destes e de não outros elementos, e no limite máximo fazendo surgir uma nova configuração do pensável, do factível ou do representável, configuração grávida de numerosas outras que irão explorar ou explicitar essa nova região do ser tornada acessível pela primeira. É esse o sentido da noção do "grande artista" que encontramos em Hermann Broch, aquele que, ao fazer uma "grande obra de arte", inaugura um modo novo de expressão ou uma figura nova do exprimível. É nesse sentido que se pode dizer que toda a música clássica é prefigurada pelo *Cravo bem temperado*, que delimita um novo domínio do audível pelo uso sistemático da escala diatônica, por sua vez possibilitada pelo aperfeiçoamento técnico de certos instrumentos musicais. Isso não significa que de Bach a Schönberg e à revolução dodecafônica ninguém tenha inventado nada novo: mas a "novidade" de Mozart ou de Beethoven é relativamente menos intensa do que a "novidade" de Schönberg, que institui uma outra escala e outra forma de conceber a harmonia e a melodia. Os exemplos podem ser multiplicados ao infinito, pois em cada uma das regiões do fazer humano a história é história das rupturas e das continuidades, a partir de esquemas produtores de cristalizações e de outros esquemas (o que questiona a hipótese dos "cortes epistemológicos", dada a impossibilidade de definir a partir de qual momento o corte se institui).

Para retornar à teoria psicanalítica: seria possível mostrar que Freud teve precursores em cada um dos terrenos que explorou — tarefa, aliás, bastante facilitada pela abundância de referências bibliográficas em seus escritos. Mas é tão ridículo reduzir sua contribuição à soma desses precursores quanto imaginar que a psicanálise nada tem a ver com a cultura ocidental, hipótese cuja falsidade foi demonstrada pelo primeiro capítulo deste estudo. Vimos mais atrás que a elaboração teórica de Freud repousa sobre três fundamentos: sua autoanálise, a análise de seus pacientes e as referências à cultura. Essa caracterização pode ser agora completada por um outro elemento; a teoria analítica, como qualquer outra teoria, tem como pressuposto a capacidade de sublimação, que de momento permanece enigmática; e, se ela se destina a levantar a repressão, permanece por outro lado tributária do inconsciente que contribui para revelar. Os textos que a constituem trazem em si a marca do inconsciente de seu autor, e nisso as *Obras completas* não são apenas o texto fundador da psicanálise, mas também, como vimos Freud reconhecer quanto à *Interpretação dos sonhos*, um fragmento da análise do indivíduo que as assina. É por essa razão que elas conservam um poder de fascínio único na história do pensamento psicanalítico, pois cada analista, mais cedo ou mais tarde, vê-se na necessidade de retraçar o percurso que o constitui como analista — e os primeiros momentos desse percurso foram realizados por Freud e por nenhum outro. *Once done, it is done forever.*

No prefácio citado, Freud afirma que a *Interpretação dos sonhos* contém a descoberta mais importante que lhe foi concedido realizar. No que consiste tal descoberta? Na posição de uma nova figura do pensável, a saber, o inconsciente. Castoriadis, comentando a célebre frase de "Análise terminável e interminável" em que se diz que, "sem especular, quase diria sem fantasmatizar teoricamente", seria impossível continuar a investigação, propõe uma interessante distinção entre três modalidades dessa fantasmatização teórica: por projeção, por intuição e por criação.[66] Por projeção: se eu, então todos; por intuição: traduzir a representação de outrem e lhe atribuir um novo sentido; por criação: enunciar pela primeira vez algo que até então jamais havia sido não apenas *visto* ou *pensado*, mas *visível* e *pensável*. Não é difícil encontrar exemplos que ilustrem essas três modalidades. Ao analisar suas recordações de infância, Freud escreve a Fliess

---

66 Castoriadis, "La psychanalyse", cit., pp. 112-3. Para o texto de Freud, cf. "Análise terminável e interminável", SA E, p. 366; SE XXIII, p. 225; BN III, p. 3345.

que "também em mim descobri o amor pela mãe e o ciúme pelo pai". O "também" indica que a universalização já aparece, operada pelo mecanismo da projeção. "Os histéricos sofrem de reminiscências" oferece um exemplo da tradução de representações por meio do que, provisoriamente, pode ser designado como intuição. E o estabelecimento de relações genéticas entre certos traços de caráter e o erotismo anal é por certo posição de uma figura do pensável que responde a todos os critérios da criação. Nenhuma dessas três proposições pode ser, em sentido algum desses termos, considerada um fantasma, um delírio ou uma teoria sexual infantil, e a razão disso é agora clara: para *pensar* tais entidades, a psicanálise não pode se reduzir a elas; e não se reduz a elas porque, levando em consideração o princípio de realidade, figura o investimento em regime de sublimação de determinados objetos que lhe são oferecidos não pela atividade espontânea da psique, e sim pelo intricado jogo de fatores que, sem exceção, pressupõem a posição pela sociedade de significações e de instituições que não são da ordem das funções do inconsciente.

Por outro lado, como observa com razão Castoriadis, a inércia do já-pensado também se faz sentir em Freud. Se ironiza Jung, dizendo na carta 20F que "um verdadeiro psiquiatra não pode enxergar o que não está em Kraepelin", Freud é por vezes incapaz de reconhecer o que não está em Freud: prova-o justamente sua insistência em negar a especificidade da esquizofrenia. Mais do que isso, estabelece-se a seu ver uma tensão permanente entre Freud e seus discípulos, confrontados com o dilema de repetir o mestre ou se desviar da doutrina psicanalítica, o que Jung expressará de modo patético ao escrever: "Tem-se tanta vontade de descobrir algo novo!" (140J). Poucos, como Melanie Klein e Lacan, serão capazes de formular teses ao mesmo tempo coerentes com o pensamento de Freud e introdutoras de novos conceitos ausentes da obra fundadora.[67] A resistência de Freud em admitir noções estranhas ao seu próprio movimento reflexivo — exceto se, no decurso deste, vier a encontrá-las por si mesmo — só é igualada pelo zelo com que reelabora a cada instante suas concepções, não em função de seus delírios ou fantasias (é preciso repetir?), mas porque a observação mais cuidadosa e o trabalho do conceito o obrigam a revisar o que "já está em Freud".

Não se trata, porém, apenas disso. Se a teoria psicanalítica traz em si os traços do inconsciente que ele desvenda, é porque cada nova proposição, cada

---

67 Castoriadis, "La psychanalyse", cit., p. 97.

novo avanço, corresponde a um novo momento da elaboração dos conteúdos desse inconsciente. Em outras palavras, se a afirmação de que uma das raízes da psicanálise é a autoanálise de Freud não é desprovida de sentido, é necessário compreender que tal autoanálise, além dos frutos teóricos eventualmente dignos de interesse, conduz também e sobretudo a um remanejamento dos afetos e das representações existentes no psiquismo do próprio Freud. E, como sabemos, uma das representações mais intensamente carregadas desse psiquismo é a de seu pai. É lícito, portanto, supor que os novos brotes da teoria freudiana estão relacionados, em grau maior ou menor, com os diferentes momentos da resolução de seu complexo paterno. A estranheza dessa noção é diminuída por uma observação contida no "Leonardo":

> Mas se como artista a imitação de seu pai o prejudicou, a rebelião contra o mesmo constituiu a condição infantil de seus resultados como investigador, não menos importantes. [...]. Quando ensinava a desprezar a autoridade e a recusar a imitação dos antigos, indicando em seguida o estudo da natureza como fonte de toda verdade, apenas repetia na mais elevada sublimação possível para o homem a decisão que, anteriormente, se impusera à criança [...]. Transportados da abstração científica para a experiência concreta individual, os antigos e a autoridade correspondem ao pai [...]. Leonardo podia prescindir do apoio (da autoridade). Mas isso jamais lhe teria sido possível se, em seus primeiros anos, não tivesse aprendido a renunciar ao pai.[68]

Não é preciso ser um psicólogo particularmente bem-dotado para entrever, ao longo de todo esse estudo, a figura de Sigmund dissimulada atrás da de Leonardo, com certeza nas passagens sobre a ciência, sobre o impulso à investigação e a sublimação, e de modo mais sutil na questão da libido homossexual que circula entre um mestre e seus discípulos. Mas tampouco é preciso especular demasiado para se dar conta de que a "renúncia ao pai" e mesmo a "rebelião contra ele" permeiam do início ao fim a atividade investigadora de Freud: basta abrir ao acaso a *Interpretação dos sonhos* para se certificar disso. Dois exemplos entre muitos outros: a origem da bibliomania na cena escandalosa do livro de figuras (sonho da "Monografia botânica") e a enumeração dos feitos científicos

---

[68] "Leonardo", SA X, p. 144; SE XI, p. 122; BN II, p. 1611.

em resposta à observação de Jakob de que "este menino nunca fará nada que preste" (sonho do "Conde Thun").

A elaboração teórica remete assim ao complexo paterno. Isso não invalida minha afirmação de que a teoria não é membro da mesma série que o fantasma e o delírio: veremos mais adiante o papel essencial do pai no estabelecimento da função do real. Mas, para concluir esta longa volta pelo estatuto da teoria e retomar a problemática do pai a partir de um novo ângulo, cabe tomar em consideração que o ponto central da obra, em seu período mediano, é o mito de *Totem e tabu*, mito que, manifestamente, enuncia algo a respeito da paternidade: a saber, que a origem do social reside no assassinato do chefe da horda. Freud não denomina essa hipótese de teoria, nem, muito menos, de fantasia ou de delírio. A designação escolhida é certamente estranha: trata-se de um "mito científico". Cabe-nos agora examinar o que significa essa enigmática expressão e no que ela representa uma forma do pensar irredutível à teoria, uma forma da fantasmatização irredutível à fantasia e uma reconstrução do real irredutível ao delírio.

3. UM MITO CIENTÍFICO

A redação de *Totem e tabu* ocupou Freud por quase dois anos, de setembro de 1911 até maio de 1913. Durante esse período, sua concentração foi tão exclusiva, que só abandonou o projeto para escrever alguns artigos curtos. Quatro deles versam sobre a técnica psicanalítica, assunto no qual não se pode imaginar um esforço excessivo de sua parte. Dois abordam questões teóricas relativamente menores. O único que se reveste de maior importância obedece a um motivo estratégico: trata-se de "Algumas observações sobre o conceito de inconsciente em psicanálise" (1912), encomendado por uma revista inglesa e que viria servir à difusão da nova disciplina num país que lhe era extremamente caro.[69] Isso é suficiente para assinalar a importância atribuída aos quatro ensaios de *Totem e*

---

69 Os artigos são: "O manejo da interpretação dos sonhos em psicanálise" (dezembro de 1911); "A dinâmica da transferência" (janeiro de 1912); "Conselhos ao médico" (junho de 1912), que correspondem ao período de redação dos dois primeiros ensaios. No segundo semestre de 1912: "Tipos de aquisição de neurose" e "Sobre a degradação mais geral da vida amorosa", além de "O inconsciente: algumas observações sobre esse conceito em psicanálise". A retomada de *Totem e tabu*, no primeiro semestre de 1913, só deixa espaço para o quarto artigo técnico: "O início do tratamento". Cf. Jones, *La vie et l'œuvre*, cit., II.

tabu, documentada em inúmeros trechos de sua correspondência, como se pode ver pelo capítulo da biografia de Jones dedicado ao livro. Mas a coincidência de sua redação com uma reflexão sobre a teoria e a prática da psicanálise indica também que a excursão de Freud pela etnologia não pode ser dissociada de sua finalidade essencial, de natureza propriamente psicanalítica.

O contexto evocado nas seções precedentes não deixa dúvida quanto ao objetivo inicial de Freud: trata-se de um instrumento na polêmica que se anuncia com Jung, com o intuito de pensar, numa perspectiva de fato psicanalítica, o surgimento e o sentido da religião. A primeira parte do trabalho daquele, *Símbolos e transformações da libido*, fora publicada pouco antes e não agradara em absoluto ao mestre de Viena. Além disso, no verão de 1911 eclode a dissidência de Adler: um de seus argumentos era precisamente a pouca importância atribuída pela psicanálise, segundo ele, aos fatores culturais na formação do indivíduo e na emergência das neuroses. A intenção polêmica é assim bifronte: ela visa por um lado à "tendência espiritual" elogiada por Jung na teorização suíça, e por outro à crítica adleriana de que explicar a repressão pela cultura e esta pela repressão seria apenas uma petição de princípio (carta 240 a Jung).

Em vez de retomar a mitologia grega ou indo-europeia, objeto das investigações de seu discípulo e com a qual por certo estava mais familiarizado, Freud se volta para os aborígines australianos. Essa escolha aparentemente bizarra requer explicação, que pode ser desdobrada em vários planos. Primeiro, o objeto do estudo é explicar a origem da religião; como os mitos indo-europeus são já demasiado afastados do ponto zero que trata de dirigir, pode-se supor que em sua constituição tenham operado fatores estranhos à situação originária e derivados de um nível de civilização incomparavelmente superior ao dos primitivos. As tribos australianas eram, segundo o testemunho dos antropólogos, as mais selvagens então conhecidas, e mesmo assim Freud toma a precaução, numa nota aposta à primeira página de *Totem e tabu*, de afirmar que também esses grupos têm atrás de si uma longa história, sendo por isso errôneo ver em suas crenças e instituições o marco inicial da civilização. Essa nota permite situar o trabalho de Freud como uma reconstrução do que teria sido a origem — reconstrução operada, como no tratamento analítico, a partir de elementos manifestos reduzidos a seu sentido por meio de interpretações pertinentes. É esse caráter de reconstrução — reconhecido explicitamente pelo autor — que invalida de antemão as críticas mais frequentes feitas ao livro, segundo as quais os acontecimentos inferidos por Freud não são verificáveis no material recolhido pelos antropólogos no terreno. Essa crítica contém um outro problema: o do estatuto a conferir à verdade histórica em psicanálise, objeto da sexta seção deste capítulo. Mas, em sua formulação usual, passa por cima de uma evidência: caso a história da horda seja, ainda que remotamente, possível, os eventuais testemunhos estariam haveria milênios enterrados pela repressão, e, como a reconstituição da infância numa cura analítica, podem ser apenas inferidos e jamais comprovados. Não é preciso, porém, aceitar como verdadeira a hipótese freudiana, como veremos mais adiante, para avaliar seu *sentido*; mas também é certo que a crítica dela passa por caminhos que não são os da verificação empírica.

Freud se volta assim para um terreno que, bem nesse momento, parecia se consolidar de modo definitivo. Os primeiros anos do século XX correspondem, com efeito, ao apogeu da etapa inaugural da história da etnologia, e um estudioso como Frazer podia tentar, em *The Golden Bough*, uma síntese de seus variados aspectos. Como de hábito, Freud se documenta nas melhores fontes disponíveis, e os principais autores ingleses, franceses e alemães fornecem suas referências de base. É certo que os materiais de que se serviu envelheceram com o progresso das pesquisas etnológicas, e um dos problemas da leitura contemporânea de *Totem e tabu* consiste precisamente na avaliação diferente a fazer dos dados de que fez uso e das conclusões a que chegou. Em particular, a noção do totemismo como uma etapa necessária e universal da evolução religiosa perdeu sua validade, para não falar da perspectiva evolucionista em que se coloca Freud, abandonada como etnocêntrica e parcial. Mas ao mesmo tempo é curioso constatar a semelhança imprevista entre algumas de suas teses e as concepções mais recentes da etnologia pós-estruturalista, semelhança que não deixa de suscitar uma questão embaraçosa: e se, afinal de contas, Freud tivesse, num plano diferente daquele em que pretendia se situar, tocado um dos fundamentos da sociedade primitiva?

Por outro lado, as teses etnológicas em que se baseia são alvo de incisivas críticas desde os primeiros anos da carreia de *Totem e tabu*: os trabalhos de Franz Boas e da escola norte-americana por ele fundada demonstram a falácia da hipótese de totemismo já por volta de 1916.[70]

---

70 Cf. R. H. Lowie, *Histoire de l'ethnologie classique*, Paris, Payot, s/d (1ª edição inglesa, 1941), para um panorama bastante completo do que era essa disciplina na época de *Totem e tabu*. Lowie tem da principal fonte de Freud, sir James Frazer, uma opinião desfavorável: "é um erudito, não um pensador [...], e ignora um pouco os grandes progressos da teoria" (p. 97). A obra de Evans-Pritchard, *La religion des primitifs à travers les théories des anthropologues* (Paris, Payot, 1971), contém

Freud, porém, não se mostra disposto a renunciar as suas conclusões, e, 25 anos depois, afirmará numa passagem de *Moisés e o monoteísmo*:

> Muitas vezes, fui veementemente criticado por não ter, nas edições recentes do livro, modificado minhas opiniões, pois os etnógrafos modernos foram unânimes em rejeitar as teorias de Robertson Smith, substituindo-as por outras, completamente diferentes. [...] Não estou convencido nem da justeza desses pretensos progressosc nem dos erros de Robertson Smith [...]. E, sobretudo, não me considero etnógrafo, mas psicanalista, e tinha todo o direito de extrair dos dados etnográficos aquilo de que tinha necessidade para meu trabalho psicanalítico.[71]

Essa observação justifica a leitura de *Totem e tabu* como um livro não de etnologia, mas de psicanálise, e é lícito perguntar em que ele contribui para o avanço teórico desta última disciplina. Ao mesmo tempo, seria mutilar singularmente o sentido da empresa freudiana tomar esse parâmetro como único e ignorar que, para seu autor, as hipóteses sugeridas visam *efetivamente* explicar a origem do social e da cultura. Que elas não sejam suficientes para atingir esse propósito é um outro problema, mas tampouco é justificado descartá-las por completo só porque o material etnológico em que se baseiam não é mais valorizado da mesma maneira. Estas considerações indicam a complexidade da tarefa de ler *Totem e tabu* nos dias de hoje; sem pensar em refutar as críticas dos especialistas quanto ao material — sem dúvida fundadas — é preciso ver em que consiste a contribuição de Freud a dois domínios aparentemente muito diferentes: a constituição de determinados elementos da teoria psicanalítica e a reflexão sobre os fundamentos da sociedade e da cultura. A diferença, no entanto, é menor do

---

dados sugestivos quanto às teorias da religião preconizadas pelos autores em que Freud se baseou, em particular Marett, Tylor e Frazer. É preciso reconhecer, por outro lado, que a crítica da hipótese freudiana contida nesse estudo (pp. 50-7) é de uma superficialidade desconcertante, reduzindo-se a contestar que o estudo emocional dos participantes explique a motivação de um ritual — o que não tem rigorosamente nada a ver com a tese de Freud. Aliás, reencontraremos a mesma forma de ler *Totem e tabu* em Lévi-Strauss, como se o mito do parricídio se reduzisse a querer explicar por que a subjetividade de cada participante, excitada pelas circunstâncias, dá conta do fenômeno religioso — o que Freud jamais afirmou e que inverte por completo o sentido de sua tese: não é a subjetividade individual que funda a religião, mas o ato coletivo, cuja recordação reprimida reaparece deformada no fenômeno religioso.
71 *O homem Moisés e a religião monoteísta*, SA IX, p. 576; SE XXIII, p. 131; BN III, p. 3320. Esse texto será citado como *Moisés e o monoteísmo*.

que parece: se a realidade da qual se afastam, em graus diferentes, o neurótico e o psicótico, é em essência *realidade social*, o mundo da cultura não é estranho ao objeto da psicanálise, mas, ao contrário, implicado neste. É por essa razão que não se pode manter a distinção artificial entre psicanálise "pura" e "aplicada".

Na obra freudiana, *Totem e tabu* representa o ponto de convergência de todo um período de investigações: são retomados elementos da neurose obsessiva (a ambivalência e os tabus), da psicose (projeção e narcisismo), da fobia (o sentido paterno do animal totêmico); as questões propostas têm como horizonte a função do pai, onipotente nessa temática; e o resultado do trabalho consiste em ancorar o complexo de Édipo não apenas nas fantasias dos neuróticos, mas no ponto de origem da civilização, fundando assim de modo mais amplo e seguro a afirmação de sua universalidade. Ele serve de baliza a toda a antropologia psicanalítica dessa disciplina, da qual Géza Róheim é um dos principais expoentes. Por fim, *Totem e tabu* corresponde a uma etapa particular na elaboração do complexo paterno do próprio Freud e, numa de suas vertentes, a um instrumento particularmente eficaz nas disputas que agitaram os primeiros anos do movimento psicanalítico, em relação ao qual Freud está em posição de pai.[72] Com tais parâmetros em mente, abordaremos agora o estudo desse texto enigmático.

O primeiro ensaio intitula-se "O horror do incesto" e busca situar um em relação ao outro dois fenômenos constantemente associados: o totemismo e a exogamia. Segundo os etnólogos da época, o totemismo seria a etapa inicial da religião; consistia na crença de que o animal-totem seria o antepassado mítico do clã e configurava um conjunto de regras a observar quanto à espécie-totem. Entre as regras, ressaltam as concernentes à vida do totem: seus descendentes deveriam preservar os animais da mesma espécie, abstendo-se de caçá-los e de comer sua carne; em ocasiões festivas, porém, eles poderiam ser caçados e devorados em comum pelos membros do clã. Por sua vez, a exogamia é uma lei

---

72 Cf. as cartas a Abraham de 13/5/1913 e de 1/6/1913: "*Totem e tabu* servirá para efetuar um corte nítido com tudo o que é religioso-ariano. Essa será, na verdade, sua consequência" (*Freud-Abraham*, p. 143). "Pode ser que meu trabalho sobre o totem acelere a ruptura, embora contra a minha vontade" (ibidem, p. 145). A ruptura a que alude Freud é a de suas relações "científicas" com Jung, já que as relações "pessoais" haviam sido encerradas em janeiro de 1913. Cf. a quinta seção deste capítulo.

essencial dos sistemas de parentesco e consiste em se proibir a um homem desposar uma mulher de seu próprio grupo. Freud, seguindo Frazer, toma como demonstrado que os grupos de parentesco são idênticos aos clãs totêmicos: havia assim para todo homem a obrigação de tomar mulher em outro grupo totêmico. Levando em conta a transmissão matrilinear do totem, segundo a qual um indivíduo pertence ao mesmo totem que sua mãe (e portanto não ao do seu pai), Freud conclui que a finalidade da instituição totêmica é impedir o incesto entre filho e mãe. Mas uma singularidade da regra exogâmica retém sua atenção: o fato de que, junto com a mãe, são proibidas numerosas outras mulheres, que nada têm a ver, do ponto de vista biológico, com a geração do indivíduo. Eis então o problema: por que os selvagens, em vez de apenas enunciar a lei do incesto, como o faz nossa sociedade ocidental, ampliam desmesuradamente o número de mulheres proibidas? O exame de vários costumes de evitamento vigentes nas sociedades em questão lhe sugere uma resposta: o rigor da proibição deve ser proporcional à intensidade do desejo proibido, já que não é necessário proibir aquilo que ninguém deseja fazer. Se as regras referentes ao casamento são tão rigorosas entre os primitivos, é porque neles o desejo incestuoso é proporcionalmente mais intenso do que nos civilizados. Estes também abrigam desejos incestuosos, e o estudo das tribos australianas permite assim demonstrar a universalidade desses desejos e, em segundo lugar, uma das teses mais antigas da concepção freudiana da cultura: o progresso secular da repressão. Se nossas atuais normas de matrimônio são muito menos complicadas, é porque no decurso dos milênios aprendemos a reprimir de modo mais eficaz do que os selvagens os impulsos incestuosos, que, neles estando mais próximos da consciência, requerem normas sensivelmente mais rigorosas para sua contenção.

Esse primeiro ensaio, na verdade, enuncia apenas os pressupostos dos seguintes: a universalidade do complexo de Édipo, a significação paterna do totem, a explicação dos tabus de evitamento pela ambivalência dos sentimentos referentes ao objeto do tabu. Freud se detém em particular no exame da atitude do genro em relação à sogra e vice-versa, mostrando que os costumes de evitamento recíproco buscam afastar as ocasiões em que, pelo fato de ser a sogra a mãe da esposa, poderia vir à luz a hostilidade latente de um ou de outra. O que é assim ressaltado é o caráter protetor do tabu, e, de novo, o rigor deste é referido à intensidade do desejo que por meio dele é afastado. Essa primeira abordagem, se oferece a ocasião de discutir certos problemas interessantes — como a identificação da mãe à filha, a importância dos nomes para o pensamento selvagem etc. —, na verdade deixa intacta a questão da *origem* dessas curiosas instituições: por que as mulheres e os totens são alvo de tabus tão rigorosos? É no segundo e quarto ensaios que virá a resposta. Ao final do primeiro, assim, o resultado mais importante é chamar a atenção para a intensidade dos desejos incestuosos, que, aliás, faz surgir uma analogia entre o selvagem australiano e a criança ocidental, cuja sexualidade também toma por primeiro objeto o genitor do sexo oposto. Nessa série, o terceiro elemento é o neurótico, cuja libido, tendo permanecido fixada ou por diversas razões regressado à etapa infantil, é alvo de uma enérgica repressão, que dá origem aos sintomas — é esse o sentido da expressão "complexo nuclear das neuroses". Em filigrana, desenha-se um outro elemento constante das concepções freudianas sobre a cultura: a ontogênese reproduz as etapas da filogênese. A criança "polimorfamente perversa" repetiria, assim, de maneira inconsciente e de forma abreviada, um momento necessário da evolução da espécie humana, que poderia ser distinguido com nitidez na sociedade selvagem, uma vez interpretado o sentido dos tabus matrimoniais. Mas, ao mesmo tempo, nasce a dificuldade com que Freud lutará durante todo o livro: se a criança, o selvagem e o neurótico fazem parte, sob certos aspectos, de uma mesma série, por outros não podem ser ditos rigorosamente homólogos. Em particular, a psicanálise permite afirmar que o neurótico é um indivíduo cuja sexualidade permaneceu de certo modo infantil; mas o selvagem adulto é, em sua própria cultura, perfeitamente "normal". No que consiste, então, a diferença entre as formações neuróticas e a cultura primitiva? Mais precisamente, como dar conta das semelhanças entre um comportamento *individual* e uma formação *social*? Tais questões, se não são formuladas de forma explícita no primeiro ensaio, no entanto o atravessam, e é nos seguintes que Freud procurará elaborar uma resposta para elas.

O segundo artigo intitula-se "O tabu e a ambivalência dos sentimentos". Nele Freud parte de uma caracterização do tabu: é uma proibição que se impõe por si mesma, sem nenhum fundamento lógico. O tabu visa proteger os membros do grupo de uma força perigosa contida nos objetos-tabu, e que é transmissível por contágio — razão pela qual aquele que entra em contato com o objeto-tabu se torna também tabu e precisa se submeter a complicados rituais de purificação antes de poder se reintegrar às atividades cotidianas. Notando de passagem que o tabu bem poderia estar na origem da consciência moral, cujos imperativos também se impõem por si mesmos (alusão que só será elucidada no quarto ensaio),

Freud passa então à comparação entre tabu e os rituais característicos da neurose obsessiva, que podem ser adequadamente descritos como "tabus individuais". É nesse momento que, consciente dos riscos inerentes ao pensamento analógico, formula uma reserva quanto à assimilação apressada de uma instituição social aos sintomas sempre particulares de uma neurose; mas, apesar dessa reserva, a comparação é intentada. Quatro elementos comuns são postos em relevo: a ausência de motivação racional para a proibição e a consequente angústia que acompanha sua violação; a interiorização do castigo caso seja efetuada a ação a evitar; a notável característica do deslocamento, que permite incluir, por similitude ou contiguidade, um grande número de ações sob a proibição, inicialmente localizada; e as medidas de precaução tomadas para evitar a realização do ato-tabu. Como a análise revela que a proibição deve sua energia e seu caráter compulsivo à pressão do desejo inconsciente insatisfeito, a analogia inicial é confirmada: o tabu aparece também como uma formação reativa, destinada a impedir a realização de atos intensamente — e inconscientemente — desejados. Aqui cabe observar algo que teremos ocasião de retomar mais adiante: a diferença entre o tabu e o ritual obsessivo, que concerne a seu caráter respectivamente social e primitivo, não é abolida pela análise freudiana, que se empenha, apesar da reserva enunciada, em ressaltar os elementos comuns. O que falta é a dimensão positiva do tabu, isto é, o fato de que ele institui entre o indivíduo e o objeto ou ação-tabu uma *mediação social*; da mesma forma que no caso da exogamia, Freud é mais sensível ao elemento proibição que ao elemento obrigação, já que a proibição de tomar mulher no seio do clã obriga o indivíduo a procurá-la alhures. Lévi-Strauss partirá dessa constatação para dela deduzir o sentido positivo da lei da exogamia, e que reside simplesmente na reciprocidade: para tomar mulher em outro clã, é preciso ceder a ele, em troca, uma mulher do seu próprio, o que funda a relação de intercâmbio entre os clãs exogâmicos e institui a lei da exogamia como o limite máximo da cultura em relação à natureza. Mas não antecipemos; a abordagem freudiana não quer ser apenas etnológica, mas sobretudo analítica, e de seu ponto de vista o elemento fundamental do tabu é o caráter restritivo, ao qual a analogia com o ritual obsessivo permite dar um sentido.

Ora, as proibições-tabu estão contidas nas instituições fundamentais da civilização: respeitar a vida do totem e evitar o incesto.

Esses devem ter sido, por conseguinte, os dois prazeres mais antigos e intensos dos homens [...] Aqueles que se acham a par dos resultados da investigação psicanalítica do indivíduo encontrarão no próprio enunciado dos dois tabus, e em sua coincidência, uma alusão àquilo que os psicanalistas consideram o centro da vida optativa infantil e o núcleo das neuroses.[73]

Isso equivale a dizer que os tabus não apenas correspondem às proibições edipianas, mas também reiteram a analogia inicial entre a criança ("prazeres mais antigos"), o neurótico ("mais intensos") e o primitivo. Freud vê no conteúdo de tais tabus o fundamento mesmo da vida em sociedade, pois, se aquele que viola o tabu também se torna tabu, a explicação desse fenômeno reside, a seu ver, no fato de que aquele que assim procede pode "induzir em tentação" (a expressão é sua) os demais. E, se estes viessem a seguir o exemplo do primeiro, obedecendo assim a seus impulsos mais arcaicos e intensos, o resultado seria a dissolução da sociedade. O deslocamento do caráter tabu para aquele que o viola corresponde assim a uma medida de autoproteção da sociedade, o que não deixa de ser estranho.

Por que a violação do tabu — e mais precisamente do tabu do incesto — conteria em si a ameaça do retorno à barbárie? Não basta dizer, repetindo Lévi-Strauss, que a lei do incesto é o limite mínimo que define a cultura, aquém do qual o homem retornaria ao estado animal, pois certamente Freud não estava a par da teoria estruturalista. A resposta freudiana à questão virá no quarto ensaio e pressupõe o mito da horda primitiva; mas uma outra razão pode ser aduzida aqui. O ponto de partida da reflexão de Freud sobre a cultura é enunciado desde a correspondência com Fliess: ela repousa sobre a coerção das pulsões. Ora, o tabu é, nessa perspectiva, um meio particularmente eficaz de coagi-las, isto é, de impedir que os homens deem livre curso às suas tendências inconscientes homicidas e incestuosas. Aqui se perfila todo o problema da sublimação e do acesso do ser humano à vida social; cabe ainda assinalar que, com a reflexão sobre a possibilidade de ruptura do vínculo social caso os tabus deixassem de ser respeitados, Freud os repõe na dimensão social, mas sem por isso elucidar a diferença assim proposta entre o ato obsessivo individual e as instituições coletivas. Reconhecendo francamente que a afirmação segundo a qual o tabu procede de

---

[73] *Totem e tabu*, SA IX, p. 324; SE XIII, p. 32; BN II, p. 1767.

uma antiquíssima proibição é uma reconstrução, e por isso indemonstrável, Freud se volta então para o exame de alguns tabus particularmente sugestivos.

É interessante ressaltar que não é do lado do incesto, mas do lado da paternidade, que seus exemplos vão ser buscados. Com efeito, os tabus estudados na terceira seção do segundo ensaio se referem aos inimigos, aos mortos e aos chefes, ou seja, a diferentes encarnações de um personagem onipotente, cuja força e cuja vingança são temidas pelos outros. O quarto ensaio mostrará que aquele que reúne de modo exemplar as determinações de um ser morto, um inimigo e um líder é o chefe da horda primordial. De momento, Freud aborda rápido os tabus dos inimigos mortos em batalha, mostrando que eles são objeto de sentimentos ambivalentes — por um lado ódio encarniçado, e por outro uma grande admiração. Isso explica por que, uma vez extinto o ódio, o inimigo morto passa a ser considerado um grande homem e o sentimento oposto vem a prevalecer. Mas o tabu referente ao inimigo morto pode ser facilmente assimilado ao tabu sobre os mortos em geral, pela simples razão de que todos os mortos são inimigos. A elucidação desse tabu é diferida pelo exame daquele referente aos chefes e soberanos. Freud mostra que o sentido desses costumes não é tanto proteger os indivíduos do contato com a força mágica que emana do chefe — o que é apenas seu conteúdo manifesto —, mas sobretudo protegê-lo da hostilidade latente de seus subordinados, hostilidade que se funda na inveja pelas honras a que tem direito. O resultado prático desses tabus é converter a realeza num ofício muito pouco atraente, devido à enorme quantidade de atos a que deve renunciar o chefe para, *soi disant*, preservar os demais membros da sociedade do perigo representado por seus poderes extraordinários.[74]

Se o exame da conduta em relação aos chefes põe à mostra o fundamento do tabu — a ambivalência dos sentimentos —, o do tabu dos mortos permite ressaltar a modalidade na qual se expressa tal ambivalência, isto é, a projeção. Com efeito, pronunciar o nome do morto ou tocar seu cadáver equivalem a evocar sua presença, invariavelmente sentida como ameaçadora. Por quê? Porque o pensamento primitivo atribui ao morto o desejo de se vingar daqueles que causam sua morte — já que esta é sempre considerada fruto da malevolência alheia —, e esse

---

74 Esse aspecto da função do chefe, que Freud toma de Frazer, é hoje objeto de estudo pelos antropólogos ligados a Pierre Clastres, como veremos na sequência do texto. Para uma confirmação da ideia freudiana de que a realeza pode ser um fardo e uma punição, cf. Alfred Adler, "Faiseurs de pluie, faiseurs d'ordre", em *Libre 2*, Paris, Payot, 1977.

desejo nada mais é do que a projeção dos impulsos agressivos dos sobreviventes, que acedem à consciência sob a roupagem projetiva do temor à vingança do falecido. Freud então introduz uma série de considerações sobre a origem da crença nos demônios, também de raiz projetiva, para, por intermédio do luto e da piedade, desembocar numa teoria de grande alcance sobre a natureza da consciência moral.

No capítulo anterior, vimos as primeiras etapas da resolução desse problema, o primeiro com o qual a psicanálise depara em sua investigação da cultura. Aqui, a partir da fonte representada pela ambivalência e pelo tabu, Freud tem condições de sugerir uma solução mais pertinente para o enigma da origem da moral. "A consciência é a percepção interna da repulsa a certos desejos",[75] desejos de natureza agressiva e de conteúdo edipiano: nascida da ambivalência, ela corresponde à culpabilidade diante de tais impulsos, presentes no inconsciente e dos quais o primitivo se liberta parcialmente por meio da projeção. A finalidade desta é atribuir a outrem — aos mortos, aos chefes, aos espíritos — as intenções hostis. Desse modo se revela a importância da análise de Schreber para a concepção freudiana da cultura, importância que consiste em permitir visualizar o componente paranoide da religião. Mas esse elemento, se por um lado constitui uma contribuição original de Freud à elucidação do social, por outro a limita de modo decisivo, pois o social não se reduz, de forma alguma, a um terreno privilegiado de projeções dos conteúdos inconscientes. De qualquer modo, Freud extrai rigorosamente as consequências de sua hipótese:

> Se aplicarmos esse raciocínio a nossos primitivos, teremos de concluir que se acham literalmente perseguidos pela tentação de matar seus reis e sacerdotes, cometer incestos e maltratar seus mortos [...]. A tendência a matar é, em nós, mais forte do que cremos, e se manifesta por efeitos psíquicos, mesmo se escapam à consciência [...]; essa tendência existe de fato no inconsciente, e o tabu, como mandamento moral, explica-se e se justifica por uma atitude ambivalente quanto ao impulso homicida.[76]

O fundamento dessa atitude consiste no caráter inconsciente do desejo homicida. A diferença entre o tabu e o mandamento moral, por sua vez, é que

---

[75] *Totem e tabu*, SA IX, p. 358; SE XIII, p. 68; BN II, p. 1791.
[76] *Totem e tabu*, SA IX, p. 359; SE XIII, p. 69; BN III, p. 1792.

este é uma interiorização daquele; a instância que se opõe ao impulso homicida é, no civilizado, uma representação da sociedade em geral, enquanto, nos grupos primitivos, a própria sociedade se incumbe diretamente do castigo a aplicar ao violador do tabu. É por essa razão que Freud pode considerar, numa perspectiva evolucionista, que o selvagem dispõe de mecanismos de repressão interna menos eficazes que o civilizado, já que neste opera uma instância — posteriormente denominada superego — de representação da autoridade coletiva. Mas a diferença é menor do que parece à primeira vista, pois, ao ressaltar que, sob o pretexto de punir o culpado, o grupo primitivo se autoriza a realizar o ato-tabu (condenando à morte o violador), Freud desvenda um dos mecanismos essenciais de toda ordem penal humana: a existência de sentimentos idênticos no carrasco e na vítima. De um ponto de vista econômico, o fato de alguém ter violado um tabu desperta nos demais a tendência a fazer o mesmo; esse incremento da pressão do desejo inconsciente é combatido pelo aumento da repressão, manifestada, no caso, pela solidariedade com que os outros punem o culpado. Mas é evidente que o ato de matar o culpado permite realizar em parte o desejo reprimido, pois constitui uma descarga de agressividade; ao ser sancionada essa descarga pela autoridade do grupo, é *no mesmo ato* que coincidem a satisfação do desejo reprimido e a gratificação da instância repressora. O castigo se revela assim como uma formação transacional, semelhante ao sintoma neurótico.

Surge, porém, uma questão: de onde vem essa solidariedade? Freud a atribui aos "sentimentos sociais", mas para afirmar imediatamente que tampouco estes se explicam por si mesmos. Com efeito, a psicanálise reconhece nesse momento apenas duas pulsões fundamentais: a sexual e a da autoconservação. À primeira vista, os sentimentos sociais parecem derivar das pulsões de autoconservação, cujo suporte é o ego — isso porque são denominados "sociais" os sentimentos referentes a outrem que não implicam visada diretamente sexual. Contudo, isso seria confundir a tendência da sociedade a perseverar em seu ser — uma espécie de *conatus* social — com as pulsões de autoconservação dos indivíduos que a constituem. Nas páginas finais desse segundo ensaio, Freud antecipa as análises de *Psicologia coletiva e análise do ego*, ao fazer derivar os sentimentos sociais de uma mescla das duas pulsões.[77] O centro da demonstração é a supercompensação dos sentimentos egoístas na neurose obsessiva, que conduz

---

77 *Totem e tabu*, SA IX, p. 363; SE XIII, p. 73; BN II, p. 1793.

o indivíduo a se preocupar de modo exagerado, no nível consciente, por aqueles que em seu inconsciente são objeto de tendências agressivas. Mas é possível ler, em filigrana, a tese da identificação recíproca a partir da transferência libidinal que, no texto de 1921, funda o laço social.

O ensaio termina com a reiteração da natureza social da realidade, e, dado o singular desprezo por esse elemento fundamental do pensamento freudiano, creio ser útil citar amplamente a passagem em questão:

> As neuroses apresentam, por um lado, surpreendentes e profundas analogias com as grande produções sociais da arte, da religião e da filosofia, e, por outro, se nos apresentam como deformações dessas produções. Poderíamos, quase, dizer que uma histeria é uma obra de arte deformada, que uma neurose obsessiva é uma religião deformada, e que uma mania paranoica é um sistema filosófico deformado. Tais deformações se explicam em última análise pelo fato de que as neuroses são formações associais que procuram realizar, com meios particulares, o que a sociedade realiza com o esforço. [...] Do ponto de vista genérico, a natureza associal da neurose deriva de sua tendência originária a fugir da realidade, que não oferece satisfações, para refugiar-se num mundo imaginário de promessas atraentes. *Nesse mundo real, do qual foge o neurótico, reina a sociedade humana com todas as instituições criadas pelo trabalho coletivo*, e, voltando as costas a essa realidade, o neurótico exclui-se por si mesmo da comunidade humana.[78]

---

[78] *Totem e tabu*, SA IX, p. 363; SE XIII, p. 74; BN II, p. 1794. Grifos meus. Um exemplo de como é compreendida essa afirmação nos dias de hoje (Roger Dadoun, *Géza Róheim*, Paris, Payot, 1976, p. 9):

> É suficiente inverter e pôr sobre seus pés essa afirmação para extrair um princípio fundamental da interpretação psicanalítica: a obra de arte é uma histeria transformada, a religião é uma neurose obsessiva transformada, a filosofia é uma mania paranoica transformada. Condense-se esse sistema de equivalência numa equação única, e obter-se-á a fórmula lapidar: a cultura é uma neurose. Trata-se menos de uma explicação do que de um programa: quais são, mais precisamente, os estados e processos da histeria, da neurose obsessiva e da paranoia que intervêm na elaboração das formações culturais? E, sobretudo, como se operam essas transformações?

Sob o pretexto de "inverter" as afirmações de Freud, o autor evacua pura e simplesmente toda a diferença de natureza entre o social e a neurose ("a cultura é uma neurose"). Freud jamais afirmou coisa semelhante, como veremos com vagar no capítulo 4 deste estudo. Dessa "inversão" surge, naturalmente, um falso problema: quais os estados e processos que subjazem, misteriosamente transformados, às produções culturais. Transformados em quê e por meio do quê, se entre neurose e cultura não há, afinal, diferença decisiva? A transformação de um estado "neurótico" em um estado "neurótico-cultural" seria, nesse caso, uma proeza metafísica de extraordinárias proporções.

É no terceiro ensaio — "Animismo, magia e onipotência das ideias" — que Freud procurará responder à questão de saber em que consiste a "deformação" imposta pela neurose às formações culturais, a partir de um caso a seu ver privilegiado: o de um sistema psicológico de interpretação do mundo, o primeiro elaborado pela humanidade, o animismo. Este configura uma espécie de filosofia primitiva da natureza, na qual esta surge povoada de inúmeros seres espirituais, que habitam minerais, vegetais e animais, assim como os fenômenos atmosféricos, fluviais, marítimos etc., dos quais se supõe que sejam a causa. Da mesma forma, os homens são imaginados como dotados de uma alma, capaz de se destacar do corpo, transmigrar, encarnar-se novamente etc. Segundo Freud, a magia é a tentativa de controlar, influenciar ou apaziguar esses espíritos, e por isso pode ser considerada a "técnica do animismo". A magia opera segundo dois princípios: o da *analogia* e o da *sublimação da parte pelo todo*. Analogia: desenhar o corpo de um bisão na parede da caverna favorece sua captura durante a expedição de caça. Substituição da parte pelo todo: o feitiço executado sobre uma vestimenta ou sobre restos de cabelo atinge a pessoa dos quais provêm. Ora, tais princípios correspondem às leis da associação de ideias, isto é, a condensação e o deslocamento. Isso permite supor que a magia toma conexões entre ideias por conexões entre coisas ou pessoas, e que sua raiz psicológica reside na crença de que os desejos se realizam por si mesmos. Esse valor exagerado atribuído à eficácia dos desejos é o que Freud chama, com a expressão inventada pelo homem dos ratos, de "onipotência das ideias" (*Allmacht der Gedanken*).

Ao investigar a origem dessa onipotência, Freud é levado a retraçá-la até o momento narcísico, que se caracteriza precisamente pelo alto valor concedido aos atos psíquicos. A clínica da neurose obsessiva fornece o paralelo necessário: o obsessivo acredita, de modo inconsciente, que seus desejos homicidas podem se realizar por si sós, e é por essa razão que se cerca de tantas precauções, a fim de evitar tais pensamentos, cujas consequências seriam fatalmente funestas. Aceitando como evidente uma versão simplificada da lei comteana dos "três estados", Freud é conduzido pela dinâmica de seu raciocínio à seguinte formulação:

> Podemos tentar estabelecer um paralelo entre o desenvolvimento das concepções humanas sobre o mundo e o desenvolvimento da libido individual. Encontraremos então que, tanto temporalmente quanto por seu conteúdo, a fase animista corresponde ao narcisismo; a fase religiosa, à etapa de objetivação caracterizada

pela fixação da libido aos pais, e a fase científica, àquele estado de maturidade no qual o indivíduo renuncia ao princípio do prazer e, subordinando-se à realidade, busca seu objeto no mundo exterior.[79]

Esse paralelo opera um corte na economia do texto — corte de enormes consequências e que devemos examinar mais de perto.

Com efeito, a observação anterior sobre o narcisismo mostra que se trata de mais do que uma mera "correspondência": a etapa narcísica está numa relação de causalidade para com a etapa animista, que simplesmente transpõe para todo o Universo a crença infantil na onipotência do pensamento. Da mesma forma, a etapa edipiana funda a concepção religiosa, pois os deuses e o Deus monoteísta nada mais são do que transposições da figura paterna. E a etapa científica, igualmente, é apenas a versão social da maturidade na esfera sexual. Por que, então, Freud emprega o termo "paralelo"? Pela simples razão de que essa relação de causalidade pode ser invertida: como a ontogênese repete a filogênese, pode-se dizer que a criança reproduz em seu desenvolvimento as etapas do pensamento humano. Mas um exame mais detido mostra que a inversão é apenas aparente, pois, se assim não fosse, Jung teria razão em buscar na mitologia a explicação da sexualidade. As etapas do desenvolvimento libidinal é que são primeiras, e as concepções sucessiva do Universo podem ser ditas *correspondentes* a elas. O problema é que Freud trabalha com dois princípios contraditórios: por um lado, o sexual é originário, e o pensamento, derivado — ele dirá que o pensamento selvagem se encontra ainda fortemente sexualizado, mas não que a sexualidade infantil é animista —; por outro, a filogênese é primeira em relação à ontogênese. Esse segundo princípio, inspirado na chamada "lei de Haeckel", na verdade não é irredutível, já que a própria filogênese não faz mais do que repetir, em escala ampliada, a progressão da libido individual.

É nessa concepção da "escala ampliada" que reside toda a dificuldade da antropologia psicanalítica, pois Freud é levado incessantemente a conceber o social como *análogo* ao individual, ou, o que dá no mesmo, como constituído por projeções e investimentos libidinais recíprocos dos indivíduos, de início isolados. Por outro lado, a passagem final do segundo ensaio que citei revela uma outra dimensão da concepção freudiana, segundo a qual a realidade social

---

[79] *Totem e tabu*, SA IX, p. 378; SE XIII, p. 90; BN II, p. 1804.

é fruto do esforço coletivo e portanto diferente por natureza do imaginário individual. Penso que, nesse sentido, é útil empregar uma distinção formulada por Pierre Bruno, entre a "antropologia explícita" e a "antropologia implícita" de Freud, embora o conteúdo desses termos, em minha interpretação, seja diferente daquele que lhes é atribuído pelo autor francês.[80] Por *antropologia explícita*, entendo a redução do social ao individual ou à alteridade efetuada por Freud em determinados textos; por *antropologia implícita*, o conjunto de teses sobre a natureza do social que pode ser extraído de um exame atento da totalidade de sua obra. No caso particular do animismo, fazem parte da antropologia explícita uma concepção positivista não criticada sobre a sucessão dos sistemas explicativos do Universo e a hipótese de que estes podem ser considerados análogos a certos conteúdos mentais que acompanham os diferentes momentos da evolução libidinal do indivíduo. Quanto aos elementos da antropologia implícita, eles surgirão no decorrer da crítica a que o próprio Freud submete seu "paralelo".

A magia fora definida como a "técnica do animismo"; mas um estudo mais detalhado mostra que essa afirmação é parcial. Seguindo o fio da onipotência das ideias, Freud nota que a magia deve ser historicamente anterior ao animismo, pois este projeta uma parte da onipotência sobre os espíritos, enquanto aquela parece pressupor que os fenômenos naturais (como a chuva, por exemplo) são integralmente provocados ou interrompidos pelos atos mágicos. Ao introduzir o mecanismo da projeção para explicar a origem do animismo, Freud realiza uma crítica implícita do paralelo antes estabelecido, pois a raiz da projeção é a ambivalência dos sentimentos, para cujo estabelecimento é necessário um objeto necessariamente diferente do ego. A *Metapsicologia*, de 1915, procurará pensar justo essa questão, que é a do "dentro" e do "fora", e portanto a da constituição do sujeito humano como relativamente individualizado e limitado. De momento, o traço que retém sua atenção é a renúncia a uma parte da onipotência por meio da projeção, renúncia que constitui um primeiro reconhecimento da *ananké* ("necessidade") que se opõe ao desejo e que é suscitada pela ambivalência, uma de cujas tendências é projetada para o exterior para retornar sob a forma de agressividade atribuída aos espíritos. Já sabemos que tal ambivalência se origina no desejo de morte, que parece realizado com o falecimento

---

80 Pierre Bruno, "Psicoanálisis y antropología: problemas de una teoría del sujeto", em *Para una crítica marxista de la teoria psicoanalítica*, Buenos Aires, Granica, 1974, pp. 119 ss.

de um parente ou de outra pessoa. "Vemos no conflito afetivo criado para os sobreviventes por essa situação [a morte] a força que impulsiona os homens e refletir e a investigar."[81]

Eis aí um excelente exemplo da "antropologia implícita". Com efeito, em "Teorias sexuais infantis", a raiz do impulso de investigação fora reconhecida na tentativa abortada de compreender de onde vêm os bebês. Mas a oposição não é pertinente: recorde-se que, no mesmo artigo, Freud afirma que a questão do nascimento emerge do desejo de que o irmão recém-nascido desapareça, ou pelo menos de que outros irmãos não venham a surgir, diminuindo ainda mais a cota-parte da criança no amor dos pais. A diferença entre a "teoria sexual infantil" e o sistema socialmente engendrado do animismo não sobrevém, assim, da diferença de natureza entre os fatos a serem compreendidos — ainda que o nascimento de um irmão possa ser visto como independente da vontade da criança, enquanto a morte, dada a "moeda corrente no país do psiquismo", pareça depender do desejo agressivo —, mas de o animismo se articular em um sistema de ritos e crenças, cristalizado em instituições que ultrapassam a esfera da psique e se materializam sob forma própria, que, junto com as demais instituições sociais, relevam do "esforço coletivo" e determinam as ações da comunidade considerada. Por outro lado, a realização do desejo de morte não é verificada pela morte efetiva, pois, como vimos na seção anterior, ela teria de ser provocada exclusivamente pela força do desejo para gratificá-lo por completo. A onipotência infantil reaparecerá nos sonhos como *causa mortis*, retificando no nível onírico a ferida narcísica imposta pela *ananké*. O primitivo age assim como se seu desejo inconsciente fosse a causa efetiva do falecimento do outro, e, nesse sentido, a análise do animismo permite fundar a analogia, inicialmente exterior, entre o indivíduo e o social, numa identificação de reações.

Mas isso não é suficiente para resolver o problema do qual partimos. Pois a antropologia explícita de Freud procede constantemente como se a inserção do indivíduo na trama social fosse a mesma coisa que a constituição dessa trama; mas a antropologia implícita vai além dessa identificação, ao reconhecer na morte um dos fundamentos da constituição do social. O que é introduzido pela morte é a *relação mediatizada com o ausente* — ausente de início captado sob a forma do morto; ora, é essencial que entre este e os sobreviventes venha se

---

[81] *Totem e tabu*, SA IX, p. 381; SE XIII, p. 93; BN II, p. 1806.

interpor a espessura do social, sob a forma dos rituais do luto, do enterro e dos tabus socialmente instituídos acerca do que se deve e não se deve fazer com relação ao desaparecido. Entre esses tabus, ressalta o de não pronunciar seu nome, o que introduz outra dimensão do social, que ultrapassa infinitamente o indivíduo: a linguagem. Freud toma em conta o peso da linguagem na socialização do indivíduo — como poderia ser de outra forma, se seu referencial permanente é a situação analítica? — ao afirmar que a projeção dos processos psíquicos para o exterior só termina, e mesmo assim apenas em parte, com a invenção da linguagem abstrata, que permite vincular os restos sensoriais da representação verbal a determinados processos internos, tornando assim possível a percepção paulatina destes últimos.[82] O surgimento de um mundo interior é, portanto, o resultado da invenção da linguagem, e o que é preciso explicar não é mais o processo projetivo — que seria o originário —, mas a emergência de uma vida psíquica. A psicanálise parece bem amarrada para resolver essa questão; mas, ao mesmo tempo, não residirá aí a origem de sua dificuldade para pensar os elementos do social que não se reduzem à linguagem, em particular toda a região que emana do *fazer*? Essa é uma questão decisiva, cujo exame devemos diferir para o capítulo 4 deste estudo; contentemo-nos em assinalar a dificuldade — que por certo não é resolvida pelo conceito lacaniano de "ordem simbólica" — que se refere explicitamente à linguagem.

O final do terceiro ensaio é dedicado a um estudo da formação dos sistemas, já que o animismo é um sistema de pensamento dotado de coerência e de poder heurístico. Como sua raiz é a projeção derivada da ambivalência, Freud pode afirmar que esta última está no fundamento tanto das primeiras criações teóricas do homem, quanto dos primeiros mandamentos e restrições morais, isto é, dos tabus e da crença nos espíritos. É nesse momento que, retomando a nota final do caso Schreber, Freud procura elucidar o caráter *sistemático* de um sistema:

> A elaboração secundária do sonho oferece um excelente exemplo da natureza e das exigências de um sistema. Uma função intelectual que nos é inerente exige, de todos os objetos de nossa percepção e de nosso pensamento [...], um mínimo de unidade, coerência e estabilidade, e não teme estabelecer relações *inexatas*

---

[82] *Totem e tabu*, SA IX, p. 354; SE XIII, p. 64; BN II, p. 1788.

quando, por circunstâncias especiais, não consegue apreender as verdadeiras [...]. É fácil demonstrar que ocorre uma *nova ordenação* dos materiais psíquicos, correspondente a um novo fim — ordenação às vezes forçada, mas compreensível se nos colocarmos no ponto de vista do sistema. O que melhor caracteriza este último é que cada um de seus elementos pode deixar transparecer ao menos duas motivações, uma das quais repousa nos princípios que constituem a base do sistema (*e portanto pode apresentar todos os caracteres da loucura*), e outra, oculta, que deve ser considerada a *única eficaz e real*.[83]

Essa passagem é notável por mais de uma razão. Um primeiro levantamento mostra que Freud distingue entre relações "verdadeiras" e "inexatas", isto é, entre relações passíveis de verificação pelo princípio de realidade e outras que, furtando-se a este, encontram seu fundamento no princípio de prazer. Este é responsável — ou pode sê-lo — por entorses aos dados e conexões verdadeiros, forçando-os a entrar no contexto determinado pela base do sistema, mesmo que para tanto seja necessária uma certa violência. É o princípio do prazer que determina, portanto, a busca de unidade de coerência na experiência, que para Kant constitui o domínio próprio da faculdade de julgar: eis aí mais uma mostra da transformação de um elemento-chave do pensamento tradicional por parte da psicanálise, pois a exigência intelectual da coerência da experiência não é mais referida a um princípio do entendimento ou da razão, mas a seu fundamento afetivo (o princípio do prazer é um princípio econômico, que visa à diminuição da tensão psíquica ou sua manutenção no nível mais baixo possível). Por outro lado, a experiência tem de levar em conta as relações ditas "verdadeiras", sob pena de ser ineficaz para as finalidades práticas da existência e, portanto, de frustrar o princípio de prazer num nível essencial. O que, incidentalmente, confirma a tese dos "Dois princípios", que vê no princípio de realidade apenas um desvio para melhor realizar os desígnios inspirados pelo princípio do prazer. Esse é um dos raros momentos em que é possível discernir com clareza uma operação de tipo dialético na teorização de Freud: o princípio de realidade é ao mesmo tempo idêntico e oposto ao princípio de prazer, e nasce da contradição interna deste, que exige, para a consecução parcial de suas finalidades, a tomada em consideração das circunstâncias objetivas do objeto gerador de prazer.

---

83 *Totem e tabu*, SA IX, pp. 383-4, SE XIII, pp. 95-6; BN II, pp. 1807-8.

O sistema responde assim às exigências dos dois princípios, sendo uma formação transacional da ordem do sintoma. É por essa razão que cada um de seus elementos remete a duas direções: sua dedutibilidade da "base do sistema" (seus axiomas mais gerais) corresponde ao princípio da coerência que rege a lógica da experiência, enquanto sua "origem oculta, mas real" é a determinação pela qual satisfaz o princípio do prazer.

A dupla determinação dos elementos do sistema remete ainda à sua origem respectivamente consciente e inconsciente. Por outro lado, a passagem citada *não* afirma que quaisquer relações sejam verdadeiras, nem que, por conseguinte, qualquer associação de ideias seja *ipso facto* teórica. Aqui cabe remeter à discussão realizada na seção precedente acerca do delírio e da teoria, pois penso que essa nota de *Totem e tabu* confirma o ponto de vista ali expresso. Para concluir o exame do terceiro ensaio, resta notar que para Freud a "superstição" — longe de ser o motivo da constituição do animismo, como se a ignorância fosse a mãe do pensamento selvagem — representa na verdade um progresso da repressão, na medida em que, atribuindo aos espíritos e aos demônios uma parcela de poder sobre o real, limita a onipotência do pensamento. Isso conduz à afirmação de que os primitivos possuem um nível mental superior ao que supõem os etnólogos de 1913, da mesma forma que a criança tem uma vida anímica incomparavelmente mais complexa do que admitia então a psicologia acadêmica.

A questão deixada em suspenso ao final do segundo capítulo do livro — em que as produções culturais se distinguem de suas deformações neuróticas — não foi, a rigor, respondida. O animismo, mescla de religião e filosofia da natureza, foi explicado como decorrente da tendência à projeção nascida da ambivalência, mas tal explicação não nos diz em que ele se distingue do delírio de Schreber, a não ser pela afirmação enigmática de seu caráter social. Parece-me ser essa a razão da advertência final de Freud, que equivale a dizer que, se o selvagem se encontra próximo da criança e do neurótico, na verdade não é homogêneo a eles; é como se, diante da dificuldade de elucidar em que consiste a natureza social de uma formação social, ele se visse obrigado a repetir a reserva formulada no ensaio anterior quanto à identificação completa da neurose e da cultura primitiva. A grande ausência desse terceiro ensaio é a categoria da sublimação, anunciada no entanto pela caracterização do sentimento social como fruto da ligação das pulsões de autoconservação e das pulsões sexuais. É por assim dizer no avesso do texto, com a invocação implícita do princípio de realidade, ao discutir a questão dos sintomas, que podemos ler a presença da sublimação; mas resta o fato de que, na articulação do raciocínio, ela não desempenha papel algum. E isso porque, como podemos notar, a esfera da analogia domina a antropologia explícita de Freud, apesar das reservas expostas por ele próprio no início do segundo ensaio de *Totem e tabu*. Sob a forma da homologia, do paralelo ou da correspondência, ou, como no subtítulo do livro, das *coincidências* entre a vida psíquica dos neuróticos e a dos selvagens, é ela quem governa a abordagem. Daí a dificuldade para precisar, não obstante as advertências, o caráter *social* das formações estudadas. Veremos no quarto capítulo deste estudo a que aporias seus pressupostos conduzem Freud; e talvez o papel dominante da filogênese nas concepções sobre a origem da cultura que discutiremos ali possa ser mais bem compreendido, à luz do problema que ela busca solucionar: a saber, como fundar a analogia entre indivíduo e sociedade, e, assim, fazê-la se dissolver, por meio da interpretação, numa verdadeira identidade. Para pôr à mostra todos os aspectos dessa operação, contudo, este não é o momento adequado, já que serão necessários conceitos que a esta altura ainda não foram inventados, como os de superego e complexo de castração. Convém, pois, retomar nossa análise de *Totem e tabu*.

É no quarto e último capítulo — "O retorno infantil de totemismo" — que Freud vai procurar reunir todos os fios esparsos pelos textos anteriores: a questão da origem do totemismo e da lei da exogamia, a emergência dos tabus a partir da ambivalência dos sentimentos, o papel da projeção na constituição das crenças religiosas e das instituições sociais. Para realizar tal projeto, apoia-se em dois pilares: a psicologia do inconsciente, que deve enunciar a quais necessidades psíquicas correspondem as instituições totêmicas; e o testemunho dos historiadores e etnólogos, encarregado de fornecer os materiais necessários à compreensão das condições efetivas em que elas emergiram. O texto remeterá assim a esses dois parâmetros, buscando na fundação circular de um pelo outro a resposta aos problemas levantados. É sensível o prazer com que Freud passa em re-vista as teorias disponíveis sobre a origem do totemismo — a seu ver incapazes de aportar a elucidação requerida —, que agrupa em três rubricas: as hipóteses "nominalistas" (o totem foi inicialmente uma denominação ou um emblema, ao qual depois teria sido associada uma espécie animal), "sociológicas" (o totem desempenha uma função social, por exemplo, a de ser objeto de um culto) e "psicológicas" (o totem seria a alma de um antepassado). "Só a psicanálise projeta alguma luz sobre essas trevas", afirma uma nota quase triunfalista ao finalizar o exame das teorias precedentes.

O primeiro elemento aduzido pela psicanálise é o da significação do animal nos casos de zoofobia infantil: Freud cita o "Pequeno Hans", o caso do "menino-galo" de Ferenczi e um outro exemplo, como prova de que o animal temido substitui o pai, deslocando assim para aquele a parte agressiva da ambivalência edipiana. Desse exame é retida a possibilidade de que o sistema totêmico tenha sua origem no complexo de Édipo, já que o totem é constantemente designado como ancestral mítico do clã. Freud passa então ao campo da história, a fim de verificar se existem traços dessa paternidade mítica; e é na refeição totêmica descrita por Robertson Smith que julga encontrá-la. Smith descreve o sacrifício de um camelo entre tribos beduínas do Sinai, mencionado por um viajante do século IV d. C. Freud vê na refeição em que é consumido o animal sacrificado uma forma de ressaltar a comunidade de substância entre o clã e sua divindade: isso porque o animal, ao poder ser sacrificado só no ato ritual, era *ipso facto* proibido como presa para os indivíduos, existindo o preceito de poupar sua vida. O animal é assim protegido pelas mesmas normas que regulam a atitude em relação aos membros do clã: é apenas o clã reunido que pode matá-lo, chorando em seguida a morte com cantos rituais. Mas o sacrifício é o alimento tanto da tribo quanto do deus; a partir disso Freud deduz o núcleo de seu argumento, isto é, a noção de que o clã, o deus e o animal sacrificado *pertencem à mesma linhagem*. Daí a considerar que o animal tenha sido originalmente o deus, e que o sacrifício repetiria a morte deste, é um passo fácil, tanto mais que o ato de consumir a carne do animal/deus reforça a identidade entre ele e a tribo.

Dois pontos parecem assim estabelecidos: 1°) o animal fóbico, como o animal totêmico, é um substituto do pai; 2°) o animal sacrificado e o deus pertencem de modo mítico à linhagem do clã, sendo o sacrifício uma reiteração desse laço genealógico. É nesse ponto que, para vincular ambos os elementos, Freud recorre à teoria da horda primitiva, formulada — no condicional e para os gorilas — por Darwin e modificada por Atkinson para corresponder à forma primordial dos agrupamentos hominídeos. Estes, segundo o autor inglês, teriam se caracterizado pela presença de um macho tirânico e dominador, que conservaria para si todas as fêmeas e expulsaria pela força os machos mais fracos, privando-os assim de satisfação sexual. Reunindo esses elementos heterogêneos pela referência comum ao pai, Freud vai unificá-los por seu "mito científico":

Um dia, os irmãos expulsos se reuniram, mataram o pai e devoraram seu cadáver, pondo assim um ponto final à existência da horda paterna. Unidos, empreenderam e levaram a cabo o que individualmente lhes teria sido impossível. Pode-se supor que o que lhes inspirou o sentimento de sua própria superioridade foi um progresso da civilização, talvez a aquisição de uma nova arma. Tratando-se de selvagens canibais, era natural que devorassem o cadáver. Além disso, o pai violento e tirânico por certo constituía o modelo invejado e temido de cada um dos membros da associação fraternal, e ao devorá-lo se identificavam com ele e se apropriavam de uma parte de sua força. A refeição totêmica, talvez a primeira festa da humanidade, seria a reprodução comemorativa desse ato criminoso e memorável, que constituiu o ponto de partida das organizações sociais, das restrições morais e da religião.[84]

De que modo o crime primordial representa o ponto zero da instituição da sociedade? Uma vez consumado, os irmãos teriam se dado conta de que nenhum deles poderia ocupar o lugar do pai, e assim o ciclo se repetiria indefinidamente. Para impedir que isso ocorresse, teriam determinado que as fêmeas cobiçadas não pertenceriam a ninguém, instituindo assim a regra da exogamia e, em sua versão psíquica, o tabu do incesto. Por outro lado, uma vez saciado com o crime o ódio pelo pai, teriam vindo à tona os sentimentos carinhosos com relação a ele, para compensar a agressividade, como complemento necessário da ambivalência. Assim se teria engendrado o sentimento de culpabilidade, a partir do remorso pela ação cometida, e o pai, uma vez morto, adquirido um poder muito maior do que aquele de que pudera dispor em vida: teria sido

---

[84] *Totem e tabu*, SA IX, pp. 425-6; SE XIII, pp. 141-2; BN II, p. 1838. O enigma da expressão "mito científico" permanece: se é mito, como pode ser ciência, e vice-versa? Seria interessante aprofundar a noção de mito com que Freud trabalha, ir talvez aos etnólogos que cita, ou utilizar os estudos de J. P. Vernant ou C. Lévi-Strauss. Freud fala da teoria das pulsões como "a nossa mitologia", por exemplo; o mito parece ser assim mais do que uma construção auxiliar, ou mais do que um surto lírico, por parte de alguém que lamenta não estar suficientemente dentro do "severo espírito científico", como ele escreve nos *Estudos sobre a histeria*. Parece-me, porém, que o mito talvez seja a única forma, não de pensar, mas de *tornar representável* o momento da origem, em particular da origem do social. Isso em virtude do paradoxo de que, como mostra Marilena Chaui, o ato pelo qual os homens fundam a sociedade requer como condição a própria sociedade, em virtude da "imanência do ato fundador e da sociedade fundada, que se revela como imanência da sociedade fundada e do ato fundador" ("Crítica e ideologia", em *Cultura e democracia*, São Paulo, Moderna, 1981, p. 16). Cf. a esse respeito as seções V e VI do capítulo seguinte deste estudo.

transformado em totem e, depois, em deus. É dessa maneira que a moral repousa sobre os dois tabus derivados do complexo de Édipo, visando precisamente impedir a repetição do crime originário. A primeira encarnação da moral é figurada pelo sistema totêmico: "Este era uma espécie de contrato efetuado com o pai, pelo qual ele prometia tudo o que a imaginação infantil pode esperar de tal pessoa — sua proteção e carinho — em troca da promessa de respeitar sua vida, isto é, de não repetir com ele o ato que custara a vida ao pai verdadeiro".[85] Desse contrato derivam certas características da religião (como a consciência de culpabilidade dos filhos) e suas tentativas de apaziguá-lo, reconciliando-se com o pai morto por meio da obediência aos rituais e crenças prescritos. Por outro lado, como a ambivalência perdura mesmo após o crime, o sacrifício serve à dupla finalidade de conciliar a ira dos deuses e de repetir simbolicamente o ato de triunfo sobre o pai. A agressividade, por sua vez, é deslocada para o exterior, repousando toda a estrutura social sobre a proibição do *fratricídio*, expressa no mandamento "não matarás": não matarás teus irmãos, ampliando-se progressivamente a categoria dos irmãos até incluir a humanidade. A lei da exogamia seria assim corolário da proibição do fratricídio; quanto à consciência de culpabilidade, suas transformações sucessivas resultariam no surgimento das religiões a partir do totemismo, até o ponto em que apareça a crença de que o Filho perece para satisfazer a lei de talião e liberar assim seus irmãos da culpa pelo assassinato primordial.

Antes de discutir as implicações desse mito, convém colocar uma questão: até que ponto Freud considerava provável sua hipótese? Até que ponto a *realidade* do crime primitivo é indispensável à sua reconstrução? Com a proibição que a caracteriza, é ele mesmo quem responde a essas objeções nas páginas finais do livro. Essa hipótese se lhe afigura a "menos ruim", embora implique admitir uma "alma coletiva" cujos traços se transmitiriam por hereditariedade; e, se considera necessário adotá-lo, é porque a seu ver a simples tradição não seria suficiente para transmitir o "estado psíquico" de uma geração à outra. O fato é que os homens contemporâneos abrigam em seu inconsciente tendências idênticas às dos irmãos da horda: é para dar conta disso que intervém o recurso à tese lamarckiana da hereditariedade dos caracteres adquiridos, e não apenas no nível biológico, mas também no nível psíquico. A solução freudiana consiste em falar na hereditariedade de "disposições" psíquicas, que no entanto necessitam

---

85 *Totem e tabu*, SA IX, p. 428; SE XIII, p. 144; BN II, p. 1840.

dos estímulos da vida individual para poderem agir. Isso seria o bastante, mediante a teoria implícita da potência e do ato, para conferir às disposições psíquicas virtuais, comuns a todos os seres humanos, o conteúdo singular que as especifica em cada um deles. A outra questão é mais grave, pois uma objeção nascida da própria psicanálise diria que Freud, repetindo o que fizera no caso da sedução, estaria tomando por realidade efetiva o que não passaria de fantasias inconscientes, supervalorizadas pelo investimento de libido narcisista. Pode ser, diz Freud, mas:

> a analogia entre o primitivo e o neurótico se revela muito mais profunda se admitirmos que a realidade psíquica, cuja estrutura conhecemos, coincidiu a princípio com a realidade histórica, isto é, se supusermos que os primitivos levaram a cabo aquilo que, segundo todos os testemunhos, tinham intenção de realizar [...]. Mas é preciso considerar também as diferenças reais [...]. O primitivo não conhece travas em sua ação; suas ideias de imediato se transformam em atos. Seria possível mesmo dizer que, para ele, a ação substitui a ideia. Assim, pois, sem pretender encerrar aqui com uma conclusão definitiva e certa a discussão cujas linhas gerais esboçamos anteriormente, podemos arriscar a seguinte proposição: "No começo era o ato" (*Fausto*).[86]

É evidente que o "primitivo" a que se refere Freud não é o selvagem australiano nem nenhum outro passível de ser estudado pela etnologia nos dias de hoje, pois se caracteriza pela inexistência de vida psíquica: trata-se do hominídeo da horda, isto é, de um elo na cadeia evolutiva, cuja suposta existência *precede* o estabelecimento da sociedade. Aqui ganha todo o seu relevo a advertência de que mesmo as sociedades mais arcaicas têm atrás de si um longo passado — advertência repetida no início do quarto ensaio. A realidade "histórica" coincidiria então com a realidade "psíquica", porque esta se resumiria nas projeções anteriores ao surgimento da linguagem, sem a qual não seria possível a distinção entre o "dentro" e o "fora", nem entre si e o mundo. Desse ponto de vista, na economia do livro, o quarto ensaio permite compreender retrospectivamente os outros, que se referem ao pensamento selvagem no sentido etnológico da expressão. O elemento novo introduzido é o sentimento de culpabilidade — que

---

86 *Totem e tabu*, SA IX, p. 444; SE XIII, p. 161; BN II, p. 1850.

permite fundar a ambivalência estudada no segundo artigo e que se encontra na raiz dos tabus —, a projeção que resulta no sistema animista e a relação intrínseca entre o totemismo e a lei da exogamia. Na verdade, longe de apenas querer aprofundar o paralelo entre os primitivos e os neuróticos, o mito procura dissolver as falsas analogias, pois, como observa Pierre Kaufmann, ele descreve a socialização da agressividade ao associar a esta a estrutura edipiana.[87]

A relação entre o chefe do bando primitivo e cada um dos filhos é dual, resumindo-se na dominação e na dependência: o que o mito procura pensar é a transformação dessa estrutura dual numa configuração social. Para isso, são precisos dois elementos: a introdução de um terceiro e a identificação recíproca dos membros do clã. Freud supõe que o mesmo ato introduz esses dois elementos: o terceiro será o pai morto, e a identificação recíproca nasce do ato cometido em comum. É por essa razão que necessita crer na realidade efetiva do crime, pois, se o assassinato do chefe fosse apenas um fantasma optativo, apresentado como realizado, permanecer-se-ia no nível do sonho, isto é, num momento solipsista; e, para que o social seja possível, é preciso que o solipsismo seja quebrado, o que, a seu ver, é o efeito do ato, e não pode ser o efeito do fantasma. O modelo implícito nessa história do crime primordial é sem dúvida o da evolução individual, que, como veremos a seguir, começa com uma etapa solipsista, continua por uma fase dual, em que o bebê e sua mãe ainda não se distinguem com clareza, e necessita da intervenção de um terceiro, o pai, para

---

[87] Pierre Kaufmann, *Psychanalyse et théorie de la culture*, Paris, Denoël-Gonthier, 1974, pp. 111 ss. "O mito procura dissolver as falsas analogias": sim, mas... permanece a "verdadeira" analogia, isto é, a que Freud supõe vigente entre a vida psíquica individual e a cultura. É justamente porque *essa* analogia não é dissolvida (apesar do mito e da interpretação de Kaufmann) que Freud necessita da noção da filogênese. Ainda a esse respeito, convém desfazer um possível mal-entendido: afirmei na seção 2 que Jung trabalha com a analogia, e Freud, com a associação, e eis que agora quem opera com a analogia é o próprio Freud... Cabem aqui duas observações. Em primeiro lugar, para Jung a analogia é um método válido na análise das formações psíquicas individuais, o que Freud *nunca* fez, pelas razões mencionadas anteriormente. Em segundo lugar, em Freud o lugar da analogia é o momento em que procura passar do individual ao social, e esse lugar é instável, problemático: sente-se que ele está pouco à vontade nesse terreno (vejam-se as advertências e reservas multiplicadas em *Totem e tabu*). Freud não se detém na constatação dos paralelos e das correspondências, mas efetua um trabalho para suprir a analogia como analogia e instaurar em seu lugar uma identidade (o que, segundo ele, é feito pelas categorias de ontogênese e de filogênese). Que não tenha sucesso nesse empreendimento é um outro problema; mas também é preciso enfatizar que ao menos se dá conta das dificuldades do pensamento análogo e, a seu modo, busca um meio de não se prender a ele.

orientar a individualização e portanto a socialização. Há numerosos problemas envolvidos nessa chamada "narrativa" de Freud: sem a linguagem, como poderiam ter se posto de acordo os irmãos? Qual o papel das mulheres nesse evento? E, sobretudo, por que, em vez de dividir entre si as fêmeas cobiçadas, eles teriam optado por proibi-las a todos? Talvez a categoria do mito seja constituída precisamente pelo fato de se deixarem na sombra tais interrogações; se Freud as tivesse respondido, estaríamos em presença de uma teoria científica, e não de um "mito científico". O mito se sustenta justo pela ambiguidade, por essa zona de sombra que envolve a origem, e que ele dissipa apenas em parte; daí vem seu poder de fascinação, e, diante desse poder, de que valem a possibilidade ou a necessidade de confirmação empírica?

Contudo, não se deve perder de vista que, para imaginá-lo, Freud recorreu à etnologia de seu tempo, e é legítimo questionar a solidez do material de que dispunha. Várias foram as críticas feitas a *Totem e tabu* por parte de antropólogos eminentes, como Kroeber, Pritchard e outros. A mais conhecida talvez seja a de Bronislaw Malinowski, em *Sexo e repressão na sociedade primitiva*, em que afirma a limitação do complexo de Édipo à esfera cultural europeia, visto que, na sociedade melanésia, matrilinear, o pai não desempenha a função repressora, que é atribuída ao tio materno.[88] A crítica da posição de Malinowski foi efetuada numerosas vezes e não é preciso repeti-la aqui; basta recordar que seu instrumento essencial, o conceito de "atitude", é um construto funcionalista que nada tem a ver com o nível do inconsciente em que se situa Freud. Por outro lado, os trabalhos de Géza Róheim tentam estabelecer uma antropologia propriamente psicanalítica, unindo às pesquisas de terreno de natureza etnológica o esforço de recolher dados mediante procedimentos analíticos, como a interpretação dos jogos infantis e dos sonhos dos informantes, que vêm corroborar, e mesmo ampliar, as teses freudianas quanto à universalidade do complexo de Édipo.[89]

---

[88] Bronislaw Malinowski, *Sexo y represión eu la sociedad primitiva*, Buenos Aires, Nueva Visión, 1972. Um resumo das teses de Malinowski e a crítica das mesmas podem ser encontrados em Pierre Bruno, op. cit., bem como em E. Ortigues, *Œdipe Africain*, Paris, 10/18, 1973, pp. 345 ss. Este último texto apresenta dados coligados na prática psiquiátrica no hospital de Dacar, Senegal, cujos pacientes são na maioria naturais de regiões tocadas pela colonização e nas quais os costumes tradicionais prevalecem em medida proporcionalmente elevada, de onde o interesse da demonstração de que a estrutura edipiana, com as variações culturais correspondentes, é igualmente determinante para a organização psíquica de indivíduos estranhos à sociedade ocidental.

[89] Cf. Roger Dadoun, *Géza Róheim*, cit., pp. 133-61, e a antologia de textos deste autor no final do volume.

Embora a tônica da polêmica entre Freud e os antropólogos — polêmica abortada, pois aquele permaneceu firme em suas opiniões e ignorou as críticas que lhe foram endereçadas — tenha em geral sido a questão da universalidade ou da limitação regional do Édipo, outras críticas vão mais fundo e questionam a validade dos materiais de que se serviu Freud para sua reconstrução. Entre elas, ressalta a de Lévi-Strauss, que demonstra ser o totemismo pura e simplesmente um falso problema. Como é de imaginar que a destruição do sistema cuja origem *Totem e tabu* se propõe a elucidar abale sensivelmente o poder de convicção dessa obra, creio ser adequado examinar mais de perto o estudo de Lévi-Strauss, que se intitula *Le totémisme aujourd'hui*.

Que o alvo do ensaio de Lévi-Strauss seja *Totem e tabu* é patente por sua primeira frase: "O totemismo é como a histeria". Ambas as entidades teóricas teriam servido para perpetuar a ilusão etnocêntrica, tornando ainda mais diferentes os "diferentes", a fim de reforçar a boa consciência do adulto normal, europeu e de sexo masculino. No caso do totemismo, a operação consiste em reduzir o selvagem ao estado de natureza (a expressão *Naturvölker* figura no título de vários dos primeiros estudos antropológicos), atribuindo-lhes um nível mental e moral próximo da animalidade. Atrás da suposição de que o totemismo seria sempre e em toda parte o primeiro estágio da religião, são discerníveis o pensamento evolucionista e os preconceitos da *Belle Époque* como o *télos* para o qual tenderia a história da humanidade.

Ora, longe de ser uma categoria universal, o totemismo releva de uma ilusão lógica e de uma ilusão ideológica. Esta é figurada pelo etnocentrismo; a ilusão lógica consiste em uma deformação do campo semântico em que se podem articular um homem, um grupo humano, um indivíduo e uma categoria natural. Esses quatro termos são passíveis de serem combinados dois a dois de quatro modos: indivíduo natural/pessoa humana, indivíduo natural/grupo humano, pessoa humana/categoria natural, categoria natural/grupo humano. O totemismo surge quando são extraídos dessa série, de modo arbitrário, dois membros: a combinação categoria natural/grupo humano e a combinação categoria natural/pessoa humana, sendo que a categoria natural corresponde à espécie-totem, e o grupo, ao clã, ressalvado o caso de totens individuais. Segundo Lévi-Strauss, o totemismo envolve três ordens de fenômenos: a organização em clãs, a atribuição a estes de nomes vegetais ou animais, e a crença no parentesco entre o clã e a espécie escolhida. Acontece que a coincidência entre essas três ordens de fenômenos é contingente e minoritária no conjunto dos fatos etnográficos; além disso, os grupos de parentesco podem receber nomes de animais, mas também outros, e muitas vezes não coincidem com os clãs. Numerosos exemplos vêm mostrar que só raramente se encontram reunidas as condições que definem o totemismo, e que, mesmo nesses casos, com frequência o plano das crenças e dos rituais não recobre o da ligação entre a espécie natural e o grupo. Assim, certas sociedades têm deuses e totens; em outras, quando o animal é considerado um ancestral mítico, ele não é totem, e vice-versa; e assim por diante. Citando longamente um antropólogo australiano moderno, Lévi-Strauss demonstra ainda que mesmo na Austrália coexistem diversas ordens heterogêneas de totemismo: há totens individuais, grupais, sexuais, ligados ao lugar em que o indivíduo foi concebido etc. Além disso, ao criticar a teoria funcionalista, mostra que os animais escolhidos como totens não são necessariamente os mais importantes para a sobrevivência do grupo. De modo que, após esse exame dos fatos etnográficos, é demolida, de modo definitivo, a noção de totemismo, e em seu lugar surge a questão de saber por que certos clãs escolhem para designar a si mesmos o simbolismo animal.[90]

Até que ponto essa crítica atinge *Totem e tabu*? De imediato, percebe-se que todas as passagens destinadas a classificar e a analisar os fenômenos totêmicos perdem completamente o interesse, pois se ocupam de um falso problema. A perspectiva evolucionista em que se coloca Freud, apesar de suas conclusões

---

[90] A resposta de Lévi-Strauss prepara seu estudo sobre o *Pensamento selvagem*. Em síntese, ela afirma que a conexão entre uma espécie animal e um grupo humano não é nem arbitrária nem substancial, mas repousa sobre a percepção de uma semelhança. Contudo, não são as semelhanças que são importantes, como se tal grupo fosse forte como o leão ou astuto como a raposa, mas as *ordens de diferenças que se assemelham*: são os animais que diferem uns dos outros e os ancestrais que diferem uns dos outros segundo um princípio suposto comum (pp. 113-6). É essa homologia entre ordens irredutíveis entre si que se exprime no sistema totêmico (*Le totémisme aujourd'hui*, Paris, PUF, 4ª ed., pp. 132-3):

> Por meio de uma nomenclatura especial, formada de termos animais ou vegetais — o que é seu único caráter distintivo —, o pretenso totemismo exprime apenas, a seu modo — diríamos hoje, por seu código particular —, correlações e oposições que podem ser formalizadas de outras maneiras [...] Os animais do totemismo deixam de ser apenas ou sobretudo criaturas temidas, admiradas ou cobiçadas; sua realidade sensível deixa transparecer relações e noções concebidas pelo pensamento especulativo a partir dos dados da observação. Compreende-se, enfim, que as espécies animais não são escolhidas porque sejam "boas para comer", mas porque são "boas para pensar".

sobre o elevado nível do pensamento selvagem, também é seriamente atingida, da mesma forma que a continuidade estabelecida entre o totemismo e as religiões ocidentais. É possível perguntar então o que resta. A meu ver, resta o essencial: pois *Totem e tabu* não se limita a formular uma hipótese sobre o totemismo, mas quer estabelecer as condições que possibilitam pensar a origem do social. O mito central não é invalidado pela crítica — assaz pertinente sob outros aspectos — de Lévi-Strauss. A categoria do pai morto, que introduz a relação mediata ao ausente, permanece de pé. Saber se ela é suficiente para dar conta do social é um outro problema, mas é preciso reconhecer que ela não é afastada pela demonstração de que o totemismo é uma ficção de mau gosto dos etnólogos vitorianos. Lévi-Strauss, aliás, o percebe com clareza; as passagens nas quais critica diretamente o texto freudiano não se apoiam sobre o mito da horda, mas sobre o problema da efetividade. Em outros termos, não é tanto em relação ao totem, mas ao tabu, que se situa a oposição entre os dois autores.

Duas passagens de *Le totémisme aujourd'hui* concernem a essa questão. Discutindo a explicação dada por Freud para a magia, Lévi-Strauss escreve:

> Para que o recurso à ansiedade forneça ao menos um início de explicação, seria preciso primeiro saber em que consiste a ansiedade, e em seguida quais são as relações entre uma emoção confusa e desordenada, por um lado, e, por outro, condutas marcadas pelo selo da mais rigorosa precisão e que se repetem em diversas categorias. Por qual mecanismo a primeira engendraria as segundas? A angústia não é uma causa; é a forma pela qual o homem percebe, subjetivamente, obscuramente, uma desordem interior.[91]

A crítica tem como alvo evidente o paralelo entre a neurose obsessiva e o tabu, mas aqui parece que Lévi-Strauss elimina de modo deliberado a noção de inconsciente e se coloca assim fora do terreno em que sua pergunta pode ser respondida. Já em "Atos obsessivos e práticas religiosas", Freud expusera a relação intrínseca entre a angústia e a minúcia dos atos obsessivos, destinada precisamente a afastá-la por meio de rituais marcados "pelo selo da mais rigorosa precisão". Sem compreender que o ato obsessivo é uma formação sintomática que surge de uma transação de forças psíquicas, satisfazendo parcialmente a ambas, o laço

---

91 Lévi-Strauss, *Le totémisme*, cit., p. 103.

entre ele e a angústia não pode ser estabelecido. A questão de Lévi-Strauss, portanto, não é pertinente, e quem tem razão nesse ponto é Freud.

A outra questão é mais complexa:

> Ao contrário do que Freud sustenta, as obrigações sociais, positivas e negativas, não se explicam, nem quanto à origem nem quanto à persistência, pelo efeito de pulsões ou de emoções que reaparecem com os mesmos caracteres, durante séculos ou milênios, em indivíduos diferentes. Pois, se a recorrência dos sentimentos explicasse a persistência dos costumes, a origem dos costumes deveria coincidir com a aparição dos sentimentos, e a tese de Freud não seria modificada, mesmo que o impulso parricida correspondesse a uma situação típica, em vez de ser um acontecimento histórico.[92]

Eis aqui vários temas que devem ser desemaranhados. Primeiro, as obrigações sociais não nascem nem se sustentam a partir de "pulsões ou emoções"; o que é evidenciado é a tese de hereditariedade das disposições psíquicas. Mesmo que isso ocorresse, em segundo lugar, o parricídio poderia ser apenas um fantasma sem ter de se inscrever nos atos — é a realidade do evento primordial que se torna desnecessária. Por fim, a questão da origem: o social não surge de sentimentos individuais. De passagem, a reunião no mesmo plano de pulsões *ou* emoções mostra que Lévi-Strauss as identifica entre si, o que nada tem a ver com a tese de Freud. Um moinho de vento e três problemas sérios: tal é o balanço da segunda crítica.

O moinho de vento mostra que ela permanece no nível do consciente, como aliás se vê pela puerilidade de afirmar, pouco adiante, que as condutas não tiram sua vitalidade dos sentimentos, pois, se assim fosse, não seria possível explicar o convencionalismo e o automatismo que caracterizam as cerimônias religiosas. Isso é óbvio, e Freud seria o último a contestá-lo; mas, de fato, as cerimônias religiosas são em geral puramente convencionais *porque* são formações reativas, destinadas a afastar a angústia, e a prova disso é que esta surge quando as primeiras não são efetuadas como deveriam ser. Freud não fala jamais de emoção; seu ponto de apoio é a ambivalência inconsciente, que não tem rigorosamente nada a ver com a psicologia superficial das "emoções". Essas observações, porém, não

---

92 Lévi-Strauss, *Le totémisme*, cit., p. 105.

invalidam os três problemas apontados por Lévi-Strauss, que são reais e independem de sua formulação pouco rigorosa. Desses problemas, o da necessidade do ato real na economia do pensamento freudiano já foi abordado: Freud precisa dele para dar conta do coletivo, sem o qual o social não poderia surgir. Quanto à hereditariedade das disposições psíquicas, Lévi-Strauss tem razão, pois ela pode ser coerente com a antropologia explícita de Freud, mas representa também um elemento que reduz o social ao nível do biológico, eliminando sua especificidade própria. Já tive ocasião de notar que a cruz da antropologia freudiana é a dificuldade para pensar essa especificidade do social, embora ele nos tenha igualmente legado elementos que permitem articular de modo mais adequado essa questão, que é a mesma do terceiro problema formulado por Lévi-Strauss.

O mito de *Totem e tabu* pode ainda ser abordado de uma outra perspectiva. Trata-se de um mito político, que situa Freud, de certo modo, na tradição filosófica que vê num contrato a origem da sociedade. Tal contrato transforma o estado de Natureza em estado de sociedade e procura responder à questão secular de saber como a força se transforma em direito. É também esse o problema de Ésquilo na *Orestíada*: o que permite acabar com o ciclo infernal dos crimes? *As Eumênides* respondem a essa interrogação com o mito do estabelecimento da lei, que transforma as Erínias, de espíritos sequiosos de vingança, em guardiãs do tribunal humano. O pensamento clássico, de Hobbes a Rousseau, ofereceu diferentes propostas para explicar a origem do social; mas, talvez com a exceção de Espinoza, elas consistem em germiná-la com o surgimento do Estado. É renunciando a uma parcela ou à totalidade de sua liberdade — aqui os autores variam — para investi-la num organismo encarregado de manter a ordem e a justiça, e que por conseguinte se situa acima e além dos indivíduos particulares, que os homens efetuariam, por meio do contrato, a passagem da Natureza à cultura. Sem entrar aqui no exame detalhado dessas doutrinas, nem na crítica a que as submete Hegel na *Filosofia do direito*, cabe ressaltar contudo a originalidade do contrato imaginado por Freud: o totemismo é uma espécie de contrato passado com o pai, na frase anteriormente citada. É a presença/ausência desse parceiro que funda a igualdade entre os irmãos; e esta não consiste na decisão de alienar sua liberdade, mas na responsabilidade comum pelo crime cometido. O crime é assim o inaugural, e o contrato, derivado, sendo suscitado pelo sentimento de culpabilidade e pela necessidade de impedir a reiteração do crime. É importante aqui dissipar um mal-entendido comum: o crime não *corresponde* aos desejos edipianos, mas estes são *estruturados pelo crime*. Matar o pai e dormir com a mãe são tendências que existem no inconsciente sob a forma da repressão, e esta, praticamente, é instituída a partir do crime, e não o inverso. A originalidade da tese freudiana consiste em associar a emergência do complexo de Édipo e o surgimento da sociedade civilizada por meio do *mesmo* ato.

Mas o resultado do contrato freudiano não é a instauração do Estado, e sim uma comunidade de iguais. É certo que as páginas finais de *Totem e tabu* pressupõem uma continuidade entre as sociedades arcaicas — historicamente menos distantes do parricídio originário — e as nossas sociedades, providas de um aparelho estatal. Contudo, interessa observar uma curiosa convergência entre a tese de Freud e certas afirmações da etnologia política contemporânea, em particular do grupo dirigido, até sua morte, por Pierre Clastres. O que atrai a atenção desses pesquisadores é a questão do político nas sociedades arcaicas. Observando que nas tribos indígenas da América do Sul o cacique não dispõe de autoridade alguma, limitando-se a servir de chefe ocasional na guerra, a arbitrar (embora sem nenhum poder de coerção) as disputas individuais, e a reiterar cotidianamente a excelência das instituições ancestrais, Pierre Clastres propõe a noção de que a sociedade arcaica é estruturada para *impedir* o surgimento de um foco autônomo do poder, separado do corpo social. A autoridade mínima do cacique não é assim o embrião do aparelho estatal, mas a negação dele, como se as sociedades ameríndias tentassem de modo deliberado — por uma escolha inconsciente, diz Clastres — evitar que delas se separe o poder real. Da mesma forma, a guerra seria o meio de preservar a independência dos pequenos grupos isolados, impedindo a formação de unidades mais amplas, que viriam a requerer a constituição de um governo acima e além da sociedade.[93] Onde reside, então, o foco do poder? Marcel Gauchet tenta

---

93 Cf. Pierre Clastres, *La société contre l'État*, Paris, Minuit, 1974, em particular os capítulos sobre os caciques indígenas, a exogamia e a conclusão do livro. Em seus artigos sobre a guerra — "Archélogie de la violence", em *Libre 2*, e "Malheurs du guerrier sauvage", em *Libre 3* — a reflexão sobre o tema é aprofundada. (Esses e outros artigos estão reunidos em *Arqueologia da violência*, São Paulo, Brasiliense, 1982.) Muitos dos temas de *Totem e tabu* são retomados nesses textos, embora de uma perspectiva diferente: em particular as imposições ao chefe, os tabus sobre os inimigos e sobre os instrumentos de trabalho. (Cf. "L'arc et le panier", um dos mais belos estudos de *La société*.)

responder a essa questão em seu artigo "Sens de la dette et racines de l'État". Desse trabalho, resulta que a característica mais notável das sociedades arcaicas — sua extraordinária estabilidade — pode ser explicada a partir da recusa em atribuir a si mesma a origem de suas instituições. Elas são pensadas como algo emanado dos Ancestrais, e por isso intocáveis, já que nenhum homem poderia se designar como portador de uma autoridade que se define por ter na morte a sua origem. Gauchet vê nessa noção — nem sequer abalada pela constatação de modificações do porte das introduzidas pela evolução agrícola — o cerne da religião, e a explica como esforço da sociedade arcaica para se manter coesa e não permitir o surgimento de um poder separado dela. O presente social é legitimado exclusivamente pelo passado mítico, o que significa que só no passado se situa o fundamento do social, e que portanto toda inovação é forçosamente ilegítima, se pretender desembocar no confisco da autoridade coletiva por um indivíduo ou por um grupo. "A exterioridade simbólica do poder social contra a separação efetiva da autoridade política: tal é a filosofia da religião primitiva."[94]

Essas afirmações ecoam as de *Totem e tabu* num plano inesperado. Com efeito, o mito postula que, uma vez assassinado o chefe da horda, os irmãos editem a lei da exogamia e se desencadeie o processo que culmina com a formação das religiões, mas, se o grupo é o autor efetivo de tais normas e instituições, a projeção se encarrega de atribuí-las à autoridade do morto. É por isso que Freud diz que, uma vez morto, o pai passa a gozar de um poder muito maior do que aquele de que se vira investido em vida. O mito associa a esse processo, pelo qual o pai morto passa a ser o fundamento do vínculo social, uma mutação na estrutura psíquica dos membros da horda, isto é, o advento da estrutura edipiana e do sentimento inconsciente de culpabilidade; nisso se afasta do plano etnológico para retornar à seara da psicanálise. Mas não deixa de ser curioso que, por vias certamente muito diferentes, a reflexão etnológica contemporânea reencontre o problema ao qual Freud procura dar uma solução, ou seja, a mediação necessária do ausente como condição de possibilidade do vínculo social: é por essa forma que a situação imaginariamente exterior do foco do poder, em relação ao presente e à sociedade, permite a instauração de uma comunidade de iguais.

Da crítica marxista à antropologia de *Totem e tabu*, pouco há a dizer. Ela se resume, no essencial, a reprovar a Freud ter excluído de sua reflexão o fato de

---

[94] Marcel Gauchet, "Sens de la dette et racine de l'État", em *Libre 2*, Paris, Payot, 1977, p. 20.

que, em última instância, são as relações sociais de produção e não o complexo de Édipo o fator estruturante da vida social. O domínio do social ficaria assim excluído da psicanálise, e a sua elucidação pertenceria ao materialismo histórico:[95] em suma, o que se critica em Freud é que não seja marxista. Por outro lado, isso não implica que a psicanálise — e sobretudo o que denominei antropologia explícita de Freud — seja suficiente para esgotar todos os problemas que suscita a realidade da vida social e histórica dos homens. Mas é preciso reconhecer que Freud revelou uma dimensão da existência humana — a dimensão do desejo e do inconsciente — que não é redutível às categorias marxistas. Daí as diversas tentativas de fundir numa concepção única as doutrinas de Freud e de Marx, que resultam regularmente nos monstrengos freudo-marxistas, como se a cada uma das teorias coubesse mapear uma das regiões essenciais da realidade humana, e, somadas, pudessem exauri-la. O primeiro a tentar essa síntese foi Wilhelm Reich, e, sem diminuir a importância de seus trabalhos, podemos ver numa passagem de *Psicologia de massas do fascismo* o que acontece com as teorias em questão quando, a golpe de simplificações sucessivas, se procura fazê-las encaixar uma na outra:

> Indicamos há alguns anos qual a função precisa que a psicanálise assume no edifício do materialismo histórico: ela pode contribuir para a compreensão da estrutura e do dinamismo da ideologia, mas não de seu terreno histórico. [...] Disso resulta que a ciência da sociologia da economia sexual, que repousa sobre as descobertas *sociológicas* de Marx e sobre as descobertas *psicológicas* de Freud, é ao mesmo tempo uma psicologia das massas e uma sociologia sexual.[96]

Apesar da declaração do autor de que não pretende completar Marx por Freud ou vice-versa, é justo isso que é feito... Não é preciso entrar em querelas terminológicas, mas tampouco se pode esconder a surpresa ao ver imputar a Marx descobertas "sociológicas" e a Freud descobertas "psicológicas". O que é

---

95 Um bom exemplo dessa crítica é fornecido pelo estudo de Lucien Sève, "Psicoanálisis y materialismo histórico", em *Para una crítica marxista*, cit., pp. 163 ss., onde se afirma, por exemplo, que a psicanálise é a base para "avatares pseudo-revolucionários de uma festividade anarco-nietzscheana", diante da qual o marxismo deve continuar fiel à sua inspiração "crítica e revolucionária" (p. 221).
96 Wilhelm Reich, *Psychologie de masse du fascisme*, Paris, Payot, 1972, pp. 48-9. Grifos de Reich.

pressuposto no livro de Reich, como em muitos outros que se inscrevem na mesma tradição, é a ideia de uma *comunidade de natureza* entre o psíquico e o social, que, embora ocultada pelas pretensões totalitárias de Freud e de Marx de exaurir o domínio do humano (coisa jamais pretendida nem por um nem por outro), pode ser posta em relevo se, retirando um pouco deste e um pouco daquele, o autor conseguir atingir as proporções ideais da mescla requerida. O fracasso mais do que regular em encontrar a receita adequada pode nos induzir a duvidar da correção do postulado de base: por que, com efeito, seriam dotados de uma afinidade substancial o psíquico e o social? E se, ao contrário, fossem ambos irredutíveis, e o projeto de uma teoria unificada do humano, capaz de explicar todos os fenômenos nos dois campos, fosse apenas um fantasma, ele sim redutível à onipotência do pensamento, sempre em vigor no inconsciente?

Essa questão é imensa e não podemos abordá-la neste momento. Basta ressaltar que a antropologia marxista tampouco conseguiu, com seus instrumentos habituais, explicar até hoje como funciona a sociedade primitiva. Da mesma forma que os atributos do chefe são calculados para que não possa jamais surgir a diferença política, as sociedades arcaicas estão estruturadas para impedir o surgimento da diferença econômica e de seu fundamento, a relação da exploração. E, ao contrário do que supõem os marxistas, elas não são sociedades de carência, em que a ausência do excedente seria justificada pelo grau rudimentar do desenvolvimento das forças produtivas: as pesquisas atuais parecem demonstrar o contrário, isto é, que as forças produtivas são intencionalmente mantidas num nível rudimentar de desenvolvimento, o que não impede os selvagens de produzir, com um esforço mínimo, o essencial *e* um certo excedente — o primeiro para as necessidades da sobrevivência e o segundo para ser consumido por ocasião de festas e outras manifestações solenes.[97] De modo que o fato de Freud não ter visto no desenvolvimento conflitante das relações de produção e das forças produtivas o princípio de funcionamento da sociedade primitiva parece reverter decididamente a seu favor...

Mas é tempo de retornar à psicanálise, pois, como vimos, não é no terreno da etnologia que Freud pretende se situar. Não vejo por que recusaríamos o

---

97 Cf. entre outros J. Lizot, "Economie primitive", em *Libre 4*, e "Population, ressources et guerre chez les Yanomami", em *Libre 2*; Pierre Clastres, "Copernic et les sauvages", em *La société*, cit., e "Les marxistes et leur anthtopologie", em *Libre 3*; Marshall Sahlins, *Age de Pierre, Age d'Abondance*, Paris, Gallimard, 1976.

testemunho dos etnólogos atuais como inútil, visto que Freud foi buscar nos de seu tempo os materiais de que tinha necessidade; no entanto, ainda que os fatos surpreendentes postos em evidência pelos pesquisadores contemporâneos devam suscitar a reflexão dos psicanalistas (o que é muito raro) e dos filósofos, a contribuição decisiva de *Totem e tabu* deve ser procurada em outro plano. Sua marcha é em si mesma um excelente exemplo da "violência dos sistemas", que, nesse caso, consiste em reagrupar materiais provenientes de um campo segundo princípios legítimos em outro. Wladimir Granoff, em seu comentário de *Totem e tabu*, afirma que a "operação" desse texto deve produzir dois resultados: quanto à incoercibilidade dos desejos — portanto do desejo de matar o pai —, é preciso fundar historicamente esse assassinato; quanto à questão da paternidade, deve produzir dois pais, que podem ser chamados "um pai" e "o outro pai".[98] Essa questão é, para a psicanálise, mais decisiva do que a primeira. Freud distingue dois componentes de relação ao pai: o *amor* (Vaterliebe) e a *nostalgia* (Vatersehnsucht), e é da segunda que se trata aqui. O que é levantado nas páginas finais do quarto ensaio é o seguinte: como compreender o retorno do pai, retorno que lhe atribui um poder divino? O esboço do desenvolvimento ulterior das religiões permite responder: o pai que é reinvocado ocupa um lugar preciso, limitado pelas conquistas do período fraternal, e entre ele e os homens haverá doravante uma distância. Todo-poderoso nas religiões monoteístas, fonte do direito e da lei, ele será constantemente oposto ao pai real, como instância capaz de limitar a onipotência deste último. Ao mesmo tempo, entre o pai morto e o pai real, a mesma dialética entrará em ação, abrindo assim um espaço para que o filho possa aceder ao real.

Freud afirma, ao final de *Totem e tabu*, que um progresso se realiza de uma geração para outra, e que à seguinte não pode ser dissimulado, pela anterior, o que se passou. Tal continuidade misteriosa exige, segundo ele, a transmissibilidade das disposições psíquicas, que contudo devem ser estimuladas pelas vivências pessoais para produzirem seu efeito. É nesse momento que intervém uma citação de Goethe: "Aquilo que herdaste de teus pais, adquire-o para possuí-lo". Granoff sugere que essa injunção significa que, em cada geração, o jogo deve recomeçar: cada indivíduo reproduzirá, em sua trajetória, o percurso mítico colocado nas origens da humanidade, para que o progresso continue a ser

---

98 W. Granoff, *Filiations*, Paris, Minuit, 1975, p. 510.

transmitido.[99] Mas o fundamento dessa transmissibilidade — a hereditariedade das disposições psíquicas — é mais do que frágil, de modo que a questão do social continua a ser um problema no horizonte freudiano, ao qual retornarão *Psicologia coletiva*, *O mal-estar na cultura* e *Moisés e o monoteísmo*.

A questão dos "dois pais" será abordada na seção seguinte deste capítulo. Resta observar que *Totem e tabu*, além de todos os aspectos evocados até aqui, representa também um momento na elaboração do complexo paterno do próprio Freud. Isso porque, primeiro, procura fundar historicamente o que a análise revela em seus pacientes e nele próprio: a perenidade do desejo parricida; mas, como dirá a Jones, há uma grande diferença entre a realidade psíquica desse desejo (abordada na *Interpretação dos sonhos*) e a realidade material do crime "horrendo", mesmo se retrojetada para o momento mítico das origens. Em segundo lugar, e talvez de modo mais decisivo, constitui um meio de pensar sua própria posição diante do movimento psicanalítico e suas crises. No final da primeira seção, mencionei a hipótese de C. Le Guen quanto à natureza de fantasma do parricídio, fantasma do próprio Freud que este teria se recusado a analisar e cuja efetuação teria procurado impedir pela criação da IPA. A defesa seria assim materializada por uma passagem ao ato, simétrica e inversa ao ato inaugural. Essa hipótese pode agora ser situada de maneira mais clara: ela é provavelmente adequada no que se refere à instituição da IPA, um meio de extrema eficácia para se tornar venerado no lugar do pai morto, desviando a componente agressiva da ambivalência para outra direção. Com efeito, a história das sociedades de psicanálise — não apenas na França, mas também na Inglaterra: pense-se no escândalo Melanie Klein — parece sugerir que à veneração pelo pai fundador corresponde uma agressividade desproporcionalmente forte *entre* os membros da horda, o que inverteria a situação do grupo fraterno, pois, neste, a agressividade é dirigida contra o pai a fim de fazer reinar a concórdia entre os irmãos. As sociedades freudianas estariam assim no polo oposto ao das sociedades arcaicas, retomando ao mesmo tempo destas a atribuição, ao ancestral desaparecido, do princípio de organização da vida social; ele seria a fonte legítima,

---

99 Granoff, op. cit., p. 513. Nesse contexto, seria interessante avaliar o valor das contribuições de Gérard Mendel, sobretudo em *La révolte contre le père*, Paris, Payot, 1972, e *Anthropologie différentielle*, Paris, Payot, 1972. Este último texto procura refutar o mito do parricídio primitivo e ancorar a antropologia psicanalítica sobre bases neurobiológicas e culturais, a partir de uma teoria da masturbação não genital.

mas inalcançável, da verdade e portanto do poder. Nesse sentido, a semelhança entre o cacique que toma a palavra para exaltar a sabedoria dos Antigos e a multiplicação das referências à obra freudiana no discurso dos psicanalistas não pode deixar de intrigar o observador curioso: que fantasmas se escondem sob tão imensa reverência?

Então: fantasma defensivo? Pode ser. Mas o fato é que Freud não denomina assim o assassinato do pai primitivo (o que, aliás, poderia confirmar a hipótese: o fantasma avança justamente incógnito), mas escolhe a designação de *mito*. E mito científico: o que pode significar essa estranha categoria? A narrativa de *Totem e tabu* é um mito, primeiro porque pensa a origem, e a origem só pode ser pensada sob a forma do mito — quer os personagens deste sejam homens, deuses ou os elementos desencantados da nebulosa primordial, a inverificabilidade total é o destino de toda afirmação sobre a origem. Mas há mitos e mitos. O de Freud guarda um poder de fascínio imenso, pois, como o Édipo de Sófocles, reaviva em cada um de nós momentos subjugados, submergidos nas brumas da história, tanto de nossa própria história pessoal como, talvez, nas da história da humanidade. Nesse sentido, ele é inverificável e, ao pretender, na antropologia explícita, um valor de verdade, torna-se uma teoria duvidosa, que em certos pontos essenciais camufla mais do que revela a natureza do social. É preferível, pois, conservá-la como mito, deixando de lado o adjetivo "científico". Mas, no plano individual, ele contém em resumo as vicissitudes de cada história singular, e é por essa razão que a psicanálise não o pode dispensar. Vejamos agora como e por quê.

4. O ACESSO AO REAL

Após o exame do argumento de *Totem e tabu*, duas possibilidades se abrem para continuar esta exposição. A primeira consiste em respeitar a cronologia, mostrando de que modo o livro traça uma nítida fronteira entre Freud e Jung, estudando os momentos de ruptura entre ambos, nas cartas de 1912 e no "*Moisés* de Michelangelo", para, em seguida, trabalhar com os escritos dos anos 1914 e 1915: a "Introdução ao narcisismo" e a *Metapsicologia*. Essa linha teria, porém, o inconveniente de deixar uma lacuna entre a seção precedente e sua sequência lógica, isto é, a exploração da categoria do "pai morto". Eis por que penso que é mais natural percorrer agora as vicissitudes da constituição do sujeito tal como emergem da problemática aberta por *Totem e tabu*, o que, apesar da entorse à cronologia, tem a vantagem de não perder de vista a categoria em questão. Faremos, assim, um excurso lateral, para retomar na próxima seção a história da ruptura com Jung e as consequências que dela nascem para a teorização freudiana, já que os problemas apontados por Jung continuam a preocupar — num nível extremamente importante — o fundador da psicanálise.

O que tem a ver a categoria do pai morto com a emergência do sujeito? Em síntese, o seguinte: ela é essencial para a determinação do sujeito como limitado, e por conseguinte como capaz de desejar e de pensar. Um dos eixos da metapsicologia é o genético, encarregado de explicar como o ser humano, pouco a pouco e de modo imensamente complexo, percorre o caminho que conduz da sua situação originária — de recém-nascido — até a etapa adulta, caminho que corre paralelo ao da sua evolução biológica, mas que, de maneira alguma, pode se reduzir a ela. É portanto a história da sua socialização, da sua inserção no mundo real, em que "reina a sociedade humana com suas instituições", como lemos no final do segundo ensaio de *Totem e tabu*. As indicações de Freud a esse respeito, embora numerosas, encontram-se dispersas por diferentes textos, para os quais nos voltamos agora, a fim de formar uma ideia tão clara quanto possível desse percurso.

A descoberta essencial da *Interpretação dos sonhos* consiste em que o processo onírico se desenvolve segundo leis completamente diferentes daquelas que governam o pensamento desperto. Freud as unifica no que denomina "processo primário", caracterizado pela extrema labilidade das representações, pela mobilidade dos afetos, pela possibilidade de condensar e de deslocar de umas para outras as cargas afetivas, dando assim origem às diferentes formações do sonho. Em "O inconsciente", Freud explica que tais fenômenos são possibilitados pelo estado dito "livre" da energia psíquica, do qual derivam as características do processo primário: a ausência da negação e da dúvida, a ignorância do mundo exterior, a atemporalidade, a dependência do princípio do prazer. Por outro lado, o sistema pré-consciente se estrutura a partir do estado "ligado" da energia psíquica, por meio do qual se efetua uma inibição da tendência à descarga imediata da energia, o que permite conservar o investimento das representações e portanto coordená-las de modo relativamente estável, tornando assim possível a atividade de pensar. Para que o pensamento seja eficaz, é preciso por sua vez que esteja em condições de integrar e manipular elementos da realidade exterior, e referi-los a impressões passadas, o que pressupõe o funcionamento da memória e a capacidade de distinguir entre o atual e o passado. Isso é possibilitado pela introdução da temporalidade e do princípio de realidade, por meio do qual o "percebido" pode ser diferenciado do "imaginado" e do "recordado". As operações do sistema pré-consciente são regidas pelo processo secundário, mas sem que o processo primário seja por isso abolido: ele continua ativo no inconsciente, e interfere de modo contínuo na atividade mental, como o mostram os lapsos e atos falhos, além do sonho. Todos esses elementos já estão elucidados, a rigor, desde o "Projeto" e o sétimo capítulo da *Traumdeutung*; mas agora surgirão novas questões.

Entre elas, a principal é saber de que maneira o processo secundário vem a se constituir. Por que, aliás, denominá-lo *secundário*? É que, na ordem do tempo, ele é posterior ao primário: em "Os dois princípios do funcionamento psíquico", Freud afirma que os processos primários atuais são resíduos de uma época em que eram os únicos de que era capaz a psique, pois obedecem ao princípio fundamental de seu funcionamento, isto é, buscar o prazer e evitar o desprazer. Como o desprazer significa, desde o "Projeto", um incremento de tensão, sendo o prazer a descarga dessa tensão, o problema é saber de onde provém a tensão geradora de desprazer e que o psiquismo ainda rudimentar trata de afastar por meio do processo primário. A resposta é simples: ele nasce do organismo.

> O estado de repouso psíquico era perturbado, a princípio, pelas exigências imperiosas das necessidades internas. Nesse caso, o pensado (desejado) era simplesmente representado numa alucinação, como hoje sucede com nossas ideias oníricas [...] O lactante [...] realiza, de modo bastante aproximativo, esse sistema. Alucina, provavelmente, a satisfação de suas necessidades internas [...] A decepção ante a ausência da satisfação esperada motivou depois o abandono dessa tentativa de satisfação por meio de alucinações, e, para substituí-la, o aparelho psíquico teve de se decidir a representar as circunstâncias reais do mundo exterior e tender à sua modificação real.[100]

A primeira versão da hipótese freudiana é assim bastante simples: ao sentir fome, o bebê alucina o seio materno que já o aplacou antes; mas, diante da

---

[100] "Dois princípios", SA III, p. 19; SE XII, p. 220n; BN II, p. 1639, nota 1040.

incapacidade da alucinação para extinguir o estímulo interno, aprende a distinguir entre o seio alucinado e o seio real, único capaz de fazer cessar a necessidade. Assim se instaura a diferença entre si e o outro — o outro, nesse caso, a mãe. Essa distinção seria o protótipo de todas as distinções ulteriores, e a pressão da necessidade obrigaria a introduzir no funcionamento psíquico o princípio de realidade, por meio do qual se pode diferenciar o recordado/alucinado do percebido, daí a instauração progressiva do processo secundário, dependente do princípio de realidade.

Um exame mais detido, porém, mostra que o processo não é tão simples. Em "Pulsões e destinos de pulsão", primeiro capítulo da *Metapsicologia*, Freud introduz uma considerável complicação em sua hipótese. Três polaridades dominam a vida psíquica: a do prazer/desprazer, a do sujeito/mundo e a da atividade/passividade, sendo que as duas primeiras estão intimamente relacionadas. A distinção entre si mesmo e o mundo exterior esbarra em dois processos complementares: a introjeção e a projeção. No início da vida psíquica, o ser humano não distingue com clareza o "exterior" do "interior" (resultado obtido já em *Totem e tabu*). O ego se encontra investido por pulsões que, em grande parte, podem satisfazer a si mesmas: é a etapa do autoerotismo. A primeira divisão, portanto, é estabelecida entre o prazer e o desprazer, coincidindo o ego com o prazer, enquanto tudo o que causa desprazer é identificado com o mundo exterior. Como ainda não existe a percepção do corpo próprio, o bebê não consegue diferenciar seu próprio corpo do da mãe, nem, neste, o seio dos demais órgãos e membros. Freud, porém, supõe que no momento inaugural o exterior pode ser diferenciado do interior por "signos objetivos exatos", distinção que se apaga em seguida para só ser reencontrada muito depois:

> Sob o domínio do princípio do prazer, realiza-se em seguida um outro passo. (O sujeito) acolhe no ego os objetos que lhe são oferecidos como fonte de prazer e os introjeta, afastando de si, por outro lado, tudo aquilo que em seu próprio interior constitui motivo de desprazer [...]. Passamos assim do primitivo ego de realidade, que diferenciava o exterior do interior por meio de signos objetivos exatos, a um ego de prazer, que antepõe a todos os signos o caráter do prazer. O mundo exterior se divide para ele numa parte prazenteira, que é incorporada, e num "resto" estranho a ele. Separou do próprio ego uma parte, que projeta para o mundo exterior e percebe como hostil a si. Depois dessa nova ordenação, fica estabelecida

a coincidência entre as duas polarizações, ou seja, a do sujeito com o prazer e a do mundo exterior com o desprazer.[101]

Em que consistem os "signos exatos" que em seguida são obliterados? É na eficácia da ação muscular para afastar a fonte do estímulo perturbador que Freud discerne o elemento capaz de operar essa primeira separação entre o "dentro" e o "fora". Mas, como a coordenação muscular do recém-nascido é ainda precária, essa ação não pode ser idêntica à de fazer frente ao estímulo, que pressupõe a integração motora. Parece-me que aqui Freud pensa num ato muscular mínimo, que o bebê possa realizar com facilidade: fechar os olhos, que, sem dúvida, permite "afastar" o estímulo luminoso sem sair do lugar. Na possibilidade de eliminar a luz residiria então o primeiro signo diferenciador entre si e o mundo. Mas, para o bebê, o mais importante é o estímulo formidável da fome, em relação ao qual vai ser borrada a distinção dentro/fora, ainda tênue, pois, a princípio, o bebê percebe o seio materno como uma parte de seu próprio corpo. Essa expressão é, a rigor, inexata, e seria melhor falar de uma *continuidade* entre o seio e o bebê; este, justamente por sua incapacidade de vivenciar o corpo próprio, se relaciona com o seio como, digamos, com sua perna ou seu braço, também presentes e inacessíveis. Por meio dessa continuidade, o bebê é o seio, e este é o bebê; mas ela vem se complicar pela projeção e pela dissociação que esta comporta.

A parte "prazenteira" do mundo exterior introjetada é evidentemente o seio; ao mesmo tempo, a sensação de fome, de sede, de frio e de tudo o que puder representar um estímulo perturbador é expulsa de si e "atribuída" (na medida em que, nessa etapa, tal expressão tenha um sentido) ao exterior. Isso implica a mobilidade permanente da fronteira entre o dentro e o fora, que vem se complicar pelo fato de que cada componente pode ser conotado por um signo positivo e por um signo negativo. O seio, quando presente, é gerador de prazer, mas sua falta engendra o desprazer. Melanie Klein falará de um "bom" e de um "mau" seio, a partir dessas formulações de Freud. Em "Pulsões e destinos de pulsão", encontramos uma passagem sobre a gênese do amor e do ódio: este é, a princípio, apenas uma reação ao mundo exterior, o qual vem perturbar a beatitude narcísica, por meio dos estímulos geradores de desprazer — entre os quais, por projeção, a fome. O amor, ou seus primeiros componentes,

---

101 "Pulsões e destinos de pulsão", SA III, p. 98; SE XIV, p. 136; BN II, p. 2049.

configura por outro lado a relação do ego consigo mesmo, como gerador de prazer — nesse "consigo mesmo" está incluído, por introjeção, o seio materno. É evidente que aqui Freud procura adaptar essa reconstituição dos primeiros momentos da vida psíquica à teoria do narcisismo, de modo que faremos uma pausa para uma rápida discussão acerca das dificuldades introduzidas com esse novo conceito.

É no caso Schreber, como vimos, que ele faz sua aparição. O estudo das psicoses e o enorme desinteresse do psicótico pela maior parte da realidade exterior sugerem a ideia de que, nessas afecções, a libido retirada dos objetos retrocede até o próprio ego do sujeito, permanecendo ali fixada. É importante notar que essa concepção é sustentada pelo princípio físico da constância da energia: como nada se perde, mas tudo se transforma, a libido *retirada* dos objetos tem de ser *reinvestida* em algum outro lugar. Nas neuroses de transferência, dirá Freud, ela vem investir as fantasias e os objetos imaginários que elas põem em cena, substitutos dos objetos incestuosos infantis. Nas psicoses, a regressão é mais ampla, e a libido retrocede até o ego. Mas, se ela *retrocede*, é porque originalmente *procede* dele: o ego seria assim o primeiro objeto a ser investido pelas pulsões sexuais. Esse estado, em que o ego forma o objeto único da libido, constitui a etapa narcisista. O investimento maciço do ego pela libido explicaria de um só golpe três fenômenos aparentemente heterogêneos: a perda do interesse pela realidade exterior, a megalomania e a inacessibilidade desses pacientes à terapia analítica, que exige no limite mínimo o investimento afetivo da pessoa do analista.

Sem entrar aqui na discussão dessa hipótese de Freud — existem hoje métodos terapêuticos que mostram ser possível tal transferência, embora segundo modalidades diferentes das que se verificam nas neuroses —, é preciso ressaltar outro aspecto: com a introdução da etapa narcísica na evolução da libido, se torna problemática a oposição entre "pulsões do ego" e "pulsões sexuais", já que durante essa fase elas coincidem. Duas possibilidades se oferecem: ou supor uma única energia psíquica, uma espécie de *élan vital*, que posteriormente viria a se fragmentar nos dois grupos de pulsões, ou postular que, desde o início, elas são diferentes, embora coincidam, em determinados momentos de sua trajetória, sobre o mesmo objeto. Freud opta resoluto pela segunda hipótese. Por quê? Em primeiro lugar, porque, para dar conta do conflito psíquico, são necessárias duas, e não mais do que duas, forças opostas: ora, uma vez admitida a unidade, seria preciso explicar não apenas por que ela seria rompida, mas ainda por que a divisão cessaria logo na primeira vez, sem continuar produzindo novas pulsões a partir das duas resultantes. Em seguida, porque na unidade das pulsões desapareceriam a especificidade e a irredutibilidade do sexual, abrindo caminho para uma teoria de tipo junguiano, em que ele é pensado por meio do arquétipo, de ordem não sexual, mas simbólica. Por fim, a doutrina das pulsões é uma concessão ao especulativo, e Freud se recusa, em 1914, a penetrar nesse domínio, se satisfazendo com um sistema que apresenta as vantagens teóricas de uma conceptualização adequada e os benefícios práticos de uma terapia eficaz. No entanto, com o narcisismo, surge um escolho do qual não pode se desviar, e toda a *Metapsicologia*, de 1915, pode ser considerada um esforço para acomodá-lo no arsenal teórico da psicanálise.

Em particular, o narcisismo levanta um problema quanto à sua relação com o autoerotismo, evidente se refletirmos que este consiste na autossatisfação das pulsões sexuais. Em "Introdução ao narcisismo", Freud distingue entre os dois conceitos:

> É absolutamente necessária a hipótese de que, no indivíduo, não existe a princípio uma unidade comparável ao ego. O ego tem de ser constituído. Ao contrário, as pulsões autoeróticas são primordiais. Para constituir o narcisismo, é preciso que ao autoerotismo venha se acrescentar um outro elemento, um novo ato psíquico.[102]

Essa passagem nos traz de volta à questão da ontogênese. Por que as pulsões autoeróticas são primordiais? A resposta se encontra em "Pulsões e destinos de pulsão", quando a pulsão é definida por meio de quatro elementos: o impulso, a fonte, o fim e o objeto. O impulso é a magnitude da pulsão, sua característica de força constante, por oposição ao caráter discreto do estímulo proveniente do mundo exterior; a fonte é o órgão do qual ela emana; o fim consiste na descarga do impulso, que traz a satisfação; e o objeto é aquilo por meio do qual a satisfação pode ser obtida. O que caracteriza o autoerotismo é a coincidência entre a fonte e o objeto da pulsão, sendo este o próprio órgão no qual aquela se origina, e portanto dispensando o sujeito de buscar no mundo exterior a satisfação. Tal aspecto é essencial para compreender o ponto de vista de Freud

---

[102] "Introdução ao narcisismo", SA III, p. 44; SE XIV, p. 77; BN II, p. 2019.

sobre a dualidade pulsional: as pulsões do ego, também denominadas "instinto de autoconservação", não são capazes de obter a autossatisfação, pelo simples motivo de que aquilo que permite a autoconservação tem de vir do exterior. O que ocorre é que, a princípio, as pulsões sexuais se apoiam sobre as do ego, e o mesmo objeto satisfaz a ambas — o leite materno extingue a fome e produz na mucosa oral o prazer, que define a pulsão como sexual. Pouco a pouco, elas vão se separando; mas, como lemos em "Os dois princípios", a pulsão sexual, devido à sua origem autoerótica, permanecerá mais intimamente vinculada ao princípio do prazer, enquanto a pulsão de autoconservação irá se orientar mais precocemente para a realidade exterior.

O narcisismo constitui o primeiro momento de unificação das pulsões até então dispersas pelos órgãos, pois consiste no investimento do ego por parte delas. Problema dos mais obscuros, o investimento do ego: este já existia e passa a ser investido pela pulsão sexual? Ou é esse investimento que configura o "novo ato psíquico" que lhe dá nascimento? A passagem de "Introdução ao narcisismo" citada anteriormente parece indicar a segunda possibilidade. Mas, nesse caso, como considerar o ego o "reservatório primordial da libido"? Penso que aqui é necessária uma orientação, para podermos prosseguir. A meu ver, a solução passa pela distinção operada por Freud entre "libido" e "pulsões sexuais", sendo a primeira a energia destas últimas, assim como o "interesse" é a energia das pulsões do ego. Este seria, assim, não a fonte das pulsões sexuais (que nasceriam das zonas erógenas correspondentes), mas o primeiro objeto da libido. O que foi dito aqui sobre a continuidade primordial entre o recém-nascido e o seio materno encontra um outro aspecto do problema: parece-me que o novo ato psíquico necessário para constituir o narcisismo — e com ele o ego — implica uma primeira ruptura, ainda que muito frágil, dessa continuidade, pela qual um "eu" possa ser diferenciado do objeto. A libido, ao fluir para uma das bordas desse *continuum*, constituiria o esboço do ego e ao mesmo tempo o núcleo do objeto, embora este, devido às contínuas projeções e introjeções, ainda não exista como entidade rigorosamente separada.

O ego rudimentar é assim, num primeiro momento, o objeto do amor, e ao mundo exterior é destinado o ódio de que Freud fala em "Pulsões e destinos de pulsão". Uma primeira ruptura seria então estabelecida, sobre o fundo da continuidade psíquica entre o bebê e o seio, comparada numa nota dos "Dois princípios" ao pinto no ovo, para significar que a libido que circula nesse sistema é a libido de autoinvestimento. É desse estado, em que o que vai ser sujeito e o que vai ser mundo ainda são indistintos, que Laplanche e Pontalis fazem derivar o fantasma primitivo, no qual o sujeito ocupa ao mesmo tempo todos os lugares. C. Castoriadis extrairá dessa indicação os principais elementos do que denomina "o núcleo monádico do sujeito originário".[103] O reconhecimento de si — ainda imperfeito — seria complementar ao reconhecimento do outro, no caso da mãe, como portador do objeto que satisfaz a necessidade, ainda fundida com o desejo: o seio.

É extremamente difícil estabelecer uma sequência clara desse processo, tendo em vista as diferentes formulações de Freud a respeito. Como articular, por exemplo, o investimento narcísico do ego com a repressão originária? Na *Metapsicologia*, retomando certas teses do caso Schreber, Freud afirma que a repressão é um processo que opera em três tempos: a repressão originária, a repressão propriamente dita e o retorno do reprimido. É fácil compreender as duas últimas fases: a "repressão propriamente dita" nega a uma representação o

---

103 Cornelius Castoriadis, *L'institution imaginaire de la société*, Paris, Seuil, 1975, pp. 399-400:

> O sujeito é a cena do fantasma [...] porque *foi* esse "estado" monádico indiferenciado [...] Nesse sentido, pode-se dizer tanto que o fantasma é "objeto do desejo" como "realização do desejo" — e, com efeito, é impossível nesse caso dizer um sem dizer outro [...] À ruptura de seu mundo, e de si mesmo, representada pela irrupção do objeto separado e pelo outro, o sujeito responde reconstituindo interminavelmente no fantasma esse mundo primordial, se não em sua unidade completa, agora inacessível, pelo menos em suas características de clausura, de domínio, de simultaneidade, e de congruência absoluta entre a intenção, a representação e o afeto.

Cf. Laplanche e Pontalis, "Fantasme originaire du fantasme, fantasme des origines", *Les Temps Modernes*, nº 215, abril de 1964, pp. 1834 ss. O recurso a esses autores, como o recurso a Lacan nas páginas seguintes, visa apenas mostrar que — e como — se pode pensar a partir de Freud e para além do que ele pensou, já que se trata de problemas vitais para a teoria psicanalítica *lato sensu* e não somente o pensamento de Freud. Caso seja correta nossa hipótese de que o problema levantado por *Totem e tabu* não é apenas o da origem da cultura, mas também o da origem do sujeito, graças à mediação estabelecida entre ambos pela categoria do pai morto, a necessidade em que se encontram os sucessores de Freud de repensar a problemática da origem do sujeito é, ao menos em parte, determinada pela recusa deles em aceitar como verdadeira a representação da origem da cultura (e do social) proposta em *Totem e tabu*. A concepção freudiana, além disso, não é tão simples de expor... Como contraponto e como apoio para pensar, assim, é que justifico a referência a esses outros psicanalistas.

acesso à consciência, separando-a de sua carga de afeto, que pode ter diferentes destinos, enquanto a representação é relegada ao sistema inconsciente e ali submetida ao processo primário. O retorno do reprimido consiste no fato de que a representação assim afastada acaba por regressar à consciência, numa forma disfarçada — em virtude das condensações e dos deslocamentos, efeitos do processo primário —, e toma assim parte no processo de formação dos sonhos, lapsos e sintomas. Contudo, a repressão é um processo constante, que não é realizado de uma vez por todas. Em "O inconsciente", o problema é retomado: tendo definido a repressão como a retirada, de uma determinada representação, de sua carga psíquica pré-consciente, simultânea à conservação da sua carga psíquica inconsciente (ou à substituição desta pela de outra representação: deslocamento), Freud se pergunta por que a representação assim desinvestida deixaria de buscar sua reinserção no sistema pré-consciente. É preciso, diz ele, postular um outro processo: a representação desinvestida é *atraída* para o inconsciente, o que, reforçando sua posição nesse sistema, torna mais difícil o retorno à consciência. Assim, toda repressão pressupõe uma repressão anterior, em virtude da qual existe no inconsciente uma representação-ímã, o que levanta o problema da primeira repressão, ou, como a designa Freud, da "repressão originária". Esta seria por assim dizer o ato inaugural da vida psíquica, pois estabeleceria a distinção entre os sistemas inconsciente e pré-consciente, formando o núcleo fundamental do primeiro.

> Temos, pois, motivos para supor uma primeira fase da repressão, em que o acesso à consciência se vê negado ao representante psíquico da pulsão. Essa negativa produz uma *fixação*, ou seja, a pulsão fica ligada a essa representação, que permanece imutável a partir desse momento.[104]

E ainda:

> Esse mecanismo da subtração do investimento pré-consciente falharia também se se tratasse da repressão originária, pois com ela nos encontramos diante de uma representação inconsciente que ainda não recebeu carga alguma do pré-consciente e à qual, portanto, não pode ser subtraída essa carga. [...] Temos de admitir um *contra-investimento*, por meio do qual o sistema pré-consciente se protege contra a

---

[104] "A repressão", SA III, p. 109; SE XIV, p. 148; BN II, p. 2054.

pressão da representação inconsciente [...] O contra-investimento é o único mecanismo da repressão primária.[105]

Eis aí algo surpreendente. Em primeiro lugar, vemos surgir um "representante psíquico da pulsão", ou seja, uma representação cujo acesso à consciência vai ser vetado. Vetado pelo quê? Pelo pré-consciente, que, não podendo retirar o investimento pré-consciente dessa representação, pelo simples motivo de que ela é totalmente inconsciente, investe uma *outra* representação, esta sim pré-consciente, a fim de se proteger da pressão da primeira. Nisso consiste o contra-investimento, reputado o único mecanismo da repressão originária. Como consequência, a representação "originariamente reprimida" permanece imutável e fixada à pulsão. Mas de quais representações se trata? Como uma representação pode ser dita inconsciente, *antes* do estabelecimento da barreira entre pré-consciente e inconsciente, que vai ser precisamente o resultado da repressão originária? E, por fim, como articular isso tudo com o que foi dito antes acerca do narcisismo e do investimento do ego?

Uma forma de responder a todas essas interrogações consiste em vincular os dois lados da questão da ontogênese. Diremos, assim, que durante o momento do *continuum* bebê-seio, o *continuum* é representado, de uma maneira da qual nada podemos dizer, mas que é exigida pela expressão "representante psíquico da pulsão". A pulsão, diz Freud, em "Pulsões e destinos de pulsão", só pode ser conhecida por meio de seus representantes psíquicos, já que, em si mesma, é uma entidade limítrofe entre o somático e o psíquico. Entendo por essa expressão que a origem e o impulso da pulsão são somáticos, mas que seu objeto pode ser visado apenas por meio de uma representação, a qual, por definição, só pode emergir na psique. (Onde mais? No corpo? Isso seria absurdo.) Haveria portanto uma primeira representação, representação desse *continuum* — já que nela o sujeito, o objeto e a cena em que ambos coexistem são uma só e mesma coisa —, que na verdade é uma proto-representação. O momento do *continuum* seria assim psíquico, mas sobre seu conteúdo nada mais se poderia afirmar, a não ser que corresponde a algo de natureza indistinta, em que, em virtude das projeções e das introjeções, a fronteira entre o exterior e o interior é incessantemente deslocada, sendo impossível fixar os termos e opô-los um ao outro. Tampouco existiriam os sistemas

---

105 "O inconsciente", SA III, p. 140; SE XIV, p. 181; BN II, p. 2070.

conscientes e inconscientes, mas um protossistema inconcebível para nós, seres do limite e das barreiras. Desse ponto de vista, não haveria nem sujeito nem objeto determinados, e sim apenas a representação do *continuum* no qual o "mundo" e o "sujeito" seriam a mesma coisa, igual a "x" (não se pode nem sequer dizer que sejam idênticos, pois o plural não tem sentido nessas condições).

No momento seguinte, quando da dissociação do *continuum*, seria formada uma outra representação: a do próprio ego, simultânea à do seio como algo passível de ser separado. A repressão originária consistiria assim em reprimir a representação do *continuum*, por meio do contrainvestimento da representação de si e do seio. Desse modo, seriam constituídos, ao mesmo tempo, os sistemas pré-consciente e inconsciente — o esboço mais rudimentar que se possa conceber do ego — e o núcleo do primeiro objeto, isto é, o seio. A representação do *continuum* formaria então o núcleo do inconsciente, adequada para cumprir a condição imposta à primeira representação a ser reprimida (não ter sido jamais pré-consciente), pela razão óbvia de que sua representação é a *condição de possibilidade* da existência dos dois sistemas, o pré-consciente e o inconsciente. O contrainvestimento da representação de si seria assim o "novo ato psíquico" pelo qual se constitui o ego, e o narcisismo, a condição resultante desse afluxo de libido para o ego, que se tornaria então o "reservatório" dela. Como explicar nesse caso a existência da representação do seio, que é *outra* representação? Penso que essa dificuldade pode ser afastada se refletirmos que tal diferença não é estável, nem pode sê-lo, sendo a prova de sua instabilidade justamente a existência das projeções e das introjeções de si e do seio, a que se refere Freud em "Pulsões e destinos de pulsão" — pois, para que haja assimilação a si de um objeto, é preciso que este exista, mesmo que sua *permanência* e seus *limites* sejam extremamente fluidos. Por fim, o *continuum* em que o seio e si são a mesma coisa seria o ponto de partida do desejo, na óptica adotada por Laplanche e Pontalis em seu artigo e desenvolvida no texto citado de Castoriadis: o ponto zero do fantasma seria esse estado monádico, e o desejo por excelência seria abolir a divisão entre si e o mundo, desejo cuja realização é figurada, pela onipotência do pensamento, como possível e já realizada, mas que, no mundo regido pelo princípio de realidade, equivale ao mesmo tempo ao incesto e à morte.[106]

---

[106] A visão do desejo incestuoso representando, caso fosse realizável, a morte e a realização da onipotência pode ser igualmente encontrada em C. Stein, "La constitution du complexe d'Œdipe", em *La mort*, cit., pp. 47 ss.

Seja qual for o valor dessa reconstrução, o essencial é que a continuidade entre si e o seio é rompida, o que engendra ao mesmo tempo um rudimento de ego e um rudimento de desejo. Parece-me que, neste ponto, convém tomarmos em conta as teses de Lacan sobre a constituição do sujeito, por duas razões. Em primeiro lugar, as pistas fornecidas por Freud a esse respeito não são inteiramente desenvolvidas por ele mesmo, e, como a leitura lacaniana se dá como um "retorno a Freud", eis aqui um bom momento para verificarmos a validade dessa afirmação, bem como para nos orientarmos em terreno tão complicado. Em segundo lugar, a ideia de tomar como centro de *Totem e tabu* a noção de "pai morto" é de Lacan, cujas formulações examinaremos tanto para dar conteúdo à asserção freudiana de que se trata de um livro de psicanálise mais do que de etnologia, quanto para compreender melhor o contexto em que o "pai morto" virá funcionar.

É a propósito da ruptura do *continuum* bebê-seio que Lacan faz intervir a chamada "fase do espelho"; ou melhor, os personagens dessa cena especular pressupõem a ruptura da continuidade originária. Isso porque a descoberta da imagem no espelho faz com que o bebê — que Lacan designa como o *infans*, aquele que ainda não fala — aceda à representação de seu próprio corpo como unidade, nisso semelhante ao da mãe. A "captação especular" seria, segundo Lacan, o momento em que vai se estabelecer a relação dual com a mãe; ao mesmo tempo, o ego, cujo princípio é essa captação, se define como imaginário (no duplo sentido de *proveniente da imagem* e de oposto a *simbólico*). A percepção de si teria como condição necessária a percepção do outro, mas nem si nem o outro seriam simbolizados, isto é, designados por meio da linguagem. Na concepção lacaniana, a fase do espelho precede a repressão originária, como veremos adiante, e constitui uma relação fusional com a mãe, dita *relation duelle*: o narcisismo seria assim anterior à repressão originária, a qual viria precisamente pôr fim a essa etapa. A versão lacaniana da ontogênese tem repercussões sobre toda a sua teoria e informa a prática de modo preciso, em particular no que se refere à terapia das psicoses, o que basta para mostrar a importância do conceito de "fase do espelho". Sem entrar aqui no exame do imenso percurso conceptual efetuado por Lacan, cabe no entanto observar que a relação dual não é a mesma coisa que a relação fusional, pois a primeira pressupõe dois polos; e, para mim, é difícil visualizar como é possível emergirem dois polos do *continuum* primordial, sem fazer intervir a repressão originária, que reprimiria exatamente a representação desse *continuum*. Por outro lado, Freud afirma em "O inconsciente" que o que distingue o pré-consciente do inconsciente é que, neste sistema, existem apenas "representações de coisas", enquanto no outro se agregam a elas as "representações de palavras". Isso parece reforçar o argumento lacaniano de que a repressão originária — que se constitui por um investimento pré-consciente — é simultânea ao surgimento da linguagem; mas, vistas as coisas mais de perto, tal concepção apresenta graves dificuldades.

Como Lacan representa os momentos seguintes da ontogênese? A relação imaginária-dual com a mãe coloca o *infans* em posição de *objeto do desejo* da mãe, aquilo que viria preencher a falta que é a condição de possibilidade do desejo. A criança seria assim, para a mãe, o que Lacan denomina o *falo*. Essa relação dual seria rompida de dois lados: pelos primeiros momentos da simbolização e pela intervenção do pai. Lacan se apoia sobre o jogo do *fort-da*, estudado em *Além do princípio do prazer*, quando Freud, observando seu neto de dois anos e meio, nota que este reproduz interminavelmente um mesmo movimento, que consiste em atirar uma bobina, que a criança segura por um fio, enquanto emite um som "o", para puxá-lo de novo para si, acompanhando esse segundo tempo com o som "a". A interpretação de Freud é conhecida: "o" significa *fort*, isto é, "longe", e "a", *da*, isto é, "aqui". O menino reproduziria assim a alternância da presença e da ausência da mãe, a fim de, por essa repetição, dominar a angústia suscitada pela sua falta. Lacan considera esse jogo o momento inaugural do simbólico: haveria aqui dois tempos, que não recobrem o de jogar e o de puxar. Num primeiro tempo, o menino teria *representado* a mãe pela bobina; num segundo tempo, teria *simbolizado* as duas posições desta por meio de uma oposição de significantes. A outra face desse processo de simbolização concerne ao sujeito: reconhecendo a mãe como separada dele, ele passa a se reconhecer *ipso facto* como separado dela, e, rompendo a unidade indiferenciada da vivência imediata, acede ao primeiro degrau do simbólico, nomeando o objeto, a si mesmo e a diferença entre ambos. As implicações desse ato são portentosas: sendo a linguagem uma instituição social, ao se reconhecer como separada da mãe, a criança estaria se submetendo às leis da linguagem, que são as leis do mundo social. A intervenção do pai viria a confirmar essa separação: ao se fazer presente — e ao ser reconhecido por meio de um significante, por exemplo "papai" —, ele carrearia consigo a significação de que a mãe tem um outro objeto do desejo, que não é a criança, mas ele, pai. Proibiria à criança ser o falo para a mãe, e a esta o buscar no bebê sua completude, o que equivale a proibir o incesto, instituindo assim, para a criança, o mundo da Lei, coincidente com o da Palavra. O processo continua, mas é conveniente nos determos um pouco sobre essa reconstituição.

Em primeiro lugar, o advento da linguagem equivale, para Lacan, à repressão originária, porque, ao "se perder para um significante" (o termo "eu"), a criança sairia de seu casulo narcísico para aceder ao universo do simbólico, isto é, do limite. A representação reprimida pela repressão originária seria assim a da completude narcísica, que envolve a imagem da mãe pela "captação imaginária" da fase especular. O sentido da ação do pai é claro: interpondo-se entre a mãe e a criança, ele proíbe a manutenção da relação dual. Isso coloca a proibição como fator constituinte do desejo, e é o segundo elemento a ressaltar: o desejo só é possível como *desejo de*, e de algo que falta para assegurar a completude narcísica. Em terceiro lugar, a proibição só pode ser significada por meio da linguagem, a qual é além disso indispensável para designar, de modo estável, quem é quem, e permitir que a criança se situe em relação ao pai, à mãe, a si mesma e aos outros. Os elementos básicos da linguagem seriam assim os pronomes pessoais — eu, tu, ele, ela — e os vocábulos "papai, "mamãe", acrescidos dos nomes das pessoas em questão. Lacan acentua que o símbolo é o "assassinato da coisa", ou seja, que ele só se constitui em relação a algo ausente, que se presentifica por seu intermédio. É por essa razão que o *fort-da* é o momento inaugural do simbólico, pois simboliza — e não mais apenas representa — a mãe ausente. O símbolo introduz assim uma descontinuidade diante do vivido imediato, e por isso nunca mais o vivido virá a coincidir de modo integral com a cadeia significante que o designa. Em quarto lugar, a tríade do simbólico, do imaginário e do real emerge a partir do primeiro tempo, que é o fulcro da subjetivação: o simbólico recobrirá a ordem da linguagem, o imaginário permanecerá preso à alienação do ego e da consciência, e o real será aquilo que não pode ser simbolizado, que faz irrupção sob a forma da *tyché*, do acaso.[107] Por fim, a

---

[107] Esse resumo da tese de Lacan, necessariamente incompleto e superficial, pode ser complementado pelo recurso aos textos: *Écrits*, Paris, Seuil, 1965, e aos seminários editados até este momento: *Les quatre concepts fondamentaux de la psychanalyse*, Paris, Seuil, 1973; *Les écrits techniques de Freud*, Paris, Seuil, 1975; e *Le moi dans la théorie et la technique analytique*, Paris, Seuil, 1978. Dada a frequente necessidade de um comentário auxiliar a fim de penetrar no pensamento lacaniano, expresso em textos de notória obscuridade, os trabalhos seguintes podem ser úteis: Anika Rifflet-Lemaire, *Jacques Lacan*, Bruxelas, Pierre Mardaga, 1977; Jean-Michel Palmier, *Lacan: lo simbólico y lo imaginario*, Buenos Aires, Proteo, 1971; e J. B. Fages, *Para comprender a Lacan*, Buenos Aires, Amorrortu, 1973, além dos estudos de Guy Rosolato mencionados mais adiante.

teoria e a terapia das psicoses, para Lacan, estão em estreita dependência dessa concepção da ontogênese, pois o que caracteriza o psicótico é a não simbolização desse momento de "forclusão". Daí a fórmula que para ele dá conta da alucinação: "O que não pôde ser simbolizado retorna no real".

Posto isso, é preciso assinalar que, neste estudo, o termo *real* não é tomado em sua acepção lacaniana (*et pour cause*: o "acesso ao real" seria uma contradição em termos), mas em seu sentido freudiano, isto é, denota o mundo social e suas instituições. Ele tampouco recobre o que Lacan denomina de "ordem simbólica", uma vez que essa expressão designa simplesmente a ordem da linguagem, enquanto para mim o social não se reduz à linguagem, nem às regras de aliança estudadas por Lévi-Strauss, cuja terminologia é a fonte do conceito lacaniano. É por essas razões que esta seção se intitula "O acesso ao real" e não "O acesso ao simbólico". Mas é tempo de retornar à questão de ontogênese e ver até que ponto a reconstrução lacaniana responde à complexidade dos fatos.

Vimos que um primeiro problema surge da brusca irrupção da fase do espelho e pela instauração da relação dual, que Lacan situa, em "Le stade du miroir", entre os seis e os dezoito meses. A meu ver, o momento inaugural da vida psíquica se situa para Freud bem antes do sexto mês, e penso que seria difícil integrar à reconstrução de Lacan o instante da coincidência sujeito/prazer e mundo exterior/desprazer, pois essa situação pressupõe a continuidade indiferenciada entre o recém-nascido e o seio, rompida pela repressão originária da representação dessa continuidade, na qual afeto, representação propriamente dita, sujeito, necessidade e objeto coincidem entre si. Em segundo lugar, como observa Conrad Stein,[108] é difícil conceber que a repressão originária intervenha tão tarde na vida psíquica, a ponto de coincidir com a aquisição, mesmo embrionária, da linguagem, pois antes dela não há diferença entre o pré-consciente e o inconsciente — ponto sobre o qual Freud se expressa com absoluta clareza. Lacan considera que a *Spaltung* ("cisão") corresponde à ruptura da relação imaginária, ruptura pela qual a vivência imediata deixa de ser o único conteúdo da vida psíquica e pela qual a distância do simbólico vem instaurar a diferença de si a si constitutiva do ser humano: ora, a *Spaltung* é o resultado, em sua concepção, da repressão originária, situando-se

---

108 Conrad Stein, "Langage et inconscient", comunicação ao Congresso de Bonneval (1960), reimpresso em *La mort*, cit., pp. 117 ss. Uma breve análise desse texto, do ponto de vista lacaniano, encontra-se em A. Rifflet-Lemaire, op. cit., pp. 148-50.

portanto no momento da aquisição da linguagem. Por fim, e isso me parece essencial, o pai aparece na concepção lacaniana como constituído desde o início, o que não é de forma alguma evidente. Outros autores fazem derivar a representação do pai da percepção de um *outro*, percepção que pressupõe a diferenciação prévia de si e da mãe, ou, na terminologia de Melanie Klein, a constituição da mãe como "objeto total", por oposição ao objeto parcial, isto é, o seio.[109] Essa última reserva nos conduz de volta à etapa em que havíamos suspendido o exame do processo de ontogênese.

Nesse processo, havíamos distinguido três etapas: a continuidade primordial, a ruptura dessa continuidade pela repressão originária e a constituição de um embrião de ego e de um embrião de objeto, ambos eminentemente móveis em função das projeções e introjeções que restauram as coincidências ego = prazer e mundo exterior = desprazer. O narcisismo primário seria assim o conceito metapsicológico adequado para caracterizar esse terceiro momento — terceiro na ordem da exposição, mas na verdade primeiro em relação à história do ego. O seio aparece clivado numa face "boa" e numa face "má", correspondendo às "partes" dele, uma introjetada porque geradora de prazer e outra projetada porque geradora de desprazer. É importante levar em conta que nem o "bom" nem o "mau" seio são idênticos ao seio real. Não há seio real, porque nessa etapa nada é real, no sentido de limitado e dotado de permanência no tempo e no espaço. É, ao contrário, a projeção que cria um "fora", uma "franja de não ser na fronteira da representação",[110] em que virá se alojar o "mau" seio, aquele que frustra e persegue. Todo o problema consiste em saber como, a partir dessa constituição do mundo exterior por projeção, irá se destacar o "real" como aquilo que resiste à projeção porque não é um conteúdo psíquico, mas outra coisa e outra pessoa. Isso não significa, é claro, que na vida ulterior o outro não possa ser suporte de projeções: a projeção é algo que realizamos constantemente em nossa vida cotidiana. Mas, de fato, nela o outro é suporte dessa projeção, e não constituído por ela, pois caso contrário seríamos todos psicóticos e nos moveríamos num mundo de alucinações ininterruptas. É

---

109 Por exemplo, Claude Le Guen, *L'Œdipe originaire*, Paris, Payot, 1975 — onde é introduzida a noção de *non-mère* — e Guy Rosolato, "Du père", em *Essais sur le symbolique*, Paris, Gallimard, 1969, pp. 36 ss. Cf. igualmente o *Vocabulaire de la psychanalyse*, de Laplanche e Pontalis, Paris, PUF, 1970, artigo "Objet partiel". O estudo de Le Guen será objeto de uma análise mais detalhada no capítulo 4 deste trabalho.
110 C. Castoriadis, "L'individu et la chose", em *L'Institution*, cit., p. 409.

quando o "bom" e o "mau" seio passam a coincidir numa mesma representação, como representação de algo exterior e que pertence a um outro corpo, o da mãe, que se esboça o mundo real. Como o *mesmo* objeto é portador dos signos positivo e negativo, ele será necessariamente constituído na ambivalência e por meio dela. O que Freud exprime em "Pulsões e destinos de pulsão", ao observar que, embora provenientes de fontes autônomas, o ódio e o amor a princípio coincidem: a incorporação — processo pelo qual o ego se apropria do "bom" seio para reconstituir a equivalência ego = prazer — implica a devoração, isto é, o aniquilamento do objeto.[111] Ao mesmo tempo, este se constitui já como irremediavelmente perdido, visto que situado no poder do outro, razão pela qual o encontro de um objeto é sempre seu reencontro.

Ora, como se apresenta esse "outro", a mãe? Se o objeto está em seu poder, pois é uma parte dela, ela pode oferecê-lo ou recusá-lo a seu bel-prazer; no limite, a sobrevivência do bebê depende inteiramente de seu arbítrio. O esquema da onipotência, correlativo ao estado da continuidade indiferenciada e o único existente nos primórdios da vida psíquica, é assim projetado para a mãe, surgindo os fantasmas de aniquilamento estudados por Melanie Klein. Estes serão constitutivos da posição esquizoparanoide, na qual o terror do aniquilamento funciona nos dois sentidos: do bebê pela mãe e desta pelo bebê, por meio da devoração que a destruiria. O que vem, então, interromper essa equação apavorante, mãe = real = potência de vida e de morte? É justo a percepção do *outro*, do terceiro, que os autores designam alternativamente como o "não mãe", o "estrangeiro" etc., e que figura a matriz do pai. É frequente se observar que, a partir dos seis ou oito meses, a criança se torna capaz de reconhecer a mãe como objeto total, reunindo numa mesma pessoa a voz, o seio, a mão, o calor, que até então haviam sido percebidos como autônomos. Isso permite supor que, ao mesmo tempo, ela se torna apta a perceber a diferença entre a pessoa da mãe e outras pessoas, ainda indiferenciadas, mas que podem ser reunidas sob a rubrica do "não mãe". Prova disso são o choro e a manifestação de repúdio com que é acolhida a entrada desse terceiro no campo visual. Ora, o "terceiro" vem indicar que a mãe não configura toda a realidade, uma vez que esta comporta "não mães". É assim possível estabelecer uma primeira diferença, que faz retornar a mãe do lado do bom e o não mãe se confinar do lado do mau. Mas tal

---

111 "Pulsões", SA III, p. 101; SE XIV, p. 139; BN II, pp. 2050-1.

limitação recíproca de um pelo outro permite a representação de que, entre a mãe e o bebê, podem vir a se interpor, para o bem e para o mal, outros indivíduos. É nessa brecha que vai poder se instalar o pai.[112]

Podemos então retomar o fio da tese de Lacan. Com efeito, o pai surge na versão lacaniana como o garante da função do simbólico, na medida em que, por meio da proibição encarnada na linguagem, ele intervém para impedir a restauração da unidade indiferenciada mãe/criança. É por essa razão que, para Lacan, o complexo de Édipo coincide com a estruturação do sujeito como sujeito humano e falante, já que o acesso à linguagem é contemporâneo da instauração da tríade sujeito-objeto-outrem, e portanto da limitação de si, da instituição da lei do incesto e da formação do desejo a partir do objeto e da separação da mera necessidade.[113] A função do pai tem sido estudada sobretudo pelos psicanalistas da escola francesa, sob a inspiração de Lacan e por vezes para combater suas doutrinas; saber se existe uma relação intrínseca entre esse privilégio da função paterna e a estrutura peculiar do campo psicanalítico na França (como talvez entre o privilégio da função materna e a história/estrutura do campo psicanalítico na Inglaterra) é um outro problema, que, como tantos que afloram nesta exposição, não encontra nela o seu lugar. De qualquer modo, se fizermos abstrações da equivalência duvidosa entre repressão originária e surgimento da linguagem, e se incluirmos a gênese da figura paterna numa visão da

---

[112] Castoriadis, em sua exposição da ontogênese, salta diretamente da mãe para a realidade social, ao afirmar que, com o acesso à linguagem, a onipotência materna é negada por ela própria, ao se destituir da onipotência sobre as significações (*L'institution*, cit., p. 416):

> Não é nem necessário nem suficiente que ela possa designar uma terceira pessoa real (o pai), se essa terceira pessoa for simplesmente o outro do outro, por sua vez senhor e fonte das significações, se portanto a onipotência for simplesmente deslocada para outro sustentáculo. É preciso e basta que o outro possa significar à criança que ninguém, dentre todos aqueles que ela poderá encontrar, é a fonte e o senhor absoluto dessa significação. Em outros termos, é preciso e basta que a criança seja remetida à instituição da significação, e à significação como instituída e independente de uma pessoa em particular.

Parece-me que essa transição é apressada, e que, ao subsumir à sua polêmica com Lacan a marcha do argumento, Castoriadis deixa de lado uma série de momentos do processo de ontogênese, como veremos em seguida.

[113] Ver, a esse respeito, o desenvolvimento de E. e M. C. Ortigues em *Œdipe africain*, capítulo sobre "O problema teórico do complexo de Édipo", em que as teses lacanianas são confrontadas com a experiência etnológico-psiquiátrica dos autores.

ontogênese mais complexa, as contribuições da escola lacaniana quanto à significação do pai podem ser essenciais para compreender os diferentes momentos da constituição dessa figura e, por conseguinte, na esteira de *Totem e tabu*, a gênese do processo de socialização do ser humano.

Consideremos um momento o esquema da onipotência. Ele implica que Tudo = Si, e essa identidade, ao ser rompida, dará início à subjetivação, da qual emergirão ego e objeto. O conceito lacaniano de fase do espelho é bastante adequado para caracterizar a relação que se estabelece nesse instante: ela é uma identificação primária, isto é, posição de si como idêntico ao outro (*infans* = mãe). Essa identificação primária pode ser pensada como tentativa de restaurar a continuidade perdida, e nesse sentido é alienante (tomando, como Lacan, *alius* em sua acepção primária de *outro*). A intervenção do terceiro (que para Lacan é, diretamente, o pai) vem por sua vez romper a identificação primária, e, na medida em que separa os dois polos da relação dual, surge como uma potência heterogênea que tem de ser representada psiquicamente. Como, por sua própria dinâmica, ela impõe uma distância entre o bebê e a mãe, e como nesse momento a única modalidade de funcionamento da vida psíquica é a onipotência (projetada de início sobre a mãe), a representação do terceiro será investida da mesma onipotência, e a situação do *infans* perante ela será de um "enfrentamento letal", na expressão de Guy Rosolato.[114] É essa representação que Rosolato denomina o "Pai Idealizado", caracterizando-se por um poder sem limites, completamente arbitrário em seu exercício e totalmente impenetrável em suas motivações. O pai idealizado é construído à semelhança da onipotência dos pensamentos, de onde a inominável angústia que acompanha essa representação.

Ao mesmo tempo, a diferença entre o pai e a mãe se precisa como um primeiro esboço da diferença dos sexos, cujo pressuposto é evidentemente a possibilidade de se representar um corpo unitário, capaz de ser portador dessa diferença. Isso não significa que a criança saiba no que consiste a diferença, pois, como resulta de "Teorias sexuais infantis", o reconhecimento da vagina como diferente do pênis só intervém quando a fase de latência se encontra próxima. Basta que seja reconhecida a existência de uma diferença para que o pai e a mãe venham a ocupar posições não coincidentes no universo das representações.

---

114 Guy Rosolato, "Trois aspects du symbolique", em *Essais sur le symbolique*, Paris, Gallimard, 1979, pp. 339 ss.

Como na vida psíquica nada se perde, a identificação primária não desaparece, mas é reprimida para o inconsciente. A figura do pai se constitui assim sob o duplo signo do amor e do ódio — do ódio, porque representa a perturbação da completude mãe-bebê; mas também do amor, porque a mãe, ao aceitar a separação imposta pelo pai, significa ao bebê que seu desejo tem outro objeto. Segundo Lacan, o *infans* deseja preencher o desejo da mãe, ser para ela o falo; ora, se o objeto do desejo materno é o pai, ocorrerá uma identificação a este, pela qual o bebê "se torna" o pai. Este é assim captado no mecanismo da projeção e da introjeção: a projeção sobre ele da onipotência, mas com o sinal invertido (hostilidade contra a vida do bebê) o constitui como objeto de ódio, mas a introjeção mediada pela identificação ao falo o constitui como objeto de amor. A identificação é portanto primária, pois instaura não uma similitude, mas uma identidade; deslocando o foco para o terceiro, ela correria o risco de submergir a esse terceiro na continuidade narcísica, se não fosse pela não coincidência reiterada entre este e a mãe.

É a passagem pela castração que vai pôr fim a essa lógica do "tudo ou nada". Guy Rosolato expõe com nitidez, em seu artigo "Du père", os momentos dessa travessia: a proibição paterna concerne à correspondência total entre a criança e a mãe, assinalando a ambos que o falo não está do lado da relação dual.

> O falo aparece assim à criança sob uma forma privativa, e sem que ela saiba exatamente do que se trata. O falo é portanto aquilo que mediatiza a identificação secundária [...]. É ao lado dos pais, pelo papel que desempenha para eles, que o menino aprende a relação de seu órgão de prazer, o pênis, àquilo que não se reduz a nenhuma significação no desejo, a essa diferença irredutível, o falo.[115]

Freud notava, no terceiro capítulo de "Introdução do narcisismo", que um dos elementos essenciais do processo pelo qual a criança evolui, deixando a fase narcisista para rumar para a escolha de objeto, consiste precisamente no "complexo de castração". O interesse narcisista por esse órgão de prazer, que corresponde à combinação das pulsões do ego e das pulsões sexuais, aqui atuando no mesmo sentido, faz com que o menino se desvie da busca do prazer para impedir que seja realizada a ameaça de castração. Toda a dificuldade em relacionar a

---

[115] Rosolato, "Du père", em *Essais*, cit., pp. 39-40.

posição de Freud com a de Lacan provém do fato de que, em muitos dos textos freudianos, o complexo de Édipo é uma etapa, mas de modo algum a única, da evolução sexual, enquanto Lacan — fiel a uma corrente paralela da obra de Freud, em que o complexo de Édipo é posto como drama estruturante e constituinte do sujeito — o coloca no momento inaugural da vida psíquica. Da mesma forma, o complexo de castração pode ser visto como aquilo que induz o declínio do Édipo e a entrada do menino na fase de latência (para a menina a situação é inversa, nos textos da década de 1920), ou como o complemento do Édipo tomado como estruturante e constituinte, isto é, abrindo caminho para as identificações secundárias a partir da travessia dos fantasmas correspondentes. Para compreender a sequência dessa exposição, é preciso ter em mente que a castração a que alude Rosolato é a mencionada em segundo lugar. Isso porque a identificação secundária ao genitor do mesmo sexo, possibilitada pela passagem pelos fantasmas de castração, é uma identificação de similitude e não de identidade: ora, a similitude implica o reconhecimento de uma *parte*, e o todo não mais como indiferenciado, e sim formado por traços parciais. É esse reconhecimento que vai ser possibilitado, na óptica lacaniana, pelos fantasmas de castração.

O enfrentamento letal com o Pai Idealizado produz várias consequências. Uma delas é a negação da existência do pai como diferente da mãe, atribuindo a esta o fato de que aquele é o portador: é o fantasma da mãe fálica, que se articula de diferentes maneiras com outras representações, entre as quais a da cena primitiva, e que resulta na teoria sexual infantil que confere às mulheres um portentoso pênis, obrigando a figurar o nascimento pelo ânus. O que se procura assim restabelecer é a situação anterior à emergência da diferença dos sexos. Mas essa possibilidade coexiste/conflita com uma outra: uma vez que o Pai Idealizado pode realizar tudo, a castração é representada como possível. A criança é então presa num círculo infernal, em que a rivalidade com o pai e o desejo de evitar a castração fazem desejar a desaparição daquele, isto é, sua morte; mas, como a representação da morte é vazia, o pai assim afastado ("morto") retornaria para castigar o filho com o próprio ato para cujo evitamento ele teria sido "afastado". O gesto de evitar a castração acabaria por provocá-la, como retaliação pela morte imposta ao pai. Nesse momento, a castração é portanto de certo modo identificada com a morte, e o ponto do qual ambas emanam é a representação do Pai Idealizado. (Começamos a ver, assim, qual a utilização que Lacan vai fazer de *Totem e tabu*, motivo, aliás, pelo qual o introduzimos nesta discussão: trata-se de ler o surgimento da figura do pai, no plano da ontogênese, nas entrelinhas do segundo e do terceiro ensaios daquele livro. Que sejam necessárias toda a argúcia e toda a imaginação teórica de Lacan para substantivar a afirmativa freudiana de que a obra é de psicanálise e não de etnologia mostra a dificuldade de tomar *at face value* o que Freud escreve...)

A mutação decisiva vai ser instituída pela substituição do Pai Idealizado pelo Pai Morto. Essa mutação está associada ao surgimento da instância denominada por Freud "ego ideal". Examinando os destinos do narcisismo abandonado devido à evolução da libido, Freud nota que uma parte dela não é investida nos objetos, e sim num substituto da perfeição narcísica, que desta se distingue apenas por ser imaginada como norma ou modelo à qual o ego tende a se conformar, em vez de ser figurada como real e atual:

> O narcisismo aparece deslocado sobre esse novo ego ideal, como o infantil adornado de todas as perfeições [...] [O sujeito] não quer renunciar à perfeição de sua infância, e, como não pode mantê-la diante dos ensinamentos recebidos durante seu desenvolvimento e diante do despertar de seu próprio julgamento, procura conquistá-la de novo sob a forma do ego ideal. Aquilo que projeta ante si mesmo como seu ideal é a substituição do narcisismo perdido de sua infância, na qual ele mesmo era seu próprio ideal.[116]

À primeira vista, não é fácil perceber a relação entre o ego ideal assim definido e a categoria do pai morto. Mas podemos nos basear na indicação de que o ideal é imposto do exterior; ora, esse "exterior" é constituído de modo exemplar pelos pais e, mais precisamente, pelo pai, sobre quem foi projetado o essencial do narcisismo "perdido" da infância, isto é, a onipotência. É por essa razão que a representação inicial do pai o situa como "Pai Idealizado". Ao mesmo tempo, a renúncia ao narcisismo da infância envolve a aceitação de uma limitação, e é isso que vai fazer surgir, por um mecanismo complexo, o Pai Morto do Pai Idealizado. É quando o perigo da castração se revela como fantasma — isto é, como uma construção que, sem ser falsa, é apenas imaginária — que o pai real é dissociado da representação do Pai Idealizado, possibilitando a identificação secundária com ele. Nesse momento, à diferença dos sexos vem se superpor a diferença das gerações, que impossibilita a coincidência total entre o filho e o

---

[116] "Introdução ao narcisismo", SA III, p. 61; SE XIV, p. 94; BN II, p. 2028.

pai, pondo um termo à série de projeções e ao horror da retaliação mortal. A identificação secundária o é porque é identificação a um traço parcial, nisso diferindo da primária, que é afirmação da completa identidade. Ao aceitar a limitação de seu desejo e a inacessibilidade da mãe — aceitação que não cai dos céus, mas é imposta pelo interesse narcísico como co-produto das pulsões sexuais e de autoconservação —, a criança efetua um triplo movimento: abandona o esquema da onipotência como *único*, reconhece a diferença entre o real e o ideal, e identifica este com a pessoa até então suporte da onipotência projetada; é por isso que o ideal do ego vai ser situado no pai, e o amor por ele determinarará ao mesmo tempo a identificação secundária (uma parte dele = ideal para mim = parte do meu próprio ego) e a constituição de uma categoria nova.

O Pai Idealizado coincidirá então, de modo aproximativo, com a representação do pai real. Mediante a identificação secundária, o Pai Idealizado vai ser expressamente assassinado, para dar surgimento a duas figuras: o Pai Morto e o Pai Real. Estes já não poderão coincidir, pela simples razão de que o pai real também passou pelo mesmo processo (atravessou os fantasmas de castração com relação ao seu próprio pai), e portanto deixa de ser a *fonte* da lei — fonte por natureza arbitrária e imprevisível, cujos caprichos fantasmados são indissociáveis da representação da violência e da morte —, para se constituir no *representante* da lei, a qual por isso mesmo se torna limitada e limitável. A fonte dessa Lei é situada no Pai Morto, que, precisamente por ser morto, recua para o tempo mítico das origens, dado que, até onde pode alcançar a memória, os pais se sucedem uns aos outros e nenhum deles pode ser tido por grau zero da linhagem. É por essa razão que Rosolato afirma:

> A identificação secundária e a castração colocam o pai e o filho numa mesma linhagem. A castração se torna simbólica enquanto ultrapassada: todas as faltas já não vêm desembocar nela, mas devem ser sustentadas pelo sujeito. Uma lei universal [...] designa o pai não mais como criador da lei, mas como seu representante, tendo-a conhecido por intermédio de sua própria castração, segundo um desejo surgido da demanda, e suportando em si mesmo a falta. [...] O Pai Morto se torna assim a referência comum presente no ideal do ego. Todas as linhagens recorrem a ele.[117]

---

117 Rosolato, "Du père", cit., pp. 42-3.

Com a introdução da Lei, passamos para uma outra esfera. Antes de abordá-la convém precisar que o processo de ontogênese esboçado até aqui — *esboçado* porque forçosamente foram deixados de lado certos elementos, como o conteúdo dos fantasmas e a gênese do superego, que viriam complicar ainda mais um percurso por si já abstruso o suficiente — não ocorre do modo linear como a exposição nos obriga a apresentá-lo. Cada etapa permanece nas subsequentes, é remanejada e ao mesmo tempo continua presente; por exemplo, a onipotência dos pensamentos não é jamais abandonada por completo, caso contrário os sonhos não nos viriam dizer, a cada noite, que é possível reencontrar o paraíso perdido. Mas ela é transportada para o reino do inconsciente, em virtude do processo infinitamente complexo cujos momentos essenciais acabam de ser articulados. Por outro lado, a existência das neuroses e das psicoses prova a existência de percalços consideráveis nessa trajetória, e talvez possamos dizer que apenas no decorrer de uma análise é que as diferentes figuras da mãe, do Pai Idealizado e do Pai Morto vêm a se desagregar, e mesmo assim de modo parcial. Com essas reservas, podemos agora retornar ao problema do qual partimos.

    O leitor terá reconhecido no que foi dito sobre a figura do Pai a versão abreviada de *Totem e tabu*. O Pai Idealizado corresponde, obviamente, ao chefe da horda primordial, e o Pai Morto à sua representação após o crime inaugural. Da mesma forma, a ambivalência, que ali era reportada aos chefes, aos inimigos e aos mortos, encontra no percurso da *Metapsicologia* o seu fundamento, na medida em que o inimigo, o chefe e o morto são encarnações sucessivas da figura paterna. Por outro lado, como observa Conrad Stein, os sentimentos hostis em relação ao pai são acompanhados pela nostalgia desse mesmo pai, exatamente como o desejo pela mãe é acompanhado pelo horror do incesto. Essas tendências contraditórias formam o completo de Édipo, no qual os elementos inibidores da realização do desejo estão presentes com os mesmos títulos que aqueles que tendem à realização dos desejos proibidos. Conrad Stein mostra que essa segunda tendência é o resíduo da onipotência primordial, que em sua interpretação é idêntica ao narcisismo primário, e ao que a *Interpretação dos sonhos* designa como "realidade psíquica":

> A realidade psíquica é também a realidade daquilo que Freud chamará mais tarde de narcisismo primário e que tende a se realizar pelas vias que ele havia designado, na *Interpretação dos sonhos*, como o processo primário [...]. Este se caracteriza em

particular pela propriedade de submeter os pensamentos a uma ordem que ignora toda e qualquer categoria; disso resulta que, na realização da sua onipotência, o homem sendo ao mesmo tempo o alfa e o ômega, seu próprio princípio e seu próprio fim, *ele não pode ser o sujeito do efeito de sua onipotência* [...]. É por conseguinte a ação da segunda força que confere ao homem um poder limitado, mas verdadeiro, que o faz sujeito de seus atos. Isso implica o exercício do pensamento.[118]

A questão reside, portanto, na limitação da onipotência primitiva, que culmina com o surgimento do pensamento, como nos diz Freud em "Os dois princípios", a partir da representação e do princípio de realidade. Como nessa mutação o sujeito *se constitui* — visto que a onipotência é inocente de toda contaminação categorial, e portanto não pode ser onipotência *de*, já que não há possibilidade alguma de um *eu* para operar a síntese das representações — e como nela o pai desempenha uma função essencial (pois é finalmente sobre os avatares da sua representação que repousa a possibilidade de conter a onipotência), o complexo de Édipo será tido por constitutivo do sujeito e, *ipso facto*, da possibilidade do mundo, como conjunto de objetos pensáveis, desejáveis e representáveis para um sujeito.

Mas o sujeito não está diante do mundo, e sim no mundo. Dito de outro modo, o real é para ele, mas ele está incluído no real. E, não nos esqueçamos, o *real* designa aqui a realidade social, em cujas malhas — e *somente* em cujas malhas — é possível existir pais, mães, linguagem e relações de consanguinidade, aliança e filiação. Por intermédio da ontogênese, o indivíduo acede a esse universo social, mas seria abusivo pretender que o universo social é *constituído* pela série de projeções e de passagens recíprocas entre personagens onipotentes. Isso significa que a expressão "representante da lei", atribuída à figura do pai, requer um exame do que é essa lei da qual ele se institui representante, de quem o institui e como. Esse é um problema que abordaremos no capítulo seguinte deste estudo. Para finalizar esta seção, é preciso refletir agora, um momento, sobre a diferença de natureza entre a idealização (à qual remete o conceito de Pai Idealizado) e a sublimação (da qual releva o conceito de Pai Morto).

Em "Introdução ao narcisismo", Freud distingue claramente esses dois "destinos de pulsão":

---

118 Conrad Stein, "La constitution du complexe d'Œdipe", em *La mort*, cit., pp. 43-4. Grifos meus.

A sublimação é um processo que se relaciona com a libido objetal e consiste no fato de que a pulsão se orienta para um fim diferente e muito afastado da satisfação sexual. A idealização é um processo que se efetua no objeto, magnificando-o e elevando-o psiquicamente, *sem transformar sua natureza* [...]. Na medida em que a sublimação descreve algo que sucede com a pulsão, e a idealização, algo que sucede com o objeto, trata-se de dois conceitos totalmente distintos.[119]

Tais afirmações podem ser referidas aos problemas que vimos examinando. A idealização concerne ao objeto da libido, que pode ser exterior ao ego, ou o próprio ego, caso em que se trata de uma autoidealização capaz de atingir a megalomania. Por conseguinte, ela pode se aplicar a uma representação como a do Pai Idealizado, mas não é suficiente para fazer a psique sair de seu solipsismo originário, uma vez que o Pai Idealizado só existe na fantasia. A sublimação, ao contrário, concerne à própria pulsão e, na medida em que se define pelo "afastamento do sexual", pode ser considerada uma modalidade de inibição. Mas a continuação do parágrafo mostra que se trata de uma inibição especial, que jamais deve ser confundida com a repressão. A sublimação, convém recordar, é sempre sublimação das pulsões parciais, como no caso do impulso a investigar que surge da pulsão visual. Ela consiste, assim, no investimento de outros objetos, que a psique não pode encontrar dentro de si e que lhe são oferecidos pela realidade exterior. Como a condição de acesso a essa realidade é a categoria do Pai Morto, que situa *ninguém* como a *fons et origo* da norma — o que equivale a dizer que ela não é propriedade de nenhum sujeito em particular, como se depreende de seu processo de gênese —, a sublimação surge intimamente ligada a essa categoria, numa relação que é preciso elucidar.

O Pai Morto é condição de possibilidade do sujeito como sujeito de seus próprios atos psíquicos, porque vem limitar de modo decisivo a onipotência — e não apenas a do sujeito, mas também aquela atribuída imaginariamente ao Pai Idealizado. Esse parece ser o sentido da observação citada de Conrad Stein. Tais atos psíquicos irão ser exercidos doravante sobre um mundo constituído por outros seres humanos, por uma multidão de coisas e instituições que se definem por serem fruto do "esforço coletivo", ou, na expressão de Castoriadis, da instituição social-histórica. O Pai Morto não é condição de possibilidade do real, mas

---

[119] "Introdução ao narcisismo", SA III, pp. 61-2; SE XIV, pp. 94-5; BN II, p. 2029. Grifos meus.

sim de inserção do sujeito num real que o precede, o inclui e o ultrapassa, abrindo em si um lugar para ele.

> A sublimação nada mais é do que o aspecto psicogenético da socialização, ou a socialização da psique considerada como processo psíquico [...]. É a retomada, pela psique, de formas socialmente instituídas e das significações que elas veiculam, ou a apropriação do social pela psique por meio da constituição de uma interface de contato entre o mundo público e o mundo privado.[120]

Afinal, a mudança de fim da pulsão não implica que ela renuncie à satisfação, mas sim que possa encontrar a satisfação em objetos que a princípio nada significavam para ela e que passam a figurar, após um longo percurso, outras tantas fontes de prazer. Freud indica em "Os dois princípios" que a arte e a ciência são duas dessas fontes, mediadas pelo princípio de realidade. O que é, no fundo, esse princípio? É apenas um desvio do princípio do prazer, que visa assegurar uma satisfação limitada e postergada, mas razoavelmente segura; mas, de fato, *só existem* satisfações limitadas e postergadas, visto que a satisfação imediata e total coincidiria com a realização da onipotência e se anularia por si mesma, pela dissolução do sujeito capaz de fruí-la: seria o retorno ao paraíso, que, evidentemente, só pode ser desejado porque dele fomos expulsos na noite dos tempos.

Assim se fecha o círculo que abrimos no início desta seção; retornamos aos "Dois princípios", mas carregados de um novo elemento: o da constituição do sujeito como sujeito social por meio da categoria do pai morto e da sublimação que ela implica. A sublimação, porém, não é completa, nem poderia sê-lo; o sujeito continua sempre a se abeberar nas fontes da fantasia, a desejar uma situação que, ao abolir o real, acabaria por aboli-lo como parte integrante desse real. É em "A degradação mais geral da vida amorosa" — texto que sucede de perto aos "Dois princípios" e contemporâneo do segundo ensaio de *Totem e tabu* — que Freud, identificando o real e a cultura que o define como real — pois é fruto dos "esforços coletivos" —, escreve:

> Devemos, pois, nos familiarizar com a noção de que não é possível harmonizar as exigências da pulsão sexual com as da cultura, nem tampouco excluir destas

---

120 C. Castoriadis, *L'Institution*, cit., p. 420.

últimas a renúncia e a dor [...] Mas essa mesma incapacidade de proporcionar uma plena satisfação [...] é, por outro lado, fonte das mais amplas realizações culturais, conseguidas mediante uma sublimação progressiva de seus componentes pulsionais. Que outro motivo teriam os homens para empregar de modo diferente suas energias pulsionais, se tais energias [...] proporcionassem uma satisfação completa? [...] Parece assim que a inextinguível diferença entre as exigências das duas pulsões — a egoísta e a sexual — os capacita para realizações cada vez mais elevadas, embora sob um constante perigo, cuja forma atual é a neurose, à qual sucumbem os mais fracos.[121]

Existe, porém, uma via para reduzir o sofrimento inútil da neurose e desfazer em parte os estragos da repressão, restaurando na medida do possível a capacidade de amar e de encontrar prazer ao mesmo tempo na sublimação de determinados componentes pulsionais e na utilização adequada das pulsões sexuais: é precisamente essa a finalidade atribuída por Freud à psicanálise.[122] As páginas precedentes podem, pois, ser lidas como uma tentativa de elucidar o que significa, para Freud e para os que depois dele pensam a psicanálise, o abismo entre as "exigências da pulsão sexual" e as "exigências da cultura". O vaivém entre os textos de Freud, por um lado, e entre eles e os de outros autores, por outro, prende-se à necessidade de explicar e compreender dois problemas intimamente entrelaçados — a gênese do sujeito e a gênese do social. O trajeto efetuado nesta seção pode ser assim resumido: para pensar a primeira, é indispensável ter uma representação da segunda. Partimos do mais óbvio e ao mesmo tempo mais obscuro: a afirmativa de Freud de que *Totem e tabu* é um livro de psicanálise. A categoria do "Pai Morto", implícita nesse texto, nos permitiu entender o sentido da frase em questão. Mas, ao fazer isso, deslocamos a problemática para o lado do sujeito e viemos a nos servir de elaborações feitas por outros a partir das dificuldades de Freud. É porque gênese do sujeito e gênese

---

121 "Sobre a degradação mais geral da vida amorosa", SA V, p. 209; SE XI, p. 190; BN II, p. 1717.
122 "Observações sobre o amor de transferência", SA E, p. 218; SE XII, p. 169; BN II, pp. 1695-6:

> Não devemos esquecer que sua finalidade é devolver à paciente a disposição livre de sua capacidade de amar, coarctada pelas fixações infantis que perduram; mas devolvê-la não para que a empregue na cura, e sim para que use mais tarde, na vida real [...]. Para isso [...] ela deve ser conduzida através das épocas primitivas de seu desenvolvimento psíquico, e conquistar nesse caminho aquele incremento da liberdade psíquica que distingue a atividade psíquica consciente da inconsciente.

do social estão vinculadas — em Freud e nos demais — que a recusa do "mito científico" obriga os pósteros — isto é, Klein, Lacan, Stein, Castoriadis, Rosolato, mas também eu e meus leitores — a formular tão claramente quanto possível as etapas da história do sujeito, rumo à constituição da categoria do pai (e do Pai Morto). Os descendentes de Freud, porém, têm uma dificuldade suplementar: na série de suas figuras paternas, está necessariamente a do "pai fundador", com a qual não é, certamente, muito fácil lidar... Dos discípulos de Freud, é possível dizer que, no caminho da "sublimação" de sua relação com ele, encontraram a cada passo as figuras, tão difíceis de distinguir, do Pai Idealizado, do Pai Morto e do Pai Real. Por outro lado, é na relação com Jung que esses problemas podem ser mais bem discernidos. Se a tese que sustento é correta — o acesso de Freud à posição de pai do movimento analítico não é indiferente, mas modifica de maneira profunda seus conceitos e a trama deles —, cabe agora retomar a questão pelo outro lado e examinar mais detidamente o que se passa, *do lado de Freud*, quando — para dizê-lo de modo metafórico — sua obra e a instituição que ela funda o colocam diante do dilema insolúvel de ser o Pai Idealizado, o Pai Morto, ou — o que talvez fosse impossível — apenas Sigmund Freud.

5. "A PSICANÁLISE *FARÀ DA SÈ*"

Escrevendo a Jung em agosto de 1910, Freud observa:

Tenho a impressão de que estamos atravessando um período crítico, uma flutuação negativa, na história da psicanálise [...]. Vendo com objetividade a situação, creio que avancei demasiado rápido. [...] Minha impaciência em vê-lo no seu lugar certo e meu cansaço pela pressão de minhas próprias responsabilidades também tiveram algo a ver com isso. Para dizer a verdade, não deveríamos ter feito nada. O fato é que os primeiros meses do seu reinado, querido filho e sucessor, não se revelaram brilhantes.[123]

Entre os fatores superestimados por Freud, e que estão na origem dessa série de erros, encontra-se implicitamente a capacidade e o desejo de Jung de cumprir suas funções de delfim. De onde provém essa avaliação tão distante do

---

[123] 205F (10/8/1910), *Freud-Jung*, p. 343.

que de fato era o caso? De elementos cuja explicação analítica é silenciada, pois a "impaciência", o "cansaço" não podem ser tidos como suficientes para interpretar as motivações de Freud. Vimos aqui que a fundação da IPA está associada a seu temor de que os pósteros aniquilassem suas descobertas — o que conduz Claude Le Guen a formular sua hipótese do fantasma não analisado. Uma implicação dessa hipótese é que, ao renunciar à presidência, Freud estivesse também desviando para Jung a hostilidade que fatalmente atingiria o ocupante da posição de príncipe e da qual, por conseguinte, ele próprio seria poupado. A ideia é menos estranha do que parece, se levarmos em conta a repetida comparação de seus seguidores à horda selvagem (por exemplo, ainda em 1917, na carta 176 a Georg Groddeck). Por outro lado, afirmar que a fundação da IPA foi precipitada equivale também a reconhecer que essa comparação não pode ser ampliada ao infinito, pois não se trata aqui de selvagens primitivos, mas de cientistas que supomos irmanados por uma causa comum. Falta, precisamente, o assassinato do pai, elemento central do mito de *Totem e tabu*, fator que garante a coesão fraternal — o que sugere que, ao designar Jung como presidente e se furtar assim à animosidade dos filhos contra o pai, Freud impõe à sua associação uma condição que bloqueia o caminho da concórdia entre seus membros, que, segundo seu mito de fundação, seria a culpabilidade pelo crime cometido em comum.

Em 1910, porém, *Totem e tabu* ainda não foi escrito, e, a rigor, as dificuldades de que se queixa Freud não são apenas de ordem fantasmática. Existe um risco em interpretar exclusivamente em termos de operações inconscientes as vicissitudes da história de uma instituição, na qual fatores de ordem política e ideológica desempenham também o seu papel. Seria interessante fazer a história do movimento psicanalítico, que até hoje não foi escrita de modo exaustivo. Uma coisa, porém, é certa: a relação entre Freud e Jung vai começar a se deteriorar a partir da fundação oficial do movimento, até atingir o ponto de ruptura estrepitosa; e, como essa ruptura se deve, entre outros motivos, a uma oposição quanto à forma de conceber a relação da psicanálise com a cultura, será útil examinar mais de perto as razões que a determinaram.

Três ordens de fatores estão na origem desse rompimento: os pessoais, os científicos e os políticos. As três estão estreitamente imbricadas entre si, pois seria ingênuo supor que os desacordos surgiram apenas por razões "objetivas". Não se trata de postular uma equivalência entre elas: as relações pessoais, nesse caso específico, me parecem ter muito mais do que um mero valor anedótico, já que Jung é para Freud a figura exemplar do filho — e de *seu* filho. Há, assim, vários níveis: uma querela de rivais, a resolução de uma situação transferencial (tanto por parte de Jung quanto, é claro, de Freud), um debate científico sobre a relação indivíduo/cultura, um outro debate científico quanto à relação psicanálise/cultura, e as dificuldades burocráticas e políticas do funcionamento de uma instituição. A finalidade das páginas subsequentes é, por esses motivos, tríplice: a) reconstituir, na medida do necessário, a história da ruptura entre os dois homens; b) a partir dessa reconstituição, examinar o que está em jogo no que concerne à concepção da cultura; c) por meio desses dois movimentos, elucidar por que e como Freud é levado a dar mais um passo na elaboração de seu "complexo paterno" (*"Moisés* de Michelangelo", "Leonardo"), a pensar a relação indivíduo-cultura e certos problemas ligados a esta última (*Totem e tabu* e outros escritos) e, sobretudo, a redefinir, no interior da sua própria disciplina, conceitos basilares e aparentemente muito afastados do problema da cultura ("Dois princípios", *Metapsicologia* e, por razões que ficarão claras na próxima seção deste capítulo, "Homem dos Lobos").

Retomemos, pois, as três ordens de fatores. O mais evidente dos "pessoais" é a inveja de Jung em relação a Freud: regularmente, ao receber os trabalhos do mestre, ele exprime seu desejo de ter sido o autor de textos tão brilhantes (veja-se o "Leonardo", "O homem dos ratos", o "Caso Schreber"). A atitude de Freud é sempre a mesma: reitera que seus trabalhos são apenas o início da solução dos problemas e que muito terreno ficará virgem para que seu discípulo o desbrave. No entanto, tampouco se furta à manifestação de sua superioridade, sobretudo assumindo prazenteiramente o papel de analista de Jung. Isso é feito em termos inequívocos, todas as vezes em que aponta os *lapsus calami* de seu correspondente. Jung observa, já em 1910, que esse uso extraterritorial da psicanálise é descabido, mas no momento são os demais discípulos que são visados, e não ainda Freud (206J).

Qual a raiz desse sentimento de inferioridade? É a situação, incômoda entre todas, do *discípulo*. O que caracteriza a relação mestre-aluno é a adesão do segundo às concepções do primeiro, mas essa adesão não deixa de ser ambivalente. Por um lado, no nível manifesto, surgem o respeito pelo saber do outro e o desejo de confirmá-lo. Mas para tanto é preciso incorporar o que o outro pensou, e a incorporação é um esquema que envolve a destruição do objeto incorporado: uma vez aprendida a lição, o mestre torna-se inútil e já não tem por que viver. Para escapar a esse destino, só lhe resta a contínua criação de novas proposições, de modo que o discípulo esteja sempre um passo atrás e, movido pela curiosidade e pela necessidade de absorver sempre mais, iniba o impulso destrutivo em nome do desejo de saber. É a velha fábula do "pulo do gato" que se repete incansável em toda relação magistral — e creio que, no que concerne a nosso caso, podemos ler na gênese de *Totem e tabu* uma demonstração exemplar desse fato, ainda que a significação desse livro vá muito além dela.

É, com efeito, na questão da mitologia que as diferenças entre ambos começam a se tornar patentes para Freud, embora a rigor elas fossem legíveis desde as primeiras cartas trocadas. A questão emerge no contexto da dissidência de Adler, nos primeiros meses de 1911, em relação à qual Freud afirmará publicamente sua posição na *História do movimento psicanalítico*.[124] É possível que a dissensão de Adler o tenha alertado para as resistências que os próprios analistas poderiam opor à psicanálise e que os conduzem a abandonar elementos essenciais da doutrina, em particular a teoria da sexualidade. Ora, é justo o que Jung jamais aceitou, e suas investigações sobre a mitologia lhe sugerem outros pontos de vista. A mitologia aparece assim como o instrumento da autonomização do pensamento junguiano em relação às teorias de Freud. Ora, este não deixa de observar que seu "querido filho e herdeiro" mete os pés pelas mãos, tomando como elemento de argumentação o conteúdo manifesto dos mitos, em vez de reconstruir as etapas que teriam reconduzido da projeção de conteúdos inconscientes à sua personificação nos heróis e aventuras míticos.[125]

---

124 "História do movimento psicanalítico", GW X, p. 91; SE XIV, pp. 48 ss.; BN III, pp. 1920 ss. Essencialmente, Freud critica o aspecto — a seu ver — totalitário da tese de Adler, a desvalorização da sexualidade a favor do estudo do ego e a inutilidade do "protesto masculino" para explicar por si só os fenômenos psíquicos e portanto fundar uma terapia eficaz.

125 Cf., por exemplo, 288F (17/12/1911), a propósito da criação de Eva na história bíblica (*Freud-Jung*, p. 473):

> Rank chamou-me recentemente a atenção para o fato de que a narrativa da Bíblia pode muito bem ter invertido o mito original. Então tudo se tornaria claro: Eva seria a mãe de Adão, e estaríamos diante do conhecido motivo do incesto materno, cujo castigo etc. [...]. Consequentemente, sustento que as versões "de superfície" dos mitos não podem ser acriticamente utilizadas para nossas comparações. Temos de reencontrar o caminho, regressivo, até suas formas latentes originais, por meio de um método comparativo que elimine as distorções que sofrem no decorrer de sua história.

Mas tal maneira de proceder pressupõe precisamente a noção de que os conteúdos míticos são derivados dos fantasmas inconscientes, os quais por sua vez põem em cena os representantes psíquicos das pulsões. De modo que o núcleo da questão é, mais uma vez, a teoria da libido, com a qual Jung se enfrenta na segunda parte de *Símbolos e transformações da libido*. A carta 282J afirma que é preciso introduzir na concepção freudiana um "ponto de vista genético"; e, à pergunta de Freud sobre o que poderia significar tal inovação, Jung responde de modo obscuro:

> Decidi-me a discutir o problema pela raiz e cheguei a uma solução que, infelizmente, não posso expor *in extenso* aqui. O ponto essencial é que procuro substituir o conceito descrito da libido por um conceito genético. Tal conceito cobre não apenas a libido sexual recente, mas também todas as suas formas que há muito se separaram em atividades organizadas. [...] É necessário, afinal, tomar alguns riscos [...] O senhor deve deixar minha interpretação trabalhá-lo como um todo, para sentir por completo seu impacto. Fragmentos dela serão pouco inteligíveis.[126]

Hesitações em expor o conceito, pedido de suspensão da crítica, insistência na "compreensão total" e no "impacto completo": as cautelas de Jung mostram que aqui sabe estar pisando em terreno minado. Da concepção genética, revela apenas que ela se refere tanto à "libido sexual recente" quanto às "atividades organizadas que se separam dela".

Ora, o que é silenciado nessa hipótese é o conceito de sublimação, cuja finalidade é precisamente dar conta do surgimento dessas atividades a partir da libido, mas ao mesmo tempo preservar a autonomia delas, concebendo-as como investidas pela pulsão sexual em regime de inibição quanto à finalidade. Quando Jung propõe ver nas "atividades organizadas" *a mesma coisa* que a libido "atual", o que está sendo abolido é, exatamente, a possibilidade e a necessidade da sublimação. A concepção junguiana abre assim o caminho para a supressão da especificidade do sexual, sob a máscara de estendê-lo à totalidade do funcionamento psíquico; o passo seguinte, não muito distante, será o abandono da dualidade pulsional e a postulação de uma única energia psíquica, sendo indiferente denominá-la "libido" ou lhe dar outra designação qualquer. Assim, a pretexto de

---

[126] 287J (11/12/1911), *Freud-Jung*, p. 471.

ampliar a teoria sexual, o que faz Jung é reduzi-la a pó, pois a conservação do termo não garante, e sim mistifica, a recusa do conceito. É o mesmo movimento, pois, que o conduz a trabalhar com as versões tardias dos mitos e a ampliar desmesuradamente a noção de libido: se entre a pulsão sexual e as "atividades organizadas" a continuidade é simples, abolindo a inibição das primeiras que resulta nas segundas, a distorção postulada por Freud para que surjam os "mitos de superfície" já não tem lugar algum. Mais do que isso, a gênese será afirmada nos dois sentidos: tanto faz que seja a libido sexual a origem, e os mitos, o derivado, quanto o contrário, o que invalida a própria noção de gênese. Jung se inclina mesmo a supor que o mito seja anterior, visto que qualifica de "recente" a *libido sexual* (pleonasmo sem sentido na concepção de Freud). É esse o fundamento da querela sobre as fantasias esquizofrênicas à qual aludi mais atrás.

Freud aguarda paciente o resultado do trabalho de Jung; mas o ano de 1912 virá mostrar em toda a sua extensão o abismo que os separa e no qual se incluem tanto as divergências científicas quanto as questões pessoais e as críticas cada vez mais contundentes de Freud à atuação do suíço à frente da IPA. A estratégia de Freud parece ser dupla: acentuar o afeto recíproco e motivar Jung para que se dedique com mais afinco às suas tarefas de herdeiro. Ora, é não perceber que essas não o interessam, e que, quanto ao afeto, ele não é simples, mas complicado por uma grande animosidade das duas partes. Ao se recusar a analisar o que, nele, exige o amor por Jung, Freud barra o caminho para uma relação diferente; mas cabe perguntar se esta o interessaria, e a resposta me parece negativa. Jung é importante como herdeiro e discípulo; sua recusa em continuar sendo uma coisa e outra fere profundamente Freud e por fim conduz à ruptura. Assim, à observação de Freud de que a IPA não funciona de modo satisfatório porque seu presidente não lhe dedica suficiente atenção (301F), o dito presidente replica:

> Jamais consegui me livrar da ideia de que o que já fiz e continuo a fazer para promover a difusão da psicanálise deve ser muito mais importante para o senhor do que minha grosseria e minha falta de jeito pessoais [...]. Naturalmente, tenho sobre as verdade últimas da psicanálise opiniões que diferem das suas [...], mas suponho que o senhor não se ofenderá por isso [...]. Nunca teria me aliado ao senhor se a heresia não corresse em meu sangue [...]. Deixe que Zaratustra fale por mim:

Um aluno que se limita a ser aluno retribui mal a seu mestre.
E por que não arrancaríeis folhas dos meus louros?
Cuidado para que uma estátua não vos esmague ao cair!
Peço-vos que vos encontreis a vós próprios e que me percais;
E somente quando me tiverdes negado retornarei a vosso meio.[127]

O sentido desses versos é tão óbvio que dispensa comentários. Freud, porém, se esforça nas cartas subsequentes por apagar o incêndio; mas suas tentativas de apaziguamento caem no vazio. Os motivos de atrito se multiplicam; Freud se dá conta de que por trás de todos eles está o novo conceito de libido e, a respeito disso, se declara curioso e disposto à tolerância (311F). Jung cai na armadilha: a carta 313 propõe uma concepção do incesto que deriva do novo conceito, e que revela claramente as implicações deste. Em síntese, Jung sugere que a cópula entre filho e mãe não é o motivo da proibição do incesto, mas que, ao contrário, a apresentação dessa relação é superinvestida devido à proibição:

> Penso portanto que a proibição do incesto (entendida como moralidade primitiva) era apenas uma fórmula ou cerimônia de expiação *in re vili* (em coisas sem importância): o que era valioso para a criança — a mãe — é tão sem interesse para o adulto, que é atirado fora, e adquire um valor extraordinário graças à proibição do incesto, sendo então declarado desejável e proibido. (Isto é a genuína moralidade primitiva: qualquer prazer pode ser proibido, mas é provável que nesse caso se converta num fetiche.) Evidentemente, o objetivo da proibição não é proibir o incesto, mas consolidar a família, ou a piedade, ou a estrutura social.[128]

O que é proposto, assim, é o abandono do desejo incestuoso como elemento primordial da constituição psíquica. A formulação confusa de Jung implica que o incesto seja tornado tabu não por ser desejado, mas para ligar regressivamente a angústia flutuante a uma representação, que passa a ser então temida e objeto de repressão (315J). Ao que Freud pode responder que a angústia deriva precisamente da proibição do incesto, e não o inverso; pois o desejo

---

127 303J (3/3/1912), *Freud-Jung*, p. 491. A citação de Nietzsche é tomada de *Assim falava Zaratustra*, I, 3.
128 313J (8/5/1912), *Freud-Jung*, p. 503.

é primeiro, e a angústia corresponde à sua transformação devido à repressão. A questão do incesto é vital para a teoria psicanalítica, já que é a pedra de toque do complexo de Édipo, cujo peso tanto para a constituição do indivíduo quanto para a interpretação do social não precisa ser, a esta altura, rejeitado. É por essa razão que a posição de Jung a esse respeito não pode ser admitida por Freud, embora decorra logicamente da ideia de que o coletivo precede e informa o psíquico, na acepção que têm esses termos para Jung. É evidente que, se a libido deixa de ser especificamente sexual, o desejo pela mãe tampouco tem por que ser de natureza sexual, e Jung pode afirmar a tese contraditória de que a proibição do incesto não visa proibir o incesto, mas salvaguardar a família.

A perspectiva de ver seu "querido filho e herdeiro" demolir o fundamento da teoria e da prática psicanalítica conduz Freud a abrir o jogo. A carta 316 (23 de maio de 1912) afirma com todas as letras que a inovação de Jung é regressiva e que se assemelha à tese adleriana de que a libido incestuosa não é "verdadeiramente incestuosa", mas sim um pretexto para a formação das neuroses. Por seu lado, Jung considera que a objeção de Freud não é, no fundo, de ordem teórica, mas se deve aos "poderosos afetos" mobilizados contra sua tese (318J). O tom irá subindo de carta em carta, cada vez acentuando mais a disparidade entre ambos. As missivas se espaçam, sobretudo porque no verão de 1912 Jung viaja aos Estados Unidos para uma série de conferências, nas quais apresenta publicamente suas divergências com a psicanálise. À comunicação triunfante de que sua versão dessa disciplina "cativara muitos ouvintes que até então haviam se oposto a ela, devido à insistência no papel da sexualidade nas neuroses", Freud replica: "Com suas modificações, o senhor reduz bastante as resistências, mas eu não o aconselharia a pôr isso na coluna do crédito, pois, como o senhor sabe, quanto mais se afastar do que é novo na psicanálise, mais certeza poderá ter do aplauso e menos resistência encontrará".[129]

O caminho para a ruptura está aberto: o traço característico das cartas de novembro a dezembro de 1912 é a presença de argumentos *ad hominem*, sob a máscara de interpretações psicanalíticas. Cada qual acusa o outro de resistência à verdade, e Freud insinua várias vezes que entre Jung e Adler não há grandes diferenças. Uma tentativa de reconciliação em Munique fracassa,

---

129 324F (14/12/1912), *Freud-Jung*, p. 517. É nessa carta que Freud abandona o "caro amigo" para se dirigir a seu correspondente como "caro dr. Jung".

quando Freud protesta contra a omissão de seu nome nas publicações analíticas de Zurique — o que suscita uma viva discussão, encerrada dramaticamente com um desmaio seu.[130] Motivo, pois, para tentativas recíprocas de análise, nas quais Jung abre seu jogo e diz a seu mestre uma série de "verdades", entre as quais a de que se serve da transferência para manter seus discípulos em estado de dependência infantil, o que impede a todos esses discípulos discutir honestamente as teorias pessoais e os obriga a qualificar de neuróticos os que não pensam como Freud.[131] As relações se rompem em definitivo quando Freud aponta um lapso de Jung e este responde de forma intempestiva. Não é preciso aqui entrar em grandes detalhes, mas por outro lado é interessante examinar como a situação assim criada é manejada por Freud.

A primeira consequência do afastamento de Jung é a entronização de Abraham no lugar de "filho dileto". Com ele Freud discutirá os meios e modos de resolver uma questão insolúvel: Jung, tendo se distanciado dos pontos essenciais da psicanálise, continua a presidir a IPA. As manobras para tirar do caminho o incômodo intruso e ex-herdeiro são dignas de um romance de capa e espada, e a correspondência com Abraham, retomada por François Roustang em seu livro, mostra a que ponto de mobilização chegam os discípulos, e mesmo o próprio Freud. Se Jung ocupa a posição do pai, Freud assumirá a liderança do combate contra ele, e o vocabulário empregado não deixa dúvidas quanto aos fantasmas subjacentes. Assim, depois do Congresso de Munique (setembro de 1913), Abraham redige uma crítica às teses junguianas; Freud a saúda nos seguintes termos: "Ela mereceria uma coroa cívica, se na psicanálise houvesse tais distinções! Esse

---

130 Cf. *Freud-Jung*, nota do editor, pp. 521-2, e a descrição do incidente na biografia de Jones, tomo II, pp. 161 ss. da edição francesa. Retornaremos a essa questão crucial do nome no comentário de "O *Moisés* de Michelangelo", na seção 6 deste capítulo.

131 Alguns exemplos da nova prosa em circulação entre Viena e Zurique: "Sou forçado à dolorosa conclusão de que a maioria dos psicanalistas se serve da psicanálise para desvalorizar os demais com insinuações sobre os complexos. Essa função defensiva da psicanálise deveria ser desmascarada" (330J). "Espero que suas conferências encontrem vigorosa oposição por parte de nossos colegas analistas [...]. Sigo com extremo interesse todas as variações da lira que o senhor toca com tanta virtuosidade" (334F). "Quero ressaltar que sua técnica de tratar os alunos como pacientes é um fracasso. O senhor anda por aí farejando todos os atos sintomáticos em sua vizinhança, reduzindo assim todo mundo à categoria de filhos e de filhas que, corando, admitem seus erros. Enquanto isso, o senhor permanece refestelado no ápice, como o pai. Por pura delicadeza ousa puxar a barba do profeta" (338J). Etc. etc.

trabalho, em suma, é aço temperado, puro, claro e límpido". É nesse clima de guerra que redige, no final de dezembro de 1913, o *"Moisés* de Michelangelo". Logo em seguida, vêm a *História do movimento psicanalítico* e "Introdução ao narcisismo". Abraham se entusiasma pela *História*: "Li-a repetidamente, e cada vez percebo melhor que arma formidável ela representa". Essa carta responde àquela em que Freud, mencionando um projeto de Jones para excluir Jung, não hesita em escrever: "É notável ver como cada um de nós é possuído, a seu turno, pelo impulso de desferir golpes mortais, a ponto de os outros serem obrigados a retê-lo".[132] São portanto intenções assassinas que emergem dessa correspondência, e o crime em questão deve efetivamente soldar a coesão da horda, visto que é nesse momento que, de forma plena, se ativa o Comitê. Uma vez livre o caminho pela renúncia de Jung, em abril de 1914, Abraham será eleito presidente, mas, de modo característico, ele tentará atribuir a Freud um cargo de "Presidente Honorário". O grupo de Zurique se retira da IPA em julho de 1914, e, com a Primeira Guerra Mundial, haverá uma interrupção de quatro anos nas atividades da Associação: a nova "era ajunguiana" não pôde assim trazer a seus iniciadores os benefícios que dela esperavam.

Essa reconstituição da polêmica entre Freud e Jung deve nos fazer refletir. O tema proposto para o congresso de 1914 — que não chegou a se realizar devido ao início das hostilidades — era "Objetivos de uma Associação Psicanalítica", tema que, como o mostram os recentes acontecimentos no grupo lacaniano, nada perdeu de sua atualidade. Podemos retomar a hipótese de Le Guen sobre o fantasma não analisado de Freud, agora à luz desses elementos: ele parece bem mais plausível ao levarmos em conta a virulência com que, na

---

132 As três citações provêm, respectivamente, da carta de Freud a Abraham de 10/12/1913 (Freud-Abraham, p. 164), da carta de Abraham de 2/4/1914 (p. 173) e da carta de Freud a Abraham de 25/3/1914 (p. 172). Comenta François Roustang: "Arma, bomba, aço temperado, eis aí um pequeno arsenal que revela as intenções dos fiéis" (*Un destin*, cit., p. 13). A crítica de Abraham a Jung encontra-se no primeiro volume das *Œuvres complètes*, pp. 143 ss. Por sua vez, Freud expressa suas divergências com Jung na *História do movimento psicanalítico*, cap. 3, GW X, pp. 105-13; SE XIV, pp. 60-6; BN II, pp. 1927-30, do qual extraímos esta passagem, que a sintetiza: "Na verdade, escolhe-se na sinfonia do suceder universal um par de tons civilizados, e se descura a poderosa melodia dos instintos". Em "Introdução ao narcisismo", a ironia é mais acerada: "A identidade primordial de energia psíquica é de tão pouca utilidade para nossas finalidades psicanalíticas quanto o parentesco original das raças humanas para a prova de parentesco exigida pela justiça para adjudicar uma herança". Cf. SA III, pp. 47-8; SE XIV, pp. 79-81; BN II, pp. 2020-1.

sombra, se trama a exclusão de Jung. Por um momento, Freud pensou mesmo em dissolver a IPA, a fim de desautorizar o apóstata, e são seus discípulos que o fazem mudar de ideia. Essa intenção mostra que a associação parecia ter deixado de cumprir suas finalidades defensivas (em relação ao fantasma freudiano); mas a insistência dos seguidores e a formação do Comitê mostram que, também para eles, a existência do organismo é valiosa. Por quê?

Não bastam aqui argumentos de ordem racional, como a necessidade de um centro de irradiação ou de uma estrutura burocrática para coordenar publicações e organizar congressos. É preciso levar em conta que, nos anos iniciais, a IPA se compunha de dois tipos de membros: os mais chegados a Freud, que formavam o Comitê e dirigiam os grupos locais — Abraham, Jones, Ferenczi etc. —, e a grande massa anônima dos "praças". Essa metáfora não é inadequada, uma vez que a instituição admitia uma hierarquia e se dava como finalidade um combate: é um verdadeiro exército que cerca Freud, e, na verdade, um exército que se aproxima de uma Igreja, dado o caráter apostólico de sua missão. É por esse motivo que ela é indispensável aos discípulos, não apenas como órgão de difusão e centralização, mas sobretudo como mediação institucional necessária entre cada um, Freud e todos os outros. O enfrentamento letal com a pessoa de Freud, como o mostra o episódio junguiano, conduz à ruína; daí o valor da instituição, presidida por um outro e dotada de um regimento próprio para mediatizar essa relação explosiva. É certo que a associação se constitui em torno das ideias e da pessoa de Freud, mas, ao contrário do que infere Roustang, não é apenas pela transferência em relação a ele que ela se sustenta. Um relacionamento dessa natureza, quando se estabelece sem mediação alguma, desemboca inevitavelmente na catástrofe, e, além de Jung, a história do movimento envolve os exemplos de Tausk, Ferenczi, Rank e vários outros. Ao contrário, a instituição introduz uma cunha nesse enfrentamento, ao legitimar a pertinência em termos sociais, pela adesão a um estatuto e a uma doutrina. É certo que esses fatores não são os únicos, e talvez não os decisivos; mas seria fazer pouco da ação mediadora da instituição negá-los por completo. Com base na análise desenvolvida na seção precedente, a associação fundada por Freud é o que permite a transformação da representação de sua pessoa, no plano fantasmático, de Pai Idealizado em Pai Morto: que ela não seja completa enquanto ele viveu, o mostram os percalços citados na trajetória de vários de seus discípulos. Mas ela se efetuou, de um modo ou de outro, pois caso contrário a psicanálise jamais teria acedido à condição de movimento institucionalizado e inscrito na história, permanecendo apenas como sinônimo de "pensamento de Freud". Ora, enquanto Freud viveu, ela foi uma coisa e outra; após sua morte, ele se tornou a "causa" de todos aqueles que a ela vêm e nela encontram sua realização. Há uma diferença de natureza entre uma teoria e uma instituição, e não é um dos menores méritos de Freud o ter feito com que a primeira, em vez de ser apenas propriedade intelectual sua, servisse também como foco de fundação da segunda.

Posto isso, é certo que a polêmica com Jung produziu frutos duradouros. Já mencionei várias vezes que *Totem e tabu* e a "Introdução ao narcisismo" só adquirem sua plena significação nesse contexto. Mas é preciso lembrar que o *"Moisés* de Michelangelo" e o "Homem dos Lobos" também se inscrevem no grande debate com Jung, o primeiro pela identificação entre o profeta e Freud, o segundo pela onipresença da questão central da divergência: de onde provém a fantasia? Da mesma forma que a "Introdução ao narcisismo" ecoa nos textos da *Metapsicologia*, a origem das fantasias condensa todo um feixe de questões, em particular a da especificidade da psicanálise diante das demais disciplinas que tratam do fenômeno humano. Com efeito, seu objeto próprio é o estudo das formações do inconsciente, entre as quais a fantasia ocupa um lugar primordial. Como e de que forma abordá-la? Até onde aceitar contribuições da biologia, da sociologia, da filosofia, nesse projeto de elucidação? Tais questões não admitem as respostas de Jung, sob pena de abolir a singularidade do sexual e com ela o próprio cerne da psicanálise. Mas nem por isso elas deixam de exigir uma solução. O esforço a que Freud se obriga para pensá-las adequadamente é imenso, e ocupa anos e anos de sua produção teórica. Para compreender de que forma isso é feito, vamos nos voltar agora para um texto em que Freud estuda uma obra de arte: o *"Moisés* de Michelangelo". A escolha é ditada por três motivos: uma obra de arte é também um produto da fantasia, essa obra em particular tem um enorme peso na vida psíquica de Freud e o método empregado para analisá-la põe à mostra, num caso particularmente adequado, as determinações que temos procurado elucidar.

O *"Moisés* de Michelangelo" é escrito na última semana de 1913. As relações pessoais com Jung estão rompidas há um ano; a correspondência cessou por completo em outubro de 1913, quando este renuncia à direção do *Jahrbuch*; na sombra, o Comitê trama sua expulsão do cargo de presidente da IPA. É nesse contexto que Freud, reunindo notas anteriores, se decide a redigir seu trabalho.

Mas, curiosamente, ele se cerca de precauções: o parágrafo inicial declara sua parca competência em matéria de estética, a documentação de apoio é particularmente abundante, e, sobretudo, ele se nega a assinar o artigo, exigindo dos editores de *Imago* sua publicação anônima. A Abraham, que o faz observar que a "garra do leão" será logo reconhecida, Freud responde: "O *'Moisés'* é anônimo em primeiro lugar por divertimento, em segundo porque tenho vergonha de seu óbvio caráter diletante, ao qual aliás dificilmente se escapa nos trabalhos para *Imago*; enfim porque, mais do que de costume, duvido dos resultados e só o publiquei pressionado pela redação".[133] Tantos argumentos inspiram um certo ceticismo, pois, ademais, se contradizem entre si. Se é um divertimento, não há por que se envergonhar do caráter "diletante", ao que parece comum nos artigos da revista. A vergonha aparenta se ligar mais à "dúvida quanto aos resultados": mas, na verdade, estes são solidamente fundados pela análise, e, diante da multiplicidade das opiniões sobre a estátua, que indica ser sua significação legitimamente sujeita à dúvida, nada há de vergonhoso em emitir mais uma hipótese, tanto mais que ela se afigura bastante coerente. Por que, então, o anonimato e as hesitações?

O início do artigo contém uma série de confidências que indicam a resposta: Freud experimenta uma poderosa emoção em relação à estátua, não tanto pelas qualidades formais ou pela plástica, mas pelo que ela representa. É o Moisés encolerizado, com seu olhar coruscante, que desperta nele a reação emocional:

> Quantas vezes subi a íngreme escadaria que conduz do feiíssimo Corso Cavour à praça solitária em que se ergue a igreja abandonada! Sempre procurei sustentar o colérico olhar do herói bíblico, e algumas vezes saí sorrateiramente do interior mergulhado em penumbra, como se eu mesmo pertencesse àqueles que seus olhos fulminam, àquela ralé incapaz de se manter fiel às suas convicções, que não queria esperar nem confiar e que se encheu de regozijo ao obter de novo a ilusão do ídolo [...]. Recordo minha decepção [...] ao me sentar diante da estátua, esperando ver como ela se levantaria com violência, arrojando ao solo as Tábuas da Lei, e descarregaria sua cólera. Nada disso sucedeu... aquele Moisés permaneceria ali, eternamente sentado e irritado.[134]

---

133 Freud a Abraham (6/1/1914), *Freud-Abraham*, p. 175.
134 "O *Moisés* de Michelangelo", SA X, p. 197; SE XIII, p. 211; BN II, p. 1877. Também SA X, p. 205; SE XIII, p. 220; BN II, p. 1882.

Freud, pois, sente-se membro da "ralé" que adorou o Bezerro de Ouro; e nem o fato de que a estátua permanecerá sentada para sempre serve para tranquilizá-lo, pois a irritação do profeta será também eterna. O tema dos olhos nos fornece uma pista: sabemos pela *Interpretação dos sonhos* que ele está associado às figuras paternas, como o médico caolho de Freiberg, o professor caolho de história e, sobretudo, Brücke, cujos "terríveis olhos azuis" reaparecem no sonho "Non vixit". Ele está igualmente associado à morte, já que nesse mesmo sonho Freud dissolve com o olhar as figuras dos *revenants*, Paneth e Fliess, e o sonho "Pede-se fechar os olhos" se vincula à morte de seu pai. Agora é Moisés que o aterroriza com seu olhar encolerizado, o que permite supor que o perigo encerrado nos olhos é o da represália paterna, em relação à qual Freud, que acabou de escrever *Totem e tabu*, se sente particularmente visado. Moisés não é o pai do povo judeu, o Legislador, aquele que traz a mensagem do Deus único? Figura exemplar, pois, do pai, e do judaísmo do pai. O que dissemos a esse respeito no primeiro capítulo mostra que a representação de Moisés é dotada para Freud de uma grande intensidade: no segundo dos "sonhos romanos", Roma lhe aparece envolta em brumas como a Terra Prometida, que o profeta contempla do monte Nebo. Pouco depois, a primeira análise efetuada por Freud no domínio da "psicopatologia da vida cotidiana" irá se referir ao esquecimento do nome do poeta Julius Mosen. Relatando o incidente a Fliess, ele escreve que

> o *Julius* não havia escapado à minha memória. Pude então demonstrar o seguinte: 1) que havia reprimido o nome (*Mosen*) por causa de certas conexões; 2) que nessa repressão intervinha certo material infantil; 3) que os nomes substitutivos que se me haviam ocorrido (estava convencido de que devia ser um nome que terminava em -*au*, como Lindau ou Feldau) surgiram, como um sintoma, dos dois grupos de materiais. A análise (infelizmente) é tão pouco apta como meu "grande sonho" para ser publicada.[135]

Essa notação merece um exame mais detido.

O "grande sonho" de Freud, como o sabemos pela correspondência com Fliess, fora vetado por este, e Freud o substituiu por uma série de pequenos fragmentos no capítulo sobre o trabalho do sonho. Ele se referia à sua mãe e à sua esposa. O tema da mãe sugere que os nomes substitutivos em -*au* remetem

---

[135] Carta 94 a Fliess (26/6/1898), OP, BN III, p. 3608.

a Breslau, cidade em que, durante uma parada de trem que o conduzia a Leipzig, o menino Sigmund Freud vira *matrem nudam* e se assustara com os lampiões de gás, que o fizeram pensar nas chamas do Inferno (carta 70 a Fliess). Por sua vez, "Julius" é o prenome do irmão morto aos poucos meses, que produziu em Freud o "germe de todos os remorsos" (ibidem). Não é muito arriscado inferir que o conjunto de representações que inclui o nome *Mosen* se refira ao desejo incestuoso e à forma pela qual nascem irmãos capazes de roubar à criança egoísta a dedicação exclusiva da mãe. Penso ser lícito, portanto, supor que *Mosen* alude a "Moisés", figura do pai que proíbe o incesto, tanto mais que entre os mandamentos atribuídos a ele figura o de não cobiçar a mulher do próximo. A natureza dessas representações as torna assim inadequadas para a publicação; mas pouco depois Freud fará o lapso do "Signorelli", cuja análise remete justo ao "senhor", à sexualidade e à morte — temas que, provavelmente, se vinculam também ao primeiro esquecimento. Moisés aparece assim ligado à lei e à morte, representações que vimos ter estreita ligação com a representação do pai. Esses elementos, somados às associações sobre os olhos, permitem concluir que um dos motivos da inibição de Freud em assinar seu artigo reside no complexo paterno, o mesmo que o faz se sentir tão deprimido após o término de *Totem e tabu*. É como se, ao mantê-lo anônimo, Freud quisesse evitar magicamente a represália temida, que Moisés não deixaria de exercer contra um tal membro da "ralé".

O outro texto em que Freud procura dissimular elementos autobiográficos, atribuindo-os a um "interlocutor com certos conhecimentos da psicanálise", é "As recordações encobridoras". Trata-se, como vimos antes, da fantasia da defloração, de óbvia natureza sexual. Da mesma forma, uma série de lapsos que se insinua na *Traumdeutung*, a cada vez que ele deforma intencionalmente suas associações; e a *Psicopatologia da vida cotidiana* nos diz que esses lapsos intervêm no contexto do complexo paterno. Defloração, *matrem nudam*, Breslau, castigos do inferno, morte, lei, represálias: todos esses elementos convergem para o complexo de Édipo. E vimos que o tabu de viajar a Roma envolve igualmente determinações edipianas, visto que Roma representa, entre outras coisas, o objeto proibido, isto é, um avatar do corpo materno. Ora, é em Roma que se encontra a estátua de Michelangelo, e o temor de Freud de que ela se levante para fulminá-lo parece também derivar do fato de ter chegado a Roma, realizando seu desejo secreto, mas pelo qual, aparentemente, deve pagar caro, uma vez que nessa cidade uma encarnação do Pai o espera para castigar sua temeridade.

Não é preciso retomar as etapas do estudo de Freud, que o conduz à conclusão de que o herói não vai se levantar para arrojar as Tábuas, mas sim que, ao contrário do que supõem muitos intérpretes, ele acaba de dominar sua cólera e procura preservá-las. É uma elaborada dedução a partir da posição da mão direita e das Tábuas da Lei que permite formular essa conclusão; Freud afirma assim que Michelangelo não seguiu estritamente a narrativa bíblica, mas tomou certas liberdades com o texto em função da finalidade a que destinava a estátua, isto é, ornamentar o túmulo do papa Júlio II. Reproduz-se então a conjunção de um Julius com um Moisés, e de um Julius que, precisamente, é o *segundo*: por que não associar essa coincidência fortuita ao lapso de 1898, inferindo que a análise de 1913 completa aquela outra, impublicável? Quinze anos nada significam para uma representação inconsciente pregnante. Mas, por outro lado, a psicanálise conduz a um remanejamento do sistema das repressões: entre essas duas datas, Freud escreveu a *Traumdeutung*, foi a Roma várias vezes e redigiu *Totem e tabu*. A representação de Moisés não permaneceu, por certo, imune a esse trabalho; é, de fato, a análise fornecida no artigo de 1913 que conduz ao afastamento da ameaça. Moisés não castigará os infiéis idólatras:

> O que vemos não é a introdução a uma ação violenta, mas o resíduo de um movimento já executado. Possuído de cólera, quis se levantar e vingar-se esquecendo as Tábuas; mas dominou a tentativa e permanece sentado, transpassado de fúria e de dor [...] Já não arrojará as Tábuas, quebrando-as contra a pedra, pois precisamente por causa delas dominou sua ira [...] Pensou em sua missão, e por ela renunciou à satisfação de seu desejo [...] A prodigiosa musculatura de Moisés é apenas um meio somático para exprimir a mais elevada realização psíquica de que é capaz um homem, o vencimento de suas próprias paixões em benefício de uma missão à qual se consagrou.[136]

Sua interpretação permite assim a Freud se tranquilizar e sereno suportar o olhar enfurecido do Pai. Mas... então por que não assumir plenamente a responsabilidade por seu texto e omitir dele o nome do autor? Por que as dúvidas quanto ao "resultado"? Esse termo parece aludir mais ao efeito psíquico da interpretação do que à coerência da hipótese avançada. É como se, apesar do que se depreende do texto manifesto, Freud continuasse a temer, nos

---

136 "O *Moisés* de Michelangelo", SA X, p. 214; SE XIII, p. 229; BN II, p. 1887.

pensamentos latentes, a hostilidade do herói bíblico. Moisés, com efeito, antes de representar o Pai, representa a si mesmo; uma pista para compreender esse sentimento de dúvida nos é oferecida pela relação de Freud com a lei mosaica. Ele não a abandonou por completo, recusando-a tanto na visão tradicional quanto naquela, hassídica, do antepassado de sua esposa, Isaac Bernays? Quando lemos um texto como "Atos obsessivos e práticas religiosas", é impossível não pensar que o referencial de Freud é a minúcia dos rituais judaicos, que permeiam toda a existência cotidiana do fiel e que se expressam numa série de obrigações e de proibições; essas práticas são muito mais adequadas à analogia proposta do que o ritual cristão, seja católico, seja protestante. Freud seria assim um idólatra no sentido mosaico do termo, tendo renegado a religião de seus ancestrais em nome da ciência finalmente pagã. Vimos ao estudar os sonhos romanos que Roma encarna também a significação do "outro lado", e, nesse sentido, a reprovação de Moisés se dirigiria explicitamente a ele, Freud, por ter não apenas relegado às urtigas os 613 mandamentos, mas ainda, com a psicanálise que inventara, destruído a base sobre a qual se assenta toda religião possível: *Totem e tabu* não afirma que a representação de Deus é o fruto do retorno do pai assassinado?

Mas é preciso ter cuidado com interpretações desse tipo. David Bakan, cujo livro *Freud e a mística judaica* examinamos no primeiro capítulo deste estudo, baseia-se nesses elementos para construir sua interpretação do artigo de Freud:

> Moisés é o símbolo da ortodoxia, o autor da Lei, aquele que impôs seu pesado jugo. Ao se opor à Lei, Freud seguia a tradição sabataísta. Segundo sua interpretação, o caráter excessivo de uma Lei de tipo mosaico conduziria à neurose e seria, no conjunto, incompatível com a vida moderna [...] [mas] sente-se culpado de apostasia em face da ortodoxia e espera o castigo rigoroso prometido pelos imperativos mosaicos [...]. Descobre pequenos detalhes que tendem a provar que Moisés não castigará; aproveita-se do fato de que Moisés é de pedra e, paradoxalmente, "adora" uma imagem tralhada no bastião do cristianismo.[137]

---

[137] David Bakan, *Freud et la mystique juive*, Paris, Payot, 1977, p. 112. A "tradição sabataísta" alude ao falso messias Shabetai Tzvi, que em 1666 se converteu ao islamismo e cujo regresso era esperado por seus partidários, os quais acreditavam que a apostasia era necessária para apressar o advento do "mundo vindouro". Cf. G. Scholem, *Grandes correntes da mística judaica*, São Paulo, Perspectiva, 1972.

Essa passagem mostra a que riscos se expõe o estudioso quando se deixa levar por uma ideia preconceituosa, e a meu ver invalida a noção de que as hesitações de Freud se devem à sua relação com a religião judaica. Bakan atribui a Freud um conhecimento da "tradição sabataísta" sobre o qual não há prova alguma nos textos de que dispomos. Mas o erro mais grave é supor que "uma Lei de tipo mosaico conduza a neuroses". Ao contrário, repetidas vezes Freud vincula a frequência das neuroses ao relaxamento dos laços religiosos, e a neurose obsessiva, longe de *derivar* das práticas religiosas, constitui uma *caricatura* das mesmas. A "vida moderna" é uma noção demasiado vaga para explicar seja o que for, e Freud seria por certo o último a cantar seus louvores, pois em sua maneira de ver ela é responsável por uma moral sexual aberrante e pelos sofrimentos absurdos originados da neurose ("A moral sexual civilizada"). Por fim, a irreverência diante da tradição bíblica em nada é idêntica à "adoração" de uma imagem de pedra, e o texto do *"Moisés"* não permite essa leitura arbitrária: ao contrário, ao afirmar que Moisés desistiu do castigo a que o impelia sua cólera, Freud se afasta das aparências e se distingue, pelo esforço de compreensão, do espectador aturdido submerso na "adoração".

A referência ao ateísmo de Freud não basta, pois, para explicar suas hesitações: por mais que a representação de Moisés seja efetivamente carregada, a interpretação tende a torná-la mais inofensiva e não mais ameaçadora. É em outras determinações, assim, que devemos buscar a explicação dessas dúvidas, tanto mais que essa incursão da psicanálise pelos domínios da arte mostra que, ao contrário da modéstia das declarações que a introduzem, apenas ela dá conta do enigma da estátua.

Moisés é o fundador do monoteísmo. Mas Freud começa a abrigar dúvidas de que assim seja; o artigo de Abraham sobre Amenófis IV chama sua atenção para certas teorias, que fazem retroceder a esse faraó a primeira intuição da unidade de Deus.[138] Ora, um dos elementos trazidos à luz pelo estudo de Abraham é precisamente o fato de que Amenófis IV faz apagar de todos os monumentos construídos por seu pai o nome deste, inscrevendo neles o seu próprio. Em novembro de 1912, Jung, Freud, Abraham e outros se encontram em Munique, a fim de debater assuntos relacionados com a IPA. A reconciliação entre Freud e

---

138 Karl Abraham, "Amenhotep IV", em *Œuvres complètes*, Paris, Payot, 1965, I, pp. 267 ss. Cf. os pertinentes comentários de Granoff a esse respeito, em *Filiations*, pp. 525 ss., que ressaltam a relação existente, para Freud, entre as representações do Egito e da rivalidade.

Jung está prestes a se realizar, quando a conversação se volta para o artigo de Abraham, e Jung afirma que nada há de grave em apagar dos monumentos os nomes dos ancestrais. Em sua reconstituição desse episódio, Jones conta que Freud, contradizendo Jung, insistiu na importância de mencionar os nomes, em particular o seu, segundo ele omitido com demasiada frequência nos artigos psicanalíticos da escola suíça. A altercação subsequente culmina com o célebre desmaio de Freud, e a reconciliação aborta no mesmo instante; um mês depois, em seguida às cartas "novo estilo" de Jung, efetua-se a ruptura. Temos assim os seguintes elementos: omitir o nome do pai, omitir o nome de Freud, um faraó egípcio, Moisés, o castigo, Jung, um artigo em que Freud não menciona seu próprio nome. Que relação existe entre esses elementos aparentemente heteróclitos?

Freud não assina seu texto, não obstante a advertência de que os leitores reconheceriam a "garra do leão". Vinte e cinco anos depois, ao escrever *Moisés e o monoteísmo*, Freud silenciará o nome de Abraham, seu precursor no terreno a explorar — apagará, pois, o nome do antecessor, como se queixa de que os junguianos esqueceram o seu, preferindo se ater à evidência da "garra do leão" em seus próprios textos. Ora, como se conduz Freud nessa ocasião? Ao contrário de Moisés, que vence sua paixão em nome da "missão à qual se consagrara", Freud fará todo o possível para fulminar Jung, como podemos ver por sua correspondência com o dito Abraham. Se se sentiu tão atingido pela omissão de seu nome foi porque se identifica com o pai assim riscado da história, e a defesa, por Jung, do procedimento do faraó, o confirma na posição de filho ingrato. Aqui reside, a meu ver, a chave do problema: ao se identificar com o pai, Freud se identifica também com Moisés, pai do povo judeu e avatar de seu próprio pai. Mas a identificação é incompleta, pois ele não se sente capaz de proceder como o profeta e, ao contrário, moverá céus e terra para eliminar Jung, o apóstata. Nisso consiste a "dúvida quanto ao resultado": o resultado da operação não é apenas a prova de que Moisés não vai castigar, seja no imaginário freudiano, seja na representação escultórica de Michelangelo, mas também de que Freud não é tão grande como gostaria de ser e que se sente incapaz de realizar o "feito mais elevado", isto é, dominar suas próprias paixões. Entregue à cólera, fará todo o possível para excluir de suas hostes os adoradores do Bezerro de Ouro: na impossibilidade de coincidir com seu modelo, reconhece sua inferioridade e a assinala pela recusa em associar ao nome de Moisés o seu. Esse texto, portanto, nada tem de um "divertimento", e a vergonha que Freud sente quanto a ele se vincula a fontes muito mais profundas. Somente em 1924 reconhecerá sua autoria, e mesmo assim chamando seu artigo de "filho não analítico". O texto de 1913, portanto, marca um momento na elaboração da imagem de Moisés no psiquismo freudiano, mas esse momento não pode ser o último: eis aí uma das raízes de *Moisés e o monoteísmo*, que retomará essa imagem do ponto em que a deixara "O *Moisés* de Michelangelo".

Em que, porém, Jung teria se assimilado aos idólatras do Sinai? A resposta é simples: porque suas modificações são *regressivas* em relação às descobertas de Freud. Esse termo pejorativo deve ser compreendido em seu contexto. Freud considera que a teoria proposta por seu discípulo equivale a um regresso às posições da psicologia superficial, das quais a psicanálise quer se afastar. Uma crítica semelhante é endereçada a Adler, que se teria deixado iludir pela importância do ego e restaurado a primazia do não sexual. Contudo, a rigor, há um outro problema envolvido na questão, que toca de perto as relações entre a psicanálise e a cultura. Vimos no capítulo anterior que Freud começou suas investigações a respeito das neuroses partindo de uma posição próxima da psicologia das faculdades, mas que, já em suas primeiras hipóteses, se afastara dela para pensar em termos de um conflito dinâmico. É certo que, na tentativa de formular seus conceitos, ele se apoia em concepções na verdade estranhas à sua intuição fundamental; mas também é certo que, delas, toma apenas o que pode ser adaptado a essa intuição. É o caso, por exemplo, do princípio da constância da energia, oriundo da física, que em suas mãos se transforma no princípio do prazer. Em inúmeras passagens de sua obra, vemos se repetir o mesmo fenômeno: da copiosa bibliografia resenhada no primeiro capítulo da *Interpretação dos sonhos*, Freud recusa apenas as hipóteses de que o sonho não tem sentido e de que se origina na fisiologia do cérebro; em *A frase de espírito*, recolhe de Lipps e de outros autores certos elementos sobre a natureza do cômico; *Totem e tabu* é amplamente baseado em elementos fornecidos pela etnologia da época. No entanto, em cada caso, os dados recolhidos em outras disciplinas são submetidos a um tratamento de centrifugação, que culmina numa amálgama informada pelo ponto de vista propriamente analítico. Tal ponto de vista se caracteriza por dois traços: em primeiro lugar, pela hipótese basilar do conflito psíquico, que implica o conceito de inconsciente e conduz a ver no conteúdo manifesto o resultado das deformações impostas pela repressão; em segundo, pelo fato de que as interpretações de Freud são sempre limitadas e parciais, consistindo em elaborar os dados a partir das hipóteses de base, sem pretender aportar soluções globais para todos os problemas do saber e da filosofia.[139]

Ora, essa ausência de sistematicidade deliberada não torna o pensamento freudiano incoerente; longe disso, é ela a responsável pela constante retomada dos princípios e das conclusões que o caracteriza. Diante dessa postura, a atitude de Adler e de Jung consiste justamente na sede de sistematização, e Freud a apostrofa em "Introdução ao narcisismo" e em *História do movimento psicanalítico*. A sistematicidade se lhe afigura como uma astúcia do ego e constantemente se refere à elaboração secundária do sonho, encarregada justo de diminuir a estranheza das formações oníricas. E a livre associação não é o próprio salto do *coq à l'âne*, sem se preocupar com a coerência do discurso? É que, sob a fachada de arbitrariedades, se desenha uma outra significação, construída pelas operações do processo primário e que só a psicanálise é capaz de desvendar. Posto isso, ela estará com frequência à margem e mesmo em oposição às disciplinas que fazem da coerência formal o cânon da verdade, o que significa apenas que o ângulo de ataque da teoria analítica — e portanto o que considera relevante — privilegia precisamente o detalhe que não é levado em conta por essas outras disciplinas, para, partindo dele, reconstruir a trama do objeto. É assim que Freud opera no terreno da estética: o *"Moisés"* é um exemplo evidente, assim como também o ensaio sobre o *Unheimlich*, o estudo sobre Leonardo e a reconstrução da infância de Goethe em "Uma recordação infantil de Goethe".

A psicanálise se situa nas fronteiras de várias disciplinas, e, num artigo de 1913 intitulado "O interesse pela psicanálise", Freud faz um balanço do que ela aporta à biologia, à psicologia, à linguística, à filosofia, à pedagogia etc. Tais

---

139 Cf. as cartas dirigidas a Lou Andreas-Salomé em 1915 e 1916: "É inútil precisar que não sigo um caminho retilíneo, pois raras vezes experimento a necessidade de sintetizar. A unidade deste mundo parece-me algo evidente, e, portanto, torna desnecessária qualquer ênfase... Numa palavra, sou obviamente um analista, e creio que, uma vez conseguida a análise, a síntese não oferece maiores obstáculos" (30/07/1915, *Cartas* II, p. 79). E ainda: "Sei que ao escrever tenho que me cegar artificialmente para concentrar toda a luz nos lugares obscuros, renunciando à coesão, à harmonia [...], pois tenho convicção de que tais expectativas trazem consigo o risco de alterar a verdade" (25/5/1916, *Cartas* II, p. 81). A respeito da metáfora da luz e da questão da verdade, cf. a seção VII do capítulo 4 e os sugestivos comentários de Adorno a respeito da "cegueira artificial" que permitiu a Freud ver mais longe do que muitos culturalistas. No mesmo sentido, escreve a James Putnam: "Quanto a mim, nunca cuidei de síntese, mas sempre, invariavelmente, da certeza, pela qual tudo pode ser perfeitamente sacrificado" (8/7/1915, *Cartas* II, p. 78).

contribuições consistem invariavelmente em chamar a atenção para certos elementos até então pouco estudados e, em seguida, estabelecer vinculações entre elementos considerados heterogêneos entre si.[140] O importante nesse artigo é a exclusão de uma interdisciplinaridade eclética, que, a pretexto de elucidar os enigmas últimos da natureza humana, borraria as diferenças entre as abordagens e, em última análise, eliminaria a especificidade da leitura analítica, única apropriada para revelar a dimensão inconsciente. É preciso ver nessa exigência de preservação da singularidade mais do que um reflexo de autodofesa por parte de Freud ou a prova de seu fanatismo intolerante, pois, se o que define como *psicanalítica* uma teoria é sua aptidão para desfazer em parte o trabalho da repressão, a recusa em levar adiante essa tarefa equivale a trabalhar em favor da repressão. E é isso, nem mais nem menos, que Freud reprova em seus discípulos, se permitindo taxar de "regressivas" suas modificações teóricas.

A Jung, que supõe ser necessário "se embriagar com os perfumes mágicos da astrologia" para sondar os abismos do pensamento e faz o elogio da "tendência espiritualista" em psicanálise, Freud responde de modo inequívoco: "O que mais me preocupa é que [...] quer subordinar o material psicológico a considerações biológicas; essa tendência é tão inaceitável quanto fazer a filosofia depender da anatomia cerebral. A psicanálise *farà da sè*!".[141] E a Abraham, alguns anos depois: "A subordinação de nossa psicanálise a uma biologia sexual fliessiana não seria um mal menor do que sua sujeição a uma ética, a uma metafísica ou a outras coisas semelhantes [...]. Em todo caso, devemos conservar nossa independência e fazer valer nossos direitos iguais. No final, podemos nos encontrar com todas as ciências paralelas".[142] O risco é maior, porém, do lado da filosofia e das ciências humanas do que em relação às ciências naturais, uma vez que a psicanálise se propõe a elucidação do funcionamento *psíquico* do homem. E, muito concretamente, o risco é o de ver reabsorver as asperezas da interpretação psicanalítica em doutrinas de caráter idealista, cujo elemento comum é, para Freud, o de fazerem excessivas concessões ao narcisismo. Em "Uma dificuldade da psicanálise", ele irá comparar o advento de sua disciplina à terceira e mais decisiva ferida narcísica infligida à representação que o ser humano tem de si mesmo — sendo

---

140 "O interesse pela psicanálise", GW VIII, pp. 390-420; SE XIII, pp. 176-92; BN II, pp. 1851-67.
141 286F (30/11/1911), *Freud-Jung*, p. 467.
142 Freud a Abraham (6/4/1914), *Freud-Abraham*, p. 175.

as outras duas a redução copernicana da Terra a um mero planeta e a tese darwiniana da continuidade entre o animal e o homem. Tendo deixado de habitar o centro do universo e perdido o direito a se considerar o topo da Criação, o ser humano aprende com Freud que o ego é apenas um "palhaço de circo", que tenta fazer crer aos espectadores que tudo o que ocorre no picadeiro é obra sua. Reside aí o erro de Adler, do ponto de vista da doutrina freudiana; o "protesto masculino" restaura o ego em posição de príncipe do reino psíquico, fazendo tábua rasa da sexualidade e portanto do conflito fundador da essência humana.

Entretanto, se Adler retrocede à psicologia do ego, a tese de Jung vai muito mais longe, reintroduzindo concepções de natureza místico-religiosa. Na carta à Sociedade B'nei Brit, Freud afirma que, por ser judeu, estava "livre de muitos preconceitos que toldam a outros o uso de seu intelecto". Essa opinião é reiterada na correspondência com Abraham, no momento em que atribui ao passado cristão de Jung a dificuldade deste em integrar a seu pensamento a maneira de teorizar própria à psicanálise. É certamente estranho ver Freud, descendente de *hassidim*, agir como se a tradição mística estivesse ausente do judaísmo, e o caráter pejorativo dessa referência é inequívoco. Contudo, é verdade que às variadas correntes místicas que atravessam a história do judaísmo falta por completo um elemento tão frequente no misticismo cristão, que faz quase parte da definição do termo "misticismo": refiro-me à finalidade da ascese mística, considerada a fusão da alma do crente na essência divina (*unio mystica*). As variadas tendências esotéricas judaicas beiram inúmeras vezes a heresia, chegando mesmo a atribuir à divindade uma parcela feminina, como no cabalismo, ou a postular a contemplação do Trono de Deus, como na tradição gnóstica do primeiro milênio da era comum. Mas elas jamais franquearam o limite além do qual não mais poderiam ser vistas como especulações *judaicas*: o da diferença absoluta entre o Criador e as criaturas, cerne da doutrina mosaica em todas as suas expressões. A *unio mystica* que aboliria, mesmo momentaneamente, essa distância não figura em nenhuma corrente do misticismo judaico. Ao contrário, é o espaço intransponível entre Deus e o fiel que obriga à interpretação da sua palavra, contida no Pentateuco — interpretação que naturalmente irá se afastar em muitos pontos do racionalismo talmúdico, mas cujo caráter indispensável funda as diferentes possibilidades oferecidas ao fiel para obter outra via de acesso à verdade postulada.

Freud não tem, pois, razão ao supor que entre os judeus os preconceitos intelectuais sejam menos difundidos do que entre os adeptos de outras religiões. Mas é inegável que a necessidade de interpretar implica uma certa erudição e um uso acrobático da inteligência, a fim de salvar as contradições com que depara o intérprete. Nesse sentido, o texto concebido como mediação necessária entre o homem e Deus está na raiz de uma milenar apreciação do saber, e de um saber fundado na utilização constante do esquema da distinção, mesmo que ela seja inúmeras vezes estabelecida apenas para ser apagada no instante seguinte. Nada mais estranho à tradição judaica do que o apreço pelos "pobres de espírito", como o provam as ferozes anedotas que correm a respeito dos ingênuos e dos ignorantes.

Ora, o que envolve a teoria de Jung é um retorno à predominância do sublime, por meio da interpretação "anagógica" dos conteúdos psíquicos. Tal interpretação faz com que se deixe de lado a análise do infantil e da transferência, desembocando na tentativa de pedagogizar a terapia por meio de injunções de natureza moral.[143] Ou seja: o escândalo introduzido por Freud e que consiste em explicar o "alto" pelo "baixo", o sublime pelo pulsional, é afastado, para se retornar a uma postura em que o reprimido é conscienciado sob a forma de símbolos, arquétipos e outras construções que evacuam o sexual e o agressivo. Da mesma forma, Freud recusa a Putnam o direito de hegelianizar a psicanálise,

---

143 Cf. o relato de um paciente de Jung citado por Freud na *História do movimento psicanalítico*, GW X, pp. 109-10; SE XIV, pp. 63-4; BN II, p. 1929. Convém retomar aqui a interpretação dada por Freud à ideia de Jung segundo a qual, "por não provirem do mesmo meio", suas concepções da sexualidade e do papel dela na gênese das neuroses não podem ser idênticas. Freud interpreta essa afirmativa como uma referência às origens de ambos, judaica e protestante, o que implica que o judaísmo teria, diante da questão da sexualidade, uma atitude menos repressiva que o protestantismo. Não nos cabe entrar numa investigação teológica a esse respeito; já observei que a interpretação de Freud me parece infundada, se a tomarmos como asserção sobre a forma pela qual cada religião lida com a sexualidade. Encontram-se em ambas elementos nitidamente repressivos e que tomam o corpo em geral, e o sexo em particular, como o domínio do impuro e do pecaminoso. A interpretação só tem sentido no interior da relação entre os dois homens, e esse sentido, evidentemente, não é aquele que Freud indica. O que ela revela é a necessidade em que ele se encontra de racionalizar a resistência de Jung: em vez de compreender sua gênese real — o desejo de Jung de não ser tiranizado por seu mestre —, tal necessidade conduz o dito mestre a procurar na diferença das origens a justificativa da oposição no plano da teoria. O que, se for levado a sério, torna a oposição *irredutível* — e, por conseguinte, deveria abrir os olhos de Freud acerca da natureza dela, e,

como recusará a todos o direito de abolir a especificidade do inconsciente e de fazer pouco dos impulsos primais que nele se agitam.

A psicanálise se revela assim como inimiga mortal dos "ideais", que na concepção junguiana tornam a orientar a teoria e a prática. Ao dizer que a "regressão" de seu discípulo se deve a resistências oriundas do misticismo cristão, Freud me parece não levar em conta que a relação entre tal misticismo e os "ideais" não é tão direta, e em geral essa afirmação soa duvidosa e generalizadora em excesso. Mas, por outro lado, o trabalho de desmistificação dos "ideais" continuará a ser uma das metas de Freud, e, na década de 1920, ele atacará explicitamente a crença religiosa como expressão privilegiada da hipocrisia desses "ideais", diante da qual "nosso deus Logos" acabará por fazer ouvir sua débil voz. O episódio da dissidência junguiana terá, como confessa a Abraham, o resultado de torná-lo "mais sincero, mais ousado e mais direto" (carta de 29 de julho de 1914). Com efeito, somado às desilusões da guerra, ele estará na raiz de seus textos tardios sobre a cultura. O espírito em que será empreendida essa elaboração pode ser percebido na frase final da *História do movimento psicanalítico*:

> Seja-me permitido terminar com o desejo de que o Destino conceda uma cômoda ascensão a todos aqueles para quem se tornou desagradável a permanência no inferno da psicanálise. E que os demais possam continuar tranquilamente seu trabalho nas profundezas.[144]

Ora, o que surge desse trabalho? São as formações pré-históricas do inconsciente, entre as quais se destaca a fantasia como objeto de um privilégio particular. Eis por que terminaremos este capítulo com um estudo da fantasia e de suas determinações.

6. REALIDADE PSÍQUICA E REALIDADE MATERIAL

Nas "Observações introdutórias" ao caso do Homem dos Lobos, Freud nota que as resistências à psicanálise tomaram nos anos recentes uma nova

---

sobretudo, de sua contratransferência perante Jung. Não se trata de psicanalisar Freud, e sim, simplesmente, de mostrar como sua interpretação *ad hominem* bloqueia o caminho que poderia tê-lo levado a compreender, muito antes de 1912, o verdadeiro sentido das dúvidas de Jung.
144 *História do movimento*, cit., GW, p. 113; SE XIV, p. 66; BN II, p. 1930.

forma. Enquanto a princípio eram negadas a realidade e a importância da pulsão sexual, os novos adversários reconhecem a validade das conclusões, mas propõem para elas interpretações que abolem a especificidade do sexual e em particular da sexualidade infantil. Essa observação se aplica sobretudo a Jung, que via as cenas infantis evocadas durante o tratamento — que segundo Freud teriam sido de fato vividas durante os primeiros anos da vida do paciente — como fruto da elaboração fantasmática, projetada então para os tempos remotos da infância. Isso seria realizado por meio do que denomina *Zurückphantasieren*, ou fantasmatização retroativa. A objeção é de peso e decorre de uma concepção da fantasia aparentemente fiel à doutrina psicanalítica. Com efeito, a noção de "recordação encobridora", exposta em 1898, fornece um excelente exemplo de como o passado é reelaborado e mesmo reinventado na fantasia, com a consequência de que as relações cronológicas se invertem e, mais grave, os elementos pertencentes a uma mesma vivência são dissociados e recombinados, para formar ficções defensivas. Não é isso o que Freud reconhece ao abandonar a teoria da sedução? De imediato, torna-se extremamente difícil, se não impossível, discernir entre o real e o imaginário, de onde a conclusão junguiana de que as cenas recordadas durante uma psicanálise são resultado da fantasmatização retroativa. A consequência se impõe no plano da prática: se as vivências postas infantis não o são, ou se não há modo algum de diferenciá-las do que efetivamente aconteceu, o interesse pela reconstrução da infância desaparece, e com ele a preocupação de estudar a sexualidade da criança. Aqui não se pode falar de regressão teórica devida aos componentes místicos do pensamento de Jung, mas tal postura parece decorrer dos pressupostos que fundam a teoria psicanalítica mais ortodoxa. E é por isso que Freud retorna ao problema durante os anos da guerra, na tentativa de preservar ao mesmo tempo a sexualidade infantil como realidade comparável e o poder de reelaboração dos conteúdos psíquicos inerentes à atividade da fantasia. Essa é mesmo, segundo uma nota do "Homem dos Lobos", a "questão mais árdua" da teoria psicanalítica.

Ela é tanto mais árdua quanto a posição de Freud no que se refere ao conteúdo de fantasia não é fácil de precisar. Um texto como "Os dois princípios do funcionamento psíquico" sugere uma divisão nítida entre a fantasia e a realidade, aquela submetida ao princípio do prazer e esta constituída pelo "exterior" ao sujeito. Mas nada é mais móvel do que a fronteira entre o exterior e o interior, como ressalta do estudo que fizemos na quarta seção deste capítulo. As coisas e pessoas da "realidade" não são meras ficções do indivíduo, mas por outro lado têm de ser investidas por ele para ganharem uma significação; elas são passíveis de representação psíquica, e tal representação é fatalmente contaminada pela fantasia. A distinção positivista entre o real e o imaginário, concebidos como categorias fixas e idênticas ao "objetivo" e ao "subjetivo", não pode ser mantida pela psicanálise, dado que esta se instaura justo pela suspensão do juízo da realidade diante dos dizeres do paciente. É o que Freud nota já nas páginas finais da *Interpretação dos sonhos*:

> Não posso dizer, em poucas palavras, se devemos reconhecer uma *realidade* aos desejos inconscientes, e em que sentido. Desde logo, devemos negá-la a todas as ideias de transição e de mediação. Uma vez que tenhamos conduzido os desejos inconscientes à sua expressão última e mais verdadeira, vemos que a *realidade psíquica* é uma forma específica de existência, que não deve ser confundida com a *realidade material*.[145]

A única maneira de conduzir os desejos inconscientes à sua "expressão última" é analisar as associações do paciente; mas, para que isso seja possível, é preciso apagar, ao menos temporariamente, a fronteira entre as duas "realidades", já que ambas só estão presentes — e portanto só podem ser submetidas à interpretação — por meio da linguagem. A linguagem exterioriza e cria representações, das quais o que se pode dizer, no limite mínimo, é que são representações *desse sujeito*.

A passagem da *Interpretação dos sonhos* é importante ainda por uma outra razão: ela estabelece três tipos de existência ou realidade. A realidade material nos é conhecida pela percepção e pela consciência, embora parcialmente; do lado do psiquismo, Freud distingue entre os "pensamentos de transição" e a "expressão mais verdadeira do desejo inconsciente". Apenas esta pode ser designada como "realidade psíquica", pois os pensamentos de transição — as cadeias de associações cujo valor está em conduzir até essa realidade psíquica — permanecem no nível do psicológico, e nesse sentido não têm o mesmo peso que a "expressão verdadeira" do desejo inconsciente. Ora, como o desejo se expressa? Precisamente pelas fantasias. São elas que constituem a realidade psíquica, e,

---

[145] *A interpretação dos sonhos*, SA II, p. 587; SE V, p. 620; BN I, p. 720.

como uma nota anterior afirma que apenas o inconsciente é psiquicamente "real", são as fantasias inconscientes que têm o privilégio de serem comparáveis à realidade "material".

Essa concepção é inspirada a Freud pelo estudo das fantasias de sedução, que a princípio tomara por cenas de fato vivenciadas: ora, se sob análise elas se revelam como ficções destinadas a encobrir a sexualidade infantil, nem por isso podem ser ditas simplesmente *falsas*, já que têm efeitos inegáveis quanto à formação dos sintomas e, em geral, na vida mental dos pacientes. Seria errôneo supor que a teoria da sedução seja apenas um lamentável erro de principiante, do qual Freud teria se afastado em definitivo. Embora a *História do movimento psicanalítico* e a *Autobiografia* tendam a fazer crer que esse tenha sido o trajeto do pensamento freudiano, a verdade é mais complexa. Laplanche e Pontalis assinalam que a teoria da sedução é a única tentativa efetuada por Freud para fundar *de jure* o laço intrínseco entre a sexualidade, o trauma e a defesa;[146] isso porque o trauma é justamente aquilo que, introduzindo do exterior (pelo adulto) a sexualidade, engendra as condições de defesa.

A ação do trauma pode ser decomposta em dois tempos: no primeiro, uma cena de sedução sem efeitos imediatos, visto que a criança não dispõe nem da maturidade biológica nem da compreensão intelectual para que ela os produza; no segundo, durante a puberdade, uma outra cena, em si mesma anódina, viria a evocar por alguma analogia a primeira, que assumiria então o valor traumático e seria reprimida por meio da defesa. Concepção ousada, que, se ignora a sexualidade infantil, permite pensar o conceito de ação diferida (*Nachträglich*, *après-coup*), essencial na teorização analítica. Mas, por outro lado, essa concepção impõe ao trabalho terapêutico uma finalidade — a busca de um acontecimento primeiro, datável com segurança na vida individual do sujeito — que o faz se assemelhar a um raciocínio de detetive, reunindo indícios para designar um culpado. Freud, por certo, modifica sua forma de trabalhar com o abandono da tese da sedução; mas quem pode afirmar que por isso desapareça sua crença arraigada no acontecimento primordial? Basta ler o "Homem dos Lobos" para ver com que afinco ele se atira à reconstrução desse evento fundador que é a cena do coito entre os pais, definindo-o em todos os detalhes, da posição dos

---

146 Laplanche e Pontalis, "Fantasme originaire", p. 1839. Cf. os artigos "Fantasme", "Fantasme originaire" e "Théorie de la séduction", em *Vocabulaire*, pp. 152-7 e 436-9.

parceiros à hora em que ele se teria verificado... O mito de *Totem e tabu* serve a mesma finalidade, e a crença de Freud em sua realidade *material* é inabalável, como o atesta a retomada dos mesmos argumentos em *Moisés e o monoteísmo*.

Temos então os seguintes elementos: a busca do acontecimento primordial conduz a um impasse, pois a origem se furta sempre e só pode ser pensada sob a forma do mito ou da fantasia. Por outro lado, nem todas as cenas evocadas no tratamento são fruto da fantasia; algumas se verificaram efetivamente, como na reconstrução feita por Freud no caso do "Homem dos Lobos". A fantasia emerge assim como um elemento ao mesmo tempo central e perturbador para a reconstrução, e a questão que ela coloca é a da validade dessa reconstrução, que vai ser operada na terapia. Quando Freud defende apaixonado a realidade da cena primitiva — como o faz no texto de 1914 —, não esquece que nem sempre é possível averiguar de modo tão convincente se ela se produziu ou não; e, para sair do impasse, ele irá recorrer à noção de "fantasmas primitivos" ou "originários" (*Urphantasien*), o que o remete à questão da filogênese. O alcance dessa noção é a princípio limitado, servindo finalidades polêmicas: quer mostrar a existência de conteúdos ao mesmo tempo universais e fantasmáticos, nisso se opondo a Jung e à exclusividade do *Zurückphantasieren*; mas ele envolve problemas complicados, e dos quais não é fácil se libertar.

Os fantasmas originários são "esse tesouro de fantasmas inconscientes que a análise pode descobrir em todos os neuróticos e, é provável, em todos os homens".[147] Detenhamo-nos um momento na expressão "fantasmas inconscientes". Freud emprega constantemente o mesmo termo para designar as fantasias conscientes e as inconscientes, e, em alguns textos, faz com que todas derivem de um mesmo protótipo, os devaneios diurnos dos adolescentes.[148] Elas nasceriam da privação e realizariam de modo alucinatório um desejo sexual, acompanhando regularmente a atividade onanista. Com o desenvolvimento da censura moral, poderiam ser reprimidas, tornando-se portanto inconscientes e assim

---

147 "Um caso de paranoia contrário à teoria psicanalítica desta afecção", SA VII, p. 213; SE XIV, p. 269; BN II, p. 2014.
148 É o caso dos textos de 1906-9 examinados no capítulo precedente, em particular "Fantasias histéricas e sua relação com a bissexualidade", de 1908: "Todas essas criações fantásticas (as fantasias histéricas, os delírios megalomaníacos dos paranoicos e as cenas perversas) têm sua fonte comum e seu protótipo normal nos chamados devaneios diurnos da adolescência" (SA VI, p. 189; SE IX, p. 159; BN II, p. 1349).

capazes de provocar efeitos patógenos. Essa concepção se harmoniza com a dos "Dois princípios", pois a fantasia estaria do lado do princípio do prazer e se furtaria à confrontação pelo princípio de realidade. A ambiguidade do estatuto tópico da fantasia não preocupa muito Freud, pois na *Interpretação dos sonhos* ele a faz desempenhar um papel tanto na produção do desejo do sonho — sendo portanto inconsciente — quanto na elaboração secundária, que se serve das fantasias já estruturadas para dar uma impressão de coerência aos produtos da elaboração onírica. A pertinência a um ou outro dos sistemas seria, como lemos em "O inconsciente", função de uma distribuição econômica:

> Entre as manifestações dos impulsos inconscientes [...] existem algumas que reúnem em si as determinações mais opostas. Por um lado, apresentam alto grau de organização, são isentas de contradição e utilizam todas as aquisições do sistema consciente [...], mas, em troca, são inconscientes e incapazes de consciência. Pertencem, pois, *qualitativamente* ao sistema Pcs., mas *efetivamente* ao sistema Inc. Seu destino depende totalmente de sua origem [...]. Dessa natureza são as fantasias dos neuróticos e dos normais [...]. Aproximam-se da consciência e permanecem próximas dela, sem que nada as estorve, enquanto sua carga é pouco intensa; mas, quando esta alcança uma certa intensidade, são rechaçadas.[149]

As fantasias são assim definidas como seres mistos, nos quais coexistem qualidades pré-conscientes com uma localização inconsciente: isto é, uma organização e coerência que as capacita para serem reconhecidas como realidade psíquica (pois os critérios essenciais de toda realidade são para Freud a organização e a coerência), associadas a uma posição análoga à do reprimido, que permite uma manifestação de contrabando, nos sonhos, lapsos e sintomas. É esse caráter mestiço da fantasia que permite equipará-la ao delírio paranoico e às cenas imaginadas pelo perverso para a satisfação de seus desejos; na verdade, a fantasia é um cenário do desejo, uma organização visual na qual, à guisa de alucinação, ele é representado como se realizando. Mas toda a dificuldade reside em saber de onde vêm esses elementos e por que se articulam assim e não de outro modo. Além disso, a referência ao delírio sugere que a fantasia põe em cena o desejo sob as espécies da deformação, que pode incidir sobre as figuras

---

[149] "O inconsciente", SA III, pp. 149-50; SE XIV, pp. 190-1; BN II, p. 2075.

ou sobre os atos. É nesse momento que, confrontado à origem dos cenários fantasmáticos, Freud reencontra a questão junguiana: seriam eles produtos retroativos de épocas posteriores ou resíduos de vivências efetivamente infantis?

Três soluções diferentes vão ser propostas para o problema. Em primeiro lugar, Freud concede sem dificuldade que muitas das cenas imaginadas são resultado de elaborações posteriores projetadas para o passado; mas não cede ao motivo dessas elaborações, que irá localizar, sempre que possível, em uma frustração sexual. O "fracasso ante as tarefas da vida" invocado por Jung lhe parece uma racionalização superficial. Em segundo lugar, os fantasmas originários serão concebidos como esquemas filogenéticos aos quais devem se acomodar as vivências infantis. Os fantasmas originários são em número de três: o coito entre os pais (cena primitiva), a sedução por um adulto e a ameaça de castração[150] — e, nesses casos, não se trata em absoluto de projeções retroativas, mas de elementos universais cuja origem Freud atribui às experiências passadas da espécie humana. Por fim, em determinados casos a vida pessoal oferece ocasião para que a criança seja seduzida por um adulto ou presencie o amor entre os pais, e, nesse caso, a cena vivenciada pode ser reconstruída pela análise a partir das indicações verbais do paciente. Como a história do "Homem dos Lobos" oferece esses três tipos de situação, iremos então nos voltar para ela, a fim de verificar como Freud maneja esses conceitos.

Todo o problema dessa análise reside em que a cena do coito entre os pais não surge como recordação, mas é laboriosamente reconstruída a partir do sonho feito aos quatro anos e que segundo Freud está na origem dos transtornos de S. P. Dessa forma, o argumento de Jung de que ela seria interpretável como uma fantasia retroativa poderia se revelar adequado; daí o esforço considerável de Freud no sentido de reunir todos os indícios capazes de confirmar sua realidade. É precisamente da "sensação de realidade" experimentada pelo menino que parte a reconstrução; ela significa que aquilo do qual o sonho toma seus elementos é uma vivência, e não apenas uma fantasia. O mecanismo mais constante desse sonho é a inversão: assim, a imobilidade dos lobos remete a um movimento agitado; suas longas caudas, à cauda cortada do lobo no conto dos sete

---

150 Cf. "Caso de paranoia", SA VII, p. 213; SE XIV, p. 269; BN II, p. 2014; *Conferências de introdução à psicanálise*, n. 23, SA I, p. 358; SE XVI, pp. 367-8; BN II, pp. 2351-2; "Homem dos Lobos", SA VIII, pp. 200 ss.; SE XVII, pp. 86 ss.; BN II, pp. 1988 ss.

cabritinhos; a pluralidade dos animais (seis ou sete), à dualidade dos parceiros no ato amoroso. Mas o principal argumento de Freud é que a suposição da cena como efetiva é necessária para compreender o decurso da neurose e a formação específica dos sintomas.

Três argumentos de Jung são sucessivamente invocados e afastados. Primeiro, que a cena é fruto da reconstrução analítica, e por isso pode ser uma fantasia: Freud concorda em que ela seja uma reconstrução, mas sua confirmação por diversos sonhos mostra que ela se exprime neles e induz a crer em sua realidade material. Segundo: sendo a reconstrução feita pelo analista, a cena corresponderia a uma fantasia dele, e não do paciente; Freud responde que não se estima perspicaz o suficiente para inventar um elemento tão importante na análise, e que retorna de tantos modos diferentes nas associações. Terceiro: os efeitos patógenos da cena seriam os mesmos se ela fosse apenas fantasiada, não sendo necessário supor que ela tenha se verificado na vida real; aqui a resposta acentua a importância do infantil, isto é, dos impulsos sexuais desvalorizados sub-repticiamente pela objeção. Conclusão:

> Se supomos como premissa indiscutível que essa cena primária foi construída corretamente do ponto de vista da técnica analítica, que é indispensável para a solução sintética de todos os enigmas que nos propõe o quadro sintomático, que todos os efeitos emanam dela como a ela conduzem todos os fios da análise, tal cena só pode ser, quanto a seu conteúdo, a reprodução de uma realidade vivenciada pela criança.[151]

Construída corretamente: é do paciente que provêm os elementos da reconstrução, em momentos e contextos diferentes do tratamento. Permite solucionar todos os sintomas: Freud a invoca para esclarecer a fobia dos lobos, a neurose obsessiva de fundo religioso, os transtornos intestinais histéricos etc. A ela conduzem todos os fios: reaparece no contexto da escolha de objeto, da repressão da homossexualidade, da dupla identificação com o pai e com a mãe, na relação com a irmã, com a babá, e assim por diante. A realidade da cena parece assim confirmada por todos os lados, quando Freud, surpreendentemente,

---

[151] *História de uma neurose infantil*, SA VIII, pp. 171-3; SE XVII, pp. 64-6; BN II, pp. 1969-70. Esse caso será citado como "Homem dos Lobos".

abre uma outra possibilidade: o menino teria visto uma ou várias cópulas entre animais, e, sob o efeito do sonho, que reanimou a angústia de castração, a teria retrojetado sobre os pais...

Essa hipótese tem duas funções. Em primeiro lugar, colocar na origem da "fantasia" uma vivência real, mesmo que seja a simples observação do coito entre cachorros ou carneiros, o que daria um ponto de apoio à elaboração fantasmática, já no período infantil, e, pela natureza da cena observada, pressuporia a curiosidade sexual como então despertada nesse momento. Mas penso que ela é sobretudo de ordem estratégica, pois o que se lhe segue, no texto, é a cena com Grusha, reconstruída laboriosamente a partir da recordação encobridora da mariposa amarela. Ora, a cena com Grusha é sem dúvida real, pois assinala a inversão da finalidade sexual do menino — de ativa, por identificação ao pai, se torna passiva, pela ameaça de castração, fixando-se de modo definitivo quando da sedução pela irmã — e oferece o protótipo das escolhas objetais futuras, que investirão raparigas semelhantes à camponesa e nas mesmas posições que esta. Como explicar a importância dessa cena? A única possibilidade, uma vez descartadas as explicações "racionalistas", é a de que ela teria reativado a recordação da cena primitiva, pelas posições respectivas do pai (em pé, como o menino) e da mãe (agachada, como Grusha); mais do que isso, ela teria introduzido a ameaça de castração, referida pelo menino à visão dos genitais maternos. A cena com Grusha é assim o argumento decisivo para a tese de que a cena do coito foi real, e não fantasiada.

Mas Freud observa que o mecanismo da fantasmatização retroativa existe, e não hesita em designá-lo como tal, em duas passagens: ao analisar a relação com a irmã e a gênese das perturbações intestinais. A série de sonhos em que o paciente encena atos agressivos contra a irmã, longe de se basear em reminiscências, serve para embelezar sua infância, atribuindo a si o papel de sedutor e a ela o de seduzida. Da mesma forma, na origem dos problemas intestinais se encontram fantasias masoquistas elaboradas na época em que o menino já se dera conta da existência da vagina e que servem à finalidade regressiva de anular imaginariamente esse conhecimento, restabelecendo assim as condições de identificação à mãe.[152] Nesse ponto, vemos emergir uma distinção importante: as fantasias projetadas retroativamente são a princípio conscientes, ao passo que a

---

152 "Homem dos Lobos", SA VIII, pp. 139 e 193; SE XVII, pp. 20 e 78; BN II, pp. 1948 e 1984.

cena primitiva é inconsciente desde sempre (tanto que a recordação correspondente jamais se produz), e só pode ser atingida pela reconstrução. Da mesma forma, os fantasmas originários serão sempre inconscientes, e a distinção relevante deixa de ser, portanto, a tópica (entre fantasias conscientes e inconscientes) para se estabelecer no interior do sistema inconsciente, diferenciando entre aquelas que sempre foram inconscientes e as que se tornaram tais pela repressão. Eis por que, em "Fantasias histéricas e sua relação com a bissexualidade", Freud afirma que as fantasias só se tornam patógenas ao serem reprimidas.

No caso do "Homem dos Lobos", a cena originária e a sedução correspondem a vivências precoces e pessoais. Mas o terceiro dos fantasmas originários — a ameaça de castração — encontra-se numa situação peculiar. Com efeito, da história resulta que as ameaças de castração foram pronunciadas por mulheres — Grusha, a babá, a preceptora inglesa —, enquanto o menino acabou por retrotraí-las ao pai, que pouca ou nenhuma ocasião lhe havia fornecido para tanto. Eis como Freud resolve a dificuldade: "No final, foi do pai que ele passou a temer a castração, vencendo assim, nesse ponto, o esquema filogenético, e não a vivência acidental. Na pré-história da humanidade, foi seguramente o pai quem aplicou, como castigo, a castração".[153] Entra assim em cena o "esquema filogenético". É na página final de seu texto que Freud esclarece o que entende por esse conceito:

> Os elementos filogenéticos cuidam, como as "categorias" filosóficas, da distribuição das impressões da vida e são, a meu ver, resíduos da história da civilização humana. O complexo de Édipo, que compreende a relação da criança com seus pais, é o mais conhecido desses esquemas. Ali onde as vivências não se adaptam ao esquema hereditário, inicia-se uma elaboração das mesmas pela fantasia [...]. Justamente tais casos são muito apropriados para demonstrar a existência independente do esquema [...] As contradições entre o esquema e a vivência parecem proporcionar um rico material para os conflitos infantis.[154]

Essa passagem é de extrema importância. Freud nos diz que os fantasmas originários são de natureza filogenética — o que, segundo ele, explica sua

---

153 "Homem dos Lobos", SA VIII, p. 200; SE XVII, p. 86; BN II, p. 1988.
154 "Homem dos Lobos", SA VIII, pp. 230-1; SE XVII, pp. 120-1; BN II, pp. 2007-8.

universalidade —, e o que sustenta a afirmação é o mito de *Totem e tabu*. Em seguida, esses "elementos" se tornam "categorias", às quais as vivências pessoais virão se conformar. A elaboração das vivências pela fantasia (*Zurückphantasieren*) oferece então o caso particular em que essa adequação não é espontânea, mas determinada pela causalidade, como no caso do "Homem dos Lobos". Em quarto lugar, a "existência independente" do esquema pode ser demonstrada nesses casos, pois nos outros, justamente devido à adequação espontânea, ele fica velado pelo conteúdo individual. Por fim, entre o esquema e a vivência é possível surgir "contradições", a partir das quais poderão arrancar os conflitos infantis.

A dificuldade de reduzir o fantasma originário a uma categoria, ou, para ser mais preciso, a um esquema da imaginação transcendental, aparece nitidamente nessas formulações, sobretudo porque, ao contrário das categorias kantianas, ele não é vazio, mas dotado de um conteúdo específico, ou mesmo de vários conteúdos associados entre si. É o que fundamenta a possibilidade dos "conflitos", já que não é concebível uma contradição entre uma categoria vazia e um conteúdo que viria a preenchê-la. Além disso, a origem filogenética não resolve o problema, pois o evento inaugural, na impossibilidade de ser realisticamente encontrado e datado, é apenas transferido para o passado da espécie, surgindo dois problemas novos: datá-lo e encontrá-lo na noite dos tempos, e explicar de que maneira a herança filogenética se transmite de geração em geração. O deslizamento operado faz pensar nos riscos inerentes à noção de trauma na teoria da sedução: sendo ao mesmo tempo interior e exterior, esta pode resvalar para o nível do acontecimento, e o interior, para o nível do biológico, perdendo-se em ambos os casos a especificidade do psíquico. O grande problema que percorre o "Homem dos Lobos" não é tanto a polêmica com Jung — que permanece no nível manifesto, apesar das reiteradas vezes em que surge à tona —,[155] mas a questão da origem. E, surpreendentemente, a resposta se encontra no próprio texto: a origem não é atingível no passado remoto — pois ali, exceto no caso da

---

[155] A quase todas as afirmações importantes que faz em seu texto, Freud apõe uma discussão da forma pela qual Jung interpretaria os mesmos fatos: por exemplo, as neuroses infantis nada revelam de eventuais "remotas tendências culturais" em sua estrutura (SA VIII, p. 130; SE XVII, p. 9; BN II, p. 1942); a questão de saber se a cena primitiva é fruto da fantasia ou se ocorreu realmente (SA VIII, pp. 167-8; SE XVII, pp. 49-50; BN II, pp. 1966-7); o estudo do estranho sintoma do "véu", que, para o paciente, recobria o mundo e que não pode ser interpretado com base em um arquétipo como "nascer de novo" (SA VIII, p. 215n; SE XVII, p. 103n; BN II, p. 1998n); e assim por diante.

vivência, ela se furta indefinidamente —, mas é fruto de uma reconstrução, a qual tem sentido apenas no sistema de coordenadas da situação analítica, pois no plano da história ela só pode ser concebida em termos míticos, isto é, num relato que, ao dizer a origem, deixa intacta a questão da sua própria origem, e assim *ad infinitum*.

Reencontramos essa questão, por uma outra via, dentro em breve. Para retornar à dificuldade de conceber o fantasma originário como um esquema transcendental, cabe notar, como Laplanche e Pontalis, que ele é antes de tudo um fantasma e como tal retém as características desse tipo de formação inconsciente: está aquém da história do sujeito, mas, por outro lado, na história (ainda que para Freud essa história seja a da espécie); é estruturante, mas contém elementos puramente imaginários; como estrutura, é invariante, mas se organiza a partir de elementos contingentes.[156] É um desses entes mestiços a que se alude em "O inconsciente"; mas se distingue das fantasias individuais por seu caráter universal. No que consiste tal caráter? Não só na frequência de sua aparição, que seria insuficiente para garantir a universalidade, mas sobretudo no fato de que seu tema é a origem: origem do sujeito no fantasma da cena primitiva, origem da sexualidade no da sedução, origem da diferença dos sexos no da castração. Essas questões são as mesmas a que procuram responder as teorias sexuais infantis, e é por essa razão que mais atrás pude caracterizá-las como impregnadas pela fantasia. No texto assim intitulado, Freud afirma que a "parte de verdade" contida nessas teorias se deve à sua ligação com a evolução espontânea da sexualidade, o que situaria o fantasma como eflorescência psíquica da pulsão e quase como expressão necessária desta, no nível da representação. Essa hipótese é pouco plausível, pois equivale a postular uma conexão direta entre o fantasma e a pulsão, o que dificilmente concorda com o conjunto das teses de Freud sobre esta última. A teoria dos fantasmas originários tem sobre tal hipótese a vantagem de reconhecer à pulsão toda a contingência que lhe é inerente quanto à natureza do objeto que irá satisfazê-la, ao mesmo tempo em que, pela universalidade dessas estruturas, lhe fornece um ponto de apoio privilegiado para sua manifestação psíquica. Mas o termo "originário" não deve induzir a confusão: só a muito custo tais fantasmas poderiam ser a representação inicialmente reprimida que buscávamos na quarta seção deste capítulo, já que figuram cenas com

---

156 Laplanche e Pontalis, "Fantasme originaire", cit., p. 1852.

diversos personagens, pressupondo portanto o esquema diferenciador que é relativamente tardio no decurso da gênese do sujeito. Por outro lado, o polo do sujeito, que é sempre fixo nas fantasias "comuns", não o é necessariamente no caso das fantasias originárias, pois ele pode se situar tanto em um ou outro personagem da cena quanto mesmo na cena tomada como tal. Uma etapa intermediária entre os fantasmas originários e os conscientes pode ser exemplificada pela fantasia sádica estudada em "Batem numa criança", na qual, como demonstra Freud, o sujeito ocupa posições diferentes em cada uma das fases reconstruídas na análise.

A complexidade da abordagem freudiana pode ser assim explicada. Se no "Homem dos Lobos" a cena fundadora da neurose é reputada "materialmente" verdadeira, nem por isso o fantasma originário correspondente é negado; aqui teria se verificado uma colusão entre a vivência e o fantasma, que velaria a possibilidade de demonstrar a existência independente do esquema. Mas Freud insiste em que o fantasma só pode ser constituído a partir de elementos percebidos, ou, como diz, "tomados de algum lugar", ainda que de uma cópula entre animais. É dizer que o esquema seria mudo se a vivência, ou várias vivências, não viessem preenchê-lo; mas tal preenchimento não pode ser assimilado à noção análoga da *Crítica da razão pura*. Digamos que a vivência vem *ativar* o fantasma, oferecendo-lhe a ocasião de se manifestar: mas o produto que atinge a consciência é sempre já deformado, fruto das dissociações e combinações necessárias para pensar a barreira da censura. Atrás do fantasma estará sempre uma elaboração, ainda que mínima, e que deve partir dos traços mnésicos; e se não for possível partir dos traços mnésicos individuais, porque estes se refratam e se multiplicam, então se recorrerá aos traços mnésicos da herança filogenética.

Como distinguir, então, a fantasia da recordação? A insidiosa pergunta de Jung reaparece a cada volta da trajetória freudiana, e, nessa nova encarnação, ela receberá uma resposta surpreendente:

> Partindo da análise dos sintomas, chegamos ao conhecimento de eventos infantis aos quais se acha fixada a libido e que constituem o núcleo das manifestações sintomáticas. Mas o assombroso é que essas cenas infantis nem sempre são verdadeiras. Podemos mesmo afirmar que em sua maior parte são falsas, e em alguns casos diretamente contrárias à verdade histórica. [...] Ao paciente, custará muito trabalho compreender nossa proposição de colocar no mesmo plano a realidade e

a fantasia, e de prescindir de toda preocupação quanto a saber se aqueles acontecimentos da vida infantil pertencem à primeira ou à segunda dessas categorias. E, no entanto, essa é a única atitude recomendável no tocante às produções psíquicas [...]. Sempre permanecerá, com efeito, o fato real de que o paciente criou os acontecimentos imaginários, e do ponto de vista de sua neurose isso tem a mesma importância que teria se o conteúdo de tais fantasias fosse totalmente real.[157]

A realidade psíquica e a realidade material, pois, têm o mesmo valor para a análise, e é perfeitamente indiferente que uma dada associação tenha por base uma ou outra. Eis aí algo que nos fornece uma pista. Pois, se a realidade material sobrevive na recordação, esta não é jamais uma reprodução pura e simples do vivenciado, mas, como toda representação, está sujeita ao regime universal da deformação. As recordações da infância que guardamos são apenas recordações *relativas à infância*, que podem ter surgido em épocas muito posteriores àquelas em que supostamente se situam. Uma recordação alude não apenas à vivência respectiva, mas, em virtude da dinâmica da repressão, pode servir como encobridora de outras recordações, sejam elas anteriores, posteriores ou contemporâneas àquela que as representa. Esse resultado é obtido já em 1898, no artigo sobre as "Recordações encobridoras". A memória é sempre associada a uma elaboração imaginativa; mas nem por isso, no plano da teoria, o fantasma se confunde com a recordação. Esta se forma necessariamente a partir de um traço mnésico, que fornece àquele um ponto de contato: uma vez que o fantasma é cena do desejo, e por isso sua expressão última é inevitavelmente reprimida, fantasma e recordação serão submetidos a transformações recíprocas, das quais resultarão, por um lado, as recordações conscientes e, por outro, as fantasias, das quais algumas poderão se tornar conscientes sob a forma de devaneios diurnos.

Um exemplo desse processo é o fantasma infantil de Leonardo da Vinci, apresentado sob a forma inverossímil de uma recordação. Todo o estudo de Freud consiste em buscar, com base nos dados biográficos conhecidos, quais vivências poderiam ter fornecido os traços mnésicos a partir dos quais ele se construiu: o nascimento ilegítimo, as relações com a mãe, com a madrasta etc. É no contato dos lábios da mãe com os do bebê que vai ser encontrado esse traço: daí parte a reconstrução do pássaro, que, por ser sempre feminino na

---

157 *Conferências de introdução à psicanálise*, n. 23, SA I, pp. 358-9; SE XVI, pp. 367-8; BN II, pp. 2351-2.

mitologia, pode representar a mãe; e, para explicar de que modo e por quais transformações essa representação chega a ser consciente, Freud opera com a identificação à mãe, com a homossexualidade latente do artista, com sua relação com o pai etc. — enfim, com os elementos nos quais se apoiam as reconstruções na psicanálise. Pouco importa, assim, que o pássaro seja ou não um abutre, que a mitologia tenha se equivocado ao supor que ele (ela) seja fecundado (fecundada) pelo vento, e assim por diante: o essencial é o fato real de que o "paciente" criou esse acontecimento imaginário. Contudo, Freud mostra também que o fator desencadeante dessa elaboração é o encontro com Mona Lisa, cujo sorriso fez Leonardo recordar (?) o de sua mãe, e que desde então reproduzirá em todos os seus quadros. A arte aparece assim como um momento da elaboração das formações do inconsciente, e mesmo o decisivo. Eis como, de modo incidental, o tema da cultura se imbrica *necessariamente* com a "psicanálise pura", com a polêmica científica com Jung, com as relações pessoais entre ele e Freud, e com a autoanálise deste último: a teoria científica é também um produto da imaginação criadora e uma formação de compromisso entre o reprimido e as forças que buscam levantar a repressão. Temas, aliás, tratados exatamente no "Leonardo"... Não há, claro, relação direta entre *Totem e tabu* e esse artigo; espero, contudo, ter apontado algumas das mediações pertinentes e sua forma de articulação. Sem ceder, portanto, aos riscos da sistematização a todo custo, vejamos de que forma é possível pensar as relações entre fantasia, recordação e obra de arte — relações nada simples e que remetem constantemente uma à outra.

Uma solução simplista seria a seguinte: haveria uma vivência infantil, reelaborada na fantasia, e o fantasma dela resultante seria a matéria-prima da obra. Ora, essa solução falseia por completo a questão, pois pressupõe um tempo linear que a concepção freudiana procura justamente eliminar. Um fato deve reter nossa atenção: o fantasma é sempre *reconstruído*, seja a partir da obra de arte, seja a partir das associações do paciente. É assim que Freud procede no "Leonardo" e no "Homem dos Lobos", para não citar mais do que esses dois exemplos. O fantasma, assim, não é anterior à obra, mas, na ordem da interpretação, *posterior*; e, na ordem da criação, o mais provável é que seja contemporâneo: a obra permite ao fantasma, por assim dizer, se estruturar ao encontrar uma expressão plástica ou literária. Da mesma forma, do que afirmamos sobre a relação entre recordação e fantasma se segue que este possibilita àquela se estruturar, e é por essa razão que a realidade psíquica pode ser equiparada à material, do ponto de vista do trabalho analítico. Com efeito, a finalidade deste não é separar o joio do trigo — sejam fantasma e recordação tanto um como outro —, mas possibilitar ao indivíduo uma liberdade maior em sua vida psíquica, mediante um reequilíbrio dinâmico do sistema de repressões. Disso resulta que o sentido é sempre criado por uma elaboração, e nunca simples recuperação do já-ali — o que me parece de máxima importância para a questão que nos ocupa.[158]

O fantasma de Leonardo é um fantasma de sedução; o que ele diz é a forma pela qual a sexualidade adveio a essa pessoa singular, no dialeto próprio desse inconsciente único. A cena do "Homem dos Lobos", mesmo que altamente provável do ponto de vista da realidade material, não é menos uma reconstituição elaborada durante o tratamento, e, se a recordação a ela correspondente jamais aparece, os detalhes da história comunicados por Freud mostram amplamente a extensão da elaboração fantasmática que ela suscita e que a ela se refere. Mas, como foi dito, a cena primitiva e a sedução podem ser concebidas como fantasmas originários ou como vivências, de modo que, ao final, não é decisivo, para a teoria, que num caso particular tenham se constituído na realidade psíquica segundo uma ou outra modalidade. Com a castração é diferente, pois à sua universalidade como fantasma corresponde a extrema raridade de sua efetuação como vivência. É talvez por isso que Freud se apoia nela para sustentar a teoria do esquema filogenético, afirmando mesmo que as vivências eventuais (no caso do "Homem dos Lobos") foram rearranjadas para se compatibilizar com ele. Por outro lado, é notável que o fantasma de castração seja assinalado ao mesmo tempo sob a forma do fantasma originário e da deformação a ele imposta na literatura: é em "O tabu da virgindade" e em "O sinistro" que Freud desenvolve mais amplamente sua demonstração.

Esses dois textos são escritos depois do "Homem dos Lobos", e à primeira vista se destacam pela forma inusitada da composição. Em ambos, Freud recorre a registros muito diferentes para fornecer seus argumentos, indo do dicionário às reminiscências pessoais, da etnologia à literatura, do relato de caso à metapsicologia. Um leque tão aberto sugere justamente a necessidade de reconstruir esse fantasma a partir dos elementos mais disparatados, que, uma vez referidos à fonte comum, se revelam muito menos heterogêneos do que poderia imaginar o

---

158 Cf. Sarah Kofman, *L'enfance de l'art*, Paris, Payot, 1974, pp. 84 ss.

leitor. Isso porque, em consequência da virtual existência de recordações — que se referem invariavelmente à *ameaça* de castração, e nunca à sua realização efetiva —, os traços do fantasma vão se revelar de forma mais nítida em regiões mais longínquas do imediatamente reprimido. Daí, a meu ver, o privilégio da literatura nesses dois artigos, dos quais, neste momento, extrairemos apenas o que toca nossa discussão presente.

O "Tabu da virgindade" levanta a questão de saber por que, em determinadas tribos selvagens, a ruptura do hímen é feita por uma pessoa diferente do marido — costume que aos ocidentais parece extraordinário. Freud começa, como de costume, citando os especialistas, a fim de se desembaraçar deles: são explicações ora absurdas, ora superficiais, ora demasiado genéricas. A função do tabu é simplesmente "recusar ou poupar ao esposo alguma coisa", e se trata então de determinar o quê. Evocando o que em geral sucede nas noites de núpcias, Freud ressalta a frequente decepção das mulheres após a defloração — decepção que se vincula às grandes expectativas depositadas no primeiro ato sexual. Ela vai se traduzir por uma hostilidade perante o deflorador, hostilidade que depende mais da ferida narcísica de ver destruída uma parte do corpo do que da dor física eventualmente ressentida. Mas essa explicação não é suficiente, pois nada garante que a mulher primitiva experimente tais sentimentos ao ser deflorada. A história da libido é então invocada, para mostrar que o marido é apenas um substituto do pai, primeiro objeto da menina. Como a escolha de objeto, por sua vez, corresponde também a uma fase tardia do desenvolvimento, a investigação remonta até o momento anterior: o da inveja do pênis, que assinala a reação da menina à descoberta da diferença dos sexos. Ora, com a inveja do pênis atingimos o complexo de castração, e com ele a explicação do tabu da virgindade:

> A insatisfação sexual da mulher descarrega suas reações sobre o homem que a inicia no ato sexual. O tabu da virgindade recebe assim um sentido preciso, já que é fácil compreender a existência de um parceiro destinado a livrar de tais perigos o homem que vai iniciar uma longa convivência com essa mulher.[159]

O interessante desse texto é sobretudo mostrar que o fantasma da castração não é exclusivo dos indivíduos do sexo masculino, já que a mulher tira dele

---

159 "O tabu da virgindade", SA V, p. 225; SE XI, p. 206; BN III, p. 2452.

a hostilidade para com aquele que a inicia na vida sexual. A sexualidade feminina, a partir dessa questão, irá assumindo uma posição de destaque na teorização freudiana, como veremos no próximo capítulo. O importante aqui é observar que as reações hostis não são apanágio da mulher primitiva, mas, como mostra o breve exame da tragédia de Hebbel, *Judith e Holofernes*, vão ser elaboradas pela literatura contemporânea e de modo a significar ainda mas claramente o sentido de castração implícito na decapitação do general babilônico. Freud diz mesmo que o poeta, ao ressexualizar a cena (pois sua Judith é deflorada por Holofernes), restabelece a verdade mascarada pelo relato bíblico, no qual a motivação de Judith é apenas patriótica.[160] Qual seria então a "verdadeira" Judith: a de Hebbel ou a da Bíblia? À luz do que foi dito antes, vemos que tal pergunta é desprovida de sentido: Judith é a encarnação — uma das encarnações — do fantasma de castração, que, precisamente por ser fantasma, só se torna legível na trama de suas deformações sucessivas; que a versão de Hebbel, embora cronologicamente posterior à do anônimo autor bíblico, o diga de modo mais direto, não apaga a *impossibilidade* de se chegar a uma hipotética formulação primeira, que estaria na origem de todas as outras. Pois essa origem é simplesmente o enunciado "x castra y", e tal enunciado só pode ser dotado de sentido singular uma vez reconstruído durante a análise. Não é possível, aliás, falar aqui de origem, pois a frase em questão elide a dimensão visual, cênica, do fantasma, e nesse sentido é apenas uma outra versão de uma entidade proteiforme e inalcançável em si mesma.

O conto de E. T. A. Hoffmann, "O homem da areia", representa uma outra encarnação do mesmo fantasma. Em *Das Unheimliche*, o trajeto de Freud se inicia com um estudo do vocabulário, do qual resulta que a noção de *unheimlich* coincide, em uma de suas variadas acepções, com seu oposto, e nessa acepção se lê o retorno do reprimido: é este, com efeito, que uma vez foi familiar e retorna agora sob o manto da deformação, de modo que os sentidos antitéticos podem coexistir numa mesma palavra. É o exame do conto de Hoffmann que servirá de prova à argumentação de Freud: após ter resumido a intriga, ele observa que o temor de perder os olhos é um substituto frequente do temor à

---

160 Desenvolvendo as indicações de Freud, Sarah Kofman mostra em *Quatre romans analytiques* que mesmo essa motivação pode ser compreendida num sentido sexual, pois equivale a se mostrar superior aos homens, a quem, embora a natureza tenha concedido força, negou a coragem necessária para se tornarem heróis. No capítulo seguinte deste estudo, teremos ocasião de retomar o tema do feminino, do complexo de castração e das questões envolvidas na concepção freudiana.

castração, recordando que Édipo, a fim de se punir por seus crimes, escolhe precisamente esse castigo. No conto, o advogado Coppelius e o vendedor de lunetas Coppola, pela assonância de seus nomes, fazem o herói pensar que um é o substituto do outro, e justamente o telescópio de bolso a ele vendido por Coppola está na origem do acesso de loucura que o faz se atirar da torre. Deixando de lado os outros temas abordados por Freud, que retornarão no contexto do próximo capítulo, quero insistir nessa relação de substituição. O temor de perder os olhos é um temor infantil, que recebe sua intensidade do temor da castração, e não, como poderia ser possível supor, o inverso. Freud assinala que, no conto, o "homem da areia" aparece a cada vez que o prazer sexual está em jogo — ele é um avatar do pai, personagem terrível da infância (aqui desdobrado num "bom" pai e em Coppelius, o "mau" pai), cuja primeira função foi separar a criança da mãe. E é precisamente essa reativação dos fantasmas ligados à figura paterna, como agente imaginário da castração, que confere ao sinistro sua tonalidade afetiva específica: "O sinistro nas vivências se dá quando complexos infantis reprimidos são reanimados por uma impressão exterior, ou quando convicções primitivas superadas parecem encontrar uma nova confirmação".[161] O sinistro se vincula assim exemplarmente à noção do trauma, uma vez que age, por assim dizer, em dois tempos: o da vivência/fantasia e o da sua reanimação por uma casualidade exterior. Mas, diante da generalização desse esquema, o sentido do sinistro se caracteriza por reativar uma angústia precisa, que é justamente a da castração.

A obra de arte se mostra assim análoga às demais produções psíquicas, e mesmo privilegiada em determinados casos, como nos que acabamos de examinar. É que, mediante a elaboração a que o artista submete suas fantasias — no sentido analítico desses termos —, elas vêm à luz de modo especial, capaz de suscitar efeitos em outros seres humanos. Creio que, após este percurso, terá ficado claro que a fantasia emerge na e pela obra, e que apenas a decifração desta permite ao analista reconstruir aquela. Se fosse necessária mais uma prova de que a teoria da cultura é um momento essencial da conceptualização propriamente psicanalítica, a questão dos fantasmas de castração me parece apta a dissolver em definitivo a falsa oposição entre psicanálise "pura" e psicanálise "aplicada". Pois o mesmo procedimento está presente na estética freudiana e na

---

161 "O sinistro", SA IV, p. 272; SE XVII, p. 250; BN III, p. 2503.

forma pela qual o analista reconstrói a história do paciente; e, para dissipar qualquer dúvida sobre essa afirmação, é suficiente retomar o artigo sobre o *"Moisés de Michelangelo"*, que, na interpretação de Claude Le Guen, configura um verdadeiro "discurso do método psicanalítico". Com efeito, a leitura proposta na seção anterior acentuou os elementos biográficos desse texto, que explicam a estranha particularidade do anonimato no interior da polêmica com Jung. O percurso desta seção — ao pôr em relevo a questão da fantasia e a forma pela qual o conceito de "fantasmas originários" vem sugerir uma via que escapa à supressão do sexual sem por isso cair no realismo positivista — pode ser adequadamente encerrado com um novo olhar sobre essas páginas enigmáticas, nas quais vêm confluir tantos temas que tivemos ocasião de abordar.

> Neste estudo, encontramo-nos com a representação de um modelo teórico do tratamento. Michelangelo é aquele que põe em forma o relato, que enuncia a história com suas hesitações, com a obscuridade nos detalhes, com aquilo que deve permitir atingir o sentido oculto — é o analisando. Moisés é aquele que é narrado, falado, esculpido, representado — é a figuração da história fantasmática daquele que a revive —, é o herói, o filho imaginário do analisando.[162]

A estátua, como as palavras pronunciadas no divã, é *figuração* da história, mas não de uma hipotética história real e verificável: da história fantasmática. O fantasma informa a recordação, e esta o estrutura, num movimento circular que abole a relevância da distinção entre realidade psíquica e realidade material. O analista parte desse conjunto, equivalente às associações, para efetuar a reconstrução: não é outro o procedimento de Freud, ao tomar como ponto de apoio o detalhe do dedo e de sua posição na barba. Esse aspecto, aparentemente ínfimo, fornece o fio condutor da interpretação; mas esta só é possível porque a estátua (a narrativa) provoca sobre o intérprete um efeito emocional, no qual Le Guen vê um análogo da contratransferência. Como seu referencial constante é o caso do "Homem dos Lobos", cabe assinalar que a cena com Grusha evoca em Freud a recordação da saia amarela de Gisela Fluss e que é a partir dela que é possível ser sugerida a hipótese — aliás errada — de que as

---

162 Claude Le Guen, "Un discours de la méthode psychanalytique: *Le Moïse de Michelange*", *Revue Française de Psychanalyse*, Paris, PUF, março de 1977, p. 492.

raias da mariposa poderiam fazer pensar na saia estriada de uma mulher. A interpretação consiste assim em reconstituir os momentos que precedem a emergência da representação (Moisés não vai atirar as Tábuas no chão, mas acaba de dominar sua cólera), na medida em que ela contém as determinações que a fazem emergir tal como é, e principalmente seu motivo: no caso do Homem dos Lobos, o sonho é remetido a inúmeras representações que nele se elaboram, a ponto de Freud poder fazer sua "síntese" como se se tratasse de um sonho seu, relacionando a cada fragmento as associações que lhe correspondem. Mas tudo isso só é possível no espaço da terapia, a partir da "estátua" que figura a história do paciente: assim, a oposição mencionada por Freud entre os comentadores — a saber, se Michelangelo representou Moisés num determinado momento de sua vida ou se quis esculpir uma figura intemporal — é reconduzida por Le Guen à oposição entre a história de Michelangelo — na qual figura a encomenda feita pelo papa — e a história da estátua; ora, Freud opta resoluto por esta última, embora seu estudo o conduza a conclusões diferentes das propostas pelos historiadores citados.

A conclusão de Freud é uma reconstrução: de quem seria, então, a responsabilidade por ela? Dos dois, afirma ele, pois o analista trabalha a partir do material fornecido pelo paciente. A parte de um e do outro é difícil de precisar, mas de qualquer modo são necessários dois para que surja esse "filho imaginário", filho do analisando que não poderia ser engendrado sem o concurso do analista. Da mesma forma, a oposição entre o momento (o trauma) e a vida (a realidade material) não pode ser mantida, pois o que é trauma só assume esse valor na reconstituição, já que em si mesmo é um acontecimento anódino. Nada há a verificar fora do espaço do tratamento, pois aquilo que ele (re)constrói é na verdade não uma reconstrução, mas uma construção, já que só acede à existência nela e por ela.

> Essa representação por aquele que fala — ou que esculpe — é diferente daquela que uma certa tradição, dita erroneamente histórica, atribui àquilo que é narrado. O que, da criança que foi, o paciente desvela não é mais conforme àquilo que diz a narrativa inaugural, que retoma a tradição familiar. Não é esse, assim, o Moisés da Bíblia. [...] Não se trata de reencontrar a prova de um hipotético acontecimento do passado, mas simplesmente de fazer a história, de restabelecer sua continuidade, de Moisés a Freud, passando por Michelangelo e pelos múltiplos comentadores

da estátua. O ensaio de Freud, uma vez escrito, passa a fazer parte integrante da história da estátua, tanto quanto das de Michelangelo e de Moisés. Nesse sentido, a história se faz nele, tanto quanto na terapia.[163]

A análise por que se passa faz parte da história do indivíduo, mas também da história do analista e da psicanálise como tal. Da mesma forma que não existe uma forma platônica de Judith, tampouco existe a de Moisés; o que há são versões diferentes de um mesmo texto, que só existe por meio delas, e que seria equivalente a todas e a nenhuma.

Mas nem por isso elas se equivalem: há versões mais deformadas e menos, não em relação a um original, jamais existente e por isso jamais encontrável, mas sim em função do trabalho da censura. É por essa razão que Freud pode remontar cada vez mais atrás e que Le Guen pode falar de uma "história", pois esta, em psicanálise, procede de trás para diante, desfazendo a cada passo os ardis da repressão, numa tarefa infinita — mas cujo sentido é inequívoco. *De jure*, a análise é assim interminável; *de facto*, seu caráter assintótico é simbolizado por aquilo que ela cria e que sem ela não poderia ser: o mito pessoal do indivíduo, seu "filho imaginário", no qual ele se reinventa e, ao se reinventar, remaneja seu passado e acede a um estado no qual pode pensar e amar com menos restrições do que até então fora possível.

Enfim: recordar ou inventar? Nem uma coisa nem outra, e ambas ao mesmo tempo. A fantasia é o objeto próprio da psicanálise e se comunica pelo interior com a recordação e com o mito. Sem dúvida, para a vida prática é importante distinguir entre essas várias categorias; mas, justamente, a vida prática é aquilo que, no aconchego do gabinete, é posto fora de circuito quando nos deitamos no divã. Daí a curiosa sensação de irrealidade com que por vezes acolhemos o final de uma sessão, como se esse tempo mítico tivesse sido brutalmente interrompido pela voz do analista. Mas existe sem dúvida um paralelo entre a fantasia e a teoria, ainda que ambas pertençam a registros diferentes — e a curiosa sensação de irrealidade que experimento ao concluir este capítulo não deixa de atestar tal paralelo, como se, ao pôr um ponto final

---

163 Le Guen, "Un discôurs", cit., pp. 498-500.

nesta parte do estudo, um momento particularmente intenso viesse anunciar que o sonho acabou.

Talvez fosse útil, agora, recapitular as etapas da trajetória que seguimos; mas a rigor ela é quase retilínea, se podemos designar como retilínea a sucessão de espirais dentro de espirais que a constitui. A questão do pai, com efeito, comanda a marcha da exposição, que procura apanhá-la em diferentes níveis: a relação de Freud com o movimento analítico, as diferentes elaborações de seu próprio complexo paterno, o processo que instaura a função do real, a forma pela qual é reconstruída a origem do social, os casos analisados e que constituem a ossatura de sua teorização. Mas a questão comporta também a face da fantasia, visto que o Pai Morto e o Pai Idealizado são personagens da vida fantasmática, e o fantasma da castração tem igualmente a função de situá-los como tais. Se a realidade psíquica merece a mesma atenção que a realidade material, se para sua instauração é essencial o momento dos fantasmas originários, estes por sua vez abrem novas perspectivas ao mostrar que a origem, fruto da reconstrução histórica, admite um modo de pensamento que faz dela o objeto do mito e da fantasia. Ora, a origem assim concebida, se por um lado se furta à intuição imediata, por outro surge como aquilo para o qual tendem fantasia e mito; com a diferença de que, na teorização psicanalítica, ela deixa de ser o referencial absoluto para ser engendrada num percurso necessariamente infinito. Como Eurídice, ela se dissolve assim que tentamos captá-la com o olhar; mas, como a ninfa da fábula, que pela vingança de Hera se converteu em estrela polar, ela jamais mergulha no oceano e, girando eternamente em seu círculo, orienta os navegantes em sua longa epopeia rumo ao desconhecido:

> Va, pensiero, sull'ali dorate
> Va, ti posa sui clivi e sui colli
> Ove olezzano, si tepide e molli,
> L'aure delci del suolo natal.
>
> O, mia patria, si bella e perduta
> O, membranza si cara e fatal...[164]

---

[164] "Vai, pensamento, nas asas douradas/ Vai sobre os montes e as colinas/ Onde flutuam, mornas e suaves/ As doces brias do solo natal/ [...]/ Oh, minha pátria, tão bela e perdida/ Oh, lembrança tão cara e fatal." (Verdi, Coro dos Escravos, *Nabucco*).

7. DE ME FABULA NARRATUR (3)

"Il va falloir donner raison au père." Pensamento de início desconcertante, que me veio ao folhear a edição inglesa da correspondência entre Freud e Jung. Na capa do livro, uma foto tomada durante a época da amizade. Sorridente, em uma das mãos o chapéu, e na outra, o charuto, Freud se apoia numa bengala elegante. O olhar atravessa a objetiva e, penetrante, vem se fixar no leitor: do sorriso breve e do colarinho folgado emana uma serenidade admirável. A seu lado, Jung também segura um chapéu; a outra mão se atém ao joelho, numa atitude de defesa, como para se pôr em guarda contra alguma coisa — talvez contra a "periculosidade" do seu companheiro. Sob um bigode fino, a boca contraída condiz com a seriedade preocupada do olhar: eu o sinto rígido, quase carrancudo, impressão reforçada pelo colarinho fechado e pela gravata plastrão. Antes mesmo de começar a leitura, nesse momento um pouco misterioso que precede o mergulho no texto, o pensamento aflora insistente: "Il va falloir donner raison au père".

Estranhamente inquietante, a frase foi se insinuando à medida que prosseguia o exame das cartas. Há algo culposo em se intrometer assim na intimidade de dois correspondentes, em se servir de textos destinados a dormir para sempre no silêncio de uma gaveta, a fim de sustentar uma demonstração estranha às intenções de ambos. Sobretudo, quando as opções do leitor o tornam sensível às dificuldades que um dos interlocutores manifesta mais do que seria desejável. Mais jovem, mais inexperiente, mais impetuoso, Jung me forneceu de início um apoio identificatório. E o pensamento absurdo entrou em meu universo de associações, pois nada mais distante de mim do que o desejo de dar razão ao pai. A tantos pais... O conflito entre a lógica da teoria — que me tornava nítida a posição de Freud e obscuras as tergiversações de Jung — e minha própria história — que favorecia a identificação com este — me paralisou por um tempo desproporcionalmente grande. A ideia central do capítulo (examinar os textos sobre a cultura a partir da perspectiva do pai, e em particular ler *Totem e tabu* no contexto do conflito com Jung) se me impusera havia tempos; mas para levá-la a cabo era preciso me reconciliar com a ideia de que o pai pode ter razão. Não toda a razão, porém: sim quanto ao que é psicanálise e quanto ao que não é, mas nem tanto quanto às expectativas que deposita no "herdeiro" e naquilo que seu desejo irrefreável o faz exigir dele. Assim surgiu a distinção entre Freud analista e Freud correspondente que percorre as primeiras seções deste capítulo.

Para que ele tomasse forma, veio contribuir o livro de Roustang várias vezes mencionado. O que o preocupa é o lugar do *Maître* assumido por Lacan no contexto da psicanálise francesa. *Maître*: senhor e mestre, duas acepções que o francês não distingue e cuja implicação recíproca habita todo o livro. *Maître* me evoca de imediato "discípulos": relação nada simples, visto que em minha vida estive e estou nas duas posições ao mesmo tempo. A relação magistral complementa, sem a substituir, a de filiação: nesta, porém, o destino tem um peso maior, já que o pai não se escolhe, mas se pode escolher um mestre. Ao escrever esta frase, porém, uma dúvida se insinua: que significa aqui "escolher"? Não é acaso a imagem paterna que orienta essa escolha, ainda que aparentemente ela se faça com conhecimento de causa? Aqui não é possível me abrigar na generalidade, pois, para mim, em cada caso, foi essa imago e os sentimentos contraditórios a ela ligados que pesaram na balança, no calor da hora. O saber se vincula à imagem pregnante do pai, mas de forma conflitiva, como algo ao mesmo tempo intensamente cobiçado e inacessivelmente longínquo, como que marcado pelo selo do proibido. E isso no plano do fantasma, como um aguilhão a ferroar minha curiosidade, que, por sôfrega e insaciável, parece girar interminavelmente em torno de um ponto misterioso, espécie de polo magnético para o qual tende toda a atividade de pensar.

O discípulo está na inconfortável situação de necessitar saber e de jamais ter certeza de ter adquirido o suficiente saber. Daí a ambivalência insustentável que marca essa posição e que imprime um ritmo vertiginoso à busca da miragem, já que tal conhecimento absoluto não existe em parte alguma. Ele é um avatar do corpo materno, desse corpo para sempre inacessível porque habitado pelo desejo de um outro; a lei do incesto, em sua afirmação necessária, funda o longo desvio — que jamais recupera a estrada real — pelas páginas impressas, nas quais se desenha em filigrana a inatingível letra "A" traçada com o palito de sorvete na areia quente da praia. Há um texto de Freud que eu queria comentar neste capítulo, e que, ao concluir cada seção, era remetido ao início da seguinte, sem jamais encontrar seu lugar: "O tema dos três cofrezinhos". Nele Freud nos fala das "mulheres do Destino", que são três: a mãe, a mulher que se ama e a Mãe-Terra — "deusa silenciosa que o recolherá em seus braços quando morrer". Estranha inibição, tanto mais que se trata de um artigo capital para compreender o "Leonardo".

Leonardo... Um dia, ao querer me referir à lei que na França proíbe a colagem de cartazes nos muros — cuja data é mencionada sempre ao lado da inscrição "Défense d'afficher" —, cometi por duas vezes o mesmo lapso: disse 1481 em lugar de 1881. Ante a interpelação do analista, a associação me trouxe a Leonardo. Mas, me dizia eu, que tinha a ver Leonardo com 1481? Não é o ano de seu nascimento, nem de sua morte... Mas, em 1481, Leonardo tinha a minha idade. A lei em questão traz uma data quase igual à do aniversário de minha mulher. Basta acrescentar que o contexto era a identificação materna para, ao lado da megalomania implícita na incorporação de Leonardo, sugerir em que direções prosseguiu aquela sessão. Seria talvez a impossibilidade de elaborar o tema das "mulheres do Destino" que me impediu de citar o artigo? Mulheres do Destino: a expressão me deixa pensativo. É fato que, em minha existência, foram sem exceção do sexo feminino as pessoas que me abriram o caminho do saber. Professores obscuros porque eu não podia amá-los, seu sexo impedindo superar a distância multiplicada ao infinito, foram mulheres as que me ensinaram a pensar, as que me sustentaram no caminho da pedagogia, as que pude observar e tomar como referência na constituição de minha personalidade de professor. Como, mais tarde — casualmente? —, foram mulheres as que me receberam no recinto da psiquiatria e a quem considerei guias no difícil contato com a psicose. Detentoras não autoritárias de um saber, de uma prática, acompanhar seus passos e infletir à minha moda seu caminho, a fim de torná-lo meu, foi a forma que me tornou possível pensar e agir em domínios até então fechados. Mais do que fechados: tabu, como o tabu que numa obscura ilha do Pacífico veda ao genro seguir — na areia — os traços deixados pela mãe de sua mulher...

O pensamento parece ter de se fixar num domínio virgem para o pai, e a metáfora não é casual, embora involuntária. Freud, porém, não é uma formidável figura paterna? Numa passagem anterior, afirmei sem modéstia — virtude fora de lugar no inconsciente — minha identificação com ele; mas, como nada é estático e como o trabalho da análise se faz em silêncio nos meses que medeiam entre hoje e então, também essa identificação evoluiu. O Freud a quem me identifiquei era o jovem ambicioso, o estudante cuja existência foi transformada por uma bolsa em Paris, o judeu indômito que encontra prazer no convívio com os seus. Esse não é o Freud dos anos com Jung, e tampouco eu sou aquele que fui há sete meses. A insistência na paternidade de Freud com relação ao movimento analítico repousa sobre a percepção dessa diferença, que, sem deixar de ser real e comprovável, teve na região da fantasia ressonâncias poderosas. A identificação com Jung se tornou fonte de uma distância para com a imagem de Freud, distância que me permitiu o surgimento da crítica, a qual incide sobre determinadas formulações a respeito do social — a diferença teórica é aqui legítima e justificável —, mas que não poupa o desenvolvimento de seu desejo, de seu caráter humano e falível, na busca à resposta para a questão de Granoff, espinhosa entre todas: o que quer o pai, e o que pode ele daquilo que quer? Dito de outra maneira: a absorção da imagem de Freud em meu próprio complexo paterno não deixou intactos nem este nem aquele. Apoiado na representação de Freud como "Pai Morto", foi enfim possível rever certas vicissitudes de minha própria história.

A quarta seção deste capítulo fez com que convergissem diversos temas. Ao me preparar para redigi-la, pude bem ver de que modo a teoria é capaz de, insidiosamente, servir os propósitos da resistência. Com efeito, foi necessária uma considerável quantidade de notas, antes de me decidir a começar: em parte pela obscuridade do assunto, mas sobretudo porque, ao organizar o quadro da ontogênese em geral, eu me oferecia um esquema no qual minhas próprias recordações deveriam, supostamente, vir se alojar. Ora, nada mais estranho ao curso de uma análise de que tal projeto, que nem mesmo pode ser assim qualificado, já que conscientemente sabia eu ser isso impossível. Daí o bloqueio completo da fonte da infância: nada pôde emergir enquanto eu me perguntava, em silêncio, quais teriam sido, para mim, as vivências correspondentes ao esquema... Pergunta absurda, pois o esquema é apenas uma construção, e nada garante que a cada momento dessa construção tenham de corresponder recordações específicas. Foi então que percebi que a recordação e a fantasia estão inextricavelmente implicadas uma na outra, e em meu horizonte abriu-se um espaço para pensar a questão de Jung abordada na última seção. Pois o que seria eliminado pela ingênua esperança de que, de posse do esquema, as recordações pertinentes surgiriam para que eu pudesse reconstituir meu passado, era apenas a pessoa do analista. Eu havia obliterado a transferência...

A elaboração paralela da imago paterna acompanhou assim em contraponto a do capítulo, no interior da transferência. Ela tomou um matiz sensivelmente mais hostil, adequado à revivescência dos sentimentos infantis, e isso em vários planos. Uma cena evocada ao final da redação do segundo capítulo — aquele em que, pequeno, me vejo sentado no peniquinho, enquanto meu pai se barbeia, e chama minha mãe — ressurgiu em múltiplos contextos. Algo estava errado no meu fantasma com o que eu "fazia": não o fazia bem, o fazia com esforço, não agradava meu pai? Não sei dizer; e o recurso à crônica familiar não seria de proveito algum. Trata-se de uma recordação encobridora, de uma vivência, de uma fantasia retroativa? Mistério. Enquanto associava, a redação da tese como "algo a fazer" me ocupava incessavelmente, e as horas incontáveis passadas à mesa pareciam breves, diante desse tempo congelado, imóvel, no qual flutua a expectativa de "produzir" algo que o satisfizesse em sua exigência insondável, tanto mais insondável quanto estava de costas. Insondável como o desejo do analista, a quem sou eu que dou as costas. O que diferencia um do outro é o nome; e o nome desse senhor começou a surgir das formas mais inesperadas em meus sonhos, a cada vez sob um novo disfarce, pois, juntamente com a elaboração da representação inconsciente do pai e o processo de desinvesti-lo de sua "periculosidade", veio à tona o tema da separação próxima entre mim e ele.

Uma madrugada, sonho com uma moça que foi meu primeiro amor de adolescente. Mas no sonho ela não tem sobrenome. Agitado, acordo minha mulher para perguntar a ela — como se chamava mesmo a...? Pergunta feita, evidentemente, para não ter resposta. O único nome que me veio foi o de solteira — o de solteira de minha própria mulher. Como na análise de um lapso os termos substitutivos são indispensáveis, farei aqui mais um entorse à discrição: ela se chamava Schvarzman ("homem preto"). Certo de que seria muita coincidência ter me ligado a duas pessoas com o mesmo sobrenome, acabei por reconciliar o sono, insatisfeito com a resposta que me ocorrera. O sonho havia posto em cena o momento da separação, do fim daquele primeiro namoro. No dia seguinte, me ocorreu outra possibilidade: a menina se chamaria Wassermann ("homem da água"). Brilhante solução, pensei de mim para mim, que em nada explica o porquê da supressão do nome, nem o porquê da intervenção, precisamente, de "Schvarzman". Algo me dizia que ainda não atinara com o nome procurado; e, naturalmente, foi apenas no divã que pude recordá-lo: era *Weissmann* ("homem branco") — versão alemã do nome do analista... *Schvarzman* o indicava pelo contrário, Wassermann era um compromisso em que figuram fonemas dos dois vocábulos (W. A. R. S.). Ou seja, num movimento de repressão, eu havia excluído o nome do analista do círculo de ideias ligado ao abandono... Não só para manifestar meu apego a ele, porém. A separação tem de ser obra minha, não dele. Essa sessão coincidiu com o retorno de um feriado, no qual, eu sabia, o analista havia viajado para participar de um congresso. Um fantasma viera à luz: e se ele não tivesse voltado? Na consciência, isso teria ocorrido porque ele talvez houvesse tirado um dia a mais de lazer. Mas a análise mostrou que eu fantasiara a morte mesmo. Duas interpretações possíveis: só a morte (dele) irá nos separar; e, se ele quiser a separação antes de mim, tal gesto só poderá ser expiado pela cena capital. Como não reconhecer aqui a figura do Pai morto, em curso de constituição? Naquele dia, eu ia pôr o ponto final à seção 3...

Outra surpresa, no entanto, me estava reservada. Em meio à redação da quarta seção, me veio um dia a imagem de um antigo colega, cujo nome, em russo, alude a "branco". Não sei russo, mas conheço o nome porque figura na designação da Rússia Branca, que fazia parte do Distrito de Residência ao qual estavam confinados os judeus no século XIX. No sonho inaugural deste estudo, um nome russo abre o caminho para a representação de meu pai, búlgaro de nascença. O mesmo mecanismo se repete aqui, pois do colega, via analista, a imagem à qual cheguei era a sua. Por diferentes caminhos, assim, prosseguia o percurso — percurso por e rumo a essa imagem, no contexto da reflexão sobre Freud-pai e sobre a rivalidade amorosa que a ela unia seu "querido filho e herdeiro". Não é preciso mais para realçar a íntima vinculação entre o trabalho da tese e o trabalho da análise, cada qual fazendo surgir representações que se reenviam reciprocamente, embora caiba à análise a tarefa de levantar as inibições, e à tese, a de promover as resistências... Numa carta, em que narrava esse episódio, empreguei a expressão "quase caí do divã". Cair do divã é, também, um meio de interromper o fluxo de associações e com ele a análise!

A evocação do nome do colega se prendia a um acidente da época em que voltei a encontrá-lo, no ginásio; havíamos estado juntos no jardim de infância, por volta dos quatro anos. Na época do ginásio, eu tinha um cachorro, a quem dera o nome de "Conde", em homenagem a um nobre inglês de um seriado de televisão — nobre que, avô do pequeno herói, fazia as vezes de pai, morto na América. O cachorro havia desaparecido, e eu estava inconsolável. O resto da história não vem ao caso; o relevante é que do nome do colega, tendo chegado a meu pai, ocorreu-me que na crônica familiar existe um mistério: proposição, por parte de um instituto de heráldica, de investigar a origem possivelmente aristocrática da família paterna. Arapuca para fazer pagar a peso de ouro o acesso a um brasão ilustre ou uma remota bastardia de um ancestral há séculos esquecido, o fato é que a família declinou a mirabolante proposta e não se falou mais no assunto. Mas daí surgiu a alcunha com que por vezes amigos irreverentes se referiam ao meu pai: "Conde". Saberia disso eu, ao adotar tal nome para o animal de estimação? Pouco importa, e o mais provável é que não. Mas aqui se insinua um episódio de meu próprio romance familiar, ligado a uma tendência abortada para o desenho. Sempre fui péssimo nessa disciplina, mas durante alguns anos enchi páginas e páginas com um tipo de desenho que me saía à perfeição: rostos masculinos, invariavelmente pertencentes a homens do passado. Exímio ao desenhar perucas, babados, bigodes e suíças, jamais consegui representar um contemporâneo, nem copiar do natural. Essas faces, às quais eu juntava breves vinhetas biográficas surgidas por completo da imaginação, espelhavam justamente imagens paternas, míticas, e que se definiam pela distância cronológica em relação aos dias de hoje. Assim, pelos cadernos afora, surgiram condes, pensadores, escritores, artistas e imperadores, como se, diante do mistério de minha própria origem, eu tivesse de reinventar uma plêiade de genitores ilustres e inofensivos, porque longínquos. O sentido dessa compulsão, que desapareceu ao limiar da puberdade, só ficou claro para mim muitos anos depois, ao ler e meditar o curto artigo de Freud sobre o romance familiar — outro texto que, embora previsto para este capítulo, tampouco pôde ser nele incluído...

Conrad Stein observa, numa passagem estudada mais atrás, que o complexo de Édipo tem duas faces, e que, ao reiterar a hostilidade ao genitor do mesmo sexo, se tende a esquecer o sentimento carinhoso que necessariamente o complementa. Uma coisa que não deixa de me intrigar é que foi apenas no domínio da psicanálise que consegui aceitar como modelos identificatórios indivíduos do sexo masculino, entre os quais, aliás, o dito Stein ocupa uma posição peculiar, já que em minha fantasia foi ele o analista do meu analista. Dele separado por esse cordão sanitário, pude então acompanhar seus cursos e me inspirar seguidas vezes em suas reflexões, citando-o com frequência neste trabalho. Mas, dizia eu, Stein insiste em que o Édipo seja tomado em sua totalidade. A essa elaboração da imagem paterna não podia faltar assim o elemento carinhoso, e ele surgiu em primeiro lugar no trabalho da tese. À expressão da hostilidade inconsciente na transferência, correspondeu o uso de artigos e propostas de meu analista no corpo do texto, numa homenagem que para ele permanecerá muda — pois não lerá um livro escrito em português —, mas que significa, igualmente, que as "coisas do pai" podem ser manipuladas sem risco. É evidente que tais "coisas" se dão em níveis muito sublimados e bem distantes da representação inconsciente do pai biológico, mas também é verdade que somente ao explicitá-las em parte pude me referir às teses de um indivíduo tão altamente investido. (Referência que, embora sob o signo da objetividade, carreia significações sobre as quais, de momento, nada sei.) E — acaso? duvido — foi em textos sobre a função do pai, escritos por ele, que se verificou a possibilidade de uma tal assimilação.

Ao finalizar a abertura do capítulo, eu dizia que ele conteria uma pergunta e uma esperança. A pergunta tinha por objeto o desejo do pai, e seu horizonte era o pensamento absurdo: se é preciso dar razão ao pai, em quê, como e por quê? A esperança, ilusão projetiva, era que, unindo o percurso pelos textos à elaboração de meu próprio universo de reminiscências, de fantasias e de desejos, à *Vaterbeseitigung* — o afastamento do pai a que se refere Freud em *Totem e tabu* —, viesse suceder a *Versöhnung* — a reconciliação. Reconciliação imaginária, já que no real ela não foi nem será jamais necessária; mas a travessia da problemática abordada neste capítulo era para mim como meio de pôr em seus lugares respectivos as diferentes categorias, abstratas enquanto não fossem impregnadas pelos dizeres pessoais e vazias antes de serem preenchidas pelas representações únicas de meu próprio dialeto inconsciente. Esperança que, em parte ao menos, posso afirmar cumprida, nisso se revelando o trabalho teórico não apenas aliado da resistência, mas também apto a levantar (embora não sozinho) determinadas representações.

Há pouco, ao me deitar no divã, notei pela primeira vez quão aconchegante é o gabinete do analista, como é confortável e tranquilo. Operada a reconciliação imaginária com a figura paterna, essa observação parece ter aberto uma nova etapa na análise — etapa na qual, como Fausto, sedento de saber, eu talvez tenha me engajado na tortuosa via que conduz às Mães. Fantasias, desejos, reminiscências... Mefistófeles, com seu cabelo grisalho e que eu vejo como branco, me aguarda para prestar seu concurso ao viandante assombrado. A imagem com que se encerra este capítulo, aliás, ao evocar os navegantes do oceano, a origem e Eurídice, não parece abrir, pela referência velada a esses temas, uma perspectiva ao mesmo tempo suave e atemorizadora? Tal perspectiva, remontando por intermédio das Mulheres do Destino, conduz a um ser mítico, profundamente arraigado no universo do sonho: sem nome, hoje posso apenas designá-la como "Ela".

4. Às voltas com a história

Eis minha conclusão secreta: Já que nossa civilização atual — a mais evoluída de todas — pode apenas ser considerada uma gigantesca hipocrisia, devemos concluir que, organicamente, não somos feitos para ela. Ele, o Grande Manitu dissimulado atrás do Destino, recomeçará essa experiência com uma raça diferente.[1]

Ao confiar, no outono de 1914, essa "conclusão" a Lou Andreas-Salomé, Freud reitera um pensamento que vem de longe e cuja primeira expressão se encontra numa nota dirigida a Fliess em 1897: a cultura repousa integralmente sobre a coerção das pulsões. Uma e outra vez, ao comentar temas ligados à sociedade, a mesma noção volta a aparecer (por exemplo, em "O nervosismo moderno e a moral sexual civilizada", em 1908, ou em determinadas passagens da correspondência). Expressão de seu "pessimismo" ou inferência necessária da prática psicanalítica — questão que tornaremos a encontrar em nosso percurso —, o fato é que na formulação de 1914 transparecem várias das determinações sob as quais será pensado o fenômeno da civilização nos escritos posteriores: o evolucionismo eurocêntrico, a relação da cultura com o substrato biológico, e mesmo o "Manitu" que se esconde atrás do Destino, prefigurando

---

1 Citado por Marthe Robert, *La révolution psychanalytique*, Paris, Payot, 1964, II, p. 175.

o que na década de 1920 será denominado Ananké — a "Necessidade". Em grego como em alemão (e como em português, ora...), a Necessidade se diz no feminino; e cabe interrogar esse deslizamento aparentemente imposto pela linguagem, do "ele" ao "ela" — deslizamento que, como tudo o que tem um ar natural, obedece a motivações profundas a descobrir nos meandros do texto: a suspeita cujo exercício aprendemos com Freud não se satisfaz com o argumento da submissão às regras da gramática.

A confissão feita à sua correspondente é tanto mais notável quanto, nos primeiros meses da guerra, Freud se sentira "pela primeira vez em trinta anos" — como dirá a Abraham — identificado com a Áustria, à qual "doara toda a sua libido".[2] Mas tal sentimento será passageiro: em breve, a "brutalidade sem freios" da época irá lhe parecer repugnante, e o artigo "Considerações de atualidade sobre a guerra e a morte", publicado nos primeiros meses de 1915, comentará em termos inequívocos o panorama da Europa dilacerada. A experiência da guerra e da violência de que são capazes os membros da "civilização mais evoluída", bem como o desmoronamento dos impérios centrais e as dificuldades da sobrevivência na Áustria do pós-guerra, transformada em palco das lutas políticas mais acirradas, não deixam de imprimir sua marca no pensamento de Freud. Os comentadores são unânimes em considerar que, com *Além do princípio do prazer*, tem lugar uma viragem decisiva na evolução de suas ideias; a data de composição dessa obra — 1919 — sugere que os fenômenos sociais de que é testemunha seu autor não são indiferentes à gênese dessa inflexão. Sem dúvida, seria absurdo imaginar que a queda da monarquia dos Habsburgo levasse Freud a inventar o conceito de pulsão de morte: duplamente absurdo, mesmo, pois, além de pretender que a teoria analítica seja simples reflexo das condições históricas que presidem à sua elaboração, tal derivação também pressupõe, de modo inteiramente arbitrário, que para Freud o fim do Império Austro-Húngaro tenha representado uma catástrofe pessoal, o que dificilmente pode estar mais longe da verdade. Outras considerações — dessa vez de natureza biográfica — procuram vincular a aparição da pulsão de morte ao luto de Freud por sua filha Sophie, que em janeiro de 1920 sucumbe à gripe espanhola. A leviandade dessa suposição é comprovada pelo fato de que o texto estava na tipografia quando Sophie faleceu. E, contudo, resta a evidência de que é

---

[2] Freud a Abraham (26/7/1914) *Freud-Abraham*, p. 190.

durante e após a Primeira Guerra Mundial que Freud se torna mais sensível à questão da agressividade, que virá a considerar a exteriorização da pulsão de morte. Ora, como a análise da cultura nos grandes textos do período final de sua obra está relacionada com essa noção, é preciso elucidar as razões — mais complexas do que parecem à primeira vista — pelas quais esses textos são escritos exatamente nesses anos. Da mesma maneira, fenômenos da história européia contemporânea, como a vitória da revolução soviética e a ascensão dos fascismos, formam o pano de fundo das reflexões freudianas da época, estando vinculados com o cariz específico que elas virão a tomar.

Pois um feixe de temas e conceitos novos é inseparável destas circunstâncias: a nova doutrina das pulsões, que substitui a oposição pulsões sexuais/pulsões do ego pelo par pulsões de vida/pulsões de morte; a segunda tópica, que, sem se reduzir à primeira, tampouco a abole por completo; a investigação da sexualidade feminina, reconhecida agora como estruturalmente diferente da do homem; a importância decisiva atribuída ao complexo de castração e aos fantasmas correspondentes, que abrem novas perspectivas para a compreensão das neuroses e das perversões, em especial do fetichismo; a nova teoria da angústia, relacionada com esses conceitos, agora promovidos a um plano eminente no conjunto da teoria. É significativo que tais modificações no aparelho conceptual — que se realizam, *grosso modo*, entre 1920 e 1926 — precedam textos como *O futuro de uma ilusão* (1927), *O mal-estar na cultura* (1930) e *Moisés e o monoteísmo* (1934-8). Mas à atenção de Freud não escapa o fenômeno, relativamente novo na época, que será designado como "a multidão", e que representa de fato a manipulação das massas humanas pela demagogia política; já em 1921, *Psicologia das massas* e *análise do ego* procura elucidar o que torna diversos indivíduos um grupo e quais são as razões que explicam o comportamento da pessoa que faz parte de uma "massa". Ora, é característico que boa parte desse livro seja dedicada à identificação — mecanismo de índole individual e ao mesmo tempo coletiva —, cujos efeitos são descobertos não apenas no nível social, mas também no da formação do caráter e nas relações libidinais que definem a hipnose e o enamoramento. Veremos no momento adequado que um dos sentidos de *Psicologia das massas* é transpor para a esfera da cultura — que para Freud inclui as relações sociais, econômicas e políticas — o conceito de Eros, sinônimo de "pulsões de vida", da mesma forma que *Além do princípio do prazer* explora as eventuais implicações biológicas da pulsão de morte.

A oposição entre essas duas pulsões vem substituir, como afirmamos, a que vigorava entre pulsões sexuais e as pulsões do ego, abalada a partir de 1914 pelo conceito de narcisismo. Vimos no capítulo anterior quais os problemas levantados por essa noção, entre os quais o de ceder à crítica junguiana e considerar homogênea a energia psíquica, suprimindo destarte a base pulsional do conflito anímico e pondo em perigo o conjunto da teoria psicanalítica. Já a *Metapsicologia*, de 1915, se defrontara com essas questões, e, nesse sentido, *Além do princípio do prazer* se inscreve na série de textos que, do "Projeto" ao sétimo capítulo da *Interpretação dos sonhos*, passando pelos "Dois princípios" e pelos escritos de 1915, virá culminar com o "Compêndio da psicanálise", de 1938: é dizer a importância de que se reveste para Freud a questão da metapsicologia, ou seja, da parte da psicanálise que descreve e explica o funcionamento do psiquismo, como fundamento da teoria das neuroses e portanto de todo o seu edifício conceptual. O constante dualismo do pensamento freudiano se manifesta aí da forma mais nítida, e o par de opostos Eros/pulsões de morte ocupa nessa trajetória o lugar de um ponto de chegada: é a última expressão de uma exigência teórica fundamental. Ora, como veremos a seguir, a pulsão de morte não é deduzida da agressividade, mas da compulsão de repetição; só após um intrincado percurso Freud desemboca na questão da agressividade. Esta é um dos "representantes" da pulsão de morte, a par do sadismo, do masoquismo primário, da severidade do superego etc. Num primeiro momento, Freud é levado a buscar do lado da biologia as manifestações da pulsão de morte — e a "especulação" de *Além do princípio do prazer* convocará os protozoários, a vesícula de substância viva e a polaridade soma/germe das células dos organismos superiores. Mas essa direção é substituída por uma outra, que vem mais uma vez assinalar quão indissolúveis são a análise da cultura e a elaboração da teoria psicanalítica: progressivamente, o espaço de manifestação da pulsão de morte será identificado na esfera da civilização. Eis por que os principais textos sobre a cultura se situam após o *tournant* de 1920, contemporâneos aos estudos sobre o superego — agente de interiorização da cultura — e sobre a angústia de castração, modelo sobre o qual se apoia a discussão da angústia em geral já nos inícios da década de 1920.

Mas quem diz cultura diz história: e a elaboração freudiana terá que se haver com processos tais como o conflito social, a formação das ideologias, a dominação econômica e social, as vicissitudes das instituições políticas — processos para cuja compreensão o psicanalista está armado apenas com conceitos emanados da psicologia do indivíduo. Se é certo que ninguém vive à margem da cultura a que pertence — mesmo o delírio psicótico toma elementos da religião e dos acontecimentos circundantes, e já a língua em que se exprime o delirante lhe é fornecida pela civilização de referência —, também é verdade que entre o mundo interior de cada pessoa e o campo do social-histórico se abre um abismo, que não pode ser transposto pela mera constatação de que certos fenômenos se verificam num e noutro plano. Diante dessa diferença que se impõe entre o indivíduo e o social-histórico, Freud optará por um caminho do qual teremos muito a dizer: o de supor que entre o indivíduo e o social vige uma analogia, e que tal analogia é ampla e fundada o suficiente para permitir a transposição de categorias forjadas no primeiro para elucidar processos ocorrentes no segundo.

Em diversos campos, o exame da cultura será efetuado seguindo esse fio condutor. A religião, por exemplo, irá aparecer como uma formação reativa ao complexo de Édipo — argumento de *Totem e tabu* —, e a "fase religiosa" da humanidade será assimilada à fase neurótica da infância individual. A ciência, por sua vez, indicará o caminho do conhecimento verdadeiro, apoiado sobre o Princípio de Realidade, em vez de proceder pela via da ilusão, como a religião e a filosofia. Ditas as coisas dessa forma, parece fácil varrer com um suspiro de desprezo a ingenuidade positivista de Freud, a quem jamais ocorreu que "a" ciência não é apenas uma atividade de investigadores probos e isolados, mas um elemento decisivo da sociedade moderna, e portanto sujeito às leis que regulam essa sociedade. É difícil não se irritar com a caricatura do marxismo que se encontra na conferência 35, ou com certas formulações de *O futuro de uma ilusão*; mas, antes de qualificar de psicologistas as teses de Freud — e assim, na verdade, desqualificá-las —, é necessário ver de perto como funciona a abordagem proposta, quais seus fundamentos e em que pressupostos ela se assenta. Pois, com todo o seu positivismo fora de moda, Freud desvendou uma dimensão do fato social acessível apenas à psicanálise — sua dimensão inconsciente —, e a filosofia, ou a ciência social, não podem ignorar essa determinação essencial do objeto que se propõem elucidar. A abordagem freudiana é complexa e matizada, e, ainda que a analogia que lhe serve de base seja — para mim ao menos — inaceitável, a crítica só pode ser efetuada quando ela tiver desdobrado suas principais linhas de desenvolvimento. Por essa razão, as primeiras seções deste capítulo procederão à apresentação da análise freudiana em si mesma, sem intercalar comentários críticos, enquanto a partir da quinta seção teremos ocasião de interrogar mais detidamente os pressupostos e as implicações da concepção de Freud.

Na verdade, a história é esvaziada nessa concepção por meio do conceito de filogênese. Tomada do materialismo de Haeckel, a "lei biológica fundamental" postula que, numa espécie determinada, cada indivíduo, durante seu desenvolvimento embriológico, reproduz de modo abreviado (e portanto deformado) as etapas da evolução da espécie. Sem entrar aqui no exame da validade dessa "lei" — bastante discutível —, me interessa precisar o uso do conceito em Freud: e esse uso é abundante, já que a ele se recorre para explicar fenômenos tão decisivos para a psicanálise como a intensidade da angústia de castração, ou a necessidade, para cada indivíduo humano, de atravessar o complexo de Édipo. O mito da horda primitiva é invocado repetidas vezes, não apenas no contexto da psicologia individual, mas também para dar conta dos fenômenos de multidão em *Psicologia das massas*, da origem do monoteísmo em *Moisés e o monoteísmo*, e do extraordinário poder das representações religiosas em *O futuro de uma ilusão*. O mito toma assim proporções de princípio heurístico essencial, atuando tanto no inconsciente individual como na gênese das formações sociais e na origem de conteúdos culturais da máxima importância. Como e por que Freud é levado a utilizá-lo dessa forma é uma questão de que um estudo como o nosso não pode se desviar, e muitas surpresas estão reservadas ao investigador, pois a construção freudiana é de uma solidez insuspeitada. Contudo, como veremos, ela não é imune à crítica; e isso tanto do lado do social, em que a analogia omite a especificidade do objeto à custa de exaltar semelhanças que admitem interpretações mais pertinentes, quanto do lado do psíquico, em que os autores sucessivos procuraram explicações diferentes para os fenômenos que, segundo Freud, deveriam impor a aceitação da hipótese filogenética.

É sobretudo no campo da religião que ela será indispensável a Freud, e toda a sua interpretação do problema se assenta sobre essa base. Os dois elementos que a seu ver constituem qualquer religião — o ritual e o conjunto de representações acerca das divindades — serão sistematicamente reduzidos a formas sociais de manifestações patológicas: os cerimoniais da neurose obsessiva e as ideias delirantes da psicose paranoica. Mas todo o problema reside, precisamente, nesse caráter *social* da religião, que a diferencia da patologia individual; e Freud será o primeiro a reconhecê-lo, pois afirma que a "neurose coletiva religiosa" preserva, ou preservou no passado, os crentes da neurose propriamente dita. Eis por que lhe é necessário um acontecimento real e coletivo para fundar a religião — e esse acontecimento inaugural será o assassinato do chefe da horda: apenas de um evento que transcende a fantasia individual pode surgir uma instituição social. Daí a insistência na realidade do crime originário, cujos traços, perpetuados no inconsciente, seriam filogeneticamente transmitidos de geração em geração; a universalidade do complexo de Édipo, vinculada a tais conteúdos, seria assim fundada *de jure*. O retorno do reprimido sob a forma da divindade paterna explicaria também a intensidade das representações religiosas, cuja força compulsiva só é compreensível, segundo Freud, a partir de sua origem inconsciente. Sem antecipar sobre o exame a que serão submetidas tais ideias, estas indicações bastam para sugerir que, com a problemática da religião, a analogia entre o individual e o coletivo vai desempenhar um papel de extraordinário relevo no pensamento de Freud: ela é, na verdade, encarregada de fundar o fato de que o homem seja um animal social.

Um outro elemento da problemática merece igualmente destaque: a noção de que a religião oferece um consolo à dificuldade do viver. É no desamparo da criança que Freud vai buscar o modelo do pensamento religioso, cuja função seria, em síntese, fornecer a ilusão de que um pai benevolente vela por nós, e que de sua bondade e justiça se pode esperar um auxílio diante do rigor da Natureza, da cegueira do Destino e das injustiças da ordem político-social. Ora, com a noção de *Vatersehnsucht* ("nostalgia do pai"), se opera sub-repticiamente um deslizamento na imagem paterna: da violência assassina do chefe da horda, passamos à figura de um pai que dispensa proteção e consolo. Da mesma forma, a Natureza — figura exaltada da mãe — assume traços próximos da onipotência: Freud descreve em termos eloquentes a força dos elementos e a desproteção do homem diante das ameaças naturais, manifestações de um poder de destruição contra o qual a civilização deve defender o indivíduo. Teremos ocasião de estudar de perto essa inversão respectiva dos papéis do pai e da mãe, no momento em que o foco da análise passa do individual ao social; mas não podemos deixar de suspeitar que não seja casual a contemporaneidade entre ela e a descoberta da especificidade do feminino. Os anos 1920 são o momento em que, a partir da promoção do complexo de Édipo ao primeiro plano da teoria, ou melhor, de sua integração numa rede conceptual de que é o fundamento absoluto, Freud se volta para a diferença sexual com um novo instrumento: a noção da fase fálica. Desde então se inicia o estudo da chamada etapa pré-edipiana, ou pré-história do complexo de Édipo, encarregado de dar conta do fato de que, embora seja a mãe o primeiro objeto libidinal tanto do menino quanto da menina, a partir de um certo ponto os caminhos divergem, para culminar no surgimento de um homem e de uma mulher. Certos elementos da concepção freudiana da sexualidade feminina — em especial, a ablação da interioridade do corpo da mulher, do aspecto difuso e invisível de seu prazer sexual, da enorme carga fantasmática ligada ao aspecto obscuro, envolvente e acolhedor da representação do ventre materno — parecem indicar aqui que algo não é expresso porque não pode ser dito nem pensado, e que esse não dito e não pensado vai se exprimir na oposição Deus-pai/Natureza-mãe: algo que se refere ao poder do feminino, à sua radical diferença do masculino e às forças tremendas que relevam dessas determinações. Mais uma vez, a análise da cultura aparece como um momento essencial da teorização psicanalítica, mas agora como capaz de indicar, com a lente de aumento proporcionada pela dimensão social, o lugar de um reprimido que, como seria de esperar, vem se manifestar sob a forma de uma distorção e de um compromisso.

Freud falará longamente da revolta contra a civilização, cujas mazelas e injustiças estão longe de compensar a gravidade dos sacrifícios impostos às pulsões, sobretudo às agressivas, que, interiorizadas por meio do superego e extremamente inibidas em sua manifestação pelas normas da convivência social, acabam por ameaçar de destruição a própria cultura que as reprime a fim de se preservar. A crítica mais decisiva feita à religião não é tanto a de se fundar sobre uma ilusão — pois está em sua essência o querer tratar a realidade exterior como se fosse passível de transformação pela força exclusiva dos desejos —, mas a de ter falhado em sua missão de reconciliar a grande maioria dos homens com as renúncias pulsionais indispensáveis para a preservação da cultura. Essa crítica da civilização, por sua vez, não se formula no vazio; penso que é útil ter presente, ao longo deste capítulo, que seu pano de fundo é constituído pela situação europeia dos anos 1920 e 30, e mais especificamente pela forma particular que ela assume na Áustria. Vejamos, pois, ainda que de forma não exaustiva, quais são os principais fatores dessa constelação.

A guerra de 1914-8 teve, entre outras consequências, a dissolução da monarquia dos Habsburgo e a formação de diversos Estados independentes: a Áustria, a Hungria, a Tchecoslováquia e a Iugoslávia. Dessa maneira, se realizou — embora imperfeitamente — a aspiração de autonomia das diferentes minorias que, como vimos no primeiro capítulo, formavam na verdade a maioria da população do império. Se no plano abstrato essa partilha da Dupla Monarquia parecia ter satisfeito o legítimo desejo de autodeterminação dos povos da Europa Central, na prática as coisas se passaram de modo diferente: desaparecidas as estruturas que, bem ou mal, haviam sido engendradas por uma história multissecular, os pequenos países surgidos do Tratado de Versalhes entraram de imediato num processo de lutas sociais intestinas, que culminaram com o autoritarismo fascista na Hungria após a derrota da revolução dos Conselhos (1919), com a implantação de um regime nada democrático na Iugoslávia e, por fim, com a anexação da Tchecoslováquia pela Alemanha nazista em 1938. Embora esses fenômenos tenham também atingido o movimento psicanalítico, em especial na Hungria, nos interessa mais de perto seguir a evolução dos acontecimentos na Áustria, já que Freud permanece em Viena até a invasão alemã de março de 1938.

A Áustria de 1918 é um país artificial: privada do acesso a seus mercados tradicionais pelas fronteiras das novas nações, arruinada pelo esforço de guerra e por uma inflação galopante que, embora menos conhecida que a da Alemanha nos anos 1920, não deixa de ter sido catastrófica, ela se debate ainda com um problema de identidade. Com efeito, não existe uma consciência nacional austríaca, já que o elemento germanófono da Dupla Monarquia jamais se concebera desligado, seja das demais etnias do império, seja dos alemães do Reich. Prova disso é que tanto os pangermanistas conservadores quanto os social-democratas marxistas exigem a anexação à República de Weimar, e só a oposição dos Aliados a essa iniciativa faz surgir uma Áustria independente: o Tratado de Saint--Germain (1919) proíbe de modo explícito a fusão com a Alemanha — proibição inserida, a contragosto, na Constituição da nova república.

Por assim dizer obrigado a uma existência independente, o país vai se defrontar com uma cisão interna insuperável. Enquanto em Viena os social-democratas substituem na administração os cristãos-sociais, remodelando a fisionomia da cidade com uma fiscalidade de tipo socialista, no interior o clero católico tem peso decisivo na formação das tendências políticas, o que conduz a um predomínio dos conservadores, no nível nacional, a partir de 1920. Em meados da década de 1920, o Partido Cristão-Social, representante dos interesses da burguesia, impõe um saneamento da moeda e da economia, cujos principais efeitos foram facilitar ao capital estrangeiro (norte-americano e depois alemão) o controle dos setores básicos da produção e do sistema bancário, aumentando consideravelmente o desemprego. Os parcos resultados dessas medidas são por sua vez aniquilados na esteira da grande crise de 1929. Com a catástrofe bancária que, nos Estados Unidos, se seguiu ao *crack* de Wall Street, os capitais norte-americanos investidos na Europa foram repatriados com urgência; a fragilidade da economia austríaca era tal, que a retirada desses depósitos estrangeiros de um momento para outro provocou a falência do principal banco do país, o Creditanstalt, desencadeando a etapa europeia da crise. Os social-democratas, que haviam combatido a política conservadora e pró-clerical do governo central, chegando a organizar em 1927 uma greve geral que terminou em massacre, recebem cada vez mais votos nas eleições, pondo em perigo o grupo conservador no poder. A partir de 1933, com a crise deflagrada, os trabalhadores revoltados e a economia arruinada, a ameaça ao regime burguês se precisa. Diante da perspectiva de uma vitória eleitoral dos social-democratas e apoiando-se no modelo italiano a fim de neutralizar (?) a facção burguesa favorável a um regime abertamente nazista e à adesão ao Terceiro Reich, o chanceler Dollfuss decide fechar o Parlamento e implantar um Estado corporativo, consolidando, sob essa forma autóctone do fascismo, o sistema econômico vigente. Em fevereiro de 1934, ao protestar contra as medidas antioperárias do regime, os social-democratas promovem uma insurreição popular em Viena, cuja sangrenta derrota assinala o fim da República e provoca um endurecimento da repressão. Esta vai se exercer por intermédio das milícias fascistas e com o beneplácito dos mais reacionários meios clericais. O Partido Social-Democrata é dissolvido; restam na liça os fascistas nacionais e os nazistas, que exigem a anexação ao Reich de Berlim. A proteção da Itália ao regime fascista austríaco — que de certo modo atuava contra a dissolução da Áustria e sua absorção pela Alemanha — deixa de ser eficaz a partir de 1936, com a guerra da Etiópia, as sanções econômicas impostas à Itália pela Liga das Nações e a consequente formação do Eixo Roma–Berlim. A anexação da Áustria pelo expansionismo hitlerista, cada vez mais próxima, é por fim concretizada em março de 1938, com os resultados que se conhecem, entre os quais a emigração de Freud para a Inglaterra. A pilhagem da Áustria pelos nazistas e a redução do país a uma província de segunda categoria do Reich, apesar de trágicas em si mesmas, escapam ao horizonte deste estudo. Interessa ressaltar, porém, que, longe de viver num país tolerante e democrático, Freud está no centro de lutas extremamente acirradas, na mira de regimes autoritários e obscurantistas, e que nesse contexto a coerção exterior, se não o impede de publicar *O futuro de uma ilusão* nem *O mal-estar na cultura*, o dissuade de dar à luz o estudo sobre Moisés, temendo que um ataque frontal contra a religião, nas circunstâncias políticas de Viena após a guerra civil de 1934, acarretasse a proibição do exercício da psicanálise no país.[3]

Vemos que a elaboração freudiana ocorre num momento particularmente agudo do processo político e ideológico da sociedade em que vive; mesmo se a presença desses conflitos e contradições só lateralmente aparece em seus escritos, vejo aí mais o índice de uma dificuldade do que a prova de seu apolitismo. Não obstante, o efeito mais imediato da ascensão do fascismo e do nazismo é conduzir o fundador da psicanálise a propor a si mesmo a questão do antissemitismo e a procurar esclarecê-la a partir do exame da religião em geral. *Moisés e o monoteísmo* ocupa incessantemente seu espírito por mais de quatro anos, entre 1934 e 1938, e esse texto enigmático é por assim dizer seu testamento no que tange à análise da cultura. Mais uma vez, a atitude superficial de imputar à pretensão ou à senilidade do autor as afirmações extraordinárias de *Moisés e o monoteísmo* é dar mostras de uma singular miopia: quando alguém cujo nome é Sigmund Freud dedica os últimos anos de sua vida, em meio aos sofrimentos físicos mais atrozes, à elucidação de um problema, o leitor não pode deixar de se interrogar quanto às motivações e aos pressupostos do estudo em que documenta suas conclusões. A audácia com que Freud se lança à reconstrução da história do povo judeu só tem paralelo na decisão de considerar como dotado de sentido o discurso histérico e de arriscar sua carreira no que denominará — justamente! — o "livro egípcio dos sonhos". A construção é fascinante, e mostrar sua fragilidade não é coisa fácil; mais uma vez, a categoria da filogênese é amplamente empregada, e mais uma vez a crítica tem de passar pelo exame detalhado dos argumentos e das provas aduzidas. Mas, além dessa dimensão propriamente textual, há o império que a figura de Moisés exerce sobre Freud, os correlatos fantasmáticos que ela convoca, o debate interior entre as "duas culturas"; e o veremos, diante da ascensão do nazismo, abdicar cada vez mais de sua identidade alemã para se refugiar não no judaísmo tradicional — saída impossível —, mas numa construção formidável, em que a fantasia e a conceptualização

---

3 Carta de 30/9/1934 a Arnold Zweig, em *Sigmund Freud/Arnold Zweig, Correspondance*, Paris, Gallimard, pp. 129-30. Essa coletânea será citada como *Freud-Zweig*. Cf. igualmente o primeiro prefácio à terceira parte de *Moisés e o monoteísmo*, sa v, p. 504; se XXIII, p. 55; bn III, p. 3272.

rigorosa se mesclam sem cessar e sobre cuja função defensiva e mitologizante deveremos, no momento oportuno, nos interrogar.

Estas considerações nos sugerem como organizar nosso percurso. Primeiro, iremos examinar como surge e ao que responde a nova teoria das pulsões; em seguida, a partir da segunda tópica, abordaremos o problema do superego e o sentimento de culpabilidade, o que nos conduzirá aos complexos de Édipo e de castração. Como para Freud a cultura é em essência uma reação a esses complexos, percorreremos os problemas vinculados à sua origem e às exigências que inevitavelmente suscita a instituição da civilização. Esta mesma, por meio da religião, pretende oferecer uma via de escape para as tensões que engendra; veremos como e por que o estudo dessas questões conduz Freud a invocar a filogênese e a abolir a efetividade da história. A noção de "verdade histórica da religião" irá nos levar ao exame do sentido do conceito da verdade, o que implica abordar a teoria da ciência, o problema da realidade e, por esse caminho, precisar certos aspectos da relação de ambos com o imaginário. Por fim, o "romance histórico" ao qual Freud dedicou suas últimas energias proporá outras perspectivas, que lançam retroativamente nova luz sobre a trajetória que nele vem culminar. Questões decisivas, que, como projeto a perseguir, como sendeiros a palmilhar e como interrogações abertas, continuam ainda hoje a alimentar a reflexão da psicanálise, a qual, com todos os reparos que possam merecer certas conclusões suas, não pode deixar de ser um diálogo com Freud, a partir de descobertas que são também, e sobretudo, uma criação radical a questionar de forma insistente nossa modernidade.

1. DE EROS A THÂNATOS E VICE-VERSA

Quando, em *Além do princípio do prazer*, Freud introduz o conceito de pulsão de morte, é com as maiores cautelas que se dirige ao leitor. Trata-se de uma "especulação" que, mesmo visando dar conta de um certo número de fenômenos, se ajusta com dificuldade à maneira sóbria da investigação científica e não é imune às objeções teóricas:

> Não estou de todo convencido de sua certeza, nem procuro inspirá-la a outrem. Ou melhor dito: não sei até que ponto creio nelas [...]. Infelizmente, poucas vezes

se é imparcial quando se trata das últimas causas, dos grandes problemas da ciência e da vida. Em minha opinião, todo indivíduo é dominado, nessas questões, por preferências íntimas, profundamente arraigadas, que influem, sem que o autor se dê conta, na marcha de sua reflexão.[4]

Mas, com o correr do tempo, a concepção se impõe a seu espírito, a ponto de, em *O mal-estar na cultura*, afirmar que já não pode pensar de outro modo.[5] Além das razões propriamente objetivas que podem ter determinado o surgimento desse conceito, vemos, pois, que ele responde antes de tudo a uma exigência íntima de Freud; mas não se trata, como pareceria à primeira vista, de uma expressão de seu "pessimismo": o que é descoberto pelo tema "pulsão de morte" é uma qualidade específica que define a pulsão como tal, a saber, sua tendência regressiva. Eis por que são os fenômenos de repetição que, em última análise, o conduzem a postular um "além do princípio do prazer".

A questão da repetição comporta dois aspectos. Por um lado, Freud assinala a tendência a reviver situações penosas, essencialmente ligadas aos traumas infantis, observável durante o processo da análise — situações que, contudo, permanecem enigmáticas se referidas exclusivamente à atualidade e que só se explicam por meio da noção de *retorno do reprimido*. É o fundamento mesmo da terapia analítica, aliás, que deriva dessa circunstância: o conflito reprimido, ao se atualizar na relação transferencial, surge sob uma nova luz e admite resoluções diferentes das adotadas na época em que se apresentou pela primeira vez. Mas, nessa dimensão, a repetição não é necessariamente contrária ao princípio do prazer: tanto porque o que é prazer para uma instância não o é para outra (e o ego ressente como desprazer movimentos pulsionais porventura prazenteiros para o id), como porque a repetição do trauma pode obedecer à exigência de domínio da energia em estado livre, visando à sua ligação e pondo-a a serviço de um ego ativo (como no jogo da bobina e na repetição da cena traumática nos sonhos dos neuróticos de guerra). É o segundo aspecto da repetição, como expressão de uma força só inferível no plano da teoria, que leva Freud a considerá-la um sinal do caráter conservador das pulsões, isto é, um fator autônomo e anterior ao conflito entre o princípio do prazer e o princípio de realidade:[6] ela

---

4 *Além do princípio do prazer*, SA III, p. 267; SE XVIII, pp. 58-9; BN III, pp. 2538-9.
5 *O mal-estar na cultura*, SA IX, p. 247; SE XXI, p. 119; BN III, p. 3051.
6 Cf. Laplanche e Pontalis, *Vocabulaire*, cit., artigo "Compulsion de répetition", pp. 86 ss.

aparece então como aquilo que, mesmo se depois colocado a serviço do princípio de prazer, é anterior a ele e independente de sua hegemonia. A análise do jogo da bobina mostra precisamente que, para que se instaure o predomínio do princípio do prazer (como tendência à descarga da energia psíquica), é necessária a ligação dessa energia a determinadas representações, tarefa que só pode ser levada a cabo por meio da reprodução — nesse caso lúdica — da cena traumatizante.

O que Freud denomina sua "especulação" consiste na verdade em partir da compulsão de repetição e vinculá-la à teoria das pulsões, por meio do elo intermediário representado pelos conceitos de energia livre e ligada. Se a ligação da energia psíquica é uma tarefa prévia, imposta ao aparelho psíquico antes que o princípio do prazer possa se manifestar, e se a energia "livre" provém tanto do mundo exterior — sob a forma da ruptura do "para-excitações" — quanto dos movimentos pulsionais internos, tais como se podem deduzir dos deslocamentos e condensações característicos do processo primário, o laço entre pulsão e repetição se mostra *intrínseco* e não um mero acaso. A finalidade da pulsão, que empiricamente se apresenta como satisfação, isto é, descarga do *quantum* de energia, busca reproduzir o estado anterior ao surgimento dessa elevação da tensão. A satisfação é, assim, um legítimo retorno ao *statu quo ante*. Essa concepção nada tem de novo na obra freudiana: encontra-se já no "Projeto" de 1895 e é a base sobre a qual se apoiam a noção de princípio de prazer e a definição do prazer como alívio da tensão psíquica. O que é novo e audacioso é a vinculação desse mecanismo com a esfera biológica: ultrapassando o nível propriamente psíquico, Freud vai buscar na origem da vida o primeiro evento produtor de tensões, de modo que a tendência à descarga se revela como aspiração de retorno ao inorgânico: "Uma pulsão seria uma tendência, própria do organismo vivo, de reconstituição de um estado anterior, o qual, sob a pressão de forças externas perturbadoras, o ser animado teve de abandonar — uma espécie de elasticidade orgânica, ou, se se quiser, a manifestação da inércia na vida orgânica".[7]

---

[7] *Além do princípio do prazer*, SA III, p. 247; SE XVIII, p. 37; BN III, p. 2525. O termo "inércia" remete às primeiras ideias de Freud sobre o funcionamento psíquico: sob a forma do "princípio de inércia neurônica", ele é o fio condutor do "Projeto" de 1895. Outros elementos da doutrina de 1920 retomam ideias desse texto, como a noção de "estado livre" e "estado ligado" da energia psíquica, formulada por Breuer no capítulo teórico dos *Estudos sobre a histeria* e transformados no "Projeto", respectivamente, em processo primário e processo secundário. Isso sugere que a ideia amplamente difundida de que a partir de 1920 ocorre uma mudança no pensamento de Freud — a introdução da pulsão de morte — talvez deva ser reexaminada. A pulsão de morte constitui, na

Por que esse salto do psíquico ao orgânico? Em primeiro lugar, porque a pulsão, como entidade limítrofe entre ambos, admite essa acentuação da dimensão biológica, quando Freud deseja não perder de vista a base corporal do psiquismo. Mas, ao ocorrer isso, o conceito de pulsão ganha uma amplitude extraordinária: passa a se aplicar não apenas ao ser humano, mas à totalidade do reino da vida. É assim que, entre os exemplos citados do fenômeno de repetição, surgem de modo inesperado as migrações dos pássaros e a desova de certos peixes em água doce. A introdução do estado inorgânico, contudo, desloca a discussão para um nível ainda mais arcaico, isto é, para o metabolismo dos seres unicelulares e para a diferenciação entre células somáticas e germinativas nos organismos mais complexos. Ao examinar a hipótese de que os protozoários sucumbem à intoxicação produzida por seus próprios dejetos — exame finalmente não probatório —, Freud realiza a transição decisiva: se toda pulsão visa restaurar o estado de quietude, e se a quietude do inorgânico é perturbada pela irrupção da vida, então o retorno à quietude é um retorno à não vida, e a pulsão é um esforço para atingir a morte.

Nesse momento, torna-se necessária a introdução de uma tendência à conservação da vida, e Freud convoca Eros para cumprir tal função. Dado que todo organismo procura perseverar em seu ser, essa tenacidade só pode indicar que cada ser vivo se encaminha, à sua própria maneira, para a morte. Eros, então, fugiria à tendência universal à repetição? Nada mais falso: uma vez surgida, a vida tende também a se repetir, e a função de Eros é assegurar a reiteração indefinida do ciclo vital, protegendo da tendência regressiva as células portadoras do plasma germinativo, até que, cumprida a finalidade reprodutora e destacado do soma o germe que vai assegurar a perseveração da espécie, aquele possa sucumbir à pulsão de morte sem maior dano para a natureza. A fim de realizar essa tarefa, Eros, sob a forma de "libido celular", engendraria conjuntos cada vez mais complexos de células, se opondo assim à tendência regressiva de Thânatos, cujo modo de operação é a desagregação desses conjuntos. Portanto, as duas pulsões podem ser comparadas à atividade de assimilação e de desassimilação no

---

verdade, a radicalização de um princípio extremamente antigo e importante na teorização freudiana: radicalização que, levada às suas últimas consequências, tem efeitos notáveis na arquitetura conceptual da psicanálise. Mas não no sentido habitual, e sim num outro, pouco assinalado até aqui: devido à dificuldade de demonstrar a ação de pulsão de morte no psiquismo isolado, Freud vai persegui-la sob a forma da agressividade, o que exige um estudo muito mais decidido das questões "culturais", pois a agressividade se exerce predominantemente na esfera da civilização.

organismo do ser vivo e, mais decisivamente, às duas formas básicas da natureza, a atração e a repulsão, que atuam não apenas no mundo da vida, mas também no domínio da matéria inorgânica.

Temos então um vasto panorama, em que o princípio da atração e da repulsão, modificado a cada nível, se encontra em jogo desde as partículas orgânicas até a atividade psíquica, passando pelo fenômeno da vida como resultado da ação de "forças exteriores", pelo surgimento de seres unicelulares incomparavelmente mais complexos que as moléculas inorgânicas, pela união das células em corpos a cada nível mais vastos e diferenciados, até a emergência da consciência no ser humano e, como veremos mais adiante, incluindo no mesmo movimento a formação do par sexual, dos grupos sociais, das multidões e da civilização. Essa progressão de Eros, contudo, é posta em xeque a cada momento pela tendência oposta, que combate o aumento das tensões inerentes à conservação dos corpos complexos e busca sem cessar o retorno a formas menos diferenciadas, mais próximas do silêncio do inorgânico, e que, como se exerce em organismos vivos, pode ser legitimamente dita aspirar à morte como fim último. Redutível enfim ao jogo da atração e da repulsão, a dualidade pulsões de vida/pulsões de morte seria o fundamento do movimento da natureza e portanto da vida pulsional do ser humano. Nesse sentido, apesar da linguagem finalista empregada por Freud, Eros e Thânatos correspondem à ordem das causas eficientes.

Mas Freud não pretende continuar os passos de Schopenhauer, nem contribuir com argumentos tirados da ciência para uma metafísica da vida e da morte. Sua ambição, como psicanalista, é determinar princípios e categorias que tornem mais inteligíveis os fenômenos observáveis na clínica e contribuam para realizar de modo adequado as finalidades terapêuticas de sua prática. Ora, o impacto da nova teoria das pulsões sobre o aparelho conceptual da psicanálise é surpreendentemente limitado, e a elucidação dos fenômenos psíquicos não é modificada de maneira decisiva com sua introdução. Por exemplo, quando em *O ego e o id* procura vincular as duas pulsões às três instâncias do psiquismo, Freud escreve que o conflito entre elas não é redutível aos que opõem o ego ao id e ao superego: ao final, ambas se encontram operando em cada uma das instâncias. Da mesma forma, em *Inibição, sintoma e angústia*, o dualismo pulsional não é invocado para explicar o conflito neurótico, cujas modalidades são no entanto reexaminadas de alto a baixo; quando se trata do complexo de castração, fonte da angústia mais intensa, é à finalidade passiva das pulsões sexuais e ao narcisismo ameaçado que se reduzem, em última análise, os polos do conflito. A lista dos problemas em que a pulsão de morte *não* intervém é, a bem dizer, bastante longa; na verdade, no nível psíquico, é apenas na severidade do superego, no masoquismo originário e na análise do ódio e do sadismo que ela desempenha um papel de destaque. Freud, aliás, é o primeiro a reconhecer essa dificuldade:

> Comprovamos mais uma vez que todos os impulsos pulsionais cuja investigação nos é possível efetuar se nos revelam como ramificações de Eros. Sem as considerações desenvolvidas em *Além do princípio do prazer*, e sem a descoberta dos elementos sádicos de Eros, ser-nos-ia difícil continuar mantendo nossa concepção dualista fundamental. Mas se nos impõe a impressão de que as pulsões de morte são mudas, e que todo o fragor da vida vem principalmente de Eros.[8]

Vejamos mais de perto o alcance dessa declaração.

Empiricamente — diz Freud em outra passagem do mesmo livro —, a distinção entre pulsões do ego e pulsões sexuais conserva seu valor; a patologia encontra uma explicação adequada recorrendo a essas duas noções, deriváveis de Eros. As "considerações" de *Além do princípio do prazer* se referem, naturalmente, ao postulado da pulsão de morte, que transcende em muito a esfera do propriamente anímico. Sobre os "elementos sádicos de Eros" diremos uma palavra dentro de um momento. Resta o caráter "mudo" das pulsões de morte: expressão ambígua e, apesar do eco poderoso que desperta, ou talvez por isso mesmo, desconcertante ao extremo. Por que seria muda a tendência regressiva e, ao contrário, clamorosa a que persegue a consecução da vida? Em primeiro lugar, porque a união é visível, mas a desagregação tem de ser inferida a partir dos signos de perturbação nos processos vitais; mas também, não se pode deixar de pensar, porque na situação analítica a pulsão de morte jamais aparece como tal, já que "todos os impulsos pulsionais [...] se nos revelam como ramificações de Eros". O que aparece, como observamos, é a repetição; mas a distância entre a observação e a conceptualização parece aqui mais difícil de ser vencida. A dificuldade vai ser controlada por dois procedimentos diferentes: o estudo de

---

8 *O ego e o id*, SA III, p. 313; SE XIX, p. 46; BN III, p. 2720.

certos fenômenos em que a pulsão de morte aparenta ser menos inapreensível que de costume e os conceitos gêmeos de fusão e defusão pulsional.

Em *Além do princípio do prazer*, Freud se vê confrontado à necessidade de exemplificar o modo de ação da pulsão de morte, e é no fenômeno do sadismo que encontra o que bem podemos chamar de seu "representante". Convém recordar que, já em "Pulsões e destinos de pulsão", o ódio aparecera como um elemento qualitativamente distinto do amor, não surgindo da mesma fonte que este nem obedecendo à mesma cronologia. É desse ponto que Freud retoma seu estudo, apoiando-se agora sobre a similaridade entre a destruição do objeto, inseparável do ódio, e a finalidade agressiva do componente sádico da libido. "A hipótese mais admissível é a de que esse sadismo seja de fato uma pulsão de morte, expulsa do ego sob a influência da libido nascente; de modo que só aparece no objeto."[9] Duas conclusões são de imediato solicitadas por tal hipótese: primeira, a de que o sadismo constitua a inversão para o objeto de uma tendência mortífera inicialmente voltada contra o sujeito, que seria o masoquismo primário; segunda, que a pulsão de morte, em parte limitada pela libido em seu âmbito próprio — o interior do organismo —, se desvia para o exterior, como agressividade. O sadismo aparece assim como uma mescla de libido e agressividade, mas esta não é reputada originária, já que corresponde a uma exteriorização da pulsão de morte. Ora, na verdade Freud não demonstrou o que se propusera demonstrar — a existência de um representante psíquico da pulsão de morte —, mas sim a possibilidade de uma aliança entre ela e as pulsões eróticas, o que, porém, longe de dar xeque-mate à sua especulação, abre um leque de possibilidades ainda mais amplas. Com efeito, se o sadismo pode ser concebido como um efeito da pulsão de morte, é porque esta é capaz de se exteriorizar e de se fundir com Eros; isso permite supor que seu "estado puro", ao menos na medida em que possa ser localizado, aparecerá como resultado de uma *defusão*, que repõe em sua esfera própria o impulso à autodestruição. Mais ainda, se a tendência nativa de Eros é unir os dessemelhantes, a própria fusão surge como um efeito de sua atuação; e, simetricamente, se a pulsão de morte persegue o retorno a um estado anterior, a desagregação implícita no processo de defusão lhe pode ser legitimamente imputada. A fusão, em síntese, se opera sob a égide de Eros — e é por isso que o sadismo é um componente *libidinal* —,

---

9 *Além do princípio do prazer*, SA III, p. 262; SE XVIII, p. 54; BN III, p. 2535.

enquanto a defusão é presidida por Thânatos e tem como um de seus resultados a aparição das duas pulsões sob uma forma relativamente autônoma. É desse modo que, não sem dificuldade, Freud localiza o primeiro representante psíquico da pulsão de morte, implicado pela gênese atribuída ao sadismo: o masoquismo originário.

Tal conceito, porém, tampouco se revela conclusivo para resolver o problema. Com efeito, cabe notar que, em "O problema econômico do masoquismo", o masoquismo originário não é um representante exclusivo da pulsão de morte: Freud falará indiferentemente de um "masoquismo erógeno" ou de um "masoquismo originário erógeno", indicando assim que o masoquismo é já produto de uma fusão pulsional.

> A libido tropeça, nos seres animados pluricelulares, com a pulsão de morte ou de destruição neles dominante, que tende a decompor esses seres celulares e a conduzir cada organismo elementar ao estado de estabilidade inorgânica [...]. Defronta-se, portanto, com a tarefa de tornar inofensiva essa pulsão destruidora, e a realiza orientando-se em sua maior parte, com a ajuda de um sistema orgânico especial — o sistema muscular —, para fora, rumo aos objetos do mundo exterior. Tomaria então o nome de pulsão de destruição, pulsão de apreensão ou vontade de poder. Uma parte dessa pulsão fica diretamente a serviço da pulsão sexual, tarefa na qual realiza um trabalho importantíssimo. É o sadismo propriamente dito. Outra parte não colabora nessa transposição para o exterior, sobrevive no organismo e ali *permanece libidinalmente fixada*, com a ajuda da coexcitação sexual mencionada. *Nela veremos o masoquismo primário erógeno.*[10]

O masoquismo erógeno originário não é mais, então, do que uma parcela do composto pulsões de vida/pulsões de morte, idêntica em sua natureza ao sadismo, dele diferindo apenas por sua orientação por assim dizer "geográfica". Dessa forma, mais uma vez, o momento inaugural em que a totalidade da pulsão de morte apareceria concentrada sobre o indivíduo se evola para a dimensão do mito, como postulado inverificável — *et pour cause*: um instante de reflexão nos mostra que esse momento inaugural seria também o terminal; se a pulsão

---

10 "O problema econômico do masoquismo", SA III, p. 348; SE XIX, p. 163; BN III, p. 2755. Grifos meus.

de morte pudesse atuar desimpedida, nada faria obstáculo ao inorgânico, e a morte seria a consequência imediata.

Nem o sadismo nem sua contrapartida sobre o sujeito, o masoquismo erógeno, são portanto suficientes para definir um representante psíquico da pulsão de morte. Isso me parece explicar por que Freud é levado a ultrapassar a esfera do anímico para ir buscar na biologia um apoio para a tese da pulsão de morte; entretanto, ao fazê-lo, corre o risco de abandonar o terreno seguro da inferência legítima a partir da observação e a dar rédea solta às suas "preferências íntimas", outro nome da tendência à realização do desejo, cujo primado estigmatizará na religião e na filosofia. Por que, então, faz todo o possível para conservar o conceito e torná-lo operante em diferentes pontos da teoria?

Talvez nossa abordagem, ao partir em busca do representante psíquico da pulsão de morte, tenha sido parcial. Com efeito, uma vez introduzidos os conceitos de fusão e de defusão pulsional, Freud se outorga os instrumentos necessários para conciliar o caráter escorregadio da pulsão de morte — que, a todo momento, se furta a uma expressão outra que puramente teórica — e a constatação de que todos "os movimentos pulsionais que podemos observar são ramificações de Eros". É no resultado de uma difusão pulsional, a saber, a crueldade bárbara do superego na melancolia, que ela encontrará afinal uma "cultura pura das pulsões de morte". Mas, nesse caso, sua insistência em manter o conceito deve ter outras razões, particularmente profundas, e que não é lícito reduzir a uma "preferência íntima". Relembremos de passagem, pois, a gama de fenômenos em que Freud se apoia para deduzi-lo.

Em primeiro lugar, a compulsão de repetição. É o ponto de partida de *Além do princípio do prazer*: além das funções de domínio da excitação e de busca de uma satisfação já experimentada, Freud vê nela a marca do "demoníaco", de uma exigência imperiosa e inassimilável ao registro do prazer. É mais do que a expressão do masoquismo moral, que se manifestará como sentimento de culpabilidade ou necessidade de castigo, na chamada "reação terapêutica negativa" e na neurose de destino. Trata-se de um fator propriamente autônomo, dotado de uma intensidade irrefreável. Nesse sentido, a compulsão de repetição é a origem da reflexão sobre o caráter regressivo da pulsão em geral, que, facilmente identificável no caso da pulsão sexual (o encontro do objeto é seu reencontro, lemos em "A negação"), passa agora a ser o traço pertinente, *sine qua non*, do conceito de pulsão. Com a extensão ao domínio do biológico, aliás, o caráter regressivo da pulsão parece ser mais apanágio de Thânatos do que de Eros, já que este, ainda que voltado para a repetição do sucesso inaugural da vida, emerge como o fundamento da ligação, da composição, da diferenciação progressiva, e quase poderíamos dizer, conservando a polissemia do termo, do "progresso". De fator disruptivo na quietude do organismo distendido, a pulsão sexual passa a ser garantia de sua conservação, e o caráter propriamente primário, "demoníaco", vem cair do lado das pulsões de morte — o que faz pensar numa modificação talvez radical do estatuto da sexualidade nessa última etapa do pensamento freudiano.

Em segundo lugar, a necessidade de manter a dualidade como esquema mais geral do pensamento psicanalítico, somada à inclusão das pulsões do ego no domínio sexual — a partir do narcisismo —, força a busca de um "outro", irredutível ao registro do sexual, apto a coexistir com este e a lhe fazer frente. A importância das reações destrutivas e agressivas vai se impondo pouco a pouco, como capaz de fornecer esse princípio indispensável, embora seja extremamente difícil precisar até que ponto ela é decisiva. Em todo caso, Freud não costuma tomar como *princípio* um elemento que se apresenta no nível empírico. Se a agressividade ocupa um lugar de destaque na conduta humana, a essa expressão fenomênica deve corresponder um jogo de inversões, superposições e derivações, habilitado para dar conta, em termos de economia pulsional, da gênese do processo. Tocamos aqui um ponto absolutamente essencial do pensamento freudiano: o aparente jamais se explica por si mesmo; é sempre resultado de um processo de gênese que o deforma, inverte, reprime, distorce etc. — algo originário que jamais chega a se exprimir abertamente. A agressividade aparecerá assim como o termo de um processo dessa natureza, cuja origem é a autodestruição implícita no conceito de pulsão de morte. Irredutibilidade, portanto, à libido, mas o par de opostos pertinente, no nível da metapsicologia, não será libido/agressividade, e sim pulsões de vida/pulsões de morte. A dualidade é preservada, mas ao preço de um distanciamento suplementar da realidade observável, que no limite torna a doutrina das pulsões — como dirá Freud nas *Novas conferências* — a mitologia da psicanálise.

De maneira inversa, a dificuldade de captar o funcionamento da pulsão de morte no nível intrapsíquico, dado que só se submete à percepção quando "tingida de erotismo", e o risco de deriva metafísica implícito no recurso a uma biologia especulativa fazem com que Freud se volte cada vez mais para o registro da agressividade, na tentativa de perseguir os rastros do novo princípio, postulado a partir de exigências tão fundamentais. Ora, a agressividade implica a existência de um objeto sobre o qual atue, e essa linha está presente, como o vimos, desde o início, quando o sadismo é invocado para justificar *a posteriori* o emprego da noção. Esse objeto não é, por sua vez, indiferente: é outro ser humano, e a relação de alteridade vai tomar uma importância crescente na elaboração teórica de Freud. Munido dos conceitos de Eros como princípio de coesão, e da pulsão de morte como ferramenta de análise dos componentes destrutivos, ele descobrirá que o homem exerce a agressividade não apenas no âmbito erótico, mas também e sobretudo no domínio social, nas relações que estabelece com seus semelhantes e que se revelam no que denomina "a civilização". É por esse motivo que, insensivelmente, Freud é conduzido a considerar cada vez mais de perto a dinâmica da cultura: se no nível biológico e no campo psíquico as pulsões de morte são mudas ou quase inaudíveis sem recorrer a uma especulação que contraria sua adesão quase ascética ao rigor da ciência positiva, no domínio social se prestam mais facilmente à observação e à análise. Como na *República* de Platão, em que as letras maiúsculas da pólis permitem aos interlocutores ver mais claramente o que se passa na alma humana, também o psicanalista, ao descortinar os recônditos da vida psíquica, vem a descobrir que a cultura é o espaço de manifestação das pulsões de morte.

Uma trajetória semelhante pode ser observada no que se refere às pulsões de vida: também aqui Freud opera em três níveis, que podemos caracterizar como biológico, psíquico e social. Mas enquanto no caso das pulsões de morte o nível psíquico se mostra arisco, exigindo a "tintura erótica" para vir se situar no campo da observação, com Eros as coisas se passam de modo diferente. Sob a forma da sexualidade e das tendências à autoconservação, a quase totalidade da vida anímica pode ser considerada fruto das vicissitudes das pulsões de vida. Na concepção freudiana, estas correspondem tanto à preservação do organismo individual como à união do simples no múltiplo; a essas duas funções ou expressões de Eros correspondem as duas noções de libido narcísica e libido objetal. De forma análoga, as pulsões de morte têm por finalidade a destruição de si (no sentido estrito) e a destruição do que se apresenta como exterior ao indivíduo (surgindo então como agressividade). Conservação e destruição de si, coesão e desagregação de múltiplo, formam assim dois pares de correlatos que desenham a dialética de Eros e de Thânatos.

Em *Além do princípio do prazer*, é no nível celular que Eros começa sua magna tarefa de ligar: a vinculação de diferentes células para formar um corpo organizado é, já, expressão de sua atividade. Mesmo antes, a simples preservação da vida na célula isolada — se a hipótese das pulsões de morte é levada em conta — implica a atuação de uma tendência oposta, como afirma a passagem citada de "O problema econômico do masoquismo". Freud chega mesmo a qualificar de "narcisistas" as células germinativas, que conservam para si mesmas a atividade de seus instintos vitais, necessária para a formação de um novo organismo a partir do momento da cópula, enquanto as células do soma seriam dotadas de uma forma primitiva de libido "objetal", em virtude do que buscariam outras do mesmo tipo a fim de tomá-las como "objeto" e neutralizar parcialmente as pulsões de morte.[11] Essa libido celular incrementa assim as tensões internas, as quais, obedecendo agora ao princípio de redução das diferenças vitais encarnado pela pulsão de morte, têm de ser descarregadas "sendo vividas". É dessa maneira que a vida pode ser concebida como palco da luta entre Eros e Thânatos, aquele introduzindo a cada momento novas tensões, por intermédio da ligação da célula e do corpo a outras células e a outros corpos, enquanto as pulsões de morte, silenciosamente, desfazem a coesão e asseguram a vitória final da tendência a que servem.

Mas os limites dessa hipótese especulativa logo se revelam, ao menos no campo da biologia: Freud dirá que opera com uma equação de duas incógnitas. Com efeito, a função dessa incursão pelos enigmas da vida e da morte é fundar uma oposição pulsional que deve se exprimir no nível psíquico, fornecendo um princípio de inteligibilidade para os fenômenos da clínica analítica. Se a meta de Eros é estabelecer unidades cada vez maiores e mantê-las unidas a despeito de seu poderoso adversário, a escala biológica não é a mais adequada para discernir suas modalidades de atuação, porque aqui o limite da vinculação recíproca é definido pelas fronteiras exíguas do corpo vivo. Mesmo no nível anímico, a oposição entre o princípio do Nirvana, correspondente às pulsões de morte — pois trata de reduzir a zero as diferenças de tensão e assim reconduzir ao inorgânico o clamor da vida —, e o princípio de Prazer, que deveria realizar as exigências da pulsão de vida, sobretudo por meio da conservação de si no narcisismo e da satisfação na esfera da sexualidade, não se deixa

---

11 *Além do princípio do prazer*, SA III, p. 259; SE XVIII, p. 50; BN III, p. 2533.

apanhar facilmente no registro conceptual, como o demonstra a observação de que o princípio do prazer parece se achar também a serviço das pulsões de morte, na medida em que reduz as tensões internas, apesar de servir Eros ao proteger o psiquismo das que se originam no mundo exterior.[12] Nessas circunstâncias, Freud é levado a buscar no nível social um exemplo da atuação das pulsões de vida, e é por esse motivo que à meditação sobre a morte em *Além do princípio do prazer* sucede imediatamente o estudo sobre *Psicologia coletiva e análise do ego*. É como se quisesse pôr à prova a operacionalidade da nova teoria, e, diante da dificuldade de encontrar expressões suficientemente nítidas das pulsões de morte, se voltasse para o outro polo, intentando reunir sob essa rubrica fenômenos até então não abordados pelo prisma propriamente psicanalítico. Eis por que, a meu ver, figuram nesse estudo as análises de extrema importância sobre a libido, a sugestão, o enamoramento e a hipnose.

A tese de *Psicologia coletiva* é bem conhecida: o que mantém unidos todos os indivíduos de um grupo, de uma multidão ou de organizações estáveis como a Igreja ou o Exército são laços de natureza libidinal, redutíveis, ao final, a uma sexualidade sublimada. Tal tese apresenta sobre aquelas propostas pelos sociólogos citados no livro duas vantagens: não hipostasiar uma "alma coletiva" e dispensar um "instinto gregário", ambas expressões *ad hoc* e que nada acrescentam, em termos de inteligibilidade, aos fenômenos que pretendem explicar, os quais consistem, no fundo, no fato notável de que os membros de um grupo se comportam de maneira significativamente diferente do que o fariam isolados e fora do grupo. Teremos ocasião de retomar esse problema em outra etapa deste estudo; de momento, interessa pôr em evidência uma primeira oposição, interna a Eros, que se manifesta na escala supraindividual. Diz Freud:

> Nos sentimentos de repulsa e de aversão que surgem contra pessoas estranhas [...], podemos ver a expressão de um narcisismo que tende a se afirmar [...]. É inegável que essa conduta dos homens revela uma disposição ao ódio e à agressividade, a que podemos atribuir um caráter elementar. Mas toda essa intolerância desaparece, fugaz ou duradouramente, na massa. Enquanto a formação coletiva se mantém, os indivíduos [...] toleram todas particularidades dos outros [...] e não experimentam o menor sentimento de aversão. [...] Essa restrição do narcisismo só

---

12 *Além do princípio do prazer*, SA III, p. 271; SE XVIII, p. 63; BN III, p. 2541.

pode ser provocada por um fator: o laço libidinal com outras pessoas. O egoísmo só encontra um limite no amor dos outros.[13]

Tanto o narcisismo quanto o amor objetal são, em níveis diferentes, expressões de Eros; contudo, o narcisismo é intolerante e conduz a um solipsismo em que os outros nada significam, e isso por sua própria natureza, que consiste em tomar o ego como objeto de amor, sem que, nesse primeiro momento, apareça a agressividade. Mas a dialética própria a Eros se define precisamente por esta particularidade: tendendo ao mesmo tempo à *conservação* e à *ampliação* das unidades em que opera, cada uma dessas finalidades pode se opor à outra, pois a integração num conjunto mais complexo limita ou faz desaparecer a unidade individual. Dessa maneira, processos desencadeados sob a égide de Eros podem se colocar a serviço da pulsão de morte, por exemplo provocando reações de agressividade como as evocadas na passagem citada. Da mesma forma, uma vez estabelecido o laço erótico entre dois indivíduos, a nova molécula então formada pode se encontrar em oposição ao grupo mais amplo, e assim por diante: por sua própria dinâmica, cada movimento de Eros induz uma resistência interna dos elementos postos em movimento, resistência que se deve simplesmente ao caráter contraditório da exigência de coesão que lhe é inerente. Nessa brecha, penetram as pulsões de morte, pois a resistência à coesão pode ser também interpretada como tendência à desagregação. Essa dupla face do movimento pulsional encontra uma expressão adequada na noção de ambivalência, e Freud não deixa de evocar o resíduo de hostilidade que impregna mesmo as relações mais intensas e carinhosas entre os seres humanos, seja no amor, seja na comunidade dos interesses grupais, profissionais ou nacionais.

Contudo, o fato é que o narcisismo pode ser posto em xeque pelo amor objetal, tanto no nível individual (hipnose, enamoramento) quanto na dimensão grupal (massas, instituições). A esfera do social se apresenta assim como campo de ação privilegiado para Eros, dado que, por meio das tendências libidinais "inibidas quanto ao fim" — isto é, sublimadas —, a finalidade de vinculação em unidades cada vez mais amplas pode se exercer em escala infinitamente mais vasta que no nível celular ou no da sexualidade no sentido restrito do indivíduo. Mas, da mesma forma, ela oferece às tendências opostas, de natureza

---

13 *Psicologia das massas e análise do ego*, SA IX, p. 94; SE XVIII, p. 101; BN III, pp. 2583-4.

agressiva, um campo de exercício igualmente grande, quer nas relações interpessoais, quer sob a forma da hostilidade entre grupos, classes, povos e nações.

Para dar conta do vínculo afetivo que une diversos indivíduos num grupo, portanto, Freud necessita de um mecanismo que ultrapasse o nível da libido objetal, operando no interior da própria esfera narcísica. Esse mecanismo será encontrado na identificação, objeto de um importante capítulo de *Psicologia das massas e análise do ego*: ela surge no momento inaugural da descoberta da alteridade. "A identificação é conhecida em psicanálise como a manifestação mais precoce de um vínculo afetivo com outra pessoa."[14] Sem entrar de momento nos problemas suscitados por essa afirmação, aos quais retornaremos na seção seguinte deste capítulo, é possível assinalar que a identificação atuante nos grupos não é primária, mas resulta da transformação de um sentimento primitivamente hostil. Falando dos sentimentos de companheirismo, *esprit de corps* e outros da mesma índole, Freud os faz derivar da inveja infantil, isto é, da competição pelo amor dos pais como direito do qual todos os demais estariam excluídos. Diante da impossibilidade de concretizar tal pretensão, a hostilidade se inverte e surge, como "formação reativa", a exigência de que todos sejam tratados da mesma maneira, isto é, que ninguém goze dos privilégios de que cada qual se sente intimamente excluído. Nessas circunstâncias, a condição de tal transformação é a presença, real ou imaginária, de uma pessoa *exterior* ao grupo, cujo amor há de ser igualmente distribuído por todos os seus membros: a identidade recíproca exige assim a posição do líder como aquele para o qual convergem as aspirações libidinais inibidas quanto ao fim, e é apenas porque todos amam o mesmo que a hostilidade mútua pode ser vencida.

Estamos longe de ter esgotado, com estas observações iniciais, a complexidade da questão da identificação. Cabe ressaltar, porém, que ela vem funcionar como intermediário entre Eros e Thânatos, limitando a agressividade entre os membros do grupo e se deslocando para o exterior deste. Trata-se, pois, do mesmo mecanismo posto à luz no caso do sadismo: a exteriorização da pulsão de morte sob o predomínio da libido. A única diferença é que, no sadismo, o processo se desenrola no interior de um indivíduo, enquanto no caso do grupo cada indivíduo funciona como célula de um organismo mais vasto, sendo a agressividade desviada para os membros de outros grupos. Assim, Freud falará

---

14 *Psicologia das massas*, cit., SA IX, p. 98; SE XVIII, p. 105; BN III, p. 2585.

da ferocidade com que a igreja persegue os não cristãos e de outros fenômenos semelhantes, nos quais a identificação, anulando momentânea ou permanentemente as diferenças individuais, trabalha a favor de Eros dentro do grupo e a favor de Thânatos em relação àqueles que dele não fazem parte.

Isso quer dizer — e é um princípio de extrema importância para compreender a análise freudiana da cultura — que entre o indivíduo e o social não há diferença de natureza, mas apenas de escala. Esse fio condutor da crítica da cultura irá nos ocupar longamente; por ora, quero frisar que ele se apoia na concepção de dois princípios que ultrapassam a esfera do psíquico para investir, do lado infra-anímico, a dimensão biológica, e, do lado do supra-anímico, a civilização como fruto da união dos homens. Pulsões de vida e pulsões de morte atravessam a totalidade do existente, do inorgânico (em que se revelam como forças de atração e de repulsão) ao internacional, engendrando conflitos em cada nível e dando origem às mais diversas manifestações. É por essa razão que, em certas passagens de *O mal-estar na cultura* e na conferência 35 da *Introdução à psicanálise*, Freud falará da cultura como um processo orgânico, e da analogia entre o indivíduo e o social como fundada por um mesmo processo, que se atualiza em ambos. Mas, antes de abordar essa questão eriçada de dificuldades, devemos retornar à esfera do individual, a fim de acompanhar os meandros da constituição do polo principal dessa analogia, que é e permanece o psiquismo isolado. Pois, se o combate entre pulsões de vida e pulsões de morte alcança na civilização sua máxima envergadura, também é verdade que, sob a forma da coerção social, as inclinações pulsionais são refreadas e provocam graves conflitos na vida psíquica do animal civilizado.

2. VICISSITUDES DA ALTERIDADE

O problema da socialização do ser humano — isto é, dos mecanismos pelos quais ele realiza sua adaptação ao círculo cultural a que pertence, ao mesmo tempo em que conserva uma margem de manobra própria capaz de distingui-lo dos demais membros desse círculo — está no centro da teoria psicanalítica da cultura, e mesmo da teoria psicanalítica *tout court*. Partindo da tese de que a vida psíquica do homem é determinada ao mesmo tempo de "dentro" e de "fora", pela dinâmica pulsional e pelas relações sociais em que esta se insere, a psicanálise encontra inevitavelmente a questão de saber como esses dois fatores se combinam, se determinam de modo recíproco e entram eventualmente em choque um com o outro. É assim que lemos, na abertura de *Psicologia coletiva e análise do ego*, a seguinte afirmação:

> A oposição entre psicologia individual e a psicologia coletiva ou social [...] perde grande parte de sua significação quando a submetemos a um exame mais detido. A psicologia individual, certamente, refere-se ao homem isolado e investiga os caminhos pelos quais ele procura alcançar a satisfação de suas pulsões, mas só muito poucas vezes e sob determinadas condições excepcionais lhe é dado prescindir das relações do indivíduo com seus semelhantes. Na vida anímica individual parece integrado, com efeito, o "outro", como modelo, objeto, auxiliar ou adversário, e desse modo a psicologia individual é ao mesmo tempo e desde o início psicologia social, num sentido amplo, porém plenamente justificado.[15]

Observemos de que modo é concebida a psicologia social. Não se trata de estudar o "espírito coletivo" nem a "alma dos povos", como na tradição da *Völkerpsychologie* acadêmica, mas de mostrar que, para o indivíduo, as relações com os demais são determinantes para a "satisfação de suas pulsões". É desse ponto de vista que o "outro" aparece em quatro posições possíveis: ou é objeto da pulsão, ou um meio de obter esse objeto, ou um obstáculo que se interpõe entre este e o sujeito, ou, finalmente, um "modelo" para o sujeito. Veremos mais adiante por que a socialidade é necessariamente reduzida, por Freud, à alteridade; aqui é mais relevante discutir uma ruptura entre essas formas em que o "outro" é integrado na economia psíquica individual. Com efeito, três das modalidades mencionadas se referem à esfera do objeto, mas o quarto membro da série, o modelo, parece escapar dessa determinação e mesmo se opor a ela. É que a noção de modelo provém do registro da identificação, cujo exame iniciamos mais atrás. Descoberta em 1917 no estudo sobre o "Luto e a melancolia", no qual serve como mecanismo explicativo da gênese de um estado patológico particular — embora a "identificação histérica" a um traço particular de outra pessoa seja uma noção antiga no arsenal freudiano —, ela ganha, no período final de sua obra, um alcance decisivo para a compreensão da totalidade do funcionamento psíquico.

---

15 *Psicologia das massas*, cit., SA IX, p. 65; SE XVIII, p. 69; BN III, p. 2563.

O que é, em síntese, a identificação? É um processo pelo qual o sujeito assimila um ou mais traços de outro indivíduo, integra-os a seu ego e portanto se modifica de acordo com o modelo ou os modelos em causa. Ela se diferencia, fenomenologicamente, da escolha de objeto, na medida em que escolher um objeto é desejar tê-lo, enquanto se identificar a um objeto é desejar sê-lo ou ser como ele. Freud distingue três tipos de identificação: a primeira é a que já encontramos, ou seja, a relação afetiva mais precoce com uma outra pessoa, anterior à escolha de objeto (identificação primária ao pai); em seguida, a identificação regressiva, posterior à escolha de objeto e em particular ao abandono desse objeto (por exemplo, a identificação que sucede à dissolução do complexo de Édipo); por fim, a identificação parcial a um traço de outro indivíduo, pela qual procuramos imitá-lo em tal ou qual aspecto de sua personalidade ou conduta.[16] Em todos esses casos, a identificação se traduz por uma modificação no ego, sob a forma de um resíduo ou depósito; o ego é constituído por essas identificações sucessivas, que podem ser contraditórias e heteróclitas. Ora, como em todos os casos, aquele com que o sujeito se identifica é exterior a ele, a identificação equivale a uma operação de abertura à realidade externa, constituída por fatores estranhos à vida puramente pulsional do indivíduo. Ou melhor, a ideia de uma vida pulsional desligada da "realidade" é um conceito vazio, já que, mesmo se ela não se *reduz* às relações com outrem (na medida em que as pulsões são internas ao corpo), a satisfação da pulsão — seja ela sexual, agressiva ou de autoconservação — está vinculada necessariamente à existência de objetos exteriores à psique do indivíduo. É por essa razão que Freud pode afirmar que a psicologia individual é *desde o início* psicologia social. Mas convém notar que o outro assim integrado na vida psíquica não deixa de existir por si mesmo, e o conjunto dos "outros", isto é, a sociedade como um todo, pode engendrar características que transcendem o somatório das individualidades. O todo, portanto, é mais do que a soma de suas partes; e, apesar da insistência freudiana em que a psicologia individual seja desde o início psicologia social, não se segue disso que a psicologia seja *ab ovo* psicologia individual.

Mas retornemos à identificação. É-nos dito que a primeira forma de relação afetiva do ser humano é dessa ordem, e mais, que se trata de uma identificação ao pai. Por quê? Na verdade, essa afirmação é enigmática: de acordo com

---

16 *Psicologia das massas*, cit., SA IX, pp. 98 ss.; SE XVIII, pp. 105 ss.; BN III, pp. 2585 ss.

a descrição da evolução individual, poderíamos esperar que a primeira relação afetiva visasse à mãe, único objeto do lactente durante os primeiros meses de vida. A intervenção do pai, como vimos no capítulo anterior, é tardia e está longe de se explicar por si mesma. Podemos observar, porém, que a frase de Freud diz que a identificação é a primeira forma de relação afetiva *com outra pessoa*, o que implica que o lactente seja, no momento dessa identificação, uma pessoa, isto é, que o ego se tenha constituído por diferenciação do mundo exterior. Essa operação tem lugar por volta dos seis ou oito meses, quando o lactente manifesta a reação do "medo ao estranho", que é portanto diferenciado da mãe. Essa situação, da qual Claude Le Guen extrai o esquema do "Édipo originário", é o protótipo da evolução posterior, na medida em que envolve três personagens, enlaçados entre si de modo conflitivo.

Se retomamos a passagem de *Psicologia coletiva* em que Freud introduz o conceito de identificação, vemos que o complexo de Édipo é o tema a que conduz seu raciocínio:

> Simultaneamente a essa identificação com o pai, ou um pouco mais tarde, o menino começa a tomar a mãe como objeto de suas pulsões libidinais. Mostra, pois, duas ordens de vinculações psicologicamente diferentes. Uma, de franca sexualidade, à mãe, e uma identificação com o pai, que considera um modelo a imitar. Essas duas vinculações coexistem durante algum tempo sem se estorvar nem influir uma sobre a outra. Mas, à medida que a vida psíquica tende à unificação, vão se aproximando até se encontrarem, e dessa confluência nasce o complexo de Édipo normal.[17]

Onde colocar, porém, o outro fator do complexo de Édipo, a saber, o desejo de eliminar o pai? Freud recorre à ambivalência para resolver a dificuldade: a identificação é, desde o princípio, ambivalente, e pode se manifestar tanto como desejo de imitar quanto como desejo de suprimir. Isso se deve a que seu protótipo é a incorporação da fase oral, em que a absorção, na qualidade de ingestão do objeto, é simultaneamente sua destruição. A identificação com o pai, portanto, pode ser concebida deste modo: se o menino quer ser como o pai, ou melhor, quer ser o pai, deve poder ao final substituí-lo em todas as suas funções,

---

17 *Psicologia das massas*, cit., SA IX, p. 98; SE XVIII, p. 105; BN III, p. 2585.

entre as quais a de partilhar o leito da mãe; ora, como essa substituição completa esbarra no fato de que o pai continua a existir independentemente da identificação, e portanto a barrar o caminho para a mãe, surgirá a hostilidade, e o complexo poderá emergir sob seu aspecto normal.

Essa concepção, porém, apresenta sérias dificuldades. Em primeiro lugar, a identificação é dita *anterior* ao estabelecimento da relação de objeto libidinal, ao mesmo tempo em que seu *protótipo* é a incorporação da fase oral, que não deixa de ser uma relação de objeto; o antes e o depois parecem assim um tanto vagos. Mais decisivamente, se a identificação é desde o início ambivalente, é necessária uma explicação para o fato notável da ausência de hostilidade durante a etapa anterior ao estabelecimento do complexo de Édipo, já que Freud afirma que ela só aparece com a confluência das "duas ordens de vinculações". Além disso, a pré-história do complexo de Édipo é aqui apresentada de um modo não conflitivo, o que torna enigmática a aparição do conflito, e de qualquer modo atribui apenas à tendência "à unificação psíquica" a origem do complexo. Temos então que a "tendência" em questão não apenas faz surgir do virtual uma hostilidade extraordinariamente intensa, elemento de um conflito dilacerante que concorda mal com a dita "unificação", mas ainda deixa envolta em espesso mistério a atuação da outra pulsão, na medida em que pode ser atribuída à ação de Eros. Por fim, é difícil admitir que, até perto dos cincos anos, a criança não manifesta signos de agressividade, e Freud nos oferece análises exaustivas que mostram o contrário: por exemplo, o jogo da bobina, ou o estudo antes mencionado a respeito da conversão dos sentimentos hostis em sentimentos sociais por meio, justamente, da identificação. Todos esses argumentos conduzem à busca de um outro esquema, mais adequado aos fatos, e precisamente no que Le Guen denomina o "Édipo originário" nos é possível encontrá-lo.

O que se trata de explicar é a universalidade do conflito edipiano, que, sendo estruturante do ser humano como tal, deve se apoiar em processos pelos quais passe, empiricamente, todo lactente, sejam quais forem o sexo e a área cultural a que pertença em cada caso particular. Esse conflito é estruturante do ser humano porque nele e por intermédio dele se opera a articulação entre a vida pulsional e a esfera social, fazendo com que o "outro" venha a ocupar na vida psíquica os quatro lugares atribuídos por Freud: modelo, objeto, auxiliar ou adversário. O conteúdo do complexo de Édipo — que pode ser descrito esquematicamente como a instauração da proibição do incesto — envolve a transformação mais decisiva da história de cada indivíduo, transformação que consiste em fazê-lo surgir como sujeito humano capaz de desejar e de reconhecer na realidade social a si mesmo, o objeto de seu desejo e os limites intransponíveis opostos ao exercício deste último. Além disso, ainda que no momento em que Freud redige *Psicologia das massas* isso ainda não seja essencial, o complexo de Édipo é vivido de modo diferente pelo menino e pela menina, embora o objeto inicial de ambos seja a mãe, que alimenta e provê as necessidades de sobrevivência do lactente. O conceito de "Édipo originário" visa portanto encontrar, numa situação vivida necessariamente por todos e na qual o sexo da criança seja indiferente, o protótipo do conflito edipiano, capaz de elucidar de que modo o lactente vem a situar a si mesmo, a mãe e o pai: pois este, termo indispensável do processo, está longe de ser dado, como os outros dois. A questão, por fim, pode ser formulada assim: de onde vem o pai, e por que a identificação com ele é primária?

É na situação do "medo ao estranho" que Le Guen vai buscar a resposta. Em si mesma, tal situação é simples: a partir de um certo momento de sua evolução, que pode ser localizado entre seis e oito meses, a criança passa a apresentar uma nova conduta para com pessoas que não são sua mãe. Embora por certo já tenha visto muitas vezes tais pessoas, ela começa agora a *reconhecer* a diferença entre aquela e o que Le Guen propõe denominar o "não mãe" — reconhecimento que se traduz pelo choro e que portanto manifesta uma angústia. Por que a criança chora? Não é apenas a ausência da mãe que provoca essa reação, mas a presença do outro, que assinala aquela ausência, se apresentando em lugar dela. Suscitando o desejo pela mãe, o estranho devém assim causa de frustração: não investido ainda como objeto, ele é pura negatividade, que só existe para a criança na medida em que anuncia e significa que a mãe não está ali. Como esta é a fonte da satisfação das necessidades da criança, sua ausência implica a possibilidade de que tais necessidades não sejam satisfeitas; ora, a percepção desse perigo, que pode ser legitimamente suposta atuar na imaginação do lactente, o conduz a se representar uma cena de satisfação, protótipo de todos os fantasmas ulteriores; e, para que isso seja possível, é necessário que o ego tenha se constituído, ou pelo menos que se constitua nesse momento. A situação engendra assim cinco elementos decisivos: o ego como separado do objeto, o objeto como capaz de ser perdido, a angústia em que essa representação se impõe, a própria representação fantasmática desses elementos e, sobretudo, a negatividade que surge como indício da ausência da mãe (o não mãe que é o protótipo de todas as frustrações e interditos vindouros). Como a criança vai se relacionar com essa figura ainda anônima? "O desejo de presença da mãe implica a rejeição do não mãe, sua aniquilação; reencontrar a mãe é reenviar ao nada o não mãe; é, em suma, a prefiguração do desejo de assassinato do pai."[18] Dessa forma, a dialética do reconhecimento de si e do objeto implica o desejo, mas um desejo de dupla face, na medida em que a aspiração à presença da mãe é ao mesmo tempo exigência de afastamento do não mãe, condição *sine qua non* para sua realização. Eis por que essa dialética cria o sujeito como necessariamente situado diante de um par de opostos, isto é, como elemento de uma triangulação que é propriamente estruturante.

A descoberta do objeto como capaz de ser perdido — pois é a perda que o não mãe encarna pelo mero fato de existir — constitui um trauma de grandes proporções, e à criança vai se impor a tarefa de dominá-lo e integrá-lo à sua vida psíquica. Aqui intervém a repetição, como vimos, e Le Guen retoma a análise do jogo da bobina efetuada em *Além do princípio do prazer*. Esse jogo consiste em a criança atirar para longe de si uma bobina que representa a mãe, para fazê-la retornar em seguida e atirá-la de novo. Em primeiro lugar, portanto, ela realiza a simbolização da mãe pela bobina — um objeto pelo outro, o que mostra que a mãe ocupa, no triângulo, essa posição. Mas, de forma mais decisiva, a passagem da passividade à atividade — pois o menino é quem faz aparecer e desaparecer a bobina/mãe — mostra que ele próprio se colocou no lugar daquele que faz desaparecer a mãe: o não mãe, a princípio pura negatividade, porque apenas índice de ausência do objeto, ganha assim a consistência deste último, ao mesmo tempo em que dele se separa. O não mãe se transformou no pai, e o jogo da bobina, ou aquilo que porventura o substitua, é signo de uma identificação com o pai:

> a mãe se tornou aquela que ele rejeita, e o pai, aquele que ele toma em si. [...] Essa identificação, que se não é primária está muito perto de sê-lo, resulta de um processo defensivo; isso marca ainda mais a triangulação em que ela se situa, triangulação na qual cada um dos três termos recebe seu sentido em função dos outros dois.[19]

---

18 Claude Le Guen, *L'Œdipe originaire*, Paris, Payot, 1974, p. 23.
19 Ibidem, p. 99.

Vamos nos deter um momento nessa passagem. A identificação com o não mãe, isto é, com o pai, aparece como resultado de um processo defensivo ativo no ego, o que não é de admirar: ela significa, não a identidade absoluta, mas o *se identificar* a alguém. À angústia pela perda da mãe sucede assim a atividade lúdica pela qual esta é integrada, mas ao preço do que pode ser considerado uma "identificação ao agressor". Na série das formas em que o outro surge na vida psíquica, passamos aqui do adversário ao modelo, enquanto a mãe permanece na posição do objeto. Explica-se assim a observação de Freud segundo a qual a identificação é a modalidade mais precoce do vínculo afetivo com outra pessoa, e ao mesmo tempo a ambivalência que lhe é consubstancial: ela nasce da necessidade de superar o primeiro dilaceramento, introduzido pelo advento do não mãe, por meio da incorporação em si do agressor. O mundo exterior se apresenta assim à criança não mais como se contivesse apenas a possibilidade de satisfação, mas também como origem da frustração — e frustração imposta por um terceiro. Pois a criança descobre que a mãe não se aniquila quando não está ali: a permanência no tempo, que já para Kant é o esquema da substância na imaginação, se revela então prenhe de consequências no nível da estruturação da psique. Se a mãe retorna, ela indica nesse mesmo movimento a possibilidade de uma nova desaparição; mas como o não mãe é signo dessa desaparição, se impõe a conclusão de que a mãe desaparecida está em poder do não mãe, sob uma forma próxima, por exemplo, da devoração. O não mãe admite em si a mãe e assim se constitui como objeto com existência própria, a saber, o pai. É ele que pode fazer desaparecer a mãe: a onipotência desliza dela para o pai, e, ao se identificar com o pai, a criança incorpora essa mesma onipotência, passando a ser o agente da desaparição e da reaparição. Eis aí o sentido fundamental do jogo da bobina.

A concepção exposta em *Psicologia coletiva e análise do ego* quanto à origem do complexo de Édipo — a qual o faz derivar da confluência de duas ordens de relações objetais, sob a égide da "tendência à unificação da vida psíquica" — exige assim alguns reparos, que Freud vai realizar nos anos subsequentes. É certo que o primeiro objeto é a mãe e que a primeira identificação é ao pai; mas Freud não extrai dos dados que elabora a concepção do Édipo originário. Sua atenção vai ser dirigida para outros problemas, um dos quais nos interessa de perto. A partir de *O ego e o id*, o aparelho psíquico passa a ser dividido em três instâncias: o id, o ego e o superego, que, como se sabe, respondem à exigência de considerar que o reprimido não representa a totalidade do inconsciente. Com efeito, a resistência, que só pode ser atribuída ao ego, é em grande parte inconsciente, da mesma maneira que certas funções atribuídas ao superego. Ao perseguir a gênese das duas instâncias diferenciadas do id, Freud vai atribuir à identificação um papel de extrema importância: o ego é, entre outras coisas, constituído por resíduos de identificações abandonadas, e o superego nasce da introjeção das imagens parentais, o que coloca sua gênese num registro próximo do da identificação. O problema que vai ocupar a teorização de Freud é, em síntese, o seguinte: o superego é ao mesmo tempo o herdeiro da relação primitiva com os pais, isto é, do complexo de Édipo, e o representante dos interditos e ideais sociais na psique individual. Entre os impulsos de desejo do id e a censura exercida pelo superego, o ego travará uma luta da qual surge o sentimento de culpabilidade. Ora, a progressão desse sentimento nas sociedades ocidentais é o tema de *O mal-estar na cultura*; o complexo de Édipo desencadeia no nível da religião o surgimento da representação de Deus; e os impulsos reprimidos fazem, no âmbito da história, um retorno espetacular em *Moisés e o monoteísmo*. A fim de não operarmos com quantidades desconhecidas e não nos defrontarmos, ao abordar esses escritos, com "equações a duas incógnitas", se torna necessário efetuar um trajeto, paralelo mas indispensável, que nos permita compreender a articulação destes três conceitos: o complexo de Édipo (com seu correlato, o complexo de castração), o superego (com seu correlato, o sentimento de angústia moral) e a expressão interior do conflito das instâncias, sob a forma do sentimento de culpabilidade.

Comecemos, pois, pelo complexo de Édipo. O conceito é antigo no pensamento freudiano; mas, a partir de 1920, três fatores vêm modificar a concepção vigente nas etapas anteriores de sua obra: a introdução da fase fálica, a vinculação decisiva do Édipo ao complexo de castração, e a necessidade de pensar, em consequência, a diferença de sua atuação no menino e na menina. É no artigo de 1924 dedicado à "Organização genital infantil" que Freud efetua essa importante modificação na série das fases evolutivas da libido: entre a etapa sádico-anal e o período de latência, se insere doravante um momento em que

> a afinidade da vida sexual infantil com a do adulto [...] não se limita à emergência de uma escolha objetal. Embora não chegue a se estabelecer uma perfeita síntese das pulsões parciais sob a primazia dos genitais, o interesse dedicado aos órgãos e

às atividades genitais adquire, quando o curso evolutivo da sexualidade infantil alcança seu ponto mais alto, uma importância e um predomínio pouco inferiores aos que atingirão durante a maturidade. No caráter principal dessa organização genital infantil encontramos, além disso, sua mais importante diferença em relação à organização genital do adulto. Esse caráter diferencial consiste no fato de que o sujeito infantil admite apenas um órgão genital, o masculino, para ambos os sexos. Não existe, pois, uma primazia genital, mas uma primazia do falo.[20]

A noção de que ambos os sexos são providos de pênis é uma das teorias sexuais infantis estudadas já em 1908; não é recente, pois, a descoberta de que tanto o menino quanto a menina se interessam pelos genitais masculinos. Por que, então, atribuir agora a esse falo uma importância tão decisiva? Porque as inferências que dele vão se originar já não se limitam às especulações infantis sobre a origem dos bebês, mas conduzem diretamente ao conceito de complexo de castração.

Com efeito, Freud se propõe abertamente uma questão que até então permanecera implícita: o que acontece com o complexo de Édipo? Não que o complexo de castração seja uma grande novidade em seu horizonte: desde a análise do Pequeno Hans, ele desempenha um papel de destaque no pensamento freudiano, sob a forma do *fantasma de castração*, isto é, da representação de que o pênis pode ser arrancado do corpo por um agente exterior. O objeto de castração pode ser, em virtude do deslocamento, representado com os olhos (por exemplo, no conto de Hoffmann estudado em "O sinistro") ou por outra parte narcisicamente valorizada do corpo; o ato pode ser substituído por outras operações que ameacem a integridade corporal (como arrancar os dentes ou amputar um membro); o pai, a quem se atribui a intenção castradora, será transposto para registros muito afastados (como o cavalo ou o lobo das zoofobias infantis).[21] Mas, até 1924, os complexos de Édipo e de castração não se encontram ligados de modo indissolúvel, cada qual discutido e examinado por si mesmo, ainda que em determinados pontos se relacionem entre si. Na verdade, é a partir da questão — ao que parece, afastada — da origem do superego que Freud será levado a estabelecer entre eles uma relação mais estreita.

---

20 "A organização genital infantil", SA V, p. 238; SE XIX, p. 142; BN III, p. 2699.
21 Cf. Laplanche e Pontalis, *Vocabulaire*, cit., artigo "Complexe de castration", pp. 74 ss.

Desde a "Introdução ao narcisismo", o ego aparece como apto a se dissociar e a incluir o que em 1914 se denomina o "ideal do ego". Este é concebido como salvaguarda do narcisismo primitivo, no qual vem se recolher a perfeição que a criança se atribuía antes de o ego perceber sua pequenez e suas limitações. A ferida narcísica assim aberta será em parte cicatrizada com a formação do ideal do ego, que desempenha a função de meta a atingir ou de critério para avaliar o desempenho do ego. Mas, naquele altura, Freud atribuía à "crítica dos pais" um papel decisivo para a formação desse ideal, de modo que ele parecia derivar de duas fontes divergentes: o narcisismo primitivo e uma instância exterior, na verdade irredutível a ele. Com a introdução do conceito de identificação, essa brecha será em parte obturada: sendo o modelo inicial do ego a imagem do pai (ou, como dirá uma nota de *O ego e o id*, dos pais), essa imagem pode ser situada ao mesmo tempo no registro narcísico, resultando disso que o ideal do ego será o regulador do equilíbrio entre o que o ego é e o que aspira a ser.

É em *Psicologia coletiva e análise do ego* que Freud retoma essa questão, precisamente a partir do exame da identificação. Falando da melancolia, em que o objeto perdido se instala no ego de modo tal que desencadeia uma hiperatividade patológica da instância crítica, ele notará que uma parte do ego dirige à outra, identificada com o objeto, as recriminações mais violentas e implacáveis. Ora, a parte que assim critica sem nenhuma piedade não é mais do que o ideal do ego, aqui atuando na qualidade de consciência moral:

> Tivemos de construir a hipótese de que em nosso ego se desenvolve tal instância, que pode se separar do outro ego e entrar em conflito com ele. A essa instância demos o nome de ideal do ego e lhe atribuímos como funções a auto-observação, a consciência moral, a censura onírica e a influência principal na repressão. Dissemos também que era a herdeira do narcisismo primitivo, no qual o ego infantil se bastava a si mesmo; e que, pouco a pouco, ia tomando das influências do meio as exigências que este colocava ao ego, o qual nem sempre podia satisfazê-las, de modo que, quando o homem se achasse descontente consigo mesmo, poderia encontrar sua satisfação no ideal do ego.[22]

Essa passagem não deixa de apresentar problemas. Nada há a objetar à ideia de que o ideal do ego sirva de consolo ao homem descontente, que,

---

22 *Psicologia das massas*, cit., SA IX, pp. 102-3; SE XVIII, pp. 99-100; BN III, p. 2588.

diante de suas limitações, pode se referir àquilo que gostaria de ser e encontrar na esperança de se aproximar do ideal um motivo de gratificação. Tampouco é difícil conceder que a imagem do "ego que se basta a si mesmo" — isto é, goza da onipotência narcísica — seja a fonte da qual emerge o ideal do ego, cuja cumplicidade com a onipotência salta aos olhos. Mas por que essa mesma instância, derivada do narcisismo, seria responsável pela crítica moral e pela repressão? O recurso à auto-observação não basta para dissipar o mistério, porque de uma instância originada do narcisismo seria mais coerente esperar provas de indulgência do que mostras de severidade. Freud é então obrigado a falar, em termos bastante vagos, das "exigências do meio", cuja interiorização está longe de ser evidente, e sobretudo põe em contradição as funções heteróclitas atribuídas ao ideal do ego. Por outro lado, a existência de uma instância crítica na psique é um fato indiscutível, tanto mais que, em certas modalidades patológicas, ela parece agir por conta própria e flagelar o ego a ponto de conduzi-lo ao suicídio.

Diante de tais dificuldades, Freud vai se voltar para outra direção. O "meio" cujas exigências o ego dificilmente satisfaz é em primeiro lugar corporificado pela família; a solução virá, portanto, do complexo de Édipo. É na relação da criança com os pais que se encontram os germes da agressividade de que é capaz a instância crítica; e, ao vincular entre si as problemáticas do Édipo e do surgimento da consciência moral, Freud vai inventar a noção de *superego*, que surge assim num contexto que convoca de imediato a ameaça de castração e a interiorização da agressividade. A solução — de uma simplicidade genial e prenhe ao mesmo tempo de consequências para a teoria psicanalítica — consiste em conceber o superego como herdeiro do complexo de Édipo, o qual é reprimido pela ameaça de castração que vem sancionar o desejo incestuoso. É em *O ego e o id* que encontramos a descrição do processo pelo qual se verifica tal transformação.

Mais uma vez, é na identificação que começa o percurso, porém num contexto diferente: o que se trata de explicar é que o superego apresenta, com a consciência, uma conexão menos firme do que o ego, ou, em outros termos, por que motivo ele pode ser dito, em sua maior parte e na maior parte de seu modo de funcionamento, inconsciente. Freud recorda que a identificação provém da incorporação oral, na qual o mesmo modo de apreensão — trazer o objeto para si e absorvê-lo, o que implica ao mesmo tempo sua conservação e sua destruição — caracteriza as duas relações: nessa etapa, ainda não se podem distinguir identificação e investimento do objeto. Notemos de passagem que a identificação precedia o investimento objetal; agora a incorporação aparece como o protótipo de ambas. Embora não possa descrever com precisão o mecanismo desse processo, Freud conjetura que a introjeção do objeto no ego facilite o abandono do mesmo, já que o id pode continuar amando no ego o resíduo do objeto a que teve de renunciar. A identificação é assim um meio pelo qual o ego é capaz de controlar melhor os impulsos originados no id, segundo o princípio do *reculer pour mieux sauter*: se oferecendo como objeto e em seu lugar ao amor do id, o ego torna menos dolorosa a perda, mas à custa de uma maior "docilidade" diante da instância de que emana o desejo. Seja como for, a transmutação de uma escolha de objeto em identificação acarreta duas consequências: uma parte da libido objetal se converte em libido narcisista, pois o objeto se desloca para dentro do ego, e ao mesmo tempo se verifica um abandono das metas diretamente sexuais, já que a narcização do investimento implica inibir a satisfação da pulsão erótica que visava ao objeto correspondente. Freud se pergunta se essa dessexualização não estará na base do mecanismo da sublimação, que opera exatamente no mesmo sentido, inibindo quanto ao fim a pulsão sexual; a narcização seria assim uma etapa indispensável da sublimação, atraindo para o ego uma certa quantidade de libido para em seguida orientá-la para novas finalidades, marcadas pelo selo do narcisismo, e consentânea com a escala de valores da cultura. Tomemos nota dessa possibilidade, reservando para outro contexto as inferências que ela sugere, e continuemos a seguir o raciocínio de Freud.

> Os efeitos das primeiras identificações, realizadas na idade mais precoce, são sempre gerais e duradouras. Isso nos leva à gênese do ideal do ego, pois atrás dela se oculta a primeira identificação do indivíduo, ou seja, a identificação com o pai. (Nota: talvez seja mais prudente dizer "com os pais", pois o pai e a mãe não são objeto de uma valorização distinta antes da descoberta da diferença dos sexos, isto é, da falta do pênis no sexo feminino.) Essa identificação não parece constituir o desenlace de um investimento objetal, pois é direta e imediata, anterior a todo investimento objetal. Mas as escolhas objetais pertencentes ao primeiro período sexual, e que recaem sobre o pai e a mãe, parecem ter como desenlace essa identificação e intensificar assim a identificação primária.[23]

---

23 *O ego e o id*, SA III, p. 300; SE XIX, p. 31; BN III, p. 2712 (nota de Freud).

Um dos prazeres da leitura de Freud provém da clareza com que são redigidos seus escritos, mas aqui é difícil esconder uma certa perplexidade: Freud nos diz que a primeira identificação é com o pai (mas também com *os pais*, isto é, com o pai e com a mãe); que é ao mesmo tempo primária e desenlace dos investimentos objetais do pai e da mãe, o que implica que o pai é ao mesmo tempo objeto e modelo, enquanto a identificação surge como primária e tardia... É difícil ser mais obscuro. Mas essa obscuridade provém do fato de que a situação original é já uma situação complexa, e por esse motivo Freud vai fazer intervir como fatores de explicação a triangulação do Édipo e o que denomina "bissexualidade constitucional do indivíduo".

Qual a função desse último fator? O texto descreve primeiro a forma positiva do Édipo masculino: o menino toma como objeto a mãe, a partir do seio, e se identifica com o pai; as duas relações correm paralelas durante certo tempo, até que a intensificação do desejo pela mãe e a percepção de que o pai representa um obstáculo para a realização desse desejo fazem surgir a hostilidade contra ele. Assim se origina o complexo, integrando uma atitude ambivalente em relação ao pai — pois o matiz carinhoso da identificação primária não desaparece — e a aspiração de união sexual com a mãe. Duas observações podem ser introduzidas nesse ponto: em primeiro lugar, o Édipo surge de um processo de confluência em que, mais uma vez, a hostilidade tem de aparecer por um passe de mágica da natureza ambivalente da identificação — natureza que é postulada, mas não demonstrada —; em segundo lugar, a aspiração de união sexual com a mãe opera um salto das pulsões parciais à integração genital, que permanece então misteriosa, antes da introdução da fase fálica. Essa versão da teoria é insuficiente, portanto, para explicar a origem do complexo de Édipo, e isso pela simples razão de que Freud se apoia ao mesmo tempo numa maturação sexual natural e numa concepção em que o realismo torna obscuras as dimensões da fantasia. Eis por que, mais adiante, será preciso introduzir a noção de fase fálica para explicar a integração precoce sob o primado do genital (ainda que apenas masculino) e investigar mais de perto o que Freud chamará de "pré-história do complexo de Édipo". Assinaladas essas carências, que indicam as falhas que os novos conceitos virão preencher, vejamos como Freud continua e por que terá de lançar mão da bissexualidade para dar conta do problema.

Ao chegar à época da destruição do complexo de Édipo, o investimento objetal da mãe precisa ser abandonado e em seu lugar surge uma identificação com a mãe, ou é intensificada a identificação com o pai. Esse último resultado é o que consideramos normal [...]. O naufrágio do complexo de Édipo afirmaria assim a masculinidade no caráter do menino. De modo análogo, o complexo de Édipo pode terminar por uma intensificação da identificação com a mãe (ou o estabelecimento dessa identificação), que afirma o caráter feminino do sujeito. *Essas identificações não correspondem a nossas esperanças, pois não introduzem no ego o objeto abandonado*; mas tal desenlace também é frequente e pode ser observado com mais facilidade na menina do que no menino. [...] Esta, depois de ter se visto obrigada a renunciar ao pai como objeto erótico, exterioriza os componentes masculinos de sua bissexualidade constitucional e se identifica não com a mãe, mas com o pai, isto é, com o objeto abandonado. Essa identificação depende [...] da intensidade de suas disposições masculinas.[24]

Esse trecho suscita algumas questões.

Em primeiro lugar, dentro da concepção biologizante da evolução, o final do Édipo parece sobreviver naturalmente: "ao chegar à época". Mas Freud fala também de "destruição" e de "naufrágio", o que permite pensar que essa dissolução se dá de modo conflitivo: vê-se bem a qual necessidade responde e para completar qual lacuna vai ser convocado o complexo de castração. Em segundo lugar, surge uma primeira diferença entre a sexualidade masculina e a feminina: na mulher, a identificação com o resíduo do abandono do objeto pode ser observada mais "facilmente" e com mais "frequência" que no homem. Pois Freud está diante do seguinte enigma: para que se constitua o ideal do ego (aqui sinônimo de superego) é preciso que a identificação com o pai seja diferente da escolha de objeto que visa ao pai. Mas, ao mesmo tempo, o "naufrágio do Édipo" não tem como resultado normal a transformação constante da escolha de objeto materno em identificação (esse é o mecanismo da homossexualidade masculina), e sim a *repressão dessa escolha* e uma intensificação da identificação com o pai, que determina a homossexualidade da menina ou a masculinidade heterossexual do menino. Em todo caso, se introduz a suspeita de que os dois sexos não vivem de modo idêntico a crise edipiana, pois se assim fosse a maioria das mulheres seria homossexual manifesta, pela "intensificação da identificação ao pai".

---

24 *O ego e o id*, SA III, p. 300; SE XIX, pp. 31-2; BN III, p. 2712. Grifos meus.

Para sair do dilema, Freud tem de invocar a bissexualidade, cujo papel teórico consiste em sublinhar a virtualidade das disposições masculina e feminina nos dois sexos; da força relativa desse fator dependerá a resolução do Édipo. Mas não se pode escapar à impressão de que aqui, como para fundar a pulsão de morte, Freud recorre *ad hoc* à biologia. Com efeito, a lógica conduziria a supor que as disposições masculinas e femininas não relevam da ordem biológica, mas dependem do jogo das identificações e da preponderância de uma ou de outra na dinâmica psíquica de cada indivíduo. Ora, é ao contrário à bissexualidade que se vai atribuir o papel determinante, fazendo com que a balança das identificações penda num ou noutro sentido. É certo que cada ser humano contém em si disposições bissexuais; mas se trata de uma bissexualidade psíquica e não anatômica ou fisiológica, que escaparia da alçada da psicanálise para se apoiar na bioquímica dos hormônios. E, de fato, mais adiante Freud abandonará essa tese; mas para isso será necessário desvendar os domínios, por enquanto mergulhados em trevas, do complexo de castração e da fase pré-edipiana em cada um dos sexos.

Por ora, Freud julga que a introdução das disposições bissexuais pode dar conta da questão e dela extrair o conceito decisivo de "complexo de Édipo completo", com suas quatro tendências: carinhosa e hostil para com o pai, carinhosa e hostil para com a mãe, em função da posição que cada qual ocupe na dialética da escolha de objeto e da identificação. O "naufrágio" do complexo de Édipo dará origem a uma identificação ao pai *e* a uma identificação com a mãe, em função dessa dialética. O resultado do processo será "a presença no ego de um resíduo, que consiste no estabelecimento dessas duas identificações enlaçadas entre si. Essa modificação do ego conserva sua significação especial e se opõe ao conteúdo restante do ego, como 'ideal do ego' ou 'superego'".[25] Façamos aqui uma pausa. A identificação com o pai continua a ser primária e direta — vimos por que, ao estudar o conceito de Édipo originário: ela resulta da introjeção do não mãe, na terminologia de Le Guen —, e isso independentemente do sexo da criança. Para compreender o processo, faltam os conceitos seguintes: o de *pré-história do Édipo*, que deve explicar sobretudo como a menina opera a troca de objeto, da mãe para o pai, e se identifica àquela, para que possa surgir a feminilidade; e o de *complexo de castração*, para dar conta da destruição do complexo de Édipo no menino e da identificação mais intensa com o pai, além,

---

25 *O ego e o id*, SA III, p. 301; SE XIX, p. 34; BN III, p. 2713.

como veremos, da instauração do Édipo na menina. Mas o resultado da fase edipiana é, nos dois sexos, o surgimento do superego, a partir das identificações "enlaçadas" com os pais, de quem nos é dito, na nota de *O ego e o id*, que não são objeto de valoração separada antes do reconhecimento da diferença sexual. Tudo está no lugar, pois, a partir das próprias brechas da teoria, para que esse reconhecimento seja por sua vez analisado — é o que levará ao conceito de fase fálica, e, por essa via, à castração e ao desenvolvimento divergente da evolução libidinal em cada um dos sexos. Eis as tarefas a que se dedicará Freud nos anos subsequentes.

Do que afirmou até esse momento, ele vai extrair um elemento novo e decisivo para elucidar o funcionamento do superego: o fato de que sua instauração não apenas deriva das escolhas objetais edipianas, mas corresponde também a uma "enérgica formação reativa" contra elas. Isso porque, se em sua função de ideal do ego ele exige que a criança seja como o pai, em sua função de censura do desejo incestuoso exige igualmente que ela não seja como o pai, já que a posse sexual da mãe é exclusividade deste último. Vimos que a derivação do ideal do ego a partir do narcisismo não bastava para explicar essa característica proibida; todo o complexo trajeto que acabamos de efetuar, nas pegadas de Freud, mostra que ela provém da origem edipiana do superego, e em particular da introjeção da imago paterna como obstáculo à realização do desejo pela mãe. Essa exposição é inevitavelmente complicada pela ausência de um conceito-chave, o de complexo de castração; mas não é possível proceder de outro modo, já que tal conceito vai ser introduzido justo para dar conta dos elementos deixados necessariamente em estado de obscuridade por *O ego e o id*. Não obstante, Freud pode caracterizar o superego como representante ao mesmo tempo da autoridade paterna *e* dos primitivos investimentos do id, e isso por meio da vinculação dessa instância ao complexo de Édipo (e, evidentemente, à sua repressão):

> Tendo reconhecido nos pais, e em especial no pai, o obstáculo à realização dos desejos integrados no complexo de Édipo, o ego teve de se robustecer para levar a cabo a repressão daquele, criando em si mesmo esse obstáculo. Teve de tomar emprestada do pai a energia para fazer isso, e quanto maiores forem a intensidade do complexo de Édipo e a rapidez de sua repressão [...], mais severamente reinará depois sobre o ego como consciência moral, ou talvez como sentimento de culpabilidade [...]. O ideal do ego é, portanto, o herdeiro do complexo de Édipo e, com

isso, a expressão dos impulsos mais poderosos do id e dos destinos mais importantes de sua libido.[26]

Essa proximidade com o id e portanto com seus movimentos pulsionais envolve a questão de que se partiu (por que o superego é, em essência, inconsciente) e é igualmente decisiva para compreender sua severidade, já que nasce de uma identificação com o modelo paterno. Vimos antes que a identificação implica uma dessexualização, ao converter em libido narcisista uma parcela da libido objetal. Mas, se nos referimos agora à doutrina das pulsões, podemos estabelecer uma equivalência entre a dessexualização e a defusão pulsional, pois é lícito pensar que, se o investimento do objeto obedece à tendência à coesão própria a Eros, a retirada desse investimento — que é sempre uma mescla de libido e agressividade, em virtude da dinâmica da fusão pulsional — implica uma separação das pulsões até então intrincadas uma na outra. E, assim como se verifica o retorno da libido sobre o ego, verifica-se também o retorno de uma fração de agressividade, voltada antes para o objeto, sobre o mesmo ego. A identificação que engendra o superego libera portanto uma fração de pulsão de morte, que vem se instalar nele e agredir o sujeito por meio de uma exacerbação da consciência moral. Em geral silencioso, esse processo vem à luz na melancolia, a propósito da qual Freud falará do superego como "pura cultura das pulsões de morte".[27] Mas, mesmo quando a crítica não é tão intensa, a relação do ego com o superego é marcada sempre pelo selo da angústia; e, como o protótipo de toda angústia é a angústia de castração, devemos nos voltar agora para esse conceito, cuja introdução virá clarificar em muito a reconstrução dos acontecimentos decisivos do período edipiano.

Numa série de textos publicados entre 1924 e 1933 — "A dissolução do complexo de Édipo", "Algumas consequências psíquicas da diferença sexual anatômica", "Sobre a sexualidade feminina", "Fetichismo", e ao longo das *Novas conferências* —, Freud vai elaborar os problemas ligados a esse complexo. Para não alongar em excesso esta exposição, procederemos agora a uma síntese das principais concepções formuladas nesses escritos.

A mais relevante, do ponto de vista do complexo de Édipo, é a de que, no menino, tal complexo *sucumbe* ao complexo de castração, enquanto na menina é

---

26 *O ego e o id*, SA III, p. 302; SE XIX, pp. 34-5; BN III, pp. 2713-4.
27 Cf. *O ego e o id*, SA III, p. 320; SE XIX, pp. 54 e 53; BN III, pp. 2725 e 2724.

induzido pela constatação da ausência do pênis. Partindo da noção da fase fálica, Freud observa em "A dissolução do complexo de Édipo" que o interesse do menino por seu pênis se manifesta sob a forma de manipulação do órgão, o que acarreta, por parte do adulto, uma ameaça — velada ou explícita — de amputação do membro. A reação do menino a essa ameaça se desdobra em dois tempos: a princípio, não lhe dá crédito algum, mas num segundo momento o trauma da visão dos genitais femininos o convence da possibilidade de que ela seja executada. Com efeito, a existência da vagina é concebida como resultado de uma castração, que teria privado a menina do pênis de que, originalmente, ela seria dotada. Essa constatação aniquila sua incredulidade e dá início à dissolução do complexo de Édipo: como seu objeto sexual é a mãe, e como o agente de castração imaginada é o pai, o menino se vê no dilema de renunciar ao objeto materno para escapar à castração, ou de perseverar em seu desejo e incorrer no castigo temido. Como além disso, em virtude da dupla identificação ao pai e à mãe, ele pode ocupar tanto uma posição masculina em relação à mãe quanto feminina perante o pai, ambas as possibilidades se apresentam como aterrorizantes: a satisfação da posição masculina induz a "castração como castigo", e a da posição feminina, a "castração como premissa". A satisfação do desejo edipiano, em qualquer de suas modalidades, acarreta a perda do pênis; diante disso, o narcisismo ameaçado renuncia ao objeto do desejo e o menino se afasta do complexo de Édipo.

> Os investimentos objetais são abandonados e substituídos por identificações. A autoridade do pai ou dos pais introjetada no ego constitui o núcleo do superego, que toma do pai o seu rigor, perpetua sua proibição do incesto e garante assim o ego contra o retorno dos investimentos libidinais de objeto. As tendências libidinais correspondentes ao complexo de Édipo ficam em parte dessexualizadas e sublimadas [...], e em parte inibidas quanto ao fim e transformadas em tendências carinhosas [...]. Com esse processo, começa o período de latência no menino.[28]

Antes de discutir as dificuldades derivadas dessa concepção, cabe notar que ela simplifica de modo extraordinário o quadro que vimos examinando: a dissolução do complexo de Édipo se processa pelo temor à castração, que faz

---

28 "A dissolução do complexo de Édipo", SA V, p. 247; SE XIX, p. 176; BN III, p. 2750.

retroceder a escolha objetal à identificação e assim reprime o desejo incestuoso; fortifica a identificação primária ao pai, pela introjeção da imago paterna no ego e pela introjeção do rigor dessa imago — que significa simplesmente seu poder imaginário de castrar —; graças à difusão pulsional simultânea à retirada do investimento do objeto, dota o superego de uma dose de agressividade suficiente para manter subjugados, pelo medo à castração, os movimentos incestuosos originados no id; e explica de modo bastante claro por que, à floração da sexualidade infantil na fase fálica, sucede a acalmia do período de latência. O temor à castração dá conta assim de uma série de processos que, antes atribuídos apenas às sequelas da identificação, se furtavam em grande parte a uma integração satisfatória no conjunto da teoria.

Como se passam as coisas do lado da menina? Dois problemas diferentes surgem: ela modifica tanto o objeto do desejo (pois seu primeiro objeto é, como para o menino, a mãe), transferindo-o para o pai, quanto o órgão do gozo, que, a princípio localizado no clitóris, cede no curso da evolução esse posto à vagina. Freud parte da reação da menina à visão dos genitais masculinos: ao contrário do garoto, para quem a percepção do órgão do sexo oposto é a princípio objeto de denegação, ela "adota de imediato um julgamento e formula sua decisão: viu, sabe que não tem e quer tê-lo".[29] A inveja do pênis vai determinar, portanto, sua evolução subsequente. A ela corresponde, em primeiro lugar, uma ferida narcísica de grandes proporções, como se a falta do membro visível denotasse um castigo a que apenas ela, em especial, tivesse sido submetida; passa-se algum tempo antes que reconheça ser a ausência do pênis uma característica universal do sexo feminino. A consequência mais importante da inveja do pênis é o relaxamento do laço afetivo com a mãe, numa série de acusações enumeradas do seguinte modo: "descuidou de dotar a menina do único órgão genital adequado, não a alimentou o suficiente, obrigou-a a compartilhar com outros o amor materno, nunca chegou a cumprir todas as demandas amorosas; por fim, primeiro estimulou a atividade sexual da filha para em seguida proibi-la".[30] Essas acusações reativam a hostilidade latente na escolha objetal, em virtude de sua origem na incorporação; isso faz com que a menina se desvie da mãe e se volte

---

29 "Algumas consequências psíquicas da diferença sexual anatômica", SA V, p. 262; SE XIX, p. 252; BN III, p. 2899.
30 "Sobre a sexualidade feminina", SA V, p. 283; SE XXI, p. 234; BN III, p. 3083.

para o pai, como objeto sexual. Tal escolha determina sua identificação com ela (nos casos normais), a fim de poder ocupar seu lugar junto ao pai, e o deslizamento do desejo de ter um pênis para o desejo de ter um filho, segundo a equivalência pênis = criança. Assim se instala o complexo de Édipo feminino, em sua forma normal e positiva. Outra possibilidade é que, se negando a admitir a falta do pênis, a menina conserve sua identificação com o pai, não renuncie à masturbação clitoridiana e, em virtude da preponderância do fator masculino de sua constituição bissexual, desenvolva caracteres psicológicos masculinos e opte por uma escolha de objeto de tipo homossexual, ao ser frustrado, inevitavelmente, seu desejo de ter um filho do pai. Freud insiste em que a homossexualidade feminina não continua em linha direta a masculinidade infantil, mas envolve uma regressão a uma etapa anterior do desenvolvimento.[31] A terceira via aberta à sexualidade feminina é a inibição da atividade sexual causada pela inveja fálica; nesse caso, ela se aparta da direção normal, reprime energicamente a masturbação clitoridiana e recusa o amor pela mãe, mas não se encaminha para o pai, ou o faz só de modo imperfeito. Dessa forma, a renúncia não é compensada pelo desejo (ativo) de ter um filho como substituto do pênis almejado, e a consequência é uma inibição em larga escala da vida sexual, que conduz com frequência à luta defensiva e à formação de sintomas neuróticos.

Esta rápida exposição está longe de fazer justiça à complexidade da abordagem freudiana, mas por ora é suficiente para nossos propósitos. O complexo de castração não vem aqui destruir o complexo de Édipo, mas, ao contrário, iniciá-lo; é a descoberta de que se situa num dos polos — o menos privilegiado — da oposição masculino/castrado, que põe em movimento a inveja fálica da menina e a conduz à atitude hostil em relação à mãe e à troca de objeto, a qual instala o Édipo em sua forma própria. Mas dessa concepção se segue que o Édipo feminino não vem a ser bruscamente interrompido, como o do menino, e sim que se desfez de maneira lenta, quase por inércia, diante da impossibilidade de que seu conteúdo venha a se inscrever no real. Disso se segue que o superego feminino — como o masculino, "herdeiro do complexo de Édipo" — apresentará uma gênese mais demorada e menos conflituosa; o que leva Freud a sustentar, para escândalo dos e das feministas, que ele é menos rigoroso do que o do

---

31 *Novas conferências de introdução à psicanálise*, n. 33 ("A feminilidade"), SA I, p. 560; SE XXII, p. 130; BN III, p. 3175.

homem, e que, em consequência, uma série de traços de caráter tradicionalmente atribuídos à mulher (senso de justiça menos agudo, propensão ao ciúme, predominância da afetividade sobre a racionalidade) pode ser explicada pela formação de seu superego.[32] Ao discutir a articulação da cultura à personalidade individual, teremos ocasião de retornar a essa questão, que é por certo espinhosa. De momento, cabe assinalar que a introdução do complexo de castração também faz surgir sob uma luz nítida a evolução da sexualidade feminina, pois dá conta da diferença do Édipo em cada um dos sexos, suscita a questão do laço com a mãe e de seu abandono, e sobretudo introduz a possibilidade de pensar a diferença de caráter por meio de uma gênese particular da instância crítico-moral. As dificuldades envolvidas na concepção freudiana da sexualidade feminina — que acentua sobretudo a dimensão de ferida narcísica contida na noção de inveja fálica, deixando de lado todo o aspecto envolvente, fecundo e maternal do corpo da mulher — não devem nos impedir de consignar que a hipótese de uma atuação particular do complexo de castração nesse sexo permite conceber a diferença fundamental entre o homem e a mulher, relegando às traças a ideia de uma "alma humana" indiferente à sua encarnação num corpo sexuado. Há um núcleo de verdade nessa concepção, pela qual a diferença anatômica não engendra apenas "algumas consequências psíquicas", mas dois modos heterogêneos de inserção no mundo, retificando a ablação da especificidade feminina operada pela tradição filosófica — e mais recentemente científica — do pensamento ocidental.

Mas retornemos ao complexo de castração. Ele se refere não a uma perda efetiva, mas à *ameaça de uma perda*, já que, diante daquela, o indivíduo reage por meio do processo de luto. A diferença essencial entre o luto e os fantasmas de castração é que o primeiro envolve apenas dois elementos, e a rigor um só — a pessoa e sua representação psíquica do objeto perdido —, enquanto o complexo de castração se inscreve num sistema necessariamente ternário. Isso fica claro no caso do menino, em que a ameaça de castração é atribuída ao pai e dá início à dissolução do Édipo; mas a menina, que segundo a análise freudiana entra no Édipo pela via do complexo de castração, parece à primeira vista dirigir suas recriminações apenas à mãe. Onde está, então, o terceiro elemento? Uma

---

32 "Algumas consequências", cit., SA V, pp. 264-5; SE XIX, pp. 257-8; BN III, p. 2902. Cf. igualmente a conferência 33.

primeira solução consiste em atribuir ao pênis do menino esse papel; com efeito, é a visão dos genitais masculinos que desencadeia o processo cujo termo é o investimento libidinal do pai. Mas há uma dificuldade: a menina não pode temer a perda de um pênis que de qualquer modo não possui; e Freud afirma taxativamente que a expressão "complexo de castração" deve ser reservada para os sentimentos relativos à representação da perda do pênis.[33] Por outro lado, ao discutir em *Inibição, sintoma e angústia* as diferentes situações de perigo que dão origem à angústia, ele dirá que "a castração se torna por assim dizer representável pela experiência cotidiana de eliminação do conteúdo intestinal e pela perda do seio materno sofrida na ocasião da desmama".[34] Isso nos sugere uma pista: se a representação do pênis só ganha sentido com o advento da fase fálica, e se a perda dessa parte do corpo tem como equivalente inconsciente a perda do cilindro fecal e/ou do seio materno, estes surgem como os precursores da representação do pênis. A equação fezes = pênis já é antiga, data ao menos do artigo de 1917 "Sobre as transformações do erotismo anal"; o novo elemento que devemos considerar é a introdução, nessa série de equivalências, da representação do seio.

Entre as críticas endereçadas pela menina à mãe, encontramos lado a lado, na conferência 33, a de não tê-la provido do pênis, a de tê-la desmamado cedo demais e a de tê-la obrigado a dividir o amor materno com outros, e podemos supor que essa sequência confirma a equação seio = pênis: se a mãe retira o seio, é porque este é um atributo seu. A acusação de não ter dotado a menina de um falo leva a pensar que estaria no poder da mãe tê-lo feito; pois não o deu ao menino? Ela é assim imaginada como provida de um pênis — é a imagem da mãe fálica —, e a constatação eventual de que ele não é visível não afasta a convicção, pois bem poderia se tratar de um pênis retrátil ou interno. Tanto o menino quanto a menina abrigam longamente esse fantasma, que se expressa por exemplo na crença de que só as meninas "malcomportadas" são privadas do pênis, enquanto as mulheres "de bem" o possuem. A concessão do pênis aparece assim como uma demonstração do amor materno, e por trás da inexistência desse membro no sexo feminino se perfila uma outra ameaça — a da perda daquele amor. Tal concepção exige um desenvolvimento mais detalhado.

---

33 "A organização genital infantil", SA V, p. 240n; SE XIX, p. 145n; BN III, p. 2699, nota 1624.
34 *Inibição, sintoma e angústia*, SA VI, p. 271; SE XX, p. 129; BN III, p. 2858.

Qual a relação entre o seio e o amor materno? Em *Inibição, sintoma e angústia*, Freud formula sua resposta a partir da noção de angústia — um sentimento de expectativa, acompanhado de sensações penosas e de atos de descarga destinados a eliminar tal tensão (sentida como desprazer), além da percepção desses atos. A angústia se baseia portanto num incremento da excitação e surge em condições determinadas que favorecem esse incremento, de modo que os sentimentos de angústia podem reproduzir uma situação originária de perigo, na qual essa reação foi adequada e conduziu à supressão dos fatores responsáveis pela excitação. Recusando a hipótese de Otto Rank de que o narcisismo seja essa ocasião originária — pois, no momento do parto, o feto é totalmente narcisista e não pode diferenciar entre si mesmo e o exterior, o que implica a impossibilidade de distinguir um perigo ou de representá-lo psiquicamente —, Freud se atém a uma outra situação perigosa, a que ocorre quando a criança adverte a falta da mãe, tomando-a como protótipo daquelas em que irá se manifestar a angústia. O perigo é então o da não satisfação da necessidade de alimentar, e a reação angustiosa é adequada, já que os sinais exteriores da angústia (choro, por exemplo) conduzem ao retorno da mãe e à eliminação do perigo nascido de sua ausência. O passo seguinte é dado quando, educado pela experiência, o bebê recorre à manifestação da angústia *antes* que a tensão atinja proporções insuportáveis: "Não podemos atribuir assim à angústia outra função senão a de um sinal preventivo, destinado a evitar a situação de perigo".[35] É evidente que esse perigo consiste na perda do objeto amado. Mas isso ainda não nos diz em que o seio é protótipo do pênis, nem por que da angústia inicial vai se destacar o complexo de castração.

Um momento de reflexão, porém, nos mostra que o objeto anelado na situação descrita por Freud é exatamente o seio, capaz de aplacar a necessidade e portanto eliminar a tensão. Ora, seguindo a sugestão de Le Guen, cabe pensar que não é apenas a ausência da mãe que desencadeia a angústia — pois o bebê não chora automaticamente quando ela se afasta —, mas a percepção do outro, do "não mãe", ao qual se efetua a identificação primária. O não mãe se caracteriza por significar a ausência do seio; ele não é o seio, ou, o que neste momento dá na mesma, ele não tem o seio. Mas este é, antes da percepção do

---

35 Ibidem, SA VI, p. 279; SE XX, p. 138; BN III, p. 2863.

significado do pênis, o atributo visível da diferença dos sexos: as pessoas que respondem ao pronome "ela" são dotadas de seio, enquanto as que se qualificam no masculino não o possuem. Além disso, antes da puberdade nem a menina nem o menino têm seios, nisso sendo semelhantes ao pai, o que vem reforçar a identificação primária estabelecida com ele no momento do jogo da bobina ou de jogos equivalentes. O atributo positivo da diferença sexual, portanto, está precisamente do lado da mãe. Como ela é suscetível de desaparecer e ser substituída na percepção pelo "não mãe", a este último vai ser atribuída a capacidade de incorporar a mãe, e por esse meio também o atributo da diferença dos sexos. "É errado dizer que a mãe tem o pênis do pai; o que vemos é que o pai tem a mãe-pênis. Com efeito, sendo-lhe atribuída a mãe-pênis, o não mãe se revela como rival junto à mãe: a partir de então, investido como objeto, o não mãe se torna o pai."[36] O processo pode ser decomposto em duas etapas, já que o seio é o representante da onipotência (na medida em que de sua posse depende a possibilidade de aplacar a necessidade): num primeiro momento, a mãe é o seio, e o não mãe, pura negatividade; em seguida, com o reconhecimento de que a mãe é "danificável", a onipotência desliza para o não mãe, capaz de danificá-la. A mãe não é ainda o pênis, mas, como é nela que se mostra a característica visível da diferença sexual, quando esta vier a ser reconhecida no pênis a mãe será imaginada como portadora deste último. Por outro lado, o pênis vai aparecer como a possibilidade de um limite, operando a transição do ser para o ter; como o alvo do desejo pode ser caracterizado como "ter a mãe", é preciso numa primeira fase ser o pai para ter a mãe, e, numa segunda etapa, a partir do reconhecimento do pênis na fase fálica, ter o pênis para ser o pai. É desse modo que a identificação primária ao pai se torna passível de ser esclarecida no plano conceptual e ao mesmo tempo ser reforçada na evolução pelo reconhecimento da diferença entre os sexos. O menino, que possui o órgão, pode se prevalecer disso para aspirar à posse da mãe; a menina, que não o possui, deverá passar pela transição do objeto envolvido na fase edipiana.

As vicissitudes da identificação primária determinam que seu ponto de partida seja a representação "eu sou como o pai"; mas a descoberta da vagina (e portanto da inexistência do pênis) vai conduzir a menina, em meio à hostilidade

---

36 Le Guen, *L'Œdipe*, cit., p. 54.

assinalada por Freud, à representação "eu sou como a mãe". Ser como a mãe é a via necessária para recuperar o pênis, agora reconhecido como atributo do pai; e o complexo de Édipo virá se instalar em sua forma feminina, sendo o pênis do pai o objeto cobiçado, e a identificação à mãe, a condição para sua posse. É então que, segundo a descrição freudiana, a equivalência pênis = criança entra em jogo, facilitada pelo termo intermediário do cilindro fecal — pois vigora a teoria sexual infantil do parto anal, não obstante o reconhecimento da vagina (o que leva a supor que esse reconhecimento é reprimido, já que a oposição pertinente na fase fálica não é pênis/vagina, e sim pênis/castrado). A menina substituirá assim o desejo do pênis pelo desejo de uma criança e começará seu percurso rumo à feminilidade.[37]

O pênis aparece assim como o termo final de uma série que começa no seio, passa pelas fezes e continua por numerosos equivalentes fantasmáticos, entre os quais a criança. Em *Inibição, sintoma e angústia*, Freud nota que ele é

> a garantia de uma nova união com a mãe (com o substituto da mãe) no ato do coito. Ser despojado desse órgão equivale a uma nova separação da mãe e portanto a ser abandonado de novo, totalmente inerme, a uma tensão da necessidade pulsional [...]. Mas a necessidade cujo incremento se teme agora é uma necessidade especializada, a da libido genital, e não mais indeterminada, como na época da latência.[38]

A angústia de castração, no menino, surge assim como uma nova edição da angústia de perda do objeto, e mais precisamente do amor do objeto. Mas como a condição essencial do objeto é sua limitação como ente finito, simbolizado pelo "conceito inconsciente de uma pequena coisa que pode ser separada do corpo", o pênis vem se situar no lugar da mãe. Esta, durante a vigência do

---

[37] Os autores atuais fazem valer que o fantasma de ter um filho surge tanto num sexo quanto no outro, sob as formas ativas e passivas (ter um filho de, fazer um filho com) e tendo como objeto ora o pai, ora a mãe. A concepção freudiana do desejo de ter um filho como resultado do desenvolvimento sexual feminino requer assim certos retoques; mas essa questão escapa ao horizonte de nosso estudo. Cf. a esse respeito Le Guen, op. cit., e C. Stein, "La castration comme négation de la féminité", em *La mort d'Œdipe*, Paris, Denoël-Gonthier, 1977.

[38] *Inibição, sintoma e angústia*, SA VI, p. 280; SE XX, p. 139; BN III, p. 2864.

narcisismo primitivo, é considerada uma parte do corpo próprio; à medida que se constitui como objeto, na grande ruptura que assinala o advento do ego, do desejo e da angústia, seu atributo sexual pertinente, o seio, se converte no suporte do que será depois o pênis. É por essa razão que os polos do conflito inerente ao complexo de castração serão a libido narcisista e a libido de objeto, e que, no interesse da conservação do pênis, o menino vem a abandonar a posição edipiana e a constituir um superego que interioriza a ameaça de castração. No caso da menina, a travessia do complexo de castração impõe uma reorientação decisiva no sistema de identificações e de escolhas de objeto, cujo eixo é mais uma vez a representação do pênis como substituto do seio materno; e essa reorientação a introduz no Édipo, o qual, ao não ser dissolvido abruptamente como ocorre com o menino, dará origem a um superego menos ameaçador e no qual a figura paterna ocupa uma posição diferente da que lhe atribui a história da formação dessa instância no sexo masculino. A inveja fálica virá assim constituir um processo defensivo contra a angústia da perda da mãe, de modo que a castração vem se situar no centro da problemática dos dois sexos, cumprindo em ambos a função complementar à do complexo de Édipo, ou seja, assegurar a inserção na cultura por meio de uma identidade sexuada.

O superego, na qualidade de herdeiro do complexo de Édipo, continuará a exercer a função de guardião dos interditos. Sua ligação com o complexo de castração é evidente, e devemos esperar que a angústia da perda do objeto venha a se manifestar de uma forma adequada às novas circunstâncias psíquicas. Com efeito,

> com a despersonalização da instância parental da qual se temia a castração, o perigo se torna mais indeterminado. A angústia de castração se converte em angústia moral (angústia social), e não é fácil indicar o que ela teme [...]. O que o ego considera perigo e ao que responde com o sinal de angústia é a cólera do superego, o castigo que o mesmo pode lhe impor, ou a perda de seu amor.[39]

Dito de outro modo, o superego, na qualidade de representante da instância parental, virá a exercer a crítica contra o ego que caracterizamos mais atrás como consciência moral. A expressão dessa luta, do lado do ego, será o que Freud

---

39 *Inibição, sintoma e angústia*, SA VI, p. 280; SE XX, p. 139; BN III, p. 2864.

denomina "sentimento de culpabilidade". O ego é a sede da angústia, e a suas três dependências corresponderão três diferentes tipos de angústia: perante as demandas pulsionais e do id, irá se formar uma angústia *neurótica*; diante daquelas da realidade e dos perigos que ela encerra, uma angústia *real*; quanto às exigências impostas pelo superego, o ego responderá com angústia *moral*, que é simplesmente outro nome do sentimento de culpabilidade. A proximidade entre o superego e o id — fruto da gênese do primeiro, na dupla qualidade de herdeiro do complexo de Édipo e de "enérgica formação reativa" contra os investimentos libidinais originais desse complexo — será encarregada de explicar a intensidade com que exerce suas funções, a qual, no plano do ego, é ressentida como dolorosa e frequentemente injustificada. Mas, a fim de conservar o "amor do superego", ou da instância parental que ele encarna, o ego admitirá em certos casos a correção das críticas a ele endereçadas, dando origem a fenômenos como a reação terapêutica negativa. Esta é apenas a expressão de uma necessidade de castigo, motivada, mais uma vez, pelo sentimento de culpabilidade, o qual surge assim como o epicentro de uma série de fenômenos cujo fundamento deve ser buscado na dimensão do masoquismo.

O problema do masoquismo é um dos mais complicados da teoria psicanalítica, e em 1924 Freud dedicará a ele um importante artigo ("O problema econômico do masoquismo"). A questão pode ser formulada assim: como conciliar o masoquismo com o predomínio, na vida psíquica, do princípio do prazer? Vimos anteriormente que Freud julgava ter encontrado no masoquismo primário um representante psíquico da pulsão de morte, mas que na verdade o caráter libidinal desse fenômeno impunha considerá-lo já o fruto da aliança entre aquela e as pulsões eróticas.

Do ponto de vista da relação com o superego e com a angústia, nos interessa ressaltar aqui que o conceito de masoquismo vai intervir como operador essencial na análise do sentimento da culpabilidade, por meio da distinção entre três tipos sensivelmente diferentes: o masoquismo erógeno, o feminino e o moral. O primeiro consiste em encontrar prazer no sofrimento; o segundo, em uma posição do desejo que acentua fantasmas ligados à castração e à flagelação; o terceiro dá conta do enigma do sentimento de culpabilidade. Freud distingue entre o masoquismo primário erógeno — testemunho da época em que se formou a intrincação pulsional — e o masoquismo secundário, resultante de um retorno do sadismo contra o ego e que vai se expressar na perversão masoquista propriamente dita.[40] O masoquismo primário, como posição específica da pulsão, será elaborado mediante uma série de fantasias correlativas aos diferentes momentos da evolução libidinal: o da devoração pelo pai (atrás da qual se esconde a fantasia de devoração pela mãe), durante a etapa oral; o desejo de ser maltratado pelo pai, durante o estágio sádico-anal; e as fantasias de castração correspondentes à fase fálica. Como masoquismo feminino, ele estará na origem de uma posição particular do desejo do homem: desempenhar o papel receptivo no coito ou dar à luz. Em todas essas circunstâncias, o masoquismo se apresenta estreitamente vinculado às vicissitudes da vida sexual; mas com o masoquismo moral essa relação é menos evidente e necessita um trabalho prévio de interpretação.

A chamada "reação terapêutica negativa" fornece o ponto de partida. Trata-se da resistência oposta por certos pacientes a toda melhoria em seu estado; a cada etapa da cura, a intervenção do analista, em vez de suscitar um reequilíbrio do sistema de repressões, fazendo por exemplo com que desapareça um determinado sintoma, provoca um recrudescimento da atividade neurótica, o que revela que o paciente, apesar da demanda de análise, não deseja no fundo ser liberado do sofrimento de que se queixa. Freud vê aí a presença da "necessidade de castigo", que é apenas um avatar do sentimento inconsciente de culpabilidade. De onde provém tal sentimento? Da tensão entre o ego e o ideal do ego, encarnado no

---

[40] Para um estudo mais detalhado dos problemas envolvidos no conceito de perversão masoquista, cf. o volume coletivo *La sexualité perverse*, Paris, Payot, 1972, em particular os artigos de Michel de M'Uzan, "Un cas de masochisme perverse", pp. 13-49, e de Joyce McDougall, "Scène primitive et scénari pervers", pp. 51-96. Uma contestação extremamente sugestiva do conceito psicanalítico de "sadomasoquismo" é proposta por Gilles Deleuze, *Présentation de Sacher-Masoch*, Paris, 10/18, 1967. A tese de Deleuze é que tanto o sadismo quanto o masoquismo constituem entidades bem individualizadas, e que a relação vítima-carrasco é absolutamente diferente nas duas perversões, da mesma forma que cada um comporta uma relação com a linguagem irredutível à outra. Para Deleuze, o par "sadomasoquismo" é uma aberração que desfigura duas maneiras de estruturar a sexualidade que, a rigor, nada têm em comum, já que o sofrimento tem em cada uma delas um lugar próprio e seu sentido é dado pelo conjunto de determinações próprio a cada escritor. Mas cabe notar que a perspectiva de Deleuze é a da análise literária, enquanto Freud opera numa abordagem genética, em que são predominantes as noções de fusão e de defusão pulsional: o masoquismo encontra sua origem, assim, não nos textos assinados por Léopold Sacher-Masoch, mas numa posição fundamental da pulsão e do desejo. O que não impede, contudo, que no plano altamente organizado da perversão, com seus rituais e com a sua lógica interna, a análise de Deleuze contribua para uma compreensão diferenciada das estruturas respectivas. [Nota de 2006]: A posição de Deleuze é examinada com mais vagar em Renato Mezan, "O mal absoluto", in *Tempo de muda*, São Paulo, Companhia das Letras, 1998.

superego; é uma reação de angústia, como vimos, diante da ameaça da perda do amor do superego e da instância parental introjetada por seu intermédio. Mas por que a diferença entre o desempenho do ego e as aspirações do ideal tem de ser sentida como angústia? Porque esta é o sinal de alarme à iminência de um perigo, e, no caso, esse perigo é de que o superego, na qualidade de substituto parental, desencadeie contra o ego toda a agressividade de que é capaz. Convém recordar que a gênese dessa instância implica uma dessexualização do complexo de Édipo, a qual se processa segundo o modelo da defusão pulsional e liberta portanto uma parcela da pulsão de morte, que reencontra o caminho para o próprio sujeito por meio da instauração do superego. Dessa perspectiva, a gênese do masoquismo moral pode ser compreendida melhor:

> A consciência moral e a moral nasceram por superação e dessexualização do complexo de Édipo; o masoquismo moral ressexualiza a moral, reanima o complexo de Édipo e provoca uma regressão daquele a este. [...] Seu perigo está em proceder da pulsão de morte e corresponder àquela parte da mesma que não foi projetada para o mundo exterior, na qualidade de instinto de destruição.[41]

O masoquismo moral aparece assim como fruto de uma regressão, substituindo-se à consciência moral surgida da interiorização da instância parental pelo processo que já conhecemos. Ele é a versão sexualizada (ou ressexualizada) do sentimento de culpabilidade; e aqui cabe dissipar um mal-entendido que talvez seja induzido pela expressão "ressexualizada". A ressexualização pode ser concebida como efeito de Eros, e nesse caso não se vê por que teria como consequência uma intensificação das pulsões e da morte. Mas é esquecer que no entretempo se instalou o superego, e que um incremento da intensidade dos investimentos edipianos não pode deixar de suscitar uma enérgica reação de sua parte. É por esse motivo que Freud dirá que o sadismo do superego e o masoquismo do ego se combinam para determinar os efeitos do masoquismo moral, reiterando assim a derivação de todo masoquismo da fixação — ainda que operada com o auxílio de Eros — de uma fração da pulsão de morte sobre o indivíduo. Contudo, resta um elemento que requer explicação: o que provoca essa regressão da consciência moral ao masoquismo moral? E como conceber a relação entre o sentimento de culpabilidade

---

41 "O problema econômico do masoquismo", SA III, p. 354; SE XIX, p. 170; BN III, pp. 2758-9.

exacerbado e a forma "normal" desse sentimento, como expressão da tensão inevitável entre o ego e o superego?

Para responder a essas questões, é necessário ultrapassar a esfera puramente individual e discutir a dimensão da cultura. Pois a acentuação do sentimento de culpabilidade é resultado da coerção cada vez mais intensa imposta às pulsões em regime de civilização, e sem a elucidação do porquê e do como dessa intensidade crescente, não é possível resolver os enigmas que se colocam no plano da vida psíquica individual. Nosso trajeto nos permitiu compreender a articulação dos diferentes elementos no plano individual: o complexo de Édipo como fruto da dialética das identificações e das escolhas de objeto; o complexo de castração como avatar da angústia da perda de objeto; a formação do superego como resposta a essa angústia — mas ao mesmo tempo fazendo-a surgir de um novo modo —; o sentimento de culpabilidade como expressão das tensões entre ego e superego. Em cada um desses momentos, porém, se anuncia no horizonte a dimensão cultural correspondente: a proibição do incesto ligado ao Édipo e ao complexo de castração é o fundamento da vida social, o superego inclui em si os resíduos das identificações com os substitutos sucessivos da instância parental, e o sentimento de culpabilidade encontra na civilização o fator exponencial que o torna índice de uma infelicidade amplamente difundida. Afirmei atrás que, para compreender a crítica freudiana da cultura e para não operar nessa tentativa com equações de duas incógnitas, era imperativo passar pela constituição dos conceitos no nível individual; realizada essa tarefa preliminar, devemos agora nos voltar para a outra incógnita, sem cuja decifração o drama individual permanece abstrato. Tal é a intimidade em que se realiza a elaboração da teoria e a análise da cultura, que cada um dos elementos chama o outro de modo incessante. No ponto a que chegamos, a compreensão adequada do pensamento de Freud requer o trânsito para a dimensão coletiva, no qual intervêm certos pressupostos e são suscitadas diversas dificuldades, a cujo exame procederemos a seguir.

3. A CULTURA: ORIGENS, FUNÇÕES, MAZELAS

Que significa para Freud o termo *cultura*?

A cultura humana — compreendendo tudo aquilo em que a vida do homem superou suas condições zoológicas e se distingue da vida dos animais, e recusando estabelecer separações entre os conceitos de cultura e de civilização — mostra, como se sabe, dois aspectos diferentes ao observador. Por um lado, abarca todo o saber e o poder conquistados pelos homens para chegar a dominar as forças na natureza e obter os bens materiais com que satisfazer as necessidades humanas; e, por outro, todas as organizações necessárias para regular as relações dos homens entre si, e em particular a distribuição dos bens materiais alcançáveis.[42]

Por tradição, se opõem os termos *cultura* e *civilização*, este designando a dimensão material da vida social (produção dos bens essenciais à sobrevivência do grupo) e aquele a dimensão espiritual, que se manifesta na religião, na arte, na ciência, no direito, na filosofia, como outras tantas "grandes formações culturais". Ao se recusar a ratificar essa divisão artificial, Freud entende se situar numa perspectiva em que ambas se articulam entre si, pois em conjunto constituem o índice que diferencia o homem dos animais. Mas o advento da cultura é o índice de uma ruptura entre o homem e seus ancestrais, da qual é preciso dar conta. Descritivamente, os "dois aspectos" da civilização — a organização social e o universo das representações coletivas — se mostram como diferentes, mas na verdade estão em íntima relação. Isso porque ambos têm a mesma função: assegurar a produção dos meios de subsistência diante de uma natureza profundamente hostil. Se, como indivíduo isolado, o homem é inerme perante as "forças naturais", a organização social tem por função primeira multiplicar o poder humano, a fim de garantir tanto a produção dos bens naturais aptos a satisfazer as necessidades vitais, quanto sua distribuição adequada entre os membros da sociedade. Temos assim uma série de oposições com que Freud vai operar constantemente: natureza/cultura, indivíduo/sociedade, produção/distribuição — oposições que veiculam determinados pressupostos, cuja explicitação irá surgindo no decorrer de nosso percurso.

O principal argumento para recusar a dicotomia entre os dois aspectos da civilização — como sistema de produção de bens e sistema de relações entre indivíduos — é que o ser humano figura entre os "bens naturais" à disposição de outro ser humano, na medida em que pode ser utilizado como objeto sexual ou como fornecedor de trabalho, de modo que a organização social da produção

---

42 *O futuro de uma ilusão*, SA IX, p. 140; SE XXI, p. 6; BN III, pp. 2961-2. Uma definição análoga encontra-se no capítulo 3 de *O mal-estar na cultura*.

é de imediato organização das relações entre os indivíduos. Mas Freud não vai privilegiar nenhum desses aspectos, e nada mais distante de seu pensamento do que o conceito marxista de modo de produção. Seu ponto de apoio é outro: a noção de "necessidades vitais" remete à de pulsão, de sorte que a satisfação das primeiras é satisfação das exigências pulsionais. Ora, todo o enigma da civilização consiste em que, para satisfazer essas exigências, que esbarram na hostilidade das "forças naturais", o indivíduo é obrigado, pela desproporção entre seus meios físicos e a violência da natureza, a se associar a outro indivíduo, o que impõe determinadas limitações à satisfação de suas pulsões. A organização social é assim uma arma de dois gumes: como mediação necessária entre a pulsão e seu objeto, ela introduz entre ambos uma distância sentida como peso intolerável pelo indivíduo. De modo que a vida em comum é fonte tanto de satisfações quanto de frustrações, o que implica que "a cultura tem de ser defendida contra o indivíduo, e a essa defesa respondem todos os seus mandamentos, organizações e instituições, que não visam apenas efetuar uma determinada distribuição dos bens naturais, mas também *mantê-la*, e inclusive defender contra os impulsos hostis dos homens os meios existentes para dominar a natureza e produzir bens".[43]

A expressão "bens naturais" não deixa de ser intrigante. São bens naturais, por exemplo, os alimentos, as plantas que produzem fibras de tecelagem, os animais domésticos e caçáveis, os minerais a partir dos quais se podem fabricar armas e utensílios e, evidentemente, os demais seres humanos — objetos sexuais e auxiliares de trabalho. Freud não leva em conta que nenhum desses entes é apenas um fragmento de natureza, ao contrário, eles são já resultado de uma complexa dialética de natureza e cultura, sendo, para utilizar a expressão de Castoriadis, *instituídos* pela sociedade em questão como úteis para tal ou qual finalidade, adequados para ser comidos, tecidos, fabricados ou trocados, ou para figurar em rituais religiosos etc. A perspectiva freudiana, ao tomar como ponto de partida as exigências pulsionais, considera os fenômenos culturais apenas elementos de um balanço econômico que se opera no nível do indivíduo e no qual será decisivo o resultado da comparação entre o prazer e o desprazer. Este surge da coerção necessariamente imposta à pulsão pelo fato de a vida em sociedade ser indispensável para a consecução daquele; e, se do ponto de vista da

---

43 *O futuro de uma ilusão*, SA IX, p. 140; SE XXI, p. 6; BN III, p. 2962. Grifos meus.

teoria do Princípio de Realidade pode ser tomado como uma variante do princípio soberano do prazer, destinado a assegurar a este um nível limitado, mas viável, de satisfação, no âmbito da vivência individual ele não deixa de aparecer como uma dolorosa limitação das possibilidades de gozo. E isso não se deve a eventuais imperfeições dos tipos existentes de civilização, mas a uma condição inerente à essência da cultura enquanto tal, isto é, como mediação necessária e imprescindível entre a exigência da pulsão e o objeto apto a satisfazê-la. Eis por que a cultura, como conjunto de meios para o domínio da natureza, não é ameaçada tanto pelo desejo de obter uma distribuição mais justa dos bens necessários à sobrevivência — o que não poria em risco sua existência como tal, e sim apenas formas determinadas de dominação social —, mas sobretudo pelas tendências destrutivas, antissociais e anticulturais que nascem inevitavelmente dos sacrifícios que ela impõe à organização pulsional de seus membros.

A civilização é aquilo que, além disso, distingue o homem dos animais. Qual a origem dessa mutação, que diferencia tão radicalmente uma espécie animal das demais? Duas linhas de explicação podem ser encontradas nos escritos de Freud: uma, com frequência apresentada em notas de rodapé, não recorre aos conceitos propriamente psicanalíticos; a outra faz referência constante ao mito de *Totem e tabu*. Assim, no terceiro capítulo de *O ego e o id*, em meio à discussão da origem paterna do superego, encontramos bruscamente uma reflexão segundo a qual a natureza bifásica da sexualidade humana — o brotar das pulsões parciais só conduzindo à integração genital após um prolongado período de latência — é uma herança correspondente à evolução rumo à cultura imposta pelo advento da época glacial.[44]

Em outro texto, Freud dirá que o homem descende de uma espécie animal cuja maturação sexual se verifica por volta dos cinco anos, e que a fase fálica da organização sexual atual é um resquício dessa ascendência. Mas a formulação mais completa de sua hipótese se encontra numa longa nota de *O mal-estar na cultura*, em que afirma que o fator decisivo da evolução dos humanoides rumo à civilização foi a transição à posição vertical: o sentido predominante deixa de ser, então, o olfato, para ser a visão. Ao mesmo tempo, a excitação sexual, de periódica, passa a ser constante. A ligação entre ambas as mutações consistiria em que, sob a hegemonia das sensações olfativas, a menstruação exerceria uma

---

44 *O ego e o id*, SA III, pp. 300-1; SE XIX, pp. 33-4; BN III, p. 2714.

função semelhante à das secreções da fêmea em certas espécies animais, excitando o macho, enquanto a visibilidade permanente dos órgãos genitais da fêmea contribuiu para que a excitação do macho assumisse um caráter também permanente. Freud fala da desvalorização das sensações olfativas como resultado de uma "repressão orgânica", condição de acesso à visão como sentido predominante: o odor das secreções femininas teria deixado de ser excitante e passado, ao contrário, a repugnar. Uma vez operada a instauração da excitação constante, surgiu o desejo de manter junto a si a fêmea, e por essa via nasceu a primeira instituição social, a família:

> A transição do homem à posição vertical se acharia, pois, na origem do processo da cultura [...]. A concatenação evolutiva passa, pela desvalorização das sensações olfativas e pelo isolamento da mulher menstruada, ao predomínio dos estímulos visuais, à visibilidade dos órgãos genitais, depois à constância da excitação sexual e à fundação da família, chegando com esta ao umbral da cultura humana.[45]

Curiosa reconstrução: a cultura surge como fim de um processo puramente biológico, cujo primeiro termo — a passagem à posição ereta — é dado e não explicado. É possível conjeturar que as condições mais severas da busca de

---

45 *O mal-estar na cultura*, SA IX, p. 230n; SE XXI, p. 90n; BN III, p. 3039. A tese é antiga e já se encontra exposta na carta 55 a Fliess de 11/1/1897 (BN III, p. 3558). É curioso notar que Kant, em seu artigo "Conjeturas sobre os começos da história humana", sugere uma hipótese semelhante: no período edênico, o sentido do olfato era o principal na vida do homem. A "queda" seria devida à passagem para um sentido, o da visão, que se torna predominante e que, ao contrário do olfato, não depende apenas do instinto. A visão permite ao homem imaginar possibilidades de satisfação contrárias à sua natureza, porque amplia decisivamente seu campo perceptivo: dessa forma, ele se torna consciente de sua razão como capaz de superar as limitações do instinto. Isso vale tanto para o plano da nutrição quanto para o da sexualidade; esta, de impulso passageiro que era na vida dos animais, passa a ser uma excitação constante, devido à ocultação do sexo pela "folha de parreira", que faz surgir o desejo e aguça-o pela mostra/ocultação do seu objeto. Daí a possibilidade de um controle da razão sobre os sentidos, que está na origem da transformação de tais estímulos, de puramente sensuais em ideais. Além disso, a oscilação da presença e da ausência do objeto desejado faz surgir o primeiro vislumbre da noção de tempo, com a antecipação de um futuro difícil: para se proteger, o homem busca refúgio na fundação de uma família e no trabalho da cultura. Cf. José Etcheverry, na apresentação da nova edição espanhola das obras completas de Freud: *Sobre la versión castellana*, Buenos Aires, Amorrortu, 1978, pp. 65-6. Para o texto de Kant, cf. *La philosophie de l'histoire*, Paris, Denoël-Gonthier, 1975, pp. 110-27.

alimentos durante o período glacial estejam na sua origem, o que teria a vantagem de vincular entre si as duas características peculiares da sexualidade humana: sua temporalidade bifásica e sua condição de excitação permanente. Mas não se vê em que a psicanálise pode ser concernida por tais hipóteses, que ademais deixam na sombra a função de "proteção contra a natureza" antes definida como essencial na cultura. Na verdade, o que emerge aqui é a necessidade, constante no pensamento freudiano, de encontrar um *evento fundador* que dê conta do surgimento de um novo estado ou de uma nova característica. E esse evento fundador tem de ser de natureza tal que a evolução subsequente possa ser deduzida dele, por meio dos esquemas da causalidade, da finalidade ou da implicação recíproca, isto é, por um método que opera constantemente na dimensão da identidade. Pois as causas só são causas se forem da mesma espécie que seus efeitos, o meio só é meio se for comensurável ao fim, e a consequência só é consequência se desvendar um aspecto implícito na premissa. Mas, ao mesmo temo e em contradição com essa exigência de identidade, Freud recorre de modo incessante ao conflito como princípio explicativo; resta saber se os polos desse conflito já não contêm em si os efeitos cujo desdobramento a psicanálise desvenda em diferentes níveis.

Mas retornemos ao momento inaugural da cultura e suponhamos que as coisas tenham ocorrido como sugere Freud — que aliás toma a precaução de qualificar sua hipótese de "especulação teórica". Devido à passagem à posição ereta e à modificação concomitante do sentido principal (do olfato para a visão), a excitação sexual se torna permanente e conduz ao estabelecimento da família, cuja função primeira é conservar próximos os parceiros sexuais e permitir comodamente a satisfação pulsional. Ao mesmo tempo, a necessidade de prover a subsistência de um número maior de indivíduos faz surgir técnicas mais aperfeiçoadas, e o homem descobre que, por meio do trabalho, pode "melhorar seu destino na Terra". Eros e Ananké são assim os "pais da cultura"; mas é preciso explicar a evolução da sociedade familiar à sociedade ampliada, em que o homem não convive apenas com a mulher e seus filhos, mas também com outros homens, outras mulheres e outros filhos. Notemos de passagem que, nessa versão do mito das origens, a primeira família é monogâmica, enquanto no mito de *Totem e tabu* predomina a poligamia. A bem dizer, Freud logo se dá conta de que a hipótese puramente evolucionista não resolve o problema, pois em nada permite introduzir o elemento decisivo, que é o conflito. Na mesma página de *O mal-estar na cultura* em que, na nota, expõe a "especulação teórica" precedente, ele dirá que na família primitiva falta um elemento essencial da cultura, a saber, a vontade ilimitada do chefe, e se refere ao assassinato do chefe da horda como fundamento da aliança fraterna, "etapa seguinte da vida em sociedade". Em regime de aliança fraterna,

> a vida em comum dos homens adquiriu um duplo fundamento: por um lado, a obrigação do trabalho imposta pelas necessidade exteriores; por outro, o poderio do amor, que impedia ao homem prescindir de seu objeto sexual, a mulher, e, a esta, da parte separada de seu seio, que é o filho. De tal maneira, Eros e Ananké (amor e necessidade) se convertem nos pais da cultura humana, cujo primeiro resultado foi facilitar a vida em comum de um número maior de indivíduos. Dado que nisso colaboram essas duas poderosas instâncias, caberia esperar que a evolução posterior se cumprisse sem tropeços, levando a uma dominação cada vez mais perfeita do mundo exterior e ao progressivo aumento do número de homens compreendido na comunidade. Assim, não é fácil entender como tal cultura poderia deixar de tornar felizes seus membros.[46]

Com efeito, a obrigação do trabalho imposta pelas "necessidade exteriores" poderia conduzir a uma divisão progressivamente crescente do trabalho, que suscitaria a especialização e, como consequência, a necessidade de um número cada vez mais amplo de "especialistas" atuando no sentido de Eros. Além disso, poderia surgir uma diminuição da exigência de trabalho atribuída a cada membro, compensada pelo progresso técnico, o qual ficaria encarregado de prover as necessidades de cada um com um mínimo de dispêndio de energia individual.

Poderia, poderia... basta de utopias. O fato é que nada disso acontece, e, mesmo submetendo a evolução cultural apenas a Eros e a Ananké, surgem dificuldades que exigem ser tomadas em consideração. Em primeiro lugar, a dialética interna a Eros, já assinalada: uma vez constituído o par sexual, este tenderia a se isolar dos demais e a perseguir apenas a satisfação erótica, se furtando às exigências do trabalho comum e, mais decisivamente, interrompendo num nível ainda rudimentar a ligação entre os homens. A tarefa de coesão própria a

---

[46] *O mal-estar na cultura*, SA IX, p. 230; SE XXI, p. 99; BN III, p. 3039.

Eros exige portanto que o amor sexual seja limitado pelo amor "inibido quanto ao fim", de origem não menos sexual que o primeiro, mas que, ao se manifestar como laço afetivo entre os membros do grupo, garante tal coesão de modo mais intenso do que a comunidade de interesse do trabalho — embora ao preço de um conflito com a tendência totalitária da pulsão erótica. Da mesma forma, a família tenderá a se conservar unida e, no limite, a se desinteressar do grupo, se não intervierem desvios da libido destinados a diminuir a intensidade dos laços familiares e a soldar mais fortemente membros de famílias distintas por meio da identificação e do amor inibido em seus fins (por exemplo, rituais religiosos, de iniciação etc.). Em suma, dado que a cultura necessita, para suas finalidades, de um enorme investimento a ser realizado por cada indivíduo em representações e atividades afastadas do erotismo fundamental, e que ao mesmo tempo tal investimento só pode provir da sublimação das pulsões sexuais (pré-genitais, como veremos mais adiante), ela impõe a cada qual uma renúncia mais e mais intensa às demandas eróticas. Isso começa já com a proibição do incesto na época totêmica — que Freud considera "a mutilação mais sangrenta já sofrida pela vida amorosa dos homens" — e continua com inúmeros obstáculos opostos à satisfação erótica, restringindo sucessivamente o campo da escolha de objeto até a forma mais limitada possível: a monogamia heterossexual no casamento, própria à civilização judaico-cristã. A cultura se constrói com a energia desviada da libido, e esta termina por protestar; mas, embora a *intensidade* da renúncia libidinal possa ser diminuída (e a evolução dos costumes nas sociedades industriais, nas últimas décadas, parece ter invertido a situação considerada alarmante por Freud), a *necessidade* dessa renúncia continua integral, sob pena de desmoronamento do edifício da civilização.

Esse primeiro nível da análise da cultura, porém, está longe de proporcionar resultados satisfatórios. Dizer que a atividade cultural depende da sublimação das pulsões eróticas não conduz, na verdade, muito longe; e, mesmo que explique uma parte da hostilidade contra a cultura, não dá conta da intensidade extraordinária que, segundo Freud, ela atinge. Além disso, a hipótese do assassinato do pai primitivo tem aqui apenas a função de justificar a formação das alianças fraternas, as quais, como admite em *O futuro de uma ilusão*, poderiam ser esclarecidas — embora deixando certos aspectos de lado — por meio das hipóteses racionalistas do contrato social. Derivar a cultura da sublimação (e da repressão) das pulsões eróticas equivale a permanecer num nível de generalidade em que as diferentes expressões dessa cultura — a religião, o direito, a dominação social — permanecem enigmáticas; pois por que a sublimação teria de se resolver justo nessas formas? Antes de poder apreciar a concepção freudiana da cultura e eventualmente indicar alguns de seus limites, é preciso deixá-la se apresentar em toda a sua complexidade; e, para tanto, a hipótese da repressão da sexualidade não é suficiente. Ela deriva, como vimos, da ideia de que a transição à posição vertical envolve uma repressão das representações ligadas às sensações olfativas, culminando na formação da família e na dialética de Eros. Rapidamente, pois, se revelam os limites da hipótese "biológica". É por isso que, em outros textos, Freud se volta para as implicações mais fecundas da hipótese "histórico-psicológica", isto é, o mito do assassinato primordial.

Uma formulação sintética dessas implicações está em "Psicanálise e teoria da libido":

> Quanto a mim, chamei a atenção para o fato de que os impulsos que compõem o complexo de Édipo coincidem intrinsecamente com as duas proibições capitais do totemismo (matar o patriarca e se casar com uma mulher do mesmo clã) e deduzi desse fato amplas consequências. A significação do complexo de Édipo começou a crescer de modo gigantesco, fazendo nascer a suspeita de que a ordem política, a moral, o direito e a religião haviam surgido conjuntamente na época primordial da humanidade, como produtos da reação ao complexo de Édipo.[47]

Os impulsos edipianos coincidem *intrinsecamente* com as proibições do totemismo: eis o ponto de partida para a analogia entre o indivíduo e a sociedade. Da reação a esse complexo, surgem *conjuntamente* a ordem política, o direito, a moral e a religião: essas quatro regiões da vida cultural são a princípio uma só e mesma coisa, se diferenciando num momento posterior. A concepção freudiana, ao atribuir uma origem comum às instituições sociais fundamentais e à estrutura básica do desejo humano, suprime a dicotomia entre o individual e o social — tal é o segredo de sua solidez, uma vez admitido como válido o ponto de partida. A inserção do indivíduo na cultura irá se processar assim como uma repetição, em cada caso, do evento inaugural; e a filogênese será encarregada de

---

[47] "Psicanálise" e "Teoria da libido", dois artigos de enciclopédia, § 28, GW XIII, p. 258; SE XVIII, pp. 252-3; BN III, p. 2673.

dar conta das reações a essa inserção, como veremos na quinta seção deste capítulo. Mas, para proceder de maneira ordenada, consideremos de início a vertente da organização social, isto é, a instauração do direito e da ordem política, para estudar na seção seguinte os avatares da religião e da moral.

A situação reinante na horda primitiva é evidentemente de uma extrema violência: o chefe guarda para si todas as fêmeas, expulsa ou subjuga os filhos e chega a castrá-los fisicamente quando estes ousam se rebelar contra sua prepotência. O chefe vive assim num estado próximo do narcisismo, amando apenas a si mesmo, e concedendo a seus objetos sexuais o mínimo de investimento libidinal necessário para perseguir a satisfação sexual. Seu modo de funcionamento psíquico (na medida em que se pode falar de funcionamento psíquico antes do advento da linguagem) é o protótipo da futura "psicologia individual", enquanto os membros da horda ainda são indiferenciados uns dos outros.[48] Suas vontades são de imediato realizadas, e ele exerce sobre a horda ainda homogênea um poder bruto, na qualidade de encarnação da onipotência e foco de um fascínio próximo do poder hipnótico — e que Freud compara ao *mana*, a força que irradia do chefe primitivo e torna perigosos o contato com ele e mesmo a visão de seu rosto. Uma vez que apenas suas vontades são realizáveis, o chefe da horda é o detentor do poder de significar, que, ainda em estado rudimentar, aparece em colusão como o poder *tout court* — colusão de que *Moisés e o monoteísmo* extrairá importantes consequências.

Como se dá, nessas circunstâncias, a possibilidade do assassinato primordial? O pai primitivo, ao impor aos filhos a abstinência, impediria a satisfação das suas tendências sexuais diretas; coarctadas quanto ao fim, elas produziriam como derivação o estabelecimento de vínculos afetivos com o pai e com os outros filhos — vínculos afetivos que só podem ser, nesse último caso, da ordem da identificação recíproca. Uma nota da *Psicologia coletiva e análise do ego* sugere que, uma vez expulsos da horda e portanto afastados do pai, os filhos tenham passado da identificação recíproca à escolha homossexual do objeto, e "dessa forma conquistado a liberdade que lhes permitiu matar o pai".[49] Para escapar do fascínio que fundamenta a submissão de cada um à vontade despótica do pai, portanto, tem de se operar uma mutação da economia libidinal, que permite "dispor de

---

48 *Psicologia das massas*, cit., SA IX, p. 116; SE XVIII, pp. 123-4; BN III, p. 2597.
49 *Psicologia das massas*, cit., SA IX, p. 116n; SE XVIII, p. 124n; BN III, p. 2597n.

liberdade" — e tal mutação provém da satisfação de uma parte das tendências sexuais, por meio da escolha de objeto, que, nessa etapa, é necessariamente homossexual. A Eros, pois, Freud atribui o papel de desencadeador da revolta dos filhos, admitindo, de modo implícito, que o apaziguamento parcial da tensão sexual possa estar na origem da explosão de agressividade que culmina com a condenação do pai primitivo.

Essa condenação é seguida imediatamente da devoração do cadáver, pelo qual cada membro da horda incorpora uma parcela do "narcísico idêntico" até então consubstanciado apenas no pai.[50] Assim surge uma nova modalidade da identificação: cada um deles é, sob certo aspecto, o pai devorado, e a partir disso a identificação recíproca se fortalece, mas ao mesmo tempo nasce a rivalidade, pois cada qual, em virtude da incorporação de uma "parcela do pai", pode pretender ocupar a mesma posição daquele. É para prevenir essa possibilidade que vai surgir o primeiro rudimento do direito. Notemos de passagem que a identificação de cada um com o líder é o fundamento da identificação recíproca — mecanismo que será o principal analisador do fenômeno de massa — e vejamos de que modo se processa a instauração de um poder comum.

Respondendo a Einstein em 1933, Freud escreverá: "O senhor começa com a relação entre direito (*Recht*) e poder (*Macht*) [...]. Permita-me substituir a palavra *Macht* pelo termo, mais rotundo e direto, de *Gewalt* [força]. Direito e força são hoje, para nós, antagônicos; mas não é difícil demonstrar que o primeiro surgiu da segunda".[51] Os primeiros conflitos entre os homens se solucionaram pela força bruta, ou, num momento posterior, pela força das armas, que não é mais do que multiplicação daquela. Vence o mais forte ou o mais hábil no manejo das armas, até que a força maior de um indivíduo seja compensada pela associação de vários mais fracos — associação cujo poder provém da soma de forças individualmente pequenas. O poderio dos membros unidos representa então o direito, que não é mais do que a força de uma comunidade. Nascido da força, o direito continuará a usar dos mesmos métodos, fazendo violenta oposição a quem o desafiar. Mas a condição de viabilidade dessa força coletiva é que o grupo do qual emana se mantenha unido no tempo; e a conservação da comunidade se faz pelo estabelecimento de preceitos que punam os eventuais revoltosos

---

50 Cf. Pierre Kaufmann, *Psychanalyse du politique*, Paris, PUF, 1979, pp. 90 ss.
51 "O porquê da guerra", SA IX, p. 275; SE XXII, pp. 203-4; BN III, p. 3208.

e de instituições destinadas a fazê-los cumprir. No mito de *Totem e tabu*, a comunidade dos irmãos decide que as fêmeas não serão atribuídas a nenhum deles, instituindo assim a lei da exogamia. Cada qual "renuncia então a uma parte de sua liberdade de exercer violentamente a força para que seja possível uma vida em comum", como diz a sequência da carta a Einstein.

Essa representação da origem do direito abre o flanco a duas objeções. A primeira é reconhecida e eliminada no próprio texto: essa situação pacífica só é concebível na teoria, pois na realidade os membros da horda dispõem de magnitudes diferentes de poder, já que ela é constituída por homens, mulheres e crianças, e, em virtude das lutas com outros grupos, também por prisioneiros e escravos.

> O direito da comunidade se torna então expressão da desigual distribuição de poder entre seus membros; as leis serão feitas por e para os dominantes [...]. A partir desse momento, existem na comunidade duas fontes de comoção do direito. Por um lado, alguns dos senhores tratarão de eludir as restrições que vigem para todos, isto é, abandonarão o domínio do direito para retornar ao domínio da força; por outro, os oprimidos tenderão constantemente a se conferir maior poderio e quererão que esse fortalecimento encontre eco no direito, isto é, que se progrida do direito desigual ao direito igual para todos.[52]

A evolução do direito corresponderá então às diferentes etapas das relações de força entre os vários segmentos da comunidade, e o princípio regulador imanente dessa evolução será o da instituição de direitos iguais para todos, ou seja, o restabelecimento da hipotética aliança fraternal. Mas nessa perspectiva — próxima, cabe notar, da concepção hegeliana da história como progresso na consciência da liberdade — não se compreende por que a evolução cultural tenderá, não a uma satisfação crescente do desejo de liberdade, mas a uma acentuação exponencial da hostilidade contra a civilização.

É que — e aqui deparamos com a segunda objeção — essa explicação racionalista não leva em conta a outra vertente do processo, da qual Freud falara em *O futuro de uma ilusão*. A base do direito é o mandamento de não matar, ou melhor, a atribuição à comunidade do monopólio da violência homicida,

---

[52] Ibidem, SA IX, p. 277; SE XXII, p. 206; BN III, p. 3209.

que será utilizada apenas para punir os que, reivindicando para si o direito ao exercício desimpedido da força, põem em risco a segurança coletiva. A hipótese racionalista, que consiste em atribuir à insegurança do estado de natureza a origem desse mandamento, omite o mais importante, isto é, que tal mandamento surge *depois* do assassinato do pai primitivo e como reação a esse assassinato. Por que como reação? Porque ele acarreta duas consequências: a primeira e mais óbvia é o desaparecimento do chefe da horda, mas a segunda, infinitamente mais importante, é o aparecimento da consciência de culpabilidade. Satisfeito o ódio por meio do crime, a componente amorosa da relação com o pai ressurge à tona e se exprime como remorso pelo ato cometido. Só a consciência de culpabilidade pode dar conta da repressão da violência, num movimento que vai esconder sua própria origem: a representação do assassinato será reprimida, e o pai retornará, sob a forma do totem, dos deuses ou de Deus. A culpabilidade, cortada de sua razão de ser, não será por isso menos intensa; e é nela que Freud vai buscar o fundamento da *necessidade de submissão*, que a seu ver está intimamente entrelaçada com a gênese do poder e com sua formidável capacidade de extrair obediência daqueles sobre quem se exerce. Em outras palavras, a culpabilidade interiorizada representa a garantia mais perfeita da submissão, dispensando as instâncias coatoras do exercício de uma violência ostensiva. E isso tanto no nível individual, em que o superego assume a função de sentinela interior, quanto no nível social, em que se reproduz de geração em geração a mesma culpabilidade inconsciente, fundamento último da coesão social.

A questão pode ser formulada de outra maneira: o que mantém unida uma comunidade? Isso logo suscita um corolário: é possível haver reuniões de indivíduos que não sejam uma comunidade? Posta dessa forma, a pergunta indica onde devemos buscar os elementos de uma resposta, pois Freud dedica todo um livro à *Psicologia das massas*. E que tal estudo seja decisivo para compreender o que se passa na psique individual é atestado pelo resto do título: ... *e análise do ego*. O movimento desse texto é, em suas grandes linhas, o seguinte: partindo da concepção da psicologia individual como imediatamente social, Freud estuda primeiro os fenômenos que ocorrem no indivíduo quando este se associa a uma multidão e que se resumem, em essência, no levantamento de certas inibições e no ressurgimento de tendências agressivas em geral latentes no comportamento civilizado. A multidão engendra, pois, uma intensificação dos afetos e uma diminuição da capacidade de discriminar intelectualmente. O objetivo do estudo é então encontrar uma explicação para "essa modificação psíquica que a influência da massa impõe ao indivíduo". A noção de sugestão não é capaz de dar conta, por si só, dessas modificações, já que a sugestão é um efeito dos laços afetivos, isto é, sexuais mas inibidos quanto ao fim, que se estabelecem na multidão. Como o foco dessa sugestão é o líder, Freud estuda duas "massas altamente organizadas", a Igreja e o Exército, nas quais a relação com o líder é fundamento da relação dos membros entre si. A constatação de que o investimento afetivo de outras pessoas restringe o narcisismo de cada indivíduo conduz à análise da identificação e à introdução do conceito de ideal do ego. O enamoramento surge então como o processo pelo qual um objeto é colocado no lugar do ideal do ego, enquanto na identificação o objeto se instala no próprio ego. Essas considerações permitem definir a massa "primária" como "uma reunião de indivíduos que substituíram seu ideal do ego pelo mesmo objeto; em consequência disso se estabelece entre eles uma identificação recíproca e geral no nível do ego".[53] A formação da massa é assim redutível a um jogo de investimentos libidinais, o que permite dispensar a hipótese de um "instinto gregário" especial. O homem, dirá Freud, não é um animal de rebanho, mas um animal de horda. A multidão é assim uma reedição da horda primitiva, na qual o amor que o chefe supostamente dispensa por igual a todos os membros é apenas uma idealização da perseguição de todos os membros pelo chefe da horda primitiva. Essa gênese da multidão explica sua submissão ao chefe, análoga à submissão do hipnotizado ao hipnotizador, outra encarnação do pai primordial. O estudo conclui então definindo as relações do ego com o ideal do ego e abordando por alto a questão do sentimento de culpabilidade, expressão da tensão entre as duas instâncias.

Certos aspectos dessas análises concernem, pois, diretamente ao problema da instauração do direito e das modificações por ela impostas à economia psíquica do ser humano. Se a aurora da civilização é a passagem da horda à comunidade, os fenômenos de massa indicam que essa transição é reversível e permitem elucidar sob um novo ângulo essa revolução decisiva para a história da humanidade. Três tópicos requerem uma abordagem mais detalhada: a questão do ideal do ego como vinculado ao pai, o fascínio hipnótico e a sugestão como fenômenos de natureza libidinal, e o sentimento de culpabilidade como resultado da tensão entre o ego e seu ideal (ainda que, a partir de *O ego e o id*, ele venha a conotar a

---

53 *Psicologia das massas*, cit., SA IX, p. 109; SE XVIII, p. 117; BN III, p. 2592.

tensão entre o ego e o superego; mas já tivemos ocasião de observar que o ideal do ego é, nessa nova versão, uma das partes ou funções do superego).

É ao estudar as formações coletivas da Igreja e do Exército que Freud introduz a noção de ideal do ego como instrumento heurístico fundamental da psicologia das massas. Igreja e Exército estão longe de ser multidões efêmeras: a intensidade do laço que une seus membros, muito maior do que naquelas, serve de fio condutor à análise freudiana. Cabe notar, de passagem, que a Igreja não é tomada aqui na acepção restrita do clero, mas sim como comunidade dos fiéis irmanados em Cristo.

> Na Igreja e no Exército [...] reina assim uma mesma ilusão: a ilusão da presença invisível de um chefe (Cristo na Igreja, o general supremo no Exército) que ama com igual amor todos os membros da comunidade [...]. Para cada um dos indivíduos que compõem a massa dos crentes, Cristo é [...] um substituto do pai. No laço que une cada indivíduo com Cristo, temos de ver indiscutivelmente a causa daquele que une os indivíduos entre si. Algo análogo sucede no Exército. O general supremo é o pai que ama por igual todos os seus soldados, razão pela qual são camaradas entre si.[54]

Uma ilusão, dirá Freud em *O futuro de uma ilusão*, é uma crença motivada pelo desejo e indiferente à realidade efetiva. Pouco importa, assim, se Cristo existe ou se o general ama ou não igualmente todos os soldados: o importante é que fiéis e guerreiros *acreditem* que tal é o caso, e tal crença é fundamento da solidez das organizações respectivas. A qual desejo corresponde essa crença? É ao estudarmos, na próxima seção, a abordagem freudiana da religião que encontraremos uma resposta. De qualquer modo, é evidente que se trata de um desejo que concerne ao pai e que facilita a submissão a seu representante imaginário. Na Igreja como no Exército, pois, a crença no amor do substituto paterno aparece como o elemento essencial, "causa" daquele, secundário, mas não menos importante, que assegura a coesão dos indivíduos entre si.

Cada membro dessas organizações se acha assim atado por dois laços libidinais: o primeiro com o líder, o segundo com os demais; nessa dupla determinação amorosa, Freud vê a explicação do "fenômeno fundamental da psicologia

---

[54] *Psicologia das massas*, cit., SA IX, p. 89; SE XVIII, p. 94; BN III, p. 2579.

coletiva", a saber, *a falta de liberdade do indivíduo integrado numa massa*. Por outro lado, as situações de pânico mostram que a essência da multidão reside nessa vinculação libidinal, pois o pânico nada mais é que a consequência do desmoronamento da crença no poder do amor atribuído ao líder, que determina a cessação da identificação recíproca e dessa maneira o fim da existência da massa como tal. A cessação do investimento libidinal tem ainda outra consequência: enquanto perdura a massa, a agressividade é inibida no interior desta, sendo desviada para os que não pertencem a ela (inimigos militares ou crentes em outras religiões); com a dissolução do laço afetivo que a mantém unida, porém, as tendências agressivas ressurgem e podem visar aos ex-integrantes do grupo. Isso é facilmente explicável: o refluxo do investimento libidinal provoca um incremento narcisista, concomitante a uma defusão pulsional que libera uma determinada magnitude de pulsão de morte; ameaçado por esse aumento, o indivíduo desvia parte dele ou sua totalidade para o exterior, fazendo-o emergir então como agressividade. Mas também se pode considerar que, com a dissolução do grupo, cada indivíduo venha a constituir um grupo em si mesmo — expressão menos estranha do que parece se refletirmos que um grupo requer elementos de duas ordens: egos e ideais do ego, e que o "grupo individual" ressurge quando o ideal do ego deixa de ser partilhado para retornar a seu estado primitivo, como componente da psique individual.

Mas será correto dizer que o ideal do ego é primitivamente um componente da psique individual? A análise da identificação mostra que devemos retificar a afirmação: o ideal do ego é, primitivamente, calcado sobre o modelo do pai. A dissolução da multidão não é, na verdade, apenas uma regressão à psicologia individual; podemos também caracterizá-la como a repetição do processo inicial da individuação, que representa um progresso em relação à situação originária, pela passagem da identidade à escolha de objeto. Convém aqui distinguir entre a identificação primária ao pai e as identificações posteriores, que podem ou não resultar do retrocesso da escolha de objeto à identificação, como mecanismo de relação ao outro. É nesse ponto que Freud introduz a discussão do enamoramento e da hipnose: esta apresenta, isolado, um elemento da estrutura da massa, a saber, a relação com o líder. O hipnotizador se situa no lugar do ideal do ego, isto é, no mesmo posto ocupado pelo caudilho, pelo Cristo ou pelo general, e nesse sentido se revela como um dos substitutos da imagem do pai. Isso é confirmado pelas duas características típicas da situação hipnótica: a ausência de tendências sexuais diretas e a paralisia que resulta da "influência exercida por uma pessoa onipotente sobre um sujeito impotente e indefeso". Por essa via, evocando a inibição dos fins sexuais e o fascínio do onipotente, Freud chega à definição do homem como um animal de horda. Pois o pai em cujo lugar se situa a série dos substitutos — líder, hipnotizador, Generalíssimo ou Cristo — não é apenas o pai individual, mas, segundo Freud, o pai primitivo da aurora da humanidade.

> As massas humanas apresentam de novo o quadro, já conhecido, do indivíduo dotado de um poder extraordinário e dominando uma massa de indivíduos iguais entre si, quadro que corresponde exatamente à nossa descrição da horda primitiva. A psicologia dessas massas [...]: a desaparição da personalidade individual consciente, a orientação dos pensamentos e dos sentimentos num mesmo sentido, o predomínio da afetividade e da vida psíquica inconsciente, a tendência à realização imediata de todas as intenções que possam surgir — toda essa psicologia, repetimos, corresponde a um estado de regressão, a uma atividade psíquica primitiva, tal como a atribuiríamos à horda primitiva.[55]

Eis-nos de volta, portanto, ao ponto do qual partimos: a horda como proto-organização da comunidade, como fase intermediária entre o estado animal e o advento da cultura. Mas uma aquisição importante foi realizada nesse meio-tempo: a multidão *regride* à situação da horda. Uma tal regressão não se explica apenas pela fragilidade de superestrutura psíquica individual, mas tem de obedecer a uma poderosa atração a partir de um foco inconsciente. E este não será outro senão o sentimento inconsciente de culpabilidade, derivado de algo que Freud supõe ter acontecido *entre* o regime da horda e a constituição da multidão numa sociedade civilizada: o assassinato do pai primitivo.

Para introduzir esse fator no problema da psicologia coletiva, retornemos por um momento à constituição dos "sentimentos sociais". É na crítica freudiana à hipótese do "instinto gregário" que encontramos as indicações necessárias: o instinto gregário não é originário, mas deriva de um processo de gênese que põe em jogo a ambivalência das identificações e das escolhas de objeto. A criança é completamente egoísta e exige para si todo o amor dos pais; não manifesta, por conseguinte, nenhum "instinto gregário", mas sim

---

55 *Psicologia das massas*, cit., SA IX, p. 114; SE XVIII, p. 122; BN III, p. 2592.

uma intensa hostilidade contra aqueles que são seus rivais nesse amor, a começar pelos irmãos. Dados a impossibilidade de eliminá-los e o risco da perda do amor que implicam os sentimentos hostis, estes últimos são transformados em exigência de trato igual para todos, segundo o princípio do "se eu não posso [ser o único objeto do amor] então ninguém poderá". Dessa forma surgem ao mesmo tempo a exigência de justiça e a identificação recíproca, da qual emergirão os sentimentos de camaradagem, de comunidade e de companheirismo. Cabe assinalar que tal transformação se efetua a partir do vínculo com uma pessoa exterior ao grupo, que não pode deixar de se tornar também alvo de uma extrema hostilidade quando a criança descobre que ele (ela) não lhe dedica, com exclusividade, seu amor. A repressão desse sentimento hostil tem, pois, um papel a desempenhar na formação dos laços recíprocos de comunhão e solidariedade. Vimos mais atrás a que ponto essa situação é exacerbada pelo advento do complexo de Édipo e de que maneira o superego herdará também dessa agressividade dirigida de início contra o pai: na medida em que este constitui o protótipo do ideal do ego e da consciência moral, ambos a partir da onipotência que lhe é atribuída (e que reencontramos reinvestida na figura do hipnotizador), o desejo de eliminá-lo, que permanece no inconsciente, será origem de uma culpabilidade inexpiável. E, assim como o ego irá se prestar docilmente às críticas do substituto paterno que é o superego, ele encontrará nas condições psicológicas peculiares ao "estado de multidão" uma ocasião para negar o desejo homicida; e também, segundo Freud, a realidade do assassinato primordial, cujos traços sobrevivem na herança filogenética.

> O caráter inquietante e coercitivo das formações coletivas, que se manifesta em seus fenômenos de sugestão, pode ser portanto atribuído à afinidade da massa com a horda primitiva, da qual descende. O líder é ainda o temível pai primitivo. A massa quer ser sempre dominada por seu poder ilimitado. Ávida de autoridade, ela tem, segundo as palavras de G. Le Bon, uma inesgotável sede de submissão. O Pai primitivo é o ideal da massa, e esse ideal domina o indivíduo, substituindo-se a seu ideal do ego.[56]

---

56 *Psicologia das massas*, cit., SA IX, p. 119; SE XVIII, p. 127; BN III, p. 2599.

Na submissão à autoridade do líder, o indivíduo encontra uma forma de expiação da culpabilidade inconsciente, cuja origem remonta ao complexo de Édipo e ao desejo de eliminar o pai. Assim se explica o porquê da substituição do líder ao ideal do ego: ambos são avatares da mesma entidade originária, e portanto a coesão do grupo, que depende da relação com o líder, resulta em última análise de que a *sociabilidade é um derivado da culpabilidade*, ou melhor, um modo de defesa contra ela, mas que se nutre de seu caráter inextinguível. Inversamente, a multidão permite o levantamento de certas inibições individuais, isto é, de uma parcela da coerção imposta às pulsões pelas necessidades da vida em comum; mas tais necessidades, longe de se reduzirem à busca dos meios de subsistência ou à sua distribuição mais ou menos adequada, respondem à exigência de sufocar a culpabilidade, reprimindo a representação do crime pelo qual, ao dar nascimento à civilização, o grupo suprimiu o onipotente em ato. O líder não é, na verdade, o pai primitivo: é uma pálida reencarnação dele. Sua potência de liderança lhe é emprestada por aqueles que a ele se submetem, e, ao se submeterem, expiam uma parcela da culpa por existirem como seres de civilização. E, ao fazerem isso, se liberam de parte das razões que justificam a coerção das pulsões, criando (recriando) condições em que podem vir a se manifestar, sempre em parte, as tendências agressivas que a cultura tem de reprimir para poder ser.

Mas os fenômenos de multidão não são a única forma em que o pai primitivo retorna à cena; se neles a coerção pulsional pode ser momentânea e parcialmente levantada, na vida social ordinária ela será mantida também por meio de substitutos paternos. A cada vez que Freud evoca a necessidade de submissão das massas — que a seu ver é uma noção de extrema importância, pois sem ela seria impossível explicar por que sistemas sociais tão injustos como os que existiram e existem puderam ser suportados pelos oprimidos por tantos séculos —, a cada vez que toca nesse ponto, a figura dos "grandes homens" vem se associar à figura das massas, representadas ao mesmo tempo como rebeldes à renúncia pulsional e anelando por líderes que lhe exijam essa renúncia. Sejam por exemplo estas passagens, inconfortáveis para o comentador:

> O domínio da massa por uma minoria continuará a se demonstrar sempre tão indispensável quanto a imposição coercitiva do trabalho cultural, pois as massas são preguiçosas e ignorantes, não admitem com satisfação a renúncia pulsional, sendo inúteis todos os argumentos para convencê-las de que tal renúncia é inevitável;

e seus indivíduos se apoiam uns nos outros na tolerância de seu comportamento desenfreado. Unicamente a influência de indivíduos exemplares, a quem reconhecem como líderes, pode movê-las a aceitar os esforços e as privações imprescindíveis para a preservação da cultura [...].[57]
O fato de que os homens se dividem em dirigentes e dirigidos é uma expressão de sua desigualdade inata e irremediável. Os subordinados formam a imensa maioria, necessitam de uma autoridade que adote decisões para eles, às quais se submetem, em geral, incondicionalmente [...]. É preciso colocar o maior empenho em educar uma camada superior de homens dotados de pensamentos independentes, inacessíveis à intimidação, que lutam pela verdade e aos quais corresponde a direção das massas dependentes [...]. A situação ideal seria, naturalmente, a de uma comunidade de homens que tivessem submetido sua vida pulsional à ditadura da razão. [...] Mas, com toda a probabilidade, é uma esperança utópica [...].[58]

Freud, reacionário empedernido? Freud, burguês que despreza as "massas proletárias" e vê nelas um perigo iminente? A psicanálise serviria de instrumento para a justificação da ordem existente, sob a máscara do interesse pela "preservação da cultura"? Antes de pronunciar veredictos tão apressados quanto inúteis, convém examinar mais de perto o sentido de sua argumentação. Em primeiro lugar, ela não é uma apologia, mas uma constatação: os dois textos dos quais são extraídas essas passagens são escritos à sombra do nazismo em marcha e da adesão das massas alemãs, proletárias ou não, a uma doutrina cujo conteúdo é o mais delirante e reacionário possível. Em segundo lugar, os parágrafos subsequentes de *O futuro de uma ilusão* falam da injustiça contida na distribuição desigual de privações e sofrimentos imposta pela ordem existente, que só pode conduzir a uma rebelião, compreensível e justificável, daqueles cujo trabalho produz os bens de cujo gozo se acham excluídos. Dito isso, fica também evidente que Freud sustenta uma posição no melhor dos casos reformista, e que nada está mais distante de seu horizonte do que a questão da revolução social, seus meios, métodos e finalidades, e dos imensos problemas que surgem nessa perspectiva. "Liberal à moda antiga", como dirá numa carta a Arnold Zweig, Freud

---

57 *O futuro de uma ilusão*, SA IX, pp. 141-2; SE XXI, pp. 7-8; BN III, p. 2963.
58 "O porquê da guerra", SA IX, p. 283; SE XXII, p. 212; BN III, p. 3214.

se limita a assinalar o "mal-estar na cultura" e a estudar as causas de um tal estado de coisas; se não se pode apontar um projeto político freudiano, também é verdade que certas indicações mostram sob quais linhas ele concebe, ainda que fragmentariamente, uma sociedade menos coercitiva. O texto de "O porquê da guerra" fala numa utopia — a da comunidade de homens submetidos à ditadura da razão —, e certas passagens de *O futuro de uma ilusão* deixam transparecer que o núcleo de uma tal comunidade consiste no estrato social... dos intelectuais ateus. Discutindo a transformação paulatina da coerção externa em coerção interna pela via do superego, Freud dirá que "aqueles indivíduos nos quais teve lugar [esse robustecimento do superego] deixam de ser adversários da civilização e se convertem em seus mais firmes substratos. Quanto maior for seu número numa área da cultura, mais segura esta irá se achar e tanto mais cedo poderá prescindir dos meios externos de coerção". E, mais adiante:

> Dos homens cultos e dos trabalhadores intelectuais, a civilização não tem muito que temer. A substituição dos motivos religiosos de uma conduta civilizada por outros motivos, puramente terrenos, se desenvolve neles de modo silencioso. Tais indivíduos são, além disso, por si mesmos os mais firmes sustentáculos da civilização. Outra coisa é a grande massa inculta e explorada, que tem toda classe de motivos para ser hostil à civilização [...].[59]

Da mesma forma, os "homens dotados de pensamentos independentes, inacessíveis à intimidação e que lutam pela verdade" a que se refere a carta a Einstein serão encontrados mais provavelmente entre os cientistas do que na classe política ou no elemento militar. Mas Freud reconhece que tal desejo é utopia: o que é mais interessante é ver por que os "homens cultos" e os "trabalhadores intelectuais" são os mais "firmes substratos da cultura"; será apenas porque seu superego é mais rigoroso do que o das "massas incultas e exploradas"? Antes de abordar essa questão, porém, e a fim de situar melhor a relação do "grande homem" com a sociedade, quero citar e comentar dois outros textos.

Numa das últimas páginas de *Moisés e o monoteísmo*, encontramos a definição mais clara do que seja um "grande homem". Freud começa por criticar a historiografia moderna, que atribui a evolução das sociedades a "tendências

---

59 *O futuro de uma ilusão*, SA IX, pp. 145 e 172; SE XXI, pp. 11 e 39; BN III, pp. 2965 e 2982.

impessoais", cuja manifestação é inevitável, e que vê em fatores como as circunstâncias econômicas, as migrações, os progressos técnicos etc. os verdadeiros móveis do processo histórico, atribuindo aos chamados "grandes homens" apenas o papel de expoentes casuais daquelas tendências. Sem negar o peso desses fatores, Freud propõe conferir aos personagens históricos um "lugar na trama das causas". Mas surge a pergunta inevitável: o que torna "grande" um grande homem? É o desenvolvimento excepcional de certas qualidades, que fazem sua personalidade capaz de acentuar ou reorientar desejos preexistentes nas massas, mas que apenas por sua focalização nele vão adquirir uma dinâmica própria. Ele assume então o posto que já conhecemos:

> A causa de o grande homem adquirir, a princípio, sua importância não nos oferece a menor dificuldade, pois sabemos que a imensa maioria dos seres humanos necessita imperiosamente de uma autoridade a quem se possam submeter, pela qual possam ser dominados e mesmo maltratados. A psicologia do indivíduo nos ensina de onde procede essa necessidade das massas. Trata-se da nostalgia do pai, que cada um de nós alimenta durante a infância.[60]

O grande homem é assim um substituto do pai: tira dele sua autonomia, sua coragem, sua quase-onipotência, e vem preencher um lugar indicado pela expressão "nostalgia do pai". Confrontemos ao trecho citado uma passagem de *O mal-estar na cultura*, em que Freud fala de um superego coletivo, cujas normas estão encarnadas na ética e cuja função é reprimir a agressividade que ameaça destruir a vida social:

> O superego de uma época cultural determinada tem origem análoga à do superego individual, pois se funda na impressão deixada pelos grandes personagens condutores, pelos homens de arrebatadora força espiritual [...]. Em muitos casos, a analogia chega ainda mais longe, pois, com certa frequência, embora não sempre, tais personagens foram denegridos, maltratados ou eliminados sem piedade por seus semelhantes, sorte similar à do pai primitivo [...]. A figura de Jesus é precisamente o exemplo mais cabal desse duplo destino.[61]

---

60 *O homem Moisés e a religião monoteísta* (*Moisés e o monoteísmo*), SA IX, p. 555; SE XXIII, p. 109; BN III, p. 3307.
61 *O mal-estar na cultura*, SA IX, p. 266; SE XXI, p. 141; BN III, p. 3065.

Creio que aqui podemos fechar o círculo. Guiando-nos pela recorrência das expressões dos dois lados do par grande homem/massa — "maltratado/ maltratar", por exemplo —, reconhecemos que a massa tem, digamos assim, para com o grande homem a mesma relação mantida para com o pai primitivo: admiração que beira o fascínio, desejo masoquista de submissão, sede de autoridade; mas também é capaz de inverter a situação e de denegrir, maltratar e assassinar o personagem a quem atribui a liderança. Um mesmo esquema se repete, no ciclo infinito da culpabilidade, e não é por acaso que Moisés e Jesus, "homens de arrebatadora força espiritual", serão invocados em contextos próximos do crime primordial. A impressão deixada pelos "personagens condutores" e que funda o superego cultural não pode provir da força dos argumentos, notoriamente insuficiente para coagir as paixões; ela se origina numa paixão mais forte, como culpabilidade pela "eliminação desapiedada". A nostalgia do pai, fundamento também da religião, virá a operar a interiorização das normas e portanto criar as condições para a convivência juridicamente regrada entre os membros da comunidade. Mas a diferença entre a sociedade em geral e as subsociedades — como a Igreja e o Exército — consiste em que a primeira não pode manter indefinidamente a ficção do amor do chefe. Estará assim exposta à luta interna entre os detentores do poder e as "massas"; estas, ainda que "sedentas de autoridade" e identificadas aos grupos dominantes por meio da ideologia que justifica a dominação e pelo narcisismo derivado das realizações em comum, continuam tão hostis quanto sempre à coerção pulsional, tanto mais que, com o aumento da produtividade por meio de técnicas mais eficazes, elas sentem de modo cada vez mais agudo a injustiça inerente à distribuição desigual dos bens essencialmente produzidos com seu trabalho. Mas com isso estamos já num plano que escapa à psicanálise e releva da economia, da teoria política e de disciplinas afins. Para resumir, diremos que Freud discerne na coerção das pulsões o fundamento ao mesmo tempo da civilização e da hostilidade contra a civilização; esta, surgida do crime que pôs fim à horda primitiva, se especifica nas diferentes regiões do direito, da moral, da religião etc. Esses são meios tanto de organizar a sociedade em vista da produção dos bens necessários à sobrevivência quanto, de modo mais profundo, de defender tal organização, em seu princípio e independentemente das formas particulares que venha a assumir, da tendência incoercível dos homens a se rebelar contra as renúncias pulsionais, sem as quais não haveria civilização. Das duas linhas de explicação da origem da cultura que mencionamos — a de tipo biológico, que faz apelo à passagem para a posição ereta e às suas consequências, e a de tipo histórico-psicológico, que vê no mito de *Totem e tabu* a chave do enigma da cultura —, é a segunda, sem dúvida, que se revela determinante para a elucidação intentada; e ainda estamos longe de ter esgotado suas implicações. A civilização, de modo geral, reprime e sublima tanto as pulsões eróticas quanto as de morte; e podemos ver que, mais do que na repressão das primeiras, é na neutralização das segundas, metamorfoseadas em agressividade, que consiste o essencial do fundamento da cultura. Vejamos agora, mais de perto, de que modo Freud concebe a tarefa civilizadora em conexão com a agressividade, e por que razão, afinal, é possível falar de um "mal-estar na cultura".

Podemos partir da questão deixada em suspenso mais atrás, ou seja, por que os intelectuais são o "substrato mais firme da cultura". Quem são os intelectuais? Em essência, os artistas e os cientistas, em todas as variantes de suas atividades. Eles se definem por sua *produtividade*, cristalizada em obras plásticas ou literárias, descobertas e invenções etc. — mas uma produtividade peculiar, que surge de uma economia psíquica específica, na qual a capacidade de sublimação pulsional é particularmente elevada. É no contexto da discussão sobre os "remédios para suportar a dureza da vida" que Freud vem a falar da ciência e da arte como elementos do balanço prazer/desprazer do psiquismo individual. Existem três desses remédios: distrações poderosas que fazem parecer pequena nossa miséria; satisfações substitutivas que a diminuem; e narcóticos que nos tornam menos sensíveis a ela.[62] Sem entrar de momento no porquê dessa distinção — que remete ao Princípio de Realidade e à relação diversa da arte e da ciência com ele —, cabe notar que ambas dependem em larga escala da capacidade de sublimação do indivíduo, isto é, da reorientação de parcelas ponderáveis de sua libido para finalidades muito distantes da satisfação direta, e que não obstante proporcionam prazer. Vimos também que a sublimação envolve a transformação de certa quantidade de libido objetal em libido narcisista, a partir da qual será efetuado o investimento das práticas "sublimadas". Essa proposição é muito geral, e gostaríamos de saber mais sobre a natureza desse processo.

Uma pista nos é fornecida pela notação de que os sentimentos sociais são oriundos de tendências sexuais inibidas quanto ao fim, e em última análise

---

62 *O mal-estar na cultura*, SA IX, p. 207; SE XXI, p. 75; BN III, p. 3024.

redutíveis ao complexo de Édipo, tanto em sua vertente amorosa quanto em sua vertente hostil. Parece-me lícito supor que a libido assim coarctada seja próxima da genital, tanto pela coincidência entre a eclosão do Édipo e a fase fálica, quanto pelo fato de que seu resultado é unir indivíduos antes separados — finalidade que se pode legitimamente atribuir à libido genital. Por outro lado, sou levado a crer que a sublimação em si atua sobre os componentes pré-genitais da libido, devido à sua vinculação mais estreita com o prazer de órgão e com o autoerotismo, podendo, por essa razão, ser mais convertido com mais facilidade em libido narcisista. A ordem, a limpeza e a escrupulosidade são, como lemos em "Caráter e erotismo anal", formações reativas que nascem da repressão da libido anal; boa parte da energia consagrada à realização de um trabalho intelectual, com suas características inerentes de obsessividade, não poderia provir da mesma origem? Freud afirma em *Totem e tabu* que a histeria é a caricatura de uma obra de arte; de que fontes provêm a energia sublimada que dá origem à obra de arte? A libido oral e anal não deve ser indiferente a esse processo, e, para nos mantermos nos limites do trabalho científico, pensemos na analogia impressionante que oferecem a assimilação e a elaboração de informações, a manipulação da Mãe Natureza ou dos Pais Fundadores, por exemplo, num trabalho de filosofia (!), com atividades arcaicas cujos traços permanecem ativos no inconsciente dos "trabalhadores intelectuais". É evidente que a capacidade de sublimação não pode dar conta, sozinha, da emergência da obra; ela precisa investir elementos que lhe são fornecidos pelo meio social, em primeiro lugar a linguagem, sem falar das técnicas específicas ou dos materiais em que ela vai se concretizar, sem o que seria fantasma informe e não obra de arte, de ciência ou de pensamento. Mas, para retornar à sublimação, ela favorece um investimento dos próprios processos psíquicos como capazes de gerar prazer, e, mesmo que este seja muito "atenuado" (*O mal-estar na cultura*), é por essa via que os intelectuais aparecerão a Freud como aqueles de quem a cultura nada tem a temer. Pois, como a sublimação envolve uma dessexualização e portanto libera agressividade, esta será consumida no nível psíquico, exercendo-se contra o objeto ou contra os outros cientistas (polêmicas...); de modo que tais indivíduos são "o mais firme substrato da cultura" não apenas porque a enriquecem com suas produções, mas sobretudo porque, encontrando um canal de escoamento de sua agressividade num fazer que concerne em primeiro lugar a eles mesmos e que, pela satisfação do sucesso, contribui para garantir o narcisismo e relançar o processo, se tornam destarte *inofensivos* para os demais.[63]

Freud notará, ademais, que esse meio de obter prazer não é acessível a todos, em virtude de suas limitações constitucionais, mas que pode ser substituído pelo trabalho:

> É impossível considerar, numa exposição concisa, a importância do trabalho para a economia libidinal. Nenhuma outra técnica de orientação vital liga o indivíduo de modo tão forte à realidade quanto a acentuação do trabalho, que pelo menos o incorpora solidamente a uma parte da realidade: a comunidade humana. A possibilidade de deslocar sobre o trabalho e sobre as relações humanas com ele vinculadas uma parte considerável dos componentes narcísicos, eróticos e agressivos da libido confere àquelas atividades um valor que nada cede em importância ao que possuem na qualidade de condições imprescindíveis para manter e justificar a existência social. [...] Não obstante, o trabalho é menosprezado pelo homem como caminho para a felicidade; não se precipita rumo a ele como para outras fontes de gozo. A imensa maioria dos homens só trabalha sob o império da necessidade, e essa natural aversão humana pelo trabalho é fonte dos mais graves problemas sociais.[64]

Essa passagem nos deixa a princípio perplexos: não apenas pela concepção de todo abstrata do trabalho, como se este fosse apenas uma relação entre o indivíduo e a coisa, fazendo tábua rasa da organização social do trabalho — à qual, no entanto, Freud alude vagamente ao falar da "comunidade humana" —, mas também porque contradiz outros textos, em que seu autor tece um longo discurso acerca da natureza imediatamente social dessa atividade, "condição imprescindível" para a existência da coletividade. Como conciliar expressões

---

63 Essa análise, evidentemente, não esgota o problema, pois não apenas faz abstração do momento social inerente a toda a produção intelectual, mas ainda não leva em conta a frustração do insucesso e a competitividade, que podem ser fatores de agressividade de extrema violência. Sem descrever os efeitos devastadores desses fatores nas comunidades científicas e intelectuais, cabe assinalar a reflexão de Stephen Spender transcrita por Pierre Kaufmann em *Psychanalyse du politique*, segundo a qual o fato de Hitler e Goebbels serem artistas frustrados — um em arquitetura, outro em dramaturgia — poderia ter tido certa influência na fúria destruidora desses homens. Spender vai ao ponto de dizer que isso bem poderia ser "o segredo psicológico do nazismo" (p. 70). Não é necessário generalizar tão amplamente, *ma se non è vero...*
64 *O mal-estar na cultura*, SA IX, p. 211n; SE XXI, p. 80n; BN III, p. 3027n.

como "natural aversão humana pelo trabalho" com o reconhecimento explícito da espoliação dos frutos do trabalho da imensa maioria dos homens pela ordem econômica vigente?

Tocamos aqui um dos limites da concepção freudiana da cultura: a dimensão social, com os componentes sociais e com os conflitos que lhe são inerentes, não é jamais considerada em sua especificidade, mas sua análise a toma sempre como um *dado* e jamais como um princípio; e, enquanto dado, ela é redutível ao jogo dos investimentos pulsionais dos indivíduos que a compõem. Por outro lado, é apenas ao preço dessa parcialidade extraordinária que Freud tem condições de destacar aspectos que permanecem intocados por uma abordagem de tipo marxista, como por exemplo a função do trabalho, alienado ou não, como foco de polarização dos "componentes eróticos, narcisistas e agressivos da libido", ou a vinculação do trabalho com o princípio de realidade, enquanto mola essencial da conversão de uma mônada narcisista em um ser humano. De nada vale, a meu ver, se escandalizar com a parcialidade do ângulo psicanalítico, que, ao iluminar determinados elementos, deixa necessariamente na sombra outros, mais bem esclarecidos por outras teorias e correntes de pensamento, que nada têm a ver com a psicanálise. E isso por duas razões: primeiro, a perspectiva freudiana de fato revela dimensões inacessíveis a tais teorias e que fazem parte do fenômeno humano tanto quanto a luta de classes ou a formação das ideologias como instrumento de ocultação da natureza do social; mais profundamente, porque o desejo de ver a totalidade desse fenômeno explicada por um princípio simples é apenas um avatar do fantasma da onipotência, cuja tradução filosófica é a miragem do saber absoluto. A psicanálise não pode "elucidar todos os fatos da civilização, nem tudo desses fatos" (C. Le Guen) — advertência que deveria valer também para moderar o *furor explicandi* de certos psicanalistas, que, acreditando deter a fórmula mágica capaz de decifrar todos os enigmas da Esfinge, manipulam a torto e a direito os conceitos de sua disciplina, numa extrapolação aberrante que conduz a resultados igualmente aberrantes. É certo que Freud dá, por vezes, o exemplo dessa utilização abusiva; mas também é verdade que, no mais das vezes, sua maneira de abordar os problemas se conserva dentro dos limites em que o poder heurístico dos conceitos que aplica se revela fecundo.

Tal é o caso, para nos limitarmos a esta, da análise da agressividade e do sentimento de culpabilidade. Retenhamos da passagem citada o que nos interessa:

a noção de que o trabalho pode canalizar importantes parcelas da libido, tanto em sua qualidade de meio para fabricação de objetos, quanto na de polarizador das relações humanas. Ele aparecerá então como um poderoso auxiliar de Eros, como elemento de coesão entre os homens e como uma das possibilidades de minorar a "miséria da vida", não só pelo prazer que pode proporcionar ao trabalhador, mas também porque, por intermédio deles, são produzidos os bens cujo consumo e cuja fruição são indispensáveis para a existência individual e coletiva. Mas essa concepção, manifestamente insatisfatória, esbarra em duas objeções de peso: em primeiro lugar, a de que o trabalho não se exerce *in vacuo*, e sim no interior de relações sociais de dominação — e Freud reconhece isso sem dificuldade, ainda que, digamos mais uma vez, não se interesse pelos problemas que implica essa constatação, varrendo-os com observações que não atingem, nem sequer remotamente, o núcleo da questão. Em segundo lugar, dado que quase todos os homens trabalham, se o trabalho fosse suficiente para canalizar todos os componentes eróticos e agressivos da libido, não existiria o problema com cuja explicação Freud se esforça por atinar e que denomina "mal-estar na cultura". Isso porque — e de novo ele o concede de bom grado — mesmo as relações mais intensas contêm um elemento de hostilidade, e as relações derivadas do trabalho não escapam à regra: justo por serem tão altamente investidas e, é provável, por estarem sob o efeito da "natural aversão humana" de que fala, ele pode se converter, com frequência, num foco de cristalização da agressividade, em grau extremamente forte. No entanto, para dar conta desse processo, Freud não vai estudar as condições efetivas do trabalho, mas, fiel a seu modo de conceber as relações humanas, buscará na constituição da agressividade o ponto de partida para compreender essa questão e inúmeras outras.

> A verdade oculta em tudo isso, e que negaríamos de bom grado, é que o homem não é uma criatura terna e necessitada de afeto, que só ousaria se defender caso fosse atacado, mas um ser entre cujas disposições pulsionais se deve contar uma boa dose de agressividade. Por conseguinte, o próximo não representa para ele apenas um possível colaborador e objeto sexual, mas também um motivo de tentação para satisfazer sobre ele sua agressividade, para explorar sua capacidade de trabalho sem retribuí-la, se aproveitar sexualmente dele sem seu consentimento, se apoderar de seus bens, ocasionar sofrimento a ele, martirizá-lo e matá-lo. [...] A existência de tais tendências agressivas [...] é o fator que perturba nossa relação

com nossos semelhantes, impondo à cultura tal panóplia de preceitos. Devido a essa hostilidade primordial entre os homens, a sociedade civilizada se vê constantemente à beira da desintegração. O interesse que oferece a comunidade de trabalho não bastaria para manter sua coesão, pois as paixões são mais poderosas que os interesses racionais. A cultura se vê obrigada a opor múltiplas barreiras às tendências agressivas do homem e a dominar suas manifestações mediante formações reativas psíquicas.[65]

Essa passagem nos faz avançar sensivelmente em nosso argumento. Não é mais surpreendente, a esta altura, encontrar a agressividade como tendência constitucional do ser humano; o que é decisivo são dois outros aspectos. Primeiro, que o "mal-estar na cultura" não deriva tanto da repressão da sexualidade, porém, de modo mais profundo, da repressão da agressividade; segundo, que esta se dá por meio da instalação *no psiquismo* de "barreiras" destinadas a tolher as manifestações agressivas. Sexualidade e agressividade, aliás, não se apresentam jamais isoladas: esta é um fator com frequência associado àquela, sob a forma das pulsões parciais ou como atividade destinada a assegurar o encontro e a fruição do objeto; além disso, mesmo na fúria destruidora mais intensa, o componente narcisista inerente à afirmação da força e do poder não pode ser eliminado. É que estamos sempre diante de fenômenos de fusão pulsional; a cultura se revela assim não só como poder de coerção, mas também como espaço de manifestação e satisfação, dentro de limites variáveis, das duas pulsões. O sacrifício imposto ao homem, porém, é para Freud mais poderoso do que as possibilidades de satisfação pulsional oferecidas pela cultura, e isso não apenas devido às limitações crescentes impostas à sexualidade, analisadas anteriormente, mas também e sobretudo por causa da coerção, muito violenta, das tendências agressivas. É por meio do superego e do sentimento de culpabilidade que se dá essa coerção; cabe agora, portanto, estudar mais de perto a vertente cultural desses elementos psíquicos.

O sétimo capítulo de *O mal-estar na cultura* é dedicado a essa questão. A pergunta, em seus termos mais gerais, pode ser formulada assim: o que acontece com as pulsões em regime de civilização? Parece haver aqui duas possibilidades diferentes, segundo se trate de Eros ou de Thânatos. A plasticidade das pulsões

---

[65] *O mal-estar na cultura*, SA IX, p. 240; SE XXI, p. 111; BN III, p. 3046.

parciais admite por exemplo a sublimação, a inibição quanto ao fim, a transformação em traços de caráter (como o erotismo anal, dando origem à tríade ordem, limpeza e escrupulosidade), ou ainda a frustração pura e simples, como condição da possibilidade da cultura, mas que acarreta igualmente a disposição à neurose, como preço a pagar por essa grande aquisição, como dirá Freud alhures. Diante da pulsão de morte, contudo, as alternativas são mais reduzidas: caso ela se exteriorize como agressividade, uma parcela se aliará à libido, outra poderá ser deixada em estado livre como meio de defesa ou de ataque, mas a principal fração dela será reintrojetada, "devolvida ao lugar de onde procede", isto é, ao interior do psiquismo — o superego vai assumir essa função e exercer contra o ego a agressividade que este teria preferido exercer contra outros. A tensão entre o ego e o superego será vivida, como já sabemos, sob a forma do sentimento de culpabilidade. Mas surgem, inevitavelmente, duas questões: como articular a gênese do superego a partir de algo impessoal, como "a cultura", com sua derivação do complexo de Édipo? E por que a tensão entre as instâncias tem de ser sentida, precisamente, como sentimento de *culpabilidade*?

É por esse lado que a resposta vai se articular. Sente culpa quem fez algo mau ou quem teve a intenção de fazê-lo; mas qual a origem da valorização do bem e do mal? Excluindo a hipótese de que um "sentimento interno" da ética possa explicar a origem da distinção, já que o princípio de prazer não reconhece diferenças éticas, Freud conclui que o critério do bom e do mau só pode provir de uma fonte externa ao sujeito. Mas por que ele se subordina a esse critério? Para não ser ameaçado e castigado pela tal fonte externa: o *mau* é assim, em essência, aquilo por que se é ameaçado, e com a precisa ameaça da perda do amor — perda que por sua vez é ameaçadora porque o amor é garantia de não agressão por parte do outro. Temos assim uma primeira situação, na qual o sujeito evita fazer o "mal" para não perder o amor de alguém cuja ira tem motivos de temer; o que, porém, deixa intacta a possibilidade da ação malvada sempre que a impunidade pareça garantida, isto é, quando se pode razoavelmente supor que o detentor do poder de castigar não a descobrirá. Com a interiorização da autoridade por meio do advento do superego, o temor ao castigo se converte em consciência moral e só então se pode de fato falar de sentimento de culpabilidade. Essa transformação modifica de modo considerável os dados do problema, porque o superego está em íntimo contato com o id, em virtude de sua qualidade de formação reativa contra os investimentos objetais edipianos. O medo à autoridade pode impor a renúncia à satisfação do desejo; mas o temor ao superego vai mais além, porque diante deste último não se pode ocultar a própria existência do desejo, que é motivo de reprovação, independentemente de se realizar ou não. Essa é uma desvantagem da instauração do superego, que será agravada ao se tomar em consideração outro fator: a severidade do superego é tanto maior quanto mais completa a renúncia pulsional, o que inverte as relações econômicas e não deixa de causar uma certa perplexidade. Essa intensificação se expressa por exemplo nas situações de adversidade, em que o homem se acusa de grandes pecados e explica assim que Deus ou o Destino (substitutos da instância parental) o punam com os sofrimentos atuais. Mas como explicar essa circunstância?

Freud recorre então à teoria da identificação. A agressividade da consciência moral é uma continuação da severidade atribuível à autoridade externa; mas a "primeira provisão de agressividade" do superego tem uma origem diferente. Contra a autoridade proibida, a criança desenvolveu certamente uma intensa hostilidade, pois aquela lhe impunha penosas renúncias pulsionais; mas teve também de abandonar a hostilidade, sob pena de perder o amor dos pais, e o mecanismo pelo qual efetua tal abandono é o da identificação, pela qual incorpora a imago paterna e se identifica com ela, adotando por si mesma as proibições dela emanadas. Ou seja, instaurando o superego: "a diferença fundamental reside em que a primitiva severidade do superego não é a que o objeto nos faz sentir ou a que lhe atribuímos, mas corresponde antes à nossa própria agressão contra o objeto [...]. A relação entre o ego e o superego é o retorno, deformado pelo desejo, de antigas relações entre o ego ainda indiviso e um objeto exterior".[66] A consciência se formaria assim a partir do retorno sobre si da agressividade antes dirigida contra o objeto, por meio da identificação com este último, e da renúncia pulsional motivada pela angústia de perder seu amor; daí em diante, cada nova renúncia aumenta a angústia, pois a parcela de agressividade dirigida até então contra o objeto segue o mesmo caminho e vem se integrar ao superego, fazendo crescer sua severidade.

Tudo isso é muito abstrato, e talvez convenha introduzir neste contexto o que apuramos na seção anterior sobre a origem do superego. Este surge como resultado do complexo de castração, no qual o menino teme perder o pênis se

---

66 *O mal-estar na cultura*, SA IX, p. 256; SE XXI, p. 129; BN III, p. 3057.

perseverar em seus investimentos edipianos e a partir do qual a menina entrará na fase do Édipo e acederá à feminilidade. O curioso aqui é que a discussão de Freud parece se inspirar mais no caso feminino do que no masculino, pois o que engendra o superego na versão de 1930 é a ameaça de perda do amor, e ele dirá nas *Novas conferências* que o que a menina teme não é perder o pênis, que de toda forma não existe, mas sim o amor da mãe, e que essa é a ameaça que potencia o choque da descoberta do órgão masculino e a faz entrar no complexo de castração.[67] Mas já sabemos que no nível do fantasma o dom do pênis é precisamente uma forma de amor, de modo que as coisas ficam muitíssimo mais claras se interpolarmos na argumentação de Freud a questão dos fantasmas de castração: o "mau" é intrinsecamente o desejo incestuoso, a "autoridade coatora" é figurada pelo pai, a "hostilidade contra a autoridade" é representada pelo desejo assassino de eliminá-lo, e o "medo à perda do amor" equivale ao temor à castração, que se vincula ao pai a partir da série de deslizamentos que, retrospectivamente percorridos, chegam à mãe como portadora do pênis em consequência do ser portadora do seio.

Muitíssimo mais claras ou muitíssimo mais complicadas? Pois essa derivação do superego não necessita em absoluto da cultura como agente coator, bastando para isso o complexo de Édipo individual. A objeção imediata de que a família só tem sentido na civilização e de que pais e mães só o são em virtude de sua instituição como tais pela sociedade não é válida, pois em primeiro lugar Freud considera a cultura um fruto do complexo de Édipo primitivo, por conseguinte a instituição de pais e de mães seria *posterior* ao parricídio original e *contemporânea* da proibição do incesto; além disso, os agentes coatores da cultura serão substitutos sucessivos da figura paterna (professores, heróis, modelos, "grandes homens", Deus, o destino etc.). A dificuldade é grave, pois o objetivo de Freud era provar que o sentimento de culpabilidade é exponencialmente acentuado pela civilização (o que produz o "mal-estar na cultura"), e eis que aquele parece admitir uma determinação exaustiva no nível individual! Como em outros impasses semelhantes, é à filogênese que ele vai recorrer para "atenuar" as divergências entre as duas concepções da origem da consciência moral: a criança que reage com tamanha agressividade à renúncia pulsional imposta

---

[67] *Novas conferências de introdução à psicanálise*, n. 33, SA I, pp. 551 ss; SE XXII, pp. 120 ss; BN III, pp. 3170 ss.

pelo pai só faz repetir um protótipo arcaico, que excede a gravidade da situação presente. "Pois o pai pré-histórico era terrível, e bem se poderia atribuir a ele, com todo o direito, a mais extrema agressividade."[68] A intensidade da angústia de castração seria então proporcional ao traço inconsciente do crime originário, concepção das mais problemáticas e que teremos ocasião de estudar na seção 5 deste capítulo.

O sentimento de culpabilidade encontra assim sua origem no assassinato do protopai, repetido fantasmaticamente no psiquismo individual e portanto se fortalecendo com cada nova agressão contida e interiorizada no superego. Pouco importa, para nós que já nascemos em meio ao processo civilizatório, se de fato matamos o pai ou se esse desejo se limita a um fantasma inconsciente: o sentimento de culpabilidade estará sempre ali, pois é expressão da ambivalência, e esta por sua vez exprime não apenas o conflito pulsional interior a cada indivíduo, mas também a luta eterna entre Eros e a pulsão de destruição.

> Esse conflito é exacerbado quando se impõe ao homem a tarefa de viver em comunidade; enquanto esta adotar apenas a forma da família, ele irá se manifestar no complexo de Édipo, engendrando a consciência (moral) e instituindo o primeiro sentimento de culpabilidade. Quando se intenta ampliar a comunidade, o mesmo conflito persiste em formas que dependem do passado, reforçando ainda mais o sentimento de culpabilidade. Como a cultura obedece a uma pulsão erótica interior que a obriga a unir os homens numa massa intimamente amalgamada, só é possível alcançar esse objetivo mediante a constante e progressiva acentuação do sentimento de culpabilidade. O processo que começou com relação ao pai termina com relação à massa.[69]

É fácil compreender por quê. A coesão só pode ser realizada se forem preenchidas duas condições: a transformação da libido propriamente sexual em impulsos afetivos e a neutralização de parcelas cada vez maiores da agressividade por meio da introjeção e do fortalecimento do superego. Cabe supor que a inibição quanto ao fim dos impulsos eróticos seja sentida como frustração e suscite agressividade contra os fatores que encarnam a instância paterna; quanto

---

68 *O mal-estar na cultura*, SA IX, p. 257; SE XXI, p. 131; BN III, p. 3058.
69 *O mal-estar na cultura*, SA IX, p. 259; SE XXI, p. 133; BN III, p. 3059.

mais intensa tal coação, mais agressividade será liberada, e, dada a ocultação do processo pelo qual a civilização herda do pai primitivo, ela irá se traduzir em "hostilidade contra a cultura". Para persistir, portanto, esta vai se mostrar cada vez mais intolerante para com demonstrações de agressividade — daí a proliferação dos mecanismos que garantem sua introjeção (por exemplo, o tremendo peso do mandamento judaico-cristão de amar o próximo como a si mesmo, e a instauração de modelos ideais cada vez mais sublimes e distantes da realidade pulsional). Daí também o crescimento em espiral não só da hostilidade contra a coerção cultural, mas ainda da quantidade de pulsão de morte inapelavelmente concentrada *dentro* do indivíduo, o que se torna no limite perigoso para a própria sobrevivência da cultura e produz rupturas cada vez mais violentas da couraça psíquica que protege a civilização da barbárie encarcerada em seu próprio cerne. Dadas essas condições, o sentimento de culpabilidade também cresce em espiral e, em virtude do mecanismo que preside à formação das massas, pode vir a encontrar na submissão absoluta ao líder uma válvula de escape, a qual, entretanto, devido às mesmas circunstâncias, pode ainda atuar em sentido contrário: expiada em parte a culpabilidade pelo masoquismo inerente à cega submissão, a agressividade retorna ao primeiro plano e se desencadeia, por exemplo, contra aqueles que o líder ou a doutrina por ele pregada apontam como "inimigos". Como não ver, no horizonte de um texto como *O mal-estar na cultura*, a sombra das hostes nazistas?[70]

A tensão crescente entre o indivíduo e a civilização encontra uma expressão notável no fenômeno da neurose. Em vários pontos de sua argumentação, Freud sustenta que a neurose é resultado da frustração imposta às pulsões devido à sua inserção na cultura. A partir da concepção de que o sentimento de culpabilidade provém tanto da tensão entre ego e superego quanto da dinâmica do processo cultural, a neurose pode ser vista numa dimensão que leva em conta esse segundo fator — e Freud sugerirá, na conclusão do seu texto, que, quando um impulso pulsional é reprimido, seus componentes libidinais se transformam em sintomas, e seus componentes agressivos, em sentimentos de culpabilidade.

---

[70] Em seu artigo "Freudian theory and the pattern of fascist propaganda", Theodor W. Adorno mostra com clareza de que forma os conceitos analíticos podem se revelar fecundos numa análise propriamente política, que, é preciso convir, jamais é efetuada por Freud. Cf. *The essential Frankfurt school reader*, Andrew Arato & Eike Gebhardt ed., Oxford, Basil Blackwell, 1978, pp. 118-38.

A civilização seria assim a causa última da neurose e, por essa dialética infernal, subtrairia cada vez mais energias do esforço coletivo, para aprisioná-las na associalidade da miséria neurótica, comprometendo seu próprio futuro e trabalhando a favor de Thânatos pelos mesmos meios com que crê servir a Eros.

Mas, se obrando assim ela vai contra seus próprios objetivos, numa outra dimensão a cultura pretende oferecer aos homens um consolo diante das mazelas que engendra em múltiplos níveis, tanto porque frustra necessariamente poderosos impulsos inconscientes, quanto porque, dentro da organização social vigente, perpetua a dominação da maioria pela minoria, ratifica privilégios escandalosos e faz prevalecer a injustiça na maior parte das relações humanas. Desse modo, soma os motivos de hostilidade contra ela que nascem do desejo insatisfatório aos outros derivados da revolta daqueles a quem exige, além disso, sacrifícios desproporcionais e sem recompensa. A religião será tal consolo, prometendo aos homens uma vida futura em que o Princípio do Prazer reine sem peias e levando-os a crer que, em algum ponto do Universo, um Pai benevolente "embuçado nos céus" olha por eles, protege-os e zela pelo cumprimento dos mandamentos morais, tão pouco respeitados na prática social. Ilusão que Freud denunciará, como veremos agora, nos termos mais vigorosos.

4. UMA ILUSÃO SEM FUTURO

O interesse de Freud pela religião é pelo menos tão antigo quanto a invenção da psicanálise e, de certo modo, mesmo anterior a ela. Sob a forma de suas relações com o judaísmo, vimos que, desde a infância, a religião ocupa um lugar importante em sua vida psíquica, em particular pela figura de Moisés. Como questão científica, ele a aborda em várias cartas e manuscritos endereçados a Fliess, em artigos como "Atos obsessivos e práticas religiosas", e, é óbvio, em *Totem e tabu*; como elemento determinante na educação, em especial na Áustria católica, vê nela uma coerção precoce e nefasta da inteligência infantil — por exemplo em "A moral sexual civilizada e o nervosismo moderno" (1908). Como adversário poderoso da tarefa de esclarecimento e de liberação a que Freud se volta como cientista, a religião é ao mesmo tempo respeitada e denunciada; como parte integrante da vida anímica e da cultura, ela será o tema do testamento literário e científico de Freud, *O homem Moisés e a religião monoteísta*. É dizer a importância de que se reveste o assunto, o qual passa, além disso, por uma singular relação humana: a que liga Freud ao pastor Oskar Pfister.

Trata-se de um suíço, amigo de Jung, que chega à psicanálise a partir do sacerdócio protestante: como cristão e como eclesiástico, sua adesão à "causa" é fonte de perplexidade e prazer para Freud em 1908. Pfister deseja utilizar a técnica analítica em sua missão de *Seelensorger*, ou pastor de almas, pois, como muitos dos problemas daqueles que o vêm consultar são de natureza psicológica, julga que os resultados da investigação psicanalítica podem tornar mais eficaz o auxílio que lhe é solicitado. Para Freud, no momento em que ambos se encontram, o pastor suíço tem um valor estratégico excepcional, por ser de todo exterior ao círculo de médicos judeus de Viena, por aportar uma caução extremamente útil para a difusão da nova disciplina e, enfim, porque sua esfera de ação, no âmbito pedagógico, constitui para aquele um campo de ação novo e rico em promessas. A correspondência entre os dois homens se estende por trinta anos, testemunhando uma amizade que transcende a órbita profissional para se enraizar numa admiração recíproca, em nada abalada pela divergência patente, desde o início, quanto às questões de fé e de prática. Prática religiosa, entende-se: pois, como Pfister se pretende também psicanalista, Freud é intransigente quanto à circunscrição do campo próprio à prática analítica, insistindo sobretudo na necessidade de não orientar nem dirigir as convicções do paciente, na interpretação aprofundada de seus conflitos de ordem sexual, e assim por diante. Pfister, por sua vez, solicita a crítica nesse campo, a fim de assegurar a correção de sua técnica psicanalítica, mas se reserva a possibilidade de decidir, em cada caso, qual a orientação a adotar: o aconselhamento pastoral ou formas próximas do diálogo psicoterápico. Além disso, como é um escritor infatigável, suas publicações são ora de natureza propriamente analítica — de onde a importância, para Freud, de que sejam fruto de uma prática adequada —, ora se voltam para questões de pedagogia, alcançando, por sua posição e pelo tipo de revista em que escreve, meios que de outro modo permaneceriam intocados pelo vírus freudiano.

É na relação com Pfister que devemos inscrever um texto como *O futuro de uma ilusão*, no qual Pfister não apenas aparece — anônimo — como o "interlocutor imaginário" que critica a exposição de Freud, argumentando em sentido contrário, mas ainda influi como o destinatário primeiro do texto. "Nas próximas semanas, será publicada uma brochura minha que o toca de perto. Na verdade, há muito tempo desejava escrevê-la, mas sempre adiei a redação por consideração ao senhor, até que o impulso se tornou demasiado forte."[71] Essa carta expressa ainda o temor de que a "brochura" faça soar o dobre de finados da relação, mas Pfister o tranquiliza, dizendo que, se Freud aceitou até então sua fé protestante, não vê por que deveria dar provas de intolerância com a incredulidade de seu interlocutor; além disso, segundo ele, a religião tem mais a ganhar de um adversário inteligente do que de mil adeptos medíocres. Com efeito, o livro não provoca as reações que Freud dizia temer, mas uma resposta no mesmo nível, intitulada "A ilusão de um futuro" e publicada pouco depois em *Imago* a título de "um debate amigável com o professor Freud". Mas podemos nos interrogar sobre um outro aspecto, deixando de lado a figura de Pfister: por que o "impulso" a escrever o livro se tornou forte demais em 1927? A bem dizer, Freud já apresentara sua teoria da religião em *Totem e tabu*, cujas páginas finais propõem uma interpretação do desenvolvimento das religiões do animismo até o cristianismo, passando por vários graus intermediários. Por outro lado, é frequente que repita diversas vezes certos pontos fundamentais de sua doutrina — só quanto à história de sua descoberta, possuímos cinco ou seis versões. *O futuro de uma ilusão* sucede a dois textos de importância: "Inibição, sintoma e angústia", em que o conjunto da teoria das neuroses é recentrado no complexo de castração como correlato do Édipo, e "A questão da análise por não médicos", na qual defende com energia a posição de que sua disciplina não é assunto de esculápios, mas de psicanalistas, e que a formação do psicanalista não pressupõe em absoluto um diploma de medicina. Freud dirá a seu correspondente:

> não sei se o senhor percebeu o laço secreto entre "A questão da análise por não médicos" e a *Ilusão*. Numa, quero proteger a psicanálise contra os médicos; na outra, contra os padres. Gostaria de lhe atribuir um estatuto que ainda não existe, o de *Seelensorger* (literalmente, "os que cuidam da alma") *seculares*, que não teriam necessidade de ser médicos nem o direito de ser padres.[72]

Observação feita para chocar alguém que, durante vinte anos, se considerara sacerdote *e* psicanalista! Mas essa função de proteção da psicanálise deve nos reter: a crítica da religião é uma medida de precaução, sobre cujo modo de

---

71 Carta 80 a Pfister (16/10/1927), *Freud-Pfister*, p. 162.
72 Carta 88 a Pfister (25/11/1928), *Freud-Pfister*, p. 183.

agir paira uma pergunta. Da mesma forma, ao querer "proteger" a análise dos médicos, Freud intenta conservar seu caráter de disciplina autônoma e impedir que ela se transforme em "faxineira da psiquiatria", como dirá alhures: e uma prova da autonomia da psicanálise em relação à medicina é sua aptidão para explorar problemas de ordens diferentes daquela, como os levantados pelas "ciências do espírito". Daí, em parte, a motivação para escrever *O futuro de uma ilusão*. Em parte, porque, surpreendentemente, largas porções do livro não concernem de modo direto à psicanálise, limitando-se o único argumento contra a religião inspirado por ela à necessidade de derivar a religião da desproteção infantil.[73] Mas se trata, é evidente, de um argumento que Freud considera decisivo, e do qual dirá depois (em *O mal-estar na cultura* e *Moisés e o monoteísmo*) que é *irrefutável*. Estranha asserção, na pena de um prudente positivista! Entremos, pois, no cerne da questão, a fim de avaliar a partir de que bases Freud se julga invulnerável.

A religião é parte do que denomina o "patrimônio espiritual" da cultura — ao lado da arte, da filosofia, da moral — e se distingue do aspecto político-jurídico-econômico, que regula as relações dos homens entre si em vista da produção dos bens indispensáveis à sobrevivência material. Tal "patrimônio espiritual" tem uma função bem precisa: constitui o conjunto de meios elaborados pela civilização para se defender das tendências destruidoras e antissociais que ela mesma instaura por seu gesto inaugural, a coerção das pulsões. Freud diferencia entre as privações assim impostas a todos os homens — em essência, a renúncia ao incesto, ao homicídio e até certo ponto ao canibalismo — e aquelas outras, que nascem das formas de dominação social e consistem na exploração da força de trabalho e na atribuição de direitos desiguais às diferentes parcelas do grupo. Já notamos que o termo "classes" tem em Freud um sentido puramente descritivo, sendo indiferente à sua perspectiva o que o pensamento social-histórico tem a dizer quanto às consequências da oposição entre as classes e quanto ao fato de que ela se traduza em relações de *dominação*. No entanto, cabe a rigor

---

[73] Carta 82 a Pfister (26/11/1927), *Freud-Pfister*, p. 172:

> Partamos do princípio de que as opiniões expostas em meu ensaio não são parte integrante do sistema psicanalítico (*sic*). É minha atitude pessoal; encontramo-la em muitos não analistas ou pré-analistas, e certamente não é partilhada por muitos excelentes analistas. Se tirei certos argumentos, ou melhor, um só, da psicanálise, isso não deveria impedir ninguém de explorar a metodologia imparcial da psicanálise em benefício da opinião oposta.

distinguir entre o que poderíamos denominar *ideologia justificativa da dominação social* e as funções atribuídas à religião, que não se reduzem a esta, ainda que também a incluam. A religião aparece como aquilo que compensa os sacrifícios do primeiro tipo, impostos à totalidade dos homens pelo fato de viverem em sociedade e que segundo Freud são mais decisivos do que os segundos, derivados de formas particulares que a organização social tomou ao longo da história. Isso porque, mesmo que estes sejam injustos, excessivos e degradantes, existem meios de compensá-los imaginariamente (ideologicamente) e de transformar em satisfação narcisista os sentimentos de hostilidade que os oprimidos por certo abrigam contra seus opressores: tais meios são os ideais culturais, isto é, as valorizações que determinam o que é mais elevado na cultura em questão e portanto os modelos a que aspiram seus membros.

Esses ideais são fruto das primeiras realizações da cultura, que por sua vez dependem dos "dotes intrínsecos" desta e das circunstâncias exteriores; o orgulho por elas é de índole narcisista, e dele participam sem distinção todos os segmentos sociais, inclusive os oprimidos, que veem nessas realizações um motivo para desprezar os estrangeiros e compensar imaginariamente sua condição.

> Caio é um miserável plebeu, esmagado pelos tributos e pelas prestações pessoais, mas também é um romano, e como tal participa da magna empresa de dominar outras nações [...]. Essa identificação dos oprimidos com a classe que os oprime e explora é contudo apenas um fragmento de uma totalidade mais ampla, pois, além disso, os oprimidos podem se sentir afetivamente ligados a seus opressores e, não obstante sua hostilidade, ver neles seu ideal. Se não existissem tais relações, no fundo satisfatórias, seria incompreensível que certas civilizações se tenham conservado por tanto tempo, apesar da justificada hostilidade de grandes massas humanas.[74]

É o sentimento inconsciente de culpabilidade, pois, que para Freud dá conta do que outros autores denominam o enigma da "servidão voluntária" — sentimento, no caso, neutralizado pela identificação narcisista e exteriorização sob a forma do racismo, ou como quer que se chame o desprezo pelos que não pertencem à mesma cultura. Sem entrar aqui nos problemas propostos por essa solução, que parece um tanto insuficiente, cabe ressaltar que para essa

---

74 *O futuro de uma ilusão*, SA IX, p. 147; SE XXI, p. 13; BN III, p. 2966.

finalidade específica a cultura não necessita de religião, embora esta possa ser utilizada no mesmo sentido de glorificação narcísica coletiva e de arma para justificar a repulsa pelos crentes em outras doutrinas.

A tarefa essencial da civilização é, para Freud, proteger o homem contra as forças infinitamente poderosas da natureza, fonte de perigos reais e também de frustrações narcísicas, na medida em que destroem aquilo que o homem, com paciência, edificou. A primeira função da religião será criar um sistema de representações pelo qual seja diminuído esse perigo e justificado seu resíduo ineliminável. Ela procederá, de início, pela personificação e pela humanização de tais forças, pelo que se tornam comensuráveis com o homem e são julgadas passíveis de influência — o que envolve a criação de uma cosmogonia, doutrina que serve para explicar como e por que natureza e homem vêm a existir, como e por que este pode influir sobre aquela, e de que forma podem ser compreendidos os limites dessa influência; e, ao mesmo tempo, o surgimento de técnicas mágicas, pelas quais a influência se materializa e atinge a finalidade de assegurar psicologicamente o ser humano diante das ameaças. Surgem assim os espíritos e, deles, os deuses, cuja tarefa é tríplice:

> afastar os terrores da natureza, conciliar o homem com a crueldade do destino, em especial quando ela se manifesta na morte, e compensá-lo das dores e privações que a vida civilizada em comum lhe impõe. Mas, pouco a pouco, o acento vai se deslocando entre essas funções [...]. Quanto mais independente se torna a natureza e mais os deuses se retiram dela, tanto mais intensamente vão se concentrando as esperanças sobre a terceira dessas funções, e desse modo a moral chega a ser seu verdadeiro domínio. Assim, a função atribuída à divindade vem a ser a de compensar os defeitos e danos da civilização, prevenir os sofrimentos que os homens se causam reciprocamente e velar pelo cumprimento dos preceitos culturais, tão pouco seguidos por eles.[75]

---

75 *O futuro de uma ilusão*, SA IX, p. 152; SE XXI, p. 18; BN III, p. 2969. Quanto aos "terrores da natureza", é sugestivo observar que, ao longo de toda a sua obra, Freud concebe sempre a relação do psiquismo com o meio exterior sob a forma de um combate sem tréguas. O aparelho psíquico é constantemente "bombardeado" com estímulos, os quais deve dominar sob pena de morte, que "calcinam" sua camada superficial (o paraexcitações) etc. Freud não faz distinção entre a fonte de estímulo sensorial indispensável para que o psiquismo possa sair de seu estado monádico inicial e a excitação propriamente traumática — distinção cuja importância é assinalada por P. Castoriadis em *La violence de l'interprétation* e retomada por Monique Schneider em *Freud et le plaisir*, Paris, Denoël, 1980.

A explicação cosmológica vai cedendo território à ciência; o destino se revela implacável e pouco atento às súplicas religiosas; e a religião, destarte, assume as feições de uma moral cuja origem é reputada sobre-humana. Eis por que uma parcela de seu conteúdo continua a ser um relato das origens e ao mesmo tempo uma doutrina da recompensa e do castigo. A religião dirá, em síntese, que os sofrimentos humanos fazem parte de um programa universal que os transcende, e no qual ocupam um lugar só conhecido dos deuses; que o destino, sob sua aparente crueldade, é o instrumento do castigo e da salvação; e que, no fundo, vale a pena sofrer, pois tal é o preço da felicidade futura e perene. Sua função essencial é assim a de oferecer um *consolo* diante da dificuldade de viver, e o modelo sobre o qual vai se edificar a figura (ou as figuras) protetora (ou protetoras) é o do pai, já que o protótipo da situação indefesa em que se encontra o ser humano perante a natureza é a infância individual. Assim como o pai protege a criança contra os perigos que podem atingi-la, deuses e Deus protegem a espécie humana e zelam por sua felicidade, ainda que por caminhos por vezes desconcertantes para nosso limitado entendimento.

Qual é o valor de verdade que se pode atribuir a tais representações? Freud é categórico: nenhum. Mas não por isso elas são erros puros e simples: relevam de uma categoria intermediária entre a verdade e o erro, que é a *ilusão*. "Qualificamos de ilusão uma crença engendrada pelo impulso à satisfação de um desejo, que prescinde de sua relação com a realidade efetiva."[76] A ilusão se diferencia da ideia delirante porque esta é contrária à realidade, enquanto a primeira é apenas *indiferente* a esta última; é improvável, mas não impossível. A fonte da ilusão é o desejo, mas ele não perde o contato com o real — perda que especifica a psicose —, nem produz uma tentativa de reconstruir o real pela onipotência do pensamento, como delírio; é simplesmente indiferente ao Princípio de Realidade. Mas a força das representações religiosas, que nada tem a ver com a possibilidade de refutá-las ou demonstrá-las, provém de que os desejos que as sustentam são os mais antigos e intensos da humanidade, da mesma forma que o são em cada indivíduo; a Providência bondosa mitiga os perigos da vida, a ordem moral universal favorece a esperança de reduzir a injustiça, a imortalidade diminui o terror da aniquilação definitiva pela morte. Além disso, sendo uma prática social, ela canaliza para expressões coletivas determinadas angústias

---

76 *O futuro de uma ilusão*, SA IX, p. 164; SE XXI, p. 31; BN III, p. 2977.

individuais e nesse sentido assume a importante função de proteger o indivíduo da neurose propriamente dita. Assim, o sentimento de culpabilidade dos judeus é elaborado sob a forma de severos mandamentos, cuja obediência lhe traz decisivo alívio;[77] e Freud dirá diversas vezes que o delírio coletivo preserva os delirantes do perigo da psicose. Aqui a religião aparece como de fato delirante, e isso contradiz sua caracterização como simples ilusão; mas é que tanto um como outra envolvem um elemento de convicção subjetiva extremamente forte, e nem sempre é fácil decidir se uma ideia é apenas indiferente à realidade ou efetivamente a contradiz. O problema aqui envolvido é o da "verdade histórica" da religião, que remete ao assassinato primordial e que abordaremos em outro contexto. Mas podemos assinalar que nem sempre a neurose coletiva protege da neurose individual: em "Uma neurose demonológica no século XVII", Freud mostrará que o pintor Cristóvão Haitzmann sucumbe a uma melancolia depressiva elaborada no quadro ideológico da possessão demoníaca, própria à religião da época. Assim surge um outro e enorme problema: o das relações entre o conteúdo psíquico individual, neurótico ou não, e o conjunto de representações comuns a um determinado período ou a uma determinada sociedade, que, como a tábua de multiplicar ou a geometria, o indivíduo não inventa sozinho, e sim encontra diante de si como um legado das gerações anteriores. Sabemos que é a partir da noção de filogênese que Freud vai procurar solucionar essa espinhosa questão, mas, antes de discutir as aporias contidas nesse conceito, convém abordar outros pontos menos obscuros.

A religião aparece, pelo exame a que procedemos até aqui, como um instrumento inventado pela civilização para conciliar os homens com suas mazelas e também com aquilo diante do qual ela é importante: a morte, os cataclismos naturais, o terror inerente à pequenez do homem e à desproporção entre seus meios e os da natureza. A religião preenche essa função criando a ilusão de que tais fenômenos são apenas aparentes e que os deuses ou Deus velam por sua proteção. Esse Alguém é fruto de uma projeção, pela qual o pai infantil é transformado em Deus e a condição humana se vê assimilada à de uma criança indefesa. Ilusão ou delírio, tais representações se afastam da verdade perceptível pelos sentidos ou dedutíveis de observações válidas, o que compromete decisivamente seu valor. A bem dizer, não são ideias de fato originais, e a tradição

---

[77] *O mal-estar*, cit., SA IX, p. 254; SE XXI, 127; BN III, p. 3055.

filosófica as formula de diferentes maneiras a partir do século XVII. O que caracteriza uma das vertentes do pensamento moderno é precisamente a busca dos elementos que falseiam a verdade das representações, indispensável para a constituição de um saber rigoroso e eficaz no domínio da natureza. Já em Francis Bacon, os "ídolos" — entre os quais os ídolos do teatro, que figuram as representações dotadas de autoridade pela tradição — são objeto de um atento estudo; e não é difícil demonstrar o parentesco entre a "personificação" freudiana e o antropomorfismo que, para Bacon, engendra os ídolos. A precondição para essa denúncia dos "preconceitos contrários à razão" é a doutrina de que todo conhecimento deriva das impressões sensuais, a qual, retomada de Aristóteles, vai servir de arma de guerra contra a religião. Não é preciso entrar aqui nos detalhes históricos desse processo, em que a religião não é vista apenas como conteúdo teórico, mas sobretudo como instrumento de dominação a serviço de classes antagônicas à burguesia (ainda que, tampouco, essa caracterização sumária faça justiça à complexidade dos fatos). O importante é notar que já em Hobbes e em Espinosa o medo e a angústia, cujas causas reais são ignoradas pelos homens, estão na base das crenças religiosas — medo e angústia que serão explorados pelo clero e por aqueles a quem este serve para consolidar seu domínio político. As paixões e as representações coletivas surgem assim como obstáculos para um conhecimento verdadeiro, e a crítica da imaginação e da superstição será uma etapa necessária para o estabelecimento da ciência, expurgada das escórias a- e irracionais.

Mas, ainda que o pensamento racionalista e a Filosofia das Luzes se tenham detido longamente na análise das paixões como constituintes essenciais da alma, e que nem sempre elas tenham sido consideradas apenas negativas para a empresa de conhecer, o conceito iluminista de razão permanece a-histórico e o sujeito é visto como basicamente receptivo (com exceção de Espinosa, que fala da *vis nativa intellectus*). A religião é para as Luzes algo da ordem da mentira, da máscara, do engano, algo que tolhe o entendimento e o impede de funcionar de modo adequado. Isso porque a razão é considerada uma propriedade do indivíduo; a religião se opõe a ela com a inércia do passado e do coletivo, ganga da qual o entendimento pensante tem de ser purificado, a fim de desenvolver seu poder cognitivo. É quando, com Hegel, a história passa a ser vista como Espírito que se desenvolve no tempo, que a religião vai ser concebida como momento necessário e legítimo da autorrevelação do Espírito: ela será a "consciência de si do Espírito no elemento da Representação", como lemos na *Fenomenologia*. Ela não é ainda o saber absoluto, porque não se move na esfera do conceito, mas de sua dialética interna surgirá o saber absoluto. A religião ganha assim uma dignidade que não possuía no pensamento do século XVIII, como instante constitutivo da marcha do Espírito e como forma de expressão privilegiada do "espírito do Mundo"; ela não é mais patranha destinada a escravizar os homens pela ignorância e pelo temor, mas etapa inescapável da história da humanidade.

É notável observar que um dos pensadores pós-hegelianos, Ludwig Feuerbach, propõe uma teoria da religião que se aproxima em pontos essenciais da concepção freudiana. Na introdução à *Essência do cristianismo*, Feuerbach dirá que a religião repousa sobre aquilo que distingue o homem dos animais, isto é, a consciência de ser uma espécie, de que sua natureza é a de um ser genérico. O objeto da religião é a ausência genérica do homem, objetivo sob a forma de Deus.

> Mas, quando definimos a religião ou a consciência de Deus como a consciência de si do homem, não se deve entender isso como se o homem religioso fosse diretamente consciente de que sua consciência de Deus é a consciência de si de sua própria essência, pois é justo essa falta de consciência que funda a essência própria da religião. Para afastar o mal-entendido, é melhor dizer: a religião é a primeira consciência de si do homem, e ela é indireta. [...] O homem projeta primeiro sua essência para fora de si, antes de a reencontrar em si mesmo. Seu próprio ser lhe é dado a princípio sob o aspecto de um outro ser.[78]

O mecanismo da religião é assim a projeção, e o que é projetado é a essência do homem como ser genérico; a infinitude de Deus exprime a infinitude da espécie humana. Mas a analogia vai mais longe: "A religião é o ser da humanidade em sua infância; mas a criança vê sua essência fora de si, no homem (adulto); na infância, o homem é objeto para si mesmo sob o aspecto de um outro homem".[79] Feuerbach não se detém nessa comparação, que desempenha apenas

---

[78] Feuerbach, "Introduction à *L'essence du christianisme*", em *Manifestes philosophiques*, trad. Althusser, Paris, 10/18, 1960, p. 96.
[79] Feuerbach, "Introduction", cit., p. 96.

a função de metáfora e exemplo; sua atenção se volta para outro aspecto do problema, a saber, que Deus não exprime o ser individual, mas esse ser desembaraçado dos limites corporais e reais, que nada mais é do que o ser da espécie objetiva e percebido, sentido ou imaginado como exterior ao indivíduo. Para demonstrar sua tese, lança-se num exame das relações entre sujeito e predicado, concluindo que o sujeito é o conjunto de seus predicados; como os predicados de Deus são humanos (bondade, justiça etc.), ele é necessariamente uma objetivação da essência humana. Mas tal objetivação não é gratuita: depois de se empobrecer, colocando no além todas as suas qualidades, o homem supõe ser objeto de Deus, o qual age nele, por ele e para ele, prescrevendo mandamentos morais aos quais se deve conformar, punindo os maus e recompensando os bons, e assim por diante. As intenções e ações humanas são objeto da atenção divina, e Feuerbach falará de um movimento de sístole e diástole, pelo qual a essência humana é projetada em Deus, para ser depois recuperada sob a forma de um objeto do ser anteriormente objetivado. No entanto, como tal objetivação atribui ao ser divino a onipotência e a onisciência, "o homem, no próprio momento em que mais se degradou, é na verdade exaltado ao extremo".[80] O benefício é evidente: pela projeção de sua essência em Deus, o homem ganha um estatuto mais imponente na ordem do Universo, como alvo do amor do ser supremo, e ao mesmo tempo uma garantia dos sentimentos nascidos de sua pequenez e de sua limitação individual. Um terceiro elemento da concepção da religião em Feuerbach recorda igualmente as análises freudianas: o caráter onipotente de Deus como próximo do narcisismo:

> O homem afirmou em Deus o que nega em si mesmo [...]. Ele renuncia à sua pessoa, mas em troca Deus, o ser onipotente e ilimitado, é para ele um ser pessoal, que só busca a si mesmo em tudo, sua própria honra e seu próprio proveito. Deus é justamente para ele a satisfação de seu próprio egoísmo, enciumado de todos os seres: Deus é o egoísmo fruindo-se a si mesmo.[81]

A partir dessa renúncia total a si, a evolução da religião consistirá em recuperar pouco a pouco para a esfera humana aquilo que foi projetado em Deus:

---

80 Feuerbach, "Introduction", cit., p. 120.
81 Feuerbach, "Introduction", cit., p. 117.

assim, por exemplo, o cristianismo se diferencia do judaísmo ao recusar a regulamentação de todos os aspectos da vida exterior do crente, para se concentrar na salvação da alma e prescrever mandamentos de exclusivo caráter moral.

Temos assim, a partir desse exame necessariamente superficial da doutrina de Feuerbach, uma singular proximidade com os princípios da crítica freudiana da religião. Essa é uma forma indispensável mas superável da consciência de si do homem; repousa sobre a projeção de sua essência num ser onipotente, que em seguida, ao se ocupar desveladamente da espécie humana, oferece consolo e exalta o narcisismo; envolve a categoria da ilusão, embora num sentido diferente do de Freud; o desenvolvimento da religião é visto como a reapropriação daquilo que de início fora projetado na figura divina. Freud não menciona Feuerbach em seus escritos e é provável que jamais o tenha lido; mas isso não tem importância alguma, já que não pretendo sustentar uma filiação hipotética entre ambos. O que me interessa sublinhar é que boa parte dos argumentos freudianos contra a religião — pois a elucidação do fenômeno religioso não é apenas uma questão científica, mas claramente é inscrita numa polêmica cujo tema é a noção de verdade — é proveniente da tradição do pensamento ocidental, tanto o das Luzes quanto o do idealismo alemão e de sua crítica pelos pós-hegelianos. Freud herda do Iluminismo uma abordagem em que o desmascaramento do irracional e sua redução ao racional é o objetivo da análise; como pensador da história, a religião lhe aparece como momento essencial do desenvolvimento humano, ainda que fundada sobre uma ilusão. É entre esses dois polos, por fim, que se situa sua argumentação, e é curioso notar que o primeiro corresponde mais ao que ele denomina, na carta 82 a Pfister, sua "opinião pessoal" (a religião não é verdadeira, e por isso não merece existir), enquanto o segundo é o horizonte de sua interpretação e do que a caracteriza como psicanalista.

Enfim, ainda que boa parte do que diz acerca da religião possa ser retraçado até o Iluminismo ou outras filosofias, sua originalidade consiste em ter extraído de sua própria disciplina um argumento de grande valor, cuja eficácia lhe aparece como decisiva. Isso pode ser mais bem esclarecido se o compararmos com a tese de Feuerbach: justo porque são semelhantes, as diferenças entre as duas posições adquirem um relevo particular. Para o filósofo, a religião é a primeira consciência de si do homem, como ser genérico, e é indireta porque o mecanismo da projeção permanece oculto, fazendo com que o resultado da projeção, a figura divina, apareça como autônomo e dotado de características próprias. Freud nada tem a fazer com a noção de "consciência de si como ser genérico": para ele, o homem não se define por sua genericidade, mas por ser dotado de uma vida psíquica em que o inconsciente e a repressão têm um papel fundamental. Isso posto, algo que em Feuerbach é apenas dado — uma "consciência indireta de si" — é em Freud explicado: a projeção é inconsciente porque resulta da repressão e corresponde a um modo de "pensar" característico do inconsciente. Aqui convém lembrar que os modelos da análise freudiana da religião são sempre a paranoia e a neurose obsessiva, aquela fornecendo o esquema da projeção, que dá conta da gênese das representações, e esta, o esquema da compulsividade, que dá conta das origens do ritual. A religião é a primeira consciência de si do homem — se podemos interpolar Freud no argumento de Feuerbach — porque o homem primitivo, cujo ego ainda não dispõe de limites precisos, utiliza a projeção como mecanismo básico do pensamento; e é indireta pela simples razão de que a projeção é um processo inconsciente. Em *Totem e tabu*, vemos unidas a tendência à projeção e a onipotência do pensamento como correlatas do narcisismo primário, o que explica também por que o Deus assim criado é onipotente e egoísta, como notará Feuerbach. Por fim, o "progresso secular da repressão", ao favorecer mecanismos de pensamento mais submissos ao princípio de realidade, permitirá que pouco a pouco o homem se reaproprie daquilo que de início fora colocado em Deus, isto é, poder e o saber — daí, segundo Freud, o declínio do império que a religião exerce sobre a mente e a cessão parcial desse privilégio à ciência. Assim, se tanto um como outro estão de acordo sobre certos aspectos do problema, não é pelas mesmas razões, e a similaridade se revela fruto mais de uma analogia superficial (embora até certo ponto legítima) do que de uma comunidade quanto ao essencial.

Pois falta introduzir o elemento fundamental da concepção freudiana: o que põe em movimento o processo projetivo e suscita a necessidade da ilusão religiosa não é uma repressão indeterminada, mas a repressão de um ato preciso — o assassinato do chefe da horda. Não é necessário aqui retomar o argumento de *Totem e tabu*; basta reiterar que, uma vez saciado o ódio por meio do crime, a tendência carinhosa presente na identificação ao chefe volta a se manifestar, suscitando o remorso e promovendo o retorno do pai sob a figura do Pai Morto, inicialmente o totem, em seguida os deuses, e depois Deus. A raiz da ilusão religiosa é assim a nostalgia do pai, e desse ponto de vista — como nota

Freud no primeiro diálogo de *O futuro de uma ilusão* — a gênese da religião a partir da impotência infantil e do crime primordial são uma só e mesma coisa, porque este não é mais do que uma reação àquela.

Não obstante, há algo que incita a refletir, algo que podemos abordar de duas direções diferentes. Em *O mal-estar na cultura*, respondendo a Romain Rolland, Freud dirá que o sentimento "oceânico" de comunhão com o mundo não é a fonte do sentimento religioso, não só porque provém da extensão ilimitada do narcisismo primitivo, posta em xeque pela necessidade de constituir um ego e correlativamente um mundo exterior, mas sobretudo porque não dá conta do conteúdo fundamental da religião, o qual, longe de ser a fusão com o Todo, é antes a ilusão de que o mundo exterior é menos hostil do que parece, em virtude da atuação de um Pai protetor. O sentimento oceânico, com suas conotações fusionais, remete a um tipo de relação de objeto que concerne à mãe, como vimos em detalhe em momentos anteriores deste estudo. Por outro lado, o pai primitivo não tem nada de protetor, pois Freud o apresenta a nós como violento, castrador e infinitamente indiferente ao bem-estar dos filhos. De onde vem, então, essa nostalgia do pai, que afirma estar, *irrefutavelmente*, na origem da religião? Pareceria, ao contrário, que, contra o pai primitivo e sua barbárie ilimitada, os filhos viessem a sentir uma nostalgia da *mãe*, tanto mais que, por vezes, Freud descreve a relação mãe/filho como a única relação humana *isenta de agressividade*.[82] Além disso — segundo aspecto intrigante — não se pode deixar de notar uma singular inversão dos papéis respectivos da mãe e do pai, quando se passa da dimensão individual para a análise da cultura: ali, a mãe é inofensiva, e o pai, ameaçador, enquanto aqui a Natureza-mãe é pintada com as cores mais sinistras, e ao pai-Deus se atribui a função protetora. A bem dizer, Freud faz uma rápida alusão à proteção materna durante os primeiros meses de vida, mas para dizer na linha seguinte que "a mãe não tarda a ser substituída, nessa função, pelo pai, mais forte, que a conserva depois durante toda a infância".[83] Dado que a "força" do pai só muito elasticamente pode ser considerada princípio heurístico, penso que aqui estamos diante de uma dificuldade fundamental e que envolve a concepção freudiana do feminino em seu sentido mais amplo.

---

82 Por exemplo, em *Psicologia das massas*, cit., SA IX, p. 94n; SE XVIII, p. 101n; BN III, p. 2583, nota 1658.
83 *O futuro*, cit., SA IX, p. 158; SE XXI, p. 24; BN III, p. 2973.

Talvez um bom ponto de partida para nos achegar a essa problemática seja o estudo sobre a "neurose demoníaca" do pintor Haitzmann. Esse cidadão, presa de uma depressão melancólica que o impedia de trabalhar e criar, conclui com o Diabo dois pactos, pelos quais se obriga a ser, durante nove anos, "seu filho obediente e devotado". Quando o prazo está próximo de expirar, o pintor recorre aos monges da abadia de Mariazell para que eles, por um exorcismo, obriguem o Demônio a lhe devolver os pactos e assim o liberem do compromisso assumido com o Maligno. Obtidos os pactos, a depressão permanece; o pintor continua sujeito a alucinações em que se vê tentado ou punido, e termina por renunciar à carreira de artista e se fazer irmão religioso; a partir de então goza de paz interior e morre tranquilamente alguns anos depois.[84] O extraordinário desse caso não é que a melancolia apareça sob a forma da possessão demoníaca — Freud diz na abertura do texto que antigamente as neuroses se manifestavam com frequência sob roupagens demonológicas —, mas o conteúdo do pacto com o Diabo: em vez de este assegurar ao pintor riquezas, honras, fama ou prazer sexual, é o artista que se submete ao Maligno como seu "Filho Obediente". Qual a motivação para tal gesto? Freud interpreta a formulação do pacto como uma inversão: tendo a depressão surgido a partir da morte do pai de Haitzmann, o que este pede, na realidade, ao Diabo, é que ele lhe sirva de "pai dedicado" durante os nove anos do pacto. Mas isso deixa intacto o enigma: como o amor pelo pai pode conduzir a escolher o *Diabo* como substituto daquele?

Na seção intitulada "O Diabo como substituto do pai", Freud argumenta que a relação com o pai é sempre ambivalente e que as figuras opostas do Diabo e de Deus nascem de uma dissociação dos aspectos contraditórios da imago paterna, caindo a relação carinhosa de um lado e a agressividade de outro, a partir do que, por projeção, se constituem Deus como personificação da proteção e o Diabo como personificação da hostilidade. O protótipo de ambos é portanto a mesma figura paterna — o que é confirmado literalmente pela lenda cristã, que faz de Lúcifer um anjo caído, cujo pecado foi querer se tornar igual a Deus. O que o pintor deseja é que o Diabo sirva de substituto de seu pai morto,

---

84 "Uma neurose demoníaca no século XVII", SA VII, pp. 289 ss; SE XIX, pp. 73 ss; BN III, pp. 2677 ss. Para um sugestivo estudo da forma pela qual, historicamente, a feitiçaria dá lugar à possessão demoníaca e esta, depois de um certo intervalo, à histeria, o que é correlato de uma contínua neutralização do "perigo feminino", cf. Monique Schneider, *De l'exorcisme à la psychanalyse: le Féminin expurgé*, Paris, Retz, 1979, cujas passagens relevantes para nosso argumento são mencionada mais adiante.

que lhe confira a proteção de que necessita para trabalhar. Mas até que ponto isso esclarece a questão? Não seria mais simples, e igualmente legítimo, que o pintor se encomendasse a Deus e, por exemplo, rezasse ou fizesse penitência para recuperar sua capacidade criadora? Para dar conta dos pactos, é preciso fazer intervir outro fator. Com a morte do pai, "acontecimento mais decisivo na vida de um homem", Cristóvão Haitzmann revive ambas as atitudes infantis para com ele, tanto a hostil quanto a carinhosa — rebeldia e nostalgia, para empregar os termos de Freud. A nostalgia o leva a procurar um substituto do pai, mas a rebeldia impede que este seja Deus: se o pai morreu pela vontade divina, o filho, no movimento de revolta, vai buscar a aliança do Demônio. Mas isso ainda é, de certo modo, superficial. O Diabo de Haitzmann tem uma particularidade notável: aparece provido de numerosos e polpudos seios. O pacto fala de *nove anos* de submissão, que Freud, a partir do significado do número nove nos sonhos, reduz a outro período mais significativo: os nove meses da gravidez. "Esses dois pequenos indícios deixam transparecer qual é o fator típico que condiciona a relação do sujeito com seu pai. Aquilo contra o que se rebela é a atitude feminina diante do pai, que culmina na fantasia de ter dele um filho (nove anos)."[85] Como todo sintoma é um compromisso, neste se revelam ao mesmo tempo as duas tendências: a atitude feminina e a defesa contra ela, que transfere o feminino para o pai. Os seios do Diabo o tornam mulher e, pelos mecanismos de inversão conhecidos, configuram uma defesa contra a angústia de castração. Assim, a rebeldia contra a possibilidade de castração tornou impossível ao pintor vencer a nostalgia do pai — o que sugere que, inversamente, a nostalgia do pai só possa ser vencida pela aceitação da possibilidade de castração — e o leva a buscar primeiro a proteção contra o pai castrador num pai castrado, e em seguida a proteção contra a submissão ao pai castrado (Diabo) num apelo à figura materna, consubstanciada na Virgem Maria venerada em Mariazell e única capaz de fazer o Demônio lhe devolver os pactos.

O caso do pintor alemão nos permite avançar um pouco nessa via tão obscura. Com efeito, vemos com clareza que o complexo de Édipo envolve, além da tendência carinhosa e da tendência hostil para com o pai, um fator que, em virtude da identificação à mãe, Freud denomina "atitude feminina diante do pai" e que se relaciona com as fantasias de castração. Isso não é novo, e já o

---

85 "Uma neurose demoníaca", cit., SA VII, p. 304; SE XIX, p. 90; BN III, p. 2687.

encontramos antes. O singular é que os seios do Diabo possam ser incluídos nessa fantasia, como projeção da própria feminilidade sobre o corpo do substituto paterno, que assim se torna um misto de pai e de mãe. Aqui podemos retomar uma observação deixada em suspenso um pouco mais atrás: a de que a castração introduz o esquema da *limitação* na vida psíquica, substituindo a lógica do tudo ou nada pela negociação do "parte por parte" (cf. capítulo 3, 4). A relação fusional com a mãe — cujo substituto aparece por exemplo nas fantasias de retornar ao ventre materno estudada em "O sinistro" — envolve essa lógica do "tudo ou nada", pois retornar ao ventre materno é se desintegrar como existente individualizado. O seio é a princípio um representante da onipotência materna, e apenas com sua "transformação" em pênis, no deslizamento progressivo ao longo da equação seio = pênis = fezes = criança = etc. vem a se converter em algo separado e limitado. Quando Freud diz que a castração se torna *representável* pela experiência cotidiana da defecação, é lícito ver aí um primeiro momento dessa substituição: a criança descobre que perder uma parte do corpo não implica seu aniquilamento total; ao mesmo tempo, com a primeira descoberta da diferença dos sexos e na esteira da identificação primária ao pai, o seio é por assim dizer absorvido pelo pênis, num movimento que conduzirá à formação do Édipo e ao qual nos referimos na seção 2 deste capítulo. Os seios do Diabo são assim tanto um signo de feminilidade quanto, num sentido mais arcaico, o índice da onipotência cujo primeiro suporte foi o seio — o misto de pai e mãe que é o Diabo figura também a medonha imagem da mãe fálica.

Pois o Diabo não é só resultado da projeção e da personificação da agressividade atribuída ao pai; ele é também *ela*, e a associação do demônio com a feminilidade constitui um índice dessa dupla identidade. O Diabo é imaginado como sedutor, tentador, dono de um poder misterioso e que tem algo a ver com a feminilidade — não é para *criar* que o pintor conclui seu pacto com ele, exatamente como Adrian Leverkuhn no *Doktor Faustus* de Thomas Mann? Na figura da feiticeira, estudada por Monique Schneider, podemos seguir mais de perto o fio dessa associação, que faz surgir o feminino não mais, ou não apenas, sob a luz da "falta" — falta de pênis, entende-se —, como nos artigos freudianos dedicados explicitamente ao tema da sexualidade feminina, mas sobretudo como algo entrevisto por Freud e recoberto por seu esforço de conceptualização e que só ao abordar a questão da verdade e de suas relações com o imaginário poderemos estudar de forma completa.

Como se apresenta a feiticeira? Ela encarna um poder ao mesmo tempo perigoso e benéfico, que se exerce como curandeirismo num meio rural, à margem dos poderes e saberes oficiais. Tal poder lhe é conferido pelo Diabo em um pacto que deixa nela marcas corporais, a partir das quais o inquisidor vai percorrer em sentido inverso a cadeia da causalidade até encontrar o ponto de partida, que justifica o extermínio da feiticeira. Num outro plano, o combate à bruxaria é solidário da penetração do poder central nas zonas rurais da França, como dominação de gentes e regiões a princípio exteriores à empresa de unificação e racionalização das estruturas políticas.

> Assistimos assim à luta de influência de duas culturas ou de duas mentalidades, a crença aldeã se apresentando [...] como resíduo inassimilável e fazendo do diabólico o lugar de tudo o que é sentido como incontrolável — incontrolável situado tanto nos elementos exteriores (epidemias, calamidades atmosféricas) como nos movimentos ressentidos dentro de si, sob a forma de desejos ou imagens julgados proibidos, ressentidos portanto como algo que irrompe dentro de si a partir de um poder posto como estranho. É sobre o conjunto desse reino do incontrolável, do desconhecido, do indeterminável, que se estenderia o poder da feiticeira [...]. Esta representa efetivamente o adversário, ao mesmo tempo informe e polimorfo, diante de um poder que consegue com dificuldade se impor de modo radical numa mentalidade [...] caracterizada, entre outras coisas, por sua resistência àquilo que busca informá-la e discipliná-la.[86]

Sem descurar esse aspecto, por certo decisivo, da inserção histórica do fenômeno da feiticeira, me parece importante assinalar que não existem *feiticeiros*, mas apenas *feiticeiras*, e que portanto os poderes que a bruxa recebe do Diabo correspondem bem a um momento secundário: como cristalização imaginária, este já é fruto de uma primeira dissociação, que projeta nele (Diabo) uma potência difusa, noturna, rebelde à formação e à denominação, e que é o apanágio do ventre materno. O Diabo é assim, já, fruto de um movimento de defesa, o qual consiste simplesmente em despojar a mãe desse poder e condensá-lo numa figura ao mesmo tempo *exterior* e *masculina*. A feiticeira será aliada ao demônio, mas terá recebido dele, pelo contato carnal, o poder sobre o

---

[86] M. Schneider, *De l'exorcisme*, cit., p. 46.

incontrolável e sobre o informe de que fala Monique Schneider. O procedimento inquisitorial é assim determinado por um duplo movimento: perante uma mulher que se apresenta como forte — e forte a partir de um princípio inacessível ao macho —, ele irá se dedicar primeiro a provar que essa força não se origina nela mesma, mas no Diabo masculino, e em seguida a exterminá-la para dissuadir outras mulheres de ceder à mesma tentação.

Mas a feiticeira ainda é, de certo modo, uma mulher que escapa à sociedade dos homens como detentora do poder. A evolução social fará surgir uma outra figura, a da "possuída pelo demônio", que não se reduz, apesar das aparências, à da bruxa. A diferença essencial é que a possuída não é parceira voluntária, mas vítima indefesa do pacto com o Maligno. Este se instala em seu corpo, mas à sua revelia, e a presença de uma força diabólica será ressentida como um abuso, uma irrupção, contra a qual a mulher se defende com todas as suas forças. Novamente, a determinação social vem desempenhar um papel relevante: a possuída não é, em geral, uma aldeã ignorante ou considerada como tal, mas no mais das vezes uma freira, de origem nobre ou burguesa, em relação à qual a ordem estabelecida não pode agir com a mesma violência. O diabo não toma posse dela por completo, "de corpo e alma"; em algum lugar, há algo que resiste à ocupação, o que garantirá à possuída a presunção de inocência que a livra da fogueira. No entanto, como nota agudamente Monique Schneider, esse desdobramento da possuída numa parte inocente e em outra obscena contribuirá de modo decisivo para fazer surgir, em conjunto com outras determinações que não vêm ao caso agora, uma imagem da feminilidade como puro receptáculo passivo, no qual vem se introduzir um poder estranho e representado como masculino. A possessão demoníaca é na verdade uma *despossessão* — despossessão do feminino como ativo e ao mesmo tempo diferente do masculino como fonte e sede de movimentos próprios e sem correspondente no corpo e na psique do homem. É notável que a instauração da possuída como inocente seja solidária do surgimento de uma outra figura, masculina: a do sedutor ou tentador, sobre a qual virá recair a culpa de ter introduzido no corpo daquela o demônio cuja expulsão é tarefa do exorcista. A mulher aparece assim como o objeto do combate entre dois homens, o exorcista e o sedutor, e é por essa razão que vai ser inocentada da responsabilidade pelos sacrilégios cometidos. Porque é tida como inofensiva, ela suscita não o ódio que se votava à feiticeira, mas a misericórdia e a compaixão devidas a uma *pauvre créature* — expressão recorrente nos relatos de exorcismo do século XVII. A trajetória subsequente conduzirá da possuída à histérica, no momento em que a origem dos ataques e das dores de que se queixa a mulher não for mais situada numa força diabólica exterior, mas em seu próprio organismo. Mas tal retorno será já marcado pelo selo da impotência e da fragilidade, quando não da simulação — e Janet poderá falar da "degradação psíquica" ou da "integração deficiente das funções mentais", expressões que significam apenas que a imaginação feminina é mais facilmente desregulável que a do homem, porque a mulher é um ser inferior, menos inteligente etc. Freud proporcionará uma profunda modificação nessa concepção; mas, em certos pontos de sua obra, e a despeito de si mesmo, ele a herda como parcela da tradição científica contra a qual se rebela: sua primeira concepção do trauma não o compara a um "corpo estranho", e a repressão não é vista a princípio como rejeição de uma "representação intolerável"?

Retornemos, porém, à questão da mãe e do pai, que está longe de ser esclarecida, e recordemos que nossa finalidade é dar conta da inversão dos papéis quando a dimensão individual passa para uma expressão cultural. A representação do Diabo, dissemos, é próxima da da mãe; ele vive no centro da Terra (figuração do ventre materno), está ligado ao fogo e aos odores fortes (pense-se no fato, sublinhado por Monique Schneider, de que a cozinha é uma atividade predominantemente feminina, na qual intervêm instrumentos que picam, espetam e despedaçam, tal como serão representados os tormentos infernais), e se situa num reino escuro, noturno, que evoca o lugar em que todos estivemos antes de nascer e ao qual retornaremos, fatalmente, um dia. Todos esses traços remetem a uma clivagem da imago paterna, ao mesmo tempo garantia de vida, de calor e alimento, e foco de poderes obscuros e ameaçadores, que se traduzem por uma capacidade de absorção indefinida e destruidora de todos os limites. Nos contos populares, essa divisão da imago materna aparece sob a forma da mãe e da madrasta, da boa fada e da bruxa.[87] Essas representações antagônicas, que na origem visam à mesma entidade materna, são assim separadas no imaginário, e essa separação é em si mesma asseguradora quanto à angústia do informe inseparável do desejo pela mãe. Isso porque esse desejo é necessariamente acompanhado pelo anseio de retornar ao ventre, em cuja esfera reina a indistinção, e que podemos vagamente imaginar a partir do "medo ao escuro", avatar da representação infigurável da fusão com sua *fons et origo*, o interior da mãe.

---

87 Cf. Bruno Bettelheim, *Psychanalyse des contes de fée*, Paris, Le Livre de Poche, 1978.

> Nos contos, a mãe poderá ser representada por um espaço, em geral a floresta [...]; a mãe é apreendida como esse meio aquático que envolve, carrega e às vezes engole, em cujo interior toda tentativa de orientação está condenada ao fracasso. [...] A aparição de um monstro figurável, por mais aterrorizador que seja, em meio a esse negrume opaco e envolvente, só pode ser saudada como relativamente salvadora [...] na medida em que é possível lhe atribuir um lugar no espaço, mantê-lo sob o olhar, encerrá-lo em um contorno que limita seu poder difuso.[88]

Pouco importa que esse monstro seja masculino ou feminino; em certas culturas africanas, ele costuma ser feminino, enquanto em nossa civilização é exemplarmente figurado pelo Diabo, ou pelo lobo "mau", cuja maldade se concentra na potência de devoração a ele atribuída. O monstro, na medida em que é individualizável e figurável, contém em si ao mesmo tempo a capacidade de engolir e de absorver, própria ao registro materno, e uma potência de separação análoga à que será atribuída ao pai, potência simultaneamente temida e desejada, porque é garantia da individualização do sujeito. Dessa forma, se explica que o Diabo concentre em si a agressividade da relação hostil ao pai e as características de sedução que derivam de sua origem materna. Ele é, de fato, um misto de pai e mãe, e os seios de que o provê o pintor significam tanto um quanto a outra.

Por que, então, Freud vê nele apenas um substituto do pai? Porque, em sua concepção, os poderes que conotam a potência da mãe vão ser concentrados em outro substituto materno, a saber, a natureza. É como se, para pensar todo esse aspecto do feminino, ele devesse necessariamente recorrer à imagem da natureza, invariavelmente colocada em termos atemorizadores, violentos, como se fosse dotada de um poder destruidor que se manifesta na fúria dos elementos; a cultura será vista como o conjunto de meios pelos quais o homem se defende das forças naturais. Diante dessa Mãe aterrorizadora, um dos recursos da civilização será postular um Pai protetor, benfazejo e benevolente, que com o desenvolvimento da religião virá a ser visto como criador e portanto como senhor da natureza. Mais uma vez, se mostra aqui o quão indissolúvel é a ligação entre a teoria psicanalítica propriamente dita e a análise da cultura, e a que ponto é falsa a concepção predominante de que esta não passa de "psicanálise aplicada": Freud recorre à oposição Deus/natureza para esclarecer toda

---

[88] M. Schneider, op. cit., pp. 69-70. Cf. igualmente C. Stein, *L'Enfant imaginaire*, p. 133.

uma faceta, de extrema importância, da gênese das imagos paterna e materna, na qual a aparente solidez das equações pai = agressividade e mãe = ternura voa em pedaços. Mas isso não se deve a uma astúcia teórica; penso que aqui é necessário levar às últimas consequências a lógica do argumento e inferir que não é possível, para Freud, pensar esse lado do problema em sua dimensão individual. Daí a importância da análise da religião e do fato de que ela se torna imperiosa, "impulso forte demais", como dirá a Pfister, no *mesmo momento* em que a descoberta da sexualidade feminina como irredutível ao modelo masculino exige uma revisão completa em conceitos tão fundamentais para a psicanálise como os complexos de Édipo e de castração. A religião, como instrumento cultural inscrito na tarefa de proteção contra a natureza transbordante e ameaçadora, fornece determinados conteúdos nos quais essa sexualidade misteriosa pode ser apreendida em alguns de seus efeitos e particularidades, completamente silenciados nos textos que a abordam de modo explícito. E podemos nos perguntar se a redução da religião a uma ilusão — que responde, claro, também a outros critérios e exigências — não implica, de algum modo, afastar como irrelevante essa dimensão da sexualidade feminina, que Freud só pôde pensar indiretamente e com as maiores cautelas, e que transparece em conteúdos ao que parece tão insignificantes quanto os seios do Diabo.

O problema é imenso, talvez o mais complicado e decisivo da psicanálise, como teoria inventada por Freud e reapropriada por inúmeros indivíduos desde então. Pois, como dirá W. Granoff, "a psicanálise é filha, não do *Weibliche* ('feminino'), mas do império do *Weibliche* sobre a constituição da cena psíquica de Freud. Nada menos".[89] É preciso recordar que ela surgiu dos enigmas suscitados pela perturbação histérica da sexualidade feminina? O percurso de Granoff mostra, a partir de seu método original — o levantamento das representações que trabalham o texto freudiano com base em um estudo minucioso do original alemão e um procedimento próximo da associação, que no limite equivale a associar com as palavras de Freud e seguir os traços que esse trajeto associativo deixou no texto teórico —, que tal império está presente do princípio ao fim, que a teorização é tanto resposta à questão do pai quanto à questão do feminino, "outro lado da mesma coisa". Nessas circunstâncias, dizer que certos aspectos da questão do feminino não podem ser pensados diretamente como tais é

---

89 Granoff, *La pensée et le féminin*, p. 288.

uma afirmação temerária no mínimo e, no máximo, ridícula. Não obstante, reproduzir o texto de Granoff não tem sentido, pois ele existe assinado pelo autor; e me apropriar de suas conclusões, mesmo mediante o artifício de citar a fonte, é um plágio desonesto que não posso admitir. Além disso, nos pontos de seu livro em que a tensão é máxima, em que a argúcia do intérprete encontra o obstáculo da própria coisa, se sente que há algo que resiste mesmo aos recursos fecundos que utiliza Granoff e em que é preciso se arriscar sem a rede de intérpretes que protege o trapezista-comentador. Não tenho a menor pretensão de resolver em poucas páginas enigmas tão portentosos quanto a relação de Freud com o feminino (e que obviamente nada tem a ver com a opinião, aliás menos conservadora do que de hábito se supõe, que ele possa ter acerca das mulheres), ou do feminino com a gênese da teoria em geral e da teoria psicanalítica em particular, ou outros que há gerações desafiam os que pensam Freud e a partir de Freud. Limito-me a constatar que seus escritos teóricos não abordam — ou abordam para em seguida fechar os caminhos da abordagem — certos aspectos da feminilidade, que me parecem ao contrário guiar sua concepção da natureza. Dessa constatação se seguem certas consequências, que extraio por minha conta e risco, sem pretender que sejam as únicas, as únicas verdadeiras ou as únicas verdadeiramente contidas nela. Mas, antes de mais nada, cabe provar essa afirmação basilar para meu argumento.

Falando de Leonardo da Vinci, que recomendava estudar a natureza como fonte de toda verdade e a recusar a simples imitação dos antigos, Freud escreve: "Transportados da abstração científica para a experiência concreta individual, os antigos e a autoridade correspondem ao pai, e a natureza, à mãe bondosa e terna que o havia criado".[90] A metáfora da mãe-natureza, por difundida que seja, não basta para explicar o uso a que ela é submetida nas mãos de Freud: ela aparece como "bondosa e terna", nos antípodas da representação ameaçadora dos textos sobre a cultura. Mas a natureza não simboliza apenas a mãe, nem somente a mãe como terna e bondosa. Interpretando o sonho "Goethe ataca M." — ataque contido no ensaio atribuído a Goethe "Sobre a natureza"—, em que M. é Fliess, Freud indica que uma das funções do sonho reside na história de um irmão de determinada paciente sua, o qual, "num acesso de loucura frenética", exclamara: *"Natur! Natur!"*. Os médicos haviam opinado que esse grito se referia

---

[90] "Leonardo", SA X, p. 144; SE XI, p. 122; BN II, p. 1611.

ao ensaio do mesmo nome, que, ao que parecia, o jovem estudara fazia pouco tempo, mas Freud prefere interpretar a expressão em seu sentido sexual corrente, no qual denota a vagina. A natureza é assim, também, o sexo da mulher, do qual dirá em "O sinistro" que é fonte de uma *Unheimlichkeit* particularmente densa. Que entre a natureza e a morte existam elos estritos, é algo que aparece num lapso cometido várias vezes por Freud: ao citar a frase de Shakespeare "Thou owest God a death", ele escreve invariavelmente "Du bist der Natur einen Tod schuldig" (uma primeira citação desse verso aparece no sonho das "Três Parcas", quando evoca seu espanto sem limites diante da forma pela qual sua mãe demonstrava que o homem vem do pó e retorna ao pó: esfregando as mãos uma na outra e retirando delas películas escuras, ditas idênticas ao pó). A mãe, a natureza e a morte se encontram assim entrelaçadas entre si e também com o Destino, simbolizado pelas três Parcas. Dois textos contêm uma representação mais explícita dessa relação: "O tema dos três cofrezinhos" e a carta enviada em 1931 ao prefeito de Freiberg, na qual Freud manifesta seu agradecimento pela placa comemorativa aposta, como homenagem a seu 75º aniversário, à casa em que nasceu — "Muito profundamente enterrado, sobrevive ainda em mim o menino de Freiberg, filho primogênito de uma jovem mãe, que *neste ar e neste solo* recebeu as primeiras inextirpáveis impressões".[91] Que o solo não significa apenas a terra, mas também o corpo materno sobre o qual se dão os primeiros passos do recém-nascido, é atestado pelo pequeno estudo "Três cofrezinhos".

Pertinho da cena do *Mercador de Veneza* em que Bassanio tem de optar entre um cofre de ouro, um de prata e um de chumbo, Freud nota primeiro que a escolha recai sobre o último, não por ser de chumbo, mas por ser o *terceiro*. A analogia com o *Rei Lear*, que também encontra asilo junto à terceira filha (Cordélia), o faz se interrogar sobre o sentido dessa sucessão, que é encontrada em muitos contos e lendas, nos quais a terceira das irmãs ou filhas é privilegiada (por exemplo, Cinderela) ou em que a terceira das mulheres é escolhida (por exemplo, na lenda de Páris e de Afrodite). Quem são essas três irmãs? E por que a terceira é sempre representada como muda ou silenciosa?

A mudez é um frequente símbolo onírico da morte. A terceira das irmãs é a Morte, e portanto as demais são as outras duas Moiras ou Parcas. As "três

---

91 Carta ao prefeito de Freiberg, BN III, p. 3232. Grifos meus.

irmãs do Destino" foram primitivamente as Horas, que regulavam o curso do tempo natural; por um deslocamento fácil de compreender, vieram a designar as senhoras do tempo humano, isto é, da vida. Outro deslocamento substitui a fatalidade da morte por uma *escolha*, e, em vez de obedecer à inexorabilidade do destino, encontrando ao final do trajeto a morte atemorizadora, a lenda apresenta o homem escolhendo a mais bela das irmãs.

> Podemos dizer que para o homem existem três relações inevitáveis com a mulher, aqui representadas: a mãe, a companheira e a destruidora. Ou as três formas que a imagem da mãe adota no curso da vida: a própria mãe, a amada — escolhida à sua imagem — e por último a mãe-terra, que o acolhe novamente em seu seio. Mas o ancião busca em vão o amor da mulher, tal como o obteve primeiro de sua mãe, e só a terceira das mulheres do Destino, a muda deusa da Morte, irá tomá-lo em seus braços.[92]

A riqueza desse pequeno ensaio está longe de ser esgotada por este rápido esboço, mas por ora me interessa ressaltar que ele fornece um ponto de apoio para meu argumento, entrelaçando os aspectos da maternidade, da natureza, da Terra, da morte e do feminino. É notável, ainda, assinalar que a representação da morte como uma "deusa" se ancora na interpretação de um conteúdo inconsciente, e não, como é comum em Freud, no uso da língua: o termo

---

[92] "O tema da escolha de um cofrezinho", SA X, p. 193; SE XII, p. 301; BN II, p. 1875. Cumprimentando Ferenczi por seu quadragésimo aniversário, Freud escreve em julho de 1913: "Que fará o senhor agora? Para todos nós, o Destino se apresenta encarnado em uma ou várias mulheres, e seu destino tem algumas características preciosas [...]. Neste ano [...] passarei algumas semanas [...] com minha filha, longe da análise [...] O senhor terá adivinhado a origem subjetiva dos 'Três cofrezinhos'" (9/7/1913, *Cartas* II, p. 70). Granoff comenta longamente esse texto, perguntando-se quais teriam sido, para Freud, as "mulheres do Destino", e vendo na babá de Freiberg — evocada na carta 70 a Fliess como "originadora da minha neurose" — a primeira delas. A teorização subsequente de Freud, sempre segundo Granoff, seria também uma forma de elaborar sua relação com as "figuras do Destino", outra versão das "Mães" do *Fausto* goetheano, às quais se refere, por exemplo, numa carta a Stefan Zweig (carta 265, 2/6/1932, *Cartas* II, pp. 160-2) — carta extremamente importante, pois prova que no caso de Anna O., tratado por Breuer com os resultados que se conhecem, o motivo da interrupção foi exatamente o amor de transferência. Freud comenta que Breuer, "que nada tinha de faustiano, embora fosse um excelente médico", assustou-se e, literalmente, fugiu para Veneza com sua mulher. Ou, dito de outra forma, Anna O. não era uma das "mulheres do Destino" para Breuer, mas por certo o foi para Freud, embora este jamais a tenha tratado como psicanalista...

alemão para a morte é *der Tod*, masculino, e, em vez da mulher com a foice habitual da iconografia latina, ela é representada, coerentemente, por um esqueleto sem face. Lida nessa clave, a ideia de que a cultura é uma luta contra a natureza abre perspectivas de ordem bem diferente da banalidade da constatação segundo a qual para sobreviver é preciso que o homem domine de algum modo as forças naturais. A cultura aparece agora como um conjunto de meios para proteger o homem (e a mulher, é evidente) das ameaças obscuras contidas no feminino, o qual se encarna não apenas no inconsciente das mulheres, mas também dos indivíduos do sexo masculino. Recordemos que em 1896 Freud escreve a Fliess que ambos os sexos procuram reprimir o feminino, observação que pode ser enlaçada à que caracteriza a libido como invariavelmente *masculina*, no homem como na mulher, e sendo indiferente que os fins sexuais sejam ativos ou passivos. Se a cultura é uma empresa de Eros, e se este é de essência masculina, isso abarca também uma enigmática observação de *O mal-estar na cultura*, em meio à discussão sobre o "divórcio entre o amor e a cultura":

> A discórdia seguinte é causada pelas mulheres, que não tardam a se opor à corrente cultural [...]. No entanto, foram essas mesmas mulheres que originalmente estabeleceram o fundamento da civilização, com as exigências de seu amor. As mulheres representam os interesses da família e da vida sexual; a obra cultural, em troca, se converte cada vez mais em tarefa masculina, impondo aos homens dificuldades crescentes e obrigando-os a sublimar suas pulsões, sublimação para a qual as mulheres estão escassamente dotadas. Dado que o homem não dispõe de energia psíquica em quantidades ilimitadas, vê-se obrigado a cumprir suas tarefas mediante uma distribuição adequada de sua libido. A parte que consome para finalidades culturais é subtraída sobretudo à mulher e à vida sexual [...]. A mulher, se vendo assim relegada a segundo plano pelas exigências da civilização, adota diante desta uma atitude hostil.[93]

A leitura superficial de um texto como esse acabará por se perder em comentários sobre a suposta misoginia de Freud, sobre os preconceitos de que se faz porta-voz etc. Mas como não ver com que esforço são escritas tais

---

93 *O mal-estar*, cit., SA IX, p. 233; SE XXI, p. 103; BN III, p. 3041.

palavras? Conte-se quantas vezes aparecem termos como "brigar", "exigências", "tarefa": a cultura é defesa, mas também coerção; e o resultado desta não é a felicidade, mas a culpabilidade de que falamos antes. Historicamente, a civilização, cujo "fundamento" é estabelecido pelo amor feminino, é vista como algo que tem passado cada vez mais para a alçada dos homens, impondo a eles uma distribuição da libido que é tudo, menos "adequada" — se assim fosse, não teríamos por que falar do mal-estar na cultura. Quanto à passagem mais escandalosa do texto citado ("as mulheres são escassamente dotadas para a sublimação"), não creio que seu sentido seja apenas denegrir o sexo feminino. Assim como na questão do superego, cabe perguntar se Freud não aponta aqui para algo imensamente novo e até hoje pouco pensado, a saber, o que Granoff denomina "destino sexuado do pensamento". Poetas e moralistas de todos os tempos mostram à saciedade que homens e mulheres não *sentem* da mesma forma; e se, de algum modo, pudéssemos dizer que tampouco *pensam* da mesma forma, que sua relação com a verdade e com a realidade não se reduz ao modelo masculino? A cultura como sufocação do feminino contra o qual ela se erige em defensora — não estará aí um caminho a explorar, nos liberando de uma leitura apressada, que vai no sentido da repressão que pretende denunciar e segundo a qual Freud, ao reconhecer a diferença, seria solidário de sua decifração como inferioridade? O feminino aparece assim como aquilo contra o qual a civilização protege e de que se protege, num nível ainda mais radical que o da agressividade; mas, se refletirmos que a morte está inscrita nesse feminino e que a origem da agressividade pode ser retraçada até a pulsão de morte, as duas significações da civilização irão se mostrar intimamente relacionadas. E a natureza se revela, nessa linha de associação, como o lugar geométrico para o qual convergem os temas da morte, da agressividade (sob a forma das "forças naturais") e da feminilidade, em seu aspecto propriamente sexual (natureza = vagina), em seu aspecto materno positivo ("terna e bondosa") e no terrível poder de envolvência, absorção e indiferenciação indissociável da representação da mãe no desejo e no fantasma do retorno ao ventre, sobre o qual Freud fala longamente em "O sinistro".

É contra essa figura do feminino que vai ser invocado o Deus protetor, e muitas coisas se aclaram se referirmos essa dualidade à primitiva migração da onipotência, no fantasma individual, da mãe-que-é-o-seio/pênis para o pai-que--tem-o-pênis-porque-tem-a-mãe/pênis/seio. Não se trata, porém, de uma reconstrução de Freud, mas daqueles para quem seu mito das origens não pode ser aceito como explicação válida. É justo na dimensão social, ou no gesto fundador da civilização, que ele vai apreender essa passagem da mãe ao pai, num sentido mais decisivo do que se pode discernir em *O mal-estar na cultura*, quando o amor pela mulher é designado como origem da civilização. Em *O homem Moisés e a religião monoteísta*, uma outra visão da passagem à cultura põe em jogo o que Freud denomina "progresso na espiritualidade" (ou na "intelectualidade", ambas as expressões sendo adequadas — e inadequadas — para traduzir *Geistgkeit*):

> A renúncia mais antiga às pulsões, talvez a mais importante, se perde nos tempos da pré-história [...]. Aceitamos que "onipotência do pensamento" expressou o orgulho da humanidade pelo desenvolvimento da linguagem, faculdade que teve por consequência um estímulo tão extraordinário das faculdades intelectuais. Abriu-se para o homem o novo reino da *Geistgkeit*, no qual obtiveram hegemonia as ideias, as recordações e os processos do raciocínio, em oposição às atividades psíquicas inferiores, cujo conteúdo são as percepções imediatas dos órgãos sensoriais. Essa foi, sem dúvida, uma das etapas mais importantes no caminho rumo à humanização do homem. [...] A viragem (*Wendung*) da mãe para o pai também implica um triunfo da intelectualidade sobre a sensualidade, isto é, um progresso cultural, pois a maternidade é demonstrada pelo testemunho dos sentidos, enquanto a paternidade é apenas uma suposição construída sobre uma premissa e uma dedução. Ao sobrepor assim o processo de pensamento à percepção sensorial, a humanidade deu um passo prenhe de consequências [...]. Todos os progressos semelhantes na espiritualidade têm por efeito exaltar a auto-estima do homem, tornando-o orgulhoso, de maneira que se sente superior aos demais, que ainda se encontram sujeitos aos vínculos da *Sinnlichkeit* ("sensualidade/sensibilidade").[94]

Jogando sobre as duas acepções do termo *Sinnlichkeit*, Freud estabelece assim uma equivalência entre os sentidos: a sensualidade e a mãe, por um lado, e a linguagem, o pensamento abstrato e o pai, por outro; entre ambas, porém, há mais do que é dito de modo explícito. A maternidade é comprovada pelos sentidos, em especial pela visão e pelo tato; a paternidade é apenas uma "suposição", cujo estabelecimento requer um raciocínio, a permanência de representações no tempo, a capacidade de combinar intelectualmente ideias para

---

[94] *Moisés e o monoteísmo*, SA IX, pp. 557-9; SE XXIII, pp. 111-3; BN III, pp. 3309-10.

produzir mais ideias. Quanto à abstração, há assim uma produtividade que se opõe à fecundidade vinculada ao feminino. A onipotência do pensamento não é mais um dado primitivo, mas exprime a satisfação narcísica dos homens pela aquisição ou invenção da linguagem, que, como vimos no terceiro capítulo, sucede ao assassinato do pai primitivo. Esse era o foco tanto do protopoder quanto da protossignificação, na medida em que apenas as suas vontades podiam ser ditas "existir" durante o período da horda. Nos termos do mito de *Totem e tabu*, portanto, a linguagem tem a ver com o assassinato do pai primordial e com a apropriação do poder de significar pelo conjunto dos irmãos, o que equivale a instituir *ninguém* como o depositário absoluto desse poder. Mas a magia das palavras, coetânea da onipotência do pensamento e da qual Freud fala eloquentemente em "A questão da análise por não médicos" ("não subestime o poder do verbo!"), é sucessora de uma outra magia, a dos atos, que se inscreve no domínio do sensível. Mais do que uma *passagem* contínua da mãe ao pai, há uma ruptura com um certo modo de ser, vinculado à sensibilidade/sensualidade/maternidade — ruptura que Freud celebra com um tom triunfal, como se esse "progresso na espiritualidade" não deixasse atrás de si coisa alguma, como se jamais tivesse escrito que "o homem não abandona jamais por completo uma posição libidinal anterior". É impossível não fazer uma ponte entre esse elogio do pensamento dedutivo e abstrato e a caracterização da atividade científica como "poderosa diversão para diminuir a dureza da vida" de *O mal-estar na cultura*. O domínio do pensamento abstrato é assim a continuação da onipotência do pensamento; seu poder infinitamente maior se deve ao fato de que se submete mais docilmente ao princípio de realidade, mas no fundo não há entre eles diferença de natureza, e a prova disso é que os mesmos processos atuam em ambos: recordação, previsão, combinação de representações, inferências etc. Freud opõe com frequência o pensamento científico às várias modalidades do pensamento "animista", entre as quais a religião e a filosofia; mas aqui se revela uma comunhão mais íntima entre todos os tipos de pensamento, na medida em que surgem do mesmo gesto inaugural: o que decide que a paternidade é "mais importante" que a maternidade, decidindo *ipso facto* que o pensamento é mais importante do que as impressões sensoriais.

Em *La parole et l'inceste*, Monique Schneider propõe uma leitura fascinante dessa ruptura, cujas consequências se manifestam em numerosos planos. Destes, cabe reter o que se relaciona com a religião. No texto que citamos, se insinua uma divergência quanto à maneira de representar a transição da mãe ao pai, segundo a referência se faça à esfera abstrata ou concreta:

> Quando a referência a um reino abandonado é relacionada com a origem materna, Freud apresenta o "progresso" realizado em termos de *passagem* ou *conversão*: a passagem da mãe ao pai. Passagem apresentada como o equivalente de um simples afastamento [...]. É apenas quando a entidade abandonada é mencionada sob uma forma abstrata e geral — a sensualidade, os instintos — que a matéria da passagem cede lugar a evocações mais violentas: a sensibilidade é reputada "ter sido vencida" pela espiritualidade, o instinto é dito "reprimido".[95]

É como se, diante da possibilidade de uma violência feita à mãe, Freud recuasse — e isso tem raízes extraordinariamente profundas: a relação da mãe com o filho é tida por isenta de ambivalência, expressando talvez o impensado mais radical da teorização freudiana; como se só após ter reduzido a mãe à "sensualidade" e o pai à "espiritualidade", se lhe tornasse possível pensar uma relação de violência. Isso porque, na mitologia freudiana, o pai ocupa necessariamente o lugar de *vítima* do sacrifício: *Totem e tabu* não demonstra outra coisa. É por essa razão que, tendo se exaurido o ódio dos filhos com o crime primordial, ele pode retornar sob a forma benigna do totem protetor, primeira figura na série das divindades. Quanto às deusas maternas, que ocupam um lugar tão proeminente nas cosmogonias antigas, Freud confessa em *Totem e tabu* não saber como ordená-las em seu esquema, e, em *Moisés e o monoteísmo*, dirá que elas foram talvez destronadas por um deus vulcânico, indo mesmo a imaginar que tal transição seja contemporânea da destruição, que atribui a cataclismos naturais, da civilização cretense.[96] É porque é vítima do assassinato primordial — eventualidade tematizável e capaz de funcionar como instrumento heurístico — que o pai divinizado pode surgir como bondoso e pacífico. Mas, se retraduzirmos a fórmula freudiana e, em lugar de escrever que "a sensibilidade é vencida pela espiritualidade", escrevermos que "a mãe é vencida pelo pai", daremos com um elemento latente na passagem do *Moisés*, mas que pôde ser evocado em *Totem e tabu*: a violência inerente à sistematização, isto é, a um procedimento

---

[95] M. Schneider, *La parole et l'inceste*, Paris, Aubier-Montaigne, 1980, p. 23.
[96] *Moisés*, cit., SA IX, p. 494n; SE XXIII, p. 45n; BN III, p. 3266, nota 1476.

cujo primeiro passo é a posição de entidades abstratas — violência de imediato recoberta pela aparência desencarnada e asséptica dessas entidades. "O assassinato é aqui ao mesmo tempo efetuado e dissimulado, tomando a designação simbólica a aparência do crime perfeito."[97]

O que a passagem citada do *Moisés* deixa transparecer em filigrana é de extrema importância. O crime contra o pai tem, na teoria freudiana, não apenas a função de fundar a civilização, mas também a de apagar os traços de um outro crime, inominável mas não menos importante: a violência exercida contra a mãe, contra a sensualidade e contra o feminino, voltando a morte contra a morte, e tornando assim possível o advento da linguagem, do pensamento abstrato e do trabalho da cultura. Esse crime silenciado não dá origem a um sentimento de culpabilidade, como o outro, mas a uma exaltação narcísica sem paralelo, da qual é signo inconfundível a onipotência do pensamento. O advento do pensar é assim inseparável da derrota imposta à sedução materna, e não é difícil perceber por quê: a potência do feminino é indissociável da indistinção, do abismo "sem fundo e sem forma", da continuidade indiferenciada das percepções sensoriais, que se sucedem, num primeiro e mítico momento, sem interrupção e sem individualização. O pensamento pressupõe o esquema da separação e seu correlato, o da totalização, e para que tais esquemas se instaurem é preciso que nesse fundo informe venham se fixar, por meio das palavras, entidades relativamente estáveis, que irão configurar, como veremos mais adiante, o domínio da "realidade". Mas, ao mesmo tempo, é necessário que essa ruptura seja por sua vez negada, encoberta, e a exaltação narcísica em que se cumpre o "progresso na espiritualidade" vem preencher justo esse requisito.

O feminino assim expulso, porém, vai retornar sob outra forma: a natureza. Toda a potência a esta atribuída, e contra a qual a civilização vai tentar opor barreiras cada vez mais sólidas (e por isso mesmo cada vez mais frágeis), tem sua origem nessa capacidade de desindividualização inerente à representação do

---

97 M. Schneider, *La parole*, cit., p. 24. Baseando-se em indicações de C. Stein ("Œdipe Superman", *Études Freudiennes*, n. 15/16, Paris, Denoël, 1979), a autora discute a lenda de Édipo e o trabalho de ocultamento das versões primitivas, nas quais a Esfinge, longe de ser um monstro puramente questionador, aparece como fêmea ávida de amor. O Édipo com quem Freud manifestamente se identifica é na verdade um produto tardio da passagem — ou ruptura — da sensualidade à espiritualidade, o que faz surgir sob uma nova luz tanto o mito fundador da psicanálise quanto a face purificadora da atividade científica e terapêutica, avançada com frequência por Freud.

feminino, em especial do feminino materno na qualidade de ventre que envolve, paraíso perdido e desejado, mas também fonte de uma angústia indescritível. A impotência infantil, a partir de então, pode ser vista como substrato e origem da religião, na medida em que esta introduz um terceiro — *e um terceiro necessariamente masculino* — encarregado de manter sob controle as forças naturais, ou, quando tal não ocorre, a cuja vontade soberana possa ser atribuído o desencadeamento destas, na óptica da punição e da salvação. Deus será um substituto do pai, pela simples razão de que não pode ser um substituto da mãe; e essa fórmula já não soará, a esta altura, como retórica vazia. O sagrado será, como lemos em *Moisés e o monoteísmo*, aquilo que consubstancia a vontade do pai primitivo. Pois, do ponto de vista da economia libidinal, o registro da culpabilidade em que se move a religião, em virtude da origem criminosa da cultura, é ainda menos contrário ao princípio do prazer que o registro da angústia, cuja expressão mais aterrorizadora é a angústia do esfacelamento, da liquefação do corpo próprio, tal como evoca Edgar Poe na história de "Mr. Valdemar": angústia que, não é preciso insistir, tem a ver com a mãe e não com o pai. Este pode, no máximo, castrar; e, por medonha que seja a representação da castração, uma vez que concerne apenas a uma parte do corpo, ela é menos horripilante que a da perda dos limites — motivo pelo qual a angústia de castração nos faz neuróticos, enquanto o despedaçamento e a volatilização do corpo próprio pertencem ao registro da psicose.

Isso dito, a religião promete mais do que é capaz de realizar. Das críticas endereçadas por Freud a ela, e que acabam se reduzindo a três — coagir a razão infantil, tendo portanto efeitos nefastos na educação (conferência 35); impor um modelo de felicidade único e restritivo, sem atender à infinita variedade das condições psíquicas (capítulo 2 de *O mal-estar na cultura*); e ter falhado em sua missão de conciliar o homem com as renúncias pulsionais impostas pela civilização (capítulo 7 de *O futuro de uma ilusão*) —, é finalmente o terceiro que é decisivo:

> A religião prestou, sem dúvida, grandes serviços à civilização humana, e contribuiu, embora não de modo suficiente, para dominar os instintos a-sociais. Regeu durante muitos milênios a sociedade humana e teve tempo de demonstrar sua eficácia. Se tivesse podido consolar e tornar feliz a maioria dos homens, reconciliá-los com a vida e convertê-los em firmes substratos da civilização, ninguém teria tido a ideia de modificar coisa alguma. Mas em lugar disso vemos que uma imensa

multidão de indivíduos se mostra descontente com a civilização e se sente infeliz em seu interior, considerando-a um jugo de que anela se libertar, e consagra todas as suas forças a conseguir uma mudança da civilização, ou leva sua hostilidade ao ponto de nada querer saber de seus preceitos, ou da renúncia às pulsões.[98]

A ilusão religiosa, portanto, falhou em sua função; e as outras consequências nefastas de sua preservação assumem por isso um caráter ainda mais odioso. A qual função, porém, a religião não pôde corresponder? Em termos simples, à de consolar o homem diante da potência da natureza, da crueldade do Destino e das injustiças sociais; mais profundamente, a de canalizar o sentimento inconsciente de culpabilidade para representações ligadas às noções de pecado e de expiação. Ambas são como duas faces de uma mesma moeda, pois a eficácia da religião, a intensidade com que os homens aderem a seus rituais e conteúdos, provém de uma fonte secreta, que Freud discerne no retorno do reprimido. A grande façanha da religião consiste em elaborar, sob formas socialmente adequadas, as consequências do assassinato primordial, reprimindo a recordação deste a ponto de torná-lo inimaginável e utilizando para diminuir a culpabilidade as forças ligadas a essa mesma culpabilidade — por exemplo, transformando o remorso em submissão à vontade do pai reentronizado.

Mas, se assim for, a religião não é apenas ilusória. Freud falará da sua *verdade histórica*, verdade que transparece por exemplo na suposição de que Deus ordena não matar; de fato, Deus tem uma participação na gênese desse mandamento, na medida em que ele surge como consequência do ato que institui a possibilidade de Deus (como Pai Morto) e da sociedade (como regulada pelo princípio da rejeição do homicídio). A "verdade histórica" contida na religião, e ao mesmo tempo deformada até se tornar irreconhecível, é a do crime primordial, cujos traços não podem ser suprimidos — como nada, no inconsciente, pode ser suprimido —, mas que vão passar por constante reelaboração, engendrando formas de religião cada vez mais afastadas (e ao mesmo tempo cada vez mais próximas) da intelecção desse crime, até atingir, com o advento do cristianismo, o ponto em que ele pode ser lido, ao inverso, no próprio cerne do mito fundador: o sacrifício de um filho só é capaz de expiar um parricídio, e nada mais. Com essas considerações, porém, deixamos o terreno da religião propriamente

---

98 *O futuro*, cit., SA IX, p. 171; SE XXI, p. 37; BN III, p. 2981.

dita para entrar em outros aspectos do mesmo problema: o da verdade, que Freud cinde em "histórica" e "material", e o da história, pois nada é menos evidente que a transmissão, através das gerações, dos traços reprimidos do assassinato originário.

5. FILOGÊNESE CONTRA HISTÓRIA

A partir das reflexões precedentes, abrem-se duas vias para a continuação deste estudo, segundo privilegiarmos um ou outro dos termos contidos na expressão "verdade histórica". Podemos entrar no problema do que significa para Freud a noção de *verdade*, com seus correlatos *realidade, erro, ilusão* e *imaginário*; ou podemos nos voltar para a concepção do desenvolvimento da espécie humana a partir do crime original. Parece-me mais indicado seguir de início essa segunda linha, tanto por razões intrínsecas à lógica da análise da cultura, quanto porque não é possível eludir a discussão do problema a meu ver mais espinhoso que se destaca do que foi exposto até aqui: como conceber a questão da história e do social a partir das teorias freudianas? Insensivelmente, o mito de *Totem e tabu* se tornou categoria explicativa essencial para uma série de fenômenos, da instauração das representações religiosas até o laço que mantém unida uma sociedade, visto por Freud no sentimento inconsciente de culpabilidade de seus membros. Se até aqui pudemos operar como se esse mito fosse a expressão da verdade, visando permitir que a concepção freudiana pudesse ser apresentada em toda a sua riqueza e complexidade, sem o obstáculo de uma crítica a cada nova etapa, penso que as duas seções precedentes colocam uma série de questões que deve, por fim, ser abordada de frente e que constitui o núcleo da tese de Freud sobre o social-histórico.

Essa tese pode ser, de modo sucinto, formulada da seguinte maneira: o social é constituído pela mesma substância que o psíquico, em virtude de sua origem comum no assassinato do chefe da horda, o qual, ao instituir o complexo de Édipo, fez surgir ao mesmo tempo e pelo mesmo movimento o desejo, a culpabilidade e a proibição do incesto, apresentando cada uma dessas entidades uma face psíquica e uma face coletiva ou social. Dada essa origem comum, a analogia do psíquico individual ao psíquico coletivo e deste ao social propriamente dito é fundada, e as conclusões dela extraídas valem tanto no sentido indivíduo–sociedade quanto na direção oposta. O que a fundamenta, na ordem das causas, é a realidade do assassinato primitivo, e, na ordem da interpretação, a definição da psicanálise como ciência do inconsciente.

> Como doutrina dos processos psíquicos mais profundos, não acessíveis diretamente à consciência, a psicanálise (é) "psicologia das profundidades" e (como tal) aplicável a quase todas as ciências do espírito (*Geisteswissenschaften*). Esse passo consistiu na transição da atividade psíquica dos indivíduos às funções psíquicas das comunidades humanas e dos povos [...], e havia muitas analogias surpreendentes que nos aconselhavam a dá-lo.[99]

A expressão *Geisteswissenschaften* designa o que a tradição francesa e inglesa considera as "ciências sociais" e se opõe às *Naturwissenschaften* ou "ciências da natureza". Não é, obviamente, indiferente tomar a psicologia, a sociologia ou a economia como ciências do *espírito* ou da *sociedade*, pois a primeira expressão carreia consigo poderosas conotações filosóficas, que podem ser retraçadas até Hegel. Nessa perspectiva, a vida social remete à atualização de algo que a funda e ao mesmo tempo só por ela vem à existência efetiva, e que Hegel designa como o Espírito, cujas diferentes figuras podem ser reconhecidas tanto no nível individual (a consciência, a consciência de si etc.) quanto no nível coletivo (a pólis grega, o cristianismo etc.). As disciplinas que procuram apreender e compreender determinados aspectos do fenômeno humano, e que durante o século XIX se destacam progressivamente da filosofia para adquirirem autonomia — a psicologia, a sociologia, a teoria política, e outros —, são, na tradição alemã, herdeiras dessa perspectiva, mesmo e em especial quando se rebelam contra ela a fim de delimitar seu próprio espaço. Quando afirma que a psicanálise, por ser psicologia profunda, está *ipso facto* autorizada a se ocupar dos fenômenos sociais, Freud não visa apenas a um propósito de *apologia pro domo*, mas se inscreve na tradição do pensamento alemão. Não é difícil reconhecer, no "passo" que assim justifica, o eco da concepção de Dilthey, segundo a qual nas ciências do espírito os fenômenos são abordados no registro da compreensão, enquanto o da explicação governa o domínio das ciências da natureza (concepção que, por sua vez,

---

[99] "Pequeno esquema da psicanálise" em *These eventful years*, 1924; GW XIII, p. 423; SE XIX, p. 206; BN III, p. 2739.

deriva das teses de Vico sobre a história). E é curioso notar que Freud, ao mesmo tempo em que afirma ser possível aplicar a psicanálise às *Geisteswissenschaften*, jamais renuncia à pretensão de ver incluída sua disciplina entre as ciências da natureza, cujo modelo de cientificidade aspira a igualar e do qual, aliás, participara em suas primeiras investigações, tanto na qualidade de neurólogo experimental quanto na de autor de um "Projeto de psicologia científica".

Esse é, portanto, o quadro mais geral em que a psicanálise pode se considerar, legitimamente, competente para estudar fenômenos que transcendem o indivíduo. Mas é evidente que a divisão do trabalho científico em compartimentos estanques é apenas uma ficção, e que, mesmo diante de produções psíquicas "individuais", o pesquisador é levado a interrogar dimensões que, por comodidade, designarei como supraindividuais. Freud dá como exemplos, vez por outra, a geometria, a tábua de multiplicar ou a linguagem, que o sujeito não inventa por si mesmo, mas encontra no mundo da cultura como algo dado e ao qual tem de se conformar. No texto de que extraímos a passagem mencionada, a primeira das "analogias surpreendentes" entre o indivíduo e o social remete a um aspecto da elaboração onírica; assim como no sonho elementos opostos são representados pela mesma imagem, também em certos idiomas o mesmo vocábulo denota coisas opostas (indicação fornecida pelo filólogo Karl Abel, que Freud tinha em alta estima): por exemplo, *sacer* significa "sagrado" e "abominável". De modo mais amplo, o simbolismo do sonho, ao ser constante em diferentes pessoas, sugere algo como a existência de conteúdos transindividuais, o que não deixa de ser problemático.[100] Como explicar a presença, em indivíduos diferentes, de imagens idênticas e que significam a mesma coisa? A segunda "analogia surpreendente" concerne à religião: os rituais religiosos apresentam uma compulsividade análoga à dos cerimoniais obsessivos, dado cuja relevância aparece plenamente em *Totem e tabu*. Outras surgem ao se considerar a importância do pai nas diferentes expressões do sentimento religioso, ou ainda na descoberta dos impulsos optativos inconscientes que se estruturam por meio de obras de arte. Diante desses elementos, Freud concluirá que a analogia entre o individual e o coletivo é ampla o suficiente para justificar um intento de teorização.

---

100 Cf. carta 4 a Pfister (18/3/1909), *Freud-Pfister*, p. 51, e a seção sobre o simbolismo onírico acrescentada em 1911 à *Interpretação dos sonhos*, além de passagens de *Moisés e o monoteísmo* que vão no mesmo sentido.

No que consiste, mais precisamente, essa analogia? Em primeiro lugar, na presença de conteúdos idênticos — ou que sob interpretação se revelem idênticos — na vida psíquica de diferentes indivíduos; em seguida, numa qualidade semelhante, do ponto de vista dos afetos, entre práticas individuais e práticas sociais; além disso, no fato de que as produções da imaginação obedecem ao mesmo mecanismo, sejam individuais, como o sonho ou as obras de arte assinadas, sejam anônimas, como os mitos, os contos e as lendas que fazem parte do patrimônio comum — mecanismo que consiste na realização disfarçada de um desejo reprimido, como Freud define o sonho já em 1900. Nesse plano, a analogia é objeto de constatação e de interpretação, como vimos no segundo capítulo deste estudo. Com *Totem e tabu*, porém, ela se estende, além do domínio do imaginário, no qual podemos sem dificuldades incluir as representações religiosas, ao das *instituições*, o que é algo completamente diferente. Com a hipótese do assassinato primordial, Freud visa dar conta, entre outras coisas, da instauração da sociedade civilizada por meio da proibição do incesto, pedra angular do direito e da ordem política, e ao mesmo tempo, pelos efeitos inconscientes do crime, da gênese da religião como reconciliação imaginária com o pai morto e do vínculo social como determinado pela identificação recíproca dos irmãos, ambas as coisas — projeção recíproca e vínculo social — correspondendo a diferentes expressões do sentimento de culpabilidade. Ao ser levada a seu ponto extremo, essa ideia fará surgir, em *O futuro de uma ilusão* e na terceira parte de *Moisés e o monoteísmo*, a religião como "fase neurótica da humanidade". Assim como a criança passa por uma etapa de neurose infantil, devido à impossibilidade de fazer frente, por um trabalho mental, ao conflito entre as múltiplas exigências pulsionais que nela demandam satisfação e as proibições culturais que deve necessariamente assimilar sob pena de psicose, também a humanidade

> passa, em sua evolução secular, por estados análogos às neuroses, e justo pelos mesmos motivos. Isto é, porque em seus tempos de ignorância e de debilidade mental teve de levar a cabo, exclusivamente por meio de processos afetivos, as renúncias pulsionais indispensáveis à vida social. Os resíduos desse processo, análogo à repressão e desenvolvido nas épocas mais primitivas, permaneceram depois aderidos à civilização durante muito tempo. A religião seria a neurose obsessiva da humanidade e, como a do menino, procederia do complexo de Édipo em relação ao pai. Conforme essa teoria, devemos supor que o abandono da religião se

cumprirá com toda a inexorável fatalidade de um processo de crescimento, e que na atualidade já nos encontramos dentro dessa fase de evolução.[101]

Aqui a analogia vai muito mais longe do que nos casos anteriores: ela pressupõe a introdução da temporalidade e de uma detemporalidade determinada como o lugar de uma evolução, de um desenvolvimento, de um crescimento, do qual nos é dito que se processa como "inexorável fatalidade". Tanto a criança quanto a espécie humana, em seus primeiros tempos de vida, se defrontam com tarefas incomensuráveis com suas forças e que são resumidas na expressão "renúncias pulsionais". Para realizá-las, ainda que de modo imperfeito, recorrem ao mesmo procedimento: repressão com formação de sintomas, que exprimem o compromisso entre o desejo reprimido e a tendência repressora. Além disso, desejo e tendência são idênticos nos dois casos, visto que correspondem ao conteúdo do complexo de Édipo; mas a "humanidade" se vê ainda confrontada a uma tarefa suplementar, a saber, o domínio das forças naturais na medida exigida para a sobrevivência dos membros da comunidade. Neurose individual e neurose coletiva respondem assim à mesma função, que é apenas a de oferecer satisfações substitutivas para os desejos irrealizáveis. E, uma vez que, com o passar do tempo, o princípio de realidade se instala mais vigorosamente, surge a possibilidade de renunciar, por sua vez, a essas satisfações substitutivas: a criança acede à maturidade psicossexual, e a humanidade, à etapa em que a ciência torna dispensável o recurso à religião.

Um exemplo como esse deixa o leitor propriamente boquiaberto. Em primeiro lugar, porque, se a neurose infantil desaparecesse sem deixar rastros, pela "inexorável fatalidade do crescimento", não haveria razão para que a psicanálise tivesse de ser inventada, já que todos seríamos perfeitamente normais e as neuroses constituiriam meros vapores inconscientes. Em segundo lugar, porque a dissimilitude entre a humanidade e a criança — segundo a qual a primeira tem de criar instituições que assegurem sua coesão e técnicas que permitam

---

101 *O futuro*, cit., SA IX, p. 177; SE XXI, p. 43; BN III, p. 2985. Cf. igualmente *Moisés*, cit., SA IX, p. 529; SE XXIII, p. 80; BN III, p. 3289.

> Na vida da espécie humana, [...] ocorreram conflitos de conteúdo sexual-agressivo que deixaram efeitos permanentes, mas que foram em grande parte esquecidos e reprimidos, para só agir muito mais tarde, depois de uma prolongada latência, e produzindo então fenômenos análogos, por sua estrutura e tendência, aos sintomas.

dominar a natureza — é de todo silenciada. Em terceiro, porque a evolução da sociedade é assimilada sem mais à da sexualidade masculina, deixando na sombra a possibilidade de que a sexualidade feminina também possa servir de paradigma, o que não seria fora de propósito numa perspectiva psicanalítica. Mas, sobretudo, porque o enigma da pluralidade das sociedades (e das neuroses) é totalmente escamoteado: nem sempre a travessia do Édipo resulta em neurose obsessiva, e por que, se a cultura responde sempre à mesma exigência de repressão do crime primitivo, existem muitas sociedades, e não uma só? Ao estabelecer a comparação entre "a" criança (que é um menino) e "a" humanidade, Freud silencia não apenas o que toda a sua obra visa mostrar, mas também o que pode ser constatado com facilidade (e que ele mesmo constatou, como lemos em outros textos): que existem numerosas formas de reprimir a lembrança do crime perpetrado, e que essa multiplicidade não se explica por si mesma. Por fim, ao postular uma homogeneidade entre o desenvolvimento do indivíduo e o da espécie, Freud se defronta com um problema de gigantescas proporções: como dar conta da homogeneidade, se as escalas de grandeza são tão diversas num caso e no outro? Quando, em *Moisés e o monoteísmo*, a homogeneidade for levada aos limites extremos e Freud afirmar que o conceito de fase de latência é indispensável para compreender a trajetória histórica do povo judeu, a mesma questão reaparecerá, agravada por uma outra: como explicar a transmissão, de geração em geração, de conteúdos psíquicos *inconscientes*, que assegurem a continuidade da mesma civilização ao longo e apesar de suas inevitáveis modificações? Pois, agora podemos vê-lo com clareza, o fundamento da analogia entre o indivíduo e a sociedade é a tese de que ambos são feitos do mesmo estofo: o conflito inconsciente que se exprime na configuração dramática do complexo de Édipo. A vida psíquica individual, a vida psíquica coletiva e a dinâmica social são frutos do *mesmo* conflito, que, como dissemos, apresenta uma face psíquica e uma face sócio-político-histórica. Mas, dado que a temporalidade da vida individual e a temporalidade histórica não são superponíveis, é necessário dar conta da perpetuação, em indivíduos que não presenciaram o evento fundador, das mesmas disposições psíquicas adquiridas em consequência dele.

É a esse conjunto de enigmas que vem responder o conceito de filogênese. Este provém de uma importante tradição alemã da filosofia da natureza, que se inicia com Goethe e cujo principal expoente é Haeckel, que, em sua "lei biogenética fundamental", postula que os caracteres adquiridos se transmitem por hereditariedade (tese defendida antes por Lamarck) e que cada indivíduo, em seu desenvolvimento a partir do embrião, repete de forma abreviada e incompleta o desenvolvimento da espécie.[102] No quinto capítulo de *Além do princípio do prazer*, Freud utiliza essa "lei" como ilustração da tendência das pulsões a repetir, que denomina seu "caráter conservador"; e, de modo geral, desde os primeiros momentos de seu percurso — por exemplo em cartas a Fliess e amplamente durante a correspondência com Jung — se serve dela como princípio explicativo. É atribuído à filogênese tudo aquilo que, na vida psíquica, não pode ser explicado mediante o recurso à experiência individual. Freud dirá, por certo, que antes de atribuir determinado fator à herança filogenética, é preciso ter esgotado as possibilidades de explicação pela "ontogênese", isto é, pela história individual; e reprovará a Jung precisamente o salto demasiado rápido para a dimensão filogenética. Mas isso não o impede de atribuir à herança da espécie diversos componentes da vida psíquica humana, e não quaisquer componentes, mas aqueles que, para a psicanálise, se revestem de importância fundamental.

Para nos limitarmos aos complexos de Édipo e de castração, passemos em revista algumas formulações particularmente significativas:

> O ideal do ego apresenta, devido à história de sua formação, uma ampla relação com as aquisições filogenéticas do indivíduo, isto é, com sua herança arcaica [...]. Mas não podemos falar de uma herança direta dentro do ego. Aqui se abre um abismo entre o indivíduo real e o conceito da espécie [...]. Os acontecimentos do ego não parecem, a princípio, suscetíveis de constituir uma herança; mas, quando se repetem com frequência e intensidade suficientes em indivíduos de gerações sucessivas, se transformam por assim dizer em acontecimentos do id, cujas impressões são conservadas hereditariamente. Desse modo, o id abriga em si inumeráveis existências anteriores do ego.[103]

O crime primordial responde a essas condições de "frequências e intensidade":

---

102 Cf. José Etcheverry, *Sobre la versión castellana*, pp. 29, 53 e 63, onde são citados e comentados os textos correspondentes da *Antropogenia* de Haeckel.
103 *O ego e o id*, SA XXI, pp. 304-5; SE XIX, pp. 37-8; BN III, pp. 2715-6.

Narramos esta história numa enorme condensação, como se só houvesse sucedido uma vez o que na realidade *se estendeu por muitos séculos*, se repetindo *infinitas vezes* durante este longo período.[104]

Quando estudamos as reações aos traumas precoces, muitas vezes ficamos surpresos ao comprovar que elas não correspondem à própria vivência do sujeito, mas se apartam dela de um modo que concorda muito mais com o modelo de um evento filogenético e que, em geral, *só é possível explicar pela influência deste*. O comportamento da criança neurótica em relação a seus pais, isto é, *os complexos de Édipo e de castração*, está repleto de tais reações, que parecem individualmente injustificadas e que só filogeneticamente se tornam compreensíveis, isto é, por meio de sua vinculação com experiências de gerações anteriores.[105]

Reconhecemos aqui o traço dos "esquemas" inconscientes que Freud mencionara nas páginas finais do "Homem dos Lobos" — esquemas invocados para dar conta, justamente, dessas divergências entre a vivência individual e o conteúdo da fantasia de castração. Esta é, a seu ver, a prova por excelência da herança filogenética. Assim, na "circular" expedida aos membros do Comitê em 1924, e que deveria pôr fim às polêmicas suscitadas pela publicação de *O trauma do nascimento*, de Otto Rank, lemos o seguinte:

Ao retorno fantasmático ao seio materno se opõem obstáculos que suscitam angústia, a barreira do incesto: ora, de onde provém tal barreira? Seu representante é manifestamente o pai, a realidade, a autoridade, que não permitem o incesto. Por que estes levantaram a barreira do incesto? Minha explicação era de ordem sócio-histórica, filogenética. Eu fazia derivar a barreira do incesto da história primitiva da família humana e via assim *no pai atual* o obstáculo real que levanta a barreira do incesto, *igualmente, perante o novo indivíduo*. É aqui que Rank se afasta de mim.[106]

---

104 *Moisés*, cit., SA IX, p. 530; SE XXIII, p. 81; BN III, p. 3289. Grifos meus.
105 *Moisés*, cit., SA IX, p. 546; SE XXIII, p. 99; BN III, p. 3301. Grifos meus.
106 *Freud-Abraham*, pp. 352-3. Grifos meus. É picante ver Freud considerar sinônimos os termos "sócio-histórico" e "filogenético", que oporemos na sequência deste estudo. Em todo caso, a tese de Rank, que Freud discute longamente em *Inibição* (cit.), dispensa a referência ao coletivo, pré-histórico ou não. A importância dessa vinculação é tal, porém, que Abraham não hesita em escrever: "Distingo os presságios de uma evolução funesta, que para a psicanálise é uma questão de vida ou morte... Se acrescentar que os fatos em questão me tiraram boa parte do otimismo com que via os progressos da nossa causa, o senhor poderá medir toda a extensão de minha inquietude" (*Freud-Abraham*, 22/2/1924, p. 356). A "evolução funesta" seria algo como a repetição do caso Jung, pela negação do complexo de Édipo como núcleo da doutrina psicanalítica.

Isso leva a supor que a castração, simples ameaça nos dias de hoje, foi efetiva na "primeira família humana", e é o que lemos nas *Novas conferências*:

> Suspeitamos que, nas épocas primordiais da humanidade, o pai, ciumento e cruel, *de fato castrava* seus filhos adolescentes, e a circuncisão, que entre os primitivos constitui com grande frequência um rito de entrada na idade viril, é um resíduo facilmente reconhecível dela [...] A análise de casos em que, se não a castração, pelo menos a circuncisão foi praticada em sujeitos infantis, como medida terapêutica ou punitiva contra a masturbação (casos mais comuns do que se supõe, na sociedade anglo-americana), proporcionará à convicção dos senhores uma segurança definitiva.[107]

As citações podem ser multiplicadas indefinidamente: em *Inibição, sintoma e angústia*, falando da fobia do pequeno Hans, Freud escreve que é fácil compreender a substituição do pai pelo cavalo, já que o menino, em tão tenra idade, está próximo do "pensamento totemista". No capítulo 5 de *O ego e o id*, o superego "entra em relação com as aquisições filogenéticas do id" e delas extrai sua severidade excepcional; não é difícil reconhecer nessas "aquisições" os traços do pai castrador da horda, diante do qual o temor pré-histórico se exterioriza filogeneticamente como medo à castração.[108] Se somarmos ao complexo de Édipo e ao complexo de castração o temor a ser devorado pelo pai, o simbolismo que se manifesta nos sonhos e projetivamente em lendas e mitos, e a disposição à neurose como fruto da repressão das pulsões, poderemos avaliar a que ponto é necessária para a teorização freudiana a crença na realidade dos acontecimentos primordiais e em que níveis fundamentais vem funcionar a hipótese da presença, no inconsciente, dos traços mnésicos desses eventos. Trata-se de dar conta da intensidade da angústia de castração, sem medida comum com a "frequência e intensidade" das eventuais ameaças de fato proferidas nesse sentido; como a angústia de castração é o pivô do complexo de Édipo e portanto o pivô da teoria freudiana do psiquismo, da neurose e da terapia, esta enumeração basta para assinalar quão central é a questão da herança filogenética e, por conseguinte, a da analogia entre o indivíduo e o supra ou pré-individual.

---

107 *Novas conferências*, cit., n. 32, SA I, p. 523; SE XXII, p. 87; BN III, p. 3150. A circuncisão será vista, em *Moisés e o monoteísmo*, como signo particularmente inquietante, porque evoca a castração; e Freud considera que essa prática é uma das fontes da desconfiança em relação aos judeus.
108 *Inibição*, cit., SA VI, p. 287; SE XX, p. 147; BN III, p. 2868.

Ora, do que dispõe Freud para apoiar sua hipótese? Primeiro, daquilo de que trata o capítulo inicial de *O mal-estar na cultura*: a permanência dos traços deixados pelas impressões sensoriais nas camadas mais profundas da psique. Discutindo a ideia de que o "sentimento oceânico" seja a fonte do sentimento religioso, Freud a rebate avançando sua redução ao narcisismo primitivo, que incluía no ego a totalidade do mundo; mas, em seguida, surge a questão de saber se é possível uma tal preservação de algo acontecido em épocas tão arcaicas. A "fantasia arqueológica" de uma Roma em que todos os monumentos do passado seriam conservados no mesmo lugar em que se elevaram depois outras construções — algo absolutamente impensável do ponto de vista espacial — se destina a ilustrar a impossibilidade de imaginar, em outro registro, essa propriedade essencial do psíquico: sua capacidade de conservar indefinidamente os traços mnésicos das impressões recebidas e das fantasias imaginadas, ou, em outras palavras, a intemporalidade dos processos inconscientes. Tal propriedade coexiste com sua oposta, isto é, com a capacidade de aceitar indefinidamente novas impressões e de engendrar indefinidamente novas representações; e é a preocupação de fazer coexistir essas duas características inconscientes que conduz Freud, em todos os modelos que constrói do "aparelho psíquico", a atribuí-las a dois sistemas diferentes: um que recebe mas não retém as impressões (neurônios ω do "projeto"; consciência no sétimo capítulo da *Interpretação dos sonhos*; sistema percepção-consciência como núcleo do ego na segunda tópica; folha de celuloide superficial no "Bloco mágico") e outro que retém os traços dessas inscrições sucessivas (neurônios ψ, inconsciente, id, placa de cera, nos textos respectivos). A consciência-percepção e a memória jamais são função do mesmo sistema, e para fazê-las comunicar é necessário recorrer a um sistema intermediário, que nas diferentes formulações é o pré-consciente: eis por que todos os modelos do "aparelho psíquico" são tripartites. Um problema correlato é o da chamada "dupla inscrição", ou seja, saber se o se tornar consciente de uma representação equivale a uma reinscrição no sistema consciência, ou a uma mudança de foco da energia psíquica, sem que se alterem as inscrições respectivas. Em "O inconsciente" (1915), Freud hesita entre as duas possibilidades, para optar, ao final, por uma terceira, que inclui ambas. Mas, do ponto de vista do nosso problema atual, a imperecibilidade dos traços mnésicos não resolve grande coisa, pois, ainda que dê conta da permanência dos resíduos mnésicos derivados das impressões individuais, nada permite afirmar sobre a transmissão hereditária desses traços.

Na verdade, Freud não dispõe de prova alguma que garanta essa transmissão, e em *Moisés e o monoteísmo* o confessa com franqueza:

> A herança arcaica do homem não contém apenas disposições, mas também conteúdos, traços mnésicos das vivências das gerações anteriores. Com isso, ampliamos de modo significativo a extensão e a importância da herança arcaica [...]. Mas nossa afirmação é dificultada pela posição atual da ciência biológica, que nada quer saber de uma herança das qualidades adquiridas. Não obstante, confessamos com toda a modéstia que, apesar de tal objeção, resulta-nos impossível prescindir desse fator de evolução biológica. [...] Estamos de acordo em que, para os traços mnésicos da herança arcaica, não dispomos até agora de prova mais rotunda do que aqueles resultados do trabalho analítico que exigem ser derivadas da filogenia, *mas essa prova parece bastante convincente para postular este estado de coisas.* Se não fosse assim, não conseguiríamos avançar um só passo no caminho que empreendemos, tanto na psicanálise quanto na psicologia coletiva. Incorremos, pois, numa audácia inevitável.[109]

Essas frases fazem eco àquelas em que Freud afirma que, se os atuais etnólogos recusam as hipóteses de Robertson Smith sobre o parricídio originário, tanto pior para eles, já que ela lhes é indispensável para seu "trabalho psicanalítico". Em relação à biologia, Freud é mais "modesto", mas igualmente imperturbável: como necessita de uma herança arcaica que não se reduza a disposições, mas que se especifique em conteúdo, não tem outro remédio senão "incorrer numa audácia inevitável" e *postular* que ela existe. Mas fica claro que aqui ele toca um dos limites de sua teoria, tanto no âmbito propriamente psicanalítico quanto no nível, também indispensável, da análise da cultura: "Não podemos avançar nem um passo mais". Por que, em primeiro lugar, é tão imprescindível essa hipótese? Por que não se contentar com as disposições, isto é, com virtualidades perfeitamente compatíveis com os dados da biologia — assim como ninguém pode contestar que a disposição à linguagem e à posição vertical faz parte do acervo genético da espécie humana? O primeiro argumento é o do simbolismo onírico, que não se reduz a uma disposição, mas, é evidente, constitui um conjunto de conteúdos (por exemplo, quando falamos de símbolos

---

[109] *Moisés*, cit., SA IX, pp. 546-7; SE XXIII, pp. 99-100; BN III, pp. 3301-2.

fálicos, maternos etc.). Mas Freud não se satisfaz com essa possibilidade, já que os símbolos poderiam bem ter surgido da combinação de representações elaboradas durante o desenvolvimento histórico da linguagem, e nesse caso o indivíduo acabaria por assimilá-los ao se iniciar aquela. O argumento decisivo é a intensidade e a universalidade das fantasias edipianas e de castração, como vimos antes.

Uma outra via, porém, poderia eliminar a dificuldade. Na conferência 31, Freud nos diz que o superego infantil não é, na verdade, constituído apenas conforme o modelo dos pais, mas a rigor segundo o modelo do superego dos pais:

> recebe o mesmo conteúdo, passando a ser o substrato da tradição e de todas as valorações permanentes, que desse modo se transmitem ao longo das gerações [...]. A humanidade não vive completamente no presente; nas ideologias do superego, sobrevivem as tradições nacional e racial, que só de modo muito lento cedem às influências do presente; elas desempenham na vida dos homens, na medida em que atuam por meio do superego, um papel importantíssimo.[110]

Assim faz sua aparição a ideia de *tradição*, como conjunto dos valores, costumes e preconceitos transmitidos por sua introjeção pelo superego, a partir do superego dos pais. Remontando até a primeira instauração do primeiro superego, Freud poderia manter o mito do assassinato primordial sem ter de recorrer a uma biologia fantasiosa, pois o sentimento de culpabilidade e os desejos ou fantasias dos complexos nucleares encontrariam um suporte exterior à psique do recém-nascido — seriam veiculados e introjetados por meio de mecanismos relevantes no nível da ontogênese. Não obstante, essa possibilidade, sugerida por ele mesmo, é recusada de maneira implícita em *Moisés e o monoteísmo*. Em primeiro lugar, porque se trata de conteúdos *inconscientes*, e, ainda que o social seja constituído basicamente por "substância inconsciente", se podemos utilizar essa imagem, não se reduz a ela; e é difícil se ver por que as instituições engendradas para impedir o incesto e coagir as pulsões seriam capazes de suscitar desejos e fantasias diretamente contrárias às suas finalidades explícitas. Além disso, o superego tem, como vimos, duas origens, uma delas exterior e referível à autoridade paterna-social, outra que deriva da introjeção da agressividade

---

110 *Novas conferências*, n. 31; SA I, p. 505; SE XXI, p. 67; BN III, pp. 3138-9.

dirigida contra as imagens do pai; ora, isso torna o superego não só herdeiro do complexo de Édipo, mas também "enérgica formação reativa contra ele". Por fim, Freud se recusa a crer que a tradição possa ser mantida idêntica a si mesma durante séculos; atribuir às instituições a função de reavivar em cada indivíduo o germe dos complexos nucleares esbarra, portanto, num duplo escolho: o conteúdo desses complexos é energicamente reprimido, e a própria formação repressora se altera no curso do tempo. A violência dos desejos e das angústias a eles vinculados, por fim, se impõe a Freud como a prova de que necessita, pois tal violência não pode provir só do meio exterior, sendo derivável apenas do retorno do reprimido. Como fantasias, desejos e representações enlaçadas ao Édipo e à ameaça de castração são justamente o que vai ser reprimido pela evolução do indivíduo, segue-se que elas não extraem sua intensidade do retorno de um reprimido *individual*; a única solução é supor que ela provenha de um retorno do reprimido coletivo, e é por essa porta que entra em cena o argumento da filogênese.

Ele tem a vantagem de reunir os fatos mais elementares da vida psíquica descobertos pela psicanálise à organização da sociedade como conjunto de meios destinados a coagir as pulsões e a dominar a natureza — e, é claro, as pulsões são, também, um fragmento da natureza —, agindo tanto no plano da ordem político-jurídica quanto no das representações religiosas e das identificações que soldam entre si os membros da coletividade. Assim como falou de um "superego coletivo" encarnado nos grandes homens, Freud recusará o pleonasmo contido na expressão "inconsciente coletivo":

> O caráter particular da recordação dessas vivências infantis, que cabe qualificar de "inconsciente" [...], é análogo ao estado que desejaríamos atribuir à tradição conservada na vida psíquica de um povo [...]. Não creio que nos adiantemos muito adotando o conceito de um inconsciente "coletivo". Por si mesmo, o conteúdo do inconsciente é já coletivo, é patrimônio universal da humanidade.

E em seguida:

> Vemo-nos obrigados a concluir que os sedimentos psíquicos daqueles tempos imemoriais se converteram numa herança que, em cada nova geração, só precisa ser reanimada, mas não readquirida. [...] Numa série de relações significativas, as

crianças não reagem de acordo com suas próprias vivências, mas de modo instintivo, como os animais.[111]

Tais reações, como demonstramos, são os complexos nucleares.

Assim se inverte a analogia inicial e é fechado o círculo. Não se trata mais de aplicar às formações coletivas conceitos e categorias originados no estudo do indivíduo, mas de reconhecer no comportamento individual, no mais recôndito da vida psíquica, os traços do evento fundador da cultura, a saber, o assassinato do pai primordial, com tudo o que ele implica. Mediante sua repetição suposta frequente e a intensidade extraordinária do trauma que constitui, as reações ao crime fundador deixam de ser contingentes e procedentes do exterior, para virem se depositar no que, no homem, é mais próximo dos animais e que Freud está disposto a avizinhar do instinto: doravante, sob a forma dos fantasmas originários destacados pela primeira vez no "Homem dos Lobos", elas formam o núcleo do inconsciente e adquirem a universalidade e a necessidade que as tornam fundamento da humanidade do homem. Seu modo de existência será descrito como idêntico ao dos traços mnésicos derivados das vivências individuais, e a recusa da tradição ou de qualquer outra forma de transmissão institucional se esclarece de um novo ângulo: sempre contingentes e variáveis, tais canais não podem, para Freud, dar conta da inexorável necessidade, da violência extrema e da obstinação demoníaca que acompanham em todos os casos a travessia dos complexos de Édipo e de castração, por meio dos quais se perpetua, para utilizar a expressão de Conrad Stein, "o que faz com que o homem seja homem".

Essa concepção é fascinante, como a voz do hipnotizador que joga sobre o poder das identificações paternas. Freud arrisca tudo nessa aposta, nesse gesto que ele próprio qualifica de audacioso: é a coerência de sua teoria que, segundo ele, pende do passo a efetuar do indivíduo à espécie, da ontogênese à filogênese.

---

[111] *Moisés*, cit., SA IX, pp. 571 e 577; SE XXIII, pp. 126 e 132; BN III, pp. 3317 e 3321. Cabe notar que essa é uma das raríssimas vezes em que Freud emprega o termo *instinktiv*, em vez de *triebhaft* ("pulsional"): o que no homem mais se aproxima do instinto, na qualidade de comportamento uniforme e fixado geneticamente, são as tendências edipianas e as fantasias de castração, "patrimônio universal da humanidade", e que, a rigor, nada têm a ver com a característica essencial do *Trieb* ("pulsão"), que se situa no extremo oposto do espectro da rigidez e se define precisamente pela extrema plasticidade.

Mas... terá razão nessa afirmativa? A noção de filogênese envolve uma concepção da temporalidade que não deixa de suscitar problemas; implica pôr de lado importantes aspectos da vida social, que não podem ser reduzidos sem mais a epifenômenos; a bem dizer, elimina a dimensão própria da sociedade, como espaço de conflitos, de dominação, de invenção de formas de vida extremamente variadas. Admitamos que certos fenômenos sociais sejam esclarecidos de modo novo e original pela tese freudiana: disso não se segue que a sociedade seja feita essencialmente de "substância inconsciente", no sentido do termo "inconsciente" em psicanálise, isto é, como modo de existência do reprimido e de determinadas modalidades do repressor. Penso que é necessário evitar uma confusão derivada da homologia dos vocábulos e que é insustentável no plano dos conceitos: quando, por exemplo, Marx afirma que os homens fazem sua história, mas não sabem que a fazem, esse "não sabem" nada tem a ver com o inconsciente freudiano. É impossível fazer coincidir noções como a de ideologia e a de inconsciente, seja este tomado em sua face individual, seja em sua face histórico-social: aquela consiste no ocultamento necessário do sentido da prática social, e em primeiro lugar da essência dessa prática como determinada pela divisão e pelo conflito, em nome de uma indivisão supostamente originária ou que guiaria, como *télos* a atingir, o desenrolar do processo social. Freud sustenta que a sociedade é definida, em seu modo de ser, pela ação subterrânea da recordação — ainda que reprimida — do crime originário, e dessa tese derivam suas concepções do direito, da religião, da ordem política e mesmo da arte. A cultura é, no fundo, elaborada em diferentes registros do mesmo evento fundador. A história se decifra como momentos sucessivos da trajetória desse conteúdo reprimido, como "retorno do reprimido", pelo qual cada vez mais as formas de vida e de pensamento se afastam, aparentemente, do ponto zero, mas na verdade se aproximam dele, até que, por obra e graça de uma formação cultural (a psicanálise), o segredo pode ser por fim revelado. Examinaremos mais adiante a ideia do tempo implícita nessa visão, que não é em absoluto simples, e mesmo se opõe, sob certos aspectos, à ideia habitual da temporalidade como retilínea e portadora de transformações por vezes caracterizáveis como "progresso". O importante, a esta altura, é sublinhar que, como operador da filogênese, Freud se outorga um instrumento que permite pôr entre parênteses, como irrelevantes, a dimensão histórica propriamente dita — pois, se a história é a epifania do reprimido, tudo está dado desde o início, e a possibilidade do novo é inconcebível — e a dimensão social propriamente dita — pois o conflito e a divisão inerentes à sociedade deixam de ser suas determinações essenciais, e de um só golpe é abolida a fonte da dinâmica social.

Freud fala a todo momento de evolução, desenvolvimento, crescimento, mas a metáfora do organismo que subjaz a essas expressões não é compossível com sua intuição fundamental, que permanece a do crime primitivo. Por outro lado, o que denominei no capítulo anterior sua "antropologia implícita" não se deixa reduzir à pura repetição do idêntico que se destaca da "antropologia explícita", cujos traços marcantes foram assinalados até aqui. *Totem e tabu* se refere à realidade como "realidade social, em que reina a comunidade humana com suas instituições". Mas quais instituições? Em essência, a barreira do incesto e a identificação recíproca a partir da culpabilidade compartilhada. A trajetória de Freud o conduz a privilegiar cada vez mais a dimensão da filogênese, apesar das advertências que prodigaliza em sentido contrário; a oposição das duas antropologias vai se desfazendo passo a passo, e sem dúvida o quadro geral de sua doutrina, a partir dos anos 1920, com a introdução da pulsão de morte e de tudo o que dela se segue, tem um papel relevante nessa orientação final de seu pensamento.

Creio que seja inútil tentar, por meio de malabarismos interpretativos, conciliar o inconciliável. Fazer justiça a um grande pensador — e Freud o é, no sentido mais absoluto do termo — não significa mascarar as contradições e insuficiências de seu pensamento, a fim de fazê-lo dizer sempre aquilo que convém às intenções do intérprete. A menos que vejamos alguns de seus textos mais importantes, entre os quais *Moisés e o monoteísmo*, como ficções irresponsáveis, das quais o investigador deve se afastar por misericórdia diante dos devaneios do que fora um grande espírito, as teses de Freud sobre a sociedade e a história devem ser examinadas com os critérios da verdade e do erro, da validade e da invalidade, mesmo se para tanto for necessário se resguardar da tentação de resistir às desagradáveis revelações da psicanálise, como da tentação simétrica de aceitar, como a *Torá do Sinai*, tudo o que é assinado por seu fundador.

Quando se formula uma teoria, a crítica é, de hábito, prevista e desqualificada *a priori*. Em certas teorias, que operam com procedimentos interpretativos, a oposição é insidiosamente transformada em argumento *ad hominem* — a versão vulgar do marxismo dirá que qualquer afirmação contrária à vulgata é prova de que o contraditor serve interesses de classe antagônicos ao sentido da história, e a versão vulgar da psicanálise apresentará como resistência qualquer tentativa de criticar construções baseadas nas premissas freudianas. É que toda teoria é consistente consigo mesma: uma vez aceitas as premissas, e se o autor evitar os escolhos da contradição manifesta, as conclusões, inevitáveis, se seguem delas. Por outro lado, utilizar parâmetros exteriores à teoria para demonstrar sua falsidade será taxado de prova de ignorância, preconceito ou falta de sutileza. Criticar Freud por intermédio de Marx, ou vice-versa, pressupõe, de maneira tácita, que ambos falem da mesma coisa, o que a meu ver é altamente duvidoso. Então, o que fazer? Acredito que existe uma outra possibilidade; caso contrário, toda teoria seria incriticável e ainda estaríamos, como diz Castoriadis em *Les carrefours du labyrinthe*, a repetir Tales de Mileto. Essa possibilidade reside no fato de que, uma vez desbravado o campo a pensar, e sendo este estruturado segundo os conceitos fundamentais inventados pelo pensador, surgem as aplicações mediatas desses conceitos, conforme o ritmo e os problemas instaurados a partir da estruturação primeira do campo a pensar.

Mas tais problemas já estão formulados nos termos em que a teoria pode ser considerada eficaz para solucioná-los. Nessa zona intermediária, em que a imaginação criadora vai levantando problemas e soluções que fazem surgir novos problemas, está aquilo sem o que toda teoria seria um sistema obsessivo ou delirante: o deslizamento inevitável imposto pelo ato de levantar um problema, a diferença sempre presente entre as determinações efetivas da região do ser a se pensar e aquelas que são perceptíveis — ou suscetíveis de serem postas — nos termos da teoria. Em outras palavras, a elaboração desta última não é apenas explicitação de seus axiomas iniciais, mas é infletida pelos passos anteriores, que comportam uma escolha e por essa razão deixam inevitavelmente na sombra certas determinações, para cuja compreensão a teoria não é adequada. Isso quer dizer que a teoria avança experimentando seus próprios limites, os quais ela pode deslocar e assim transformar a si mesma, mas sem jamais esgotar a totalidade das determinações de seu campo ou objeto. Nessa zona cega, é possível fazer intervir a crítica. Para que ela não seja puramente exterior, aplicação mecânica de *outra* teoria julgada infalível, é preciso e basta que preserve as determinações fundamentais do campo em que se exerce, tais como postas e pensadas pelos conceitos fundamentais da teoria a criticar, sempre e quando tais conceitos sejam congruentes com as ditas determinações — e nisso reside todo o problema. Como saber se os conceitos fundamentais são congruentes com as determinações que pretendem conceptualizar? Não sei responder a essa questão *in abstracto*, de forma válida para qualquer campo e qualquer teoria. No caso concreto de Freud, a resposta é simples: o campo a pensar é o das formações do inconsciente — os conceitos fundamentais da psicanálise freudiana são adequados para pensar as determinações fundamentais desse campo, e, para se certificar disso, basta refazer a experiência que revela ao mesmo tempo tais determinações e a adequação dos conceitos empregados para discerni-las e nomeá-las, isto é, basta se submeter a uma psicanálise. O que é recoberto pelos vocábulos *inconsciente, repressão, complexo de Édipo, complexo de castração* etc. aparece invariavelmente uma vez levantadas as inibições da crítica racional e iniciado o processo de regressão por meio da livre associação. *C'est comme ça*, como dirá algures Jacques Lacan.

Mas, então, como admitir isso e pretender que as afirmações de Freud sobre o assassinato do pai primitivo suprimem a especificidade da história e da sociedade? É que tais afirmações, mesmo sendo introduzidas pelo movimento da teoria, não se situam (apesar de Freud dizer o contrário) no mesmo nível do que denomino "conceitos fundamentais". Elas são fruto de uma construção, e, ainda que se apóiem sobre elementos extraídos da experiência psicanalítica de seu autor, não são da mesma ordem que os conceitos ditos fundamentais. Dão-se como tentativas de explicar como e por que os fenômenos correspondentes a esses conceitos se verificam na situação analítica. Estão nessa região mediana em que a teoria se dobra sobre si mesma e procura, tentativamente, dar conta de modo exaustivo dos fenômenos observados no nível fundamental. A prova disso é que os mesmos fenômenos admitem construções diferentes, sem contradição, e talvez aqui toquemos o ponto em que a "psicanálise" se separa da "teoria freudiana".

Para dizê-lo com clareza, o complexo de Édipo, o inconsciente, o complexo de castração e outros conceitos semelhantes são patrimônio da psicanálise como disciplina independente da pessoa de seu fundador e susceptível de ser apropriada por outros, pela simples razão de seus referentes existirem independentes da teorização proposta por Freud para dar conta deles. Mas o mito de *Totem e tabu*, o conceito de filogênese e no limite mesmo a representação do aparelho psíquico na primeira e na segunda tópica não são da mesma ordem que os primeiros. Por exemplo, Lacan pode substituir a tríade freudiana pela articulação entre simbólico, real e imaginário, suposta capaz de explicar de modo adequado os fenômenos observáveis em psicanálise, sem deixar por isso de ser psicanalista e psicanalista freudiano. Melanie Klein pode falar de posições esquizoparanoide e depressiva — termos sem equivalente no *campus* freudiano —, e Conrad Stein pode refundir de alto a baixo a dialética do pai e da mãe, extrair consequências de enorme alcance das determinações da transferência e inaugurar um modo de comentar os escritos de Freud em que a função de defesa destes últimos transparece no próprio tecido da escrita, sem deixarem de ser psicanalistas e psicanalistas freudianos. Como desvelamento de uma nova região do ser, a psicanálise por ele inventada é independente de Freud; como guia e mapa dessa região, seus conceitos basilares são o patrimônio comum dos que se dedicam a explorá-la. Mas, como resultado da investigação do indivíduo Sigmund Freud, os escritos que contêm tais conceitos não se reduzem a eles; contêm igualmente pensamentos, construções e inferências que não são impostos pela estrutura do campo, mas correspondem à maneira pela qual Freud elaborou, sobre os fenômenos que foi o primeiro a investigar, certas hipóteses que engajam apenas sua própria responsabilidade. E isso porque a psicanálise não é apenas a disciplina que estuda o inconsciente, mas também e sobretudo o modo como Freud pôde elaborar e compreender sua própria vida psíquica. Como ser humano, os elementos fundamentais dessa vida psíquica são os de qualquer pessoa, eu e o leitor inclusive; como ser humano individualizado, ela não é redutível a esses dados gerais, mas comporta uma dimensão singular e única que a torna vida psíquica *de Freud*. Ora, o paradoxo dos textos freudianos — paradoxo fecundo e que os faz tão fascinantes — é que trazem consigo, inscritos em sua trama, não apenas as descobertas de alcance universal, mas também as marcas de um trabalho titânico a partir da individualidade de seu autor, que não dissimulou essa origem em nenhuma linha das *Obras completas*. É por essa razão que continuam a ser interrogados ainda hoje e, como todos os textos fundadores, a suscitar leituras divergentes e que a cada vez atualizam outras dentre as possibilidades neles inscritas.

O mito de *Totem e tabu* e as consequências que Freud extrai dele pertencem, pois, à categoria das construções contingentes e que não são, por isso, indispensáveis à psicanálise como doutrina das formações inconscientes, individuais ou coletivas. E isso apesar de Freud pensar o contrário, como vimos antes. Isso não é relevante. Se apropriar-se da psicanálise fosse o mesmo que aceitar como verdadeiro tudo e apenas o que Freud pensou, não seria possível essa experiência — que designa o processo de uma análise —, a teorização a partir dessa experiência e a partir dos textos freudianos, e a contribuição, com os frutos da reflexão, tanto para o avanço da disciplina psicanalítica quanto para o prosseguimento da própria experiência, sob a forma da autoanálise. Toda apropriação pessoal da psicanálise (sem o que não existiriam psicanalistas, mas apenas papagaios fanáticos a repetir indefinidamente o conteúdo das *Gesammelte Werke*) repousa sobre essa distância mínima entre o que Freud descobriu como analista e o que construiu a partir disso, como Sigmund Freud. Continuemos, pois, e reiteremos que o mito de *Totem e tabu* faz parte da obra do pensador Sigmund Freud, sem ser indispensável que o aceitemos para pensar os fenômenos que ele pretende explicar. A prova disso é que os fantasmas originários — que segundo Freud exigem a hipótese filogenética — admitem teorizações divergentes dela.

Poderíamos tomar em consideração o sistema lacaniano, no qual os componentes transindividuais da psique são compreendidos como marca do acesso à ordem simbólica, isto é, à linguagem e aos interditos que ela veicula. O complexo de Édipo e o complexo de castração, nessa perspectiva, são universais e necessários não porque atualizam os traços mnésicos do crime originário, transmitidos filogeneticamente, mas porque são inseparáveis da aquisição da linguagem, na medida em que — simplificando ao extremo — ao se reconhecer como indivíduo (por meio do pronome "eu") a criança reconhece no mesmo movimento um "tu" (a mãe, o objeto) e um "ele" (o pai, veículo e agente da proibição). Desse modo, ela instaura ao mesmo tempo o objeto como diferente de si e a interdição paterna que impõe, entre ambos, um obstáculo intransponível. Que esse reconhecimento seja inseparável da alienação imaginária (fase do espelho) e disso se sigam importantes consequências, não modifica este dado fundamental: a constituição dramática do Édipo, estruturando a dialética da lei e do desejo e portanto a vida psíquica do ser humano, são passíveis de compreensão *sem* referência ao crime primordial como fonte das angústias correspondentes. O mito de *Totem e tabu* tem na obra de Freud duas funções: a primeira e manifesta é enunciar uma tese sobre a origem e a essência da sociedade e de suas instituições fundamentais; a segunda é permitir a introdução, na teoria, da categoria do pai morto, diferente da do pai real e da do pai idealizado. Nessa segunda acepção, ele é um instrumento indispensável para compreender certos aspectos da vida psíquica inconsciente do indivíduo. Na primeira, que por sua vez se desdobra em duas — dar conta da presença de componentes transindividuais no inconsciente e explicar o que é sociedade, tal que seus membros sejam suscetíveis de carregar consigo aqueles componentes transindividuais —, ele é sujeito à discussão. A presença dos ditos elementos pode ser explicada sem recorrer à filogênese, e, quanto à natureza da sociedade e da história, ela é manifestamente insuficiente para funcionar como princípio heurístico exclusivo, dado que ao ser aplicada a ambas faz se esfumar o que torna sociedade a sociedade e história a história. Esse segundo aspecto será abordado na próxima seção deste capítulo. Agora, interessa insistir em que os elementos transindividuais da psique individual — em essência, os fantasmas originários, o Édipo e a ameaça de castração — admitem origens que dispensam o recurso à filogênese. Para essa finalidade, o exemplo do sistema lacaniano é útil, mas sua complexidade e o fato de atribuir à linguagem uma função que me parece demasiado ampla tornam mais aconselhável outra via.

É o conceito de "Édipo originário", de C. Le Guen, que nos servirá de fio condutor, tanto mais que um dos princípios metodológicos que guiam sua elaboração é precisamente "evitar qualquer recurso a uma explicação filogenética, recusar qualquer *mito necessário* e seguir passo a passo os fatos psíquicos à nossa disposição".[112] Como vimos antes, é no próprio texto de Freud que se encontram as bases para construir um tal conceito: a angústia do lactente ao perceber, em lugar da mãe, um estranho, estudada em *Inibição, sintoma e angústia*. Não é aqui preciso retomar o desenvolvimento efetuado na segunda seção deste capítulo; basta recordar que se trata de uma situação a três pessoas, que a percepção do estranho o constitui como não mãe e que as diferentes relações inscritas na situação levam a supor que nesse momento o ego se diferencia, o objeto emerge com sua característica essencial de poder ser perdido, é elaborado um fantasma no qual isso é representado, o não mãe aparece em colusão com a mãe, e o afeto concomitante a esses vários aspectos de uma mesma operação é a angústia. O interesse da análise de Le Guen consiste em derivar dessa triangulação — ao mesmo tempo universal e pertencente à experiência individual — os elementos constitutivos do complexo de Édipo e do complexo de castração.

Comecemos por esse último.

> Por sua irrupção, o não mãe cria a perda da mãe, ou melhor, o fantasma dessa perda [...]. Incorporando o objeto que alimenta, ele constitui o modelo daquele que, mais

---

[112] Le Guen, *L'Œdipe*, cit., p. 19.

tarde, ao se apropriar da mãe, será seu possuidor e por isso o rival da criança. Ele será também aquele que está demais e que deve desaparecer. O desejo desesperado da criança pela presença da mãe postula um desejo igualmente poderoso de se desembaraçar do não mãe, de aniquilá-lo. É assim que se inscreve, desde a origem, o anseio de morte do pai. Mas aquilo de que se trata agora, para a criança, é por certo uma perda [...] Ela passará pouco a pouco do trauma ao perigo e do perigo à ameaça: será aliás isso que vai diferenciar o complexo de castração do trabalho de luto, no qual o sujeito deve afrontar a realização de uma perda, e não apenas a simples ameaça dela. *É tanto porque essa perda vai se tornar uma ameaça-de-perda como porque ela é obra de um terceiro, que temos o direito de considerar tal situação o modelo originário do complexo de castração* [...] A angústia diante do estranho vai provocar a regressão [...] que atualiza a aspiração fusional com a mãe: desse modo, a perda da mãe vai ser confundida com — e ressentida como — a perda de uma parte de si mesmo, remetendo a esse momento em que "a criança, seguramente, não diferencia de seu próprio corpo o seio que lhe é oferecido".[113]

O fantasma de castração é a ameaça de perda de uma parte do próprio corpo devido à intervenção de um terceiro; como a angústia desencadeada pela presença do não mãe suscita a regressão à etapa narcísica, a perda da mãe é fantasmada como perda de uma parte de si mesmo. Vimos antes que o seio é o protótipo do pênis; de modo que a ameaça de castração poderá se precisar mais tarde como ameaça de ablação desse órgão. Como o não mãe é o protótipo do pai, a situação estudada já é em si mesma ternária, e se torna dispensável o recurso ao traço mnésico inconsciente do pai efetivamente castrador dos tempos primitivos, tal como Freud sustenta na conferência 32. Enfim, cabe notar que a situação do medo ao estranho não é o complexo de castração, mas apenas seu modelo originário, já que o complexo propriamente dito só poderá se constituir uma vez reconhecida, na fase fálica, a diferença dos sexos. Penso que a história de Le Guen tem a grande vantagem de preencher a lacuna que obriga Freud a invocar o traço filogeneticamente transmitido da castração real primitiva, a saber, a falta de uma vivência ao mesmo tempo universal e inelutável, capaz de dar conta da intensidade da angústia de castração, independentemente

---

113 Le Guen, op. cit., pp. 47-8. O texto citado pelo autor na última linha figura no *Compêndio de Psicanálise* de 1938: GW XVII, p. 115; SE XXIII, p. 188; BN III, p. 3406.

da formulação explícita da ameaça correspondente por um adulto. Ou, em outros termos, de situar na experiência individual o fundamento daquilo que, constatado por Freud, impõe a este o recurso à filogênese, com todas as aporias introduzidas por essa noção. É que Le Guen — nisso mais freudiano do que Freud — extrai todas as consequências do fato de que a ameaça de castração é um fantasma, indo buscar portanto no registro do fantasma aquilo de que ela pode ser legitimamente derivada. As primeiras frases da passagem citada, aliás, indicam com clareza que a situação de medo ao estranho é grávida dos desejos que configuram o complexo de Édipo, ou seja, recuperar a mãe e matar o pai, e isso nos dois sexos, ao menos como ponto de partida.

Le Guen mostrará ainda, nas páginas seguintes de seu estudo, que o segundo dos fantasmas originários — a chamada "cena primitiva", ou figuração da relação sexual entre os pais que engendra o indivíduo — também está presente, em germe, na situação inicial, na medida em que o não mãe é consubstancial à mãe, formando por esse motivo um par cujos elementos são percebidos numa representação de destruição recíproca e que suscita a angústia.[114] Mas esse problema já não concerne à presente discussão; cabe concluir, a partir do modelo do Édipo originário, que aqueles componentes da vida psíquica para cuja elucidação Freud convoca a filogênese — como "audácia sem a qual não podemos avançar nem mais um passo" — admitem uma origem menos mítica e mais consentânea com o teor geral da disciplina psicanalítica.

A filogênese perde assim um de seus sustentáculos principais. Se o complexo de Édipo e seu correlato, o complexo de castração, podem nascer de uma vivência ao mesmo tempo individual e empiricamente universal — já que todas as crianças, sejam de que sexo, de que época histórica ou de que cultura forem, têm de passar pela situação mencionada, sem o que não seriam seres humanos, mas eternos lactentes psíquicos —, não é necessário recorrer à hipótese filogenética, extravagante em sua própria "audácia". Mas Freud não se limita a empregá-la nesse contexto: faz dela o fundamento da ordem social, na medida em que a coesão da comunidade é assegurada ao mesmo tempo por Eros e pelo sentimento inconsciente de culpabilidade, por meio da identificação recíproca de

---

[114] Le Guen, *L'Œdipe*, cit., pp. 55 ss. O fantasma da cena primitiva figura, para Freud, um ato sexual, mas a argumentação de Le Guen mostra que este é um desenvolvimento da figura dupla constituída pela mãe e pelo não mãe; o coito seria incluído no fantasma pela "fantasmatização retroativa" a que aludimos na seção 6 do capítulo anterior.

seus membros. Devemos agora examinar essa segunda função da filogênese, o que nos conduzirá a repor em questão o mito do crime primordial, o problema do que torna uma sociedade algo irredutível por natureza ao somatório de seus membros e a noção de temporalidade implícita na visão da história como retorno do reprimido. Para tanto, voltemos à concepção freudiana do que é a sociedade.

6. HISTÓRIA CONTRA FILOGÊNESE

Um dos textos mais surpreendentes em que Freud exprime sua visão do que é a sociedade é a passagem da conferência 35 em que, criticando as concepções do mundo contrárias à *Weltanschauung* científica, ele se refere ao marxismo. Eis um de seus trechos mais importantes:

> As investigações de Karl Marx sobre a estrutura econômica da sociedade e a influência das diversas formas de economia sobre todos os setores da vida humana obtiveram em nossa época uma indiscutível autoridade. Naturalmente, não posso saber em que medida acertam e em que medida erram, e tenho ouvido dizer que isso tampouco é coisa fácil para os mais bem informados. Algumas teses da teoria marxista me causaram estranheza, tais como as de que a evolução das formas sociais seria um processo natural, e que as mudanças sobrevindas na estratificação social surgem umas das outras na trajetória de um processo dialético. Não estou muito seguro de ter compreendido exatamente essas informações, que, ademais, não parecem nada materialistas, mas antes um resíduo daquela obscura filosofia hegeliana por cuja escola também Marx passou. Não sei como me libertar de minha opinião leiga, habituada a referir a estrutura das classes sociais às lutas que desde o começo da história se desenvolveram entre hordas humanas, separadas por diferenças mínimas. Eu pensava que as diferenças sociais fossem, em sua origem, diferentes entre clãs ou hordas. Fatores psicológicos como o excesso da tendência agressiva constitucional, ou também a coerência da organização dentro da horda, e fatores materiais tais como a posse de armas melhores, teriam decidido a vitória. Na convivência sobre o mesmo solo, os vencedores se converteram em senhores, e os vencidos passaram a ser escravos. Nisso tudo, nada descobrimos de leis naturais nem de evolução dialética dos conceitos; em troca, se nos evidencia a influência que o domínio progressivo das forças naturais exerce sobre as relações dos homens, na medida em que estes sempre põem a serviço de sua agressão os novos

meios de poder conquistados e os utilizam uns contra os outros. A introdução do metal, do bronze e do ferro pôs fim a épocas inteiras de cultura e às suas instituições sociais. Verdadeiramente, creio que a pólvora e as armas de fogo acabaram com a hegemonia da nobreza e que o despotismo russo estava condenado a desaparecer antes da grande guerra, já que nenhuma mescla de sangue dentro das famílias soberanas da Europa poderia engendrar uma dinastia de czares invulnerável à dinamite. [...]. A força do marxismo não repousa, manifestamente, sobre sua interpretação da história nem sobre a predição do futuro que nela funda, mas na perspicaz demonstração da influência coercitiva que as circunstâncias econômicas dos homens exercem sobre suas disposições intelectuais, éticas e artísticas. Com isso se descobriu toda uma série de relações e dependências ignoradas quase por completo até então. Mas não se pode admitir que os motivos econômicos sejam os únicos que determinam a conduta dos homens em sociedade. Já o fato indubitável de que raças, povos e pessoas diferentes se comportem de modo diverso nas mesmas circunstâncias econômicas exclui o domínio único dos fatores econômicos. Não se compreende, em geral, como é possível prescindir de fatores psicológicos quando se trata de reações de seres humanos vivos, pois estes não apenas devem ter participado no estabelecimento daquelas circunstâncias econômicas, mas tampouco, sob seu governo, os homens podem fazer outra coisa senão pôr em jogo seus impulsos pulsionais de autopreservação, de agressividade, sua necessidade de amor ou sua tendência a evitar o desprazer e a conquista do prazer. [...] Se alguém pudesse indicar em detalhes como esses diferentes fatores — a disposição pulsional comum a todos os homens, suas variantes raciais e suas transformações culturais — são inibidos ou fomentados sob as condições de ordenação social, da atividade profissional e das possibilidades aquisitivas, se alguém pudesse fazer isso, completaria o marxismo, fazendo dele uma verdadeira ciência social. Pois tampouco a sociologia, que trata da conduta do homem na sociedade, pode ser outra coisa senão psicologia aplicada. A rigor, só existem duas ciências: a psicologia, pura ou aplicada, e a história natural.[115]

---

115 *Novas conferências*, n. 35, sa i, pp. 603-5; se XXII, pp. 176-9; bn III, pp. 3202-4. Outras críticas de Freud ao marxismo encontram-se em *O mal-estar na cultura*, sa ix, pp. 242 e 270; se XXI, pp. 113 e 145; bn III, pp. 3047 e 3067. Escrevendo a Arnold Zweig em 26 de novembro de 1930 (*Freud-Zweig*, p. 55), Freud dirá:

> Isso equivaleria a uma tomada de posição a favor do ideal comunista, algo de que estou muito afastado. A despeito de todas as razões de descontentamento que nos dão os atuais sistemas econômicos, não tenho a menor esperança de que o caminho adotado pelos soviéticos conduza a uma melhoria. Pior ainda, durante estes dez anos de regime soviético, as esperanças desse gênero que eu poderia ter

Como abordar tal passagem? É evidente que Freud jamais leu Marx e que sua imagem do marxismo se baseia no que antes denominei de "vulgata". Mesmo assim, seria difícil admitir que a concepção dialética da história a veja como um processo "natural", ou que nela esteja contida a noção de "estratificação social". Reduzida a essas dimensões caricaturais, ela é para Freud objeto de ironia (os czares "invulneráveis à dinamite"), e ele pode se pretender mais rigorosamente materialista do que os marxistas, a quem reprova nas páginas finais de *O mal-estar na cultura* um "desconhecimento idealista da natureza humana". Na verdade, a leitura de Freud repousa sobre o deslizamento imperceptível que impõe às categorias do marxismo: o modo de produção se transforma em *circunstâncias econômicas*, e a estruturação da sociedade em classes antagônicas é convertida em *estratificação social*. A contribuição de Marx pode então ser reduzida à demonstração da "influência que as diversas formas de economia exercem sobre todos os setores da vida humana", e esta, por sua vez, é formulada como se dissesse respeito à "força coercitiva" que as *circunstâncias econômicas* exercem sobre suas *disposições* psíquicas — demonstração que Freud está disposto a qualificar de "perspicaz". Em outras palavras, o que lhe parece decisivo no pensamento marxista é a análise da ideologia; mas dela é retirada apenas uma afirmação sobre o modo pelo qual a ideologia atua sobre os indivíduos, sendo de todo ignorada a relação com a estrutura de classes e sua função determinante, que é mascarar o conflito social e apresentar a sociedade como una e indivisa *de jure*. Assim psicologizada, a ideologia perde sua dimensão de força histórica objetiva e atuante como tal, independentemente da consciência que dela possam ter os diferentes agentes sociais.

Posto isso, Freud procede a duas operações complementares: se situar como defensor do materialismo e negar a dimensão específica do social. A primeira comporta dois movimentos; o primeiro deles consiste em reconhecer que a luta é a origem da sociedade — mas luta entre clãs ou raças ou hordas, o que dá na mesma, pois são sempre termos exteriores um ao outro que se afrontam

---

acalentado foram aniquiladas. Continuo a ser um liberal à moda antiga. Em meu último escrito, critiquei sem reservas essa mistura de despotismo e de comunismo.

Quanto ao conteúdo da expressão "liberal à moda antiga", convém recordar que em 1930 Freud vive na "Viena Vermelha", governada pelos socialistas, e que os liberais não tinham significação política alguma na Áustria do pós-guerra. Cf. Bérenger, *Lexique historique de l'Europe Danubienne*, Paris, Armand Colin, 1976, pp. 48, 145-6 etc.

(e por isso a imagem invocada é a da guerra), em vez de a luta surgir da oposição necessária das classes a partir da posição antagônica que ocupam quanto à propriedade dos meios de produção num determinado modo de produção. Ainda nesse primeiro movimento, o passo seguinte é valorizar, como instrumento da dinâmica social, o progresso *técnico* e, em particular, a evolução das armas: o bronze, o ferro, a pólvora e a dinamite são os materiais cuja posse sucessivamente destrói as instituições sociais baseadas sobre o uso de outros, menos apropriados para fabricar armas. Mas por que as hordas dominantes no Neolítico estariam *ex hypothese* excluídas da possibilidade de se apropriar dos novos metais, para continuar subjugando aqueles que haviam vencido com o emprego de armas mais primitivas? Por que a nobreza não teve a presença de espírito de se equipar com os mosquetes que teriam assegurado a perpetuação do feudalismo? Mistério. Talvez a explicação se encontre no segundo movimento operado por Freud: atribuir às tendências constitucionais dos vencedores as causas de sua vitória ("excesso de agressividade" ou "coerência da organização dentro da horda", isto é, Eros inibido quanto ao fim). Mas, nesse caso, a menos que invoquemos a "obscura filosofia hegeliana" e vejamos a dialética do senhor e do escravo agindo surdamente na disposição pulsional de vencidos e vencedores, não se compreende por que as tendências constitucionais que garantem a dominação migrariam, como que por milagre, de uns para outros no instante em que novos artefatos guerreiros surgem na cena da história. Como vê nas guerras o motor da transformação da sociedade, Freud pode então realizar a façanha de ao mesmo tempo se apresentar como expoente do verdadeiro materialismo e de afirmar que só existem duas ciências, a psicologia e a história natural.

Tendo reduzido o modo de produção às circunstâncias econômicas e a luta de classes a guerras externas que conduzem a mudanças na estratificação social, Freud dá o passo final que lhe permite abolir com uma penada a dimensão social: reduzir o conflito gerado pelas relações de força vigentes entre os adversários sociais ao "comportamento dos homens em sociedade", cuja determinação exclusiva pelos *motivos* econômicos lhe parece, justificadamente, unilateral. A luta pelo controle da propriedade dos meios de produção, que se desenvolve no plano das classes e só de modo mediato entre os indivíduos pertencentes a essas classes, se converte assim numa *conduta* que o marxismo atribuiria apenas a *motivos* econômicos — o que permite avançar o argumento de que diferentes indivíduos ou povos se conduzem de maneira diversa nas mesmas circunstâncias econômicas.

Tudo está no lugar, portanto, para poder afirmar que o exame dos *motivos* (psicológicos) do comportamento humano releva da psicologia aplicada (aplicada ao quê, se a substância social se volatizou?) e que a condição para que o marxismo se converta numa "verdadeira ciência social" (?) consiste em indicar de que modo a ordenação social e a "atividade profissional" inibem ou fomentam as disposições pulsionais inerentes à natureza humana — o que é evidentemente a tarefa não da economia política, mas da "psicologia aplicada". Só existem duas ciências porque, a rigor, só existem duas esferas do ser capazes de ser convertidas em objeto científico: a esfera físico-químico-biológica, objeto da história natural, e a esfera psíquica, objeto da psicologia pura (no nível individual) e aplicada (ao "comportamento do homem em sociedade"). Essa afirmação é a consequência lógica dos princípios postulados em *Psicologia das massas*:

> A oposição entre psicologia individual e psicologia social ou coletiva perde grande parte de sua significação quando a submetemos a um exame mais detido. A psicologia individual, sem dúvida, se refere ao homem isolado [...], mas só muito poucas vezes e sob determinadas circunstâncias excepcionais lhe é dado prescindir das relações do indivíduo com seus semelhantes. Na vida psíquica individual, com efeito, o "outro" aparece sempre integrado [...] e desse modo a psicologia individual é, desde o início, psicologia social [...]. Assim, pois, a psicologia coletiva estuda o indivíduo como membro de uma tribo, um povo, uma casta ou classe social ou instituição [...]. Seu objetivo é a observação das modificações impostas às reações individuais.[116]

---

116 *Psicologia das massas*, cit., SA IX, p. 65; SE XVIII, p. 69; BN III, pp. 2563-5. A escola culturalista, cujo principal expoente foi Karen Horney, propõe-se restabelecer a dimensão propriamente social que se evapora a partir dessas considerações de Freud, invocando a influência que as condições culturais exercem sobre a formação da personalidade. Outros representantes da mesma escola são Erich Fromm, Abraham Kardiner e S. Lipton. Dada a tendência empirista e funcionalista prevalecente na sociologia norte-americana, os escritos dos culturalistas gozaram de ampla voga nos círculos intelectuais de língua inglesa. É certo que as proposições de Freud não tomam em conta certos determinantes essenciais da vida social; contudo, não me parece que a solução esteja na linha proposta por esses autores. Theodor W. Adorno observará, com razão, que seu procedimento conduz a hipostasiar como *natureza humana* certas condições históricas, que além disso são tomadas em sua visão mais comprometida com a ideologia da personalidade harmoniosa, cuja contrapartida é a ilusão de uma sociedade igualmente harmoniosa. Para explicar a determinação da primeira pela segunda, será invocada a noção extremamente fluida de "influência". Contra essa redução do gume crítico da psicanálise, Adorno faz valer que "justo ao se deter obstinadamente na existência atomística do indivíduo, Freud conseguiu ver muito mais da essência da socialização do que a superficial olhadela de outros sobre as circunstâncias sociais" ("La revisión del psicoanálisis",

Mesmo que a alteridade não seja para Freud uma relação a dois, mas a três (em virtude do complexo de Édipo), é difícil não se interrogar sobre algo que para sua concepção é dado mas não é evidente por si mesmo: por que existem tribos, castas, povos etc., e por que essas entidades se dão no plural, isto é, por que existem muitas delas, e não apenas uma só? Sabemos que, para dar conta do surgimento do social, Freud recorre ao mito do parricídio originário, e que postular este último como *realidade* lhe é indispensável para elucidar aquilo que não pode ser elucidado, se ele for apenas um fantasma, mesmo presente em diversos indivíduos: a coesão dos irmãos, que só pode surgir de um *ato* perpetrado em comum, e nunca de meras *representações*, por mais que elas sejam supostas universais. E isso pelas simples razão de que tal coesão se funda sobre o sentimento de culpabilidade e sobre a identificação recíproca dela derivada; ora, o sentimento de culpabilidade só pode surgir quando há um superego para condenar as representações agressivas e incestuosas e os desejos que as sustentam; para que haja o superego, é necessária uma transformação decisiva da economia psíquica, que não pode ser deduzida do mero jogo das representações, sobretudo na situação da horda primitiva. O ato de matar o pai, primeiro ato coletivo — e que só pode ser coletivo, pelo princípio segundo o qual apenas a união de vários fracos pode engendrar uma força superior à do indivíduo mais forte —, tem de ser necessariamente concebido como efetivo, a fim de que possa suscitar os primeiros efeitos de sociedade: a instituição da barreira do incesto, a proibição do homicídio, a instauração do superego e a nostalgia do pai

---

em *Sociologica* II, Buenos Aires, Taurus, 1971, p. 138). E ainda: "Freud tinha razão ali onde estava enganado. A força de sua teoria se alimenta da cegueira diante da divisão entre psicologia e sociologia [...]. Freud deu expressão adequada, precisamente com sua atomística psicológica, a uma realidade em que os homens, de fato, foram atomizados e divididos uns dos outros por um abismo intransponível" (p. 150). "Sua grandeza, como a de todos os pensadores burgueses radicais, reside em que [...] se recusa a pretender uma harmonia sistemática ali onde as coisas estão desgarradas por si mesmas; torna patente o caráter antagônico da realidade social, na medida em que esta alcança sua teoria e sua prática no interior de uma divisão do trabalho prescrita [...]. A insegurança do fim próprio da acomodação — e a desrazão, portanto, da atividade racional —, descoberta pela psicanálise, reflete algo da desrazão objetiva e se converte em denúncias da civilização" (pp. 155-6). As críticas que se seguem ao conceito de filogênese não devem fazer esquecer que subscrevo inteiramente essas considerações de Adorno. Elas visam apenas desvendar as aporias a que conduz a utilização dessa noção e os fundamentos filosóficos implícitos em seu emprego, que julgo inadequados para pensar o social.

que origina a religião.[117] A filogênese se encarrega então, pelos mecanismos que já estudamos, de transmitir por hereditariedade os traços mnésicos desse ato inaugural, obviamente reprimidos e inconscientes, enquanto a prática social vem ocultar essa gênese sangrenta dela mesma e seguir os caminhos traçados pela evolução da tecnologia guerreira.

Mas o enigma permanece intacto: por que o mesmo ato engendra formas sociais tão variadas? É picante notar que, quando se debruça sobre problemas concretos, como por exemplo a origem do monoteísmo, Freud emprega expressões que recordam as análises de índole marxista ironizadas no texto citado. Assim, afirma várias vezes em *Moisés e o monoteísmo* que a religião de Aton, deus único, *reflete* (*spiegelt*) a dominação do faraó sobre um império mundial, isto é, transpõe para o nível cósmico a representação de um poder absoluto que se estende sobre a totalidade do mundo conhecido. Mas isso não é suficiente para assegurar a vitória da religião monoteísta, já que esta fere em primeiro lugar os interesses da casta sacerdotal — que impõe ao sucessor de Ikhnaton o retorno à religião politeísta — e sobretudo não se ancora na culpabilidade por um assassinato, cujos traços Freud procurará desvendar na história dos hebreus, que aceitam o monoteísmo como derivação da repetição, sobre o homem Moisés, do parricídio originário. Contudo, ainda que admita fatores como a relação de causalidade entre uma concepção religiosa e uma estrutura política, ou o peso que pode ter o progresso técnico para a transformação das relações sociais e políticas, a concepção freudiana permanece fortemente impregnada pelo mito de *Totem e tabu*, cujo poder heurístico lhe parece dar conta dos fundamentos da sociedade. Ora, estes são de natureza psíquica — ao menos aqueles que de fato merecem esse nome. Daí a evaporação da dimensão social e das disciplinas que pretendem captá-la em sua espessura própria.

Mas o que é, afinal, essa dimensão social cuja ausência venho estigmatizando em Freud? É aquilo que não pode ser reduzido às projeções individuais, à

---

117 Um autor como Pierre Kaufmann parte desse princípio e o utiliza para dar conta de vários problemas da vida social, empregando constantemente o operador da culpabilidade para decifrar seus diferentes planos: cf. *Psychanalyse et théorie de la culture*, Paris, Denoël-Gonthier, 1977, e *Psychanalyse du politique*, Paris, PUF, 1979. Este último livro, despojado da retórica de inspiração lacaniana que torna tão aborrecida a leitura do primeiro, mereceria um longo comentário, impossível no momento. As considerações da sequência do texto podem ser vistas como uma tentativa de mostrar os limites de uma tal abordagem.

noção de alteridade dupla ou tripla, ou aos efeitos da identificação recíproca, porque é a condição de possibilidade delas; aquilo que a psique não pode inventar sozinha, porque não é engendrável a partir de nenhum jogo de representações; aquilo que funda a presença dos elementos transindividuais na psique de cada um, sem recorrer à filogênese como mecanismo explicativo. É na obra de C. Castoriadis que encontramos as análises que me parecem mais lúcidas a esse respeito, em especial seus conceitos de "sociedade instituinte" e "sociedade instituída", que não deixam de recordar as noções espinosanas de *Natura naturans* e *Natura naturata*. Castoriadis procura destacar o ser próprio da sociedade a partir da crítica do "pensamento herdado", o qual concebe a sociedade sempre como referida a outra coisa que não ela mesma — uma norma ou *telos* fundado no ser, em Deus, no Espírito etc. — e em relação à qual a história emerge seja como uma perturbação advinda a essa essência, seja como desenvolvimento ou explicitação desse *telos* posto alhures. A tradição ocidental, ao pensar o ser como determinidade, isto é, como identidade de si a si, excluiria a possibilidade de que exista algo que escape à determinidade, dando-se como imaginário radical. Desse imaginário radical, existem duas espécies, o social-histórico e o psíquico, e ele consiste num magma ou magma de magmas, "pelo que entendo não um caos, mas o modo de organização de uma diversidade não conjuntificável, exemplificada pelo social, pelo imaginário ou pelo inconsciente".[118] O que impede a conjuntificação (*Ensemblisation*) dessa diversidade é sua potência nativa de autoalteração, isto é, de posição de novas determinações, não dedutíveis da transformação das determinações antes existentes. Castoriadis dá, como exemplo negativo, o engendramento recíproco do círculo, da elipse, da parábola e da hipérbole, como deformações sucessivas uns dos outros, e como exemplo positivo, a irrupção de uma "criação ontológica absoluta", como a roda que gira em torno de seu eixo. Definir a diversidade não conjuntificável como fluxo de autoalteração perpétua leva a considerar o tempo não como meio homogêneo de coexistência e de sucessão, mas como aquilo no qual e pelo qual se dá a irrupção de novas determinações, o que implica consequências de longo alcance e que não cabe discutir aqui. O que importa para nosso argumento é que o social-histórico, como potência de autoalteração permanente, é definido por Castoriadis como "sociedade instituinte". A sociedade é o que é, em cada caso particular, porque

---

118 Castoriadis, *L'Institution*, cit., p. 253.

se institui como tal numa multiplicidade de dimensões, criando "significações sociais imaginárias" que estruturam seu ser-assim.

É na diversidade *de jure* infinita das possibilidades de autoalterações que repousa o fundamento da existência de diferentes sociedades e da constante criação, por uma sociedade particular, de novas feições de si mesma, em virtude de sua autoinstituição como eminentemente transformável. Mas toda sociedade tem de levar em conta certas determinações do que é chamado "primeiro estrato físico-biológico", como a existência ou inexistência de certas espécies vegetais ou animais em seu território, a regularidade dos fenômenos atmosféricos e cíclicos, a irreversibilidade local do tempo etc. Contudo, nas diferentes maneiras pelas quais as diferentes sociedades realizam essa "tomada em consideração" repousa a multiplicidade empírica entre elas. Assim,

> o social-histórico é imaginário radical, criação incessante de alteridade que figura e que se figura, posição de figuras e relação destas e a estas figuras [...]. O social-histórico é fluxo perpétuo de auto-alteração e só pode ser dando-se figuras estáveis, pelas quais se torna visível [...]; a figura estável primordial é aqui a instituição. O social-histórico emerge no que não é o social-histórico, no pré-social ou no natural. Este termo ("natural") tem em vista um ser assim em si, ao mesmo tempo incontornável e indescritível, do primeiro estrato, "físico" e "biológico", que toda sociedade não apenas pressupõe, mas do qual jamais pode ser em absoluto separada: pelo qual, nesse sentido, ela é penetrada de parte em parte, que ela "recebe" objetivamente, mas que retoma de outro modo, e arbitrariamente, em sua instituição. A indissolubilidade dessa recepção obrigatória e dessa retomada arbitrária é aqui designada pelo termo "ancoragem" (*étayage*) da instituição sobre o primeiro estrato natural.[119]

O termo *ancoragem* não deixa de evocar conotações freudianas, pois traduz a *Anlehnung*, pela qual as pulsões de autoconservação servem de suporte às pulsões sexuais, por meio do que estas vão investir os objetos que aquelas lhes designam. Trata-se, tanto em Freud como em Castoriadis, de um modo de articulação entre duas entidades que não as reduza a serem uma causa da outra, nem uma reflexão da outra, nem, de modo geral, definíveis por uma relação de

---

119 Ibidem, p. 283.

dependência que elimine a especificidade de uma delas. Em *L'Archéologie du savoir*, Foucault falará da *embrayage*, que é um conceito do mesmo registro, para descrever a articulação entre um saber e as instituições que são uma de suas condições de possibilidade, como espaço no qual se reúnem as determinações sem as quais tal saber não poderia vir à luz. Todos esses modos de relação visam escapar da pobreza implícita na teoria do reflexo herdada do marxismo, preservando uma margem de flexibilidade e de indeterminação abolida pela posição de relações de causa e efeito ou de inerência lógica entre as realidades cujo relacionamento se quer pensar. No caso da teoria de Castoriadis, a instituição é vista como um ato fundador, pelo qual o novo advém, e advém de tal maneira específica, e a ancoragem funciona como operador para dar conta da vinculação entre o que, recorrendo a um conceito aristotélico, podemos chamar de forma e de matéria. A roda, para retomar seu exemplo, é instituída como forma por meio da criação de um *eidos*, de um tipo — criação irredutível à derivação em termos de causa e efeito ou de explicitação lógica. Não obstante, ela se ancora na existência de formas naturais "arredondadas" e de materiais como a pedra ou a madeira, capazes de receber a determinação do tipo e de funcionarem como rodas. Mais profundamente, a sociedade institui modos de convivência, de dominação, de produção e de determinação de bens, de linguagem, de representação de si mesma e do universo no qual se inscreve, da dimensão do "além", e assim por diante, que se ancoram no estrato "físico-biológico" constituído pelo território em que vive, pelos recursos naturais disponíveis, pela periodicidade dos fenômenos celestes etc.

A originalidade da tese de Castoriadis é que, com a noção de instituição, permite compreender que as diversas sociedades tenham pontos em comum e ao mesmo tempo que a significação e a função dos elementos instituídos variem uma enormidade no tempo e no espaço. Assim, a chuva é um fenômeno natural, mas cada sociedade, "recebendo obrigatoriamente" a existência da chuva, irá "retomá-la arbitrariamente", instituindo-a por exemplo como signo de benevolência dos deuses, fruto da magia do rei-feiticeiro, ou consequência do choque de partículas de H_2O em determinadas condições de tensão elétrica. É evidente que a significação instituída da chuva se vincula ao modo particular de instituição de si mesma efetuado pela sociedade em questão e que se expressa no conjunto de significações assim instituídas, sendo incompatíveis, por exemplo, a instituição da chuva como produto da magia do feiticeiro e a instituição da sociedade como sociedade capitalista. E a sociedade se institui por meio da criação de modos específicos de fazer e de representar — fazer e representar a si mesma e tudo o que cai sob sua égide. Castoriadis os denomina "esquemas organizadores", que são condições de representabilidade e de factibilidade de tudo o que a sociedade pode criar e que em geral não são conscientes para seus membros, estando implícitos na maneira pela qual ela faz e representa o que para ela é factível e representável.[120] As origens dessa concepção poderiam ser retraçadas até Kant, exceto que os "esquemas organizadores" não são as categorias do sujeito transcendental, e sim algo próximo das "formas simbólicas" estudadas, por exemplo, por Cassirer e seus discípulos.

O conceito de instituição a partir do ser da sociedade como autoengendramento permanente em todas as suas dimensões revela algo que a hipótese freudiana ignora por completo e que se resume na irredutibilidade do social ao psíquico. Pois, ainda que Castoriadis veja o social e o inconsciente como diferentes dimensões do imaginário radical, nada está mais distante disso do que a ideia de que ambos são feitos do mesmo estofo, que para Freud é determinado pelo complexo de Édipo, como reação diferenciada ao parricídio primitivo. Há uma enorme diferença entre considerar o social e o inconsciente rebeldes à determinação completa identitária — porque são intrinsecamente poder de pôr figuras outras e de se autotransformar — e supor que a articulação entre psíquico e social passe pela ação, diferente em ambos mas originada em um ponto comum, de uma recordação reprimida cujos traços se transmitem filogeneticamente. De modo deliberado, deixo aqui de lado a concepção castoriadiana do inconsciente como imaginário radical, que parece (e a meu ver é) inconciliável com a

---

[120] A tese de Castoriadis é extremamente sugestiva e rica de implicações; uma análise detalhada de seus fundamentos, etapas e consequências seria necessária, independentemente de nosso argumento, a fim de avaliar tais implicações. Isso não é possível neste contexto, de modo que as rápidas indicações fornecidas no corpo do texto devem ser tomadas pelo que são: um excurso inevitável para apresentar os conceitos com os quais me parece possível evitar os escolhos do conceito de filogênese e pôr em evidência o abismo que separa as formulações de Freud nele baseadas do que é a sociedade. O que, aliás, pode ser admitido por um comentador tão rigoroso quanto Granoff (*La pensée*, cit., p. 206):

> Nem Freud nem a psicanálise são fatores de peso para introduzir modificações na sociedade. [...] Mas Freud aportou um movimento e uma contribuição, a título do que denomina trabalho e cultura, por meio de um discurso marcante, ainda que o terreno humano, visto sob o ângulo do social, se furte a ele.

doutrina psicanalítica da indelebilidade dos traços mnésicos, que no limite funda a concepção da atemporalidade dos conteúdos inconscientes. Interessa-me assinalar que a tese do filósofo grego nos permite operar com uma ideia da sociedade mais consentânea com o que ela é, e que Freud não vê porque suas opções de base o impedem de vê-lo, o que o conduz a negar que o social existe enquanto tal, e, como consequência, a reduzir o inventário das ciências possíveis à psicologia e à "história natural".

Na mesma página da conferência 35 em que critica a concepção marxista da sociedade, ou aquilo que imagina ser tal concepção, Freud leva às últimas consequências essa elisão da dimensão social. Consideremos as seguintes afirmações:

> Por último, não devemos esquecer que sobre a massa humana, submetida às necessidades econômicas, transcorre o processo da cultura [...], que sem dúvida sofre a influência dos demais fatores, mas é por certo independente deles em sua origem, sendo comparável a um *processo orgânico* e sendo muito capaz de influir sobre eles.[121]

E, no final de O mal-estar na cultura:

> Por outro lado, muitos leitores terão a impressão de que se mencionou em excesso a fórmula da luta entre Eros e a pulsão de morte. Apliquei-a para caracterizar o processo cultural que *transcorre na humanidade* [*der über die Menschheit abläuft*], mas também a vinculei à evolução do indivíduo e além disso postulei que deveria revelar o segredo da vida orgânica em geral [...]. A repetição da mesma fórmula está justificada pela consideração de que tanto o processo cultural da humanidade quanto o da evolução individual são também *processos vitais*, de modo que devem participar do caráter mais geral da vida. Entretanto, a comprovação desse traço geral em nada contribui para a diferenciação do processo cultural, a menos que este seja limitado por condições particulares. Com efeito, podemos nos tranquilizar com a afirmação de que o *processo cultural é aquela modificação do processo vital que surge sob a influência de uma tarefa colocada por Eros e estimulada por Ananké, pela necessidade real*: tarefa que consiste na unificação de indivíduos isolados para formar

---

[121] *Novas conferências*, nº 35, SA I, p. 605; SE XXII, p. 179; BN III, p. 3204. Grifos meus.

uma unidade vinculada libidinalmente. Mas, se contemplarmos a relação entre o processo cultural da humanidade e o do desenvolvimento ou da educação individuais, decidiremos, sem vacilar muito, que ambos são de natureza muito semelhante, se não, em geral, *o mesmo processo em objetos diferentes*. Naturalmente, o processo cultural da espécie humana é uma abstração de ordem mais elevada do que o desenvolvimento do indivíduo, e por isso é mais difícil captá-lo plasticamente. Não convém exagerar compulsivamente o estabelecimento de tais analogias; não obstante, tendo em conta a *semelhança das massas* — aqui a inclusão de um indivíduo numa massa humana, ali a formação de uma unidade coletiva a partir de muitos indivíduos —, a semelhança dos meios empregados e dos fenômenos assim produzidos não nos deve surpreender.[122]

Convém examinar mais de perto essas declarações.

A passagem das *Novas conferências* diz que sobre a massa humana *transcorre* [*abläuft*] o processo da civilização, o qual se distingue das — e não é constituída pelas — "necessidades econômicas"; sua origem não pode ser explicada recorrendo a tais conceitos. Ela é comparável a um processo orgânico, e o *tertium comparationis* nos é fornecido pelo texto de 1930: trata-se da luta entre Eros e Thânatos, que atua nos três planos da vida orgânica, da vida psíquica individual e da "vida da civilização" — expressão nada metafórica. De novo nos é dito que o processo da civilização transcorre sobre a humanidade, o que está na contramão da ideia de que seja obra dela e só dela. Trata-se do mesmo processo que transcorre no indivíduo ou por meio dele. Sabemos que o "caráter mais geral da vida" é o de ser uma manifestação de Eros (*Além do princípio do prazer*) e portanto tender à união de elementos isolados a fim de perseverar na existência e não sucumbir, enquanto for possível, à pulsão de morte. A evolução do indivíduo e a evolução da civilização são portanto diferentes aspectos do mesmo processo, mas em "ordem de abstrações diferentes": a do indivíduo é mais próxima do ponto zero constituído pela pulsão, enquanto a da sociedade é mais "elevada", o que significa apenas que a distância a partir do ponto zero é mais ampla. Contudo, Freud precisa dar conta dessa diferença de ordem, e para isso invoca Ananké. A marcha civilizatória é uma modificação do processo vital determinada pela necessidade de unir os indivíduos em comunidades libidinalmente

---

122 *O mal-estar*, cit., SA IX, p. 265; SE XXI, pp. 139-40; BN III, pp. 3064-5. Grifos meus.

vinculadas. Mas necessidade para quem? Ao que parece, para os indivíduos, mas, por intermédio deles, mais decisivamente, para Eros, confrontado ao poder de Thânatos, que se expressa, por exemplo, pelas forças esmagadoras da natureza. A evolução do indivíduo tem por meta inseri-lo na comunidade, a fim de preservar sua existência e a da própria comunidade, e desse modo fortalecer Eros em seu combate com a pulsão oposta. Que essa inclusão não se faça por si mesma, mas esbarre na resistência à coerção das pulsões que é sua condição *sine qua non*, dá origem às complicadas dialéticas cujos momentos examinamos antes e que resultam, para sermos breves, na introjeção de uma parcela alarmantemente intensa de agressividade, pondo assim em risco a subsistência da própria civilização.

A cultura aparece portanto como homogênea à evolução do indivíduo e à vida orgânica; ela continua, numa "ordem de abstração mais elevada", as manifestações de Eros corporificadas naquelas, que, a cada nível, entram em conflito com as manifestações da pulsão de morte. Não se pode escapar à impressão de que Freud opera não com uma, mas com duas teorias da cultura: uma que a concebe como reação e elaboração do parricídio primitivo, outra que a vincula de modo muito mais direto com o jogo das pulsões e, mesmo mais aquém, com o conflito entre as entidades míticas denominadas Eros e Thânatos. Ainda que tentemos vincular essas duas teorias — o que é possível se refletirmos que o mito do parricídio também pode ser formulado em termos do combate entre Eros e Thânatos (mas sem reduzir o pai a este e a aliança fraterna àquele, pois é evidente que ambos estão presentes já em cada um dos polos da horda primitiva) —, tudo parece indicar que a teoria que define a civilização como continuação mais ou menos direta da vida orgânica tem um peso maior para Freud, pois é possível reduzir a ela a outra, mas não vice-versa. Estamos aqui em plena metafísica, e da dimensão propriamente social da civilização — entendendo por essa expressão aquilo que, nela, é irredutível à esfera psíquica individual e, *a fortiori*, à vida em geral — não resta absolutamente nada. E podemos mesmo ir mais além: Eros e Thânatos são por sua vez redutíveis às forças mais gerais da matéria inorgânica, a saber, a atração e a repulsão. Tudo se passa, pois, como se os diferentes planos — matéria inorgânica, vida, pulsões e vida psíquica, sociedade e cultura — correspondessem a "ordens de abstração" cada vez mais elevadas, mas de uma mesma entidade, que no fundo é a matéria inanimada. A concepção é grandiosa, mas infelizmente falsa, pelo menos no que se refere à natureza da sociedade, pois podemos admitir que da matéria inanimada à vida a progressão seja boa (a molécula viva não é, em essência, diferente da molécula inanimada: é apenas mais complexa, e dessa complexidade surge uma diferença qualitativa). Da vida à vida psíquica, a transição já é mais difícil, mas no limite a noção de pulsão pode ser considerada capaz de articular o nível biológico e o nível psíquico, mas com uma certa dificuldade, porque mesmo Freud tem de introduzir a noção de "representante psíquico da pulsão" como elemento mínimo do psiquismo, e, enquanto *representação*, este me parece de uma outra diversa de qualquer combinação de elementos puramente biológicos. Mas é impossível prosseguir a operação no nível social, pois, ainda que a psique possa engendrar representações e fantasias, ela não pode, por natureza, engendrar o que releva da autoinstituição da sociedade, a começar pela linguagem e a terminar pelas significações sociais imaginárias que aquela institui como válidas, e por cujo intermédio a psique pode deixar de ser uma mônada fechada sobre si mesma para passar a ser psique socializada, ainda que, como é evidente, a socialização da psique tenha necessariamente de se efetuar de modo tal que possa ser instalado o campo da singularidade de cada indivíduo. E não é nem sequer preciso sair da teoria freudiana mais estrita para percebê-lo: nenhum jogo de representações autóctones da psique pode dar conta do complexo de Édipo se não existir, instituída pela sociedade, a regra da proibição do incesto — e é justo por isso que Freud necessita tanto da *realidade empírica* do assassinato primordial.

Penso que é inútil continuar insistindo sobre esse tema, já que, seja na versão mítico-metafísica de Eros e de Thânatos, seja na versão mítico-poética do parricídio, a concepção freudiana da sociedade suprime o que ela tem de específico e de irredutível, e que o conceito de autoinstituição permanente permite pensar de maneira mais precisa. Isso não significa que os fenômenos postos em relevo por Freud não existam: noções como a de sentimento inconsciente de culpabilidade ou de identificação recíproca são importantes e designam aspectos da coesão social que de fato desempenham uma função decisiva em sua manutenção. Mas não é verdade que sejam os fundamentos da sociedade e muito menos seus únicos fundamentos. Ao contrário, é na instituição da sociedade como permeada por uma divisão originária — e que, no caso das sociedades primitivas estudadas por Pierre Clastres, é objeto de denegação por meio de instituições destinadas a preservar sua unidade empírica — que devemos buscar a explicação desse sentimento e dessa identificação, por meio das mediações adequadas, e aqui a teoria psicanalítica é inestimável, ao desvendar os processos e mecanismos, essencialmente estruturados ao redor do Édipo, que permitem dar conta do funcionamento psíquico do homem como capaz de comportar identificações e de suscitar sentimentos inconscientes de culpabilidade. Recusar a interpretação freudiana da civilização como reação a um parricídio originário realmente ocorrido "inúmeras vezes ao longo dos séculos" ou como continuação homogênea do combate entre Eros e Thânatos que se inicia no plano da vida biológica e vai passando para "ordens superiores de abstração", não significa portanto invalidar a psicanálise como disciplina apta a estudar as formações do inconsciente. Tal seria o caso se Freud tivesse razão ao afirmar que a filogênese é imprescindível para a coerência de sua doutrina: ora, todo o percurso que efetuamos mostra que ela não é nem *necessária* como princípio heurístico para elucidar os fantasmas originários, nem *suficiente* para explicar a natureza do social. Ao contrário, mascara a natureza deste ao pretender reduzi-lo a um epifenômeno do parricídio ou a um momento da dialética da vida e desobedece ao princípio metodológico formulado por Freud mesmo, segundo o qual, antes de recorrer à explicação filogenética, convém esgotar os recursos oferecidos pelas vivências individuais. Com os conceitos de Édipo originário e de autoinstituição da sociedade, cada um dos alicerces da noção de filogênese se mostra dispensável, e, em consequência, podemos deixá-la de lado sem nenhum prejuízo para a solidez da teoria psicanalítica.[123] Resta saber por que Freud precisa de um ou

---

123 Aqui encontra seu lugar uma observação importante. Afirmei anteriormente que não é lícito criticar uma teoria a partir de outra, exterior a ela, e "julgada infalível"; ora, a tese de Castoriadis é evidentemente exterior à teoria freudiana, e, como o emprego porque penso que ela permite analisar o social-histórico de forma a não referi-lo a outra coisa, não estarei fazendo na prática o que, em princípio, me recusei a realizar? Julgo que não. A questão da natureza do social não é estranha à problemática psicanalítica, como deve estar claro a esta altura de nosso estudo. Ao contrário, é posto pelo movimento dessa problemática, e isso ao longo de toda obra de Freud, dos *Estudos sobre a histeria* até *Moisés e o monoteísmo*. Se assim não fosse, a análise da cultura seria apenas um passatempo de Freud e não uma dimensão essencial da psicanálise. O parricídio originário e a redução da civilização a uma "ordem de abstração superior" da dialética da vida são os instrumentos com que Freud tenta responder a essa exigência de seu próprio pensamento. O que sucede é que, nessas duas perspectivas, a especificidade do social desaparece, como espero ter demonstrado nas páginas precedentes. Então, de duas uma: ou aceitamos que o social é impensável a partir das categorias analíticas, ou reconhecemos que o problema é levantado pela teoria freudiana, mas não resolvido a contento por ela. Optei pela segunda possibilidade, e a tese de Castoriadis me serve de instrumento para avançar na via de uma solução. Que ela tenha sido invocada a partir da "crítica" freudiana ao marxismo não significa que considero Castoriadis um pensador marxista no sentido habitual do termo; toda a primeira parte de *L'Institution imaginaire de la société* visa mostrar em que seu autor

mesmo de dois mitos para explicar a origem e a essência da sociedade, num sentido mais decisivo do que a simples necessidade de preencher as inevitáveis lacunas surgidas na teoria, quando esta ignora soberanamente a espessura e a irredutibilidade daquela. Essa é uma questão que põe em jogo o estatuto da psicanálise como ciência e sua relação com a verdade, que abordaremos na próxima seção deste capítulo. Antes, porém, é necessário interrogar um último aspecto do mesmo problema: a noção de temporalidade implícita na visão da história como espaço no qual se efetua o retorno do reprimido.

Poucas das questões que o pensamento freudiano legou aos que pensam depois e a partir dele são tão obscuras e intrincadas quanto a do estatuto do tempo. E isso porque as indicações de Freud a esse respeito são fragmentárias e se referem a múltiplos aspectos do problema, sem que disponhamos de uma síntese coerente, como se aqui se colocasse um enigma diante do qual a pretensão sistematizada devesse se calar, deixando agir apenas o que, numa carta a Lou Andreas-Salomé, Freud denomina sua "cegueira artificial para com a coesão e a

---

se afasta das concepções marxistas clássicas, e ninguém melhor do que ele para expor as razões desse passo. Por outro lado, refletir sobre as ideias de Castoriadis, e sobre até que ponto sua ideia da sociedade instituinte pode ser levada, sem hipostasiar miticamente uma espécie de "vontade social" que se institui e institui os esquemas organizadores que para ele são as "significações sociais imaginárias" — refletir sobre isso é tarefa urgente e necessária, mas que não posso empreender neste momento, tanto porque me faltam numerosos elementos que julgo indispensáveis para realizá-la, como porque o tema deste estudo é Freud, e não Castoriadis. Resta saber se, uma vez afastado o mito do parricídio como categoria explicativa do social, cabe restringir a psicanálise exclusivamente à esfera do tratamento psicanalítico. A essa questão, respondo resoluto pela negativa. Penso que ela e seus conceitos basilares são indispensáveis para dar conta da dimensão inconsciente de todo fato humano, na medida em que todo fato humano contém em si, necessariamente, uma dimensão inconsciente. Não podemos recorrer aqui, contudo, àquilo com que Freud julgou ser possível dar conta da natureza do social. É preciso elaborar outros esquemas e outros conceitos, e nada garante *a priori* que eles serão adequados. Esse é o risco inerente à empresa de pensar, e pretender que seja possível pensar a partir do que os grandes autores pensaram, sem por isso pensar só o que e como eles pensaram, não é abusivo, mas simplesmente verdadeiro. Merleau-Ponty diz em *Partout et nulle part* que, uma vez inventados, certos conceitos e categorias se tornam indispensáveis para que a tarefa do pensamento possa ser continuada. Creio ser impossível pensar o psiquismo humano, depois de Freud, sem recorrer a seus conceitos e categorias fundamentais. Mas daí a repetir indefinidamente, e com menos clareza e precisão, o que Freud pensou, vai toda a distância que separa o anão nos ombros do gigante e o piolho na cabeça do astrônomo da célebre resposta a Steckel. O social não é o que Freud julgou, *e* o complexo de Édipo estrutura o inconsciente que se revela e se disfarça no social: entre esses dois polos, abre-se uma região imensa, plena de questões e de problemas, que exigem uma elaboração apropriada.

harmonia", necessária para "concentrar toda a luz num só ponto obscuro".[124] Vejamos, pois, no que consistem tais pontos no tocante ao tempo.

O inconsciente é atemporal — Freud o repete desde a *Interpretação dos sonhos*: o tempo nada altera em seus conteúdos, que ignoram a determinação pelo "antes" e pelo "depois", e podem se manifestar décadas após o momento de sua inscrição como se datassem do dia anterior. A rigor, é a *indestrutibilidade* dos conteúdos inconscientes que funda seu caráter a- ou intemporal. Mas isso não significa que nada possa ser modificado na vida psíquica, o que seria absurdo: precisamente, o processo primário se caracteriza por impor às representações e afetos as mais completas transformações. Além disso, desde suas primeiras tentativas de teorização, Freud emprega os conceitos de *nachträglich* (*a posteriori*) e de *retorno ao reprimido*, que obviamente contêm uma dimensão temporal. O primeiro designa o remanejamento de experiências, impressões e traços mnésicos em função de novas experiências e dos graus ulteriores do desenvolvimento, que conferem aos primeiros tanto um novo sentido quanto uma eficácia psíquica de que antes não eram providos,[125] ou seja, os torna propriamente traumatizantes. O segundo é o mecanismo fundamental da formação dos sintomas, dos lapsos, dos sonhos, da frase de espírito, dos atos falhos e de toda série dos "fenômenos transacionais". A expressão "traços mnésicos" não se reduz a postular um engrama cuja relação com aquilo de que é engrama seja da ordem do reflexo ou do simulacro; ao contrário, a memória é para Freud uma função ativa e que depende de um jogo de investimentos, contrainvestimentos e desinvestimentos referidos a sistemas estratificados, sendo a mobilidade da energia psíquica e a repressão os dois operadores fundamentais para sua caracterização.

No centro da concepção freudiana da temporalidade está a noção de amnésia, em especial da amnésia infantil, que remete de imediato à "pedra angular" da psicanálise: a teoria da repressão. Os traços mnésicos são imutáveis, mas a recordação das experiências a eles correspondentes depende de sua reativação, o que por sua vez se dá sempre nas condições dinâmicas definidas pela repressão. Tanto o *a posteriori* como o retorno do reprimido excluem, portanto, uma linearidade em que o anterior determinaria o posterior sem maiores complicações; se é verdade que o infantil determina o atual, isso se dá por meio de

---

124 Carta 124 a Lou Andreas-Salomé (25/6/1916), *Cartas* II, pp. 80-1.
125 Cf. Laplanche e Pontalis, *Vocabulaire*, cit., pp. 33 ss., artigo "Après-coup".

reações complexas em que o próprio infantil, sob a forma dos traços mnésicos em que se inscreveu, é constantemente remanejado e retomado, de modo consciente, pré-consciente ou inconsciente, em novos contextos. Disso se conclui que a reativação dos conflitos psíquicos infantis, que Freud dá como objetivo do tratamento analítico, não pode deixá-los imunes nem idênticos a si mesmos, o que levanta complexos problemas a respeito da memória e da fantasia, como vimos num capítulo anterior. Um psicanalista como Conrad Stein tirará desses princípios amplas consequências, postulando que o "infantil" é tanto recordado quanto reinventado na situação analítica, o que impõe importantes modificações à tese clássica da rememoração como instrumento da catarse psicanalítica.[126] Mas, sem entrar nesses problemas, cabe notar que Freud opera com dois teoremas complementares: o de que os traços mnésicos são inalteráveis e o de que, pelo processo primário, se combinam incessantemente de outras maneiras, suscitando representações novas que podem ou não ultrapassar a barreira da censura. Esse reativar e recombinar os traços mnésicos é função das novas experiências do sujeito, entre as quais se apresentam algumas que evocam por similaridade ou contiguidade traços até então inativos.

Se o inconsciente é atemporal, de onde provém a representação do tempo? Em vários de seus últimos textos, Freud explora a questão. Em *Além do princípio do prazer*, repetindo que o inconsciente se acha fora do tempo (pelo que se deve entender que os processos inconscientes não podem ser ordenados temporalmente e que o tempo nada altera neles), Freud dirá que "nossa representação abstrata do tempo parece antes se basear no funcionamento do sistema percepção-consciência, correspondendo a uma autopercepção do mesmo. Nesse funcionamento do sistema, apareceria outro meio de proteção contra as excitações".[127] É na "Nota sobre o bloco mágico" que Freud retoma a ideia:

> No bloco mágico, a escrita desaparece cada vez que suprimimos o contato entre o papel receptor do estímulo e a camada de cera que guarda a impressão [...]. Supusemos que [no funcionamento do aparelho psíquico] são constantemente enviadas

---

126 Cf. *L'Enfant imaginaire*, Paris, Denoël, 1971, e os artigos pertinentes de *La mort d'Œdipe*, Denoël-Gonthier, 1977, em especial "La constitution du complexe d'Œdipe" e "De la prédiction du passé".

127 *Além do princípio do prazer*, SA III, p. 238; SE XVIII, p. 28; BN III, p. 2520.

do interior do aparelho perceptivo, e dele retiradas, enervações de investimento psíquico. Enquanto o sistema se mantém investido de energia psíquica, recebe as percepções acompanhadas de consciência e transmite o estímulo aos sistemas mnêmicos interiores. Mas, quando o investimento de energia psíquica é retirado dele, se apaga a consciência e cessa a função desse sistema. É como se o inconsciente destacasse, por meio do sistema receptor, dirigindo-os para o mundo externo, tentáculos sensoriais e os retirasse uma vez comprovados os estímulos. Em nossa hipótese, atribuímos as interrupções (que no bloco mágico são provocadas por uma ação exterior) ao efeito de uma descontinuidade das enervações, e em lugar de uma supressão real do contato supomos uma insensibilidade periódica do sistema receptor. *Por último, supomos também que esse funcionamento descontínuo do sistema receptor seja a base da representação do tempo.*[128]

E, em "A negação", é o processo do pensamento como adiamento provisório da ação motora, a fim de deliberar se e como ela deve ser realizada, que aparece como herdeiro dessa exploração comparável à dos tentáculos retráteis da vesícula viva no texto de 1920:

> Mas onde o ego levou a cabo, antes, esse tateio? Em que lugar aprendeu a técnica que agora emprega no processo de pensamento? Isso sucedeu no extremo sensorial do aparelho psíquico, nas percepções sensoriais. Segundo nossas hipóteses, a percepção não é um processo puramente passivo: de tempos em tempos o ego envia ao sistema da percepção pequenas cargas psíquicas, por meio das quais testa os estímulos exteriores, retirando-se depois, novamente, de cada um desses avanços tateantes.[129]

Notemos de passagem que esse texto atribui ao ego o que o do "Bloco mágico" imputava ao inconsciente; mas isso não é o principal. Em todos os três textos citados, a representação do tempo é resultado do funcionamento do aparelho psíquico, o qual é reputado descontínuo — essa representação se origina no investimento rítmico do sistema perceptivo por cargas psíquicas emanadas

---

[128] "Nota sobre o bloco mágico", SA III, p. 368; SE XIX, p. 231; BN III, p. 2810. Cf. o sugestivo comentário de Jacques Derrida a esse texto ("Freud et la scène de l'écriture", em *L'Écriture et la différence*, Paris, Seuil, 1975).
[129] "A negação", SA III, p. 375; SE XIX, p. 238; BN III, p. 2886.

do aparelho. Os conteúdos fundamentais da representação do tempo são sua continuidade e sua irreversibilidade, que percebemos como a diferença do "antes" e do "depois", situada num plano homogêneo cujo ponto focal é o "agora". Freud nos diz que o antes e o depois não são mais do que a "autopercepção do funcionamento do aparelho psíquico", mais precisamente do caráter rítmico desse funcionamento. O que no inconsciente é fluência segundo as leis do processo primário — fluência das representações e dos afetos, e que envia periodicamente cargas de energia ao aparelho perceptivo — é percebido como *ritmo e descontinuidade* por este; por um mecanismo de projeção, surge disso a representação de um tempo exterior e uniforme. É dizer que a precondição para que seja engendrada essa representação reside na separação dos dois sistemas, o inconsciente e o perceptivo, separação que se deve à barreira da repressão: isso porque o sistema percepção-consciência forma a camada superficial do ego, "calcinada" por excitações provenientes do mundo exterior (*Além do princípio do prazer*), e porque a repressão traça, em relação a esse sistema, o limite do ego na dimensão da profundidade do aparelho psíquico. É certo que, rigorosamente falando, o ego se prolonga além do limite da repressão (é por isso que uma parte dele é inconsciente e que, como vemos em *O ego e o id*, Freud acaba por abandonar a primeira tópica pela segunda). Mas uma de suas funções principais, o pensamento, só se torna possível a partir da repressão e é ligada de modo intrínseco à representação do tempo. Releiamos nessa perspectiva as frases finais de "A negação":

> A função do julgamento se torna possível pela criação do símbolo da negação, o que permite ao pensamento um primeiro grau de independência dos resultados da repressão, e com isso também da compulsão do princípio do prazer [...]. A prova mais cabal de que uma análise chegou à descoberta do inconsciente consiste na reação simultânea do paciente com as palavras: "Das habe ich nicht [nie] gedacht" — "eu não pensei isso [jamais]".[130]

O símbolo da negação é condição do pensamento na medida em que, para pensar, é preciso manipular também elementos reprimidos e que estes serão

---

[130] "A negação", SA III, p. 376; SE XIX, p. 239; BN III, p. 2886. Cf., a propósito do *nie* e do *nicht*, as reflexões de Granoff, em *La pensée et le féminin*, pp. 245 ss.

intelectualmente aceitos por meio do advérbio "não". Tal emancipação do controle exclusivo do princípio de prazer é o momento inaugural da racionalidade. Mas o "não" é ao mesmo tempo um "nunca", e a outra condição do pensamento é algo que tem a ver com a temporalidade: a função do julgamento de existência não é encontrar um objeto, mas *reencontrá-lo*, e isso pressupõe que ele tenha sido perdido. Isso nos remete ao momento do "Édipo originário" em que o objeto é descoberto como capaz de ser perdido, ao mesmo tempo em que o ego se institui como separado dele e se forma um fantasma em que a mãe, de algum modo, é incluída, conotada por um índice de "presença anterior". A emergência da fantasia, protótipo do pensamento abstrato, é simultânea à do ego e à do objeto como *separados*, e também à da representação do tempo como irreversível (a mãe não está ali onde agora o lactente percebe o não mãe). Por essa razão, uma alucinação ou um fantasma vem abolir essa situação angustiosa para reverter o tempo e figurar a presença da mãe no modo imaginário. Não é difícil vincular isso com a noção de que do interior do aparelho psíquico provenham cargas de energia que investem o sistema perceptivo e dele se retiram: podemos imaginar que o lactente, tendo percebido o não mãe, retire o "investimento psíquico" e se refugie no fantasma da completude, do qual apenas a necessidade, sob a forma da tensão insuportável, virá retirá-lo. O "antes" e o "depois" corresponderiam assim à "autopercepção do funcionamento psíquico", autopercepção que quadra bem com a função de proteção contra os estímulos anteriormente — e enigmaticamente — indicada em *Além do princípio do prazer*. O funcionamento descontínuo do sistema perceptivo seria assim a base da representação do tempo, não só pelo ritmo do antes e do depois por ele instaurado, mas ainda porque, servindo a uma função protetora contra os estímulos exteriores, ele encontra um eco na função de proteção contra os estímulos *interiores* que é a essência da repressão. E que esta tenha a ver com a temporalidade fica evidente se refletirmos que as representações reprimidas se furtam à determinação temporal — representação do tempo e negação são atributos do que não é reprimido, isto é, do que escapa à "compulsão do princípio do prazer" para abrir espaço ao princípio de realidade.

Temos assim dois fios da meada: a vinculação da representação do tempo com a negação e a existência de processos que implicam um tipo ainda indefinido de temporalidade, como o retorno do reprimido e o *a posteriori*. O inconsciente ignora a temporalidade e a negação, e ambas aparecem como dois aspectos da mesma coisa. Mas há um fenômeno que devemos tomar em consideração, que é a compulsão de repetição, situada do lado do inconsciente (*Inibição, sintoma e angústia*). O retorno do reprimido é apenas a face perceptível da repetição, mas de uma repetição que comporta a possibilidade do *a posteriori*, da elaboração a partir de experiências ulteriores ao estabelecimento dos traços mnésicos daquilo que se repete. A elaboração *a posteriori* não é apenas ação diferida do mesmo, como se o evento traumático guardasse intactas suas possibilidades patógenas para desdobrá-las "depois". Ao contrário, é o segundo momento que torna traumático o primeiro, como é patente pela história do "Homem dos Lobos" (o sonho assume a significação que tem porque *ativa a posteriori* a recordação do coito entre os pais). Mas o que é o "segundo evento"? É algo que por similaridade — isto é, por uma modalidade de repetição — vem evocar e ativar o traço mnésico do primeiro, indestrutível por natureza. Toda a dificuldade da concepção freudiana do tempo reside em que este é concebido num contexto dinâmico, no qual a relação de forças entre reprimido e repressor é determinante. Algo similar a um aspecto do reprimido se deixa perceber no exterior, e tal impressão é suficiente para surtir uma modificação radical no equilíbrio das repressões, fortalecendo o reprimido e dando origem a seu retorno, que por sua vez será apanhado numa formação transacional que o exprime e também exprime a tendência oposta. O retorno do reprimido é retorno, ou esforço de retorno, à consequência, e é do ponto de vista desta última que se verifica um *retorno*, pois, pela óptica do inconsciente, trata-se apenas de uma *permanência* que é ao mesmo tempo *pressão* e que o tempo de "fluência" proposto por Granoff designa muito bem. É porque a representação do tempo é solidária da negação — a qual por sua vez já é negação da negação (pois a repressão do acesso à consciência para uma representação) — que a atemporalidade dos conteúdos inconscientes será percebida como *retorno do reprimido*, enquanto, para o inconsciente, se trata de uma repetição, ou melhor, de uma subsistência.

Mas a repetição não envolve um antes e um depois, implícitos no prefixo "re"? Duas observações podem ser feitas a esse respeito. Em primeiro lugar, é a consciência que percebe e designa como repetição o que no inconsciente é permanência pressionante indiferente à temporalidade. O que se repete, a rigor, não é o conteúdo inconsciente, mas a ruptura da barreira da repressão provocada por circunstâncias econômicas e dinâmicas, ruptura que permite ver aquilo que, enquanto permanece inconsciente, é eminentemente invisível — ruptura que Freud designa como "retorno do reprimido". A representação que assim força a barreira da censura vem acompanhada do caráter incoercível que nada mais é do que seu "certificado de origem" para retomar a expressão de "A negação", isto é, sua qualidade previamente inconsciente. Em segundo lugar, só se pode falar do inconsciente a partir da consciência, ou melhor, do processo de pensamento que é o apanágio da consciência. Entre dizer que a repetição é o modo próprio de manifestação do inconsciente e não dizer nada, permanecendo mudo diante do inefável, não existe alternativa, e todos os conceitos freudianos trazem consigo essa determinação ineliminável, que lhe é congênita como produto do pensamento reflexivo: o de falarem do inconsciente na linguagem da consciência, única capaz de fixar e de articular o que quer que seja.

A atemporalidade dos processos inconscientes se refere, assim, a duas coisas diferentes. Uma delas, a de que no inconsciente não existe uma representação do tempo, nos parece agora mais clara, pois esta é função de sistemas exteriores ao inconsciente, como o ego e a percepção, que se definem por sua relação com a realidade exterior. A outra, que consiste na indestrutibilidade ou na imortalidade dos conteúdos inconscientes, e que Freud gostaria de ver "elucidada pelo pensamento filosófico" (conferência 31), pode ser expressa pela fórmula de que o transcurso do tempo nada altera neles. Isso também é compreensível se refletirmos que devido à repressão se encontram fora de alcance do ego e, portanto, fora da jurisdição da instância encarregada da "fabricação" do tempo. Freud afirma em várias passagens que a repressão é uma prova de força do ego, mas também de sua debilidade, pois, se ele de fato impede que o reprimido apareça tal e qual no campo da consciência, é igualmente verdade que por seu intermédio se constitui um "território estrangeiro interior" ao qual não têm acesso as funções de síntese do ego e, *ipso facto*, tampouco o princípio de realidade. Talvez possamos captar melhor essa particularidade se vincularmos o princípio de realidade à instauração da negação, uma vez que ele não é mais do que a modificação imposta ao princípio de prazer pela frustração exterior. Frustrar é dizer "não", é estabelecer distinções, categorias e territórios, isto é, separar, e no inconsciente não há tempo porque não há posição de entidades limitadas, separáveis e passíveis de serem determinadas umas em relação às outras. Uma representação inconsciente só metaforicamente pode ser dita "uma", pois se dissolve de imediato numa massa de representações que dela fluem e a ela retornam, e mesmo essas imagens não são adequadas, pois "fluir de" e "retornar a" implicam um polo de referência estável em relação ao qual há retorno e fluência. O processo primário — invenção conceptual do pensamento reflexivo — designa esse caráter proteiforme, magnético, das representações inconscientes, fazendo intervir operações como a condensação e o deslocamento; mas, a rigor, tais termos denotam o que *para a consciência* são operações e que, do ponto de vista do inconsciente, se resume numa permanência pressionante. Permanência porque os processos inconscientes são atemporais, e suas representações existem sob o modo do infinitivo-optativo; pressionante porque são representantes psíquicos da pulsão, que se define por ser uma magnitude constante da força — constante não no sentido de jamais variar, mas de jamais se extinguir: as forças que atravessam os conteúdos inconscientes são, em síntese, o signo de sua inscrição (embora não localizável anatomicamente) num corpo sexuado.

Tudo isso parece muito afastado do problema que havíamos intentado solucionar, isto é, o da temporalidade histórica; mas na verdade se trata de outro aspecto da mesma coisa. Entendamo-nos sobre o que designa a expressão "temporalidade histórica". Esta não alude, nem sequer remotamente, ao transcurso dos dias, anos e séculos, que é um corolário da rotação da Terra sobre seu eixo e ao redor do Sol, e que seria o mesmíssimo se o *Homo sapiens* nunca tivesse surgido sobre o planeta. A irreversibilidade *deste* tempo é devida ao fato de que os movimentos da Terra se dão no mesmo sentido, em função das forças de atração, de gravidade etc., e uma imagem da reversibilidade *deste* tempo, perfeitamente concebível se de repente a Terra passasse a girar no sentido oposto, nos é dada por um filme recente de ficção científica, em que Superman faz se ressoldarem as bordas do abismo aberto por um terremoto (e portanto fazendo com que este *não tenha sido*), ao imprimir à Terra uma rotação no outro sentido. Convém repetir, a temporalidade histórica não é redutível a esse movimento, embora se ancore nele, como elemento do "primeiro estrato físico-biológico". A temporalidade histórica é aquilo pelo qual e no qual advêm transformações na sociedade ou nas sociedades, e não se reduz a um tempo de representações, ou a uma representação do tempo, mas tem a ver com o *fazer* — fazer ser, para empregar a feliz expressão de Castoriadis, aquilo que antes não era e não poderia ser.

Ora, a concepção de Freud não deixa espaço para esse fazer, e isso em diversos planos. O tempo "exterior" ao indivíduo é por ele suposto ser resultado de uma projeção a partir do funcionamento descontínuo e rítmico da percepção, cujo modelo mais simples é a alternância sono/vigília. Já nesse nível aparecem as dificuldades: como reduzir a uma projeção o tempo natural? O que determinaria tal projeção? A projeção remete à onipotência do pensamento e ao narcisismo, enquanto o tempo natural não pode ser derivado nem de um nem de outra, e isso na mais estrita lógica freudiana, uma vez que é dado a partir de uma realidade cuja percepção é incompatível com ambos, pela simples razão de que surge na brecha aberta na mônada narcísica, inevitavelmente, pela pressão da necessidade interior. Se a temporalidade e a negação estão vinculadas de modo intrínseco, ambas sendo funções do ego, o tempo não pode surgir de um jogo de representações inconscientes, como as que estão associadas à onipotência do pensamento e ao narcisismo. O tempo natural — tempo da vida, da rotação da Terra etc. — é, ao contrário, imposto com a maior brutalidade pela realidade exterior, e sobre isso não há sombra de dúvida. Mas, no limite, é possível articular esse fato com a origem da representação do tempo no funcionamento do sistema perceptivo, pois é a consciência da sua própria continuidade no tempo que permite ao lactente imaginar um tempo contínuo, *no qual* ele e os outros existam. Ou, o que parece antinômico, mas no fundo é a mesma coisa, é a percepção da permanência da mãe a partir de suas desaparições e reaparições sucessivas que funda a percepção de que tais fenômenos ocorrem num tempo que os envolve e os contém, e que é o *mesmo* tempo no qual se dão as percepções sucessivas. Ao contrário, é nos esquizofrênicos crônicos que a percepção do tempo virá a falhar, engendrando o vazio psíquico, no qual o tempo parecerá não ter transcorrido ou ter parado num certo momento, carregado de significações afetivas. Os não psicóticos sintetizam o tempo de forma obrigatória, e nisso reside uma das razões pelas quais não o são.[131]

Mas o tempo não é apenas tempo de representar; é também tempo de fazer. E isso, imediatamente, no nível individual, em que os dias são reputados "longos" quando não são repletos de atividade e, ao contrário, "curtos" quando os preenchemos com algo interessante e que nos absorve. O tempo do fazer não é suscetível das mesmas determinações que o tempo do representar: nada há aqui de comparável à permanência pressionante do reprimido, ao seu retorno ou ao *a posteriori*. É evidente que com frequência a *significação* do que fazemos só aparece *a posteriori*, uma vez determinada a tarefa; mas a significação não é a

---

[131] Cf. Claude Le Guen, "Le temps figé du schizophrène", em *Entretiens psychiatriques*, 1961, pp. 15 ss.

mesma coisa que a obra. O tempo do fazer não é o mesmo que o tempo da representação porque envolve, necessária e imanentemente, uma relação com o outro como coagente, e esse outro é, na verdade, a sociedade em seu funcionamento global, implicado mediatamente em qualquer ação e qualquer fabricação (as duas vertentes do fazer, como *práxis* e como *poiésis*). O fazer individual é assim, mediatamente, um aspecto ou momento, por mais abstrato que seja, do fazer social e portanto histórico. Ora, aqui se abre uma dicotomia entre a prática de Freud e sua teorização. Tal prática é um fazer — fazer a análise, interpretar, ouvir, intervir, levantar barreiras, construir —, em suma, um fazer que se expressa de modo admirável em cada página sua e em cada análise que retraça seu percurso. Nessa prática, o tempo tem um lugar eminente, não apenas porque ela só pode realizar no tempo (e num tempo, proporcionalmente, longo), mas sobretudo porque nela o tempo não é homogêneo nem indiferente. Pense-se no momento adequado para uma intervenção do psicanalista, que não é qualquer momento: é um tempo pregnante, instante de decisão — *kairós*, como diziam os gregos citados por Castoriadis: "O tempo é aquilo no qual há *kairós*, e o *kairós* é aquilo no qual não há muito tempo". Isso sem falar na dimensão histórica da terapia analítica: histórica no sentido banal (modificações que surgem umas após as outras e não podem inverter sua ordem de aparição) e no sentido forte (que modificações *advenham* em geral, criando algo novo e que de modo algum pode ser referido ao "retorno ao *statu quo ante*", o que separa radicalmente medicina e psicanálise). Dessa dimensão, a teoria freudiana do tempo não dá conta, pois ela não releva nem da autopercepção do funcionamento psíquico, nem da projeção, nem da síntese do ego diante das frustrações da realidade. É em outros capítulos da teoria que surgem as explicações adequadas a essa dimensão temporal do tratamento, mas elas se acham significativamente ausentes das reflexões sobre o tempo.

O mesmo sucede quando Freud toma a história como espaço do retorno do reprimido, dessa vez na escala coletiva, já que o reprimido é o parricídio originário e este é suposto ter sido um ato coletivo. Duas dificuldades se colocam aqui, uma inerente à forma pela qual Freud pensa a temporalidade, outra que compartilha com uma longa tradição filosófica que remonta ao *Timeu* de Platão. Consideremos de início a que é própria a Freud. Se o parricídio ocorreu, não pode deixar de ter sido um evento extraordinariamente traumático, sobretudo se foi "repetido inúmeras vezes ao longo dos séculos"; seus traços seriam inscritos no inconsciente e transmitidos de forma filogenética de geração em geração, mas, ao mesmo tempo, o retorno do reprimido se dá na dimensão social, engendrando as diferentes figuras do direito e da religião — figuras que, embora aparentem se afastar da recordação do crime originário, na verdade se aproximam cada vez mais dele, até tornar possível sua revelação pela psicanálise. O "progresso" é assim um "regresso", e os progressos de que fala Freud — progresso secular da repressão, progresso na espiritualidade e progresso na atribuição de direitos cada vez mais amplos a frações cada vez mais vastas da sociedade — podem ser vistos como outros tantos regressos. O "progresso na liberdade" é retorno à igualdade dos membros da aliança fraterna; o progresso na repressão anuncia a inevitável explosão de barbárie que reconstitui, multiplicado, o cenário do crime primitivo. O progresso na espiritualidade, que é a vitória do princípio paterno sobre o materno, também não deixa de ser um regresso à hegemonia do chefe da horda, embora no caso estejam implicadas outras dificuldades de que trataremos na próxima seção deste capítulo. Ora, aqui se eliminou sub-repticiamente a irredutibilidade do fazer ao representar: o Deus cristão não é apenas um avatar do totem, mas o que o define como Deus *cristão* é o fato de ser uma representação solidária de instituições variadas e de diferentes ordens, rapidamente resumíveis na expressão "Igreja". De nenhum modo, a Igreja, como instituição nascida dos escombros do Império Romano, herdeira e mutiladora da tradição clássica, fundadora de conventos e potência econômica de primeira grandeza durante mais de um milênio, pode ser reduzida à "ilusão de que todos os cristãos são irmãos porque Cristo os ama por igual". Tal ilusão, ou significação imaginária, pode fundar ou sustentar ou estar relacionada de outra maneira qualquer com a instituição da Igreja, mas jamais abolir esta última ou aspirar a todas as suas determinações, que além disso não são as mesmas em diferentes momentos da história. A identificação recíproca estudada por Freud é sem dúvida um fator decisivo e que incidentalmente me parece mais fecundo para compreender o fenômeno religioso como *social* do que a tese, mais fácil de aceitar no plano da psicologia do crente, a respeito da desproteção infantil. Mas ela não pode dar conta, sozinha, do fenômeno social-histórico denominado "Igreja", sem o qual não poderia existir a identificação recíproca dos cristãos.

Esta é a aporia central da tese freudiana: como explicar que as reações ao complexo de Édipo sejam diferentes e se modifiquem ao longo dos tempos? Mesmo que se invoque a inscrição dinâmica das representações inconscientes, fonte da permanência, fluência e transformação dos conteúdos inconscientes no plano individual, resta o fato incontornável de que nada há no plano social que seja comparável às pulsões, conceito que jamais pode ser transposto, sem abuso de linguagem, para o universo histórico-social. Freud, aliás, não opera com a metáfora do organismo, para dar conta deste último: o social é desde o início social, isto é, coletivo, e atravessado por uma divisão sem paralelo no organismo, a saber, aquele que vige entre o chefe da horda e os filhos. Em outros termos, é só porque existe um fazer irredutível ao jogo das pulsões e das representações — fazer que estabelece as instituições, as faz perdurar, se transformar e extinguir — que o "retorno do reprimido" pode se expressar na história; mas assim considerado ele deixa de ser *retorno* e passa a ser o que na verdade é, criação de figuras, formas e conteúdos radicalmente novos materializados nas instituições que configuram a dimensão social de fato. Haveria um paralelo a estabelecer entre essa criação do novo e o que ocorre na análise, em que o passado é constituído como passado quando representações/afetos inconscientes deixam de ser privilégio do Único e se tornam conscientes *porque* são incluídos numa relação que não se esgota no solipsismo do id, tomando sua forma própria porque é relação social e socialmente mediada entre dois indivíduos, e resultando na criação, no plano do fantasma (e não apenas nesse plano), de algo novo. Mas o paralelo logo se demonstra curto, porque, se a relação analítica se funda sobre a transferência, a relação social não se funda no mesmo mecanismo. E é por isso que a obra analítica é um filho imaginário, e a obra social se constrói na espessura do real — que comporta, sem dúvida, uma e mesmo múltiplas dimensões imaginárias, entre as quais a do imaginário psicanalítico, sem se reduzir a elas.

 A segunda dificuldade, que Freud compartilha com a tradição do pensamento ocidental, é muito mais decisiva. Trata-se da negação da história como surgimento de determinações outras e indetermináveis completamente *a priori* e *de jure*, negação amplamente estudada por Castoriadis e que não é possível retomar aqui. Basta indicar que, se a história é retorno do reprimido, todo o seu trajeto está dado idealmente no momento em que o pai primitivo exala seu último suspiro. Uma vez dada a origem, tudo se equaciona como desdobramento de seus efeitos, segundo o esquema da causalidade ou da implicação lógica. Que a origem não seja encontrável na história do indivíduo não constitui problema: ela será posta na história da espécie, miticamente recuada para o momento do crime originário, e suposta atuante ao longo da filogênese. A origem freudiana tem a peculiaridade de ser habitada por determinações antagônicas, pois o pai já é fascínio erótico e violência agressiva, o crime é hediondo e necessário, e assim por diante. Os efeitos inevitáveis serão conflitivos, mas esse conflito girará no vazio, limitando-se a atualizar o que já estava implícito no ponto de partida. O ruído e a fúria da história seriam assim como a vida no monólogo de Macbeth (*signifying nothing*, se *significar* é também criar uma significação), e não como o *pólemos* heraclitiano, "pai de todas as coisas e de todas o senhor". Mas esse é outro problema, que exigiria um estudo à parte.

A aporia da concepção freudiana do tempo — o inconsciente é atemporal e existe uma temporalidade psíquica que não é ilusória, sem o que a terapia analítica não seria mais que uma sinistra ilusão — só é resolúvel se se considerar a outra dimensão da temporalidade, que é a dimensão do fazer. Ora, a psicanálise parece importante para pensar o fazer, na medida em que o continuar definindo apenas como *acting out*; e um dos méritos da teorização de Conrad Stein me parece residir em que, ao conceber a análise como criação, escapa a essa determinação unilateral. Nada há no plano social que corresponda à "autopercepção do funcionamento psíquico" que engendra a representação individual — ou uma das facetas da representação individual — do tempo; e transpor isso *ipsis litteris* para o plano social, afirmando por exemplo que a temporalidade histórica é fruto da "autopercepção do funcionamento do aparelho social", a rigor não quer dizer nada. Pois esse tipo de temporalidade não pode ser engendrado por percepção ou autopercepção alguma, e a sociedade difere *toto coelo* de um aparelho. A supressão freudiana da temporalidade histórica é apenas a outra face da eliminação precedente do social enquanto tal, pois a história só pode ser como história da sociedade, manifestação permanente do autoengendramento que define seu ser, e que em sentido algum é "retorno", ainda que do primeiro ato histórico e ainda que o retorno não se expressasse no conteúdo manifesto da história, mas tivesse de ser descoberto pelos meandros da interpretação. A expressão corrente segundo a qual "a história se repete" — mesmo se, com o Marx do *18 Brumário*, acrescentarmos que a repetição é farsa do que de início foi tragédia — é superficial e no fundo vazia. Pois a repetição, seja em que registro for, é um misto de Mesmo e de Outro, sobretudo porque o que se repete é diferente do repetido por se dar em outro momento, não só do tempo natural como também do tempo histórico.

A questão da temporalidade, à qual as páginas precedentes procuram fornecer uma elucidação preliminar, surgiu em nosso horizonte a partir da questão da história, a qual, por sua vez, foi introduzida pela análise da categoria da filogênese e pela recusa desta, em virtude da eliminação da espessura própria ao social que implica sua utilização. Talvez convenha recordar que havíamos partido da noção freudiana de que, na religião, está contida uma "verdade histórica"; todo o trajeto efetuado nas duas últimas seções pode ser considerado uma tentativa de compreender o adjetivo "histórica". Resta o substantivo "verdade", não menos prenhe de impasse e enigmas. Ele se situa na aresta de outra expressão freudiana, a de "verdade material". Cabe-nos agora estudar o que significa, para Freud, a noção de "verdade"; nesse movimento, teremos de nos haver com as aporias contidas na tese freudiana de que a psicanálise é essencialmente uma ciência e que, como tal, diz a *verdade* sobre um fragmento da realidade.

7. "NOSSO DEUS LOGOS"

Em nenhum outro aspecto de sua obra é mais patente a heterogeneidade entre o que Freud faz e o que pensa fazer como no delicado capítulo da cientificidade da psicanálise. Herdeiro da tradição alemã de DuBois Reymond e de Helmholtz, que se constitui por oposição às diversas filosofias da natureza elaboradas na primeira metade do século XIX, para ele é artigo de fé sua pertinência ao campo do saber científico, que se recorta por oposição aos da religião e da filosofia. Tal pertinência jamais é questionada; ao contrário, Freud faz funcionar a oposição entre princípio de realidade e princípio de prazer para validá-la com os aportes da psicanálise. Esta seria, a crer em suas declarações de princípio, uma parte da ciência *tout court*, disso derivando suas características essenciais, isto é, a constituição de um objeto próprio, o método com o qual esse objeto é investigado, a forma em que se estabelecem princípios e conclusões, e sobretudo a adequação crescente do sistema de conceitos à estrutura do objeto, garantia da validade do discurso psicanalítico. Os pressupostos dessa concepção podem ser sintetizados dizendo que o inconsciente tem uma existência objetiva, verificável pelas observações conduzidas de maneira apropriada, que a interpretação e a dedução constituem a forma de abordagem consentânea com sua natureza, e que as zonas de sombra eventualmente restantes serão pouco a pouco dissipadas por estudos mais aprofundados. Tudo isso não é jamais interrogado por Freud. Ao contrário, ele está disposto a conduzir uma campanha contra os cientistas preconceituosos e obtusos que, definindo demasiado estreitamente o domínio do observável, recusam à psicanálise o posto que de direito ela deve ocupar e que por vezes é caracterizado como "psicologia profunda". Ele irá mesmo ao ponto de afirmar, como vimos antes, que as únicas "verdadeiras" ciências são a psicologia, pura ou aplicada à sociedade, e a história natural, que estuda os fenômenos físico-químico-biológicos.

Tais afirmações, porém, estão longe de ser evidentes por si mesmas. Envolvem uma série de pressupostos quanto ao que é, ou seja, pressupostos filosóficos no sentido mais legítimo do termo. "O que é" — a totalidade dos entes — seria assim divisível em duas grandes categorias: o natural e o humano, correspondendo às duas ciências possíveis. Ambas as categorias apresentariam determinadas características, que as tornariam aptas a ser objeto de ciência: estrutura permanente e idêntica a si mesma, capaz de ser descoberta por aproximações sucessivas; existência independente dos diferentes observadores, condição de verificabilidade dos enunciados que podem ser construídos a seu respeito. Ambas as determinações são passíveis de serem reunidas sob a rubrica mais ampla da "realidade", razão pela qual o conhecimento que pode ser obtido acerca dos objetos em questão será orientado pelo princípio de realidade, expurgado dos fatores residuais derivados do princípio do prazer, em particular a tendência à realização ilusória do desejo presente na filosofia e na religião. Contanto que essas normas sejam respeitadas — e Freud julga respeitá-las em cada momento de sua investigação —, o conhecimento sobre o inconsciente será dotado das propriedades inerentes ao conhecimento científico em geral: comunicabilidade, verificabilidade e cumulatividade. A psicanálise é, pois, uma ciência, c. q. d.[132]

---

[132] Algumas das formulações de Freud a esse respeito encontram-se no § 27 de "Psicanálise e teoria da libido", GW XIII, p. 258; SE XVIII, pp. 252-3; BN III, p. 2673; nos capítulos 6 a 8 de *O futuro de uma ilusão*, SA IX, pp. 166 ss.; SE XXI, pp. 32 ss.; BN III, pp. 2978 ss.; na conferência 35 das *Novas conferências*, SA I, pp. 587 ss.; SE XXII, pp. 160 ss.; BN III, pp. 3192 ss. O modo de formação dos conceitos científicos é abordado no início de "Pulsões e destinos de pulsão", a propósito da noção de *Trieb*: SA III, p. 81; SE XIV, p. 117; BN II, p. 2039. Uma discussão aprofundada dos problemas colocados pela afirmação de que a psicanálise é uma ciência pode ser encontrada em "La psychanalyse: projet et élucidation", na coletânea de C. Castoriadis, *Les carrefours du labyrinthe*, Paris, Seuil, 1977.

E, no entanto, há algo que não concorda com essa visão das coisas. Deixemos de lado, por irrelevantes, as críticas ao estatuto científico da psicanálise emanadas do behaviorismo e de outras correntes que não levam em conta a especificidade do objeto que a disciplina freudiana visa investigar.[133] Posto nesse nível de generalidade, o problema não pode ser elucidado em seus múltiplos aspectos. O conhecimento psicanalítico é sem dúvida comunicável e verificável, estando essa última qualificação sujeita ao respeito das circunstâncias que governam a emergência dos fenômenos correspondentes, isto é, à chamada "situação analítica". Mas já na terceira determinação — a cumulatividade — surge uma dificuldade inesperada. O conhecimento científico é de certo modo cumulativo, termo pelo qual entendo que o cientista não é obrigado a começar a cada vez do ponto zero, mas se apoia sobre os resultados obtidos pelos que o precederam no campo estudado. E isso não obstante as chamadas "revoluções científicas": o fato de que as teorias aceitas mudam de tempos em tempos — em quaisquer campos da ciência, das naturais às humanas — não implica que todos os resultados obtidos pelas teorias precedentes sejam nulos, ainda que elas sejam abandonadas em favor de outras reputadas mais adequadas. A matemática moderna não se reduz mais às bases de que a dotaram os gregos, mas nem por isso a geometria euclidiana deixa de ser "válida". Ora, o que vemos na psicanálise? Algo semelhante ao que ocorreu na história da lógica: uma vez estabelecidos seus conceitos fundamentais por Aristóteles, eles se mantiveram virtualmente inalterados por séculos a fio, como se o domínio lógico tivesse sido esgotado pela conceptualidade aristotélica; e os sucessores refinaram, aperfeiçoaram ou exploraram o campo respectivo por meio desses conceitos e de outros implicados neles, mas essencialmente da mesma ordem. A psicanálise opera hoje, na medida em que é freudiana, com um aparelho conceptual inventado em sua quase-totalidade por Freud, e os novos (e poucos) conceitos que não se encontram em Freud são de certo modo dedutíveis dos seus ou compatíveis com eles.[133a] O essencial do campo psicanalítico foi desbravado e mapeado por seu fundador, e isso de forma tal que o conceito de cumulatividade se encontra singularmente diminuído nesse

---

133 Uma penetrante análise dessas objeções e de sua falta de fundamento pode ser encontrada em Paul Ricœur, *Freud: una interpretación de la cultura*, México, Siglo Veintiuno, 1970, pp. 350-70.

133a. Estudos posteriores à redação deste livro me levaram a retificar essa postura, procurando levar em conta a complexidade da história da psicanálise. Ver, a esse respeito, o prefácio à quarta edição.

campo específico. Por que, se a psicanálise fosse uma ciência comparável à física ou à geografia, sua história interna seria tão absolutamente indispensável para sua compreensão? E por que sua história interna se reduz, no essencial, ao que Freud escreveu, ou, dito de outra forma, é determinada de tal maneira que, sem o que Freud escreveu, ela se torna ininteligível?

Uma saída fácil, mas enganosa, é dizer que a psicanálise não é uma "ciência como as outras". A fugacidade de seu objeto próprio seria tal, que só por uma reconstituição minuciosa da história de sua descoberta ele seria captável de modo preciso. Mas isso não explica por que a leitura de Freud é insuficiente para alguém se tornar psicanalista (ou psicanalisado), num sentido irredutível àquele em que ler Newton ou Einstein não é suficiente para que alguém se torne físico. Ao mesmo tempo, a obra de Freud não é da mesma ordem que a de Platão ou de Hegel, embora como "sistema de pensamento" ela possa ser lida numa clave puramente teórico-conceptual. O fato é que os escritos freudianos têm algo de científico e algo que escapa à ciência (e também à filosofia). É esse "algo" tão difícil de ser precisado que os torna propriamente psicanalíticos. E que Freud, fascinado pela miragem de um cientificismo que sua obra desmente da primeira à última página, não questione de modo explícito os pressupostos que a psicanálise põe em xeque pelo simples fato de existir — e de ser obra sua — não altera em nada essa constatação. A leitura e a interpretação dos escritos freudianos são um momento essencial da atividade de um psicanalista, na medida em que tal atividade continua de certo modo a de Freud, e isso de maneira diferente do que a leitura e a interpretação dos textos filosóficos do passado são um momento essencial da atividade do filósofo.

Pois a psicanálise lida com o inconsciente, e essa região do ser tem notáveis particularidades, entre as quais a de implicar o inconsciente do psicanalista em seu próprio objeto. Isso é patente no discurso freudiano, embora este não tematize de maneira explícita a questão, ao menos quando Freud trata da ciência. Mas é evidente quando fala de estética, por exemplo nas linhas iniciais do "*Moisés de Michelangelo*" e ao longo do "*Leonardo*". *A interpretação dos sonhos* contém suas descobertas fundamentais, mas também documenta as etapas de sua autoanálise, sem a qual tais descobertas jamais teriam sido efetuadas. A leitura contemporânea da obra freudiana, em especial na França, vem destacando esse aspecto: autores tão diferentes em suas perspectivas como W. Granoff e C. Stein, para só citar dois deles, têm posto em relevo a imensa implicação da pessoa de

Freud em seus escritos, apontando por exemplo determinados impasses em que seu pensamento se encontrou devido a resistências psíquicas que não puderam ser superadas. Tal interpretação nada tem a ver com uma hipotética e pretensiosa psicanálise de Sigmund Freud, mas é um momento decisivo na teorização desses pensadores, quando não fosse para circunscrever o espaço em que eles próprios pensam. Um livro recente de Monique Schneider, *Freud et le plaisir*, vai ainda mais longe nessa direção, submetendo um texto como "Pulsões e destinos de pulsão" — da mais pura dimensão teórica, poder-se-ia dizer — a um escrutínio que desvenda as determinações afetivas e inconscientes operantes na "imaginação teorizadora" de Freud, como aliás na de qualquer pensador original. E, de certo modo, tampouco o presente estudo pôde se furtar à exploração dessa dimensão, sem a qual a obra freudiana não pode ser adequadamente interrogada. Isso porque a psicanálise é, sob certos aspectos, científica, mas sob outros — e dos mais relevantes — é criação individual de Freud, e ambas as determinações estão inextricavelmente vinculadas.

O aspecto "científico" da psicanálise reside em primeiro lugar na descoberta e na conceptualização de fenômenos universais, como o inconsciente, o complexo de Édipo e outros da mesma índole, independentes da pessoa de Freud e comprováveis por todos quantos se dispuserem a respeitar suas condições de verificabilidade. Mas tais fenômenos não existem *in abstracto*, e sim apenas encarnados em indivíduos singulares. Aí reside todo o problema. A dimensão da singularidade é tão decisiva na psicanálise quanto a da universalidade: como diz em algum lugar Granoff, em toda análise o ponto de chegada é o mesmo, mas o que interessa é o trajeto pelo qual ele é atingido. O indivíduo singular não é somente uma combinação dos elementos universais que caracterizam o psiquismo humano, mas esses elementos estão inscritos e portados por uma história única, que faz de cada um de nós um "eu" irredutível de direito aos demais. A história singular de Sigmund Freud, da qual faz parte a redação de seus escritos, é exemplar porque tais escritos permitem entrever de que maneira esse singular único é ao mesmo tempo portador das determinações universais teorizadas pela psicanálise — e portador de forma tal que a exploração dessa singularidade foi fonte da possibilidade de elucidar aquelas determinações. E isso de modo tão intenso que os sonhos de Freud são interrogados não apenas para perscrutar as leis do processo onírico, mas também as defesas inconscientes desse indivíduo, as quais, embora neutralizadas até certo ponto (sem o que ele não teria inventado a análise), não obstante agiram à sua revelia e determinaram decisivamente o que ele pôde ver e o que, apesar de toda a sua perspicácia, não pôde ser visto, pensado nem elucidado. E por essa simples mas decisiva razão existem hoje psicanalistas, e a teoria psicanalítica pode se desenvolver no *mesmo* sentido que Freud desejava e em *outro* sentido também.

Que a psicanálise não se reduza a uma ciência é ilustrado exemplarmente pelo lugar que nela ocupam os mitos fundadores. De um deles, o parricídio primitivo, pudemos provar que se trata de um fantasma teórico pessoal de Freud e que sua aceitação não é indispensável para a compreensão e para o prosseguimento da teorização em psicanálise. Mas que dizer da declaração da conferência 32, segundo a qual a teoria das pulsões é a "nossa mitologia"? E isso não se refere apenas a Eros e Thânatos, entidades míticas que Freud supõe atuantes em todas as esferas do ser, mas também à dualidade mais restrita e observável na clínica, a saber, as pulsões de autoconservação e sexuais! É precisamente a propósito da doutrina das pulsões, não obstante, que Freud irá se mostrar prudente ao extremo e afirmar ao mesmo tempo com a maior clareza sua concepção da ciência:

> Mais de uma vez, ouvimos expressar-se a opinião de que uma ciência deve ser edificada sobre conceitos fundamentais clara e precisamente definidos. Na realidade, nenhuma ciência, nem mesmo a mais exata, começa por tais definições. O verdadeiro princípio da atividade científica consiste na descrição de fenômenos, que em seguida são agrupados, ordenados e relacionados entre si. Já nessa descrição, torna-se inevitável aplicar ao material determinadas ideias abstratas extraídas de diversos setores, e, naturalmente, não apenas da observação do novo conjunto de fenômenos descritos. Tais ideias — os ulteriores princípios fundamentais da ciência — resultam ainda mais imprescindíveis na elaboração subsequente da matéria. De início, hão de apresentar certo grau de indeterminação [...]. Enquanto permanecerem nesse estado, nós nos colocamos de acordo sobre sua significação por meio de repetidas referências ao material de que parecem derivados, mas que na realidade já lhes é subordinado. Apresentam, pois, estritamente considerados, o caráter de convenções, circunstância na qual tudo depende de que não sejam escolhidas de modo arbitrário, mas que se achem determinadas por importantes relações com a matéria empírica — relações que cremos adivinhar antes que se nos tornem acessíveis seu conhecimento e sua demonstração [...]. Um tal conceito

básico convencional, ainda algo obscuro, mas do qual não podemos prescindir em psicologia, é o de pulsão (*Trieb*).[134]

A pulsão aparece assim como um dos "princípios fundamentais" da ciência psicanalítica, e Freud o designa explicitamente como uma "convenção". Mas, como está sustentado por "importantes relações com a matéria empírica", a questão reside em saber até que ponto essa "ideia abstrata" é ou não "arbitrária" em relação ao conjunto de fenômenos considerado. O que Freud faz, na realidade, é afirmar a precessão da hipótese sobre a observação, o que por si só anula a noção exposta algumas linhas antes, segundo a qual a ciência consiste na "descrição de fenômenos" que *em seguida* — mas quando? — são agrupados e ordenados.

Essa questão é de extrema gravidade. Freud julga estar apenas "descrevendo" e "ordenando" fenômenos, quando na verdade tais fenômenos só se tornam descritíveis e ordenáveis em função da invenção (e não da "aplicação ao material") de conceitos, que são ao mesmo tempo posição de figuras novas do pensável e do observável. E o extraordinário é que isso também é afirmado em nossa passagem, quando se diz que as convenções de base da ciência não são derivadas do material a que se referem, mas que este "lhes é subordinado". Como surgem, então, tais convenções? Por "relações com a matéria empírica que cremos adivinhar". O complexo de Édipo, para dar um exemplo, é uma dessas "convenções não arbitrárias", e o caráter fulgurante de sua descoberta — que o faz se estender, na carta 71 a Fliess, imediatamente a todo o gênero humano — atesta essa afirmação. E isso porque, como já notara Aristóteles na *Ética a Nicômaco*, dos termos primeiros e últimos há *noûs* (captação intuitiva) e não *logos* (conhecimento discursivo). A prova disso é a circularidade de todo sistema axiomático, em que cada princípio envolve em sua definição os demais (e por isso são axiomas, e não teoremas). Mas isso, a rigor, pode ser dito de qualquer ciência; e ao colocar, na base da sua, o conceito de pulsão, Freud não estaria fazendo mais do que se conformar a uma necessidade inerente ao trabalho científico enquanto tal.

Como, então, falar da teoria das pulsões como "por assim dizer nossa mitologia"? É que, entre 1915 e 1932, e, apesar de Freud pensar o contrário, a

---

134 "Pulsões e destinos de pulsão", SA III, p. 81; SE XIV, p. 117; BN III, pp. 2039-40.

psicanálise — como obra sua, fruto de sua reflexão e da elaboração de seus conteúdos psíquicos — passa por uma viragem decisiva e vem se converter numa teoria que pretende explicar "todos os fatos humanos e tudo desses fatos" (Le Guen). Mas tal constatação, embora em parte verdadeira, ainda não é suficiente, pois ela implica que antes de *Além do princípio do prazer* a psicanálise fosse exclusivamente uma ciência e que depois, por motivos imanentes à sua origem como pensamento *de Freud*, ela se tivesse convertido em algo diferente, próximo de um sistema filosófico. Ora, nada é menos evidente. Em primeiro lugar, a distinção entre uma ciência e um sistema filosófico está longe de ser tão clara; em segundo, a pulsão de morte, que materializaria essa viragem rumo à especulação, é apenas outro nome do princípio de inércia postulado no "Projeto" e que portanto atravessa de cabo a rabo, embora em contextos diferentes e com intensidades variáveis, a totalidade da obra freudiana; em terceiro, porque a implicação pessoal de Freud — e, convém repetir, do *inconsciente* de Freud — na elaboração dessa disciplina é um fator imanente e constitutivo dela desde o início, e não apenas a partir do momento em que teria liberado sua vocação especulativa. Todo o enigma reside em que tal elaboração não configura apenas um produto da imaginação de Freud, mas alcança dimensões do real que são independentes dessa imaginação e atuantes em outros indivíduos. É por essa razão — mas também por outras que examinaremos a seguir — que a psicanálise pode parecer (e ser, em uma de suas facetas) uma ciência, ainda que "não como as outras".

Uma ciência tem algo a ver com o que se denomina "verdade", e também com o que se denomina "realidade". Para não permanecermos num nível de abstração em que, no fundo, nada pode ser decidido, vejamos o que significam, no discurso explícito de Freud, esses dois termos. O primeiro se encontra vinculado a duas determinações: Freud fala de uma verdade *histórica* e de uma verdade *material*. A religião, por exemplo, contém um fragmento de "verdade histórica":

> Em geral, o intelecto humano não demonstrou ter uma intuição muito fina para a verdade, nem a mente dos homens uma tendência particular para aceitá-la. Comprovamos ao contrário que nosso intelecto erra muito facilmente, sem que nem sequer o suspeitemos, e que nada é acreditado com tanta facilidade quanto aquilo que, sem nenhuma consideração pela verdade, vem ao encontro de nossas ilusões e de nossos desejos. [...] Também acreditamos que o argumento religioso contém a verdade, mas não a verdade *material*, e sim a *histórica*. Além disso, nos

reservamos o direito de corrigir uma certa distorção sofrida por essa verdade no curso de seu retorno. Com efeito, não cremos que exista hoje um Deus único e grande, mas que nos tempos pré-históricos existiu um único personagem que na época deve ter parecido supremo [...]. Na medida de sua deformação, [a religião] pode ser designada como *delírio*; na medida em que abriga o retorno do reprimido, cabe considerá-la verdade.[135]

Confrontemos essas linhas com as que definem a verdade material:

A aspiração do pensamento científico é alcançar a coincidência com a realidade; isto é, com aquilo que existe fora e independentemente de nós e que, como mostrou a experiência, é decisivo para o cumprimento ou o fracasso de nosso desejos. Essa coincidência com o mundo exterior real é o que chamamos verdade. Esta é a meta do trabalho científico.[136]

Textos surpreendentes! O critério da verdade é, no segundo, a *adaequatio intellectus ad rem*, que a tradição filosófica vem questionando pelo menos desde o século XVII. Retornemos um momento ao parágrafo inicial de "Pulsões e destinos de pulsão": onde está a "realidade" buscada pelo trabalho científico, se não nas redes do conceito "convencional" e a que "se subordina o material"? A prática da psicanálise desmente, a cada gesto de interpretação, essa concepção da verdade e da realidade. O que seria — se as coisas se passassem segundo pretende Freud — a "verdade" de uma interpretação? A coincidência com a realidade, mesmo psíquica, do conteúdo inconsciente? Mas isso pressupõe que tal conteúdo preexista à interpretação e seja esgotado por ela, o que abole de um só golpe dois terços do que a obra freudiana diz sobre a natureza do inconsciente: que fazer, nesse caso, do *a posteriori*, da elaboração, da eficácia da terapia analítica e, no limite, da fantasia? A interpretação não é fotografia falada do inconsciente, e sim fruto de um trabalho do psicanalista no qual este está, também, implicado; mas, sobretudo, é criação de sentido, e não mera revelação dele — sentido que vai ser absorvido pelo paciente e ter sobre sua vida psíquica um determinado efeito. A "coincidência com a realidade" teria assim o estranho poder de

---

135 *Moisés*, cit., SA IX, pp. 574-5; SE XXIII, pp. 129-30; BN III, pp. 3319-20.
136 *Novas conferências*, n. 35, SA I, p. 597; SE XXII, p. 170; BN III, p. 3198.

modificar a realidade, e mais vale consignar esse abismo entre a psicanálise e a ciência tal como a concebe Freud do que torturar suas declarações para fazê-las dizer o contrário do que dizem.

Mas essa questão é importante por revelar uma dimensão propriamente psicanalítica da noção de verdade e à qual Freud alude de modo rápido numa passagem de *Moisés e o monoteísmo*: a da resistência — "O intelecto humano [...] não tem uma tendência particular para *aceitá-la*". Isso porque a verdade, tal como surge da prática psicanalítica, e não das considerações abstratas de Freud a seu respeito, tem um aspecto cortante e fere os desejos e as ilusões acalentados pelo narcisismo. Ele dirá, aliás, em outros momentos do mesmo texto, que a verdade é intolerante e que não admite compromissos. Arma de guerra num combate, ela nada tem do caráter pacato e feliz de um puro desvelamento do que é "exterior e independente de nós". E isso porque, em boa lógica freudiana, a "realidade" não é algo objetivo e indiferente, mas algo ameaçador, hostil e perigoso, contra o qual é preciso se defender, seja em seu aspecto de natureza, seja em seu aspecto de realidade social. De simples correlato do "princípio de realidade", ela vai assumindo pouco a pouco na obra de Freud o caráter fundamental da *Ananké*, da necessidade, diante da qual o mais sábio é uma aceitação resignada, que porém não exclui a empresa de transformá-la, sempre que isso se faça obedecendo às suas determinações e não apenas segundo a ilusão da onipotência.

Qual é, então, a diferença entre a verdade material e a histórica? A segunda designa um fato realmente ocorrido, mas cuja representação foi reprimida e que, em virtude da deformação da censura, retorna sob um disfarce que o torna irreconhecível. Tal seria, por exemplo, o caso do parricídio primitivo. A primeira consiste na adequação entre o enunciado e seu referente, do qual aquele afirma ou nega alguma coisa. Desse ponto de vista, a religião conteria em si a verdade histórica do parricídio, mas a psicanálise diria a verdade material sobre a religião. Ocorre que, nesse caso, Freud toma como verdade suas afirmações sobre o assassinato primordial, o que mostra com clareza ofuscante quão longe estão um do outro seu trabalho efetivo e o que pensa ser correto dizer dele. O parricídio primitivo é, na melhor das hipóteses, uma construção similar às que se verificam na situação analítica, e, numa versão mais modesta, que julgo porém mais pertinente, um fantasma teórico de Freud, sobre cuja função em seu pensamento podemos nos interrogar, mas que de modo algum pode ser dito "verdadeiro" (nem, aliás, "falso", se por esse termo entendemos a não coincidência com a realidade). O que emerge aqui, mais uma vez, é a questão do imaginário, da fantasia e da diferença a estabelecer entre teoria e fantasma. Mas, antes de abordá-la desse novo ângulo, convém nos determos mais um instante no que Freud tem a dizer sobre a ciência, que ilustra bem a difícil redução da psicanálise a um ramo dessa instituição greco-ocidental.

Polemizando com o interlocutor imaginário que em *O futuro de uma ilusão* representa o pastor Pfister, Freud dirá que é chegado o momento de substituir os resíduos neuróticos da religião por um trabalho racional, inspirado na ciência. É verdade que as paixões e as ilusões são poderosas, mas a longo prazo também são perigosas para a sobrevivência da civilização; como a inteligência é a única forma de vencer as paixões, devemos fortalecê-la e não coibi-la com a intimidação religiosa (e monárquica). Mas, por outro lado, é preciso que a criança aprenda a dominar, até certo ponto, seus desejos e suas pulsões, a fim de ser convertida em um ser humano civilizado; e, na prática, a religião cumpriria bem essa função, de onde a necessidade de conservá-la (argumento do "interlocutor"). Freud, por sua vez, não está de acordo, e, desmentindo seu pessimismo habitual (ou suposto), lança-se numa vigorosa defesa dos poderes do intelecto:

> podemos repetir uma e outra vez que o intelecto humano é muito débil, em comparação com a vida pulsional do homem, e podemos mesmo ter razão. Mas com essa debilidade sucede algo muito especial. A voz do intelecto é apagada, mas não descansa até ser ouvida, e sempre termina por consegui-lo, depois de ter sido rechaçada infinitas vezes [...]. A primazia do intelecto [...] irá se propor os mesmos objetivos cuja realização os senhores esperam de seu Deus: o amor ao próximo e a diminuição do sofrimento — embora, naturalmente, dentro de uma medida humana e até onde permitir a realidade exterior, a *Ananké* [...]. Nosso deus Logos realizará, desses desejos, tudo o que a natureza exterior a nós permitir, mas de modo muito lento, num futuro impossível de ser precisado, e para novas criaturas humanas [...]. Nosso deus Logos talvez não seja muito onipotente e só pode cumprir uma pequena parte do que prometeram seus predecessores. Se de fato chegar um momento em que o devamos reconhecer, iremos nos resignar serenamente [...]. Acreditamos que o trabalho científico pode chegar a penetrar um tanto na realidade do mundo, permitindo-nos ampliar nosso poder e dar sentido e equilíbrio à nossa vida [...]. Não, nossa ciência não é uma ilusão. Ao contrário, seria uma

ilusão acreditar que possamos obter outro lugar qualquer que ela não nos tem como oferecer.[137]

"Nosso deus Logos" — quem é esse personagem? Como deus, uma encarnação do pai primitivo, mas não como consolo imaginário, e sim como vitória do princípio da *Geistigkeit* sobre o da *Sinnlichkeit*. Nosso deus Logos leva até as últimas consequências a humilhação narcísica inerente ao poder afiado da verdade, fazendo com que nos curvemos perante a natureza para, na medida do possível, melhor dominá-la. Não é onipotente, pois superou o estágio do animismo infantil em que permanece a religião; encarnação do princípio de realidade, promete-nos prazeres menos intensos, porém mais seguros (*O mal-estar na cultura* não diz que a atividade científica é uma "poderosa distração" das misérias da vida?), que nascem da satisfação de poder e da tranquilidade de fruir tal poder, porque está solidamente ancorado no real.

Mas basta de *fioriture*: como não ver que o paradigma do deus Logos não é a serena imagem da razão que avança passo a passo, mas o psicanalista às voltas com as astúcias da resistência? Notemos quais são as finalidades da "primazia do intelecto": o amor ao próximo e a diminuição do sofrimento; ambos representam a visada da análise se os retraduzirmos como disposição mais livre da libido e como reequilíbrio do sistema de repressões que, em sua dinâmica anterior, engendrava o sofrimento da neurose. "A voz do intelecto é apagada, mas termina por se fazer ouvir [...] ainda que infinitas vezes tenha sido rechaçada." Essa frase não diz o mesmo que aquela que conclui "A negação": "A prova mais rotunda de que uma análise chegou ao descobrimento do inconsciente é que o analista reaja ao mesmo tempo com a frase 'Isso eu não pensei nunca'?". Ora, essa verdade, como afirmei antes, não se reduz à descoberta de uma face do real até então velada, mas equivale ao fruto de um trabalho que é criação — criação conjunta do analisado e do analista — e que Conrad Stein designará como o "filho imaginário" que se engendra na situação analítica. É nessa dimensão de criação, que Freud só raras vezes admite, que reside aquilo que torna à psicanálise impossível ser apenas uma ciência, no sentido que ele atribui a esse termo.

O "deus Logos" é mais uma das figuras mitológicas em cuja invenção Freud é de fato prolífico; mas nessa invenção vem se depositar toda uma

---

137 *O futuro*, cit., SA IX, pp. 186-9; SE XXI, pp. 53-6; BN III, pp. 2990-2.

concepção (a sua) do trabalho do analista, como aliado da razão e do intelecto contra as possantes e obscuras forças do reino inconsciente. A representação de sua disciplina como uma parte da ciência — e da ciência concebida segundo os cânones de um positivismo bastante pobre — é, na verdade, determinada subterraneamente pela representação da análise como obra das Luzes e, mais profundamente, pela representação do pensamento em geral como dimensão da claridade. A metáfora do "raio de luz nas trevas" reaparece com frequência em seus escritos — diante de um objeto que se furta e se esconde nas zonas crepusculares do inconsciente, da afetividade e da pulsão.[138] Ora, essa representação é parcial e não faz justiça a uma série de aspectos da psicanálise, postos em evidência por Conrad Stein e por seus discípulos.

Mas antes de entrar nesse problema, sem dúvida decisivo para elucidar a questão da cientificidade da psicanálise, convém abrir um parêntese. Há uma

---

138 Um autor como Thomas Mann filiará Freud à tradição do romantismo alemão, em virtude precisamente desse apreço pelo intelecto luminoso, que não descura o lado noturno da psique ("Die Stellung Freuds in der modernen Geistesgeschichte", conferência de 1926 reproduzida na edição bilíngue de Aubier-Flammarion, Paris, 1970, p. 114):

> Freud, como explorador das profundezas da alma e psicólogo das pulsões, insere-se na linhagem dos escritores do século XIX e XX que, como historiadores, filósofos, críticos da cultura ou arqueólogos, cultivam e esclarecem cientificamente o lado noturno da natureza e da alma como o fator propriamente determinante e criador de vida, em oposição ao racionalismo, ao classicismo, ao intelectualismo — numa palavra, contra a fé no espírito do século XVIII e mesmo do século XIX. Tais autores defendem revolucionariamente a primazia do terreno, do pagão, do pré-racional [...] perante a razão.

Ou ainda (ibidem, p. 142):

> O anti-racionalismo de Freud equivale a compreender a superioridade afetiva e dominante da pulsão sobre o espírito, não equivale a um prosternar-se admiravelmente diante dessa superioridade, nem a uma humilhação do espírito [...]. Colabora para a vitória revolucionária do espírito e de razão, vislumbrada no futuro: serve [...] a *Aufklärung*.

O curioso é que, embora essa análise corresponda plenamente à representação que Freud se dá, na maioria das vezes, do sentido de sua obra, ele comenta, azedo: (carta 243 a Lou Andreas-Salomé, 28/7/1929, *Cartas* II, pp. 143-4):

> O ensaio de Thomas Mann me honra, sem dúvida. É como se acabasse de dar os últimos toques num artigo sobre o romantismo, e lhe pedissem que escrevesse algo a meu respeito; e como se, em virtude desse encargo, tivesse aplicado uma chapa de psicanálise, como dizem os ebanistas, à parte anterior e posterior de seu artigo, cuja parte principal está constituída de outra madeira, bem diferente. Contudo, sempre que Mann se resolve a dizer algo, o resultado costuma ser sólido.

outra disciplina que, há 25 séculos, se crê guiada pelo deus Logos, e essa disciplina se chama filosofia. Como para Freud ela não lhe foi fiel, mas passou a adorar a deusa Ilusão, cabe ver de passagem quais são as críticas que ele, na qualidade de sacerdote do culto ofendido, vai dirigir contra a ovelha infiel. Naturalmente seria impossível, neste momento, sem perder o fio de nossa discussão, entrar na complexidade dos problemas suscitados pela relação de Freud com a filosofia — objeto aliás de dois interessantes estudos de Paul-Laurent Assoun.[139] Freud não é um especialista da filosofia e, por mais que suas doutrinas tenham incidência sobre questões que estão no centro da reflexão filosófica desde sua instauração pelos gregos, é como psicanalista e não como filósofo que ele procurou abordá-las. Mas não deixa de ser relevante, para o estudo de sua concepção da verdade, que a filosofia seja relegada ao limbo por uma tara congênita: sua vinculação com a esfera do narcisismo. A representação freudiana da filosofia é altamente discutível, mas cabe ao menos precisá-la, e ninguém melhor do que ele para expressar seu pensamento. Escrevendo a Groddeck em 1917, Freud dirá: "Temo que também o senhor seja um filósofo e abrigue a tendência monista a prescindir de todas as belas diferenças da natureza em favor de uma tentadora unidade. Mas não creio que isso possa contribuir para eliminar tais diferenças".[140] O pecado capital da filosofia é assim sua "tendência monista", isto é, o desejo de explicar todos os fenômenos do universo por um princípio único e abrangente. Essa carta é contemporânea das dirigidas a Lou Andreas-Salomé, nas quais Freud denuncia a tendência à sistematização como um engodo narcisista. Sistematização e narcisismo serão as características do que, na conferência 35, ele denominará "uma concepção do mundo":

> Para mim, uma *Weltanschauung* é uma construção intelectual que resolve unitariamente, a partir de uma hipótese superior, todos os problemas do nosso ser, e na qual, portanto, não existe interrogação alguma e tudo o que suscita nosso

---

139 Cf. Paul-Laurent Assoun, *Freud, la philosophie et les philosophes*, Paris, puf, 1976, e a continuação desse estudo, *Freud et Nietzsche*, Paris, puf, 1980. Ambos se destacam pela importância da documentação e pela clareza da exposição; contudo, sente-se a falta de uma abordagem que, transcendendo a análise dos textos, entre em dois aspectos complementares e nada simples: o lugar da filosofia e dos filósofos na vida psíquica de Freud, e a relevância da psicanálise para a resolução de determinados problemas filosóficos.
140 Carta 176 a Georg Groddeck (5/6/1917), *Cartas* II, p. 86.

interesse encontra um lugar determinado. Compreende-se, pois, que a posse de uma tal *Weltanschauung* seja um dos ideais acalentados pelos homens.[141]

O que sustenta uma tal empresa é portanto o desejo, e um desejo particular, o de segurança; ora, este remete à desproteção infantil e nega imaginariamente o princípio de realidade. A ciência, por sua vez, aceitará como axioma os preceitos desse princípio e renunciará à ilusão totalitária de resolver, de um só golpe e de imediato, todos os problemas levantados pela realidade. A filosofia e a religião serão para Freud os exemplos em que se materializa essa ilusão; enquanto a segunda opera por meio da personificação dos deuses e pela atribuição a eles de vontades antropomórficas, a filosofia, permanecendo aquém dessa etapa, será presa de uma ilusão ainda mais arcaica: a da onipotência do pensamento. Para Freud, a filosofia conserva "traços essenciais do pensamento animista", a saber, a superestimação do poder das palavras e a crença de que os processos de pensamento podem determinar a realidade; e erra ao admitir, além da observação cuidadosa do real, fontes de conhecimento intuitivas e indemonstráveis; seu destino final será o reconhecimento de que se trata de um abuso do pensamento, e, como tal, será por fim abandonada.[142]

A partilha parece, portanto, nítida: de um lado a ciência, à qual *O futuro de uma ilusão* se refere como uma "educação para a realidade"; de outro, a religião e sua irmã mais ambiciosa, a filosofia, condenadas inapelavelmente por complacência diante da ilusão. Mas reflitamos um momento: a "superestimação do poder da palavra" não se aplica também à psicanálise, fundada sobre os poderes da linguagem? "Não subestime o poder do Verbo", dirá Freud ao interlocutor "benevolente" de "A questão da análise por não médicos". E algo real como a neurose não pode ser modificado por "processos de pensamento", se estes estiverem enquadrados pela transferência? Mais ainda, quando Eros e Thânatos são promovidos ao posto de combatentes eternos e que atravessam o real, da molécula orgânica até os conflitos entre as noções, não estamos diante de um princípio monista que "prescinde das belas diferenças da natureza"? A catilinária de Freud

---

141 *Novas conferências*, n. 35, SA I, p. 586; SE XXII, p. 158; BN III, p. 3191.
142 Ibidem, SA I, p. 593; SE XXII, p. 166; BN III, p. 3195. Cf. a carta 228 a Werner Achelis (30/1/1927), *Cartas* II, p. 131, e a ironia cortante da passagem de *Inibição* (cit.) em que Freud fala dos que não podem viver sem um Baedeker completo sobre o universo, que no entanto precisa de novas edições a cada minúsculo progresso da ciência: SA VI, p. 242; SE XIX, p. 197; BN III, p. 2839.

contra a filosofia, pois, parece ser também adequada para apostrofar a psicanálise. E cabe perguntar se tal desprezo não recobre uma intenção defensiva, como se a filosofia reenviasse, como um espelho, certos elementos da obra freudiana que seu autor prefere desconhecer. Não se trata da "tendência reprimida à especulação" de que fala Ernest Jones em sua biografia, mas de algo consubstancial à psicanálise, algo que, apesar do positivismo professo de Freud, não pode ser eliminado, nem permite sem mais a inclusão de sua disciplina no campo do que ele afirma ser a ciência.

Pois o que é posto fora de circuito pela caracterização positiva é a dimensão do imaginário, não apenas em sua função de logro ou engodo, mas sobretudo de criação — e criação tanto de fantasias tresloucadas quanto de figuras novas do pensável. Supliciar a psicanálise na couraça da ciência (tal como a concebe Freud, é claro) equivale a recusar ao imaginário o poder de fazer ser o novo e a murá-lo na alternativa do verdadeiro e do falso; ora, essa é a atitude constante do pensamento freudiano quando este volta sobre seus passos e procura dar conta do que realizou quando descobria e inventava. É num admirável artigo de Monique Schneider, intitulado "La réalité et la résistance à l'imaginaire", que encontramos os elementos para pensar essa questão, decisiva para compreender o hiato cada vez mais nítido entre o que pode ser a psicanálise e a visão redutora que dela oferece seu próprio fundador, quando se restringe apenas a ser um campeão da ideologia cientificista.

As relações de Freud com o imaginário são impregnadas de uma suspeita extrema, e isso é tanto mais surpreendente quanto sua decisão de ouvir o discurso histórico, e lhe atribuir, *a priori*, um sentido, é de certo modo o ato inaugural da psicanálise. Ora, a histérica é aquela cujos males são imputados pela medicina oficial a uma exuberância doentia da imaginação, sendo difíceis de precisar as fronteiras entre fabulação, mentira e dissimulação. "Doente imaginária", ela mereceria o desprezo do médico que soubesse discernir a raiz de seus males, reputada puramente fantasiosa. Diante dessa atitude, Freud vai tomar, como sabemos, a direção oposta e partir da hipótese de que o que lhe contam suas pacientes corresponde à verdade. Os *Estudos sobre a histeria* empregam várias vezes a metáfora do "arquivo esmeradamente conservado" para caracterizar o conteúdo desses relatos, e a consequência imediata da veracidade a eles conferida é a teoria da sedução. Duas implicações ou dois pressupostos da teoria da sedução, solidários entre si: a redução do imaginário a uma forma desbotada do real e o estilo judiciário da investigação psicanalítica, à espreita de indícios que permitam "designar um culpado" — "era preciso acusar o pai de perversão", dirá a carta 69 a Fliess.[143] Ambos são duas faces da mesma necessidade: descobrir uma origem datável e verificável para a neurose, reduzindo-a à categoria de efeitos necessários de causas determinadas, isto é, submetê-la à causalidade científica, única maneira de retirá-la do domínio da superstição e da aura de falso problema que a cercava. Para tanto, são precisos três processos que se implicam mutuamente: acreditar na veracidade da fabulação histérica, descrever a organização lógica e coerente das recordações (é aqui que intervém a imagem dos "arquivos") e provar que a fantasia tem sempre origem numa vivência ou numa combinação de vivências.[144] Essa tripla operação, fruto da confiança recíproca entre analista e paciente — aquele atribuindo ao relato desta a mesma confiança que ela deposita em sua discrição e competência —, instaura uma relação terapêutica quase transparente, na qual o engano não tem lugar. Ora, é justo essa transparência que vai ser rompida com a descoberta das fantasias de sedução, que faz ruir por terra não apenas a "neurótica" de Freud, mas sua concepção da terapia e, por um momento (como vemos nos acentos patéticos das cartas do outono de 1897), a crença em seu poder de compreender o que lhe narravam suas pacientes.

Mas Freud não se dá por achado, e a fantasia vai ser logo descrita como "embelezamento" do real, enquanto seu fundamento será buscado, sempre, em algo que escape à realidade psíquica para se enraizar na espessura da realidade material. É como se a psicanálise desejasse trazer à luz o imaginário para melhor destruí-lo, mostrando que é essencialmente *falso*; e a conscienciação aparece assim como o meio, necessário e inevitável, de obrigar o adversário a sair da toca e a entrar na liça. Se ninguém pode ser executado *in abstracto* ou *in effigie*, também é fato que o projeto freudiano continua a ser inspirado pelo lema *flavit et dissipati sunt*. O imaginário é potência de falsificação; a visada analítica será aliada da realidade, e, sob o olhar penetrante de Freud-iluminista, suas produções se esfumam no nada, como os fantasmas do sonho "Non vixit". E isso é

---

143 Em seu livro *Freud et le plaisir* (Paris, Denoël, 1980), Monique Schneider nota que essa não é a primeira, mas a segunda teoria de Freud sobre a origem das neuroses: nos anos 1892-3, ela é localizada no excesso ou no desvio da prática sexual normal e heterossexual. Cf. manuscritos A e B a Fliess, BN III, pp. 3476 ss.
144 Monique Schneider, "La réalité et la résistance à l'imaginaire", *Topique*, nº 15, 1977, pp. 80-2.

possível porque a imaginação é com frequência apresentada como uma faculdade superflua, uma espécie de prótese imposta pela dureza da vida, como dirá Monique Schneider, citando trechos de "O poeta e a fantasia". Se a imaginação é apenas recombinação defensiva de vivências e impressões nascidas do real, ela nada cria de novo; o que é negado — e é enorme — é o poder inventivo próprio à imaginação.

> Procurando decifrar o fantasma e o entrecruzamento de desejos que o sustenta, por intermédio de regras e modelos de compatibilidade emprestados do real, tenta-se sem dúvida negar a transgressão de todos os limites representada pelo fantasma. É capturar o imaginário numa rede que neutraliza de saída sua potência de irrealização, sua desmesura, sua dimensão mítica. É aliás impossível reconhecer essa desmesura, sem se deixar capturar por seu fascínio; e, mesmo com pretensões objetivas, a abordagem do fantasma só pode se operar por meio desses movimentos de defesa [...], a fim de contestar seu poder e contestá-lo reduzindo-o à razão, ou, modo ainda mais radical, negando que ele jamais tenha escapado da razão e da terra firme da realidade.[145]

Para revelar essas dimensões, portanto, Freud tinha de admiti-las pela negação, da mesma maneira como o processo estudado em "A negação", pelo qual o reprimido é intelectualmente aceito por meio do advérbio "não". Mas tal concepção do imaginário como radicalmente falso, ou então como deformação de elementos restituíveis que seriam "reais" e portanto "verdadeiros", não é a única avançada por Freud, mesmo se ela quadra bem com as noções sobre a verdade e a ciência que o vimos manifestar nos textos citados aqui. Um conceito como o de realidade psíquica introduz uma cunha considerável nessa armação cerrada, em que o verdadeiro e o falso se opõem de modo absoluto, e mesmo a noção de ilusão, como misto de verdade e erro e sem se reduzir nem a uma nem ao outro, pode ser vista como alternativa a essa oposição tenaz, mostrando justamente — o que é meu argumento — que nem sempre a lucidez quanto ao que efetua acompanha Freud em sua teorização. E isso se deve precisamente à crença de que a psicanálise é um instrumento purificador, que opera por ablação e curetagem (*per via di levare*), destruindo aquilo que põe à luz como o sol da manhã dissipa as névoas úmidas da aurora. Esse tema tem inúmeras implicações

---

[145] Monique Schneider, "La réalité", cit., p. 90.

que não podemos explorar neste momento, e na realidade é toda a concepção do que seja a psicanálise que se encontra em jogo. A identificação de Freud com Édipo — com o Édipo que resolve os enigmas da Esfinge e, ao fazê-lo, a obriga a se atirar do rochedo — e com um conquistador intrépido e audaz, armado com o gládio da Razão, permeia toda a sua obra, mas não deixa de suscitar problemas consideráveis, sobretudo porque essa mesma obra discerne o surgimento da razão na passagem da mãe ao pai (*Moisés e o monoteísmo*) e silencia assim, como vimos, toda uma dimensão da imago paterna. Não teria aí um de seus determinantes a predominância do pai nos mitos fundadores da disciplina freudiana? Em todo caso, julgo de extrema importância a vinculação que pudemos assim estabelecer entre sua visão da ciência, a determinação da análise como instrumento das Luzes e os conteúdos inconscientes que as sustentam, já que, como tais conteúdos só podem ser reconstituídos pela interpretação dos escritos de Freud, estes são em si mesmos a prova mais patente de que sua disciplina não se reduz à dimensão científica a que ele pretende restringi-la. Ao contrário, porque trazem em si a marca do inconsciente de quem os escreve, e porque até certo ponto o tematizam de modo explícito, fundam um modo de pensar e teorizar que é único e que deve ser reivindicado como tal, mesmo se essa reivindicação vai de encontro às teses pessoais de seu autor. Ora, é justo por ter revelado a existência das fantasias e sua irredutibilidade congênita à "realidade" material ou histórica, que a psicanálise escapa por todos os lados à definição freudiana da verdade como "coincidência com a realidade exterior". E que Freud tenha sistematicamente colocado a fantasia do lado da mentira e do erro não o impede de ouvir e nos permitir ouvir, nos domínios que ele foi o primeiro a explorar, as melodias selvagens e indomáveis do inconsciente humano.

Admitamos, pois, que em Freud coexistem duas maneiras diferentes de abordar o fantasma e que a construção teórica com frequência trate de negar o que a prática clínica revela. A teoria aparecerá então habitada por duas determinações antagônicas. Uma delas, pensando os fenômenos observados, procura "dar conta e razão" deles, e o consegue em grande medida, atuando a favor do levantamento da repressão e nisso sendo propriamente psicanalítica; outra, no mesmo movimento, tem a função defensiva de afastar uma tentação inerente ao trabalho de Freud e que lhe parece, mais do que incômoda, perigosa: a de resvalar para uma cumplicidade com a fantasia. Já nos *Estudos sobre a histeria*, essa oposição aparece com nitidez:

A mim causa uma singular impressão comprovar que minhas histórias clínicas carecem, por assim dizer, do severo selo da ciência e que apresentam mais um caráter literário. Mas me consolo pensando que esse resultado depende inteiramente da natureza do objeto, e não de minhas preferências pessoais. O diagnóstico local e as reações elétricas não têm eficácia alguma na histeria, enquanto uma exposição detalhada dos processos psíquicos, tal como estamos habituados a encontrar na literatura, me permite chegar, por meio de um número limitado de fórmulas psicológicas, a um certo conhecimento da origem de uma histeria.[146]

É a contragosto que Freud se imiscui no domínio do escritor, forçado pela "natureza do objeto", isto é, por um escrupuloso respeito à estrutura do que deseja elucidar. Ao fazer isso, ele se pretende cientista; mas a ausência do "severo selo da ciência" (por que *severo*?!) em seus historiais é motivo de desconsolo. Pena que a histeria não seja tratável por reações elétricas! Humildemente, Freud afasta suas "preferências pessoais" no sentido de que assim fosse, e, como cavaleiro da Ciência, escolhe as armas mais eficazes para vencer o mal, ainda que tais armas tenham de ser emprestadas da "literatura". Mas, no avesso dessa confissão, podemos ler duas coisas diferentes. Ao se intrometer nos domínios do *Dichter*, Freud quer arrancar os processos psíquicos a uma forma de tratamento que os confina à arte e os subtrai ao "severo selo científico": a alma será objeto de ciência, custe o que custar, e ainda que ao preço de uma concessão, considerada finalmente superficial, aos procedimentos literários. Mas, por outro lado, o escritor de ficção se vê convocado para uma tarefa que o despossui de seu território: repetidas vezes, como vimos no segundo capítulo deste estudo, os poetas são considerados precursores da psicanálise. Ora, esta não se limitará a render homenagem a seus ilustres predecessores, mas tentará dar conta do processo de criação artística, vendo na maneira pela qual o artista elabora os conteúdos de sua fantasia o segredo da "inspiração". Contudo, Freud se sente pouco à vontade nesse papel, pois, se a mirada penetrante da análise reduz as obras de arte à categoria de fantasias inofensivas, também é verdade que elas continuam a exercer sobre ele um fascínio do qual as primeiras linhas do "*Moisés* de Michelangelo" são um eloquente testemunho. E a desconstrução analítica da obra de arte terá por efeito neutralizar esse fascínio, de ordem emotiva, para *compreender* por meio do

---

[146] *Estudos sobre a histeria*, GW I, p. 226; SE II, p. 160; BN I, p. 124.

intelecto os caminhos pelos quais ela atinge tal efeito. A compreensão intelectual surge assim como instrumento de defesa, e, muito mais do que se defender contra uma ameaça exterior — para o que, diz *Inibição, sintoma e angústia*, basta a fuga ou o afastamento da fonte do perigo —, se trata de se defender de uma ameaça *interna*, a de se deixar fascinar pelos aspectos não científicos de sua descoberta e executar obra de literato em vez de agir como operário do saber. O artista faz aquilo que Freud não pode admitir, mas que aparece com insistência como um risco interno à sua atividade de psicanalista: criar. Por esse motivo suas relações com o artista e com a arte serão marcadas por dois movimentos antagônicos de atração e de resistência, como se o artista reenviasse ao psicanalista a imagem de um aspecto particularmente ambíguo de sua prática.

Monique Schneider nota com razão que, se diante da arte em geral Freud oscila entre uma condescendência benevolente e um rancor indisfarçado,[147] as obras de arte singulares que vem a analisar são objeto de sentimentos bem diferentes. A função do artista, nos textos que tratam a arte de modo genérico, é próxima da que Platão denuncia na *República*: mascarar a realidade, recobri-la com as tintas róseas da ilusão, a fim de consolar o espectador e oferecer a ele uma satisfação substitutiva. Perante essa *via di porre*, o psicanalista opera a ferro e a fogo, cirurgicamente, como lemos na *Introdução à psicanálise*, eliminando sem piedade todos os cosméticos e fazendo surgir, por mais que isso doa, a face nua e crua da realidade. Razão pela qual, aliás, será visto com horror pelos que subordinam a busca da verdade às ficções mesquinhas oriundas de seu narcisismo complacente. Toda a temática das "resistências contra a psicanálise" pode ser construída a partir dessa oposição, e não é por acaso que o artigo assim intitulado apresenta o advento da nova disciplina como uma profunda ferida imposta ao narcisismo humano, e o destino solidário de seu fundador como o fardo imposto a um arauto da verdade por aqueles que dela nada querem saber. Freud se queixa, numa carta a Martha, desse peso insuportável que o faz invejar o artista, capaz de abrir todos os corações femininos que permanecem fechados para o pesquisador científico. O *leitmotiv* é insistente e atravessa toda a sua obra:

---

147 Monique Schneider, "La réalité", cit., pp. 99 ss. Veja-se por exemplo a caracterização de arte como satisfação substitutiva pelas durezas da civilização, mas acessível somente a uma pequena elite (*O futuro*, cit., SA IX, p. 149; SE XXI, p. 15; BN III, p. 2967), ou como "ligeira narcose" (*O mal-estar*, cit., SA IX, p. 211; SE XXI, pp. 80-1; BN III, p. 3028). O rancor aparece numa passagem de *Das Unheimliche* comentada mais adiante.

a crer em suas declarações de princípios, é por ser um servo dedicado da ciência que, como diz a Jung, os outros o consideram um "selvagem", enquanto o artista, mentiroso e sedutor, goza dos favores de todos. A julgar por essas recriminações, dir-se-ia que jamais um artista foi repudiado por seu tempo... Como não pensar na passagem de Hermann Broch citada no primeiro capítulo, que põe o artista justamente na posição de excluído que Freud reivindica para o cientista? Se as posições podem assim se inverter desde que intervenha uma consideração mais precisa da relação entre o artista e seu público, é que existem elos íntimos entre aquele e a figura do psicanalista, figura cujos contornos são mais imprecisos do que a imagem que dele nos propõe Freud.

Seria ocioso mostrar que, ao deparar com as obras que lhe provocam funda impressão, Freud procede de modo inteiramente diferente. Seu panteão identificatório, no qual Sófocles, Shakespeare e Goethe ocupam os lugares mais proeminentes, mostra que a arte pode ser vista sob um ângulo que nada tem a ver com o movimento defensivo que o conduz a situá-la nos antípodas de sua prática. Essa via, porém, não se abre sem percalços. A atitude de Freud diante do expressionismo e da arte contemporânea em geral o prova com vigor; comentando um livro de Pfister sobre os expressionistas, confessará: "Na vida real, sou intolerante com os loucos, vejo apenas seu lado daninho e, no que diz respeito a esses 'artistas', sou quase como aqueles que o senhor fustiga no início, considerando-os filisteus e intransigentes. E, no final, o senhor explica clara e exaustivamente por que tais indivíduos não têm direito a se chamar artistas".[148] E a Stefan Zweig, que lhe apresentara Salvador Dalí:

> até agora, me sentia inclinado a considerar os surrealistas, que me escolheram para santo patrono, uns loucos incuráveis (digamos a 95%, como para o álcool). Mas o jovem espanhol, com seus olhos cândidos e fanáticos, me fez reconsiderar minha opinião. Na verdade, seria muito interessante investigar analiticamente como se chega a compor um quadro como esse. Do ponto de vista crítico, seria possível continuar afirmando que o conceito de arte desafia toda ampliação, na medida em que a proporção entre materiais inconscientes e funções pré-conscientes não se

---

[148] Carta 190 a Pfister (21/6/1920), *Freud-Pfister*, p. 122. Opinião semelhante é externada a Abraham, que se fizera retratar por um pintor expressionista então em voga. (Cf. *Freud-Abraham*, carta de 26/12/1922, pp. 337-8).

mantivesse dentro de limites definidos. Mas, seja como for, são suscitados graves problemas psicológicos.[149]

O segundo texto completa e esclarece o primeiro: o que Freud reprova na arte moderna é a "desproporção" entre os materiais inconscientes — os fantasmas estruturados na e pela obra — e as "funções pré-conscientes", que a estética tradicional denominaria "forma". A exposição nua dos fantasmas não é arte, é psicose, e Freud felicita Pfister por ter afirmado algo parecido. Mas essa concepção é repleta de problemas: tanto do lado da psicose, em que não é seguro que se possa falar de fantasmas para caracterizar as formações delirantes, quanto do lado da arte, pois como determinar o momento a partir do qual o fantasma será estruturado e elaborado em grau suficiente para se tornar forma artística? Freud reencontra aqui uma observação contida na conferência de Thomas Mann que tanto o irritara, segundo a qual a arte é a antítese do instinto e da natureza em estado puro, porque é elaboração desse material, e não simples expressão dele. Thomas Mann comparará a arte à Perséfone dos gregos, vinculada ao mesmo tempo às divindades subterrâneas e às potências olímpicas da luz.[150] Mas se Freud opõe aqui, de modo explícito, a luz (sempre a luz!) à loucura, suposta mergulhada nas trevas, o movimento defensivo é igualmente sensível: filisteu ou não, "seria muito interessante investigar analiticamente como se pode chegar a compor um quadro como esse". Reduzido o caso pela análise às suas justas proporções e encerrado pelo envio do artista ao campo oposto àquele em que situa o psicanalista, este pode se debruçar tranquilo sobre os "problemas psicológicos" assim isolados. Porém... que estes sejam qualificados de "graves" sugere que em algum lugar essa divisão é frágil e que sanidade e loucura não são tão simples de atribuir como Freud o desejaria. Freud, aliás, na interpretação do sonho "Goethe ataca M.", dirá com todas as letras: "Desse modo, posso substituir nas ideias latentes a terceira pessoa do singular pela primeira do plural e dizer 'nós' em lugar de 'ele'. 'Sim, o senhor tem razão, *somos dois loucos*'".[151] É contra esse risco de loucura — o qual aliás surge aqui do lado do psicanalista *acusado por um poeta* — que Freud se defende com a partilha encarniçada dos

---

149 Carta 302 a Stefan Zweig (não datada, entre junho e julho de 1938), *Cartas* II, p. 193. O desenho de Dalí é reproduzido numa lâmina da BN I.
150 Thomas Mann, "Die Stellung Freuds", cit., p. 124.
151 *A interpretação dos sonhos*, SA II, p. 426; SE V, p. 441; BN III, pp. 613-4. Grifos meus.

campos respectivos da análise e da arte. Mas as inversões vertiginosas de que é suscetível tal partilha são, a meu ver, suficientes para validar nosso argumento: na figura do artista, como também na do filósofo, é projetada uma parte da atividade psicanalítica cuja denúncia veemente não é mais do que a outra face de um surdo reconhecimento, o reconhecimento de sua profunda cumplicidade com o imaginário, com o fantasma, com o reino soturno das formas sem figura nem fundo, e que a versão cirúrgica, asséptica e penetrante promovida por Freud tem por função denegar e encobrir.

Monique Schneider escreve a esse respeito, comentando o momento da *Gradiva* em que Freud reconhece que o romancista não é apenas um "fingidor", mas pode dar no cerne da verdade que seria privilégio do cientista:

> Num sistema defensivo no interior do qual o artista tinha a função de bode expiatório, esse encontro se inscreve como uma brecha [...]. A possibilidade, para o escritor, de ir direto àquilo que, buscado pelas vias científicas, exige tanto esforço, é apresentada por Freud ora como objeto de estupefação, ora como objeto de escândalo [...]. Esse duplo movimento [...] se compreende melhor se considerarmos toda a decepção dos momentos em que Freud encontra o artista já instalado nas posições que ele acredita descobrir por si mesmo [...]. Gazeteando a escola, seguindo apenas os caprichos de sua fantasia, o artista conseguiu descobrir os mistérios em direção aos quais Freud empreendera uma marcha tão perigosa e estafante [...]. "E se pode bem dar um suspiro, quando nos damos conta de que é assim concedido a certos homens fazer surgir, do torvelinho de seus próprios sentimentos, verdadeiramente sem esforço algum, os mais profundos conhecimentos, enquanto nós outros, para atingi-los, devemos abrir caminho tateando sem cessar em meio às mais cruéis incertezas".[152]

Assim aparece a outra face da inversão precedente: o artista e o psicanalista se situam, também aqui, do mesmo lado, mas este é oposto à loucura e se confia às boas graças da verdade. Tal reconhecimento impõe a Freud uma dura renúncia, uma humilhação narcísica que a condenação da arte visa reparar. Monique Schneider, na conclusão de seu artigo, notará que num momento de

---

[152] Monique Schneider, "La réalité", cit., pp. 110-2. A citação de Freud provém de *O mal-estar*, cit., SA IX, p. 260; SE XXI, p. 135; BN III, p. 3060.

abandono Freud inverte as posições e se situa do lado do prazer contra a ascese científica: é no estudo sobre Leonardo que esse processo se verifica, porque Leonardo foi vítima do impulso de saber e assim esterilizou sua vocação artística. A imagem de Leonardo serve de escudo para a crítica da paixão de investigar, com seus corolários inevitáveis, que são a diminuição de si mesmo e a renúncia a "coisas admiráveis e significativas". Freud se pergunta se o conhecimento não mata o amor, e vai longe nessa via, fazendo uma apaixonada defesa da sedução, da criação e dos poderes do imaginar. É que Leonardo, ao receber sobre si o peso insuportável do "severo selo científico", permite a Sigmund denunciar a ilusão de que o saber traz a felicidade, ou a serenidade — pouco importa —, coisa que, como analista, lhe é impossível questionar sem pôr em risco a estabilidade do sistema defensivo tão laboriosamente edificado. O fantasma aparece então não apenas como aquilo que a claridade do saber faz se dissipar no nada, mas como elaboração do desejo, como ponto de partida para uma solução do conflito neurótico, dimensão em que deixa de ser visto como aliado da mentira para se revelar incólume à distinção entre o verdadeiro e o falso. E justamente, nesse efeito de espelho, emerge uma das facetas do trabalho analítico, a de se situar num imaginário que não é invocado para que a picareta interpretativa a reduza a fragmentos de "realidade", e sim para sustentar a criação de uma obra comum ao analista e ao paciente.

São esses ecos que podem ser percebidos na relação entre todas enigmática que une Freud a Arthur Schnitzler. Ela é quase um microcosmo no qual vêm se unir diversas determinações e muitos dos temas que abordamos neste estudo. Schnitzler é contemporâneo de Freud; pertence à primeira geração dos vienenses de quem tratamos no capítulo 1; filho de um conhecido médico, segue a carreira do pai e, como Freud, estagia na clínica de Meynert durante certo tempo. Sua produção literária começa nos anos 1890 e imediatamente o cerca de uma aura de escândalo, pois suas peças são reputadas obscenas e uma delas lhe vale um processo por parte do exército. Diante do "mito habsbúrgico" estudado por Claudio Magris, Schnitzler se situa numa posição excêntrica. Recordemos que o "mito" assim caracterizado é para esse autor o meio pelo qual se move a literatura austríaca — mito que ratifica a unidade e a harmonia da civilização do Império, servindo portanto de instrumento para um sistema fundado sobre a paralisia e o não reconhecimento das contradições efetivas. O imobilismo se converte assim no índice de uma profunda sabedoria, como se a história pudesse ser detida pelo *fortwursteln*, expressão vienense equivalente ao nosso "deixar como está para ver como é que fica". Um dos aspectos dessa situação, como pudemos ver no primeiro capítulo deste estudo, é o hedonismo sensual e zombeteiro que se tornou a marca característica da vida espiritual de Viena, hedonismo que se determina ao mesmo tempo como consciência melancólica de um destino de decadência e como ligeireza despreocupada no agir e no pensar, que encontrará na opereta sua forma de expressão por excelência. Na literatura, essa fragmentação do mundo real, já negada imaginariamente pelo mito que proclama a harmonia essencial da *Mitteleuropa*, vai dar origem a um gênero particular e cultivado com ardor: o folhetim, cujo tema permanente são os múltiplos rostos de Viena. Vale a pena citar a passagem com que Claudio Magris focaliza tal literatura:

> Uma geografia colorida e alegre povoa suas páginas: de Grinzing a Döbling, do Café Central ao Wienerwald, lugares e esquinas de Viena comparecem numa luz de alegre amizade e sociabilidade, todos acolhedores e *gemütlich* como o quarto de brinquedos da casa em que se nasceu. Não apenas capital do prazer, mas também paraíso das coisas pequenas e queridas, Viena assume nos breves esboços de seus enamorados retratistas a face de um sereno idílio familiar, rico e saboroso, cheio de humor e afastado de todas as tempestades. Sentimentalismo e ironia caracterizam essa literatura impressionista e fragmentária, um amor acrítico por tudo o que é vienense, do Imperador ao vinho de Grinzing, e uma sátira pungente contra as mesmas coisas queridas. A medida desse gênero literário só pode ser a página ou o fragmento [...][153]

Trata-se, pois, de um tipo de literatura que cabe bem na condenação freudiana da arte como ilusão mentirosa, sobretudo porque são fatos e lugares a respeito dos quais Freud tem experiências completamente diferentes, e sua sensibilidade aparece traída pela maquilagem folhetinesca que faz de Viena um "sereno idílio familiar". Mas a mesma ambiguidade vem à tona quando cita, com evidente prazer, Grillparzer ou Nestroy, literatos da mais pura veia

---

153 Claudio Magris, *Il mito absburgico nella letteratura austriaca moderna*, Turim, Einaudi, 1976, p. 204. Cabe notar que Freud, por mais intenso que seja seu ódio por Viena, é leitor assíduo desse tipo de fragmentos e que agradece a Martha, na carta 85, de 19/11/1885 (*Cartas I*, p. 167), o envio a Paris de um exemplar da *Neue Freie Presse* contendo "uma deliciosa passagem de Spitzer".

vienense — embora jamais tome como objeto de análise suas produções, que sem dúvida não exercem sobre ele o mesmo fascínio constrangedor que exige imperiosamente o recurso à defesa por meio da "compreensão intelectual".

Schnitzler é o único escritor vienense vivo que Freud respeita e por vezes toma como momento de uma demonstração, se excetuarmos Stefan Zweig, com quem mantém relações mais distantes — em que está presente uma certa irritação pela biografia intelectual escrita por este e que figura no volume sobre *A cura pelo espírito*.[154] Em seu livro, Claudio Magris mostra de que maneira Schnitzler se situa em relação ao clima dominante da literatura austríaca, o que esclarece uma das razões pelas quais Freud o tem em tão alto apreço. Para o crítico italiano, Arthur Schnitzler reflete e ao mesmo tempo inverte o epicurismo e a sensualidade da *Belle Époque* vienense:

> Ele descreve exatamente a tragédia e o vazio daquela dissimulação e daquele estilo de vida [...]. Está longe desta terna e irônica indulgência para com as mesquinharias que descreve, de modo que o sorriso aristocrático *se torna bisturi analítico cortante e desapiedado*, não suave véu da realidade. Desse ponto de vista, Schnitzler está fora do mito habsbúrgico.[155]

Como não reconhecer nessa cirurgia implacável o análogo da representação freudiana da atividade psicanalítica? Primeira razão, pois, para que o escritor seja apreciado por Freud. Mas a semelhança não pára aí. Schnitzler vai introduzir, no lugar dos personagens estáveis do romance tradicional, a representação dos fluxos de consciência imperiosos e abrangentes, nisso sendo um dos fundadores, com Joyce, Proust e Italo Svevo, de uma nova maneira de narrar, ainda que nem sempre tire dela o melhor partido. Magris vê nessa dissolução do personagem de ficção um fenômeno de convergência com a ausência de unidade própria à sociedade austríaca da época, refletindo suas contradições e sua falta de fundamento. Pode ser; o fato é que Schnitzler não se demora na crítica social nem

---

[154] Possuímos várias cartas de Freud a Stefan Zweig, entre as quais uma dedicada à histeria de Dostoiévski (carta 191, 19/10/1920, *Cartas* II, pp. 97-9); outra sobre a história de Anna O. e de Breuer (carta 265, 2/6/1932, pp. 160-1), além da que comenta o artigo de Zweig sobre a psicanálise (carta 258, 7/2/1931, pp. 154-5) e da de Londres sobre Dali. Uma novela de Stefan Zweig, *Vinte e quatro horas na vida de uma mulher*, é estudada no final de "Dostoiévski e o parricídio", SA X, pp. 284-6; SE XXI, pp. 192-4; BN III, pp. 3013-5.

[155] Magris, Il *mito*, cit., p. 222. Grifos meus.

na análise das determinações históricas que fazem com que "a sociedade austríaca rodopie na amarga e crua ciranda das paixões efêmeras e um pouco cínicas, feitas de excitação epidérmica e de saciedade nauseada".[156] Assim como Freud — para quem, como vimos, o social não é dotado de espessura própria —, ele vai buscar na "química dos sentimentos" o fator determinante do comportamento de seus personagens. E outro ponto que recorda Freud é o amor sexual, como impulso irresistível e que se impõe a tudo, embora seja vivido com uma superficialidade desconcertante, na qual Schnitzler verá o reagente mais explosivo e ao mesmo tempo mais delicado dessa "química".

Dadas essas circunstâncias, podemos compreender melhor o que se exprime na carta enviada por Freud ao escritor por ocasião do sexagésimo aniversário deste último:

> Tenho de lhe fazer uma confissão, que peço não divulgar nem compartir seja com amigos, seja com inimigos. Atormentei-me perguntando a mim mesmo por que, em todos estes anos, jamais procurei travar amizade ou conversar com o senhor [...] A resposta contém essa confissão, que me parece demasiado íntima. Creio que o evitei porque tinha uma espécie de relutância a encontrar meu duplo. [...] Sempre que me deixo absorver profundamente por suas criações, parece-me que encontro, sob a superfície poética, as mesmas suposições antecipadas, os interesses e as conclusões que reconheço como meus próprios. Seu determinismo e seu ceticismo — as pessoas o chamam pessimismo —, sua preocupação com as verdades do inconsciente e com os impulsos pulsionais do homem, sua dissecção das convenções culturais de nossa sociedade, a obsessão de seu pensamento com a polaridade do amor e da morte, tudo isso me comove, trazendo um irreal sentimento de familiaridade [...]. Cheguei a formar a impressão de que sua intuição — ou talvez uma auto-observação minuciosa — lhe permite chegar àquilo que eu só pude descobrir mediante um laborioso trabalho de observação sobre outras pessoas. Estimo que, fundamentalmente, sua natureza é a de um explorador das profundidades psicológicas, tão honrado, imparcial e objetivo quanto seja possível...[157]

---

[156] Ibidem, p. 226.
[157] Carta 197 (14/5/1922), *Cartas* II, pp. 103-4. Schnitzler, porém, não nutria o mesmo sentimento pela psicanálise, como se pode ver por uma carta escrita a Theodor Reik em 1913

Aqui se encontram reunidos os temas que vimos abordando, mas exponenciados, submetidos a um grau extremo de pressão. Freud se dirige a Schnitzler como um paciente, e a exigência de discrição não deixa de recordar a exigência *sine qua non* do pacto analítico. Confissão demasiado íntima, porque evoca toda a série de sentimentos de inveja e de atração pelo artista: Schnitzler é seu "duplo" (*Doppelgänger*), e essa expressão, depois de "O sinistro", está longe de ser indiferente. A aproximação com esse artigo é além disso sugerida pelo "irreal sentimento de familiaridade", que pode ser decifrado como um *reales Gefühl von Unheimlichkeit*, um muito real sentimento de *inquiétante étrangeté*. E vem o rol das coincidências entre as duas obras: teoria das pulsões, oposição entre Eros e Thânatos, denúncia da hipocrisia social, crença no determinismo dos atos psíquicos — a enumeração poderia ser indefinidamente dedilhada.

Mas, diante do perigo de ver seu campo próprio dissolvido, já que o artista encontra por "intuição" ou por "auto-observação" — caso ainda mais dramático de coincidência —, Freud vai esboçar o gesto defensivo que denega para poder admitir: "fundamentalmente, sua natureza é a de um explorador [...] *honrado, imparcial e objetivo*". Schnitzler, médico por diploma e psicólogo por vocação, seria na verdade um cientista travestido de escritor, e desde logo a "intuição", estigmatizada na conferência 35 como incapaz de revelar a verdade, vai ser abolida para que em seu lugar se erija a "auto-observação minuciosa", expressão na qual o adjetivo é ainda mais importante que o substantivo, pois faz parte da mesma série que "honrado", "imparcial" e "objetivo". Quem se pauta por semelhantes cânones é o cientista, e Schnitzler se vê convertido — como Groddeck na carta antes citada — em psicanalista *malgré lui*. Mas, se Freud tem perfeita consciência de que ao proceder assim fere o escritor (o que é atestado pelas linhas finais da carta: "Rogo-lhe que me perdoe por ter me deixado levar, mais uma vez, por minha obsessão psicanalítica. Nada posso contra isso, embora saiba bem que a psicanálise não é o melhor meio de adquirir popularidade"), não lhe é possível

---

(citado por Nata Minor em "Capitales de non-lieu: Freud, Schnitzler, Vienne", em *Critique*, Paris, Minuit, 1975, p. 839):

> Quanto aos caminhos que conduzem aos abismos da alma, eles são mais numerosos e mais variados do que os psicanalistas — e o senhor — se permitem sonhar (ou *traumadeuten*, "sonhiterpretar"). E ainda estão a céu aberto muitos caminhos que os senhores acreditam dever desviar para o reino das sombras.

admitir que o "duplo" seja também *outro* e que Arthur Schnitzler não tem necessidade alguma de ser sagrado cavaleiro do Inconsciente para prosseguir seu percurso.

Abramos aqui um parêntese. A mesma atitude cuja materialização encontramos na carta a Schnitzler se verifica com relação ao pensamento de Nietzsche: é como se a arte e a filosofia fizessem parte de um mesmo díptico, em que a indiferença pelo "severo selo" que garante a verdade e é propriedade da ciência fosse objeto de anátema *in abstracto* (e não é preciso repetir que esse anátema mostra em seu reverso uma dimensão da análise impensável para Freud), enquanto o encontro com obras singulares fosse apreendido numa perspectiva infinitamente mais matizada. Paul-Laurent Assoun mostra, em seu estudo já mencionado, que Nietzsche é para Freud a encarnação do precursor-perseguidor, aquele em cujo texto espera encontrar, como dirá a Fliess numa carta de 1900, "palavras para exprimir tantas coisas que permanecem mudas em mim". Sem retraçar aqui a minuciosa (!) reconstituição do encontro-desencontro entre os dois pensadores efetuada por Assoun nos capítulos iniciais de seu livro, cabe no entanto assinalar uma diferença importante. Freud lê Schnitzler com extrema atenção, como se deixa fascinar pelas obras de outros artistas; mas confessa repetidas vezes que jamais conseguiu ler Nietzsche, e isso não por falta, mas por excesso de interesse. Mesmo movimento defensivo, mesma imperiosa necessidade de demarcar os campos, para não ver fagocitado seu território pelos monstros gêmeos do artista que encontra a verdade "no turbilhão de seus próprios sentimentos" e do filósofo que extrai de sua "auto-observação minuciosa" tantos elementos que anunciam descobertas freudianas. O perigo é talvez ainda maior do lado da filosofia, pois a arte se dá explicitamente como ilusão, enquanto aquela, certa ou erradamente, acredita se mover no terreno balizado por "nosso deus Logos". Daí a necessidade, alimentada pelo mesmo mecanismo, de restringir a filosofia a uma introspecção que, por ignorar o inconsciente, permanece prisioneira das ilusões do narcisismo, representa uma versão mais sofisticada do pensamento primitivo e pode portanto ser afastada sem maiores dificuldades do caminho que o servidor da Verdade busca de maneira tão dolorosa, e a tão duras penas, abrir em meio "às mais cruéis incertezas". Assim se explica, a meu ver, a caricatura que para Freud ocupa o lugar da atividade filosófica, tal como ela se desenvolve na realidade.

Mas retornemos a Schnitzler e ao duplo, do qual Freud sem dúvida tem algo a dizer. Na estratégia de composição de *Das Unheimliche*, ele vem confirmar a pertinência do sinistro e do ominoso ao complexo de castração, estabelecida anteriormente a partir da análise do conto de Hoffmann "O homem da areia". O duplo é a primeira figura da multiplicação, e a multiplicação visa conjurar o aniquilamento; "A cabeça de Medusa" dirá que a interpretação da multiplicidade de símbolos fálicos — as serpentes da cabeça do monstro — como castração é "uma regra técnica". Mas a significação do duplo não se esgota nisso, já que o que aparece como tal é aquilo que pertence a épocas psíquicas "primitivas e superadas" e que retorna agora como do exterior; esse retorno disfarçado do que uma vez foi familiar é uma das determinações do sinistro.[158] Posto isso, Freud vai retomar o problema por outra faceta e mostrar que duas das determinações do *Unheimliche* são materializadas nos genitais femininos, que tanto indicam a possibilidade da castração quanto configuram exemplarmente o retorno de algo já visto ou experimentado, a saber, os genitais maternos em que todos estivemos durante o parto; mas a repressão antepõe ao caráter *heimlich*, familiar, da vagina, o prefixo *un* (signo da negação, mas também da privação) e converte em *unheimlich* a representação dos genitais femininos.

Nas entrelinhas da carta a Schnitzler vai aparecer assim o tema do feminino, que se lê no avesso das referências ao duplo e ao sentimento de "irreal familiaridade" que ele suscita. A confissão de Freud se torna então ainda mais carregada: o núcleo das espantosas e *unheimlich* coincidências entre seus "interesses" e os de Schnitzler é bem a "obsessão em torno da polaridade do amor e da morte". Em inúmeros de seus contos, o escritor põe em cena homens que morrem por intermédio da mulher, ou vice-versa; um deles é "O destino do barão de Lesenbogh", ao qual Freud alude numa nota de "O tabu da virgindade". Agonizante, um príncipe lança uma maldição sobre o primeiro homem que se aproximar de Clara, sua amante. Esta se mantém casta por algum tempo, mas, se apaixonando por um cantor e temendo que a maldição se cumpra nele, recorre ao estratagema de se entregar por uma noite ao barão, que a corteja inutilmente há anos. O barão sobrevive incólume à noite com Clara, mas a maldição se realiza no momento em que, mais tarde, o rival lhe revela o segredo. É o conhecimento do poder mortífero do corpo de Clara, e não o contato carnal com esse corpo, que acarreta sua morte: vinculação, portanto, da palavra à morte por intermédio do feminino, reiteração da onipotência do pensamento cuja manifestação aparente

---

158 "O sinistro", SA IV, pp. 260-1; SE XVII, pp. 237-8; BN III, pp. 2494-5.

é outra fonte do sinistro, já assinalada no capítulo sobre o animismo de *Totem e tabu* e repetida no ensaio que comentamos. Que a figura de Schnitzler esteja implicada, de algum modo, na representação freudiana do ominoso, é atestado pela passagem particularmente vigorosa em que Freud se refere a seu conto "A profecia":

> É muito diferente o caso em que o poeta aparenta se situar no terreno da realidade comum. Adota então todas as condições que na vida real regem a aparição do sinistro [...]. Mas, nesse caso, o poeta pode exaltar e multiplicar o sinistro muito além do que é possível na vida real [...]. De certo modo, nos entrega então à nossa superstição, que julgávamos superada; engana-nos ao nos prometer a realidade vulgar, para logo sair dela. Reagimos ante suas ficções como o faríamos em relação a nossas próprias vivências; uma vez que nos damos conta da mistificação, já é tarde demais, e o poeta conseguiu sua finalidade; mas por meu lado afirmo que não obteve um efeito puro. *Resta-nos um sentimento de insatisfação, uma espécie de rancor pelo engano intentado, sensação que experimentei com particular intensidade depois de ter lido o conto de Arthur Schnitzler "A profecia"* [...]. O escritor dispõe ainda de um outro meio para se subtrair à nossa revolta e melhorar ao mesmo tempo as perspectivas de alcançar seu objetivo. Esse meio consiste em nos deixar em suspenso, durante longo período, quanto às convenções que vigoram no mundo adotado por ele; ou então em esquivar até o fim, com engenho e arte, uma explicação decisiva a esse respeito.[159]

Rancor, revolta, mistificação, engodo, insatisfação: a arte deixa de ser a "ligeira narcose" de *O mal-estar na cultura* para aparecer como algo positivamente maléfico, revelando seu parentesco com o reino da mentira de que o fantasma é índice exemplar. Mas o efeito sinistro "particularmente intenso" — pois podemos supor que o rancor seja proporcional à intensidade com que o poeta

---

[159] "O sinistro", SA IV, p. 274; SE XVII, p. 252; BN III, p. 2504. O conto também trata de uma profecia de morte, extorquida ao mago Marco Polo pelo herói, e que concerne às condições em que este vai morrer. Certos elementos da cena prevista surgem aqui e ali, criando o temor de que a profecia se realize; por fim, todos menos um se encontram reunidos, num espetáculo do qual participa o personagem; e o que falta vai se produzir, finalmente, quando uma lufada de vento faz voar a peruca de um senhor, deixando à mostra sua careca e cumprindo-se então a profecia do adivinho.

atingiu seu alvo — não remete também a essa figura do duplo, e sob um aspecto essencial para a atividade psicanalítica? Reflitamos: onde encontrar um paralelo desse mundo cujas convenções se ignoram, no qual alguém fica "em suspenso durante longo período" aguardando uma "explicação decisiva" que se furta sem cessar? Na situação analítica, é óbvio, cuja semelhança com o efeito provocado pelo "poeta" é ainda mais significativa se considerarmos que ela induz uma regressão na qual, fatalmente, reencontraremos o "familiar" de nossas próprias vivências e fantasias, mas iluminado por uma luz mortiça, que as torna estranhamente *unheimlich*. Esse adivinho de quem se quer extorquir uma profecia, palavra decisiva sobre o destino, que se supõe dotado de clarividência, e que se recusa a compartilhar conosco seu suposto saber... Segredos de alcova, ou de consultório.

O feminino, dissemos, é o que de maneira surda enlaça Freud e Schnitzler, permitindo entrever quais são os fios desse sentimento de estranheza que se apodera do primeiro à leitura dos escritos do outro. Nata Minor irá dizê-lo de modo admirável:

> A mulher, seu corpo de fábulas, de espelhos, de gavetas. Corpo-aresta (*charnière*), carne (*charnier*) na qual se vai buscar, se fundir e se confundir a singular miragem do duplo. O duplo, metáfora do mistério de si mesmo, parte sussurrante e muda, face oculta da luta, continente negro onde se inscreve o segredo paterno. Segredo que cada qual se empenha em descobrir no fundo do corpo fechado em sua feminilidade...[160]

E, se a denegação de Freud no que concerne aos aspectos fundamentalmente criativos do trabalho psicanalítico, que o conduz a ver no artista e nesse artista ora uma réplica inquietante de si mesmo, ora o mago que impõe ao real coordenadas míticas e desorientadoras — se essa denegação, que se explicita na reivindicação exclusiva da cientificidade, na compulsão de atrelar a psicanálise ao real, ao verdadeiro, ao não ilusório, relegando para as brumas do desejo a religião e a filosofia — se essa denegação não fosse mais do que a outra face de sua singular limitação no pensar feminino, que o despoja de todos os formidáveis poderes encerrados no corpo da mulher? Granoff dirá que a psicanálise

---

160 Nata Minor, "Capitales de non-lieu", cit., p. 483.

nasceu do império do *Weibliche* sobre a construção psíquica de Freud. Seja. Mas que esse império se manifeste tanto na tematização explícita quanto sob a forma de um sistema de defesa que aparece claramente quando situa sua disciplina sob a égide exclusiva do "nosso deus Logos" — isso deve nos fazer refletir. Pois o deus Logos não parece muito bem-disposto em relação ao feminino, já que primeiro dotou a mulher de um superego menos rigoroso e sobretudo exige, para seu culto, uma luminosidade em que as figuras possam se recortar com nitidez, deixando de lado todo o domínio escuro e noturno em que o feminino pode exercer sua sedução envolvente.

"Nosso deus Logos" nasceu da vitória do princípio paterno, da triunfante afirmação da espiritualidade sobre a sensibilidade/sensualidade. É em *Moisés e o monoteísmo* que Freud narra sua gênese, como é no mesmo livro que afirma ser a verdade intolerante, e é ainda nele que, com base apenas em "deduções e raciocínios" — portanto esgrimindo as armas do deus Logos —, vai reconstituir, numa progressão vertiginosa, a história de seu povo e portanto a sua própria. Construção que resulta na distinção entre verdade histórica e verdade material, na analogia entre o indivíduo e a espécie e na afirmação da transmissão filogenética dos traços do parricídio, que resulta portanto no que denominei um fantasma teórico. Estranhas simetrias, bizarras correspondências! Fantasma e verdade se interpenetram, e o resultado da operação é entre outros propor mais um mito, que se lê nas entrelinhas do livro: o mito de origem do indivíduo Sigmund Freud. Deixemos, pois, as paragens em que o feminino convoca o sinistro e vice-versa, para nos adentrarmos naquelas, não menos sugestivas, em que de Tebas, no Egito, a Viena, no Danúbio, se tece uma trama na qual Freud, como um novo Édipo que deparasse não com a Esfinge, mas com as Parcas, vai perseguir o fio vermelho de seu próprio destino.

8. "prefiro ser eu mesmo o ancestral"

No segundo prefácio à parte final de *O homem Moisés e a religião monoteísta*, datado de Londres, Freud menciona que a redação de seu estudo foi dificultada por "extraordinários obstáculos", tanto de ordem íntima quanto devidos às circunstâncias exteriores. Estas se referem à situação política na Áustria durante a década de 1930, que, como vimos, se determina como delicado equilíbrio entre o fascismo autóctone e a sombra de Hitler. A partir de 1933, a vitória do nazismo na Alemanha torna premente uma questão diante da qual, embora isto não fosse novo, Freud se sente especialmente concernido: seu judaísmo. Mais do que isso, se trata de saber, "ante as novas perseguições, como o judeu se tornou o que é e por que atraiu sobre si esse ódio eterno".[161] É notável que o fenômeno nazista — sobre o qual Freud se exprime sem reservas em sua correspondência, dizendo-se enjoado e revoltado — não suscite uma reflexão sobre a Alemanha (como a que dá origem, por exemplo, à *Psicologia das massas do fascismo* de Reich), mas sobre o judaísmo; penso que o que aqui foi dito antes sobre sua concepção do social pode esclarecer a direção que vai tomar tal perplexidade. O nazismo não se apresenta, para ele, como resultado de processos sociais e políticos na sociedade alemã; ou, dito melhor, isso é evidente e não merece investigação teórica. O que o inquieta é a recrudescência do antissemitismo e o caráter epidêmico que este assume, mesmo antes das leis de Nuremberg e da "Noite de Cristal"; seu filho residente em Berlim emigra para Londres já no início de 1933, e, pela correspondência com Arnold Zweig, que parte logo depois para a Palestina, podemos acompanhar a forma pela qual Freud vive esses momentos sombrios. Mas a própria intensidade do fenômeno vai induzir uma reação diferente: ele procurará elucidar, por meio da psicanálise, o que até então lhe parecera um fato natural, que se explicaria quase por si mesmo: "como o judeu se tornou o que é e por que atraiu sobre si esse ódio eterno". Basta recordar os termos da mensagem à B'nei Brit estudada em nosso primeiro capítulo para nos darmos conta de que, embora carregada de significações afetivas, tal situação era antes vista como *dada*: "por ser judeu, estava livre de muitos preconceitos [...] e me habituara a figurar nas fileiras da oposição". Podemos supor, porém, que não são apenas as circunstâncias políticas que dão conta das resistências — pois é disso que se trata — que Freud vai opor à publicação de seus artigos sobre Moisés.

A carta mencionada a Arnold Zweig precisa o que são tais circunstâncias:

> A terceira parte faz fracassar a empresa, porque trazia uma teoria da religião, nada de novo para mim, depois de *Totem e tabu*, mas, apesar de tudo, algo novo e fundamental para os não-iniciados. O pensamento desses não-iniciados me ordena guardar secreto este estudo. Pois vivemos aqui numa atmosfera de rigorismo católico.

---

161 Carta de 30/9/1934, *Freud-Zweig*, p. 129.

Diz-se que a política de nosso país é feita por um certo padre Schmidt [...], que é o homem de confiança do papa [...] e que em seus livros não faz mistério do horror que sente pela psicanálise e em particular pela minha teoria do totem. [...] Pode-se esperar que uma publicação de minha lavra faça uma certa sensação e não escape às vistas do padre hostil. Assim, correríamos o risco de ver a psicanálise proibida em Viena [...]. Se o perigo só se referisse a mim, pouco me impressionaria, mas privar todos os nossos membros de Viena de seu ganha-pão é uma responsabilidade grande demais para mim.[162]

Essa carta data de setembro de 1934, portanto dos primeiros meses do regime fascista austríaco, instalado após a guerra civil de fevereiro do mesmo ano. O apoio da Igreja a esse regime — que Freud considera apesar de tudo preferível ao nazismo de tipo alemão, condenado pelo Vaticano — o faz considerar inútil uma provocação que poderia atrair sobre a sociedade de Viena as iras do tal padre Schmidt. O primeiro prefácio à terceira parte do estudo retoma os mesmos argumentos, cuja validade, porém, é destruída pela invasão alemã de março de 1938 e pela consequente emigração de Freud para a Inglaterra. É nesse país que publica o terceiro e mais importante artigo da série, que contém a "teoria da religião" em causa.

Até que ponto, porém, é real o perigo entrevisto por Freud? O cenário imaginário, no qual a publicação do livro acarretaria a proibição do exercício da psicanálise na Áustria, é pelo menos improvável, e Freud o reconhece em outra carta a Zweig: "O perigo, embora na verdade mínimo, não é o único empecilho. Mais grave é o fato de que o romance histórico não resista à minha própria crítica. Exijo ainda mais segurança...".[163] A expressão "romance histórico" figurava no título inicial do livro, tal como vemos na carta a Zweig de 30 de setembro de 1934. Ele remete a duas direções: à voga desse tipo de narrativa nas letras alemãs da época — pense-se em *O egípcio*, de Mika Waltari, na série *José e seus irmãos*, de Thomas Mann, nos romances extremamente populares de Stefan Zweig e de Lion Feuchtwanger —, mas sobretudo à natureza de ficção do texto freudiano, ou pelo menos à forma pela qual Freud legitimava a seus próprios olhos o

---

162 Ibidem, p. 130. Cf. a carta 76 a Pfister (14/9/1926), onde Freud afirma que "na Áustria católica, um eclesiástico que trabalha com a psicanálise é algo completamente inconcebível" (*Freud-Pfister*, p. 156).
163 Carta de 6/11/1934, *Freud-Zweig*, p. 135.

desejo de escrever sobre Moisés. Mas ela não deixa de ser estranha, tanto mais que a versão final não se apresenta como obra de imaginação, porém como reconstrução científica com pretensões de verdade. Contudo, quanto a Moisés, que a primeira reação de Freud seja se desvincular da psicanálise para se erigir em novelista é prenhe de significações. Vimos no capítulo anterior que o artigo "*Moisés* de Michelangelo" também é cercado de precauções defensivas, como o anonimato e as prudentes declarações do parágrafo inicial. A Edoardo Weiss, pioneiro da psicanálise na Itália e que traduzira esse trabalho para o italiano, Freud confessará: "Mantenho com essa obra as relações que se têm, por exemplo, com um filho do amor. [...] Só muito mais tarde legitimei esse filho não analítico".[164] Com efeito, é apenas em 1924 que reconhece, de público, ter redigido aquele artigo.

Filho não analítico, filho do amor... a metáfora é sugestiva. Somente de modo furtivo, quase às escondidas, ele pode se aproximar da figura de Moisés, aproximação plena de culpabilidade e que se move no registro da traição. Traição à dama psicanálise — um pouco filha e um pouco mulher, com a qual Freud mantém uma complicada relação que beira o incesto —, mas igualmente traição ao objeto de estudo, e a designação "romance histórico" é também uma medida de defesa contra as reações do herói bíblico. Que a relação com Moisés se inscreva no complexo paterno de Freud é algo que considero estabelecido sem sombra de dúvida; releiamos nessa perspectiva a carta a Zweig, na qual um *padre*, homem de confiança do *papa*, seria instrumento (mais do que a causa) de um castigo terrível. Mais do que jogos de palavras, porém, é a demonstração de *Psicologia das massas* que convém invocar: a análise a que Freud submete a Igreja não remete de modo explícito ao pai da horda primitiva? Além disso, ele não é apenas pai descuidado ou esposo infiel de suas próprias obras, mas ainda traz nos ombros a grave responsabilidade da família analítica de Viena, que dele depende para a sobrevivência material. Uma carta a Pfister afirma que dar de comer à sua família (real) é uma preocupação que se inscreve em seu complexo paterno, visando reparar uma negligência de que Jakob Freud se tornara culpado. Filho de Jakob, filho de Moisés, filho do amor, filho ilegítimo — as representações se entrelaçam e mostram bem que é na genealogia que reside o cerne do problema. Genealogia da qual o sonho do "Conde Thun"

---

164 Carta 269 a Edoardo Weiss (12/3/1933, *Cartas* II, p. 164). Cf. igualmente *Sigmund Freud-Edoardo Weiss, lettres sur la pratique psychanalytique*, Toulouse, Xavier Privat, 1975, p. 88.

se desembaraça alegremente: "Não, não vale a pena se glorificar de seus ancestrais. Prefiro ser eu mesmo o ancestral".

Quiçá seja essa a razão de que o estudo se abra sobre o problema da origem de Moisés, interrogação colocada sob o signo da mais extrema gravidade: "Privar um povo do homem a quem considera o maior de seus filhos não é tarefa que se acometa de bom grado ou com o coração leve, tanto mais quando se é membro desse povo".[165] Mais uma vez se opera a inversão do filho ao pai e vice-versa; a sequência mostrará que Moisés não é o "maior dos filhos" do povo judeu, mas ocupa em relação a este a posição de pai. E a demonstração de que o profeta não é filho dos judeus, mas que tem origem egípcia, ocupa todo o primeiro ensaio, intitulado precisamente "Moisés, egípcio". Freud se apoia em dois argumentos: seu nome e a lenda da salvação das águas do Nilo. Para ele, a raiz do nome *Moshé* é a mesma que a de Tutmés, Ramsés e outros do mesmo tipo — um radical que, segundo o egiptólogo Breasted, significaria "filho de". O mito do nascimento do herói, estudado por Otto Rank, fornece uma pista considerada mais segura: ele põe em cena duas famílias, a primeira geralmente de sangue real e legítima (Édipo, Sargão), e a segunda, humilde, que adota a criança abandonada. Esse mito seria uma das expressões do chamado "romance familiar" no qual a criança se imagina descender não de seus verdadeiros pais, mas de outros, mais nobres ou de posição social mais elevada, que a teriam entregado a uma família adotiva. Mas a lenda de Moisés se ajusta mal a esse esquema, já que a primeira família é humilde, e a segunda, real; como no mito ou no romance familiar ambas as famílias são imagens sucessivas da mesma, única verdadeira, Freud deduz disso que a princesa não recolheu o bebê das águas, mas era sua verdadeira mãe. Apoiando-se na suposição de que nos "casos históricos" a primeira família (a que abandona) é fictícia, enquanto a segunda (a que educa) é real — por exemplo, nas lendas que cercam o nascimento de Ciro da Pérsia ou de Rômulo e Remo — e na interpretação psicanalítica do tema da saída da água, que significa nascimento (deixar o líquido amniótico), como é dito já em 1909 numa carta a Pfister, Freud conclui que Moisés era um nobre egípcio, e não o filho de escravos hebreus. A demonstração não prima pela solidez, e ele bem sabe disso, pois o ensaio conclui afirmando que dessa origem decorrem tantas e tão portentosas consequências, que seria preciso acrescentar à "hipótese

---

[165] *Moisés e o monoteísmo*, SA IX, p. 459; SE XXIII, p. 7; BN III, p. 3241.

psicológica" argumentos de natureza propriamente histórica, a fim de melhor fundamentá-la. E, com efeito, o segundo ensaio se denomina "Se Moisés fosse egípcio...". Contudo, uma peculiaridade do livro não deixa de chamar a atenção do leitor: constantemente, Freud vai declarar que seus argumentos são da ordem de conjecturas, mas procederá como se de fato tivessem sido provados com todo o rigor. Tamanha insolência para com os procedimentos científicos que diz respeitar justifica, a meu ver, uma abordagem do texto que não se reduza à confrontação com o que é possível, por outros caminhos, saber acerca de Moisés. Assim como *Totem e tabu* não é um livro de etnologia, tampouco *Moisés e o monoteísmo* pode ser considerado um trabalho de história ou de crítica bíblica, e não é por acaso que nele se encontra a defesa do livro de 1912 como um texto de psicanálise. Mas há uma diferença fundamental: *Totem e tabu* se apoia na etnologia para construir a categoria psicanalítica do pai morto, enquanto *Moisés e o monoteísmo* extrai da tese sobre o assassinato de Moisés um argumento em favor da redução do social ao psíquico, a saber, a suposta prova de que os traços mnésicos do crime primordial são transmitidos hereditariamente em virtude de "leis" filogenéticas. Sem retomar aqui a crítica feita nas seções precedentes a essas "leis", convém assinalar que *Moisés e o monoteísmo* não traz contribuição alguma à teoria propriamente psicanalítica, confirmando ao contrário os limites desta última em seu esforço para pensar o social-histórico. O valor da obra não reside, portanto, na veracidade mais do que discutível da reconstituição histórica proposta, mas no fato de que nos permite ler nas entrelinhas o final do grande debate de Freud com a questão do pai — debate que não concerne à psicanálise como disciplina autônoma, mas é de extrema importância para compreender em que parâmetros se inscreve sua invenção por Freud.

A Arnold Zweig, que lhe propusera editar o livro em Jerusalém para escapar dos riscos eventuais de sua publicação na Áustria, Freud responde, irritado:

> Deixe-me em paz com Moisés [...] Não que eu tenha me separado dele: o homem, e o que eu queria fazer com ele, me perseguem continuamente. Mas é impossível. [...] Que Moisés não seja egípcio não é o essencial, embora seja o ponto de partida. Tampouco é a dificuldade interna, pois isso pode ser considerado certo. O fato, porém, é que fui obrigado a erigir uma estátua formidável sobre um pedestal de argila, de modo que qualquer louco pode derrubá-la.[166]

---

166 Carta de 6/11/1934, *Freud-Zweig*, p. 136.

A representação de Moisés se tornou quase obsedante, bem como "o que eu queria fazer com ele". Veremos mais adiante o que querem dizer essas palavras. Importante é, agora, notar que Freud considera "certa" a origem egípcia de Moisés, ponto de partida que contudo não é o essencial. Que significaria essa patente contradição? É claro que, se Moisés não for egípcio, será hebreu, e toda a construção se desmorona como um castelo de cartas. O essencial não é essa tese, mas a teoria da religião que nela se apoia: esta é a "estátua formidável", que Freud compara na introdução ao segundo ensaio a uma "bailarina num pé só" — imagens que evocam bem a instabilidade da construção teórica estribada no "fato" de que o profeta seja egípcio. Ora, tal fato está longe de ser demonstrado; apoia-se numa "premissa" e numa "dedução", exatamente como a presunção de paternidade, apresentada no mesmo texto como um grande progresso da espiritualidade, seu triunfo épico sobre a sensualidade. O raciocínio é indicado na primeira parte (trata-se da interpretação do mito das águas), mas... e a premissa? Penso que aqui cabe recordar a perplexidade manifesta na carta 69 a Fliess: "No inconsciente não existe nenhum signo de realidade, de modo que é impossível distinguir esta última de uma ficção investida afetivamente". A premissa é apenas um fantasma de Freud, fantasma que concerne a seu complexo paterno e vai se expressar, ou se racionalizar, na série de argumentos históricos aduzidos para ancorar a hipótese da egipcianidade de Moisés.

Esses argumentos formam o essencial do segundo ensaio. Resumamos rapidamente: o monoteísmo nasce com o faraó Ikhnaton, que promove o deus Aton contra a religião politeísta tradicional, cujo sustentáculo são os sacerdotes que detêm vastos poderes no Egito antigo. Para Freud, o monoteísmo reflete o império mundial do faraó, enquanto os hebreus seriam inaptos, por constituírem uma pequena tribo sem expressão, para inventar tal concepção. Passemos sobre o simplismo desse argumento, que não explica por que o monoteísmo não surge na época de máxima glória do Egito, mas justo num momento caracterizado por Freud como o início do seu declínio; é picante, porém, notar que aqui, como quando afirma que o politeísmo *reflete* a fragmentação do poder durante a época da aliança fraterna, ele retoma argumentos oriundos do marxismo em sua versão mais pobre — o mesmo marxismo que condena tão vigorosamente na conferência 35. O deus Aton, repudiado após a morte do faraó que instituíra seu culto, teria grandes semelhanças com o Adonai dos judeus, a começar pelo nome e a terminar por suas características de Criador do Universo e fonte de uma elevada moralidade. Moisés seria um sacerdote desse culto que, desgostoso com a reação politeísta que sucede ao reinado de Ikhnaton, teria decidido sair do Egito e fundar uma nova nação, dedicada ao deus único, para isso escolhendo os hebreus. A prática da circuncisão seria a prova principal de que Moisés era egípcio, pois segundo Heródoto apenas os egípcios (e os hebreus) a adotavam na Antiguidade. Freud cita ainda provas secundárias, tais como o fato de Moisés ser dito "de língua difícil" (o que poderia indicar que, por ser estrangeiro, conhece mal a língua hebraica) e de forte personalidade, ou ainda o fato de os levitas, a cuja tribo a Bíblia diz que pertence o profeta, portarem com frequência nomes egípcios. Havendo promovido o Êxodo, Moisés teria outorgado aos hebreus uma legislação de cunho monoteísta e que perpetuava a tradição moral ligada a Aton. O fato de que o povo não admitiu facilmente essa legislação — provam-no o episódio do Bezerro de Ouro e as recorrentes rebeliões contra a autoridade de Moisés — conduz Freud a supor, na esteira do investigador bíblico Edward Sellin, que aquele teria sido assassinado durante uma dessas revoltas. Os hebreus teriam encontrado, no oásis de Kadesh, outros grupos a eles aparentados, os quais adoravam um demônio vulcânico denominado Jahvé. Essa divindade, de origem midianita, nada teria a ver com o Moisés egípcio nem com o deus Aton, havendo sido introduzido por um pastor local. Freud se apropria aqui de uma hipótese de E. Meyer, combinando-a com a ideia de Sellin sobre o assassinato de Moisés. Os dois grupos teriam se unido no oásis de Kadesh para fundar a nação hebraica, operando-se um compromisso entre as tradições respectivas: os levitas, herdeiros do pensamento do Moisés assassinado, teriam aceitado a nova divindade em troca de adoção pelos midianitas da circuncisão, prática sagrada e que diferenciaria os hebreus dos canaanitas. Da mesma forma, identificando o príncipe egípcio com o pastor local, ao deus deste foi atribuída a residência no Sinai, e a ele creditou o Êxodo, em troca do que o pastor foi esquecido e Moisés passou a figurar como aquele a quem Jahvé se manifestava:

> Uma espécie de compromisso foi assim estabelecida: a Jahvé, originário de uma montanha midianita, se permitiu estender seu poderio até o Egito; a existência e a atividade de Moisés, de modo paralelo, foram estendidas até Kadesh e a Transjordânia, fundindo-o assim como a pessoa daquele que ulteriormente instituiu a religião, o genro midianita de Jetro, a quem emprestou seu nome de Moisés.[167]

---

167 *Moisés e o monoteísmo*, SA IX, p. 490; SE XXIII, p. 41; BN III, p. 3263.

Façamos aqui uma pausa. O procedimento de Freud é idêntico ao de *Totem e tabu*: toma de cada autor um fragmento de teoria e os combina para forjar a sua própria. Meyer e Sellin têm assim o mesmo papel que Darwin, Atkinson e Robertson Smith na obra de 1912. Isso não provém apenas de que Freud deva se documentar na literatura existente, dada a distância entre sua prática e os domínios a que se refere a teoria. Parece-me que esse gesto tem um significado de racionalização: dada sua íntima convicção de que Moisés era egípcio, ele vai buscar nos autores "aquilo de que tem necessidade para seu trabalho psicanalítico", como afirma explicitamente no final do livro. O recurso aos peritos faz lembrar a notação do "Leonardo" em que as autoridades são comparadas ao pai; é como se, perante uma figura paterna, Freud devesse recorrer a outras figuras paternas para escorar sua demonstração. E esta tem uma finalidade precisa: provar que a história judaica segue uma trajetória "retrógrada", na qual irá se aproximar, sob o efeito da culpabilidade pelo assassinato do profeta, cada vez mais das ideias deste último. O deus Jahvé, demônio brutal e sanguinário, teria assumido pouco a pouco as feições do deus de Moisés, o qual dotara seu povo de uma representação da divindade extremamente espiritualizada, universal, paradigma de justiça e bondade. Perpetuada pelos levitas e vigorosamente retomada pelos profetas bíblicos, a tradição dessa figura exaltada teria terminado por vencer, fortalecida pelo sentimento inconsciente de culpabilidade, o qual haveria sido canalizado e de certa forma neutralizado pelos rigorosos mandamentos da religião judaica.[168] Tal seria o "conteúdo crucial" da história do povo judeu, cuja religião desfrutaria o privilégio de pôr à mostra o "fundo paterno" de toda religião, conforme lemos no terceiro capítulo de *O futuro de uma ilusão*.

Penso que não é preciso insistir acerca dos pressupostos filosóficos quanto à natureza da sociedade e da temporalidade implícitos na hipótese freudiana, nem no fato evidente de que a evolução efetiva do judaísmo obedece a condições históricas inteiramente diferentes daquelas supostas por Freud.[169] Este passa por alto os oito séculos transcorridos entre o Êxodo e a codificação sacerdotal do texto bíblico, com os dez séculos seguintes, nos quais se elaborou o sistema de interpretação desse texto que está na origem dos preceitos religiosos

---

168 *O mal-estar na cultura*, SA IX, p. 246; SE XXI, p. 126; BN III, p. 3055.
169 Freud, aliás, tampouco se sentia de todo convencido por sua reconstrução, como confessa a Arnold Zweig (carta de 14/3/1935, *Freud-Zweig*, p. 143). O que, porém, não o impede de continuar seu raciocínio como se ela fosse perfeitamente sólida.

judaicos. O método de leitura cuidadosa, empregado por exemplo na "Gradiva", foi de todo abandonado; Freud sobrevoa a Bíblia sem se dar conta de que seus livros sucessivos correspondem a elaborações e instituições muito afastadas umas das outras, não obstante sua constatação de que o texto contém contradições e lacunas. Mas estas são interpretadas como fruto da censura, a qual não visaria acomodar entre si as diversas fontes originais, como supõe a crítica bíblica moderna, mas apenas, simplesmente e em todos os casos, apagar os traços de crime originário, repetindo-o porém como metáfora ao alterar e mutilar os textos de base. É toda a sua concepção da história como espaço do retorno do reprimido que aqui se encontra em jogo, e esta, por sua vez, remete à eliminação da espessura do social de que tratamos longamente neste capítulo. Interessa-me mais mostrar que a tese de Freud implica atribuir a Moisés e à ação diferida de sua doutrina o caráter específico dos judeus, cuja elucidação fora o motivo manifesto de seu estudo. Vejamos dois trechos de sua correspondência:

> Diante das novas perseguições, nos perguntamos mais uma vez como o judeu se tornou o que é e por que atraiu sobre si esse ódio eterno. Encontrei logo a fórmula: Moisés criou o judeu, e meu trabalho recebeu como título *O homem Moisés, romance histórico*.[170]

A um destinatário anônimo:

> Faz alguns anos, comecei a me perguntar como o povo hebreu havia adquirido seu caráter específico, e, seguindo meu hábito, remontei aos princípios. Não cheguei muito longe e fiquei assombrado ao perceber que já a primeira experiência da raça — refiro-me a Moisés e ao Êxodo do Egito — havia condicionado todo o desenvolvimento histórico até nossos dias, como um trauma infantil na história de um indivíduo neurótico. Simplificando, basta tomar a concepção terrena da existência e a conquista do pensamento mágico, assim como a exclusão do misticismo, elementos cujas raízes podem ser encontradas no próprio Moisés.[171]

Assim se explica a "misteriosa coisa que faz o judeu", que na carta a Barbara Low citada no início deste estudo fora declarada "inacessível à análise". Moisés fez

---

[170] Carta de 30/9/1934, *Freud-Zweig*, p. 129.
[171] Carta 293 (14/12/1937), *Cartas* II, p. 184.

o judeu, e todo o desenvolvimento histórico posterior está contido na "primeira experiência", como no trauma infantil. Na origem — para retomar as expressões de Foucault num estudo sobre Nietzsche — reside a "essência exata da coisa", "sua identidade acuradamente dobrada sobre si mesma", permitindo considerar "adventícias" todas as peripécias que possam ocorrer e "retirar todas as máscaras para revelar enfim uma identidade originária".[172] É tanto negar a história como possibilidade de irrupção do novo quanto, de modo mais analítico, encontrar uma resposta para a questão imemorial: "de onde vêm as crianças?".

Mas notemos um aspecto suplementar. Freud atribui a Moisés a expulsão do misticismo e a "conquista do pensamento mágico", ou seja, os fundamentos do que denominara anteriormente a *Weltanschauung* científica. E na carta à B'nei Brit não afirmara que, por ser judeu, estava livre dos preconceitos (místicos e mágicos) que toldam a outros o uso de seu intelecto? É a origem de si mesmo, como cientista, que Freud atribui ao profeta assassinado, o qual, a exemplo de seu faraó, banira da religião o conceito de imortalidade. Numa passagem de *Moisés e o monoteísmo*, ele dirá que Ikhnaton tinha necessidade de uma concepção que excluísse a imortalidade, a fim de melhor combater os sacerdotes de Osíris, deus da vida de além-túmulo e o mais popular do panteão egípcio, enquanto nada poderia justificar a ausência dessa doutrina na religião mosaica, se seu fundador não fosse egípcio. Falando da propensão dos judeus ao estudo e ao pensamento abstrato, Freud afirma que tal característica é fruto da proibição de fazer imagens, ou, em outras palavras, da vitória da "espiritualidade" sobre a "sensibilidade" — vitória que é fonte de um grande orgulho narcisista e que estaria na base da elevada autoestima dos judeus, cristalizada na ideia de serem o povo eleito. Conquista, vitória, triunfo... são imagens guerreiras as convocadas para celebrar essa passagem. Mas ela é sobretudo uma passagem da mãe ao pai; ora, de onde surgiu o deus Aton? Ele era a divindade da mãe do faraó, conforme Abraham já mostrara em seu estudo sobre Ikhnaton — estudo jamais mencionado por Freud, não obstante seu papel na crise de Munique que culminara com seu desmaio e da qual tratamos no capítulo 3. A representação exaltada da espiritualidade tem a ver, assim, com a relação entre todas significativa que une a mãe a seu filho.

---

172 Michel Foucault, "Nietzsche, la genealogia, la storia", em *Microfisica del potere*, Turim, Einaudi, p. 31 (coletânea de entrevistas e conferências).

A relação entre mãe e filho é dita isenta de agressividade. Numa das versões do parricídio primitivo, a de *O mal-estar na cultura*, Freud diz que o filho mais novo, preferido da mãe, foi aquele que desfechou o golpe decisivo contra o tirano da horda. Em "Uma recordação infantil de Goethe", lemos que o preferido da mãe "conserva ao longo de toda a vida aquela segurança conquistadora, aquela confiança no êxito que muitas vezes é suficiente para obtê-lo".[173] Por intermédio de Goethe, é de si mesmo que Freud nos fala, ele que nascera com um chumaço de cabelo (signo favorável) e que sua mãe chamava "o pequeno negro", recordação mencionada no sonho "Sala das máquinas". E, em *Psicologia coletiva*, comentando a origem da poesia épica, ele afirma que esta surgiu quando ao filho preferido da mãe foi atribuído o feito magnífico que na verdade fora obra dos irmãos coligados: o assassinato do pai. A passagem é decisiva e convém considerá-la mais de perto:

> A nova família era apenas uma sombra antiga, pois, sendo muitos os pais, a liberdade de cada um era limitada pelos direitos dos demais. O descontentamento por essas privações pôde então fazer um indivíduo decidir a se separar da massa e a assumir o papel do pai. O que fez isso foi o primeiro poeta épico, e o progresso em questão se realizou apenas em sua fantasia. Esse poeta transformou assim a realidade no sentido de seus desejos e inventou o mito heróico. O herói era aquele que, sem nenhum auxílio, havia matado o pai [...]. A ideia do herói se vincula provavelmente com a pessoa do mais jovem dos filhos, o qual, preferido pela mãe e protegido por ela contra os ciúmes paternos, era quem sucedia ao pai na época primitiva [...]. O mito atribui ao herói a façanha que deve ter sido realizada por toda a horda [...]. Assim, pois, o mito constitui o passo pelo qual o indivíduo se separou da psicologia coletiva [...]. O poeta que deu tal passo e assim se separou, imaginariamente, da multidão [...] foi relatar à massa as façanhas que sua imaginação atribuía ao herói inventado por ele, herói que no fundo é ele mesmo. [...] A mentira do mito heróico culmina com a divinização do herói. É muito provável que o herói divinizado seja anterior ao deus-pai [...]. As divindades teriam, pois, se sucedido na seguinte ordem: deusa-mãe, herói, deus-pai. Mas, até a elevação do pai primitivo, jamais esquecido, a divindade não adquiriu os traços que hoje nos mostra.[174]

---

173 "Uma recordação infantil de Goethe", em *Poesia e verdade*, SA X, p. 266; SE XVII, p. 156; BN III, p. 2443.
174 *Psicologia das massas*, cit., SA IX, p. 128; SE XVIII, pp. 136-7; BN III, p. 2605.

O "mais jovem dos filhos" é apenas mais um nome do preferido, que pode ser também o mais velho ou qualquer outro na ordem da fratria. O essencial desse trecho é que ele nos permite reunir vários fios numa trama coerente. Reflitamos: Freud se declara inventor de um mito científico, o do parricídio, e considera que Moisés sofreu o mesmo destino, consistindo a singularidade do povo judeu em ter sido confrontado duas vezes com o ato fundador da civilização. Quem inventa um mito é um poeta épico, e a função desse mito é promover a figura de um herói que representa o próprio poeta. O mito tem assim valor de permitir a este último se erigir em matador do pai, pela figura intermediária do herói que representa. Ao fazer isso, o poeta épico se situa no lugar do pai e se separa da "psicologia coletiva", isto é, adquire uma identidade própria e única. Em seguida, pondo-se diante da massa, narra a esta o mito por ele inventado, por meio do qual, imaginariamente, ele se institui em herói e fundador da cultura, amparado pelo amor da mãe. E o mito heroico só existe na fantasia do poeta, sendo um modo — mentiroso — de divinizar o herói que o simboliza. Tal divinização põe fim ao reinado da deusa-mãe (é portanto uma "vitória da espiritualidade sobre a sensualidade") e prepara o advento/retorno do deus-pai. Como não ver que esse texto projeta a mais viva luz sobre o sentido de *Moisés e o monoteísmo*? Acaso Freud não "repete", com seus argumentos pseudo-históricos, o assassinato de Moisés? Acaso não vem "relatar à massa" seu próprio mito? Acaso, protegido pela preferência materna e "seguro do sucesso", não vai celebrar a vitória do deus-pai sobre a deusa-mãe? Acaso, ao fazer isso tudo, não se instala no lugar do pai? "É ridículo se glorificar de seus antepassados. Prefiro ser eu mesmo o ancestral." Bom exemplo de "transformação da realidade no sentido de seus desejos"... Sem nenhum auxílio — ou melhor, com o auxílio da psicanálise, que agora, além de filha e de "esposa", parece também mãe protetora —, ele vai repetir sozinho a "façanha dos irmãos", mas tomando o cuidado de deixar vazio o lugar do herói, ao insistir que tal "façanha" só pode ser obra dos irmãos coligados. À pergunta manifesta — de onde vêm os judeus? — corresponde uma pergunta latente: de onde vem o judeu Sigmund Freud? E, se Moisés criou o judeu, criou *ipso facto* esse judeu, aquele que dirá com orgulho que, por sê-lo, pôde inventar a psicanálise. *Moisés e o monoteísmo* não priva um povo do "mais ilustre de seus filhos", mas de sua figura paterna mais exemplar, reduzida à condição de estrangeiro. Marthe Robert se interroga, na introdução à correspondência entre Freud e Arnold Zweig, a respeito de uma singular contradição na tese freudiana: se Moisés é *egípcio*, como considerar seu assassinato pelos *hebreus* um parricídio? A pergunta me parece fora de lugar, pois a paternidade não é carnal, porém simbólica; ao contrário, é porque Moisés não é *filho* do povo hebreu que pode ser tomado, no mito freudiano, como seu *pai*. E, no lugar desse pai morto, vai se instalar aquele que com ele se identifica: o próprio Freud, portador de uma concepção que elimina a imortalidade, abole o misticismo, não deixa lugar para o pensamento mágico, funda uma nova Lei e se erige em ancestral de uma linhagem ilustre — a sucessão dos psicanalistas engendrados um pelo outro e sem o concurso de mãe alguma. Pois a transferência, seja de que sexo for o analista, é de índole paterna, pela simples razão de que ela institui o psicanalista como detentor de um saber e de um poder, como aquele que dispensa "ajuda e proteção" e que simboliza a regra e a lei.[175] Como Moisés, Freud abandonou sua cultura de origem — a alemã —, como dirá numa carta a Arnold Zweig: "Um de nós se considera também alemão, o outro não". Como Moisés, contempla a Terra Prometida do alto de um monte, no segundo dos "sonhos romanos" destinados a ilustrar a "permanência do infantil na vida psíquica". Como Moisés, enfim, será o autor de uma grande "vitória da espiritualidade", ao promulgar a linguagem como veículo da terapia e ao recusar qualquer concessão à *Sinnlichkeit* — ainda que, como vimos, a ideia de que a psicanálise se situa inteiramente do lado do pai deixe de lado alguns de seus aspectos mais intrigantes.

Estaria então delirando ao escrever seu testamento espiritual? Não é preciso ir tão longe; se *Moisés e o monoteísmo* constitui não um romance histórico, mas a última versão de seu romance familiar, ele traz à liça uma questão de imensa importância: o estatuto do mito da psicanálise, pelo qual o "indivíduo se separa da psicologia coletiva" e se atribui uma identidade no plano do fantasma. Mas, antes de abordar esse problema, convém tomar o argumento por outro lado e refazer, a partir de uma notação de Freud, o percurso que nos permita afirmar que ele constrói aqui seu mito de origem.

Tanto Moisés quanto Ikhnaton sofreram o destino de todos os déspotas esclarecidos. O povo judeu de Moisés era tão incapaz quanto os egípcios da 18ª dinastia

---

[175] Cf. Claude Le Guen, "Comment le transfert vient aux patients ou le complexe de Laïos dans un fauteuil", *Revue Française de Psychanalyse*, Paris, PUF, 1977, pp. 651 ss. Cf. igualmente "A dinâmica da transferência" e o artigo "Transfert" do *Vocabulário de Psychanalyse* de Laplanche e Pontalis.

para suportar uma religião tão espiritualizada, para encontrar a satisfação de seus anelos em tal doutrina. Em ambos os casos ocorreu o mesmo: os tutelados e oprimidos se levantaram e arrojaram de si o jugo da religião que se lhes havia imposto. Mas, enquanto os pacíficos egípcios esperaram até que o destino tivesse eliminado a sagrada pessoa do faraó, os indômitos semitas tomaram o destino em suas próprias mãos e afastaram o tirano de seu caminho.[176]

O "destino dos déspotas esclarecidos" não é serem mortos violentamente — muitos não o foram —, mas ver destruída sua obra e apagado seu nome pelas gerações seguintes. Os "indômitos semitas", porém, não esperaram que a morte levasse seu "tirano": se desembaraçaram dele por sua própria iniciativa. A culpabilidade resultante desse "profeticídio" será tanto mais grave, dando surgimento, na interpretação de Freud, ao rigorismo dos mandamentos rabínicos. O mais importante dessa passagem, contudo, me parece ser o adjetivo "indômitos", pela carga de associações ligadas à conquista, ao triunfo, à coragem, que impregnam a representação que Freud se faz da "vitória da espiritualidade". Ela nos leva a pensar numa virtude aparentemente oposta, mas que na verdade faz parte do mesmo registro: a tenacidade, associada à forma de agir do deus Logos. Coragem e tenacidade são qualidades de que Freud se estima, com razão, dotado em grau pouco comum, e basta recordar o que observamos no capítulo inicial deste estudo para ver que, para ele, tais qualidades se vinculam imediatamente ao caráter judaico. Mas os judeus, no decorrer de sua movimentada história, tiveram segundo Freud mais ocasiões de se mostrar tenazes do que indômitos: "Tem-se reprovado aos judeus que o transcurso dos séculos nos tornou covardes. (Em outros tempos, fomos um povo valente.) Nessa transformação, não tive participação alguma. Por isso, devo me arriscar".[177] Aqui, portanto, ele se diferencia dos demais judeus, a quem o "transcurso dos séculos" fez abandonar a valentia. Mas tal valentia se manifestou primeiro no assassinato de Moisés, ato de grande audácia e repleto de consequências. O fio do pensamento de Freud o conduz, portanto, a definir inicialmente o povo a que pertence por um traço em que se reconhece — e a carta a Martha sobre os defensores do Templo o comprova — para em seguida se dissociar dele, recusando assim o

---

176 *Moisés e o monoteísmo*, SA IX, p. 496; SE XXIII, p. 47; BN III, p. 3267.
177 Carta 207 a Charles Singer (3/10/1938), *Cartas* II, p. 197.

que o "transcurso dos séculos" — isto é, o retorno do reprimido — fez aparecer. Fica evidente que o cerne da questão é o tema do parricídio: ao contrário dos judeus, que reprimiram os traços desse crime e o repetiram mutilando o texto bíblico para expurgá-lo de todas as referências a ele ("mutilar um texto é como cometer um assassinato", observa Freud; "o difícil não é cometer o crime, mas esconder as provas") — ao contrário desses judeus, assim, Freud vai se colocar no lugar do herói, se desvinculando da "psicologia coletiva", reconstruindo a cena do crime e designando o culpado. Isso tem por nome, em *Totem e tabu*, um "mito científico"; na obra final, é elevado à categoria de "verdade histórica da religião". A audácia de Freud — e pensamos nos "homens indomáveis" a que se refere a carta a Einstein, dos quais diz em *O futuro de uma ilusão* que são os mais firmes sustentáculos da cultura — o coloca portanto do lado da "espiritualidade" e, mais do que isso, o faz reivindicar para si, paradoxalmente, algo que afirma definir os judeus e ao mesmo tempo o retira do meio deles.

O assassinato de Moisés é resultado de uma construção operada segundo os critérios psicanalíticos, ainda que Freud reconheça, de maneira explícita, que ela é frágil. Mas seu primeiro efeito é inserir Freud numa genealogia imaginária, pois no limite podemos dizer que ele teria sido engendrado não por Jakob e Amália, "judeus não indômitos", e sim pela "primeira experiência da raça". Paralelamente, a psicanálise se torna de fato instituável, pelo jogo das metáforas em que ela surge sucessivamente como esposa, filha e mãe de seu fundador. Que sua obra seja posta por Freud no *feminino* — e certamente não só devido ao gênero da palavra *Psychoanalyse* — é atestado pela expressão com que, jocosamente, qualifica numa carta a Fliess seu currículo: "Envio-te com esta *il catalogo delle belle* etc.".[178] A citação de *Don Giovanni* está longe de ser gratuita: trata-se da ária em que Leporello enumera as *conquistas* de seu patrão, enquanto a orquestra reproduz, em arpejos descendentes, as expressões de assombro de dona Elvira. Ora, como Freud concebe a psicanálise à moda de uma atividade cirúrgica ou escultural, que consiste sempre de levantar os véus que recobrem a verdade — nisso se distinguindo, como vimos, do artista que mascara a mesma verdade —, penso que aqui nos movemos numa zona de extrema riqueza em representações, que constantemente remetem uma à outra: a vitória da espiritualidade, a recusa da sensualidade, a audácia, o assassinato do pai, o ser

---

178 Carta 63 a Fliess (25/5/1897), OP, BN III, p. 3569.

judeu e o ser psicanalista, a relação com o feminino e com a atividade científica, para só enumerarmos algumas de um "catálogo" sem dúvida mais extenso. Um dos registros em que se podem captar essas representações é o da denegação, precisamente a denegação de tudo quanto pode haver de fecundante e imaginário na atividade psicanalítica, de sedutor e diabólico na imagem do psicanalista, suposta comprometida por natureza com a severa sobriedade do deus Logos e do princípio de realidade que este encarna.

É toda a concepção do que seja a psicanálise que se encontra aqui em jogo, e, a esta altura, não nos é possível examinar todos os problemas que nela estão envolvidos. Na verdade, aqui começa outro terreno, que já não pertence exclusivamente ao problema das relações de Freud com a cultura, nem à crítica por ele feita desta última, nem as aporias a que determinados aspectos de seu pensamento — e dos mais fundamentais — conduzem de modo inelutável. Mas, se a psicanálise não é apenas a serva do deus Logos; se, como mostra Conrad Stein em *L'Enfant imaginaire*, a palavra do psicanalista tem efeitos corporais no paciente, e nesse sentido está em relação intrínseca com o ato sexual; se nela se engendra um fruto do qual não se sabe bem se é obra ou filho, e, se for filho, é filho imaginário que só se exprime em seus avatares, entre os quais o fantasma de ter um filho do psicanalista; se a dimensão do mito está nela presente e a atravessa do princípio ao fim — se tudo isso é verdade, também é verdade que só podemos experimentar e abordar tais fenômenos porque Freud abriu um caminho no qual, por vezes, não pôde avançar mais do que uma certa distância. À enérgica denegação de que a psicanálise tenha relações intrínsecas com o mito — por ele operada na esfera da cura individual — corresponde, precisamente, a instauração de mitos na esfera da cultura, tanta é a pressão que exerce a imaginação mitopoética nessa disciplina inclassificável e nessa atividade que se move a todo momento à beira do abismo. No mesmo movimento em que se define como conquistador, em que se dá de sua prática imagens que remetem sem cessar à luminosidade, à depuração, ao desvelamento (todas as metáforas que implicam um poder situado do lado do viril), Freud cria uma série de mitos que fazem surgir, numa nova dimensão, outros aspectos dessa mesma prática. E, ao criá-los, crê estar se movendo no mesmo terreno asséptico em que se desenvolveriam a terapia e a reflexão sobre ela. Nisso penso que se engana: nem o tratamento se situa apenas do lado da *vida di levare*, nem a reflexão permanece imune ao contágio do imaginário que ela suscita e de que tem por missão dar conta e razão.

O caso de Moisés é, desse ponto de vista, exemplar. Lendo nas entrelinhas do Pentateuco o assassinato do profeta, Freud pensa estar reconstituindo, à maneira de um detetive ou de um magistrado, fatos reais e banhados em sangue. É como se retornasse ao procedimento dos anos 1890, em que acreditava dever "acusar o pai de perversão" e com isso resolver o enigma da neurose. Mas aqui não é o pai que se assenta no banco dos réus: são os irmãos coligados, ou, se se preferir, os "indômitos semitas". O pai é assim reinstituído, não só pelo processo histórico em que Freud vê a volta de seu rosto, mas na obra teórica, comparada em *O mal-estar na cultura* ao trabalho de civilização, cujo paradigma é a drenagem do Zuidersee. Se a atividade científica faz parte das "distrações poderosas" que diminuem a dureza da vida, tal ocorre também porque permite elaborar a culpabilidade, que é um dos motivos de tal dureza. É assim que, em *Moisés e o monoteísmo*, Freud reinstitui o pai; não o primeiro pai, assassinado pelo povo ignaro, mas o segundo, aquele que W. Granoff caracteriza como "filho da decisão" — da decisão que resolve que nem a "primeira" nem a "segunda" famílias são as relevantes, mas apenas aquela que se funda a si mesma. Freud, no caso de sua trajetória, vai se tornar ao mesmo tempo pai e filho de si mesmo — filho do Moisés que institui o pensamento liberado das escórias mágicas e pai do Moisés assassinado-pelos-judeus —, da mesma forma que a psicanálise (antes filha de sua atividade de reflexão) se torna a esposa com a qual concebe suas obras e a mãe protetora que o auxilia a realizar a "grande façanha" de destronar o pai. Tal proliferação de relações familiares expressa, singelamente, a fatalidade inerente a ter sido ele o inventor da psicanálise: a de não ter tido, e jamais poder ter, um psicanalista. Em vez de constituir na cura os mitos de origem que exprimem, de certo modo, as vicissitudes do filho imaginário que só existe em suas manifestações parciais, é na esfera da análise da cultura que ele os vai elaborar, mostrando assim que a mitopoiese é necessariamente desencadeada pelo processo psicanalítico, que ela vem a se exercer pela própria dinâmica desse processo e que os mitos assim constituídos têm o poder de operar uma singular metamorfose naquele que os inventa, a saber, uma redistribuição do sistema de repressões que virá se manifestar em seus atos, em sua forma de ser e num sofrimento menos intenso do que o que o conduzira ao divã.

Freud não o reconheceu dessa forma. Pensou fazer obra puramente científica, e no entanto se interroga numa carta a Arnold Zweig:

Pense que nenhum progresso se vincula à franja de terra de nossa mãe-pátria, nenhum progresso ou invenção [...] A Palestina só deu origem a religiões, a extravagâncias sagradas, a tentativas presunçosas de dominar o mundo das aparências exteriores pelo mundo interior dos desejos. E nós saímos de lá (embora um de nós se considere também alemão, e o outro não). Nossos ancestrais habitaram ali meio milênio, talvez um milênio inteiro [...] e é impossível dizer o que carregamos de herança, no sangue e nos nervos (como se diz por engano), de nossa permanência naquele país.[179]

Talvez seja possível, afinal de contas, dizer que parte dessa herança é justo a tendência às "extravagâncias sagradas", tanto mais que, se Arnold Zweig se considera também alemão, Freud renunciou a essa pertinência para se declarar exclusivamente judeu. Mas será essa toda a verdade? A última seção de *Moisés e o monoteísmo* propõe um resumo do desenvolvimento "histórico" da religião judaica. O retorno do pai afastado pelo crime inaugural daria origem a uma sensação de êxtase, de satisfação por ter caído em suas boas graças e de ter sido escolhido por um Deus onipotente — movimento solidário do induzido pela culpabilidade, o que permitirá renúncias pulsionais cada vez mais amplas e conduzirá à aceitação dos mandamentos religiosos, cuja dupla função é neutralizar a culpabilidade e expiá-la parcialmente pela submissão a tão severos preceitos. A ambivalência em relação ao pai não pode se manifestar na religião judaica, que só conhece sua exaltação; o cristianismo virá exprimi-la pelo mito do infanticídio, da crucifixão do Filho, que o coloca no centro da crença e dele expulsa, pelo movimento, o Pai (o que será denegado pelas especulações teológicas acerca da relação recíproca das três figuras da Trindade).

Só uma parte do povo judeu admitiu a nova doutrina. Os que a repudiaram continuaram a se chamar judeus, e por essa decisão se separaram ainda mais agudamente

---

179 Carta de 8/5/1932, *Freud-Zweig*, p. 75. Cf. a irônica carta enviada a Enrico Morselli, psiquiatra italiano autor de um livro "cujo único mérito é provar incontestavelmente que quem o escreveu é um asno" (carta a Weiss de 23/1/1926, *Freud-Weiss*, p. 71), e que, além disso, era antissemita: "Não sei se o senhor tem razão ao afirmar que a psicanálise é um produto direto da mente judaica, mas, se assim fosse, não me envergonharia em absoluto disso" (carta 219 a Morselli, *Cartas* II, p. 123). Herança, produto direto... não cabe aqui refazer todo o trajeto desse estudo. Mas é certo que a psicanálise tem mais de "extravagância" do que teria desejado seu fundador.

do resto da humanidade. Tiveram de sofrer, da nova comunidade religiosa, [...] a recriminação de ter matado Deus. Em sua versão completa, essa recriminação se exprime assim: "Não querem aceitar que mataram Deus, *enquanto nós o admitimos e fomos redimidos desta culpa*".[180]

A admissão do parricídio redime da culpa, mas também separa quem a efetua daqueles que o denegam. Não, porém, para se unir ao "resto da humanidade", a qual, na nova versão da religião, continua a ser presa das mesmas superstições. Quem admite o parricídio, e o toma como fio condutor de sua teoria, faz mais do que se separar tanto de uns quanto de outros: na medida em que, ao admiti-lo, não reinstitui apenas o ancestral eliminado, mas constrói um mito de origem que antes de ser verdade histórica é feito para "deixar os séculos perplexos diante do enigma de sua identidade", como tão bem diz Marthe Robert — esse indivíduo faz o sacrifício mais solene de todos: oferece a si mesmo como imagem do pai, mas de um pai sem passado e sem descendência, que ocupa todos os lugares da linhagem e se converte assim em seu princípio e seu fim. E, assim se desvinculando da cadeia infinita do crime e da expiação, pode "perdoar ao pai o fato de este ter sido assassinado" e entoar com Sarastro o canto da remissão:

> *In diesen heiligen Hallen*
> *Kennt man die Rache nicht*
> *[...]*
> *In diesen heiligen Mauern*
> *Wo Mensch den Menschen liebt*
> *Kann Kein Verräter lauern*
> *Weil man den Feind vergibt.*[181]

9. DE ME FABULA NARRATUR (4)

Círculo ou espiral? As imagens geométricas são insuficientes quando procuro me representar o percurso efetuado ao longo deste estudo. Se por um lado

---

180 *Moisés e o monoteísmo*, SA IX, p. 580; SE XXIII, p. 136; BN III, p. 3324.
181 "Nestas salas sagradas/ Não se conhece a vingança/ [...]/ Nestes muros sagrados/ Em que o homem ama o homem/ Traidor algum pode permanecer à espreita/ Porque os inimigos são perdoados" (Mozart, *A flauta mágica*, ato II, cena 12).

a evolução do *Don Giovanni* me traz de volta a seu ponto de partida, por outro não tenho a impressão de ter simplesmente retornado a ele. Catorze meses transcorreram desde o sonho inaugural, e as páginas precedentes tornaram esse tempo espesso, carregado de significações; foi um tempo decisivo, tanto em meu crescimento intelectual quanto na análise que decorreu paralela à elaboração do texto. E, desse ponto de vista, o fato de este capítulo ter sido escrito durante o período da análise está longe de ser indiferente. A perspectiva da separação cada vez mais próxima, separação exigida por minha partida de Paris e fixada por circunstâncias objetivas que, não obstante terem sido determinadas em parte por mim mesmo, obedecem também a fatores estranhos à minha vontade — essa perspectiva fez surgir uma grande quantidade de material infantil e foi responsável por um avanço decisivo no processo analítico. Naturalmente, está fora de questão comunicar ao leitor particularidades demasiado íntimas e que concernem apenas a mim mesmo; não obstante, certos elementos do que veio à tona me parecem indispensáveis para compreender a gênese deste capítulo, e, fiel ao projeto traçado na introdução, penso que não é inútil rever seu movimento à luz dos processos afetivos que o sustentam.

Não terá escapado ao leitor que durante a redação se verificou uma ruptura prenhe de consequências, cuja expressão teórica consiste na crítica da hipótese filogenética, prolongada na seção dedicada à questão da verdade. É como se eu me tivesse emancipado da tutela de Freud e passado a falar em meu próprio nome, embora a mesma intenção esteja presente nos capítulos anteriores. Não que eu tenha deixado de considerar que a psicanálise, tal como ele a inventou, seja um instrumento precioso de investigação do fenômeno humano. Mas se estabeleceu um movimento de apropriação pessoal dessa disciplina, o qual está longe de ser evidente e necessita ser interrogado: movimento pelo qual se opera a desvinculação entre a psicanálise e os fantasmas teóricos do indivíduo Freud.

Desqualificar o parricídio originário não significa retroceder diante das inquietantes revelações da psicanálise. É um passo que contém em si outro parricídio, efetuado por mim sobre a pessoa de seu fundador. Se a categoria do Pai Morto tem na psique individual o papel que estudamos no terceiro capítulo deste livro, o quarto representa também sua constituição — no nível teórico — essencial para que, a partir de minha própria reflexão, eu aceda a uma identidade como intelectual e, para empregar os termos de Freud, "me desvincule da psicologia coletiva". Esta é fruto da vontade imperiosa do pai e traduz a dependência que em relação a ela situa os filhos. Recusar o parricídio como fato histórico, ainda que o conservando na qualidade do que denominei "fantasma teórico" (expressão condensada que deve ser lida como "fantasma inconsciente que se atualiza, entre outras, sob a forma de uma proposição teórica") — recusá-lo equivale tanto a abrir um espaço para meu próprio pensamento quanto a me tornar capaz de ler Freud com olhos diferentes e, sem deixar de reconhecer sua imensa grandeza, ousar igualmente afirmar seus limites.

Mas a assimilação de Freud a uma figura paterna não é suficiente para dar conta da questão; ela é tão óbvia, e se encaixa tão bem na temática do pai, que tendo a considerá-la um gesto defensivo para não pensar outra coisa. Com efeito, a presença insistente do tema do feminino neste capítulo me conduz a suspeitar de que, atrás da evidência do parricídio teórico, se oculta a representação inconcebível do *matricídio* teórico. Em suma, Freud é pai ou mãe? Na qualidade de suporte de uma transferência, é inegavelmente pai. Mas e a psicanálise? Posta no feminino, objeto de um *catalogo delle belle*, ela pode aludir ao fundo sombrio do materno, tanto mais que a sedução que dela emana nada tem de viril. Robert Musil diz algures que a psicanálise é algo muito vasto, *sans queue ni tête*, e que é inútil lutar contra ela. Essa me fez associar muito e descobrir alguns dos aspectos mais subterrâneos de minha vida psíquica.

A imagem de algo *sans queue ni tête*, sem pé nem cabeça, evoca para mim algo próximo do terror sem fundo nem forma associado ao incesto e à perda de todos os limites. O que é sem pé nem cabeça não tem começo nem fim, não se deixa apanhar pela visão, não pode ser localizado e nos envolve por todos os lados, obscuro e ameaçador como uma noite sem luz. Essa representação está evidentemente associada a um aspecto do feminino, o que se atualiza na imagem do ventre materno e em suas potências sombrias de absorção ilimitada. Nesse sentido, os caminhos traçados na obra de Freud ao longo deste estudo são outras tantas balizas, que recortam sua geografia e a tornam visível, capaz de ser atravessada com um mínimo de segurança. Não que esta seja completa; se o fosse, a leitura estaria concluída, e a obra, esterilizada, amputada de seu poder de fascínio e de inquietação; e nada está mais distante de mim do que tal intenção. Mas é sintomático que, para estabelecer esses caminhos, que diferenciam e limitam, eu tenha tido de recorrer a terceiros, que por isso mesmo se situam em posições paternas. Castoriadis, Monique Schneider, Le Guen, Conrad Stein foram meus arrimos nessa empresa e talvez um dia venham também a ser objetos de estudos que irão despojá-los da dignidade paterna para pôr em questão determinadas asserções suas, que hoje me parecem evidentes porque sem elas não posso pensar. A condição elementar do pensamento é o esquema da diferenciação, que por sua vez remete à "potência vertical" que é o pai separador, e isso quer gostemos quer não gostemos de tal determinação. Amparado nessas escoras, pude estabelecer limites e distinções na obra freudiana, dotando-a em minha representação imaginária de "pés e cabeça" e me tornando capaz de abordá-la por meio de outra determinação, para mim inelutável, que remete igualmente ao feminino: o trabalho da escrita. Desde que, na praia, minha mãe me ensinou a ler, a leitura e a escrita se impregnaram para mim de conotações decisivas, e é esse um dos suportes da reflexão, que se consubstancia por meio do escrever e apenas por esse meio.

Contudo, os pés e a cabeça — ou a *queue* e a *tête* — invocam temas mais remotos, porém não menos importantes. *Queue* significa em francês rabo, mas é também um dos termos obscenos para designar o pênis. A representação da psicanálise como *sans queue* solicita de imediato sua feminização; mas, como sabemos, o pênis é o resultado de uma metamorfose do seio. A mãe fálica — representação profundamente arcaica e que não deixou de me comover com extrema intensidade quando surgiu no decorrer da análise — está para mim precisamente vinculada aos pés e à cabeça. Aos pés porque, durante boa parte da minha infância, se tentou inutilmente corrigir um pequeno defeito que herdei de minha mãe; à cabeça porque, em sua família, a pilosidade é reduzida, e, fatalmente, a calvície abrirá clareiras no meu couro cabeludo. A partir dessas recordações e de um certo azedume ligado ao defeito não corrigido — enquanto com minha irmã ele pôde ser removido com facilidade —, vim a analisar todo um lado de minha componente psíquica feminina, me colocando seguidamente na posição da menina que recrimina à mãe o fato de não tê-la dotado de "membros adequados", e que a conjunção *queue/tête* — pés/cabeça provia de um conteúdo preciso. Ao mesmo tempo, o pequeno defeito no pé me aproxima de Édipo, o dos pés tortos, e por essa via toda a temática dos fantasmas de castração, que não deixam de punir a perenidade do desejo edipiano, pôde ser abordada de maneira mais detida. Incessantemente, as associações me conduziram às permutações entre os pés, o pênis, o cabelo e a cabeça, e, quando um dia me interroguei sobre a pertinência de uma interpretação do analista, que eu queria qualificar de *chutada*, o que me veio aos lábios para designar essa ação que se realiza com os pés foi a expressão francesa *tiré par les cheveux*. Fulgurante revelação das equivalências que vigem em meu dialeto inconsciente, ela se sustentava pela referência elidida ao pênis, e, se eu redescobria assim a equação introduzida por Freud no artigo sobre o fetichismo, a inclusão do terceiro membro (o cabelo), que nascera de minha própria história, me encheu de emoção e de alegria.

Pensar é estabelecer distinções, mas também penetrar na obra para desvendar seus segredos e engendrar com ela, e a partir dela, minha própria obra. A dimensão edipiana inconsciente do trabalho teórico, e em especial de meu próprio trabalho teórico, corre assim paralela àquelas outras, mais confessáveis, do desejo de saber e de resolver problemas. Desejos que, como se sabe, foram funestos para o herói grego, pois, ao desvendar o segredo de sua origem, ele provocou o suicídio de Jocasta e sua própria perda. Ocorre-me que o termo *rigor*, tão frequentemente associado ao trabalho filosófico, tem conotações próximas do castigo, da pena, da punição. O rigor teórico, virtude altamente apreciada e que distingue um trabalho "sério" de uma coleção de bobagens, está determinado também pelo desejo de não perder o pé (em todos os sentidos dessa metáfora involuntária, mas não casual) quando se palmilha o terreno escorregadio e perigoso da obra, que se diz no feminino, que remete inelutavelmente ao materno e que, acedendo ao estatuto de "rigorosa", exorciza por essa referência implícita à lei dos pais os riscos inerentes à temerária aventura de se enfronhar pelos caminhos da mãe. A "vitória da espiritualidade sobre a sensualidade", tão bem elucidada por Monique Schneider em seu livro, deixa esse gosto amargo na boca, que é denegado pela exaltação do ascetismo no campo intelectual. E talvez essa exaltação seja inevitável, já que o raciocínio abstrato beira constantemente o abismo, contaminado pelo fantasma e sem contudo jamais se reduzir a ele. O mito de uma teoria objetiva se desmorona com tal constatação; mas, se consegui demonstrar, no caso de Freud, a que determinações obedece sua teoria-mito-fantasma, tudo-isso-ao-mesmo-tempo-e-que-não--é-somente-uma-delas-nem-sua-soma do parricídio primitivo, eu não saberia dizer, neste momento, a que fantasmas podem ser vinculadas minhas próprias considerações. E isso tanto porque, ainda no início de meu próprio trajeto, eu não posso aduzir, como *minha*, teoria alguma, quanto porque o trabalho da análise ainda não atingiu um ponto em que essa mola fundamental da minha própria reflexão possa ser posta a descoberto.

Não resta dúvida, contudo, que os pensamentos consignados neste estudo são outras tantas maneiras de abrir orifícios na obra, e, mais do que a confortável representação que os imagina abertos de fora para dentro, me parece que é preciso também invocar a imagem oposta, que os apresenta como buracos a partir da nebulosa materna e que permitem ver uma nesga do mundo exterior. Nebulosa que, ao descobri-la envolvente e onipresente, suscita o esforço próximo da vertigem, a experiência de tocar os limites de meu próprio pensamento, que atravessa determinadas passagens deste capítulo e cujos traços não fui capaz de dissimular. De que serviria, aliás, tal dissimulação? As pegadas do inconsciente estão sempre ali, no texto que delas fala, e isso é tão inevitável quanto a necessidade de falar, e de falar longamente, douta e eruditamente, apaixonadamente, para situar em algum ponto a obra e situar a mim mesmo num ponto nem interior de todo, nem exterior por completo, mas que não pode coincidir com ela sob pena de fagocitar a reflexão e me reduzir ao silêncio ou ao psitacismo. Desvendar a dimensão punitiva do rigor não equivale, aliás, a justificar uma certa inconsequência — não qualquer inconsequência, mas aquela que nasce da desproporção, da não comensurabilidade entre o que há a pensar e os instrumentos conceptuais de que o pensador se apropria a fim de poder pensá-lo?

Daí o fascínio e a alegria que se apoderaram de mim ao descobrir os textos de Castoriadis sobre a "criação ontológica absoluta" em que consiste o fazer humano. Mas a expressão "fazer" é carregada de ambiguidades explosivas. Existem diversos modelos para representar a criação — o do artesão que transforma um material ao lhe impor uma forma preconcebida; o da fecundação sexuada, que implica um pai e uma mãe; o da emergência *ex nihilo* por intermédio de um deus —, modelos explorados pela mitologia e pela reflexão filosófica desde a noite dos tempos. Mas coube a Freud mostrar que existe um outro modelo do fazer, implícito talvez no da criação *ex nihilo* e no da reprodução sexuada (o do artesão se ajusta mal a estes, e talvez seja por essa razão que Freud nunca conseguiu pensar o fazer social): o da transformação digestiva de um conteúdo corporal. Bem sei que aqui me movo num registro delicado e que talvez choque o leitor; não é menos real, por isso, a vinculação entre o "fazer" em seu sentido escatológico e em seu sentido nobre. É comum comparar a obra a um filho; comparação justificada, sem dúvida, mas que não nos deve deixar esquecer que no inconsciente são intercambiáveis o filho e o cilindro fecal. E penso que a representação da obra como uma parte do próprio corpo, da qual nos devemos separar inelutavelmente, que é oferecida a alguém — o leitor preferencial — como um presente, o mais precioso de todos, pode nos revelar aspectos decisivos do trabalho intelectual. Winnicott conta em um de seus artigos a história de dois violinistas a quem se propusera um recital: o violinista neurótico se mostra nervoso e embaraçado, temendo a censura do ouvinte, enquanto o violinista psicótico se recusa formalmente a tocar: "Não posso me masturbar em público". Ambos, naturalmente, veem na arte algo relacionado com o autoerotismo; mas, enquanto o primeiro simboliza um pela outra, o segundo estabelece uma equivalência direta e formal entre ambos. Sejamos — como somos, felizmente — como o violinista neurótico; não se trata de postular a equivalência direta entre a obra e o produto da digestão, mas de assinalar seu parentesco, embora, é evidente, em níveis diferentes, pois a obra requer, para sua constituição, a dimensão do social de que o outro pode prescindir. Se levarmos em consideração certas expressões de desânimo reveladoras, o ato solitário de ler e de escrever, que exige um afastamento do convívio dos outros, o fato de que a obra verdadeira se engendra a partir de nossas entranhas e que seu destinatário eletivo — não obstante as imagens do "leitor futuro" e o desejo de modificar algo no real por meio do impacto sobre tal leitor — é também e principalmente uma imagem do passado, inapreensível porque imaginária, mas não por isso menos real — se levarmos em consideração tudo isso, a aproximação parecerá menos esdrúxula.

Nos longínquos tempos de minha infância, minha irmã teve durante alguns meses uma parasitose intestinal. Motivo de grande preocupação familiar, a tênia que se escondia em seu corpo deveria sair dele através de purgativos e de não me lembro mais qual tratamento complicado. E um dia ela saiu mesmo, bem grande, horrorizando-a e fazendo-a chamar aos gritos minha mãe. O que minha irmã "fazia", e a possibilidade de que desse "fazer" surgissem bichos tão medonhos, me levou a espreitar detidamente o que eu "fazia", na esperança de ali encontrar algo pelo menos tão interessante e se possível mais. Bobagem de garoto de sete anos? Talvez. O fato é que o que eu "fazia" era muito mais prosaico do que o estupendo parasita que minha irmã abrigava em seu corpo. E o interesse materno correspondia a essa diferença, me tornando invejoso e provavelmente fazendo nascer o desejo de, "quando fosse grande", fazer coisas — extraí-las de meu próprio corpo — que suscitassem a admiração geral e mais particularmente desse destinatário preferencial. E o "fazer" está conotado por uma certa incomensurabilidade, por um excesso ou uma falta, como na cena do peniquinho que tanto relevo adquiriu nos últimos meses da análise. Daí, talvez, que meus textos sejam tão longos...

Mas se a obra se move nesse registro, em que o escatológico bordeia o materno, que fazer da "vitória da espiritualidade", que é justamente a vitória do pai sobre a mãe, do princípio de limitação e distinção sobre a lisura indiferenciada da sedução noturna? Sem dúvida, o saber está do lado do pai, e isso não apenas em minha história pessoal, mas na trama mesma do projeto científico-filosófico de nossa civilização, cujo personagem inaugural é o Édipo que decifra os enigmas da Esfinge. Mas não quero entrar nessa área, já que a melhor defesa contra o pessoal é sempre o recurso às entidades abstratas. Para mim, essa colusão constitutiva do saber — colusão entre imagos paternas e maternas — é responsável pela escolha das "mulheres do Destino", aquelas que me introduziram nos diferentes domínios do saber. Mulheres que não escolhi, aliás, mas que foram investidas desse conteúdo — do qual não são em absoluto responsáveis — e que desse modo vieram a ter em minha formação um papel decisivo.

Vi recentemente um filme que muito me impressionou: *O iluminado*, de Stanley Kubrick. A história fala de um indivíduo que, pela solidão, enlouquece e decide matar a esposa e o filho. Entre as cenas que mais me atingiram, estão as da perseguição na neve, em que o menino corre desesperadamente para se salvar do machado brandido pelo pai, e uma outra, na qual, ao abraçar uma mulher surgida misteriosamente da banheira, o pai se apercebe de que se trata de um cadáver e vê, no espelho, a decomposição progressiva das costas e das nádegas da mulher. Não vem ao caso a interpretação do que tais cenas me evocaram; basta dizer que, sob o efeito do filme, sonhei com uma dessas "mulheres do Destino", sonho no qual ela se apresentava embaraçada porque havia esquecido o que devia dizer numa determinada ocasião; diante disso, eu ia buscar em minhas anotações determinados papéis destinados a tirá-la do embaraço. "Embaraço" a ser lido não em português, mas em castelhano, como gravidez. Meu texto teria assim a função de obstetra, mas na inversão se pode discernir o desejo oposto: não o de extrair um filho, mas o de fazer um filho. Ou de lhe devolver, de certo modo, o filho imaginário que ela fizera em mim, ao me iniciar num campo em que ainda hoje me considero aprendiz. A representação do psicanalista foi evocada, na ocasião, num contexto semelhante: o do filho imaginário que é resultado do processo analítico. As posições respectivas, porém, não são nada claras, e na verdade não sei quem faz a quem o bebê; se o analista, em virtude da transferência, ocupa o lugar do pai, sou ao mesmo tempo seu filho (ou sua filha) e sua esposa, e o fantasma se articula, como mostra Conrad Stein, como o desejo inconcebível e desmesurado de ser minha própria mãe. Que a primeira das "mulheres do Destino" seja a mãe faz com que as subsequentes sejam plasmadas segundo o mesmo molde: e no sonho mencionado existe igualmente o desejo de identificação absoluta com o personagem em questão. A cadaverização progressiva da mulher é portanto apta a figurar a visada mortal inerente ao desejo de ser a própria mãe e da mesma forma atualizar o que há de agressivo na representação inconsciente do ato de evacuar, pois, como mostrou Melanie Klein, o cilindro fecal é imaginado como venenoso, explosivo, mortífero em suma. A obra a ser concebida é também um instrumento de agressão — e aqui podemos vislumbrar uma faceta notável da "vitória da espiritualidade" — sem deixar de ser, *tout aussi bien*, um instrumento de sedução; ela se destina, enfim, a não deixar incólume quem dela de aproximar, a exemplo do que diz, em *L'Enfant imaginaire*, uma paciente de Conrad Stein: "Je ne veux pas que vous restiez intact de moi".

A diferença é grande, não obstante, entre o filho imaginário concebido na análise e a obra de pensamento. Aquele surge do processo psicanalítico, e para sua concepção é indispensável a presença física — embora não o contato físico — do analista. A obra é mais do que um fantasma, ainda que sua elaboração seja sustentada por fantasmas: ela requer certamente que o espírito seja fecundado por outrem, mas tal fecundação deixa espaço para que outras venham reiterá-la, de modo que a obra tem múltiplos pais e múltiplas mães, não obstante tenha um pai e uma mãe único. Paradoxo? Não: lógica do inconsciente. E que ela seja arrimada também pelo fantasma de engendrar no leitor uma outra obra, de não deixá-lo ileso após o contato com ela, mostra que o fantasma da paternidade e da autopaternidade é indissociável do projeto de pensar.

No sonho inaugural de um ano atrás, uma parte importante figura o engendramento do filho pelo contato indireto através de um lençol. Eu dizia então, entre outras coisas, que o sonho realizava o desejo de ver terminada esta tese, e, com a indecência própria ao processo onírico, criticava duramente uma pessoa que me espoliara do legítimo direito de assinar um texto escrito por mim. A tese está terminada, ou quase, e o desejo do sonho se realizou; ela se escreveu de modo tal, que nenhum outro poderá reivindicá-la como obra sua. Fruto da análise e de minha formação filosófica, ela tem diversos pais e diversas mães, sem deixar por isso de ter um só autor. A estes, colaboradores silenciosos — e por vezes ressenti agudamente a dor desse silêncio —, cabe uma homenagem que não pode ser silenciosa e que se consubstancia ao longo destas páginas que, em cada capítulo, retraçam sua gênese. Uma ilusão se desfez: a que, no início, me fazia afirmar que o exemplo da tese, privilegiado, me permitiria medir o valor de verdade da teoria freudiana da cultura. Tal valor pôde ser aferido no trajeto propriamente teórico, sem necessitar referências ao engendramento do próprio trabalho. Mas a esperança se realizou de outro modo, que eu não teria como suspeitar no momento inicial e que só agora pode ser discernido: a retomada reflexiva do processo de elaboração da tese me permitiu separar o que há de universal nas ideias de Freud e o que corresponde à materialização e à racionalização de seus próprios fantasmas, e me mostrou, no exemplo privilegiado — não porque um livro de filosofia seja um "objeto cultural", mas porque se trata de um livro meu —, que a frase de Aristóteles segundo a qual "jamais a alma pensa sem fantasma" tem muito mais sentidos do que imaginava o filósofo. E, ao me dar conta disso, deixei de lado a irritação com que descobrira que a teoria freudiana também obedece a essa regra universal (irritação palpável em certas passagens deste capítulo) para admirar o feito extraordinário desse homem, que conseguiu extrair de seus fantasmas — ainda que, felizmente, nem sempre — fulgurâncias de teor universal que nada perdem de sua verdade ao se reconhecer sua origem bastarda.

Há dias, lendo com grande prazer o livro de meu amigo Matos sobre Dom Quixote, deparei com uma frase sugestiva: Dom Quixote decidira "se exercitar no que havia lido". O bom fidalgo, enlouquecido pelos livros de cavalaria, se pôs a percorrer as estradas da Espanha a fim de *aderezar tuertos y corrigir injusticias*. Um paralelo me ocorreu de imediato: eu também não desejo "me exercitar no que li"? Minha decisão de exercer a psicanálise, sem por isso abandonar a filosofia, tem algo da desmesura quixotesca, embora eu não pense que a função do psicanalista seja a de *aderezar tuertos*, ou, dito de outro modo, curar seus pacientes do que quer que seja. É por se recusar a validar o adágio "de médico e de louco, todos temos um pouco", que ela pode se constituir como tal. Mas, se a pretensão de curar não faz parte de minhas aspirações, a imagem do Cavaleiro da Triste Figura me fornece um modelo: o daquele que não permanece intacto ao ler, que engaja sua vida para efetuar em sua própria escala aquilo que leu e que, por louco que seja, não é por isso menos digno do nosso afeto e da nossa simpatia. Por anos a fio, me deixei impregnar pelo texto de Freud; empreendi uma análise e nela avancei tanto quanto foi possível; vivi em mim mesmo aquilo que, na teoria, tinha um ar tão fascinante. É tempo de, sem abandonar a leitura e a reflexão, ir mais além e pôr mãos à obra. Uma outra obra...

Bibliografia

Os livros e artigos citados no presente estudo encontram-se aqui arrolados em duas partes: a primeira corresponde aos textos de Freud; a segunda, aos dos demais autores. Para os escritos de Freud, que estão arranjados em ordem alfabética portuguesa, o critério adotado foi o da *Gesamtbibliographie*, organizada por Ingeborg Meyer-Palmedo, e que figura na *Sigmund Freud Konkordanz* (Frankfurt, S. Fischer Verlag, 1975). Diante de cada título, encontra-se seu número de ordem nessa lista; quando a data de publicação discrepa da de composição por mais de dois anos, esta última é indicada entre colchetes.

Para facilitar a tarefa de localização, os textos são citados em quatro edições: os *Gesammelte Werke* (GW), a *Standard edition* (SE), a edição espanhola da Biblioteca Nueva (BN) e a recente *Studienausgabe*, edição quase completa em brochura, que organiza os textos por ordem temático-cronológica. A tradução brasileira, não utilizada durante a elaboração deste trabalho, é calcada na *Standard edition*, de modo que as indicações para a edição inglesa podem ser utilizadas para o texto brasileiro. Por fim, entre parênteses, é dado o título original de cada escrito mencionado.

1. OBRAS DE FREUD

1. Livros e artigos

(1924d) "A dissolução do complexo de Édipo" ("Der Untergang des Ödipuskomplexes"): GW XIII, p. 393; SE XIX, p. 171; BN III, p. 2748; SA V, p. 243.
(1970c) "A educação sexual da criança" ("Zur sexuellen Aufklärung der Kinder"): GW VII, p. 127; SE IX, p. 115; BN II, p. 1244; SA VII, p. 11.
(1896c) "A etiologia da histeria" ("Zur Ätiologie der Hysterie"): GW I, p. 423; SE III, p. 187; BN I, p. 299; SA VI, p. 51.

(1905c) *A frase de espírito e sua relação com o inconsciente* (*Der Witz und seine Beziehung zum Unbewussten*): GW VI; SE VIII; BN I, p. 1029; SA IV, p. 9.

(1896a) "A hereditariedade e a etiologia das neuroses" ("L'hérédité et l'étiologie des névroses", original em francês): GW I, p. 405; SE III, p. 141; BN I, p. 277; SA: não figura.

(1900a) *A interpretação dos sonhos* (*Die Traumdeutung*): GW II-III; SE IV-V; BN I, p. 343; SA II.

(1908d) "A moral sexual civilizada e o nervosismo moderno" ("Die 'kulturelle' Sexualmoral und die moderne Nervosität"): GW VII, p. 141; SE IX, p. 177; BN II, p. 1249; SA IX, p. 9.

(1925h) "A negação" ("Die Verneinung"): GW XIV, p. 11; SE XIX, p. 233; BN III, p. 2884; SA III, p. 371.

(1923e) "A organização genital infantil" ("Die infantile Genitalorganisation"): GW XIII, p. 291; SE XIX, p. 139; BN III, p. 2698; SA V, p. 235.

(1926e) "A questão da análise por não médicos" ("Die Frage der Laienanalyse"): GW XIV, p. 207: SE XX, p. 177; BN III, p. 2911; SA Ergänzungsband (E), p. 271.

(1915d) "A repressão" ("Die Verdrängung"): GW X, p. 247; SE XIV, p. 141; BN II, p. 2053; SA III, p. 103.

(1898a) "A sexualidade na etiologia das neuroses" ("Die Sexualität in der Ätiologie der Neurosen"): GW I, p. 489; SE III, p. 259; BN I, p. 317; SA V, p. 11.

(1909b) "Análise da fobia de um menino de cinco anos" ("Analyse der Phobie eines fünfjahrigen Knaben") (Pequeno Hans): GW VII, p. 241; SE X, p. 1; BN II, p. 1365; SA VIII, p. 9.

(1937c) "Análise terminável e interminável" ("Die endliche und die unendliche Analyse"): GW XVI, p. 17; SE XXIII, p. 209; BN III, p. 3339; SA E, p. 351.

(1925j) "Algumas consequências psíquicas da diferença sexual anatômica" ("Einige psychiche Folgen des anatomischen Geschlechtsunterschieds"): GW XIV, p. 17; SE XIX, p. 241; BN III, p. 2896; SA V, p. 253.

(1920g) *Além do princípio do prazer* (*Jenseits des Lustprinzips*): GW XIII, p. 1; SE XVIII, p. 1; BN III, p. 2507; SA III, p. 213.

(1899a) "As recordações encobridoras" ("Über Deckerinnerungen"): GW I, p. 529; SE III, p. 299; BN I, p. 330; SA: não figura.

(1925d) *Autobiografia* (*Selbstdarstellung*): GW XIV, p. 31; SE XX, p. 1; BN III, p. 2671; SA: não figura.

(1907b) "Atos obsessivos e práticas religiosas" ("Zwangshandlungen und Religionsübungen"): GW VII, p. 127; SE IX, p. 115; BN II, p. 1337; SA VII, p. 11.

(1942a) [1905-1906] "Caracteres psicopáticos no teatro" ("Psychopatische Personen auf der Bühne"): GW: não figura; SE VII, p. 303; BN II, p. 1272; SA X, p. 161.

(1916-7) *Conferências de introdução à psicanálise* (*Vorlesungen zur Einführung in die Psychoanalyse*): GW XI, SE XV-XVI; BN II, p. 2163; SA I, p. 33.

(1915b) "Considerações de atualidade sobre a guerra e a morte" ("Zeitgemässes über Krieg und Tod"): GW X, p. 323; SE XIV, p. 273; BN II, p. 2101; SA IX, p. 33.

(1907a) *Delírio e sonhos na* Gradiva *de Jensen* (*Der Wahn und die Träume in W. Jensens "Gradiva"*): GW VII, p. 29; SE IX, p. 1; BN II, p. 1285; SA X, p. 9.

(1928b) "Dostoiévski e o parricídio" ("Dostojewski und die Vatertötung"): GW XIV, p. 397; SE XXI, p. 173; BN III; SA X, p. 267.

(1893c) "Estudo comparativo das paralisias motoras histéricas e orgânicas" ("Quelques considérations pour une étude comparative des paralysies motrices hystériques et organiques", em francês no original): GW I, p. 37; SE I, p. 155; BN I, p. 13; SA: não figura.

(1895d) *Estudos sobre a histeria* (*Studien über Hysterie*): GW I, p. 75; SE II, p. 1; BN I, p. 39; SA E, p. 37.

(1908a) "Fantasias histéricas e sua relação com a bissexualidade" ("Hysterische Phantasien und ihre Beziehung zur Bissexualität"): GW VII, p. 189; SE IX, p. 155; BN II, p. 1349; SA VI, p. 187.

(1905e) [1901] "Fragmento da análise de um caso de histeria" ("Bruchstück einer Hysterieanalyse") (Caso Dora): GW V, p. 161; SE VII, p. 1; BN II, p. 933; SA VI, p. 83.

718

(1911b) "Formulações sobre os dois princípios do suceder psíquico" ("Formulierungen über die zwei Prinzipien des psychischen Geschehens"): GW VIII, p. 229; SE XII, p. 213; BN II, p. 1638; SA III, p. 13.

(1914d) *História do movimento psicanalítico* (*Zur Geschichte der psychoanalytischen Bewegung*): GW X, p. 43; SE XIV, p. 1; BN II, p. 1895; SA: não figura.

(1918b) [1914] "História de uma neurose infantil" ("Aus der Geschichte einer infantilen Neurose") (Homem dos Lobos): GW XII, p. 27; SE XVII, p. 1; BN II, p. 1941; SA VII, p. 125.

(1926d) *Inibição, sintoma e angústia* (*Hemmung, Symptom und Angst*): GW XIV, p. 111; SE XX, p. 75; BN III, p. 2883; SA VI, p. 227.

(1914c) "Introdução ao narcisismo" ("Zur Einführung des Narzissmus"): GW X, p. 137; SE XIV, p. 67; BN II, p. 2017; SA III, p. 37.

(1917e) [1915] "Luto e melancolia" ("Trauer und Melancholie"): GW X, p. 427; SE XIV, p. 237; BN II, p. 2091; SA III, p. 193.

(1941e) [1926] "Mensagem aos membros da sociedade B'nei Brit" ("Ansprache an die Mitglieder des Vereins B'nei Brit"): GW XVII, p. 49; SE XX, p. 271; BN III, p. 3229; SA: não figura.

(1925a) "Nota sobre o bloco mágico" ("Notiz über den Wunderblock"): GW XIV, p. 1; SE XIX, p. 225; BN III, p. 2808; SA III, p. 363.

(1911c) "Notas psicanalíticas sobre um caso de paranoia descrito autobiograficamente" ("Psychoanalytische Bemerkungen über einen autobiographisch beschriebenen Fall von Paranoia — Dementia Paranoides") (Caso Schreber): GW VIII, p. 239; SE XII, p. 1; BN II, p. 1487; SA VII, p. 133.

(1933a) *Novas conferências de introdução à psicanálise* (*Neue Folge der Vorlesungen zur Einführung in die Psychoanalyse*): GW XV; SE XXII, p. 1; BN III, p. 3101; SA I, p. 247.

(1923b) "O ego e o id" ("Das Ich und das Es"): GW XIII, p. 235; SE XIX, p. 1; BN III, p. 2701; SA III, p. 273.

(1927c) *O futuro de uma ilusão* (*Die Zukunft einer Illusion*): GW XIV, p. 323; SE XXI, p. 1; BN III, p. 2961; SA IX, p. 135.

(1939a) [1934-8] *O homem Moisés e a religião monoteísta* (*Der Mann Moses und die Monotheistische Religion*): GW XVI, p. 101; SE XXIII, p. 1; BN III, p. 3241; SA IX, p. 455.

(1915e) "O inconsciente" ("Das Unbewusste"): GW X, p. 263; SE XIV, p. 159; BN II, p. 2061; SA III, p. 119.

(1913j) "O interesse pela psicanálise" ("Das Interesse an der Psychoanalyse"): GW VIII, p. 289; SE XIII, p. 163; BN II, p. 1851; SA: não figura.

(1930a) *O mal-estar na cultura* (*Das Unbehagen in der Kultur*): GW XIV, p. 449; SE XXI, p. 57; BN III, p. 3017; SA IX, p. 191.

(1914b) "*O Moisés* de Michelangelo" ("Der *Moses* des Michelangelo"): GW IX, p. 171; SE XIII, p. 209; BN II, p. 1896; SA X, p. 195.

(1908e) "O poeta e a fantasia" ("Der Dichter und das Phantasieren"): GW IX, p. 171; SE IX, p. 141; BN II, p. 1343; SA X, p. 169.

(1933b) "O porquê da guerra" ("Warum Krieg?"): GW XVI, p. 11; SE XXII, p. 195; BN III, p. 3207; SA IX, p. 271.

(1924c) "O problema econômico do masoquismo" ("Das Ökonomische Problem des Masochismus"): GW XIII, p. 369; SE XIX, p. 155; BN III, p. 2752; SA III, p. 369.

(1919h) "O sinistro" ("Das Unheimliche"): GW XII, p. 227; SE XVII, p. 217; BN III, p. 2483; SA IV, p. 241.

(1918a) "O tabu da virgindade" ("Das Tabu der Virginität"): GW XII, p. 159; SE XI, p. 191; BN III, p. 2444; SA V, p. 215.

(1913f) "O tema da escolha de um cofrezinho" ("Das Motiv der Kästchenwahl"): GW X, p. 23; SE XII, p. 389; BN II, p. 1868; SA X, p. 181.

(1909d) "Observações sobre um caso de neurose obsessiva" ("Bemerkungen über einen Fall von Zwangsneurose") (Homem dos Ratos): GW VII, p. 379; SE X, p. 151; BN II, p. 1441; SA VII, p. 31.

(1915a) "Observações sobre o amor de transferência" ("Bemerkungen über die Uhertragungsliebe"): GW X, p. 305; SE XII, p. 157; BN II, p. 1689; SA E, p. 205.

(1924f) "Pequeno esquema da psicanálise" ("A short account of Psychoanalysis", em inglês no original): GW XIII, p. 403; SE XIX, p. 189; BN III, p. 2729; SA: não figura.

(1950a) [1895] "Projeto de uma psicologia científica" ("Entwurf einer Psychologie"): GW: não figura; SE I, p. 173; BN III, p. 3433; SA: não figura.

(1923a) "Psicanálise" e "Teoria da libido" ("Psychoanalyse" und "Libidotheorie") (dois verbetes de enciclopédia): GW XIII, p. 209; SE XVIII, p. 233; BN III, p. 2661; SA: não figura.

(1921c) *Psicologia das massas e análise do ego* (*Massenpsychologie und Ichanalyse*): GW XIII, p. 71; SE XVIII, p. 65; BN III, p. 2563; SA IX, p. 61.

(1901b) *Psicopatologia da vida cotidiana* (*Zur Psychopathologie des Alltagslebens*): GW IV; SE VI; BN I, p. 755; SA: não figura.

(1915c) "Pulsões e destinos de pulsão" ("Triebe und Triebschicksale"): GW X, p. 209; SE XIV, p. 109; BN II, p. 2039; SA III, p. 75.

(1914f) "Sobre a psicologia do colegial" ("Zur Psychologie des Gymnasiasten"): GW X, p. 203; SE XIII, p. 239; BN II, p. 1892; SA IV, p. 235.

(1931b) "Sobre a sexualidade feminina" ("Über weibliche Sexualität"): GW XIV, p. 515; SE XXI, p. 221; BN III, p. 3077; SA V, p. 273.

(1905a) "Sobre psicoterapia" ("Über Psychotherapie"): GW V, p. 11; SE VII, p. 255; BN I, p. 1007; SA E, p. 107.

(1901a) "Sobre o sonho" ("Über den Traum"): GW III, p. 643; SE V, p. 629; BN I, p. 721; SA: não figura.

(1912d) "Sobre a degradação mais geral da vida amorosa" ("Über die allgemeinste Erniedrigung des Liebeslebens"): GW VIII, p. 78; SE XI, p. 177; BN II, p. 1710; SA V, p. 197.

(1908c) "Teorias sexuais infantis" ("Über infantile Sexualtheorien"): GW VII, p. 169; SE IX, p. 205; BN II, p. 1262; SA V, p. 169.

(1912-3) *Totem e tabu* (*Totem und Tabu*): GW IX; SE XIII; BN II, p. 1745; SA IX, p. 289.

(1892-3) "Um caso de cura hipnótica" ("Ein Fall von Hypnotischer Heilung"): GW I, p. 1; SE I, p. 115; BN I, p. 22; SA: não figura.

(1915f) "Um caso de paranoia contrário à teoria psicanalítica dessa afecção" ("Mitteilung eines der psychoanalytischen Theorie widersprechenden Falles von Paranoia"): GW X, p. 233; SE XIV, p. 261; BN II, p. 2010; SA VII, p. 205.

(1936a) "Um transtorno de memória na Acrópole" ("Eine Erinnerungsstörung auf der Akropolis"): GW XVI, p. 250; SE XXII, p. 237; BN III, p. 3328; SA IV, p. 283.

(1917a) "Uma dificuldade da psicanálise" ("Eine Schwierigkeit der Psychoanalyse"): GW XII, p. 1; SE XVII, p. 135; BN III, p. 2432; SA: não figura.

(1923d) "Uma neurose demoníaca no século XVII" ("Eine Teufelsneurose im siebzehnten Jahrhundert"): GW XIII, p. 315; SE XIX, p. 67; BN III, p. 2677; SA VII, p. 283.

(1917b) "Uma recordação infantil de Goethe em *Poesia e verdade*" ("Eine Kindheitserinnerung aus *Dichtung und Wahrheit*"): GW XII, p. 13; SE XVII, p. 145; BN III, p. 2437; SA X, p. 255.

(1910c) "Uma recordação infantil de Leonardo da Vinci" ("Eine Kindheitserinnerung des Leonardo da Vinci"): GW VIII, p. 127; SE XI, p. 67; BN II, p. 1577; SA X, p. 87.

2. Correspondência

Na *Gesamtbibliographie* mencionada, têm número de ordem apenas as coletâneas publicadas até 1971. Figuram abaixo os textos consultados para a elaboração do presente estudo.

(1960a) *Epistolario 1873-1890*, Barcelona Plaza y Janés Ed., 1975 (*Cartas I*).
(1960a) *Epistolario 1890-1939*, Barcelona, Plaza y Janés Ed., 1975 (*Cartas* II).
Ambos os volumes correspondem aos *Briefe 1873-1939*, herausgegeben von E. und L. Freud, Zweite Auflage (erweiterte), Frankfurt am Main, 1968.
(1950a) *Correspondência com Wilhelm Fliess* (1887-1902), in *Los orígenes del psicoanálisis*, BN III, p. 3433. (Nota de 2006: quando este livro foi escrito, ainda não estava disponível a edição integral dessas cartas, organizada por Jeffrey Moussaïeff e publicada em português pela Imago. Algumas delas encontram-se na SE, I, pp. 173 ss.)
(1963a) *Correspondance de S. Freud avec le pasteur Pfister* (1909-1939), Paris, Gallimard, 1966 (*Freud-Pfister*). Edição original, S. Freud / Oskar Pfister, *Briefe 1909-1939*, hrsg. von E. und L. Freud und H. Meng, Frankfurt am Main, 1963.
(1968a) *Sigmund Freud — Arnold Zweig, Correspondance 1927-1939*, Paris, Gallimard, 1973 (*Freud-Zweig*). Edição original, Sigmund Freud / Arnold Zweig, *Briefwechsel*, hrsg. von E. Freud, Frankfurt am Main, 1968.
Sigmund Freud-Edoardo Weiss: Lettres sur la pratique psychanalytique, Toulouse, Privat, 1975.
(1965a) *Sigmund Freud — Karl Abraham: Correspondance 1907-1926*, Paris, Gallimard, 1969 (*Freud-Abraham*). Edição original: Sigmund Freud/Karl Abraham, *Briefe 1907-1926*, hrsg. von Hilda Abraham und E. Freud, Frankfurt am Main.
The Freud-Jung Letters, ed. William McGuire, Londres, The Hogarth Press and Routledge & Kegan Paul, 1974 (*Freud-Jung*).

ii. OUTROS AUTORES

Abraham, K. *Œuvres complètes*. Paris, Payot, 1964, 2 t.
Adler, A. "Faiseurs de pluie, faiseurs d'ordre". In *Libre 2*. Paris, Payot, 1977.
Adorno, T. "Freudian theory and the pattern of fascist propaganda". In Arato e Gebhardt (ed.), *The essential Frankfurt School Reader*. Oxford, Basil Blackwell, 1978.
——— . "La revisión del psicoanálisis". In *Sociologica* II. Buenos Aires, Taurus, 1972.
Anzieu, D. *L'Auto-analyse de Freud*. 2. ed. Paris, PUF, 1975, 2 vol.
Arendt, H. *Sur l'antisémitisme*. Paris, Calmann-Lévy, 1973.
——— . "Walter Benjamin". In *Benjamin, Brecht, Broch, Luxemburgo*. Barcelona, Anagrama, 1971.
Assoun, P. L. *Freud et Nietzsche*. Paris, PUF, 1980.
Aulagnier, P. "Le travail de l'interprétation". In *Comment l'interprétation vient au psychanalyste*. Paris, Aubier-Montaigne, 1977.
——— . *Freud, la philosophie et les philosophes*. Paris, PUF, 1976.
Backès-Clement, C. *Lévi-Strauss*. Paris, Seghers, 1974.
Bakan, D. *Freud et la mystique juive*. Paris, Payot, 1977.
Bérenger, J. *Lexique historique de l'Europe Danubienne*. Paris, Armand Colin, 1976.
Bettelheim, B. *Psychanalyse des contes de fée*. Paris, Le Livre de Poche, 1979.
Bouveresse, J. "Les derniers jours de l'humanité". In *Vienne, début d'un siècle. Critique*. Paris, Minuit, ago.-set. 1975.

Broch, H. "Hofmannsthal et son temps". In *Création littéraire et connaissance*. Paris, Gallimard, 1966.
Bruno, P. "Psicoanálisis y antropología". In *Para una crítica marxista de la teoría psicoanalítica*. Buenos Aires, Granica, 1974.
Castoriadis, C. *L'Institution imaginaire de la société*. Paris, Seuil, 1975.
――― . "La psychanalyse: projet et élucidation". In *Les carrefours du labyrinthe*. Paris, Seuil, 1978.
Clastres, P. "Archéologie et violence". In *Libre 1*. Paris, Payot, 1977.
――― . "Les marxistes et leur anthropologie". In *Libre 3*. Paris, Payot, 1978.
――― . "Malheur du guerrier sauvage". In *Libre 2*. Paris, Payot, 1977.
――― . *La société contre l'État*. Paris, Minuit, 1974.
Crankshaw, E. *La chute des Absbourg*. Paris, Gallimard, 1973.
Damisch, H. "Le désir du vide". In *Vienne, début d'un siècle. Critique*. Paris, Minuit, 1975.
David, C. "Les écrivains: nostalgie et lucidité". In *Vienne au temps de François-Joseph*. Paris, Hachette, 1970.
Dadoun, R. *Géza Róheim*. Paris, Payot. 1975.
Deleuze, G. *Présentation de Sacher-Masoch*. Paris, 10/18, 1967.
Derrida, J. "Freud et la scène de l'écriture". In *L'écriture et la différence*. Paris, Seuil, 1975.
Evans-Prittchard, J. *La religion des primitifs à travers les théories des anthropologues*. Paris, Payot, 1971.
Etcheverry, J. *Sobre la versión castellana de las obras completas*. Buenos Aires, Amorrortu, 1978.
Fages, J. B. *Para compreender a Lacan*. Buenos Aires, Amorrortu, 1973.
Ferté, E. *Hofmannsthal*. Paris, Seghers, 1973.
Feuerbach, L. "Introduction à *L'essence du Christianisme*". In *Manifestes philosophiques*. Trad. Althusser. Paris, 10/19, 1960.
Foucault, M. *La volonté de savoir*. Paris, Gallimard, 1976.
――― . *Microfísica del potere*. Coletânea de ensaios e entrevistas. Turim, Einaudi, 1972.
Frey-Rohn, L. *From Freud to Jung*. Nova York, Delta Books, 1974.
Graf, M. "Reminiscences of prof. dr. Sigmund Freud". In *Psychoanalytical quarterly*, 1942.
Granoff, W. *Filiations*. Paris, Minuit, 1975.
――― . *La pensée et le féminin*. Paris, Minuit, 1976.
Gauchet, M. "Sens de la dette et racines de l'État". In *Libre 2*. Paris, Payot, 1977.
Hawelka, E. *Journal d'une analyse: l'Homme aux Rats*. Paris, PUF, 1974.
Janik, A. e Toulmin, S. *Wittgenstein's Vienna*. Londres, Weidenfeld & Nicholson, 1973.
Jones, E. *La vie et l'œuvre de Sigmund Freud*. Paris, Gallimard, 1961, 3 tomos.
Kant, I. *The critique of judgement*. Chicago, Britannica, 1952.
――― . *The critique of pure reason*. Chicago, Britannica, 1952.
――― . *Première introduction à la critique de la faculté de juger*. Paris, Vrin, 1975.
――― . *La philosophie de l'histoire*. Paris, Denoël-Gonthier, 1975.
Kaufmann, P. *Psychanalyse du politique*. Paris, PUF, 1980.
――― . *Psychanalyse et théorie de la culture*. Paris, Denoël-Gonthier, 1974.
Kofman, S. *L'enfance de l'art*. Paris, Payot, 1974.
――― . *Quatre romans analytiques*. Paris, Gallilée, 1974.
Kreissler, F. *Histoire de l'Autriche*. Paris, PUF, 1977.
Lacan, J. *Écrits*. Paris, Seuil, 1966.
――― . *Séminaire, livre 1* (Les écrits techniques de Freud). Paris, Seuil, 1975.
――― . *Séminaire, livre 2* (Le moi dans la théorie et la pratique psychanalytique). Paris, Seuil, 1978.
――― . *Séminaire, livre 11* (Les quatre concepts fondamentaux de la psychanalyse). Paris, Seuil, 1973.

Laplanche, J. e Pontalis, J. B. "Fantasme originaire, fantasme des origines, origine du fantasme". *Les Temps Modernes*, nº 215, abr. 1964.

———. *Vocabulaire de la psychanalyse*. Paris, PUF, 1970.

Laqueur, W. *Weimar 1919-1933*. Paris, Le Livre de Poche, 1978.

Le Guen, C. "Comment le transfert vient aux patients". *Revue Française de Psychanalyse*. Paris, PUF, 1977, nº 4.

———. "Le temps figé du schizophrène". *Entretiens Psychiatriques*, 1961, nº 7.

———. *L'Œdipe originaire*. Paris, Payot, 1975.

———. "Quand le père a peur". *Études Freudiennes*. Paris, Denoël, 1972, nº 5/6.

———. "Un discours de la méthode psychanalytique". *Revue Française de Psychanalyse*. Paris, PUF, 1977, nº 3.

Lenk, K. (ed.). "Introducción". In *El concepto de ideología*. Buenos Aires, Amorrortu, 1974.

Lévi-Strauss, C. *Le totémisme aujourd'hui*. 4ª ed. Paris, PUF, 1974.

Lizot, J. "L'Économie primitive". In *Libre 4*. Paris, Payot, 1978.

———. "Population, ressources et guerre chez les Yanomami". In *Libre 2*. Paris, Payot, 1977.

Lowie, R. *Histoire de l'ethnologie classique*. Paris, Payot, s/d (primeira edição inglesa, 1941).

McDougall, J. "Scène primitive et scènario pervers". In *La sexualité perverse*. Paris, Payot, 1972.

Magris, C. *Il mito absburgico nella letteratura austriaca moderna*. Turim, Einaudi, 1976.

Mahler, A. *Erinnerungen an Gustav Mahler*. Frankfurt, Ullstein Verlag, 1978.

Malinowski, B. *Sexo y represión en la sociedad primitiva*. Buenos Aires, Nueva Visión, 1972.

Mann, T. "Die Stellung Freuds in der modernen Geistesgeschichte". Ed. bilíngüe. Paris, Aubier-Flammarion, 1970.

———. "Freud und die Zukunft". In *Das Unbehagen in der Kultur* (posfácio). Frankfurt, Fischer Verlag, 1964.

Mendel, G. *Anthropologie différentielle*. Paris, Payot, 1972.

———. *La révolte contre le père*. 2ª ed. ampliada. Paris, Payot, 1972.

Mezan, R. *Freud: a trama dos conceitos*. São Paulo, Perspectiva, 1981.

Minor, N. "Freud, Schnitzler, Vienne: capitales de non-lieu". In *Vienne, début d'un siècle*. Paris, Minuit, ago. 1975.

Mori, F. "Corpo della legge nel *Martello delle Streghe*". In *Vel*. Veneza, Marsilio Editori, 1978, nº 6.

Musil, R. *L'Homme sans qualités*. Trad. P. Jacottet. Paris, Gallimard, 1977.

Muzan, M. "Un cas de masochisme pervers". In *La sexualité perverse*. Paris, Payot, 1972.

Ortigues, E. e M. C. *Œdipe Africain*. Paris, 10/18, 1973.

Palmier, J. M. *Lacan, lo simbólico y lo imaginario*. Buenos Aires, Proteo, 1971.

Pétillon, Y. "Hofmannsthal ou le règne du silence". In *Vienne, début d'un siècle*. Paris, Minuit, 1975.

Pingaud, B. "Les contrebandiers de l'écriture". *Nouvelle Revue de Psychanalyse*. Paris, Gallimard, 1979, nº 20.

Pomian, K. "Théorie générale de la collection". In *Libre 3*. Paris, Payot, 1978.

Rajben, B. "Les musiciens: ferveur et inquiétude". In *Vienne au temps de François-Joseph*. Paris, Hachette, 1970.

Reich, W. *Psychologie de masse du fascisme*. Paris, Payot, 1972.

Remak, J. "The healthy invalid: how doomed was the Hapsburg empire?". *Journal of Modern History*. Jun. 1969.

Ricœur, P. *Freud: una interpretación de la cultura*. México, Siglo Veintiuno, 1970.

Rifflet-Lemaire, A. *Jacques Lacan*. Bruxelas, P. Madarga, 1977.

Rosen, C. "Schönberg et l'expressionisme". In *Vienne, début d'un siècle*. Paris, Minuit, 1975.

Rosenfeld, A. *Entre dois mundos*. São Paulo, Perspectiva, 1966.
Robert, M. *D'Œdipe à Moïse: Freud et la consciente Juive*. Paris, Le Livre de Poche, 1978.
―――. *La révolution psychanalytique*. Paris, Payot, 1964, 2 tomos.
―――. "Une nouvelle image de l'homme". In *Vienne au temps de François-Joseph*. Paris, Hachette, 1970.
Rosolato, G. *Essais sur le symbolique*. Paris, Gallimard, 1969.
Roustang, F. *Un destin si funeste*. Paris, Minuit, 1976.
Sahlins, M. *Age de Pierre, age d'abondance*. Paris, Gallimard, 1975.
Scheilin, G. e Bruyr, J. "Une civilisation du bonheur". In *Vienne au temps de François-Joseph*. Paris, Hachette, 1970.
Schneider, M. *De l'exorcisme à la psychanalyse: le féminin expurgé*. Paris, Retz, 1979.
―――. *Freud et le plaisir*. Paris, Denoël, 1980.
―――. "La réalité et la résistance à l'imaginaire". *Topique*. Paris, l'Épi, 1977, nº 15.
―――. *La parole et l'inceste*. Paris, Aubier-Montaigne, 1980.
―――. "La séduction comme parure ou comme initiation". In *Travers*. Paris, Minuit, 1979 ("La séduction I").
Schorske, C. *Fin-de-siécle Vienna*. Nova York, Vintage Books, 1981.
Schreiber, U. "Mahler: une musique des contradictions". In *Vienne, début d'un siècle*. Paris, Minuit, 1975.
Sève, L. "Psicoanálisis y materialismo histórico". In *Para una crítica marxista de la teoría psicoanalítica*. Buenos Aires, Granica, 1974.
Stein, C. *La mort d'Œdipe*, Paris, Denoël-Gonthier, 1977.
―――. *L'enfant imaginaire*. Paris, Denoël-Gonthier, 1972.
―――. "Le père mortel et le père immortel". In *L'inconscient*. Paris, Denoël-Gonthier, 1968.
―――. "Le premier écrit psychanalytique". *Études Freudiennes*. Paris, Denoël, 1979, nº 15/16.
―――. "Œdipe Superman". *Études Freudiennes*. Paris, Denoël, 1979, nº 15/16.
Testenoire, M. "Freud et Vienne". In *Vienne, début d'un siècle*. Paris, Minuit, 1975.
Verdiglione, A. "Le roman des inquisiteurs". In *La sexualité dans les institutions*. Paris, Payot, 1976.
Zweig, S. *Die Welt von Gestern*. Frankfurt, Fischer Verlag, 1977.

Índice remissivo

Abraham, Karl, 116, 294, 296, 300, 311-3, 315-8, 326, 431-2, 440, 444, 445
ação diferida (*après-coup*), 450; *ver também* posteriori, a
ação e ideia, 380, 381
Adler, Alfred, 295-7, 324, 326, 341, 357, 430, 442-3, 445
adolescência, 451
adversário, 508, 511
afeto, 403, 409
agressividade, 480-1, 495, 498, 502-3, 515, 521, 557-60, 562-7, 588, 594, 637; *ver também* tendências destrutivas *e* ódio
Além do princípio do prazer, 479
Alemanha, 211, 486
aliança fraterna, 540, 545, 551, 629
alteridade, 142, 197-8, 202, 210, 232, 499, 503, 505-10, 629, 631; *ver também* social e individual *e* outro
alucinação, 396, 397, 409, 410
ambivalência, 194, 203, 238, 297, 310, 330, 332, 337, 360-1, 365-6, 371, 373, 378-9, 381, 386, 418, 502, 507, 511, 517, 550, 566, 597

amnésia, 641
amor de transferência, 310; *ver também* transferência
amor inibido quanto a seu fim, 541; *ver também* sublimação
Amsterdã, 309
analítica, situação, 686
analogia, 338, 342, 344, 348, 351, 362, 363, 368, 369, 372, 376, 380
ananké, 539, 540, 635, 636, 663, 664
ancoragem, 632
angústia, 363, 385, 407, 413, 429-30, 521, 526-9, 531, 532-3, 599, 621-2; de castração, 481, 483, 521, 526, 530, 564, 566, 583, 599; *ver também* castração *e* complexo de castração; neurótica, 531; real, 531
animismo, 369, 370, 371, 372, 373, 374
antes e depois, 644, 645, 646; *ver também* temporalidade
antropologia implícita e explícita, 370, 371, 372, 376, 387, 390, 394, 616
antropologia marxista, 391
antropologia psicanalítica, 360, 370, 382

aparelho psíquico, 200, 256, 258, 610; *ver também* tópica
arte *ver* psicanálise e sua visão da arte
arte, neutralização da, 40, 41
assassinato do pai primitivo (crime primordial, parricídio originário), 326-7, 356, 379, 381, 387-8, 392, 393, 417, 424, 432, 439, 484, 540, 542-5, 550, 552, 556, 565, 575, 580, 596-7, 600-1, 604, 606-7, 612, 614-5, 618, 620, 622, 624, 629, 637, 651, 653, 663, 692, 698, 702, 705
associação, 340, 345, 449, 454, 460, 461, 466, 467
atemporalidade dos conceitos inconscientes, 635; *ver também* inconsciente atemporal ou intemporal
atividade e passividade, 397, 510
atos falhos, 250, 251, 396, 403
autoanálise *ver* Freud e autoanálise
autoerotismo, 308, 335, 397, 400, 558
auxiliar, 508

banquete totêmico, 378, 543, 544; *ver também* totemismo *e* incorporação
Bezerro de Ouro, 436, 441, 694
bissexualidade, 248, 517, 519, 524
Bleuler, Eugen, 93, 301, 310, 319, 341
Breuer, Josef, 93, 106, 131, 167, 172, 178, 198, 212
Buxbaum, 244

caráter, formação do, 480
castigo, 363, 367
castração, 297, 299, 348; *ver também* complexo de castração *e* angústia de castração
cena primitiva, 214, 246, 415, 623
censura, 642
Charcot, Jean-Martin, 106, 108, 119, 126, 182, 210
chefe, função do, 365, 381, 391; *ver também* imago paterna
chefe da horda primitiva *e* líder, 391

ciência *ver* psicanálise e sua visão da ciência *e* psicanálise, cientificidade da
ciência e filosofia, 654, 655, 660, 667, 668, 669
circuncisão, 609, 694
civilização, 489, 499, 534-7, 541, 545, 547, 552, 556, 562, 565-7, 573, 593-5, 597, 599, 636-7
clitóris, 523
complexo, 295; de castração, 376, 414-6, 417, 453, 455-6, 458, 462-5, 469, 480, 489, 493, 512-3, 515, 518-26, 529-30, 532, 534, 564-5, 570, 589, 607, 609, 613-4, 618, 620-2, 684; *ver também* angústia de castração *e* castração
complexo de Édipo, 161, 198, 200, 202-3, 210, 217, 224-6, 230, 231-7, 242, 264, 297, 321, 329, 332, 334, 360-1, 377, 379-82, 388, 390, 412, 415, 418, 430, 437, 456, 482, 484, 489, 507-17, 519-29, 531-5, 542, 551, 558, 563, 565-6, 583-4, 589, 601, 604-7, 609, 613-4, 618-22, 629, 634, 638, 651, 658, 660
complexo de Édipo completo, 519
complexo de Édipo na menina, 518, 519, 523, 524, 525, 526, 527, 528
complexo de Édipo nos dois sexos, 508, 513, 517, 518
complexo de Édipo positivo no menino, 517, 521, 522, 525, 530
complexo de Édipo, origem do, 511, 512, 513, 514, 515, 516
complexo de Édipo, pré-história do, 508, 517, 519
complexo de Édipo, resolução do, 519, 521, 522, 530
complexo nuclear das neuroses, 321, 322, 329, 362; *ver também* complexo de Édipo
complexo paterno, 316, 317, 318, 319, 323, 355, 360, 393, 425, 437, 690, 693, 698, 699, 701, 702, 704, 705, 706
compulsão à repetição *ver* repetição, compulsão à
comunidade, 545, 547, 566
concepção freudiana da temporalidade *ver* Freud e sua visão do tempo

condensação, 369; *ver também* processos primários
conflito psíquico, 298, 456, 457, 490, 493, 508, 512, 539
conflitos edipianos, 329, 332, 508; *ver também* complexo de Édipo
conhecimento científico, 656, 657, 658; *ver também* ciência e filosofia
consciência moral, 366, 367, 551, 563, 564, 565, 566; *ver também* moralidade
construção, 467
contrainvestimento, 403, 405
contratransferência, 185, 212, 213, 466
corpo próprio, 397, 398
criação literária, 232, 241; *ver também* psicanálise e sua visão da arte
criança selvagem e neurótico *ver* relação entre criança selvagem e neurótico
culpabilidade, sentimento inconsciente de, 233-5, 242, 260, 334, 366, 378-80, 387, 389, 424, 497, 512, 520, 531-4, 556, 560, 562-3, 565-7, 572, 575, 594, 598, 600-1, 604, 616, 623, 629, 638, 695, 701, 704-5
cultura, 534-40, 542, 545, 550, 552, 555-6, 560, 562-7, 572, 588, 593-5, 598, 637; *ver também* teoria freudiana da cultura
cultura e amor, divórcio entre, 593
cultura e história, 615
cultura e indivíduo, 425; *ver também* social e individual
cultura e mulher, 593, 594, 596; *ver também* superego feminino *e* sexualidade feminina
curiosidade infantil, 347, 348, 350; *ver também* teorias sexuais infantis *e* sexualidade infantil

defesa, processos de, 185, 186, 189, 219, 450
defusão pulsional *ver* pulsional, fusão e defusão
delírio, 338, 343, 346, 574, 575, 662
delírio coletivo, 575
delírio e elaboração teórica, 338, 339, 343, 344, 345, 346, 349, 351, 356; *ver também* teoria, delírio e fantasia *e* fantasia e elaboração teórica
demência precoce, 307, 310, 311, 312, 313, 317, 318, 339, 341
denegação, 226, 523
dependência, 194
depressão melancólica, 575, 582
desejo, 390, 392, 405, 407, 412, 414, 429, 509, 548, 574, 601
desejo de morte, 216, 243, 371, 372, 378, 386, 392
desejo de morte contra o pai, 332, 333, 334, 335, 337, 392, 509, 510, 622
desejo de unidade fusional com a mãe, 336
desejo incestuoso, 361, 362, 366; *ver também* lei do incesto
desejo inconsciente, 449
desenvolvimento libidinal: diferenças psíquicas entre os sexos, 233, 330, 346, 347, 413, 416, 458, 463, 484, 485, 525, 526, 527, 528
desenvolvimento libidinal entre os sexos e seu paralelo com as concepções humanas do mundo, 369, 370
deslocamento, 363, 369; *ver também* processos primários
desproteção infantil, 571, 574, 581, 599, 668
destino, 591, 592, 600
destino, mulheres do, 591
Deus, 599, 600
Deus e diabo, 582, 583, 585
deus Logos, 664, 665, 683, 687, 701, 703
Deus protetor, 594
devaneios diurnos, 451, 460
diabo, 584, 585, 586, 587, 588, 589
dissociação, 332, 333, 334
divindades, 573, 574, 575, 576, 577, 578, 579, 597, 698
dualidade, 498, 499
dualidade primitiva, 594, 596
dualismo do pensamento freudiano, 481
dupla inscrição, 610
duplo, 683, 684, 685, 686

Édipo originário, 507, 508, 511, 519, 621, 622,

623, 639, 645
Édipo *ver* complexo de Édipo
Édipo-Rei, 157, 161, 164, 232, 465
ego, 371, 397, 399-402, 405, 413, 490, 493, 506, 509, 511, 514-5, 519-20, 530, 531-4, 607, 643-4, 647
ego ideal, 416
ego rudimentar, 401, 402, 406, 410
enamoramento, 480, 501, 502, 547, 549
equação simbólica (fezes = pênis = seio = criança), 526, 529, 584
Eros, 480-1, 489, 493-5, 497, 499-504, 508, 521, 533, 539-42, 544, 561-2, 566, 568, 623, 627, 635-7, 659, 668
Eros e Thânatos, luta entre, 637, 638, 668
erotismo anal, 330
escola culturalista, 628
escolha de objeto, 506, 549
esquemas filogenéticos, 453, 456, 462
esquemas hereditários de fantasias, 456, 457; *ver também* herança filogenética inconsciente
esquemas organizadores, 634
esquizofrenia, 301, 307, 308, 311, 320, 330, 338, 339, 341, 342, 354
estágio sádico-anal, 330
evitamento recíproco, 361
evolução, 616
Exército, 547, 548, 556
exibicionismo, 235
exogamia *ver* lei exogâmica

falo, 407, 414, 513, 526
família, 538, 539, 541, 542, 565, 566, 593, 608
fantasia consciente, 451, 455, 456, 459
fantasia de aniquilamento, 411, 509, 510
fantasia de castração, 612, 622; *ver também* castração, complexo de castração *e* angústia de castração
fantasia de sedução, 450
fantasia e elaboração teórica, 339, 343, 344, 345, 346, 348, 351, 353, 356, 468; *ver também* delírio e elaboração teórica *e* teoria,

delírio e fantasia
fantasia e recordação, 459, 460, 461, 468
fantasia edipiana, 612; *ver também* complexo de Édipo
fantasia inconsciente, 427, 451, 455, 456
fantasia infantil, 329, 348; *ver também* teorias sexuais infantis *e* curiosidade infantil
fantasia ou fantasma, 213-4, 216-7, 219-21, 223, 232, 242, 260-1, 263-4, 335-6, 346, 447-53, 455-61, 465-9, 645, 662, 664, 670, 672, 677, 686
fantasia, origem da, 434
fantasia, recordação e obra de arte, 460, 461, 462, 463, 465, 466, 467
fantasma primitivo ou originário, 402, 405, 451, 453, 455, 456, 457, 458, 461, 462, 464, 466, 469, 614, 620, 621, 623, 639
fantasmatização retroativa, 448, 455
fase do espelho, 406, 409, 413, 620
fase fálica, 329, 484, 512, 517, 520, 522, 523, 526, 528, 532, 537, 558, 622
fase oral, 507
feiticeira, 584, 585, 586
feminino, 479, 484, 581, 582, 583, 585, 586, 587, 588, 589, 590, 591, 592, 593, 594, 596, 597, 598, 599, 684, 685, 687
feminino e masculino, 592, 593, 594
Ferenczi, Sándor, 294, 295, 296, 297, 324, 377, 433
fetichismo, 480
fezes, 329; *ver também* equação simbólica
filho da decisão, 704
filho imaginário, 467, 468, 652, 665, 703, 704
filogênese, 451, 457, 483, 488, 542, 551, 565, 575, 606-12, 614-6, 620-3, 630, 631, 634, 639, 651, 653, 692
filogênese e ontogênese, 362, 370, 376
filosofia e ciência *ver* ciência e filosofia
Fliess, Wilhelm, 93, 96, 119, 135, 139, 142, 167-8, 172, 178-9, 189-90, 198-201, 222, 224, 235-43, 246, 248, 280, 295, 309, 311, 319, 339, 343
fobia, 328, 329, 360; *ver também* zoofobia infantil

728

forclusão, 409
formação de compromisso, 250
formação reativa, 198, 363, 386, 503, 558, 562, 563
formação, recomendação a analistas, 158, 210, 211
Foucault, Michel, 122, 123, 125, 126, 129, 210, 212, 697
fratricídio, 379
Freud e a "proteção" da psicanálise, 570
Freud e a dimensão social, 628, 629, 630, 634, 636, 637, 638, 639, 651
Freud e a guerra, 479
Freud e a história, 624, 626, 627, 628, 629, 630, 640, 650, 651, 652, 653, 695
Freud e a realidade material, 451, 453, 455, 456, 457, 458, 459, 460; *ver também* realidade material
Freud e a verdade, 600
Freud e ancestrais (filiação), 690, 699, 701, 702, 704, 705, 706
Freud e Aníbal, 135, 137, 139
Freud e arte, 673, 674, 675, 676, 677, 679, 680, 681, 682, 683, 684, 685, 702; *ver também* psicanálise e sua visão da arte
Freud e ateísmo, 79, 440
Freud e autoanálise, 131-2, 143, 161-4, 168, 169, 185, 190, 199, 200-4, 216-9, 221-9, 231, 235-41, 244-8, 294-304, 306-13, 315-23, 325-7, 360, 393, 436-41, 461
Freud e ciência, 99, 101, 104, 108, 114, 131, 145, 223, 344, 499, 625, 654, 656, 658-65, 667-77, 683, 697, 702-4; *ver também* psicanálise e sua visão da ciência
Freud e cultura alemã (Universidade), 99, 107-11, 114-5, 133-4, 140-3, 148, 487, 488, 700; *ver também* Freud e ciência
Freud e discípulos, 295-323, 325-7, 339-40, 354-5, 423-9, 431-4, 442-7, 569; *ver também* Freud e paternidade
Freud e dualismo *ver* dualismo do pensamento freudiano

Freud e Édipo, 672, 687
Freud e feminino, 589, 702
Freud e filosofia, 667-8, 683, 686
Freud e Goethe, 224, 238-40, 246, 698
Freud e humanidades, 108, 109, 111, 113, 114
Freud e ideias feministas, 128, 524
Freud e Kant, 186, 194, 217, 253, 254, 256, 345, 374, 511
Freud e loucura, 320, 340, 343
Freud e marxismo, 624, 626-9, 635, 693; *ver também* psicanálise e marxismo
Freud e mitologia, 321, 341, 357, 377, 379, 381, 394, 426-9, 703-5; *ver também* mitologia
Freud e Moisés, 89, 133, 136, 159, 298, 319, 434-8, 441, 466-7, 488, 568, 690-6, 699-704
Freud e o "episódio da cocaína", 101, 103, 107
Freud e o irracional, 320
Freud e o judaísmo, 77-8, 80, 82-3, 86-8, 90-8, 100, 102-6, 111, 114-6, 118, 131-6, 138-46, 306, 309, 314-5, 318, 436, 439-40, 445, 488, 568, 688-99, 701, 704-5
Freud e paternidade, 297, 300, 311, 316-20, 323, 325, 327, 360, 423-9, 431-4, 440-1, 443-7, 698-9, 704-6; *ver também* Freud e discípulos
Freud e pobreza, 101, 102, 103, 105, 106, 114, 119, 145
Freud e política, 115, 116, 117, 118, 132, 146, 480, 481, 488, 554, 625, 626
Freud e psicanálise, 690, 699, 700, 702, 703, 704
Freud e psicanálise, constituição, 34, 77, 161, 618, 619, 657, 658, 659, 660, 661, 671, 672, 686, 692, 703, 704
Freud e religião, 568, 569, 570, 579; *ver também* psicanálise e sua visão da religião
Freud e Roma, 131, 133, 248, 298, 337, 436, 437
Freud e romance familiar, 700
Freud e seu pai, 111, 114, 118, 132, 135, 136, 139, 201, 203, 211, 215, 216, 217, 236, 244, 245, 246, 248, 298, 334, 337, 355, 360, 436,

729

437, 438, 440, 690; *ver também* complexo paterno
Freud e seus sonhos *ver* sonhos de Freud
Freud e simbolismo, 321
Freud e sua mãe, 436, 698, 699
Freud e sua relação com Viena, 33-4, 64, 68, 70, 77, 82, 84, 86, 91, 115-9, 124, 127, 133, 140-8, 679, 689
Freud e sua visão da violência da sociedade contemporânea, 300
Freud e sua visão do tempo *ver* concepção freudiana da temporalidade
Freud e teorização, 341, 343, 640, 641, 642, 643, 645, 646, 647, 648, 649, 650, 651, 652, 653, 659
Freud e teses sobre sexualidade, 124-7, 129-0, 141, 171-82
frustração, 511, 563, 566, 567
Fusão pulsional *ver* pulsional, fusão e defusão

gênese da religião, 604; *ver também* psicanálise e sua visão da religião
gênese das instituições, 542
gênese do amor e do ódio, 398, 399, 400, 401, 411, 414, 495
genitais femininos, representação dos, 684; *ver também* vagina

Hamlet, 157, 164, 232, 262
herança filogenética inconsciente (herança arcaica), 321, 457, 459, 606-12, 614-20, 630-1, 634, 651, 692
hereditariedade de disposições psíquicas, 379, 386, 387, 393; *ver também* transmissão de conteúdos psíquicos inconscientes
hipnose, 480, 502, 547, 549, 551
hipótese da repressão da sexualidade, 539, 540, 542, 555, 557, 561
histeria, 187, 189, 193, 201, 202, 205, 206, 207, 213, 231, 302, 313, 318, 329, 339, 368, 589, 669, 672
história, 489, 615, 618, 624; *ver também* Freud e a história *e* psicanálise e o social-histórico

história em psicanálise, 467, 468
história natural, 625, 627, 628, 635, 655
homens e animais, diferenças entre, 534, 536, 537, 538, 539, 540, 542, 543, 544, 545, 546, 547, 548
homicida, impulso, 366, 369, 379; *ver também* assassinato do pai primitivo *e* desejo de morte
homossexualidade, 311, 330, 355, 518, 524, 543
horda primitiva, horda selvagem, 297, 300, 324, 327, 343, 358, 364, 377, 378, 379, 380, 385, 389, 393, 424, 432, 483, 484, 543, 544, 545, 546, 547, 548, 549, 550, 551, 556; *ver também* Freud e seus discípulos, Freud e mitologia *e* mitologia
hostilidade contra o pai, 418; *ver também* desejo de morte contra o pai
humanidade e criança, 604, 605, 606

id, 295, 490, 493, 511, 516, 520, 521, 522, 523, 524, 525, 526, 607, 609
ideais culturais, 572
ideal do ego, 324, 417, 514, 515, 516, 517, 519, 520, 532, 547, 548, 549, 550, 552, 607
idealização, 419, 420, 547
identificação, 298, 317, 480, 503, 505, 506, 507, 508, 510, 514, 515, 516, 521, 523, 524, 534, 547, 548, 549, 550, 564, 572, 580
identificação com o pai mortal, 337
identificação parcial, 506
identificação primária, 413
identificação primária com os pais, 506, 507, 509, 510, 511, 515, 516, 517, 519, 520, 521, 522, 527, 528, 534, 549, 584
identificação recíproca, 324, 368, 381, 604, 616, 623, 629, 631, 638
identificação regressiva, 506
identificação secundária, 414, 416
ideologia, 626
Igreja, 547, 548, 556; *ver também* psicanálise e sua visão da religião
ilusão, 548, 574, 575, 579, 580, 589, 667, 668, 671

ilusão religiosa, 580, 600
imaginação, 671
imaginário, 406, 664, 669, 670, 677, 678
imago materna, 217, 396-7, 399, 402, 406-7, 410-1, 413, 484, 509-11, 516, 525-9, 565, 588, 590, 592, 597-8; *ver também* mãe
imago materna, divisão da, 587
imago paterna, 215-6, 297-9, 329, 331-5, 337, 355, 377, 392, 417, 419, 484, 509-11, 513, 525-8, 547-50, 552-5, 564-6, 574-5, 581-2, 587-8, 590, 597, 599
imago paterna: chefe da horda primitiva, 365-6, 378-9, 381, 388-9, 391, 418, 543, 546-7, 549, 550, 552, 555; *ver também* líder
imago paterna: dois pais, "um pai" e "outro pai", 392, 393
imago paterna: função do pai, 360, 407, 409, 465
imago paterna: "grande homem", 552, 553, 554, 555
imago paterna: sentido paterno do animal totêmico, 360, 365, 377, 379, 380; *ver também* totemismo
imagos paterna e materna, gênese das, 589
imortalidade, 697, 700
impulso de investigação, 372
impulsos hostis, 195, 196, 216, 217, 222, 226, 227, 229, 230, 233, 244, 378, 379, 380; *ver também* agressividade *e* tendências destrutivas...
incesto *ver* lei do incesto, proibição ao incesto *e* desejo incestuoso
inconsciente, 214, 215, 299, 308, 326, 341, 345, 353, 354, 385, 390, 396, 403, 418, 449, 512, 515, 521, 550, 615, 618, 643, 645, 646, 647, 654, 658, 662, 672, 693
inconsciente atemporal ou intemporal, 640, 647, 653; *ver também* temporalidade, representação do tempo *e* atemporalidade dos conteúdos inconscientes
inconsciente coletivo, 613; *ver também* social e o inconsciente
incorporação, 425, 507, 515, 523, 544

individualização ou individuação, 381, 549, 588, 590; *ver também* sujeito, constituição do
indivíduo e cultura, 425; *ver também* social e individual
indivíduo e sociedade *ver* social e individual
inércia, 491, 492
instinto, 614; *ver também* pulsão
instinto de destruição, 295
instinto e pulsão, 614
instinto gregário, 547, 550
instituições, 616, 632, 633; *ver também* psicanálise e sua visão da religião, psicanálise e sua visão da moral, psicanálise e sua visão da política *e* psicanálise e sua visão do direito
intelectuais, 557, 558
intemporalidade dos processos inconscientes, 610; *ver também* inconsciente atemporal ou intemporal
interpretação, 182, 184, 207, 208, 218, 237, 249, 260, 262, 270, 271, 273, 275, 308, 345, 466, 662
introjeção, 295, 397, 398, 399, 401, 404, 410, 414, 512, 516, 519
inveja, 365, 503
inveja do pênis, 463, 523, 524, 530; *ver também* complexo de Édipo *e* sexualidade feminina
investimento libidinal, 308
investimento objetal, 516, 517, 522, 523, 533

Jones, Ernest, 162, 294, 295, 316, 320, 323, 669
Jung, C. G., 248, 273, 279, 294-304, 306-13, 315-23, 325-6, 329-30, 339-42, 348, 354, 357, 370, 394, 423-9, 431-4, 440-1, 443-8, 451, 453-4, 457, 459, 461, 466, 569

Klein, Melanie, 329, 354, 393, 398, 410, 411, 423, 618

Lacan, Jacques, 122, 191, 324, 325, 344, 354, 406, 407, 408, 409, 412, 414, 415, 423, 618
lapsos, 249, 396, 403

latência, 198, 347, 413, 415, 522, 529, 606
lei, 300, 417, 418, 437, 438, 545, 700
lei da exogamia, 360, 361, 363, 376, 378, 379, 381, 389, 545; *ver também* lei do incesto
lei de talião, 379
lei do incesto, 217, 218, 242; *ver também* lei da exogamia
libidinais, relações, 480
libido, 401, 499
libido anal, 558
libido de objeto, 308, 399, 416, 499, 516, 521, 527, 557
libido do ego ou narcísica, 297, 308, 311, 331, 338, 399, 416, 499, 516, 521, 529, 530, 557; *ver também* narcisismo
libido e cultura, 541, 559, 560, 562, 563; *ver também* pulsões, coerção das
libido genital, 558
libido narcísica *ver* libido do ego
libido oral, 558
libido pré-genital, 558; *ver também* organizações pré-genitais da libido
líder, 547, 548, 549, 550, 552, 553, 554, 555, 567; *ver também* chefe
linguagem, 373, 380, 382, 406-9, 412, 449, 479, 543, 558, 595-6, 598, 620-1, 668, 700
loucura, 676; *ver também* Freud e loucura
luto, 366, 373, 525, 622

mãe aterrorizadora, 588
mãe bondosa, 590, 594
mãe fálica, 349, 415, 526, 709
mãe *ver* imago materna
mãe: não mãe *ver* terceiro
magia, 369, 370, 371, 385
"mal-estar na cultura", 561, 562, 565, 594
mandamento moral, 366, 373
Marcuse, Herbert, 122, 124
masculino, 586, 595, 596
masculino e feminino *ver* feminino e masculino
masoquismo, 481, 531, 532
masoquismo erógeno, 496

masoquismo feminino, 531, 532
masoquismo moral, 497, 531, 532, 533
masoquismo originário, 494, 496
masoquismo primário erógeno, 495, 496, 531, 532
masoquismo secundário, 531
massa primária, 547; *ver também* "Psicologia das massas"
maternidade e paternidade, 595, 596
medo ao estranho, ao não mãe, 507, 509, 510, 511, 519, 527
medo da perda do amor materno, 526, 527, 528, 529, 534; *ver também* relação entre mãe e filho
melancolia, 179, 181, 497, 514, 521
memória, 641, 642
metapsicologia, 481
método psicanalítico, 466, 467
mito, 208, 213, 220, 221, 226, 279, 377, 379, 451, 458, 468, 469, 483, 496
mito científico, 356, 377, 382, 394, 423, 699, 702; *ver* psicanálise, mito da
mito do nascimento do herói, 691, 698, 699
"mito do totem e tabu" *ver* horda primitiva *e* totemismo
mito político, 387, 388, 389, 390, 391
mitologia, 319, 341, 370, 377, 381, 394, 426, 427, 428, 429
mitologia e neurose, 321, 322, 341; *ver também* neurose
mitologia e sexualidade, 298; *ver também* sexualidade
modelo, 508, 511
monoteísmo, 483, 630, 693; *ver também* psicanálise e sua visão da religião
moral sexual, 196, 264, 265, 266
moral sexual no final do século XIX, 123, 125, 126, 127, 131, 148
moralidade, 158, 164, 172, 179, 185-6, 191-6, 198, 201-2, 204, 206, 217, 227, 232-5, 253, 334, 362, 379, 573; *ver também* consciência moral *e* mandamento moral

morte, 372, 405, 411, 415, 417, 437, 591, 592, 593, 594, 684
morte, considerações antropológicas sobre a, 330
morte: desejo de negá-la, 332, 333, 334, 335, 337
morte: desejos contra o pai, 332, 333, 334, 335, 337, 392
motivações morais, 194, 195, 196, 198, 202
movimento psicanalítico, 393, 424, 425, 426, 427, 428, 429, 431, 432, 433, 434, 443, 444, 445, 446, 447
multidão, fenômeno da, 480, 483, 546, 547, 549, 550, 552
mundo da lei e da palavra, 408; *ver também* lei *e* linguagem
mundo interno, 373, 380

narcisismo, 209, 297, 299, 331, 344, 346, 360, 369, 380, 399-405, 410, 414, 416, 444, 481, 494, 498, 500, 501, 514, 516, 520, 522, 530, 543, 547, 559, 562, 578
narcisismo primário, 410, 418, 580, 581, 610
natural, 632
natureza, 588, 589, 590, 591, 592, 593, 594, 597, 599, 662, 663
natureza e cultura, 535, 536, 537, 538, 539
nazismo, 553, 567, 688, 689
necessidade, 479
necessidade de castigo, 497, 531, 532
necessidade de submissão, 546, 547, 548, 552, 555, 567
negação, símbolo da, 644, 645, 646, 647, 648, 671
negatividade, 509, 510, 528
neurose, 480
neurose de destino, 497
neurose de transferência, 399
neurose e civilização, 562, 567
neurose e mitologia, 321, 322, 341
neurose e realidade, 335, 336, 360, 368
neurose e religião, 439, 440, 574, 575, 579, 604

neurose e sexualidade, 195-6, 198, 201-3, 264-7, 271, 302-3, 311, 329
neurose infantil, 604, 605
neurose obsessiva, 192, 196-7, 203, 231, 234, 236-7, 297, 328, 330, 332, 339, 349, 350, 360, 363, 367, 369, 385
neurose, classificação da, 178, 179, 187, 201
neuroses atuais, 176, 178, 179, 181
neuroses e produções culturais, 369, 375
neurótico, criança e selvagem *ver* relação entre neurótico selvagem e criança
normal e patológico, 187, 190, 205, 227, 243, 250
nostalgia da mãe, 581
nostalgia do pai, 555, 580, 583

objeto, 194, 371, 499, 503, 508, 509, 510, 511, 515, 528, 535, 536, 537, 621
objeto do desejo materno, 402, 407
objeto parcial, 410
objeto rudimentar, 406, 410; *ver também* ego rudimentar
objeto total, 410, 411
obra, 352
ocultismo, 341
ódio, 494, 501; *ver também* agressividade *e* tendências destrutivas
onipotência dos pensamentos, 330, 335, 369-71, 375, 391, 405, 411, 413, 416, 418, 420-1, 484, 511, 515, 528, 543, 551, 560, 578-80, 595-6, 598, 668, 684
onipotência infantil, 334, 335, 337
onipotência materna, 584
ontogênese, 297, 300, 331, 404, 406, 407, 409, 410, 412, 416, 418, 419; *ver também* ontogênese e filogênese *e* filogênese
ontogênese e filogênese, 362, 370, 376
oprimidos e opressores, 572
ordem simbólica, 373, 409, 620; *ver também* simbolização
organizações pré-genitais da libido, 297, 331; *ver também* libido *e* libido pré-genital
organizações sociais, 535, 538-40, 542-50, 552-

733

9; *ver também* psicanálise e sua visão das organizações sociais
outro, 505, 506, 507, 508, 509, 510, 526; *ver também* alteridade *e* terceiro

pai benevolente, 549, 568
pai idealizado, 298, 413, 415, 416, 418, 419, 420, 423, 433, 469, 620
pai morto, 298, 317, 379, 381, 385, 389, 392, 394, 406, 416-9, 421-3, 433, 469, 580, 600, 604, 620, 692, 700
pai primitivo, 599, 698
pai protetor, 581, 588
pai real, 298, 416, 423, 620
pai *ver também* imago paterna
pais, função dos, 581-3, 585-94, 596-600
paranoia, 297, 307, 311, 318, 330, 334, 338, 343, 344
passagem ao ato, 327, 328, 393
paternidade e maternidade *ver* maternidade e paternidade
pênis, 413, 414, 513, 526, 528, 529, 530, 564
pensamento, 395, 418, 595, 596, 597, 598, 644, 645
pensamento, destino sexuado do, 594
percepção, 642, 644, 645, 647, 648, 649
perversão, 201, 202, 203, 208, 215, 217, 219, 220, 232, 233, 266, 480, 531
Pfister, Oskar, 79, 93, 569, 570, 589
piedade, 366
plasticidade do material verbal, 236, 237; *ver também* linguagem
poder, 544, 546, 551, 562
politeísmo, 693
posição esquizoparanoide, 411
possessão demoníaca, 203, 206, 208, 209, 210, 211, 212, 575, 582, 583, 585, 586
posteriori, a, 641, 645, 646, 649; *ver também* ação diferida
prazer, 257, 259, 260, 261, 262
prazer do órgão, 558

princípio da constância de energia, 399
princípio de inércia, 661
princípio de realidade, 182, 331, 335, 337, 346, 348, 351, 370, 374, 376, 396, 397, 405, 419, 421, 452, 482, 490, 537, 557, 560, 574, 596, 645, 647, 654, 655, 663, 665, 668
princípio do Nirvana, 500
princípio do prazer, 331, 335, 336, 348, 370, 374, 395, 397, 401, 421, 448, 452, 490, 500, 501, 536, 537, 563, 568, 599, 644, 645, 647, 654, 655
processos inconscientes, indestrutibilidade ou imortalidade dos, 641, 642, 643, 645, 646, 647; *ver também* inconsciente atemporal ou intemporal
processos primários, 192, 241, 250, 251, 259, 263, 336, 345, 395, 402, 403, 491, 641, 642, 644, 648; *ver também* condensação *e* deslocamento
processos secundários, 192, 241, 259, 396, 397
produção e distribuição, 535, 556, 558, 559, 560, 561
progresso e regresso, 618
proibição ao incesto, 360, 361, 362, 363, 365, 366, 508, 522, 534, 541, 565, 601, 604, 608, 616, 629; *ver também* lei do incesto
projeção, 179, 182, 183, 184, 220, 307, 308, 331, 338, 360, 365, 366, 371, 373, 376, 381, 397, 398, 401, 404, 410, 414, 577, 578, 579, 580
psicanálise aplicada, 157, 158, 159, 160, 161, 164, 165, 273, 282, 360, 465, 588, 625, 628, 655
psicanálise como ciência social, 601, 602, 603
psicanálise como religião, 324, 433
psicanálise e antropologia, 159, 357, 370, 371, 372, 376, 382, 383, 384, 385, 386, 387, 389, 390
psicanálise e arte, 673, 674, 675, 676, 677, 679, 680, 681, 682, 683, 684, 685
psicanálise e ciências naturais, 346
psicanálise e etnologia, 357, 358, 359, 360, 363, 375, 376, 380, 382, 388, 389, 391
psicanálise e fatores sociológicos, 176, 177,

178, 179, 180, 181, 191, 195, 196, 202, 206, 216, 242, 264, 266, 267
psicanálise e frases de espírito, 237, 251, 252, 257, 259, 260, 264, 268, 269, 270, 271, 273, 276
psicanálise e judaísmo, 82, 83, 86, 87, 88, 90, 91, 93, 96, 97, 143, 306, 315; *ver também* Freud e o judaísmo
psicanálise e literatura, 158, 164, 171, 218, 219, 221, 242, 243, 250, 261, 262, 264, 273, 274, 275, 276, 277, 278, 279, 280, 282, 283, 298; *ver também* psicanálise e sua visão da arte
psicanálise e marxismo, 110, 118, 389, 390, 391, 482, 486, 536, 560, 616, 624, 625, 626, 627, 693; *ver também* Freud e marxismo
psicanálise e o social-histórico, 691, 692
psicanálise e outras disciplinas que lidam com o fenômeno humano, 434, 442, 443, 444, 491, 492, 497, 498, 499
psicanálise e psicologia, 159, 160
psicanálise e resistências contra, 144, 307, 308, 315, 326, 352, 426, 430, 431, 447, 674, 688, 689
psicanálise e seu poder explicativo, 560
psicanálise e sua epistemologia, 161, 162, 173
psicanálise e sua institucionalização, 324, 325, 326, 327, 328, 393, 433
psicanálise e sua prática, 569; *ver também* tratamento psicanalítico
psicanálise e sua visão da arte, 243, 257, 259-65, 298, 336, 339, 349, 421, 434-41, 443, 461-3, 465-7, 557-8, 673-7
psicanálise e sua visão da ciência, 421, 482, 489, 557, 558, 574, 576, 580, 605, 625, 627, 628, 635, 659, 664
psicanálise e sua visão da moral, 542, 556
psicanálise e sua visão da ordem política, 542, 556, 604, 615
psicanálise e sua visão da religião, 158, 246, 265, 298, 331, 334, 339, 357-8, 360, 366-9, 375-6, 378-9, 383-5, 389, 392, 439-40, 445, 447, 482-9, 512, 542, 548, 556, 564-72, 574-83, 585-9, 596, 599-600, 604-5, 615, 651, 661, 663, 665, 668, 686, 688-99, 701-6
psicanálise e sua visão das organizações sociais, 378, 388, 389, 390
psicanálise e sua visão do direito, 542, 543, 544, 545, 546, 547, 556, 604, 615
psicanálise e sua visão dos grupos, 501, 502, 503
psicanálise pura, 360, 461, 465, 625, 628, 655
psicanálise, cientificidade da, 654, 656, 658-65, 667, 668-77, 679, 686
psicanálise: conceituação, 159, 160, 165
psicanálise: concepção, 166, 167, 168, 169, 170, 172, 173, 174, 175, 176, 177, 178, 205
psicanálise, mito da, 700
psicanálise: movimentos culturais de Viena, 70, 71, 72, 75, 76, 77, 78, 145
psicanálise: processo de constituição de seus conceitos, 164
psicanalistas e suas relações, 326
psicologia das massas, 548, 566, 567
psicologia individual, 505, 506, 543, 546, 548, 549, 555
psicologia social, 505, 506, 628
psicopatologia, 294, 297
psicopatologia e religião, 483
psicose, 223, 298, 304, 316, 328, 360, 399, 410, 676
psicose e religião, 574, 575, 579
psicose onírica, 188
psique, socialização da, 297
psiquismo, concepção quantitativa do, 189, 191, 195, 199, 200
puberdade, 195, 233, 347, 450, 528
pulsão, 297, 331, 458, 536, 539, 552, 553, 556, 557, 559, 560, 562, 614, 659, 660
pulsão de destruição, 496, 521, 522, 533, 566
pulsão de morte, 299, 479-81, 489-90, 492-503, 519, 521, 531-3, 549, 557, 563, 567, 594, 616, 635, 636, 637; *ver também* Thânatos
pulsão de vida, 480, 492, 493, 496, 498, 499, 504; *ver também* Eros
pulsão do ego (de autoconservação), 331, 335,

367, 375, 401, 417, 480, 494, 498, 499, 632, 659
pulsão erótica, 540, 541
pulsão parcial, 202, 203, 204, 217, 517, 537, 562
pulsão reprimida e seus destinos, 330; *ver também* pulsão, coerção da
pulsão sexual, 335, 367, 375, 399, 400, 401, 414, 417, 480, 494, 495, 496, 497, 499, 632, 659; *ver também* instinto e pulsão *e* teoria das pulsões
pulsão, coerção da, 364, 478, 485, 504, 571, 593, 594, 599, 637
pulsão: conceito, 400, 403, 404, 405, 492, 497
pulsional: fusão e defusão, 495, 496, 497, 549, 562
pulsional: renúncia, 604, 605, 612
pulsões, dualidades das, 298, 331, 401, 427, 493, 494, 498

racionalização, 295
racismo, 572, 573; *ver também* nazismo
reação terapêutica negativa, 531, 532
real, 409, 410, 411, 418, 419, 421, 448, 449
real e alucinado, 396
real e imaginário, 448, 449, 461
realidade, 661, 662, 670, 671, 672, 674, 678
realidade dos acontecimentos primordiais, 608, 609, 623, 663, 670
realidade e neurose, 335, 336
realidade e psicose, 335
realidade empírica dos fatos, 629, 638
realidade exterior: sua significação psicológica, 335
realidade material, 449, 450, 451, 454, 460, 461, 466, 467, 468, 469; *ver também* Freud, realidade material
realidade psíquica, 449, 452, 460, 461, 469, 671
reativação dos conflitos psíquicos infantis, 641
reconhecimento recíproco, 194
reconstrução, 357, 365, 406, 409, 450, 453, 454, 456, 458, 460, 466, 467, 469
recordação, 346, 459, 460, 461, 468
recordação encobridora, 214, 225, 243, 247, 249, 448, 455, 460
recusa, 233
redução, 342
regressão, 346
Reich, Wilhelm, 390
relação com os pais, 230, 231, 235, 242, 263
relação dual, 381, 406, 413, 414
relação entre irmãos, 224, 225, 226, 227, 228, 229, 230, 234, 242
relação entre mãe e filho, 697; *ver também* medo da perda do amor materno
relação entre selvagem, criança e neurótico, 362, 375, 376, 380, 383, 385
relação entre sogra e genro, 361
relação fusional, 406
religião e neurose, 439, 440; *ver* psicopatologia e religião
religião, gênese da, 604
religião, teorias sobre, 575, 576, 577, 578, 579; *ver também* psicanálise e sua visão da religião
repetição no jogo, 407
repetição, compulsão a, 481, 490, 492, 494, 497, 510, 542, 549, 646, 653
representação, 332-5, 337-45, 402-6, 409-11, 413, 418, 638
representação do tempo, 642, 643, 645, 646, 647, 648, 649, 650; *ver também* temporalidade
representação psíquica, 449, 458, 466
representante psíquico da pulsão, 404, 427, 495, 497, 638, 648
repressão, 195, 197-8, 201-2, 204, 214, 226, 228, 232-3, 258, 260-72, 308, 332, 357, 361, 367, 375, 388, 420, 429-30, 514, 520, 540, 551, 562, 580, 587, 594
repressão e civilização, 330
repressão orgânica, 538
repressão originária, 402, 403, 404, 405, 406, 407, 409, 410, 411, 412
repressão, conceito de, 402, 403
resistência, 185, 186, 187, 205, 227, 228, 233,

263, 308, 319, 340, 512, 663, 665
ressexualização, 533
retorno do reprimido, 402, 464, 484, 490, 640, 641, 645, 646, 650, 651, 652, 653, 662, 696, 702
revolução psicanalítica, 325
rivalidade, 544
romance familiar, 215, 242, 243, 260, 264, 691, 700

sadismo, 322, 330, 481, 494, 495, 496, 499, 503, 531, 533
sagrado, 599
seio, 396, 397, 399, 401, 402, 405, 406, 409, 410, 526, 527, 528, 529, 530, 565, 583, 584
seio "bom", seio "mau", 398, 410, 411
seio real, 410
sensualidade e espiritualidade (transição da mãe ao pai), 596, 597, 598, 687, 693, 697, 699, 701, 702
sentimentos sociais, 367, 550, 552, 557
série prazer-desprazer, 395, 396, 397, 398, 409, 410
servidão voluntária, 572
sexo e poder, 122, 124
sexualidade, 264, 537, 538, 539
sexualidade e mitologia, 298
sexualidade e neurose, 302, 303, 311, 329
sexualidade e psicose, 311, 329, 331
sexualidade feminina, 180, 195, 201, 209, 210, 211, 212, 213, 216, 299, 464, 480, 484, 565, 588, 589, 590, 591, 592, 593, 594, 596
sexualidade humana: natureza bifásica da, 537, 539
sexualidade infantil, 195-6, 200-1, 203-6, 208, 211, 217, 220-1, 223-9, 231-5, 264-6, 274, 276, 329, 332, 334-6, 346-7, 362, 370-1, 377, 448-50, 453, 455-6
sexualidade, hipóteses gerais sobre, 120, 121, 122, 123, 126, 127
sexualidade, origem da, 458
sexualização do pensamento, 330, 349, 370
signos exatos, 397, 398

simbolização, 321, 406, 407, 409, 412, 510, 611; *ver também* ordem simbólica
singularidade, 658
singularidade e universalidade, 658; *ver também* universalidade
sinistro, 465, 684, 685, 687
sintoma, 185, 187, 190, 193, 196, 197, 198, 206, 210, 219, 232, 308, 403, 583
sistema, 373, 377
sistema consciente, 452
sistema inconsciente, 403, 404, 407, 409, 451, 452
sistema pré-consciente, 403, 404, 405, 407, 409, 452
social ao psíquico, irredutibilidade do, 634, 651, 652, 653
social e inconsciente, 630, 631, 632, 633, 634, 639
social e individual, 370-2, 375, 380-1, 386, 388-91, 395, 420-2, 481-4, 504-5, 535-40, 542-50, 552-60, 562-7, 575, 601-3, 605-9, 612, 614, 634, 636-9, 651
social, gênese do, 422
socialização, 395, 413, 419, 421-2, 504-5, 508, 515-7, 519-29, 531-4
sociedade instituinte e sociedade instituída, 631, 639
sociedade, autoinstituição da, 630, 631, 638, 639
sociedades variadas, 630, 631, 632, 633
solidariedade, 367
solipsismo, 381
sonhos, 185, 188-9, 192, 197, 215, 219, 227, 229, 236-7, 249-52, 259, 306, 320, 332, 334, 395-6, 403, 603-4, 610
sonhos de Freud:
"Banheiros ao ar livre", 244
"Castelo à borda da praia", 240
"Conde Thun", 117, 244, 327, 356, 690
"Devaneio durante o sono", 200, 240
"Dissecção da própria bacia", 247
"Estudante mais velho", 61

"Goethe ataca M.", 177, 200, 239, 240, 245, 246, 590, 676
"Grande sonho", 436
"Hearsing", 246
"Hollthurn", 244
"Injeção de Irma", 93, 142, 162, 167, 189, 190, 192, 225
"Médico caolho", 163, 436
"Meu filho, o míope", 133, 138, 139, 236, 237
"Monografia botânica", 111, 162, 238, 355
"*Non vixit*", 107, 246, 436, 670
"Norekdal", 246
"Pede-se fechar os olhos", 199, 200, 211, 334, 436
"Sala das máquinas", 200, 240, 335, 698
"Sapho", 239
"Schafskopf", 163, 225
"Sonho do crânio de um animal", 224
sonho relatado na carta 54 a Fliess: "Hella", 215, 216
"Sonhos romanos", 104, 111, 133, 134, 135, 136, 138, 139, 164, 436, 439, 700
"Subir nas escadas", 217
"Tio de barba amarela", 94, 95, 96, 97
"Três Parcas", 246
"Via Secerno", 200
sublimação, 350-1, 353, 355, 364, 375, 419, 420-2, 427, 502, 516, 522, 541-2, 557-8, 563, 593-4
sugestão, 501, 547
sujeito e mundo, 397, 399-401, 404-7, 409-19, 421-2
sujeito, constituição do, 371, 394, 406, 409, 412, 413, 414, 415, 416, 417, 418, 419, 421, 422; *ver também* individualização
sujeito, gênese do, 422, 458
superego, 198, 367, 418, 481, 485, 489, 493, 497, 511-3, 515, 518-22, 530-4, 537, 546-7, 551, 555, 562-7, 609, 612, 629
superego amor do, 530
superego coletivo, 613
superego cultural, 556

superego feminino, 524, 530, 594
superego infantil, 612
superego, severidade do, 521, 564
superstição, 322, 330, 375, 576

tabu, 330, 359, 360, 361, 362, 363, 365, 366, 380, 381, 382; *ver também* lei do incesto *e* lei da exogamia
tabu como autoproteção da sociedade, 362, 363, 364
tabu da virgindade, 462, 463
tabu dos mortos, 365, 366, 367
tabu, violação do, 362, 366, 367
técnica psicanalítica, 356
telepatia, 320
temor de perder os olhos, 464, 465
tempo de fazer, 648, 649, 653
tempo natural, 653
temporalidade, 615, 631, 640, 641, 642, 643, 645, 646, 647, 648, 649, 650, 651, 652, 653; *ver também* representação do tempo *e* antes e depois
temporalidade histórica, 648, 653
tendências destrutivas antissociais e anticulturais, 537, 541, 543, 546, 549, 552, 556, 561, 562, 565, 566, 567, 571, 572, 599, 637
teoria, 616, 617
teoria da angústia, 480; *ver também* angústia
teoria da libido, 299, 303, 330, 338, 341, 427, 428, 429; *ver também* libido
teoria da repressão, 641, 644, 645; *ver também* repressão
teoria da sedução, 189, 195-6, 198, 201, 203, 207-17, 223, 448, 450, 457, 669
teoria das pulsões, 489, 490, 492, 493; *ver também* pulsão
teoria freudiana da cultura, 108-9, 127-8, 140, 145-7, 175-9, 183, 191, 202-6, 208-9, 212-3, 216-9, 221-2, 226, 229, 232, 249-51, 265-6, 283, 294, 298, 329, 331, 359-63, 365-93, 424, 465, 478-85, 488, 499-503, 505-6, 525, 534-40, 542-50, 552-60, 562-7, 571-2, 588,

738

601, 604-6, 611, 615, 635-7; *ver também* teoria freudiana e teoria psicanalítica
teoria freudiana e teoria psicanalítica, 616, 617, 618, 619, 620
teoria psicanalítica, 192, 271, 351-4, 356, 375, 442-6, 470, 479-81, 484, 588-9, 618-9
teoria psicanalítica: "todo para a parte ou parte para o todo", 342, 368, 369
teoria, crítica à, 616, 617, 639
teoria, delírio e fantasia, 338-9, 343-6, 349, 351, 356, 375; *ver também* delírio, fantasia *e* delírio e elaboração teórica
teorias sexuais infantis, 329, 347, 348, 349, 351, 372, 413, 458, 513
teorias sexuais infantis e teorização dos adultos, 348, 349, 351; *ver também* curiosidade infantil *e* sexualidade infantil
terapia das psicoses, 406, 408
terceiro, o não mãe, 381, 411, 412, 413, 525, 599, 622
Tibre, 133
tópica, a primeira, 480
tópica, a segunda, 299, 480, 489
totem, 546; *ver também* imago paterna: sentido paterno do animal totêmico
totemismo, 358, 360, 376, 377, 379, 380, 383, 384, 387
toxicomania, 316
trabalho, 539, 540, 558, 559, 560, 562
traços mnésicos, 641, 646, 692
tradição, 612, 614
transferência, 168, 169, 184, 213, 237, 270, 275, 276, 307, 310, 317, 490, 668, 700
transferência libidinal, 368
transmissão dos conteúdos inconscientes, 606, 607, 608, 609, 610, 611, 612, 614, 619, 620; *ver também* herança filogenética inconsciente
tratamento psicanalítico, 160-5, 186, 210, 228, 263, 267-71, 273, 275, 490, 493, 501; *ver também* psicanálise e sua prática
trauma, 195-6, 198-206, 208-19, 221-3, 450, 457,

465, 467, 490, 510, 587
triangulação, 510, 517, 621
unificação psíquica, 508
universalidade, 361, 382, 456, 458, 462, 484, 508, 612, 614, 658; *ver também* singularidade e universalidade

vagina, 413, 522, 523, 528, 591, 594
ventre, retorno ao, 594, 599
verdade, 489, 654, 661, 662, 671, 674, 677, 683; *ver também* realidade
verdade histórica em psicanálise, 358, 374, 379-82, 574-5, 579, 600-1, 608-11, 654, 661, 663, 672, 687
verdade material, 654, 661, 663, 687; *ver também* Freud e verdade material
vida psíquica dos bebês, 193, 202, 396-7, 399-407, 409-19, 421-2, 507-17, 519-29, 531-4
Viena (Áustria): história, sociedade, economia e política, 50-67, 72-80, 82-8, 90-100, 102-6, 144
Viena e antissemitismo, 64, 67-8, 77, 82-6, 92-3, 99-100, 104, 107, 115, 144, 146, 488, 688-9; *ver também* Viena e problemas étnicos
Viena e arquitetura e urbanismo, 45, 46, 47, 49
Viena e conservadorismo, 36, 37, 38, 39, 144
Viena e decoração e artes plásticas, 45, 46, 47, 49
Viena e intelectuais, 68, 69, 71, 72, 73, 74, 85; *ver também* Freud e sua relação com Viena
Viena e judeus, 78, 79, 80, 82, 83, 84, 85, 86, 92, 93, 688, 689; *ver também* Viena e antissemitismo, Freud e judaísmo *e* nazismo
Viena e literatura, 37, 66, 74, 75, 678, 682
Viena e música, 41, 42, 43, 44, 45, 84; *ver também* Viena e ópera
Viena e ópera, 37, 43, 44, 45, 66, 144; *ver também* Viena e música
Viena e pintura, 70, 72, 84
Viena e problemas étnicos, 56, 57, 58, 60, 61, 62, 65, 67, 72, 99, 144, 486; *ver também* Viena e antissemitismo
Viena e relações com a Igreja, 56, 64

Viena e teatro, 36, 37, 45, 49, 50, 66, 144; *ver também* Viena e ópera
Viena e valsa, 38; *ver também* Viena e música
Viena pós-Primeira Guerra, 486, 487, 687, 688, 689
Viena: "Vazio de valores", 44, 70
Viena: centro do império, 51, 52, 65, 66, 67, 75
Viena: final do século XIX, 34, 35, 50

vingança, 365
vivência real, 453, 455, 456, 457, 458, 459, 462, 465, 670

zonas erógenas, 401
zoofobia infantil, 377; *ver também* fobia

Índice de textos de Freud*

(1892-93) "Um caso de cura hipnótica", 169*
(1893c) "Estudo comparativo das paralisias motoras histéricas e orgânicas", 170
(1895d) *Estudos sobre a histeria*, 174, 184, 185, 186, 205, 672
(1950a) [1895] "Projeto de uma psicologia científica", 191
(1896c) "A etiologia da histeria", 198, 205
(1898a) "A sexualidade na etiologia das neuroses", 211, 265
(1900) *A interpretação dos sonhos*, 332
    Cap. IV — A, 81
    Cap. V — A, 117
    Cap. V — B, 133, 136, 137, 138, 229
    Cap. V — C, 217, 229
    Cap. V — D, 220
    Cap. V — F, 157, 230, 231, 232, 234, 237
    Cap. VI — C, 200
    Cap. VI — G, 112, 117, 237, 239, 245
    Cap. VII — F, 449
(1901b) *Psicopatologia da vida cotidiana*, 225, 279
(1942a) [1905] "Caracteres psicopáticos no teatro", 260, 262
(1905a) "Sobre psicoterapia", 268

---

* As obras estão citadas em ordem cronológica, segundo a numeração da *Gesamtbibliographie* da *Studienausgabe*.

(1905c) *A frase de espírito e sua relação com o inconsciente*, 252, 256, 258, 259, 265, 268, 269
(1905e) "Fragmento da análise de um caso de histeria" (caso Dora), 129
(1907a) *Delírio e sonhos na* Gradiva *de Jensen*, 273, 276, 277, 280, 282
(1907b) "Atos obsessivos e práticas religiosas", 266
(1907c) "A educação sexual das crianças", 265
(1908a) "Fantasias histéricas e sua relação com a bissexualidade", 451
(1908c) "Teorias sexuais infantis", 347, 348
(1908d) "A moral sexual 'civilizada' e o nervosismo moderno", 265, 266, 267
(1908e) "O poeta e a fantasia", 261
(1909d) "Observações sobre um caso de neurose obsessiva" (Homem dos Ratos), 332, 333, 350
(1910c) "Uma recordação infantil de Leonardo da Vinci", 350, 355, 590
(1911b) "Formulações sobre os dois princípios do suceder psíquico", 336, 396
(1911c) "Notas psicanalíticas sobre um caso de demência paranoide" (Caso Schreber), 334, 338
(1912-1913) *Totem e tabu*, 359, 363, 364, 366, 367, 368, 369, 370, 372, 373, 374, 377, 378, 379, 380, 382
(1912d) "Sobre a degradação mais geral da vida amorosa", 421, 422
(1913f) "O tema da escolha de um cofrezinho", 591
(1914b) "O *Moisés* de Michelangelo", 432, 435, 438
(1914c) "Introdução ao narcisismo", 400, 416, 420, 432
(1914d) *História do movimento psicanalítico*, 426, 432, 446, 447
(1914f) "Sobre a psicologia do colegial", 108
(1915a) "Observações sobre o amor de transferência", 422
(1915c) "Pulsões e destinos de pulsão", 398, 411, 659, 660
(1915d) "A repressão", 403
(1915e) "O inconsciente", 403, 404, 452
(1915f) "Um caso de paranoia contrário à teoria psicanalítica dessa afecção", 451, 453
(1916-17) *Conferências de introdução à psicanálise*, nº 23, 453, 459, 460
(1917b) "Uma recordação infantil de Goethe em *Poesia e verdade*", 698
(1918a) "O tabu da virgindade", 463
(1918b) "História de uma neurose infantil" (Homem dos Lobos), 454, 455, 456
(1919h) "O sinistro", 320, 684, 685
(1920g) *Além do princípio do prazer*, 489, 490, 491, 495, 500, 501, 642
(1921c) *Psicologia das massas e análise do ego*, 502, 503, 505, 506, 507, 543, 547, 548, 550, 551, 581, 628, 698
(1923a) "Psicanálise" e "Teoria da libido", 542, 655
(1923b) "O ego e o id", 494, 516, 518, 519, 520, 521, 537, 607
(1923d) "Uma neurose demoníaca no século XVII", 582, 583
(1923e) "A organização genital infantil", 513, 526
(1924c) "O problema econômico do masoquismo", 496, 533
(1924d) "A dissolução do complexo de Édipo", 522
(1925a) "Nota sobre o bloco mágico", 642
(1925d) *Autobiografia*, 82, 103
(1925h) "A negação", 644

(1925j) "Algumas consequências psíquicas da diferença sexual anatômica", 523, 525
(1926d) *Inibição, sintoma e angústia*, 526, 529, 609, 668
(1927c) *O futuro de uma ilusão*, 535, 536, 553, 554, 572, 573, 574, 582, 600, 605, 655, 665
(1928b) "Dostoiévski e o parricídio", 680
(1930a) *O mal-estar na cultura*, 490, 537, 538, 540, 555, 557, 558, 562, 564, 566, 575, 593, 625, 636, 674, 695
(1931b) "Sobre a sexualidade feminina", 523
(1933a) *Novas conferências de introdução à psicanálise*, n° 31, 612
(1933a) *Novas conferências de introdução à psicanálise*, n° 32, 609
(1933a) *Novas conferências de introdução à psicanálise*, n° 33, 524, 565
(1933a) *Novas conferências de introdução à psicanálise*, n° 35, 625, 635, 655, 662, 668
(1933b) "O porquê da guerra", 544, 545, 553
(1936a) "Um transtorno de memória na Acrópole", 113
(1940) [1938] *Compêndio de psicanálise*, 622
(1939a) *O homem Moisés e a religião monoteísta*, 33, 359, 488, 555, 595, 597, 608, 609, 611, 614, 691, 694, 701, 706

1. COM W. FLIESS

Manuscritos — A, B (maio 1893), 670
B (8.2.1893), 176
G (17.1.1895), 180
G (7.1.1895), 129
H (24.1.1895), 182, 183
K (1.1.1896), 72
L (2.5.1897), 214, 242
N (31.5.1897), 215, 216, 217

Cartas — 5 (29.8.1888), 119
13 (10.7.1893), 178
16 (7.2.1894), 175
17 (19.2.1894), 175
18 (21.5.1894), 125, 175
22 (4.3.1895), 188
23 (27.4.1895), 127
24 (25.5.1895), 187, 188
28 (29.9.1895), 189
30 (15.10.1895), 107, 127
32 (10.1.1884), 103
33 (31.10.1895), 189
36 (29.11.1895), 127

40 (6.2.1896), 127
43 (16.3.1896), 127
44 (2.4.1896), 72
45 (4.5.1896), 125, 127
48 (30.6.1896), 199
50 (2.11.1896), 125, 127
52 (6.12.1896), 201, 280
54 (31.5.1897), 215
55 (11.1.1897), 204, 538
56 (17.1.1897), 207, 212
57 (24.1.1897), 207
58 (8.2.1897), 94, 107, 207
61 (2.5.1897), 214
63 (25.5.1897), 702
65 (12.6.1895), 132
66 (7.7.1897), 218, 222
69 (21.9.1887), 90
70 (3.10.1897), 227, 592
71 (15.10.1897), 226
72 (27.10.1897), 228
75 (14.11.1897), 163, 233
78 (12.12.1897), 132
83 (9.2.1898), 132
85 (15.3.1898), 142
91 (20.6.1898), 242
92 (7.7.1898), 241, 243
94 (26.6.1898), 436
96 (22.9.1898), 120
104 (6.2.1898), 103, 120
107 (2.5.1899), 248
114 (6.8.1898), 127, 142
116 (27.8.1899), 142
117 (9.9.1899), 142
119 (21.9.1900), 103
125 (9.12.1899), 142
126 (21.12.1899), 142
130 (11.3.1900), 33, 132, 142
133 (16.4.1900), 120
134 (7.5.1900), 143
138 (10.7.1900), 142
140 (12.2.1901), 129
145 (7.8.1901), 249
146 (19.9.1901), 139
152 (11.3.1902), 107, 141

2. CARTAS I E II

1 Emil Fluss (16.5.1873), 89
4 Martha (27.6.1882), 101
7 Martha (23.10.1883), 91
12 Martha (5.10.1882), 106
22 Martha (16.9.1883), 98
26 Martha (23.10.1883), 91
27 Martha (25.10.1883), 102
28 Martha (15.11.1883), 128
29 Martha (16.12.1883), 93, 117
32 Martha (10.4.1884), 89, 103
34 Martha (18.1.1884), 103
41 Martha (15.4.1884), 103
44 Martha (29.5.1884), 103
46 Breuer (23.5.1884), 117
47 Martha (29.6.1884), 103
55 Martha (6.1.1885), 93
56 Martha (7.1.1885), 103
64 Martha (12.5.1885), 107
66 Martha (26.5.1885), 93, 103
68 Martha (6.6.1885), 117
77 Martha (5.8.1885), 104
81 Martha (19.10.1885), 117
85 Martha (19.11.1885), 142, 679
86 Martha (24.11.1886), 117
87 Minna B. (3.12.1885), 116
94 Martha (2.2.1886), 90, 106, 107
96 Martha (10.2.1886), 95
102 Breuer (1.9.1886), 117
124 Lou Andreas-Salomé (25.6.1916), 640
176 Groddeck (5.6.1917), 667
191 Stefan Zweig (19.10.1920), 680
197 Schnitzler (14.5.1922), 681
207 Singer (3.10.1938), 701
219 Morselli (23.1.1926), 705
228 Achelis (30.1.1927), 668
243 Lou Andreas-Salomé (28.7.1929), 666
248 Roback (20.2.1930), 88
258 Stefan Zweig (7.2.1931), 680
265 Stefan Zweig (2.6.1932), 592, 680
269 Weiss (12.3.1933), 690
282 B. Low (19.4.1936), 92

745

293 Stefan Zweig (14.12.1937), 696
302 Stefan Zweig (jul. 1938), 676

3. FREUD / ABRAHAM

Freud a Abraham (8.10.1907), 312
Abraham a Freud (12.12.1907), 312
Freud a Abraham (3.5.1908), 313, 314
Abraham a Freud (11.5.1908), 315
Freud a Abraham (20.7.1908), 315
Freud a Abraham (13.5.1913), 360
Freud a Abraham (1.6.1913), 360
Freud a Abraham (10.12.1913), 432
Abraham a Freud (6.1.1914), 435
Abraham a Freud (15.1.1914), 301
Freud a Abraham (25.3.1914), 432
Abraham a Freud (2.4.1914), 432
Freud a Abraham (26.7.1914), 479
Freud a Abraham (4.5.1914), 144
Freud a Abraham (22.2.1924), 608

4. FREUD / JUNG

2 J (15.10.1906), 302
3 F (7.10.1906), 302
6 J (26.11.1906), 305
7 J (4.12.1906), 305
9 J (29.12.1906), 306
11 F (1.1.1907), 306
12 J (8.1.1907), 307
19 J (11.4.1907), 308
35 J (6.7.1907), 340
40 J (27.8.1907), 160
42 F (2.9.1907), 309
49 J (28.10.1907), 310
50 J (2.11.1907), 310
72 J (20.2.1908), 311
87 F (3.5.1908), 313
98 J (19.6.1908), 317
99 F (21.6.1908), 317
106 F (18.8.1908), 318

110 F (15.10.1908), 318
118 F (11.12.1908), 319
139 F (16.4.1909), 320
160 F (11.11.1909), 321
165 J (2.12.1909), 321
169 F (19.12.1909), 323
182 F (6.3.1910), 323
205 F (10.8.1910), 423
245 J (8.5.1911), 341
282 J (14.11.1911), 342
287 J (11.12.1911), 427
288 F (17.12.1911), 426
303 J (3.3.1912), 429
313 J (8.5.1912), 429
324 F (14.12.1912), 430

5. FREUD / PFISTER

4 a Pfister (18.3.1909), 603
76 a Pfister (14.9.1926), 689
80 a Pfister (16.10.1927), 570
82 a Pfister (26.11.1927), 571
88 a Pfister (25.11.1928), 570
190 a Pfister (21.6.1920), 675

6. FREUD / E. WEISS

Freud a E. Weiss (23.1.1926), 705

7. FREUD 7 / A. ZWEIG

Freud a A. Zweig (30.9.1934), 488, 688, 689, 696
Freud a A. Zweig (6.11.1934), 689, 692
Freud a A. Zweig (14.3.1935), 695
Freud a A. Zweig (8.5.1932), 705

Índice onomástico

Abel, Karl, 603
Afrodite, 591
Alemanha, 106, 144, 688
Amenófis IV, 440
América do Sul, 388
Amílcar Barca, 135
ananké, 479, 539, 540, 636, 663, 664
Andersen, 219, 220
Andreas-Salomé, Lou, 478, 640, 667
Aníbal, 135, 136, 137, 139
Anzieu, Didier, 190, 200, 217, 238, 240, 244, 246, 285, 286
Appia, A., 46
Arendt, Hannah, 82
Aristóteles, 576, 660, 715
Arquivo Freud de Nova York, 296
Ars erotica, 129
Associação Psicanalítica Internacional, 323, 328, 432
Assoun, Paul-Laurent, 667
Atenas, 112, 114, 280
Atkinson, 377, 695
Aton, 630, 693, 697

Auf Geseres, 138, 237
Augusto, 140
Aulagnier, Piera, 271, 276
Ausgleich, 58
Austrália, 103, 384
Áustria, 106, 116, 144, 479, 485, 486, 487, 687
Auto-analyse de Freud, L', 190
Autodidasker, 237

Babilônia, 138
Bach, 352
Bahr, Hermann, 71
Bakan, David, 82, 83, 86, 88, 99, 104, 118, 439, 440
Bassanio, 591
Baudelaire, 73
Beethoven, 37, 152, 352
Belle Époque, 383, 680
Bellevue, 33
Belzebu, 209
Benjamin, Walter, 39
Berg, Alban, 43
Berkeley, 344

Berlim, 41, 143, 148, 189, 289, 297, 312, 315, 318, 487, 688
Bernays, Isaac, 90, 315, 439
Bernays, Minna, 116
Bernfield, Siegfried, 244
Bertgang, 276, 282
Bianca, 289, 290
Bíblia, 134, 694, 696
Biedermeier, 38
Billroth, Theodor, 107
Bismarck, 58, 62
Boas, Franz, 358
Böcklin, 141
Bodas de Fígaro, 244
Boltzmann, Ludwig, 71
Borne, Ludwig, 81
Bouveresse, Jacques, 69, 76
Brahms, Johannes, 43, 44, 72
Bremen, 340
Brenner, Der, 71
Brentano, Franz, 71
Breslau, 236, 437
Bretanha, 27
Breton, Catherine, 23, 24, 25, 155
Breuer, Joseph, 71, 93, 106, 131, 167, 172, 178, 192, 198, 212
Broch, Hermann, 36, 39, 40, 44, 48, 70, 72, 73, 145, 150, 151, 352, 675
Brücke, Ernest, 101, 102, 107, 178, 247, 436
Brückner, Anton, 71
Brumário, 18, 653
Bruno, Pierre, 371
Bruyr, Joseph, 35
Budapeste, 148, 297
Burghölzli, 304, 312

Cacânia, 62, 145
Calipso, 209
Caminhos do povo judeu, 28
Canaã, 134
Carlos Magno, 140
Carrefours du labyrinthe, Les, 617
Cartago, 141

Casa de bonecas, 246
Cassirer, Ernest, 634
Castelo Sant'Angelo, 133
Castoriadis, Cornelius, 171, 325, 351, 353, 354, 402, 405, 423, 536, 617, 631, 632, 634, 650, 708, 711
Catarina, 189
Cecília M., 207
Cervantes, 111
Chaui, Marilena, 213
Cherubino, 283
Cíclope (*Zyklop Myop*), 139
Circe, 209
Ciro da Pérsia, 691
Clark University, 328
Clastres, Pierre, 388, 638
Claude, 25
Conde Thun, 117, 244, 281, 291, 356, 690
Congresso de Munique, 431
Constantino, 75
Coppelius, 465
Coppola, 465
Cordélia, 285, 591
Corso Cavour, 435
Creditanstalt, 487
Crítica da faculdade de julgar, 253, 255
Crítica da razão pura, 345, 459

Dalí, Salvador, 675
Damisch, H., 48
Danúbio azul, 145
Darwin, 377, 695
De l'exorcisme à la psychanalyse, 212
Der Brenner, 71
Derrida, Jacques, 253
18 Brumário, 653
Diáspora, 138
Die Fackel, 71
Distrito de Residência, 475
Dollfuss, 487
Dom Quixote, 715
Don Giovanni, 103, 149, 156, 247, 702, 707
"Donna Elvira", 149, 156, 702
Dostoiévski, 27

750

Dresden, 41
Dreyfus, Alfred, 76
Dupla Monarquia, 140

Eder, David, 92
Édipo, 155, 161, 284, 524, 530
"Édipo originário", 508, 511, 621, 639, 645
Édipo-Rei, 157, 232
Egípcio, O, 689
Egito, 134, 687
Einstein, 544, 554
Eitingon, Max, 144, 148
Elizabeth von R., 167, 172, 186
Ellis, Havellock, 125
Emanuel Freud, 192
Emma, 93, 190
Emmy von N., 167, 170, 174
Enfant imaginaire, L', 703
Erínias, 387
Eros, 497, 499, 500, 502, 508, 533, 539, 540, 541, 542, 562, 568, 593, 636, 637, 659, 668
Essência do cristianismo, 577
Estados Unidos, 320
Estrasburgo, 211
Ética a Nicômaco, 660
Etiópia, 487
Eumênides, 387
Eurídice, 469, 477
Evans-Pritchard, E. E., 382

Fackel, Die, 71
Fausto, 164, 225, 239, 380, 477
Fechner, Gustav, 256, 257
fe minus, 210
Fenomenologia do espírito, 339
Feuerbach, 577, 578, 579
Filiations, 300
Fischer, Kuno, 252, 256
Flechsig, 331, 333
Fleischl-Marxow, Ernest von, 101, 102, 105, 106, 191, 192, 247
Fluss, Emil, 109
Fluss, Gisela, 281, 282
foemina, 210

fratricídio, 379
Frazer, James, 358, 361
Freiberg, 114, 135, 163, 217, 236, 247, 282, 591
Freud, Philip, 225
Freud e a mística judaica, 439
Freud et le plaisir, 658
Freud: a trama dos conceitos, 29, 189
Futuro de uma ilusão, O, 109

Gall, 340
galut, 139
Gauchet, Marcel, 388, 389
Geistgkeit, 595, 665
Gestalten, 345
Giovanni, Don, 103, 149, 156, 247, 702, 707
Goethe, 95, 111, 164, 166, 177, 200, 218, 224, 238, 246, 392, 443, 606, 675
Golden bough, The, 358
Gomperz, Elise, 141
Górgias, 209
Goya, 292
Graf, Max, 86
Granada, 152
Grande Manitu, 478
Granoff, Wladimir, 151, 222, 239, 244, 247, 281, 286, 300, 392, 473, 589, 594, 646, 657, 658
Grécia, 114, 139, 161, 229
Grillparzer, 679
Grinstein, 244
Grinzing e Döbling, 679
Groddeck, 295, 424, 667, 682
Gross, Otto, 316, 339
Grusha, 455, 456, 466
Gzeirot, 138

Habsburgo, 140, 479, 485
Haeckel, 483, 606
Haggard, Rider, 247
Haitzmann, Cristóvão, 582, 583
Hamburgo, 103, 116
Hamlet, 157, 164, 218, 226, 232, 262
Hammerschlag, S., 88, 98
Hanold, Norbert, 274, 275, 276, 280, 281
Hans, 265, 319, 513

Hardy, Thomas, 120
Haydn, 37, 152
Hebbel, Fredrich, 464
Hegel, 114, 387, 576, 602, 657
Heine, Heinrich, 80, 92, 348
Hella, 215
Helmholtz, Wilhelm, 654
Henrique, o Verde, 220
Hera, 469
Herder, 114
Herzl, Theodor, 138
Hesse, Hermann, 70
Hitler, 688
Hobbes, Thomas, 387, 576
Hoffmann, E. T. A., 464, 513, 684
Hofmannsthal, 41, 67, 69, 70, 73, 75, 77, 81, 140, 150, 151
Homem sem qualidades, O, 48, 145
Hungria, 58, 244, 485

Ibsen, 246
Igreja e Exército, 548, 556
Ikhnaton, 630, 693, 697, 700
Império Austro-Húngaro, 145, 479
Império Romano, 651
Impérios Centrais, 479
Inglaterra, 103, 116
Inquisição, 140, 210, 212
Irma, 168, 189, 190, 192, 225
Irving, 152, 153
Itália, 224

Jacó (bíblico), 89
Jahrbuch, 310
Janet, P., 174
Janik e Toulmin, 71
Jensen, W., 111, 260, 273, 275, 277, 278, 280, 281, 282
Jerusalém, 218, 692
Jocasta, 710
John (sobrinho), 163
Jones, Ernest, 144, 146, 162, 320, 393, 669
José (bíblico), 89, 190

José II, 51
Josef (tio), 94
Josué (bíblico), 319, 323
Juan Tenorio, Don, 183
Judith e Holofernes, 464
Júlio II (papa), 438
Julius, 224
Julius Caesar, 288

Kadesh, 694
Kafka, Franz, 85, 92, 97
Kairós, 650
Kant, 186, 217, 253, 256, 292, 374, 511, 634
Karlsbad, 99
Kastner, Lotte, 218
Kaufmann, 24, 28, 29
Kaufmann, Moysés, 28
Kaufmann, Pierre, 381
Kaufmann, Yehezkel, 28, 285
Keller, G., 220
Kierkegaard, 285
Klimt, Gustav, 70, 72
Kofman, Sarah, 274, 278
Kohn, Moritz, 104
Koller, Karl, 93, 103
Kraepelin, 302, 354
Krafft-Ebing, 94, 125, 126, 137, 141
Kramer, Heinrich, 211
Kraus, Karl, 69, 70, 71, 75
Kremsier, Parlamento de, 55
Kroeber, 382
Kulturkampf, 135

Lamarck, Charles, 607
Lanner, 38
Laplanche, Jean, 402, 405, 458
Lapsus calami, 425
Le Guen, Claude, 324, 326, 327, 393, 424, 432, 466, 467, 468, 507, 508, 510, 519, 560, 621, 622, 661, 708
lei de Haeckel, 370
Leipzig, 117, 437
Leonardo, 111

Leopold, 192
Lesehall, 115
Leseverein der Deutschen Studenten in Wien, 115
Lessing, 36
Leverkuhn, Adrian, 584
Lévi-Strauss, 363, 364, 383, 385, 387, 409
Liga das Nações, 487
Lipps, 442
Londres, 148
Loos, Adolf, 47, 48, 67, 69, 70, 71, 75, 145
Löwy, Emanuel, 280
Lucie, 172, 174
Lueger, Karl, 64, 73, 76, 82, 132
Luís, 140
Luísa, 208
Luthiers, 27
Luxemburgo, Rosa, 60

Macbeth, 653
Madame Bovary, 120
Magris, Claudio, 75, 678, 679, 680
Mahler, Alma, 121
Mahler, Gustav, 43, 46, 70, 71, 72, 85, 99
Maligno, 207, 210, 582
Malinowski, Bronislaw, 382
Mallarmé, Stéphane, 73
Malleus maleficarum, 211
Mann, Thomas, 584, 676, 689
Marco Antônio, 288
Mariazell, 582
Martha Bernays Freud, 103, 116, 148, 168, 191, 192; correspondência com, 90, 101, 102, 106, 107, 112, 128, 316, 674, 701
Marx, Karl, 615, 616, 626, 653
Marx-Studien, 71
Mathilda, 215
Mefistófeles, 247, 477
Meleagro, 274, 282
Mendelssohn, Félix, 41
Mercador de Veneza, O, 591
Merleau-Ponty, Maurice, 40
Messmer, 340

Metternich, 38, 51, 54
Meyer, C. E., 111, 241, 243, 278, 284, 694
Meynert, A., 71
Michelangelo, 111
Mileto, Tales de, 617
Mill, John Stuart, 128
Mills, Wright, 286
"Ministério burguês", 81
Ministério da Educação, 137, 140
Mitteleuropa, 679
Moisés (bíblico), 133, 136, 319, 437, 439, 441, 556, 568, 690, 693, 694, 696
Moisés (estátua de Michelangelo), 438, 441
Mona Lisa, 461
monoteísmo, 440
monte Nebo, 133
Morávia, 135
Mosen, Julius, 436
Mozart, Wolfgang A., 37, 73, 111, 149, 152, 244, 247, 284, 351, 352
Munique, 430, 431, 440
Musil, Robert, 48, 49, 62, 65, 67, 70, 72, 145, 708

Nannie, 203
Napoleão, 38, 79
Naturvölker, 383
Naturwissenschaftler, 239
Nestroy, J. N., 36, 38, 679
Nietzsche, Friedrich, 44, 683, 697
Nirvana, 500
Norekdal, 237
Nothnagel, 94, 105, 106, 107, 127, 137, 141
Nuremberg, 85, 327, 688

O egípcio, 689
O homem sem qualidades, 49
Oberhuber, 282, 315
Odisseia, 209
Orestíada, 387
Oriente, 208
Osíris, 697
Otto, 191, 192

Paneth, Josef, 247, 436
Panizza, Oscar, 246
Paris, 104, 105, 107, 108, 116, 122, 246, 285, 472, 707
Parole et l'inceste, La, 596
Parthenon, 113
Partido Cristão-Social, 245, 486
Partido Social-Democrata, 487
Pato selvagem, O, 246
Pauline (sobrinha), 163
Pétillon, Yves, 75
Pfister, Oscar, 79
Pitágoras, 344
Platão, 339, 650, 657, 674
Poe, Edgar, 599
Pompeia, 274, 280
Pontalis, J.-B., 402, 405, 450, 458
Potemkin, 145
Praga, 135
Pressburg, 104
Primeira Guerra Mundial, 144, 297, 300, 432, 480
Prússia, 58
"psicose onírica", 185, 188
Putnam, James, 447

R. (amigo), 94
Rajben, Bernard, 43
Ramsés, 691
Rank, Otto, 433, 527, 608, 691
Réalité et la résistance à l'imaginaire, La, 669
Rei Lear, 591
Remak, Joachim, 82, 86
República (Platão), 499
República de Weimar, 486
Reymond, DuBois, 654
Ricoeur, Paul, 250
Rie, Oscar, 93
Riegl, Alois, 70, 71
Rilke, Rainer M., 73
Roback, A., 88
Robert, Marthe, 82, 88, 96, 112, 136, 137, 146, 147, 699, 706

Róheim, Géza, 360, 382
Rohling, A., 83
Rolland, Romain, 112, 280, 581
Roller, A., 46
Roma, 131, 133, 134, 135, 137, 138, 139, 143, 203, 248, 280, 436, 437, 438, 439
Rômulo e Remo, 691
Rosenfeld, Anatol, 80
Rosenstein, Ludwig, 93
Rosolato, Guy, 413, 414, 417, 423
Roth, Joseph, 67
Rothschild, 81, 258, 288
Rousseau, 387
Roustang, François, 320, 324, 325, 339, 342, 343, 344, 346, 351, 431, 471
Rubens, 46
Rússia Branca, 475

Sadowa, 59
Salieri, 152
Salomon, 99
Salpêtrière, 210
Salzburgo, 311, 313, 316, 317
Saul (bíblico), 89
Schiele, Egon, 70
Schiller, 111
Schmidt (padre), 689
Schneider, Monique, 210, 212, 584, 586, 587, 596, 658, 669, 671, 674, 677, 708, 710
Schneilin, Gerard, 35
Schnitzler, Arthur, 69, 70, 71, 85, 115, 140, 678, 680, 681, 682, 683, 685
Schnorrer, 142
Schönberg, Arnold, 43, 70, 71, 76, 352
Schönerer, Georg von, 65, 83
Schopenhauer, 493
Schorske, C., 48
Schreber, 338, 366, 375
Schumann, Robert, 41, 152
Schur, Max, 191, 238
Schvarzman, 474
Seelensorger, 570
Segantini, 164

Sellin, Edward, 694
Sem anestesia (filme), 150
Sevilha, 153
Sexo e repressão na sociedade primitiva, 382
Sezession, 47
Shakespeare, 21, 111, 218, 226, 227, 232, 288, 591, 675
"Signorelli", 437
Sinai, 377
Sinnlichkeit, 595
Smith, Robertson, 359, 377, 611, 695
Sociedade B'nei Brit, 78, 98, 445
Sociedade Filosófica de Viena, 130
Sociedade Psicológica das Quartas-Feiras, 248, 294, 295, 347
Sófocles, 111, 157, 161, 226, 232, 234, 394, 675
Sophie, 479
Spielrein, Sabina, 295
Spinoza, 300, 387
Spitzer, 148
Sprenger, Jakob, 211
Stein, Conrad, 25, 30, 170, 205, 240, 244, 283, 332, 334, 348, 418, 420, 423, 476, 614, 619, 642, 653, 657, 665, 703, 708, 714
Stekel, Wilhelm, 295, 296, 324, 326
Stilfragen, 71
Strauss, Johann (filho), 43
Strauss, Johann (pai), 38
Strauss, Richard, 42
Suzana (Bodas de Fígaro), 244

Tales de Mileto, 617
Talmud, 286
Tausk, Victor, 433
Tchecoslováquia, 485
Tebas, 687
Terceiro Reich, 487
Terra Prometida, 436, 700
Thânatos, 492, 496, 499, 562, 636, 637, 659, 668
The Golden bough, 358
Timeu, 650
Torá, 286

Totémisme aujourd'hui, Le, 383, 385
Tratado de Versalhes, 486
Trauma do nascimento, O, 608
Trieste, 113
Trono de Deus, 445
Tutmés, 691

Un destin si funeste, 339
Undeutlichkeit, 339
Unheimlich, 443
Unheimlichkeit, 591

Valdemar, Mr., 599
Vaterbeseitigung, 477
Vaterliebe, 392
Vatersehnsucht, 392
Veneza, 224
Ver Sacrum, 71
Verdiglione, Armando, 210, 211
Verleugnung, 347
Vernunft, 239
Virgem Maria, 339
Virgílio, 111
Völkerpsychologie, 505
Volonté de savoir, La, 122, 212
Voronil, 24, 27
Voroshilov, 24, 27

Wagner, Richard, 43, 44, 45
Wahrheit, 239
Wajda, Andrzej, 150
Wall Street, 487
Waltari, Mika, 689
Walter, Bruno, 72
Wassermann, 474
Webern, Anton, 43
Weibliche, 589, 687
Weiss, Edoardo, 690
Weiss, Nathan, 98, 104
Weltanschauung, 624, 667
Werther, 218
Whitman, Walt, 73

Wienerwald, 679
Winckelman, 137
Winnicott, Donald, 712
Wissenschaft, 239
Wittgenstein, Ludwig, 69, 70, 72, 75, 98
Witz, 250, 251, 260
Wundt, Wilhelm, 257, 306

Zaratustra, 428
Zeit, Die, 71
Zentralblatt, 328
Zerlina, 149, 156

Zoé, 274, 275, 276, 281, 282
Zola, Émile, 120, 246
Zucker, Herr, 133, 134
Zurique, 294, 297, 301, 309, 315, 318, 340, 341, 431, 432
Zurückphantasieren, 448, 451, 457
Zweig, Arnold, 553, 688, 690, 692, 699, 704, 705
Zweig, Stefan, 35, 41, 49, 67, 84, 98, 110, 111, 120, 124, 129, 145, 177, 675, 680
Zyklop Myop (Cíclope), 139